# DIREITO AMBIENTAL

# ESQUEMATIZADO®

www.editorasaraiva.com.br/direito
Visite nossa página

# Histórico da Obra


- **1.ª edição:** jan./2013; 2.ª tir., mar./2014; 3.ª tir., out./2014
- **2.ª edição:** fev./2015; 2.ª tir., jul./2015
- **3.ª edição:** fev./2016
- **4.ª edição:** jun./2017
- **5.ª edição:** abr./2018

**Marcelo Abelha Rodrigues**

Mestre e Doutor em Direito pela PUC-SP,
Professor na Graduação e no Mestrado
da Universidade Federal do Espírito Santo

# DIREITO AMBIENTAL

# ESQUEMATIZADO®

Coordenador
Pedro Lenza

5ª edição
2018

saraiva jur

SOMOS EDUCAÇÃO | saraiva jur

Av. das Nações Unidas, 7.221, 1º andar, Setor B
Pinheiros – São Paulo – SP – CEP 05425-902

SAC 0800-0117875
De 2ª a 6ª, das 8h às 18h
www.editorasaraiva.com.br/contato

| | |
|---|---|
| **Vice-presidente** | Claudio Lensing |
| **Diretora editorial** | Flávia Alves Bravin |
| **Conselho editorial** | |
| **Consultor acadêmico** | Murilo Angeli Dias dos Santos |
| **Gerência** | |
| **Planejamento e novos projetos** | Renata Pascual Müller |
| **Editorial** | Roberto Navarro |
| **Edição** | Liana Ganiko Brito Catenacci<br>Patricia Quero |
| **Produção editorial** | Ana Cristina Garcia (coord.)<br>Carolina Massanhi |
| **Arte e digital** | Mônica Landi (coord.)<br>Claudirene de Moura Santos Silva<br>Fernanda Matajs<br>Guilherme H. M. Salvador<br>Tiago Dela Rosa<br>Verônica Pivisan Reis |
| **Planejamento e processos** | Clarissa Boraschi Maria (coord.)<br>Juliana Bojczuk Fermino<br>Kelli Priscila Pinto<br>Marília Cordeiro<br>Fernando Penteado<br>Tatiana dos Santos Romão |
| **Novos projetos** | Laura Paraíso Buldrini Filogônio |
| **Diagramação** | NSM Soluções Gráficas Ltda. |
| **Revisão** | Lílian Moreira |
| **Comunicação e MKT** | Carolina Bastos<br>Elaine Cristina da Silva |
| **Capa** | Aero Comunicação/Danilo Zanott |
| **Produção gráfica** | Marli Rampim<br>Sergio Luiz Pereira Lopes |
| **Impressão e acabamento** | Edições Loyola |

**ISBN 978-85-472-3368-6**

**DADOS INTERNACIONAIS DE CATALOGAÇÃO NA PUBLICAÇÃO (CIP)**
**ANGÉLICA ILACQUA CRB-8/7057**

Rodrigues, Marcelo Abelha

Direito ambiental esquematizado® / Marcelo Abelha Rodrigues. – 5. ed. – São Paulo : Saraiva Educação, 2018. (Coleção esquematizado® / coordenador Pedro Lenza)

1. Direito ambiental - Brasil I. Título. II. Lenza, Pedro. III. Série.

18-0400 CDU 34:502.7(81)

Índice para catálogo sistemático:

1. Brasil : Direito ambiental 34:502.7(81)

**Data de fechamento da edição: 19-3-2018**

Dúvidas? Acesse www.editorasaraiva.com.br/direito



CL 605033 CAE 626923

Todo ser humano tem enraizada dentro de si uma espécie de "caixa-preta sentimental", normalmente "perdida" ou "escondida" no canto mais secreto de sua intimidade e hermeticamente protegida e abraçada pela sua alma, que a guarda como se fosse um sentinela de plantão.

Nela fica guardada uma interminável variedade de sentimentos e emoções maravilhosos, que muitas vezes nunca sequer foram vivenciados ou experimentados pelo seu dono.

Aliás, é curioso e insólito, mas não é o dono que possui a chave dessa preciosa caixa. Isso mesmo, todos nós sentimos o amor, a alegria, o desejo, a paixão, a euforia, a saudade, a nostalgia... Mas a chave para abrir e fechar essa caixa não fica guardada com o nosso espírito, que, como disse, apenas a vigia e protege como um soldado espartano. Ele apenas a guarda para que outra alma, outro espírito — nossa "alma gêmea" — possa abri-la e assim permitir que experimentemos os sentimentos ali guardados a "sete chaves".

Apenas essa "alma gêmea" tem esse poder de abrir e de nos convidar a sentir esse turbilhão de emoções em intensidade infinita, pelo tempo que for, simplesmente porque são sentimentos que se compartilham e não se experimentam sozinhos. Sentimentos que dependem de outrem.

Mas, como encontrar essa alma gêmea e assim abrir e soltar os sentimentos da nossa caixa-preta sentimental?

Reconheço que muitas vezes é preciso uma mãozinha do destino, fazendo com que espaço e tempo conspirem para esse encontro. Não é por acaso que almas se encontram e se abrem. É preciso, contudo, estar aberto, intuitivo, sensível, para perceber que — às vezes bem na nossa cara — ali do nosso lado ou tão perto está a alma que pode abrir a nossa caixa-preta de sentimentos.

Não há limites de tempo ou de espaço. Não precisa ser novo, nem velho. Muitas vezes, um sorriso, um abraço, um gesto de carinho, um beijo e, quem sabe, apenas um olhar é o bastante para que se identifique que ali pertinho está a pessoa que será capaz de fazer com que sintamos as mais puras, exaltantes, extasiantes e recônditas emoções, que nem nós mesmos poderíamos imaginar um dia sentir.

Todos temos uma alma gêmea. O destino ajuda, sem dúvida, mas somos nós quem sentimos e a identificamos como a pessoa (e o espírito) perfeita para nós.

Eu te amo, Camila Abelha, e a você dedico este livro.

# AGRADECIMENTOS


*Gui e Dô*

Não posso falar do amor de uma mãe para com o seu filho, porque sou homem. Mas sempre fui um admirador dessa relação, desse momento em que o corpo e a alma de ambos se misturam no ventre que cresce. Muito lindo, natureza perfeita.

Contudo, se não temos o ventre para gerar, temos a chance de tornar a relação com nosso filho igualmente sublime, antes, durante e depois da gestação. Mas não basta ser homem para ser pai. Longe disso. Também não é preciso ser super-herói. Nem pensar.

Para ser pai, é preciso doar-se por completo. Não ser egoísta jamais. Dar ao seu filho o que pode haver de melhor em si mesmo. Cuidar, proteger, dar exemplos, ouvir e não enxergar diferenças no papel de mãe e de pai. É fazer tudo que está e que não está ao seu alcance. É tornar possível o impossível. É ensinar cada passo, em cada fase da vida. É ficar exausto pela dedicação e igualmente feliz por isso. É experimentar uma felicidade irradiante, depois de noites sem dormir, simplesmente porque seu filho sorriu para você. É sentir saudades dele antes de deixá-lo. É querer estar com ele em todos os momentos.

Não dá para dizer, é preciso sentir. Só de escrever aqui e pensar nos meus filhos, caio em lágrimas. Ser pai é isso. Pura emoção. Amor incondicional, sem trocas ou limites.

Obrigado, Senhor, pela bênção divina de ser pai.

# METODOLOGIA ESQUEMATIZADO®

Durante o ano de 1999, pensando, naquele primeiro momento, nos alunos que prestariam o exame da OAB, resolvemos criar uma **metodologia** de estudo que tivesse linguagem "fácil" e, ao mesmo tempo, oferecesse o conteúdo necessário à preparação para provas e concursos.

O trabalho foi batizado como ***Direito constitucional esquematizado®***. Em nosso sentir, surgia ali uma metodologia **pioneira**, idealizada com base em nossa experiência no magistério e buscando, sempre, otimizar a preparação dos alunos.

A metodologia se materializou nos seguintes "pilares":

- **esquematizado®:** a parte teórica é apresentada de forma objetiva, dividida em vários itens e subitens e em parágrafos curtos. Essa estrutura revolucionária rapidamente ganhou a preferência dos concurseiros;
- **superatualizado:** doutrina, legislação e jurisprudência em sintonia com as grandes tendências da atualidade e na linha dos concursos públicos de todo o País;
- **linguagem clara:** a exposição fácil e direta, a leitura dinâmica e estimulante trazem a sensação de que o autor está "conversando" com o leitor;
- **palavras-chave (*keywords*):** os destaques na cor azul possibilitam a leitura "panorâmica" da página, facilitando a fixação dos principais conceitos. O realce colorido recai sobre os termos que o leitor certamente grifaria com a sua caneta marca-texto;
- **recursos gráficos:** esquemas, tabelas e gráficos favorecem a assimilação e a memorização dos principais temas;
- **questões resolvidas:** ao final de cada capítulo, o assunto é ilustrado com questões de concursos ou elaboradas pelos próprios autores, o que permite conhecer as matérias mais cobradas e também checar o aprendizado.

Depois de muitos anos de **aprimoramento**, o trabalho passou a atingir tanto os candidatos ao **Exame de Ordem** quanto todos aqueles que enfrentam os concursos em geral, sejam das **áreas jurídica** ou **não jurídica**, de **nível superior** ou mesmo os de **nível médio**, assim como os **alunos de graduação** e demais **profissionais**.

**Ada Pellegrini Grinover**, sem dúvida, anteviu, naquele tempo, a evolução do *Esquematizado®*. Segundo a Professora escreveu em 1999, "a obra destina-se, declaradamente, aos candidatos às provas de concursos públicos e aos alunos de graduação, e, por isso mesmo, após cada capítulo, o autor insere questões para aplicação da parte teórica. Mas será útil também aos operadores do direito mais experientes, como fonte de consulta rápida e imediata, por oferecer grande número de informações buscadas em diversos autores, apontando as posições predominantes na doutrina, sem eximir-se de criticar algumas delas e de trazer sua própria contribuição. Da leitura amena surge um livro 'fácil', sem ser reducionista, mas que revela, ao contrário, um grande poder de síntese, difícil de encontrar mesmo em obras de autores mais maduros, sobretudo no campo do direito".

Atendendo ao apelo de "concurseiros" de todo o País, sempre com o apoio incondicional da Editora Saraiva, convidamos professores das principais matérias exigidas nos concursos públicos das *áreas jurídica* e *não jurídica* para compor a **Coleção Esquematizado®**.

**Metodologia** pioneira, vitoriosa, consagrada, testada e aprovada. **Professores** com larga experiência na área dos concursos públicos. Estrutura, apoio, profissionalismo e *know-how* da **Editora Saraiva**. Sem dúvida, ingredientes indispensáveis para o sucesso da nossa empreitada!

Para o **direito ambiental**, tivemos a honra de contar com o primoroso trabalho do amigo **Marcelo Abelha Rodrigues**, que soube, com maestria, aplicar a **metodologia esquematizado®** à sua vasta e reconhecida experiência profissional como professor, jurista e autor de consagradas obras.

Percebe-se na presente obra a condensação de uma vida de estudos, o fechamento de um ciclo, não se **restringindo** o autor ao direito material, mas avançando, com perfeição, competência e conhecimento, sobre os aspectos do direito administrativo, processual e internacional do meio ambiente.

Com muito orgulho, na PUC-SP, fui aluno de **Marcelo Abelha**, um professor que me surpreendia por sua capacidade de produção, um exemplo para todos nós, não só em razão de sua incansável produção intelectual, como, também, por seu entusiasmo e seu carisma ao lecionar.

Graduado pela Universidade Federal do Espírito Santo, **Marcelo Abelha** é **mestre** e **doutor** em direito pela PUC-SP, onde atuou como professor assistente do Professor Nelson Nery Jr., tendo, posteriormente, ingressado, por concurso, como professor das cadeiras de direito processual civil e direito ambiental.

No Espírito Santo, é Professor Associado I do Departamento de Direito, atuando nos cursos de graduação e pós-graduação (Mestrado em Direito Processual) da Universidade Federal do Espírito Santo, além de advogado militante.

Com diversos trabalhos e artigos publicados em revistas nacionais e internacionais de direito processual e de direito ambiental, é membro do Conselho Editorial da *Revista de Processo* (*RePro*) e do Conselho Editorial da *Revista de Direito Ambiental*, ambas editadas pela Editora Revista dos Tribunais. É membro do Instituto Brasileiro de Direito Processual, vice-presidente da Sociedade Capixaba de Direito Processual e professor de pós-graduação em diversas universidades brasileiras.

Não temos dúvida de que este livro contribuirá para "encurtar" o caminho do ilustre e "guerreiro" concurseiro na busca do "sonho dourado"!

Esperamos que a **Coleção Esquematizado®** cumpra o seu papel. Em constante parceria, estamos juntos e aguardamos as suas críticas e sugestões.

Sucesso a todos!

***Pedro Lenza***
Mestre e Doutor pela USP
pedrolenza@terra.com.br
https://twitter.com/pedrolenza
http://instagram.com/pedrolenza
http://www.periscope.tv/pedrolenza
https://www.facebook.com/pedrolenza
https://www.youtube.com/pedrolenza
saraiva jur http://www.saraivajur.com.br/esquematizado

# NOTA DO AUTOR À 5ª EDIÇÃO

É com muita satisfação que apresento a vocês, meus queridos leitores, a mais nova edição do nosso **Direito Ambiental Esquematizado®**. Segue, como de praxe, atualizado pela legislação, pela jurisprudência, com novas questões de concurso e enfrentamento de temas correlatos ao direito ambiental.

Como de praxe, agradeço à Editora Saraiva, na pessoa de todos que colaboraram nesta nova edição, pelo profissionalismo e dedicação. Igualmente ao meu querido Pedro Lenza, pelo sucesso de sua coleção.

Deixo meu contato para o contraditório, observações, elogios, críticas, sugestões e reflexão sobre os temas que desenvolvemos neste livro.

Abraços a todos, Marcelo Abelha.

Vitória, 18 de março de 2018.

***Marcelo Abelha***

marceloabelha@cjar.com.br

# SUMÁRIO

# 1

# INTERESSE, INTERESSES COLETIVOS E INTERESSE PÚBLICO[1]

## 1.1. CONSIDERAÇÕES GERAIS

Antes de adentrarmos no estudo do direito ambiental propriamente dito, é de suma importância uma correta compreensão de um conceito que, embora não lhe seja exclusivo, apresenta-se como seu epicentro, seu núcleo, sua raiz estrutural: o **interesse difuso**. Comecemos pelo estudo do interesse.

---

1 Sobre o tema, ver: Arruda Alvim, *Tratado de direito processual civil*, p. 384, nota de rodapé n. 5; Rodrigo da Cunha Lima Freire, *Condições da ação*, p. 15; Maurício Zanoide de Moraes, *Interesse e legitimação para recorrer no processo penal brasileiro*, p. 60; Francesco Carnelutti, especialmente, *Lezioni di diritto processuale civile*, 1986; *Teoria geral do direito*, 1999; Vicenzo Vigoriti, *Interessi collettivi e processo*, p. 17; Ugo Rocco, *Tratatto di diritto processuale civile,* v. 1, p. 16; Luiz Paulo da Silva Araújo Filho, *Ações coletivas*, p. 8; Ortega Y Gasset, *La rebelion de las masas*, p. 15; Norberto Bobbio, *A era dos direitos*, p. 68-69; Mauro Cappelletti, *Acesso à justiça*, passim; Mauro Cappelletti, Formações sociais e interesses coletivos diante da justiça civil, *Revista de Processo*, p. 7; Jellinek, G., *System der subjektiven öffentlichen Rechte*, p. 80 e ss.; Luis Filipe Colaço Antunes, *A tutela dos interesses difusos em direito administrativo*, p. 62; Jorge Reis Novais, *Contributo para uma teoria do estado de direito*, 1987; Paulo Bonavides, *Do estado liberal ao estado social,* p. 205; Ivo Dantas, *Princípios constitucionais e interpretação constitucional*, p. 14; Jacques Droz, *Historie des doctrines politiques en France*, p. 69; Rodolfo de Camargo Mancuso, *Interesses difusos*, p. 35-36; George A. Steiner, *A função do governo na vida econômica*, p. 105-106; Luis Carlos Sáchica, *Exposición y glosa del constitucionalismo moderno*, p. 211; J. J. Gomes Canotilho e Vital Moreira, *Constituição da República portuguesa anotada*, p. 65; José Carlos Barbosa Moreira, *Temas de direito processual*, p. 197; José Carlos Barbosa Moreira, A ação popular do direito brasileiro como instrumento de tutela jurisdicional dos chamados *interesses difusos*, in *Temas de direito processual*, p. 111-112; José Roberto dos Santos Bedaque, *Direito e processo*, p. 34; Celso Antonio Bandeira de Mello, *Curso de direito administrativo*, p. 57-59; Ada Pellegrini Grinover, A coisa julgada perante a Constituição, a lei de ação civil pública, o Estatuto da Criança e Adolescente e o Código de Defesa do Consumidor, in *Livro de Estudos Jurídicos*, n. 5, p. 412; Marcelo Caetano, *Manual de direito administrativo*, t. 1, p. 49; Renato Alessi, *Sistema instituzionale del diritto amministrativo italiano*, p. 197 e ss.

## 1.2. O CONCEITO DE INTERESSE

### 1.2.1. A estrutura do interesse: seus elementos

#### *1.2.1.1. Etimologia*

A palavra interesse tem uso corrente no nosso cotidiano. Porquanto tenha uma conceituação aparentemente difícil, o seu sentido pode ser facilmente intuído, motivo pelo qual a ninguém precisa ser dito o que significa ter um interesse num livro, numa pessoa, num programa de televisão, num alimento, etc., porque a compreensão de seu significado é de fácil percepção.

Realmente, o *interesse* é assim: conteúdo mais facilmente intuível do que definível, e talvez isso se explique pelo fato de que **interesse** é um vocábulo que não se define por uma só palavra, senão porque traduz a ideia de **relação entre dois entes**. Não existe "interesse" intransitivo. Aliás, não é por outro motivo que a própria origem semântica do vocábulo vem demonstrar justamente que seu sentido está ligado à ideia de ***estar entre***.

#### *1.2.1.2. Relação do sujeito com o objeto*

Assim, ainda que por metonímia tenha seu significado semântico sido adulterado, o vocábulo *interesse* não deixa escapar de seu sentido a noção de **ligação entre um sujeito e um objeto**, compreendido este último em sentido lato. O vocábulo não é intransitivo, não basta em si mesmo, e pede, necessariamente, uma complementação que possa identificar o **bem sobre o qual recai o empenho**, a **vontade**, enfim, o interesse.

> Portanto, tentando ser ainda mais didático, o **interesse é uma relação entre um sujeito e um objeto**. Essa relação tem por ponto de contato a **aspiração do homem** acerca de determinados **bens** que sejam **aptos à satisfação de uma exigência sua**.

#### *1.2.1.3. Juízo de valor que motiva a relação entre sujeito e objeto*

Feita essa dissecação do conceito de interesse, fica claro que no seu *esqueleto* estão presentes: *um sujeito com necessidade*; e um *objeto idôneo para satisfazer essa mesma necessidade*.

Entretanto, há mais um elemento que precisa ser considerado, responsável por dar alma à ossatura mencionada: o **juízo de valor** do indivíduo acerca da sua necessidade e na **consideração de que um determinado bem é apto à satisfação da necessidade**. Trata-se, segundo pensamos, de um de seus elementos estruturais mais importantes.

#### ■ *1.2.1.4. Etapas na formação do interesse*

A formação do interesse se dá de forma quase instantânea, sendo dificílimo, senão pelo **critério lógico**, separar as etapas de sua realização. Vejamos:

1) **Captação** (percepção sensorial) de determinado aspecto da **realidade**.
2) Identificação de uma **necessidade**.
3) Identificação de que um **objeto** seja **apto a satisfazer aquela necessidade**.

É claro que essas etapas ocorrem instantaneamente, num **juízo de valor único** e **temporalmente inseparável**, de modo que, uma vez identificada a necessidade, já se sabe qual objeto será capaz de saciá-la. O mais interessante é que nesse momento já se antevê o resultado (obviamente ainda não concretizado). Aliás, é exatamente porque se antevê o resultado que se julga (valoração) ter interesse numa determinada coisa ou bem específico.

### ■ 1.2.2. Os aspectos subjetivo e objetivo do interesse

Feitas as considerações anteriores, percebe-se que na estrutura do interesse existem, basicamente, dois elementos: um **sujeito (necessidade)**; e um **objeto (apto a satisfazer a necessidade)**. O primeiro elemento denomina-se aspecto subjetivo; e o segundo, aspecto objetivo do interesse.

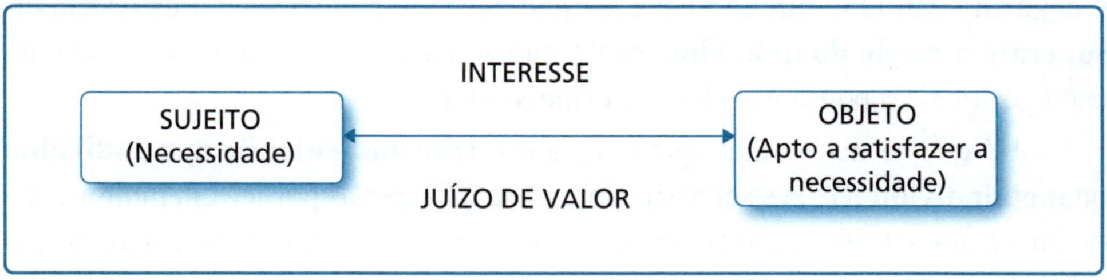


### ■ 1.2.3. A diferenciação do interesse em individual e coletivo em razão do objeto ou do sujeito

Quando pretendemos classificar um interesse como coletivo ou individual, devemos ter atenção redobrada para saber se os termos **individual** e **coletivo**, que classificam o interesse como tal, referem-se ao seu aspecto subjetivo ou ao seu aspecto objetivo.

Tentando ser mais claro, a pergunta que deve ser feita é a seguinte: *um interesse é considerado* ***coletivo*** *(não individual) pela* ***indivisibilidade do seu objeto*** *(que ao satisfazer o interesse de um ou todos o faz por causa da raiz [indivisibilidade do objeto] única) ou pela* ***soma de vontades dos sujeitos*** (aspecto subjetivo)?

Bem, sabemos que a resposta a esta indagação é um "nó daqueles", cujo desate não é fácil. Trata-se de um problema que mesmo os juristas italianos, embora avançados no seu estudo, ainda não conseguiram dirimir, não nos sendo permitido afirmar que exista um conceito sedimentado.[2] Resta-nos, portanto, adotar esta ou aquela posição, **tendo em vista o direito positivo brasileiro**.

Antes disso, porém, precisa ser mencionado o fato de que o problema acerca da caracterização do que seja o interesse coletivo, sob uma perspectiva objetiva ou subjetiva, deve ser estudado dentro do **contexto sócio-histórico e cultural** em que se vive. Não adianta tomarmos como premissas verdadeiras, dissociadas da realidade contemporânea, por exemplo, regras e conceitos pensados para uma realidade de quase um século atrás.

Ora, quem antes poderia imaginar que o nosso tempo de vida no planeta estaria em contagem regressiva, dado o fato de os bens ambientais não serem, como outrora se pensava, inesgotáveis? Quem poderia imaginar que uma mesma conduta de um fornecedor poderia afetar milhares ou milhões de pessoas? Que o dano poderia se dar em tempo real, por intermédio de meios de comunicação que passam informações instantâneas? Enfim, é sob esse matiz, parece-nos, que a análise do conceito de interesse coletivo deve ser feita.

Outrossim, entendemos que pretender sustentar que o **interesse coletivo** refere-se a fenômenos corporativos, como **mera soma de interesses individuais**, é **negar a realidade que se vive** e na qual existem interesses de toda ordem que **superam a noção do indivíduo**, centrando-se num ideário que transcende a noção egoística e repousa na esfera transindividual.

Há que se dizer ainda que essa noção **transindividual** (**supraindividual** ou **metaindividual**) deve ser assim entendida não apenas porque em muitos casos os interesses são de titulares indeterminados (ou indetermináveis), mas, principalmente, e este parece ser um ponto nodal, porque **não pertencem ao indivíduo**

2 Fazem parte da corrente subjetivista, que em si guarda peculiaridades: Massimo Severo Giannini, La tutela degli interessi collettivi nei procedimenti amministrativi, in *Le azioni a tutela di interessi coletivi*, p. 23; M. Nigro, *Giustizia amministrativa*, p. 117; Vicenzo Vigoritti, *Interessi coletivi e processo. La legitimazione ad agire*, p. 17 e ss. Tomando o critério objetivo como sendo o definidor do interesse coletivo, temos: Andrea Proto Pisani, Appunti preliminari per uno studio sulla tutela giurisdizionale degli interessi collettivi (ou più esattamente superindividuali) innanzi al giudice civile ordinario, in *Le azioni a tutela di interessi collettivi*, p. 263; Vittorio Denti, Relazione introduttiva, in *La azioni a tutela...*, p. 16; G. Constantino. Brevi note sulla tutela giurisdizionale degli interessi collettivi davanti al giudice civile, in *Le azioni a tutela...*, p. 223. Entretanto, como se pode depreender da leitura dos citados doutrinadores italianos, essa bipolaridade não é estanque, e diversas são as considerações acerca da conceituação do interesse coletivo que não se encaixam em nenhuma das posições anteriores.

**considerado egoisticamente**, mas, sim, como integrante de um corpo, de uma categoria, ou até mesmo como **membro da sociedade coletivamente considerada (cidadão)**.

Antes, portanto, de adentrarmos no estudo das definições dadas por nosso direito positivo aos **interesses coletivos *lato sensu*** e suas subespécies (interesses **difusos**, **coletivos** e **individuais homogêneos**), importante nos determos um pouco mais na análise das transformações sociais que fizeram com que a categoria ganhasse tanta importância.

## ■ 1.3. AS TRANSFORMAÇÕES SOCIAIS QUE DERRUBARAM A *SUMMA DIVISO*: O SURGIMENTO DOS INTERESSES COLETIVOS *LATO SENSU* (DIFUSOS, COLETIVOS E OS INDIVIDUAIS HOMOGÊNEOS)

Para demonstrar toda a transformação que o mundo vem sofrendo desde o século passado, basta que façamos, sem muito esforço de memória, uma breve lembrança de como era a nossa vida há 20, 30, 40 ou 50 anos. Não seria necessário aqui documentá-la com dados estatísticos, justamente porque a nossa geração e a de nossos pais foram ou ainda são testemunhas oculares, ou melhor, personagens vivas dessa transformação.

Pense no seguinte: como se fazia para comprar um terno há 30 anos? Certamente, bastava ir à casa de seu alfaiate ou da costureira da família, ou eles fariam a visita para tirar as medidas, depois de uns dias fariam a prova, e, pouco tempo depois, a roupa estaria pronta e sob medida. Não que não seja possível fazer isso hoje, mas tal fato fica adstrito a uma parcela mínima da sociedade.

Estamos hoje diante de um **consumo em massa**, com **produção em massa**, e não há tempo nem dinheiro que nos faça lançar mão de um custo tão caro para se ter algo que se compra hoje até sem sair de casa, por intermédio de um computador.

Se preferir, pense de outro modo: tente se lembrar daquele local em que você pescava há 20 anos e pense como está hoje. Ainda existe o local? Se existe, é possível o acesso? Ainda há peixe? Se existe o peixe, está apropriado para o consumo?

Vê-se que o direito do ambiente, a sua preocupação, não é a mesma de outrora, justamente porque se descobriu que os **bens ambientais têm titulares**, sua **fruição é comum**, sendo eles **esgotáveis**.

A **rebelião das massas**, a **multiplicação dos direitos** e a **massificação social**, expressões que rotulam o fenômeno de transformação social, política, econômica e cultural, que modificou o mundo no século passado, foram mais do que suficientes para definir um **novo conceito de Estado**, como ficção jurídica criada para permitir que o homem conviva harmoniosamente em sociedade. Essa mudança na concepção de Estado deve ser entendida corretamente, porque é justamente essa transformação que nos permitirá entender em que ponto emerge a necessidade de redefinir conceitos, como o de interesse público.

Hoje, não se pode ignorar que a **presença e a intervenção do Estado em todos os setores da sociedade** é algo que "pulula", que é evidente. E, a par disso, nenhum instituto do direito, repita-se para ficar bem claro, *absolutamente nenhum instituto do direito*, pode ser estudado sem essa perspectiva.

Aliás, aí reside, hoje, uma das maiores dificuldades do operador do direito, pois comumente se vê diante de um arsenal de **leis postas que foram feitas sob uma axiologia liberal** e, frequentemente, tem que sugar da **nova ordem constitucional** os **princípios de um Estado Social** antes de aplicar ou invocar a aplicação da lei ao caso concreto. Vivemos uma **cultura de princípios**, já que os comandos abstratos são insuficientes para prever ou resolver as situações da vida numa sociedade reconhecidamente de desiguais.

Retornando ao que foi dito, e intuindo o problema com quase meio século de antecedência, Mauro Cappelletti detectou o problema com uma célebre frase: "de quem é o ar que respiro?". O autor procurou demonstrar que a **dicotomia entre o público e o privado**, a *summa diviso*, já **não mais atendia aos fenômenos de massa**.

O que quis dizer Cappelletti é que a definição do que é público não pode ser mais por negação àquilo que seja privado, e vice-versa. Afinal, nesse meio entre o público e o privado, muita coisa passou a ter visibilidade para o direito, criando a necessidade de que revisitemos uma série de conceitos. Torna-se, por exemplo, obsoleto o art. 98 do Código Civil, que define como bens *públicos aqueles que não são particulares*.[3]

Embora de concepção romana, a **divisão entre público e privado** tornou-se ostensiva e imperativa com a formação do **Estado Liberal**, desenvolvido para atender ao anseio de uma nova classe que se erguia ao vértice da pirâmide social surgida com a **Revolução Francesa:** a **burguesia**.

Essa nova classe, detentora dos meios de produção, que a partir de então alcançava o poder, fez desenvolver a formação de um Estado preocupado com o *laissez-faire laissez-passer*: **quanto menos o Estado interviesse no domínio econômico**, maior e melhor seria o seu papel no atendimento da **isonomia** (todos

[3] O Código Civil, que em tese foi feito para regular normas privadas, é quem ainda define o que seja *bem público*.

deveriam ter as mesmas chances, e a intervenção do Estado poderia ferir a igualdade) e da **liberdade** de cada indivíduo.

É possível, portanto, extrair a suma de que no **Estado Liberal** a participação deste ente supremo deve se dar por **abstenção (omissão)**, como um **dever negativo**, qual seja, não pode interferir na liberdade individual. Em outros termos, caberia ao Estado, como ente soberano, tão somente evitar que as liberdades individuais fossem cerceadas. A esfera de proteção era o **indivíduo egoisticamente considerado** e tudo se dava em função disso.

Sob esse matiz, faz todo sentido uma **divisão estanque entre o público e o privado:** tudo aquilo que não fosse privado seria público. Certamente, diante desse quadro, **não se poderia pensar em direitos coletivos** (organizados ou não) situados nesse hiato (público/privado), primeiro porque qualquer modalidade de organização seria vista como afronta à liberdade individual e à isonomia entre os homens, depois porque o interesse público só existia em função da asseguração da liberdade individual.

A transformação do Estado Liberal em **Estado Social** deve-se a uma série de mudanças de comportamento, inclusive do próprio **sistema capitalista**, que passou a ser refém da necessidade de **proteger em certa dose o trabalho humano** que explorava (o lado social), porque, em última análise, dele dependia para a formação da riqueza e a manutenção do *status quo*.

Como consequência natural do capitalismo e da exploração do trabalho, além da necessidade de se criar um **Estado Intervencionista**, que passasse a buscar uma **isonomia real** e saísse da imobilidade assassina do liberalismo, é claríssimo nesse período o desenvolvimento de **corpos sociais intermediários**. A finalidade da atuação deles seria resguardar uma coletividade, em prol de **interesses comuns**, e, mais ainda, servir como freio e contrapeso nas negociações e discussões com o detentor da produção.

Também aqui, nas searas **trabalhista** e **previdenciária**, tem-se a fonte dos **direitos coletivos**, tutelados de forma organizada pelos corpos representativos de grupos e categorias. Aqui já se fala em interesses e direitos que **ultrapassam a esfera egoística e individual** de cada membro do grupo e que recaem sobre um **grupo**, **categoria** ou **classe**, vistos em sua unidade.

Nesse processo de mudança, destaca-se o importante e pioneiro papel das **constituições:** do **México em 1917**, de **Weimar em 1919**, da **Polônia** e da **Iugoslávia em 1921**.

Disso resulta bem claro que, se em relação aos **direitos individuais** o comportamento do Estado é marcado por um **não fazer**, no que se refere aos **direitos sociais** o seu papel é **intervencionista**, atuante para a implementação dos referidos direitos, inclusive à custa de sacrifício ou limitação legal, e legítima de certos direitos individuais.[4]

Não obstante o reconhecimento desse duplo papel do Estado, pensamos que a evolução não deve parar por aí, e, mesmo em relação aos direitos e garantias individuais, não existe mais espaço para uma atitude apenas de "respeito" por parte do Estado, que deve intervir, sim, para implementá-los se preciso for.

Hoje, em prol da **isonomia real**, deve o Estado (legislador, juiz e administrador) **intervir para desigualar** em prol da igualdade social, da verdadeira justiça como bem comum.

Fica, então, a pergunta: qual a relação do que foi exposto, acerca das transformações por que passou o Estado, com a definição dos chamados interesses metaindividuais?

Ora, deve ser dito que foi justamente a partir da preocupação de se trazer uma **prestação positiva do Estado na seara social**, garantindo condições mínimas de **qualidade de vida ao povo** (como saúde, lazer, segurança, infância, juventude, etc.), que surgiu a **necessidade de se identificar quais seriam os titulares e a natureza desses direitos (ou interesses)** que buscam sair da abstração para um plano concreto e palpável.

É nesse diapasão que se acende a discussão entre interesses difusos e interesses públicos. Seriam estes um gênero do qual aqueles seriam espécies? Existe interesse público diante do surgimento dos interesses difusos? É o que passamos a analisar, não sem antes nos debruçarmos sobre os interesses coletivos *lato sensu*.

Portanto, resumindo, tem-se que o **novo papel do Estado**, atuante em prol de uma **igualdade de direitos e garantias sociais**, obrigou-o a **intervir em todos os setores da sociedade**. Ao mesmo tempo, esses mesmos setores — que exigiam tais direitos — passaram a agir em grupos e categorias. O dever estatal de dar e prestar tais direitos — então exigidos pela coletividade — fez com que todos os setores da sociedade fossem afetados pela intervenção estatal. Nesse passo, a antiga dicotomia e a vala que isolavam o **público** e o **privado** foram preenchidas por **interesses ditos "coletivos"**.

4 "Ao Estado incumbe não apenas 'respeitar' os direitos e liberdades fundamentais mas também 'garantir a sua efetivação'. Daqui resulta o afastamento de uma concepção puramente formal, ou liberal, dos direitos fundamentais, que os restringisse às liberdades pessoais, civis e políticas e que reduzisse estas a meros direitos de liberdade não só perante o Estado, mas também perante terceiros, sucedendo que, muitas vezes, é aquele que está em condições de os garantir perante os 'segundos'; por outro lado, direitos fundamentais são também os *direitos positivos*, de caráter econômico, social e cultural, sendo que em relação a muitos deles é sobre o Estado que impende o encargo da sua satisfação" (J. J. Gomes Canotilho e Vital Moreira, *Constituição da República portuguesa anotada*, p. 65).

### ■ 1.3.1. Quadro comparativo entre o Estado Liberal e o Estado Social

| ESTADO LIBERAL | ESTADO SOCIAL |
|---|---|
| REVOLUÇÃO FRANCESA (1789) | ■ Constituições: México (1917), Weimar (1919), Polônia (1921), Iugoslávia (1921) |
| INTERESSES DA BURGUESIA | ■ "Rebelião das massas" |
| LIBERALISMO ECONÔMICO | ■ Regulação Econômica |
| ABSTENÇÃO/OMISSÃO DO ESTADO (DEVERES NEGATIVOS) | ■ Intervenção do Estado<br>■ (deveres positivos) |
| DIREITOS E GARANTIAS INDIVIDUAIS | ■ Direitos Sociais |
| ISONOMIA FORMAL | ■ Isonomia Real |
| INTERESSE PÚBLICO X INTERESSE PRIVADO | ■ Interesses Coletivos |

### ■ 1.3.2. Como se apresentam os "conflitos de interesses" na sociedade contemporânea?[5]

Não há nenhuma dúvida de que o **tipo marcante de conflito de interesses da nossa sociedade industrial capitalista é o que tipifica uma cultura de massa**. Prova disso é que todos nós, ou alguém que nos seja próximo, já tivemos algum tipo de conflito de interesses envolvendo operadoras de telefonia, de televisão e internet, prestadoras de serviços bancários e instituições financeiras, cobranças indevidas de serviços essenciais como água, luz, esgoto (e, por outro lado, uma ausência de serviços fundamentais como segurança, saúde nos hospitais públicos, educação nas escolas), tributos cobrados indevidamente pelo poder público, falhas de mercado em produtos de massa como carros, softwares, telefones, medicamentos, mensalidades escolares, etc. Por outro lado, dificilmente alguém dirá que tem um problema judicial envolvendo uma briga de vizinhos pelo uso inadequado da garagem, pela aula particular que não tenha sido paga ao professor, por violação dos limites demarcatórios de um imóvel rural, etc. Não que eles não existam, mas, atualmente, estes exemplos são exceção à regra.

Tomando de exemplo um desses segmentos mencionados acima (*v.g.* telefonia), é de se observar que, dentro dos universos de clientes lesados, existem muitos outros "universos" ou "segmentos" de clientes que o são: os lesados pela cobrança abusiva, os lesados pela falha na velocidade da internet contratada etc. São milhares de consumidores, cada um no seu "grupo de lesados", que são ofendidos pelo mesmo ato-fato-tipo praticado pela empresa de telefonia. Observe, precisamente, que o fato de a operadora de telefonia praticar uma conduta ilícita

---

[5] Tópico extraído de Marcelo Abelha. *Fundamentos da tutela coletiva*. Brasília: Gazeta Jurídica. 2017, p. 30 e ss.

contra um consumidor, e depois contra outro, e depois contra mais outro, numa espécie de ilícito padrão que se repete em cadeia, faz com que esse conflito não seja individual, do consumidor A contra a operadora, mas sim um conflito de massa, coletivo, porque ali, naquele caso, o ilícito não é contra aquele consumidor específico, mas contra um modelo padrão de consumidor que é fordianamente atingido.

Assim, ante este cenário da sociedade intensamente massificada, podem-se identificar **dois grandes grupos de conflitos de interesses na nossa sociedade de massa: os individuais e os supraindividuais**.

> **O tipo de conflito supraindividual seria aquele em que, independentemente da posição jurídica que ocupasse no processo, estaria em jogo a contenda envolvendo um interesse que transcendesse a noção de indivíduo, e no qual a raiz do direito se restringiria a um mesmo ato-fato-tipo, ou seja, um fato-ato padrão que é comum em relação a todos. Já o individual seria aquele em que nenhuma dessas nuances estaria presente e, ao contrário, as características individuais do sujeito seriam marcantes, essenciais, exclusivas.**

Registre-se que talvez essa classificação ou divisão fosse suficiente para que nosso legislador criasse algumas técnicas ou procedimentos especiais para atender de forma mais rente às lides coletivas, sempre a partir de uma verificação *in concreto* e pragmática por parte do magistrado (c.v. o art. 554, §§ 1º a 3º, que trata das ações possessórias envolvendo conflitos coletivos). Contudo, ele foi além, por razões de ordem cultural e política, e criou conceitos abstratos, teóricos e muito pouco claros de direitos difusos, coletivos e individuais homogêneos, como explicitaremos em seguida, sem se atentar para o **dinamismo com que se entrelaçam e se movimentam na sociedade de massa**.

Deixou o pragmatismo de lado e fez uma classificação tripartite de direitos supraindividuais, estabelecendo alguns procedimentos abstratos diferentes para eles.

> **Desta forma, *lege lata* existem pelo menos 4 tipos de interesses na nossa sociedade e, consequentemente, de conflitos a ele subjacentes: (1) difusos, (2) coletivos, (3) individuais homogêneos; (4) individuais puros.**

Esses **interesses podem assumir posições jurídicas ativas ou passivas**, ou seja, falando em bom português, podem se encontrar do lado do requerente e do requerido, do autor e do réu. Isso significa **que pode haver de um lado (ativo ou passivo) um interesse difuso em conflito com outro interesse difuso. Um interesse coletivo em colisão com um interesse individual heterogêneo. Inte-**

**resses difusos em conflito com individuais homogêneos. Individuais homogêneos em conflito com individuais homogêneos de outros titulares.**

Esse é o modelo atual de sociedade, **complexo, dinâmico, com uma tessitura instável**, muito influenciado pelos fenômenos de tempo e espaço.

Assim, imaginemos um exemplo muitíssimo comum para compreender o fenômeno. Pense numa construção à beira-mar que seja embargada (sanção administrativa) pelo IBAMA com fundamento na Lei n. 9.605 (lei de crimes ambientais). Ali se desenvolve um processo administrativo em que, ao final, é mantida a sanção de embargo. No curso desse processo administrativo, imaginando a derrota iminente nas instâncias administrativas, o particular sancionado decide ir a juízo para obter do poder judiciário um reconhecimento judicial da nulidade do embargo/interdição. No polo passivo, insere a União e o próprio IBAMA. Assim, essa demanda se desenvolve por anos na Justiça Federal e nela, em cognição exauriente, com ampla produção de provas e perícia complexa, identifica-se que não existem razões para afastar o embargo, reconhecendo então a ilegalidade e a violação dos deveres ambientais que estavam por trás das construções e edificações que deram origem à sanção administrativa. Uma vez que seja improcedente a demanda do autor, pergunta-se: não há aí uma tutela de um direito supraindividual? Não se formou um reconhecimento em favor do meio ambiente? Em favor do povo, de todos, da coletividade, das presentes e futuras gerações, enfim — termos usados no art. 225, *caput*, da CF/88, que definem a titularidade do direito ao meio ambiente ecologicamente equilibrado? E se procedente fosse? Não haveria o reconhecimento de um direito do particular contra todos esses titulares? Como esta, existem inúmeras demandas "individuais" que assim são vistas apenas porque ajuizadas pelo particular. É um equívoco. Existem mandados de segurança, ações anulatórias, ações declaratórias propostas por indivíduos, mas o conteúdo do debate envolve, de um lado, um interesse particular, exclusivo e, de outro, um interesse supraindividual. Por que esse olhar canhestro, acanhado?

Não tenha a ilusão de pensar que esses interesses e seus respectivos conflitos não se misturam. Pelo contrário, se amalgamam perfazendo **megaconflitos irradiantes em vários sentidos, tornando-se cada vez mais complexos e emaranhados entre si, o que é típico da sociedade líquida em que vivemos**. Daí a dificuldade de identificar num caso concreto cada um deles. Nada obstante esta dificuldade, é preciso ir além e identificar as peculiaridades de cada um deles, inclusive para extrair o melhor rendimento possível dos instrumentos que sejam voltados à sua tutela.

É preciso ter em mente que, em razão das transformações causadas pela sociedade de massa, o interesse pode ser estudado de várias perspectivas, sem que uma seja a certa e as outras sejam erradas. Pode-se estudar o fenômeno pelo objeto do interesse, pelos sujeitos que o titularizam, pela estabilidade das relações entre sujeito e objeto, pelo grau de aglutinação dos sujeitos, etc. Aqui seguiremos a opção e os critérios ditados pelo legislador.

Para tanto, contudo, não basta simplesmente trazer os conceitos estáticos (*lege lata*) contidos no art. 81, I, II e III, parágrafo único, do CDC para, depois de distingui-los, dar por encerrada a questão. (*Lege lata* é expressão latina que significa de acordo com a lei. Por sua vez, *lege ferenda* significa lei a ser criada.)

Não, o que se pretende é, a partir do conceito legal estabelecido no nosso ordenamento jurídico, encontrar na sociedade o que é realmente um interesse difuso, coletivo, individual homogêneo e individual puro, e, inclusive, o quase extinto "interesse público". Não é fácil porque, como sempre, a lei é, e o fato move-se. **É uma tolice imaginar que tais interesses, fervilhantes na sociedade, possam aninhar-se "quietinhos" num conceito fabricado pelo legislador. Em matéria ambiental, pululam exemplos de megaconflitos com interesses de variados tipos (individual puro, individual homogêneo, difuso), todos num zigue-zague e em rota de colisão**. Um bom exemplo disso é o desastre de Mariana causado pelo rompimento da barragem da Empresa Samarco. Há interesses de todos os tipos e todos os lados que ora convergem, ora divergem em relação às soluções judiciais que se apresentam.

## ■ 1.4. INTERESSES COLETIVOS *LATO SENSU*

### ■ 1.4.1. Introdução — art. 81, parágrafo único, do CDC[6]

Como já observara Alessandro Pizzorusso, as expressões interesse **comum**, interesse **social**, interesse **coletivo**, interesse **público**, **bem comum**, etc., são frequentemente usadas como sinônimos e **reclamam uma sistematização**.

Mais do que isso, diríamos que, com o "advento" dos denominados direitos difusos, é preciso definir, ou distinguir, qual seria o campo dos **interesses difusos** e dos **interesses públicos**, se é que existe um espaço diverso para uns e para outros.

Antes de se fazer a análise comparativa dos interesses coletivos com o interesse público, faz-se mister a **diferenciação, entre si, dos interesses coletivos**.

[6] Alessandro Pizzorusso, Interesse pubblico e interesse pubblici, *Rivista Trimestralle di Diritto e Procedura Civile*, p. 58 e ss.; Luis Filipe Colaço Nunes, A tutela dos interesses difusos, in *A tutela dos interesses difusos*, p. 30; no mesmo sentido, ver também: Rodolfo de Camargo Mancuso, *Interesses difusos*, p. 22; Vicenzo Vigoritti, *Interessi collettivi e processo. La legitimazione ad agire*, p. 18 e ss.; Massimo Severo Giannini, *Diritto amministrativo*, v. I, p. 109-110; F. Bricola, La tutela degli interessi collettivi nel processo penale, in *Le azione a tutela*, p. 133; A. Cerri, Interessi diffusi, interessi comuni, azione e difesa, in *Diritto e società*, p. 83 e ss.; Nelson Nery Júnior, Édis Milaré e Antonio Camargo de Mello Ferraz, *Ação civil pública e a tutela jurisdicional dos interesses difusos*, 1984.

O tema foi preocupação corrente dos processualistas brasileiros nas décadas de 1970 e 1980, como ainda ocorre na Itália.

Nosso legislador infraconstitucional, no entanto, depois de a **Lei da Ação Civil Pública (art. 1º)** e a própria **Constituição Federal (art. 129)** terem usado a expressão **interesses difusos e coletivos**, decidiu "pôr uma pá de cal" no assunto, definindo o conteúdo dos interesses coletivos.

E o fez por intermédio do **art. 81, parágrafo único, da Lei n. 8.078/90**, que instituiu o **Código de Defesa do Consumidor**. O diploma, embora seja voltado para a *defesa do consumidor*, tem a sua **parte processual (título III) aplicável à defesa de todo e qualquer direito coletivo *lato sensu*** (regra propositadamente inserida pelo legislador), tal como determina o **art. 117** das disposições finais e transitórias.

Assim, qualquer outra definição dos direitos coletivos *lato sensu* só é concebível de *lege ferenda*, uma vez que de ***lege lata* há expressa previsão conceitual** no direito positivo. Segundo o **art. 81, parágrafo único**, temos:

> "A defesa coletiva será exercida quando se tratar de:
>
> I — interesses ou direitos difusos, assim entendidos, para efeitos deste Código, os transindividuais, de natureza indivisível, de que sejam titulares pessoas indeterminadas e ligadas por circunstâncias de fato;
>
> II — interesses ou direitos coletivos, assim entendidos, para efeitos deste Código, os transindividuais de natureza indivisível, de que seja titular grupo, categoria ou classe de pessoas ligadas entre si ou com a parte contrária por uma relação jurídica base;
>
> III — Interesses ou direitos individuais homogêneos, assim entendidos os decorrentes de origem comum."

### ■ 1.4.2. Interesse e direito

Certamente, **direito** não é a mesma coisa que **interesse**, e isso fica evidente no próprio texto legal. Aliás, diz-se, normalmente, que **direito é o interesse juridicamente protegido**. Entretanto, por **ficção jurídica**, o legislador fez com que os **interesses** ali discriminados fossem **equiparados a direitos**, permitindo a sua tutela.

Essa equiparação tem raízes fincadas na dificuldade de se definir e separar um instituto do outro; para aumentar o rol de interesses juridicamente tuteláveis; para concretizar a existência de direitos que não são apenas normas instituidoras de programas na nossa constituição, tais como o direito do ambiente, o direito ao desporto, o direito à saúde, o direito à informação, entre outros direitos sociais que apresentam espectro difuso.

É de se notar que a antiga distinção entre interesse e direito parte de uma noção individualista, portanto privatista, de todo o Estado, em que este tinha por função precípua não violar direitos e garantias individuais.

Hoje, a sua função é menos negativa e mais positiva, na medida em que deve prestar, implementar e executar políticas públicas que indiquem os interesses sociais a serem perseguidos.

### 1.4.3. Art. 81, parágrafo único, I, II e III, do CDC: definição no direito brasileiro do conceito de interesses coletivos

Como foi dito anteriormente, o fato de tal dispositivo estar topograficamente inserido no título III do Código de Defesa do Consumidor não elide a sua **aplicabilidade a todo e qualquer direito coletivo *lato sensu* do ordenamento jurídico brasileiro**, seja ele de natureza comercial, trabalhista, civil, etc.

A imperatividade dessa afirmação decorre de regra claríssima prevista no **art. 117** deste mesmo diploma, que não permite outro entendimento.

### 1.4.4. O critério usado pelo legislador para especificar os interesses coletivos: interesses essencialmente coletivos e os acidentalmente coletivos

Retomando o que foi antes exposto, vemos que o legislador tinha a opção de **definir os direitos coletivos** a partir de seu **aspecto objetivo (objeto)** ou de seu **aspecto subjetivo (sujeito)**. Preferiu, como ficará claro, mesclar a utilização de **ambos os critérios**.

No transcrito art. 81, parágrafo único, pode-se identificar claramente **dois grupos distintos:** os direitos e interesses **essencialmente coletivos** e os **acidentalmente coletivos**.[7] Vejamos separadamente cada um deles.

Antes, porém, é muito importante, até para facilitar a compreensão da distinção dos tipos de interesses (difusos, coletivos e individuais homogêneos), fazer uma advertência: **um mesmo fato** pode se encaixar numa norma abstrata que tutela **direito difuso, coletivo ou individual**.[8]

---

[7] Expressão consagrada por José Carlos Barbosa Moreira, *Temas de direito processual*, p. 197.

[8] Segundo Nelson Nery Jr. (*Princípios do processo civil na Constituição Federal*, p. 112), "o que determina a classificação de um direito como difuso, coletivo, individual puro ou individual homogêneo *é o tipo de tutela jurisdicional que se pretende* quando se propõe a competente ação judicial. O mesmo fato pode dar ensejo à pretensão difusa, coletiva e individual". Nota-se na leitura de sua obra que a preocupação do jurista foi evitar afirmações perigosas do tipo "o meio ambiente é sempre difuso, o consumidor é sempre coletivo", etc., como expressamente menciona na mesma página da citação anterior, e, para esse intento, alcançou plenamente o seu objetivo.

Assim, por exemplo, tendo como fato jurídico a **poluição emitida por uma fábrica**, poderá este mesmo fato causar danos a direitos enquadráveis em cada uma das espécies de interesse coletivo:

- afetação do **equilíbrio ecológico:** direito **difuso** de toda a população;
- más **condições de trabalho** na fábrica: direito **coletivo** dos que ali trabalham;
- danos à **saúde** de alguns moradores da região: direitos **individuais homogêneos** de cada um dos afetados.

### ■ *1.4.4.1. Essencialmente coletivos: a transindividualidade dos titulares e a indivisibilidade do objeto*

Os interesses e direitos **difusos** e **coletivos** são denominados de essencialmente **coletivos** porque têm em comum o traço da **transindividualidade de seus titulares** e a **indivisibilidade de seu objeto**.

Levando-se em consideração suas definições, em contraste com a dos individuais homogêneos (acidentalmente coletivos), percebe-se que o nosso legislador teve grande inclinação pelo **critério objetivo**.

Pelo critério objetivo **(a indivisibilidade do bem)**, faz-se crer que a **necessidade individual** de cada um dos titulares é **irrelevante na fruição e na proteção desse mesmo bem**. Se o **bem é indivisível**, pode-se dizer que, independentemente do vínculo que possa existir entre os sujeitos titulares, o fato é que a **satisfação de um implica a de todos eles**.

Em outros termos, significa afirmar que a indivisibilidade do bem faz com que **todos os seus titulares** se encontrem em **posição idêntica sobre o objeto do interesse**.[9]

Assim é que o caráter transindividual dos direitos essencialmente coletivos não é a pedra de toque que nos permite distinguir os difusos dos coletivos propriamente ditos, já que **nenhum deles pertence ao indivíduo egoisticamente falando**, segundo o legislador. Ambos são, destarte, transindividuais.

No caso dos **coletivos**, pertencem ao sujeito enquanto partícipe de um **grupo**, **categoria** ou **classe** de pessoas **bem definida por uma relação jurídica base**.

Já para o caso dos **difusos**, também definidos como transindividuais pelo legislador, tais "interesses **não encontram apoio em uma relação-base bem**

[9] José Carlos Barbosa Moreira, ao analisar os interesses difusos e coletivos, diz que seus titulares "se põem numa espécie de comunhão tipificada pelo fato de que a satisfação de um só implica por força a satisfação de todos, assim como a lesão de um só constitui, *ipso facto*, a lesão da inteira coletividade" (José Carlos Barbosa Moreira, A legitimação para a defesa dos interesses difusos no direito brasileiro, in *Temas de direito processual*, p. 184). No mesmo sentido: José Roberto dos Santos Bedaque, *Direito e processo*, p. 34.

**definida**, reduzindo-se o vínculo entre as pessoas a **fatores conjunturais** ou extremamente **genéricos**, a dados de fato frequentemente **acidentais e mutáveis:** habitar a mesma região, consumir o mesmo produto, viver sob determinadas condições socioeconômicas, sujeitar-se a determinados empreendimentos, etc.".[10]

Pode-se concluir, pela rasa leitura dos incisos I e II do art. 81, parágrafo único, do CDC, que o divisor de águas entre o interesse **difuso** e o interesse **coletivo** é o aspecto **subjetivo**. Assim, se o **critério objetivo** foi o determinante para colocá-los na vala comum dos **interesses essencialmente coletivos**, foi o critério subjetivo que o legislador adotou para diferenciar um do outro.

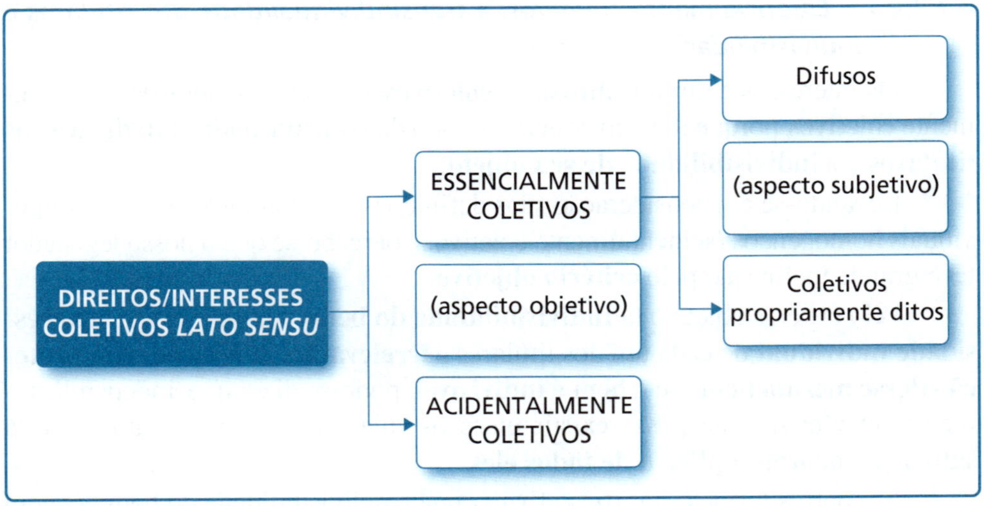


### ■ *1.4.4.1.1. Os coletivos propriamente ditos*

A redação do inciso II (interesses **coletivos**) do art. 81, parágrafo único, do CDC faz crer que o seu **titular** é um **grupo**, **categoria** ou **classe** de pessoas.

O **vínculo** que permite **identificar esse grupo/categoria/classe** vem descrito da seguinte forma na norma em comento: ***ligadas entre si ou com a parte contrária por uma relação jurídica base***.

Significa dizer que o grupo, a categoria ou a classe de pessoas estão **ligados entre si** (relação institucional, como uma associação, um sindicato, uma federação, etc.) ou, alternativamente, é possível que esse vínculo jurídico emane da própria **relação jurídica existente com a parte contrária**. A relação **"entre si"** a que alude o legislador pode-se dar **antes de um ilícito** ou ser **derivada de um**

[10] Ada Pellegrini Grinover, *A tutela dos interesses difusos*, p. 30. No mesmo sentido: José Carlos Barbosa Moreira, A ação popular do direito brasileiro como instrumento de tutela jurisdicional dos chamados *interesses difusos*, in *Temas de direito processual*, p. 111-112.

**ilícito comum**. Certamente que, no primeiro caso, existe mais coesão e, portanto, menos conflituosidade interna.

A preocupação do legislador em estender a proteção ao grupo de pessoas que não possuam vínculo entre si, mas, sim, **com a parte contrária**, decorre do fato de que, **não sendo obrigatório o associativismo** (liberdade pública), é possível que mesmo a pessoa **não sendo associada a uma categoria**, ainda assim seja **titular de um direito coletivo**, pelo simples fato de que possui, como o associado, uma relação jurídica base com a parte contrária.

Assim, por exemplo, numa demanda proposta pelo sindicato para obrigar o patrão a colocar filtro sonoro no interior da fábrica, serão titulares de direito coletivo e, portanto, atingidos pela coisa julgada tanto aquele que seja quanto o que não seja sindicalizado.

Não é, portanto, a existência de um eventual vínculo associativista que faz com que o direito seja coletivo.

> Em resumo, o **interesse coletivo** (organizado entre si ou não) será coletivo por causa do seu **objeto indivisível** que pertença a um **número determinável de titulares**.

Este parece ter sido o motivo de se dizer no art. 81, parágrafo único, II, do CDC que o titular é o grupo, categoria ou classe de pessoas ligadas entre si *ou com a parte contrária por uma relação jurídica base*.

As expressões **grupo**, **categoria** ou **classe** de pessoas devem ser compreendidas como classe de pessoas que sejam titulares (enquanto coletividade) de um **objeto indivisível**.

Aliás, a regra da **coisa julgada** prevista no CDC em seu art. **103, II**, é correspondente ao art. 81, parágrafo único, II, do mesmo código, e confirma o que foi afirmado no texto. Tanto que fala em **coisa julgada *ultra partes*, mas limitada ao grupo, categoria ou classe**, expondo claramente que a coisa julgada neste caso não se aplica somente ao ente coletivo impulsionador da demanda, mas àquelas pessoas que estejam a ele filiadas ou não, enfim, àquelas que sejam titulares do objeto tutelado.

#### ■ *1.4.4.1.2. O interesse difuso*

Segundo o transcrito parágrafo único do art. 81 do CDC, a **distinção** entre interesse **difuso** e interesse **coletivo** se faz por intermédio da **determinabilidade dos titulares do interesse:** enquanto neste são **determináveis**, naquele são **indetermináveis**.

Entretanto, esta não nos parece ser a única distinção entre um e outro. A diferença entre o interesse difuso e o interesse coletivo é **ontológica**, porque, enquanto o interesse **coletivo está diretamente ligado ao atendimento de um interesse privado de uma coletividade**, exclusivo e egoísta dessa mesma coletividade, que quase sempre se organiza para atender a suas exigências e pretensões (caráter egoísta em prol da coletividade), o interesse **difuso possui uma veia pública, não exclusiva, heterogênea (por causa da dispersão) e plural**.

Nesse ponto, o critério da exclusividade do interesse também merece destaque e, de certa forma, decorre dessa dispersão do aspecto subjetivo que distancia um do outro. Ora, se no interesse coletivo os titulares são determináveis, então é sinal de que existe o caráter exclusivo de fruição desse interesse por parte da categoria a qual o interesse pertença. É exatamente esse aspecto que se pode dizer caracterizar um interesse egoísta (em prol apenas daquela coletividade determinada) e visando atender aos interesses concretos de cada um de seus membros.

Já no interesse **difuso**, por seu grau de **dispersão** e pela **indeterminabilidade** de seus titulares, **não se pode atribuir qualquer tipo de exclusividade na fruição do objeto do interesse**. Tanto isso é verdade que o **vínculo** que une os titulares desse direito é apenas uma ***circunstância de fato***, tal como determina o CDC, art. 81, parágrafo único. O exposto é endossado, ainda, pela regra da **coisa julgada (art. 103, I)**, no sentido de que esta tem **eficácia *erga omnes***.

Não há dúvidas de que existe uma limitação dos titulares de um interesse difuso. Todavia, torna-se **impossível a demarcação desse limite**, simplesmente porque **não se pode identificar cada um dos titulares** e, mais ainda, porque **o elo entre tais sujeitos é uma circunstância de fato**, caracterizando-se, pois, por um estado de fluidez completo, instável e contemporâneo.

Assim, o que une os titulares do direito difuso é algo **circunstancial e fluído**, tal como o fato de serem, por exemplo, consumidores de um produto, moradores de um bairro, etc.

Também por isso, é clara e induvidosa a possibilidade de **conflituosidade interna** entre os titulares, muito mais acentuada do que no interesse coletivo, já que no interesse difuso a ligação entre os membros titulares são meras circunstâncias de fato.

Fica claro, ainda, que o interesse **difuso** é **heterogêneo** e isso decorre do fato de o vínculo que une os seus titulares ser circunstancial (habitantes de uma mesma região, consumidores de um mesmo produto, etc.), ao passo que o interesse **coletivo** é **homogêneo**, na medida em que a coletividade persegue interesses previsivelmente queridos pelos seus membros. Aliás, é justamente o vínculo organizacional e corporativista de uma categoria que prevalece no interesse coletivo, resultando daí a homogeneidade mencionada.

Também se assevere que, se os interesses **difusos** possuem uma **"veia pública"**, é porque a indeterminabilidade de seus sujeitos pressupõe o raciocínio de que o interesse em jogo é disperso, de tal maneira que **atinge um número ilimitado de pessoas**, dando-lhe uma conotação publicista.

Já os interesses **coletivos** são coletivos seja para dez, vinte, trinta ou mil pessoas, porém **sempre determináveis**. Visam o benefício de cada uma dessas pessoas como partícipes dessa coletividade e de mais ninguém que não seja titular desse interesse. Exatamente por isso é que se diz possuir uma **veia privatística (da categoria)**.

Não nos olvidemos de que, muito embora o Código tenha utilizado a expressão *transindividual* tanto para o interesse coletivo quanto para o interesse difuso, não nos parece que essa *transcendência* do indivíduo possa ser vista da mesma forma para ambos os casos. Isso porque o interesse coletivo refere-se "a categorias organizadas para a tutela de interesses específicos (e, logo, diferenciados) dos próprios aderentes (...)",[11] mas que em última análise visam beneficiar os próprios titulares desse interesse.

Em contrapartida, o interesse difuso não é um direito que pertença a uma categoria que possua fins próprios e se organize para atender às necessidades de uma categoria. Pelo contrário, o interesse difuso é assim entendido porque, objetivamente, "estrutura-se como um interesse pertencente a todos e a cada um dos componentes da pluralidade indeterminada que se trate. Não é um simples interesse individual, reconhecedor de uma esfera pessoal e própria, exclusiva de domínio. O interesse difuso é o interesse de todos e de cada um ou, por outras palavras, é o interesse que cada indivíduo possui pelo fato de pertencer à pluralidade de sujeitos a que se refere a norma em questão".[12]

### ■ *1.4.4.2. Os interesses acidentalmente coletivos (individuais homogêneos)*

Já com relação à terceira categoria de *interesses coletivos lato sensu*, os **individuais homogêneos**, previstos no art. 81, parágrafo único, III, do CDC, percebe-se que o legislador foi econômico em definições, tendo referido apenas que são aqueles de ***origem comum***.

O precursor da expressão *individuais homogêneos* foi Barbosa Moreira,[13] expoente maior do direito processual brasileiro, que, ao fazer uma análise sobre a *class action for damages* do direito norte-americano, referiu-se a estes direitos

---

[11] Vittorio Denti, Relazione introduttiva. In: *Le azioni a tutela di interessi collettivi*, p. 16.

[12] Luis Filipe Colaço Antunes, *A tutela dos interesses difusos em direito administrativo para uma legitimação procedimental*, p. 22.

[13] Cf. *Temas de direito processual civil*, p. 10.

como **feixe de interesses individuais homogêneos e paralelos**. Trata-se de interesse coletivo de natureza híbrida porque possui tanto características supraindividuais (titulares identificados por um conceito padrão de indivíduo) quanto individuais (o interesse é divisível e se personifica em cada um dos indivíduos *standard* ou padrão). Esses interesses tanto podem ser protegidos por intermédio de técnicas coletivas do art. 91 e ss. do CDC como também podem ser protegidos por intermédio de julgamento de casos repetitivos, como no caso do IRDR, embora este não seja a função precípua deste instituto.

### 1.4.4.3. *Quadro sinótico dos direitos e interesses coletivos* lato sensu

| | PREVISÃO LEGAL | OBJETO | SUJEITOS | COISA JULGADA | CARACTERÍSTICAS |
|---|---|---|---|---|---|
| DIFUSOS | ■ CDC, art. 81, PU, I | ■ Indivisível | ■ Indetermináveis | ■ *Erga omnes* | ■ Interesses públicos (heterogêneos) |
| COLETIVOS *STRICTO SENSU* | ■ CDC, art. 81, PU, II | ■ Indivisível | ■ Determináveis enquanto grupo | ■ *Ultra partes*, mas limitada ao grupo | ■ Interesses privados de uma coletividade (homogêneos) |
| INDIVIDUAIS HOMOGÊNEOS | ■ CDC, art. 81, PU, III | ■ Divisível | ■ Indivíduos determinados ou determináveis, mas não identificados | ■ *Erga omnes* | ■ Interesses hibridamente coletivos, oriundos de um mesmo ato-fato-tipo para um mesmo padrão de titularidade, mas divisíveis para cada indivíduo formador deste padrão de titularidade |

## 1.5. INTERESSES DIFUSOS E INTERESSE PÚBLICO

Retomando o que foi exposto antes, relativamente à transformação do Estado Liberal para o Estado Social, vimos que a **dicotomia entre o Público e o Privado surgiu do liberalismo**, em que se entendia por público tudo que não fosse particular, dada a supervalorização do individual e quase nenhuma participação ou intervencionismo estatal.

Foi somente com o **Estado Social** que este passou a ter uma **atuação mais presente, positiva**, tendo por incumbência o dever de dar ao cidadão as **garantias sociais**.

Nesse diapasão, é perceptível que o **modelo público/privado** já não servia mais para atender à filosofia e aos princípios exigidos pelo Estado Social. Assim, fazia-se necessária uma **revisitação do conceito de interesse público**, não mais visto apenas como algo residual ao interesse particular; ou, para se manter a conceituação já existente, seria mister enxergar uma **nova ordem de direitos situados no hiato da referida dicotomia do Estado Liberal: os direitos difusos**.

Com esse introito, estamos aproximando sensivelmente o interesse público do interesse difuso. A distinção é tormentosa e não há posicionamento sedimentado a respeito do assunto. A doutrina limita-se a fazer referência sobre um e outro interesse, sem se preocupar em definir onde um começa e onde o outro termina.

Tendo-se já definido interesse difuso, resta-nos, nesta análise comparativa, **definir antes o que seja interesse público**.

### ■ 1.5.1. A estrutura do interesse público

Revisitando as aulas de Língua Portuguesa do ensino fundamental, veremos que o vocábulo ***público*** é expressão adjetiva sinônima da locução ***"do povo"***. Assim, qualquer busca pelo conceito de interesse público deve ter como ponto de partida a premissa de que se trata de um **interesse do povo**.

Ademais, como a estrutura do interesse compreende a ideia de um sujeito com determinada necessidade que se relaciona com um objeto que julga ser capaz de saciá-la, também aqui devemos fazer a análise do que seja *interesse público*. Considerando que a qualificação **do interesse (público = do povo)** refere-se ao seu aspecto subjetivo, teremos que admitir que o interesse público, em sua estrutura mais singela, será o **produto das necessidades da sociedade**.

Em outras palavras, mais precisas, seria o interesse público "(...) uma dimensão pública dos interesses individuais (...) o interesse resultante do conjunto dos interesses que os indivíduos pessoalmente têm quando considerados em sua qualidade como membros da Sociedade e pelo simples fato de o serem (...) é um interesse igualmente pessoal dessas mesmas pessoas ou grupos, mas que comparecem enquanto partícipes de uma coletividade maior na qual estão inseridos (...)".[14]

### ■ 1.5.2. O papel do Estado: interesse público primário e secundário

Diante do que foi exposto, percebe-se ser falacioso dizer que o interesse público é o interesse do Estado, não só porque distancia dito interesse dos seus titulares (membros que o Estado representa), mas também porque existem interesses outros desse ente representativo que lhes são particulares (privados).[15]

Para evitar a confusão desses papéis assumidos pelo Estado é que a doutrina italiana[16] fez a distinção entre **interesse público primário** e **interesse público secundário**.

---

[14] Celso Antonio Bandeira de Mello, *Curso de direito administrativo,* p. 57-59.

[15] "Assim, é igualmente admitido que o Estado, embora possa exercer direitos privados, seja uma pessoa colectiva cujo regime jurídico se encontra por natureza no Direito Público" (Marcelo Caetano, *Manual de direito administrativo*, p. 182).

[16] Ver, por todos, Renato Alessi, *Sistema instituzionle del diritto amministrativo italiano*, p. 197 e ss.

O **interesse público primário** é o interesse público propriamente dito, **pertencente ao povo**, o qual o **Estado (como ente representativo) se encarrega de promover e efetivar**.

Já o **interesse público secundário** diz respeito ao **interesse privado que o Estado possui como pessoa jurídica de direito público**, capaz de ter direitos e obrigações como os demais sujeitos de direito (REsp 799.841/RS, rel. Min. Luiz Fux, 1ª Turma, julgado em 18-10-2007, *DJ* 8-11-2007, p. 169).

Obviamente, **jamais se poderia pensar na hipótese de o Estado atender a seus interesses secundários em detrimento ou contrariamente aos interesses primários**, já que são estes que ditam e governam a sua função. Apenas quando não colidir com os interesses primários é que o Estado deve exercer o interesse secundário, sob pena de subverter o sistema.

### ■ 1.5.3. O conteúdo do interesse público (primário): os interesses difusos

Há, sem dúvida, uma insuficiência jurídica em precisar quais seriam os interesses públicos, criando-se uma identificação que fosse perene e servisse para todas as situações de fato. Dizer simplesmente que o interesse público é o interesse geral, o bem-estar, que são as necessidades coletivas, etc., é ser demasiadamente abstrato e permanecer numa zona grísea e indefinida.[17]

Dada a **existência de interesses de toda ordem dispersos na sociedade** (*v.g.*, o interesse dos moradores de um bairro pode não ser o mesmo do restante dos munícipes), torna-se impossível "a formulação de um conceito suficientemente genérico (do interesse público) para abranger um número muito grande de situações, envolvendo opções entre uma pluralidade de interesses dispersos pela sociedade, na maior parte dos casos excludentes".[18]

O conflito existente na descoberta de qual seria o **conteúdo concreto do interesse público**, segundo pensamos, deve ser visto, também, pela **ótica da mudança do papel do Estado** no pós-guerra (superação do Estado Liberal). Atualmente, num Estado Democrático de Direito, o referido ente possui o **dever de prestar** (*facere*, obrigação positiva) aos cidadãos os **direitos "sociais" de modo concreto**, permitindo e entregando, realisticamente, a qualidade de vida aos membros que representa.

Se antes o interesse público limitava-se a ser um coadjuvante da liberdade individual, assegurando a sua plenitude, hoje a regra é bem diferente, e o papel

---

[17] Exatamente por isso temos que uma coisa "é a estrutura do interesse público, e outra é o próprio delineamento, no sistema normativo, de qual ou tal interesse que, perante esse mesmo sistema, seria reconhecido como dispondo dessa qualidade" (Celso Antonio Bandeira de Mello, *Curso de direito administrativo*, p. 65-66).

[18] Carlos Alberto de Salles, *Execução judicial em matéria ambiental*, p. 19-20.

principal assumido pelo Estado não é omissivo (obrigação negativa), senão, pelo contrário, é o de dar aos cidadãos os direitos sociais que possuem. Isso significa atender, primariamente, ao interesse público.

Essa revisitação do interesse público torna menos embaçado o seu conteúdo, ao mesmo tempo em que faz com que os seus titulares possam conhecê-lo porque o enxergam melhor e, assim, possam exigir do Estado a conduta positiva que dele se espera. É o que acontece com os direitos ao **meio ambiente**, à **segurança pública**, ao **desporto**, ao **lazer**, à **saúde**, à **informação**, entre tantos outros interesses que, antes escondidos no ideal liberal individualista, só a partir da metade do século passado puderam ser **içados à categoria autônoma de direitos exigíveis do Estado**, que, em contrapartida, tem o dever de prestá-los aos membros que representa.

Admitindo-se, pois, que a República Federativa do Brasil é um Estado Democrático de Direito e que o seu poder emana do povo, e considerando-se ainda que o **Estado** atua por intermédio de **funções legislativas, executivas e judiciárias**, certamente teremos que o **conteúdo do que é interesse público** deve estar inserido no texto constitucional brasileiro e, portanto, a sua **persecução pode ser feita por intermédio dos três poderes**.

É o que ensina Carlos Alberto de Salles: "Na verdade, qualquer decisão social, produzida ou não através dos vários mecanismos estatais, incorpora opções por um entre vários interesses relevantes, traduzindo uma dada avaliação sobre qual deles, em uma determinada alocação de recursos públicos (bens ou serviços), melhor atende ao objetivo social que se quer alcançar por meio de uma determinada ação. A essência de qualquer política pública, levada adiante pelo executivo, legislativo ou judiciário, é distinguir e diferenciar, realizando a distribuição dos recursos disponíveis na sociedade".[19]

Pelo que foi exposto, portanto, o **Estado**, nas três esferas de poder (legislativo, executivo e judiciário), realiza o interesse público **em cada momento específico em que exercita a sua função típica**, levando em consideração as regras basilares da Constituição Federal.

> O que fica claro é que o **conteúdo** do interesse público é **definido em cada caso concreto** no exercício das funções pelo ente político competente para tal.

Exatamente por isso, colocamos em xeque a existência de um interesse público geral que não seja o abstrato (bem-estar, harmonia da sociedade, ordem pública, etc.), porque, quando se pretende exercê-lo na prática, certamente diver-

[19] Carlos Alberto de Salles, *Execução judicial em matéria ambiental*, p. 62.

sos interesses serão excluídos da esfera de proteção por "opção" do ente político no exercício de sua função.

Diante disso, preferimos dizer que o acerto está com Colaço Antunes,[20] para quem os interesses públicos "são finalidades concretas, que os órgãos e entes públicos devem realizar, e que **num ordenamento de base pluralista há tantos interesses públicos como comunidades existentes no âmbito do mesmo**. (...) isto quer dizer que o interesse público como entidade única não existe mais, ou melhor, existe só em abstracto, existindo na realidade, como consequência dos confrontos e dos conflitos entre particulares, públicos e coletivos, o interesse público concreto".

Em conclusão ao que foi exposto, podemos dizer que, com a transformação do Estado de liberal para social, o interesse público **deixou de ser aquilo que não era individual para ser aquilo que é do povo**.

Essa mudança de postura estatal (de omissiva a comissiva) fez com que diversos direitos relativos à entrega de qualidade de vida passassem a ser exigidos pela sociedade, impondo-se um dever ao Estado de prestá-los. Nesse ponto, **o papel do Estado** passou a ser o de **efetivar os interesses públicos primários (cujo titular é o povo)**, separando-os daqueles que correspondem ao seu interesse privado (secundário) e que só podem ser perseguidos quando não confrontem com o interesse primário.

O **conteúdo desses interesses primários**, numa **sociedade pluralista** como a nossa, só se define no **caso concreto**, pela proteção desta ou daquela situação pelo ente político competente no exercício de sua função. O fim almejado na adoção desta ou daquela posição pelo Estado deve ter por norte as regras e os princípios constitucionais abstratamente considerados.

Interessante notar que mesmo o **Superior Tribunal de Justiça** já deixou assentada a impossibilidade de se definir aprioristicamente, em abstrato, o que seria ou não de **interesse público**. Trata-se, segundo afirma, de conceito jurídico indeterminado, a ser preenchido caso a caso. Vejamos trecho de ementa do julgamento do **REsp 786.328/RS:**

> "Pode-se afirmar, utilizando a classificação de Engisch, que interesse social encerra **conceito jurídico indeterminado** (porque o seu 'conteúdo e extensão são em larga medida incertos') e normativo (porque 'carecido de um preenchimento valorativo'), e sua função 'em boa parte é justamente permanecerem abertos às mudanças das valorações'.

[20] Luis Filipe Colaço Antunes, *A tutela dos interesses difusos em direito administrativo para uma legitimação procedimental*, p. 38.

> Conforme observou o Ministro Sepúlveda Pertence, em voto proferido no Supremo Tribunal Federal, 'é preciso ter em conta que o interesse social **não é um conceito axiologicamente neutro**, mas, ao contrário — e dado o permanente conflito de interesses parciais inerente à vida em sociedade — é ideia carregada de ideologia e valor, por isso, **relativa e condicionada ao tempo** e ao espaço em que se deva afirmar'.
>
> É natural, portanto, que os interesses sociais **não comportem definições de caráter genérico com significação unívoca**. Como demonstrou J. J. Calmon de Passos, 'a individualização do interesse público não ocorre, de uma vez por todas, em um só momento, mas deriva da constante combinação de diversas influências, algumas das quais provêm da experiência passada, enquanto outras nascem da escolha que cada operador jurídico singular cumpre, *hic et nunc*, no exercício da função que lhe foi atribuída. Assim, a atividade para individualização dos interesses públicos é uma atividade de interpretação de atos e fatos e normas jurídicas (recepção dos interesses públicos fixados no curso da experiência jurídica anterior) e em parte é uma valoração direta da realidade pelo operador jurídico, atendidos os pressupostos ideológicos e sociais que o informam e à sociedade em que vive, submetidos à ação dos fatos novos, capazes de modificar juízos anteriormente irreversíveis'" (STJ, 1ª Turma, REsp 786.328/RS, Min. Luiz Fux, *DJ* 8-11-2007).

Os **direitos difusos** seriam, portanto, esses **interesses protegidos pelo Estado em cada caso concreto**. Isso nos permite antever a existência de "choques" de interesses difusos dentro de uma mesma comunidade, cabendo ao Estado, no exercício da função, proteger este ou aquele segundo os ditames constitucionais. Estes choques serão resolvidos pelo uso do **princípio da proporcionalidade**, que permite sobrepor, usando a máxima do sopesamento (mal maior e mal menor, no caso concreto), qual deve ser o princípio utilizado pelo operador do direito e, portanto, qual o interesse tutelado.

### ■ 1.5.4. Quadro sinótico sobre o interesse público

| INTERESSE PÚBLICO | |
|---|---|
| Primário | Secundário |
| ■ Pertence ao povo.<br>■ Estado é encarregado de promover (Executivo, Legislativo e Judiciário).<br>■ Conteúdo: interesses difusos.<br>■ Definidos no caso concreto (sociedade pluralista, diversos interesses em jogo, princípio da proporcionalidade). | ■ Pertence ao Estado como pessoa jurídica de direito público.<br>■ Apenas pode ser atendido quando não colidir com o interesse público primário. |

## ■ 1.6. INTERESSE DIFUSO E INTERESSE LEGÍTIMO

Segundo Oswaldo Aranha Bandeira de Mello, os **interesses legítimos** podem ser definidos como "(...) interesses **ocasionalmente protegidos** e **direitos**

**imperfeitos**. Conferem interesse legítimo aos administrados as normas de direito objetivo que regem a realização de interesse coletivo, mas, reflexamente, ao mesmo tempo, satisfazem o interesse de determinados indivíduos. Assim, tais particulares, a que as regras objetivas concretamente atingem, têm interesse especial na sua observância".[21]

Para exemplificar a figura supracitada, Mancuso[22] assevera que a "norma jurídica que protege os mananciais de água potável é direcionada à *generalidade* da população, uma vez que intenta preservar a *qualidade de vida*; todavia, acaba conferindo uma proteção *especial* àquela parcela da população que habita nas proximidades desses mananciais; e que, de fato, tem *mais* interesse do que terceiros em que tais mananciais sejam preservados".

Portanto, os **interesses legítimos** seriam aqueles que têm uma **proteção reflexa**, já que o objeto precípuo de tutela da norma não seria o direito individual. Porém, **protegendo-se o interesse geral, acabam-se tutelando, por tabela, interesses particulares**. Qualquer tentativa de aproximação conceitual com os interesses difusos é equívoca porque, ontologicamente, são diversos os interesses, e o próprio tratamento pelo direito positivo é distinto.

Geneticamente são diversos, porque o interesse **difuso** tem **alma pública**, enquanto o **legítimo** é **privado**. O **objeto** de interesse difuso é indivisível, enquanto o objeto de tutela do interesse legítimo é **divisível**. Isso permite afirmar que o interesse difuso não é exclusivo, ao passo que o mesmo não se pode dizer do interesse legítimo. Destarte, o grau de **indeterminabilidade** do interesse difuso faz com que o vínculo que agrega os seus titulares seja circunstancial, ligado a uma situação de fato, enquanto os interesses legítimos possuem titulares cujo vínculo pode ser mais bem visualizado na medida em que se permitem identificar os sujeitos beneficiados reflexamente pelo direito tutelado de forma geral.

Outrossim, sob o ponto de vista do reconhecimento jurídico do interesse pelo direito positivo, larga é a distância entre eles. O **interesse difuso**, por expressa dicção legal (art. 81, parágrafo único, I, do CDC), foi **equiparado por ficção jurídica à condição de direito**, portanto objeto de tutela, enquanto o interesse legítimo é apenas uma **expectativa oriunda de uma proteção reflexa**. Caso o interesse individual seja aviltado, será tutelado como direito subjetivo individual, podendo-se, se for o caso, fazer uso da coisa julgada *in utilibus* (art. 104 do CDC) quando se tiver tutelado um direito essencialmente coletivo (difuso ou coletivo propriamente dito).

Recorde-se que em matéria ambiental, por expressa dicção do artigo 14, § 1º, é o poluidor obrigado, independentemente da existência de culpa, a indenizar

---

21 Oswaldo Aranha Bandeira de Mello, *Princípios gerais do direito administrativo*, v. I, p. 203.

22 Rodolfo de Camargo Mancuso, *Interesses difusos*, p. 65.

ou reparar os danos causados ao meio ambiente *e a terceiros*, afetados por sua atividade.

Portanto, é absoluta a diferença entre ambos e, se tivesse que ser feita uma aproximação com alguma modalidade de direito no ordenamento jurídico positivo, decerto seria com os direitos subjetivos individuais.[23]

### 1.6.1. Quadro comparativo entre o interesse difuso e o interesse legítimo

| INTERESSE DIFUSO | INTERESSE LEGÍTIMO |
|---|---|
| INTERESSE PÚBLICO | ■ Interesse privado reflexamente atendido quando se tutela o interesse geral |
| OBJETO INDIVISÍVEL | ■ Objeto divisível |
| TITULARES INDETERMINÁVEIS | ■ Titulares determináveis |
| EQUIPARADO AOS DIREITOS | ■ Ocasionalmente protegido como direito individual |

## 1.7. QUESTÕES DE CONCURSO

**1. (FCC/2009 — DPE/MA) A defesa coletiva será exercida quando se tratar de interesses ou direitos**

a) difusos, assim entendidos os transindividuais, de natureza divisível, de que sejam titulares pessoas determinadas e ligadas por circunstâncias de fato.
b) coletivos, assim entendidos os transindividuais, de natureza divisível de que seja titular grupo, categoria ou classe de pessoas ligadas entre si ou com a parte contrária por uma relação jurídica base.
c) individuais homogêneos, assim entendidos os transindividuais, de natureza divisível de que seja titular grupo, categoria ou classe de pessoas ligadas entre si ou com a parte contrária decorrentes de origem comum.
d) coletivos, assim entendidos os transindividuais, de natureza indivisível de que seja titular grupo, categoria ou classe de pessoas ligadas entre si ou com a parte contrária por uma relação jurídica base.
e) difusos, assim entendidos os transindividuais, de natureza indivisível de que seja titular grupo, categoria ou classe de pessoas ligadas entre si ou com a parte contrária por circunstâncias de fato.

**2. (FCC/2010 — DPE/SP) Uma comunidade carente, vitimada pela perda de suas moradias e mobiliários por força de enchentes sucessivas em seu bairro, caracteriza, para fins de tutela metaindividual, qual categoria de direitos?**

a) Direitos individuais homogêneos, com titulares determinados, ligados entre si por relação jurídica base.
b) Direitos individuais homogêneos, com titulares determinados, ligados entre si por circunstância de fato.
c) Direitos transindividuais, de natureza indivisível, com titulares de direitos determinados, ligados com a parte contrária por circunstância de fato.

[23] Nesse sentido, ver Rodolfo de Camargo Mancuso, *Interesses difusos*, p. 69.

d) Direitos transindividuais, de natureza indivisível, com titulares indetermináveis, ligadas por circunstância de fato.
e) Direitos coletivos, com titulares indetermináveis, ligados entre si por relação jurídica base.

**3. (CESPE/2009 — DPE/AL) Julgue o item a seguir:**

Interesses individuais homogêneos são aqueles de classe de pessoas determinadas ou determináveis, que compartilham prejuízos decorrentes de origem comum.

( ) certo ( ) errado

**4. (CESPE/2009 — DPE/AL) Julgue o item a seguir:**

O objeto dos interesses difusos é transindividual e tem natureza divisível.

( ) certo ( ) errado

**5. (CESPE/2009 — DPE/AL) Julgue o item a seguir:**

O interesse público primário pode ser identificado como o interesse social ou da coletividade, e o interesse público secundário, como o modo pelo qual os órgãos da administração veem o interesse público.

( ) certo ( ) errado

**6. (CESPE/2010 — BRB/Advogado) Com relação ao direito do consumidor, julgue os itens a seguir:**

Nas ações coletivas para a defesa de interesses individuais homogêneos, em caso de procedência do pedido, a condenação é específica, fixando exatamente o valor a ser pago aos consumidores lesados.

( ) certo ( ) errado

**7. (FCC/2002 — MPE/PE) Nas ações coletivas de que trata o Código de Defesa do Consumidor (Lei n. 8.078/90), a sentença fará coisa julgada:**

a) *erga omnes*, exceto se o pedido for julgado improcedente por insuficiência de provas, hipótese em que qualquer legitimado poderá intentar outra ação, com idêntico fundamento, valendo-se de prova, na hipótese de interesses ou direitos difusos.
b) *erga omnes* apenas no caso de procedência do pedido, para beneficiar todas as vítimas e seus sucessores, na hipótese de interesses ou direitos difusos.
c) *ultra partes*, exceto se o pedido for julgado improcedente por insuficiência de provas, hipótese em que qualquer legitimado poderá intentar outra ação, com idêntico fundamento, valendo-se de nova prova, na hipótese de interesses ou direitos coletivos.
d) *erga omnes*, mas limitadamente ao grupo, categoria ou classe, salvo improcedência por insuficiência de provas, quando se tratar de interesses ou direitos coletivos.
e) *ultra partes*, mas limitadamente ao grupo, categoria ou classe, salvo improcedência por insuficiência de provas, no caso de interesses individuais homogêneos.

**8. (CESPE/2012 — DPE/RO — Defensor Público) Com relação aos interesses coletivos, assinale a opção correta.**

a) Os titulares de interesses coletivos em sentido estrito agregam-se por circunstâncias de fato.
b) Os titulares de interesses difusos são caracterizados pela indeterminabilidade relativa.
c) Os titulares de interesses difusos ligam-se por relação jurídica base.
d) Os interesses individuais homogêneos são caracterizados por uma transindividualidade artificial ou relativa.
e) O objeto dos interesses individuais homogêneos é indivisível.

**9. (CESPE/2013 — TRF/5ª Região — Juiz Federal) O direito ao meio ambiente é um direito de interesse:**

a) individual homogêneo de grande relevância social.
b) coletivo.
c) difuso.
d) meramente individual.
e) exclusivo do poder público.

**10. (FCC/2014 — DPE/PB — Defensor Público) É um exemplo concreto de direito coletivo *stricto sensu*:**

a) Contaminação da orla de João Pessoa por vazamento de óleo de navio petroleiro.
b) Suspensão do fornecimento de merenda em determinada escola estadual, por ato do Governador do Estado, por falta de recursos financeiros para nova licitação, prejudicando as crianças já matriculadas.
c) Suspensão dos festejos de São João em Campina Grande por determinação do Prefeito do Município em razão do lixo que se acumula em decorrência da festa.
d) Indenização das vítimas de acidente rodoviário em razão de abalroamento de ônibus de passageiro com veículo de passeio ocasionado pelas péssimas condições de manutenção de rodovia federal.
e) Suspensão da coleta de lixo no município de Bayeux, em razão do término do contrato com a empresa responsável.

**11. (VUNESP/2014 — DPE/MS — Defensor Público) A tutela dos direitos coletivos em sentido amplo poderá ser exercida quando se tratar de:**

a) direitos difusos, assim entendidos os transindividuais de natureza indivisível, de que sejam titulares pessoas indeterminadas ou não, ligadas por circunstâncias de fato.
b) direitos coletivos em sentido estrito, assim entendidos os transindividuais, de natureza indivisível, de que seja titular grupo, categoria ou classe de pessoas ligadas entre si ou com a parte contrária por uma relação jurídica base.
c) direitos individuais homogêneos, assim entendidos os decorrentes de origem comum ou não, que afetem grande quantidade de pessoas.
d) direitos individuais heterogêneos, assim entendidos aqueles decorrentes de infração cometida pelo agente do ato, que afetem pessoas no âmbito nacional.

**12. (UFPR/2014 — DPE/PR — Defensor Público) Assinale a alternativa correta.**

a) Os direitos difusos são transindividuais e seus titulares formam uma categoria ligada por uma relação jurídica base.
b) A classificação tripartite estabelecida pelo CDC tem como critérios identificadores, no plano processual, o pedido e a causa de pedir.
c) Os direitos coletivos *stricto sensu* são transindividuais e possuem como característica a indeterminação absoluta de seus titulares.
d) Nos direitos individuais homogêneos, a lesão e a satisfação do dano são uniformes com relação a todos os possíveis titulares.
e) A legitimidade da Defensoria Pública encontra limitação apenas quanto à tutela dos direitos difusos.

**13. (FCC/2014 — SABESP — Advogado) O meio ambiente constitui interesse:**

a) difuso que, se lesado, pode ser defendido, entre outros, pelo Ministério Público, que poderá exigir reparação em dinheiro primeiro contra o causador direto e, subsidiariamente, contra o causador indireto do dano, depois de esgotada a esfera administrativa de responsabilização.

b) individual homogêneo que, se lesado, pode ser defendido por qualquer do povo, a quem se faculta exigir reparação, para si, contra o causador direto do dano, depois de esgotada a esfera administrativa de responsabilização.

c) coletivo que, se lesado, pode ser defendido, entre outros, por um membro da coletividade lesada, que poderá exigir reparação em dinheiro contra os causadores diretos e indiretos do dano, em proveito próprio ou dos integrantes do grupo, sem necessidade de prévio esgotamento das esferas criminal ou administrativa de responsabilização.

d) difuso que, se lesado, pode ser defendido, entre outros, pelo Ministério Público, que poderá exigir reparação em dinheiro contra os causadores diretos e indiretos do dano, depois de esgotada a esfera administrativa de responsabilização.

e) difuso que, se lesado, pode ser defendido, entre outros, pelo Ministério Público, que poderá exigir reparação em dinheiro contra os causadores diretos e indiretos do dano, sem necessidade de prévio esgotamento das esferas criminal ou administrativa de responsabilização.

**14. (FCC/2015 — TJSC — Juiz Substituto) O Meio Ambiente, bem de uso comum do povo, consistente no equilíbrio ecológico e na higidez do meio e dos recursos naturais, é bem**

a) individual homogêneo, indivisível, indisponível e impenhorável.
b) tangível, disponível e impenhorável.
c) coletivo, divisível e indisponível.
d) comum, geral, difuso, indivisível, indisponível e impenhorável.
e) difuso, divisível, indisponível e impenhorável.

**15. (CESPE/2012 — Promotor de Justiça — MPE-PI) Com relação aos direitos difusos, coletivos e individuais homogêneos, assinale a opção correta:**

a) Os direitos individuais homogêneos são indivisíveis, embora seus titulares sejam determinados.
b) Os titulares dos direitos difusos podem ser individualmente determinados.
c) Tanto os interesses difusos quanto os direitos coletivos são de natureza indivisível.
d) Os direitos coletivos correspondem aos direitos metaindividuais, cujos titulares são pessoas indeterminadas.
e) É vedada a investigação de afronta a direitos individuais homogêneos por meio de inquérito civil.

**16. (VUNESP/2017 — Procurador Jurídico Prefeitura de Porto Ferreira-SP) Uma indústria de cerâmica passa a depositar seus detritos no leito de um rio de Porto Ferreira sem adotar as medidas corretas para proteger a salubridade das águas daquele manancial. Muitas famílias ribeirinhas que dependem da pesca e da água para consumo sofrem com a poluição causada pela indústria.**

Neste caso, é correto afirmar que

a) as pessoas lesadas formam uma coletividade de pessoas, e possuem interesses difusos que as unem.
b) no caso em apreço a coletividade se une por meio dos direitos coletivos *stricto sensu*.
c) essa situação não poderá ser tutelada pela defesa coletiva, tendo em vista que cada pessoa vitimada possui prejuízos individuais que não podem ser discutidos de forma comum.

d) revela uma situação que demonstra violação de diretos individuais homogêneos.
e) no caso em apreço, temos duas classes de direitos coletivos que se observam: para os que falecerem, tem-se o direito coletivo *stricto sensu*. Já para os que se ferirem, a coletividade se une por interesses individuais homogêneos.

**17. (CESPE/2016 — TJAM/AM — Juiz Substituto) O PROCON do estado do Amazonas, por intermédio de seu advogado, ajuizou ação civil pública contra determinada empresa privada de saúde suplementar, pleiteando o reconhecimento judicial da abusividade da cláusula contratual que prevê aumento dos valores cobrados em todo o estado a partir do momento que a pessoa atinge a condição de idoso. Requereu, também, a restituição dos valores pagos por aqueles indivíduos que já haviam atingido a idade de sessenta anos.**

Com referência a essa situação hipotética, assinale a opção correta de acordo com o tratamento dispensado pelo CDC à defesa do consumidor em juízo.

a) O foro competente para a propositura da ação coletiva em questão é o da sede da empresa requerida.
b) A hipótese retrata a existência de direitos individuais homogêneos, pois os titulares podem ser identificados e se encontram em uma mesma situação fática.
c) Por se tratar de ação coletiva não proposta pelo MP, a atuação deste no processo é desnecessária.
d) A sentença de mérito fará coisa julgada *erga omnes* no caso de procedência do pedido; caso contrário, o consumidor poderá intentar ação individual, ainda que tenha integrado a demanda como litisconsorte.
e) O juiz deverá extinguir o processo sem análise do mérito, pois o PROCON não possui legitimidade para o ajuizamento de ação coletiva.

## ■ GABARITO ■

| |
|---|
| **1.** "d". De acordo com o art. 81, parágrafo único, II, do CDC. |
| **2.** "b". Pela descrição da situação fática, é possível vislumbrar prejuízos individuais — sofridos por cada um dos integrantes da comunidade — decorrentes de "origem comum". Enquadra-se, portanto, na norma do art. 81, parágrafo único, III, do CDC. Reiteramos, contudo, o alerta que fizemos alhures (*item 1.4.4*, *supra*) de que um mesmo fato pode dar vida a qualquer das espécies de direito coletivo *lato sensu*. |
| **3.** "certo". De acordo com o art. 81, parágrafo único, III, do CDC (*vide* resposta anterior). |
| **4.** "errado". Conforme o art. 81, parágrafo único, I, do CDC, o objeto dos direitos difusos é *indivisível*. |
| **5.** "certo". *Vide*, *supra*, o *item 1.5.2*. |
| **6.** "errado". Conforme o art. 95 do CDC, a condenação, nesses casos, é *genérica*. |
| **7.** "a". De acordo com o art. 103, I, do CDC. |
| **8.** "d". A letra "a" está errada porque são os difusos que se agregam por circunstâncias de fato. A "b" está errada porque a indeterminabilidade dos difusos não é relativa. A "c" está errada porque são os coletivos que se ligam por uma relação jurídica base. A letra "e" está errada porque os individuais homogêneos são divisíveis. O art. 81, parágrafo único, I, II e III, do CDC dá a resposta às questões. |
| **9.** "c". |

| |
|---|
| **10.** "b". Para fins de tutela jurisdicional, o que importa é a possibilidade de identificar um grupo, categoria ou classe, vez que a tutela revela-se indivisível, e a ação coletiva não está disponível aos indivíduos que serão beneficiados. Assim, pode-se identificar o grupo "alunos" de determinada escola, unidos por uma relação jurídica base, lesionados com a supressão de seu direito de receber a merenda escolar. |
| **11.** "b". |
| **12.** "b". As demais opções estão erradas, senão vejamos: "a": nos direitos difusos, os titulares são ligados por circunstâncias de fato (art. 81, I, CDC); "c": os direitos coletivos em sentido estrito não possuem a característica de indeterminação absoluta, tendo em vista que os seus titulares são grupos, categorias ou classes de pessoas, ligadas entre si ou com a parte contrária por uma relação jurídica base (art. 81, II, CDC); "d": os direitos individuais homogêneos, como o próprio nome diz, são direitos individuais, mas tratados de forma coletiva, portanto neles não serão necessariamente uniformes a lesão e a sua satisfação; "e": a Defensoria Pública tem legitimação para todos os direitos coletivos (difusos, coletivos em sentido estrito e individuais homogêneos). |
| **13.** "e". Por se tratar de um procedimento especial de tutela coletiva, é cabível o conceito trazido pelo CDC, de que são considerados interesses ou direitos difusos os transindividuais, de natureza indivisível, de que sejam titulares pessoas indeterminadas e ligadas por circunstâncias de fato. Sendo as áreas do direito independentes, em regra, não há necessidade de prévio esgotamento das esferas criminal ou administrativa. |
| **14.** "d". O meio ambiente é bem difuso, de uso comum do povo, porque pertence à coletividade, é indivisível porque a todos pertence na sua integralidade, sendo impossível a sua exclusão de quem quer que seja; é também um bem indisponível porque é "essencial à sadia qualidade de vida" (art. 225, CF) e impenhorável porque é um bem inexpropriável, que não se sujeita à responsabilidade patrimonial. |
| **15.** "c", com fulcro no art. 81, parágrafo único, I e II, do CDC (Lei n. 8.078/90). |
| **16.** "d". Em relação à recuperação do rio, a tutela seria de direito difuso, mas o problema invoca a poluição como fundamento ou causa de pedir para a tutela de interesses individuais homogêneos. Todos os interesses (vítimas e sucessores) são individuais e derivam do mesmo ato-fato-tipo (poluição). |
| **17.** "b". A situação trata de tutela de direitos individuais homogêneos (art. 81, parágrafo único, III, do CDC). |

# 2

# A EVOLUÇÃO JURÍDICA E LEGISLATIVA DO DIREITO AMBIENTAL NO PAÍS[1]

## 2.1. CONSIDERAÇÕES INICIAIS

Antes de mais nada, cabe dizer que o **direito ambiental brasileiro** (conjunto de regras e princípios, formais e materiais, que regulam esta ciência) é **recente**.

Muito embora seus componentes e até seu objeto de tutela estejam ligados à própria origem do ser humano, não se pode negar que o tratamento do tema visto sob uma perspectiva **autônoma**, altruísta e com alguma similitude com o sentido que se lhe tem dado atualmente não é tão primevo assim. É por isso que se diz que o direito **ambiental é uma ciência nova**. Noviça, mas com objetos de tutela tão velhos...

Como todo e qualquer processo evolutivo, a mutação no modo de se encarar a proteção do meio ambiente é feita de marchas e contramarchas. Não se pode, assim, identificar, com absoluta precisão, quando e onde terminaram ou se iniciaram as diversas fases representativas da maneira como o ser humano encara a proteção do meio ambiente. Na verdade, esse fenômeno pode ser metaforicamente descrito como **uma mudança no ângulo visual com que o ser humano enxerga o meio ambiente**.

## 2.2. PRIMEIRA FASE: A TUTELA ECONÔMICA DO MEIO AMBIENTE

Porquanto os bens ambientais (água, fauna, flora, ar, etc.) já tenham sido objeto de proteção jurídico-normativa desde a antiguidade, importa dizer que, salvo em casos isolados, o que se via era uma **tutela mediata** do meio ambiente,

---

[1] Sobre a evolução da proteção jurídica do meio ambiente, é imperiosa a leitura dos seguintes trabalhos: Ann Helen Wainer, *Legislação ambiental brasileira,* 1991; Ann Helen Wainer, Legislação ambiental brasileira: evolução histórica do direito ambiental, *Revista de Direito Ambiental*; Antonio Herman Vasconcellos Benjamin, Introdução ao direito ambiental brasileiro, *Revista de Direito Ambiental*, 1999; Vladimir Passos de Freitas, *A Constituição Federal e a efetividade das normas ambientais*, p. 18 e ss.; Diogo de Figueiredo Moreira Neto, *Introdução ao direito ecológico e ao direito urbanístico*, 1977; Ricardo Carneiro, *Direito ambiental*, 2001.

tendo em vista que o entorno e seus componentes eram **tutelados apenas na medida em que se relacionavam às preocupações egoísticas do próprio ser humano**.

Durante muito tempo, assim, os componentes ambientais foram relegados a um papel secundário e de subserviência ao ser humano, que, colocando-se no eixo central do universo, cuidava do entorno como se fosse senhorio de tudo. É sob essa visão que surgem as primeiras "normas ambientais" no ordenamento jurídico brasileiro. Esse período pode ser aproximadamente identificado como o que abrange **da época do descobrimento até a segunda metade do século XX**.

Nessa primeira fase, a proteção do meio ambiente tinha uma **preocupação meramente econômica**. O ambiente não era tutelado de modo autônomo, senão apenas como um **bem privado**, **pertencente ao indivíduo**. Essa forma de proteção pode ser vislumbrada no antigo Código Civil Brasileiro de 1916, por exemplo nas normas que regulavam o direito de vizinhança (arts. 554, 555, 567, 584, etc.).[2]

Basta uma rápida e aleatória leitura do Código Civil revogado para se perceber, claramente, que a preocupação com os bens ambientais foi de índole exclusivamente individualista, sob o crivo do direito de propriedade e tendo em vista o interesse econômico que tal bem representa para o homem. Tais bens, tidos até então como *res nullius*, passavam a ser vistos como algo de valor econômico e, por tal motivo, mereceriam uma tutela.

O que se percebe, entretanto, é que, conquanto sua tutela fosse voltada para uma finalidade utilitarista ou econômica, é inegável que o fato de os bens ambientais receberem uma proteção do legislador já era um sensível sinal da percepção do homem no sentido de que só tinham valor econômico porque **seu estado de abundância não era eterno ou *ad infinitum***.

Afinal, a valoração econômica de um bem está ligada à sua oferta e à essencialidade. Sendo um **bem essencial**, com **oferta limitada ou limitável**, o le-

[2] Apenas para ilustrar o que se expôs, vale a leitura de alguns dispositivos do Código Civil Brasileiro de 1916:

"Art. 584. São proibidas construções capazes de poluir, ou inutilizar para o uso ordinário, a água de poço ou fonte alheia, a elas preexistente."

"Art. 554. O proprietário, ou inquilino de um prédio tem o direito de impedir que o mau uso da propriedade vizinha possa prejudicar a segurança, o sossego e a saúde dos que o habitam."

"Art. 555. O proprietário tem o direito a exigir do dono do prédio vizinho a demolição, ou reparação necessária, quando este ameace ruína, bem como que preste caução pelo dano iminente."

"Art. 567. É permitido a quem quer que seja, mediante prévia indenização aos proprietários prejudicados, canalizar, em proveito agrícola ou industrial, as águas a que tenha direito, através de prédios rústicos alheios, não sendo chácaras ou sítios murados, quintais, pátios, hortas ou jardins.

Parágrafo único. Ao proprietário prejudicado, em tal caso, também assiste o direito de indenização pelos danos, que de futuro lhe advenham com a infiltração ou a irrupção das águas, bem como com a deterioração das obras destinadas a canalizá-las".

gislador certamente vislumbrou a possibilidade do esgotamento dos recursos naturais e, de certa forma, a incapacidade do meio ambiente de absorver todas as transformações (degradações) provocadas pelo homem.

## ■ 2.3. SEGUNDA FASE: A TUTELA SANITÁRIA DO MEIO AMBIENTE

O segundo momento dessa evolução também é marcado pela **ideologia egoística e antropocêntrica pura**. A diferença é que, agora, a legislação ambiental era balizada não mais pela preocupação econômica, mas pela **preponderância na tutela da saúde e da qualidade de vida humana**.

Mais uma vez, o legislador claramente reconhecia a insustentabilidade do ambiente e a sua incapacidade de assimilar a poluição produzida pelas atividades humanas. E a tutela da saúde é o maior exemplo, e reconhecimento, de que o homem, ainda que para tutelar a si mesmo, deveria **repensar sua relação com o ambiente que habita**. Ficava cada vez mais claro que o desenvolvimento econômico desregrado era nefasto à existência de um ambiente sadio.

Destacam-se nesse período, que pode ser didaticamente **delimitado de 1950 a 1980**, o Código Florestal (Lei n. 4.771/65),[3] o Código de Caça[4] (Lei n. 5.197/67), o Código de Mineração (Decreto-lei n. 227/67), a Lei de Responsabilidade Civil por Danos Nucleares (Lei n. 6.453/77), etc.

A rasa leitura desses diplomas permite a franca identificação de uma **preocupação do legislador com o aspecto da saúde**, embora não se possa desconsiderar o fato de que ainda sobrevivia (como ainda hoje ocorre) o aspecto econômico-utilitário da proteção do bem ambiental.

## ■ 2.4. TERCEIRA FASE: A TUTELA AUTÔNOMA DO MEIO AMBIENTE E O SURGIMENTO DO DIREITO AMBIENTAL

Se nas duas fases anteriores a preocupação maior das leis ambientais, apesar da evolução, era sempre o ser humano, o que se viu a partir da década de 1980 foi uma verdadeira mudança de paradigma: **não seria mais o homem o centro das atenções, mas o meio ambiente em si mesmo considerado**.

### ■ 2.4.1. Lei n. 6.938/81 — Política Nacional do Meio Ambiente[5]

Para tanto, pode-se afirmar que a **Lei n. 6.938/81 (Política Nacional do Meio Ambiente)** foi, por assim dizer, o **marco inicial** dessa grande virada. Foi

3 Sobre o Código Florestal, ver, *infra*, o *item 6.5.1*.

4 Sobre o "Código de Caça", ou Lei de Proteção à Fauna, ver, *infra*, o *item 6.5.2*.

5 Para mais informações sobre a Lei n. 6.938/81 e a Política Nacional do Meio Ambiente, conferir, *infra*, o *item 6.2*.

ela o **primeiro diploma legal que cuidou do meio ambiente como um direito próprio e autônomo**. Nunca é demais lembrar que, antes disso, a proteção do meio ambiente era feita de modo mediato, indireto e reflexo, na medida em que ocorria apenas quando se prestava tutela a outros direitos, tais como o direito de vizinhança, propriedade, regras urbanas de ocupação do solo, etc.

Inicialmente, vale dizer que a Lei n. 6.938/81 foi concebida sob **forte influência internacional**, oriunda da **Conferência Internacional sobre o Meio Ambiente**, realizada em **Estocolmo, Suécia, no ano de 1972**. Também foi influenciada, inegavelmente, pela **experiência legislativa norte-americana**, especialmente pela lei do ar puro, pela lei da água limpa e pela criação do estudo de impacto ambiental, todos da década de 1970.[6-7]

Como o próprio nome já diz, a referida lei criou uma **verdadeira Política Nacional do Meio Ambiente**, sendo muito mais do que um simples conjunto de regras, mas estabelecendo uma **política** com **princípios**, **escopos**, **diretrizes**, **instrumentos** e **conceitos gerais** sobre o meio ambiente.

O leitor deve estar se perguntando o que a Lei n. 6.938/81 tem de diferente. Por que ela é considerada tão importante e até mesmo um marco de uma nova fase de se enxergar o meio ambiente?

A verdade é que a Lei n. 6.938/81 introduziu um **novo tratamento normativo** para o meio ambiente. Primeiro, porque deixou de lado o tratamento atomizado em prol de uma visão molecular, considerando o entorno como um **bem único**, **imaterial** e **indivisível**, digno de **tutela autônoma**.

---

6 Em 1969, o Congresso Americano votou o NEPA (National Environmental Policy Act) e decretou o EIA (Environmental Impact Assessment). Logo depois, foi criada a EPA (Environmental Protection Agency). O modelo instrumental norte-americano (regulamentado na seção 102 do NEPA) acabou sendo exportado para diversos países. Na Alemanha, este instrumento recebeu o nome, bastante criticado pela doutrina daquele país, de *Umweltverträglichkeitsprüfung* (estudo de compatibilidade ambiental), quando deveria ter sido *Umweltfolgenprüfung* (estudo de consequências ambientais). A sigla que o identifica é UVP. Já na França, denomina-se *L'études d'impact* e encontra suporte jurídico no art. 2, alínea 2, da lei de 10 de julho de 1976, que prevê a necessidade de um estudo de impacto para verificar as nocividades ao meio ambiente natural pelas atividades industriais que venham a ser instaladas.

7 A atmosfera ambientalista atingiu não só o legislador brasileiro (Lei n. 6.938/81), senão porque teve fortíssima influência sobre as constituições das nações que à época eram construídas e revisadas. Nesse passo, quando comparamos o texto da Lei n. 6.938/81 e o atual art. 225 da CF/88, vemos que há nítida e marcante influência das constituições portuguesa (1976, art. 66) e espanhola (1978, art. 45). Nesse sentido, ver Pascale Kromarek, Que droit a l'environnement?, p. 140 e ss. Exemplos de constituições que cuidaram nessa época da proteção ambiental: Irã, CF de 1979, art. 50; Tailândia, CF de 1978, art. 65; Sri Lanka, CF de 1978, arts. 27 e 28; China, CF de 1978, art. 11; Índia, CF de 1977, arts. 48.A y 51.A.g; Chile, CF de 1976, art. 18; Cuba, CF de 1976, art. 27; Panamá, CF de 1972, art. 110 etc.

O próprio **conceito de meio ambiente** adotado pelo legislador **(art. 3º, I)**[8] extirpa a noção antropocêntrica, deslocando para o eixo central de proteção do ambiente **todas as formas de vida**. A concepção passa a ser, assim, **biocêntrica**, a partir da proteção do entorno globalmente considerado **(ecocentrismo)**. Há, ratificando, nítida intenção do legislador em colocar a **proteção da vida** no plano primário das normas ambientais. Repita-se: **todas as formas de vida**.

Dessa forma, é apenas a partir da Lei n. 6.938/81 que podemos falar verdadeiramente em um **direito ambiental** como ramo autônomo da ciência jurídica brasileira. A proteção do meio ambiente e de seus **componentes bióticos e abióticos** (recursos ambientais) compreendidos de uma **forma unívoca e globalizada** deu-se a partir desse diploma.

Em resumo, o fato de marcar uma nova fase do direito ambiental deve-se, basicamente, aos seguintes aspectos:

- **Adotou um novo paradigma ético em relação ao meio ambiente:** colocou em seu eixo central a **proteção a todas as formas de vida**. Encampou, pois, um conceito **biocêntrico** (art. 3º, I).
- **Adotou uma visão holística do meio ambiente:** o ser humano deixou de estar ao lado do meio ambiente e **passou a estar inserido nele**, como parte integrante, dele não podendo ser dissociado.
- **Considerou o meio ambiente um objeto autônomo de tutela jurídica:** deixou este de ser mero apêndice ou simples acessório em benefício particular do homem, passando a permitir que os bens e componentes ambientais fossem **protegidos independentemente** dos benefícios imediatos que poderiam trazer para o ser humano.
- **Estabeleceu conceitos gerais:** tendo assumido o papel de **norma geral ambiental**, suas diretrizes, objetivos, fins e princípios devem ser mantidos e respeitados, de modo que sirva de parâmetro, verdadeiro piso legislativo para as demais normas ambientais, seja de caráter nacional, estadual ou municipal.
- **Criou uma verdadeira política ambiental:** estabeleceu **diretrizes**, **objetivos** e **fins** para a proteção ambiental.
- **Criou um microssistema de proteção ambiental:** contém, em seu texto, **mecanismos** de **tutela civil**,[9] **administrativa**[10] e **penal**[11] do meio ambiente.

[8] "Art. 3º Para os fins previstos nesta Lei, entende-se por: I — meio ambiente, o conjunto de condições, leis, influências e interações de ordem física, química e biológica, que permite, abriga e rege a vida em todas as suas formas; (...)."

[9] Quanto à proteção **civil**, fixou a regra da **responsabilidade civil objetiva** por dano causado ao meio ambiente e pelos que daí tenham sido ocasionados a terceiros. Tal regra foi mais tarde absorvida pela Constituição Federal, como se pode inferir do disposto no art. 225, § 3º.

### 2.4.2. Constituição Federal de 1988[12]

Se a Lei n. 6.938/81 representou um marco inicial, o advento da Constituição de 1988 trouxe o arcabouço jurídico que faltava para que o Direito Ambiental fosse içado à categoria de ciência autônoma. Isso porque é no Texto Maior que se encontram insculpidos os **princípios do Direito Ambiental (art. 225)**. A CF/88 deu, além do *status* constitucional de ciência autônoma, o complemento de tutela material necessário à proteção sistemática do meio ambiente.

Assim, seguindo a tendência mundial, **a tutela do meio ambiente foi içada à categoria de direito expressamente protegido pela Constituição**, tendo o legislador reservado um capítulo inteiro para o seu tratamento (art. 225). Antes disso, em constituições anteriores, o assunto era tratado de modo esparso e sem a menor preocupação sistemática. Apenas na Carta de 1969 é que se utilizou pela primeira vez a palavra "ecológico", quando se cuidava da função agrícola das terras (art. 172).

## 2.5. QUADRO SINÓTICO DA EVOLUÇÃO JURÍDICA E LEGISLATIVA DO DIREITO AMBIENTAL NO BRASIL

| | |
|---|---|
| TUTELA ECONÔMICA DO MEIO AMBIENTE (1500-1950) | ■ Antropocentrismo (tutela mediata dos bens ambientais).<br>■ Preocupação meramente econômica.<br>■ Ex.: CC-16 (arts. 584, 554, 555, 566, etc.). |
| TUTELA SANITÁRIA DO MEIO AMBIENTE (1950-1980) | ■ Antropocentrismo (tutela mediata dos bens ambientais).<br>■ Preocupação com a saúde e a qualidade de vida humana.<br>■ Ex.: Código de Caça (Lei n. 5.197/67), Código Florestal (Lei n. 4.771/65), Código de Mineração (Decreto-lei n. 227/67), Lei de Responsabilidade Civil por Danos Nucleares (Lei n. 6.453/77), etc. |

[10] Quanto à tutela **administrativa**, identificou os **órgãos públicos** ambientais que compõem a estrutura administrativa com função implementadora das normas ambientais (hoje, **SISNAMA**), estabelecendo as funções de cada um desses órgãos. Ainda, arrolou os **instrumentos não jurisdicionais de tutela do ambiente**, com uma lista (art. 9º) vanguardista de medidas típicas do exercício do poder de polícia dos entes políticos, por intermédio dos órgãos componentes do SISNAMA. Dentre tais medidas, destacam-se a avaliação de impacto ambiental, o zoneamento ambiental, o licenciamento ambiental, a criação de espaços ambientais especialmente protegidos, etc.

[11] Sob o ponto de vista **penal**, a lei foi bem mais tímida, reservando apenas um dispositivo (art. 15), mas pelo menos, como foi dito anteriormente, desvinculou a defesa do meio ambiente da tutela da saúde, tal como fazia o Código Penal brasileiro. Justamente porque o legislador da Lei n. 6.938/81, não obstante os avanços trazidos em prol da proteção ambiental, tinha deixado a desejar em relação à proteção penal e administrativa e sido omisso quanto à tutela processual (jurisdicional), a Lei de Ação Civil Pública (Lei n. 7.347/85) e a Lei de Crimes Ambientais (Lei n. 9.605/98) vieram suprir esta e aquela lacuna, respectivamente.

[12] Sobre a proteção do meio ambiente na CF/88, conferir os Capítulos 4 e 5, inteiramente dedicados ao tema.

<table>
<tr><td rowspan="2">TUTELA AUTÔNOMA DO MEIO AMBIENTE<br>(a partir de 1980)</td><td>LEI N. 6.938/81 (Política Nacional do Meio Ambiente)<br>■ Influência: Conferência de Estocolmo (1972) e Legislação Norte-Americana.<br>■ Biocentrismo/Ecocentrismo.<br>■ Meio ambiente como bem único, imaterial e indivisível, digno de tutela autônoma.<br>■ Proteção a todas as formas de vida.<br>■ Visão holística.<br>■ Conceitos gerais.<br>■ Política ambiental (diretrizes, objetivos e finalidades).<br>■ Microssistema de proteção ambiental.</td></tr>
<tr><td>CONSTITUIÇÃO FEDERAL DE 1988<br>■ Princípios do direito ambiental.<br>■ Meio ambiente como direito de estatura constitucional.</td></tr>
</table>

## ■ 2.6. QUESTÕES DE CONCURSO

**1. (CESPE/2008 — MPE/RR) Julgue o item a seguir:**

Até o advento da lei que instituiu a Política Nacional do Meio Ambiente, não existia uma definição legal e(ou) regular de meio ambiente. A partir de então, conceituou-se meio ambiente como o conjunto de condições, leis, influências e interações de ordem física, química e biológica que permite, abriga e rege a vida em todas as suas formas.

( ) certo ( ) errado

**2. (CESPE/2011 — TRF/5ª Região — Juiz) Considerando o conceito e a natureza econômica do direito ambiental e da PNMA, assinale a opção correta.**

a) As diretrizes da PNMA, dispostas na Lei n. 6.938/81, orientam a ação do governo federal no que se refere à qualidade ambiental e à manutenção do equilíbrio ecológico, cabendo aos estados, ao DF e aos municípios, no exercício de sua autonomia político-legislativa, estabelecer livremente as normas e os planos ambientais por meio de leis próprias.

b) Ao conceber o meio ambiente como o conjunto de condições, leis, influências e interações de ordem física, química e biológica, que permite, abriga e rege a vida humana, o direito ambiental ostenta índole antropocêntrica, considerando o ser humano o seu único destinatário.

c) O direito ambiental é dotado de instrumentos que o capacitam a atuar na ordem econômica, e, nesse sentido, a PNMA visa, entre outros objetivos, assegurar adequado padrão de desenvolvimento socioeconômico ao país.

d) Ainda que a CF não considere expressamente a defesa do meio ambiente como princípio que rege a atividade econômica, a livre-iniciativa somente pode ser praticada observadas as regras constitucionais que tratam do tema.

e) A CF estabelece regras mediante as quais a função social da propriedade urbana submete-se à necessidade de preservação ambiental, contudo, com relação à propriedade rural, o texto constitucional nada diz a esse respeito, embora disponha sobre a obrigatoriedade de existirem normas infraconstitucionais que estipulem critérios sobre o tema.

**3. (FUNIVERSA/2011 — SEPLAG/DF — Auditor Fiscal de Atividades Urbanas — Controle Ambiental) A respeito da Lei n. 6.938/1981, que dispõe sobre a Política Nacional do Meio Ambiente, assinale a alternativa que apresenta princípio nela previsto para se alcançar o objetivo de preservar, melhorar e recuperar a qualidade ambiental propícia à vida.**

a) Ausência de zoneamento das atividades potencial ou efetivamente poluidoras.

b) Manutenção de áreas degradadas.

c) Aumento de áreas ameaçadas de degradação.

d) Educação ambiental exclusiva para o ensino fundamental.
e) Planejamento e fiscalização do uso dos recursos ambientais.

**4. (CESPE/2009 — DPE/PI — Defensor Público) Acerca da PNMA, assinale a opção correta.**

a) O órgão superior do SISNAMA é o Ministério do Meio Ambiente.
b) O cadastro técnico federal de atividades e instrumento de defesa ambiental é considerado instrumento da PNMA.
c) O proprietário de imóvel rural pode instituir servidão ambiental, inclusive nas áreas de preservação permanente e de reserva legal, desde que com a anuência do órgão ambiental competente.
d) O órgão consultivo e deliberativo do SISNAMA é o Conselho de Governo.
e) A servidão ambiental prescinde de averbação no registro de imóveis competente.

**5. (CESPE/2009 — CEHAP/PB — Advogado) O principal objetivo da Política Nacional do Meio Ambiente é a compatibilização do desenvolvimento econômico e social com a manutenção da qualidade do meio ambiente e do equilíbrio ecológico. A Política Nacional do Meio Ambiente instituiu, para tanto, instrumentos que incluem**

I. o zoneamento ambiental e o estabelecimento de padrões de qualidade ambiental.
II. o cadastro técnico federal de atividades e instrumentos de defesa ambiental e o cadastro técnico federal de instrumentos econômicos, como concessão florestal, servidão ambiental, seguro ambiental e outros.
III. a avaliação de impactos ambientais e o licenciamento e a revisão de atividades efetiva ou potencialmente poluidoras.

Assinale a opção correta.

a) Apenas o item I está certo.
b) Apenas o item II está certo.
c) Apenas os itens I e III estão certos.
d) Apenas os itens II e III estão certos.

**6. (FGV/2008 — TJ/MS — Juiz) Com base na PNMA, julgue as afirmativas a seguir:**

I. Entende-se por recursos ambientais a atmosfera, as águas interiores, superficiais e subterrâneas, os estuários, o mar territorial, o solo, o subsolo, os elementos da biosfera, a fauna e a flora.
II. O órgão consultivo e deliberativo do Sisnama é o Conselho Nacional do Meio Ambiente (Conama), com a finalidade de assessorar, estudar e propor ao Conselho de Governo diretrizes de políticas governamentais para o meio ambiente e os recursos naturais e deliberar, no âmbito de sua competência, sobre normas e padrões compatíveis com o meio ambiente ecologicamente equilibrado e essencial à sadia qualidade de vida.
III. Compete ao Conama decidir, como última instância administrativa em grau de recurso, mediante depósito prévio, sobre as multas e outras penalidades impostas pelo Ibama.

Assinale:

a) se nenhuma afirmativa estiver correta.
b) se somente as afirmativas I e II estiverem corretas.
c) se somente as afirmativas I e III estiverem corretas.
d) se somente as afirmativas II e III estiverem corretas.
e) se todas as afirmativas estiverem corretas.

**7. (FMP-RS/2014 — TJ/MT — Juiz) A Constituição Federal reconhece a fundamentalidade do direito ao meio ambiente sadio e ecologicamente equilibrado. Além disso, protege amplamente direitos e interesses difusos. Nesse aspecto, considere as seguintes assertivas.**

I. É dever do órgão ambiental licenciador exigir, na forma da lei, para instalação de obra ou atividade potencialmente causadora de significativa degradação do meio ambiente, estudo prévio de impacto ambiental, a que se dará publicidade.
II. Constituem patrimônio cultural brasileiro somente os bens de natureza material tomados individualmente ou em conjunto, portadores de referência à identidade, à ação, à memória dos diferentes grupos formadores da sociedade brasileira, nos quais se incluem os conjuntos urbanos e sítios de valor histórico, paisagístico, artístico, arqueológico, paleontológico, ecológico e científico.
III. A Floresta Amazônica brasileira, a Mata Atlântica, a Serra do Mar, o Pantanal Mato-Grossense e a Zona Costeira são patrimônio nacional, sendo vedada sua utilização para qualquer fim econômico.
IV. Um dos princípios do Sistema Nacional de Cultura é a democratização dos processos decisórios com participação e controle social.
V. Incumbe ao Poder Público definir, em todas as unidades da Federação, espaços territoriais e seus componentes a serem especialmente protegidos, sendo a alteração e a supressão permitidas através de lei, decreto ou resolução do CONAMA, vedada qualquer utilização que comprometa a integridade dos atributos que justifiquem sua proteção.

Assinale a opção CORRETA.

a) I, IV e V estão corretas.
b) I e IV estão corretas.
c) II, III e V estão corretas.
d) Todas estão incorretas.
e) Todas estão corretas.

**8. (CESPE/2014 — PGE/BA — Procurador) O acesso à informação ambiental é um princípio de direito ambiental previsto tanto na CF quanto em normas infraconstitucionais.**

( ) certo ( ) errado

**9. (FGV/2013 — OAB — Exame de Ordem Unificado — XII — Primeira Fase) Com relação aos ecossistemas Floresta Amazônica, Mata Atlântica, Serra do Mar, Pantanal matogrossense e Zona Costeira, assinale a afirmativa correta:**

a) Tais ecossistemas são considerados pela CRFB/1988 patrimônio difuso, logo todos os empreendimentos nessas áreas devem ser precedidos de licenciamento e estudo prévio de impacto ambiental.
b) Tais ecossistemas são considerados patrimônio nacional, devendo a lei infraconstitucional disciplinar as condições de utilização e de uso dos recursos naturais, de modo a garantir a preservação do meio ambiente.
c) Tais ecossistemas são considerados bens públicos, pertencentes à União, devendo a lei infraconstitucional disciplinar suas condições de utilização, o uso dos recursos naturais e as formas de preservação.
d) Tais ecossistemas possuem terras devolutas que são, a partir da edição da Lei n. 9.985/2000, consideradas unidades de conservação de uso sustentável, devendo a lei especificar as regras de ocupação humana nessas áreas.

**10. (FCC/2013 — AL/PB — Procurador) Das alternativas abaixo, é instrumento da Política Nacional do Meio Ambiente o:**

a) zoneamento urbano.
b) estabelecimento de padrões de qualidade ambiental.

c) licenciamento de toda e qualquer atividade.
d) instrumento social da concessão florestal.
e) sistema de informações sobre o meio ambiente exclusivo para órgãos governamentais.

**11. (FCC/2014 — Prefeitura de Recife/PE — Procurador) São instrumentos da política nacional do meio ambiente:**

a) sistema nacional de informações sobre o meio ambiente, crédito rural e avaliação de impactos ambientais.
b) seguro ambiental, relatório de qualidade do meio ambiente e concessão florestal.
c) zoneamento ambiental, licenciamento e planejamento agrícola.
d) avaliação de impactos ambientais, cooperativismo e zoneamento ambiental.
e) criação de espaços territoriais, associativismo e licenciamento.

**12. (COPESE — UFPI/2015 — Prefeitura de Bom Jesus/PI — Procurador do Município) Sobre o direito ambiental, marque o item INCORRETO.**

a) Desde a sua origem, há uma questão frequente nas discussões sobre direito ambiental quanto ao destinatário da proteção ambiental: o ser humano ou a natureza? A doutrina vem firmando o entendimento de que a natureza deve ser protegida por razões ecológicas e éticas, independentemente de sua utilidade econômica ou sanitária para o ser humano. E que a evolução do direito ambiental brasileiro se deu em três momentos: a fase de exploração desregrada, a fase fragmentária e a fase holística, sendo que apenas na fase holística é que se pode falar em direito ambiental com o marco inicial da CF/88, que dispõe sobre a Política Nacional do Meio Ambiente, que definiu os conceitos, princípios, objetivos e instrumentos para a defesa do meio ambiente.
b) A Lei n. 7.347/85 disciplina a ação civil pública como instrumento de defesa do meio ambiente e dos demais direitos difusos e coletivos e fez com que os danos ao meio ambiente pudessem efetivamente chegar ao Poder Judiciário.
c) A CF/88, no seu art. 225, ampliou o conceito de meio ambiente ao dotá-lo de autonomia, havendo desnecessidade de vinculação a lesões perpetradas contra o ser humano para se configurar o dano ambiental, já que o mesmo passou a figurar como bem de uso comum do povo, ecologicamente equilibrado como salvaguarda da vida em todas as suas formas (diversidade de espécies) e que o poder público tem o dever geral de se responsabilizar por todos os elementos que integram o meio ambiente, assim como a condição positiva de atuar para protegê-lo.
d) A doutrina identifica como princípios do Direito Ambiental, dentre outros: Princípio do Ambiente Ecologicamente Equilibrado como Direito Fundamental da Pessoa Humana; Princípio da Natureza Pública da Proteção Ambiental; Princípio da Precaução; Princípio da Prevenção; Princípio da Função Socioambiental da Propriedade; Princípio da Solidariedade Intergeracional; Princípio da Participação Comunitária; Princípio da Informação; Princípio da Reparação; Princípio da Consideração da Variável Ambiental no Processo Decisório de Políticas de Desenvolvimento; Princípio do Poluidor-Pagador; Princípio do Usuário-Pagador; Princípio da Responsabilidade; Princípio do Desenvolvimento Sustentável.
e) Segundo a legislação ambiental, toda e qualquer intervenção no meio ambiente demanda autorização por parte do poder público, seja em forma de licença ambiental, de autorização de desmatamento, outorga de água ou declaração de baixo impacto ambiental.

**13. (CESPE/2017 — Prefeitura de Fortaleza-CE — Procurador do Município) A respeito da Política Nacional de Meio Ambiente, dos recursos hídricos e florestais e dos espaços territoriais especialmente protegidos, julgue o item a seguir.**

Nos parques nacionais, que são unidades de proteção integral, é permitida a realização de atividades educacionais e de recreação bem como o turismo ecológico.

( ) certo ( ) errado

**14. (CESPE/2017 — Prefeitura de Fortaleza-CE — Procurador do Município) A respeito da Política Nacional de Meio Ambiente, dos recursos hídricos e florestais e dos espaços territoriais especialmente protegidos, julgue o item a seguir.**

Conforme o disposto na Política Nacional do Meio Ambiente, poluição consiste na degradação da qualidade ambiental resultante de atividade que crie, ainda que indiretamente, condição desfavorável ao desenvolvimento de atividades econômicas.

( ) certo ( ) errado

**15. (CESPE/2017 — Prefeitura de Fortaleza-CE — Procurador do Município) A respeito da Política Nacional de Meio Ambiente, dos recursos hídricos e florestais e dos espaços territoriais especialmente protegidos, julgue o item a seguir.**

Compete privativamente ao Conselho Nacional do Meio Ambiente estabelecer normas e padrões nacionais de controle da poluição ocasionada por veículos automotores.

( ) certo ( ) errado

## ■ GABARITO ■

| |
|---|
| **1.** "certo". De acordo com o art. 3º, I, da Lei n. 6.938/81. |
| **2.** "c". Conforme o *caput* do art. 2º da Lei n. 6.938/81, a Política Nacional do Meio Ambiente visa assegurar, no país, "condições ao desenvolvimento socioeconômico". A alternativa "a" está errada porque a referida lei estabelece uma política de índole *nacional*, e não meramente federal. Já na alternativa "b", o problema está em afirmar que o direito ambiental tem índole antropocêntrica, quando, na verdade, de acordo com o art. 3º, I, "abriga e rege a vida em todas as suas formas" (biocentrismo). Quanto às alternativas "d" e "e", conferir, respectivamente, os arts. 170, VI, e 186, II, da Constituição Federal. |
| **3.** "e". De acordo com o art. 2º, III, da Lei n. 6.938/81. |
| **4.** "b". De acordo com o art. 9º, VIII, da Lei n. 6.938/81. Para os erros das demais alternativas, conferir da mesma lei: "a" (art. 6º, I); "c" (art. 9º-A, § 1º); "d" (art. 6º, II); "e" (art. 9º-A, § 3º). |
| **5.** "c". De acordo com os incisos I a IV do art. 9º da Lei n. 6.938/81. O erro da afirmativa n. II está na segunda parte ("cadastro técnico federal de instrumentos econômicos, como concessão florestal, servidão ambiental, seguro ambiental e outros"): o art. 9º não prevê cadastro para instrumentos econômicos. |
| **6.** "b". De acordo com os arts. 3º, V, e 6º, II, da Lei n. 6.938/81. A afirmativa n. III está errada porque a previsão nela contida — que, de fato, constava no art. 8º, III, da lei — foi revogada pela Lei n. 11.941/2009, razão pela qual a banca organizadora alterou o gabarito de "e" para "b". |
| **7.** "b", com fulcro no art. 225, § 1º, IV e no art. 216-A, § 1º, X, ambos da CF/88. Assertiva II incorreta (art. 216 da CF/88, bens materiais e imateriais). Assertiva III incorreta, de acordo com o art. 225, § 4º, da CF/88, permitida a utilização na forma da lei. Assertiva V incorreta, de acordo com o art. 225, § 1º, III, sendo a alteração e supressão somente por lei. |
| **8.** "certo". Conquanto não esteja de forma expressa na Constituição Federal, o acesso à informação ambiental é inerente ao interesse difuso de todos, e só é possível que a coletividade proteja e preserve o meio ambiente com informação. Ademais, a educação ambiental e a conscientização |

| |
|---|
| da população (art. 225, § 1º, VI da CF/88) só são possíveis com acesso à informação ambiental. No plano infraconstitucional, a Lei Federal n. 10.650/2003 trata do acesso à informação ambiental. |
| **9.** "b". Com base no art. 225, § 4º, da CF/88. |
| **10.** "b". As demais opções estão erradas porque o correto seria: "a": zoneamento ambiental; "c": o licenciamento e a revisão de atividades efetiva ou potencialmente poluidoras; "d": instrumentos econômicos, como concessão florestal, servidão ambiental, seguro ambiental e outros; "e": sistema nacional de informações sobre o meio ambiente. |
| **11.** "b". Com base no art. 9º, X e XIII, da Lei n. 6.938/81. |
| **12.** "a". Está incorreta porque não foi a CF que estabeleceu a Política Nacional do Meio Ambiente (PNMA), mas a Lei n. 6.938/81. |
| **13.** "certo". Conforme art. 8º, III e art. 11, *caput*, da Lei n. 9.985/2000. |
| **14.** "certo". Conforme o art. 3º, III, "B", da Política Nacional do Meio Ambiente (Lei n. 6.938/81). |
| **15.** "certo". Embora não seja problema, para resolver esta questão é preciso ficar atento para o fato de que esta competência privativa do CONAMA está prevista no art. 8º, VI, da Política Nacional do Meio Ambiente (Lei n. 6.938/81), em que se exige que seja exercitada "mediante audiência dos Ministérios competentes". |

# 3

# CONCEITOS GERAIS DO DIREITO AMBIENTAL

## ■ 3.1. O CONCEITO DE MEIO AMBIENTE

Conforme estudamos no capítulo anterior, uma das razões pelas quais a **Lei n. 6.938/81** foi pioneira na implementação do direito ambiental em nosso país é o fato de ter estabelecido **conceitos gerais**.

É por aquele diploma, portanto, que iniciaremos a investigação do **conceito de meio ambiente**. Lembramos que qualquer outra tentativa de se definir o meio ambiente, para fins jurídicos, será contribuição de *lege ferenda*, uma vez que de *lege lata* há expressa previsão conceitual do instituto. Vejamos o **art. 3º, I, da Lei n. 6.938/81:**

> "Art. 3º Para os fins previstos nesta Lei, entende-se por:
>
> I — meio ambiente, o conjunto de condições, leis, influências e interações de ordem física, química e biológica, que permite, abriga e rege a vida em todas as suas formas; (...)."[1]

Porquanto as palavras **"meio"** e **"ambiente"** signifiquem o **entorno**, **aquilo que envolve**, o **espaço**, o **recinto**, a verdade é que quando os vocábulos se unem, formando a **expressão "meio ambiente"**, não vemos aí uma redundância como sói dizer a maior parte da doutrina, senão porque cuida de uma **entidade nova e autônoma**, diferente dos simples conceitos de meio e de ambiente. O **alcance da expressão é mais largo** e mais extenso do que o de simples ambiente.

Portanto, a expressão "meio ambiente", como se vê na conceituação do legislador da Lei n. 6.938/81, não retrata apenas a ideia de espaço, de simples am-

---

[1] A conceituação de meio ambiente do legislador pátrio parece ter tido forte influência da conceituação de meio ambiente proposta pelo Conselho Internacional de Língua Francesa, já que há enorme coincidência entre os textos: "Conjunto, em um dado momento, dos agentes físicos, químicos, biológicos e dos fatores sociais suscetíveis de ter um efeito direto e indireto, imediato ou mediato sobre os seres vivos e as atividades humanas".

biente. Pelo contrário, vai além para significar, ainda, o **conjunto de relações (físicas, químicas** e **biológicas**) entre os **fatores vivos (bióticos)** e **não vivos (abióticos)** ocorrentes nesse ambiente e que **são responsáveis pela manutenção, pelo abrigo e pela regência de todas as formas de vida existentes nele**.

É certo que o conceito da Lei n. 6.938/81 não é um primor de clareza ao leitor que desconhece a linguagem técnica. Tentando *traduzir* o conceito a um linguajar comum, podemos dizer que **proteger o meio ambiente** significa proteger o **espaço**, o lugar, o recinto, que **abriga**, que **permite** e que **conserva todas as formas de vida**. Entretanto, esse espaço não é algo simples, senão porque é **resultante da combinação, da relação e da interação de diversos fatores** que nele se situam e que o formam: **os elementos bióticos e os abióticos**.

Em resumo, o meio ambiente corresponde a uma **interação** de tudo que, situado nesse espaço, é **essencial para a vida com qualidade em todas as suas formas**. Logo, a proteção do meio ambiente compreende **a tutela de um meio biótico (todos os seres vivos) e outro abiótico (não vivo)**, porque é dessa interação, entre as diversas formas de cada meio, que resultam a proteção, o abrigo e a regência de todas as formas de vida.

Deflui-se do que foi exposto que o conceito de meio ambiente previsto no art. 3º, I, da Lei n. 6.938/81 tem por **finalidade (aspecto teleológico) a proteção, o abrigo e a preservação de todas as formas de vida**. Para se chegar a esse desiderato, deve-se **resguardar o equilíbrio do ecossistema** (justamente o conjunto de condições, leis, influências e interações de ordem química, física e biológica). A observação de Antonio Herman V. e Benjamin, como de praxe, foi certeira ao dizer que "(...) do texto de lei, bem se vê que o conceito normativo de meio ambiente é teleologicamente *biocêntrico* (permite, abriga e rege a vida em todas as suas formas), mas ontologicamente *ecocêntrico* (o conjunto de condições, leis, influências e interações de ordem química, física e biológica)".[2]

Ainda sobre o conceito de meio ambiente, verifica-se que, ao adotar a visão biocêntrica/ecocêntrica (teleológica e ontológica), o legislador distanciou-se da ideia antiquada de considerar o homem como algo distinto do meio em que vive. A aposentada e deturpada visão antropocêntrica, fruto de um liberalismo econômico exagerado e selvagem, não há mais como prevalecer num mundo em que se enxerga que o bem ambiental de hoje pertence às futuras gerações.

---

2 Cf. Responsabilidade civil pelo dano ambiental, *Revista de Direito Ambiental* n. 9/48.

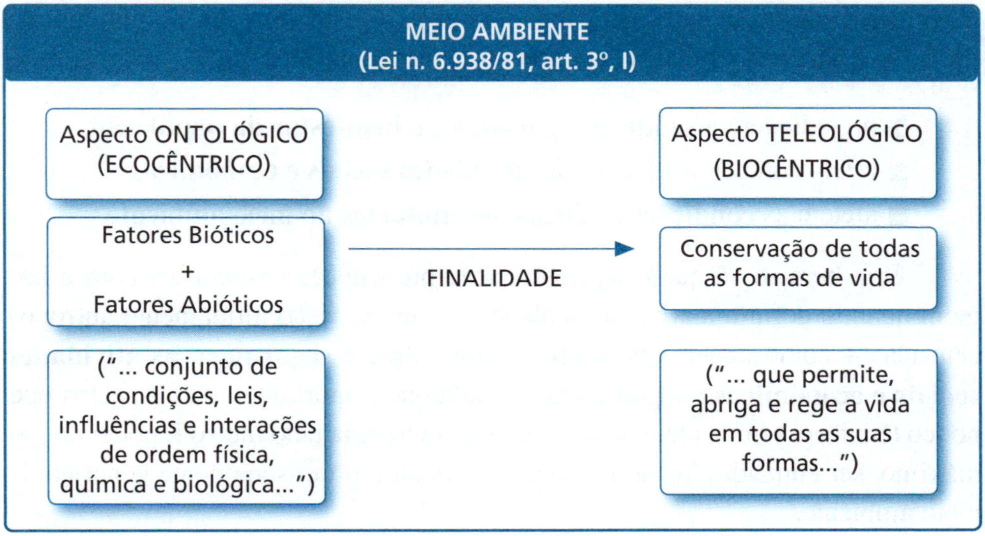


O grande problema da definição de meio ambiente do art. 3º, I, é que o legislador foi demasiadamente abstrato e amplo, especialmente quando a comparamos com o conceito de **poluição**,[3] constante do **inciso III** do mesmo artigo. Vejamos:

> "Art. 3º Para os fins previstos nesta Lei, entende-se por:
>
> I — meio ambiente, o conjunto de condições, leis, influências e interações de ordem física, química e biológica, que permite, abriga e rege a vida em todas as suas formas;
>
> (...)
>
> III — poluição, a degradação da qualidade ambiental resultante de atividades que direta ou indiretamente:
>
> *a)* prejudiquem a saúde, a segurança e o bem-estar da população;
>
> *b)* criem condições adversas às atividades sociais e econômicas;
>
> *c)* afetem desfavoravelmente a biota;
>
> *d)* afetem as condições estéticas ou sanitárias do meio ambiente;
>
> *e)* lancem matérias ou energia em desacordo com os padrões ambientais estabelecidos; (...)."

Como dito, da conjugação dos incisos I e III resulta um conceito exageradamente amplo e abstrato para o meio ambiente. Isso porque o legislador tratou o meio ambiente como sendo não só o produto resultante da interação de fatores bióticos e abióticos, que são responsáveis pela conservação da vida, mas também

[3] Ainda neste capítulo, trataremos especificamente do conceito de poluição.

**inseriu em seu espectro de abrangência (a partir do conceito de poluição)** a proteção contra as atividades que direta ou indiretamente:

- prejudiquem **a saúde, a segurança e o bem-estar da população**;
- criem condições adversas às **atividades sociais e econômicas**;
- afetem as **condições estéticas ou sanitárias do meio ambiente**.

Ora, bem se vê que o legislador teve preocupação específica com o homem quando definiu a atividade poluente — numa visão nitidamente antropocêntrica — como aquela que **afete o bem-estar, a segurança, as atividades sociais e econômicas da população**. Ainda que importantes, são aspectos que pouco têm a ver com a ideia de meio ambiente trazida pelo inciso I, podendo, no máximo, ser enquadrados numa noção artificial e promiscuamente genérica de meio ambiente.[4]

Ademais, dizer que o meio ambiente corresponde a **tudo que seja responsável pela regência, pelo abrigo e pela conservação de todas as formas de vida** (inciso I) — acrescentando, ainda, **elementos nitidamente artificiais e estritamente humanos** (inciso III) — é dar uma **resposta vaga e imprecisa**. Ainda que tal definição possa ser sociológica e filosoficamente satisfatória, não o é para o operador do direito, para aquele que precisa definir, na prática, **qual o objeto de tutela do direito ambiental**.

Dada a abstração do conceito de meio ambiente, responder que o objeto de tutela do direito ambiental é o meio ambiente em nada resolveria a referida angústia. É preciso que se obtenha uma resposta mais concreta.

Importante deixar claro que, aqui, nossa preocupação não é com o seu objetivo (aspecto finalista/teleológico), que se sabe ser a proteção de todas as formas de vida e a qualidade dessa mesma vida. Queremos mais, precisamos saber, para **operacionalizar o Direito Ambiental**, qual o seu **conteúdo imediato**.

Enfim, é necessário que se encontre o **substrato concreto de proteção do Direito Ambiental**, sob pena de que, pretendendo ser tudo (vida, bem-estar, qualidade de vida, etc.), não seja nada. Portanto, quanto mais amplo e abstrato o conceito de meio ambiente, menor será a sua eficácia normativa, senão porque não haverá a identificação em concreto do seu objeto de tutela.

---

[4] A rigor, pensamos que o que fez o inciso III com suas alíneas foi exemplificar alguns dos *efeitos da poluição*, e não propriamente conceituar ou complementar o conceito de meio ambiente que está descrito no inciso I do art. 3º. Assim, trata o inciso III de exemplificar um rol de efeitos — nos mais diversos segmentos — causados pelo desequilíbrio ecológico provocado pelo homem.

Para mais informações sobre a diferença entre *poluição* e seus *efeitos*, ver, *infra*, o *item 8.6*.

## ▪ 3.2. O BEM AMBIENTAL: O EQUILÍBRIO ECOLÓGICO COMO O OBJETO DO DIREITO AMBIENTAL

A pergunta que se faz, portanto, é a seguinte: o nosso legislador teria identificado **o bem ambiental** e, portanto, aquilo que seria **o objeto de proteção de um Direito Ambiental**?

Quem dá a resposta é o texto constitucional, no ***caput* de seu art. 225**, ao dizer que "**todos têm direito a um meio ambiente ecologicamente equilibrado**, bem de uso comum do povo e essencial à sadia qualidade de vida (...)".

Disse, assim, o legislador constituinte que o direito de todos recai sobre um **meio ambiente ecologicamente equilibrado**. Portanto, **o equilíbrio ecológico** é exatamente o bem jurídico (imaterial) que constitui o objeto de direito a que alude o texto constitucional.

Conjugando o mandamento constitucional com a definição de meio ambiente constante do art. 3º, I, da Lei n. 6.938/81 — no sentido de que é formado pela **interação de diversos fatores bióticos e abióticos** —, temos que **o direito ambiental visa proteger exatamente o equilíbrio nessa interação**. E mais: **a proteção a cada um desses elementos** justifica-se na medida em que serve à manutenção desse equilíbrio.

Numa escalada, pode-se dizer que **se protegem** os **elementos bióticos e abióticos** e sua respectiva **interação**, para se alcançar a **proteção do meio ambiente ecologicamente equilibrado**, porque este bem é responsável pela **conservação de todas as formas de vida**.

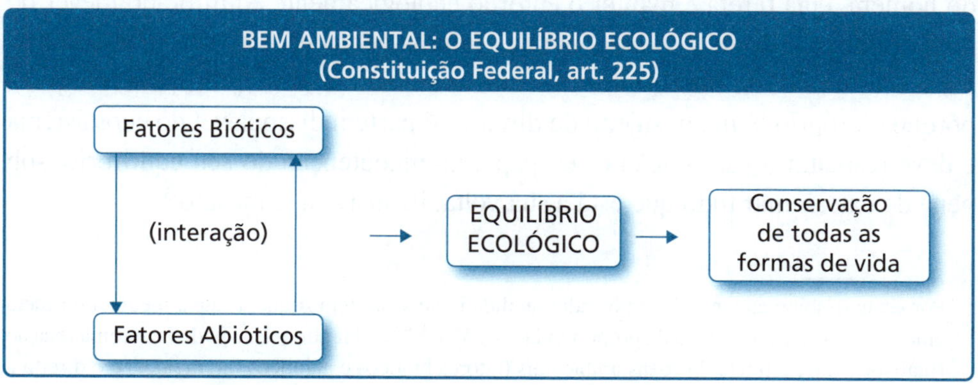


Essa identificação do meio ambiente ecologicamente equilibrado como o bem a ser protegido pelo direito ambiental é de suma importância porque, em última análise, qualquer dano ao meio ambiente agride o equilíbrio ecológico, e, assim, uma eventual reparação deve ter em conta a recuperação, exatamente, desse mesmo equilíbrio.

Há que se lembrar, para tanto, que o meio ambiente não é estático e único: existem diferentes ecossistemas responsáveis pela manutenção de diversas formas de vida. É totalmente possível que um mesmo fato cause desequilíbrios a diversos ecossistemas; isso, aliás, é o que normalmente ocorre em sede de danos ao meio ambiente.

Destarte, a ideia de um ecossistema único, para fins de reparação, é inviável, dadas a dinâmica dos fatores bióticos e abióticos, suas inter-relações, bem como as diversas formas de vida e suas exigências específicas. Na apuração do dever de reparação do meio ambiente lesado, deve-se levar em consideração o equilíbrio ecológico dos diversos ecossistemas atingidos.

### ■ 3.2.1. Os componentes (recursos) ambientais como conteúdo do equilíbrio ecológico

Uma vez identificado o **equilíbrio ecológico** como o **bem ambiental**, surge ainda outro questionamento. Trata-se de saber o seguinte: se o referido bem é o produto da inter-relação de diversos fatores, torna-se necessário elucidar **quais são esses elementos bióticos e abióticos**.

A identificação deles resulta, em última análise, na do conteúdo, da alma, da **essência do meio ambiente ecologicamente equilibrado**. Nesse sentido, não restam dúvidas de que o Direito Ambiental se ocupa da tutela desses elementos — **recursos ambientais** — de **suas relações**.

Considerando que o meio ambiente sadio e equilibrado constitui um direito do homem, cuja tarefa é manter o entorno ecologicamente equilibrado (dever do poder público e da coletividade) para as futuras gerações, torna-se interessantíssimo o estudo dos componentes desse bem ambiental (do equilíbrio ecológico), porque o próprio homem, sujeito de direitos, é parte indissociável do ecossistema e deve respeitar a sua função e seu papel na manutenção do seu equilíbrio, sob pena de exterminar tudo que está a sua volta, inclusive a si mesmo.[5]

---

[5] Por estar simbioticamente ligada à sadia qualidade de vida, temos que a tutela mediata do meio ambiente envolve a proteção da própria vida (art. 5º, CF/88), daí por que se pode fazer uma relação finalística entre a tutela dos bens ambientais (fatores bióticos e abióticos interagidos) e o direito à vida. Todavia, não se tutela apenas a sobrevivência, mas, sim, a vida com qualidade, vida saudável. Justamente pela umbilical relação, qual seja, pela sua essencialidade à sadia qualidade de vida, o direito ao ambiente ecologicamente equilibrado é um direito que constitui ponto de partida para o exercício de outros direitos. Enfim, situa-se num degrau anterior à grande maioria dos direitos subjetivos, que lhe devem, inclusive, obediência. A estreita ligação e a dependência da vida com o meio ambiente fazem deste direito um limitador natural dos demais direitos subjetivos do homem. É o que ocorre com o direito de propriedade, que deve atender à função social; com o direito urbanístico, que deve atender às regras ambientais, etc.

Importante, aqui, fazer uma ressalva: conquanto os referidos componentes sejam, por assim dizer, os ingredientes necessários (imprescindíveis) à formação do equilíbrio ecológico, com ele não se confundem.

É este — **o equilíbrio ecológico — o bem autônomo a que todos temos direito de uso comum**, segundo o mandamento constitucional. É claro que esses **recursos ambientais**, na medida em que, interagindo, são os fatores responsáveis pelo equilíbrio ecológico, também são objeto de tutela do direito ambiental. E, sendo assim, feita a ressalva, também poderíamos chamá-los de **(micro)bens ambientais**.

A diferenciação é importantíssima, uma vez que a proteção de um desses componentes só se justifica, do ponto de vista ambiental, na medida em que ele tiver participação na manutenção do equilíbrio ecológico. E, se assim o for, essa proteção não deve levar em consideração apenas a parcela do componente lesado, mas, principalmente, a sua participação (repercussão) no equilíbrio ecológico (a sua função ecológica).[6]

Mas, retornando ao problema central, indaga-se: devem ser considerados **componentes ambientais** apenas os **recursos naturais** (água, solo, ar, fauna, flora, etc.), ou, pelo contrário, deve ser adotado um **conceito mais amplo**, estendendo a proteção àquilo que se denomina **componentes artificiais** (ruas, praças, bens culturais artificiais, etc.)?

Procurando ser mais claro: **o meio ambiente artificial (ecossistema social) é objeto de tutela do Direito Ambiental?** Seria o Direito Ambiental um direito ecológico, que cuidaria apenas do equilíbrio ecológico da natureza ou, de outra parte, englobaria também o ecossistema artificial, para considerar como seu objeto de proteção componentes artificiais, urbanos, que permitem, abrigam e regem a qualidade de vida do ser humano?

A resposta a essas indagações deve ser dada pela própria Constituição Federal, especialmente pelo art. 225, todo dedicado à proteção do meio ambiente.

Primeiramente, fazendo-se uma análise sistemática do texto constitucional, verifica-se que o **art. 225** dá forma ao **Capítulo VI (Do Meio Ambiente)**, que, por sua vez, integra o **Título VIII (Da Ordem Social)**.

Ocorre que, no mesmo Título VIII, sob a rubrica do **Capítulo III, na Seção II**, cuidou-se dos **bens culturais**. Por sua vez, no **Capítulo II do Título VII (Da Ordem Econômica e Financeira)**, tratou-se da **política urbana**, regulando a atividade do poder público com vistas à asseguração do bem-estar da população e ao pleno desenvolvimento das cidades.

---

[6] A expressão "função ecológica" e este entendimento se depreendem do texto constitucional no art. 225, § 1º, VII.

Assim, o que fica claro, ao menos sob uma exegese sistemática, é que **optou o legislador por "isolar" o meio ambiente dos demais ecossistemas artificiais** (urbano, cultural, e até mesmo o meio ambiente do trabalho no art. 200, VIII).

Exatamente por isso, não há dúvidas de que o legislador pretendeu considerar, ao menos sistematicamente, o meio ambiente numa perspectiva diversa e destacada do patrimônio cultural, da política urbana e do meio ambiente do trabalho, dando-lhe um enfoque voltado para aspectos da natureza e da ecologia. O enquadramento dos temas não esconde essa intenção.

Não é apenas, porém, a análise sistemática que permite chegar a essa conclusão. O próprio **conteúdo das normas insculpidas no art. 225** não dá outra demonstração, senão a de que as normas ali contidas estariam reservadas ao que se denomina **meio ambiente natural**. Vejamos:

> "Art. 225. Todos têm direito ao meio ambiente ecologicamente equilibrado, bem de uso comum do povo e essencial à sadia qualidade de vida, impondo-se ao Poder Público e à coletividade o dever de defendê-lo e preservá-lo para as presentes e futuras gerações.
>
> § 1º Para assegurar a efetividade desse direito, incumbe ao Poder Público:
>
> I — Preservar e restaurar os processos ecológicos essenciais e prover o manejo ecológico das espécies e ecossistemas; (Regulamento)
>
> II — Preservar a diversidade e a integridade do patrimônio genético do País e fiscalizar as entidades dedicadas à pesquisa e manipulação de material genético; (Regulamento)
>
> III — Definir, em todas as unidades da Federação, espaços territoriais e seus componentes a serem especialmente protegidos, sendo a alteração e a supressão permitidas somente através de lei, vedada qualquer utilização que comprometa a integridade dos atributos que justifiquem sua proteção; (Regulamento)
>
> IV — Exigir, na forma da lei, para instalação de obra ou atividade potencialmente causadora de significativa degradação do meio ambiente, estudo prévio de impacto ambiental, a que se dará publicidade; (Regulamento)
>
> V — Controlar a produção, a comercialização e o emprego de técnicas, métodos e substâncias que comportem risco para a vida, a qualidade de vida e o meio ambiente; (Regulamento)
>
> VI — Promover a educação ambiental em todos os níveis de ensino e a conscientização pública para a preservação do meio ambiente;
>
> VII — Proteger a fauna e a flora, vedadas, na forma da lei, as práticas que coloquem em risco sua função ecológica, provoquem a extinção de espécies ou submetam os animais a crueldade. (Regulamento)
>
> § 2º Aquele que explorar recursos minerais fica obrigado a recuperar o meio ambiente degradado, de acordo com solução técnica exigida pelo órgão público competente, na forma da lei.

> § 3º As condutas e atividades consideradas lesivas ao meio ambiente sujeitarão os infratores, pessoas físicas ou jurídicas, a sanções penais e administrativas, independentemente da obrigação de reparar os danos causados.
>
> § 4º A Floresta Amazônica brasileira, a Mata Atlântica, a Serra do Mar, o Pantanal Mato-Grossense e a Zona Costeira são patrimônio nacional, e sua utilização far-se-á, na forma da lei, dentro de condições que assegurem a preservação do meio ambiente, inclusive quanto ao uso dos recursos naturais.
>
> § 5º São indisponíveis as terras devolutas ou arrecadadas pelos Estados, por ações discriminatórias, necessárias à proteção dos ecossistemas naturais.
>
> § 6º As usinas que operem com reator nuclear deverão ter sua localização definida em lei federal, sem o que não poderão ser instaladas."

Analisando um a um os dispositivos ali contidos, vê-se que o legislador fala em:

- **processo ecológico** e **manejo das espécies** (art. 225, § 1º, I);
- diversidade de **patrimônio genético** (art. 225, § 1º, II);
- **espaços territoriais** e seus componentes (art. 225, § 1º, III);
- proteção da **fauna** e da **flora** e da sua **função ecológica**, evitando a **extinção das espécies** (art. 225, § 1º, VII);
- recuperação do **meio ambiente degradado** pela recuperação das áreas de exploração de **recursos minerais**;
- **florestas** e formas de **vegetação** entendidas como patrimônio nacional e resguardadas dentro de condições que assegurem a preservação do meio ambiente, inclusive quanto ao uso dos **recursos naturais e ecossistemas naturais**; etc.

Enfim, trata-se de uma série de **elementos ligados à ideia de meio ambiente natural**. Contudo, nos casos em que isso não está tão explícito (*v.g.*, § 1º, IV, V e VI), não se confirma qualquer ideia de que ali se teria pretendido incluir o meio ambiente do trabalho, o cultural e o urbano.

Por fim, vale lembrar que a conceituação adotada pelo legislador infraconstitucional para o meio ambiente (art. 3º, I, da Lei n. 6.938/81) foi a **ecocêntrica/biocêntrica**, tal como foi dito anteriormente,[7] simplesmente porque se tutela o ecossistema (conjunto de interações) para salvaguardar, repita-se, **todas as formas de vida que dele dependem**.

E mais: a definição dos recursos ambientais constante no art. 3º, V, da mesma lei (com redação da Lei n. 7.804/89) diz que são eles: "a atmosfera, as águas interiores, superficiais e subterrâneas, os estuários, o mar territorial, o solo, o

---

[7] Ver, *supra*, *itens 2.4.1* e *3.1*.

subsolo, os elementos da biosfera, a fauna e a flora". São precisamente esses — bióticos e abióticos — que interagem por intermédio dos fatores ambientais (a pressão atmosférica, o calor, o frio, as radiações, etc., também incluídos nesse grupo), para formar o equilíbrio ecológico. Novamente, não há qualquer referência ao meio ambiente artificial.

Por tudo isso, pensamos que **apenas o meio ambiente natural**, com os **fatores/recursos naturais**, **bióticos** e **abióticos** que o compõem, é **objeto de tutela do direito ambiental**.

É claro que o ecossistema artificial (urbano, cultural e do trabalho) faz parte do entorno globalmente considerado. Seu tratamento doutrinário e sua proteção legislativa, contudo, devem ser feitos por outras disciplinas, ainda que, tal como o meio ambiente natural, tenha por objetivo a proteção da qualidade de vida.

Isso porque, repitamos, existe uma diferença ontológica entre eles, que se espraia no aspecto teleológico de sua proteção. **No meio ambiente natural, a tutela é ecocêntrica:** visa atender à proteção de **todas as formas de vida**. Já o **meio ambiente artificial é precipuamente antropocêntrico:** sua preocupação principal é com a **qualidade de vida da população humana**.

Por tudo isso, pensamos que os recursos **ambientais** se referem aos recursos **naturais**. Os bens culturais (representativos da valoração humana), por exemplo, embora indisponíveis e igualmente difusos, seriam tutelados por disciplina específica.[8]

Repita-se: não queremos negar a existência de um meio ambiente artificial ou ecossistema social, como contraponto ao meio ambiente natural. Porém, o que se pretende dizer é que o **"meio ambiente artificial" encontra sua tutela em outras disciplinas**, tais como o **Direito Urbanístico**, o **Direito Econômico**, o **Direito do Trabalho**.[9] Enfim, apenas quando o objeto de tutela é o equilíbrio

---

[8] Em sentido contrário, ver Édis Milaré, *Direito do ambiente*, p. 55, ao incluir componentes artificiais como conteúdo dos recursos ambientais.

[9] A distinção tem relevância, por exemplo, para fixação da competência jurisdicional. Embora fale em "meio ambiente do trabalho", a competência é da justiça trabalhista quando a pretensão se volte à tutela de direitos existentes em normas de proteção do "meio ambiente do trabalho". Sedimentado no Superior Tribunal de Justiça o seguinte: "PROCESSUAL CIVIL. RECURSO ESPECIAL. AÇÃO CIVIL PÚBLICA. MEIO AMBIENTE DO TRABALHO. JUSTIÇA DO TRABALHO. SÚMULA N. 736/STF.

PRECEDENTES DO SUPERIOR TRIBUNAL DE JUSTIÇA. 1. Consoante entendimento sedimentado desta Corte Superior, é da Justiça do Trabalho a competência para julgamento de demanda promovida pelo Parquet, na qual se encontre em discussão o cumprimento, pelo empregador, de normas atinentes ao meio ambiente do trabalho (AgRg no REsp n. 509.574/SP, *DJe* de 1º-3-2010; REsp n. 240.343/SP, *DJe* de 20-4-2009; e REsp n. 697.132/SP, *DJ* de 29-3-2006). 2. Inarredável a aplicação à hipótese da inteligência do enunciado sumular n. 736/STF, *litteris*: 'Compete à Justiça do Trabalho julgar as ações que tenham como causa de pedir o descumprimento de normas traba-

ecológico, independentemente do entorno, do sítio ou do lugar em que se esteja, a disciplina ficará por conta e a cargo do Direito Ambiental.

Hipoteticamente falando, basta que se imagine *a construção de um condomínio em área urbana à beira-mar*. Será necessária a existência de uma *licença ambiental* que levará em consideração a afetação ao equilíbrio ecológico deste empreendimento (sujeita ao órgão ambiental competente), como a descarga de esgotos, o sombreamento permanente da praia, a destruição da vegetação local, etc. E, a par disso, deve haver também uma *licença urbanística* que cuidará de aspectos relacionados diretamente com a qualidade de vida da população local, como a perda da qualidade da paisagem local, a altura do calçamento, o nivelamento da construção com a rua, o projeto arquitetônico, o aumento do trânsito, etc.

Por tudo isso é que reservamos ao Direito Ambiental o repositório de normas e princípios, nacionais e internacionais, que cuidam do meio ambiente natural, justamente porque o seu objeto de tutela é o equilíbrio ecológico, assim entendido como um bem imaterial resultante da combinação dos fatores ambientais (como calor, umidade, pressão, etc., numa combinação química, física e biológica) com os componentes ambientais (recursos ambientais).

Para concluir, deve-se deixar claro que **o meio ambiente natural, não construído pelo homem, possui um espectro de abrangência e proteção mais nobre e mais largo que o meio ambiente artificial**, que, em última análise, deve-se conformar às regras e exigências do meio ambiente natural. A seguinte frase definiria bem o que se quer dizer: não há possibilidade de haver meio ambiente artificial sem um meio ambiente natural (ou seus componentes), mas o inverso é perfeitamente possível, já que foi o homem que chegou depois.

Importante consignar, porém, que a jurisprudência dos Tribunais Superiores tem adotado, na maior parte das vezes, **conceito mais largo em relação ao meio ambiente**, nele incluindo o que chamamos de **ecossistema artificial**. Vejamos os seguintes trechos de arestos paradigmas provenientes do **Supremo Tribunal Federal** e do **Superior Tribunal de Justiça:**

> "A incolumidade do meio ambiente não pode ser comprometida por interesses empresariais nem ficar dependente de motivações de índole meramente econômica, ainda mais se se tiver presente que a **atividade econômica**, considerada a

lhistas relativas à segurança, higiene e saúde dos trabalhadores', sendo irrelevante, para tanto, decorrerem as obrigações daí resultantes de previsão expressa na legislação vigente ou resultarem concomitantemente de termo de ajustamento de conduta firmado entre o empregador e o Ministério Público Estadual. 3. Agravo regimental a que se nega provimento" (AgRg no REsp 1.116.923/PR, Rel. Ministro VASCO DELLA GIUSTINA (DESEMBARGADOR CONVOCADO DO TJ/RS), TERCEIRA TURMA, julgado em 21-10-2010, *DJe* 5-11-2010).

disciplina constitucional que a rege, está subordinada, dentre outros princípios gerais, àquele que privilegia a **"defesa do meio ambiente"** (CF, art. 170, VI), que traduz **conceito amplo** e abrangente das noções de **meio ambiente natural**, de meio ambiente **cultural**, de meio ambiente **artificial** (espaço urbano) e de meio ambiente **laboral**" (STF, Tribunal Pleno, ADI 3.540 MC/DF, rel. Min. Celso de Mello, *DJ* 3-2-2006).

"AMBIENTAL E PROCESSUAL CIVIL. PRESERVAÇÃO ARQUITETÔNICA DO PARQUE LAGE (RJ). ASSOCIAÇÃO DE MORADORES. LEGITIMIDADE ATIVA. PERTINÊNCIA TEMÁTICA CARACTERIZADA. **CONCEITO LEGAL DE 'MEIO AMBIENTE' QUE ABRANGE IDEAIS DE ESTÉTICA E PAISAGISMO** (ARTS. 225, *CAPUT*, DA CR/88 E 3º, INC. III, ALÍNEAS 'A' E 'D' DA LEI N. 6.938/81). (...)

3. Em primeiro lugar, a Constituição da República vigente expressamente vincula o meio ambiente à sadia qualidade de vida (art. 225, *caput*), daí por que é válido concluir que a proteção ambiental tem correlação direta com a manutenção e melhoria da qualidade de vida dos moradores do Jardim Botânico (RJ).

4. Em segundo lugar, a legislação federal brasileira que trata da problemática da preservação do meio ambiente é expressa, clara e precisa quanto à relação de **continência** existente entre os conceitos de **loteamento, paisagismo e estética urbana** e o conceito de **meio ambiente**, sendo que **este último abrange os primeiros**.

5. Neste sentido, importante citar o que dispõe o art. 3º, inc. III, alíneas 'a' e 'd', da Lei n. 6.938/81, que considera como poluição qualquer degradação ambiental resultante de atividades que direta ou indiretamente prejudiquem a saúde e o bem-estar da população e afetem condições estéticas do meio ambiente. (...)" (STJ, 2ª Turma, REsp 876.931/RJ, rel. Min. Mauro Campbell Marques, *DJ* 10-9-2010). No mesmo sentido, Medida Cautelar n. 21.879/RJ (2013/0371446-1), Min. Napoleão Nunes Maia Filho, publicado em: 5-11-2013 (STJ) e Agravo em Recurso Especial n. 454.215/RO (2013/0416719-2), Min. Humberto Martins, publicado em: 13-2-2014 (STJ).

### 3.2.2. Natureza jurídica e características do bem ambiental

Buscamos até agora deixar claro que o direito ambiental se ocupa da proteção do equilíbrio ecológico. É este o bem jurídico objeto de tutela deste ramo do direito, conforme o texto do art. 225 da CF/88.

Porém, como explicamos, o equilíbrio ecológico só existe porque ele é, na verdade, um produto da combinação (química, física e biológica) de diversos fatores, bióticos (fauna, flora e diversidade biológica) e abióticos (ar, água, terra, clima, etc.), que, interagindo entre si, nele resultam.

> Portanto, embora seu **objeto** de proteção seja o **equilíbrio ecológico (macrobem)**, o direito ambiental cuida também, inexoravelmente, da função ecológica exercida pelos **fatores ambientais bióticos e abióticos (microbens)**.

Tão importante quanto a identificação destes bens é a determinação de sua **natureza jurídica** e de suas **principais características**. É o que passamos a fazer agora.

E foi novamente o próprio legislador constitucional quem deu as diretrizes para se definir a **natureza jurídica do bem ambiental**.

Ao falar, no **art. 225**, que é um **bem de uso comum do povo**, não produziu simples coincidência com o **art. 99, inciso I, do Código Civil**.[10] Pelo contrário, a intenção do constituinte, ao repetir a expressão constante no diploma civil, foi a de que tal bem teria **regime jurídico de bem público** e como tal deveria ser tratado.

Disso resulta o fato de serem **inalienáveis** e de **não estarem sujeitos à usucapião** (CC, arts. 100 e 102, respectivamente). Ademais, como são de necessidade geral, precisam ser **geridos e regulamentados pelo Poder Público**, tal como afirma o **§ 1º do art. 225**, pois seria verdadeiramente impossível esperar que tais bens, preciosos do ponto de vista ecológico, social e econômico, ficassem ao sabor da proteção e da gestão privadas. É só por isso que se fala em bens públicos (regidos pelo Poder Público).[11]

E mais: trata-se de um tipo de bem cuja **titularidade pertence ao povo**, estando atado em um liame que une cada cidadão, pelo simples fato de que todos são "donos" — e ao mesmo tempo responsáveis — do mesmo bem. Jamais será possível identificar cada um dos componentes do povo que é titular desse bem. **Seus titulares são, assim, indetermináveis.**

Por isso mesmo, tanto o macrobem quanto os microbens ambientais são **naturalmente indivisíveis**. Dizer que são naturalmente indivisíveis significa afirmar que esses bens ambientais não se repartem sem que isso represente uma alteração das suas propriedades ecológicas. São bens que foram dados ao ser humano e que já existiam no Planeta antes mesmo da existência dos homens. Esses bens — e o resultado da sua combinação (o equilíbrio ecológico) — são insuscetíveis de divisão pela vontade humana.

Sendo o bem ambiental **do povo**, de **titularidade indeterminável** e **objeto indivisível**, a conclusão inexorável é de que se trata de um **bem difuso**, nos termos colocados no Capítulo 1.[12]

---

[10] "Art. 99. São bens públicos: I — os de uso comum do povo, tais como rios, mares, estradas, ruas e praças; (...)."

[11] Em acórdão relatado pelo Ministro Herman Benjamin, o Superior Tribunal de Justiça referiu-se ao Estado como sendo o "*patrono* (...) da preservação e restauração dos processos ecológicos essenciais" (STJ, 2ª Turma, REsp 1.071.741/SP, rel. Min. Herman Benjamin, *DJ* 16-12-2010).

[12] Ver, *supra*, no *item 1.4.4.3*, quadro sinóptico que aborda as características de cada uma das modalidades de interesse coletivo.

Aliás, dado o **elevadíssimo grau de indeterminabilidade de seus titulares**, o direito a um meio ambiente equilibrado talvez seja o exemplo mais emblemático dessa categoria. A isso, some-se o fato de que **o direito ao meio ambiente saudável pertence a esta e às futuras gerações**, portanto aos nossos filhos, netos, bisnetos e às gerações que ainda estão por vir, motivo pelo qual a sua indeterminabilidade e fluidez são incomparáveis a qualquer outra modalidade de bem difuso.[13]

Nota-se que os titulares do bem ambiental têm a tarefa de protegê-lo e preservá-lo em solidariedade ao poder público. É o que resulta do claríssimo texto do art. 225 da CF/88. Segundo o texto constitucional, o direito a um meio ambiente ecologicamente equilibrado é de todos.

O conceito de *todos* é indefinido justamente porque a titularidade deste direito é difusa e supera a noção individualista de direito. A palavra vem demonstrar que não se pode fazer qualquer limitação quanto à identificação de seus titulares. O direito a um meio ambiente ecologicamente equilibrado é de titularidade metaindividual e recai sobre bens que possuem natureza indivisível.

Mas não é só. Além de público e difuso, o bem ambiental é também **ubíquo**.

A **ubiquidade** significa que o bem ambiental **não encontra fronteiras espaciais e territoriais**. Em razão da interligação química, física e biológica dos bens ambientais, não é possível ao ser humano estabelecer limites ou paredes que isolem os fatores ambientais. Ora, quem nunca ouviu dizer que a poluição é transfronteiriça, que aquilo que se faz no nosso quintal é sentido no quintal do vizinho, e vice-versa? Isso decorre da **ubiquidade do bem ambiental**, da sua **onipresença**.[14]

Ademais, **o equilíbrio ecológico é altamente instável**, ou seja, é um objeto extremamente **sensível**. Tem-se aí a **instabilidade** do bem ambiental. Isso mesmo. Tão sensível que qualquer variação de algum de seus componentes bióticos ou abióticos, ou uma simples variação de tempo ou espaço, pode lhe causar um sério desequilíbrio.

Por tal razão, mesmo aquelas atividades ou obras que normalmente apresentam mínimo ou quase nenhum impacto no meio ambiente podem, dependendo

---

[13] Exatamente por isso, vale ressaltar, não pode ser olvidado que numa eventual reparação de danos causados ao meio ambiente devem-se levar em consideração, na mensuração da compensação ambiental, os prejuízos das futuras gerações que estariam sendo privadas de determinados bens ambientais. Até por isso, a reparação pecuniária do bem ambiental é, por assim dizer, a última saída, quando seja completamente inviável a recuperação do meio ambiente degradado.

[14] Por isso mesmo, verifica-se certa deficiência do legislador constituinte, quando no art. 225 restringe a titularidade do bem ambiental ao povo brasileiro, quando sabemos que os limites territoriais não são sempre suficientes para definir o alcance conceitual do direito a um meio ambiente ecologicamente equilibrado.

das circunstâncias de tempo e espaço, prejudicar o equilíbrio ecológico. Tal como se fosse um copo cheio de água até o limite do derramamento: mesmo uma gota mínima — que isoladamente seria incapaz de encher um milímetro sequer do copo — teria o poder de derramar boa parte da água represada nele.

De igual forma se passa com o equilíbrio ecológico. Muitas vezes, a mesma atividade, de mínimo potencial lesivo ambiental, que poderia ser exercida no início de uma microbacia, não poderá ser exercida a poucos quilômetros dali. Tempo, espaço e variações dos fatores ambientais propiciam, por menores que sejam, alterações e desequilíbrios ecológicos no ambiente.

Não há como se afastar, ainda, a **essencialidade** do bem ambiental, na medida em que **o equilíbrio ecológico é essencial à manutenção, à conservação e ao abrigo, sadio, de todas as formas de vida**.

Isso mesmo: não há vida digna e com qualidade num meio ambiente desequilibrado ecologicamente. Essa essencialidade, sem dúvida, refletirá sensivelmente na forma de o poder público e a coletividade lidarem com o equilíbrio ecológico, seja para protegê-lo e preservá-lo, seja para restaurá-lo dos prejuízos que lhes sejam causados.

Exatamente porque esses bens ambientais são essenciais à vida de todos os seres vivos, e também porque esses mesmos bens são matéria-prima para tantas outras atividades artificiais (econômicas, sociais e culturais), não é incomum que a **lesão ao equilíbrio ecológico cause, reflexamente, lesão a outros direitos privados**.

Eis aí o caráter da **reflexibilidade** do bem ambiental. Assim, por exemplo, se uma grande empresa exploradora de petróleo é responsável pelo derramamento de óleo numa praia, é possível que, além do prejuízo ambiental (degradação do meio ambiente e equilíbrio ecológico), ocasione também lesão a direitos de índole privada, por exemplo, aos pescadores, que são impedidos de exercer a profissão em razão da degradação, ou às pessoas em geral, que se contaminaram ao se banhar naquelas águas.

Também é característica do bem ambiental a sua **perenidade**, no sentido de que a **sua importância para a proteção de todas as formas de vida não cessa nunca**. Ou seja, é eternamente necessário manter o equilíbrio ecológico, e, por conta disso, um dano cometido ao meio ambiente sempre irradiará efeitos permanentes e até acentuados com o passar do tempo, sendo necessária a sua efetiva restauração (provocada ou natural) para que se reconquiste o equilíbrio perdido.

Enfim, o prejuízo ambiental torna-se perene, na exata proporção da importância do equilíbrio ecológico para todas as formas de vida. E, neste particular, quem se omite ou perpetua um dano ambiental — como um proprietário que adquire e mantém uma área de preservação degradada —, certamente, em razão da perenidade do equilíbrio ecológico, também está cometendo um ato injurídico em desfavor do meio ambiente, ainda que um terceiro seja responsável originariamente pelo desequilíbrio ecológico.

Por fim, os bens ambientais, porque não são fruto da criação humana, **não são totalmente conhecidos pelo ser humano**, que dia após dia descobre suas novas potencialidades e características.

São, portanto, bens **incognoscíveis**. Todos os dias as pesquisas científicas descobrem novas regras e funções dos bens ambientais. O ser humano ainda não conseguiu dominar nem entender todos os papéis desenvolvidos pelos recursos naturais. É o que poderíamos chamar de desconhecimento científico, pela coletividade, das funções exercidas pelos bens ambientais.

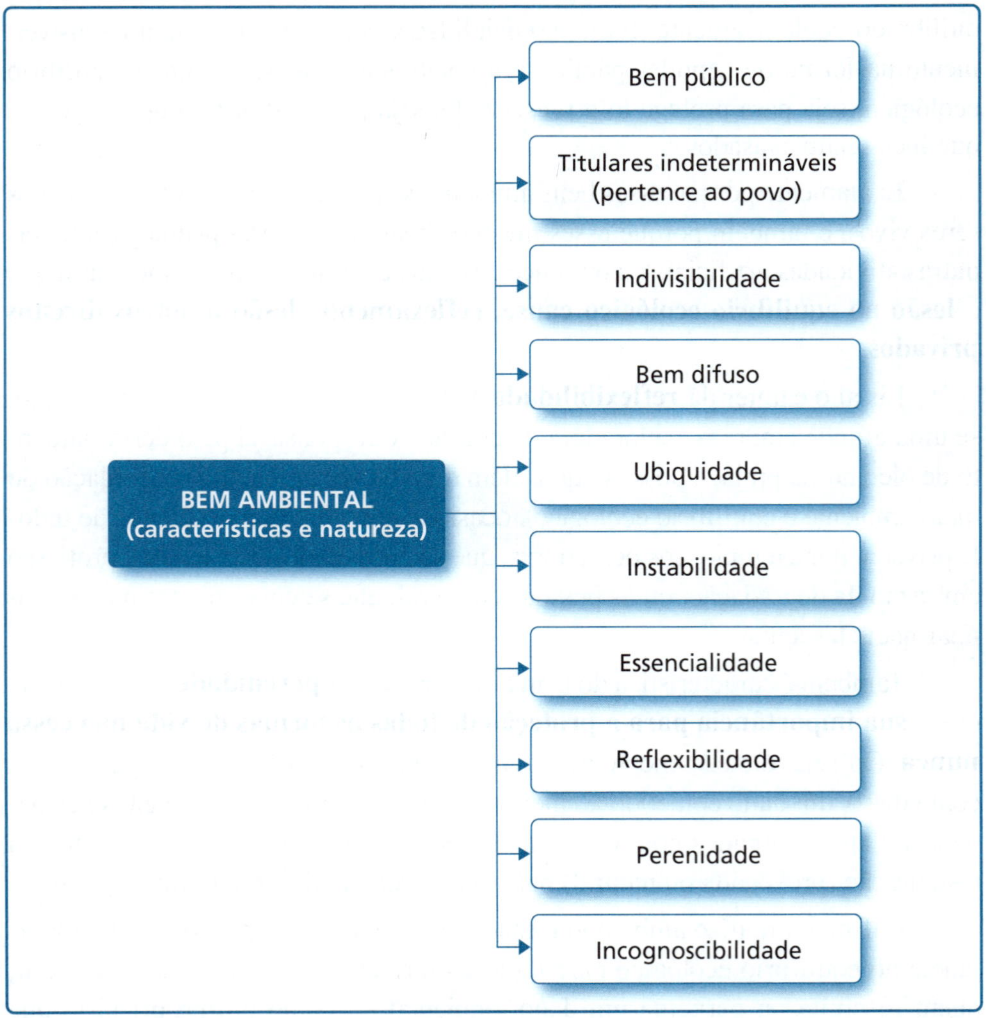

## ■ 3.3. O CONCEITO DE POLUIDOR

Ao mesmo tempo em que o **art. 225** da CF/88 estabelece que o meio ambiente ecologicamente equilibrado é um bem de uso comum do povo, atribuindo-lhe, portanto, natureza jurídica de direito difuso, deixa clara a **imposição a todos (Poder Público e coletividade) do dever positivo e negativo de proteger e preservar o meio ambiente**. Assim, se todas as pessoas do povo podem usar e gozar do meio ambiente ecologicamente equilibrado, essas mesmas pessoas são responsáveis por sua guarda e sua proteção. Nesse dispositivo constitucional, portanto, resta claro **quem pode assumir a condição de poluidor**.

A seu turno, a Lei da Política Nacional do Meio Ambiente (Lei n. 6.938/81) conceitua poluidor como "a pessoa física ou jurídica, de direito público ou privado, responsável, direta ou indiretamente, por atividade causadora de degradação ambiental" (art. 3º, IV).

Associando este conceito legal à ideia do art. 225, *caput*, da CF/88, verifica-se que **qualquer pessoa, física ou jurídica, pública ou privada, pode se enquadrar no conceito de poluidor** e assim ser **responsabilizada civil, penal ou administrativamente**, nos termos previstos no art. 225, § 3º, da CF/88.

Vale dizer que a importância de se definir **poluidor** é capital para se identificar o **legitimado passivo nas ações civis ambientais**, ou seja, aquele que sofrerá os efeitos materiais da decisão proferida nessas demandas.

Interessante, nesse diapasão, notar que o transcrito **art. 3º, IV**, da Lei n. 6.938/81 estabelece que será poluidor quem **direta ou indiretamente** cause degradação ao meio ambiente.

Tal fato é importantíssimo para a efetividade do direito ao meio ambiente, porque não é raro se tornar praticamente impossível identificar aquele que praticou a atividade que causou a degradação do meio ambiente.

**Basta, portanto, a relação indireta entre a atividade e a degradação do meio ambiente**. Isso tem enorme relevância no estudo do **nexo causal** e, portanto, nas regras de **ônus da prova** nas demandas ambientais (responsabilidade objetiva).

Adota-se, ainda, a regra da **responsabilidade solidária** pelos prejuízos ecológicos. Assim, **todas as pessoas que de alguma forma causaram degradação ao meio ambiente são responsáveis** conjuntamente pelo desequilíbrio ecológico e, por isso, respondem solidariamente pelos danos causados ao meio ambiente.[15]

É essa, felizmente, a linha que vem prevalecendo em julgados do Superior Tribunal de Justiça. É o que fica claro a partir do seguinte trecho de ementa:

[15] As eventuais ações de regresso interessam apenas ao poluidor e aos demais responsáveis e só podem ser exercidas em ações próprias e autônomas, pois a Política Nacional do Meio Ambiente (PNMA) estabeleceu a regra da *responsabilidade civil objetiva*, que não admite a discussão da culpa nas ações em que dita responsabilidade é invocada.

> "(...) **O conceito de poluidor, no Direito Ambiental brasileiro, é amplíssimo**, confundindo-se, por expressa disposição legal, com o de degradador da qualidade ambiental (...). 12. Para o fim de apuração do nexo de causalidade no dano urbanístico-ambiental e de eventual **solidariedade passiva**, equiparam-se **quem faz, quem não faz quando deveria fazer, quem não se importa que façam, quem cala quando lhe cabe denunciar, quem financia para que façam** e **quem se beneficia quando outros fazem** (...)" (STJ, 2ª Turma, REsp 1.071.741/SP, rel. Min. Herman Benjamin, *DJ* 16-12-2010).[16]

É clara, nos Tribunais Superiores, essa **tendência ampliativa** do conceito de **poluidor**. Tem-se aceito, cada vez mais, a responsabilização civil de pessoas sem relação direta com o dano, na busca de uma maior proteção do meio ambiente.

Prova disso é a decisão do **REsp 1.056.540/GO**, noticiada no ***Informativo* n. 404 do STJ**, em que foi **imputada responsabilidade ao adquirente de um imóvel** pelos **danos causados na área por seu antigo proprietário**. Na hipótese, inclusive, dispensou o Tribunal expressamente a efetiva prova do **nexo causal** para fins de responsabilidade civil. Vejamos um trecho da notícia:

> "Trata-se de ação civil pública (ACP) na qual o MP objetiva a recuperação de área degradada devido à construção de usina hidrelétrica, bem como indenização pelo dano causado ao meio ambiente. A Turma entendeu que a responsabilidade por danos ambientais é objetiva e, como tal, não exige a comprovação de culpa, bastando a constatação do dano e do nexo de causalidade.
>
> **Contudo, não obstante a comprovação do nexo de causalidade ser a regra, em algumas situações dispensa-se tal necessidade em prol de uma efetiva proteção do bem jurídico tutelado.**
>
> É isso que ocorre na esfera ambiental, nos casos em que o **adquirente do imóvel é responsabilizado pelos danos ambientais causados na propriedade, independentemente de ter sido ele ou o dono anterior o real causador dos estragos**.
>
> A responsabilidade por danos ao meio ambiente, além de objetiva, também é solidária. A possibilidade de **responsabilizar o novo adquirente de imóvel já danificado apenas busca dar maior proteção ao meio ambiente**, tendo em vista a extrema dificuldade de precisar qual foi a conduta poluente e quem foi seu autor. (...)" (STJ, 2ª Turma, REsp 1.056.540/GO, rel. Min. Eliana Calmon, julgado em 25-8-2009).

Ainda, segundo recente julgamento, dada a abrangência do conceito de dano ambiental e do conceito de poluidor, o STJ entendeu que, em se tratando de

[16] Na situação de que trata o acórdão, o STJ utilizou esse entendimento ampliativo do conceito de poluidor para estender a responsabilidade objetiva ao Estado, por ter falhado em seu dever de fiscalização ambiental.

danos ambientais individuais ou reflexos (por ricochete), numa situação de queimada intencional/incêndio em área vizinha de imóvel rural, deveria ser reconhecida a responsabilidade objetiva e solidária do proprietário do imóvel fronteiro pelos danos decorrentes do incêndio, ainda que praticado por terceiro poluidor (arrendatário ou gestor de negócios). Tendo, assim, a excludente de responsabilidade civil consistente no fato de terceiro, na seara ambiental, ter aplicação bastante limitada. Analisemos parte do ementário:

> "DANOS AMBIENTAIS INDIVIDUAIS OU REFLEXOS (POR RICOCHETE) — RESPONSABILIDADE CIVIL OBJETIVA — APLICAÇÃO DO DISPOSTO NO ARTIGO 14, § 1º, DA LEI N. 9.938/81, E, OUTROSSIM, EM VIRTUDE DA VIOLAÇÃO A DIREITOS DE VIZINHANÇA — RECONHECIMENTO DO DEVER DE INDENIZAR IMPUTÁVEL AO PROPRIETÁRIO DO IMÓVEL. Pretensão ressarcitória deduzida com escopo de serem indenizados os danos decorrentes de incêndio iniciado em propriedade vizinha, ocasionado pela prática de queimada. (...) 2. O conceito de dano ambiental engloba, além dos prejuízos causados ao meio ambiente, em sentido amplo, os danos individuais, operados por intermédio deste, também denominados danos ambientais por ricochete — hipótese configurada nos autos, em que o patrimônio jurídico do autor foi atingido em virtude da prática de queimada em imóvel vizinho. 2.1 Às pretensões ressarcitórias relacionadas a esta segunda categoria, aplicam-se igualmente as disposições específicas do direito ambiental e, por conseguinte, da responsabilidade civil ambiental (objetiva) — consignadas na Lei n. 6.938/91 (Lei da Política Nacional do Meio Ambiente), nos moldes em que preceituado no seu artigo 14, parágrafo 1º: 'Sem obstar a aplicação das penalidades previstas neste artigo, é o poluidor obrigado, independentemente da existência de culpa, a indenizar ou reparar os danos causados ao meio ambiente e a terceiros, afetados por sua atividade [...]'. 2.2 A excludente de responsabilidade civil consistente no fato de terceiro, na seara ambiental, tem aplicação bastante restrita, dada a abrangência do disposto no artigo acima transcrito. Desse modo, **só poderá ser reconhecida quando o ato praticado pelo terceiro for completamente estranho à atividade desenvolvida pelo indigitado poluidor, e não se possa atribuir a este qualquer participação na consecução do dano** — ato omissivo ou comissivo, o que não se verifica na hipótese, consoante se infere do acórdão recorrido, o qual expressamente consignou ser o recorrente/réu "conhecedor de que as pessoas que 'limpavam' sua propriedade se utilizavam do fogo para fazê-lo, e a prática era reiterada, frequente, 'todos os anos', conforme descrito na inicial. E, mesmo conhecedor do ilícito, nada fez para coibir a prática proscrita exercida em sua propriedade, tornando-se dessa forma responsável por ato de terceiro". 2.3 **'Para o fim de apuração do nexo de causalidade no dano ambiental, equiparam-se quem faz, quem não faz quando deveria fazer, quem deixa fazer, quem não se importa que façam, quem financia para que façam, e quem se beneficia quando outros fazem'** (cf. REsp 650.728/SC, rel. Ministro Antonio Herman Benjamin, 2ª Turma, *DJe* 2-12-2009). 3. Não obs-

> tante a análise do caso à luz dos ditames da responsabilidade civil ambiental, a conclusão encerrada na hipótese dos autos justifica-se, outrossim, sob a ótica do direito civil (em sentido estrito), notadamente porque aplicável a responsabilidade objetiva decorrente da violação de direitos de vizinhança, os quais coibem o uso nocivo e lesivo da propriedade. (...) 5. RECURSO ESPECIAL CONHECIDO EM PARTE E, NA EXTENSÃO, NÃO PROVIDO" (REsp 1.381.211/TO, rel. Min. Marco Buzzi, 4ª Turma, julgado em 15-5-2014, *DJe* 19-9-2014).

Na mesma linha, são constantes na jurisprudência casos em que o Estado é responsabilizado, solidariamente com os particulares, por **danos ambientais**, devido a ter **falhado em seu dever de fiscalização, sendo tratado como poluidor indireto**. Exemplo disso é o julgamento do **REsp 1.666.027/SP, no STJ**. Vejamos um trecho:

> "O Superior Tribunal de Justiça firmou o entendimento de que o ente federado tem o dever de fiscalizar e preservar o meio ambiente e combater a poluição (Constituição Federal, art. 23, VI, e art. 3º da Lei 6.938/1981), podendo sua omissão ser interpretada como causa indireta do dano (poluidor indireto), o que enseja sua responsabilidade objetiva. Precedentes: AgRg no REsp 1.286.142/SC, Rel. Ministro Mauro Campbell Marques, Segunda Turma, *DJe* 28-2-2013; AgRg no Ag 822.764/MG, Rel. Ministro José Delgado, Primeira Turma, *DJ* 2-8-2007; REsp 604.725/PR, Rel. Ministro Castro Meira, Segunda Turma, *DJ* 22-8-2005. (...)" (REsp 1.666.027/SP, Rel. Ministro HERMAN BENJAMIN, SEGUNDA TURMA, julgado em 19-10-2017, *DJe* 1º-2-2018).

Outro aspecto, de relevo, em relação ao conceito de poluidor é que **a atividade poluente decorre sempre de ato do ser humano**, seja pessoa física ou jurídica. Assim, os **danos ao meio ambiente causados pelos fenômenos ambientais** (queimadas causadas por raios, erupções vulcânicas, etc.) **não são atos de poluição**, embora causem degradação do meio ambiente. Assim, se toda poluição causa degradação, nem toda degradação é causada por poluição.

Verifica-se, ainda, que o conceito de poluidor **não está atrelado à noção de licitude ou ilicitude**. É que, se as responsabilidades penal e administrativa dependem da ilicitude da conduta, o mesmo não se diga em relação à responsabilidade civil. Logo, pode haver poluidor que aja licitamente e poluidor que aja ilicitamente. **Civilmente, ambos respondem da mesma forma pelos prejuízos ambientais**, diferente do que se dá nas esferas penal e administrativa.

Por fim, deve-se dizer que o conceito legal de poluidor estabelece um vínculo entre um **sujeito** e uma **atividade que cause degradação ao meio ambiente**, levando a acreditar que só poderiam responder às demandas ambientais as pessoas que tivessem causado, efetivamente, algum dano ao meio ambiente. Dá, assim, uma ideia de que a tutela jurisdicional só poderia ocorrer quando o desequilíbrio ecológico já tivesse sido causado.

Não é essa, todavia, a ideia que deve prosperar porque, em relação ao meio ambiente, prevalece a máxima de que é **"melhor prevenir do que remediar"**,[17] já que o retorno ao estado anterior é quase sempre impossível. **Por isso, a mera potencialidade de lesão ou de ilícito ambiental enseja, de imediato, a tutela jurisdicional preventiva.** Neste caso, ocupará o polo passivo da demanda aquele sujeito que pratique ou pretenda praticar a atividade potencialmente causadora de degradação do meio ambiente.

## ■ 3.4. O CONCEITO DE POLUIÇÃO

### ■ 3.4.1. Poluição e meio ambiente

Pelo que vimos até aqui, existe uma relação biunívoca e lógica entre os conceitos de **meio ambiente**, de **degradação ambiental**, de **poluidor** e de **recursos ambientais:** sob todos eles subjaz o mesmo "espírito" **biocêntrico/ecocêntrico**. Todavia, se não compreendido adequadamente o conceito de **poluição**, poder-se-á ter a falsa ideia de que destoaria ontologicamente das premissas estabelecidas pelo próprio legislador.

Expliquemos: estabelece o legislador, no **art. 3º, III, da PNMA**, o que seria **poluição**. Vejamos:

> "Art. 3º Para os fins previstos nesta Lei, entende-se por: (...)
>
> III — **poluição**, a degradação da qualidade ambiental resultante de atividades que direta ou indiretamente:
>
> *a)* prejudiquem a **saúde**, a **segurança** e o **bem-estar da população**;
>
> *b)* criem condições adversas às **atividades sociais e econômicas**;
>
> *c)* afetem desfavoravelmente a biota;
>
> *d)* afetem as condições **estéticas ou sanitárias** do meio ambiente;
>
> *e)* lancem matérias ou energia em desacordo com os padrões ambientais estabelecidos; (...)."

Desta feita, fica claro que **poluição**, da maneira como colocou o legislador, teria um caráter escancaradamente **antropocêntrico**. É suficiente um rápido contraste entre os conceitos para se perceber que o ser humano está na origem e no fim do conceito de poluição.

---

[17] Fala-se, inclusive, na existência dos princípios ambientais da *prevenção* e da *precaução*. Sobre esses, conferir, *infra*, os *itens 7.5.1* e *7.5.2*.

Pensamos, assim, que o **conceito de poluição deve ser extraído do *caput* do dispositivo (inciso III — "poluição é a degradação da qualidade ambiental")**. As **alíneas** descrevem apenas os **efeitos da poluição**, que são **enumerados exemplificativamente**, contendo uma grande parte de efeitos relativos à qualidade de vida do ser humano.

Bastaria, dessa forma, que fosse dito que **são poluentes as atividades praticadas pelo homem das quais resulte degradação da qualidade ambiental**. A exemplificação nas alíneas é, além de desnecessária, nociva, porque em quase todas há uma vocação de listar apenas os **efeitos prejudiciais** à proteção de aspectos íntimos e exclusivos do ser humano, que nada afetam o equilíbrio ecológico definido no conceito de meio ambiente.

Assim, cabe dizer que as alíneas são meramente exemplificativas, pois **será poluição toda e qualquer atividade que, direta ou indiretamente, cause desequilíbrio ecológico. Os efeitos da poluição são variáveis e podem afetar tanto o ecossistema natural quanto o artificial**. Vale, aqui, a mesma ressalva feita anteriormente: o conceito deve compreender tanto as atividades lícitas quanto as ilícitas.

Há, portanto, uma sensível diferença entre *o que é poluição* e os *efeitos da poluição*, ou seja, o rol descrito nas alíneas são *efeitos da poluição*. Aliás, atente-se para o fato de que, enquanto durarem estes efeitos da poluição, não se tem início de prazo prescricional para que terceiros possam reclamar a tutela individual pelos prejuízos decorrentes da poluição (REsp 1.346.489/RS, rel. Min. Ricardo Villas Bôas Cueva, 3ª Turma, julgado em 11-06-2013, *DJe* 26-08-2013).

## ■ 3.4.2. Poluição sob a perspectiva da antijuridicidade ambiental

O conceito de poluição previsto no art. 3º, III, da Lei n. 6.938/81 está intimamente ligado à ideia de **dano ambiental** (dano, prejuízo, lesão), aí entendido como a **alteração adversa da qualidade do meio ambiente**.

Tal aspecto reflete a ideia existente e vigente naquele momento histórico de que o instituto da **responsabilidade** estaria vinculado ao instituto do **dano**. Por isso, os conceitos de poluidor e de poluição têm inocultável ligação com a ideia de dano ao meio ambiente, sendo completamente desconectada a ideia de responsabilidade sem dano.

Todavia, com o aprofundamento e o desenvolvimento do estudo do instituto da responsabilidade, pôde-se perceber que **entre a conduta apta a causar o dano** e a **efetiva ocorrência da lesão** pode haver um **hiato temporal extrema-**

**mente variável**, ou seja, o **dano pode não ser um resultado instantâneo ou imediato de uma conduta antijurídica**.

Assim, *v.g.*, se por um lado o derramamento de óleo no mar (conduta) causa danos ao meio ambiente de modo imediato, quase não havendo chance de se isolar o momento da conduta da ocorrência do dano, por outro também é verdade que há situações em que a conduta tipificada como potencialmente danosa seja cometida, mas o dano propriamente dito só aconteça (se acontecer) muito tempo depois da referida conduta. É o que se dá, por exemplo, com a obtenção da licença ambiental sem a realização de audiência pública nos casos em que ela é exigida, ou, ainda, quando o empreendedor não cumpre condicionante ambiental referente à divulgação das informações exigidas pelo órgão ambiental licenciador da atividade.

Verifica-se nestes dois últimos exemplos que houve, não se duvida, um ato antijurídico (contrário às normas ambientais) sem que necessariamente tenha ocorrido qualquer degradação da qualidade ambiental. Ora, nessas duas situações, não houve poluição e pode nem haver, mas mesmo assim se praticou um ato que ofende o direito ambiental.[18]

Por isso, **urge que se revisitem os conceitos de poluição e de poluidor, desvinculando-os da noção de dano ambiental propriamente dito**; ou, *contrario sensu*, que se amplie o conceito de dano ambiental, aproximando-o da noção de antijuridicidade. Ou seja, bastaria a realização ou prática do ilícito (antijuridicidade) para se configurar a responsabilidade pelo ato praticado.

O que se pode afirmar, sem dúvida, é que em boa hora o legislador ambiental vem se preocupando, cada vez mais, em antecipar o momento em que se considera ocorrida a antijuridicidade ambiental, desvinculando-a, muitas vezes, da efetiva ocorrência do dano,[19] justamente para se respeitar e atender ao **princípio da prevenção e da precaução ambiental**. Do contrário, se for sempre relacionada a antijuridicidade à ideia de ocorrência do dano, com certeza a indesejada tutela meramente reparatória (justiça restaurativa) será a mais utilizada. É preciso ensejar o *risco* como conduta antijurídica ensejadora da responsabilidade civil ambiental. O dano estaria presente no fato de submeter a população ao risco ambiental. *Contrario sensu*, se o empreendedor for sancionado pelo risco ambiental que causa à população, então dele se beneficia auferindo lucros com uma situação de *risco ambiental* que é suportada pela coletividade.

---

[18] Aliás, ofende tanto que é até tipificado como crime, nos termos do art. 60, *caput*, da Lei n. 9.605/98.

[19] No direito penal ambiental, essa tendência fica evidente com a introdução dos crimes de perigo.

É preciso reconhecer que resulta do *direito fundamental à segurança*, do *direito fundamental à dignidade* e do *direito fundamental à isonomia* um dever do poder público e da coletividade (art. 225, *caput*, da CF/88) de controlar a produção, a comercialização e o emprego de técnicas, métodos e substâncias que comportem risco para a vida, a qualidade de vida e o meio ambiente (art. 225, § 1º, V, da CF/88). Isso implica reconhecer que não apenas os *riscos concretos* devam ser *prevenidos*, mas que também os *riscos abstratos*[20] necessitam de tutela jurídica, ou seja, ante a equação **risco = ameaça X vulnerabilidade** a tutela jurídica do ambiente deve proporcionar à coletividade a isonomia em relação à segurança para que todos suportem da mesma forma os riscos de uma modernidade líquida. Se não é possível domesticar (será que não é possível?) as ameaças naturais, ao menos é possível equiparar as vulnerabilidades, criando uma situação mínima de segurança para proteção da própria dignidade. O estudo dos direitos dos desastres é bastante eloquente em relação à possibilidade de reduzir os riscos controlando as ameaças e reduzindo as vulnerabilidades. Ora, se o poder público não fornece essa proteção espontaneamente, deve ser obtida mediante a tutela jurídica de precaução, inclusive com medidas provisórias urgentes.

Sem propriamente aceitar esta tese aqui exposta, o Superior Tribunal de Justiça tem aproximado a responsabilização civil ambiental da noção de risco, justamente para afastar qualquer excludente que se pretenda opor pelo poluidor responsabilizado. É o que diz no seguinte aresto:

> "1. O STJ sedimentou entendimento de que não há obrigatoriedade de publicação do voto divergente em hipóteses nas quais não sejam admitidos embargos infringentes, mesmo porque tal lacuna não causa quaisquer prejuízos à parte recorrente. 2. No caso, a premissa vencedora do acórdão é a de que a responsabilidade por dano ambiental é objetiva, informada pela teoria do risco integral, tendo por pressuposto a existência de atividade que implique riscos para a saúde e para o meio ambiente, sendo o nexo de causalidade o fator aglutinante que permite **que o risco se integre na unidade do ato que é fonte da obrigação de indenizar, de modo que aquele que explora a atividade econômica coloca-se na posição de garantidor da preservação ambiental**, e os danos que digam respeito à atividade estarão sempre vinculados a ela, por isso descabe a invocação, pelo responsável pelo dano ambiental, de excludentes de responsabilidade civil e, portanto, irrelevante a discussão acerca da ausência de responsabilidade por culpa exclusiva de terceiro ou pela ocorrência de força maior" (EDcl no REsp 1.346.430/PR, rel. Min. Luis Felipe Salomão, 4ª Turma, julgado em 5-2-2013, *DJe* 14-2-2013).

[20] Ulrich Beck, *Sociedade de risco:* rumo a uma outra modernidade, passim.

## ■ 3.5. QUADRO SINÓTICO DOS CONCEITOS GERAIS DO DIREITO AMBIENTAL

| | |
|---|---|
| MEIO AMBIENTE (Lei n. 6.938/81, art. 3º, I) | ■ Conjunto de interações entre os elementos vivos (bióticos) e não vivos (abióticos), responsável pela manutenção de todas as formas de vida. |
| BEM AMBIENTAL (CF, art. 225, *caput*) | ■ O meio ambiente ecologicamente equilibrado. |
| RECURSOS AMBIENTAIS (Lei n. 6.938/81, art. 3º, V) | ■ Todos os elementos naturais, vivos e não vivos, que, interagindo, são responsáveis pelo equilíbrio ecológico. São o conteúdo deste equilíbrio. |
| POLUIDOR (Lei n. 6.938/81, art. 3º, IV) | ■ Toda pessoa física ou jurídica, pública ou privada, direta ou indiretamente responsável pela degradação ambiental. |
| POLUIÇÃO (Lei n. 6.938/81, art. 3º, III) | ■ Qualquer atividade humana, lícita ou ilícita, de que resulte a degradação da qualidade ambiental. Independe dos efeitos trazidos nas alíneas do inc. III. |

## ■ 3.6. QUESTÕES DE CONCURSO

**1. (FCC/2010 — PGM/Teresina/PI) A Política Nacional do Meio Ambiente (PNMA), estabelecida pela Lei Federal n. 6.938/81, NÃO**

a) adota instrumentos econômicos, como a concessão florestal, a servidão ambiental, o seguro ambiental, entre outros.

b) tem por objetivo geral a preservação, melhoria e recuperação da qualidade ambiental propícia à vida, visando assegurar, no País, condições ao desenvolvimento socioeconômico, aos interesses da segurança nacional e à proteção da dignidade da vida humana.

c) define que poluidor é a pessoa física ou jurídica, de direito público ou privado, apenas diretamente responsável por atividade causadora de degradação ambiental.

d) define poluição como a degradação da qualidade ambiental resultante de atividades que, direta ou indiretamente, prejudiquem a saúde, a segurança e o bem-estar da população; criem condições adversas às atividades sociais e econômicas; afetem desfavoravelmente a biota; afetem as condições estéticas ou sanitárias do meio ambiente; lancem matérias ou energia em desacordo com os padrões ambientais estabelecidos.

e) adota instrumentos de comando e controle como, por exemplo, a avaliação de impacto ambiental, o zoneamento e o licenciamento.

**2. (CESPE/2011 — MPE/MS) Para os fins da Lei 6.938, de 31 de agosto de 1981 — Lei da Política Nacional do Meio Ambiente — é incorreto afirmar que:**

a) a degradação da qualidade ambiental é toda alteração adversa das características do meio ambiente;

b) o meio ambiente é o conjunto de condições, leis, influências e interações de ordem física, química e biológica, que permite, abriga e rege a vida em todas as suas formas;

c) a poluição é a degradação da qualidade ambiental resultante de atividades que direta ou indiretamente, por exemplo, afetem desfavoravelmente a biota;

d) a poluição é a degradação da qualidade ambiental resultante de atividades que direta ou indiretamente, por exemplo, prejudiquem a saúde, a segurança e o bem-estar da população;

e) o poluidor é somente a pessoa física responsável, direta ou indiretamente, por atividade causadora de degradação ambiental.

**3. (CESPE/2008 — MPE/RR) Julgue o item a seguir:**

De acordo com o que dispõe a Lei n. 6.938/1981, o meio ambiente é considerado como um equipamento público, de uso comum do povo, a ser necessariamente assegurado e protegido, tendo em vista a sua natureza histórica, pan-edênica, geracional, ubiquitária e transindividual, abrangendo as comunidades, os ecossistemas e a biosfera.

( ) certo ( ) errado

**4. (MPE-SC/2013 — MPE/SC — Promotor de Justiça) Analise cada um dos enunciados das questões abaixo e assinale "certo" — (c) ou "errado" — (e).**

a) De acordo com a Lei 6.938/1981, entende-se, por poluidor, a pessoa física, ou jurídica de direito privado, responsável, direta ou indiretamente, por atividade causadora de degradação ambiental.

( ) certo ( ) errado

b) Nos termos da Lei 6.938/1981, a responsabilidade do poluidor por indenizar ou reparar os danos causados ao meio ambiente e a terceiros, afetados por sua atividade, é independente da existência de culpa.

( ) certo ( ) errado

**5. (FMP-RS/2014 — TJ/MT — Juiz) De acordo com a Lei Federal n. 6.938, de 31 de agosto de 1981, que instituiu a Política Nacional do Meio Ambiente:**

I. é possível a cumulação da obrigação de recuperar área degradada com a obrigação de indenizar os danos não passíveis de recuperação "in natura".
II. o usuário de água deve pagar pela sua utilização com ou sem fins econômicos.
III. a obrigação de reparar os danos ambientais é limitada aos danos decorrentes de atividades privadas.
IV. são instrumentos da Política Nacional do Meio Ambiente, dentre outros, o zoneamento ambiental, a avaliação de impactos ambientais e o tarifamento do valor da indenização nos casos de reparação pecuniária decorrente de danos causados a indivíduos arbóreos ou a áreas com metragem delimitada.
V. o estabelecimento de critérios e padrões de qualidade ambiental e de normas relativas ao uso e manejo de recursos ambientais insere-se dentre os objetivos da Política Nacional do Meio Ambiente.

Assinale a opção CORRETA.

a) Apenas I, II, III e IV estão corretas.
b) Apenas I, II, III e V estão corretas.
c) Apenas I, III, IV e V estão corretas.
d) Todas estão corretas.
e) Apenas I e V estão corretas.

**6. (CESPE/2014 — PGE/BA — Procurador) Uma empresa brasileira de exploração de gás e petróleo, pretendendo investir na exploração de gás de xisto, obteve autorização de pesquisa do órgão competente e identificou, no início das primeiras pesquisas exploratórias, um potencial razoável para a exploração do gás em determinada área federal. Apesar de ainda não dispor de tecnologia que garantisse totalmente a proteção ambiental da área de exploração, principalmente, no que tange à água subterrânea, a empresa obteve a licença prévia para proceder à exploração de gás de xisto.**

**Com base nessa situação hipotética, nas normas de proteção ao meio ambiente e na jurisprudência, julgue o item seguinte.**

A responsabilização civil da empresa poderá ser objeto de ação civil pública ajuizada pelo MP caso ocorra dano superveniente da exploração do gás de xisto, a despeito da licença obtida pela empresa para operar.

( ) certo ( ) errado

**7. (FGV/2016 — CODEBA — Analista Portuário — Advogado) A CRFB/88 destacou o direito ao meio ambiente ecologicamente equilibrado como essencial à sadia qualidade de vida. Sobre a disciplina constitucional do meio ambiente, assinale a afirmativa correta.**

a) Os espaços territorialmente protegidos criados pela Constituição são bens de uso comum do povo, de modo que restou excluída a possibilidade de propriedade privada nos mesmos.
b) É vedada a manipulação de material genético em território nacional, tendo em conta o princípio da precaução ambiental.
c) A instalação de empreendimento potencialmente causador de significativa degradação do meio ambiente exige estudo prévio de impacto ambiental.
d) Os Estados não detêm competência constitucional para legislar sobre meio ambiente, atuando de forma supletiva à legislação federal.
e) Em homenagem ao princípio da norma mais favorável ao meio ambiente, lei estadual pode vedar a instalação de usina que opere com reator nuclear em seu território.

**8. (FCC/2014 — SABESP — Advogado) O meio ambiente constitui interesse.**

a) difuso que, se lesado, pode ser defendido, entre outros, pelo Ministério Público, que poderá exigir reparação em dinheiro primeiro contra o causador direto e, subsidiariamente, contra o causador indireto do dano, depois de esgotada a esfera administrativa de responsabilização.
b) individual homogêneo que, se lesado, pode ser defendido por qualquer do povo, a quem se faculta exigir reparação, para si, contra o causador direto do dano, depois de esgotada a esfera administrativa de responsabilização.
c) coletivo que, se lesado, pode ser defendido, entre outros, por um membro da coletividade lesada, que poderá exigir reparação em dinheiro contra os causadores diretos e indiretos do dano, em proveito próprio ou dos integrantes do grupo, sem necessidade de prévio esgotamento das esferas criminal ou administrativa de responsabilização.
d) difuso que, se lesado, pode ser defendido, entre outros, pelo Ministério Público, que poderá exigir reparação em dinheiro contra os causadores diretos e indiretos do dano, depois de esgotada a esfera administrativa de responsabilização.
e) difuso que, se lesado, pode ser defendido, entre outros, pelo Ministério Público, que poderá exigir reparação em dinheiro contra os causadores diretos e indiretos do dano, sem necessidade de prévio esgotamento das esferas criminal ou administrativa de responsabilização.

## ■ GABARITO ■

| |
|---|
| 1. "c". O erro está na expressão "apenas diretamente", quando, na verdade, o art. 3º, IV, da Lei n. 6.938/81 deixa claro que também é poluidor aquele *indiretamente* responsável por atividade causadora de degradação ambiental. |
| 2. "e". Conforme o art. 3º, IV, da Lei n. 6.938/81, o poluidor pode ser pessoa física ou *jurídica*. |
| 3. "errado". O equívoco está em afirmar que o meio ambiente é um *equipamento público*. |

**4.** a) "errado". Entende-se por poluidor a pessoa física ou jurídica, de direito **público** ou privado, responsável, direta ou indiretamente, por atividade causadora de degradação ambiental, nos termos do art. 3º, IV, da Lei n. 6.938/81.

b) "certo". O PNMA (Lei n. 6.938/81) trouxe a previsão da responsabilidade objetiva, nos termos do art. 14, § 1º.

**5.** "e". A assertiva II está incorreta porque a utilização a ser paga é apenas para fins econômicos (art. 4º, VII, da Lei n. 6.938/81). A assertiva III está incorreta, pois o conceito de poluidor responsável pelo dano ambiental é qualquer pessoa física ou jurídica, de direito privado ou público, que degrade a qualidade do meio ambiente (art. 3º, IV, da Lei n. 6.938/81). A assertiva IV está errada porque não há indenização tarifada (art. 14, § 1º, da Lei n. 6.938/81).

**6.** "certo". A responsabilidade civil ambiental independe da licitude ou ilicitude do ato, fincando-se na teoria do risco (art. 14, § 1º, da Lei n. 6.938/81, c/c art. 225, § 3º, da CF/88).

**7.** "c". A alternativa correta é apenas a letra C, conforme a redação do art. 225, § 1º, IV, da CF. Todas as outras alternativas contêm algum erro. A letra A está errada, pois há espaços especialmente protegidos que podem ser da natureza privada, como se observa na Lei n. 9.895/2000. A letra B está errada porque não é vedada a manipulação de material genético, como se observa na redação do art. 225, § 1º, II, da CF/88, bem como na Lei n. 11.105/2005. A letra D está incorreta, com base no art. 24, VI, da CF/88, e a letra E está incorreta porque está em descompasso com o art. 225, § 1º, VI, da CF/88.

**8.** "e". Trata-se de direito difuso, e, por isso, deve-se descartar de imediato as letras B e C. A letra A está errada porque os causadores diretos ou indiretos têm responsabilidade **solidária**, e não *subsidiária*, como indica a questão, além de não precisar de forma alguma ser esgotada a esfera administrativa ou criminal para a demanda reparatória. Também por isso está errada a letra D. Embora a letra E esteja correta, a questão dá importância à indenização em dinheiro, e, em matéria ambiental, convém lembrar que existe uma primazia na tutela preventiva. Se esta não for possível, então há uma *reparação específica*; se esta também não for possível é que se busca uma reparação pecuniária.

# 4

# A PROTEÇÃO DO MEIO AMBIENTE NA CONSTITUIÇÃO FEDERAL DE 1988

## 4.1. ASPECTOS INTRODUTÓRIOS

### 4.1.1. A existência de um ordenamento jurídico ambiental

Estudamos, no Capítulo 2 desta obra, a maneira como se deu a evolução legislativa da proteção do meio ambiente em nosso país.

Se no passado o entorno era tutelado apenas de maneira indireta, como reflexo da tutela de outros valores, a partir de 1981, com a Política Nacional do Meio Ambiente (Lei n. 6.938/81), inaugurou-se uma nova fase, em que o **meio ambiente passou a ser objeto autônomo de tutela jurídica**.

Em resumo, o **meio ambiente passou a merecer proteção legislativa por seu valor em si mesmo**, e não pela importância que representa para outros direitos.

Antes, o que ocorria era a proteção de alguns microbens ambientais específicos (recursos ambientais), contudo sem viés ecológico, mas apenas sanitário e econômico. Atualmente, é o macrobem (equilíbrio ecológico) que é protegido a partir da função ecológica dos microbens (recursos ambientais).

> **Lembre-se:** o mesmo recurso ambiental que serve à cadeia produtiva (função econômica) é também aquele que serve à função ecológica (manutenção dos ecossistemas). É daí que surge o choque entre a economia e a ecologia, que deve ser equacionado e equilibrado pelo *desenvolvimento sustentável.*

É importantíssimo perceber que em toda tutela de um microbem ambiental (recurso ambiental) há a proteção da sua *função ecológica*, da sua contribuição com o macrobem equilíbrio ecológico. Não se pode dissociar o microbem do macrobem (equilíbrio ecológico). Neste sentido, é reiterada a posição do Superior Tribunal de Justiça ao reconhecer a indivisibilidade da tutela de um e outro (REsp 1.120.117/AC, rel. Min. Eliana Calmon, 2ª Turma, julgado em 10-11-2009, *DJe* 19-11-2009).

A partir de então, inúmeras outras leis surgiram: algumas destinadas a tutelar este ou aquele microbem ambiental de forma específica, como é o caso da

Lei n. 9.433/97 (Recursos Hídricos) ou da Lei n. 11.105/2005 (Biossegurança); outras, ainda, vocacionadas a estabelecer instrumentos para a proteção do equilíbrio ecológico, tais como a Lei n. 7.347/85 (Ação Civil Pública), a Lei n. 9.605/98 (Crimes Ambientais), a Lei n. 9.795/99 (Lei de Educação Ambiental), etc.

Com tudo isso, a verdade é que hoje nos encontramos envolvidos num **emaranhado de leis que regulam a proteção do meio ambiente**. E são justamente elas que permitem que reconheçamos a existência de um verdadeiro **ordenamento jurídico ambiental**, formado pelo **conjunto de regras e princípios que regulam a proteção imediata do equilíbrio ecológico**.

Nesse particular, é de dizer que o ordenamento jurídico ambiental brasileiro é **bastante vasto e complexo**. Isso se deve, basicamente, ao fato de que o Direito Ambiental é uma **ciência ainda em formação:** como só muito recentemente o meio ambiente ecologicamente equilibrado passou a ser tutelado de forma direta e autônoma, a sua proteção legislativa ainda é demasiadamente esparsa.

Essa proteção, aliás, **cresce cada vez mais após a Constituição Federal de 1988**, já que, além de terem sido **poucas as leis ambientais recepcionadas pelo texto constitucional** (Lei n. 6.938/81, Lei n. 4.771/65, etc.), é necessário dar **tratamento legislativo especial** ao novo direito surgido na Carta Maior.

Verifica-se, então, uma **produção serial de leis ambientais** para atender aos ditames do art. 225 da CF/88. Não por acaso, pode-se dizer que há muito se sente a necessidade de um código ou mesmo uma consolidação de leis para o Direito Ambiental, como já ocorre há tempos com outros ramos do direito.

Há ainda outro fator que contribui de forma decisiva para esse emaranhado de leis ambientais. É que (como estudaremos no próximo capítulo) a maneira como foram divididas as competências legislativas e administrativas em matéria ambiental permite que **todos os entes da federação** (União, Estados, Municípios e Distrito Federal) atuem na proteção do entorno.

Assim, há uma **enorme quantidade de normas ambientais esparsas**, em todas as entidades federativas. E mais ainda: são elas fruto não apenas da atividade do **legislador**, mas, também, do poder normativo que possui a **administração pública**, que, por meio de seus órgãos, edita uma série de normas destinadas a regulamentar o que a lei determina.[1]

---

1 Basta pensarmos, por exemplo, nas Resoluções editadas pelo Conselho Nacional do Meio Ambiente (CONAMA). Algumas, inclusive, são de fundamental importância para a tutela ambiental, como a de n. 237, que cuida do Licenciamento Ambiental. Há ainda as Portarias do IBAMA. E, se imaginarmos que cada Estado ou cada Município possui um Sistema Estadual ou Municipal

Tudo isso dificulta, e muito, não só a apreensão e a aplicação do Direito Ambiental pelo operador do direito, mas sua própria sedimentação como ciência. Torna-se, então, cada vez mais necessário que se lancem luzes sobre toda essa complexidade.

### 4.1.2. O papel da Constituição Federal de 1988

Para tanto, nessa tentativa de dar melhor sistematização ao Direito Ambiental, é fundamental o papel desempenhado pela Constituição Federal de 1988.

Primeiramente, se é reconhecida a existência de um **ordenamento jurídico ambiental**, parece evidente que o **posto mais alto deste ordenamento** é ocupado pela **Constituição Federal**.

É dela, portanto, que as outras normas jurídicas retiram seu **fundamento de validade:** toda e qualquer lei, seja a ela anterior ou posterior, deve obediência aos princípios e regras ali traçados.

Todavia, a importância da Constituição Federal na tutela legislativa do meio ambiente não se dá apenas por essa óbvia circunstância de ocupar ela o topo de nosso ordenamento jurídico.

Como já foi dito outrora, a Constituição Federal de 1988 deu "nova vida" à proteção do meio ambiente. Se a Lei n. 6.938/81 deu início à proteção autônoma do meio ambiente, a **Carta Maior elevou o patamar dessa tutela dentro de nosso ordenamento, dando-lhe *status* constitucional**.

Reconheceu-se, ali, o direito de **todos, das presentes e futuras gerações, a um meio ambiente ecologicamente equilibrado** (art. 225, *caput*). E isso, repitamos, com dimensão constitucional.

Mais que isso: a CF/88 ocupou algumas lacunas e espaços existentes na proteção do meio ambiente; ratificou, agora com índole constitucional, alguns institutos basilares do Direito Ambiental, tais como a responsabilidade civil objetiva, a responsabilidade penal da pessoa jurídica, a visão ecocêntrica e holística do meio ambiente, o EIA/RIMA,[2] fixou a proteção do meio ambiente como princípio da atividade econômica, etc.

Porém, nada disso se compara ao fato de que **é na Constituição Federal que se encontram enraizados os princípios fundamentais do Direito Ambiental**.[3] É dali, como estudaremos, que emanam os postulados fundamentais dessa ciência.

---

de Meio Ambiente próprio, então existirá, sem dúvida, uma imensidão de normas ambientais por todo o país.

2 EIA ou EPIA significa "Estudo Prévio de Impacto Ambiental"; RIMA, por sua vez, é a sigla para "Relatório de Impacto Ambiental".

3 Ao estudo dos *Princípios do Direito Ambiental* dedicamos todo o Capítulo 7 desta obra.

Esses, os **princípios, projetam-se para todo o ordenamento jurídico ambiental**, que lhes deve obediência direta. E, se assim o é, tais valores essenciais têm a capacidade de trazer certa ordem, certo caráter sistemático, a todo aquele conjunto complexo e dissonante de normas ambientais.

Explicando melhor: tendo a Carta Maior previsto os princípios do direito ambiental, toda e qualquer norma que vise a tutela do entorno deve ser pensada de acordo com esses valores, predeterminados pelo legislador constituinte.

Assim, esses princípios dão a tônica sob a qual devem funcionar as engrenagens do ordenamento jurídico ambiental. Só dessa maneira é que podemos pensar num verdadeiro **sistema**, com certo grau de **uniformidade**, **de proteção ao meio ambiente**.

Não é por outra razão, aliás, que já afirmamos ter sido apenas com o advento da **Constituição Federal de 1988** que o direito ambiental se consolidou definitivamente como **ciência autônoma**.

### ■ 4.1.3. A proteção direta e indireta do meio ambiente na Constituição Federal

Quando pensamos nas normas constitucionais que se destinam à tutela do meio ambiente, por óbvio a primeira referência que nos vem à mente é a do **art. 225**.

E não poderia ser diferente. Afinal, é ele quem dá forma ao **Capítulo VI do Título VIII** da CF/88, **especificamente destinado à proteção ambiental**.

Todavia, não é apenas no art. 225 que a Constituição Federal se dedica à proteção do equilíbrio ecológico. Na verdade, a expressão **meio ambiente** aparece nada menos que **dezoito vezes** ao longo de todo o texto constitucional.

Evidentemente, boa parte delas está contida no próprio art. 225: estão ali **oito menções**, incluído o rótulo do **Capítulo VI** ("Do Meio Ambiente").

Há, contudo, importantes referências situadas fora do art. 225, a saber:

> **Art. 5º, LXXIII:** "qualquer cidadão é parte legítima para propor ação popular que vise a anular ato lesivo (...) ao **meio ambiente** (...), ficando o autor, salvo comprovada má-fé, isento de custas judiciais e do ônus da sucumbência".
>
> **Art. 23, VI:** "É competência comum da União, dos Estados, do Distrito Federal e dos Municípios: (...) proteger o **meio ambiente** e combater a poluição em qualquer de suas formas".
>
> **Art. 24, VI e VIII:** "Compete à União, aos Estados e ao Distrito Federal legislar concorrentemente sobre: (...) florestas, caça, pesca, fauna, conservação da natureza, defesa do solo e dos recursos naturais, proteção do **meio ambiente** e controle da poluição; (...) responsabilidade por dano ao **meio ambiente** (...)".

**Art. 129, III:** "São funções institucionais do Ministério Público: (...) promover o inquérito civil e a ação civil pública, para a proteção do patrimônio público e social, do **meio ambiente** e de outros interesses difusos e coletivos".

**Art. 170, VI:** "A ordem econômica, fundada na valorização do trabalho humano e na livre-iniciativa, tem por fim assegurar a todos existência digna, conforme os ditames da justiça social, observados os seguintes princípios: (...) defesa do **meio ambiente**, inclusive mediante tratamento diferenciado conforme o impacto ambiental dos produtos e serviços e de seus processos de elaboração e prestação".

**Art. 174, § 3º:** "O Estado favorecerá a organização da atividade garimpeira em cooperativas, levando em conta a proteção do **meio ambiente** e a promoção econômico-social dos garimpeiros".

**Art. 186, II:** "A função social é cumprida quando a propriedade rural atende, simultaneamente, segundo critérios e graus de exigência estabelecidos em lei, aos seguintes requisitos: (...) utilização adequada dos recursos naturais disponíveis e preservação do **meio ambiente**".

**Art. 200, VIII:** "Ao sistema único de saúde compete, além de outras atribuições, nos termos da lei: (...) colaborar na proteção do **meio ambiente**, nele compreendido o do trabalho".

**Art. 220, § 3º, II:** "Compete à lei federal: (...) estabelecer os meios legais que garantam à pessoa e à família a possibilidade de se defenderem (...) da propaganda de produtos, práticas e serviços que possam ser nocivos à saúde e ao **meio ambiente**".

Dessa constatação, o que fica claro é que, se bem observada, a Constituição Federal cuida do direito ao meio ambiente ecologicamente equilibrado — como bem jurídico autônomo — de **forma direta/imediata** e de **forma indireta/mediata**.

Assim, em uma parte, no **art. 225 da CF/88**, o equilíbrio ecológico é **tutelado diretamente**. É claro. Em todo o Capítulo VI (que é formado exclusivamente pelo art. 225), o legislador constitucional cuidou de **reconhecer o direito ao equilíbrio ecológico**, estabelecendo **condições**, **instrumentos**, **princípios** e **regras** a ele atinentes.

Já em outras partes da Constituição Federal, com uma ou outra exceção, o meio ambiente é amparado apenas de **forma indireta**, com outros direitos.

Essa proteção indireta **não se limita**, obviamente, àqueles dispositivos já transcritos, em que **aparece a expressão meio ambiente** fora do art. 225.

Assim, por exemplo, quando o legislador constitucional prevê a regra de que **a propriedade privada atenderá à sua função social (art. 5º, XVIII)**, quando estabelece os **princípios e regras da política urbana (art. 182) e da política agrária (art. 184)**, ou ainda quando estabelece **regras para exploração e uso dos recursos hídricos (art. 20, § 1º; art. 21, XIX; art. 231, § 3º)**, está, indiretamente, tratando de proteger o equilíbrio ecológico.

Não é, aliás, nenhum absurdo (o contrário seria) afirmar que o próprio **art. 5º, *caput***, ao prever a inviolabilidade do **direito à vida**, reconhece o caráter fundamental do direito ao meio ambiente ecologicamente equilibrado (essencial à qualidade de vida). Embora a Constituição Federal brasileira não tenha incluído o direito ao meio ambiente ecologicamente equilibrado de modo expresso nos direitos e garantias fundamentais, há muito a doutrina já reconhece que esse direito possui tal natureza (direito fundamental), na medida em que não há vida, não há dignidade, não há isonomia, não há segurança, não há saúde sem a existência de um meio ambiente ecologicamente equilibrado. Há intima essencialidade da proteção da vida (todas as formas de vida) com a proteção do meio ambiente, como expressamente menciona o art. 225 da CF/88.

Assim, como há um direito fundamental, há também os deveres fundamentais de tutela e proteção impostos ao poder público e à coletividade.

Por tais razões é que iremos didaticamente dividir a análise das normas constitucionais ambientais em dois momentos: primeiramente, estudaremos o **art. 225**, que, como dissemos, **cuida diretamente da proteção do meio ambiente**. Depois, faremos uma breve análise de cada um daqueles dispositivos em que, utilizando a expressão **meio ambiente**, a Constituição Federal protege o entorno de **forma indireta**.

## ■ 4.2. NORMAS CONSTITUCIONAIS DE PROTEÇÃO DIRETA DO MEIO AMBIENTE: EXEGESE DO ART. 225

Como já foi dito, o **art. 225** da CF/88 é o "habitat natural" da tutela constitucional do meio ambiente.

Constitui ele o único artigo do **Capítulo VI (Do Meio Ambiente)** do Título VIII (Da Ordem Social). Por isso mesmo, afirmamos que, ali, a proteção ao meio ambiente se dá de forma **direta** ou **imediata**.

Apesar de ser apenas um artigo, é grande o número de normas ali contidas. Não nos enganemos: são ao todo sete parágrafos, sendo que o primeiro deles possui nada menos que sete incisos. O parágrafo sétimo foi acrescentado pela EC 96 em 2017.

Enfim, não obstante constituir-se o Capítulo VI de um único artigo, vê-se que o legislador constituinte deu atenção especial à proteção ambiental, tratando de variados e importantíssimos aspectos relativos ao meio ambiente. Vejamos o art. 225:

> "Art. 225. Todos têm direito ao meio ambiente ecologicamente equilibrado, bem de uso comum do povo e essencial à sadia qualidade de vida, impondo-se ao Poder Público e à coletividade o dever de defendê-lo e preservá-lo para as presentes e futuras gerações.
>
> § 1º Para assegurar a efetividade desse direito, incumbe ao Poder Público:
>
> I — preservar e restaurar os processos ecológicos essenciais e prover o manejo ecológico das espécies e ecossistemas;

II — preservar a diversidade e a integridade do patrimônio genético do País e fiscalizar as entidades dedicadas à pesquisa e manipulação de material genético;

III — definir, em todas as unidades da Federação, espaços territoriais e seus componentes a serem especialmente protegidos, sendo a alteração e a supressão permitidas somente através de lei, vedada qualquer utilização que comprometa a integridade dos atributos que justifiquem sua proteção;

IV — exigir, na forma da lei, para instalação de obra ou atividade potencialmente causadora de significativa degradação do meio ambiente, estudo prévio de impacto ambiental, a que se dará publicidade;

V — controlar a produção, a comercialização e o emprego de técnicas, métodos e substâncias que comportem risco para a vida, a qualidade de vida e o meio ambiente;

VI — promover a educação ambiental em todos os níveis de ensino e a conscientização pública para a preservação do meio ambiente;

VII — proteger a fauna e a flora, vedadas, na forma da lei, as práticas que coloquem em risco sua função ecológica, provoquem a extinção de espécies ou submetam os animais a crueldade.

§ 2º Aquele que explorar recursos minerais fica obrigado a recuperar o meio ambiente degradado, de acordo com solução técnica exigida pelo órgão público competente, na forma da lei.

§ 3º As condutas e atividades consideradas lesivas ao meio ambiente sujeitarão os infratores, pessoas físicas ou jurídicas, a sanções penais e administrativas, independentemente da obrigação de reparar os danos causados.

§ 4º A Floresta Amazônica brasileira, a Mata Atlântica, a Serra do Mar, o Pantanal Mato-Grossense e a Zona Costeira são patrimônio nacional, e sua utilização far-se-á, na forma da lei, dentro de condições que assegurem a preservação do meio ambiente, inclusive quanto ao uso dos recursos naturais.

§ 5º São indisponíveis as terras devolutas ou arrecadadas pelos Estados, por ações discriminatórias, necessárias à proteção dos ecossistemas naturais.

§ 6º As usinas que operem com reator nuclear deverão ter sua localização definida em lei federal, sem o que não poderão ser instaladas."

§ 7º Para fins do disposto na parte final do inciso VII do § 1º deste artigo, não se consideram cruéis as práticas desportivas que utilizem animais, desde que sejam manifestações culturais, conforme o § 1º do art. 215 desta Constituição Federal, registradas como bem de natureza imaterial integrante do patrimônio cultural brasileiro, devendo ser regulamentadas por lei específica que assegure o bem-estar dos animais envolvidos.

### ■ 4.2.1. Direito ao equilíbrio ecológico (*caput* do art. 225)

No ***caput* do art. 225**, o legislador cuidou de fixar uma série de aspectos fundamentais para a tutela do meio ambiente e até mesmo para o direito ambiental como ciência.

A começar pela definição do **objeto de tutela** deste ramo do direito, que, como já estudamos,[4] é o **equilíbrio ecológico**. Estabeleceu, ainda, a **titularidade** deste direto (o **povo**; **todos das presentes e futuras gerações**) e seu **regime jurídico** (**bem público de uso comum, essencial à qualidade de vida**).

Por fim, determinou que o dever de **defender e preservar o meio ambiente** impõe-se não só ao **Poder Público**, mas a **toda a coletividade**, num caráter eminentemente **solidário** e **participativo**.

### 4.2.2. Incumbências do Poder Público (§ 1º do art. 225)

Depois, no **parágrafo primeiro**, tratou de enumerar, em cada um dos **sete incisos** que o compõem, algumas **atribuições específicas do Poder Público**, destinadas a *assegurar a efetividade* do direito contido no *caput*.

Assim, nesse parágrafo, o legislador constitucional previu algumas **ferramentas** (instrumentos) e expressamente elencou algumas **condutas**, bem como alguns **fins** que devem ser cumpridos pelo Poder Público, tudo com vistas à asseguração do direito a um ambiente ecologicamente equilibrado.

#### *4.2.2.1. Processos ecológicos essenciais e manejo ecológico (inciso I)*

No **inciso I**, determinou-se que cabe ao Poder Público **"preservar e restaurar os processos ecológicos essenciais e prover o manejo ecológico das espécies e ecossistemas"**.

> **IMPORTANTE:** o inciso I do § 1º do art. 225, com os incisos II, III e VII, recebeu regulamentação na **Lei n. 9.985/2000**, destinada, mais especificamente, a instituir o Sistema Nacional de Unidades de Conservação. Ali, no **art. 2º**, o legislador trouxe definição legal para uma série de termos que aparecem no art. 225.
> De acordo com a Lei n. 9.985/2000, **"preservação"** significa o "conjunto de métodos, procedimentos e políticas que visem a proteção a longo prazo das espécies, *habitats* e ecossistemas, além da manutenção dos processos ecológicos, prevenindo a simplificação dos sistemas naturais" (art. 2º, V, da Lei n. 9.985/2000).
> Já a palavra **"restauração"** significa a "restituição de um ecossistema ou de uma população silvestre degradada o mais próximo possível da sua condição original" (art. 2º, XIV, da Lei n. 9.985/2000).
> Assim, **preservar é diferente de restaurar**, que por sua vez é diferente de **recuperar**, palavra que foi usada no parágrafo segundo do art. 225 e que significa "restituição de um ecossistema ou de uma população silvestre degradada a uma condição não degradada, que pode ser diferente de sua condição original" (art. 2º, XIII, da Lei n. 9.985/2000).

[4] Ver, *supra*, o *item 3.2.*

Como se vê, não houve como o legislador fugir de conceitos e termos que são afeitos à ecologia, tais como preservação, restauração, etc.

Da mesma forma, o inciso I mencionou **"processos ecológicos"**, expressão que significa o **conjunto de atos que tipificam os fenômenos ecológicos que sejam essenciais para a manutenção da vida e do ambiente**.

Estes, os **processos ecológicos essenciais**, podem ser classificados e identificados em unidades de organização diversas e variadas. Aqui, o texto constitucional não faz distinção de qual processo ecológico, em qual organização de tempo ou espaço, deve ser preservado e restaurado. Deixa claro que **todos os processos ecológicos essenciais** de qualquer ambiente e qualquer ecossistema **devem ser preservados e restaurados**.

Além da preservação e restauração dos processos ecológicos, o inciso I deixa evidente que o **manejo ecológico**[5] é uma importante técnica a ser utilizada para se proteger os **ecossistemas** e as **espécies**.

O **manejo ecológico** deve ser empregado tanto sob uma perspectiva **individual** (envolvendo uma **espécie**), como sob uma perspectiva **global** (envolvendo todo um **ecossistema**).[6]

### ■ *4.2.2.2. Patrimônio genético (inciso II)*

Já no **inciso II**, o legislador determina que compete ao Poder Público **"preservar a diversidade e a integridade do patrimônio genético do País e fiscalizar as entidades dedicadas à pesquisa e manipulação de material genético"**.

É evidente que a ***diversidade e a integridade do patrimônio genético do país*** constituem microbens ambientais que são **essenciais para a obtenção do equilíbrio ecológico**, ou seja, têm uma função ecológica essencial e indispensável.

Todavia, bem se sabe que o **patrimônio genético** é também fator de enorme **interesse científico e econômico** (basta pensar na indústria farmacêutica e nas patentes), motivo pelo qual também fica evidente que deve o Poder Público

---

5 Conforme o art. 2º, VIII e XVII, da Lei n. 9.985/2000, tem-se por manejo e plano de manejo os seguintes conceitos: VIII — manejo: todo e qualquer procedimento que vise assegurar a conservação da diversidade biológica e dos ecossistemas; XVII — plano de manejo: documento técnico mediante o qual, com fundamento nos objetivos gerais de uma unidade de conservação, se estabelece o seu zoneamento e as normas que devem presidir o uso da área e o manejo dos recursos naturais, inclusive a implantação das estruturas físicas necessárias à gestão da unidade.

6 *Ecossistema*, como o nome mesmo já diz (*oikos* = casa + *systema* = sistema onde se vive), designa o *conjunto de comunidades que vivem e interagem entre si e com os fatores abióticos (água, clima, etc.) em uma determinada região.*

**fiscalizar as entidades que sejam dedicadas a manipulação e pesquisa** nessa área.

Para tanto, por tratar de duas linhas distintas de atuação, esse dispositivo acabou sendo regulamentado pela **Lei n. 9.985/2000** (que cuida, entre outras coisas, da preservação da integridade e da diversidade do patrimônio genético do nosso país), bem como pela **Lei n. 11.105/2005**, que estabelece normas de segurança e mecanismos de fiscalização de atividades que envolvam organismos geneticamente modificados (OGM) e seus derivados.

### 4.2.2.3. Espaços territoriais especialmente protegidos (inciso III)

O **inciso III** determina que cabe ao Poder Público **"definir, em todas as unidades da Federação, espaços territoriais e seus componentes a serem especialmente protegidos"**.

A criação de **espaços territoriais especialmente protegidos** é um dos mais importantes instrumentos da política nacional do meio ambiente (art. 9º, VI, da Lei n. 6.938/81).

São, como o nome mesmo já diz, nada mais do que **espaços (ou bolsões)** — que podem ser pequenas ou enormes áreas — **reconhecidos e delimitados pelo Poder Público como merecedores de especial proteção**, em razão da importância ecológica que possuem.

Como salientou o Superior Tribunal de Justiça:

> "1. Já não se duvida, sobretudo à luz da Constituição Federal de 1988, que ao Estado a ordem jurídica abona, mais na fórmula de dever do que de direito ou faculdade, a função de implementar a letra e o espírito das determinações legais, inclusive contra si próprio ou interesses imediatos ou pessoais do Administrador. Seria mesmo um despropósito que o ordenamento constrangesse os particulares a cumprir a lei e atribuísse ao servidor a possibilidade, conforme a conveniência ou oportunidade do momento, de por ela zelar ou abandoná-la à própria sorte, de nela se inspirar ou, frontal ou indiretamente, contradizê-la, de buscar realizar as suas finalidades públicas ou ignorá-las em prol de interesses outros. 2. Na sua missão de proteger o meio ambiente ecologicamente equilibrado para as presentes e futuras gerações, como patrono que é da preservação e restauração dos processos ecológicos essenciais, incumbe ao Estado "definir, em todas as unidades da Federação, espaços territoriais e seus componentes a serem especialmente protegidos, sendo a alteração e a supressão permitidas somente através de lei, vedada qualquer utilização que comprometa a integridade dos atributos que justifiquem sua proteção" (Constituição Federal, art. 225, § 1º, III). 3. A criação de Unidades de Conservação não é um fim em si mesmo, vinculada que se encontra a claros objetivos constitucionais e legais de proteção da Natureza. Por isso, em nada resolve, freia ou mitiga a crise da biodiversidade — diretamente associada à insustentável

> e veloz destruição de *habitat* natural —, se não vier acompanhada do compromisso estatal de, sincera e eficazmente, zelar pela sua integridade físico-ecológica e providenciar os meios para sua gestão técnica, transparente e democrática. A ser diferente, nada além de um 'sistema de áreas protegidas de papel ou de fachada' existirá, espaços de ninguém, onde a omissão das autoridades é compreendida pelos degradadores de plantão como autorização implícita para o desmatamento, a exploração predatória e a ocupação ilícita (...)" (REsp 1.071.741/SP, rel. Min. Herman Benjamin, 2ª Turma, julgado em 24-3-2009, *DJe* 16-12-2010).

Interessante notar que, nesse inciso III, o legislador procurou determinar, inclusive, o regime jurídico de criação e supressão destes espaços ao dizer que:

- compete ao **Poder Público** (Legislativo, Judiciário e Administração) criá-los ou defini-los;
- uma vez criados **não** podem ser **suprimidos** e tampouco **alterados, salvo por meio de lei**;
- sua **utilização** só é permitida caso **não comprometa a integridade dos atributos que justificaram sua proteção**.

> **ATENÇÃO!** O inciso III do § 1º do art. 225 fala que apenas a **supressão** e a **alteração** desses espaços devem ser feitas por meio de **lei**.
> Sua **criação** ou **delimitação**, assim, pode ser feita por meio de **atos administrativos**, como **decretos**. Nesse sentido, já se manifestou o Supremo Tribunal Federal:
> "MANDADO DE SEGURANÇA. MEIO AMBIENTE. DEFESA. ATRIBUIÇÃO CONFERIDA AO PODER PÚBLICO. ARTIGO 225, § 1º, III, CB/88. DELIMITAÇÃO DOS ESPAÇOS TERRITORIAIS PROTEGIDOS. VALIDADE DO DECRETO. SEGURANÇA DENEGADA. 1. A Constituição do Brasil atribui ao Poder Público e à coletividade o dever de defender um meio ambiente ecologicamente equilibrado. [CB/88, art. 225, §1º, III]. 2. **A delimitação dos espaços territoriais protegidos pode ser feita por decreto** ou por lei, sendo esta **imprescindível apenas quando se trate de alteração ou supressão** desses espaços. Precedentes. Segurança denegada para manter os efeitos do decreto do Presidente da República, de 23 de março de 2006" (STF, Pleno, MS 26.064/DF, rel. Min. Eros Grau, *DJ* 5-8-2010).

A criação de espaços especialmente protegidos é técnica empregada há bastante tempo no Brasil. Contudo, até o surgimento da **Lei n. 9.985/2000**, que regulamentou este dispositivo constitucional, o que se tinha era uma verdadeira confusão de nomes e tipos de espaços especialmente protegidos que eram criados pelo poder público municipal, estadual e federal. Inclusive, tinha-se a falsa ideia de que "unidades de conservação" era sinônimo de "espaços especialmente protegidos".

O advento dessa lei foi, então, muito importante, dentre outros aspectos, para definir os tipos de espaços ambientais especialmente protegidos, atribuindo nomes de acordo com o seu regime de uso, atributos e finalidades. Fixaram-se o conteúdo de cada espaço, os atributos a serem preservados, bem como o critério de participação popular na sua criação. Tudo isso, evidentemente, trouxe mais segurança jurídica.[7]

São exemplos de espaços especialmente protegidos a área de preservação permanente **(APP)**, que não se encontra regulamentada na Lei n. 9.985/2000, a **Reserva Extrativista**, o **Monumento Natural**, a **Reserva Biológica**, o **Jardim Zoológico**, entre outros.

### ■ 4.2.2.4. *Estudo Prévio de Impacto Ambiental (EIA/RIMA) (inciso IV)*

No **inciso IV**, ficou definido que cabe ao Poder Público **"exigir, na forma da lei, para instalação de obra ou atividade potencialmente causadora de significativa degradação do meio ambiente, estudo prévio de impacto ambiental, a que se dará publicidade"**.

Está aí, consagrada constitucionalmente, mais uma importante técnica ou ferramenta de proteção do meio ambiente. Trata-se do **estudo prévio de impacto ambiental** e seu respectivo **relatório de impacto ao meio ambiente**, que são conhecidos pela expressão que os abrevia: **EIA/RIMA**.

Primeiramente, importante ficar claro que existem **inúmeros tipos de estudos ambientais**, tais como plano de recuperação de área degradada, diagnóstico de impacto ambiental, plano de manejo, análise preliminar de risco, etc.

O mais famoso dentre eles, contudo, é sem dúvida o **estudo prévio de impacto ambiental**, não só por conta de seu papel (**prevenção** e **precaução**), mas também em razão de ter um campo de atuação **mais abrangente**.

Trata-se de um estudo que, como o próprio nome deixa claro, é **exigido antes da atividade potencialmente impactante ser desenvolvida ou recomeçada**. A partir de seus resultados, pode o Poder Público **autorizar (com limites e exigências)** ou **rejeitar** o empreendimento.

Por ser um estudo **complexo**, que envolve uma série de **conhecimentos técnicos** de **difícil compreensão** pela população em geral, com o EIA deve seguir o **relatório de impacto ao meio ambiente (RIMA)**. Este nada mais é do que a "tradução" dos estudos e seus resultados para uma linguagem mais palatável à sociedade, que, assim, pode ter acesso a ele.

Os estudos ambientais têm um papel muito importante — mas não exclusivo — nos processos administrativos de **licenciamento ambiental**, quando

---

[7] Sobre esse e outros problemas que foram resolvidos pela Lei n. 9.985/2000, conferir, *infra*, o Capítulo 6, com item especificamente destinado à lei.

um empreendedor pretende licenciar sua atividade junto ao órgão ambiental competente.

Como fica claro pela leitura do inciso IV, apenas nas hipóteses de **significativa impactação do meio ambiente** é que deve ser exigido o **EIA/RIMA**, já que se trata de estudo complexo (equipe multidisciplinar), demorado e custoso. Muitas vezes, inclusive, deve ser seguido de uma audiência pública.

Por tudo isso, o EIA/RIMA é reconhecido como peça fundamental na proteção do meio ambiente. Contudo, é odiado pelos empreendedores que se veem obrigados a cumpri-lo.

Aliás, justamente pela importância que possui o EIA na preservação do meio ambiente é que o Supremo Tribunal já declarou reiteradas vezes a **inconstitucionalidade** de **leis estaduais e municipais** que estabelecem hipóteses de **dispensa do EIA/RIMA**.

Assim, por exemplo, declarou ser **inconstitucional** lei do Estado de **Santa Catarina** que dispensava "a elaboração de estudo prévio de impacto ambiental no caso de **áreas de florestamento ou reflorestamento para fins empresariais**". Vejamos:

> "AÇÃO DIRETA DE INCONSTITUCIONALIDADE. ARTIGO 182, § 3º, DA CONSTITUIÇÃO DO ESTADO DE SANTA CATARINA. ESTUDO DE IMPACTO AMBIENTAL. CONTRARIEDADE AO ARTIGO 225, § 1º, IV, DA CARTA DA REPÚBLICA. A norma impugnada, ao dispensar a elaboração de estudo prévio de impacto ambiental no caso de áreas de florestamento ou reflorestamento para fins empresariais, cria exceção incompatível com o disposto no mencionado inciso IV do § 1º do artigo 225 da Constituição Federal. Ação julgada procedente, para declarar a inconstitucionalidade do dispositivo constitucional catarinense sob enfoque" (STF, Pleno, ADI 1.086/SC, rel. Min. Ilmar Galvão, *DJ* 10-8-2001).

Na mesma linha, considerou incompatível com a Constituição uma lei do **Município de Porto Alegre** que considerava que o **Estudo de Viabilidade Urbanística (EVU)** poderia fazer ser **dispensado o EIA** em algumas hipóteses. Vejamos um elucidativo trecho do voto do ministro relator Carlos Velloso:

> "Considerando-se a importância do EIA como poderoso instrumento preventivo ao dano ecológico e a consagração, pelo constituinte, da preservação do meio ambiente como valor e princípio, conclui-se que a competência conferida ao Município para legislar em relação a esse valor só será legítima se, no exercício dessa prerrogativa, esse ente estabelecer normas capazes de aperfeiçoar a proteção à ecologia, nunca, de flexibilizá-la ou abrandá-la" (STF, 2ª Turma, RE 396.541 AgR/RS, rel. Min. Carlos Velloso, *DJ* 14-6-2005).

As Resoluções **CONAMA ns. 1/86** e **237/97** são as normas gerais regulamentadoras do EIA/RIMA. Trazem, inclusive, um rol expletivo de atividades em que o significativo impacto ambiental é presumido, sendo necessária, portanto, a realização de EIA/RIMA, tais como a construção de aterros ambientais, aeroportos, etc.

> **ATENÇÃO!** Para efeito de **concurso público**, importante frisar dois aspectos que comumente são utilizados pelas bancas organizadoras para **confundir os candidatos:**
>
> - **O art. 225 não fala, em momento algum, no licenciamento ambiental**, mas apenas no Estudo Prévio de Impactos Ambientais (ver questão de n. 2, ao final do capítulo).
> - **O EIA/RIMA não é exigível para todas as obras ou atividades potencialmente causadoras de degradação do meio ambiente**, mas apenas para aquelas em que é **significativa** essa degradação (ver questão de n. 7, "d", ao final do capítulo).

### 4.2.2.5. *Técnicas, métodos e substâncias que põem em risco a vida, com qualidade, e o meio ambiente (inciso V)*

Já no **inciso V** do art. 225, § 1º, o legislador fixou *condutas* que devem ser tomadas pelo Poder Público ao dizer que deve **"controlar a produção, a comercialização e o emprego de técnicas, métodos e substâncias que comportem risco para a vida, a qualidade de vida e o meio ambiente"**.

O legislador reconhece que principalmente, mas não exclusivamente, a **atividade econômica** utiliza técnicas, métodos e substâncias que são reconhecidamente **agressivos ao meio ambiente e à qualidade de vida**, tais como os defensivos agrícolas, pesticidas, adubos químicos, dentre outros que são utilizados na atividade agrícola, bem como as técnicas e os métodos de produção da indústria siderúrgica, etc.

É de se observar nesse dispositivo o fato de que o legislador constitucional antecipa para o momento do "risco" a proteção da vida com qualidade e do meio ambiente. É deveras importante isso porque, antes de se falar em prevenir contra o dano, o legislador constitucional admite a tutela preventiva do próprio risco. No fundo, o que pretende o inciso V é que, em relação a técnicas, métodos e substâncias que coloquem em risco o meio ambiente e a qualidade de vida, não há por que o "ônus do risco" ser suportado pela sociedade. Há de existir no caso concreto uma situação indiciária, potencial e concreta para a tutela do risco. Aqui, nem se cogita em "dano" no sentido clássico do direito civil. O "momento do dano" nessas hipóteses já foi antecipado para a existência de uma situação de risco ambiental.

A já citada **Lei n. 11.105/2005** (que trata dos organismos geneticamente modificados) contém dispositivos que visam regulamentar este dispositivo constitucional.

### 4.2.2.6. *Educação ambiental (inciso VI)*

No **inciso VI**, o legislador constitucional incumbiu ao Poder Público **"promover a educação ambiental em todos os níveis de ensino e a conscientização pública para a preservação do meio ambiente"**.

Não há dúvidas de que a **educação ambiental** e a **conscientização pública** são algumas das mais importantes ferramentas para a preservação do meio ambiente. Apenas por meio delas pode haver, efetivamente, a **participação de toda a sociedade**, em solidariedade com o Poder Público, na proteção do meio ambiente.[8]

Registre-se que a ideia de educação ambiental descrita no texto constitucional é **meio** para se chegar a um **fim:** preservação, asseguração e efetivação do equilíbrio ecológico.

Mais ainda, não há restrição neste dispositivo ao "tipo" de educação ambiental que deve ser promovida pelo Poder Público. Não apenas, então, por meio da escola deve ser promovida a educação ambiental, mas também de modo informal.

A educação ambiental pode e deve ser exigida, por exemplo, no mercado de consumo, informando adequadamente o consumidor sobre os riscos ambientais do produto e do serviço que contrata.

Vale dizer que em 1999 foi promulgada a **Lei n. 9.795**, especificamente voltada à Educação Ambiental. É ela, porém, apenas parte de toda a ação que deve tomar o Poder Público no sentido de buscar mais educação e, acima de tudo, conscientização da população para a necessidade de preservação do meio ambiente.[9]

### 4.2.2.7. *Proteção da fauna e da flora, extinção das espécies e submissão dos animais à crueldade (inciso VII)*

Por fim, no **inciso VII**, determinou-se que cabe ao Poder Público **"proteger a fauna e a flora, vedadas, na forma da lei, as práticas que coloquem em risco sua função ecológica, provoquem a extinção de espécies ou submetam os animais a crueldade"**.

Não obstante a função ecológica da fauna e da flora já estivesse protegida de forma direta no inciso I desse mesmo parágrafo, e até no *caput* do art. 225, o legislador constitucional foi além no inciso VII.

Isso porque, logo após incumbir ao poder público "proteger a fauna e a flora", **vedou**, na forma da lei, "as práticas que coloquem em risco sua **função**

---

[8] Sobre o *princípio da participação*, de que são instrumentos a *informação* e a *educação ambiental*, conferir, *infra*, o *item 7.4*.

[9] O art. 31, I e II, bem como o art. 42, da Lei Nacional de Gerenciamento de Resíduos Sólidos (Lei n. 12.305/2010), dá importante passo na educação ambiental por intermédio *de informações dos riscos ambientais que devem estar presentes nos produtos expostos no mercado de consumo.*

**ecológica, provoquem a extinção de espécies** ou **submetam os animais a crueldade**".

Assim, cuidou de proteger a fauna não apenas a partir de sua condição de **microbem ambiental essencial na manutenção do equilíbrio ecológico** (isso é, proteger sua **função ecológica**), mas também se preocupou expressamente com práticas que **submetam os animais a crueldade**.

É claro que o **bem-estar dos animais** nada tem a ver com a **função ecológica** por eles desempenhada. Ainda assim, porém, mereceu expressa proteção constitucional essa perspectiva, altamente alinhada com uma visão **biocêntrica** do meio ambiente, que **respeita a vida em todas as suas formas**.

Inclusive, com base neste § 4º do Supremo Tribunal Federal, já se entendeu, reiteradas vezes, que certas manifestações culturais, como a **"farra do boi"**, são **inconstitucionais**, por serem atividades que **submetem os animais a crueldade**. Vejamos:

> "COSTUME — MANIFESTAÇÃO CULTURAL — ESTÍMULO — RAZOABILIDADE — PRESERVAÇÃO DA FAUNA E DA FLORA — ANIMAIS — CRUELDADE. A obrigação de o Estado garantir a todos o pleno exercício de direitos culturais, incentivando a valorização e a difusão das manifestações, não prescinde da observância da norma do inciso VII do artigo 225 da Constituição Federal, no que veda prática que acabe por submeter os animais à crueldade. Procedimento discrepante da norma constitucional denominado 'farra do boi'" (STF, 2ª Turma, RE 153.531/SC, rel. Min. Francisco Rezek, *DJ* 13-3-1998).

Com base no mesmo raciocínio, o STF também já se manifestou contrariamente às chamadas **"rinhas de galo"**, por mais de uma vez:

> "INCONSTITUCIONALIDADE. Ação direta. Lei n. 7.380/98, do Estado do Rio Grande do Norte. Atividades esportivas com aves das raças combatentes. 'Rinhas' ou 'Brigas de galo'. Regulamentação. Inadmissibilidade. Meio Ambiente. Animais. Submissão a tratamento cruel. Ofensa ao art. 225, § 1º, VII, da CF. Ação julgada procedente. Precedentes. É inconstitucional a lei estadual que autorize e regulamente, sob título de práticas ou atividades esportivas com aves de raças ditas combatentes, as chamadas 'rinhas' ou 'brigas de galo'" (STF, Pleno, ADI 3.776/RN, rel. Min. Cezar Peluso, *DJ* 28-6-2007).

> No mesmo sentido, ver ainda: Pleno, ADI 1.856-MC/RJ, rel. Min. Carlos Velloso, *DJ* 22-9-2000; Pleno, ADI 2.514/SC, rel. Min. Eros Grau, *DJ* 9-12-2005; ADI 1.856/RJ, rel. Min. Celso de Mello, *DJ* 26-5-2011.

Interessante notar que, nesses e noutros casos, há clara colisão entre dois valores constitucionalmente protegidos: de um lado, o direito de **livre manifesta-**

**ção cultural (art. 215)**; de outro, o direito a um **meio ambiente ecologicamente equilibrado** e, mais que isso, a **proibição de submeter os animais a crueldade (art. 225, *caput* e § 1º, VII)**.

No mesmo sentido posicionou-se o STF na ADI 4.983-CE em relação à prática da Vaquejada, ao dizer o seguinte:

> VAQUEJADA – MANIFESTAÇÃO CULTURAL – ANIMAIS – CRUELDADE MANIFESTA – PRESERVAÇÃO DA FAUNA E DA FLORA – INCONSTITUCIONALIDADE. A obrigação de o Estado garantir a todos o pleno exercício de direitos culturais, incentivando a valorização e a difusão das manifestações, não prescinde da observância do disposto no inciso VII do artigo 225 da Carta Federal, no que veda prática que acabe por submeter os animais à crueldade. Discrepa da norma constitucional a denominada vaquejada.

Contudo, ante a força política da bancada ruralista, numa demonstração de desrespeito ao STF, logo após o referido julgamento, por meio da EC 96/2017, o § 7º ao art. 225 prescreve que "para fins do disposto na parte final do inciso VII do § 1º deste artigo, não se consideram cruéis as práticas desportivas que utilizem animais, desde que sejam manifestações culturais, conforme o § 1º do art. 215 desta Constituição Federal, registradas como bem de natureza imaterial integrante do patrimônio cultural brasileiro, devendo ser regulamentadas por lei específica que assegure o bem-estar dos animais envolvidos".

Tal emenda constitucional foi objeto de Ação Direta de Inconstitucionalidade (ADI 5.728 e 5.772) no Supremo Tribunal Federal (STF) e encontra-se atualmente em curso.

Felizmente, como se vê, o STF vem privilegiando a proteção ambiental em detrimento de manifestações da cultura humana. Novamente, prevalece a visão biocêntrica, que não aceita que o meio ambiente seja visto como simples ferramenta à disposição dos interesses egoístas humanos.

O Superior Tribunal de Justiça assim se posicionou sobre a questão da crueldade contra animal, em relação a festa do peão de boiadeiro e aos petrechos utilizados:

> "O Tribunal de Justiça Paulista, ao sopesar as provas carreadas aos autos, adotou o posicionamento segundo o qual não é possível aferir se a dor ou o sofrimento físico suportado pelos animais é suficiente para impor que o sedém e os petrechos utilizados no evento devam ser vedados. À evidência, para constatar se a utilização de sedém e outros petrechos causam desconforto ou dor nos bovinos e equinos durante os rodeios, necessário se faz revolver todo o conjunto fático-probatório encartado nos autos e revisar a conclusão a que chegou a instância ordinária, em ambos os graus de jurisdição" (REsp 363.949/SP, rel. Min. Franciulli Netto, 2ª Turma, julgado em 18-3-2004, *DJ* 30-6-2004, p. 288).

A rigor, a solução do Superior Tribunal de Justiça, *concessa maxima venia*, deveria ser diversa, pois, em caso de dúvida, especialmente probatória, presume-se o dano ao meio ambiente, aplicando-se a máxima *in dubio pro ambiente*. A crueldade contra o animal não deve ser exclusivamente enxergada sob a matiz antropocêntrica, como se fez no presente caso.

### 4.2.3. Exploração de recursos minerais (§ 2º do art. 225)

O art. 225, **§ 2º**, estabelece que: **"Aquele que explorar recursos minerais fica obrigado a recuperar o meio ambiente degradado, de acordo com solução técnica exigida pelo órgão público competente, na forma da lei"**.

Da simples leitura do dispositivo, podemos extrair alguns aspectos que o legislador constituinte quis deixar claro:

- reconhece-se a **legalidade da atividade minerária**, bem como sua **importância** para a economia do país;
- reconhece-se que a atividade minerária é **impactante do meio ambiente**, uma vez que impõe ao responsável o dever jurídico de **recuperação do meio ambiente degradado**;
- reconhece-se que o recurso mineral é um **bem não renovável**, motivo pelo qual a recuperação da área degradada se dará com uma **solução *in natura***, porém **reparatória**, e não restauradora, da área degradada;
- é condição, para empreender a mineração, que **já exista um plano de recuperação da área degradada** e que tal plano seja **aprovado** pelo órgão ambiental competente **previamente ao início da atividade**;
- ao reconhecer que a atividade é degradante do meio ambiente, sem no entanto mensurar o alcance desse impacto, fica em aberto, para **cada caso concreto**, a **possibilidade de exigir-se EIA/RIMA** no processo de licenciamento de atividades de mineração, que é **regulamentada de forma específica pela Resolução CONAMA n. 10/90**.

### 4.2.4. Independência das sanções civil, penal e administrativa por danos ao meio ambiente (§ 3º do art. 225)

De acordo com o **§ 3º** do art. 225, **"as condutas e atividades consideradas lesivas ao meio ambiente sujeitarão os infratores, pessoas físicas ou jurídicas, a sanções penais e administrativas, independentemente da obrigação de reparar os danos causados"**.

Consagra este dispositivo a **independência das sanções ambientais** na seara **civil**, **penal** e **administrativa**.

Quer isso dizer que um **mesmo fato lesivo** pode dar origem a processos administrativo e judicial, que poderão culminar com a aplicação das sanções nas três esferas: **administrativa**, **civil** e **penal**.

O que precisa ficar claro, porém, é que comumente existe uma **unidade de fins entre as três espécies de sanções**: muitas vezes, tanto a sanção **administrativa** quanto a sanção **penal** podem **converter-se em obrigação de restauração do meio ambiente** (arts. 17, 27 e 74 da Lei n. 9.605/99 — Lei de Crimes Ambientais).[10]

Nestes casos, uma vez tendo sido efetivamente restaurado o dano ao meio ambiente no processo penal ou administrativo, **não haverá dano a ser reparado civilmente**.

Percebe-se, com isso, a enorme dificuldade que atormenta os operadores do direito, diante da necessidade de saber se nestes casos, em que a **finalidade reparatória é alcançada por meio das sanções criminal ou administrativa**, ainda assim deveria ser imposta a sanção civil em "respeito" a esse parágrafo.

Pensamos que o dispositivo reconhece, de fato, o caráter autônomo das sanções. Não impede, porém, a aplicação da regra da unidade de fins, muitas vezes benéfica ao meio ambiente, tampouco exige que, do mesmo fato, nasça inexoravelmente o dever de impor as três sanções a qualquer custo.

### ■ 4.2.5. Definição de alguns biomas como patrimônio nacional (§ 4º do art. 225)

No **§ 4º** do art. 225, o legislador constituinte preocupou-se especificamente com alguns biomas da flora brasileira, afirmando que são **patrimônio nacional**. São eles:

- Floresta Amazônica brasileira.
- Mata Atlântica.
- Serra do Mar.
- Pantanal Mato-Grossense.
- Zona Costeira.

> **ATENÇÃO!** Para efeito de **concurso público**, importante frisar dois aspectos que comumente são utilizados pelas bancas organizadoras para **confundir os candidatos:**
> - **O § 4º não fala, em momento algum, no CERRADO ou na CAATINGA como patrimônio nacional:** algumas questões incluem esses e outros ecossistemas em suas assertivas, o que deve ser considerado errado (ver questões de ns. 2 e 6, ao final do capítulo).
> - **Os biomas contemplados pelo § 4º são patrimônio *nacional*, e não *federal* ou *da União*** (ver questão de n. 11, ao final do capítulo).

[10] Sobre o assunto, com análise de cada um dos dispositivos citados, conferir o *item 7.6.5.2*.

Dispõe, ainda, o § 4º que a **utilização** desses ecossistemas **"far-se-á, na forma da lei, dentro de condições que assegurem a preservação do meio ambiente, inclusive quanto ao uso dos recursos naturais"**.

Adota-se, portanto, francamente o princípio do **desenvolvimento sustentável**, na medida em que **permite a utilização dos recursos ambientais desses biomas**, mas ao mesmo tempo determina que seu uso deve se dar **de acordo com os limites traçados em lei e de forma que não comprometa a preservação do meio ambiente**. Essa utilização "na forma da lei" deve atender aos princípios do direito ambiental como *proibição do retrocesso, poluidor-usuário pagador, educação ambiental*, etc. Na Lei n. 12.651 (Código Florestal) essa diretriz "utilizar os recursos ambientais" é bem presente, mas não se vê, em contrapartida, uma obediência completa aos ditames principiológicos do direito ambiental em diversos institutos do Código, como a redução dos limites da APP, a legalização das "áreas consolidadas" etc., muito embora o STF tenha tomado como constitucional a maior parte dos dispositivos questionados em ação direta.

É preciso que o operador do direito entenda que existe um microssistema legal de tutela da flora e demais formas de vegetação do país, encabeçado pelo artigo 225 da CF/88, seguido pela Política Nacional do Meio Ambiente (Lei n. 6.938/81) e também por diversos diplomas legais que tratam de forma direta ou indireta a proteção do patrimônio da flora e demais formas de vegetação, como o Código Florestal, o Sistema Nacional de Unidades de Conservação, a Lei da Mata Atlântica, a Lei de Concessão Florestal, a Lei da Biodiversidade, etc. Estes diplomas devem ser interpretados harmonicamente, seguindo os princípios constitucionais regentes da proteção constitucional do meio ambiente.

**ATENÇÃO!** O Supremo Tribunal Federal vem decidindo que o disposto no § 4º do art. 225 **não converte em bens públicos** as **terras particulares** existentes dentro dos ecossistemas ali previstos.

Os proprietários podem, assim, **promover o uso adequado e racional dos recursos naturais ali existentes**. Desde que, é claro, respeitem-se os limites inerentes à proteção ambiental.

Já decidiu aquela Corte, inclusive, que os proprietários têm **direito à indenização pela redução do proveito econômico** que as medidas de proteção ambiental venham a impor à propriedade. Vejamos:

"RECURSO EXTRAORDINÁRIO — ESTAÇÃO ECOLÓGICA — RESERVA FLORESTAL NA SERRA DO MAR — PATRIMÔNIO NACIONAL (CF, ART. 225, PAR. 4º) — LIMITAÇÃO ADMINISTRATIVA QUE AFETA O CONTEÚDO ECONÔMICO DO DIREITO DE PROPRIEDADE — DIREITO DO PROPRIETÁRIO A INDENIZAÇÃO — DEVER ESTATAL DE RESSARCIR OS PREJUÍZOS DE ORDEM PATRIMONIAL SOFRIDOS PELO PARTICULAR — RE NÃO CONHECIDO. — Incumbe ao Poder Público o dever constitucional de proteger a flora e de adotar as necessárias medidas que visem a coibir práticas lesivas ao equilíbrio ambiental. Esse encargo, contudo, não exonera o Estado da obrigação de **indenizar os proprietários cujos imóveis venham a ser afetados, em sua potencialidade econômica, pelas limitações impostas pela Administração Pública**. (...) — A norma inscrita no **ART. 225, PAR. 4º**, da Constituição deve ser interpretada de modo harmonioso com o sistema jurídico consagrado pelo ordenamento fundamental, notadamente com a cláusula que, proclamada pelo **art. 5º, XXII, da Carta Política, garante e assegura o direito de propriedade em todas as suas projeções**, inclusive aquela concernente a compensação financeira devida pelo Poder Público ao proprietário atingido por atos imputáveis à atividade estatal. **O preceito consubstanciado no ART. 225, PAR. 4º, da Carta da República, além de não haver convertido em bens públicos os imóveis particulares abrangidos pelas florestas e pelas matas nele referidas (Mata Atlântica, Serra do Mar, Floresta Amazônica brasileira), também não impede a utilização, pelos próprios particulares, dos recursos naturais existentes naquelas áreas que estejam sujeitas ao domínio privado, desde que observadas as prescrições legais e respeitadas as condições necessárias à preservação ambiental.** — A ordem constitucional dispensa tutela efetiva ao direito de propriedade (CF/88, art. 5º, XXII). Essa proteção outorgada pela Lei Fundamental da República estende-se, na abrangência normativa de sua incidência tutelar, ao reconhecimento, em favor do *dominus*, da garantia de compensação financeira, sempre que o Estado, mediante atividade que lhe seja juridicamente imputável, atingir o direito de propriedade em seu conteúdo econômico, ainda que o imóvel particular afetado pela ação do Poder Público esteja localizado em qualquer das áreas referidas no art. 225, PAR. 4º, da Constituição (...)" (STF, 1ª Turma, RE 134.297/SP, rel. Min. Celso de Mello, *DJ* 22-9-1995).

### ■ 4.2.6. Indisponibilidade de terras devolutas ou arrecadadas pelos Estados (§ 5º do art. 225)

O **§ 5º** do art. 225 prescreve que **"são indisponíveis as terras devolutas ou arrecadadas pelos Estados, por ações discriminatórias, necessárias à proteção dos ecossistemas naturais"**.

A expressão **terra devoluta** é de origem portuguesa. Surgiu na época do Brasil Colônia, referindo-se àquelas terras que haviam sido doadas por Portugal aos particulares (sesmarias) e que, por não terem se tornado produtivas, eram **retomadas** pela coroa, voltando ao **patrimônio público**.

A elas se somaram, ainda, as **terras de propriedade do Estado** que não haviam sido repassadas aos particulares e às quais não tinha sido dada nenhuma destinação especial ou uso comum.

Podem ser enquadradas as terras devolutas, então, nos **bens públicos**, na categoria dos **bens dominicais**, por não serem de **uso comum do povo** ou por não serem afetadas pelo **uso especial** do Estado.

A princípio, assim, as **terras devolutas** — repita-se, por serem do tipo **dominicais** — podem ser **alienadas**, conforme o **art. 101 do Código Civil**, diferentemente do que se passa com os bens públicos de uso comum e de uso especial (art. 100 do CC).

É aí, então, que entra o disposto no **§ 4º do art. 225**, tornando **indisponíveis** as **terras devolutas necessárias à proteção dos ecossistemas naturais**. Da mesma forma, também são indisponíveis as terras **arrecadadas** com a mesma importância na proteção ambiental.

Em resumo, então, todas as terras públicas que, **por ação discriminatória**, são reconhecidas como **necessárias à proteção dos ecossistemas**, são **indisponíveis**.

Tem-se aí, por que não dizer, mais um espaço especialmente protegido criado pelo legislador constitucional, ou seja, devem ter regime jurídico de preservação as terras devolutas, existentes ou arrecadadas, que possuam a função ecológica de preservação dos ecossistemas naturais.

Vale dizer, ainda, que este § 4º está em consonância com o **art. 20, II**, da própria CF/88, que prescreve serem **bens da União "as terras devolutas indispensáveis (...) à preservação ambiental, definidas em lei"**.[11]

### 4.2.7. Necessidade de a localização das usinas nucleares ser feita por lei federal (§ 6º do art. 225)

O **§ 6º** do art. 225 define que a **localização** das **usinas que operam com reator nuclear** deve ser feita por meio de **lei federal**. Trata-se, inclusive, de um requisito sem o qual **"não poderão ser instaladas"**.

É fato que a instalação de uma **usina nuclear** representa, sempre, enorme risco, não só à saúde humana, mas a **todas as formas de vida**.

Caso ocorra um acidente nuclear, a radiação afetará a todos os ecossistemas localizados numa área bem extensa a seu redor. Os malefícios, inclusive, serão sentidos por um longo período de tempo, afetando várias e várias gerações que ainda estão por vir.

Por isso mesmo, o legislador constituinte entendeu que o problema deve ser tratado do ponto de vista ambiental, alocando este § 4º no art. 225.

Reconheceu, ainda, o texto constitucional que o **local** onde será instalado uma usina nuclear é problema que interessa não apenas à população de um Estado ou Município, mas a **toda a sociedade brasileira**.

---

[11] Nunca é demais lembrar que as terras devolutas, a princípio, são de propriedade dos Estados, conforme deixa claro o art. 26, IV: "Incluem-se entre os bens dos Estados: as terras devolutas não compreendidas entre as da União". A exceção fica por conta, então, daquelas terras devolutas discriminadas por sua importância no art. 22, II, que são bens da União. Vejamos: "São bens da União: as terras devolutas indispensáveis à defesa das fronteiras, das fortificações e construções militares, das vias federais de comunicação e à preservação ambiental, definidas em lei".

Assim, definiu-se que a **localização das usinas nucleares** deve ser feita por **lei federal (em sentido estrito)**, o que possibilita um **amplo debate democrático no Congresso Nacional**.

### ■ 4.2.8. A Emenda Constitucional da Vaquejada – Manifestações culturais e práticas cruéis contra animais (art. 225, § 7º da CF/88)

A EC 96/2017, que inseriu o § 7º ao art. 225 da CF/88, é o retrato da **falta de respeito às instituições e à tripartição de poderes no Brasil**. É que exatamente após o STF ter reconhecido, por meio da ADI XXX, a inconstitucionalidade de lei do Ceará que legalizava a prática da vaquejada, o Congresso Nacional, impulsionado pela força da bancada ruralista, em clara demonstração de **desprezo à corte máxima**, aprovou a PEC da Vaquejada, como era conhecida, inserindo no art. 225 da CF/88 o parágrafo sétimo com a seguinte redação:

> § 7º Para fins do disposto na parte final do inciso VII do § 1º deste artigo, não se consideram cruéis as práticas desportivas que utilizem animais, desde que sejam manifestações culturais, conforme o § 1º do art. 215 desta Constituição Federal, registradas como bem de natureza imaterial integrante do patrimônio cultural brasileiro, devendo ser regulamentadas por lei específica que assegure o bem-estar dos animais envolvidos.

Em síntese, o dispositivo destoa de todo o art. 225, que estabelece **normas de proteção ao meio ambiente**. Aqui, neste parágrafo, o legislador repristinou a eficácia da lei que fora declarada inconstitucional pelo STF, valendo-se dos fundamentos dos votos vencidos no histórico julgamento.

A emenda constitucional não afasta a prática cruel, ou seja, a "crueldade intrínseca" da referida prática desportiva, apenas porque está sob o rótulo de "manifestação cultural".

Não se desconhece que o Brasil é um país continental com enormes diferenças regionais e culturais que dizem respeito à memória e história de seu povo e que as atividades culturais devem ser protegidas (art. 215 da CF/88).

Mas não se admite que uma sociedade que deve obediência aos fundamentos e objetivos fundamentais da República e que está fadada a privilegiar a proteção da dignidade humana (art. 1º, IV, da CF/88), a harmonia entre os poderes (art. 2º), a promoção do bem-estar de todos (art. 3º, IV), a defesa dos direitos humanos e a defesa da paz (art. 4º, II e VI) possa aceitar uma Emenda Constitucional feita como revide político à decisão do STF que proibiu a vaquejada, violando também precedentes da corte máxima sobre o tema (rinha de galo e farra do boi). A prática desportiva cruel contra animais ofende a dignidade humana, e a decisão do STF deveria ser respeitada.

## 4.3. NORMAS CONSTITUCIONAIS DE PROTEÇÃO INDIRETA DO MEIO AMBIENTE

### 4.3.1. A ação popular ambiental (art. 5º, LXXIII)[12]

No **art. 5º, LXXIII**, a CF/88 estabelece que a **ação popular** é um remédio processual destinado, entre outras coisas, à **proteção do meio ambiente**. Está, assim, em perfeita consonância com o art. 225, que prevê a regra de que compete ao Poder Público **e à coletividade o dever de proteger e preservar o meio ambiente**.

Expliquemos: a ação popular constitucional permite que **qualquer cidadão** tome a iniciativa de proteger jurisdicionalmente certos interesses difusos. Isso torna a ação popular um **remédio extremamente democrático**, que permite uma **participação direta do cidadão na proteção do patrimônio ambiental**.

Entretanto, o que torna este remédio tímido e acanhado do ponto de vista jurídico, é o fato de que ele se limita a **anular** atos lesivos emanados do **Poder Público**. Há, portanto, forte restrição em relação ao pedido (apenas de anulação) e ao polo passivo da demanda (apenas o Poder Público).

A lei que regulamenta o procedimento da ação popular é a Lei n. 4.717/65, e, por se tratar de tutela jurisdicional coletiva, aplica-se subsidiariamente o sistema processual coletivo, formado pelo Título III do CDC (Lei n. 8.078/90), combinado com a Lei n. 7.347/85.

### 4.3.2. As competências constitucionais ambientais (art. 23, VI e VII; e art. 24, VI e VIII)

Os **arts. 23, VI e VII, e 24, VI e VIII**, da CF/88 tratam da **competência material e legislativa em matéria ambiental**, respectivamente. Ali se encontram os limites para o exercício do poder na proteção do meio ambiente.

Recorde-se que o art. 225, *caput* e § 1º, determina que o Poder Público é responsável — com a coletividade — pelo dever de proteger e preservar o equilíbrio ecológico. A expressão "Poder Público" é tomada em sentido genérico, e é justamente na interpretação dos arts. 21 ao 24 que se encontram definidas as regras que estabelecem os limites do exercício dessa competência para legislar e atuar em prol do meio ambiente.

Pela competência **material**, define-se qual ente político poderá exercer **o poder de polícia** em relação à matéria ambiental. Pela competência **legislativa**, define-se qual ente político tem **poder para legislar** sobre o meio ambiente.

---

[12] Para o estudo dos aspectos processuais da Ação Popular, conferir, *infra*, o *item 9.3.2*.

Devido à importância e à complexidade do tema, a ele reservaremos o próximo capítulo deste livro.

### 4.3.3. O Ministério Público e a defesa do meio ambiente (art. 129, III)

O **art. 129** da CF/88 estabelece as **funções do Ministério Público**. Dentre elas, está prevista, no **inciso III**, a de "**promover o inquérito civil e a ação civil pública** para a proteção do patrimônio público e social, do **meio ambiente** e de outros interesses difusos e coletivos".

Trata-se de atribuição que já existia desde o surgimento da **Lei n. 6.938/81**, como se verifica da rasa leitura de seu **art. 14, § 1º, segunda parte**, em que se estabelece o dever do *Parquet* de promover a **ação civil de responsabilidade por danos causados ao meio ambiente**. Foi, aliás, com o objetivo de dar aplicação a este dispositivo que se deu início à criação da **Lei de Ação Civil Pública**, que acabou tendo o objeto e a legitimidade ativa alargados em relação à proposta inicial.

O ***status* constitucional** veio, então, com o transcrito **art. 129, III**, que conferiu ao Ministério Público o **dever constitucional de zelar pela proteção do meio ambiente**. Fixou, ainda, como remédio mais adequado, a **ação civil pública**, cujo procedimento e cuja normatização encontram-se insertos na **Lei n. 7.347/85**.

### 4.3.4. A defesa do meio ambiente como princípio da ordem econômica (art. 170, VI)

O **art. 170** da CF/88 estabelece que a ordem econômica brasileira adotou o **regime capitalista**. Seus fundamentos são: a valorização do trabalho humano e a livre-iniciativa. Já a sua finalidade é "assegurar a todos a existência digna". Para tanto, o legislador constitucional fixou os **princípios da ordem econômica** nos incisos do referido dispositivo.

Dentre esses princípios, destacam-se o da **"propriedade privada" (inciso II)** e o da **"função social da propriedade" (inciso III)**. Portanto, ao mesmo tempo em que garante o direito de propriedade, estabelece limitações ao conteúdo e ao exercício desse direito.

Foi além, todavia, o legislador constituinte: arrolou, ao lado desses princípios, o da "**defesa do meio ambiente**, inclusive mediante **tratamento diferenciado conforme o impacto ambiental** dos produtos e serviços e de seus processos de elaboração e prestação" **(inciso VI)**.

Tal previsão estabelece, claramente, a **presunção** de que **toda atividade econômica** — analisada em cada uma das etapas da cadeia produtiva (da coleta da matéria-prima à eliminação do bem de consumo) — **causa impactação ao meio ambiente**, devendo o legislador **estabelecer tratamento diferenciado con-**

**forme os mais variados níveis de impacto ambiental**. Outrossim, a fixação dessa presunção é de extrema importância para as regras de responsabilização em matéria ambiental, bem como em relação à atuação do poder de polícia e à distribuição de ônus da prova em matéria ambiental.

Da combinação dos incisos II e III, com o de número VI, podemos falar, então, em **função socioambiental da propriedade privada**[13] como **princípio da ordem econômica brasileira**. Tal dispositivo é, portanto, um dos tentáculos do princípio do desenvolvimento sustentável e do poluidor pagador, que tem matriz no art. 225 da CF/88.

### 4.3.5. Exploração mineral: garimpo e meio ambiente (art. 174, § 3º; e art. 225, § 2º)

Não há dúvidas de que a atividade de mineração corresponde a um dos setores básicos da economia brasileira. Aliás, a própria história do Brasil vincula-se à exploração econômica mineral.

O grande problema é que, embora o Brasil seja privilegiado em possuir inúmeras reservas minerais em seu solo e seu subsolo, é fato inconteste que esta exploração é feita, muitas vezes, de **modo informal** e **sem as cautelas ou cuidados que tal atividade requer**. Assim, conquanto seja essencial para o desenvolvimento das presentes e futuras gerações, a mineração é uma atividade que causa quase sempre **significativa impactação ambiental**.

Por isso, o texto constitucional é claro ao afirmar que, em relação à atividade de exploração mineral — mais especificamente quanto à **atividade garimpeira** —, deve o Estado atuar para favorecer que seja **exercida mediante cooperativas**, levando-se em conta a **proteção do meio ambiente (art. 174, § 3º)**.

Este dispositivo se completa, ainda, com o **art. 225, § 2º**, da CF/88, que **reconhece a natureza impactante da mineração**, exigindo a **recuperação da área degradada por aquele que realiza a exploração**.

Importante destacar que a Constituição Federal, no citado **§ 2º do art. 225, não impede a atividade econômica de mineração**, **ainda que esta cause danos ao meio ambiente**. É o que se extrai do texto do dispositivo, ao asseverar que "**aquele que explorar recursos minerais fica obrigado a recuperar o meio ambiente degradado**, de acordo com a solução técnica exigida pelo órgão público competente, na forma da lei".

Admite, assim, a Carta Magna, a realização de atividades de mineração mesmo que estas causem degradação ao meio ambiente. Esta atividade de mine-

[13] Sobre o princípio, conferir, *infra*, o *item 7.6.3*.

ração **deverá ser sempre licenciada** (com ou sem EIA/RIMA dependendo da significativa ou não impactação do meio ambiente). E é justamente **no procedimento de licenciamento** que deverá estar contemplada a **solução técnica de recuperação do meio ambiente degradado** a que alude o **§ 2º do art. 225**.

Importante, ainda, observar que o legislador constitucional adotou a técnica **reparação *in natura***, cujo **projeto de recuperação, nos termos do que determina o Decreto n. 97.632/89, constante do licenciamento ambiental** (ainda que seja executado no curso da lavra ou após o seu término), deve ser **previamente fixado e aprovado pelo órgão ambiental antes de iniciar a atividade de mineração**.

O desastre ambiental — reputado como o maior do país —, em que houve o rompimento da barragem de contenção dos rejeitos da exploração do minério de ferro, derramando lama e destruição no entorno ambiental e social e destruindo o Rio Doce com danos ambientais catastróficos, dá a demonstração de que é preciso servir de lição para o futuro, não apenas no sentido de se estabelecer planos mais efetivos de controle de acidentes, mas também um dever de fiscalização mais rente do Poder Público, em especial quando exista um risco de acidentes ambientais nas proporções do que aconteceu.

É preciso reconhecer que não basta existir uma Lei, como a Lei n. 12.334/2010, que estabeleça uma Política Nacional de Segurança de Barragens destinadas à acumulação de água para quaisquer usos, à disposição final ou temporária de rejeitos e à acumulação de resíduos industriais, crie o Sistema Nacional de Informações sobre Segurança de Barragens e altere a redação do art. 35 da Lei n. 9.433, de 8 de janeiro de 1997, e do art. 4º da Lei n. 9.984, de 17 de julho de 2000. É preciso que a *implementação* dessas exigências seja feita com máximo rigor e fiscalização para evitar danos ambientais e à população, que são irreversíveis.

### ▪ 4.3.6. Políticas agrícola e fundiária, reforma agrária e meio ambiente (art. 186, II)

Uma das maiores preocupações sociais do Estado brasileiro foi a franca migração do campo para a cidade, intensificada nos idos das décadas de 1960 e 1970. Para tanto, visando fixar o homem no campo e evitar o êxodo rural, foi que, já em 1964, com o **Estatuto da Terra (Lei n. 4.504/64)** criou-se a possibilidade de o **Poder Público desapropriar a propriedade rural improdutiva para fins de reforma agrária**, mediante justa e prévia indenização ao proprietário.

É daí, portanto, que nasce a figura da **função social da propriedade rural** como **meio para se implementar a política agrária**. A partir de então, ganha peso constitucional a necessidade de se dar função social à propriedade rural, quando se estabelece no **art. 184 da CF/88** que é um dos instrumentos da política agrária e de reforma agrária do nosso país a **desapropriação da propriedade rural improdutiva**.

E é no **art. 186** que se estabelecem os **requisitos que devem ser cumpridos para que a propriedade rural seja considerada produtiva** e assim preencha a sua função social (afastando a possibilidade de ocorrer a desapropriação — art. 185, II, da CF/88). Dentre eles, elenca-se, no **inciso II**, a **"utilização adequada dos recursos naturais disponíveis e preservação do meio ambiente"**.

Dessa forma, em conjunto com outros fatores, a **proteção do meio ambiente** e a **utilização racional dos recursos ambientais** constituem requisitos necessários para que uma propriedade rural seja considerada **produtiva** e, assim, **escape de uma desapropriação pelo Poder Público**.

Tal aspecto obrigou o proprietário da terra rural a zelar pelo meio ambiente, respeitando o equilíbrio ecológico e usando adequadamente os recursos ambientais. Trata-se de uma nova configuração do direito subjetivo de propriedade, que em si contém limitações internas, de ordem social, que são a proteção do equilíbrio ecológico e o uso racional dos bens ambientais. Do ponto de vista ambiental, a desapropriação prevista no art. 184 é um importantíssimo instrumento de proteção do meio ambiente.

### ■ 4.3.7. O meio ambiente do trabalho (art. 200, VIII)

No **art. 200, VIII**, da Constituição Federal, encontramos uma expressa referência ao **meio ambiente do trabalho**, ao dizer que é uma das atribuições do Sistema Único de Saúde colaborar com a proteção do meio ambiente, "nele compreendido o do trabalho".

O dispositivo deve ser lido corretamente: **não existe um meio ambiente do trabalho e outro fora do local de trabalho**. O **meio ambiente é uma expressão unívoca** e significa muito mais do que o simples entorno.

Refere-se, como vimos, ao conjunto de condições de ordem química, física e biológica que, interagindo entre si, permite, abriga e rege a vida em todas as suas formas (art. 3º, I, da Lei n. 6.938/81), **independentemente de qualquer localização que se pretenda estabelecer**. Seja no campo ou na cidade, seja no trabalho ou fora dele, os bens ambientais devem ser tutelados para propiciar o direito constitucional ao equilíbrio ecológico que permite a sadia qualidade de vida.

A divisão do meio ambiente em "artificial" e "natural" é meramente acadêmica e, segundo pensamos, deve ser evitada, justamente para não se pensar que existem meios ambientes diversos, com diversas formas de tutela material ou instrumental. Pensamos que aspectos relacionados à saúde e à segurança do trabalhador no seu local de trabalho dizem respeito à ciência do direito do trabalho.

Nunca é demais repetir: o texto constitucional reservou o art. 225 para tratar do meio ambiente e, lá, deixou claro que o objeto de proteção é o equilíbrio ecológico, bem jurídico difuso, imaterial e indivisível, com regime jurídico de uso comum.

## ■ 4.4. QUESTÕES DE CONCURSO

**1. (PUC-PR/2010 — COPEL — Advogado Júnior) Todos têm direito ao meio ambiente ecologicamente equilibrado, bem de uso comum do povo essencial à sadia qualidade de vida, impondo-se ao Poder Público e à coletividade o dever de defendê-lo e preservá-lo para as presentes e futuras gerações. Para assegurar a efetividade do direito ao meio ambiente, incumbe ao Poder Público, EXCETO:**

a) Definir, somente a União, espaços territoriais e seus componentes a serem especialmente protegidos, sendo a alteração e a supressão permitidas somente através de lei, vedada qualquer utilização que comprometa a integridade dos atributos que justifiquem sua proteção.
b) Preservar e restaurar os processos ecológicos essenciais e prover o manejo ecológico das espécies e ecossistemas.
c) Preservar a diversidade e a integridade do patrimônio genético do País e fiscalizar as entidades dedicadas à pesquisa e à manipulação de material genético.
d) Exigir, na forma da lei, para instalação de obra ou atividade potencialmente causadora de significativa degradação do meio ambiente, estudo prévio de impacto ambiental, a que se dará publicidade.
e) Controlar a produção, a comercialização e o emprego de técnicas, métodos e substâncias que comportem risco para a vida, a qualidade de vida e o meio ambiente.

**2. (PUC-PR/2011 — TJ/RO — Juiz) A Constituição Federal de 1988 incluiu em seu texto diversos dispositivos voltados à garantia e à proteção do meio ambiente ecologicamente equilibrado. Diante disso, é tida como uma das mais avançadas do mundo no quesito ambiental. Considerando o texto constitucional, analise quais as assertivas abaixo são verdadeiras e quais são falsas. Marque em seguida a alternativa que corresponde à sequência CORRETA.**

I. A Constituição Federal refere-se em seu texto expressamente ao instrumento de Licenciamento Ambiental em suas três modalidades: Licença Prévia; Licença de Instalação; Licença de Operação.
II. A Constituição Federal expressamente eleva à condição de patrimônio nacional a Floresta Amazônica brasileira, a Mata Atlântica, a Serra do Mar, o Pantanal Mato-Grossense, o Cerrado, a Caatinga e a Zona Costeira, vinculando sua utilização à forma da lei, dentro de condições que assegurem a preservação do meio ambiente, inclusive quanto ao uso dos recursos naturais.
III. A Constituição Federal prevê expressamente em seu texto a necessidade de o Poder Público exigir, na forma da lei, estudo prévio de impacto ambiental para a instalação de obra ou atividade potencialmente causadora de significativo impacto ambiental.
IV. A Constituição Federal dispõe expressamente que são indisponíveis as terras devolutas ou arrecadadas pelos Estados, por ações discriminatórias, necessárias à proteção dos ecossistemas naturais.

a) F, F, V, V.
b) V, F, V, F.
c) F, V, V, V.

d) V, V, F, V.
e) V, V, V, F.

**3. (PUC-PR/2011 — TJ/RO — Juiz) A Constituição Federal prevê, em um de seus dispositivos, a defesa do meio ambiente, inclusive mediante possibilidade de tratamento diferenciado de atividades econômicas conforme o impacto ambiental dos produtos e serviços, bem como de seus processos de elaboração e prestação. Dada essa proposição, é CORRETO afirmar que:**

a) Não há previsão constitucional nesse sentido.
b) A Constituição Federal prevê essa hipótese em seu artigo 225.
c) A Constituição Federal prevê essa hipótese em seu artigo 186.
d) A Constituição Federal prevê essa hipótese em seu artigo 170.
e) A Lei 6.938/81 é o dispositivo legal que prevê expressamente essa hipótese.

**4. (CESPE/2007 — TJ/PI — Juiz) Visando à anulação de ato lesivo ao meio ambiente, a ação popular pode ser intentada**

a) por qualquer cidadão.
b) apenas pelo Ministério Público.
c) apenas pelos juízes singulares.
d) apenas pelas organizações da sociedade civil.
e) por qualquer cidadão, pelas organizações da sociedade civil, pelo Ministério Público e pelos juízes singulares de ofício.

**5. (MPE-PR/2008 — Promotor de Justiça) Visando assegurar a efetividade do direito ao meio ambiente ecologicamente equilibrado, a Constituição Federal estabeleceu ao poder público a incumbência de:**

a) exigir, na forma da lei, para a instalação de obra ou atividade potencialmente causadora de significativa degradação do meio ambiente, estudo de impacto ambiental — prévio, concomitante ou posterior —, a que se dará publicidade.
b) exigir, na forma da lei, para a instalação de obra ou atividade potencialmente causadora de significativa degradação do meio ambiente, estudo prévio de impacto ambiental, independentemente de publicidade.
c) exigir, na forma da lei, para a instalação de obra ou atividade potencialmente causadora de qualquer degradação do meio ambiente, estudo de impacto ambiental — prévio, concomitante ou posterior —, independentemente de publicidade.
d) exigir, na forma da lei, para a instalação de obra ou atividade potencialmente causadora de significativa degradação do meio ambiente, estudo prévio de impacto ambiental, a que se dará publicidade.
e) exigir, na forma da lei, para a instalação de obra ou atividade potencialmente causadora de qualquer degradação do meio ambiente, estudo prévio de impacto ambiental, a que se dará publicidade.

**6. (FUNIVERSA/2010 — MTur — Engenheiro) Com base nas prescrições da Constituição Federal de 1988 no que diz respeito ao meio ambiente, assinale a alternativa correta.**

a) O meio ambiente é um bem de uso especial do Estado.
b) A competência federativa para proteger o meio ambiente restringe-se aos municípios.
c) O cerrado é um bioma protegido no texto constitucional.
d) Há possibilidade de responsabilização penal, administrativa e civil por dano ambiental.
e) A ordem econômica é tratada independentemente da defesa do meio ambiente.

**7. (CESGRANRIO/2010 — BNDES — Advogado) No que se refere à tutela constitucional do meio ambiente e aos princípios orientadores do Direito Ambiental, sabe-se que a(o)**

a) ordem econômica brasileira deve observar o princípio da defesa do meio ambiente, embora não se admita tratamento diferenciado quanto ao impacto ambiental dos produtos e serviços e de seus processos de elaboração e prestação.
b) competência legislativa em matéria ambiental é concorrente entre União, Estados e Distrito Federal, cabendo aos Estados editar normas gerais sobre florestas, caça, pesca, fauna, conservação da natureza, defesa do solo e dos recursos naturais, proteção do meio ambiente, controle da poluição e responsabilidade por dano ao meio ambiente.
c) ausência de certeza científica absoluta não será utilizada como razão para o adiamento de medidas economicamente viáveis para prevenir a degradação ambiental, quando houver ameaça de danos graves ou irreversíveis, considerando-se o princípio da prevenção.
d) efetividade do direito ao meio ambiente ecologicamente equilibrado é assegurada pelo Poder Público, ao exigir licenciamento ambiental e estudo prévio de impacto ambiental para instalação de todas as obras ou atividades potencialmente causadoras de degradação do meio ambiente.
e) cumprimento da função social da propriedade rural depende, dentre outros requisitos, da utilização adequada dos recursos naturais disponíveis e da preservação do meio ambiente.

**8. (CESPE/2009 — TRF/5ª Região — Juiz) Com relação às normas constitucionais relativas à proteção ambiental, julgue os itens a seguir.**

I. A CF atribui competência privativa à União para legislar sobre conservação da natureza, defesa do solo e dos recursos naturais, proteção do meio ambiente e controle da poluição. Todavia, essa competência é passível de delegação aos estados e ao DF.
II. É competência comum da União, dos estados, do DF e dos municípios proteger o meio ambiente e combater a poluição em qualquer de suas formas, bem como preservar as florestas, a fauna e a flora.
III. A defesa do meio ambiente, inclusive mediante tratamento diferenciado conforme o impacto ambiental dos produtos e serviços e de seus processos de elaboração e prestação, é princípio constitucional que fundamenta a atividade econômica.
IV. A CF veda, na forma da lei, as práticas que submetam os animais a crueldade. Entretanto, em face do dever do Estado de incentivar a valorização e a difusão das manifestações culturais, a "farra do boi", brincadeira em que se infligem maus-tratos a esse animal, por ser prática tradicional popular de determinada região do país, não pode sofrer proibição ou restrições de qualquer natureza.
V. Os bens ambientais são bens dominicais, constituindo, assim, o patrimônio da União, dos estados, do DF e dos municípios, como objeto de direito pessoal, ou real, de cada uma dessas entidades.

Estão certos apenas os itens

a) I e II.
b) I e V.
c) II e III.
d) III e IV.
e) IV e V.

**9. (CESPE/2009 — PGE/AL) Com o objetivo de garantir o direito ao meio ambiente ecologicamente equilibrado, a CF estabeleceu que, para assegurar esse direito, incumbe ao poder público**

a) controlar a produção de substâncias geradas na natureza que facilitem a sobrevivência do homem no seu ecossistema.
b) proteger a fauna, impedindo a utilização de animais domésticos em atividade circense.
c) promover a educação ambiental em todos os níveis de ensino e a conscientização pública para a preservação do meio ambiente.
d) definir áreas nos estados-membros fronteiriços brasileiros que assegurem o livre trânsito de pessoas e animais entre os países vizinhos do MERCOSUL.
e) fiscalizar as entidades dedicadas ao ensino das ciências sociais e biomédicas.

**10. (FGV/2008 — TJ/MS — Juiz) Com base no artigo 225 da Constituição da República Federativa do Brasil, analise as afirmativas a seguir:**

I. As condutas e atividades consideradas lesivas ao meio ambiente sujeitarão os infratores, pessoas físicas ou jurídicas, a sanções penais e administrativas, independentemente da obrigação de reparar os danos causados.
II. São indisponíveis as terras devolutas ou arrecadadas pelos Estados, por ações discriminatórias, necessárias à proteção dos ecossistemas naturais.
III. As usinas que operem com reator nuclear deverão ter sua localização definida em lei estadual e federal, sem o que não poderão ser instaladas.

Assinale:

a) se nenhuma afirmativa estiver correta.
b) se somente as afirmativas I e II estiverem corretas.
c) se somente as afirmativas I e III estiverem corretas.
d) se somente as afirmativas II e III estiverem corretas.
e) se todas as afirmativas estiverem corretas.

**11. (FUNIVERSA/2009 — ADASA — Advogado) A Constituição Federal garante a todos um meio ambiente ecologicamente equilibrado. A fim de efetivar esse direito, estabelece algumas regras a serem observadas pelo Poder Público. A respeito dos deveres, assinale a alternativa incorreta.**

a) Cabe ao Poder Público prover o manejo ecológico das espécies e ecossistemas.
b) As usinas que operam com reator nuclear não poderão se instalar sem que antes seja elaborada lei federal definindo sua localização.
c) Em razão da importância para o ecossistema, a Constituição Federal prevê que a Mata Atlântica, a Serra do Mar, o Pantanal Mato-Grossense e a Zona Costeira são áreas da União.
d) Por meio de uma interpretação constitucional é possível afirmar peremptoriamente que o Brasil não admite as rinhas de galo.
e) Somente por lei é permitida a alteração do regime jurídico de Área de Preservação Permanente.

**12. (CESPE/2013 — TRF/2ª Região — Juiz Federal) Assinale a opção correta a respeito do direito ambiental sob o foco constitucional.**

a) O MP tem o monopólio da ação penal por crimes ambientais e da ação civil pública ambiental.
b) A CF confere ao poder público e à coletividade o dever de preservar o meio ambiente, incumbindo-lhes várias atribuições específicas, inclusive a fiscalização de entidades que manipulem material genético.
c) A partir do texto constitucional pode-se concluir que a produção de energia nuclear, a comercialização de medicamentos e o emprego de agrotóxicos devem, obrigatoriamente, ser controlados pelo poder público.

d) Proprietário de pequeno imóvel rural, mesmo que nele não resida, pode beneficiar-se de usucapião especial urbana.
e) O princípio da responsabilidade ambiental entre gerações é meramente prospectivo e, por isso, não está positivado na CF.

**13. (FCC/2013 — TJ/PE — Juiz) Suponha a existência de determinada lei ordinária que permita o exercício de determinadas atividades econômicas em áreas de preservação permanente, sob o fundamento de interesse público ou de indispensabilidade à segurança nacional. Esta lei ainda confere à autoridade ambiental a competência para permitir, em cada caso concreto, o exercício dessas atividades econômicas sempre que o permissivo legal estiver configurado. Tendo em vista a disciplina constitucional sobre a matéria, semelhante lei, em tese, seria:**

a) constitucional, porque a Constituição é omissa com relação às áreas de preservação permanente, delegando ao legislador ordinário a possibilidade de regular o instituto na íntegra.
b) constitucional, desde que as atividades econômicas permitidas na área de preservação permanente não comprometam a integridade dos atributos que justificaram a sua proteção especial.
c) inconstitucional, uma vez que a supressão dos espaços naturais especialmente protegidos é matéria reservada à lei formal e não poderia ser delegada à autoridade ambiental.
d) inconstitucional, por aplicação do princípio da proibição do retrocesso em sede ambiental.
e) inconstitucional, porque as áreas de preservação permanente sempre terão proteção integral, não se admitindo qualquer espécie de exceção.

**14. (UFPR/2013 — TJ/PR — Juiz) De acordo com o art. 225, § 4º, da Constituição Federal são patrimônio nacional:**

a) As Dunas Litorâneas, os Manguezais, a Serra do Mar e a Mata Atlântica.
b) A Floresta Amazônica brasileira, a Mata Atlântica, a Serra do Mar, o Pantanal Mato Grossense e a Zona Costeira.
c) A Floresta Amazônica brasileira, o Pantanal Mato Grossense, a Caatinga e as Reservas Indígenas.
d) A Mata Atlântica, o Pantanal Mato Grossense, os Manguezais, os Lençóis Maranhenses e as Bacias Hidrográficas.

**15. (CESGRANRIO/2013 — BNDES — Profissional Básico — Direito) De acordo com as normas ambientais, cabe ao Poder Público:**

a) exigir EIA/RIMA das atividades consideradas de significativa degradação ambiental, podendo dispensar de sua elaboração as consideradas de relevante utilidade pública.
b) fiscalizar as atividades poluidoras, embora não possa ser responsabilizado pelos danos que venham a ser causados, por se tratar de ato omissivo.
c) elaborar avaliação ambiental estratégica de seus planos e projetos, por exigência expressa da legislação em vigor.
d) determinar a apresentação de estudos dos impactos a serem causados no meio social, já que estes não são considerados no EIA.
e) exigir a apresentação da licença ambiental, na concessão de financiamentos, das atividades consideradas potenciais causadoras de degradação ambiental.

**16. (CESPE/2013 — TRF/5ª Região — Juiz Federal) A elaboração de estudo prévio de impacto ambiental, expressamente exigida na CF,**

a) pode ser substituída pela realização de relatório de viabilidade ambiental.
b) pode ser dispensada mediante disposição expressa em Constituição estadual.
c) deve anteceder, necessariamente, a implantação da obra ou a realização da atividade.
d) deve ser feita concomitantemente à implantação da obra ou à realização da atividade.
e) pode ser dispensada mediante disposição expressa em lei federal.

**17. (TRF/2ª Região — 2014 — Juiz Federal) Em relação ao estudo prévio de impacto ambiental:**

a) Trata-se de estudo a ser exigido como condição prévia à operação de qualquer atividade potencialmente causadora de dano ambiental.
b) Trata-se de estudo inspirado pelos princípios da precaução e da prevenção, cujo resultado vincula a administração ambiental e que deve ser realizado previamente à instalação de qualquer atividade comprovadamente causadora de impacto ambiental.
c) Trata-se de estudo a ser exigido, no curso do licenciamento ambiental, como condição prévia à instalação de obra ou atividade potencialmente causadora de degradação significativa ao meio ambiente.
d) Trata-se de estudo de natureza vinculativa, a ser exigido como condição prévia à instalação de obra potencialmente causadora de degradação significativa do meio ambiente e, assim, caso não recomende a obra, inviabilizada estará a concessão da licença.
e) Trata-se de estudo inspirado pelo princípio da precaução, de caráter obrigatório em qualquer procedimento de licenciamento ambiental.

**18. (PUC-PR/2014 — TJ/PR — Juiz Substituto) Acerca do Licenciamento Ambiental, do Estudo de Impacto Ambiental (EIA) e do Relatório de Impacto ao Meio Ambiente (RIMA), é CORRETO afirmar que:**

a) A elaboração do EIA e do RIMA é realizada pela equipe técnica multidisciplinar do órgão ambiental competente, correndo por conta do empreendedor todas as despesas e custos respectivos.
b) Pode ser dispensada a realização do EIA no processo de licenciamento caso o órgão ambiental considere inexistente o risco de significativa degradação ambiental, vez que se trata de ato discricionário não sujeito a controle judicial.
c) Sendo indisponível o direito ao meio ambiente ecologicamente equilibrado e em razão do princípio da publicidade, é obrigatória a realização de audiência pública no processo de licenciamento ambiental.
d) As conclusões do EIA não vinculam a decisão do órgão ambiental competente, que pode conceder a licença de operação mesmo em caso de EIA/RIMA desfavorável (no todo ou em parte).

**19. (BIO-RIO/2016 — Prefeitura de Mangaratiba/RJ — Agente de Fiscalização Ambiental) "Todos têm direito ao meio ambiente ecologicamente equilibrado, bem de uso comum do povo e essencial à sadia qualidade de vida, impondo-se ao Poder Público e à coletividade o dever de defendê-lo e preservá-lo para as presentes e futuras gerações." (art. 225, CF)**

Avalie se, para assegurar a efetividade desse direito, incumbe ao Poder Público, entre outras, as seguintes ações:

I. preservar e restaurar os processos ecológicos essenciais e prover o manejo ecológico das espécies e ecossistemas.
II. preservar a diversidade e a integridade do patrimônio genético do País e fiscalizar as entidades dedicadas à pesquisa e manipulação de material genético.
III. definir, em todas as unidades da Federação, espaços territoriais e seus componentes a serem especialmente protegidos, sendo a alteração e a supressão permitidas somente

através de lei, vedada qualquer utilização que comprometa a integridade dos atributos que justifiquem sua proteção.

IV. proteger a fauna e a flora, vedadas, na forma da lei, as práticas que coloquem em risco sua função ecológica, provoquem a extinção de espécies ou submetam os animais a crueldade.

Estão corretas:

a) I e II, apenas.
b) III e IV, apenas.
c) I, II e III, apenas.
d) II, III e IV, apenas.
e) I, II, III e IV.

**20. (CESPE/2015 — TRF5 — Juiz) Uma mineradora apresentou EIA-RIMA com o objetivo de viabilizar a exploração de recursos minerais em determinado local. O órgão ambiental competente exigiu, então, apresentação de PRAD. A empresa considerou a exigência ilegal e impetrou mandado de segurança por meio do qual busca dar continuidade ao procedimento de obtenção de licença ambiental sem que cumpra tal exigência.**

Considerando essa situação hipotética, assinale a opção correta.

a) A imposição às mineradoras do dever de recuperarem as áreas degradadas viola o princípio da legalidade, conforme resolução do CONAMA.
b) É legítima e tem base legal a exigência do impetrado de apresentação do PRAD, cujo objetivo é viabilizar a compensação ambiental.
c) A recuperação de áreas degradadas é um dos princípios da Política Nacional do Meio Ambiente; em relação às mineradoras, é ela uma exigência constitucional.
d) É incabível a exigência do PRAD quando a atividade nem sequer foi iniciada, porque não se trata de instrumento de prevenção, mas sim de recuperação.
e) Não cabe à mineradora apresentar o PRAD, mas sim ao órgão técnico, que deve elaborá-lo e exigir seu cumprimento pelo particular.

**21. (CESPE/2017 — Prefeitura de Belo Horizonte — Procurador Jurídico) A respeito do direito ambiental, assinale a opção correta de acordo com o disposto na CF.**

a) A proteção jurídica fundamental do meio ambiente ecologicamente equilibrado é estritamente antropocêntrica, uma vez que se considera o bem ambiental um bem de uso comum do povo.
b) Além de princípios e direitos, a CF prevê ao poder público e à coletividade deveres relacionados à preservação do meio ambiente.
c) Será inválida a criação de espaços territoriais ambientalmente protegidos por ato diverso da lei em sentido estrito.
d) O direito ao meio ambiente ecologicamente equilibrado consta expressamente na CF como direito fundamental, o que o caracteriza como direito absoluto.

**22. (CESPE/2017 — Prefeitura de Belo Horizonte — Procurador Jurídico) Acerca do conteúdo e da aplicação dos princípios do direito ambiental, assinale a opção correta.**

a) A participação ambiental da sociedade não substitui a atuação administrativa do poder público, mas deve ser considerada quando da tomada de decisões pelos agentes públicos.
b) A legislação ambiental não promove exigência relacionada à aplicação do princípio do usuário-pagador, que impõe o pagamento pelo uso do recurso ambiental.

c) Conforme a doutrina majoritária, os princípios da prevenção e da precaução são sinônimos, já que ambos visam inibir riscos de danos ao meio ambiente.
d) A essência do princípio do poluidor-pagador está relacionada à compensação dos danos causados ao meio ambiente: no sentido de "poluiu pagou".

## ■ GABARITO ■

**1.** "a". O erro da assertiva está na locução "somente a União", quando o art. 225, § 1º, III, da CF deixa claro que a incumbência cabe ao Poder Público "em todas as unidades da Federação". As outras alternativas estão de acordo com os demais incisos do art. 225, § 1º, da CF.

**2.** "a". A assertiva I é falsa porque a CF/88 refere-se, em seu art. 225 § 1º, IV, ao "estudo prévio de impacto ambiental", e não aos instrumentos de licenciamento ambiental. O erro da assertiva II está em incluir o "Cerrado" e a "Caatinga", ambos não mencionados no § 4º do art. 225. As últimas duas assertivas estão de acordo, respectivamente, com o § 1º, IV, e o § 5º do art. 225 da CF.

**3.** "d". De acordo com o art. 170, VI, da CF, que arrola a "defesa do meio ambiente" dentre os princípios da ordem econômica.

**4.** "a". De acordo com o art. 5º, LXXIII, da CF.

**5.** "d". De acordo com o art. 225, § 1º, IV, da CF.

**6.** "d". De acordo com o art. 225, § 3º, da CF. A alternativa "a" está errada por afirmar que o meio ambiente é um "bem de uso especial do Estado", quando, conforme o *caput* do art. 225, é um "bem de uso comum do povo". Já a alternativa "b" é contrária a todo o regramento da competência material (comum) e legislativa (concorrente) em matéria ambiental. Quanto à "c", o "cerrado" não está incluído no § 4º do art. 225. Por fim, em relação à "e", o art. 170, VI, deixa claro que a proteção ao entorno é princípio da ordem econômica brasileira.

**7.** "e". De acordo com o art. 186, II, da CF. A alternativa "a" está errada ao afirmar que não se admite o tratamento diferenciado, quando o art. 170, VI, da CF deixa claro o contrário. Já quanto à alternativa "b", o erro está em afirmar que cabe "aos Estados editar normas gerais", quando essa incumbência cabe à União (art. 24, § 4º, da CF). A alternativa "c" está errada por confundir o princípio da "prevenção" com o da "precaução". Por fim, o erro da alternativa "d" está em afirmar que de "todas as obras" deve ser exigido o licenciamento e o EIA.

**8.** "c". As assertivas II e III estão corretas, de acordo, respectivamente, com o art. 23, VI e VII, e com o art. 170, VI, todos da CF. A assertiva I está errada, porque se trata de competência concorrente, e não privativa, de acordo com o art. 24, VI e VIII, da CF. Quanto à alternativa IV, o STF já decidiu exatamente o contrário, no sentido de proibir os maus-tratos a animais na chamada "farra do boi" (RE 153.531/SC). Por fim, a assertiva V está errada, pois se trata de "bem de uso comum do povo", de acordo com o *caput* do art. 225 da CF.

**9.** "c". De acordo com o art. 225, § 1º, VI, da CF.

**10.** "b". De acordo com os §§ 3º e 5º, respectivamente, do art. 225 da CF. O erro da assertiva III está em dizer que a localização pode ser definida por "lei estadual", o que, de acordo com o § 6º do art. 225, pode ser feito apenas por lei federal.

**11.** "c". O erro está em afirmar que os referidos ecossistemas "são áreas da União" quando, de acordo com o art. 225, § 4º, "são patrimônio nacional".

**12.** "c". Consoante texto constitucional expresso, arts. 21, XXIII, *a* e 225, § 6º (energia nuclear); arts. 200, I, e 220, § 4º (comercialização de medicamentos); art. 220, § 4º (emprego de agrotóxicos).

**13.** "b". Nesta questão, não se deve confundir a supressão de vegetação em APP, que possui, por óbvio, caráter excepcional, com a supressão da área de preservação permanente. A supressão de uma APP só pode ser autorizada mediante lei, de acordo com a CF/88 (art. 225, § 1º, III). Já a supressão da vegetação de uma APP pode ser autorizada por ato administrativo do órgão am-

| |
|---|
| biental competente, como prevê o novo art. 8° do Código Florestal, desde que respeitados os requisitos previstos em lei (utilidade pública, interesse social ou atividade de baixo impacto ambiental), pois a área protegida continuaria a existir, mesmo com a supressão de parte de sua vegetação. |
| **14.** "b". A caatinga e o cerrado, embora sejam biomas pertencentes ao território brasileiro, não foram contemplados pelo art. 225 da CF/88, sendo objeto da PEC n. 504/2010. |
| **15.** "e". As entidades e órgãos de financiamento e incentivos governamentais condicionarão a aprovação de projetos habilitados a esses benefícios ao licenciamento, na forma desta Lei, e ao cumprimento das normas, dos critérios e dos padrões expedidos pelo CONAMA, nos termos do art. 12 da Lei n. 6.938/81. |
| **16.** "c". |
| **17.** "c". Para assegurar a efetividade do direito ao meio ambiente ecologicamente equilibrado, incumbe ao Poder Público exigir, na forma da lei, para instalação de obra ou atividade potencialmente causadora de significativa degradação do meio ambiente, o estudo prévio de impacto ambiental, nos termos do § 1° do art. 225 da CF/88. |
| **18.** "d". Órgão ambiental não está vinculado às conclusões do EIA, mas, em caso de discordância, deverá fundamentar o ato administrativo com base nas informações da equipe técnica do próprio órgão ambiental. |
| **19.** "e". Todas certas e com redação idêntica aos incisos I, II, III e VII do § 1° do art. 225 da CF/88. |
| **20.** "c". Prevista no art. 2° da Lei n. 6.938 e no art. 225, § 2°, da CF. Todas as outras alternativas contêm afirmações que beiram o absurdo. A alternativa "a" está errada porque obedece ao princípio da legalidade; a "b" está errada porque nem é legítimo nem legal o direito à impetração do mandado de segurança, além de que o objetivo do PRAD é antecipar os impactos para estabelecer medidas que possam mitigá-los e viabilizar a reparação do dano. A "d" está errada porque a exigência de apresentação do PRAD não significa sua implementação. O PRAD deve ser previamente apresentado para aprovação. A "e" está errada porque a competência de apresentação é da mineradora. O órgão técnico aprova e fiscaliza. |
| **21.** "b". Conforme o art. 225, *caput* e § 1° da CF/88. |
| **22.** "a". A letra "b" está errada porque há a previsão do usuário pagador na Lei n. 6.938 (art. 4°, VII). A letra "c" está errada porque prevenção e precaução não são princípios iguais. A letra "d" está errada porque a essência do poluidor pagador está relacionada com a precaução e a prevenção do dano. |

# 5

# COMPETÊNCIAS CONSTITUCIONAIS EM MATÉRIA AMBIENTAL

## 5.1. INTRODUÇÃO: A ESTRUTURA DO ESTADO BRASILEIRO

Dando prosseguimento ao estudo do regramento dado pela Constituição Federal à proteção do meio ambiente, analisaremos agora a maneira como foi nela distribuída a **competência** — **legislativa** e **material/administrativa** — em matéria ambiental. Antes, porém, é necessário fazer alguns esclarecimentos.

Do ***caput* do art. 1º** de nossa Constituição Federal, extrai-se que o Brasil, quanto à **forma de Estado**, adotou o **federalismo**.[1] Em resumo, quer isso dizer que, ao mesmo tempo em que é **uno** e **indissolúvel**, o Estado brasileiro é formado pelo conjunto de diversas **unidades autônomas:** os **Estados-membros**.

A própria origem etimológica da palavra deixa isso bem claro: **federação** vem da palavra *foedus*, que significa nada mais do que **pacto**. É, assim, um Estado federativo — como é o Brasil desde 1891 por influência da Constituição dos EUA (1787) — o resultado do **pacto** firmado entre diversos **Estados-membros**, que renunciam de sua soberania em favor de um governo central.

Desse pacto, nascem duas entidades distintas: o **Estado Federal**, que é dotado de **soberania** e atua em nome do todo tanto externamente (apenas ele tem personalidade jurídica de direito internacional público) quanto internamente (representado pela **União**); e os **Estados-membros** ou **Estados-federados**, que são dotados de **autonomia**.

A **autonomia** que possuem os Estados-membros caracteriza-se por dois aspectos distintos: organização governamental própria; e, o que agora mais nos interessa, posse de **competências exclusivas**, definidas na **Constituição Federal**.

Dessa forma, nos Estados que adotam o federalismo, tanto a **União** quanto os **Estados-membros** possuem **competências próprias**, definidas pelo texto constitucional. É claro que a forma como são repartidas essas competências varia

---

1 "Art. 1º A República *Federativa* do Brasil, *formada pela união indissolúvel dos Estados e Municípios e do Distrito Federal* (...)."

caso a caso, conforme o processo histórico de formação por que passou cada um dos diferentes países.[2]

No Brasil, esse esquema é ainda um pouco mais complexo, tendo em vista que também os **Municípios** possuem certas competências definidas pela Carta Magna.

Estudaremos, portanto, agora, a maneira como a Constituição Federal repartiu as competências em matéria ambiental entre a União, os Estados-membros e os Municípios.

Vale dizer, ainda, que devem ser analisadas separadamente as competências **legislativa** e **material/administrativa**, porque é diferente a maneira como se dá essa divisão nos três poderes.[3]

### ■ 5.1.1. A técnica de repartição de competências e o atual papel do Município

Como se sabe, a discussão sobre a natureza jurídica dos **Municípios**, especialmente quanto ao seu papel na estrutura da federação, é das mais problemáticas.

Deixando-se um pouco de lado toda a polêmica, importa nesse momento dizer que o Município recebeu um tratamento diferenciado na Constituição Federal de 1988: foi-lhe outorgada não apenas uma **competência legislativa residual para aspectos de interesse local (art. 30, I e II)**,[4] mas também uma **competência material para atuar em paralelo e em conjunto com os demais entes (art. 23, VI e VII)**.[5]

Como se vê, o legislador constituinte **ampliou sobremaneira os poderes dos Municípios**, autorizando-os a atuar, especialmente na esfera administrativa (art. 23), em condições de paridade com os demais entes da federação.

Trata-se de novidade importantíssima para a proteção e a salvaguarda dos bens ambientais.

Muitas vezes, é no **âmbito municipal** que se pode verificar, com mais precisão, eventuais violações às normas ambientais. É também ali que se **consegue**

---

[2] No Brasil, em que a adoção do federalismo descendeu de uma estrutura unitária (formação *centrífuga*), é maior a concentração de competências nas mãos da União. Diferente é o caso dos Estados Unidos, em que, sendo o Estado federativo o resultado da união de diversos Estados até então soberanos (formação *centrípeta*), é maior a autonomia de cada um dos Estados-membros.

[3] As competências jurisdicionais em matéria ambiental serão analisadas no Capítulo 9, quando estudarmos os instrumentos processuais para a proteção do meio ambiente.

[4] "Art. 30. Compete aos Municípios: I — legislar sobre assuntos de interesse local; II — suplementar a legislação federal e a estadual no que couber; (...)."

[5] "Art. 23. É competência comum da União, dos Estados, do Distrito Federal *e dos Municípios*: (...) VI — proteger o meio ambiente e combater a poluição em qualquer de suas formas; VII — preservar as florestas, a fauna e a flora; (...)."

**atuar de modo mais direto** na proteção dos recursos ambientais, tendo em vista as **especificidades de cada um dos ecossistemas**.

Anteriormente ao atual regramento constitucional, por exemplo, havia certos impactos ambientais que, sendo de interesse local, específico e peculiar de um dado Município, muitas vezes sequer eram objeto de preocupação da rede estadual de proteção do meio ambiente.

Acrescente-se, ainda, que **nos Municípios é menos burocrática e mais imediata a participação da população local** nos esforços para a preservação do meio ambiente, privilegiando, assim, o **princípio da participação/solidariedade**.

Vê-se, destarte, que a técnica de repartição de competências empregada pelo constituinte levou em consideração a maior eficácia da proteção, o menor custo e a participação (comprometimento) da sociedade na salvaguarda dos bens e valores contemplados pelas citadas normas.

Com tudo isso, o que se vê ao longo da experiência de mais de uma década do texto constitucional é que o Município constitui quase sempre o maior guardião dos componentes ambientais.

## ■ 5.2. A COMPETÊNCIA LEGISLATIVA EM MATÉRIA AMBIENTAL

A competência que possuem os entes da federação para **legislar em matéria ambiental** vem definida no **art. 24, VI, VIII e XVI**, da Constituição Federal. Vejamos:

> "Art. 24. Compete à União, aos Estados e ao Distrito Federal legislar concorrentemente sobre: (...)
>
> VI — florestas, caça, pesca, fauna, conservação da natureza, defesa do solo e dos recursos naturais, proteção do meio ambiente e controle da poluição; (...)
>
> VIII — responsabilidade por dano ao meio ambiente, (...);
>
> § 1º No âmbito da legislação concorrente, a competência da União limitar-se-á a estabelecer normas gerais.
>
> § 2º A competência da União para legislar sobre normas gerais não exclui a competência suplementar dos Estados.
>
> § 3º Inexistindo lei federal sobre normas gerais, os Estados exercerão a competência legislativa plena, para atender a suas peculiaridades.
>
> § 4º A superveniência de lei federal sobre normas gerais suspende a eficácia da lei estadual, no que lhe for contrário."

Acrescenta-se, ainda, o já citado art. 30, I e II, que trata do papel dos **Municípios:**

"Art. 30. Compete aos Municípios:

I — legislar sobre assuntos de interesse local;

II — suplementar a legislação federal e a estadual no que couber; (...)."

O que fica claro, até mesmo pela literalidade do *caput* do art. 24, é que, quanto à matéria ambiental, o constituinte optou pela **competência legislativa concorrente**. Em síntese, como se extrai dos transcritos §§ 1º a 4º do art. 24, significa isso que:

- **mais de um ente federativo** poderá dispor sobre um mesmo assunto (concorrência);
- deve a **União** limitar-se a estabelecer **normas gerais** (§ 1º);
- aos **Estados** (§ 2º) e aos **Municípios** (art. 30, II) cabe estabelecer **normas de caráter suplementar**, de acordo com suas especificidades;
- caso a **União não edite a norma de caráter geral**, podem os **Estados** fazê-lo (§ 3º), até que sobrevenha norma federal, suspendendo sua eficácia no que for contrário (§ 4º).[6]

**ATENÇÃO!** Para efeito de **concurso público**, importante frisar alguns aspectos que comumente são utilizados pelas bancas organizadoras para **confundir os candidatos:**

- **pela literalidade do art. 24, *caput*, os Municípios não detêm competência legislativa concorrente**, conquanto também possuam competência para **suplementar** a legislação federal (CF, art. 30, II) (ver questões de ns. 5, "c", e 7, "b", ao final do capítulo);[6]
- **os Municípios** podem, sim, **suplementar a legislação federal em matéria ambiental** (ver questão de n. 8, "d", ao final do capítulo);
- **os Municípios não podem exercer a competência legislativa plena** na falta de norma geral emanada da União: o § 3º do art. 24 fala apenas em **Estados** (ver questão de n. 8, "c", ao final do capítulo);
- **a superveniência de norma federal não revoga a lei estadual:** o **§ 4º do art. 24** fala que aquela **suspende a eficácia** desta. São fenômenos distintos (ver questão de n. 1, "d", ao final do capítulo).

Há, sem dúvida, uma nítida **estrutura vertical** na distribuição das competências legislativas concorrentes: partindo-se da União para os Estados, e destes para os Municípios, há uma decrescente abstração nos princípios e normas reguladores da proteção ambiental.

Expliquemos melhor: as **normas federais** serão sempre **mais genéricas e abstratas** que as **normas estaduais**, e estas, por sua vez, mais que as **municipais**.

6 Há, contudo, questões que, embora sejam minoria, *incluem* os *Municípios* no âmbito de competência concorrente (ver questão de n. 8, "a", ao final do capítulo).

Importante frisar, ainda, que as normas de caráter **específico** ou **suplementar** deverão, como é óbvio, **obedecer às diretrizes traçadas pelas normas gerais**.[7]

Nesse sentido, o Supremo Tribunal Federal, no julgamento da **ADI 2.656/SP** declarou a **inconstitucionalidade formal** de **lei estadual paulista** (n. 10.813/2001) que estabelecia *proibição de importação, extração, beneficiamento, comercialização, fabricação e instalação de produtos contendo qualquer tipo de amianto.* Entendeu-se, no caso, que a matéria já estaria regulamentada na Lei Federal n. 9.055/95. Como esta, emanada da União, não estabelecia tal proibição, não poderia a norma estadual fazê-lo. Vejamos trecho da ementa:

> "EMENTA: AÇÃO DIRETA DE INCONSTITUCIONALIDADE. LEI PAULISTA. PROIBIÇÃO DE IMPORTAÇÃO, EXTRAÇÃO, BENEFICIAMENTO, COMERCIALIZAÇÃO, FABRICAÇÃO E INSTALAÇÃO DE PRODUTOS CONTENDO QUALQUER TIPO DE AMIANTO. GOVERNADOR DO ESTADO DE GOIÁS. LEGITIMIDADE ATIVA. INVASÃO DE COMPETÊNCIA DA UNIÃO.
> (...)
> 2. Comercialização e extração de amianto. Vedação prevista na legislação do Estado de São Paulo. Comércio exterior, minas e recursos minerais. Legislação. Matéria de competência da União (CF, artigo 22, VIII e XIII). Invasão de competência legislativa pelo Estado-membro. Inconstitucionalidade.
> 3. Produção e consumo de produtos que utilizam amianto crisotila. Competência concorrente dos entes federados. Existência de norma federal em vigor a regulamentar o tema (Lei 9.055/95). Consequência. Vício formal da lei paulista, por ser apenas de natureza supletiva (CF, artigo 24, §§ 1º e 4º) a competência estadual para editar normas gerais sobre a matéria.
> 4. Proteção e defesa da saúde pública e meio ambiente. Questão de interesse nacional. Legitimidade da regulamentação geral fixada no âmbito federal. Ausência de justificativa para tratamento particular e diferenciado pelo Estado de São Paulo. (...)" (STF, Pleno, ADI 2.656/SP, rel. Min. Maurício Corrêa, *DJ* 1º-8-2003).

Com base, ainda, em argumentação semelhante, o STF declarou, na **ADI 3.035/PR**, ser inconstitucional uma lei do Estado do Paraná que *proibia a pro-*

---

[7] Exatamente por isso as normas gerais só podem ser revogadas por outras normas gerais, já que são consideradas princípios e fundamentos de uma determinada matéria legislada. Há ainda normas gerais que são "mais gerais do que outras" (as que contêm os princípios) e que, como tal, devem ser respeitadas e seguidas. É o que acontece, por exemplo, com a Lei n. 6.938/81, que estabelece a Política Nacional do Meio Ambiente, de cunho principiológico e fundamental, que não pode ter seus preceitos revogados por outra lei da União que não tenha a mesma abrangência e a abstração conceitual e principiológica de proteção do meio ambiente.

*dução, comercialização, etc., de organismos geneticamente modificados*, quando havia lei federal regulamentadora que não estabelecia tal vedação em caráter absoluto.

> **ATENÇÃO!** Para efeito de **concurso público**, importante deixar claro que há questões que consideram que os **Estados, os Municípios e o Distrito Federal** poderiam, no âmbito de sua competência suplementar, ir além da legislação federal, **desde que seja para adotar medidas mais protetivas ao meio ambiente** (ver questão de n. 7, ao final do capítulo).

Todo esse esquema de divisão de competências é, como fica claro, bastante complexo, capaz de gerar uma série de discussões e problemas de ordem prática. Para resolvê-los, podemos adotar, na esteira do que preconizou José Afonso da Silva, o **princípio da predominância dos interesses**. Expliquemos:

Diante da necessidade de editar uma dada norma ambiental, deve-se perguntar: qual a amplitude dos interesses que se pretende contemplar? A norma interessa apenas a um dado Município, a todo um Estado da federação, ou, mais ainda, a todo o país? De acordo com a resposta, será competente:

- a **União:** caso o interesse seja de todo o país, ou, ainda que não o seja, importe a mais de um Estado (interesse **nacional**);
- o **Estado:** se o interesse for de todo o Estado, ou de mais de um de seus Municípios (interesse **regional**);
- o **Município:** se o interesse não transbordar os limites de um único Município (interesse **local**).

Com base, exatamente, no critério da **predominância de interesses**, o **Superior Tribunal de Justiça** já afirmou que a regulamentação de pesquisas envolvendo **Organismos Geneticamente Modificados**, por interessar a **todo o país**, deve ser feita por **lei federal**. Vejamos:

> "(...) 11. A regulamentação das atividades envolvendo **OGMs** através de lei federal, que define as regras de caráter geral, homenageia o princípio da **predominância do interesse**, na medida em que o controle e a fiscalização dessas atividades **não se limitam ao interesse regional deste ou daquele Estado-membro**, mas possui indiscutível **alcance nacional**. (...)" (STJ, 1ª Turma, REsp 592.682/RS, rel. Min. Denise Arruda, *DJ* 6-2-2006).

Ainda assim, porém, certamente aparecerão (e de fato aparecem) diversos problemas nas mais variadas situações concretas que podem surgir.

Se não bastasse o caráter vago e indeterminado dos conceitos de interesse local, regional e nacional, vale lembrar que o **meio ambiente** não encontra fronteiras espaciais muito bem definidas, sendo dificílimo determinar onde começa e onde termina um dado ecossistema. É essa a característica da **ubiquidade** do bem ambiental que estudamos no Capítulo 3.

Todavia, não é por outro motivo que se fala em *predominância* de interesse, o que vale dizer que se admite a existência de **zonas cinzentas**, que fiquem no limbo conceitual, mas que serão delimitadas e fixadas caso a caso, inclusive pelo **poder judiciário** se necessário.[8]

Ao menos, não temos dúvidas de que a solução adotada pela Constituição Federal é a mais benéfica para o entorno, já que pode gerar um **conflito positivo** para legislar e, portanto, proteger o meio ambiente. Se não se cogitava desses problemas antes da carta de 1988, certamente outros muito mais graves, como inoperância e omissões ambientais, eram experimentados com frequência, tendo em vista o desconhecimento de peculiaridades ambientais regionais e locais.

Melhor assim. Em se tratando de proteção do meio ambiente, muito melhor pecar por excesso do que por omissão.

## ■ 5.3. A COMPETÊNCIA MATERIAL (ADMINISTRATIVA) EM MATÉRIA AMBIENTAL

Analisemos, agora, a chamada **competência material (administrativa/implementadora)** para tratar dos assuntos ambientais. Refere-se ela ao exercício da **função administrativa**, mais especificamente ao **poder de polícia** em relação à matéria ambiental.

Como já dissemos, a competência implementadora foi uma das grandes inovações trazidas pelo legislador constituinte. No que diz respeito à matéria ambiental, esse regramento está previsto no **art. 23**, mais especificamente em seus **incisos VI e VII:**

> "Art. 23. É competência comum da União, dos Estados, do Distrito Federal e dos Municípios: (...)

---

[8] Luís Roberto Barroso. A proteção do meio ambiente na Constituição Brasileira, *Cadernos de Direito Constitucional e Ciência Política*, p. 115-140: "A tutela dos interesses ambientais enfatiza certas peculiaridades do federalismo brasileiro, por envolver o exercício de competências político-administrativas comuns e competências legislativas concorrentes entre a União, os Estados e os Municípios. Os balizamentos constitucionais da esfera de atuação de cada entidade nem sempre são objetivamente aferíveis, e caberá ao Judiciário dirimir os conflitos, que se afiguram inevitáveis".

> VI — proteger o meio ambiente e combater a poluição em qualquer de suas formas;
>
> VII — preservar as florestas, a fauna e a flora; (...)
>
> Parágrafo único. Leis complementares fixarão normas para a cooperação entre a União e os Estados, o Distrito Federal e os Municípios, tendo em vista o equilíbrio do desenvolvimento e do bem-estar em âmbito nacional."

Extrai-se do dispositivo que a competência administrativa ambiental é do tipo **comum**, também chamada de **cumulativa** ou **paralela**. Nestes casos, existe a possibilidade de **mais de um ente político** (União, Estado, Município) atuar para **tratar do mesmo assunto em pé de igualdade com os outros**. Vale a regra ainda que, *a priori*, o ente federativo não tenha competência para legislar sobre o tema ali tratado.

É, pois, um campo de atuação comum às várias entidades, sem que o exercício de uma venha a excluir a competência de outra, que abstratamente poderia ser exercida cumulativamente, sempre tendo em mira a maior eficácia do cumprimento das normas ambientais.

Diante desse quadro, percebe-se que, para a competência material ambiental, a regra adotada pelo legislador constituinte se formata de maneira bem diversa da competência legislativa. É que, quanto a esta, o rumo seguido pelo legislador constituinte foi a verticalização. Já quanto à **competência material**, adotou-se a **horizontalidade** na proteção do meio ambiente. Repita-se: neste caso, os entes federativos atuam paralelamente em condições de igualdade.

Como bem observou Marcelo Dwalibi, a "competência comum, é bom que se lembre, difere da competência concorrente. Na primeira hipótese, a competência de um dos entes federativos não afasta a competência dos demais. Já na competência concorrente ocorre fenômeno contrário: a competência de um dos entes federativos exclui a dos demais. Na competência comum, há harmonia e complementação de atuações; na competência concorrente, há exclusão dos demais entes em favor do único competente".[9]

Em outros termos, isso significa dizer que, para exercer o **poder de polícia** na realização de atos materiais (licenciamento, fiscalização, sanções administrativas, etc.), **todos os entes políticos possuem abstratamente competência (comum) para atuar**.

Isso basta para demonstrar que, se a competência legislativa (concorrente) era capaz de gerar dificuldades práticas, o problema se agrava muito quando se trata de competência administrativa (comum). Como saber, por exemplo, se é a União, o Estado ou o Município o ente competente para aplicar uma multa por descumprimento de dada norma ambiental?

[9] Marcelo Dwalibi, *Revista de Direito Ambiental*, n. 14, p. 99.

Também aqui prevalecerá, num primeiro momento, o critério da **predominância do interesse:** o mesmo ente que, por possuir o interesse predominante sobre uma dada matéria, tinha a prerrogativa de sobre ela legislar será o competente para praticar os atos tendentes a dar atuação à lei que editou.

Aliás, se o pressuposto de atuação da administração pública é o **princípio da legalidade (art. 37 da CF/88)**, decerto que, tendo um ente aptidão para legislar sobre meio ambiente em razão do predomínio do interesse, nada mais lógico que possua competência material para exercer tais atos no âmbito do respectivo interesse (âmbito de repercussão).[10]

A predominância do interesse não pode ser vista, contudo, isolada do que determina o ***caput* do art. 23 da CF/88**, que afirma, categoricamente, que a competência em matéria ambiental é **comum** entre União, Estados, Distrito Federal e Municípios.

Trata-se de um fenômeno **cooperativo**, a permitir a atuação conjunta, paralela, entre as entidades da federação.[11]

Este é o sentido sedimentado no Superior Tribunal de Justiça ao reconhecer que "5. Na esfera da competência de implementação comum (art. 23, parágrafo único, da Constituição de 1988) e legitimados sob o manto do federalismo cooperativo ambiental e de políticas de descentralização (art. 4º da Lei Complementar 140/2011), a União, os Estados e os Municípios podem e devem colaborar, de forma a evitarem conflitos entre si e ampliarem a eficácia e a eficiência de suas ações administrativas. Contudo, eventuais delegação, convênio, consórcio público ou acordo entre essas entidades não atribuem a órgão estadual ou municipal autoridade para, *sponte sua*, no âmbito de licenciamento e fiscalização ambientais, a qualquer título dispor, direta ou indiretamente, de áreas de domínio federal (...)" (REsp 1.410.732/RN, Rel. Ministro Herman Benjamin, Segunda Turma, julgado em 17-10-2013, *DJe* 13-12-2016).

Aliás, o próprio **parágrafo único** do mesmo art. 23 deixa claro que as competências ali arroladas devem ser exercidas de modo cooperativo, **"tendo em vista o equilíbrio do desenvolvimento e o bem-estar social"**.

Apesar de acreditarmos tratar-se de norma de eficácia plena — as entidades da federação deveriam atuar em conjunto, independente da edição de lei complementar —, em boa hora surgiu a Lei Complementar n. 140/2011, que regula-

---

10 A *predominância do interesse* pode ser identificada de modo simples quando recai sobre bem de titularidade de um dos entes políticos (por exemplo, licenciamento que afeta um parque estadual; ou, por expressa dicção legal, como quando uma integração a ser sancionada ocorre em terra indígena, ou no mar territorial, que são de competência da União). Porém, torna-se tarefa árdua, em razão do caráter difuso do bem ambiental, quando para identificar o interesse é necessário mensurar o alcance dos impactos diretos da atividade a ser tutelada.

11 Nesse sentido, fala em federalismo cooperativo Toshio Mukai, *Direito ambiental sistematizado*, p. 23 e ss.

mentou o art. 23, parágrafo único, da CF/88. Está aí consagrada a cooperação, posteriormente disciplinada de forma minudente pela citada Lei Complementar com as atribuições de cada ente federativo, dirimindo as incertezas jurídicas que depõem contra a efetividade da tutela administrativa.[12]

Assim, por exemplo, pode perfeitamente um Município atuar administrativamente para dar atuação a uma lei federal (sanções, EIA/RIMA, licenciamento, etc.), ainda que, na situação, o interesse não seja meramente local. Como disse o Superior Tribunal de Justiça: "(...) 9. Inexiste ofensa ao art. 10 da Lei 6.938/1981, quando o julgador se utiliza de parecer técnico do IBAMA, para ilidir a regularidade de licença ambiental expedido por órgão estadual (FATMA). 10. A competência para licenciar não se confunde com o poder fiscalizatório dos demais órgãos ambientais integrantes do SISNAMA. Precedente do STJ (REsp 1.307.317/SC, rel. Min. Eliana Calmon, 2ª Turma, julgado em 27-8-2013, *DJe* 23-10-2013)".

A ideia do legislador constituinte, ao estatuir a competência comum, foi **evitar que a tutela jurídica do meio ambiente fosse prestada de modo deficiente**. Como dissemos anteriormente, em se tratando de proteção do entorno, melhor pecar por excesso. Não bastasse a regra do art. 23 e da Lei Complementar 140, o art. 225, *caput* e § 1º reforçam a competência para implementar comum de todos os entes da federação.

É exatamente nesse sentido que já decidiu o **Superior Tribunal de Justiça** que qualquer dos entes integrantes do Sisnama pode atuar para **fiscalizar** um dado empreendimento. Aliás, na ocasião, afirmou claramente que, ainda que tenha sido o **órgão estadual** o responsável pelo licenciamento, pode o **IBAMA — órgão federal** — exercer seu poder de polícia administrativa. Vejamos a ementa do acórdão que julgou o **AgRg no REsp 711.405/PR:**

> "PROCESSUAL CIVIL — ADMINISTRATIVO — AMBIENTAL — MULTA — CONFLITO DE ATRIBUIÇÕES COMUNS — OMISSÃO DE ÓRGÃO ESTADUAL — POTENCIALIDADE DE DANO AMBIENTAL A BEM DA UNIÃO — FISCALIZAÇÃO DO IBAMA — POSSIBILIDADE.
>
> 1. Havendo omissão do órgão estadual na fiscalização, mesmo que outorgante da licença ambiental, pode o IBAMA exercer o seu poder de polícia administrativa, pois não há confundir competência para licenciar com competência para fiscalizar.

12 Heraldo Garcia Vitta, Da divisão de competências das pessoas políticas e o meio ambiente, *Revista de Direito Ambiental*, p. 98: "É desnecessária a edição de lei complementar para a atuação conjunta das entidades políticas. O art. 23 tem eficácia plena e não necessita de norma infraconstitucional para regulá-lo. De todo modo, a legislação viria apenas a indicar a maneira pela qual se daria a cooperação entre as entidades; ainda sem ela, porém, possível se nos afigura a atuação conjunta dos entes políticos estatais, em quaisquer hipóteses, respeitados, apenas, o limite territorial".

2. A contrariedade à norma pode ser anterior ou superveniente à outorga da licença, portanto a aplicação da sanção não está necessariamente vinculada à esfera do ente federal que a outorgou.
3. O **pacto federativo** atribuiu **competência aos quatro entes da federação** para proteger o meio ambiente através da fiscalização.
4. A competência constitucional para fiscalizar é **comum** aos órgãos do meio ambiente das diversas esferas da federação, inclusive o art. 76 da Lei Federal n. 9.605/98 prevê a possibilidade de **atuação concomitante dos integrantes do SISNAMA**.
5. Atividade desenvolvida com risco de dano ambiental a bem da União pode ser fiscalizada pelo IBAMA, ainda que a competência para licenciar seja de outro ente federado.
Agravo regimental provido" (STJ, 2ª Turma, AgRg no REsp 711.405/PR, rel. Min. Humberto Martins, *DJ* 15-5-2009).

No mesmo sentido, a seguinte decisão:

"(...) 4. No ordenamento jurídico brasileiro, o poder de polícia ambiental é prerrogativa inafastável dos órgãos de proteção do meio ambiente. Isso, porém, não quer dizer que o legislador esteja impedido de, em adição, atribuí-lo também a outras entidades públicas, postura que, antes de significar *bis in idem*, representa em verdade o reconhecimento de que o dano ambiental e as atividades capazes de causá-lo exigem, pela sua complexidade e múltiplas facetas, a conjugação da *expertise* de toda a Administração Pública, no sentido de assegurar a máxima efetividade nos esforços de prevenção, reparação e repressão. 5. O Sistema Nacional do Meio Ambiente — Sisnama — é integrado por todos os "órgãos e entidades da União, dos Estados, do Distrito Federal, dos Territórios e dos Municípios, bem como as fundações instituídas pelo Poder Público, responsáveis pela proteção e melhoria da qualidade ambiental" (art. 6º, *caput*, da Lei 6.938/81), o que abarca, em *numerus apertus*, não só aqueles listados, expressamente, nos vários incisos, como também os que, por força de lei, recebem poderes de implementação ambiental, como o Ministério Público e as agências governamentais especializadas ou temáticas. 6. A sanção penal ou administrativa ambiental pode se referir tanto à ocorrência do dano em si mesmo (= resultado da conduta degradadora) quanto, alternativa ou cumulativamente, à violação de exigências técnicas para o exercício da atividade ou do procedimento operacional do empreendimento (= *iter* da conduta degradadora). 7. Na hipótese dos autos, a sanção administrativa foi imposta à Petrobras, não pelo dano ambiental isoladamente considerado, mas pelo fato de a empresa ter violado dispositivo legal que pune, com multa, quem "construir ou operar instalações e equipamentos necessários ao exercício das atividades abrangidas por esta Lei em desacordo com a legislação aplicável" (art. 3º, IX, da Lei 9.847/1999), isto é, no caso, alteração das "condições de projeto do oleoduto", falha na sua "manutenção" e no "controle operacional por parte das equipes de operação do Terminal de São Francisco do Sul e da REPAR", que estão na origem do acidente" (REsp 1.142.377/RJ, rel. Min. Herman Benjamin, 2ª Turma, julgado em 18-3-2010, *DJe* 28-2-2012).

Sobre o assunto da **cooperação na competência material comum**, vale trazer à baila interessante decisão do **Supremo Tribunal Federal** que, no julgamento da **ADI 2.544/RS**, declarou ser **inconstitucional** lei estadual do Rio Grande do Sul (n. 11.380/99) que conferia **"aos municípios em que se localizam a proteção, a guarda e a responsabilidade pelos sítios arqueológicos e seus acervos"**. Apesar de não se referir estritamente ao meio ambiente, as lições dali extraídas podem nos ser muito úteis.

Em síntese, entendeu a Corte Suprema que, ao outorgar a competência para cuidar dos sítios arqueológicos aos Municípios, a referida lei estadual estaria **ferindo o art. 23, III, da Constituição Federal**, que define a **competência comum** para a matéria. Isso porque **entregar tal atribuição aos Municípios significaria retirar a competência dos demais entes federativos**. Vejamos um trecho do elucidativo voto do relator, Ministro Sepúlveda Pertence:

> "É curial que, em linha de princípio, a outorga sem ressalva de uma competência a um órgão ou uma entidade estatal implica a exclusão, quanto ao seu objeto, da interferência dos demais. (...).
>
> Ora, a Constituição — dando espaço ao federalismo cooperativo — incluiu no rol das competências comuns às três esferas da Federação a proteção do patrimônio cultural do país (...).
>
> Cuida-se de competências que substantivam incumbência e responsabilidade, assim, de natureza qualificadamente irrenunciável.
>
> Certo, a inclusão de determinada função administrativa no âmbito da competência comum não impõe que cada tarefa compreendida no seu domínio, por menos expressiva que seja, haja de ser objeto de ações simultâneas das três entidades federativas.
>
> Donde, a previsão, no parágrafo único do art. 23, CF, de lei complementar que fixe normas de cooperação (...).
>
> De qualquer modo, regular a cooperação não abrange o poder de demitirem-se a União ou os Estados dos encargos constitucionais de proteção dos bens de valor para descarregá-lo ilimitadamente sobre os municípios" (STF, Pleno, ADI 2.544/RS, rel. Min. Sepúlveda Pertence, *DJ* 17-11-2006).

Importante que fique claro que o fato de ser comum a competência **não** significa, de forma alguma, que se admita o ***bis in idem* ou a superposição de atuações** dos diversos entes à **mesma hipótese de incidência**.

O problema existirá, então, caso haja um **conflito positivo de atribuições**, ou seja, quando mais de um ente da federação pretender, indevidamente, atuar na mesma situação concreta, aplicando a mesma hipótese de incidência.

Imaginemos, por exemplo, que tanto o Município quanto a União pretendam impor uma determinada multa por descumprimento de alguma norma ambiental. Por óbvio, em casos como esse, ao administrado não poderia ser imposta duas vezes a mesma sanção, o que representaria um *bis in idem*.

Nesses casos, então, ganha importância o **princípio da predominância do interesse:** sendo **nacional** o interesse, nos moldes que colocamos anteriormente, cabe à **União** aplicar a sanção; sendo **regional, mas restrita aos limites do Estado**, a competência pertence ao **Estado**; sendo de interesse **local**, cabe ao **Município**.[13-14]

É claro que, se o Município, por exemplo, já houver aplicado a multa, já tendo sido essa cumprida, não poderia a União ou o Estado aplicar novamente a mesma sanção, ainda que o interesse seja regional ou nacional.

Uma vez já realizado o licenciamento ambiental pelo órgão responsável pelo licenciamento, este é que será o competente para lavrar o eventual auto de infração ambiental e instaurar processo administrativo para a apuração de infrações à legislação ambiental cometidas pelo empreendimento ou atividade licenciada ou autorizada. Há um vínculo lógico entre a infração ambiental cometida e a competência do órgão licenciador para processar e julgar os processos administrativos das sanções impostas. (art. da Lei Complementar n. 140)

Isso em nada afeta a regra de que qualquer pessoa legalmente identificada, ao constatar infração ambiental decorrente de empreendimento ou atividade utilizadores de recursos ambientais, efetiva ou potencialmente poluidores, possa dirigir representação ao referido órgão licenciador competente para efeito do exercício de seu poder de polícia.

Registre-se que esta regra não impede de forma alguma:

1) que, nos casos de iminência ou ocorrência de degradação da qualidade ambiental, o ente federativo que tiver conhecimento do fato deverá determinar medidas para evitá-la, fazer cessá-la ou mitigá-la, comunicando imediatamente ao órgão competente para as providências cabíveis; e
2) o exercício pelos entes federativos da atribuição comum de fiscalização da conformidade de empreendimentos e atividades efetiva ou po-

[13] Importante, aqui, deixar claro que esse entendimento, no sentido de privilegiar o critério da predominância do interesse, contraria textualmente o disposto no art. 76 da Lei n. 9.605/98 (Lei dos Crimes Ambientais). Nesse dispositivo, dá-se preferência à atuação do Município. Justamente por isso, com base inclusive na argumentação utilizada pelo STF na citada ADI 2.544/RS, é que pensamos ser inconstitucional o dispositivo. Nesse particular, merece destaque o art. 13 da LC n. 140/2011, que expressamente impede o *bis in idem* na exigência do licenciamento ambiental, sem contudo afastar a cooperação entre os entes federativos que não possuam o poder de licenciar. Igualmente, merece destaque o art. 17, § 3º, da mesma lei, que promove a cooperação dos entes, pela competência comum, mas reconhece que em caso de superposição de atuações na lavratura de autos de infração prevalecerá aquele que tiver sido "lavrado por órgão que detenha a atribuição de licenciamento ou autorização a que se refere o *caput*".

[14] AgRg no REsp 1.375.651/SC, rel. Min. Sérgio Kukina, 1ª Turma, julgado em 27-10-2015, *DJe* 09-11-2015.

tencialmente poluidores ou utilizadores de recursos naturais com a legislação ambiental em vigor.

Entretanto, nesta última hipótese, prevalecerá o auto de infração ambiental lavrado por órgão que detenha a atribuição de licenciamento, como dito anteriormente.

Outra situação diz respeito aos casos em que não foi realizado o licenciamento, e o que se pretende é justamente identificar o ente competente. Em se tratando, todavia, de **licenciamento ambiental**, pensamos que a solução deva ser outra. Ainda que um dado empreendimento tenha interesse nacional, nada deveria impedir que também os Estados e Municípios afetados, paralelamente à União, adotem seus próprios procedimentos de licenciamento, exigindo, por exemplo, cada qual um EIA/RIMA, conforme suas peculiaridades.

Nunca é demais lembrar que o **art. 23** da Constituição Federal prevê a **competência comum, paralela, cooperativa, entre os entes da federação**, quando se trata de proteção do meio ambiente. Por tal razão, pensamos ser correto dispositivo do art. 13 e ss. da Lei Complementar n. 140/2011 que, nada obstante impedir o *bis in idem*, deixa expresso o direito de participação dos demais entes federativos no procedimento de licenciamento.

Expliquemos melhor: não se afirma aqui que em cada um dos níveis pode ser exigido um licenciamento para tratar dos mesmíssimos aspectos. Isso sem dúvida consistiria num *bis in idem*. O que se defende é que também os Estados e Municípios podem ter interesse na proteção de certas particularidades que não hajam sido contempladas num determinado procedimento federal.

Curiosamente, já decidiu o **Superior Tribunal de Justiça** que é possível, sim, haver **duplicidade de licenciamentos**. E isso porque o bem ambiental é ubíquo, não respeitando fronteiras artificiais criadas pelo ser humano. Em nosso sentir, o termo adequado não é *duplicidade de licenciamentos*, mas participação, cooperação e atuação de mais de um ente em um único processo de licenciamento. Vejamos:

> "ADMINISTRATIVO E AMBIENTAL. AÇÃO CIVIL PÚBLICA. DESASSOREAMENTO DO RIO ITAJAÍ-AÇU. LICENCIAMENTO. COMPETÊNCIA DO IBAMA. INTERESSE NACIONAL.
>
> 1. Existem atividades e obras que terão importância ao mesmo tempo para a **Nação** e para os **Estados** e, nesse caso, pode até haver **duplicidade de licenciamento**.
>
> 2. O confronto entre o direito ao desenvolvimento e os princípios do direito ambiental deve receber solução em prol do último, haja vista a finalidade que este tem de preservar a qualidade da vida humana na face da terra. O seu objetivo central é proteger patrimônio pertencente às presentes e futuras gerações.

3. Não merece relevo a discussão sobre ser o Rio Itajaí-Açu estadual ou federal. A conservação do meio ambiente **não se prende a situações geográficas ou referências históricas**, extrapolando os limites impostos pelo homem. A natureza desconhece fronteiras políticas. Os bens ambientais são transnacionais. A preocupação que motiva a presente causa não é unicamente o rio, mas, principalmente, o mar territorial afetado. O impacto será considerável sobre o ecossistema marinho, o qual receberá milhões de toneladas de detritos. (...)" (STJ, 1ª Turma, REsp 588.022/SC, rel. Min. José Delgado, *DJ* 5-4-2004).

Mais recentemente, o mesmo Tribunal Superior decidiu que, havendo obra de significativo impacto ambiental entre dois ou mais Estados, a competência para expedir a licença ambiental é do IBAMA, conforme ementário do julgado:

"ADMINISTRATIVO. RECURSO ORDINÁRIO EM MANDADO DE SEGURANÇA. LICENÇA AMBIENTAL. CONSTRUÇÃO DE LINHA DE TRANSMISSÃO DE ENERGIA ENTRE OS ESTADOS DO PARÁ E MARANHÃO. OBRAS COM SIGNIFICATIVO IMPACTO AMBIENTAL. COMPETÊNCIA PARA EXPEDIÇÃO DA LICENÇA AMBIENTAL PERTENCENTE AO IBAMA. ANULAÇÃO DO AUTO DE INFRAÇÃO E DO TERMO DE INTERDIÇÃO DAS OBRAS EXARADO PELO ÓRGÃO ESTADUAL DO MARANHÃO — GEMARN. 1. Recurso ordinário no qual se discute a legalidade do auto de infração e do termo de interdição de obra de transmissão de energia localizada entre os Estados do Pará e do Maranhão, exarado pelo órgão estadual de proteção ambiental do Maranhão — GEMARN, sob o argumento que a licença ambiental expedida pelo IBAMA seria inválida, por ser daquele ente estadual a competência exclusiva para expedição de tal licença. 2. **Compete, originalmente, ao IBAMA a expedição de licença ambiental para a execução de obras e empreendimentos que se localizam ou se desenvolvem em dois ou mais estados ou cujos impactos ambientais ultrapassem os limites territoriais de um ou mais estados da federação. Inteligência do art. 10, § 4º, da Lei n. 6.938/81, com as alterações feitas pela Lei n. 12.856/2013; da Resolução 237/97 do CONAMA e da LC 140/2011.** 3. Ilegalidade do auto de infração e do termo de interdição da obra expedidos pelo órgão estadual de proteção do meio ambiente do Estado do Maranhão — GEMARN. 4. Recurso ordinário provido para conceder a segurança" (RMS 41.551/MA, rel. Min. Benedito Gonçalves, 1ª Turma, julgado em 22-4-2014, *DJe* 27-5-2014).

Esta parece ser a melhor orientação, pela segurança jurídica, e por atender aos ditames legais, como expressamente determina o art. 13 da Lei Complementar n. 140, ao dizer que "os empreendimentos e atividades são licenciados ou autorizados, ambientalmente, por um único ente federativo, em conformidade com as atribuições estabelecidas nos termos desta Lei Complementar". Neste diploma, está claríssimo que, mesmo que exista apenas um licenciamento, todos os entes podem e devem participar trazendo ao procedimento administrativo as peculiaridades que lhes sejam pertinentes (interesse local ou estadual) para que possam ser objeto de análise e contemplação nas condicionantes ambientais.

### 5.3.1. O Sistema Nacional do Meio Ambiente (SISNAMA) e sua estrutura administrativa

Como a esta altura já deve ter ficado claro, a divisão de competências em matéria ambiental é das mais complexas. Foi justamente visando racionalizar toda essa estrutura administrativa que foi criado o **SISNAMA**.

Aliás, o art. 1º da Lei n. 6.938/81 (Política Nacional do Meio Ambiente) deixa bem claro que é "com fundamento nos **incisos VI e VII do art. 23** e no art. 235 da Constituição" que se "constitui o Sistema Nacional do Meio Ambiente (Sisnama)".

Desta feita, percebe-se que o legislador, visando dar aplicação **à competência comum para implementação da política ambiental (art. 23, VI e VII, e parágrafo único)**, criou um verdadeiro plexo de órgãos estatais, nos três níveis (União, Estados e Municípios), formando, em seu conjunto, um verdadeiro **sistema** destinado à preservação do meio ambiente.

Nesse sentido, o Superior Tribunal de Justiça ao dizer que, "4. No ordenamento jurídico brasileiro, o poder de polícia ambiental é prerrogativa inafastável dos órgãos de proteção do meio ambiente. Isso, porém, não quer dizer que o legislador esteja impedido de, em adição, atribuí-lo também a outras entidades públicas, postura que, antes de significar *bis in idem*, representa em verdade o reconhecimento de que o dano ambiental e as atividades capazes de causá-lo exigem, pela sua complexidade e múltiplas facetas, a conjugação da expertise de toda a Administração Pública, no sentido de assegurar a máxima efetividade nos esforços de prevenção, reparação e repressão. 5. O Sistema Nacional do Meio Ambiente — Sisnama — é integrado por todos os 'órgãos e entidades da União, dos Estados, do Distrito Federal, dos Territórios e dos Municípios, bem como as fundações instituídas pelo Poder Público, responsáveis pela proteção e melhoria da qualidade ambiental' (art. 6º, *caput*, da Lei 6.938/81), o que abarca, em *numerus apertus*, não só aqueles listados, expressamente, nos vários incisos, como também os que, por força de lei, recebem poderes de implementação ambiental, como o Ministério Público e as agências governamentais especializadas ou temáticas" (REsp 1.142.377/RJ, rel. Min. Herman Benjamin, 2ª Turma, julgado em 18-3-2010, *DJe* 28-2-2012).

Tamanha é a importância do SISNAMA que a Lei n. 6.938/81, tantas vezes citada neste livro, dedicou-se a tratar minuciosamente de sua estrutura administrativa. Vejamos:

> "Art. 6º Os órgãos e entidades da União, dos Estados, do Distrito Federal, dos Territórios e dos Municípios, bem como as fundações instituídas pelo Poder Pú-

blico, responsáveis pela proteção e melhoria da qualidade ambiental, constituirão o **Sistema Nacional do Meio Ambiente — SISNAMA**, assim estruturado:

I — **órgão superior:** o **Conselho de Governo**, com a função de assessorar o Presidente da República na formulação da política nacional e nas diretrizes governamentais para o meio ambiente e os recursos ambientais;

II — **órgão consultivo e deliberativo:** o **Conselho Nacional do Meio Ambiente (CONAMA)**, com a finalidade de assessorar, estudar e propor ao Conselho de Governo, diretrizes de políticas governamentais para o meio ambiente e os recursos naturais e deliberar, no âmbito de sua competência, sobre normas e padrões compatíveis com o meio ambiente ecologicamente equilibrado e essencial à sadia qualidade de vida;

III — **órgão central:** a **Secretaria do Meio Ambiente da Presidência da República**, com a finalidade de planejar, coordenar, supervisionar e controlar, como órgão federal, a política nacional e as diretrizes governamentais fixadas para o meio ambiente;

IV — **órgãos executores:** o **Instituto Brasileiro do Meio Ambiente e dos Recursos Naturais Renováveis — IBAMA** e o **Instituto Chico Mendes de Conservação da Biodiversidade — Instituto Chico Mendes**, com a finalidade de executar e fazer executar a política e as diretrizes governamentais fixadas para o meio ambiente, de acordo com as respectivas competências;

V — **órgãos seccionais:** os órgãos ou entidades **estaduais** responsáveis pela execução de programas, projetos e pelo controle e fiscalização de atividades capazes de provocar a degradação ambiental;

VI — **órgãos locais:** os órgãos ou entidades **municipais**, responsáveis pelo controle e fiscalização dessas atividades, nas suas respectivas jurisdições.

§ 1º Os Estados, na esfera de suas competências e nas áreas de sua jurisdição, elaborarão normas supletivas e complementares e padrões relacionados com o meio ambiente, observados os que forem estabelecidos pelo CONAMA.

§ 2º Os Municípios, observadas as normas e os padrões federais e estaduais, também poderão elaborar as normas mencionadas no parágrafo anterior.

§ 3º Os órgãos central, setoriais, seccionais e locais mencionados neste artigo deverão fornecer os resultados das análises efetuadas e sua fundamentação, quando solicitados por pessoa legitimamente interessada.

§ 4º De acordo com a legislação em vigor, é o Poder Executivo autorizado a criar uma fundação de apoio técnico científico às atividades do IBAMA."

Pelo que se observa, ainda, dos **§§ 1º e 2º** supratranscritos, há perfeita harmonia da estrutura do SISNAMA com o esquema de divisão de competências legislativas (concorrente) e implementadoras (comum) em matéria ambiental que traz a Constituição Federal. Extrai-se também destes dispositivos o critério da **predominância de interesses**, que acabamos de estudar.

Conquanto não seja seu órgão superior (que, na verdade, é o Conselho de Governo — inciso I), o **Conselho Nacional do Meio Ambiente (CONAMA — inciso II)** ocupa posição de elevado destaque nesse sistema nacional. Por tais razões, a própria Lei n. 6.938/81, em seu **art. 8º**, discrimina as competências do CONAMA:[15]

> "Art. 8º Compete ao CONAMA:
>
> I — estabelecer, mediante proposta do IBAMA, normas e critérios para o licenciamento de atividades efetiva ou potencialmente poluidoras, a ser concedido pelos Estados e supervisionado pelo IBAMA;
>
> II — determinar, quando julgar necessário, a realização de estudos das alternativas e das possíveis consequências ambientais de projetos públicos ou privados, requisitando aos órgãos federais, estaduais e municipais, bem assim a entidades privadas, as informações indispensáveis para apreciação dos estudos de impacto ambiental, e respectivos relatórios, no caso de obras ou atividades de significativa degradação ambiental, especialmente nas áreas consideradas patrimônio nacional;
>
> III — (*Revogado pela Lei n. 11.941/2009*)
>
> IV — (*Vetado*)
>
> V — determinar, mediante representação do IBAMA, a perda ou restrição de benefícios fiscais concedidos pelo Poder Público, em caráter geral ou condicional, e a perda ou suspensão de participação em linhas de financiamento em estabelecimentos oficiais de crédito;
>
> VI — estabelecer, privativamente, normas e padrões nacionais de controle da poluição por veículos automotores, aeronaves e embarcações, mediante audiência dos Ministérios competentes;
>
> VII — estabelecer normas, critérios e padrões relativos ao controle e à manutenção da qualidade do meio ambiente com vistas ao uso racional dos recursos ambientais, principalmente os hídricos.
>
> Parágrafo único. O Secretário do Meio Ambiente é, sem prejuízo de suas funções, o Presidente do CONAMA."

Por fim, vale dizer que, não obstante a existência de um Sistema Nacional do Meio Ambiente criado por norma federal e contendo também órgãos estaduais e municipais, nada impede que sejam organizados, pelos diversos entes da federação, sistemas estaduais ou municipais destinados à proteção do entorno. Desde que, é claro, limitem-se ao âmbito de suas competências concorrentes e comuns e, principalmente, visem atender ao critério da predominância do interesse.

---

[15] Para a estrutura administrativa do CONAMA, bem como detalhamento de suas competências, consultar os arts. 4º a 9º do Decreto n. 99.274/90.

## ■ 5.4. QUADRO COMPARATIVO ENTRE A COMPETÊNCIA LEGISLATIVA E A COMPETÊNCIA MATERIAL EM MATÉRIA AMBIENTAL

| COMPETÊNCIAS AMBIENTAIS NA CONSTITUIÇÃO FEDERAL | |
|---|---|
| **Competência Legislativa (art. 24, VI e VIII; art. 30, I e II)** | **Competência Administrativa/Material (art. 23, VI e VII)** |
| CONCORRENTE (estrutura vertical)<br>■ União: normas gerais.<br>■ Estados e Municípios: normas suplementares.<br>■ Caso a União não edite norma geral: podem os Estados fazê-lo, até que sobrevenha norma Federal suspendendo-lhe a eficácia.<br><br>PRINCÍPIO DA PREDOMINÂNCIA DOS INTERESSES<br>■ União: interesse nacional.<br>■ Estados: interesse regional.<br>■ Municípios: interesse local. | COMUM (estrutura horizontal)<br>■ Atuação paralela/conjunta.<br>■ Cooperação entre os entes federativos.<br>■ Princípio da predominância dos interesses + atuação conjunta. |

## ■ 5.5. QUESTÕES DE CONCURSO

**1. (TJ-PR/2010 — Juiz) Considerando que as competências em matéria ambiental, previstas nos artigos 23 e 24 da Constituição Federal de 1988, podem ser classificadas como competência material e competência legislativa, sendo a primeira inerente ao poder de polícia e a segunda inerente à possibilidade de legislar acerca da matéria, é CORRETO afirmar que:**

a) A competência material dos Municípios é suplementar, cabendo-lhes proteger o meio ambiente e combater a poluição em qualquer de suas formas subsidiariamente, nos termos de Lei Complementar.

b) Os Estados e o Distrito Federal possuem competência concorrente suplementar à competência da União, para legislar sobre florestas, caça, pesca, fauna, conservação da natureza, defesa do solo e dos recursos naturais, proteção do meio ambiente e controle da poluição, entre outros.

c) A competência para legislar sobre responsabilidade por dano ao meio ambiente é privativa da União.

d) Na competência legislativa em matéria ambiental, a superveniência de Lei Federal revoga dispositivo de Lei Estadual no que lhe for contrário.

**2. (CESPE/2008 — MPE/RR — Promotor de Justiça) Julgue o item a seguir:**

A competência concorrente entre a União, os estados e o DF confere a estes últimos autonomia para traçarem normas destoantes de procedimentos já estabelecidos na legislação federal, hierarquicamente superior.

( ) certo ( ) errado

**3. (CESPE/2008 — MPE/RR — Promotor de Justiça) Julgue o item a seguir:**

No tocante à competência legislativa a ser exercida pelos estados, deve-se considerar que, no âmbito da legislação concorrente, a competência da União limitar-se-á a estabelecer normas gerais e que esta exclui a competência suplementar dos estados.

( ) certo ( ) errado

**4. (FGV/2008 — TJ/PA — Juiz) A respeito da tutela jurídica do meio ambiente a da repartição de competências administrativas em matéria ambiental, assinale a afirmativa incorreta.**

a) No Ordenamento Jurídico brasileiro, meio ambiente é considerado bem jurídico autônomo, definido como o conjunto de condições, leis, influências e interações de ordem física, química e biológica, que permite, abriga e rege a vida em todas as suas formas.
b) A Constituição da República conferiu tratamento especial ao meio ambiente, dedicando a esse um capítulo específico, incluído no Título "Da Ordem Social".
c) A proteção do meio ambiente, o combate à poluição e a preservação das florestas, da fauna e da flora são de competência comum da União, dos Estados, dos Municípios e do Distrito Federal.
d) União, Estados, Municípios e Distrito Federal têm competência comum para proteger os documentos, as obras e outros bens de valor histórico, artístico e cultural, os monumentos, as paisagens naturais notáveis e os sítios arqueológicos, bem como para preservar as florestas, a fauna e a flora.
e) As normas para a cooperação entre União, Estados, Municípios e o Distrito Federal no exercício de sua competência executiva comum para proteger o meio ambiente deverão ser fixadas por decreto federal.

**5. (CESPE/2009 — PGE/PE) O Brasil, como República Federativa, possui forma de Estado que prevê a descentralização do poder. Essa configuração constitucional reflete nas competências legislativas e administrativas ambientais. Com relação a essas informações, assinale a opção correta.**

a) Com fulcro no princípio da predominância do interesse, compete privativamente à União legislar sobre florestas, caça e pesca.
b) Mesmo que exista atuação normativa por parte da União, o estado-membro pode tratar das normas gerais.
c) O município não está elencado no artigo constitucional que trata da competência concorrente, mas pode legislar acerca do tema meio ambiente.
d) O DF não pode legislar concorrentemente com a União na matéria ambiental, por ser a sede da República brasileira.
e) Os estados podem legislar concorrentemente sobre jazidas e minas encontradas em seus territórios.

**6. (UFPR/2011 — ITAIPU BINACIONAL — Advogado) Tendo em vista a tutela constitucional do meio ambiente, assinale a alternativa correta.**

a) Consiste em competência exclusiva da União o combate à poluição em qualquer uma de suas formas.
b) No que tange ao exercício da competência legislativa em matéria ambiental, admite-se que o Estado-membro legisle sobre a localização para instalação de uma usina nuclear dentro de seus limites geográficos.
c) O cidadão tem o dever constitucional de zelar pelo meio ambiente ecologicamente equilibrado, de acordo com o art. 225, *caput*, da Constituição Federal. Um dos mecanismos de atuação possíveis consiste na defesa desse bem jurídico em juízo mediante a propositura de ação civil pública.
d) Compete concorrentemente à União, aos Estados e ao Distrito Federal legislar sobre florestas, caça, pesca, fauna, conservação da natureza, proteção do meio ambiente e controle da poluição. Aos municípios cabe suplementar a legislação federal e a estadual, no que couber.
e) O meio ambiente é bem de uso especial, sob domínio do Estado, e sua utilização se dá por interesse da administração.

**7. (FCC/2010 — PGM/Teresina/PI) A poluição sonora e os problemas que os altos níveis de som ocasionam constituem uma preocupação das sociedades contemporâneas. Assim, o legislador constituinte brasileiro determinou que**

a) os Estados-membros podem suplementar a legislação federal no que couber para adotar parâmetros mais restritivos em matéria de poluição sonora.
b) cabe à União estabelecer normas gerais sobre poluição sonora e tanto os Estados e Distrito Federal como os Municípios podem complementar essa legislação com base em sua competência legislativa concorrente.
c) os Municípios podem legislar sobre poluição sonora com fundamento em sua competência para legislar sobre assuntos de interesse local e, assim, podem adotar legislação que permita níveis mais altos de som para atividades econômicas consideradas fundamentais para o próprio desenvolvimento do Município.
d) os Estados-membros têm competência legislativa residual ou remanescente em matéria de poluição sonora.
e) a União tem competência legislativa exclusiva em matéria de controle da poluição sonora e assim estabelece critérios e padrões nacionais específicos para aeronaves, veículos automotores, bares e demais atividades que provocam ruídos, como também equipamentos industriais e domésticos.

**8. (MPE-GO/2009 — Promotor de Justiça) Em relação à competência legislativa para proteção do meio ambiente, é correto afirmar:**

a) É concorrente a competência entre União, Estados, Distrito Federal e Municípios para legislar sobre a proteção do meio ambiente, cabendo à União estabelecer normas gerais em relação às questões de interesse nacional, sem excluir a competência suplementar dos Estados, Distrito Federal e Municípios, os quais poderão, respectivamente, estabelecer normas disciplinando questões regionais e estritamente locais, desde que mais protetivas ao meio ambiente do que o disposto na norma federal.
b) É privativa da União a competência para legislar sobre a proteção do meio ambiente, pois, nos termos do artigo 20 da CF, são bens da União: os rios, lagos, mar territorial, recursos minerais, dentre outros.
c) Inexistindo lei federal estabelecendo normas gerais, é plena a competência legislativa dos Municípios para legislar sobre a proteção do meio ambiente, não se submetendo à legislação estadual que disciplinar o mesmo assunto.
d) O Município não possui competência para legislar sobre a proteção do meio ambiente, pois não foi arrolado no artigo 24 da CF.

**9. (CESPE/2007 — Petrobras — Advogado) Julgue o item a seguir:**

A competência para fiscalizar a aplicação das normas ambientais é privativa da União.

( ) certo ( ) errado

**10. (CESPE/2011 — TRF/5ª Região — Juiz) Acerca da repartição de competências em matéria ambiental, assinale a opção correta.**

a) Se um município cuja principal atividade econômica seja a pesca estabelecer, mediante lei, regras sobre a captura e o transporte de pescado em sua área, tais normas não serão válidas, uma vez que o dispositivo constitucional não prevê para os municípios competência para tal. Nesse caso, devem ser aplicados apenas os textos federais e estaduais que disciplinam a matéria.
b) Tendo sido o Parque Nacional do Iguaçu, no Paraná, criado por decreto federal (Decreto-lei n. 1.035/1939), não pode a prefeitura do município de localização desse parque estabelecer medidas de preservação ambiental na área do parque, atribuição inserida na competência material exclusiva da União.

c) A pesquisa e a lavra de recursos minerais e o aproveitamento de energia hidráulica constituem atividades da esfera de competência da União. Assim, uma vez que os recursos minerais pertencem a esse ente federativo, e não ao proprietário do solo, cabe à administração federal autorizar sua exploração.
d) É competência privativa da União a proteção, por meio do IPHAN, dos documentos, das obras e de outros bens de valor histórico, artístico e cultural, dos monumentos, das paisagens naturais notáveis e dos sítios arqueológicos.
e) Se determinado estado da Federação editar lei instituindo código florestal, a referida lei deverá ser considerada inconstitucional, visto que cabe à União, em caráter privativo, legislar sobre a matéria.

**11. (CESPE/2013 — TJ/MA — Juiz) O governo de determinado estado da Federação proibiu totalmente, por meio de lei, o cultivo, a manipulação e a industrialização de organismos geneticamente modificados no âmbito estadual. Na exposição de motivo que justificava a proposta, mencionou-se o objetivo de se evitarem riscos possíveis ao meio ambiente, devido à incerteza científica quanto a repercussões decorrentes da inserção ambiental de tais organismos. Após a publicação da lei, foi ajuizada, perante o STF, ADI contra a norma, sob o argumento de que a lei federal que dispõe sobre biossegurança permite, com ressalvas, atividades com organismos geneticamente modificados. A respeito dessa situação hipotética, assinale a opção correta.**

a) O STF deve julgar procedente a ADI porque a lei estadual contraria o que dispõe a lei federal sobre biossegurança.
b) Ainda que a União permita a utilização de organismos geneticamente modificados, pode o estado-membro proibi-los, visto que, em direito ambiental, cabe à União fixar pisos mínimos de proteção, e aos estados e municípios, para o atendimento de seus interesses regionais e locais, cabe fixar teto de proteção.
c) O princípio ambiental que embasa especificamente a referida lei é o da prevenção, dada a decisão de se postergar a adoção de organismos geneticamente modificados em face da incerteza quanto aos riscos ambientais dela decorrentes.
d) Ao editar a nova lei, o estado exerceu sua competência comum com a União e demais entes federados para a proteção do meio ambiente.

**12. (CESPE/2013 — IBAMA — Analista Ambiental) Acerca de competências e cooperação entre os entes públicos no exercício da Política Nacional do Meio Ambiente, julgue o item seguinte.**

A repartição constitucional das competências ambientais privilegia a observância das peculiaridades regionais e locais; logo, a uniformidade da política ambiental é inadequada no Brasil, devido à grande diversidade paisagística e cultural.

( ) certo ( ) errado

**13. (VUNESP/2014 — TJ/PA — Juiz de Direito Substituto) Em relação às competências dos entes federados em matéria ambiental, é correto afirmar que:**

a) os Estados Federados, que se organizam e regem-se pelas Constituições e leis que adotarem, desde que observados os princípios da Constituição Federal de 1988, têm reservadas para si as competências que não lhe forem vedadas, cabendo destaque para legislar sobre o planejamento e a promoção da defesa permanente contra as calamidades públicas, em especial secas e inundações, de forma a atender à necessidade de resiliência às mudanças climáticas.
b) a Constituição Federal de 1988, importante marco da proteção ao meio ambiente ecologicamente equilibrado, é expressa ao prever a competência concorrente da União, dos Estados, do Distrito Federal e dos Municípios para legislar sobre florestas, caça,

pesca, fauna, conservação da natureza, jazidas, defesa do solo e dos recursos naturais, proteção do meio ambiente e controle da poluição, proteção ao patrimônio histórico, entre outros temas.

c) os Municípios, como importantes entes da Federação, têm competência privativa para legislar sobre proteção ao patrimônio cultural, artístico, turístico e paisagístico, desde que observadas as normas e a ação fiscalizadora federal e estadual.

d) no âmbito da legislação concorrente, a competência da União para legislar sobre normas gerais não exclui a competência suplementar dos Estados-membros que, na falta de lei federal sobre normas gerais, terão competência legislativa plena, sendo certo que a eficácia das normas gerais da lei estadual se condiciona à compatibilidade do seu conteúdo com as normas gerais da lei federal superveniente.

e) a União tem competência privativa para legislar sobre águas, energia, jazidas e minas, bem como atividades nucleares de qualquer natureza, entre outros temas, o que não afasta a competência delegada dos Estados-membros, mas exclui a competência suplementar do Distrito Federal e dos Municípios.

**14. (CESPE/2014 — PGE/BA — Procurador) Uma empresa brasileira de exploração de gás e petróleo, pretendendo investir na exploração de gás de xisto, obteve autorização de pesquisa do órgão competente e identificou, no início das primeiras pesquisas exploratórias, um potencial razoável para a exploração do gás em determinada área federal. Apesar de ainda não dispor de tecnologia que garantisse totalmente a proteção ambiental da área de exploração, principalmente, no que tange à água subterrânea, a empresa obteve a licença prévia para proceder à exploração de gás de xisto.**

**Com base nessa situação hipotética, nas normas de proteção ao meio ambiente e na jurisprudência, julgue o item seguinte.**

O município é impedido de fiscalizar as atividades da empresa, dada a competência federal para o licenciamento ambiental da área.

( ) certo ( ) errado

**15. (CESPE/2014 — PGE/BA — Procurador) No que se refere ao direito ambiental, julgue o item a seguir.**

A realização de audiência pública durante o procedimento de licenciamento ambiental é obrigatória caso haja solicitação de cinquenta ou mais cidadãos.

( ) certo ( ) errado

**16. (FMP-RS/ — 2014 — TJ/MT — Juiz) Sobre a repartição de competências em matéria ambiental, assinale a alternativa incorreta:**

a) Os municípios podem legislar a respeito da proteção do patrimônio cultural local;

b) É competência exclusiva da União legislar sobre responsabilidade civil por dano ao meio ambiente;

c) É competência dos Estados o licenciamento de criadouros da fauna silvestre;

d) Para fins de licenciamento ambiental, compete aos conselhos estaduais de meio ambiente a definição de atividades potencialmente poluidoras de impacto local, considerados os critérios de porte, potencial poluidor e natureza da atividade;

e) A proteção dos sítios arqueológicos compete concorrentemente à União, aos Estados, ao Distrito Federal e aos Municípios, sendo inadmissível a demissão unilateral do encargo.

**17. (CESPE/2015 — TJDF — Juiz) Acerca da competência constitucional em matéria ambiental e da legalidade dos múltiplos aspectos do direito ambiental, assinale a opção correta.**

a) Apenas os funcionários dos órgãos ambientais integrantes do SISNAMA designados para as atividades de fiscalização são autoridades competentes para lavrar auto de infração ambiental e instaurar processo administrativo.
b) A realização de pesquisa e lavra de recursos minerais é vedada nas terras, formalmente delimitadas, ocupadas pelas comunidades indígenas, devido ao alto grau de dano ambiental causado por essa atividade, que interfere no equilíbrio do meio ambiente, necessário à subsistência desses povos.
c) A União detém competência privativa para legislar sobre jazidas, minas, caça, pesca e atividades nucleares de qualquer natureza, nos termos da carta constitucional.
d) O uso comercial de tecnologia que envolva manipulação genética visando à desativação de genes relacionados à fertilidade das plantas por indutores químicos externos está sujeito a prévio licenciamento ambiental, nos termos da lei de biossegurança.
e) A comprovação de que a pessoa jurídica foi constituída com a finalidade de viabilizar a prática de crime definido na lei de crimes ambientais possibilita a decretação de sua liquidação forçada e a consideração de seu patrimônio como instrumento de crime.

**18. (CESPE/2015 — TRF5 — Juiz) No que se refere à tutela do meio ambiente segundo a CF, assinale a opção correta.**

a) A União pode desapropriar, por interesse social, para reforma agrária, imóvel rural de proprietário que não respeite as regras referentes a APP e reserva legal.
b) A indenização por desapropriação de imóvel rural abrangerá, por interesse social, para reforma agrária, benfeitorias necessárias, sendo paga previamente, em títulos da dívida agrária.
c) Compete aos municípios, por meio do PDOT, instituir diretrizes para o desenvolvimento urbano, inclusive habitação, saneamento básico e transportes urbanos.
d) O princípio da participação democrática no direito ambiental é instrumentalizado pela ação popular, mas não pela ACP, devido às diferenças na legitimação ativa.
e) Compete ao Conselho da República propor as condições para uso de áreas de preservação e exploração de recursos naturais, desde que sejam indispensáveis à segurança nacional.

**19. (CESPE/2015 — AGU — Procurador) Dada a competência privativa da União para exercer controle e fiscalização ambiental, é exclusiva da União a competência para instituir taxa de fiscalização e controle do meio ambiente cujo fundamento seja o exercício regular do poder de polícia.**

( ) certo ( ) errado

**20. (CESPE/2015 — TJAM — Juiz) No que se refere à proteção conferida pela CF ao meio ambiente, assinale a opção correta.**

a) Sob o monopólio da União são permitidas atividades nucleares de qualquer natureza, mediante a aprovação do Congresso Nacional, o que gera a responsabilização objetiva por eventuais danos.
b) É da competência concorrente da União, dos estados e do DF proteger o meio ambiente e combater a poluição em qualquer de suas formas.
c) Compete aos municípios a promoção do adequado ordenamento territorial, mediante planejamento e controle do uso, do parcelamento e da ocupação do solo urbano.
d) Com o objetivo de defender o meio ambiente, o poder público pode impor várias restrições e penas aos particulares, salvo a desapropriação de imóveis, pois o direito de propriedade é direito fundamental.

e) No caso de atividade de extração de minério, advém das conclusões do EPIA a necessidade, ou não, de impor-se ao explorador a obrigação de recuperar o meio ambiente degradado.

**21. (CESPE/2017 — Prefeitura de Belo Horizonte - MG — Procurador Municipal) Um empreendedor pretende desenvolver atividade que utiliza recursos ambientais e é potencialmente poluidora. Nesse caso, o órgão de meio ambiente municipal detém a competência para o controle ambiental.**

Nessa situação,

a) cabem ao órgão ambiental municipal os estudos ambientais prévios necessários para a emissão de licença ambiental.
b) poderá dispensar-se o procedimento de licenciamento ambiental se o responsável pelo empreendimento assinar termo comprometendo-se a atender a legislação ambiental, em especial as normas de qualidade ambiental.
c) além da licença ambiental, exige-se que o empreendimento tenha registro no cadastro técnico federal de atividades potencialmente poluidoras ou utilizadoras de recursos ambientais.
d) se a atividade for exercida em desacordo com a licença ambiental emitida, será necessária, para a aplicação de multa, a comprovação de que foram causados danos ambientais significativos.

## ■ GABARITO ■

| |
|---|
| **1.** "b". De acordo com o art. 24, VI e § 2º, da CF. A alternativa "a" está errada, pois a competência material dos municípios — e de todos os entes federativos — é comum, de acordo com o art. 23, VI e VIII. Já o erro da alternativa "c" consiste em afirmar que se trata de competência "privativa", quando, conforme o art. 24, VIII, é do tipo "concorrente". Quanto à alternativa "d", o erro está em afirmar que a superveniência de Lei Federal "revoga" o disposto na Lei Estadual, quando, na verdade, apenas "suspende a eficácia" (art. 24, § 4º). |
| **2.** "errado". Conforme estudamos, no âmbito da competência concorrente, caberá à União estabelecer as normas de caráter geral, e aos demais entes, normas suplementares. Estas devem sempre seguir os princípios traçados por aquelas. Por tal razão, a competência concorrente manifesta-se numa estrutura eminentemente vertical. |
| **3.** "errado". O art. 24, § 2º, diz exatamente o oposto. |
| **4.** "e". O erro está em afirmar que será feito por "decreto federal", quando, na verdade, deve sê-lo por meio de "lei complementar", conforme o parágrafo único do art. 23 da CF. Quanto às outras assertivas, estão embasadas: "a" — art. 3º, I, da Lei n. 6.938/81; "b" — art. 225, do Capítulo VIII do Título VIII da CF/88; "c" — art. 23, VI e VIII, da CF; "d" — art. 23, III, da CF. |
| **5.** "c". De acordo com o art. 30, I e II, compete ao município "legislar sobre assuntos de interesse local" e "suplementar a legislação federal e a estadual no que couber". |
| **6.** "d". De acordo com os arts. 24, VI, e 30, II, da CF. |
| **7.** "a". Como já alertamos, há questões que consideram que os Estados, ainda que exercendo competência legislativa suplementar, poderiam adotar parâmetros mais protetivos ao meio ambiente que os definidos em norma federal. A alternativa "b" está errada porque o art. 24, *caput*, da CF não elenca os Municípios quando trata da competência concorrente. Já a alternativa "c" equivoca-se porque, sendo suplementar a competência dos Municípios (CF, 30, II), devem seguir o que determina a legislação federal (com exceção daqueles casos em que se admite que seja adotado parâ- |

metro mais protetivo ao entorno). Quanto às alternativas "d" e "e", estão erradas porque a competência legislativa em matéria de poluição (art. 24, VI) é concorrente, e não residual ou exclusiva.

**8.** "a". De acordo com o art. 24, VI, §§ 1º e 2º, da CF. Quanto à alternativa "b", está errada porque a competência para legislar sobre a proteção do meio ambiente é concorrente, nos termos do art. 24, VI, da CF/88. A alternativa "c" está errada porque, na verdade, *apenas os Estados* exercerão a competência legislativa plena na falta de norma geral federal (art. 24, § 3º, da CF — não há, ali, qualquer menção aos municípios). Quanto à alternativa "d", está errada porque, conquanto os municípios não estejam albergados pelo art. 24, possuem competência para "legislar sobre assuntos de interesse local" e "suplementar a legislação federal e a estadual no que couber" (CF, art. 30, I e II).

**9.** "errado". A competência administrativa/material ambiental — portanto, para fiscalizar e aplicar as normas ambientais — é comum entre todos os entes da federação (CF, art. 23, VI e VIII).

**10.** "c". De acordo com o art. 176, *caput* e § 1º, da CF. A alternativa "a" está errada porque os municípios possuem competência para legislar sobre assuntos de interesse local (art. 30, I). Já a alternativa "b" está errada porque, em matéria de proteção ambiental, a competência material é comum entre os entes da federação (art. 23, VI e VIII). Quanto à "d", o erro está em afirmar que é competência privativa da União, quando, na verdade, trata-se de competência comum (art. 23, III). Por fim, a alternativa "e" está errada porque, de acordo com o art. 24, VI, a competência legislativa ambiental é concorrente e, assim, os Estados podem editar normas de caráter suplementar (§ 2º), ainda que a chamem de Código.

**11.** "a".

**12.** "errado". O critério utilizado na repartição das competências ambientais é o da predominância do interesse, e não as peculiaridades regionais e locais (LC n. 140/2011, art. 3º, IV).

**13.** "d".

**14.** "errado". Com fulcro na competência comum ou paralela do art. 23, VI, da CF/88 e LC n. 140/2010.

**15.** "certo". De acordo com o art. 2º da Resolução CONAMA 009/87.

**16.** "b". Com base no art. 24, VIII, da CF/88.

**17.** "e". De acordo com o art. 24 da Lei n. 9.605/98. A alternativa "a" está errada porque a competência de fiscalização é comum de todos os entes da Federação (art. 23, CF). Quanto à "b", está errada porque não é vedada a exploração mineral em terras indígenas (art. 231, § 3º, da CF). Já a "c" está errada porque a competência legislativa da União sobre caça e pesca é concorrente, nos termos do art. 24, VI, da CF. E a letra "d" está errada porque é proibida a comercialização, segundo o art. 6º, VII, da Lei n. 11.105/2005.

**18.** "a". Pode ser desapropriada por descumprimento da função socioambiental da propriedade, de acordo com os arts. 184 e 186 da CF. A letra "b" está errada porque benfeitorias úteis e necessárias são indenizáveis em dinheiro, na forma do § 1º do art. 184 da CF. A letra "c" está errada porque é competência da União, de acordo com o art. 21, XX, da CF. A letra "d" está errada porque a legitimação de associações também garante a participação democrática na legitimidade da ACP (art. 129, § 1º, III, da CF e art. 5º da LACP). A letra "e" está errada porque sua atribuição é de assessoramento ao Presidente da República na formulação de diretrizes governamentais, segundo o art. 6º, I, da Lei n. 6.938/81.

**19.** "errado". A competência não é privativa, mas comum, na forma do art. 23, VI, da CF.

**20.** "c". Consoante o art. 30, VIII, da CF.

**21.** "a". Conforme art. 9º da Lei Complementar 140/2011.

# 6

# A LEGISLAÇÃO INFRACONSTITUCIONAL DE PROTEÇÃO AMBIENTAL

## 6.1. INTRODUÇÃO

Vimos, no Capítulo 2 desta obra, que, se até certo momento de nossa história o meio ambiente era tutelado juridicamente apenas de forma indireta, como resultado da proteção a outros valores, a situação hoje é felizmente outra.

A partir do surgimento da Lei n. 6.938/81 (Política Nacional do Meio Ambiente) e, acima de tudo, após o advento da Constituição Federal de 1988, o **equilíbrio ecológico** passou a receber tutela jurídica imediata e autônoma, pelo valor que representa em si mesmo (e para todas as formas de vida).

Surgiu, então, uma infinidade de leis destinadas à tutela do meio ambiente, de forma que, como já vimos, não é nenhum exagero sustentar que temos hoje, verdadeiramente, um **ordenamento jurídico ambiental**.

Estudamos, então, nos dois últimos capítulos, aquele diploma que ocupa o topo, o vértice, desse ordenamento: a **Constituição Federal de 1988**.

É dela que emanam, como vimos, as **normas fundamentais** e os **princípios** de proteção do meio ambiente. Mais do que isso: também ali está disciplinada minudentemente a **competência** de cada um dos entes federativos para legislar e atuar concretamente na proteção do meio ambiente.

Tendo como base o conhecimento da disciplina constitucional do meio ambiente, podemos, então, avançar ao estudo da **legislação infraconstitucional ambiental**.

Esta, como já se disse, é extremamente vasta. Há leis ambientais que visam tutelar este ou aquele recurso natural de forma específica. Outras visam regulamentar alguma atividade econômica de relevante impacto ambiental. Há, ainda, instrumentos que se mostram importantes na preservação do equilíbrio ecológico.

Aliás, lembremos que não só a União detém competência para legislar em matéria ambiental, mas **todos os entes da federação**.

Não nos esqueçamos, ainda, de que essas normas são fruto não apenas da atividade do **legislador**, mas, também, do poder normativo que possui a **administração**

**pública**, que, por meio de seus órgãos, edita uma série de normas destinadas a regulamentar o que a lei determina.

Neste capítulo, então, tentaremos expor brevemente os principais aspectos das normas ambientais infraconstitucionais que se mostram mais relevantes. A intenção não é, de forma alguma, esmiuçar cada uma das leis ou resoluções, mas, tão somente, fornecer ao leitor um panorama geral, que possibilite melhor compreensão do que temos chamado de ordenamento jurídico ambiental.

Começaremos por aquelas leis que formam as **bases da legislação infraconstitucional em matéria ambiental**. São elas:

- Lei da Política Nacional do Meio Ambiente (Lei n. 6.938/81).
- Lei da Ação Civil Pública (Lei n. 7.347/85).
- Lei de Crimes Ambientais (Lei n. 9.605/98).

## 6.2. A POLÍTICA NACIONAL DO MEIO AMBIENTE (LEI N. 6.938/81)

Como dito anteriormente, a raiz da Lei n. 6.938/81 está diretamente plantada no texto constitucional. Não obstante seja anterior à carta de 1988, a Lei n. 6.938/81 foi por ela recepcionada quase integralmente.

Quando se lê, no **art. 24, § 1º**, da Constituição Federal, a regra de que, em relação à competência legislativa concorrente, **cabe à União estabelecer normas gerais**, tem-se na **Lei n. 6.938/81 um exemplo perfeito** do cumprimento desse desiderato.

A perfeição do exemplo decorre do fato de que, explicitamente, a **Lei n. 6.938/81** introduz uma **verdadeira política em relação ao tratamento jurídico do meio ambiente no país**. Não é por acaso, portanto, o uso da expressão "política nacional do meio ambiente", porque ali, nessa lei, mais do que simples regras de direito ambiental, há, de forma expressa, um **conjunto de princípios, valores e objetivos que devem reger a tutela ambiental em nosso país**, em todas as searas do Poder Público.

A Lei da Política Nacional do Meio Ambiente é, assim, um guia, um norte, um conjunto de medidas preestabelecidas com vistas à obtenção de um fim, que, aliás, é previsto na própria norma em comento. Não é à toa que, segundo estudamos, é apenas a partir dessa lei que se pode falar verdadeiramente em um direito ambiental como ciência autônoma no Brasil.

Seguindo uma tendência mundial à sua época, a Lei n. 6.938/81 foi pioneira no país ao introduzir um **microssistema legal de proteção do meio ambiente**, nela se encontrando, além de aspectos principiológicos e objetivos, **instrumentos administrativos, penais, civis e econômicos** de proteção do meio ambiente.

Claro que não é um sistema fechado em si mesmo, porque, com o advento da CF/88 e com o incremento do estudo das relações jurídicas ambientais, muitas outras leis de proteção do ambiente surgiram, visando complementar e dar atuação aos dizeres gerais da Política Nacional do Meio Ambiente.

Contudo, antes de se compreender o sistema criado pela Lei n. 6.938/81, é preciso saber o contexto histórico em que ela surgiu.

Ao contrário do que se poderia imaginar, esta lei não surgiu como obstáculo ao desenvolvimento econômico. Na verdade, a PNMA surgiu no cenário nacional naquele momento objetivando, como ela mesma dizia na redação original de seu art. 1º, regulamentar o **art. 8º, XXVII, *c*, *h* e *i*, da Constituição de 1967**. Cuidavam estes dispositivos da competência privativa da União para legislar sobre: (alínea *c*) *normas gerais de direito financeiro*; *de seguro e previdência social*; *de defesa e proteção da saúde*; *de regime penitenciário*; (alínea *h*) *jazidas, minas e outros recursos minerais; metalurgia*; *florestas, caça e pesca*; (alínea *i*) *águas, energia elétrica e telecomunicações.*

Portanto, como se vê pela própria referência contida no art. 1º da lei, a Política Nacional do Meio Ambiente surgiu para estabelecer um **equilíbrio** entre a **política desenvolvimentista** vigente àquela época e a **proteção do meio ambiente**.

Era o **ecodesenvolvimento**, pregado na Conferência de Estocolmo de 1972. Aliás, registre-se que o Brasil foi, naquela ocasião, uma das lideranças a representar os países em desenvolvimento (compunham 90% dos 119 países participantes da conferência), que lutavam pelo direito ao desenvolvimento, afirmando que a pior forma de poluição era a miséria.

É claro que, após essa Conferência e mesmo tendo defendido o direito ao desenvolvimento, o Brasil acordou para a necessidade de se proteger o meio ambiente e de que um desenvolvimento a todo ou a qualquer custo seria um verdadeiro "tiro no pé".

É nesse contexto que surge, então, a Lei da Política Nacional do Meio Ambiente: seu papel era o de **proteger o meio ambiente, sem que isso representasse, contudo, um obstáculo intransponível ao desenvolvimento**. Repita-se que a finalidade da lei era pregar o **desenvolvimento sustentável**, pois estes eram os pilares fixados nos 25 princípios contidos na Declaração de Estocolmo.

Fixadas estas premissas, passemos à compreensão acadêmica da Lei n. 6.938/81.

Analisada **macroscopicamente**, a Lei da Política Nacional do Meio Ambiente pode ser dividida em três partes distintas:

- princípios destinados à formulação da PNMA;

- fins e objetivos da PNMA;
- instrumentos para a implementação e a operacionalização da PNMA.

Assim, trocando em miúdos, na referida lei se encontram os pilares e os fins da política nacional do meio ambiente, e, tanto para concretizar a formulação da política quanto para alcançar os seus fins, a lei elenca uma série de instrumentos hábeis à sua realização.

Para a **formulação** da política ambiental, foi o legislador extremamente criterioso ao estabelecer os **princípios** que devem sustentá-la. Estão eles nos **incisos do art. 2º**. Vejamos:

> "Art. 2º A Política Nacional do Meio Ambiente tem por objetivo (...) atendidos os seguintes **princípios:**
> I — ação governamental na manutenção do equilíbrio ecológico, considerando o meio ambiente como um patrimônio público a ser necessariamente assegurado e protegido, tendo em vista o uso coletivo;
> II — racionalização do uso do solo, do subsolo, da água e do ar;
> III — planejamento e fiscalização do uso dos recursos ambientais;
> IV — proteção dos ecossistemas, com a preservação de áreas representativas;
> V — controle e zoneamento das atividades potencial ou efetivamente poluidoras;
> VI — incentivos ao estudo e à pesquisa de tecnologias orientadas para o uso racional e a proteção dos recursos ambientais;
> VII — acompanhamento do estado da qualidade ambiental;
> VIII — recuperação de áreas degradadas;
> IX — proteção de áreas ameaçadas de degradação;
> X — educação ambiental a todos os níveis de ensino, inclusive a educação da comunidade, objetivando capacitá-la para participação ativa na defesa do meio ambiente."

No tocante aos **objetivos** da política nacional do meio ambiente, é possível didaticamente estabelecer uma diferença entre **fins abstratos (art. 2º, *caput*)** e **fins concretos (art. 4º)** da política pública ambiental brasileira.

Os **fins abstratos** funcionam como **diretivas mais gerais** da PNMA, caracterizam-se por uma **alta carga de abstração** e devem ser vistos como a direção, o norte ou a linha de alcance da PNMA. Vejamos:

> "Art. 2º A Política Nacional do Meio Ambiente tem por objetivo a preservação, melhoria e recuperação da qualidade ambiental propícia à vida, visando assegurar, no País, condições ao desenvolvimento socioeconômico, aos interesses da segurança nacional e à proteção da dignidade da vida humana."

Já os **fins concretos** da PNMA mostram-se na lei como aqueles objetivos mais palpáveis e estão descritos nos incisos que compõem o seu **art. 4º**, a saber:

> "Art. 4º A Política Nacional do Meio Ambiente visará:
>
> I — à compatibilização do desenvolvimento econômico-social com a preservação da qualidade do meio ambiente e do equilíbrio ecológico;
>
> II — à definição de áreas prioritárias de ação governamental relativa à qualidade e ao equilíbrio ecológico, atendendo aos interesses da União, dos Estados, do Distrito Federal, dos Territórios e dos Municípios;
>
> III — ao estabelecimento de critérios e padrões da qualidade ambiental e de normas relativas ao uso e manejo de recursos ambientais;
>
> IV — ao desenvolvimento de pesquisas e de tecnologias nacionais orientadas para o uso racional de recursos ambientais;
>
> V — à difusão de tecnologias de manejo do meio ambiente, à divulgação de dados e informações ambientais e à formação de uma consciência pública sobre a necessidade de preservação da qualidade ambiental e do equilíbrio ecológico;
>
> VI — à preservação e restauração dos recursos ambientais com vistas à sua utilização racional e disponibilidade permanente, concorrendo para a manutenção do equilíbrio ecológico propício à vida;
>
> VII — à imposição, ao poluidor e ao predador, da obrigação de recuperar e/ou indenizar os danos causados e, ao usuário, da contribuição pela utilização de recursos ambientais com fins econômicos."

São estes os objetivos, didaticamente classificados em concretos e abstratos, que devem servir de norte no exercício da política pública ambiental brasileira. Para que não sejam meros programas que não saem do papel, o legislador deixou claro que estas diretrizes "serão formuladas em normas e planos, destinados a orientar a ação dos Governos da União, dos Estados, do Distrito Federal, dos Territórios e dos Municípios no que se relaciona com a preservação da qualidade ambiental e manutenção do equilíbrio ecológico, observados os princípios estabelecidos no art. 2º desta Lei", tal como expressamente menciona o **art. 5º** da PNMA.

Estabelecidos os princípios que servem de base à formulação da política pública ambiental brasileira, bem como os objetivos que devem ser perseguidos e alcançados, o legislador foi além: estabeleceu os **meios ou instrumentos** que servirão para que o Poder Público possa tornar concreta e real a referida política pública.

Podem ser classificados em instrumentos **jurisdicionais (cíveis e penais)** e **não jurisdicionais (administrativos)** da Política Nacional do Meio Ambiente.

Contudo, nada disso seria possível ou viável se o legislador não tivesse fixado, como fez, algumas premissas básicas à realização da política pública ambiental brasileira. São os **conceitos fundamentais do direito ambiental**[1] (art. 3º — poluidor, poluição, meio ambiente, degradação e recursos ambientais) e os órgãos da administração pública que compõem o **Sistema Nacional do Meio Ambiente**[2] (art. 6º), ambos já estudados nesta obra.

Os instrumentos da PNMA, como se disse, são divisíveis em jurisdicionais e não jurisdicionais e também estão descritos na referida lei, muito embora tenha sido quanto a estes últimos, os instrumentos administrativos (aí se consideram os econômicos também), que o legislador se dedicou com mais profundidade e rigor.[3]

Em relação, então, aos **instrumentos administrativos**, a Lei n. 6.938/81 foi mais detalhista, pois criou não só um **sistema** responsável diretamente pela política pública ambiental brasileira, como também as **ferramentas** que poderão ser utilizadas, isolada ou conjuntamente, pelos órgãos que compõem o SISNAMA.

Essas ferramentas ou **instrumentos administrativos**[4] podem ser classificados em função de seu papel preponderante: **preventivo** ou **repressivo**.

Os **preventivos**, cuja função é **evitar** a ocorrência de **ilícitos** ou **danos ambientais**, estão arrolados nos **treze incisos do art. 9º**, a saber:

> "Art. 9º São instrumentos da Política Nacional do Meio Ambiente:
>
> I — o estabelecimento de padrões de qualidade ambiental;
>
> II — o zoneamento ambiental;
>
> III — a avaliação de impactos ambientais;
>
> IV — o licenciamento e a revisão de atividades efetiva ou potencialmente poluidoras;
>
> V — os incentivos à produção e instalação de equipamentos e a criação ou absorção de tecnologia, voltados para a melhoria da qualidade ambiental;
>
> VI — a criação de espaços territoriais especialmente protegidos pelo Poder Público federal, estadual e municipal, tais como áreas de proteção ambiental, de relevante interesse ecológico e reservas extrativistas;

---

1 Sobre esses conceitos, conferir o Capítulo 3.

2 Para a estrutura administrativa do SISNAMA, conferir, *supra*, o *item 5.3.1.*

3 A carência de regras de direito material e de direito processual, seja civil, seja penal, deve-se, principalmente, ao fator histórico/temporal de elaboração da lei (época embrionária da tutela coletiva penal e civil do direito ambiental).

4 Sobre os *instrumentos administrativos* de proteção ao entorno, conferir o Capítulo 10, dedicado à Tutela Administrativa do Meio Ambiente.

> VII — o sistema nacional de informações sobre o meio ambiente;
>
> VIII — o Cadastro Técnico Federal de Atividades e Instrumentos de Defesa Ambiental;[5]
>
> IX — as penalidades disciplinares ou compensatórias ao não cumprimento das medidas necessárias à preservação ou correção da degradação ambiental;
>
> X — a instituição do Relatório de Qualidade do Meio Ambiente, a ser divulgado anualmente pelo Instituto Brasileiro do Meio Ambiente e Recursos Naturais Renováveis — IBAMA;
>
> XI — a garantia da prestação de informações relativas ao Meio Ambiente, obrigando-se o Poder Público a produzi-las, quando inexistentes;
>
> XII — o Cadastro Técnico Federal de atividades potencialmente poluidoras e/ou utilizadoras dos recursos ambientais;
>
> XIII — instrumentos econômicos, como concessão florestal, servidão ambiental,[6] seguro ambiental e outros."[7]

Já no art. 14, ainda que timidamente,[8] encontram-se as regras da **tutela administrativa repressiva**, com o arrolamento das **sanções administrativas**. Vejamos:

> "Art. 14. Sem prejuízo das penalidades definidas pela legislação federal, estadual e municipal, o não cumprimento das medidas necessárias à preservação ou correção dos inconvenientes e danos causados pela degradação da qualidade ambiental sujeitará os transgressores:
>
> I — à multa simples ou diária, nos valores correspondentes, no mínimo, a 10 (dez) e, no máximo, a 1.000 (mil) Obrigações do Tesouro Nacional — OTNs, agravada em casos de reincidência específica, conforme dispuser o regulamento, vedada a sua cobrança pela União se já tiver sido aplicada pelo Estado, Distrito Federal, Territórios ou pelos Municípios.

5 Ambos os Cadastros Técnicos Federais, de *Atividades e Instrumentos de Defesa Ambiental* e de *Atividades Potencialmente Poluidoras e/ou Utilizadoras dos Recursos Ambientais,* são administrados pelo IBAMA, de acordo com o art. 17.

6 Sobre a *servidão ambiental*, acrescentada pela Lei n. 11.284/2006, conferir o art. 9º-A.

7 É notória a insuficiência das técnicas de *comando/controle* que envolvem as sanções administrativas, seja porque não têm levado ao papel pedagógico que deveriam ter, ou por apresentarem um alto custo para o Poder Público, que não consegue cumprir a contento o papel repressor. Por isso, a existência e o desenvolvimento de instrumentos econômicos têm sido importante solução e esperança na criação de novos comportamentos ambientais, em que realizar o bem ambiental é algo que traz lucro e benefício econômico para o agente.

8 O comedimento do legislador foi suplantado pela Lei n. 9.605/98, que cuidou pormenorizadamente do tema, absorvendo o conteúdo deste dispositivo.

> II — à perda ou restrição de incentivos e benefícios fiscais concedidos pelo Poder Público;
>
> III — à perda ou suspensão de participação em linhas de financiamento em estabelecimentos oficiais de crédito;
>
> IV — à suspensão de sua atividade."

Por fim, quanto aos instrumentos **jurisdicionais**, como afirmamos, o legislador foi ainda mais tímido. No âmbito **civil**, previu, no art. 14, § 1º, a **responsabilidade civil objetiva por danos ambientais**, regra que é de suma importância para a tutela do meio ambiente:

> Art. 14, § 1º: "Sem obstar a aplicação das penalidades previstas neste artigo, é o poluidor obrigado, *independentemente da existência de culpa*, a indenizar ou reparar os danos causados ao meio ambiente e a terceiros, afetados por sua atividade. *O Ministério Público da União e dos Estados terá legitimidade para propor ação de responsabilidade civil* e criminal, por danos causados ao meio ambiente".

Da leitura do dispositivo, percebe-se, ainda, que o legislador não se limitou ao direito material. Muito ao contrário. Em regra inovadora, outorgou **legitimidade ao Ministério Público** para a propositura de **demanda coletiva ambiental**.

Esta regra, surgida já em 1981, no texto original da lei, foi o embrião da Lei n. 7.347/85, isso é, a formação da primeira comissão de juristas para a elaboração do **anteprojeto da lei de ação civil pública** deu-se em razão da necessidade de regulamentação deste dispositivo. Por isso, pode-se dizer que, não obstante o largo espectro de atuação da lei de ação civil pública, a sua origem legislativa está presa à tutela do meio ambiente.

Quanto à tutela **criminal**, foi previsto apenas um tipo penal, no art. 15[9] da Lei n. 6.938/81. A deficiência, contudo, foi suplantada pela Lei n. 9.605/98 (Lei dos Crimes Ambientais), que estudaremos ainda neste capítulo.

---

[9] "Art. 15. O poluidor que expuser a perigo a incolumidade humana, animal ou vegetal, ou estiver tornando mais grave situação de perigo existente, fica sujeito à pena de reclusão de 1 (um) a 3 (três) anos e multa de 100 (cem) a 1.000 (mil) MVR.

§ 1º A pena é aumentada até o dobro se: I — resultar: *a*) dano irreversível à fauna, à flora e ao meio ambiente; *b*) lesão corporal grave; II — a poluição é decorrente de atividade industrial ou de transporte; III — o crime é praticado durante a noite, em domingo ou em feriado.

§ 2º Incorre no mesmo crime a autoridade competente que deixar de promover as medidas tendentes a impedir a prática das condutas acima descritas."

### ■ 6.2.1. Quadro Geral da Política Nacional do Meio Ambiente

<table>
<tr><td>PRINCÍPIOS</td><td colspan="2">■ Art. 2º, incisos I a X</td></tr>
<tr><td rowspan="2">OBJETIVOS</td><td colspan="2">■ Fins abstratos: art. 2º, caput</td></tr>
<tr><td colspan="2">■ Fins concretos: art. 4º</td></tr>
<tr><td rowspan="4">INSTRUMENTOS</td><td rowspan="2">Administrativos</td><td>■ Preventivos: art. 9º</td></tr>
<tr><td>■ Repressivos: art. 14</td></tr>
<tr><td rowspan="2">Jurisdicionais</td><td>■ Civis: art. 14, § 1º</td></tr>
<tr><td>■ Penais: art. 15</td></tr>
</table>

## ■ 6.3. LEI DE AÇÃO CIVIL PÚBLICA (LEI N. 7.347/85)[10]

No final da década de 1970 e início da de 1980, eclodiu, não só no Brasil, mas em todo o mundo, um movimento que lutava por uma tutela mais efetiva dos **direitos metaindividuais**, com grande destaque para o meio ambiente.

Foram realizados diversos congressos internacionais e publicados inúmeros trabalhos de grande fôlego. Em resumo, o sentimento geral era de que o sistema processual tradicional, pensado sob uma ótica eminentemente privatista, não seria mais capaz de atender aos fenômenos de massa surgidos com a pós-modernidade e com o Estado Social.

Era necessário, então, repensar as bases do direito processual, reconstruir seus institutos. Tudo isso no intuito de tornar a prestação da tutela jurisdicional adequada também a essa nova realidade: os conflitos de interesse supraindividuais.

No Brasil, num primeiro momento, a tendência resultou no já citado art. 14, § 1º, da Lei n. 6.938/81, que trouxe a possibilidade de o **Ministério Público** ajuizar a "ação de responsabilidade civil por danos causados ao meio ambiente".

A Lei da PNMA, contudo, limitou-se a isso. Não era seu papel regulamentar a estrutura processual adequada a essa nova — e, até então, estranha — realidade. O problema é que tampouco o Código de Processo Civil de 1973, surgido em plena fase de afirmação científica do direito processual, seria adequado para tanto.

Foi, então, exatamente para ocupar essa lacuna, dando regulamentação à nova regra prevista no art. 14, § 1º, que se iniciaram os trabalhos para a criação da Lei de Ação Civil Pública. Assim, após alguns anos de tramitação e duas comissões de juristas com diferentes anteprojetos, foi aprovada, em 1985, a Lei n. 7.347.

---

[10] Para uma análise mais pormenorizada do histórico que circundou a criação da Lei n. 7.347/85, ver o nosso *Ação civil pública e meio ambiente*, 2009.

Se a intenção inicial era criar uma lei destinada apenas a regulamentar o art. 14, § 1º, da PNMA, o fato é que, felizmente, a Lei de Ação Civil Pública que temos hoje — especialmente após os acréscimos feitos pela Lei n. 8.078/90 (Código de Defesa do Consumidor) — pode ser manejada para a tutela de **qualquer direito ou interesse metaindividual**, seja **difuso**, **coletivo** ou **individual homogêneo** e esteja ligado ao meio ambiente ou não.

Além disso, não cuida ela apenas da *ação de responsabilidade civil*, de índole condenatória. Hoje, por meio da Ação Civil Pública, pode ser deduzido **qualquer tipo de pedido**, seja **declaratório**, **constitutivo**, **condenatório**, **mandamental**, **executivo**. Pode, inclusive, ser utilizada para a obtenção de uma **tutela preventiva**, e **não meramente reparatória**.

Assim, a Lei de Ação Civil Pública criou muito mais do que uma técnica ou instrumento de tutela do meio ambiente, senão um conjunto de técnicas que formam, verdadeiramente, um **sistema processual coletivo**.

Por tudo isso, conclui-se que a **ação civil pública** é, sem dúvida, **a técnica processual que mais vantagens oferece à tutela jurisdicional do meio ambiente**. Mais à frente, quando tratarmos da tutela processual civil do meio ambiente (Capítulo 9), analisaremos especificamente os institutos do direito processual coletivo e sua aplicação à proteção do entorno.

É preciso reconhecer, no entanto, que o modelo de tutela jurisdicional adversarial existente no nosso ordenamento jurídico processual não é capaz de atender a todos os tipos de conflitos de interesses envolvendo direitos difusos, e em especial a tutela do meio ambiente. Muitas situações jurídicas de tutela jurisdicional envolvendo políticas públicas também não são adequadamente tratadas por meio desse modelo, motivo pelo qual tem-se buscado soluções no âmbito do NCPC (Lei n. 13.105) no sentido de encontrar caminhos processuais que sejam adequados à solução desses tipos de conflitos. Um bom exemplo dessa preocupação é o Projeto de Lei n. 8.058, que trata do processo especial para o controle e intervenção em políticas públicas pelo Poder Judiciário.

## ■ 6.4. LEI DE CRIMES AMBIENTAIS (LEI N. 9.605/98)

Como dissemos anteriormente, ao nos debruçarmos sobre a Lei n. 6.938/81, tanto a **tutela penal** quanto a **tutela administrativa** não foram tratadas de forma satisfatória pela Política Nacional do Meio Ambiente. Aliás, a rigor, tratando-se de uma lei que estabelece planos e diretrizes gerais, nem seria mesmo de se esperar que descesse a minúcias em relação a esses temas.

Era necessária uma legislação destinada a cuidar mais de perto, de forma mais detalhada, da tutela penal e administrativa do meio ambiente, para assim completar o sistema básico do direito ambiental brasileiro.

Veio, então, a lume a **Lei n. 9.605, de fevereiro de 1998**, para cuidar exatamente desses dois aspectos. Muito embora seja apelidada de **"Lei de Crimes Ambientais"**, não é uma lei penal apenas. Antes, é também uma lei que cuida pormenorizadamente da tutela administrativa do meio ambiente, fixando **infrações e sanções administrativas**, além de **regras atinentes ao processo administrativo ambiental**.[11]

De qualquer forma, o apelido não foi por acaso, porque de fato este foi o tema preponderantemente tratado na Lei n. 9.605/98. Possui ela 82 artigos, agrupados em 8 capítulos, destacando-se, dentre outros assuntos de direito penal, a regulamentação da responsabilidade penal da pessoa jurídica, permitindo também a responsabilização da pessoa física autora e coautora da infração. Também se destaca a possibilidade, em alguns casos, de substituição de penas de prisão por penas alternativas, como a prestação de serviços à comunidade, caso em que a punibilidade é extinta mediante a apresentação de laudo que comprove a recuperação do dano ambiental.

Em 2018 a Lei de Crimes Ambientais completará 20 anos e, ao tempo em que foi editada, foi bastante inovadora, tendo por **destaque a responsabilização penal das pessoas jurídicas, como já impunha o § 3º do art. 225 da CF/88**. De fato, os **maiores poluidores são justamente as pessoas jurídicas**, e não fazia sentido algum que o direito penal, *maxima ratio* do ordenamento jurídico, ignorasse esse aspecto.

Durante esses 20 anos, alguns pontos foram objeto de discussões que acabaram sendo resolvidas no âmbito dos tribunais superiores. Um deles foi justamente a **discussão jurídica da "dupla imputação necessária"** resultante da combinação do art. 3º com seu parágrafo único, que assim dizem: "as pessoas jurídicas serão responsabilizadas administrativa, civil e penalmente conforme o disposto nesta Lei, nos casos em que a infração seja cometida por decisão de seu representante legal ou contratual, ou de seu órgão colegiado, no interesse ou benefício da sua entidade" e, no parágrafo único, que "a responsabilidade das pessoas jurídicas não exclui a das pessoas físicas, autoras, co-autoras ou partícipes do mesmo fato".

Em relação a este aspecto, já **decidiu o STF (RE 548.181/PR)** que a origem desse dispositivo da lei de crimes ambientais é o art. 225, § 3º, da Constituição Federal, que **não condiciona a responsabilização penal da pessoa jurídica à simultânea persecução penal da pessoa física, supostamente também responsável pelo ato da empresa**. Neste mesmo sentido o Superior Tribunal de Justiça ao dizer que: "(...) **Abandonada a teoria da dupla imputação necessária**, eventual ausên-

[11] Aliás, é uma lei tão diversificada que nela encontraremos, inclusive, regras civis de proteção do meio ambiente, como a desconsideração da personalidade jurídica prevista no seu art. 4º.

cia de descrição pormenorizada da conduta dos gestores da empresa não resulta no esvaziamento do elemento volitivo do tipo penal (culpa ou dolo) em relação à pessoa jurídica. Não há, como já decidido pelos tribunais superiores, uma "dupla imputação", ou um *bis in idem*, ou seja, tanto a pessoa jurídica, quanto a pessoa física pode ser responsabilizadas penalmente pelo mesmo crime ambiental (...)".

Outro ponto de destaque da referida lei é a previsão, contida no seu art. 4º, de que "Poderá ser **desconsiderada a pessoa jurídica** sempre que sua personalidade for **obstáculo ao ressarcimento de prejuízos** causados à qualidade do meio ambiente". Por incrível que possa parecer, os **requisitos materiais para cabimento da *desconsideração da personalidade jurídica*** em matéria ambiental, com ampla utilidade na esfera cível, estão no referido diploma. Observe-se que os **requisitos materiais** são extremamente simples e brandos, mormente quando comparados a outras situações, como na hipótese de relações de consumo (art. 28 do CDC).

Na tutela jurídica do ambiente basta a demonstração dos requisitos acima citados — objetivamente considerados — para que se obtenha a desconsideração, inclusive inversa. Aliás, com o advento do NCPC (Lei n. 13.105), o *procedimento* do incidente de desconsideração da personalidade jurídica (inclusive inversa) deve ser instaurado em qualquer processo e em qualquer grau de jurisdição, podendo ser *incidental* ou contemporâneo à propositura da demanda (quiçá até mesmo antecedente, se necessário nos termos do art. 294 e ss. do CPC).

Importante que fique claro que, **no art. 133 e ss. do CPC, estão apenas as regras procedimentais da referida técnica**, como expressamente menciona o seu § 1º. É aqui **no art. 4º da Lei de Crimes Ambientais que estão os pressupostos materiais para deferimento ou indeferimento da medida**.

Também merece alguma digressão o **baralhamento** que se cometeu entre "**infração administrativa e crime ambiental**". Está consagrada no art. 225, § 3º, da CF/88 a independência e autonomia da sanção penal em relação à sanção administrativa, ou seja, um mesmo fato ou ato pode dar origem a imputação de uma sanção penal e uma sanção administrativa, sendo que cada uma delas deve ser feita pelo órgão competente para tanto. A máxima parece simples, mas, quando operada por operadores sem a formação jurídica, pode resultar em absurdos, como a hipótese de fiscais do órgão ambiental do SISNAMA (atividade administrativa sancionatória) que indevidamente aplicavam a sanção de multa que estava tipificada apenas em dispositivos de leis criminais. Ora, como pacificado no âmbito do Superior Tribunal de Justiça, "se o ato ensejador do auto de infração caracteriza infração penal tipificada apenas em dispositivos de leis de crimes ambientais, somente o juízo criminal tem competência para aplicar a correspondente penalidade. Os fiscais ambientais têm competência para aplicar penalidades administrativas. No entanto, se a conduta ensejadora do auto de infração configurar crime ou contravenção penal, somente o juízo criminal é competente para aplicar a respectiva sanção". (AgRg no AREsp 67.254-MA, *DJe* 2-8-2012. REsp 1.218.859-ES, Rel. Min. Arnaldo Esteves Lima, julgado em 27-11-2012).

Por outro lado, isso em nada altera a possibilidade de que o mesmo ato ou fato possa constituir um crime ou uma infração administrativa ambiental, como corretamente tem decidido o Superior Tribunal de Justiça ao dizer que "(...) a multa aplicada pela autoridade administrativa é autônoma e distinta das sanções criminais cominadas à mesma conduta, estando respaldada no poder de polícia ambiental. Sanção administrativa, como a própria expressão já indica, deve ser imposta pela Administração, e não pelo Poder Judiciário. (...) O transporte e armazenamento de carvão vegetal sem prévia licença da autoridade competente caracterizam, a um só tempo, crime ambiental e infração administrativa. Precedente do STJ" (REsp 1.245.094/MG, Rel. Ministro Herman Benjamin, Segunda Turma, julgado em 28-6-2011, *DJe* 13-4-2012).

Outra temática bastante recorrente em torno da aplicação da lei de crimes ambientais é a invocação do **princípio da insignificância** em favor daquele que pratica conduta proibida tipificada como crime na referida lei.

A **jurisprudência do STJ**, com sabedoria, tem aplicado o princípio **apenas quando as circunstâncias do caso demonstram a ocorrência de mínima ofensividade da conduta, reduzidíssimo grau de reprovabilidade do comportamento e inexpressividade da lesão jurídica provocada** (REsp 1.685.927/RJ, Rel. Ministro Nefi Cordeiro, Sexta Turma, julgado em 12-9-2017, *DJe* 27-10-2017). Por outro lado, dada a essencialidade do bem ambiental, **afasta-se a insignificância quando o crime é efetivamente de perigo abstrato, e a incidência do princípio seria como negar vigência ao tipo penal** (AgRg no RHC 55.689/RO, Rel. Ministro Rogerio Schietti Cruz, Sexta Turma, julgado em 21-9-2017, *DJe* 2-10-2017). Nesse sentido o STJ ao afirmar ainda que "deve-se aferir com cautela o grau de reprovabilidade, a relevância da periculosidade social, bem como a ofensividade da conduta, haja vista a **fundamentalidade do direito ao meio ambiente ecologicamente equilibrado**, inerente às presentes e futura gerações (princípio da equidade intergeracional)" (AgRg no REsp n. 1.558.576/PR, Sexta Turma, Rel. Min. Sebastião Reis Júnior, *DJe* de 17-3-2016).

Outro tema relevante envolvendo a Lei de Crimes Ambientais é a costumeira **crítica** que **sobre ela** recai de conter um suposto excesso de **normas penais em branco**, assim chamadas porque dependem da edição de outras normas que definam o que venha a ser o elemento normativo do tipo. O adjetivo serve para justificar a existência de uma lacuna a ser preenchida por outro ato normativo. A **insegurança e a intervenção mínima** são invocadas para **criticar** esse tipo normal penal — atipicamente comum na lei de crimes ambientais —, mas a **crítica** em nosso sentir é **injusta**, simplesmente porque o direito ao **meio ambiente** ecologicamente equilibrado **possui peculiaridades** que impõem um **tratamento in-**

**comum, diferenciado e atípico** não apenas pelo direito penal, mas também pelo civil, processual, etc.

Não raramente o **bem ambiental é suscetível e sensível a impactos positivos ou negativos em razão de circunstâncias espaciais e temporais**, motivo pelo qual se impõe a necessidade de que exista uma mobilidade normativa que a lei em sentido estrito não possui.

Outrossim, a adoção de **crimes de perigo abstrato na lei de crimes ambientais** é demonstração clara e inequívoca de que a proteção do meio ambiente, penal ou não penal, deve ser informada pela **inibição do risco de dano**, visto que o dano ao meio ambiente é sempre irreversível.

Nesse sentido é lapidar a orientação do STJ ao dizer que "a conduta ilícita prevista no art. 56, *caput*, da Lei n. 9.605/1998 é de perigo abstrato. Não é exigível, pois, para o aperfeiçoamento do crime, a ocorrência de lesão ou de perigo de dano concreto na conduta de quem produz, processa, embala, importa, exporta, comercializa, fornece, transporta, armazena, guarda, tem em depósito ou usa produto ou substância tóxica, perigosa ou nociva à saúde humana ou ao meio ambiente, em desacordo com as exigências estabelecidas em leis ou nos seus regulamentos. (...) Não se pode, assim, esperar a concretização de danos, ou exigir a demonstração de riscos concretos para a punição de condutas que representam potencial produção de danos ao ecossistema e, por consequência, a pessoas indeterminadas" (REsp 1.439.150/RS, Rel. Ministro Rogerio Schietti Cruz, Sexta Turma, julgado em 5-10-2017, *DJe* 16-10-2017).

Assim, com a Lei da Política Nacional do Meio Ambiente e a Lei da Ação Civil Pública, a Lei de Crimes Ambientais faz parte do arcabouço legislativo básico de proteção do meio ambiente. Todas elas estão calçadas e sedimentadas no art. 225 da CF/88, que lhes dá suporte e sustentação.

## ■ 6.5. OUTRAS LEIS AMBIENTAIS

### ■ 6.5.1. Lei de Proteção à Fauna (Lei n. 5.197/67)

A proteção da fauna, no Brasil, deve ser lida, precipuamente, a partir da regra descrita no **art. 225, § 1º, VII**, da Constituição Federal. Vejamos:

> "§ 1º Para assegurar a efetividade desse direito, **incumbe ao Poder Público:** (...)
> VII — **proteger a fauna** (...), vedadas, na forma da lei, as práticas que coloquem em risco sua função ecológica, provoquem a extinção de espécies ou submetam os animais a crueldade."[12]

[12] A EC n. 96 inseriu um § 7º ao art. 225. Tal emenda, enquanto tramitava, foi denominada de PEC da Vaquejada, alcunha dada em alusão à insubordinação do Congresso Nacional à inconstituciona-

Eis aí o norte interpretativo que deve ser seguido pelo operador do direito quando está diante de questões envolvendo a proteção da fauna brasileira.

É certo que, em diversos diplomas legislativos, podem-se encontrar normas que, direta ou indiretamente, voltam-se à proteção da fauna. Podemos citar como exemplos:

- Lei n. 9.605/98 (Lei de Crimes Ambientais).
- Lei n. 9.985/2000 (Lei de Unidades de Conservação).
- Lei n. 11.794/2008 (Lei que Regula a Utilização de Animais para Fins Científicos e Educacionais).

Há, todavia, um diploma voltado **especificamente para a proteção da fauna**, que deveria, portanto, ser o verdadeiro arcabouço normativo de tutela dos animais. Trata-se da **Lei n. 5.197/67**.

Digo que "deveria", porque em verdade se trata de um **diploma obsoleto**, pensado para uma realidade que felizmente abandonamos, em que o meio ambiente era visto como mero instrumento para satisfação das vontades egoístas do ser humano.

Não é à toa que a Lei é mais conhecida como **"Código de Caça"**, o que, por si só, já demonstra a realidade do que ali está.

O que se observa nos seus 38 artigos é, na verdade, uma série de regras que estão voltadas à **delimitação do funcionamento e do exercício da caça no nosso país**.

O fato de o **art. 1º**[13] da lei dizer que todos os animais silvestres são de propriedade do Estado (propriedade pública) dá apenas uma falsa impressão de que dali em diante haveria regras de proteção aos animais.

Não é, realmente, o que acontece. Dizer que os animais são propriedade do Estado serve apenas para delimitar e regulamentar as **modalidades de caça autorizadas pelo Poder Público**. Com a edição da Lei n. 9.605 (crimes ambientais), foi cancelada a Súmula 91 do STJ, e corretamente o STJ firmou entendimento de que "a competência federal para julgamento de crimes contra a fauna demanda demonstração de que a ofensa atingiu interesse direto e específico da União, de

lidade declarada no STF (ADI n. 4.983) da lei da vaquejada cearense (Lei n. 15.299/2013), por nela reconhecer a ofensa ao inciso VII do § 1º do art. 225. O novel dispositivo é objeto de duas ADIs pendentes no STF (ADI n. 5.728 e ADI n. 5.772).

13 "Art. 1º Os animais de quaisquer espécies, em qualquer fase do seu desenvolvimento e que vivem naturalmente fora do cativeiro, constituindo a fauna silvestre, bem como seus ninhos, abrigos e criadouros naturais são propriedades do Estado, sendo proibida a sua utilização, perseguição, destruição, caça ou apanha."

suas entidades autárquicas ou de empresas públicas federais" (CC 154.889/ES, Rel. Ministro Reynaldo Soares da Fonseca, Terceira Seção, julgado em 22-11-2017, *DJe* 29-11-2017).

A previsão de que é preciso — além da autorização pública — de **autorização do proprietário da área particular (art. 1º, § 2º)**,[14] para que nela o caçador possa praticar atos de caça, é um bom exemplo de que o legislador tratou do tema com as vestes privatistas que imperavam à época.

Veja-se, ainda, a norma contida no **art. 6º, *a***, para se ter uma ideia do "espírito" antropocêntrico que permeia a lei:

> "Art. 6º O Poder Público estimulará:
> *a)* a formação e o funcionamento de clubes e sociedades amadoristas de caça e de tiro ao voo objetivando alcançar o espírito associativista para a prática desse esporte."

Assim, a lei **veda a caça profissional (art. 2º)**,[15] mas **permite a caça esportiva**, o que nos parece ser **inconstitucional**, pois o texto maior impõe a vedação de submeter os animais a crueldade.

A caça esportiva é, por si só, um ato de crueldade. Não adianta o legislador estabelecer regras, como vedação de caça noturna, o uso de apetrechos que maltratem o animal, a proibição de armas de fogo, como chegam a dizer as inúmeras alíneas do art. 10, etc. Nada disso desnatura a característica **cruel e indigna da caça esportiva**.

Alguns poucos dispositivos se salvam na referida "lei de proteção dos animais", tais como:

- **proibição** de introdução de **espécies exóticas** no nosso país sem a devida licença, concedida pelo Poder Público **(art. 4º)**;[16]
- instituição do **registro** das pessoas físicas ou jurídicas que **negociem animais silvestres e seus produtos (art. 16)**;[17]

---

[14] Art. 1º, § 2º: "A utilização, perseguição, caça ou apanha de espécies da fauna silvestre em terras de domínio privado, mesmo quando permitidas na forma do parágrafo anterior, poderão ser igualmente proibidas pelos respectivos proprietários, assumindo estes a responsabilidade da fiscalização de seus domínios. Nestas áreas, para a prática do ato de caça é necessário o consentimento expresso ou tácito dos proprietários, nos termos dos arts. 594, 595, 596, 597 e 598 do Código Civil".

[15] "Art. 2º É proibido o exercício da caça profissional."

[16] "Art. 4º Nenhuma espécie poderá ser introduzida no País, sem parecer técnico oficial favorável e licença expedida na forma da Lei."

[17] "Art. 16. Fica instituído o registro das pessoas físicas ou jurídicas que negociem com animais silvestres e seus produtos."

- imposição da adoção de **livros escolares** de leitura que contenham **textos sobre a proteção da fauna**, aprovados pelo Conselho Federal de Educação **(art. 35)**.[18]

Registre-se que essa visão antropocêntrica, ainda muito presente, de que o ser humano deve ter domínio sobre os bens que compõem a natureza, em especial a fauna silvestre, sem lhe dedicar o mínimo respeito, leva ao inominável absurdo de se admitir que determinada conduta constitui infração ambiental (ter animais silvestres em cativeiro), mas não se lhe aplica a sanção administrativa porque o infrator "não é reincidente" e não teve "vantagem pecuniária". Essa situação de "dessancionamento judicial" foi em tempo corrigida pelo SUPERIOR TRIBUNAL DE JUSTIÇA, ao demonstrar que a falta de agravantes não leva a eliminação da infração, senão a dosagem e peso na aplicação da sanção (REsp 1.686.089/MG, Rel. Ministro Herman Benjamin, Segunda Turma, julgado em 7-12-2017, *DJe* 19-12-2017).

Não se pode deixar de comentar neste tópico do livro – ainda que já o tenhamos feito ao tratar da proteção constitucional do meio ambiente – sobre a inserção do § 7º ao art. 225 da CF/88 pela EC 96. Tal dispositivo, objeto de ADIs no STF, é o reflexo patente da **dominação** mencionada acima, pois **introduziu a fórceps, com caráter concreto e não geral** como deveria ser uma norma jurídica, além de ter sido **editada com absoluto desprezo ao STF e aos precedentes já firmados na referida corte**, uma **limitação ao inciso VII, § 1º do art. 225 da CF/88**. Neste novel parágrafo **atribuiu-se**, com uma canetada, a natureza de **manifestação cultural** a uma manifestação (vaquejada) que o Supremo Tribunal Federal reconheceu não poder se sobrepor à proteção constitucional que **veda a crueldade animal**.

### 6.5.2. Lei de Controle da Poluição (Decreto-lei n. 1.413/75) e Lei de Zoneamento Industrial (Lei n. 6.803/80)

Como já tivemos oportunidade de observar, a Lei n. 6.938/81 foi um divisor de águas na legislação ambiental brasileira, sendo um marco inicial de uma fase legislativa em que o meio ambiente passou a ser um bem jurídico objeto de proteção autônoma. Antes dessa lei, poucos diplomas legais continham essa perspectiva ecocêntrica.

Dentre esses diplomas mais antigos, ainda que não tenham tido o reconhecimento devido, merecem destaque, seja pela densidade de suas prescrições ainda

[18] "Art. 35. Dentro de dois anos a partir da promulgação desta Lei, nenhuma autoridade poderá permitir a adoção de livros escolares de leitura que não contenham textos sobre a proteção da fauna, aprovados pelo Conselho Federal de Educação."

vigentes, seja pela importância histórica, tanto o **Decreto-lei n. 1.413, de 31 de julho de 1975**, quanto a **Lei n. 6.803, de 2 de julho de 1980**.

Ambos os diplomas tratam do **controle da poluição ambiental gerada pelas atividades industriais**, e pode-se dizer que o segundo texto normativo completa as prescrições do primeiro.

Surgiram referidos diplomas como forma de **frear o crescimento desordenado** iniciado com o franco incentivo fiscal e legal — concedido e estimulado pelo poder público — ao **desenvolvimento industrial** naquele período da história brasileira (ver, por exemplo, o Decreto-lei n. 1.137/70, que instituiu incentivos fiscais e financeiros ao desenvolvimento industrial).

O Decreto-lei n. 1.413/75 contém apenas 6 artigos, mas já no primeiro de seus dispositivos mostra que estava à frente de seu tempo. Talvez tenha sido o primeiro diploma normativo a cuidar do meio ambiente de forma autônoma. Vejamos:

> "Art. 1º As indústrias instaladas ou a se instalarem em território nacional são obrigadas a promover as medidas necessárias a prevenir ou corrigir os inconvenientes e prejuízos da poluição e da contaminação do meio ambiente."

Também nessa lei está prevista a possibilidade, de acordo com certas regras, de determinar o **cancelamento ou a realocação da indústria para áreas menos críticas de poluição**, bem como de permitir ao Poder Público exigir que as empresas adotem tecnologias e meios de controle da poluição que poderão receber financiamento especial para suas aquisições. Vejamos, por exemplo, os arts. 2º e 4º:

> "Art. 2º Compete exclusivamente ao Poder Executivo Federal, nos casos de inobservância do disposto no artigo 1º deste Decreto-lei, **determinar ou cancelar a suspensão do funcionamento de estabelecimento industrial** cuja atividade seja considerada de alto interesse do desenvolvimento e da segurança nacional."

> "Art. 4º Nas áreas críticas, será adotado esquema de zoneamento urbano, objetivando, inclusive, para as situações existentes, viabilizar alternativa adequada de **nova localização**, nos casos mais graves, assim como, em geral, estabelecer prazos razoáveis para a instalação dos equipamentos de controle da poluição."

Por sua vez, a **Lei n. 6.803/80** contém diretrizes básicas para o **zoneamento** industrial nas áreas críticas de poluição. De certa forma, também, veio implementar os ditames do Decreto-lei n. 1.413/75, como, aliás, fica claro já em seu art. 1º, *in verbis*:

> "Art. 1º Nas áreas críticas de poluição a que se refere o art. 4º do Decreto-lei n. 1.413, de 14 de agosto de 1975, as zonas destinadas à instalação de indústrias serão definidas em esquema de zoneamento urbano, aprovado por lei, que compatibilize as atividades industriais com a proteção ambiental."

Fixa a Lei n. 6.803/80 três categorias básicas de zonas para implantação industrial, a saber (art. 1º, § 1º):

- zonas de uso estritamente industrial;
- zonas de uso predominantemente industrial;
- zonas de uso diversificado.

Previu, ainda, o legislador, a fixação de **padrões de saturação ambiental das zonas de uso industrial** (art. 5º):

- saturadas;
- em vias de saturação;
- não saturadas.

Aliás, de forma pioneira no nosso país, previu o que podemos identificar como o **embrião do estudo prévio de impacto ambiental**, vinculando-o ao licenciamento das atividades.

Assim, quando se observa o **art. 9º**[19] do referido diploma, encontrar-se-á regra de que no **licenciamento das atividades industriais** deverá ser contemplada a **análise da poluição ambiental**, fixando ainda o conteúdo mínimo do que deverá ser analisado, o que é, portanto, pioneiro na legislação do nosso país.

---

[19] "Art. 9º O licenciamento para implantação, operação e ampliação de estabelecimentos industriais, nas áreas críticas de poluição, dependerá da observância do disposto nesta Lei, bem como do atendimento das normas e padrões ambientais definidos pela SEMA, pelos organismos estaduais e municipais competentes, notadamente quanto às seguintes características dos processos de produção:

I — emissão de gases, vapores, ruídos, vibrações e radiações;

II — riscos de explosão, incêndios, vazamentos danosos e outras situações de emergência;

III — volume e qualidade de insumos básicos, de pessoal e de tráfego gerados;

IV — padrões de uso e ocupação do solo;

V — disponibilidade nas redes de energia elétrica, água, esgoto, comunicações e outros;

VI — horários de atividade.

Parágrafo único. O licenciamento previsto no *caput* deste artigo é da competência dos órgãos estaduais de controle da poluição e não exclui a exigência de licenças para outros fins."

Mais que isso, no **art. 10, § 3º**,[20] o legislador exige, pela primeira vez na legislação brasileira, no bojo do licenciamento, os estudos especiais de alternativas e avaliações de impacto que deverão ser considerados antes da implantação da atividade industrial, sendo, pois, o precursor do estudo prévio de impacto ambiental.

### 6.5.3. Lei da Política Nacional de Recursos Hídricos (Lei n. 9.433/97)

Inegavelmente, há dois momentos marcantes na história das relações internacionais, especialmente da Organização das Nações Unidas (ONU), em relação à discussão e ao debate de questões ligadas à proteção do meio ambiente como bem autônomo: a Conferência de Estocolmo de 1972 e a Conferência do Rio de Janeiro de 1992 (Rio-92).

Se estes são os grandes marcos da atuação da ONU em relação ao meio ambiente globalmente considerado, o que não se pode desconsiderar é que foram realizados, desde então, inúmeros outros encontros e conferências voltados a debater especificamente este ou aquele recurso ambiental, tais como convenções para a proteção do clima, proteção contra a desertificação, proteção contra os impactos ao meio marinho, proteção contra a poluição transfronteiriça, contra o transporte e a transferência internacional de resíduos, proteção da água, proteção da fauna e da flora, etc.

Com a **água**, bem ambiental de importância ímpar, não foi diferente. Dentre vários encontros realizados, merece ser citado, tanto pela sua importância internacional quanto pela sua **influência na nossa Lei n. 9.433/97**, a **Conferência de Dublin/Irlanda de 1992**.

Naquela oportunidade, estabeleceu-se um verdadeiro rol de **princípios** voltados à proteção da água. São eles:

- a água doce é um recurso **finito** e **vulnerável**, **essencial** para sustentar a vida, o desenvolvimento e o meio ambiente;
- o gerenciamento e o desenvolvimento da água deverão ser baseados numa **abordagem participativa**, envolvendo usuários, planejadores legisladores em todos os níveis;
- as **mulheres** ocupam papel central na provisão, gerenciamento e proteção da água;
- a água tem **valor econômico** em todos os seus usos competitivos e deve ser reconhecida como um **bem econômico**;

[20] Art. 10, § 3º: "Além dos estudos normalmente exigíveis para o estabelecimento de zoneamento urbano, a aprovação das zonas a que se refere o parágrafo anterior será precedida de estudos especiais de alternativas e de avaliações de impacto, que permitam estabelecer a confiabilidade da solução a ser adotada".

- a água é reconhecidamente **bem de domínio público** com ***múltiplas possibilidades de uso***, **recurso natural** ambiental **essencial à sadia qualidade** de todas as formas de vida, devendo ser assegurada, em **situações de escassez**, ao consumo humano e de animais como expressamente prevê a referida lei.

Quando se lê essa declaração de princípios, verifica-se, então, que a Conferência de Dublin foi um marco histórico na forma de se enxergar a importância do recurso “água”.

Ao analisar a nossa **Lei n. 9.433/97**, pode-se perceber com clareza que muito dos princípios e diretrizes fixados na Conferência de Dublin estão ali presentes, ou seja, foram completamente **incorporados pelo legislador brasileiro** ao criar a **Política Nacional de Recursos Hídricos**.

Numa visão panorâmica da nossa lei, percebe-se que ela compatibilizou os **dispositivos constitucionais** envolvendo os recursos hídricos com os ditames e princípios estabelecidos na Conferência de Dublin, o que faz dela um dos diplomas legislativos sobre gestão e política de recursos hídricos mais avançados do mundo.[21] O ponto de partida para compreensão da Lei n. 9.433/97 é o fato de que ela criou a **Política Nacional de Recursos Hídricos (PNRH)**,[22] estabelecendo, inclusive, os seus aspectos fundamentais. Aliás, uma rápida mirada no art. 1º não deixa qualquer dúvida quanto à influência, aqui, da Declaração de Dublin. Vejamos:

> “Art. 1º A Política Nacional de Recursos Hídricos baseia-se nos seguintes **fundamentos:**
>
> I — a água é um bem de **domínio público**;
>
> II — a água é um recurso natural **limitado**, dotado de **valor econômico**;
>
> III — em situações de escassez, o **uso prioritário** dos recursos hídricos é o **consumo humano** e a **dessedentação de animais**;
>
> IV — a gestão dos recursos hídricos deve sempre proporcionar o **uso múltiplo** das águas;

---

21 É digno de nota o pioneiro e notável sistema francês, que repousa sobre a lei que estabelece *Le regime el la répartition dês eaux et la lutte contre leur pollution*, que fixa o controle e a gestão pública das águas, adotando como unidade básica de toda gestão a bacia hidrográfica.

22 Os recursos hídricos podem ser superficiais (rios, lagos, nascentes) ou subterrâneos. O aquífero é um grupo de formações geológicas composto por rochas porosas e permeáveis que têm capacidade de reter e de ceder água. São verdadeiros reservatórios móveis e subterrâneos de água doce e normalmente são utilizados para abastecer rios, poços artesianos e até mesmo para o consumo humano. No Brasil, temos o Aquífero Guarani, que se situa na maior parte do Centro-Oeste brasileiro, com ramificações para o Paraguai, Argentina e Uruguai. O Aquífero Guarani (nome dado em homenagem à tribo indígena) é o segundo maior aquífero do mundo.

V — a **bacia hidrográfica** é a unidade territorial para implementação da Política Nacional de Recursos Hídricos e atuação do Sistema Nacional de Gerenciamento de Recursos Hídricos;

VI — a **gestão** dos recursos hídricos deve ser **descentralizada** e contar com a participação do Poder Público, dos usuários e das comunidades."

A partir desses fundamentos, foram traçados, ainda, os **objetivos** da PNRH:

"Art. 2º São **objetivos** da Política Nacional de Recursos Hídricos:

I — assegurar à atual e às futuras gerações a necessária **disponibilidade de água**, em padrões de qualidade adequados aos respectivos usos;

II — a **utilização racional e integrada** dos recursos hídricos, incluindo o transporte aquaviário, com vistas ao desenvolvimento sustentável;

III — a prevenção e a defesa contra **eventos hidrológicos**[23] críticos de origem natural ou decorrentes do uso inadequado dos recursos naturais."

Mas não parou por aí o legislador, visto que estabeleceu verdadeiras diretrizes gerais de ação voltadas à implementação da PNRH. Vejamos:

"Art. 3º Constituem **diretrizes gerais de ação** para implementação da Política Nacional de Recursos Hídricos:

I — a **gestão sistemática** dos recursos hídricos, sem dissociação dos aspectos de quantidade e qualidade;

II — a **adequação da gestão de recursos hídricos às diversidades** físicas, bióticas, demográficas, econômicas, sociais e culturais das diversas regiões do País;

III — a **integração** da gestão de recursos hídricos com a **gestão ambiental**;

IV — a **articulação** do planejamento de recursos hídricos com o dos **setores usuários** e com os **planejamentos regional, estadual e nacional**;

V — a **articulação** da gestão de recursos hídricos com a do **uso do solo**;

VI — a **integração** da gestão das bacias hidrográficas com a dos **sistemas estuarinos e zonas costeiras**."

E, ainda, seguindo a linha do que fez a Lei n. 6.938/81 em relação à PNMA, estabeleceu a Lei n. 9.433/97 os **instrumentos da Política Nacional de Recursos Hídricos:**

"Art. 5º São **instrumentos** da Política Nacional de Recursos Hídricos:

---

[23] Eventos hidrológicos são acontecimentos ligados à água, como assoreamentos, enchentes, desabamentos, desertificação de áreas, etc.

I — os **Planos de Recursos Hídricos**;

II — o enquadramento dos corpos de água em **classes**, segundo os usos preponderantes da água;

III — a outorga dos **direitos de uso** de recursos hídricos;

IV — a **cobrança pelo uso** de recursos hídricos;

V — a **compensação a municípios**;

VI — o **Sistema de Informações sobre Recursos Hídricos**."

Seguindo, ainda, à risca os fundamentos por ela mesma estabelecidos (art. 1º, VI), a Lei de Recursos Hídricos tratou de criar um mecanismo de gestão **descentralizada** e **participativa** (**Poder Público**, **usuários** e **comunidade**), criando o **Sistema Nacional de Gerenciamento de Recursos Hídricos**. Sua composição é estabelecida no **art. 33:**

"Art. 33. Integram o Sistema Nacional de Gerenciamento de Recursos Hídricos:

I — o Conselho Nacional de Recursos Hídricos;

I-A. — a Agência Nacional de Águas;

II — os Conselhos de Recursos Hídricos dos Estados e do Distrito Federal;

III — os Comitês de Bacia Hidrográfica;

IV — os órgãos dos poderes públicos federal, estaduais, do Distrito Federal e municipais cujas competências se relacionem com a gestão de recursos hídricos;

V — as Agências de Água."

Neste particular, é de se dizer que o Superior Tribunal de Justiça já decidiu que a "compensação financeira deve se dar somente pela utilização dos recursos hídricos, não se incluindo eventuais danos ambientais causados por essa utilização", ao interpretar a Lei n. 7.990/89, que institui, para os Estados, Distrito Federal e Municípios, a compensação financeira pelo resultado da exploração de petróleo ou gás natural, de recursos hídricos para fins de geração de energia elétrica, de recursos minerais em seus respectivos territórios, plataformas continental, mar territorial ou zona econômica exclusiva, e dá outras providências (REsp 1.172.553/PR, rel. Min. Arnaldo Esteves Lima, 1ª Turma, julgado em 27-05-2014, *DJe* 04-06-2014).

Por fim, diga-se que, ao instituir a **bacia hidrográfica** como **unidade básica** para o **planejamento** e a **implantação** desse sistema, a Lei n. 9.433/97 segue a tendência fixada pela **Conferência de Dublin** e que vem sendo **adotada mundialmente**.

Porém, mais do que isso, a grande verdade é que esta escolha é uma rendição do legislador ao fato de que não é o meio ambiente que deve se submeter ao ser humano, mas, sim, o inverso. De nada adiantaria fixar um sistema de gestão e planejamento de recursos hídricos baseado em limites geográficos, territoriais e políticos, pois há bacias e até microbacias que ultrapassam mais de um município ou mais de um Estado.

## 6.5.4. Lei do Sistema Nacional de Unidades de Conservação (SNUC) (Lei n. 9.985/2000)

### *6.5.4.1. Introdução*

A lei do **Sistema Nacional de Unidades de Conservação** — ou simplesmente **SNUC**, como é apelidada — é um diploma da maior relevância para a proteção do meio ambiente. É claro que, como toda lei, tem suas falhas, mas as suas virtudes superam em muito os seus defeitos.

Por intermédio desta lei, o legislador, regulamentando os **incisos I e III do § 1º do art. 225 da CF/88, colocou um ponto final nos chamados "parques de papel":** criados por decretos e resoluções, eram utilizados como **instrumentos de perseguição política**. Não tinham, assim, nenhum comprometimento com os elementos ou atributos ambientais da área protegida; eram criados sem a consulta da população local; não estabeleciam regimes especiais de uso e fruição; restringiam a propriedade sem qualquer contraditório ou eventual indenização ao proprietário.

Contudo, o legislador perdeu incrível **oportunidade** de **uniformizar o tratamento dos espaços ambientais especialmente protegidos no ordenamento jurídico brasileiro**, já que não estão arrolados na lei uma série de *espaços ambientais* que são especialmente protegidos.

### *6.5.4.2. Conceito*

A **proteção dos recursos e ecossistemas ambientais pode e deve ser feita *in situ* e *ex situ***. Em outras palavras, isso implica dizer que pode ser feita dentro e fora do seu habitat natural. Um dos mecanismos de verdadeira técnica instrumental[24] de proteção dos ecossistemas e dos recursos ambientais deles dependentes é o isolamento de determinados **bolsões (áreas) de ecossistemas, visando preservar ou conservar bens ambientais naturais e culturais**. Essas áreas podem ser **públicas ou privadas**, podem ser demarcadas ou não, mas todas elas encontram-se num **regime especial de fruição**, tendo em vista a **relevância ecológica que possuem** (proteção da diversidade genética, proteção das espécies ameaçadas de extinção, estímulo à economia ecológica, estímulo à pesquisa científica, à educação ambiental, recuperação de espaços ambientais, preservação pura e simplesmente de ecossistemas, etc.).

---

[24] Neste sentido, REsp 1.071.741/SP, rel. Min. Herman Benjamin, 2ª Turma, julgado em 24-03-2009, *DJe* 16-12-2010.

É importante dizer que a criação dos espaços ambientais especialmente protegidos afeta diretamente a questão da função socioambiental da propriedade privada. À medida que se criam esses espaços, tem sido comum o ajuizamento de ação de desapropriação indireta sob a alegação de esvaziamento do direito de propriedade.

Além da necessidade de se verificar se as restrições são gerais e aplicáveis a todos os imóveis incluídos no bioma, enfim se é caso de limitação administrativa, que por excelência se apresenta como aceitável regras de balizamento do uso da propriedade em prol do bem comum (que não impedem a fruição natural do bem), é preciso ver a questão sob um flanco ainda mais importante, que é o de que o próprio núcleo do conceito de propriedade, após o texto constitucional, está densificado em premissas socioambientais que se constituem em limitações imanentes ao direito de propriedade.

O conteúdo deste direito tem na sua raiz não mais um coração civilista, liberal, exclusivo e egoísta, antes o contrário, pois "a faculdade de 'usar, gozar e dispor da coisa', núcleo econômico do direito de propriedade, está condicionada à estrita observância, pelo proprietário atual, da obrigação *propter rem* de proteger a flora, a fauna, as belezas naturais, o equilíbrio ecológico e o patrimônio histórico e artístico, bem como evitar a poluição do ar e das águas (parágrafo único do referido artigo). Os recursos naturais do Bioma Mata Atlântica podem ser explorados, desde que respeitadas as prescrições da legislação, necessárias à salvaguarda da vegetação nativa, na qual se encontram várias espécies da flora e fauna ameaçadas de extinção. Nos regimes jurídicos contemporâneos, os imóveis — rurais ou urbanos — transportam finalidades múltiplas (privadas e públicas, inclusive ecológicas), o que faz com que sua utilidade econômica não se esgote em um único uso, no melhor uso e, muito menos, no mais lucrativo uso. A ordem constitucional-legal brasileira não garante ao proprietário e ao empresário o máximo retorno financeiro possível dos bens privados e das atividades exercidas. Exigências de sustentabilidade ecológica na ocupação e utilização de bens econômicos privados não evidenciam apossamento, esvaziamento ou injustificada intervenção pública. Prescrever que indivíduos cumpram certas cautelas ambientais na exploração de seus pertences não é atitude discriminatória, tampouco rompe com o princípio da isonomia, mormente porque ninguém é confiscado do que não lhe cabe no título ou senhorio. Se o proprietário ou possuidor sujeita-se à função social e à função ecológica da propriedade, despropositado alegar perda indevida daquilo que, no regime constitucional e legal vigente, nunca deteve, isto é, a possibilidade de utilização completa, absoluta, ao estilo da terra arrasada, da coisa e de suas virtudes naturais. Ao revés, quem assim proceder estará se apoderando ilicitamente (uso nocivo ou anormal da propriedade) de atributos públicos do patrimônio privado (serviços e processos ecológicos essenciais), que são 'bem de uso comum do povo', nos termos do art. 225, *caput*, da Constituição de 1988" (REsp 1.109.778/SC, rel. Min. Herman Benjamin, 2ª Turma, julgado em 10-11-2009, *DJe* 04-05-2011).

### 6.5.4.3. Legislação aplicável e o Sistema Nacional de Unidades de Conservação

O regime legal dos espaços ambientais especialmente protegidos sempre foi motivo de baralhamento legislativo. A competência comum pertencente à União, aos Estados e aos Municípios permitia que eles a exercitassem criando espaços ambientais com terminologias próprias, conceitos variados, regimes jurídicos diferentes, e, muitas vezes, com situações superpostas, ou seja, o mesmo espaço ambiental recebia tratamento jurídico diferente — e denominação também — pela União, pelo Estado e pelo Município, gerando enorme confusão no tratamento do tema.

Não obstante a criação de parques estaduais e outros espaços já ter ocorrido no nosso país na primeira metade do século passado — seguindo nesse passo uma influência norte-americana (criação de parques nacionais) —, a verdade é que **apenas com o texto constitucional a criação de espaços ambientais especialmente protegidos passou a ser um instrumento real e formal de proteção do meio ambiente**. É que com o texto do art. 225, § 1º, III, a CF/88 deu ao referido instituto a natureza jurídica de instrumento do Poder Público para efetivar o direito do ambiente. Ademais, cumpre dizer que foi só após o referido dispositivo do texto constitucional, por intermédio da Lei n. 7.804/89, que se introduziu o inciso VI do art. 9º da Lei n. 6.938/81, colocando os *espaços ambientais especialmente protegidos* na condição de Instrumento da Política Nacional do Meio Ambiente.

Após o surgimento do instituto (espaços ambientais especialmente protegidos) pela CF/88, houve uma **verdadeira avalanche de espaços ambientais nos mais variados tipos, formas e regimes jurídicos, variando de Estado para Estado, de Município para Município, etc.** Foi justamente com o **objetivo duplo** de:

a) estabelecer uma **regra geral (lei geral) com conceitos, tipos e nomes de espaços, regimes jurídicos e respectivas finalidades, etc.**, para evitar uma pulverização e desuniformidade conceitual a respeito do tema, o que seria, portanto, um sistema legal de espaços ambientais especialmente protegidos;

b) permitir a partir daí que a **criação de espaços ambientais especialmente protegidos pudesse ser feita mediante critérios científicos**, o que definitivamente não acontecia.

Nesse passo, foi criada a Lei n. 9.985/2000, mais de dez anos depois de se ter dado início ao projeto de sua criação. Trata-se de uma lei com muitas imperfeições técnicas — fruto de intermináveis embates políticos anteriores e influenciadores do conteúdo aprovado —, mas com a vantagem de pacificar a promiscuidade com que se cuidava do tema relativo aos espaços ambientais especialmente protegidos.

Estabelecida com a finalidade de regulamentar e sistematizar o art. 225, § 1º, III, da CF/88 (e nesse passo também o art. 9º, VI, da PNMA), a Lei n. 9.985/2000 **já nasceu com má formação conceitual**. É que tal diploma cria o que se denomina ***Sistema Nacional de Unidades de Conservação*, partindo do pressuposto de que as expressões *unidades de conservação e espaços ambientais especialmente protegidos* fossem a mesma coisa**. O legislador não foi fiel ao rótulo constitucional — espaços ambientais especialmente protegidos —, desperdiçando excelente oportunidade de pôr um fim definitivo à variedade de espaços ambientais então existentes.

> Como já se sabia há muito, as ***unidades de conservação* constituíam e constituem apenas uma modalidade de espaço ambiental especialmente protegido**, mas isso não foi levado em consideração pelo legislador.

Outro aspecto de imprecisão terminológica que se sobressai no sistema nacional de unidades de conservação criado pela Lei n. 9.985/2000 diz respeito ao fato de que a palavra *conservação* sempre foi utilizada pela doutrina ambiental em contraste a *preservação*, reservando-se esta para designar situações de intocabilidade do meio ambiente e aquela para uma ideia de uso sustentado e racional dos recursos ambientais. Todavia, ao criar as unidades de conservação, o legislador isolou aquelas que seriam de ***proteção integral* e as de *uso sustentável***, abandonando, portanto, a ideia primeva de se manter o uso da palavra *conservação* para os casos de *uso sustentável do ambiente*.

Não poderia deixar de ser mencionado um outro aspecto de inadequação conceitual contida no que a Lei n. 9.985/2000 denominou *Sistema Nacional de Unidades de Conservação*. Da forma como a lei utiliza a palavra *sistema*, parece que todos os espaços ambientais nacionais teriam sido contemplados pelo legislador, mas não é o que aconteceu, já que existem outros previstos na legislação brasileira (áreas de preservação permanente, reserva legal, área de proteção especial, servidão florestal, reserva indígena, reserva da biosfera, grandes ecossistemas nacionais, etc.) que, como se disse, estão fora do sistema criado pela Lei.

### ■ 6.5.4.4. *Finalidade dos espaços ambientais de especial proteção*

Certamente, a principal finalidade é a de

**proteger e preservar o meio ambiente natural**, pois foi visando assegurar a proteção do *equilíbrio ecológico* (bem ambiental constitucional), nos termos dos incisos I e III do § 1º do art. 225, que o legislador criou a Lei do SNUC. Ao preservar e conservar os espaços ambientais, diz ainda o texto constitucional que **é vedada a sua utilização de forma que comprometa os atributos que justificaram a sua proteção**.

**ATENÇÃO!** Ao analisar a Lei do SNUC, percebe-se dentre os objetivos previstos no art. 4º que **apenas um deles não contempla a proteção do meio ambiente natural diretamente (o equilíbrio ecológico) ou reflexamente (pesquisa científica, turismo ecológico, educação ambiental, etc.)**. É a **hipótese contida no inciso VI, quando diz que é finalidade do SNUC "proteger paisagens naturais e pouco alteradas de notável beleza cênica"**. Quando se pretende proteger a "beleza cênica", verifica-se aí uma preocupação meramente antropológica, tendo em vista o fato de que para o meio ambiente o conceito de beleza é irrelevante, e os mangues são exemplos disso. Assim, destaca-se no SNUC uma proteção de função ecológica e outra de função cultural, mas esta submetida a limites impostos à manutenção do equilíbrio ecológico.

### ■ 6.5.4.5. *Definições previstas no SNUC*

Logo no art. 2º o SNUC faz uma série de definições, algumas já repetidas na própria legislação ambiental (art. 3º, V, da PNMA) com caráter quase didático, para preencher o conceito de termos ambientais que serão utilizados ao longo do SNUC. Entretanto, considerando a existência e a criação de um sistema, e, mais ainda, que os vinte itens conceituados foram definidos dentro desse sistema e com a finalidade de elucidar termos que serão utilizados ao longo dele, fica a pergunta, de ordem exegética: os conceitos ali previstos referem-se exclusivamente àquilo que foi definido no sistema legal? Trocando em miúdos, é de se questionar se os conceitos e definições previstos nesta lei são revogadores de conceitos expostos em legislação anterior ou, *contrario sensu*, se os mesmos conceitos poderão ser utilizados para situações ambientais não relacionadas com as unidades de conservação, tais como o conceito de *preservação*, *restauração*, etc.

### ■ 6.5.4.6. *Requisitos para uma unidade de conservação*

São 5 as características de uma unidade de conservação descrita na Lei do SNUC:

a) O **primeiro** aspecto característico de uma UC é a sua **relevância ecológica**, ou seja, a sua importância na manutenção do equilíbrio ecológico (ciclo hidrológico, manutenção da cobertura térmica, qualidade de vida no planeta).

b) A **segunda** característica é que a sua **criação** necessariamente é acompanhada de **ato oficial**, pois todas as Unidades de Conservação, sejam públicas ou privadas, estão sujeitas a um regime especial delimitado por órgão oficial. É mister que a própria caracterização de uma UC — tipologia — seja feita mediante ato oficial, daí por que esta é uma característica que identifica uma unidade de conservação.

c) O **terceiro** aspecto é a sua **delimitação territorial**, ou seja, as Unidades de Conservação, como o nome já diz, são unidades e, como tais, são áreas que guardam limitações necessárias à proteção do bem ambiental para a persecução da finalidade objetivada.

> **IMPORTANTE:** a delimitação territorial não é sinônimo de demarcação de limites da UC previstos na Lei do SNUC, pois há Unidades de Conservação de uso conservacionista, como a APA, que são descritas como áreas de grande extensão territorial, sem precisar, é lógico, o limite dessa extensão. Todavia, uma vez criada no caso concreto, é certo que com pouca ou maior extensão territorial a UC deve ter os seus limites territoriais definidos. Não é por outro motivo que existem no SNUC os espaços ambientais de transição e ligação entre o UC e o ambiente fora dele, que se denominam zona de amortecimento. Não fosse delimitado o espaço, certamente seria impossível falar em zonas de amortecimento.

d) O **quarto** aspecto característico das unidades de conservação é o **objetivo de proteção do meio ambiente**. Não obstante a classificação em modelos de UC de proteção integral e os de uso sustentável, certamente em todos eles a preservação e a proteção do meio ambiente são imperiosas e, mesmo naqueles em que se permite o uso sustentável, este não poderá comprometer o equilíbrio ambiental. Outrossim, repita-se, **apenas as UCs denominadas *Monumento Natural* que venham a ser criadas pela sua beleza cênica se encontram descomprometidas diretamente com uma finalidade de preservação ou conservação do equilíbrio ecológico**.

e) O **quinto** aspecto é o de que as UCs possuem um **regime especial de proteção e afetação em razão do interesse público que justifica a sua criação** e, mesmo que sejam implantadas em áreas particulares, haverá um regime de afetação que deverá ser respeitado.

### ■ *6.5.4.7. Classificações no SNUC*

Podem ser extraídas do SNUC pelo menos três classificações para as unidades de conservação:

a) *Públicas ou privadas* quando forem UCs de domínio público ou de particular.
b) De *proteção integral* ou de *uso sustentável,* classificação expressa na lei, assim feita levando-se em consideração a manutenção (intocabilidade) do equilíbrio ecológico.
c) De uso *direto* ou *indireto* dos recursos ambientais contidos na UC.

### ■ 6.5.4.8. *Critérios para a criação (art. 22, §§ 2º a 4º)*

Um dos aspectos mais importantes da Lei do SNUC foi ter **delimitado regras para criação das UCs, evitando a criação dos denominados parques de papel**, ou seja, evitando que apenas pela função política, às vezes até persecutória, fossem criados apenas no papel determinados espaços ambientais sem o menor rigor científico e sem definir o tipo específico da unidade em relação ao atributo ambiental tutelado e o fim ao qual se destinam.

Seguindo o texto constitucional, apenas o Poder Público (os Três Poderes) poderá criar as UCs descritas no SNUC. No processo de criação das UCs, deve haver estudos ambientais para embasar o modelo a ser tipificado, e a participação popular deve preceder o ato de criação, pois é esta participação que servirá para traçar os limites da UC (dimensão e localização).[25]

> **IMPORTANTE: excluem-se da consulta pública a Estação Ecológica e as Reservas Biológicas**, tendo em vista o fato de que, sendo UCs de proteção integral que impede a visitação pública, salvo excepcionalmente para fins educativos e de pesquisa, não haveria necessidade de consulta à população, podendo ser verificado o interesse público sem a participação da população local.

### ■ 6.5.4.9. *Regime especial de modificabilidade (art. 22, §§ 2º a 7º, da Lei n. 9.985/2000)*

Segundo o texto constitucional, um espaço ambiental especialmente protegido só pode ser suprimido mediante lei em sentido estrito. Nesse diapasão, a Lei do SNUC respeitou o preceito constitucional (art. 22, § 7º). Mas não foi só, já que também tratou da possibilidade de acréscimo ou modificação de uma UC de uso sustentado para proteção integral (em tese, aumenta a proteção do ambiente, pois amplia o regime de afetação pública). Assim, para o caso de ampliação dos limites territoriais de uma UC, ou então para o caso de fungibilidade de um tipo (uso sustentado) para outro (proteção integral), só pode realizar-se por ato normativo

[25] Neste sentido, o STJ, RMS 20.281/MT, rel. Min. José Delgado, 1ª Turma, julgado em 12-06-2007, *DJ* 29-06-2007, p. 485.

do mesmo nível hierárquico que criou a UC, respeitada a consulta pública em qualquer caso.

### ■ 6.5.4.10. *Zona de amortecimento (Lei n. 9.985/2000, art. 2º, XVIII), corredores ecológicos (Lei n. 9.985/2000, art. 2º, XIX) e regime especial de fruição (art. 25 do SNUC)*

Com **exceção das APAs** (em razão da sua extensão territorial) e das **Reservas Particulares do Patrimônio Natural** (pela natureza particular, pelo fato de muitas vezes serem áreas muito pequenas, e em razão da provocação da criação do espaço ambiental), **todas as demais UCs devem possuir zona de amortecimento e corredores ecológicos**, que devem ser submetidos a um regime especial de fruição e ocupação definido pelo regulamento da administração da UC. Os limites desses espaços poderão ser definidos no ato de criação da UC.

> Entendem-se por **corredor ecológico** *porções de ecossistemas naturais ou seminaturais, ligando unidades de conservação que possibilitam fluxo de genes e o movimento da biota, facilitando a dispersão de espécies e a recolonização de áreas degradadas, bem como a manutenção de populações que demandam para a sua sobrevivência áreas com extensão maior do que aquelas das unidades individuais.* Por zona de amortecimento, entende-se *o entorno de uma unidade de conservação onde as atividades humanas estão sujeitas a normas e restrições específicas, com o propósito de minimizar os impactos negativos sobre a unidade.*

### ■ 6.5.4.11. *Estudo Prévio de Impacto Ambiental e SNUC (art. 36)*

O SNUC admitiu expressamente que obras de potencial impactação ambiental, que exigem EIA/RIMA, possam afetar direta ou indiretamente uma UC ou suas zonas de amortecimento, mesmo que essa UC seja de proteção integral. Nesses casos, corretamente, fala o legislador em compensação pecuniária, ou que possa nela ser convertida, da UC prejudicada (seja de proteção integral ou não), pois reconhece que sofrerá impactação pelo empreendimento. O valor não pode ser menor do que 0,5% do custo do empreendimento a ser definido pelo órgão licenciador.

Contudo, esta não é a única forma de compensação de UCs pelo poluidor. Diz o art. 26 da Lei do SNUC que, nos casos de licenciamentos que contemplem EIA/RIMA (significativo impacto ambiental), deve o empreendedor/poluidor destinar no mínimo 0,5% do valor (valor não significa dinheiro, podendo ser o apoio em bens conversíveis em dinheiro) do empreendimento (valor a ser definido pelo órgão licenciador mediante decisão motivada dos valores) para apoio e manutenção de unidades de conservação de proteção integral.

### 6.5.4.12. *Quadro demonstrativo das UC no SNUC*

| UNIDADE DE CONSERVAÇÃO | TIPOLOGIA | POSSE E DOMÍNIO | CARACTERÍSTICAS MARCANTES |
|---|---|---|---|
| ESTAÇÃO ECOLÓGICA | ■ Proteção Integral | ■ Público | ■ Preservação da natureza e pesquisa científica.<br>■ Proibida a visitação pública, exceto com finalidade educacional.<br>■ A sua criação não se sujeita à consulta pública. |
| RESERVA BIOLÓGICA | ■ Proteção Integral | ■ Público | ■ Preservação integral da biota (fauna e flora).<br>■ Atuação humana apenas para recuperação do ambiente, diversidade biológica e equilíbrio ecológico.<br>■ Visitação pública apenas para fins educacionais. |
| PARQUE NACIONAL | ■ Proteção Integral | ■ Público | ■ Preservação dos ecossistemas naturais de relevância ecológica e beleza cênica.<br>■ Com a finalidade de educação, lazer, estudo, pesquisa e turismo ecológico.<br>■ Visitação sujeita ao plano de manejo e regras da administração da Unidade.<br>■ Pesquisa sujeita a autorização prévia e análise das regras do Parque.<br>■ No Estado, Parque Estadual; no Município, Parque Natural Municipal. |
| MONUMENTO NATURAL | ■ Proteção Integral | ■ Público ou Privado | ■ Privado apenas quando compatível com o uso da propriedade (aquiescência do proprietário), sob pena de desapropriação.<br>■ Preservação de sítios naturais raros, singulares ou de grande beleza cênica.<br>■ Visitação pública sujeita ao plano de manejo e às regras da administração. |
| REFÚGIO DE VIDA SILVESTRE | ■ Proteção Integral | ■ Público ou Privado | ■ Privado apenas quando compatível com o uso da propriedade (aquiescência do proprietário), sob pena de desapropriação.<br>■ Proteção de ambientais naturais para existência e reprodução da flora e fauna local ou migratória.<br>■ Visitação pública sujeita ao plano de manejo e às regras da administração.<br>■ Pesquisa sujeita à autorização prévia e às restrições do plano de manejo e da administração. |
| ÁREA DE PROTEÇÃO AMBIENTAL | ■ Uso Sustentável | ■ Público ou Privado | ■ Geralmente extensa e com ocupação humana.<br>■ Dotada de atributos bióticos, abióticos estéticos ou culturais importantes para a qualidade de vida e bem-estar da população humana.<br>■ Objetivo de proteção da diversidade biológica, disciplinar a ocupação humana e sustentabilidade dos recursos ambientais.<br>■ Visitação (pesquisa e educação) estabelecida pela administração da unidade; e nas áreas particulares, segundo as regras do proprietário.<br>■ Na pública, forma-se um conselho da Área de Proteção Ambiental do qual participam a sociedade civil e representantes da população que ocupa a referida APA + integrantes do órgão público + os administradores da unidade de conservação. |

| | | | |
|---|---|---|---|
| **ÁREA DE RELEVANTE INTERESSE ECOLÓGICO** | ■ Uso Sustentável | ■ Público ou Privado | ■ Área de pequena extensão com pouca ou nenhuma ocupação humana.<br>■ Apresenta características naturais extraordinárias ou abriga raros exemplares da biota regional.<br>■ Objetiva manter ecossistemas naturais de importância regional ou local e equilibrar o uso com a conservação da natureza. |
| **FLORESTA NACIONAL** | ■ Uso Sustentável | ■ Público | ■ Área com cobertura florestal de espécies nativas. Nos Estados, é Floresta Estadual. Nos Municípios, é Floresta Municipal.<br>■ Finalidade de uso múltiplo e sustentado dos recursos florestais.<br>■ Pesquisa científica voltada para métodos de exploração sustentada de florestas nativas.<br>■ Admitida a mantença de *população tradicional* à época já existente, segundo o que dispuser o plano de manejo.<br>■ Visitação admitida segundo as regras da administração da UC.<br>■ Pesquisa permitida e incentivada, sujeita à pré-aprovação da administração da UC.<br>■ Conselho Consultivo (administração da UC + representantes de órgãos públicos + sociedade civil + população tradicional se houver). |
| **RESERVA EXTRATIVISTA** | ■ Uso Sustentável | ■ Público | ■ Utilizada por população extrativista tradicional (subsistência extrativista + agricultura de subsistência + criação de animais de pequeno porte).<br>■ Proteger os meios de vida dessas populações e assegurar o uso sustentado dos recursos ambientais da UC.<br>■ Uso dos recursos concedido apenas às populações extrativistas tradicionais; Instrumento contratual, observada a regra de não poder usar espécies e seus habitats ameaçados de extinção (local); não poder impedir a regeneração das espécies e respeito ao plano de manejo.<br>■ Conselho Deliberativo que aprovará o plano de manejo e gerenciará (administração da UC + representantes de órgãos públicos + sociedade civil + população tradicional se houver).<br>■ Visitação admitida segundo as regras da administração da UC.<br>■ Pesquisa permitida e incentivada, sujeita à pré-aprovação da administração da UC.<br>■ Proibidas a caça amadora e profissional e a exploração de recursos minerais. Exploração madeireira somente se feita de forma sustentada e com aprovação do plano de manejo. |
| **RESERVA DA FAUNA** | ■ Uso Sustentável | ■ Público | ■ Área natural com animais nativos (terrestres ou aquáticos), residentes ou migratórios.<br>■ Finalidade de estudo técnico-científico sobre o manejo econômico sustentável de recursos faunísticos. Admitido o comércio dos subprodutos derivados das pesquisas, segundo a lei de proteção à fauna.<br>■ Visitação admitida em compatibilidade com o plano de manejo e pré-condições da administração da UC.<br>■ É proibida a caça amadorista e profissional. |

| | | | |
|---|---|---|---|
| **RESERVA DE DESENVOLVIMENTO SUSTENTÁVEL** | ■ Uso Sustentável | ■ Público ou Privado | ■ Área natural que abriga populações tradicionais.<br>■ População tradicional que se baseia em sistema sustentável de exploração de recursos naturais (geneticamente transferidos, integrados ao ecossistema e que desempenham papel de proteção da natureza e manutenção da diversidade biológica).<br>■ Uso dos recursos concedido apenas às populações extrativistas tradicionais; Instrumento contratual, observada a regra de não poder usar espécies e seus habitats ameaçados de extinção (local); não poder impedir a regeneração das espécies e respeito ao plano de manejo. |
| **RESERVA PARTICULAR DO PATRIMÔNIO NATURAL** | ■ Uso Sustentável | ■ Privada | ■ Área provada gravada de perpetuidade, e averbadas as limitações na matrícula do imóvel.<br>■ Objetivo de conservar a diversidade biológica.<br>■ Pesquisa científica.<br>■ Visitação com objetivos turísticos, recreativos e educacionais.<br>■ Plano de manejo ou gestão elaborado pelo proprietário com orientação científica dos órgãos integrantes do SNUC. |

## ■ 6.5.5. Estatuto das Cidades (Lei n. 10.257/2001)

A Constituição Federal dedicou todo o Capítulo II de seu Título VII à **Política Urbana**. Dentre as regras ali contidas, a mais importante é, sem dúvida, a que diz respeito ao seu **objetivo:**

> "Art. 182. A política de desenvolvimento urbano, executada pelo Poder Público municipal, conforme diretrizes gerais fixadas em lei, tem por **objetivo** ordenar o **pleno desenvolvimento** das **funções sociais** da cidade e garantir o **bem-estar** de seus habitantes."

Vê-se, assim, que a política urbana, da forma como delineada pela Constituição Federal, deve visar atingir essencialmente dois objetivos:

- desenvolver plenamente as funções sociais da cidade;
- garantir o bem-estar dos habitantes.

O fato, todavia, é que, ainda que não esteja ali expresso, absolutamente nenhuma política urbana pode deixar de lado as preocupações com as **questões ambientais**, não apenas porque as cidades se desenvolvem sobre o **solo** (recurso natural), mas acima de tudo porque tantos outros bens ambientais — água, ar, solo, etc. — são **diretamente afetados** pelas transformações urbanas causadas pelo ser humano.

No tocante à **competência constitucional** relativa à política urbana, há que se diferenciar:

- competência legislativa: cabe à União fixar as regras gerais e diretrizes para o pleno desenvolvimento urbano (art. 21, XX); e
- competência administrativa/material: cabe ao Poder Público Municipal **executar** a política urbana (art. 182, *caput*).

Recebeu, ainda, especial atenção do constituinte o **Plano Diretor Urbano**, **obrigatório** para cidades com **mais de 20 mil habitantes:**

> "Art. 182. (...)
>
> § 1º O plano diretor, aprovado pela Câmara Municipal, obrigatório para cidades com mais de vinte mil habitantes, é o instrumento básico da política de desenvolvimento e de expansão urbana.
>
> § 2º A propriedade urbana cumpre sua função social quando atende às exigências fundamentais de ordenação da cidade expressas no plano diretor. (...)"

Trata-se, como se vê, do "**instrumento básico** da política de desenvolvimento e de expansão urbana", cuja obediência, aliás, determina se a **propriedade** está cumprindo sua **função social**.

Nesse diapasão, visando regulamentar as diretrizes traçadas no texto constitucional, já em 1988 surgiu um projeto de lei para criação do estatuto das cidades, de lavra do Senador Pompeu de Sousa. Entretanto, apenas no ano de **2001** foi promulgada a **Lei n. 10.257**.

Analisando, então, mais detidamente a lei, o que se vê é que foi estruturada em **5 capítulos**, assim divididos:

- I — Das Diretrizes Gerais;
- II — Dos Instrumentos da Política Urbana;
- III — Do Plano Diretor;
- IV — Da Gestão Democrática da Cidade; e
- V — Disposições Gerais.

Quanto aos **instrumentos da política urbana** — sem dúvida, o mais extenso e importante capítulo da lei —, foram divididos em 4 grandes grupos:

- planos de desenvolvimento urbano (nacional, regional, estadual, regiões metropolitanas, aglomerações urbanas, microrregiões e municipal);
- instrumentos de planejamento municipal;
- institutos tributários e financeiros;
- institutos jurídicos e econômicos.

Conforme o **art. 4º, III**, são instrumentos do **planejamento municipal:**

"Art. 4º Para os fins desta Lei, serão utilizados, entre outros instrumentos: (...)
III — planejamento municipal, em especial:
*a)* plano diretor;
*b)* disciplina do parcelamento, do uso e da ocupação do solo;
*c)* zoneamento ambiental;
*d)* plano plurianual;
*e)* diretrizes orçamentárias e orçamento anual;
*f)* gestão orçamentária participativa;
*g)* planos, programas e projetos setoriais;
*h)* planos de desenvolvimento econômico e social; (...)"

Por sua vez, os institutos **tributários e financeiros** são os seguintes, de acordo com o **inciso IV** do mesmo **art. 4º:**

"Art. 4º Para os fins desta Lei, serão utilizados, entre outros instrumentos: (...)
IV — institutos tributários e financeiros:
*a)* imposto sobre a propriedade predial e territorial urbana — IPTU;
*b)* contribuição de melhoria;
*c)* incentivos e benefícios fiscais e financeiros; (...)"

Já os institutos arrolados como **jurídicos e políticos** são:

"Art. 4º Para os fins desta Lei, serão utilizados, entre outros instrumentos: (...)
V — institutos jurídicos e políticos:
*a)* desapropriação;
*b)* servidão administrativa;
*c)* limitações administrativas;
*d)* tombamento de imóveis ou de mobiliário urbano;
*e)* instituição de unidades de conservação;
*f)* instituição de zonas especiais de interesse social;
*g)* concessão de direito real de uso;
*h)* concessão de uso especial para fins de moradia;
*i)* parcelamento, edificação ou utilização compulsórios;
*j)* usucapião especial de imóvel urbano;
*l)* direito de superfície;
*m)* direito de preempção;
*n)* outorga onerosa do direito de construir e de alteração de uso;

*o)* transferência do direito de construir;

*p)* operações urbanas consorciadas;

*q)* regularização fundiária;

*r)* assistência técnica e jurídica gratuita para as comunidades e grupos sociais menos favorecidos;

*s)* referendo popular e plebiscito;

*t)* demarcação urbanística para fins de regularização fundiária;

*u)* legitimação de posse."

Para o que aqui nos interessa, o mais importante é que todos estes instrumentos devem servir, ainda que indiretamente, para a **proteção do meio ambiente natural**. Inclusive, a preocupação com os recursos ambientais ganha ainda mais importância nos ambientes urbanos, onde, por conta de todo tipo de poluição, diminui-se muito a qualidade de vida.

Nesse contexto, porém, destaca-se, como instrumento ligado ao direito **ambiental** (e não apenas urbanístico), o **Estudo Prévio de Impacto de Vizinhança (EIV)** (art. 4º, VI, do Estatuto das Cidades).

Regulamentado nos **arts. 36 a 38** da Lei n. 10.257/2001, o EIV tem por característica ser mais um **estudo ambiental**, com o objetivo, ainda que secundário, de **avaliar impactos ambientais**, sendo, portanto, instrumento da Política Nacional do Meio Ambiente (art. 9º, I, da Lei n. 6.938/81).

Além de cuidar de impactos urbanísticos, o EIV se presta à avaliação de **impactos ambientais** nas cidades, como expressamente se verifica no art. **37, VII**, do Estatuto da Cidade. Todavia, importante deixar claro que o estudo de impacto de vizinhança **não substitui**, por expressa dicção do **art. 38** da mesma lei, os estudos de impactos ambientais. Vejamos os dispositivos:

"Art. 36. Lei municipal definirá os empreendimentos e atividades privados ou públicos em área urbana que dependerão de elaboração de Estudo Prévio de Impacto de Vizinhança (EIV) para obter as licenças ou autorizações de construção, ampliação ou funcionamento a cargo do Poder Público municipal.

Art. 37. O EIV será executado de forma a contemplar os efeitos positivos e negativos do empreendimento ou atividade quanto à qualidade de vida da população residente na área e suas proximidades, incluindo a análise, no mínimo, das seguintes questões:

I — adensamento populacional;

II — equipamentos urbanos e comunitários;

III — uso e ocupação do solo;

IV — valorização imobiliária;

V — geração de tráfego e demanda por transporte público;

VI — ventilação e iluminação;

VII — paisagem urbana e patrimônio natural e cultural.

Parágrafo único. Dar-se-á publicidade aos documentos integrantes do EIV, que ficarão disponíveis para consulta, no órgão competente do Poder Público municipal, por qualquer interessado.

Art. 38. A elaboração do EIV não substitui a elaboração e a aprovação de Estudo Prévio de Impacto Ambiental (EIA), requeridas nos termos da legislação ambiental."

O convívio dos dois estudos de impacto (ambiental e vizinhança) existe porque a finalidade primordial do EIV é prevenir, evitar e acautelar as cidades contra um **crescimento desordenado**, garantindo a proteção do bem-estar de seus habitantes por intermédio da valorização da função social da propriedade urbana.

É claro que, para isso, pela **essencialidade** do meio ambiente à qualidade de vida de todos, é imprescindível que o **EIV** analise, como expressamente exige o transcrito art. 37, VII, impactos ao equilíbrio ecológico.

É claro que, embora deva ser *prévio*, nada impede que o estudo de impacto de vizinhança seja posterior à licença de operação. Não será incomum que seja requerido e realizado o EIV em hipóteses em que o adensamento populacional desordenado e o fenômeno de conurbação aproximam de modo desaconselhável áreas residenciais de áreas de uso industrial ou misto. Nestas situações é preciso que se estabeleça, com absoluto equilíbrio, contraditório e alternativas factíveis, métodos e técnicas que permitam compatibilizar as duas situações aparentemente inconciliáveis. Nesse diapasão, se for impossível a compatibilização, deve-se aplicar, com responsabilidade e adequação, após a realização de um Zoneamento Ecológico Econômico, a regra do art. 3º, parágrafo único, do Decreto n. 4.297/2002 (zoneamento ecológico econômico), ao dizer que "o ZEE na **distribuição espacial das atividades econômicas**, levará em conta a **importância ecológica**, as **limitações e as fragilidades dos ecossistemas**, estabelecendo vedações, restrições e **alternativas de exploração do território** e determinando, quando for o caso, inclusive a **relocalização de atividades incompatíveis com suas diretrizes gerais**".

## ■ 6.5.6. Lei de Gestão das Florestas Públicas (Lei n. 11.284/2006)

Desde o seu surgimento, a Lei n. 11.284/2006 foi alvo de embates políticos e opiniões que a apontavam como uma espécie de "entrega das florestas públicas brasileiras à iniciativa privada". Chegou-se a usar a expressão "privatização das florestas brasileiras".

Mesmo deixando de lado tais polêmicas questões, pensamos que, para um melhor entendimento da referida lei, é importante tecer breves considerações sobre a situação das florestas públicas quando de sua promulgação.

Segundo dados colhidos da Organização das Nações Unidas para Agricultura e Alimentação (FAO), o Brasil possui **554 milhões de hectares de floresta**, contendo a **segunda maior área florestal** do mundo.

Desse total, ainda, **50%** constituem área **pública**, sendo que, em relação à Amazônia, o percentual sobe para 75%. Infelizmente, todavia, é constante a ocupação ilegal, a invasão e o desmatamento, seja em razão da expansão das atividades **agropecuárias**, seja em razão da **exploração ilegal de madeira**.

Justamente em razão da falta de fiscalização e monitoramento das florestas públicas brasileiras é que o governo criou o **Programa Florestas Nacionais (FLONAS)**, por meio do **Decreto n. 2.473/98**, que veio regulamentar os arts. 5º, *b*, 15 e 19 do Código Florestal (Lei n. 4.771/65), tendo por finalidade "dinamizar o manejo florestal sustentável de produtos madeireiros e não madeireiros, em caráter empresarial ou comunitário".

Por intermédio do FLONAS, já se antevia uma tendência de se estabelecer uma exploração racional das florestas públicas como forma de atender à demanda e, em especial, evitar o desmatamento clandestino, que não conseguia ser estancado por falta de condições dos órgãos públicos de exercer tal mister.

Nesse diapasão, no final de 2002, o governo brasileiro, por intermédio do Ministério do Meio Ambiente, e tendo em vista a situação periclitante de desmatamento das florestas públicas, apresentou exposição de motivos de uma futura lei que teria por alvo a **regulamentação da concessão das florestas nacionais**.

E, nessa esteira, em outubro de 2004, o Ministério do Meio Ambiente formou uma comissão mista, envolvendo diversos setores da sociedade civil, que culminou com a formação do **Projeto de Lei n. 4.776/2005**, cujo desiderato era permitir a **exploração particular** das florestas nacionais, segundo um regime de **concessão florestal** com manejo sustentável e controlado.

Tal projeto resultou justamente na Lei n. 11.284/2006.

A lei tem alguns pontos marcantes, que ressaltamos desde logo:

- implementou a regulação da gestão das florestas públicas para a **Produção Sustentável** de produtos madeireiros, não madeireiros e de serviços relacionados à natureza;
- criou, na estrutura do Ministério do Meio Ambiente, o **Serviço Florestal Brasileiro (SFB)**;
- criou, igualmente, o **Fundo Nacional de Desenvolvimento Florestal (FNDF)**.

Contendo cinco títulos diferentes, a referida lei reserva o Título I para os **princípios regentes da concessão florestal**[26] e as **definições** de alguns termos e institutos que estão contidos na própria lei, tais como *florestas públicas, produtos florestais, serviços florestais, ciclo, manejo florestal, concessão florestal, unidade de manejo, lote de concessão florestal, comunidades locais, inventário amostral*, etc.

Já o Título II e o Título III são integralmente dedicados à atividade-fim da própria lei, que é regulamentar a gestão das florestas públicas para a produção sustentável.

É de se destacar no Título II o fato de o legislador estabelecer que a gestão das florestas públicas pode se dar de **três formas distintas:**

- **gestão direta** por parte do Poder Público: para tanto, poderá firmar convênios, termos de parceria, devendo ser respeitadas as regras de licitação;
- **destinação das terras às comunidades locais:** por intermédio da criação de *assentamento florestal, reserva extrativista* ou ainda *reserva de desenvolvimento sustentável* e outros similares, nos termos do art. 189 da CF/88 (área de quilombolas, território indígena, etc.);
- **concessão florestal:** trata-se da delegação feita pelo Poder Público do direito de praticar manejo florestal sustentável para exploração de produtos e serviços.

[26] "Art. 2º Constituem princípios da gestão de florestas públicas:

I — a proteção dos ecossistemas, do solo, da água, da biodiversidade e valores culturais associados, bem como do patrimônio público;

II — o estabelecimento de atividades que promovam o uso eficiente e racional das florestas e que contribuam para o cumprimento das metas do desenvolvimento sustentável local, regional e de todo o País;

III — o respeito ao direito da população, em especial das comunidades locais, de acesso às florestas públicas e aos benefícios decorrentes de seu uso e conservação;

IV — a promoção do processamento local e o incentivo ao incremento da agregação de valor aos produtos e serviços da floresta, bem como à diversificação industrial, ao desenvolvimento tecnológico, à utilização e à capacitação de empreendedores locais e da mão de obra regional;

V — o acesso livre de qualquer indivíduo às informações referentes à gestão de florestas públicas, nos termos da Lei n. 10.650, de 16 de abril de 2003;

VI — a promoção e difusão da pesquisa florestal, faunística e edáfica, relacionada à conservação, à recuperação e ao uso sustentável das florestas;

VII — o fomento ao conhecimento e a promoção da conscientização da população sobre a importância da conservação, da recuperação e do manejo sustentável dos recursos florestais;

VIII — a garantia de condições estáveis e seguras que estimulem investimentos de longo prazo no manejo, na conservação e na recuperação das florestas."

Contudo, é preciso entender que as **florestas públicas** (nacionais, estaduais e municipais) que poderão se submeter ao regime de gestão sustentada, especialmente sob a forma de **concessão florestal**, devem, primeiro, ser juridicamente reconhecidas como "floresta pública".

Isso mesmo. É que após o advento da **Lei de Unidades de Conservação**,[27] o legislador criou dois tipos de **espaços ambientais especialmente protegidos:** os de **proteção integral** e os de **uso sustentável** (art. 7º da Lei n. 9.985/2000).

Nos termos do art. 14, III, da referida lei, a **floresta nacional** integra a categoria dos espaços de **uso sustentável** e, como qualquer outro, deve se submeter a um **procedimento legal** para ser criada, nos termos dos arts. 22 e ss.

Isso quer dizer que não basta existir enormes quantidades de espaços naturais que sejam de propriedade do Poder Público para que seja procedida a concessão florestal.

Antes de qualquer coisa, é preciso que a **floresta nacional** seja criada, atendendo à tipologia descrita no **art. 17** da Lei n. 9.985/2000, e que tal criação seja feita segundo os ditames dos arts. 22 e ss. desse mesmo diploma. Apenas depois de dito espaço ambiental ser reconhecido como "floresta nacional" é que se permitirá realizar a gestão direta ou indireta (concessão florestal) pelo Poder Público.

Por intermédio da concessão florestal (art. 3º, VII),[28] o poder público concede a **particulares**, por meio de **licitação**, o direito de praticar o manejo florestal de uma dada floresta pública para a exploração de **produtos e serviços**, mediante **pagamento pelo uso** destes com certas responsabilidades, conforme regras estabelecidas pelo Serviço Florestal Brasileiro e por período determinado no contrato.

Tal como foi dito, tanto o Título II quanto o III da lei se destinam a regular a concessão florestal, e neles vamos encontrar inúmeros institutos que servem de ferramenta para lhes dar tessitura e arcabouço.

O primeiro desses institutos é o **plano anual de outorga florestal**, cujo papel fundamental é conter "a descrição de todas as florestas públicas a serem submetidas a processos de concessão no ano em que vigorar" (art. 10).

---

[27] Ver, *supra*, o *item. 6.5.5.*

[28] "Art. 3º Para os fins do disposto nesta Lei, consideram-se: (...)

VII — **concessão florestal:** delegação onerosa, feita pelo poder concedente, do direito de praticar manejo florestal sustentável para exploração de produtos e serviços numa unidade de manejo, mediante licitação, à pessoa jurídica, em consórcio ou não, que atenda às exigências do respectivo edital de licitação e demonstre capacidade para seu desempenho, por sua conta e risco e por prazo determinado; (...)."

Em seguida, a lei trata do **processo de outorga**, de que devem constar o **objeto**, a **unidade de manejo** e a **justificativa** da conveniência da concessão florestal.

Posteriormente, o legislador trata, no art. 14, do **objeto da concessão florestal:**

> "Art. 14. A concessão florestal terá como objeto a **exploração de produtos e serviços florestais**, contratualmente **especificados**, em **unidade de manejo** de floresta pública, com perímetro georreferenciado, registrada no respectivo cadastro de florestas públicas e incluída no lote de concessão florestal."

Merecem destaque, ainda, no **art. 16**, as regras que excluem diversos aspectos ambientais do objeto de concessão florestal.

É de se registrar que um dos maiores receios em relação à concessão florestal é o **acesso do particular**, concessionário, ao celeiro de biodiversidade existente no nosso país que nem sequer ainda foi explorado pelo Poder Público. Quantos sais, remédios e conhecimento tradicional ainda não foram devidamente registrados e explorados no nosso país? Plantas medicinais, fármacos, produtos de estética poderão ser descobertos mediante o estudo e a pesquisa da biodiversidade contida nas florestas brasileiras. Vejamos:

> "Art. 16. A concessão florestal confere ao concessionário somente os **direitos expressamente previstos no contrato** de concessão.
>
> § 1º É **vedada** a outorga de qualquer dos seguintes direitos no âmbito da concessão florestal:
>
> I — **titularidade imobiliária** ou **preferência** em sua aquisição;
>
> II — **acesso ao patrimônio genético** para fins de pesquisa e desenvolvimento, bioprospecção ou constituição de coleções;
>
> III — uso dos **recursos hídricos** acima do especificado como insignificante, nos termos da Lei n. 9.433, de 8 de janeiro de 1997;
>
> IV — exploração dos **recursos minerais**;
>
> V — exploração de recursos **pesqueiros** ou da **fauna** silvestre;
>
> VI — comercialização de **créditos** decorrentes da emissão evitada de **carbono** em florestas naturais."

Na Seção V do mesmo Título II **(art. 18)**, o legislador trata da necessidade de ser realizado o **licenciamento ambiental** da área objeto da concessão, mas traz algumas peculiaridades. Vejamos:

"Art. 18. A **licença prévia** para uso sustentável da unidade de manejo será requerida pelo **órgão gestor**, mediante a apresentação de **relatório ambiental preliminar** ao órgão ambiental competente integrante do Sistema Nacional do Meio Ambiente — SISNAMA.

§ 1º Nos **casos potencialmente causadores de significativa degradação do meio ambiente**, assim considerados, entre outros aspectos, em função da escala e da intensidade do manejo florestal e da peculiaridade dos recursos ambientais, será exigido **estudo prévio de impacto ambiental — EIA** para a concessão da licença prévia.

§ 2º O órgão ambiental licenciador poderá optar pela realização de relatório ambiental preliminar e EIA que abranjam **diferentes unidades de manejo** integrantes de um **mesmo lote** de concessão florestal, desde que as unidades se situem no **mesmo ecossistema** e no **mesmo Estado**.

§ 3º Os **custos** do relatório ambiental preliminar e do EIA serão **ressarcidos pelo concessionário ganhador da licitação**, na forma do art. 24 desta Lei.

§ 4º A licença prévia autoriza a elaboração do PMFS e, no caso de unidade de manejo inserida no Paof, a licitação para a concessão florestal.

§ 5º O início das atividades florestais na unidade de manejo somente poderá ser efetivado com a aprovação do respectivo PMFS pelo órgão competente do Sisnama e a consequente obtenção da licença de operação pelo concessionário.

§ 6º O processo de licenciamento ambiental para uso sustentável da unidade de manejo compreende a licença prévia e a licença de operação, não se lhe aplicando a exigência de licença de instalação.

§ 7º Os conteúdos mínimos do relatório ambiental preliminar e do EIA relativos ao manejo florestal serão definidos em ato normativo específico.

§ 8º A aprovação do **plano de manejo** da unidade de conservação referida no inciso I do art. 4º desta Lei, nos termos da Lei n. 9.985, de 18 de julho de 2000, **substitui a licença prévia** prevista no *caput* deste artigo, sem prejuízo da elaboração de EIA nos casos previstos no § 1º deste artigo e da observância de outros requisitos do licenciamento ambiental."

Inicialmente, vê-se que o artigo trata como regra a **desnecessidade de EIA/RIMA**, exigindo apenas que seja feito o **relatório ambiental preliminar** para a obtenção da **licença prévia**.

Contudo, não descarta a possibilidade de ser realizado EIA/RIMA, dependendo da situação e do impacto em cada caso concreto, como se percebe do § 1º.

Ao **órgão gestor** (*caput*) cabe o pedido de licença prévia, e, após ter sido realizada a licitação, os **custos** dessa licença serão ressarcidos pelo **concessionário** (§ 3º), que só poderá iniciar a operação de suas atividades após a obtenção da licença de operação (§ 5º).

Não há necessidade, ainda, de **licença de instalação**, bastando a licença prévia e a licença de operação (§ 6º).

Em seguida, o legislador cuida da **habilitação**, ou seja, daqueles que poderão ostentar a condição de concessionário, estando, portanto, autorizados a participar da **licitação** da concessão florestal. Vejamos:

> "Art. 19. Além de outros requisitos previstos na Lei n. 8.666, de 21 de junho de 1993, exige-se para **habilitação** nas licitações de concessão florestal a comprovação de **ausência** de:
>
> I — débitos inscritos na dívida ativa relativos a **infração ambiental** nos órgãos competentes integrantes do Sisnama;
>
> II — decisões **condenatórias**, com **trânsito em julgado**, em **ações penais** relativas a crime contra o **meio ambiente** ou a **ordem tributária** ou a **crime previdenciário**, observada a reabilitação de que trata o art. 93 do Decreto-Lei n. 2.848, de 7 de dezembro de 1940 — Código Penal.
>
> § 1º Somente poderão ser habilitadas nas licitações para concessão florestal **empresas** ou outras **pessoas jurídicas** constituídas sob as **leis brasileiras** e que tenham **sede e administração no País**.
>
> § 2º Os órgãos do Sisnama organizarão sistema de informações unificado, tendo em vista assegurar a emissão do comprovante requerido no inciso I do *caput* deste artigo."

De plano, como se vê, excluem-se aqueles que já tenham cometido **infração ambiental** em **qualquer esfera política** de órgão que compõe o SISNAMA, bem como aqueles que já tenham sido **condenados por crimes ambientais**. Além disso, há a importante vedação do § 1º, relacionada com o receio de que estrangeiros possam usurpar clandestinamente a nossa biodiversidade.

Posteriormente, ainda no Título II, o legislador dedica-se a firmar uma série de regras minudentes sobre o que deve conter o **edital de licitação**, como deve ser o **critério de seleção**, o que deve conter o **contrato de concessão** e ainda qual o **regime financeiro e econômico** da concessão florestal (*preço florestal*), fixando aí não só os critérios que devem nortear dito **valor**, mas também como devem ser feitas a sua **repartição** e a sua **destinação**.

Quanto à destinação, parte da verba deve ir para o Fundo Nacional de Desenvolvimento Florestal, instituto que foi criado pela lei e que é destinado, segundo o art. 41, "a fomentar o desenvolvimento de atividades sustentáveis de base florestal no Brasil e a promover a inovação tecnológica do setor".

O Título III, a seu turno, cuida das responsabilidades referentes aos **órgãos de gestão e fiscalização da concessão florestal**, tratando dos deveres e da competência do poder concedente, da fiscalização a ser exercida pelos órgãos que compõem o SISNAMA, bem como da **Comissão de Gestão das Florestas Públicas**, órgão consultivo criado no âmbito do Ministério do Meio Ambiente.

Já o Título IV da referida lei destina-se, todo ele, ao **Serviço Florestal Brasileiro** (órgão gestor da concessão florestal), fixando-lhe a **organização** e a **estrutura**, bem como o sistema de gestão.

## ■ 6.5.7. Lei da Mata Atlântica (Lei n. 11.428/2006)

### ■ *6.5.7.1. Introdução*

Segundo o **art. 225, § 4º, da CF/88**, a **Mata Atlântica** constitui patrimônio nacional, de forma que a sua utilização só poderá ser feita segundo os ditames da legislação ambiental e dentro de condições que assegurem a preservação do equilíbrio ecológico (macrobem) e dos recursos ambientais naturais (microbens).

É muito comum ouvirmos falar em espécies de fauna ou flora que estejam em lista de extinção. Contudo, sem qualquer dúvida, e com muito lamento, é possível dizer que muitas vezes um bioma inteiro pode estar em risco de extinguir.

É exatamente isso o que se passa, infelizmente, com a Mata Atlântica.

Não foi por acaso, assim, que o legislador constitucional elevou a Mata Atlântica ao rótulo de patrimônio nacional. Isso se dá porque é incomensurável a importância ecológica desse bioma, que, por isso mesmo, deve ser preservado e tutelado como espaço especialmente protegido pelo texto constitucional.

### ■ *6.5.7.2. Importância ecológica do Bioma Mata Atlântica*

Apenas para se ter uma ideia, originalmente a Mata Atlântica ocupava uma área de aproximadamente **1.290.000 km²**, o que, em termos percentuais, refletia nada mais nada menos do que algo em torno de **12% do território brasileiro**.

Atualmente, essa extensão gira em torno de **7%** e, o que é pior, está totalmente **fragmentada** em bolsões interrompidos.

A título de ilustração da sua função ecológica, extraem-se dos *websites* do Ministério do Meio Ambiente e do IBAMA as informações de que sua função ecológica é mais do que essencial ao equilíbrio ecológico, porque é responsável por **regular o fluxo dos mananciais hídricos** (já que nela nascem diversos rios) e **controlar o clima** de forma decisiva na região onde está presente.

Além disso, é um bioma que possui uma das **maiores biodiversidades do mundo**,[29] com mais de:

- 20 mil tipos de vegetais (mais de 8 mil endêmicos);
- 250 espécies de mamíferos (55 endêmicas);
- 340 espécies de anfíbios (87 endêmicas);
- 197 espécies de répteis (60 endêmicas);
- 1.023 espécies de aves (188 endêmicas);
- 350 espécies de peixes (133 endêmicas).

Nessa lista não se incluem, ainda, os animais invertebrados, como borboletas, formigas e insetos em geral, nem aqueles, é claro, que sequer foram descobertos pelo homem.

### 6.5.7.3. *Proteção Legal da Mata Atlântica: a Lei n. 11.428/2006*

Foi diante desse quadro e da necessidade de preservar os processos essenciais à manutenção do equilíbrio ecológico que, poucos anos após o texto constitucional, entrou em vigor o **Decreto Presidencial n. 750/93**, que, contando com 14 artigos, trouxe importante regulamentação acerca do corte, exploração e a supressão de vegetação primária ou nos estágios avançado e médio de regeneração da Mata Atlântica.

No entanto, este decreto foi posteriormente revogado com a edição da **Lei n. 11.428/2006**, posteriormente regulamentada pelo Decreto n. 6.660/2008. Este, sem sombra de dúvida, representou certos retrocessos em relação ao Decreto n. 750/93, em relação às limitações que antes eram impostas ao corte e às supressões de áreas no Bioma Mata Atlântica.

Portanto, é a **Lei n. 11.428/2006** que regula hoje a utilização e a proteção da vegetação nativa do Bioma Mata Atlântica.

### 6.5.7.4. *Não é uma lei que impede o uso*

Em linhas gerais, pode-se dizer que esta **não é uma lei apenas de preservação da Mata Atlântica**, uma vez que, em fiel cumprimento do texto constitucional

[29] Ao tratar dos objetivos e princípios jurídicos do Bioma Mata Atlântica, o legislador reconheceu a sua importância ecológica ao asseverar no art. 6º que "a proteção e a utilização do Bioma Mata Atlântica têm por objetivo geral o desenvolvimento sustentável e, por objetivos específicos, a salvaguarda da biodiversidade, da saúde humana, dos valores paisagísticos, estéticos e turísticos, do regime hídrico e da estabilidade social".

(art. 225, § 4º), o legislador cuida de **normatizar**, mas **não de impedir**, a **utilização econômica do bioma**, destacando-se um regime jurídico fixado de acordo com os **estágios de regeneração** da vegetação.

### ■ 6.5.7.5. *Uma lei com muitos conceitos*

Destaca-se, na Lei n. 11.428/2006, a grande quantidade de **conceitos** que foram nela fixados.

Ao contrário do Decreto n. 750/93, o legislador teve a saudável preocupação de definir a **extensão da Mata Atlântica** e qual é exatamente o ecossistema que deve ser protegido pela lei.

Com a **definição dos tipos de vegetação** que compõem o bioma protegido pela lei, o legislador trouxe uma enorme **segurança jurídica** para os operadores do direito. Descreveu-se, minuciosamente, o que está ou não submetido ao **regime especial de fruição** descrito na legislação. Vejamos o **art. 2º:**

> "Art. 2º Para os efeitos desta Lei, consideram-se **integrantes do Bioma Mata Atlântica** as seguintes formações florestais nativas e ecossistemas associados, com as respectivas delimitações estabelecidas em mapa do Instituto Brasileiro de Geografia e Estatística — IBGE, conforme regulamento: **Floresta Ombrófila Densa**; **Floresta Ombrófila Mista**, também denominada de Mata de Araucárias; **Floresta Ombrófila Aberta**; **Floresta Estacional Semidecidual**; e **Floresta Estacional Decidual**, bem como os **manguezais**, as vegetações de **restingas**, **campos de altitude**, **brejos** interioranos e **encraves florestais** do Nordeste.
>
> Parágrafo único. Somente os remanescentes de vegetação nativa no estágio primário e nos estágios secundário inicial, médio e avançado de regeneração na área de abrangência definida no *caput* deste artigo terão seu uso e conservação regulados por esta Lei."

Interessante observar, ainda no art. 2º, a grande riqueza em termos de diversidade biológica da Mata Atlântica.

Mas não parou por aí, já que se reservou todo o **art. 3º** para definir diversos institutos que são invocados no corpo dos artigos subsequentes, a saber:

> "Art. 3º Consideram-se para os efeitos desta Lei:
>
> I — **pequeno produtor rural:** aquele que, residindo na zona rural, detenha a posse de gleba rural não superior a 50 (cinquenta) hectares, explorando-a mediante o trabalho pessoal e de sua família, admitida a ajuda eventual de terceiros, bem como as posses coletivas de terra considerando-se a fração individual não superior a 50 (cinquenta) hectares, cuja renda bruta seja proveniente de atividades ou usos agrícolas, pecuários ou silviculturais ou do extrativismo rural em 80% (oitenta por cento) no mínimo;

II — **população tradicional:** população vivendo em estreita relação com o ambiente natural, dependendo de seus recursos naturais para a sua reprodução sociocultural, por meio de atividades de baixo impacto ambiental;

III — **pousio:** prática que prevê a interrupção de atividades ou usos agrícolas, pecuários ou silviculturais do solo por até 10 (dez) anos para possibilitar a recuperação de sua fertilidade;

IV — **prática preservacionista:** atividade técnica e cientificamente fundamentada, imprescindível à proteção da integridade da vegetação nativa, tal como controle de fogo, erosão, espécies exóticas e invasoras;

V — **exploração sustentável:** exploração do ambiente de maneira a garantir a perenidade dos recursos ambientais renováveis e dos processos ecológicos, mantendo a biodiversidade e os demais atributos ecológicos, de forma socialmente justa e economicamente viável;

VI — **enriquecimento ecológico:** atividade técnica e cientificamente fundamentada que vise à recuperação da diversidade biológica em áreas de vegetação nativa, por meio da reintrodução de espécies nativas;

VII — **utilidade pública:**

*a)* atividades de segurança nacional e proteção sanitária;

*b)* as obras essenciais de infraestrutura de interesse nacional destinadas aos serviços públicos de transporte, saneamento e energia, declaradas pelo poder público federal ou dos Estados;

VIII — **interesse social:**

*a)* as atividades imprescindíveis à proteção da integridade da vegetação nativa, tais como: prevenção, combate e controle do fogo, controle da erosão, erradicação de invasoras e proteção de plantios com espécies nativas, conforme resolução do Conselho Nacional do Meio Ambiente — CONAMA;

*b)* as atividades de manejo agroflorestal sustentável praticadas na pequena propriedade ou posse rural familiar que não descaracterizem a cobertura vegetal e não prejudiquem a função ambiental da área;

*c)* demais obras, planos, atividades ou projetos definidos em resolução do Conselho Nacional do Meio Ambiente."

### ■ 6.5.7.6. Regime de corte e supressão

Como já mencionado, o legislador fixou um **regime de corte, supressão e exploração** do Bioma Mata Atlântica de acordo com a **situação da vegetação existente**, ou seja, se vegetação **primária** ou **secundária** e, neste último caso, se estiver em estágio de **regeneração médio ou avançado**.[30]

[30] "Art. 8º O corte, a supressão e a exploração da vegetação do Bioma Mata Atlântica far-se-ão de maneira diferenciada, conforme se trate de vegetação primária ou secundária, nesta última levando-se em conta o estágio de regeneração."

Quanto à vegetação **primária**, estabeleceu o seguinte:

> "Art. 20. O corte e a supressão da vegetação **primária** do Bioma Mata Atlântica somente serão autorizados em **caráter excepcional**, quando necessários à realização de obras, projetos ou atividades de utilidade pública, pesquisas científicas e práticas preservacionistas.
>
> Parágrafo único. O corte e a supressão de vegetação, no caso de **utilidade pública**, obedecerão ao disposto no art. 14 desta Lei, além da realização de Estudo Prévio de Impacto Ambiental/Relatório de Impacto Ambiental — EIA/RIMA."

Já a vegetação **secundária**, como se disse, recebeu duplo tratamento, de acordo com ser **médio** ou **avançado** seu estágio de **regeneração**. Obviamente, as exigências para exploração daquelas áreas em estágio **médio** de regeneração são menos rigorosas do que para o estágio **avançado**.

Aliás, no caso de vegetação **secundária** em estágio **avançado** de recuperação, o tratamento é o mesmo do estágio primário, com exceção, apenas, do disposto no art. 30, Vejamos:

> "Art. 21. O corte, a supressão e a exploração da **vegetação secundária em estágio avançado** de regeneração do Bioma Mata Atlântica somente serão autorizados:
>
> I — em caráter **excepcional**, quando necessários à execução de obras, atividades ou projetos de utilidade pública, pesquisa científica e práticas preservacionistas;
>
> II — (*Vetado*)
>
> III — nos casos previstos no **inciso I do art. 30** desta Lei.
>
> (...)
>
> Art. 30. É vedada a supressão de vegetação primária do Bioma Mata Atlântica, para fins de loteamento ou edificação, nas regiões metropolitanas e áreas urbanas consideradas como tal em lei específica, aplicando-se à supressão da **vegetação secundária em estágio avançado de regeneração** as seguintes restrições:
>
> I — nos perímetros urbanos aprovados até a data de início de vigência desta Lei, a supressão de vegetação secundária em estágio avançado de regeneração dependerá de prévia autorização do órgão estadual competente e somente será admitida, para fins de loteamento ou edificação, no caso de empreendimentos que garantam a preservação de vegetação nativa em estágio avançado de regeneração em no mínimo 50% (cinquenta por cento) da área total coberta por esta vegetação, ressalvado o disposto nos arts. 11, 12 e 17 desta Lei e atendido o disposto no Plano Diretor do Município e demais normas urbanísticas e ambientais aplicáveis;
>
> II — nos perímetros urbanos aprovados após a data de início de vigência desta Lei, é vedada a supressão de vegetação secundária em estágio avançado de regeneração do Bioma Mata Atlântica para fins de loteamento ou edificação."

Em relação ao regime jurídico da vegetação **secundária** em estágio **médio** de regeneração, determinou o legislador que:

> "Art. 28. O corte, a supressão e o manejo de espécies arbóreas pioneiras nativas em fragmentos florestais em estágio médio de regeneração, em que sua presença for superior a 60% (sessenta por cento) em relação às demais espécies, poderão ser autorizados pelo órgão estadual competente, observado o disposto na Lei n. 4.771, de 15 de setembro de 1965."

#### ■ *6.5.7.7. A compensação ambiental e o passivo ambiental*

Uma das exigências do legislador para permitir o corte e a supressão no Bioma Mata Atlântica é que seja realizada a **técnica da compensação ambiental**.

> "Art. 17. O corte ou a supressão de vegetação primária ou secundária nos estágios médio ou avançado de regeneração do Bioma Mata Atlântica, autorizados por esta Lei, ficam **condicionados à compensação ambiental**, na forma da destinação de **área equivalente à extensão da área desmatada**, com as mesmas características ecológicas, na mesma bacia hidrográfica, sempre que possível na mesma microbacia hidrográfica, e, nos casos previstos nos arts. 30 e 31, ambos desta Lei, em áreas localizadas no mesmo Município ou região metropolitana."

Contudo, como se vê, em vez de recair sobre a área degradada, a compensação pode ser feita por destinação de **área equivalente**. Com isso, infelizmente, permanece o "passivo ambiental" autorizado pelo órgão ambiental.

#### ■ *6.5.7.8. Atividades minerárias em áreas de vegetação secundária em estágio avançado e médio de regeneração*

O legislador previu de forma expressa a permissão para realizar atividades minerárias na Mata Atlântica, todavia apenas nas áreas de vegetação **secundária** em estágio **avançado** ou **médio** de regeneração. Não há, assim, permissão para atividades minerárias quando se trate de vegetação primária. É o que se vê no **art. 32:**

> "Art. 32. A supressão de vegetação **secundária** em estágio **avançado** e **médio** de regeneração para fins de **atividades minerárias** somente será admitida mediante:
>
> I — licenciamento ambiental, condicionado à apresentação de Estudo Prévio de Impacto Ambiental/Relatório de Impacto Ambiental — EIA/RIMA, pelo empreendedor, e desde que demonstrada a inexistência de alternativa técnica e locacional ao empreendimento proposto;

II — adoção de medida compensatória que inclua a recuperação de área equivalente à área do empreendimento, com as mesmas características ecológicas, na mesma bacia hidrográfica e sempre que possível na mesma microbacia hidrográfica, independentemente do disposto no art. 36 da Lei n. 9.985, de 18 de julho de 2000."

### ■ 6.5.8. Lei da Política Nacional de Resíduos Sólidos (Lei n. 12.305/2010)

#### ■ *6.5.8.1. Introdução*

Só no ano de 2010, o nosso país produziu 60,8 milhões de toneladas de resíduos sólidos urbanos. E, segundo dados da Associação Brasileira de Empresas de Limpeza Pública e Resíduos Especiais (ABRELPE), a média de lixo gerado por pessoa no país foi de 378 kg.

Desse total de lixo produzido, 6,5 milhões de toneladas não foram coletados e acabaram despejados no meio ambiente, contaminando rios, lagos, córregos, olhos d'água, nascentes, solos, lençóis freáticos, etc.

E, ainda, segundo informa a ABRELPE, desse total produzido, pelo menos 22,9 milhões de toneladas/ano não receberam destinação adequada, ou seja, acabaram em lixões ou aterros controlados, mas que não possuem tratamento de gases e chorume.

Assim, enquanto os índices de geração de resíduos aumentavam em progressão geométrica no nosso país (em proporção infinitamente superior ao índice de reciclagem e reutilização), adormecia no Congresso Nacional o Projeto de Lei de criação da Política Nacional de Resíduos Sólidos.

Após nada menos que 20 anos de trâmite no Congresso Nacional, enfim, em **2 de agosto de 2010**, entrou em vigor a **Lei n. 12.305**, que instituiu a **Política Nacional de Resíduos Sólidos**.

Era inconcebível que um tema de tamanha magnitude não tivesse sido ainda regulamentado por lei.

Explica-se a demora pelo fato de que o Projeto de Lei passou por intensos debates e muitas lutas contra *lobbies* econômicos. Afinal, a presente lei enfrentou problemas (e venceu alguns deles) de grande interesse econômico, como alteração de matrizes energéticas na produção de bens de consumo, responsabilização dos geradores de resíduos (empresas), educação do consumidor e alteração dos padrões de consumo, entre outros aspectos igualmente importantes.

A Lei n. 12.305/2010, regulamentada pelo Decreto n. 7.404/2010, representa uma grande **vitória da coletividade**, apesar do atraso, se considerada a importância do tema.

Nela é feita a **distinção** entre **resíduo** (lixo que pode ser reaproveitado ou reciclado) e **rejeito** (o que não é passível de reaproveitamento),[31] e, segundo o seu **art. 1º**, aplica-se a **todo tipo de resíduo** (doméstico, industrial, da construção civil, eletroeletrônico, lâmpadas de vapores mercuriais, agrossilvipastoril, da área de saúde, perigosos, etc.), excluindo os resíduos radioativos, que são regulamentados por legislação específica. Vejamos:

> "Art. 1º Esta Lei institui a **Política Nacional de Resíduos Sólidos**, dispondo sobre seus **princípios**, **objetivos** e **instrumentos**, bem como sobre as **diretrizes** relativas à gestão integrada e ao gerenciamento de resíduos sólidos, incluídos os perigosos, às responsabilidades dos geradores e do poder público e aos instrumentos econômicos aplicáveis.
>
> § 1º Estão sujeitas à observância desta Lei as pessoas **físicas** ou **jurídicas**, de direito **público** ou **privado**, responsáveis, **direta** ou **indiretamente**, pela geração de resíduos sólidos e as que desenvolvam **ações relacionadas** à gestão integrada ou ao gerenciamento de resíduos sólidos.
>
> § 2º Esta Lei não se aplica aos rejeitos **radioativos**, que são regulados por legislação específica."

## ■ *6.5.8.2. Uma política para cuidar dos resíduos sólidos*

Em matéria ambiental, é impossível um tratamento setorizado ou isolado dos recursos ambientais, bem como de suas relações com a poluição, porque, como já se disse, o macrobem ambiental (equilíbrio ecológico) é fruto da interação química, física e biológica de microbens ambientais (recursos ambientais), e é a partir desse equilíbrio que se mantém a vida em todas as suas formas. O caráter difuso, ubíquo e indivisível dos bens ambientais entre si obriga que toda forma de proteção desses bens seja feita tendo uma **política global**, porém com **ação local**.

---

[31] Tais conceitos estão definidos no **art. 3º:**

"Art. 3º Para os efeitos desta Lei, entende-se por: (...)

XV — **rejeitos:** resíduos sólidos que, depois de **esgotadas todas as possibilidades de tratamento e recuperação** por processos tecnológicos disponíveis e economicamente viáveis, não apresentem outra possibilidade que não a disposição final ambientalmente adequada;

XVI — **resíduos sólidos:** material, substância, objeto ou bem descartado resultante de atividades humanas em sociedade, a cuja destinação final se procede, se propõe proceder ou se está obrigado a proceder, nos estados sólido ou semissólido, bem como gases contidos em recipientes e líquidos cujas particularidades tornem inviável o seu lançamento na rede pública de esgotos ou em corpos d'água, ou exijam para isso soluções técnica ou economicamente inviáveis em face da melhor tecnologia disponível; (...)".

Os **impactos ambientais** têm **espectro amplo de abrangência**, mas devem ser **tratados na sua origem**, seja para corrigir os problemas já surgidos, seja para evitar que possam surgir.

Nessa linha de raciocínio é que o legislador ambiental percebeu que, em relação às questões ambientais, é necessário criar **políticas** ou um **sistema** com espectro **global**. Isso deve ser feito a partir de uma uniformidade de princípios, meios e fins que possam ser perseguidos em âmbito local.

Exatamente por isso, criou, corretamente, uma **Política Nacional de Resíduos Sólidos**, uma vez que é preciso traçar princípios, meios e fins gerais no âmbito nacional, para que sejam seguidos em âmbitos estaduais e municipais de acordo com as respectivas realidades ambientais que possuem.

Aliás, o que o legislador faz aqui é o mesmo que salutarmente já tinha feito em relação a outros setores das preocupações ambientais. Podemos citar, como exemplos de outras "Políticas ou Sistemas Nacionais" ambientais, as seguintes:

- Política Agrícola Nacional (Lei n. 8.171/91).
- Política Nacional de Recursos Hídricos (Lei n. 9.433/97).
- Política Nacional de Educação Ambiental (Lei n. 9.795/99).
- Política Federal de Saneamento Básico (Lei n. 11.445/2007).
- Sistema Nacional de Unidades de Conservação (Lei n. 9.985/2000).

Agiu, assim, o legislador com acerto ao criar a Política Nacional de Resíduos Sólidos, assim definida no **art. 4º da Lei n. 12.305/2010:**

> "Art. 4º A **Política Nacional de Resíduos Sólidos** reúne o conjunto de **princípios**, **objetivos**, **instrumentos**, **diretrizes**, **metas** e **ações** adotados pelo Governo Federal, isoladamente ou em regime de cooperação com Estados, Distrito Federal, Municípios ou particulares, com vistas à gestão integrada e ao gerenciamento ambientalmente adequado dos resíduos sólidos."

Nesse particular, também elogiável foi a exortação contida na lei para que os Estados e Municípios criem, respectivamente, os **Planos Estaduais e Municipais**, aderindo à política nacional, sob pena de não terem acesso a recursos ou incentivos ligados aos resíduos sólidos. Vejamos os **arts. 16 e 18** da referida lei:

> "Art. 16. A elaboração de **plano estadual** de resíduos sólidos, nos termos previstos por esta Lei, é **condição** para os Estados terem **acesso a recursos da União**, ou por ela controlados, destinados a empreendimentos e serviços relacionados à gestão de resíduos sólidos, ou para serem beneficiados por **incentivos** ou **financiamentos** de entidades federais de crédito ou fomento para tal finalidade."

> (...)
>
> "Art. 18. A elaboração de **plano municipal** de gestão integrada de resíduos sólidos, nos termos previstos por esta Lei, é **condição** para o Distrito Federal e os Municípios terem **acesso a recursos da União**, ou por ela controlados, destinados a empreendimentos e serviços relacionados à limpeza urbana e ao manejo de resíduos sólidos, ou para serem beneficiados por **incentivos** ou **financiamentos** de entidades federais de crédito ou fomento para tal finalidade."

E registre-se que, além dos Planos Nacional, Estaduais e Municipais, certas atividades geradoras de resíduos sólidos discriminadas no **art. 20** estão sujeitas à elaboração de **Planos de Gerenciamento de Resíduos Sólidos**. São elas:

> "Art. 20. Estão sujeitos à elaboração de **plano de gerenciamento de resíduos sólidos:**
>
> I — os geradores de resíduos sólidos previstos nas alíneas "e" **[serviços públicos de saneamento básico]**, "f" **[industriais]**, "g" **[serviços de saúde]** e "k" **[mineração]** do inciso I do art. 13;
>
> II — os estabelecimentos **comerciais** e de prestação de **serviços** que:
>
> *a)* gerem **resíduos perigosos**;
>
> *b)* gerem resíduos que, mesmo caracterizados como não perigosos, por sua natureza, composição ou volume, **não sejam equiparados aos resíduos domiciliares** pelo poder público municipal;
>
> III — as empresas de **construção civil**, nos termos do regulamento ou de normas estabelecidas pelos órgãos do Sisnama;
>
> IV — os responsáveis pelos terminais e outras instalações referidas na alínea "j" **[serviços de transportes]** do inciso I do art. 13 e, nos termos do regulamento ou de normas estabelecidas pelos órgãos do Sisnama e, se couber, do SNVS, as empresas de transporte;
>
> V — os responsáveis por atividades **agrossilvopastoris**, se exigido pelo órgão competente do Sisnama, do SNVS ou do Suasa."

O **conteúdo mínimo** do Plano de Gerenciamento de Resíduos Sólidos foi estabelecido no **art. 21**[32] da lei, e, ainda, consta de seu **art. 24** que é ele **parte integrante do processo de licenciamento ambiental**.

---

[32] "Art. 21. O plano de gerenciamento de resíduos sólidos tem o seguinte conteúdo mínimo:

I — descrição do empreendimento ou atividade;

II — diagnóstico dos resíduos sólidos gerados ou administrados, contendo a origem, o volume e a caracterização dos resíduos, incluindo os passivos ambientais a eles relacionados;

### 6.5.8.3. *Os conceitos na lei*

Tem sido prática costumeira do legislador em matéria ambiental estabelecer logo no início de uma lei uma série de **conceitos** que serão utilizados ao longo do referido diploma. Torna-se, assim, mais fácil, segura e precisa a interpretação dos institutos pelos operadores do direito.

Se para outros ramos do direito a prática não é tão aconselhável, em se tratando de matéria **ambiental** tais definições tornam-se importantes, na medida em que se lida, necessariamente, com **termos técnicos** que podem ser de difícil compreensão pelas pessoas em geral.

Assim é que o legislador dedicou nada menos que os **19 incisos do art. 3º** para definir uma série de termos, como "área contaminada", "ciclo de vida do produto", "coleta seletiva", "logística reversa", "rejeitos", "resíduos sólidos", etc.

### 6.5.8.4. *Destaques*

A Lei n. 12.305/2010 é, no seu contexto geral, muito importante para a proteção ambiental no país, pois cuida de um dos mais sérios e graves problemas da sociedade e que tem uma enorme repercussão no meio ambiente.

No entanto, embora toda a lei seja de grande importância e muito bem sistematizada, com definição de seu campo de aplicação, conceitos básicos que nela serão utilizados, princípios e objetivos, instrumentos de tutela, diretrizes, etc., merecem destaque na referida lei alguns institutos dignos de comentários.

O primeiro deles é a fixação da **responsabilidade compartilhada pelo ciclo de vida dos produtos (art. 3º, XVII)**. Define-se como:

---

III — observadas as normas estabelecidas pelos órgãos do Sisnama, do SNVS e do Suasa e, se houver, o plano municipal de gestão integrada de resíduos sólidos:

*a)* explicitação dos responsáveis por cada etapa do gerenciamento de resíduos sólidos;

*b)* definição dos procedimentos operacionais relativos às etapas do gerenciamento de resíduos sólidos sob responsabilidade do gerador;

IV — identificação das soluções consorciadas ou compartilhadas com outros geradores;

V — ações preventivas e corretivas a serem executadas em situações de gerenciamento incorreto ou acidentes;

VI — metas e procedimentos relacionados à minimização da geração de resíduos sólidos e, observadas as normas estabelecidas pelos órgãos do Sisnama, do SNVS e do Suasa, à reutilização e reciclagem;

VII — se couber, ações relativas à responsabilidade compartilhada pelo ciclo de vida dos produtos, na forma do art. 31;

VIII — medidas saneadoras dos passivos ambientais relacionados aos resíduos sólidos;

IX — periodicidade de sua revisão, observado, se couber, o prazo de vigência da respectiva licença de operação a cargo dos órgãos do Sisnama."

> "XVII — **responsabilidade compartilhada pelo ciclo de vida dos produtos:** conjunto de **atribuições** individualizadas e encadeadas dos **fabricantes**, **importadores**, **distribuidores** e **comerciantes**, dos **consumidores** e dos **titulares dos serviços** públicos de limpeza urbana e de manejo dos resíduos sólidos, para **minimizar o volume de resíduos sólidos e rejeitos gerados**, bem como para **reduzir os impactos** causados à saúde humana e à qualidade ambiental decorrentes do ciclo de vida dos produtos, nos termos desta Lei;"

O segundo é o que se denomina **logística reversa (art. 3º, XII):**

> "XII — **logística reversa:** instrumento de desenvolvimento econômico e social caracterizado por um conjunto de ações, procedimentos e meios destinados a **viabilizar a coleta e a restituição dos resíduos sólidos** ao setor empresarial, para **reaproveitamento**, em seu ciclo ou em outros ciclos produtivos, ou outra destinação final ambientalmente adequada;"

Esses dois institutos — "responsabilidade compartilhada pelo ciclo de vida dos produtos" e "logística reversa" — são, claramente, mecanismos implementadores do **Princípio do Poluidor/Usuário-Pagador**,[33] na medida em que **impõem aos poluidores o dever de internalizar no seu custo o impacto ambiental** causado pelo resíduo a que dão origem.

Nesse particular, **todos os responsáveis** pela geração do resíduo têm **responsabilidade compartilhada**.

## ■ 6.5.9. Lei das Competências Administrativas Ambientais (Lei Complementar n. 140/2011)

### ■ *6.5.9.1. Introdução e origens da lei das competências administrativas*

Como estudamos no Capítulo 5, o Texto Constitucional fixa a organização política e administrativa da República Federativa do Brasil entre a União, os Estados, o Distrito Federal e os Municípios.

Cada um desses entes possui **autonomia**, exercida por intermédio de **competências legislativas e administrativas** que estão igualmente estabelecidas e repartidas pela Constituição Federal.

Aqui, interessa-nos apenas a **competência administrativa ambiental**, que está delineada no **art. 23, III, VI e VII, e parágrafo único da CF/88:**

> "Art. 23. É competência comum da União, dos Estados, do Distrito Federal e dos Municípios: (...)

[33] A respeito do PUP, ver, *infra*, o *item 7.5*.

III — proteger os documentos, as obras e outros bens de valor histórico, artístico e cultural, os monumentos, as paisagens naturais notáveis e os sítios arqueológicos; (...)

VI — proteger o meio ambiente e combater a poluição em qualquer de suas formas;

VII — preservar as florestas, a fauna e a flora.

Parágrafo único. Leis complementares fixarão normas para a cooperação entre a União e os Estados, o Distrito Federal e os Municípios, tendo em vista o equilíbrio do desenvolvimento e do bem-estar em âmbito nacional."

Como se vê, a competência material para os assuntos ambientais é do tipo **comum**. Permite, assim, que todos os entes da federação atuem **paralelamente** e em **condições de igualdade** na tutela do equilíbrio ecológico.

Justamente visando melhor operacionalizar esse regramento, o **parágrafo único** do mesmo art. 23 deixa a cargo de **Lei Complementar da União** a fixação de **normas de cooperação** entre os referidos entes.

Tudo isso para buscar mais **segurança jurídica**, identificando o ente político competente para agir caso a caso, em cada uma das situações específicas que possam aparecer. Por outras palavras, definir "a qual ente compete o quê", no exercício do poder de polícia ambiental, uma vez que todos têm competência comum sobre tal matéria.

Durante muito tempo, então, a ausência de Lei Complementar para regulamentar a cooperação entre os entes políticos resultou num hercúleo **problema de sobreposição de atuações**. Problema esse que, não por acaso, desembocava num conflito de atribuições entregue ao **Poder Judiciário**.

A infeliz consequência era uma ineficiência do direito ambiental, sem contar a insegurança jurídica de todos os atores (do poder público ao empreendedor) sobre a competência para praticar os procedimentos administrativos ambientais. Com isso, distanciava-se muito do ideal cooperativo a que visa a competência comum do art. 23.

Era premente, então, que fosse editada Lei Complementar visando, justamente, dar rendimento à norma de repartição de competências ambientais do art. 23 da CF. Apesar de uma ou outra ação isolada buscando o entendimento entre os entes federativos, a verdade é que o que se tinha, como dito, era uma situação extremamente confusa.

Não se pode taxar de omissão (talvez de ineficiência) o fato de ter demorado nada mais nada menos que 23 anos para que fosse aprovada a **Lei Complementar n. 140/2011**, que, logo em seu **art. 1º**, declara seu objetivo:

"Art. 1º Esta Lei Complementar fixa normas, nos termos dos incisos III, VI e VII do *caput* e do parágrafo único do art. 23 da Constituição Federal, para a cooperação entre a União, os Estados, o Distrito Federal e os Municípios nas ações administrativas decorrentes do exercício da competência comum relativas à proteção das paisagens naturais notáveis, à proteção do meio ambiente, ao combate à poluição em qualquer de suas formas e à preservação das florestas, da fauna e da flora."

Aliás, desde 2003 já tramitava na Câmara dos Deputados o **PLP n. 12/2003**, ao qual posteriormente foi apensado o **Projeto de Lei n. 388/2007**, que por sinal era melhor em todos os sentidos.[34]

Aprovado sem emendas, o **Projeto n. 388/2007** foi o que deu tessitura à Lei Complementar n. 140/2001, na forma como foi aprovada em **8-12-2011**.

Conquanto seu objetivo tenha sido traçar as linhas mestras do federalismo cooperativo que deve existir entre União, Estados, Distrito Federal e Municípios na atuação administrativa em matéria ambiental (art. 23, parágrafo único, da CF/88), ela teve uma preocupação mais pontual com o **licenciamento ambiental**, que sempre foi a ferramenta administrativa mais agredida pela indevida superposição de atuações dos entes políticos.

### ■ 6.5.9.2. *Destaques da lei das competências administrativas*

Em linhas gerais, a referida lei tem por relevantes os aspectos a seguir.

Traz os importantes conceitos de **atuação supletiva** e **atuação subsidiária** logo em seu **art. 2º:**[35]

"Art. 2º Para os fins desta Lei Complementar, consideram-se:
I — **licenciamento ambiental:** o procedimento administrativo destinado a licenciar atividades ou empreendimentos utilizadores de recursos ambientais, efetiva ou potencialmente poluidores ou capazes, sob qualquer forma, de causar degradação ambiental;
II — **atuação supletiva:** ação do ente da Federação que se **substitui** ao ente federativo originariamente detentor das atribuições, nas hipóteses definidas nesta Lei Complementar;

[34] A justificativa inicial do PLP n. 12/2003 para a criação de normas de cooperação prevista no art. 23 da CF/88 era fundada nos resultados da CPI destinada a investigar o tráfico ilegal de animais e plantas silvestres da fauna e da flora brasileiras. A referida norma poderia tornar mais eficaz a realização das ações administrativas envolvendo os entes da federação. A justificativa do PLP n. 388/2007 já refletia a preocupação com "a bagunça e a confusão" causadoras de conflitos de atribuições envolvendo o exercício das competências administrativas pelos entes da federação.

[35] Desnecessário ter trazido o conceito de licenciamento ambiental, que já consta da Resolução CONAMA n. 237/97, e, em especial, pelo fato de que não se trata de uma lei de licenciamento, muito embora este instrumento tenha sido a ferramenta administrativa que mereceu atenção especial do legislador.

III — **atuação subsidiária:** ação do ente da Federação que visa a **auxiliar** no desempenho das atribuições decorrentes das competências comuns, quando solicitado pelo ente federativo originariamente detentor das atribuições definidas nesta Lei Complementar."

Elenca, em seu art. 3º, **objetivos** de cunho **genérico** (incisos I e II) e **específico**, mais ligados aos objetivos da lei (incisos III e IV). São eles:

"Art. 3º Constituem **objetivos fundamentais** da União, dos Estados, do Distrito Federal e dos Municípios, no exercício da **competência comum** a que se refere esta Lei Complementar:

I — proteger, defender e conservar o **meio ambiente** ecologicamente equilibrado, promovendo **gestão descentralizada, democrática e eficiente**;

II — garantir o **equilíbrio** do **desenvolvimento** socioeconômico com a **proteção** do meio ambiente, observando a **dignidade** da pessoa humana, a erradicação da **pobreza** e a redução das **desigualdades** sociais e regionais;

III — **harmonizar** as políticas e ações administrativas para **evitar a sobreposição** de atuação entre os entes federativos, de forma a **evitar conflitos de atribuições** e garantir uma atuação administrativa **eficiente**;

IV — garantir a **uniformidade** da política ambiental para todo o País, respeitadas as **peculiaridades** regionais e locais."

Elenca uma série de **instrumentos de cooperação** a serem implementados entre os entes políticos para concretizarem o federalismo cooperativo, tais como:

"Art. 4º Os **entes federativos** podem valer-se, entre outros, dos seguintes **instrumentos de cooperação** institucional:

I — **consórcios** públicos, nos termos da legislação em vigor;

II — **convênios**, **acordos** de cooperação técnica e outros instrumentos similares com órgãos e entidades do Poder Público, respeitado o art. 241 da Constituição Federal;

III — Comissão **Tripartite Nacional**, Comissões **Tripartites Estaduais** e Comissão **Bipartite do Distrito Federal**;

IV — **fundos** públicos e privados e outros instrumentos econômicos;

V — **delegação de atribuições** de um ente federativo a outro, respeitados os requisitos previstos nesta Lei Complementar;

VI — **delegação da execução** de ações administrativas de um ente federativo a outro, respeitados os requisitos previstos nesta Lei Complementar.

§ 1º Os instrumentos mencionados no inciso II [*convênios, acordos e similares*] do *caput* podem ser firmados com **prazo indeterminado**."

Sobre as comissões previstas no inciso III, traz o mesmo art. 4º regras sobre suas composições, além de garantir liberdade de organização:

> "Art. 4º (...)
>
> § 2º A Comissão **Tripartite Nacional** será formada, paritariamente, por representantes dos Poderes **Executivos da União, dos Estados, do Distrito Federal e dos Municípios**, com o objetivo de fomentar a gestão ambiental compartilhada e descentralizada entre os entes federativos.
>
> § 3º As Comissões **Tripartites Estaduais** serão formadas, paritariamente, por representantes dos Poderes **Executivos da União, dos Estados e dos Municípios**, com o objetivo de fomentar a gestão ambiental compartilhada e descentralizada entre os entes federativos.
>
> § 4º A Comissão **Bipartite do Distrito Federal** será formada, paritariamente, por representantes dos Poderes **Executivos da União e do Distrito Federal**, com o objetivo de fomentar a gestão ambiental compartilhada e descentralizada entre esses entes federativos.
>
> § 5º As Comissões Tripartites e a Comissão Bipartite do Distrito Federal terão sua organização e funcionamento regidos pelos respectivos **regimentos internos**."

Logo após, traz, em seus arts. 7º, 8º, 9º e 10, uma longa relação de competências da União, dos Estados, dos Municípios e do Distrito Federal. Repete-se, aí, uma série de critérios já fixados na Resolução CONAMA n. 237/97.

Reserva os **arts. 12 a 16** para tratar exclusivamente do **licenciamento ambiental**, sendo destaque:

- O licenciamento será exigido em apenas **uma esfera de competência**, com a possibilidade de **manifestação** dos demais entes federados interessados (art. 13).
- Os **prazos** devem ser respeitados pelo órgão licenciador, sob pena de instauração de competência **supletiva** (art. 14).
- São estabelecidas as hipóteses de competência **supletiva** para o licenciamento (para a União, supletiva ao Estado; e para os Municípios e Estados, supletiva aos Municípios) (art. 15).
- A **participação** — competência **subsidiária** — dos demais entes quando o licenciamento estiver sendo feito em outra esfera, por meio de apoio técnico, científico, administrativo ou financeiro (art. 16).

Cuida, ainda, no **art. 17**, de importantes regras em torno do **Poder de Polícia** decorrente de **licenciamentos** e **autorizações:**

> "Art. 17. Compete ao **órgão responsável pelo licenciamento ou autorização**, conforme o caso, de um empreendimento ou atividade, **lavrar auto de infração**

> **ambiental** e instaurar **processo administrativo** para a apuração de **infrações** à legislação ambiental cometidas pelo empreendimento ou atividade licenciada ou autorizada.
>
> § 1º **Qualquer pessoa legalmente identificada**, ao constatar **infração** ambiental decorrente de empreendimento ou atividade utilizadores de recursos ambientais, efetiva ou potencialmente poluidores, pode **dirigir representação** ao órgão a que se refere o *caput*, para efeito do exercício de seu poder de polícia.
>
> § 2º Nos casos de **iminência ou ocorrência de degradação da qualidade ambiental**, o **ente federativo** que tiver conhecimento do fato deverá **determinar medidas** para evitá-la, fazer cessá-la ou mitigá-la, **comunicando** imediatamente ao órgão competente para as providências cabíveis.
>
> § 3º O disposto no *caput* deste artigo não impede o exercício pelos entes federativos da **atribuição comum de fiscalização** da conformidade de empreendimentos e atividades efetiva ou potencialmente poluidores ou utilizadores de recursos naturais com a legislação ambiental em vigor, prevalecendo o auto de infração ambiental lavrado por órgão que detenha a atribuição de licenciamento ou autorização a que se refere o *caput*."

Logo se vê que cabe ao órgão responsável pelo **licenciamento** ou pela **autorização** exercer o Poder de Polícia, lavrando eventuais **autos de infração** e, mesmo, instaurando **processos administrativos** (*caput*). Tal atuação, ainda, pode ser **provocada** por qualquer pessoa legalmente identificada (§ 1º).

No caso de degradação ambiental, iminente ou atual, cabe a qualquer dos entes federativos tomar as medidas necessárias para fazer cessá-la, comunicando ao órgão competente para que este tome as providências cabíveis (§ 2º).

Outrossim, fica explícito que tal atuação não impede o exercício de atividade **fiscalizatória**. Todavia, prevalece eventual auto de infração lavrado pela autoridade competente (§ 3º).

Por fim, traz a lei importante regra de direito intertemporal:

> "Art. 18. Esta Lei Complementar aplica-se apenas aos **processos** de licenciamento e autorização ambiental **iniciados a partir de sua vigência**."

Há, por tudo isso, uma expectativa muito positiva de que a referida lei possa sanar, de uma vez por todas, a ineficiência da atuação dos entes políticos e seus órgãos ambientais no exercício do poder de polícia ambiental. Ineficiência esta que decorre, em grande parte, de uma inação dos órgãos ambientais para evitar a invasão de competências, e, ao reverso, porque causadora de superposição de atuações, ocasionando um verdadeiro *bis in idem* de medidas preventivas e repressivas em desfavor do particular.

Tais situações causaram enorme prejuízo não só à proteção do meio ambiente, mas também aos próprios empreendedores, que sempre se viam inseguros em relação a qual ente político se reportar. Espera-se que a Lei Complementar n. 140/2011 possa resolver esses graves problemas.

## ■ 6.5.10. Código Florestal (Lei n. 12.651/2012)

### ■ *6.5.10.1. Introdução histórica*

O antigo Código Florestal (Lei n. 4.771/65) era, até o advento da Lei n. 12.651/2012, um dos diplomas legislativos infraconstitucionais mais importantes — e por isso mais conhecidos — do ordenamento jurídico ambiental.

Publicado em 15 de setembro de 1965, porém mexido e remexido ao longo de sua existência, o Código Florestal brasileiro sobreviveu às pressões e opressões capitalistas e constituía-se, até a promulgação do novo Código, um instrumento imprescindível e decisivo para a proteção da vegetação nativa dos ecossistemas resguardados pelo art. 225, § 4º, da CF/88.[36]

Fazendo uma análise macroscópica do Código Florestal revogado, percebiam-se alguns aspectos de enorme relevância.

O primeiro deles é que tal Código revogado não **foi criado para tutelar diretamente o meio ambiente ecologicamente equilibrado**, que, como se sabe, é um bem jurídico constitucional de proteção autônoma. Com isso se quer dizer que não foi pensado o Código para ter como alvo de proteção a biodiversidade em primeiro plano, senão apenas reflexamente à tutela de outros interesses.

Basta a leitura dos primeiros dispositivos no Código revogado para se perceber que a proteção dos bens jurídicos ambientais ali existentes tinha uma finalidade instrumental (arts. 2º e 3º), o que, repita-se, não era, nem é, nenhum demérito.

É claro que essa circunstância nada mais era que o reflexo do estágio evolutivo em que se encontravam a ciência e a legislação ambiental naquela época. Recorde-se de que foi apenas com o advento da Lei da Política Nacional do Meio Ambiente — portanto, mais de 15 anos depois — e, em seguida, o da Constituição Federal que se reconheceu no plano normativo brasileiro a existência (e a proteção) do meio ambiente como um bem jurídico autônomo.

O que precisa ficar claro, porém, é que a proteção reflexa do meio ambiente ecologicamente equilibrado **não retirava a importância daquele Código que**

---

36 CF, art. 225, § 4º: "A Floresta Amazônica brasileira, a Mata Atlântica, a Serra do Mar, o Pantanal Mato-Grossense e a Zona Costeira são patrimônio nacional, e sua utilização far-se-á, na forma da lei, dentro de condições que assegurem a preservação do meio ambiente, inclusive quanto ao uso dos recursos naturais."

**foi revogado**, pois, ainda que secundariamente protegido, tal diploma conseguiu manter, a duras penas, o pouco que ainda sobrava de alguns ecossistemas constitucionalmente protegidos, sendo a Mata Atlântica um bom exemplo disso.

Dentro desta perspectiva macroscópica, é de se observar que o Código Florestal revogado — especialmente com as alterações que lhe foram impostas ao longo de sua existência — colocava em confronto direto **dois valores que comumente se digladiam: progresso econômico pelo uso produtivo e econômico da terra** e o **meio ambiente**.

Esse contraste direto emergia do Código revogado de forma muito clara a partir da leitura das normas que ali existiam e que explicitavam as restrições imanentes à propriedade em prol da flora e demais formas de vegetação. Dois dos institutos previstos pelo Código revogado exerciam um papel importantíssimo no sentido de impedir a utilização desmedida da flora e demais formas de vegetação: as **Áreas de Preservação Permanente** e a **Reserva Legal**.

A crise envolvendo o setor agropecuário brasileiro e o ecológico passou a figurar no âmbito político, porque a bancada ruralista (muito forte no nosso país) elegeu o antigo Código Florestal (Lei n. 4.771/65) como o principal vilão e opressor no desenvolvimento do país no setor produtivo da terra. E, desde então, tal setor passou a trabalhar assiduamente no sentido de alterar a legislação, criando um novo Código Florestal em que as limitações e restrições fossem menores e que o uso produtivo da terra também fosse uma peça fundamental no desenvolvimento sustentável. Enfim, a intenção era mexer na estrutura da proteção ambiental, flexibilizando normas, trazendo benefícios para a agricultura e agricultores.

Após inúmeras polêmicas e debates acirrados e acalorados entre a bancada ruralista e a de apoio à proteção do meio ambiente, o Congresso Nacional promulgou o novo **Código Florestal**, revogando de forma expressa a antiga Lei n. 4.771/65, com as alterações que lhe foram feitas pela MP n. 2.166-67/2001, e também a Lei n. 7.754/89.

Aliás, a polêmica em torno do novo Código Florestal esteve presente até mesmo no dia de seu nascimento, data em que a presidenta do Brasil, Dilma Rousseff, sancionou o novo Código Florestal com **12 vetos** e editou uma **Medida Provisória** com **32 modificações** em relação ao texto aprovado pelo Congresso. Contudo, para aqueles que pensaram que a polêmica terminava aí, a situação ainda teria capítulos novos. É que, mesmo após a aprovação da Medida Provisória n. 571, de 5 de maio de 2012, a Presidenta Dilma viu-se surpresa com a manutenção de alguns pontos da Lei que a seu sentir não teriam sido debatidos de forma correta e que tampouco teriam sido contemplados pela referida Medida Provisória. Eis que então, quando da conversão da Medida Provisória em Lei — dando origem à Lei n. 12.727/2012 —, o que se fez não foi apenas *converter* em lei o texto da Medida Provisória n. 571, que já havia feito inúmeras alterações no Código Florestal (Lei n. 12.651/2012), mas alterar diversos dispositivos que aos olhos da Presidenta da República não estavam de acordo com o que fora debatido pelas bases governistas.[37] Assim, o novo Código Florestal, Lei n. 12.651/2012, já nasceu com duas sensíveis alterações perpetradas pela Medida Provisória n. 571/2012 e posteriormente pela Lei n. 12.727/2012, ainda a favor dos setores mais arcaicos do latifúndio e do agronegócio.

Importante consignar que a promulgação da Lei n. 12.651/2012, apelidada de "novo Código Florestal", foi feita uma semana antes de o Brasil sediar o evento internacional Rio + 20, um encontro promovido pela Organização das Nações Unidas com o fim de propor políticas ambientais e avaliar as questões ambientais internacionais 20 anos após a Conferência Rio-92.

Entre o Projeto de Lei n. 1.876/99, que deu origem ao processo legislativo, e o texto da Lei n. 12.651/2012, como foi aprovada, e posteriormente alterada, há uma diferença abissal de conteúdo e de propósitos. Isso vem demonstrar que não foi por acaso que o Congresso se tornou palco de disputas políticas em torno das questões envolvendo as supostas limitações ao direito de propriedade em prol do meio ambiente.

### ■ 6.5.10.2. *Estrutura*

Contendo 84 artigos, a Lei n. 12.651/2012 está dividida em **15 capítulos:**

- Capítulo I — **Disposições Gerais** (arts. 1º a 3º): traz, antes de mais nada, **princípios** e **conceitos** relativos à lei.
- Capítulo II — **Áreas de Preservação Permanente** (arts. 4º a 9º): sendo este dividido em duas seções, que cuidam, respectivamente, dos limites e do regime jurídico das APPs.

[37] Um dos pontos que foram alterados pela Lei n. 12.727/2012 foi o próprio art. 1º-A, *caput*. Curioso observar que a Medida Provisória n. 571/2012, que em tese surgiu para evitar muitos retrocessos ambientais existentes na redação original da Lei n. 12.651/2012 (da forma como saiu do Congresso Nacional), ela mesma, vetou o art. 1º da lei originalmente concebida e criou o art. 1º-A, onde absurdamente colocava como "*fundamento central da lei*" a "*proteção e uso sustentável das florestas e demais formas de vegetação nativa em harmonia com a promoção do desenvolvimento econômico*". Ora, como um Código apelidado de "Florestal" poderia ter como fundamento central o uso econômico das Florestas? Essa "gafe jurídica" (que certamente não foi feita de forma inocente e despretensiosa) foi incluída pela própria MP n. 571/2012, e, em tempo, corrigida pela Lei n. 12.727/2012, que, ao converter a MP em Lei, deu nova, e correta, redação ao art. 1º-A, dispondo que "Esta Lei estabelece normas gerais sobre a proteção da vegetação, áreas de Preservação Permanente e as áreas de Reserva Legal; a exploração florestal, o suprimento de matéria-prima florestal, o controle da origem dos produtos florestais e o controle e prevenção dos incêndios florestais, e prevê instrumentos econômicos e financeiros para o alcance de seus objetivos".

■ Capítulo III — **Áreas de Uso Restrito** (arts. 10 e 11): pantanal, planície pantaneira e áreas com inclinação entre 25° e 45°.

■ Capítulo III-A — Uso ecologicamente sustentável dos **apicuns** e **salgados** (art. 11-A).

■ Capítulo IV — **Áreas de Reserva Legal** (arts. 12 a 25): dividido em 3 seções distintas (delimitação e regime jurídico das reservas legais, além de regime de proteção das áreas verdes urbanas).

■ Capítulo V — **Supressão de vegetação para uso alternativo do solo** (arts. 26 a 28).

■ Capítulo VI — **Cadastro Ambiental Rural (CAR)** (arts. 29 e 30): nada mais é do que um registro público eletrônico que permite condensar dados acerca das áreas rurais, com informações acerca de APPs, reserva legal, etc., permitindo que tais informações sejam acessadas pelos órgãos ambientais e facilitando o exercício de seu Poder de Polícia.

■ Capítulo VII — **Exploração Florestal** (arts. 31 a 34): vincula-a à existência de um plano de manejo florestal sustentável e dispensa-a de um licenciamento ordinário (licença complexa).

■ Capítulo VIII — **Controle da Origem dos Produtos Florestais** (arts. 35 a 37).

■ Capítulo IX — cuida da proibição (e das exceções à proibição) no uso do **fogo** e do controle de **incêndios** (arts. 38 a 40).

■ Capítulo X — **Programa de Apoio e Incentivo à Preservação e Recuperação do Meio Ambiente** (arts. 41 a 50): cria diversas técnicas e mecanismos de fomento de atividades que estejam em compatibilidade e harmonia com o binômio "desenvolvimento e produção rural/proteção do meio ambiente", sendo destaque a criação da Cota de Reserva Ambiental (CRA), que é uma *commodity* ambiental que pode ser transferida e negociada em mercado de valores mobiliários.

■ Capítulo XI — **Controle do Desmatamento** (art. 51): fixa a medida administrativa destinada a impedir a continuidade do dano ambiental.

■ Capítulo XII — **Agricultura Familiar** (arts. 52 a 58): fixa regras de exceção em relação ao regime jurídico de APPs e reserva legal, bem como ao sistema de controle de licenciamento dessas atividades.

■ Capítulo XIII — **Disposições Transitórias** (arts. 59 a 68): é sem dúvida um dos mais polêmicos trechos, porque cuida do regime jurídico das **"situações consolidadas"**, ou seja, ocupações antrópicas em APPs e reserva legal ocorridas antes de **22-7-2008** (data em que teve início a vigência do

Decreto n. 6.514/2008, que revogou o Decreto n. 3.179/99 e passou, assim, a regulamentar a lei de crimes e sanções administrativas ambientais), fixando um **regime jurídico diferenciado** para que os proprietários e possuidores procedam a sua regularização de acordo com padrões diversos do que foi previsto genericamente pela própria lei.

- Capítulo XIV — **Disposições Complementares e Finais** (arts. 69 a 84): com destaque para as alterações legislativas que promove em relação às Leis ns. 6.938/81, 9.393/96 e 11.528/2008, além da revogação expressa das Leis ns. 4.771/65, 7.754/89 e da MP n. 2.166-67/2001, sem fixar prazo algum de *vacatio legis*.

#### 6.5.10.3. *Princípios constitucionais regentes*

Uma breve leitura da Lei n. 12.651/2012 permite dela extrair que o seu princípio constitucional regente **não é a proteção do meio ambiente**, tal como vem agasalhado pelo art. 225 da CF/88, mas, sim, a **compatibilização** da **exploração econômica** da terra com a **proteção** do meio ambiente. Na verdade, o que se verifica é que o legislador elegeu como princípio motriz da referida norma o *desenvolvimento sustentável* (objetivo da Lei, art. 1º, parágrafo único), que, bem sabemos, tem sido o princípio de contato mais utilizado pelo setor econômico/produtivo para invocar o direito ao desenvolvimento. Nesta toada, parece-nos que a referida lei está muito mais sob o enfoque do art. 170, VI, da CF/88 do que sob o prisma do art. 225, também da Constituição Federal, tal o número de dispositivos em que se invoca o uso produtivo da terra como um dos postulados do Código Florestal.

Aliás, em nenhum momento o legislador escondeu isso, já que colocou no art. 1º, *caput*, da referida Lei que a "proteção da vegetação, áreas de Preservação Permanente e as áreas de Reserva Legal; a exploração florestal, o suprimento de matéria-prima florestal, o controle da origem dos produtos florestais" têm por objetivo maior alcançar o *desenvolvimento sustentável* (art. 1º-A, parágrafo único), segundo os princípios que ela mesma elenca. Por isso, resta claro que, numa análise macroscópica, o Código "Florestal" tem por finalidade *a **proteção** e **uso sustentável** das florestas e demais formas de vegetação nativa em harmonia com a promoção do **desenvolvimento econômico***. Este é, portanto, o norte para o qual convergem todas as regras e princípios constantes no Código Florestal.

Não é demasiado dizer que, estando diante de um diploma legislativo apelidado de "Código Florestal", vindo a substituir outro diploma — a Lei n. 4.771/65 — que era bem mais protetivo ao meio ambiente, pode-se afirmar que a opção do legislador foi, sem qualquer dúvida, privilegiar o **uso econômico da terra** em detrimento da proteção ambiental.

Se comparado o diploma de 1965 (Lei n. 4.771/65) com o atual diploma (Lei n. 12.651/2012), ver-se-á que depois de 47 anos ocorreu um verdadeiro retrocesso jurídico na proteção do meio ambiente, nada obstante tenha piorado sensivelmente a situação das florestas em nosso país, reflexo da grande força representativa do agronegócio no Congresso Nacional.

Por tudo isso, pensamos que a Lei n. 12.651/2012 é uma opção legislativa de duvidosa constitucionalidade, porque não tomou como premissa a **proibição do retrocesso em matéria ambiental**, não se pautou pelos princípios constitucionais do **art. 225** da CF/88, ignorou, também, o **inciso VI** de seu **art. 170**, dando, ainda, interpretação bastante distorcida e desequilibrada a seu **inciso III**.[38]

Tal como se o funcionamento adequado do ecossistema (processos ecológicos essenciais) estivesse submetido à vontade do ser humano, o legislador inverteu a lógica, para **submeter** os recursos ambientais ao uso econômico da terra (quando deveria ser o inverso), numa visão antropocêntrica, retrógrada e canhestra da realidade que nos cerca.

Sem qualquer tom profético ou vaticínio barato, é sabido que a submissão do ambiente (recursos ambientais) à economia — e não o inverso, como deve ser — terá um retorno indesejado para o próprio homem e a coletividade, na medida em que tornará a sua casa — a Terra — um lugar sem condições de proteger, abrigar ou reger todas as formas de vida.

### ■ 6.5.10.4. *Disposições gerais*

O Capítulo I da Lei n. 12.651/2012 dedica-se ao que ela intitulou "disposições gerais". Contendo 3 artigos, neles se destacam os **princípios** regentes da própria lei, os **conceitos gerais** dos institutos ambientais que são mencionados ou tratados ao longo de seu texto e, ainda, o reconhecimento expresso de que os deveres jurídicos previstos na lei têm natureza ***propter rem***.[39]

#### ■ 6.5.10.4.1. *Os princípios da lei*

A Lei n. 12.651/2012 estabelece, logo em seu art. 1º-A, que as regras nela contidas têm natureza de **"norma geral"**, numa clara — e desnecessária — alu-

---

[38] Sobre a proteção do meio ambiente na CF/88, ver, *supra*, o Capítulo 4.

[39] Obrigação *propter rem* é aquela que "deriva da vinculação de alguém a certos bens, sobre os quais incidem deveres decorrentes da necessidade de manter-se a coisa" (Arnoldo Wald, *Obrigações e contratos*, p. 60); ou, na lição de Silvio Rodrigues (*Direito civil*, 2002), ao afirmar que a obrigação *propter rem* é aquela que "prende o titular de um direito real, seja ele quem for, em virtude de sua condição de proprietário ou possuidor".

são de que este diploma possui o regime jurídico das normas descritas no **art. 24, § 1º**, da CF/88.

Como já foi dito, o legislador foi claro ao dizer que a proteção das florestas e demais formas de vegetação é feita tendo por objetivo o desenvolvimento sustentável, ou seja, não são protegidas sob a perspectiva exclusivamente ambiental, mas, sim, sob o prisma desenvolvimentista, ainda que de forma sustentada. Na prática, aqueles que militam sabem que o "desenvolvimento sustentável" num país como o Brasil tem sido a senha mais fácil para o desenvolvimento insustentável. Basta ver os índices dos inventários ambientais (qualidade das águas, ar, desmatamento, etc.), ano após ano, para se entender o problema. Segundo o parágrafo único do art. 1º-A do Código Florestal, tem-se que o desenvolvimento sustentável funciona como a espinha dorsal das normas contidas no referido diploma.

> "Art. 1º-A. Esta Lei estabelece **normas gerais** sobre a proteção da vegetação, áreas de Preservação Permanente e as áreas de Reserva Legal; a exploração florestal, o suprimento de matéria-prima florestal, o controle da origem dos produtos florestais e o controle e prevenção dos incêndios florestais, e prevê instrumentos econômicos e financeiros para o alcance de seus objetivos. (Incluído pela Lei n. 12.727, de 2012).
>
> Parágrafo único. Tendo como **objetivo o desenvolvimento sustentável**, esta Lei atenderá aos seguintes **princípios**."

Esta é, portanto, a pedra angular da referida lei, e, como tal, é em torno deste postulado do **desenvolvimento sustentável** que todas as suas normas convergem, devendo-lhe obediência principiológica.

A leitura dos incisos I a VI do art. 1º, onde estão arrolados os **princípios** da referida lei, revela que a premissa ideológica aqui criticada foi pleonasticamente repetida naqueles postulados. Vejamos:

> "Art. 1º-A. Esta Lei estabelece **normas gerais** sobre a proteção da vegetação, áreas de Preservação Permanente e as áreas de Reserva Legal; a exploração florestal, o suprimento de matéria-prima florestal, o controle da origem dos produtos florestais e o controle e prevenção dos incêndios florestais, e prevê instrumentos econômicos e financeiros para o alcance de seus objetivos.
>
> Parágrafo único. Tendo como **objetivo o desenvolvimento sustentável**, esta Lei atenderá aos seguintes **princípios:**
>
> I — afirmação do **compromisso soberano do Brasil com a preservação das suas florestas e demais formas de vegetação nativa**, bem como da biodiversidade, do solo, dos recursos hídricos e da integridade do sistema climático, para o bem-estar das gerações presentes e futuras;

II — reafirmação da importância da **função estratégica da atividade agropecuária** e do papel das florestas e demais formas de vegetação nativa na **sustentabilidade, no crescimento econômico, na melhoria da qualidade de vida da população brasileira** e na presença do País nos mercados nacional e internacional de alimentos e bioenergia;

III — ação governamental de **proteção e uso sustentável de florestas**, consagrando o compromisso do País com a **compatibilização e harmonização entre o uso produtivo da terra e a preservação da água, do solo e da vegetação**;

IV — responsabilidade comum da União, Estados, Distrito Federal e Municípios, em colaboração com a sociedade civil, na **criação de políticas para a preservação e restauração da vegetação nativa** e de suas funções ecológicas e sociais nas áreas urbanas e rurais;

V — fomento à pesquisa científica e tecnológica na busca da inovação para o **uso sustentável do solo e da água, a recuperação e a preservação das florestas e demais formas de vegetação nativa**;

VI — *criação* e mobilização de *incentivos econômicos* para fomentar a *preservação e a recuperação da vegetação nativa* e para promover o *desenvolvimento de atividades produtivas sustentáveis*."

Inicialmente, percebe-se que o **inciso I** atesta o **compromisso** — que, aliás, vem sendo reafirmado pelo país em diversos tratados e convenções internacionais — do Brasil com a **preservação** do equilíbrio ecológico, inclusive para as futuras gerações.

Já no **inciso II** adota-se como princípio a ideia de que a **produção rural** teria uma **função estratégica** a desempenhar na manutenção da flora, o que seria compensado pelo ganho em sustentabilidade da atividade agropecuária. Interessante notar que se colocam em pé de igualdade na melhoria da qualidade de vida do povo brasileiro, na sustentabilidade e no crescimento econômico tanto a proteção das florestas quanto a função agropecuária. Há nítida ingerência capitalista no dispositivo, que ainda comenta sobre a importância da função agropecuária e da proteção das florestas nos mercados nacional e internacional de alimentos e bioenergia.

Se no papel as palavras do legislador soam como melodias doces e agradáveis, não nos parece — depois de estudar a lei na sua íntegra — que este princípio encontre eco nos demais dispositivos, onde se veem diversos retrocessos, tudo para **ampliar a área de produção rural**.

Novamente, no **inciso III**, o legislador reafirma sua intenção de inverter a ordem do binômio "economia/ecologia", pretendendo que o meio ambiente se curve e se adapte ao **uso produtivo da terra**, como se a função econômica sobre a terra precedesse à função ecológica da cobertura florestal.

Ao menos, ninguém poderá dizer que o legislador foi incoerente, já que fixou como núcleo e espinha dorsal do Código Florestal (!), paradoxalmente, a adequação do ambiente à produção rural.

Para aqueles que militam e operam com o Direito Ambiental, é notório e sabido que o princípio do desenvolvimento sustentável pode, se mal compreendido, ter seu significado distorcido, legitimando situações que são insustentáveis do ponto de vista ambiental.

É certo que não se pode abrir mão da função econômica das terras, porque é desta produção que se fornece alimento para a população, mas, por outro lado, o que se vê é que não se tem um desenvolvimento verdadeiramente sustentável.

No **inciso IV**, prescreve como princípio a "responsabilidade comum da União, Estados, Distrito Federal e Municípios, em colaboração com a sociedade civil, na criação de políticas para a preservação e restauração da vegetação nativa e de suas funções ecológicas e sociais nas áreas urbanas e rurais".

Mais uma vez, no **inciso IV**, o legislador apenas reproduziu o que determina o **art. 225**, *caput*, da CF/88, incumbindo ao Poder Público — em todas as suas esferas — e à sociedade o dever de preservar o meio ambiente.

Por fim, nos **incisos V e VI**, o legislador consagra a regra de que deve o Poder Público **incentivar** e mesmo **criar técnicas, meios e ferramentas** que sejam "amigas" do meio ambiente, de forma a contemplar o uso sustentável, a recuperação e a preservação da fauna.

O desenvolvimento científico e o fomento de boas práticas, inventivas, criativas e comprometidas com a proteção e a restauração da flora, devem ser incentivados e promovidos pelo poder público.

Aliás, como já dito, no inciso VI a lei impõe ao poder público o dever de criar (não simplesmente apoiar) incentivos **jurídicos e econômicos** que, por sua vez, terão o importante papel de atender ao objetivo declarado no inciso anterior. Bom exemplo desta técnica é a própria Cota de Reserva Ambiental (CRA), que é um instrumento econômico, com eficácia jurídica, criado pelo art. 44 da lei e que tem por fim a proteção da flora.

#### 6.5.10.4.2. *A responsabilidade solidária e os deveres jurídicos decorrentes da lei — obrigações* propter rem

Antes de mais nada, importa lembrar que o texto constitucional é claro ao dizer, no **art. 225, § 3º**, que "as condutas e atividades consideradas lesivas ao meio ambiente sujeitarão os infratores, pessoas físicas ou jurídicas, a **sanções penais e administrativas**, independentemente da **obrigação de reparar** os danos causados".

Sobre o ponto, a lei em análise quis deixar claro que a **responsabilidade civil** pela **reparação** dos danos ambientais é do tipo ***propter rem***, ou seja, adere à propriedade, sendo possível responsabilizar o **atual proprietário** por atos praticados por **proprietários anteriores**, como se vê do § 2º de seu art. 2º:

> "Art. 2º (...)
> § 2º As **obrigações** previstas nesta Lei têm **natureza real** e são **transmitidas ao sucessor**, de qualquer natureza, no caso de transferência de domínio ou posse do imóvel rural."

Trata-se, na verdade, de entendimento já sedimentado na jurisprudência do STJ, como se vê de recente aresto:

> "AMBIENTAL. RECURSO ESPECIAL. MULTA APLICADA ADMINISTRATIVAMENTE EM RAZÃO DE INFRAÇÃO AMBIENTAL. EXECUÇÃO FISCAL AJUIZADA EM FACE DO ADQUIRENTE DA PROPRIEDADE. ILEGITIMIDADE PASSIVA. MULTA COMO PENALIDADE ADMINISTRATIVA, DIFERENTE DA OBRIGAÇÃO CIVIL DE REPARAR O DANO.
>
> 1. Trata-se, na origem, de embargos à execução fiscal ajuizado pelo ora recorrente por figurar no polo passivo de feito executivo levado a cabo pelo Ibama para cobrar multa aplicada por infração ambiental.
>
> 2. Explica o recorrente — e faz isto desde a inicial do agravo de instrumento e das razões de apelação que resultou no acórdão ora impugnado — que o crédito executado diz respeito à violação dos arts. 37 do Decreto n. 3.179/99, 50 c/c 25 da Lei n. 9.605/98 e 14 da Lei n. 6.938/81, mas que o auto de infração foi lavrado em face de seu pai, que, à época, era o dono da propriedade.
>
> 3. A instância ordinária, contudo, entendeu que o caráter *propter rem* e solidário das obrigações ambientais seria suficiente para justificar que, mesmo a infração tendo sido cometida e lançada em face de seu pai, o ora recorrente arcasse com seu pagamento em execução fiscal. (...)
>
> 5. Esta Corte Superior possui entendimento pacífico no sentido de que a **responsabilidade civil** pela **reparação dos danos ambientais** adere à propriedade, como obrigação ***propter rem***, sendo possível cobrar também do atual proprietário condutas derivadas de danos provocados pelos proprietários antigos. Foi essa a jurisprudência invocada pela origem para manter a decisão agravada.
>
> 6. O ponto controverso nestes autos, contudo, é outro. Discute-se, aqui, a possibilidade de que terceiro responda por sanção aplicada por infração ambiental.
>
> 7. A questão, portanto, não se cinge ao plano da responsabilidade civil, mas da responsabilidade administrativa por dano ambiental.
>
> 8. Pelo princípio da intranscendência das penas (art. 5º, inc. XLV, CR88), aplicável não só ao âmbito penal, mas também a todo o Direito Sancionador, não é possível

ajuizar execução fiscal em face do recorrente para cobrar multa aplicada em face de condutas imputáveis a seu pai.

9. Isso porque a aplicação de penalidades administrativas não obedece à lógica da responsabilidade objetiva da esfera cível (para reparação dos danos causados), mas deve obedecer à sistemática da teoria da culpabilidade, ou seja, a conduta deve ser cometida pelo alegado transgressor, com demonstração de seu elemento subjetivo, e com demonstração do nexo causal entre a conduta e o dano.

10. A diferença entre os dois âmbitos de punição e suas consequências fica bem estampada da leitura do art. 14, § 1º, da Lei n. 6.938/81, segundo o qual '[s]em obstar a aplicação das penalidades previstas neste artigo [entre elas, frise-se, a multa], é o poluidor obrigado, independentemente da existência de culpa, a indenizar ou reparar os danos causados ao meio ambiente e a terceiros, afetados por sua atividade'.

11. O art. 14, *caput*, também é claro: '[s]em prejuízo das penalidades definidas pela legislação federal, estadual e municipal, o não cumprimento das medidas necessárias à preservação ou correção dos inconvenientes e danos causados pela degradação da qualidade ambiental sujeitará os transgressores: (...)'.

12. Em resumo: a aplicação e a execução das penas limitam-se aos transgressores; a reparação ambiental, de cunho civil, a seu turno, pode abranger todos os poluidores, a quem a própria legislação define como 'a pessoa física ou jurídica, de direito público ou privado, responsável, direta ou indiretamente, por atividade causadora de degradação ambiental' (art. 3º, inc. V, do mesmo diploma normativo).

13. Note-se que nem seria necessária toda a construção doutrinária e jurisprudencial no sentido de que a obrigação civil de reparar o dano ambiental é do tipo *propter rem*, porque, na verdade, a própria lei já define como poluidor todo aquele que seja responsável pela degradação ambiental — e aquele que, adquirindo a propriedade, não reverte o dano ambiental, ainda que não causado por ele, já seria um responsável indireto por degradação ambiental (poluidor, pois).

14. Mas fato é que o uso do vocábulo 'transgressores' no *caput* do art. 14, comparado à utilização da palavra 'poluidor' no § 1º do mesmo dispositivo, deixa a entender aquilo que já se podia inferir da vigência do princípio da intranscendência das penas: a responsabilidade civil por dano ambiental é subjetivamente mais abrangente do que as responsabilidades administrativa e penal, não admitindo estas últimas que terceiros respondam a título objetivo por ofensas ambientais praticadas por outrem.

15. Recurso especial provido" (STJ, 2ª Turma, REsp 1.251.697/PR, rel. Min. Mauro Campbell Marques, *DJ* 17-4-2012).

No mesmo sentido, STJ, 2ª Turma, REsp 1.245.149/MS, rel. Min. Herman Benjamin, *DJ* 13-6-2013.

Interessante notar, ainda, do aresto em comento, que o mesmo raciocínio **não se aplica** às sanções **penais** e **administrativas**, já que a estas se aplica o princípio da **intranscendência das penas**.

Voltando à análise da lei, o *caput* do **art. 2º** reconhece aquilo que a própria CF/88 já deixa bem claro: a flora (função ecológica) é de **interesse de todos** e as limitações e os deveres jurídicos aos proprietários e possuidores contidos na lei e em todo o ordenamento jurídico são inerentes à própria concepção de **propriedade** privada e sua **função social:**[40]

> "Art. 2º As **florestas** existentes no território nacional e as **demais formas de vegetação nativa**, reconhecidas de utilidade às terras que revestem, são **bens de interesse comum** a todos os habitantes do País, exercendo-se os **direitos de propriedade** com as **limitações** que a legislação em geral e especialmente esta Lei estabelecem."

É que, como já aprendemos, as florestas e as demais formas de vegetação (não apenas as nativas, como diz a lei) são **bens ambientais** (microbens que compõem o macrobem = equilíbrio ecológico) **essenciais à vida** de todos os seres. Logo, todos possuem uma **função ecológica** que deve ser respeitada e, acima de tudo, priorizada, por maior que seja a importância econômica que deles se possa retirar.

Trata-se, pois, de bens de natureza difusa, pertencentes ao povo, bens de uso comum e indivisível, submetidos a um regime jurídico que não admite a disponibilidade por quem quer que seja e, ainda, impõe a todos — Poder Público e coletividade — o dever de proteger e preservar estes bens para as presentes e futuras gerações.

Traz o **§ 1º** do mesmo art. 2º, por fim, regra de ordem processual civil, elegendo o **rito sumário**, previsto no art. 275 e ss. do CPC, como o mais adequado para dirimir conflitos de ordem ambiental:

> "Art. 2º (...)
>
> § 1º Na utilização e exploração da vegetação, as ações ou omissões contrárias às disposições desta Lei são consideradas **uso irregular da propriedade**, aplicando-se o **procedimento sumário** previsto no inciso II do art. 275 da Lei n. 5.869, de 11 de janeiro de 1973 — Código de Processo Civil, sem prejuízo da responsabilidade civil, nos termos do § 1º do art. 14 da Lei n. 6.938, de 31 de agosto de 1981, e das sanções administrativas, civis e penais."

Contudo, o procedimento sumário foi extinto no NCPC (Lei n. 13.105), que possui um procedimento comum e outro especial em que arrola as ações que a ele

[40] Sobre o princípio da função socioambiental da propriedade privada, ver, *infra*, o *item 7.5.3*.

se submete. A rigor, isso pouco afeta o dispositivo supramencionado, porque, em se tratando de *tutela jurisdicional do meio ambiente*, deve-se seguir o rito do procedimento especial coletivo, que é fruto da simbiose da Lei de Ação Civil Pública com o Título III do CDC, com aplicação supletiva e subsidiária do CPC (art. 15). Em se tratando de ações individuais fundadas na causa de pedir da poluição (art. 14, § 1º, da Lei n. 6.938/81), deve-se seguir o procedimento comum do CPC.

### 6.5.10.4.3. *Os conceitos previstos na lei*

Como a esta altura já deve ter ficado claro, tem sido prática comum em nossa legislação ambiental a existência de um dispositivo — geralmente na "parte geral" do diploma legal — destinado a hospedar uma série de **conceitos** de institutos que constarão ao longo do texto, seja porque não são de conhecimento do homem médio por revelarem um conhecimento técnico específico, seja para trazer mais segurança jurídica na interpretação e na aplicação da lei.

Quanto à Lei n. 12.651/2012, foi escolhido o **art. 3º**, no que, apesar de repetir conceitos já existentes no diploma revogado, trouxe diversas inovações, algumas para melhor e outras nem tanto.

Dentre os conceitos elencados pelo legislador, merecem destaque — pela importância que possuem e por comumente serem citados em infrações ambientais — aqueles que descrevem o que são veredas,[41] manguezais,[42] salgados ou marismas tropicais hipersalinos,[43] apicum,[44] restinga,[45] nascente,[46] olho

[41] Vereda: fitofisionomia de savana, encontrada em solos hidromórficos, usualmente com palmáceas, sem formar dossel, em meio a agrupamentos de espécies arbustivo-herbáceas.

[42] Manguezal: ecossistema litorâneo que ocorre em terrenos baixos, sujeitos à ação das marés, formado por vasas lodosas recentes ou arenosas, às quais se associa, predominantemente, a vegetação natural conhecida como mangue, com influência fluviomarinha, típica de solos limosos de regiões estuarinas e com dispersão descontínua ao longo da costa brasileira, entre os Estados do Amapá e de Santa Catarina.

[43] Salgado ou marismas tropicais hipersalinos: áreas situadas em regiões com frequências de inundações intermediárias entre marés de sizígias e de quadratura, com solos cuja salinidade varia entre 100 (cem) e 150 (cento e cinquenta) partes por 1.000 (mil), onde pode ocorrer a presença de vegetação herbácea específica.

[44] Apicum: áreas de solos hipersalinos situadas nas regiões entremarés superiores, inundadas apenas pelas marés de sizígias, que apresentam salinidade superior a 150 (cento e cinquenta) partes por 1.000 (mil), desprovidas de vegetação vascular.

[45] Restinga: depósito arenoso paralelo à linha da costa, de forma geralmente alongada, produzido por processos de sedimentação, onde se encontram diferentes comunidades que recebem influência marinha, com cobertura vegetal em mosaico, encontrada em praias, cordões arenosos, dunas e depressões, apresentando, de acordo com o estágio sucessional, estrato herbáceo, arbustivo e arbóreo, este último mais interiorizado.

[46] Nascente: afloramento natural do lençol freático que apresenta perenidade e dá início a um curso d'água.

d'água,[47] leito regular,[48] área verde urbana,[49] várzea ou planície de inundação,[50] faixa de passagem de inundação,[51] relevo ondulado,[52] pousio,[53] crédito de carbono,[54] áreas úmidas.[55]

Há ainda que se dizer que, não obstante dever existir harmonia entre a presente lei e o **Sistema Nacional de Unidades de Conservação**, pois em tese são diplomas jurídicos que cuidam da proteção da flora brasileira, bem se vê que o próprio legislador não teve este cuidado em estabelecer um regime harmônico com a Lei n. 9.985/2000.

Basta comparar o conceito de **manejo** constante no art. 1º, VIII, da Lei n. 9.985/2000 com o conceito de **manejo sustentável** do art. 3º, VII, da Lei n. 12.651/2012 para se constatar que tal contextualização não aconteceu:

> **Lei n. 9.985/2000 — Sistema Nacional das Unidades de Conservação:**
> "Art. 2º Para os fins previstos nesta Lei, entende-se por: (...)
> VIII — **manejo: todo e qualquer procedimento** que vise assegurar a **conservação** da **diversidade biológica** e dos **ecossistemas**; (...)".

> **Lei n. 12.651/2012 — Novo Código Florestal:**
> "Art. 3º Para os efeitos desta Lei, entende-se por: (...)
> VII — **manejo sustentável**: administração da vegetação natural para a obtenção de **benefícios econômicos, sociais e ambientais**, respeitando-se os mecanismos de sustentação do ecossistema objeto do manejo e considerando-se, cumulativa ou

---

[47] Olho d'água: afloramento natural do lençol freático, mesmo que intermitente.

[48] Leito regular: a calha por onde correm regularmente as águas do curso d'água durante o ano.

[49] Área verde urbana: espaços, públicos ou privados, com predomínio de vegetação, preferencialmente nativa, natural ou recuperada, previstos no Plano Diretor, nas Leis de Zoneamento Urbano e Uso do Solo do Município, indisponíveis para construção de moradias, destinados aos propósitos de recreação, lazer, melhoria da qualidade ambiental urbana, proteção dos recursos hídricos, manutenção ou melhoria paisagística, proteção de bens e manifestações culturais.

[50] Várzea de inundação ou planície de inundação: áreas marginais a cursos d'água sujeitas a enchentes e inundações periódicas.

[51] Faixa de passagem de inundação: área de várzea ou planície de inundação adjacente a cursos d'água que permite o escoamento da enchente.

[52] Relevo ondulado: expressão geomorfológica usada para designar área caracterizada por movimentações do terreno que geram depressões, cuja intensidade permite sua classificação como relevo suave ondulado, ondulado, fortemente ondulado e montanhoso.

[53] Pousio: prática de interrupção de atividades ou usos agrícolas, pecuários ou silviculturais, por no máximo 5 (cinco) anos, em até 25% (vinte e cinco por cento) da área produtiva da propriedade ou posse, para possibilitar a recuperação da capacidade de uso ou da estrutura física do solo.

[54] Crédito de carbono: título de direito sobre bem intangível e incorpóreo transacionável.

[55] Áreas úmidas: pantanais e superfícies terrestres cobertas de forma periódica por águas, cobertas originalmente por florestas ou outras formas de vegetação adaptadas à inundação.

alternativamente, a utilização de múltiplas espécies madeireiras ou não, de múltiplos produtos e subprodutos da flora, bem como a utilização de outros bens e serviços; (...)”.

### 6.5.10.5. Os espaços ambientais especialmente protegidos no Código Florestal: áreas de preservação permanente, reserva legal, áreas de uso restrito, apicuns e salgados

Uma das formas de se proteger o meio ambiente (recursos ambientais, processos ecológicos, biodiversidade, etc.) se faz por intermédio da criação de **bolsões ou áreas de terra**, com maior ou menor extensão territorial, os quais, em razão de sua importância ecológica, são submetidos a um **regime especial de restrições de uso**, que muitas vezes chega a uma situação de quase intocabilidade pelo ser humano.

Lembremos, mais uma vez, que o texto constitucional reconhece, em seu art. 225, § 1º, a importância dos **espaços ambientais especialmente protegidos**, colocando sua criação como importante tarefa a ser desempenhada pelo Poder Público.

Na mesma linha, a Lei da Política Nacional do Meio Ambiente também ergue os espaços ambientais especialmente protegidos a uma condição de importância tal que o coloca como seu **instrumento**. Relembremos os dispositivos:

**Constituição Federal de 1988:**

“Art. 225. (...)

§ 1º Para assegurar a efetividade desse direito, incumbe ao Poder Público: (...)

III — definir, em todas as unidades da Federação, **espaços territoriais** e seus componentes a serem **especialmente protegidos**, sendo a alteração e a supressão permitidas somente através de lei, vedada qualquer utilização que comprometa a integridade dos atributos que justifiquem sua proteção; (...)”.

**Lei n. 6.938/81 — Política Nacional do Meio Ambiente:**

“Art. 9º São **instrumentos** da Política Nacional do Meio Ambiente: (...)

VI — a criação de **espaços territoriais especialmente protegidos** pelo Poder Público federal, estadual e municipal, tais como áreas de proteção ambiental, de relevante interesse ecológico e reservas extrativistas; (...)”.

Analisando as linhas gerais dos espaços especialmente protegidos no novo Código Florestal, percebe-se, inicialmente, que, num nítido retrocesso jurídico em relação à Lei n. 4.771/65 e com escancarada pretensão de permitir a ocupação produtiva das terras, o legislador **reduziu**, qualitativa *e* quantitativamente, as **restrições existentes**. Assim, ampliou sensivelmente a possibilidade de supressão de áreas, aumentando as exceções e até mesmo criando as chamadas áreas consolidadas sobre a reserva legal e sobre a área de preservação permanente e, nestes casos, fixando um regime jurídico diferenciado — com proteção ambiental menor — em favor do proprietário ou possuidor da área.

### ■ 6.5.10.5.1. *Áreas de Preservação Permanente (APPs)*

Como já foi dito, todo o Capítulo II da lei foi dedicado às Áreas de Preservação Permanente (APPs), sendo dividido em duas seções distintas: a primeira delas dedicada à **delimitação** das APPs; e a segunda, ao seu **regime jurídico diferenciado**.

A delimitação (limites) segue um critério técnico, levando-se em consideração a função ecológica que possuem cada uma das áreas. O legislador previu, como no sistema anterior, as hipóteses criadas pela própria **lei** (arts. 4º e 5º) e as APPs criadas por ato do **Poder Executivo** (art. 6º).

Assim, determina o legislador, no art. 4º, o que deve ser considerado APP por força de lei:

> "Art. 4º Considera-se **Área de Preservação Permanente**, em zonas rurais ou urbanas, para os efeitos desta Lei:
>
> I — as **faixas marginais** de qualquer **curso d'água natural perene e intermitente, excluído os efêmeros**,[56] desde a borda da calha do leito regular, em largura mínima de:
>
> *a)* 30 (trinta) metros, para os cursos d'água de menos de 10 (dez) metros de largura;
>
> *b)* 50 (cinquenta) metros, para os cursos d'água que tenham de 10 (dez) a 50 (cinquenta) metros de largura;
>
> *c)* 100 (cem) metros, para os cursos d'água que tenham de 50 (cinquenta) a 200 (duzentos) metros de largura;
>
> *d)* 200 (duzentos) metros, para os cursos d'água que tenham de 200 (duzentos) a 600 (seiscentos) metros de largura;
>
> *e)* 500 (quinhentos) metros, para os cursos d'água que tenham largura superior a 600 (seiscentos) metros;
>
> II — as áreas no **entorno dos lagos e lagoas naturais**, em faixa com largura mínima de:
>
> *a)* 100 (cem) metros, em zonas rurais, exceto para o corpo d'água com até 20 (vinte) hectares de superfície, cuja faixa marginal será de 50 (cinquenta) metros;
>
> *b)* 30 (trinta) metros, em zonas urbanas;

[56] A expressão *excluídos os efêmeros*, que foi introduzida pela Lei n. 12.727/2012, é um atentado contra o meio ambiente, porque há muitos cursos d'água no Brasil que não são perenes, mas que têm uma importância capital dentro do universo sazonal que possuem.

III — as áreas no **entorno dos reservatórios d'água artificiais**, decorrentes de barramento ou represamento de cursos d'água naturais, na faixa definida na licença ambiental do empreendimento;

IV — as áreas no **entorno das nascentes e dos olhos d'água perenes**, qualquer que seja sua situação topográfica, no raio mínimo de 50 (cinquenta) metros;

V — as **encostas** ou partes destas com declividade superior a 45°, equivalente a 100% (cem por cento) na linha de maior declive;

VI — as **restingas**, como fixadoras de dunas ou estabilizadoras de mangues;

VII — os **manguezais**, em toda a sua extensão;

VIII — as **bordas dos tabuleiros ou chapadas**, até a linha de ruptura do relevo, em faixa nunca inferior a 100 (cem) metros em projeções horizontais;

IX — no **topo de morros, montes, montanhas e serras**, com altura mínima de 100 (cem) metros e inclinação média maior que 25º, as áreas delimitadas a partir da curva de nível correspondente a 2/3 (dois terços) da altura mínima da elevação sempre em relação à base, sendo esta definida pelo plano horizontal determinado por planície ou espelho d'água adjacente ou, nos relevos ondulados, pela cota do ponto de sela mais próximo da elevação;

X — as áreas em **altitude superior a 1.800 (mil e oitocentos) metros**, qualquer que seja a vegetação;

XI — em **veredas**, a **faixa marginal**, em projeção horizontal, com largura mínima de 50 (cinquenta) metros, a partir do espaço permanente brejoso e encharcado."

Entretanto, após delimitar as APPs nos incisos do art. 4º, o legislador, nos parágrafos do mesmo artigo, começa a fazer as **exceções** aos limites por ele mesmo definidos.

Uma delas, digna de destaque, é a que foi feita no **§ 5º** do art. 4º, que dá tratamento diferenciado à **pequena propriedade rural**. Vejamos:

"Art. 4º (...)

§ 5º É **admitido**, para a **pequena propriedade ou posse rural familiar**, de que trata o inciso V do art. 3º desta Lei, o **plantio de culturas temporárias e sazonais** de vazante de ciclo curto na faixa de terra que fica exposta no período de vazante dos rios ou lagos, desde que não **implique supressão** de novas áreas de vegetação nativa, seja **conservada a qualidade da água e do solo** e seja **protegida a fauna** silvestre."

Neste particular, entendemos que é criticável a postura do legislador, porque a função ecológica das APPs deve ser protegida independentemente da condição socioeconômica de quem as utiliza.

Mesmo tendo feito as ressalvas em relação à utilização das APPs para culturas **temporárias** e **sazonais**, e com as cautelas mencionadas no dispositivo, parece-nos certo que inúmeras serão as situações de conflitos envolvendo o exercício do poder de polícia e o suposto infrator, justamente porque a verificação em concreto da ocorrência ou não de prejuízo à fauna, qualidade da água e do solo, etc., dependerá de prova a ser produzida.

Exatamente por isso, pensamos que deveria a lei prever que tais atividades fossem precedidas de **autorização do Poder Público**, e não simplesmente uma **declaração simples** do proprietário ou produtor que exercerá a atividade de baixo impacto ambiental. É o que diz o **art. 52:**

> "Art. 52. A **intervenção e a supressão** de vegetação em **Áreas de Preservação Permanente** e **de Reserva Legal** para as atividades eventuais ou de baixo impacto ambiental, previstas no inciso X do art. 3º, excetuadas as alíneas *b* e *g*, quando desenvolvidas nos **imóveis a que se refere o inciso V do art. 3º** [*pequena propriedade ou posse rural familiar*], dependerão de **simples declaração ao órgão ambiental competente**, desde que esteja o imóvel devidamente inscrito no CAR."

No § 6º do art. 4º, o legislador traz, ainda, outra exceção, dessa vez ainda mais ofensiva, porque permite, para imóveis rurais com até **15 módulos fiscais**, a prática de **aquicultura:**

> "Art. 4º (...)
>
> § 6º Nos imóveis rurais com **até 15 (quinze) módulos fiscais**, é admitida, nas áreas de que tratam os incisos I e II do *caput* deste artigo, a prática da **aquicultura** e a infraestrutura física diretamente a ela associada, desde que:
>
> I — sejam adotadas **práticas sustentáveis de manejo de solo e água e de recursos hídricos**, garantindo sua qualidade e quantidade, de acordo com norma dos Conselhos Estaduais de Meio Ambiente;
>
> II — esteja de acordo com os respectivos **planos de bacia** ou **planos de gestão de recursos hídricos**;
>
> III — seja realizado o **licenciamento** pelo órgão ambiental competente;
>
> IV — o imóvel esteja inscrito no **Cadastro Ambiental Rural** — CAR;
>
> V — **não** implique **novas supressões** de vegetação nativa."

Dentro, ainda, das APPs criadas por força de lei, mereceram tratamento destacado os **reservatórios artificiais de água**, que, descritos no **inciso III** do art. 4º, estão sujeitos às regras trazidas nos §§ 1º e 4º do mesmo artigo. Vejamos:

> "Art. 4º Considera-se **Área de Preservação Permanente**, em zonas rurais ou urbanas, para os efeitos desta Lei: (...)
>
> III — as áreas no **entorno dos reservatórios d'água artificiais**, na faixa definida na licença ambiental do empreendimento, observado o disposto nos §§ 1º e 2º;

> § 1º **Não se aplica** o previsto no inciso III nos casos em que os reservatórios artificiais de água **não** decorram de **barramento** ou **represamento** de cursos d'água.
>
> § 2º (*Vetado*).
>
> § 3º (*Vetado*).
>
> § 4º Fica **dispensado** o estabelecimento das faixas de Área de Preservação Permanente no entorno das acumulações **naturais ou artificiais de água** com **superfície inferior a 1 (um) hectare**, vedada nova supressão de áreas de vegetação nativa."

Mas não se esgotaram aí as preocupações com os **reservatórios artificiais de água**, tendo sido dedicado todo o **art. 5º** da lei para quando são destinados à **geração de energia** ou ao **abastecimento público**, sendo, então, obrigatória a aquisição, desapropriação ou instituição de servidão administrativa na APP em seu entorno:

> "Art. 5º Na implantação de **reservatório d'água artificial** destinado a **geração de energia** ou **abastecimento público**, é obrigatória a **aquisição, desapropriação** ou instituição de **servidão administrativa** pelo empreendedor das **Áreas de Preservação Permanente** criadas em seu entorno, conforme estabelecido no licenciamento ambiental, observando-se a faixa mínima de 30 (trinta) metros e máxima de 100 (cem) metros em área rural, e a faixa mínima de 15 (quinze) metros e máxima de 30 (trinta) metros em área urbana.
>
> § 1º Na implantação de reservatórios d'água artificiais de que trata o *caput*, o empreendedor, no âmbito do licenciamento ambiental, elaborará **Plano Ambiental de Conservação e Uso do Entorno do Reservatório**, em conformidade com termo de referência expedido pelo órgão competente do Sistema Nacional do Meio Ambiente — SISNAMA, não podendo exceder a dez por cento do total da Área de Preservação Permanente.
>
> § 2º O Plano Ambiental de Conservação e Uso do Entorno de Reservatório Artificial, para os empreendimentos licitados **a partir da vigência desta Lei**, deverá ser apresentado ao órgão ambiental **concomitantemente** com o **Plano Básico Ambiental** e aprovado até o início da operação do empreendimento, não constituindo a sua ausência impedimento para a expedição da licença de instalação."

Vistas as hipóteses de APPs criadas por força de lei, resta analisar brevemente a possibilidade de que o **Poder Executivo** crie referidos espaços, desde que destinados a alguma das **finalidades** descritas no **art. 6º** do Código:

> "Art. 6º Consideram-se, ainda, de preservação permanente, quando **declaradas de interesse social** por ato do **Chefe do Poder Executivo**, as áreas cobertas com **florestas** ou outras formas de **vegetação** destinadas a uma ou mais das seguintes finalidades:
>
> I — conter a **erosão** do solo e mitigar riscos de **enchentes** e **deslizamentos** de terra e de rocha;

II — proteger as **restingas** ou **veredas**;

III — proteger **várzeas**;

IV — abrigar **exemplares da fauna ou da flora** ameaçados de extinção;

V — proteger sítios de **excepcional beleza** ou de **valor científico**, **cultural** ou **histórico**;

VI — formar **faixas de proteção** ao longo de **rodovias** e **ferrovias**;

VII — assegurar condições de **bem-estar público**;

VIII — auxiliar a **defesa do território nacional**, a critério das autoridades militares;

IX — proteger **áreas úmidas**, especialmente as de importância internacional."

Trata-se de regra muito importante, pois traz a possibilidade de que sejam criadas APPs em situações não imaginadas pelo legislador e, mais ainda, de forma mais rápida e, em certos casos, eficaz.

Contudo, sabe-se que tal instrumento foi largamente utilizado de forma indevida e política por chefes do Poder Executivo, especialmente municipais, sem que houvesse um lastro ambiental que justificasse a criação do referido espaço ambiental.

Por isso mesmo, é importante deixar claro que tal criação deve ser precedida de um **procedimento administrativo** que demonstre tecnicamente a importância ambiental da referida área nos moldes e fins estabelecidos pelo art. 6º, de modo a restar claro e evidente o **interesse social**, e permitida ainda a **participação de interessados** no referido procedimento, à semelhança das regras do art. 18 da Lei n. 9.985/2000 (Sistema Nacional de Unidades de Conservação).

Acerca da criação de APPs pelo Poder Público se posicionou o Superior Tribunal de Justiça, quando ainda era vigente o Código Florestal anterior em relação ao artigo correspondente ao atual artigo 6º que "o Código Florestal, no art. 3º, dá ao Poder Público (por meio de Decreto ou Resolução do CONAMA ou dos colegiados estaduais e municipais) a possibilidade de ampliar a proteção aos ecossistemas frágeis. Possui o CONAMA autorização legal para editar resoluções que visem à proteção do meio ambiente e dos recursos naturais, inclusive mediante a fixação de parâmetros, definições e limites de Áreas de Preservação Permanente. A Resolução n. 303/2002 do CONAMA não está substancialmente apartada da Resolução n. 04/85 do CONAMA, que lhe antecedeu e que é vigente à época dos fatos. Ambas consideram a restinga como espécie de acidente geográfico, encoberto por vegetação característica. Destarte, não há extrapolação de competência regulamentar do CONAMA em sua Resolução n. 303/2002 no que se refere à definição de restinga, porquanto está de acordo com o definido na Lei n. 4.771/65 e nos estritos limites ali delineados. O novo Código Florestal não pode retroagir para atingir o ato jurídico perfeito, direitos ambientais adquiridos e a coisa julgada, tampouco para reduzir de tal modo e sem as necessárias compensações ambientais o patamar de proteção de ecossistemas frágeis ou espécies ameaçadas de extinção, a ponto de transgredir o limite constitucional intocável e intransponível da 'incumbência' do Estado de garantir a preservação e restauração dos processos ecológicos essenciais (art. 225, § 1º, I)".[57]

Como as APPs são áreas, coberta ou não por vegetação nativa, com a função ambiental de preservar os recursos hídricos, a paisagem, a estabilidade geológica e a biodiversidade, facilitar o fluxo gênico de fauna e flora, proteger o solo e assegurar o bem-estar das populações humanas, portanto intimamente ligadas ao direito fundamental de todos a um meio ambiente ecologicamente equilibrado, a sua supressão, fora dos limites e forma prevista em lei[58], impõe ao supressor, por ação ou por omissão, que restaure o que foi suprimido. Assim, quando a tutela preventiva não for possível, resta a tutela de remoção do ilícito ou de restauração (e não simples reparação *in natura*) do ambiente, devolvendo-o nas mesmas condições que estava antes da supressão. Se, por ventura, para a restauração for necessária a demolição de obras e coisas, esta será uma consequência natural da tutela de procedência do pedido.[59] É de se notar que o STF reconheceu expressamente, no julgamento das ações diretas de inconstitucionalidade ajuizadas para questionar 23 pontos da Lei n. 12.651/2012, que as nascentes e os olhos d'água, ainda que intermitentes ou sazonais, se enquadram no conceito de APPS.

### ■ 6.5.10.5.2. *Áreas de Uso Restrito*

O Capítulo III da Lei n. 12.651/2012 foi originalmente dedicado àquilo que o legislador denominou **áreas de uso restrito** e tinha por finalidade dar um **tratamento especial** às áreas localizadas no **pantanal** e na **planície pantaneira**.

Este "tratamento especial", ao contrário do que se possa imaginar, não significa proteção maior a estes biomas que, por expressa dicção do legislador constitucional (art. 225, § 4º), mereceriam uma tutela ambiental diferenciada.

Muito pelo contrário: tais áreas, que antes eram, na maior parte das vezes, tuteladas sob o regime jurídico de APPs, passaram a receber tratamento autônomo pelo legislador, recebendo uma tutela normativa específica nos **arts. 10 e 11** da lei.

Não restam dúvidas de que a preocupação do legislador, quanto ao ponto, resume-se ao fato de que são áreas onde o uso do solo para fins agropastoris é economicamente muito importante.

---

[57] REsp 1.462.208/SC, rel. Min. Humberto Martins, 2ª Turma, julgado em 11-11-2014, *DJe* 06-04-2015.

[58] AgRg no REsp 1.494.988/MS, rel. Min. Humberto Martins, 2ª Turma, julgado em 01-10-2015, *DJe* 09-10-2015.

[59] REsp 1.344.525/SC, rel. Min. Herman Benjamin, 2ª Turma, julgado em 25-08-2015, *DJe* 10-11-2015.

Posteriormente, a Medida Provisória n. 571/2012 acrescentou um **Capítulo III-A**, trazendo dois novos espaços especialmente protegidos e que também podem ser considerados espaços de **uso restrito:** os salgados e os apicuns, cujos conceitos são descritos, respectivamente, nos incisos XIV[60] e XV[61] do art. 3º da Lei n. 12.651/2012.

Da mesma forma que o pantanal, tais espaços ambientais foram extraídos do § 4º do art. 225 da CF, entendendo o legislador que deveria incluir o bioma **zona costeira** como merecedor de tutela específica, capaz de combinar a proteção do entorno com o uso sustentável dos recursos naturais.

Há, portanto, uma ligação entre o art. 225, § 4º,[62] da CF/88 e os Capítulos III e III-A da Lei n. 12.651/2012, pois pretendeu o legislador explicitar qual seria o regime de uso especial dos espaços ambientais existentes nos biomas do pantanal e da zona costeira.

Assim, os **salgados**, os **apicuns**, o **pantanal** e a **planície pantaneira** constituem **espaços ambientais especialmente protegidos**, que têm uma utilização restrita, mas com **regime jurídico diverso** da reserva legal e das áreas de preservação permanente.

Inicialmente, com relação às áreas situadas no **pantanal** e na **planície pantaneira**, o legislador permitiu sua **exploração ecologicamente sustentável**, como se vê dos arts. 10 e 11 do Código Florestal:

> "Art. 10. Nos **pantanais** e **planícies pantaneiras** é permitida a **exploração ecologicamente sustentável**, devendo-se considerar as **recomendações técnicas** dos órgãos oficiais de pesquisa, ficando **novas supressões** de vegetação nativa para uso alternativo do solo condicionadas à **autorização do órgão estadual** do meio ambiente, com base nas recomendações mencionadas neste artigo.
>
> Art. 11. Em áreas de **inclinação entre 25º e 45º**, serão permitidos o **manejo florestal sustentável** e o exercício de **atividades agrossilvipastoris**, bem como a manutenção da **infraestrutura física** associada ao desenvolvimento das atividades, observadas boas práticas agronômicas, sendo **vedada a conversão de novas áreas**, excetuadas as hipóteses de utilidade pública e interesse social."

---

[60] Salgado ou marismas tropicais hipersalinos: áreas situadas em regiões com frequências de inundações intermediárias entre marés de sizígias e de quadratura, com solos cuja salinidade varia entre 100 (cem) e 150 (cento e cinquenta) partes por 1.000 (mil), onde pode ocorrer a presença de vegetação herbácea específica.

[61] Apicum: áreas de solos hipersalinos situadas nas regiões entremarés superiores, inundadas apenas pelas marés de sizígias, que apresentam salinidade superior a 150 (cento e cinquenta) partes por 1.000 (mil), desprovidas de vegetação vascular.

[62] Mais sobre o dispositivo constitucional, conferir, *supra*, o *item 4.2.5*.

Da maneira como está redigido o art. 10, pode-se entender que apenas quando houver **"novas supressões de vegetação nativa"** é que seria necessária a **autorização** do órgão estadual. Não nos parece ser essa, entretanto, a melhor interpretação.

É que, como é cediço, nenhuma atividade econômica com possibilidade de impactar o meio ambiente pode ser exercida sem a licença ambiental respectiva.

Por isso mesmo, considerando estarmos diante de espaço especialmente protegido, que mereceu atenção expressa do legislador constituinte, pensamos que, seja para haver **novas supressões** de vegetação nativa, seja para **manter atividades** de exploração e de uso alternativo do solo em área do pantanal, é mister que existam **estudos ambientais de impacto da atividade** e que tais estudos embasem uma **licença regularmente obtida** junto ao órgão ambiental competente.

O mesmo raciocínio pode ser aplicado, ainda, à regra do **art. 11**, que permite o **"manejo florestal sustentável"** e o "exercício de atividades **agrossilvipastoris**" em áreas de inclinação entre 25° e 45°.

Observe-se que, quanto ao ponto, o legislador ainda dispôs que poderá ser mantida a **infraestrutura física** associada ao desenvolvimento de referidas atividades, o que, verdadeiramente, parece um salvo-conduto legal perigoso e indevido.

Por isso mesmo, na linha do que defendemos, tal estrutura física já existente deverá ser **avaliada** pelo órgão ambiental e, apenas se não trouxer prejuízos ao meio ambiente, poderá ser mantida.

Não pode haver "consolidação" de uma situação que agrida o meio ambiente. Só deve ser autorizada a sua manutenção se for compatível com a atividade existente e desde que não seja agressiva ou impactante de modo insustentável ao meio ambiente. E isso quem deve dizer é o órgão ambiental, por intermédio de estudos que embasem o licenciamento da referida atividade.

Por fim, percebe-se que, caso exista interesse em converter novas áreas para "uso alternativo do solo",[63] apenas será possível se for para o fim de **interesse social** e **utilidade pública**.

Mais uma vez, observa-se que, na verdade, o que o legislador pretendeu neste dispositivo — e em relação às áreas de inclinação de 25° e 45° no pantanal — foi, lamentavelmente, "legalizar" as atividades econômicas já existentes e a respectiva infraestrutura, porque, a rigor, salvo as restritas hipóteses de utilidade

63 Uso alternativo do solo: substituição de vegetação nativa e formações sucessoras por outras coberturas do solo, como atividades agropecuárias, industriais, de geração e transmissão de energia, de mineração e de transporte, assentamentos urbanos ou outras formas de ocupação humana (art. 3º, VI, da Lei n. 12.651).

pública ou interesse social, vedou-se a conversão de novas áreas para uso alternativo do solo.

No Capítulo III-A, o legislador cuidou do regime jurídico dos **apicuns** e **salgados**, que são áreas especialmente protegidas, como já mencionado, dentro do bioma da zona costeira (art. 225, § 4º, da CF/88). Aliás, é o que o próprio art. 11-A deixa claro:

> "Art. 11-A. A **Zona Costeira** é patrimônio nacional, nos termos do **§ 4º do art. 225** da Constituição, devendo sua ocupação e exploração se dar de modo **ecologicamente sustentável**."

Aqui, a preocupação reside no fato de que tem sido muito frequente o embate envolvendo os **criadores de camarões** e as **comunidades tradicionais** que vivem e sobrevivem do mangue.

A criação de piscinas artificiais nos mangues (área ambiental de enorme importância ecológica) para o desenvolvimento da **carcinicultura** (criação de camarões em viveiros) é altamente impactante ao ambiente, sendo que o Rio Grande do Norte é um dos Estados onde esta atividade econômica é mais desenvolvida, fruto de projetos de incentivo governamentais desde a década de 1960.

A carcinicultura desregrada em áreas sensíveis como a de mangue tem sido corretamente criticada, porque são inúmeros os impactos ambientais dela resultantes, como a supressão de vegetação para a inserção de piscinas artificiais, afetação das atividades econômicas de pessoas que sobrevivem economicamente do mangue (catadores de caranguejo, ostras, pescadores, etc.), uso de fungicidas que afetam o equilíbrio ecológico, além, é claro, de introdução de espécies exóticas, já que os camarões cultivados não são nativos daquela região.

Por isso mesmo é que o legislador cria, no art. 11-A, um regime jurídico rígido especificamente para as atividades de **carcinicultura** e **salinas**, reconhecendo, de plano, que se trata de **atividade impactante** e que, por isso, é **obrigatório o licenciamento** ambiental, devendo ser obedecidos os requisitos estabelecidos no § 1º:

> "Art. 11-A. (...)
>
> § 1º Os **apicuns** e **salgados** podem ser utilizados em atividades de **carcinicultura** e **salinas**, desde que observados os seguintes **requisitos:**
>
> I — área **total** ocupada em cada **Estado** não superior a **10% (dez por cento)** dessa modalidade de fitofisionomia no bioma amazônico e a 35% (trinta e cinco por cento) no restante do País, excluídas as ocupações consolidadas que atendam ao disposto no § 6º;

II — salvaguarda da **absoluta integridade dos manguezais** arbustivos e dos **processos ecológicos** essenciais a eles associados, bem como da sua produtividade biológica e condição de berçário de recursos pesqueiros;

III — **licenciamento** da atividade e das instalações pelo órgão ambiental estadual, cientificado o Instituto Brasileiro do Meio Ambiente e dos Recursos Naturais Renováveis — Ibama e, no caso de uso de terrenos de marinha ou outros bens da União, realizada regularização prévia da titulação perante a União;

IV — recolhimento, tratamento e disposição adequados dos **efluentes** e **resíduos**;

V — garantia da manutenção da **qualidade** da **água** e do **solo**, respeitadas as Áreas de Preservação Permanente; e

V — respeito às **atividades tradicionais de sobrevivência** das comunidades locais."

Mais do que isso, o dispositivo chega a exigir de novos empreendimentos, em certas condições específicas, que se submetam ao **EIA/RIMA**, com a possibilidade de que sejam **revistas as condicionantes** e impostas **sanções** para a adequação da atividade, além, é claro, de **prazo de validade** da licença ambiental:

"Art. 11-A (...)

§ 2º A **licença ambiental**, na hipótese deste artigo, será de **5 (cinco) anos**, **renovável** apenas se o empreendedor cumprir as exigências da legislação ambiental e do próprio licenciamento, mediante comprovação anual inclusive por mídia fotográfica.

§ 3º São sujeitos à apresentação de Estudo Prévio de Impacto Ambiental — **EPIA** e Relatório de Impacto Ambiental — **RIMA** os **novos empreendimentos:**

I — com **área superior a 50 (cinquenta) hectares**, vedada a fragmentação do projeto para ocultar ou camuflar seu porte;

II — com **área de até 50 (cinquenta) hectares**, se **potencialmente causadores** de significativa degradação do meio ambiente; ou

III — localizados em região com **adensamento de empreendimentos de carcinicultura ou salinas** cujo impacto afete áreas comuns.

§ 4º O órgão licenciador competente, mediante decisão motivada, poderá, **sem prejuízo das sanções administrativas, civis e penais** cabíveis, bem como do dever de **recuperar** os danos ambientais causados, **alterar as condicionantes e as medidas** de controle e adequação, quando ocorrer:

I — descumprimento ou cumprimento inadequado das condicionantes ou medidas de controle previstas no licenciamento, ou desobediência às normas aplicáveis;

II — fornecimento de informação falsa, dúbia ou enganosa, inclusive por omissão, em qualquer fase do licenciamento ou período de validade da licença; ou

III — superveniência de informações sobre riscos ao meio ambiente ou à saúde pública."

Há de ser dito, porém, que o legislador, logo após o arroubo elogiável e inesperado de proteção ambiental nos §§ 1º a 4º do art. 11-A, cometeu, nos §§ 5º e seguintes, duas graves falhas. Vejamos:

> "Art. 11-A (...)
>
> § 5º A **ampliação da ocupação** de apicuns e salgados respeitará o **Zoneamento Ecológico-Econômico da Zona Costeira — ZEEZOC**, com a individualização das áreas ainda passíveis de uso, em escala mínima de 1:10.000, que deverá ser concluído por cada Estado no prazo máximo de 1 (um) ano a partir da data de publicação desta Lei.
>
> § 6º É **assegurada a regularização** das atividades e empreendimentos de carcinicultura e salinas cuja **ocupação e implantação tenham ocorrido antes de 22 de julho de 2008**, desde que o empreendedor, pessoa física ou jurídica, **comprove sua localização** em apicum ou salgado e se **obrigue**, por **termo de compromisso**, a **proteger** a integridade dos manguezais arbustivos adjacentes.
>
> § 7º É vedada a manutenção, licenciamento ou regularização, em qualquer hipótese ou forma, de ocupação ou exploração irregular em apicum ou salgado, ressalvadas as exceções previstas neste artigo."

O primeiro equívoco foi ter dado a entender no **§ 5º** que o respeito ao **Zoneamento Ecológico-Econômico da Zona Costeira** só precisa ocorrer em caso de **"ampliação"** da ocupação de apicuns e salgados.

A rigor, porém, por interpretação sistemática do **art. 9º, II**, da Lei n. 6.938/81 c/c com o Decreto n. 4.297/2002, o ZEE é instrumento cuja observância é **obrigatória**. É o que se extrai do **art. 2º** de referido decreto:[64]

> "Art. 2º O **ZEE**, **instrumento de organização do território** a ser **obrigatoriamente seguido** na implantação de planos, obras e atividades públicas e privadas, estabelece **medidas e padrões de proteção ambiental** destinados a assegurar a qualidade ambiental, dos recursos hídricos e do solo e a conservação da biodiversidade, garantindo o **desenvolvimento sustentável** e a **melhoria das condições de vida** da população."

A segunda teratologia vem descrita no **§ 6º**, que dá a entender que as atividades e empreendimentos de carcinicultura e salinas cuja ocupação ou exploração tenham ocorrido **antes de 22 de julho de 2008** teriam **direito assegurado de regularização**, "desde que o empreendedor, pessoa física ou jurídica, comprove sua **localização** em apicum ou salgado e se **obrigue**, por **termo de compromisso**, a proteger a **integridade dos manguezais** arbustivos adjacentes".

[64] Para mais sobre o assunto, ver, *infra*, *item 10.3*.

*Concessa maxima venia*, pode haver "direito adquirido a regularizar uma atividade", muito embora possa ser este o resultado da leitura do § 6º.

Ora, o que precisa ficar claro é que, por expressa dicção constitucional (art. 225, § 1º, IV), deve o Poder Público **exigir o EIA/RIMA** em qualquer caso de significativa impactação ambiental, seja ele constituído antes ou depois de 22 de julho de 2008, e parece-nos claro que a carcinicultura no bioma da zona costeira é atividade impactante.

Assim, seja para **regularizar**, seja para **iniciar** uma atividade de carcinicultura, o empreendedor deve, segundo nos parece, submeter-se a um licenciamento, respeitando o que determina o ZEE e, se for o caso de significativa impactação ambiental, deverá haver o EIA/RIMA como estudo obrigatório do licenciamento. Caso o órgão ambiental competente entenda que a licença já concedida deva ser revista em razão de impactos ambientais insuportáveis, é óbvio que esta deve ser a opção, pois não se pode sacrificar o interesse público em prol do interesse privado.

#### 6.5.10.5.3. *Reserva legal*

##### 6.5.10.5.3.1. *Introdução*

O instituto jurídico da **reserva legal** não constava da redação original do Código Florestal de 1965 (Lei n. 4.771/65) e só foi introduzido no nosso ordenamento por meio da **Lei n. 7.803/89**. Depois da sua criação, medidas provisórias alteraram o seu regime jurídico, ampliando o seu regramento, tal como aconteceu com a MP n. 2.166-67, que deu extensa redação ao instituto.

Trata-se, antes de mais nada, de verdadeira **limitação administrativa**[65] (portanto, geral, gratuita e com finalidade pública) fixada pelo legislador, tendo por fim **condicionar o uso da propriedade** em prol do interesse público.

Por se tratar de **limitação gratuita** (não onerosa) é um instituto muito polêmico e controvertido no meio rural, porque os proprietários nunca aceitaram passivamente a criação de um limite à destinação da propriedade rural sem receber qualquer compensação por conservar e manter uma área de reserva legal que a todos beneficia.

[65] Segundo Hely Lopes Meirelles, "as limitações administrativas representam modalidades de expressão de supremacia geral que o Estado exerce sobre pessoas e coisas existentes no seu território, decorrendo do condicionamento da propriedade privada e nas atividades individuais ao bem-estar da comunidade. Como limitações de ordem pública, são regidas pelo Direito Administrativo, diversamente das restrições civis, que permanecem reguladas pelo Direito Privado (CC, art. 554 e ss.). (...) só são legítimas quando representam razoáveis medidas de condicionamento do uso da propriedade, em benefício do bem-estar social, e não impedem a utilização da coisa segundo sua destinação natural" (Hely Lopes Meirelles, *Direito administrativo brasileiro*, 2001).

A rigor, a reserva legal é instituto bastante afeiçoado ao postulado constitucional da **função socioambiental da propriedade privada**.

A polêmica em torno deste instituto jurídico foi ainda mais acentuada quando a jurisprudência do **STJ** firmou entendimento de que "a **obrigação de recuperar** a degradação ambiental ocorrida na faixa da reserva legal abrange aquele que é **titular da propriedade do imóvel**, mesmo que não seja de sua autoria a deflagração do dano, tendo em consideração sua natureza ***propter rem***" (EDcl nos EDcl no Ag 1.323.337/SP, rel. Ministro Mauro Campbell Marques, 2ª Turma, julgado em 22-11-2011, *DJe* 1º-12-2011).

#### ■ 6.5.10.5.3.2. *O retrocesso ambiental no conceito de reserva legal*

Não por acaso, então, um dos temas mais polêmicos que circundaram a criação da Lei n. 12.651/2012 foi justamente o instituto da reserva legal, porque o legislador — reconhecidamente favorável aos ruralistas — fez questão de **diminuir as restrições** antes existentes na Lei n. 4.771/65.

E, registre-se, a diminuição da restrição já se fez presente no próprio conceito dado pela Lei n. 12.651/2012 (art. 3º, III), quando comparado ao existente no diploma revogado. Vejamos:

**Lei n. 4.771/65 — Código Florestal revogado:**

"Art. 1º (...)

§ 2º Para os efeitos deste Código, entende-se por:

III — **Reserva Legal:** área localizada no interior de uma propriedade ou posse rural, **excetuada a de preservação permanente**, **necessária** ao uso sustentável dos recursos naturais, à conservação e reabilitação dos processos ecológicos, à conservação da biodiversidade e ao abrigo e proteção de fauna e flora nativas; (...)".

**Lei n. 12.651/2012 — Novo Código Florestal:**

"Art. 3º Para os efeitos desta Lei, entende-se por: (...)

III — **Reserva Legal:** área localizada no interior de uma propriedade ou posse rural, delimitada nos termos do art. 12, com a função de **assegurar** o uso econômico de modo sustentável dos recursos naturais do imóvel rural, **auxiliar** a conservação e a reabilitação dos processos ecológicos e promover a conservação da biodiversidade, bem como o abrigo e a proteção de fauna silvestre e da flora nativa; (...)".

Primeiramente, vê-se que foi retirada do conceito a palavra **"necessária"**, que demonstrava o grau de importância da reserva legal em relação aos processos ecológicos, à conservação da biodiversidade e ao abrigo e proteção de fauna e flora nativas. Agora, o atual código diz que a reserva legal apenas **auxilia/**

**assegura** na conservação dos processos ecológicos, da biodiversidade, bem como a proteção e o abrigo da fauna e flora. Há, pois, uma sensível redução do grau de importância.

O segundo aspecto é o fato de que o legislador propositalmente excluiu a expressão **"excetuada a de preservação permanente"**, justamente porque no art. 15 da nova lei admitiu-se a possibilidade de **computar as APPs** como área de reserva legal:

> "Art. 15. Será admitido o **cômputo** das **Áreas de Preservação Permanente** no cálculo do percentual da **Reserva Legal** do imóvel, desde que:
>
> I — o benefício previsto neste artigo não implique a conversão de novas áreas para o uso alternativo do solo;
>
> II — a área a ser computada esteja conservada ou em processo de recuperação, conforme comprovação do proprietário ao órgão estadual integrante do Sisnama; e
>
> III — o proprietário ou possuidor tenha requerido inclusão do imóvel no Cadastro Ambiental Rural — CAR, nos termos desta Lei."

Por fim, a terceira falha no conceito de reserva legal é o fato de que ele estabelece que sua **função precípua é** assegurar o "**uso econômico** de modo sustentável dos recursos naturais do imóvel rural", quando deveria ser o oposto: evitar que o uso econômico sacrifique a proteção dos processos ecológicos essenciais, da biodiversidade e abrigo da fauna e flora nativas.

### ■ 6.5.10.5.3.3. *Delimitação e regime jurídico da reserva legal*

#### ■ 6.5.10.5.3.3.1. *Introito*

As áreas de reserva legal ocupam o Capítulo IV da Lei n. 12.651/2012, no qual constam 13 artigos acomodados em 3 seções distintas:

- Seção I — Delimitação da Área de Reserva Legal.
- Seção II — Regime de Proteção da Reserva Legal.
- Seção III — Regime de Proteção das Áreas Verdes Urbanas.

A rigor, porém, as áreas verdes urbanas não se enquadram no conceito de "reserva legal" e não estão adequadamente localizadas e regulamentadas no Capítulo IV. Por tal razão, serão analisadas em tópico separado.

#### ■ 6.5.10.5.3.3.2. *Obrigação que recai sobre a coisa*

Mais uma vez, em seu art. 17, o Código Florestal deixa claro aquilo que há muito já foi consagrado na jurisprudência pátria: as obrigações relativas à proteção ambiental são do tipo ***propter rem***, recaindo diretamente sobre a coisa:

> "Art. 17. A Reserva Legal deve ser **conservada** com **cobertura de vegetação nativa** pelo **proprietário** do imóvel rural, **possuidor** ou **ocupante** a qualquer título, pessoa física ou jurídica, de direito público ou privado."

Exatamente por isso, o imóvel rural deve manter área com cobertura de vegetação nativa a título de reserva legal, pouco importando se foi o antigo ou o novo proprietário/possuidor/ocupante quem destruiu ou não conservou (ou não recuperou) a área de reserva legal. O que importa, verdadeiramente, é que a obrigação recai sobre a coisa, e quem a detiver deverá zelar pela sua conservação ou recuperação.

### ■ 6.5.10.5.3.3.3. *Os percentuais de reserva legal, as exceções e as flexibilizações*

Inicialmente, o que se vê é que o legislador teve por bem **manter** os **mesmos percentuais mínimos** de reserva legal em relação à área do imóvel já previstos no diploma revogado:

> "Art. 12. **Todo imóvel rural** deve manter área com **cobertura** de vegetação nativa, a título de **Reserva Legal**, sem prejuízo da aplicação das normas sobre as Áreas de Preservação Permanente, observados os seguintes **percentuais mínimos** em relação à área do imóvel, excetuados os casos previstos no art. 68 desta Lei:
>
> I — localizado na **Amazônia Legal:**
>
> *a)* **80%** (oitenta por cento), no imóvel situado em área de **florestas**;
>
> *b)* **35%** (trinta e cinco por cento), no imóvel situado em área de **cerrado**;
>
> *c)* **20%** (vinte por cento), no imóvel situado em área de **campos gerais**;
>
> II — localizado nas **demais regiões** do País: **20%** (vinte por cento)."

Analisando mais a fundo os dispositivos, porém, o que se observa é que **foram ampliadas** as hipóteses de **exceção** e **flexibilização** à reserva legal, o que representa grave retrocesso em termos de tutela ambiental. A exceção começa no *caput* do próprio art. 12, ao excluir dos percentuais previstos nos incisos aqueles contidos no art. 68 que cuidam das chamadas "áreas consolidadas", que têm um regime jurídico diferenciado de limites e percentuais que são piores do ponto de vista ambiental.

Quanto às **exceções** à obrigatoriedade de constituição de reserva legal, temos, nos **§§ 6º a 8º** do art. 12, hipóteses ligadas ao interesse público em serviços básicos, como abastecimento de água, tratamento de esgoto, exploração energética e transporte rodoviário e ferroviário. Vejamos:

> "Art. 12. (...)
>
> § 6º Os empreendimentos de abastecimento público de **água** e tratamento de **esgoto não estão sujeitos** à constituição de Reserva Legal.
>
> § 7º **Não** será **exigido** Reserva Legal relativa às áreas adquiridas ou desapropriadas por detentor de concessão, permissão ou autorização para exploração de potencial de **energia hidráulica**, nas quais funcionem empreendimentos de geração de **energia elétrica**, subestações ou sejam instaladas linhas de transmissão e de distribuição de energia elétrica.
>
> § 8º **Não** será **exigido** Reserva Legal relativa às áreas adquiridas ou desapropriadas com o objetivo de implantação e ampliação de capacidade de **rodovias** e **ferrovias**."

Mais uma vez, parte-se da premissa equivocada de que o interesse no fornecimento de tais serviços deve se sobrepor à manutenção do equilíbrio ecológico, quando o que se sabe é que não há qualidade de vida sem este.

As **flexibilizações**, a seu turno, correspondem aos casos em que esta pode ser **ampliada** ou **reduzida**, segundo critérios fixados pelo próprio legislador.

A maior parte das flexibilizações tem, na verdade, o objetivo de diminuir o percentual de reserva legal especialmente na **Amazônia Legal**, em que se exigem, em condições normais, até 80% (oitenta por cento) do imóvel.

Os altos percentuais, entretanto, estão diretamente relacionados com a necessidade de evitar o desmatamento e, ao mesmo tempo, proteger a formação florestal mais importante do planeta.

A primeira hipótese de flexibilização do percentual de reserva legal das áreas situadas na Amazônia Legal está contida no § 2º do art. 12:

> "Art. 12. (...)
>
> § 2º O percentual de Reserva Legal em imóvel situado em área de formações florestais, de cerrado ou de campos gerais na Amazônia Legal será definido **considerando separadamente os índices** contidos nas alíneas *a*, *b* e *c* do inciso I do *caput*."

Tal regra tem explicação no fato de que os limites do bioma não são muito precisos, sendo perfeitamente possível que uma mesma propriedade situada na Amazônia Legal — grandes latifúndios — tenha formações de **floresta**, **cerrado** e **campos gerais**. Nesse caso, o próprio legislador determinou que o cômputo da reserva legal será feito levando em consideração, separadamente, os índices contidos nas alíneas *a*, *b* e *c* do inciso I do art. 12 da Lei (art. 12, § 2º), o que, intuitivamente, depende de análise técnica do órgão ambiental.

A segunda hipótese de flexibilização verifica-se no caso de **fracionamento** do imóvel rural a qualquer título, inclusive para assentamentos pelo Programa de Reforma Agrária.

Nesses casos, será considerada para fins de fixação do percentual de reserva legal a área do imóvel **antes do fracionamento**, tal como determina o **§ 1º** do art. 12:

> "Art. 12. (...)
> § 1º Em caso de **fracionamento** do imóvel rural, a **qualquer título**, inclusive para assentamentos pelo Programa de Reforma Agrária, será considerada, para fins do disposto do *caput*, a área do imóvel **antes do fracionamento**."

Evita-se, assim, o fracionamento da própria reserva legal, pois, para a natureza, é melhor que se tenha, por exemplo, uma reserva legal de 20% (campos gerais) de uma única área do que 20% de 10 frações desta mesma área.

Quantitativamente pode até se ter o mesmo valor, mas, do ponto de vista qualitativo (localização e tamanho de um mesmo bolsão), é melhor que se tenha a manutenção sobre o imóvel antes do fracionamento.

A terceira hipótese de flexibilização, que permite reduzir para até **50%** (cinquenta por cento) a reserva legal de imóvel rural situado na **Amazônia Legal** em áreas de **floresta**, vem descrita no § 4º do art. 12:

> "Art. 12. (...)
> § 4º Nos casos **da alínea *a* do inciso I**, o poder público poderá **reduzir a Reserva Legal** para até **50% (cinquenta por cento)**, para fins de recomposição, quando o Município tiver **mais de 50%** (cinquenta por cento) da área ocupada por **unidades de conservação** da natureza de domínio público e por **terras indígenas homologadas**."

Entretanto, como se extrai do dispositivo, tal redução só é permitida se atendidos dois requisitos cumulativos:

- A **recomposição** da área, o que pressupõe, portanto, que o imóvel esteja sem a área de reserva legal íntegra.
- O município onde se situa o imóvel precisa ter mais de **50% (cinquenta por cento)** da área ocupada por **unidades de conservação** da natureza de domínio público e por **terras indígenas homologadas**.

Neste caso, o que ocorre é que o legislador leva em consideração a situação econômica do Município, quando este possui mais da metade de suas terras ocupadas por área indígena e unidades de conservação de domínio público, o que, ainda assim, só pode ocorrer para fins de recomposição da área de reserva legal.[66]

[66] O regime jurídico da recomposição está no art. 66, § 2º e seguintes, da lei.

A quarta hipótese de flexibilização vem descrita no **§ 5º** e, na verdade, segue a mesma linha de raciocínio da hipótese anterior. Vejamos:

> "Art. 12. (...)
> § 5º Nos casos **da alínea *a* do inciso I**, o poder público **estadual**, ouvido o Conselho Estadual de Meio Ambiente, poderá **reduzir** a Reserva Legal para **até 50% (cinquenta por cento)**, quando o Estado tiver **Zoneamento Ecológico-Econômico** aprovado e **mais de 65% (sessenta e cinco por cento) do seu território** ocupado por **unidades de conservação** da natureza de domínio público, devidamente regularizadas, e por terras **indígenas homologadas**."

Há, entretanto, três importantes diferenças em relação ao § 4º:

- A flexibilização **não** está condicionada à **recomposição** da área.
- A norma se destina aos **Estados** que, concomitantemente, tenham **ZEE** e mais de **65%** (sessenta e cinco por cento) do seu território ocupado por unidades de conservação da natureza de domínio público, devidamente regularizadas, e por terras indígenas homologadas.
- Deve ser ouvido o **CONSEMA**.

Obviamente, as regras não podem ser interpretadas conjuntamente, de molde a gerar duas flexibilizações para o Município situado no referido Estado.

Se o Município se encaixa em ambas as hipóteses de flexibilização, seguirá apenas a exceção do § 5º, não havendo cúmulo de flexibilizações. Tem-se aqui uma regra mais especial do que a anterior e deve esta prevalecer quando ambas incidirem ao mesmo tempo.

A quinta e a sexta hipóteses de flexibilização vêm descritas no **art. 13** do Código e estão diretamente relacionadas ao uso de **Zoneamento Ecológico-Econômico (ZEE)** pelos **Estados**.

Como estudado, trata-se de importantíssimo instrumento de tutela do meio ambiente mediante **planejamento do território**, informação e controle, bem como compatibilização da atividade econômica com o meio ambiente. Em análise a este dispositivo, o STF concluiu pela sua constitucionalidade.

É exatamente por isso que o Código Florestal pretende que os Estados façam uso desta ferramenta, que muito pode contribuir para identificação e localização da vegetação nativa no nosso país. Aliás, não é por acaso que o **§ 2º** do art. 13 estabelece que "os **Estados** que **não possuem** seus Zoneamentos Ecológico-Econômicos — ZEEs segundo a metodologia unificada, estabelecida em norma federal, terão o **prazo de 5 (cinco) anos**, a partir da data da publicação desta Lei, para a sua elaboração e aprovação".

Assim, os **incisos I e II do art. 13** contemplam, respectivamente, hipóteses de **redução** e **ampliação** a serem realizadas pelo Poder Público **Federal**, no **percentual de 50%** da área de reserva legal quando assim for indicado pelo ZEE:

> "Art. 13. Quando indicado pelo Zoneamento Ecológico-Econômico — ZEE estadual, realizado segundo metodologia unificada, o **poder público federal** poderá:
>
> I — **reduzir**, **exclusivamente para fins de regularização**, mediante recomposição, regeneração ou compensação da Reserva Legal de imóveis com área rural consolidada, situados em área de floresta localizada na Amazônia Legal, para **até 50% (cinquenta por cento) da propriedade**, excluídas as áreas prioritárias para conservação da biodiversidade e dos recursos hídricos e os corredores ecológicos;
>
> II — **ampliar** as áreas de Reserva Legal em **até 50% (cinquenta por cento) dos percentuais previstos nesta Lei**, para cumprimento de metas nacionais de proteção à biodiversidade ou de redução de emissão de gases de efeito estufa.
>
> § 1º No caso previsto no inciso I do *caput*, o proprietário ou possuidor de imóvel rural que mantiver Reserva Legal conservada e averbada em **área superior** aos percentuais exigidos no referido inciso poderá instituir **servidão ambiental** sobre a área excedente, nos termos da Lei n. 6.938, de 31 de agosto de 1981, e **Cota de Reserva Ambiental**."

Inicialmente, quanto à **redução** prevista no **inciso I**, sua **finalidade exclusiva** deve ser a **regularização** de imóveis com área rural consolidada,[67] situados em área de floresta localizada na Amazônia Legal, para **até 50% (cinquenta por cento)** da propriedade.

Neste caso, reconhecendo que muitos proprietários rurais fizeram a recomposição da reserva legal e não tiveram o benefício que agora está sendo concedido, o legislador criou no § 1º do art. 13 a possibilidade de que façam uso de **servidões ambientais** como forma de beneficiarem-se economicamente.

Por fim, a hipótese prevista no **inciso II** é de **ampliação** pelo Poder Público em **até 50% do percentual** da área de reserva legal, qualquer que seja ela, com o objetivo de cumprimento de metas nacionais de proteção à biodiversidade ou de redução de emissão de gases de efeito estufa.

### ■ *6.5.10.5.3.3.4. Localização da reserva legal*

A reserva legal é um espaço especialmente protegido e sua criação está diretamente relacionada com a "conservação e a reabilitação dos **processos ecológicos** e promover a conservação da **biodiversidade**, bem como o abrigo e a proteção de fauna **silvestre** e da **flora nativa**" (art. 3º, III, da Lei n. 12.651/2012).

Justamente para que possa atender a tais escopos é que a localização da área de reserva legal no interior de uma propriedade rural não pode ser feita sem **critérios** ou **embasamento**, antes o contrário.

[67] Área rural consolidada: área de imóvel rural com ocupação antrópica preexistente a 22 de julho de 2008, com edificações, benfeitorias ou atividades agrossilvipastoris, admitida, neste último caso, a adoção do regime de pousio.

Exatamente por isso, o **art. 14** do novo Código Florestal arrola os **estudos** e **critérios** que devem ser levados em conta para definir a localização das reservas:

> "Art. 14. A **localização** da área de Reserva Legal no imóvel rural deverá levar em consideração os seguintes **estudos** e **critérios:**
>
> I — o **plano de bacia hidrográfica**;
>
> II — o **Zoneamento Ecológico-Econômico**;
>
> III — a formação de **corredores ecológicos** com outra **Reserva Legal**, com **Área de Preservação Permanente**, com **Unidade de Conservação** ou com outra área **legalmente protegida**;
>
> IV — as áreas de **maior importância** para a conservação da **biodiversidade**; e
>
> V — as áreas de **maior fragilidade** ambiental.
>
> § 1º O **órgão estadual** integrante do Sisnama ou instituição por ele habilitada deverá **aprovar a localização** da Reserva Legal após a inclusão do imóvel no **CAR**, conforme o art. 29 desta Lei.
>
> § 2º **Protocolada a documentação** exigida para **análise da localização** da área de Reserva Legal, ao proprietário ou possuidor rural **não poderá ser imputada sanção administrativa**, inclusive restrição a direitos, por qualquer órgão ambiental competente integrante do SISNAMA, em razão da não formalização da área de Reserva Legal."

Aliás, o **§ 1º** faz questão de deixar claro que a escolha da localização precisa ser **aprovada** pelo órgão **estadual** competente, sendo necessária, ainda, a inclusão do imóvel no **Cadastro Ambiental Rural (CAR)**.

Por fim, cabe dizer que a regra do **§ 2º**, no sentido de que basta a **protocolização** para evitar a imposição de sanções administrativas, tem como óbvia finalidade evitar que o proprietário seja **prejudicado** por **demora na aprovação** da localização da reserva.

Contudo, parece-nos óbvio que não se admitirá que o sujeito faça um protocolo **dissimulado** apenas para fugir da possibilidade de ser sancionado. Verificado que tal fato aconteceu, mediante análise do processo administrativo, o órgão ambiental determinará que o respectivo agente público responsável pela autuação aplique a sanção devida levando em consideração a atitude ilícita praticada pelo infrator.

### ■ 6.5.10.5.3.3.5. *Cômputo de área de preservação permanente em área de reserva legal*

Sem dúvida, um dos pontos nos quais a Lei n. 12.651/2012 retrocedeu em relação ao código revogado é o fato de admitir o **cômputo** das Áreas de Preservação Permanente no percentual de reserva legal.

Ou seja: caso certas áreas da propriedade se enquadrem nos casos em que seja obrigatória a instituição de uma APP, entrarão no cálculo dos percentuais que devem ser destinados à reserva legal.

Diga-se, inicialmente, que são sensíveis as diferenças entre um e outro instituto.

A Reserva Legal é um espaço especialmente protegido, com **tamanho (porcentagem) variável**, do domínio de cada propriedade rural. Sua manutenção é obrigatória e nela deve ser conservada a vegetação nativa, sendo permitida a **exploração econômica** de forma sustentável.

Já as Áreas de Preservação Permanente, conquanto sejam igualmente espaços ambientais especialmente protegidos, têm a função ambiental de preservar os recursos hídricos, a paisagem, a estabilidade geológica, a biodiversidade, o fluxo gênico de fauna e flora, além de proteger o solo e assegurar o bem-estar das populações humanas. Seu regime jurídico é de quase **intocabilidade**, salvo as restritas exceções permitidas na lei.

Define, então, o **art. 15** as **condições** que devem ser cumpridas para que se admita tal cômputo:

> "Art. 15. Será admitido o **cômputo** das **Áreas de Preservação Permanente** no cálculo do percentual da **Reserva Legal** do imóvel, desde que:
>
> I — o benefício previsto neste artigo **não implique** a conversão de **novas áreas** para o uso alternativo do solo;
>
> II — a área a ser computada esteja **conservada** ou em **processo de recuperação**, conforme comprovação do proprietário ao **órgão estadual** integrante do Sisnama; e
>
> III — o proprietário ou possuidor tenha **requerido** inclusão do imóvel no **Cadastro Ambiental Rural — CAR**, nos termos desta Lei.
>
> § 1º O **regime** de proteção da Área de Preservação Permanente **não se altera** na hipótese prevista neste artigo.
>
> § 2º O proprietário ou possuidor de imóvel com Reserva Legal conservada e inscrita no Cadastro Ambiental Rural — CAR de que trata o art. 29, cuja área **ultrapasse o mínimo exigido por esta Lei**, poderá utilizar a **área excedente** para fins de constituição de **servidão ambiental**, **Cota de Reserva Ambiental** e **outros** instrumentos congêneres previstos nesta Lei.
>
> § 3º O cômputo de que trata o *caput* aplica-se a **todas as modalidades** de cumprimento da **Reserva Legal**, abrangendo a regeneração, a recomposição e a compensação."

Obviamente, como se vê do **§ 1º**, o fato de ser realizado tal cômputo **não altera** o regime jurídico a que se deve submeter a área, visto que as regras destinadas às APPs são nitidamente mais restritivas e benéficas ao meio ambiente.

Mesmo assim, porém, a inovação representa um enorme retrocesso, uma vez que é possível condensar as áreas de reserva legal e áreas de APP num único espaço ambiental.

Do ponto de vista ecológico, tinha-se uma enorme vantagem **quantitativa** — e por consequência **qualitativa** —, porque a APP e a Reserva Legal eram consideradas duas áreas distintas, beneficiando duplamente o meio ambiente.

Porém, com a possibilidade descrita no art. 15, cria-se a área ambiental "dois em um", com superposição de APP em área de reserva legal. Ainda que não se tenha o risco de dar função econômica a esta *área de reserva legal*, porque recai fisicamente sobre uma *área de preservação permanente*, há uma perda considerável para o meio ambiente: com a diminuição da área protegida, libera-se outra área da propriedade rural para ter um fim econômico sem qualquer limitação administrativa ambiental.

Nesse particular, para privilegiar aqueles proprietários rurais que até o surgimento da Lei n. 12.651/2012 cumpriam rigorosamente a legislação ambiental e instituíram o percentual de reserva legal sem eventuais APPs (e que se veem, portanto, em situação de **desvantagem econômica** se comparados aos proprietários que realizam o cômputo do art. 15), o **§ 2º** autoriza-os a, **mantendo o excedente**, tirar proveito econômico da situação, por meio de institutos como a **servidão ambiental**.

Trocando em miúdos, significa que, da noite para o dia, diversos proprietários rurais que tinham limitações administrativas ambientais sobre suas propriedades rurais poderão, *ex lege*, auferir dividendos econômicos em razão da possibilidade de computar as áreas de reserva legal com o que houver de preservação permanente.

Pior ainda: como o benefício do § 2º é de uso facultativo, tais proprietários podem optar por desafetar a área de reserva legal excedente, dando-lhe nova função econômica.

#### ■ 6.5.10.5.3.3.6. Do regime de "proteção" da reserva legal: exploração econômica por manejo sustentável

Apesar de o título que dá nome à Seção II do Capítulo IV do Código ser "Do Regime de Proteção da Reserva Legal", o que se extrai da leitura dos arts. 18 a 24 é algo bem diverso de uma "proteção" dessas áreas.

Na verdade, os referidos dispositivos cuidam das duas técnicas destinadas à **exploração econômica** da reserva legal, por meio de **manejo sustentável**. São elas:

- manejo sustentável **sem propósito comercial** para consumo na propriedade; e
- manejo sustentável **com propósito comercial**.

**Manejo**, como o nome já diz, nada mais é que uma técnica ou ferramenta voltada à gestão, ao manuseio, à administração de algo.

Lembremos, ainda, que o próprio texto constitucional o trata, no **art. 225, § 1º, I**,[68] como técnica servível para proteger e restaurar os processos ecológicos essenciais a que está incumbido o Poder Público.

Aqui, porém, como dito, a ferramenta do **manejo** não tem por finalidade exclusiva a proteção do meio ambiente, mas, sim, a **compatibilização** da **exploração econômica** com a sustentabilidade do **meio ambiente**.

Exatamente por isso é que fala a lei em **manejo sustentável**, assim conceituado:

> "Art. 3º Para os efeitos desta Lei, entende-se por: (...)
>
> VII — **manejo sustentável: administração** da **vegetação natural** para a obtenção de **benefícios econômicos, sociais e ambientais**, respeitando-se os mecanismos de sustentação do ecossistema objeto do manejo e considerando-se, cumulativa ou alternativamente, a utilização de múltiplas espécies madeireiras ou não, de múltiplos produtos e subprodutos da flora, bem como a utilização de outros bens e serviços; (...)."

Ocorre que, por tratar-se de técnica de exploração **econômica** de área de reserva legal, há sempre o **risco de impactação** do meio ambiente e, por isso mesmo — embora o legislador tenha silenciado a respeito —, tal atividade deve ser **licenciada**.

Só então o plano de manejo deve ser aprovado pelo órgão ambiental competente nos termos do **art. 17, § 1º:**

> "Art. 17. (...)
>
> § 1º Admite-se a **exploração econômica da Reserva Legal** mediante **manejo sustentável**, previamente **aprovado** pelo **órgão competente** do Sisnama, de acordo com as modalidades previstas no art. 20."

Repitamos: se o manejo sustentável é ferramenta ou técnica destinada à **exploração econômica** da área de reserva legal, a possibilidade de impactação torna necessário o **licenciamento ambiental** — *com ou sem EIA/RIMA,*

---

[68] "Art. 225. Todos têm direito ao meio ambiente ecologicamente equilibrado, bem de uso comum do povo e essencial à sadia qualidade de vida, impondo-se ao Poder Público e à coletividade o dever de defendê-lo e preservá-lo para as presentes e futuras gerações.

§ 1º Para assegurar a efetividade desse direito, incumbe ao Poder Público:

I — preservar e restaurar os processos ecológicos essenciais e **prover o manejo ecológico das espécies e ecossistemas**; (...)."

*dependendo do caso concreto* —, que é o procedimento adequado para autorizar a referida atividade econômica.

Ainda que o manejo seja feito ou exigido por procedimentos simplificados de elaboração, análise e aprovação, como no caso de **"pequena propriedade ou posse rural familiar"** (art. 17, § 2º), nem aqui se dispensa a necessidade de licenciamento da atividade econômica de exploração.

Partindo para a análise das duas modalidades de manejo sustentável, tem-se que, para os casos em que **inexiste o propósito comercial**, voltando-se ao consumo interno na propriedade, o legislador fixou **regime jurídico mais brando**, já que, nesses casos, é menor a impactação ambiental.

Por isso mesmo, permitiu que, nesses casos, respeitados certos limites, o manejo se faça **independentemente de autorização**. Vejamos:

> "Art. 23. O manejo sustentável para **exploração florestal eventual sem propósito comercial**, para consumo **no próprio imóvel**, **independe de autorização** dos órgãos competentes, devendo apenas ser **declarados** previamente ao órgão ambiental a **motivação da exploração** e o **volume explorado**, **limitada a exploração anual a 20 (vinte) metros cúbicos**."

Entretanto, dada a sensibilidade do meio ambiente e considerando que muitas vezes existem grandes áreas de reservas legais em imensas propriedades, é possível que, ainda que seja para uso próprio, a impactação do meio ambiente seja considerável e, por isso mesmo, fez bem o legislador em **limitar** tal possibilidade à exploração **anual** de **20 (vinte) metros cúbicos**.

Acima desse limite, ainda que se trate de manejo sustentável sem fins comerciais, deve-se aplicar o **mesmo regime jurídico** do manejo com fins comerciais.

Como dito, então, o manejo sustentável **com fins comerciais** depende **sempre** de **autorização** do órgão ambiental, **independentemente do volume** a ser explorado, e deve se pautar nas **diretrizes** impostas pelo **art. 22:**

> "Art. 22. O manejo florestal sustentável da vegetação da Reserva Legal **com propósito comercial** depende de **autorização** do órgão competente e deverá atender as seguintes **diretrizes** e **orientações:**
>
> I — não descaracterizar a **cobertura vegetal** e não prejudicar a **conservação da vegetação nativa** da área;
>
> II — assegurar a manutenção da **diversidade** das espécies;
>
> III — conduzir o manejo de **espécies exóticas** com a adoção de medidas que favoreçam a **regeneração de espécies nativas**."

Contudo, a coleta de **produtos florestais não madeireiros** independe de qualquer autorização, comunicação ou procedimento, desde que seguidas certas diretrizes:

> "Art. 21. É **livre** a coleta de **produtos florestais não madeireiros**, tais como frutos, cipós, folhas e sementes, devendo-se observar:
>
> I — os períodos de coleta e volumes fixados em **regulamentos específicos**, quando houver;
>
> II — a **época de maturação** dos frutos e sementes;
>
> III — técnicas que **não coloquem em risco** a sobrevivência de **indivíduos e da espécie coletada** no caso de coleta de flores, folhas, cascas, óleos, resinas, cipós, bulbos, bambus e raízes."

Aliás, a última das exigências é deveras importante, porque os produtos florestais não madeireiros podem fazer parte (quantitativa e qualitativamente) de processos ecológicos importantes.

Ao final, importa dizer que **nenhum** tipo de exploração (seja para fins comerciais ou uso próprio) poderá ser realizado em área de **reserva legal** que tenha sido **desmatada irregularmente** após **22-7-2008:**

> "Art. 17. (...)
>
> § 3º É obrigatória a **suspensão imediata** das atividades em Área de Reserva Legal desmatada irregularmente após **22 de julho de 2008**.
>
> § 4º Sem prejuízo das sanções administrativas, cíveis e penais cabíveis, deverá ser iniciado, nas áreas de que trata o § 3º deste artigo, o **processo de recomposição da Reserva Legal** em **até dois anos** contados a partir da data da **publicação** desta Lei, devendo tal processo ser concluído nos prazos estabelecidos pelo Programa de Regularização Ambiental — PRA, de que trata o art. 59."

### ■ *6.5.10.5.3.3.7. Do registro da área de reserva legal*

A **averbação** da área de reserva legal à margem da inscrição de **matrícula do imóvel**, no **registro de imóveis** competente (e a manutenção do regime jurídico em caso de sucessão do imóvel) foi uma das medidas mais importantes trazidas pela MP n. 2.166-67, quando, já no ano de 2001, acrescentou o § 8º ao art. 16 da Lei n. 4.771/65.[69]

A importância decorre do fato de que não se poderia arguir desconhecimento ou desinformação na aquisição do imóvel dos ônus existentes em relação à reserva legal do imóvel adquirido.

---

[69] Era essa a redação do dispositivo no diploma revogado: "Art. 16. (...) § 8º A área de reserva legal deve ser averbada à margem da inscrição de matrícula do imóvel, no registro de imóveis competente, sendo vedada a alteração de sua destinação, nos casos de transmissão, a qualquer título, de desmembramento ou de retificação da área, com as exceções previstas neste Código".

Contudo, havia o **custo de averbação**, que sempre foi objeto de reclamação e, de certa forma, muitas vezes impedia a utilização de tão importante instrumento para conhecimento por terceiros, já que a gratuidade da averbação existia apenas para a pequena propriedade ou posse rural familiar (art. 16, § 9º).[70]

Com a nova lei, foi criado o **Cadastro Ambiental Rural (CAR)**, com a pretensão de ser um cadastro de registro de **todas as propriedades rurais do país**, o qual, neste particular, **desobriga a averbação** da reserva legal no cartório de registro de imóveis. Por isso mesmo, o custo deve ser bastante diminuído, sendo que o legislador até estimula que seja feito ao dizer que "no período entre a data da publicação desta Lei e o registro no CAR, o proprietário ou possuidor rural que desejar fazer a averbação terá direito à gratuidade deste ato". Vejamos o que diz o **art. 18** da nova lei:

> "Art. 18. A área de Reserva Legal deverá **ser registrada no órgão ambiental competente** por meio de **inscrição no CAR** de que trata o art. 29, sendo vedada a alteração de sua destinação, nos casos de transmissão, a qualquer título, ou de desmembramento, com as exceções previstas nesta Lei.
>
> § 1º A inscrição da Reserva Legal no CAR será feita mediante a **apresentação de planta** e **memorial descritivo**, contendo a indicação das coordenadas geográficas com pelo menos um ponto de amarração, conforme ato do Chefe do Poder Executivo.
>
> § 2º Na posse, a área de Reserva Legal é assegurada por termo de compromisso firmado pelo possuidor com o órgão competente do Sisnama, com força de título executivo extrajudicial, que explicite, no mínimo, a localização da área de Reserva Legal e as obrigações assumidas pelo possuidor por força do previsto nesta Lei.
>
> § 3º A transferência da posse implica a sub-rogação das obrigações assumidas no termo de compromisso de que trata o § 2º.
>
> § 4º O registro da Reserva Legal no CAR **desobriga a averbação** no Cartório de Registro de Imóveis, sendo que, no período entre a data da publicação desta Lei e o registro no CAR, o proprietário ou possuidor rural que desejar fazer a averbação terá direito à gratuidade deste ato."

Assim, a área de Reserva Legal deverá ser registrada no órgão ambiental competente por meio de inscrição no CAR, sendo **vedada a alteração de sua destinação**, nos casos de transmissão, a qualquer título, ou de desmembramento, tal como existia no Código Florestal anterior, com as exceções previstas na lei.

[70] "Art. 16. (...) § 9º A averbação da reserva legal da pequena propriedade ou posse rural familiar é gratuita, devendo o Poder Público prestar apoio técnico e jurídico, quando necessário."

A substituição do registro no RGI pelo registro no CAR, por força do novo Código Florestal, em nada altera a proteção já firmada em prol do ambiente. O Superior Tribunal de Justiça adaptou seu entendimento "à nova realidade normativa, mantida a eficácia da norma protetiva ambiental. Necessidade de prévio registro da reserva legal no CAR, como condição para o registro da sentença de usucapião no Cartório de Registro de Imóveis".[71]

É importante notar que o STJ, apesar de entender que a área de reserva legal não precisa ser averbada na matrícula do imóvel, assevera que, para fins tributários de isenção vinculada ao ITR, o registro deve ocorrer necessariamente:

> "TRIBUTÁRIO. EMBARGOS À EXECUÇÃO. ITR. ISENÇÃO. ÁREA DE RESERVA LEGAL. AVERBAÇÃO NA MATRÍCULA DO IMÓVEL. NECESSIDADE. 1. A jurisprudência do STJ tem entendido que, quando se trata da 'área de reserva legal', é imprescindível a averbação da referida área na matrícula do imóvel para o gozo do benefício isencional vinculado ao ITR. 2. 'É de afastar, ainda, argumento no sentido de que a averbação é ato meramente declaratório, e não constitutivo, da reserva legal. Sem dúvida, é assim: **a existência da reserva legal não depende da averbação para os fins do Código Florestal e da legislação ambiental. Mas isto nada tem a ver com o sistema tributário nacional. Para fins tributários, a averbação deve ser condicionante da isenção, tendo eficácia constitutiva**'" (REsp 1.027.051/SC, rel. p/ Acórdão Min. Mauro Campbell Marques, 2ª Turma, julgado em 7-4-2011, *DJe* 17-5-2011). Agravo regimental improvido (AgRg no AREsp 555.893/SC, rel. Min. Humberto Martins, 2ª Turma, julgado em 2-10-2014, *DJe* 13-10-2014).

A referida inscrição da reserva legal no CAR será feita mediante a apresentação de **planta e memorial descritivo**, contendo a indicação das **coordenadas geográficas** com pelo menos um **ponto de amarração**, conforme ato do Chefe do Poder Executivo.

Contudo, é certo que muitos serão os casos de proprietários ou possuidores que já tenham realizado a averbação da reserva legal no registro de imóveis respectivo.

Nestas situações, prevê o **art. 30** que o proprietário ou possuidor não será obrigado a apresentar os documentos previstos no **art. 18 e no art. 29**, bastando que apresente ao órgão competente a **certidão de registro de imóveis:**

> "Art. 30. Nos casos em que a Reserva Legal já tenha sido **averbada na matrícula do imóvel** e em que essa averbação identifique o **perímetro e a localização da**

[71] REsp 1.356.207/SP, rel. Min. Paulo de Tarso Sanseverino, 3ª Turma, julgado em 28-04-2015, *DJe* 07-05-2015.

> **reserva**, o proprietário não será obrigado a fornecer ao órgão ambiental as informações relativas à Reserva Legal previstas no inciso III do § 1º do art. 29.
>
> Parágrafo único. Para que o proprietário se desobrigue nos termos do *caput*, deverá apresentar ao **órgão ambiental competente** a **certidão de registro de imóveis** onde conste a averbação da Reserva Legal ou termo de compromisso já firmado nos casos de posse."

### 6.5.10.5.4. *Da proteção das áreas verdes urbanas*

A expansão urbana é um fato inconteste e vários são os impactos sociais, econômicos, culturais e ambientais decorrentes da formação de verdadeiros "formigueiros humanos" nas cidades.

Sem olvidar do problema, o novo Código Florestal reconheceu que o aumento dos perímetros urbanos poderá **afetar imóveis rurais** e respectivamente as **áreas de reserva legal** que nele estiverem delimitadas.

Isso porque a extinção da propriedade rural pela sua inserção no perímetro urbano acaba ocasionando a **extinção da reserva legal**, o que será, sem dúvida, um revés para o meio ambiente. Por isso, a louvável preocupação do legislador em proteger as **áreas verdes urbanas**.

Primeiramente, é de se dizer que, mesmo que com o passar do tempo o imóvel rural venha a ser inserido em perímetro urbano definido por Lei Municipal, tal fato não desobrigará, por si só, o proprietário ou posseiro da manutenção da área de Reserva Legal.

Essa só será **extinta** concomitantemente ao **registro do parcelamento do solo** para fins urbanos, aprovado segundo a legislação específica e consoante as diretrizes do plano diretor de que trata o § 1º do art. 182 da CF/88.

Portanto, não é a mera edição da lei municipal que decreta a extinção da reserva legal, mas o registro do parcelamento do solo aprovado para fins urbanos e devidamente aprovado segundo os ditames legais.

Foi então que, justamente para proteger as áreas verdes que remanescem nas cidades, o novo Código, em seu **art. 25**, estabeleceu uma série de **instrumentos** a serem utilizados pelo Poder Público municipal:

> "Art. 25. O **poder público municipal contará**, para o estabelecimento de **áreas verdes urbanas**, com os seguintes **instrumentos:**
>
> I — o exercício do direito de **preempção** para aquisição de remanescentes florestais relevantes, conforme dispõe a Lei n. 10.257, de 10 de julho de 2001;
>
> II — a **transformação das Reservas Legais** em áreas verdes nas expansões urbanas;
>
> III — o estabelecimento de **exigência de áreas verdes** nos loteamentos, empreendimentos comerciais e na implantação de infraestrutura; e
>
> IV — aplicação em áreas verdes de recursos oriundos da **compensação ambiental**."

### ■ *6.5.10.6. Supressão da vegetação nativa para uso alternativo do solo*

A esta altura, já deve ter sido percebido pelo leitor que o Código Florestal não é um Código que se volta à proteção da flora brasileira, senão um instrumento normativo que impõe **limites à exploração econômica da flora**.

Ou seja: a regra é **permitir** a exploração, e o que faz a lei é estabelecer **limites** que racionalizem ambientalmente esta exploração.

"Uso alternativo do solo" é expressão com significado bem distinto do que sugere. É que o vocábulo **"alternativo"** poderia dar a entender que a **regra** seria a manutenção da flora e que apenas como **exceção** se poderia suprimir a vegetação nativa.

Todavia, quando se analisa o conceito da expressão "uso alternativo do solo" constante da lei, o que se percebe é que a *utilização alternativa do solo que justifica a supressão da vegetação* não é nada tão excepcional, antes o contrário. Vejamos:

> "Art. 3º Para os efeitos desta Lei, entende-se por: (...)
>
> VI — **uso alternativo do solo: substituição** de **vegetação nativa** e formações sucessoras por **outras coberturas do solo**, como atividades agropecuárias, industriais, de geração e transmissão de energia, de mineração e de transporte, assentamentos urbanos ou outras formas de ocupação humana; (...)."

De fato, *concessa maxima venia*, não foi de boa escolha do legislador a expressão *"uso alternativo do solo"* para designar que o **uso econômico** do solo seria uma **alternativa** ao uso ecológico.

Estabelece o **art. 26**[72] dois pressupostos para que se permita o uso alternativo do solo:

- o cadastro do imóvel no *Cadastro Ambiental Rural* **(CAR)**;
- **prévia autorização** do órgão **estadual** competente do SISNAMA.

Determina, ainda, o **§ 4º** do mesmo art. 26 as **informações** que deve conter o **requerimento** a ser feito ao órgão competente:

> "Art. 26. (...)
>
> § 4º O **requerimento** de autorização de supressão de que trata o *caput* conterá, no mínimo, as seguintes informações:

[72] "Art. 26. A supressão de vegetação nativa para uso alternativo do solo, tanto de domínio público como de domínio privado, dependerá do cadastramento do imóvel no CAR, de que trata o art. 29, e de prévia autorização do órgão estadual competente do Sisnama."

> I — a **localização do imóvel**, das **Áreas de Preservação Permanente**, da **Reserva Legal** e das áreas de **uso restrito**, por coordenada geográfica, com pelo menos um ponto de amarração do perímetro do imóvel;
>
> II — a **reposição** ou **compensação** florestal, nos termos do § 4º do art. 33;
>
> III — a utilização efetiva e sustentável das **áreas já convertidas**;
>
> IV — o **uso alternativo** da área a ser desmatada."

É interessante observar que o legislador dá a entender que, para a realização da supressão de vegetação nativa para o uso alternativo do solo, seria necessário apenas o cadastro do imóvel e de uma simples **autorização** do órgão ambiental e que a **licença ambiental** seria apenas exigida no caso de exploração florestal (art. 31 e ss.).

Não nos parece que possa ser assim, especialmente quando se verifica o conceito de uso alternativo do solo.

É preciso saber se o destino *alternativo* que se pretende dar ao solo é ou não **impactante** do meio ambiente, bem como se depende ou não de **estudos ambientais** prévios que deem suporte à referida autorização.

Da forma como está escrito no art. 26 e ss., tem-se a impressão de que basta um requerimento informativo e haverá a referida autorização de forma automática.

Ocorre, na verdade, que, a partir das informações contidas no requerimento informativo, poderá o órgão ambiental **exigir**, num procedimento dialético, **medidas** que sejam **neutralizadoras**, **mitigatórias** e/ou **compensatórias** do impacto a ser causado pelo uso alternativo.

Neste procedimento, então, será analisada a forma de reposição ou compensação florestal (com preferência da reposição de espécies nativas, art. 33, § 4º) e até mesmo como se encontram as utilizações alternativas do solo eventualmente já concedidas ao mesmo requerente.

Merece, ainda, atenção o **art. 27** do novo Código:

> "Art. 27. Nas áreas passíveis de uso alternativo do solo, a supressão de vegetação que abrigue espécie da flora ou da fauna ameaçada de extinção, segundo lista oficial publicada pelos órgãos federal ou estadual ou municipal do Sisnama, ou espécies migratórias, dependerá da adoção de medidas compensatórias e mitigadoras que assegurem a conservação da espécie."

Merece repúdio tal dispositivo, já que admite, mesmo impondo limites, a supressão de vegetação que abrigue espécie da flora ou da fauna **ameaçada de extinção**. Em nosso sentir, o uso alternativo, nesses casos, deveria ser completamente vedado.

Por fim, no **art. 28**, o legislador impõe verdadeira **sanção** aos casos de **área abandonada** em imóvel rural, vedando que se faça o uso alternativo do solo:

> "Art. 28. **Não é permitida** a conversão de vegetação nativa para **uso alternativo** do solo no imóvel rural que possuir **área abandonada**."

### ■ *6.5.10.7. Cadastro Ambiental Rural*

O Cadastro Ambiental Rural, ou simplesmente CAR, é sem dúvida uma das novidades mais festejadas da Lei n. 12.651/2012.

Sua importância pode ser aferida no fato de que, além de ter-lhe sido dedicado um capítulo inteiro (Capítulo VI), este instituto aparece em mais de 25 citações espalhadas ao longo do novo Código.

O CAR é, certamente, uma importante ferramenta para a efetivação do princípio da **informação** ambiental,[73] que vem a ser um dos instrumentos mais promissores e eficazes na realização (inclusive preventiva) do direito fundamental ao meio ambiente.

Conforme estudaremos, a informação ambiental atua de duas formas distintas:

- como fator essencial na realização da **educação ambiental**;
- como instrumento imprescindível à atuação **do poder de polícia ambiental** pelos órgãos integrantes do SISNAMA.

É de se lembrar, ainda, que a socialização dos dados e informações ambientais constitui um dos **objetivos** da Política Nacional do Meio Ambiente (Lei n. 6.938/81), além de ser contemplada em diversos **instrumentos** previstos na mesma lei. Relembremos:

> **Política Nacional do Meio Ambiente — Lei n. 6.938/81:**
>
> "Art. 4º A Política Nacional do Meio Ambiente visará: (...)
>
> V — à difusão de tecnologias de manejo do meio ambiente, à divulgação de **dados e informações ambientais** e à formação de uma consciência pública sobre a necessidade de preservação da qualidade ambiental e do equilíbrio ecológico; (...)
>
> Art. 9º São instrumentos da Política Nacional do Meio Ambiente: (...)
>
> VII — o **sistema nacional de informações** sobre o meio ambiente;
>
> VIII — o Cadastro Técnico Federal de **Atividades e Instrumentos de Defesa Ambiental**; (...)

---

[73] Sobre o princípio, ver, *infra*, o *item 7.4.1.*

> XI — a **garantia da prestação de informações** relativas ao Meio Ambiente, obrigando-se o Poder Público a produzi-las, quando inexistentes;
>
> XII — o Cadastro Técnico Federal de **atividades potencialmente poluidoras e/ou utilizadoras** dos recursos ambientais".

É exatamente nesse contexto que foi criado o **Cadastro Ambiental Rural (CAR)**, no âmbito do Sistema Nacional de Informação sobre Meio Ambiente (SINIMA), previsto no art. 9º, VII, da PNMA, supratranscrito. Vejamos o que diz o **art. 29** do novo Código Florestal:

> "Art. 29. É criado o **Cadastro Ambiental Rural** — CAR, no âmbito do Sistema Nacional de Informação sobre Meio Ambiente — **SINIMA**, **registro público eletrônico** de âmbito nacional, **obrigatório** para todos os imóveis rurais, com a finalidade de **integrar** as informações ambientais das propriedades e posses rurais, compondo base de dados para **controle**, **monitoramento**, **planejamento** ambiental e econômico e **combate ao desmatamento**.
>
> § 1º A inscrição do imóvel rural no CAR deverá ser feita, preferencialmente, no **órgão ambiental municipal ou estadual**, que, nos termos do regulamento, exigirá do proprietário ou possuidor rural:
>
> I — **identificação** do proprietário ou possuidor rural;
>
> II — **comprovação** da propriedade ou posse;
>
> III — **identificação do imóvel** por meio de **planta e memorial descritivo**, contendo a indicação das coordenadas geográficas com pelo menos um ponto de amarração do perímetro do imóvel, informando a localização dos remanescentes de vegetação nativa, das Áreas de Preservação Permanente, das Áreas de Uso Restrito, das áreas consolidadas e, caso existente, também da localização da Reserva Legal.
>
> § 2º O cadastramento **não** será considerado **título** para fins de reconhecimento do direito de propriedade ou posse, tampouco elimina a necessidade de cumprimento do disposto no art. 2º da Lei n. 10.267, de 28 de agosto de 2001.
>
> § 3º A inscrição no CAR será **obrigatória** para **todas as propriedades e posses rurais**, devendo ser requerida no prazo de **1 (um) ano contado da sua implantação**, **prorrogável**, uma única vez, por igual período por ato do Chefe do Poder Executivo."

Interessante notar que, ainda que o CAR dependesse de **regulamentação**, o próprio legislador fez questão de deixar claros alguns importantes aspectos:

- Mesmo tendo o CAR âmbito **nacional**, a **inscrição** será feita, preferencialmente, em nível **municipal** ou **estadual**, justamente para facilitar sua realização. Nesses casos, caberá ao órgão local alimentar o sistema nacional com as informações **(§ 1º)**.

- A inscrição é **obrigatória**, devendo ser feita em até **1 ano**, prorrogável por igual período **(§ 3º)**.
- A inscrição no CAR **não** confere título de **propriedade (§ 2º)**.
- Para que seja realizada a inscrição, é necessária, além da **identificação/comprovação** do proprietário ou possuidor, a perfeita **identificação do imóvel**, com eventuais APPs, áreas de uso restrito, reservas florestais, etc. **(§ 1º):** trata-se de importantes informações para o exercício do Poder de Polícia, além, é claro, de importante formação de inventário georreferenciado da flora brasileira nas inúmeras propriedades rurais do nosso país.

Cabe ressaltar que o registro no Cadastro Ambiental Rural (CAR) somente passou a valer em 6-5-2014, por ocasião da publicação da Instrução Normativa n. 2 do Ministério do Meio Ambiente (MMA), que regulamenta o Sistema de Cadastro Ambiental Rural (SICAR). Assim sendo, o novo Código Florestal (Lei n. 12.651/2012), apesar de vigorar desde maio de 2012, tem sua implementação ainda muito tímida, e, por isso mesmo, o Governo Federal prorrogou até maio de 2016 o prazo para a inclusão de imóveis no CAR. Acredita-se que nova prorrogação deve acontecer, pois até maio de 2015 pouco mais da metade das áreas regularizáveis foram regularizadas junto ao CAR, e, considerando que todas as propriedades rurais do país precisam ser cadastradas — sem as quais não é possível obter uma série de benefícios e, inclusive, para que os imóveis façam parte do Programa de Regularização Ambiental (PRA) —, existe uma expectativa que esse número cresça bastante, ou quiçá, que se tenha uma nova prorrogação em 2016.

Ao nosso sentir, o dano decorrente do "retrocesso ambiental" do novo Código Florestal apenas será manifesto após a conclusão do referido cadastramento, momento em que os proprietários declararam, por meio de representação gráfica (planta ou croqui, bem como imagens de satélite), a atual situação dos seus imóveis.

A partir de 25-5-2017, proprietários de terras que não tivessem o registro no CAR não poderiam tomar crédito nas instituições financeiras. No entanto, depois deste prazo ter sido prorrogado, no apagar das luzes de 2017, precisamente em 29-12-2017, a Presidência da República editou o Decreto n. 9.257 dilatando o prazo para proprietários e posseiros rurais fazerem o Cadastro Ambiental Rural (CAR) até 31-5-2018. O prazo, que terminaria em 31-12-2017, foi elastecido por mais cinco meses. Possivelmente, novas postergações devem acontecer, infelizmente.

### ■ *6.5.10.8. Da exploração florestal*

A Lei n. 12.651/2012 reservou o Capítulo VII para tratar da **"exploração florestal"**. Mais uma vez, confirma-se o que vínhamos afirmando: longe de ser um diploma protetivo do ambiente, o nono Código fixa **regras de exploração** das florestas nativas e formações sucessoras, sejam elas de domínio público ou privado.

Nesse capítulo, merecem destaque:

- O licenciamento a ser realizado em uma **única etapa**, por meio do Plano de Manejo Florestal Sustentável **(PMFS)** **(*caput* e § 2º do art. 31)**.
- **Fundamentos** técnicos e científicos que devem embasar o PMFS **(§ 1º do art. 31)**.
- **Exceções** à necessidade do PMFS **(art. 32)**.
- Regras atinentes ao **suprimento de matéria-prima florestal** pelas pessoas físicas e jurídicas que dela se utilizem **(art. 33)**, com especial referência ao **Plano de Suprimento Sustentável** (PSS),[74] que deve ser feito pelas empresas industriais que utilizam grande quantidade de matéria-prima **(art. 34)**.

### 6.5.10.9. *Do controle da origem dos produtos florestais*

O controle da **origem dos produtos florestais** sempre foi tema que exigiu uma preocupação mais rente do Poder Público, muito embora a legislação não acompanhasse de perto a necessidade de proteção do meio ambiente: o extrativismo ilegal e clandestino, o comércio, o transporte e o estoque de produtos florestais sem a comprovação da origem legal do produto sempre foram, infelizmente, fatos comuns nos noticiários dos veículos de comunicação.

Assim, tratava-se, sem dúvida, de um dos temas sobre os quais o novel diploma deveria se manifestar, já que a Lei n. 4.771/65 era extremamente tímida no ponto, reservando dispositivos esparsos e comedidos, sem atentar para todos os problemas que envolvem o controle da origem dos produtos florestais.

Justamente por isso é que o **Poder Executivo** — atuando indevidamente numa função legislativa — acabou por promover uma série de atos normativos que passaram a regular aspectos esparsos do tema, criando um verdadeiro emaranhado de normas infralegais, o que, muitas vezes, acabava por trazer forte insegurança jurídica e prejudicar até mesmo aqueles que pretendiam atuar dentro da legalidade.

> Apenas para se ter uma noção da dimensão desse emaranhado de atos normativos, destacamos:
>
> - **Instrução Normativa IBAMA n. 112, de 21 de agosto de 2006:** define que o Documento de Origem Florestal (DOF), instituído pela Portaria/MMA n. 253, de 18

[74] Tal instituto já se fazia presente no Decreto n. 5.975/2006, que regulamentava os dispositivos do Código Florestal anterior que regulavam de forma canhestra tanto a exploração quanto o controle dos produtos florestais.

de agosto de 2006, constitui-se licença obrigatória para o controle do transporte e do armazenamento de produtos e subprodutos florestais de origem nativa, inclusive o carvão vegetal nativo, contendo as informações sobre a procedência desses produtos e subprodutos, geradas pelo sistema eletrônico denominado Sistema DOF, na forma do Anexo I dessa Instrução Normativa;

- **Resolução CONAMA n. 379, de 19 de outubro de 2006:** cria e regulamenta sistema de dados e informações sobre a gestão florestal no âmbito do Sistema Nacional do Meio Ambiente (SISNAMA);
- **Instrução Normativa IBAMA n. 134, de 22 de novembro de 2006:** altera os artigos 14, 18 e 32 da Instrução Normativa n. 112/2006, que disciplina a utilização do Documento de Origem Florestal (DOF) para o controle de origem, transporte e armazenamento de produto e subproduto florestal;
- **Resolução Conjunta IBAMA/SEMA/IAP n. 47, de 28 de setembro de 2007:** estabelece normas e procedimentos para regularização ambiental de produção e transporte de carvão de origem vegetal;
- **Portaria IAP n. 120, de 9 de julho de 2007:** disciplina o transporte e o armazenamento de produtos e/ou subprodutos de origem florestal nativa e carvão vegetal, no âmbito do Estado do Paraná;
- **Instrução Normativa IBAMA n. 187, de 10 de setembro de 2008:** define procedimentos e padrões de nomenclatura e coeficientes para indústrias consumidoras ou transformadoras de produtos e subprodutos;
- **Resolução CONAMA n. 411, de 6 de maio de 2009:** dispõe sobre procedimentos para inspeção de indústrias consumidoras ou transformadoras de produtos e subprodutos florestais madeireiros de origem nativa, bem como os respectivos padrões de nomenclatura e coeficientes de rendimento volumétricos, inclusive carvão vegetal e resíduos de serraria.

Foi neste exato contexto que surgiu o **Decreto n. 5.975/2006**, que, mesmo não sendo lei, trouxe um tratamento mais sistematizado e seguro, tanto da **exploração** quanto do **controle da origem** dos produtos florestais, de forma que a **Lei n. 12.651/2012** praticamente repetiu o seu conteúdo nos Capítulos VII e VIII.

Como o tema mesmo indica, ao falar de controle da origem dos produtos florestais, os dispositivos contidos no Capítulo VIII cuidam de **identificar** os produtos submetidos ao controle, as **regras** que permitam **identificar de onde vêm** os referidos produtos e como devem se dar o **transporte** e o **armazenamento** desses produtos, de forma que a fiscalização possa ter segurança da licitude de sua origem.

Assim, o primeiro aspecto que foi levado em conta foi a necessidade de se ter um **sistema nacional de informações** sobre a origem dos produtos florestais, justamente para que se possa fazer um controle adequado, englobando todos os entes da federação, bem como facilitando a fiscalização e o monitoramento do transporte e do depósito dos produtos florestais. Nesse sentido, vejamos o art. 35:

> "Art. 35. O controle da origem da madeira, do carvão e de outros produtos ou subprodutos florestais **incluirá sistema nacional** que **integre os dados dos diferentes entes federativos**, coordenado, fiscalizado e regulamentado pelo órgão federal competente do SISNAMA."

Exatamente por isso, consta no art. 35 da Lei n. 12.651/2012 a regra de que o "controle da origem da madeira, do carvão e de outros produtos ou subprodutos florestais incluirá sistema nacional que integre os dados dos diferentes entes federativos, coordenado, fiscalizado e regulamentado pelo órgão federal competente do SISNAMA".

Aliás, os **§§ 4º e 5º** do mesmo art. 35 dão a mostra de como a informação é, ao mesmo tempo, instrumento de controle e de participação democrática em prol do meio ambiente, razão pela qual deve ser exigida máxima **transparência:**

> "Art. 35. (...)
>
> § 4º Os dados do sistema referido no *caput* serão **disponibilizados para acesso público** por meio da rede mundial de computadores, cabendo ao órgão federal coordenador do sistema fornecer os programas de informática a serem utilizados e definir o prazo para integração dos dados e as informações que deverão ser aportadas ao sistema nacional.
>
> § 5º O órgão federal coordenador do sistema nacional poderá **bloquear a emissão de Documento de Origem Florestal** — DOF dos **entes federativos não integrados ao sistema** e **fiscalizar** os dados e relatórios respectivos."

Definem, ainda, os demais parágrafos do art. 35 regras especiais com relação às **florestas plantadas** e às **espécies nativas:**

> "Art. 35. (...)
>
> § 1º O **plantio** ou o **reflorestamento** com espécies florestais **nativas ou exóticas independem de autorização** prévia, desde que observadas as limitações e condições previstas nesta Lei, devendo ser **informados** ao órgão competente, no prazo de até **1 (um) ano**, para fins de controle de origem.
>
> § 2º É **livre** a **extração de lenha e demais produtos** de **florestas plantadas** nas áreas não consideradas Áreas de Preservação Permanente e Reserva Legal.
>
> § 3º O **corte** ou a **exploração** de **espécies nativas plantadas** em área de **uso alternativo do solo** serão permitidos **independentemente de autorização prévia**, devendo o plantio ou reflorestamento estar **previamente cadastrado** no órgão ambiental competente e a exploração ser previamente declarada nele para fins de controle de origem."

Resta claro no **art. 36** que é **obrigatória** a obtenção de **licença** junto ao órgão ambiental competente para o **transporte** e o **armazenamento** de produtos ou subprodutos florestais oriundos de florestas de espécies nativas:

"Art. 36. O **transporte**, por qualquer meio, e o **armazenamento** de madeira, lenha, carvão e outros **produtos ou subprodutos florestais** oriundos de florestas de espécies nativas, para fins **comerciais** ou **industriais**, requerem **licença** do órgão competente do Sisnama, observado o disposto no art. 35.

§ 1º A licença prevista no *caput* será formalizada por meio da **emissão do DOF**, que deverá **acompanhar o material** até o beneficiamento final.

§ 2º Para a emissão do DOF, a pessoa física ou jurídica responsável deverá estar **registrada no Cadastro Técnico Federal de Atividades Potencialmente Poluidoras ou Utilizadoras de Recursos Ambientais**, previsto no art. 17 da Lei n. 6.938, de 31 de agosto de 1981.

§ 3º Todo aquele que **recebe** ou **adquire**, para fins **comerciais** ou **industriais**, madeira, lenha, carvão e outros produtos ou subprodutos de florestas de espécies nativas é obrigado a **exigir a apresentação do DOF** e munir-se da via que deverá acompanhar o material até o beneficiamento final.

§ 4º No DOF deverão constar a especificação do material, sua volumetria e dados sobre sua origem e destino.

§ 5º O órgão ambiental federal do SISNAMA regulamentará os casos de dispensa da licença prevista no *caput*."

Por fim, no tocante ao **comércio** (interno) e à **exportação** de **plantas vivas** e **outros produtos** oriundos da flora nativa, será necessária, nos termos do **art. 37**, a obtenção de **licença ambiental** e também do **registro** no Cadastro Técnico Federal de Atividades Potencialmente Poluidoras ou Utilizadoras de Recursos Ambientais.

Nota-se, ainda, que, no caso de comércio **dentro do país**, a licença será emitida pelo órgão ambiental **estadual** integrante do SISNAMA, enquanto no caso de **exportação** destes produtos a licença será emitida pelo órgão **federal** competente.

### ■ 6.5.10.10. *Da proibição do uso do fogo e controle de incêndios*

Logo no início do Capítulo IX, o legislador foi peremptório em **proibir** a utilização de **fogo** na **vegetação**, com exceção de situações específicas.

Como se sabe, conquanto seja infelizmente comum, a prática das chamadas **queimadas** é extremamente arcaica, trazendo enorme risco de grave impactação ambiental. É, inclusive, o que já reconheceu o **STJ** em brilhante acórdão:

"AMBIENTAL. DESMATAMENTO DE MATA NATIVA SEM AUTORIZAÇÃO. QUEIMADAS. DANO RECONHECIDO PELA INSTÂNCIA ORDINÁRIA. CUMULAÇÃO DE OBRIGAÇÃO DE FAZER (REPARAÇÃO DA ÁREA DEGRADADA) E DE PAGAR QUANTIA CERTA (INDENIZAÇÃO). POSSIBILIDADE. NATUREZA *PROPTER REM*. INTERPRETAÇÃO DA NORMA AMBIENTAL. PRECEDENTES DO STJ.

> 1. As queimadas representam a **negação da modernidade da agricultura e pecuária brasileiras**, confrontando-se com os fundamentos mais elementares do Direito Ambiental. O primitivismo no meio de exploração da terra — o fogo — aproxima-nos dos nossos ancestrais mais remotos e incivilizados. Maior paradoxo tecnológico, mas também ético, impossível: abandonamos a matriz da força humana na movimentação do machado e do arado, nos cercamos de um arsenal de equipamentos sofisticados, de apetrechos químicos, de biotecnologia e de avançado conhecimento científico multidisciplinar, tudo para sucumbir, mesmo nas atividades empresariais e de larga escala, ao fácil apelo da força natural extrema, que nada respeita no seu caminho, indistintamente estorricando flora, fauna e solo.
>
> 2. Quem queima, e ao fazê-lo afeta, degrada ou destrói o meio ambiente, tem o dever legal de recuperá-lo, sem prejuízo de eventual indenização, com base em responsabilidade civil objetiva, além de submeter-se a sanções administrativas e penais" (STJ, 2ª Turma, REsp 1.248.214/MG, rel. Min. Herman Benjamin, *DJ* 13-4-2012).

Como dito, porém, o legislador arrolou certas **exceções**, nas quais é admitido o uso do fogo:

> "Art. 38. É **proibido o uso de fogo** na vegetação, **exceto** nas seguintes situações:
>
> I — em locais ou regiões cujas **peculiaridades justifiquem** o emprego do fogo em práticas agropastoris ou florestais, mediante **prévia aprovação** do órgão estadual ambiental competente do Sisnama, para **cada imóvel** rural ou de **forma regionalizada**, que estabelecerá os critérios de monitoramento e controle;
>
> II — emprego da queima controlada em **Unidades de Conservação**, em conformidade com o respectivo **plano de manejo** e mediante **prévia aprovação** do órgão gestor da Unidade de Conservação, visando ao manejo conservacionista da vegetação nativa, cujas características ecológicas estejam associadas evolutivamente à ocorrência do fogo;
>
> III — atividades de **pesquisa científica** vinculada a **projeto de pesquisa** devidamente **aprovado** pelos órgãos competentes e realizada por instituição de pesquisa reconhecida, mediante **prévia** aprovação do órgão ambiental competente do Sisnama.
>
> § 1º Na situação prevista no inciso I, o órgão estadual ambiental competente do Sisnama exigirá que os estudos demandados para o licenciamento da atividade rural contenham **planejamento específico** sobre o **emprego do fogo** e o **controle dos incêndios**."

Há, ainda, outra exceção digna de nota, trazida pelo **§ 2º** do mesmo art. 38:

> "Art. 38. (...)
>
> § 2º Excetuam-se da proibição constante no *caput* as práticas de **prevenção e combate aos incêndios** e as de **agricultura de subsistência** exercidas pelas populações **tradicionais** e **indígenas**."

Chama atenção, ainda, o fato de o legislador ter optado por regular aspectos relativos à demonstração do **nexo causal** na apuração da responsabilidade pelo uso indevido do fogo:

> "Art. 38. (...)
>
> § 3º Na apuração da responsabilidade pelo uso irregular do fogo em terras públicas ou particulares, a autoridade competente para fiscalização e autuação deverá **comprovar o nexo de causalidade** entre a ação do proprietário ou qualquer preposto e o dano efetivamente causado.
>
> § 4º É necessário o estabelecimento de **nexo causal** na verificação das responsabilidades por infração pelo uso irregular do fogo em terras públicas ou particulares."

Não bastam, portanto, imputações genéricas dos fatos e da autoria no auto de infração, como se existisse uma presunção de que o fato de "ser proprietário" torna o sujeito responsável pelo ato de queimada. Trata-se de responsabilização que, no âmbito penal e administrativo (ao contrário do regime civil), exige a prova do elemento anímico, além, é claro, do nexo de causalidade (causalidade adequada).

Por fim, as regras contidas nos **arts. 39 e 40** têm como destinatário precípuo o **Poder Público**, porque dizem respeito à necessidade de estabelecer **planos de contingência** para o combate aos incêndios, bem como a elaboração de uma **política pública** voltada a este desiderato:

> "Art. 39. Os órgãos ambientais do **Sisnama**, bem como todo e qualquer **órgão público ou privado** responsável pela **gestão de áreas com vegetação nativa ou plantios florestais**, deverão elaborar, atualizar e implantar **planos de contingência** para o combate aos **incêndios** florestais.
>
> Art. 40. O Governo Federal deverá estabelecer uma **Política Nacional de Manejo e Controle de Queimadas, Prevenção e Combate aos Incêndios Florestais**, que promova a articulação institucional com vistas na substituição do uso do fogo no meio rural, no controle de queimadas, na prevenção e no combate aos incêndios florestais e no manejo do fogo em áreas naturais protegidas.
>
> § 1º A Política mencionada neste artigo deverá prever **instrumentos** para a **análise dos impactos das queimadas** sobre mudanças climáticas e mudanças no uso da terra, conservação dos ecossistemas, saúde pública e fauna, para subsidiar planos estratégicos de prevenção de incêndios florestais.
>
> § 2º A Política mencionada neste artigo deverá observar cenários de **mudanças climáticas** e potenciais **aumentos de risco** de ocorrência de incêndios florestais."

### 6.5.10.11. *Do programa de apoio e incentivo à preservação e recuperação do meio ambiente*

#### 6.5.10.11.1. *Pagamento por serviços ambientais e instrumentos econômicos*

Como foi dito anteriormente, a Lei n. 12.651/2012 não é verdadeiramente uma lei que se pode chamar de "Código Florestal", justamente por ser um diploma jurídico que pretende equiparar, equilibrar e harmonizar o uso econômico do solo com a função ecológica da flora que repousa sobre esse mesmo solo.

Seguindo sua real intenção, o legislador foi nitidamente protetivo das atividades econômicas agrossilvipastoris em detrimento das limitações do direito de propriedade para atender à proteção do meio ambiente. Um dos aspectos mais proeminentes da valorização que deu aos produtores rurais foi o reconhecimento de que devem ser **"remunerados"** pelo encargo que possuem em manter os "serviços ambientais" que são prestados gratuitamente pela natureza.[75]

Partindo da premissa de que a **manutenção e a conservação das florestas** são um **encargo privado** que traz um **benefício público** e de que tal custo não é computado no preço da atividade econômica de quem suporta o referido encargo, a Lei n. 12.651/2012 reconheceu o direito de **remuneração** daqueles que mantêm ou conservam os "serviços ambientais" gratuitamente dados pela natureza.

Há, nos diversos capítulos da Lei n. 12.651/2012, uma série de **instrumentos econômicos** voltados para este fim.

> Vale lembrar que a Lei n. 6.938/81, em seu **art. 9º, XIII**, fala dos **instrumentos econômicos** como mecanismos de implantação da Política Nacional do Meio Ambiente.

#### 6.5.10.11.2. *Os incentivos econômicos* pro ambiente *na política de uso econômico do solo*

A simples leitura dos livros de História do Brasil permite perceber que, desde o período colonial, sempre houve uma política pública de estímulo ao desenvolvimento da atividade econômica sobre o solo da nossa zona litorânea (pecuária, agricultura e extrativismo) em detrimento da Mata Atlântica existente à época.

É, ainda, fato inconteste que a política pública agropecuária sempre foi muito desenvolvida no nosso país, com fixação de metas de produção para

[75] São serviços ambientais gratuitos *dados* pela natureza os alimentos, *a regulação do clima, a qualidade da água e do ar*, o controle e a manutenção dos processos ecológicos, o controle das doenças, a manutenção da biodiversidade, etc.

abastecimento do mercado interno e externo. Essas políticas públicas sempre focaram no desenvolvimento e na utilização de ferramentas econômicas, em especial os créditos e subsídios agrícolas, além dos incentivos fiscais em prol da produção agropecuária.

Por isso mesmo, pode-se dizer que a **utilização econômica do solo** sempre esteve em primeiro plano, sendo peça essencial da economia brasileira.

Contudo — e isso é bastante relevante para compreender o problema —, o fomento econômico e fiscal do governo brasileiro a conservação, melhoria e recuperação do meio ambiente como ferramenta importante na ocupação do solo nunca foi merecedor de um tratamento sistemático, seja de forma autônoma ou, quiçá, inserido como apêndice da própria política pública agropecuária.

Eis aí, portanto, as duas faces da moeda (ocupação do solo pela flora para fins ambientais e ocupação do solo para fins econômicos) que colocam em confronto as atividades econômicas e ecológicas de ocupação do solo.

Muito embora exista uma série de restrições e limitações contidas no próprio núcleo do direito de propriedade no sentido de exigir a conservação e a manutenção de áreas de proteção ambiental (reserva legal, APPs, etc.), o que se observa é que nunca se teve uma política pública ou privada de fomento econômico, de crédito, tributário ou comercial que valorizasse este tipo de comportamento de "conservação ou manutenção" dos serviços ambientais.

Por isso mesmo, tal situação sempre colocou a política pública ambiental em desvantagem em relação à política agropecuária. Enquanto esta era farta de instrumentos econômicos (títulos negociáveis, créditos, isenções, compensações, fundos, etc.), a outra se ressentia da escassez desses mecanismos. Contava, no máximo, com as conhecidas ferramentas coercitivas, que, como visto, não geram uma mudança de comportamento ou estímulo a um novo padrão comportamental dos agentes privados que usam dos recursos ambientais.

É exatamente nesse contexto que o Capítulo X do novo Código tenta corrigir este déficit, criando uma série de **instrumentos econômicos** com a finalidade de **apoiar/incentivar** a **conservação** do meio ambiente, por meio da adoção de **tecnologias** e **boas práticas** que conciliem a produtividade agropecuária e a conservação florestal.

Enfim, pelos arts. 41 e ss., o legislador pretendeu inserir na política pública de uso econômico do solo as **vantagens econômicas** em **conservar**, **proteger** e **aprimorar** as áreas de vegetação nativa, seja por intermédio de técnicas de **compensação ambiental**, por meio de **pagamentos** de serviços ambientais, por mecanismos creditícios e tributários ou até mesmo pela criação de uma ***commodity* ambiental** (título nominativo) negociável na bolsa de valores mobiliários.

Além disso, criou linhas de **ações econômicas** que promovam uma agropecuária ecologicamente sustentável. É bem verdade que muitas dessas ações dependem de regulamentos, mas a iniciativa do legislador foi louvável, pois já era hora de dar um pontapé inicial na criação de uma verdadeira **política econômica *pro ambiente***, e não simplesmente uma atuação isolada.

Parece-nos certo que tais mecanismos econômicos poderão, ainda, ser importantes aliados dos instrumentos coercitivos, de tal forma que os "serviços ambientais" possam ser valorizados e remunerados criando um novo padrão de comportamento em que o ato de proteger o meio ambiente possa ser tão viável economicamente quanto uma atividade econômica de uso do solo.

Tais mecanismos econômicos podem transformar a conservação e a melhoria da vegetação nativa num bom negócio e, quem sabe, torná-la tão atraente quanto outras atividades econômicas que fazem uso do solo.

Como dito, são vários os instrumentos econômicos criados pelo legislador, encaixando-se, cada um deles, em algum dos seguintes grandes grupos:

- contribuições financeiras;
- benefícios tributários;
- licenças negociáveis.

É o que se observa da extensa redação do **art. 41:**

> "Art. 41. É o Poder Executivo federal autorizado a instituir, sem prejuízo do cumprimento da legislação ambiental, programa de apoio e incentivo à conservação do meio ambiente, bem como para adoção de tecnologias e boas práticas que conciliem a produtividade agropecuária e florestal, com redução dos impactos ambientais, como forma de promoção do desenvolvimento ecologicamente sustentável, observados sempre os critérios de progressividade, abrangendo as seguintes **categorias e linhas de ação:**
>
> I — **pagamento ou incentivo a serviços ambientais** como retribuição, monetária ou não, às atividades de conservação e melhoria dos ecossistemas e que gerem serviços ambientais, tais como, isolada ou cumulativamente:
>
> *a)* o sequestro, a conservação, a manutenção e o aumento do estoque e a diminuição do fluxo de carbono;
>
> *b)* a conservação da beleza cênica natural;
>
> *c)* a conservação da biodiversidade;
>
> *d)* a conservação das águas e dos serviços hídricos;
>
> *e)* a regulação do clima;
>
> *f)* a valorização cultural e do conhecimento tradicional ecossistêmico;
>
> *g)* a conservação e o melhoramento do solo;
>
> *h)* a manutenção de Áreas de Preservação Permanente, de Reserva Legal e de uso restrito;

II — **compensação** pelas **medidas** de conservação ambiental **necessárias para o cumprimento dos objetivos desta Lei**, utilizando-se dos seguintes **instrumentos**, dentre outros:

*a)* obtenção de **crédito agrícola**, em todas as suas modalidades, com taxas de juros menores, bem como limites e prazos maiores que os praticados no mercado;

*b)* contratação do **seguro agrícola** em condições melhores que as praticadas no mercado;

*c)* **dedução** das Áreas de Preservação Permanente, de Reserva Legal e de uso restrito da base de cálculo do Imposto sobre a Propriedade Territorial Rural — **ITR**, gerando **créditos tributários**;

*d)* destinação de parte dos **recursos arrecadados com a cobrança pelo uso da água**, na forma da Lei n. 9.433, de 8 de janeiro de 1997, para a manutenção, recuperação ou recomposição das Áreas de Preservação Permanente, de Reserva Legal e de uso restrito na bacia de geração da receita;

*e)* **linhas de financiamento** para atender iniciativas de preservação voluntária de vegetação nativa, proteção de espécies da flora nativa ameaçadas de extinção, manejo florestal e agroflorestal sustentável realizados na propriedade ou posse rural, ou recuperação de áreas degradadas;

*f)* **isenção de impostos** para os principais **insumos** e **equipamentos**, tais como: fios de arame, postes de madeira tratada, bombas d'água, trado de perfuração de solo, dentre outros utilizados para os processos de recuperação e manutenção das Áreas de Preservação Permanente, de Reserva Legal e de uso restrito;

III — **incentivos** para **comercialização**, **inovação** e **aceleração** das ações de recuperação, conservação e uso sustentável das florestas e demais formas de vegetação nativa, tais como:

*a)* participação preferencial nos **programas de apoio à comercialização** da produção agrícola;

*b)* destinação de recursos para a **pesquisa científica e tecnológica** e a extensão rural relacionadas à melhoria da qualidade ambiental."

Cabe lembrar, entretanto, que os incentivos para as propriedades rurais que preservarem mais do que o exigido por lei, previstos no art. 41, ainda não foram regulamentados até a atualização desta nova edição.

### ■ *6.5.10.11.3. Do programa de conversão da multa*

Conforme dispõe o **art. 72, § 4º**, da Lei de Crimes Ambientais (n. 9.605/98), a sanção de **multa simples** pode ser **convertida** em serviços de **preservação**, **melhoria** e **recuperação** da qualidade do meio ambiente, instituto que foi regulamentado nos arts. 139 a 148 do Decreto n. 6.514/2008.[76]

[76] Trata-se de regulamento que "dispõe sobre as infrações e sanções administrativas ao meio ambiente, estabelece o processo administrativo federal para apuração destas infrações, e dá outras providências".

No caso do nono Código Florestal, por se tratar de um diploma que cuida da **proteção da flora**, o legislador limitou-se a cuidar da conversão da multa em relação aos casos previstos no **art. 50** do Decreto n. 6.514/2008. Vejamos:

> **Novo Código Florestal — Lei n. 12.651/2012:**
> "Art. 42. É o Governo Federal autorizado a implantar **programa para conversão da multa** prevista no **art. 50** do Decreto n. 6.514, de 22 de julho de 2008, destinado aos imóveis rurais, referente a autuações vinculadas a desmatamentos em áreas onde não era vedada a supressão, que foram promovidos sem autorização ou licença, em data **anterior a 22 de julho de 2008**".

> **Decreto n. 6.514/2008:**
> "Art. 50. **Destruir ou danificar florestas** ou qualquer tipo de **vegetação nativa** ou de **espécies nativas plantadas**, objeto de especial preservação, sem autorização ou licença da autoridade ambiental competente:
> Multa de R$ 5.000,00 (cinco mil reais) por hectare ou fração.
> § 1º A multa será acrescida de R$ 500,00 (quinhentos reais) por hectare ou fração quando a situação prevista no *caput* se der em detrimento de vegetação secundária no estágio inicial de regeneração do bioma Mata Atlântica.
> § 2º Para os fins dispostos no art. 49 e no *caput* deste artigo, são consideradas de especial preservação as florestas e demais formas de vegetação nativa que tenham regime jurídico próprio e especial de conservação ou preservação definido pela legislação".

Infelizmente, pelo que se observa no dispositivo, o legislador mais uma vez pretendeu tratar com parcimônia os titulares de imóveis rurais que foram responsáveis por ilícitos ambientais (autuados por desmatamentos ilegais) praticados **antes de 22-7-2008**. O STF, em julgamento de ação direta de inconstitucionalidade, julgou, no final de fevereiro de 2018, a constitucionalidade do que foi apelidado pelos ambientalistas de "anistia aos produtores rurais". Para o STF é legal a referida prescrição normativa, sem enxergar qualquer tipo de anistia a desmatadores, porque, segundo o STF, para a revogação da multa deve haver a adesão ao Programa de Recuperação Ambiental e a efetiva recuperação do meio ambiente.

Ora, o legislador já tinha criado um sistema bastante minudente para as conversões das multas (art. 139 do Decreto n. 6.514/2008), sendo verdadeiramente desnecessária a criação de um programa para este fim.

Aliás, desde 1999, quando foi publicado o Decreto n. 3.179,[77] já havia regulamentação sobre a matéria, sendo, repitamos, desnecessário que exsurja um programa público federal que crie facilidades e benesses para a conversão da referida multa.

---

[77] É o que se percebe da redação de seu art. 2º, § 4º: "A multa simples pode ser convertida em serviços de preservação, melhoria e recuperação da qualidade do meio ambiente".

### ■ 6.5.10.11.4. *A Cota de Reserva Ambiental (CRA)*

O surgimento da **Cota de Reserva Ambiental** está diretamente relacionado com o instituto da **compensação de reserva legal** que foi criado pelo antigo Código Florestal.

Por intermédio dessa técnica — repetida com amplitude e ênfase na atual Lei n. 12.651/2012 —, permite-se que uma propriedade rural possa preencher uma parte de sua exigência de reserva legal com cotas de reservas florestais **excedentes** (acima do mínimo legal), desde que cumpridos certos requisitos. Vejamos:

> "Art. 48. A CRA pode ser transferida, onerosa ou gratuitamente, a pessoa física ou a pessoa jurídica de direito público ou privado, mediante termo assinado pelo titular da CRA e pelo adquirente. (...)
>
> § 2º A **CRA** só pode ser utilizada para **compensar Reserva Legal** de imóvel rural situado no **mesmo bioma**[78] da área à qual o título está vinculado.
>
> § 3º A CRA só pode ser utilizada para fins de compensação de Reserva Legal se respeitados os requisitos estabelecidos no **§ 6º do art. 66**.
>
> § 4º A utilização de CRA para compensação da Reserva Legal será **averbada** na matrícula do imóvel no qual se **situa a área vinculada** ao título e na do imóvel **beneficiário** da compensação."

> "Art. 66. (...)
>
> § 6º As áreas a serem utilizadas para compensação na forma do § 5º deverão:
>
> I — ser **equivalentes em extensão** à área da Reserva Legal a ser compensada;
>
> II — estar localizadas no **mesmo bioma** da área de Reserva Legal a ser compensada;
>
> III — se **fora do Estado**, estar localizadas em áreas identificadas como **prioritárias** pela União ou pelos Estados."

Assim, como se vê, a compensação de reserva legal pressupõe **duas propriedades** rurais situadas no **mesmo bioma**, sendo que uma delas, que esteja abaixo do percentual mínimo de reserva legal, completa o percentual legal que lhe falta mediante a **aquisição de cotas** de reserva legal excedente, existente em outra propriedade.

A equação citada é realizada mediante a aquisição de **percentuais excedentes** de reserva legal, que se corporificam nos institutos da **servidão florestal** ou das **cotas de reserva ambiental** (CRA).

---

[78] O Código Florestal anterior (Lei n. 4.771/65) era mais restritivo e vinculava a compensação da reserva legal à mesma microbacia ou bacia hidrográfica. O atual Código fala em "mesmo bioma", dando uma amplitude bem maior à sua utilização. Será que tem o mesmo resultado ambiental compensar no mesmo bioma (cerrado, Mata Atlântica, Zona Costeira, Amazônia, etc.), mas em microbacias diferentes, como exigia a lei anterior? Será este diploma um legítimo *Código Florestal*?

Isso mesmo: aquelas propriedades que excedam o percentual legal podem instituir as Cotas de Reserva Ambiental ou Servidão Florestal da área excedente, que, uma vez devidamente registradas, poderão ser negociadas para compensar propriedades rurais cujos percentuais de reserva legal estejam aquém do mínimo legal.

Assim, a compensação da reserva legal pode se dar por intermédio da aquisição de Cota de Reserva Ambiental (CRA), que, segundo o **art. 44** da lei, é um "**título nominativo** representativo de área com vegetação nativa, existente ou em processo de recuperação".

Como o próprio nome já diz, a intenção do legislador foi criar um **título de crédito nominativo**, justamente por possuir as seguintes características:

- É emitido em nome de uma **pessoa determinada** (art. 45, *caput*).
- Sua emissão depende do preenchimento de uma série de **requisitos** (art. 45, § 1º).[79]
- Deve ser **registrado** em até 30 dias contados de sua emissão (art. 47).[80]
- Sua transmissão apenas se aperfeiçoa quando **registrado** nos livros e registros próprios (art. 48, § 1º).[81]
- Se utilizado para compensação de Reserva Legal, deve ser **averbado** tanto no imóvel onde se situa a área excedente quanto na propriedade beneficiária (art. 48, § 4º).[82]

---

[79] "Art. 45. A CRA será emitida pelo órgão competente do Sisnama em favor de proprietário de imóvel incluído no CAR que mantenha área nas condições previstas no art. 44.

§ 1º O proprietário interessado na emissão da CRA deve apresentar ao órgão referido no *caput* proposta acompanhada de:

I — certidão atualizada da matrícula do imóvel expedida pelo registro de imóveis competente;

II — cédula de identidade do proprietário, quando se tratar de pessoa física;

III — ato de designação de responsável, quando se tratar de pessoa jurídica;

IV — certidão negativa de débitos do Imposto sobre a Propriedade Territorial Rural — ITR;

V — memorial descritivo do imóvel, com a indicação da área a ser vinculada ao título, contendo pelo menos um ponto de amarração georreferenciado relativo ao perímetro do imóvel e um ponto de amarração georreferenciado relativo à Reserva Legal."

[80] "Art. 47. É obrigatório o registro da CRA pelo órgão emitente, no prazo de 30 (trinta) dias, contado da data da sua emissão, em bolsas de mercadorias de âmbito nacional ou em sistemas de registro e de liquidação financeira de ativos autorizados pelo Banco Central do Brasil."

[81] "Art. 48. A CRA pode ser transferida, onerosa ou gratuitamente, a pessoa física ou a pessoa jurídica de direito público ou privado, mediante termo assinado pelo titular da CRA e pelo adquirente.

§ 1º A transferência da CRA só produz efeito uma vez registrado o termo previsto no *caput* no sistema único de controle."

[82] "Art. 48. (...) § 4º A utilização de CRA para compensação da Reserva Legal será averbada na matrícula do imóvel no qual se situa a área vinculada ao título e na do imóvel beneficiário da compensação."

Determinou, ainda, o legislador, taxativamente, as situações que podem levar à emissão da CRA:

> "Art. 44. É instituída a Cota de Reserva Ambiental — CRA, título nominativo representativo de área com vegetação nativa, existente ou em processo de recuperação:
>
> I — sob regime de **servidão ambiental**, instituída na forma do art. 9º-A da Lei n. 6.938, de 31 de agosto de 1981;[83]
>
> II — correspondente à área de **Reserva Legal** instituída voluntariamente sobre a vegetação que **exceder** os percentuais exigidos no art. 12 desta Lei;
>
> III — protegida na forma de Reserva **Particular do Patrimônio Natural — RPPN**, nos termos do art. 21 da Lei n. 9.985, de 18 de julho de 2000;
>
> IV — existente em propriedade rural localizada no interior de **Unidade de Conservação** de **domínio público** que ainda **não tenha sido desapropriada**."

Da mesma forma, delimitou o legislador a **dimensão** da área representada por cada título:

> "Art. 46. Cada CRA corresponderá a **1 (um) hectare:**
>
> I — de área com **vegetação nativa primária** ou com vegetação **secundária** em qualquer estágio de regeneração ou recomposição;
>
> II — de áreas de recomposição mediante **reflorestamento** com espécies nativas.
>
> § 1º O estágio sucessional ou o tempo de recomposição ou regeneração da vegetação nativa será avaliado pelo órgão ambiental estadual competente com base em declaração do proprietário e vistoria de campo.
>
> § 2º A CRA não poderá ser emitida pelo órgão ambiental competente quando a regeneração ou recomposição da área forem improváveis ou inviáveis."

É certo ainda que, tratando-se de título que representa uma área de vegetação nativa, é possível que, após a emissão desse título, aquela área não possua mais as mesmas características que levaram à emissão da CRA pelo órgão ambiental competente, fazendo com que o título represente algo diverso da realidade.

---

[83] Na servidão florestal, o proprietário da área compensada renuncia voluntariamente, seja em caráter temporário ou permanente, aos seus direitos de supressão e exploração de vegetação nativa, desde que averbada no órgão competente e excluindo-se as áreas de preservação permanente e de reserva legal, segundo os ditames dos arts. 9-A e ss. da Lei n. 6.938/81. Segundo o art. 9º-A: "O proprietário ou possuidor de imóvel, pessoa natural ou jurídica, pode, por instrumento público ou particular ou por termo administrativo firmado perante órgão integrante do Sisnama, limitar o uso de toda a sua propriedade ou de parte dela para preservar, conservar ou recuperar os recursos ambientais existentes, instituindo servidão ambiental".

Pensando nisso, o legislador determinou, no **art. 49**, que "cabe ao **proprietário** do imóvel rural em que se situa a área vinculada à CRA a responsabilidade plena pela **manutenção das condições** de conservação da vegetação nativa da área que deu origem ao título".

Por fim, o novo Código foi ainda taxativo quanto à possibilidade de **cancelamento** da CRA:

> "Art. 50. A CRA **somente** poderá ser **cancelada** nos seguintes casos:
>
> I — por **solicitação** do proprietário rural, em caso de **desistência** de manter áreas nas **condições** previstas nos incisos I e II do art. 44;
>
> II — **automaticamente**, em razão de **término do prazo** da servidão ambiental;
>
> III — por **decisão do órgão competente** do Sisnama, no caso de **degradação** da vegetação nativa da área vinculada à CRA cujos custos e prazo de recuperação ambiental inviabilizem a continuidade do vínculo entre a área e o título.
>
> § 1º O cancelamento da CRA utilizada para fins de compensação de Reserva Legal só pode ser efetivado se **assegurada Reserva Legal** para o imóvel no qual a compensação foi aplicada.
>
> § 2º O cancelamento da CRA nos termos do inciso III do *caput* independe da aplicação das devidas **sanções** administrativas e penais decorrentes de infração à legislação ambiental, nos termos da Lei n. 9.605, de 12 de fevereiro de 1998.
>
> § 3º O **cancelamento** da CRA deve ser **averbado** na matrícula do imóvel no qual se situa a área vinculada ao título e do imóvel no qual a compensação foi aplicada."

Até a atualização desta nova edição, a regulamentação das Cotas de Reserva Ambiental (CRA), poderoso mecanismo do mercado de compensações ambientais e alternativa à recuperação dos passivos de Reserva Legal, ainda não havia sido publicada. Possivelmente, a regulamentação ainda não aconteceu — o que deve se dar em breve — porque se aguardava a discussão no STF sobre a constitucionalidade do art. 44, e em especial deste título nominativo. Em relação ao § 2º do art. 44, o STF decidiu que se considera *mesmo bioma* quando há *identidade ecológica*, sem precisar exatamente os contornos da expressão. Tanto este dispositivo quanto o art. 66, § 6º, foram considerados constitucionais.

#### ■ *6.5.10.12. Do controle do desmatamento*

Conquanto o Capítulo XI tenha sido denominado de "controle do desmatamento", trata, na verdade, muito mais dos **limites** à atuação do **Poder Público** na aplicação das **sanções administrativas**.

Analisando detidamente o disposto no **art. 51** da Lei n. 12.651/2012, percebe-se uma preocupação do legislador em pôr um freio na atuação irresponsável de muitos órgãos ambientais, que usam as sanções administrativas sem qualquer critério ou proporção em relação ao ato infracional.

Por isso mesmo, havendo notícia de infração ambiental, o primeiro ato sancionador deve ser, nos termos do *caput* do art. 51, o **embargo da obra ou atividade** causadora do uso alternativo do solo, com o fim de "**impedir a continuidade** do dano ambiental, propiciar a **regeneração** do meio ambiente e dar viabilidade à **recuperação** da área degradada".

Ainda no intuito de **limitar** a atuação do Poder de Polícia, o **§ 1º** do mesmo artigo é expresso no sentido de que "o embargo **restringe-se aos locais** onde efetivamente ocorreu o desmatamento ilegal", não alcançando as demais atividades desenvolvidas na propriedade.

Por fim, o legislador trouxe duas regras ligadas à necessidade de que sejam fornecidas **informações** a respeito dos **exatos limites** do embargo:

> "Art. 51. (...)
>
> § 2º O órgão ambiental responsável deverá **disponibilizar publicamente** as informações sobre o **imóvel embargado**, inclusive por meio da rede mundial de computadores, resguardados os dados protegidos por legislação específica, caracterizando o **exato local** da área embargada e informando em que **estágio** se encontra o respectivo **procedimento administrativo**.
>
> § 3º A pedido do interessado, o órgão ambiental responsável **emitirá certidão** em que conste a **atividade**, a **obra** e a **parte da área do imóvel** que são objetos do embargo, conforme o caso."

## ■ 6.5.10.13. *Da agricultura familiar*

Nasce na Constituição Federal a preocupação do legislador com a **pequena propriedade rural**, tendo sido dedicados ao menos dois dispositivos[84] para lhe dar um **tratamento diferenciado**, levando-se em conta, basicamente, a fragilidade econômica do pequeno produtor.

Tal preocupação não passou despercebida no novo Código Florestal, que dedicou todo o seu Capítulo XII a criar uma série de **benefícios** ou **isenções** para o pequeno produtor rural em relação às **obrigações ambientais**.

---

[84] Referimo-nos ao art. 5º, XXVI, e ao art. 185:

"Art. 5º (...) XXVI — a pequena propriedade rural, assim definida em lei, desde que trabalhada pela família, não será objeto de penhora para pagamento de débitos decorrentes de sua atividade produtiva, dispondo a lei sobre os meios de financiar o seu desenvolvimento; (...)"

"Art. 185. São insuscetíveis de desapropriação para fins de reforma agrária: I — a pequena e média propriedade rural, assim definida em lei, desde que seu proprietário não possua outra; (...)"

Apesar de a própria CF/88 indicar a possibilidade de se fazer certas diferenciações, a questão que se coloca é saber se é legítimo (e se for, em que proporção) criar benefícios que, em última instância, representam diminuição da proteção ambiental.

Afinal — nunca é demais lembrar —, o direito a um meio ambiente ecologicamente equilibrado pertence a todos. E, da mesma forma, todos têm a obrigação de zelar para sua manutenção, que, como vimos, é essencial à proteção da vida.

Para entender os dispositivos contidos no Capítulo XIII do novo Código, é preciso entender o **conceito** de "pequena propriedade ou posse rural familiar", o qual, embora descrito no art. 3º, V, precisa ser complementado para uma melhor compreensão.

Inicialmente, tem-se que, conforme o **art. 3º, V**, a pequena propriedade ou posse rural familiar é aquela "explorada mediante o **trabalho pessoal** do agricultor familiar e empreendedor familiar rural, incluindo os assentamentos e projetos de reforma agrária, e que atenda ao disposto no art. 3º da Lei n. 11.326, de 24 de julho de 2006".

Como, porém, referido dispositivo não disciplina a **dimensão** do que pode ser entendido por pequena propriedade ou posse, é importante recorrer ao **art. 4º, II**, da Lei n. 8.629/93:

> "Art. 4º Para os efeitos desta lei, conceituam-se: (...)
>
> II — **Pequena Propriedade** — o imóvel rural:
>
> *a)* de área compreendida **entre 1 (um) e 4 (quatro) módulos fiscais**; (...)."

Deve, ainda, ser mencionado o **art. 3º** da Lei n. 11.326/2006, que fixa as diretrizes para a formulação da Política Nacional da Agricultura Familiar:

> "Art. 3º Para os efeitos desta Lei, considera-se **agricultor familiar e empreendedor familiar rural** aquele que pratica atividades no meio rural, atendendo, simultaneamente, aos seguintes requisitos:
>
> I — não detenha, a qualquer título, área maior do que **4 (quatro) módulos fiscais**;
>
> II — utilize predominantemente **mão de obra da própria família** nas atividades econômicas do seu estabelecimento ou empreendimento;
>
> III — tenha **percentual mínimo** da **renda familiar** originada de atividades econômicas do seu estabelecimento ou empreendimento, na forma definida pelo Poder Executivo;
>
> IV — dirija seu estabelecimento ou empreendimento **com sua família**."

E, nesta toada, os arts. 52 e ss. da Lei n. 12.651/2012 estabelecem uma série de **vantagens** em favor da pequena propriedade ou posse rural familiar quando comparada com as demais propriedades ou posses rurais.

A primeira delas é a de que, conforme o **art. 52**, são permitidas a **intervenção** e a **supressão de vegetação** em Áreas de Preservação Permanente e de Reserva Legal para as atividades **eventuais** ou de **baixo impacto** ambiental,[85] desde que atendidas duas condições:

- o imóvel esteja inscrito no CAR;
- seja feita simples declaração ao órgão ambiental competente acerca da referida atividade de baixo impacto.[86]

Não é necessário, portanto, para tais atividades, que sejam feitos **estudos ambientais** e/ou mesmo um procedimento de **licenciamento**. E, para tanto, lista o que seria "eventual ou baixo impacto".

Na prática, contudo, a situação pode ser um pouco diversa, porque a informação contida no CAR deve espelhar a real situação das áreas de reserva legal e APP contidas no referido imóvel, podendo mostrar-se necessária a verificação *in loco* do agente ambiental para saber se é correta a informação de que a atividade é de baixo ou eventual impacto e, assim, decidir se é mister a realização de **estudos ambientais** mais complexos e até um processo de **licenciamento** ambiental, sob pena de violar-se até mesmo o inciso IV do § 1º do art. 225 da CF/88.

Isso porque a delimitação do conceito de "significativa impactação do meio ambiente" deve ser feita em cada caso concreto, segundo as características ambientais do ecossistema artificial e natural existentes naquele caso específico, de forma que não se pode presumir de forma absoluta que o fato de ser pequena a propriedade ou posse rural torne não impactante as atividades nela desenvolvidas.

Ainda nessa política de tratamento diferenciado, temos nos arts. 53 e 55 da Lei n. 12.651/2012 a **facilitação econômica** e a **desburocratização** da inscrição deste tipo de imóvel no **CAR**. Vejamos:

---

85 Segundo o art. 3º, X, da Lei n. 12.651/2012, são atividades eventuais ou de baixo impacto aquelas que estão listadas nas alíneas *a* a *k* do referido dispositivo, tais como "abertura de pequenas vias de acesso interno e suas pontes e pontilhões, quando necessárias à travessia de um curso d'água, ao acesso de pessoas e animais para a obtenção de água ou à retirada de produtos oriundos das atividades de manejo agroflorestal sustentável", "construção de rampa de lançamento de barcos e pequeno ancoradouro", "construção e manutenção de cercas na propriedade", "implantação de trilhas para o desenvolvimento do ecoturismo", "outras ações ou atividades similares, reconhecidas como eventuais e de baixo impacto ambiental em ato do Conselho Nacional do Meio Ambiente — CONAMA ou dos Conselhos Estaduais de Meio Ambiente".

86 Exceções feitas às alíneas *b* e *g*, em que não se admitiria a simples declaração do órgão ambiental, especialmente porque em tais casos (captação de água e pesquisa científica) existe a participação de outros órgãos da administração pública.

> "Art. 53. Para o **registro no CAR** da Reserva Legal, nos imóveis a que se refere o inciso V do art. 3º, o proprietário ou possuidor apresentará os **dados** identificando a **área proposta de Reserva Legal**, cabendo aos órgãos competentes integrantes do Sisnama, ou instituição por ele habilitada, realizar a captação das respectivas **coordenadas geográficas**.
>
> Parágrafo único. O registro da Reserva Legal nos imóveis a que se refere o inciso V do art. 3º é **gratuito**, devendo o poder público prestar **apoio técnico e jurídico**."

> "Art. 55. A inscrição no CAR dos imóveis a que se refere o inciso V do art. 3º observará **procedimento simplificado** no qual será obrigatória apenas a apresentação dos documentos mencionados nos **incisos I e II do § 1º do art. 29** e de croqui indicando o perímetro do imóvel, as Áreas de Preservação Permanente e os remanescentes que formam a Reserva Legal."

Como se vê, nos casos das pequenas propriedades rurais, a inscrição no CAR **independe** do cumprimento da exigência contida no **art. 29, § 1º, III**,[87] justamente a mais custosa para o requerente, permitindo-lhe que cumpra a exigência de forma mais simples, com um "croqui indicando o perímetro do imóvel, as Áreas de Preservação Permanente e os remanescentes que formam a Reserva Legal", posto que caberá ao órgão ambiental "realizar a captação das respectivas coordenadas geográficas".

Vale ressaltar, ainda, o absurdo privilégio contido no **art. 54** da Lei n. 12.651/2012:

> "Art. 54. Para cumprimento da manutenção da área de **reserva legal** nos imóveis a que se refere o inciso V do art. 3º, poderão ser **computados** os **plantios de árvores frutíferas, ornamentais ou industriais**, compostos por espécies exóticas, cultivadas em sistema intercalar ou em consórcio com espécies nativas da região em sistemas agroflorestais."

A crítica decorre do fato de que, independentemente da situação econômica de quem quer que seja, a função ecológica das espécies existe e deve ser preservada.

Autorizar a manutenção da área com espécies exóticas é admitir a existência do risco de comprometimento da função ambiental dos ecossistemas sem que nada possa ser feito.

---

[87] Trata-se da "identificação do imóvel por meio de planta e memorial descritivo, contendo a indicação das coordenadas geográficas com pelo menos um ponto de amarração do perímetro do imóvel, informando a localização dos remanescentes de vegetação nativa, das Áreas de Preservação Permanente, das Áreas de Uso Restrito, das áreas consolidadas e, caso existente, também da localização da Reserva Legal".

Aliás, considerando que dados do censo agropecuário de 2006 mostraram que 24,3% das unidades produtivas do País encontram-se espalhadas em agricultura familiar, é grande o risco de perecimento dos processos ecológicos em APPs e Reserva Legal nestas unidades.

De duvidosa constitucionalidade são, ainda, os privilégios contidos nos **arts. 56 e 57**, relativos à exploração de **florestas nativas** e **formações sucessoras**, com lamentável destaque para o **licenciamento simplificado**.

Por fim, o **art. 58** traz norma que tem como destinatário o **Poder Público:**

> "Art. 58. Assegurado o controle e a fiscalização dos órgãos ambientais competentes dos respectivos planos ou projetos, assim como as obrigações do detentor do imóvel, o **Poder Público** poderá instituir **programa de apoio técnico e incentivos financeiros**, podendo incluir medidas indutoras e **linhas de financiamento** para atender, prioritariamente, os imóveis a que se refere o inciso V do *caput* do art. 3º, nas iniciativas de:
>
> I — **preservação voluntária** de vegetação nativa **acima dos limites** estabelecidos no art. 12;
>
> II — proteção de espécies da flora nativa **ameaçadas de extinção**;
>
> III — implantação de sistemas **agroflorestal** e **agrossilvipastoril**;
>
> IV — **recuperação ambiental** de Áreas de Preservação Permanente e de Reserva Legal;
>
> V — recuperação de **áreas degradadas**;
>
> VI — promoção de **assistência técnica** para **regularização ambiental** e **recuperação** de áreas degradadas;
>
> VII — produção de **mudas e sementes**;
>
> VIII — pagamento por **serviços ambientais**."

### ■ 6.5.10.14. *Das áreas consolidadas e seu regime jurídico diferenciado*

Um dos pontos mais ruborizantes da Lei n. 12.651/2012 foi a criação de um instituto jurídico apelidado de **"área consolidada"**, para o qual o legislador dedicou um emaranhado de regras cujo único intento foi o de **"anistiar infratores"**.[88]

---

[88] Em interpretação e lição contrária à nossa posição: "ADMINISTRATIVO E AMBIENTAL. AGRAVO REGIMENTAL NO AGRAVO EM RECURSO ESPECIAL. TRANSPORTE DE CARVÃO VEGETAL SEM ATPF. AUTO DE INFRAÇÃO. LEGALIDADE. AUTONOMIA DAS ESFERAS PENAL E ADMINISTRATIVA. 1. **A entrada em vigor da Lei n. 12.651/2012 revogou o Código Florestal de 1965 (Lei n. 4.771), contudo, não concedeu anistia aos infratores das normas ambientais. Em vez disso, manteve a ilicitude das violações da natureza, sujeitando os agentes aos competentes procedimentos administrativos, com vistas à recomposição do dano ou à indenização. Inteligência do art. 59 do novo Código Florestal**. 2. Ademais, o transporte de carvão vegetal sem cobertura de ATPF constitui, a um só tempo, crime e infração administrativa, poden-

O Capítulo XIII, nominado "disposições transitórias", é composto de 3 seções, assim intituladas:

- Seção I — Disposições Gerais.
- Seção II — Das Áreas Consolidadas em Áreas de Preservação Permanente.
- Seção III — Das Áreas Consolidadas em Área de Reserva Legal.

A rigor, o que o legislador fez foi criar um **regime jurídico diferenciado** para proprietários e possuidores de imóveis rurais que até **22-7-2008** exerciam atividades econômicas (agrossilvipastoris, ecoturismo e de turismo rural) em APPs, Reserva Legal e de uso restrito.

Quanto ao conceito de área consolidada, vejamos o que diz o **art. 3º, IV:**

> "Art. 3º Para os efeitos desta Lei, entende-se por: (...)
>
> IV — **área rural consolidada:** área de imóvel rural com **ocupação antrópica** preexistente a **22 de julho de 2008**, com edificações, benfeitorias ou atividades agrossilvipastoris, admitida, neste último caso, a adoção do regime de pousio; (...)."

Como já explicado, o marco temporal de **22-7-2008** foi escolhido porque é a data em que teve início a vigência do **Decreto n. 6.514/2008**, que, revogando o Decreto n. 3.179/99, passou a regulamentar a lei de crimes e sanções administrativas ambientais.

O fato, assim, é que o legislador teve por bem criar um regime jurídico diferenciado para atender (e resolver) à situação de centenas de milhares de proprietários rurais que exerciam ilicitamente atividades como agricultura e pecuária em APPs, Reserva Legal e áreas de uso restrito e que, portanto, estavam sujeitos às sanções administrativas legalmente previstas.

Portanto, criou um **programa de regularização ambiental**, pelo qual, uma vez tendo a ele aderido, o proprietário passará a uma condição de imunidade em relação às sanções administrativas que já tinham sido impostas ou que poderiam vir a ser impostas com a edição da referida lei.

Por isso mesmo é que soa como verdadeira "anistia enrustida" todo o Capítulo XIII da Lei n. 12.651/2012.[89] E, frise-se, não fica no âmbito das sanções

do, neste último caso, ser objeto de autuação pela autoridade administrativa competente, conforme a jurisprudência. Precedente: REsp 1.245.094/MG, rel. Ministro Herman Benjamin, Segunda Turma, *DJe* 13-4-2012. 3. Agravo regimental a que se dá provimento" (AgRg no REsp 1.313.443/MG, rel. Min. Og Fernandes, 2ª Turma, julgado em 18-2-2014, *DJe* 12-3-2014).

89 Veja, como exemplo, os §§ 4º e 5º do art. 59:

"Art. 59. (...)

§ 4º No período entre a publicação desta Lei e a implantação do PRA em cada Estado e no Distrito Federal, bem como após a adesão do interessado ao PRA e enquanto estiver sendo cumprido o

administrativas a referida imunização dos ex-infratores ambientais, porque (na medida em que torna lícito o que era ilícito) o art. 60 da lei estende os benefícios às sanções de índole penal.[90]

Em 5-5-2014, foi publicado no *Diário Oficial da União* o Decreto n. 8.235, estabelecendo normas complementares aos Programas de Regularização Ambiental (PRA) dos Estados e do DF — encarado como o principal meio de implementação do Código Florestal — e instituindo o programa Mais Ambiente Brasil (programa este coordenado pelo Ministério do Meio Ambiente, visando apoiar, articular e integrar os planos estaduais, desobrigando a União, então, de criar um PRA próprio).

O documento trata da regularização, mediante recuperação, recomposição, regeneração ou compensação, de imóveis rurais sem o percentual da cobertura vegetal exigido ou que ainda não tenham suas reservas legais averbadas ou não delimitaram suas áreas de preservação permanente, de reserva legal e de uso restrito.

Como sabido, para se inserir no PRA, o proprietário do imóvel deve primeiramente fazer sua inscrição no CAR.

O Decreto n. 8.235/2014 abriu o início do prazo de 1 ano, prorrogável por mais 1, para que milhões de propriedades rurais do país façam o CAR. Como já dito, o começo efetivo deste prazo se deu com a publicação da Instrução Normativa do Ministério do Meio Ambiente n. 2/2014, que ocorreu no dia seguinte à publicação do decreto, em 6-5-2014.

Após a solicitação de adesão ao PRA, o proprietário ou possuidor do imóvel rural com passivo ambiental assinará um termo de compromisso, que tem eficácia de título executivo extrajudicial, com todas as informações pertinentes ao seu imóvel, contendo, por exemplo, a localização/prazo/proposta de recomposi-

---

termo de compromisso, o proprietário ou possuidor não poderá ser autuado por infrações cometidas antes de 22 de julho de 2008, relativas à supressão irregular de vegetação em Áreas de Preservação Permanente, de Reserva Legal e de uso restrito.

§ 5º A partir da assinatura do termo de compromisso, serão suspensas as sanções decorrentes das infrações mencionadas no § 4º deste artigo e, cumpridas as obrigações estabelecidas no PRA ou no termo de compromisso para a regularização ambiental das exigências desta Lei, nos prazos e condições neles estabelecidos, as multas referidas neste artigo serão consideradas como convertidas em serviços de preservação, melhoria e recuperação da qualidade do meio ambiente, regularizando o uso de áreas rurais consolidadas conforme definido no PRA".

[90] "Art. 60. A assinatura de termo de compromisso para regularização de imóvel ou posse rural perante o órgão ambiental competente, mencionado no art. 59, suspenderá a punibilidade dos crimes previstos nos arts. 38, 39 e 48 da Lei n. 9.605, de 12 de fevereiro de 1998, enquanto o termo estiver sendo cumprido.

§ 1º A prescrição ficará interrompida durante o período de suspensão da pretensão punitiva.

§ 2º Extingue-se a punibilidade com a efetiva regularização prevista nesta Lei."

ção, recuperação, regeneração ou compensação da área de preservação permanente e/ou reserva legal e/ou área de uso restrito.

Após a adesão ao PRA estadual e enquanto estiver sendo cumprido o termo de compromisso, o proprietário ou possuidor rural não poderá ser autuado por infrações cometidas antes de 22-7-2008 (art. 59, § 4º, do Código Florestal). Também, *enquanto cumprido o termo de compromisso, fica suspensa a aplicação de sanções relativas aos fatos que deram ensejo ao acordo* (art. 9º do Decreto c/c art. 59, § 5º, do Código Florestal).

Neste sentido, foi claro o Superior Tribunal de Justiça ao dizer que "o legislador não anistiou geral e irrestritamente as infrações ou extinguiu a ilicitude de condutas anteriores a 22 de julho de 2008, de modo a implicar perda superveniente de interesse de agir. Ao contrário, a recuperação do meio ambiente degradado nas chamadas áreas rurais consolidadas continua de rigor, agora por meio de procedimento administrativo, no âmbito de Programa de Regularização Ambiental — PRA, após a inscrição do imóvel no Cadastro Ambiental Rural — CAR (§ 2°) e a assinatura de Termo de Compromisso (TC), valendo este como título extrajudicial (§ 3°). Apenas a partir daí 'serão suspensas' as sanções aplicadas ou aplicáveis (§ 5°, grifo acrescentado). Com o cumprimento das obrigações previstas no PRA ou no TC, 'as multas' (e só elas) serão consideradas convertidas em serviços de preservação, melhoria e recuperação da qualidade do meio ambiente. Ora, se os autos de infração e multas lavrados tivessem sido invalidados pelo novo Código ou houvesse sido decretada anistia geral e irrestrita das violações que lhe deram origem, configuraria patente contradição e ofensa à lógica jurídica a mesma lei referir-se a 'suspensão' e 'conversão' daquilo que não mais existiria: o legislador não suspende, nem converte o nada jurídico. Vale dizer, os autos de infração já constituídos permanecem válidos e blindados como atos jurídicos perfeitos que são — apenas a sua exigibilidade monetária fica suspensa na esfera administrativa, no aguardo do cumprimento integral das obrigações estabelecidas no PRA ou no TC. Tal basta para bem demonstrar que se mantém incólume o interesse de agir nas demandas judiciais em curso, não ocorrendo perda de objeto e extinção do processo sem resolução de mérito (CPC, art. 267, VI)".[91]

Em relação a este tópico, decidiu o STF, ao julgar ADIs que apontaram 23 inconstitucionalidades do Código Florestal, que não é inconstitucional a revogação das multas, desde que estejam condicionadas à recuperação da área degradada ilicitamente. Entendeu a Suprema Corte que não seria propriamente uma "anistia", mas a substituição de uma sanção punitiva por outra modalidade de sanção (compromisso ambiental). Segundo o STF, a multa continuará a incidir desde que

---

[91] PET no REsp 1.240.122/PR, rel. Min. Herman Benjamin, 2ª Turma, julgado em 02-10-2012, *DJe* 19-12-2012.

não tenha sido cumprido o compromisso de recuperação do meio ambiente. Com a devida vênia, não é como pensamos, em especial se verificarmos a forma como se dá a efetivação do Programa de Regularização Ambiental, sem contar a quebra da isonomia com inúmeros proprietários rurais que, ao seu tempo, cumpriram rigorosamente a legislação.

Os termos de compromissos ou instrumentos similares em andamento para a regularização ambiental do imóvel rural referentes às áreas de preservação permanente, de reserva legal e de uso restrito, firmados sob a vigência da legislação anterior, poderão ser revistos para se adequarem ao Código Florestal a pedido do proprietário, segundo art. 12, *caput*, do decreto.

O traço marcante e ambientalmente trágico (sem falar na ofensa à segurança jurídica e à isonomia) disso tudo é que a regularização da área consolidada em **APP** não será para deixá-la nos mesmos limites do art. 4º da lei, mas, sim, em **limites menores** e **menos rigorosos**, previstos no art. 61-A, salvo as exceções específicas nos seus §§ 16 e 17.

Os regimes jurídicos diferenciados de recomposição foram criados segundo o tamanho da propriedade rural, mas, como se disse, em todos eles os limites do art. 61-A e ss. ficaram abaixo dos do art. 4º, dando a nítida e triste demonstração de que, em certos casos, o "crime compensa".

Já em relação às áreas consolidadas em área de **reserva legal**, há duas situações jurídicas diferentes:

- Proprietários ou possuidores de imóveis rurais que **respeitaram o percentual de Reserva Legal** previsto à época: são **dispensados** de proceder a qualquer recomposição, compensação ou regeneração (art. 68).
- Proprietários ou possuidores de imóveis rurais que **não respeitaram o percentual de Reserva Legal** previsto à época: devem proceder à recomposição, regeneração e compensação (art. 66).

Ainda para aqueles proprietários que se encaixam na primeira hipótese, o legislador foi além, criando um verdadeiro benefício:

> "Art. 68. (...)
>
> § 2º Os proprietários ou possuidores de imóveis rurais, na Amazônia Legal, e seus herdeiros necessários que possuam índice de Reserva Legal maior que 50% (cinquenta por cento) de cobertura florestal e não realizaram a supressão da vegetação nos percentuais previstos pela legislação em vigor à época poderão utilizar a **área excedente** de Reserva Legal também para fins de constituição de **servidão ambiental**, **Cota de Reserva Ambiental** — CRA e **outros instrumentos** congêneres previstos nesta Lei."

Outra disposição, no mínimo curiosa — e bastante polêmica —, relacionada aos proprietários que obedeceram aos limites previstos na época, diz respeito à **comprovação** de tal fato:

> "Art. 68. (...)
> § 1º Os proprietários ou possuidores de imóveis rurais poderão provar essas situações consolidadas por **documentos** tais como a **descrição de fatos históricos** de ocupação da região, **registros de comercialização**, **dados agropecuários** da atividade, **contratos** e **documentos bancários** relativos à produção, e por todos os **outros meios** de prova em direito admitidos."

Certamente, o legislador quis proteger aqueles que desmataram licitamente, mas não tinham como comprovar tal situação. Contudo, é de se prever que, infelizmente, muitos infratores poderão utilizar tal dispositivo para esconder infrações cometidas, dizendo que praticaram desmatamento lícito, quando na verdade eram ilícitos.

Aqui, registre-se que a melhor prova é sem dúvida a técnica (perícia complexa), porque, tratando-se de fatos (área desmatada há tempos) que dependem de conhecimento técnico, a perícia multidisciplinar não pode nem mesmo ser dispensada pelo juiz.[92]

## 6.5.11. Leis da Política Nacional de Proteção e Defesa Civil (a proteção contra desastres — Lei n. 12.608/2012 e Lei n. 12.340/2010)

### *6.5.11.1. Introito*

Iniciamos este tópico com uma provocação para que você, leitor, pare e reflita sobre o que há de comum entre:

- **O rompimento da barragem de rejeitos de minério da Samarco em Mariana (MG), em novembro de 2016, causando inúmeros e ainda incalculáveis danos à população e ao meio ambiente.**
- **O vazamento de material radioativo na usina de Chernobyl, na extinta União Soviética, em 1986, matando mais de 25 mil pessoas, com prejuízos também incalculáveis à saúde da população e ao meio ambiente.**
- **O acidente nuclear de Fukushima no Japão, em março de 2011, que teve início após um grave terremoto que abalou uma área de enorme**

[92] Da forma como se expressou, o legislador silenciou sobre a utilização da prova técnica para tais situações. Contudo, é certo que a prova técnica não poderá ser prescindida, antes o contrário, pois nada melhor do que uma prova pericial para se identificar o período, a vegetação desmatada e sua extensão.

**potencial industrial com usinas químicas, nucleares, combustíveis, termelétricas, etc.**

- **O vazamento de óleo na baía de Guanabara, em 2000, quando 1,3 milhão de litros de óleo se espalharam por mais de 40 km, causando destruição ao meio ambiente e danos à população.**
- **Em 1989, o naufrágio do navio Exxon Valdez, que espalhou cerca de 42 milhões de litros de petróleo nas águas do Alasca.**
- **Em 2010, a explosão de poços de petróleo da plataforma Deepwater Horizon, da British Petroleum, no Golfo do México, causando danos ao meio ambiente e à população.**
- **A contaminação por mercúrio na bacia de Minamata, no Japão, na década de 1950.**
- **Em 1984, uma fábrica de pesticidas em Bophal, na Índia, lançou 45 toneladas de metil isocianato na atmosfera, matando mais de 15 mil pessoas e deixando danos incalculáveis à população e ao meio ambiente.**
- **Os furacões Bhola, na década de 1970, que mataram mais de 500 mil pessoas no Paquistão e adjacências e o Katrina, nos EUA, com enorme prejuízo socioambiental.**
- **Os inúmeros deslizamentos de terra, inundações, secas, etc. que ocorrem no Brasil; situações que podem ser consideradas "corriqueiras" em determinadas épocas do ano nas diversas cidades brasileiras, causando destruição à população e ao meio ambiente.**

Uma simples consulta em sites de busca usando a expressão **"desastres ambientais"** permitirá rememorar inúmeras, quase intermináveis, grandes e pequenas, tragédias ocorridas no Brasil e no mundo, as quais têm se tornado cada vez mais comuns à medida que aumenta a **destruição dos ecossistemas** de modo simultâneo à ocupação **sem** qualquer **sustentabilidade e sem ordenação do espaço urbano**.

Diante desse cenário cada vez mais corriqueiro de grandes ou pequenos desastres, gerando perdas econômicas e sociais cada vez maiores, é que desde a **segunda metade do século passado**, e em especial após a ***segunda grande guerra mundial***, ganhou corpo em nível internacional a preocupação com a criação de uma política pública contra os desastres.

A **preocupação internacional** com a **redução dos riscos de desastres (RRD)** tem seu embrião na constatação estatística dos enormes prejuízos causados pelos desastres a ponto de a US National Academy of Sciences (NAS) levar à ONU, em dezembro de 1987, um relatório com tais informações, sugerindo a criação de medidas para conter tais impactos e respectivas perdas. Assim, em seguida, a ONU, em parceria com a UN Disaster Relief Organization (UNDRO), criou a Secretaria para a International Decade for Natural Disaster Reduction

(IDNDR) em abril de 1989, em Genebra, Suíça. A partir daí, a preocupação com a contenção e criação de medidas e ações para evitar e remediar os problemas causados pelos desastres começou a adquirir corpo na Assembleia Geral da ONU, realizada em 22 de dezembro de 1989, que aprovou a Resolução 44/236, que estabelecia o ano de 1990 como início da Década Internacional para Redução dos Desastres Naturais (DIRDN). Em seguida, veio a Conferência Internacional de **Yokohama no Japão, em 1994**, voltada ao desenvolvimento de medidas que tornassem o mundo mais seguro. A partir daí já havia um reconhecimento muito claro das enormes perdas sociais e econômicas causadas pelos desastres e que uma política mundial muito eficaz precisava ser tomada ante o crescimento exponencial do problema.

Posteriormente, veio o grande divisor de águas na política internacional numa nova conferência da ONU, conhecido como ***Marco de Ação de Hyogo*, em 2005, no Japão**, em que 168 países assumiram o compromisso internacional de implementar políticas públicas de RDD. No *Marco de Ação de Hyogo*, foram apontadas as *prioridades de ação* para a RRD:

a) Garantir que a RRD seja uma prioridade nacional e local com uma sólida base institucional para sua implementação.
b) Identificar, avaliar e observar de perto os riscos dos desastres e melhorar os alertas prévios.
c) Utilizar o conhecimento, a inovação e a educação para criar uma cultura de segurança e resiliência em todos os níveis.
d) Reduzir os fatores fundamentais do risco.
e) Fortalecer a preparação em desastres para uma resposta eficaz a todo nível. Para cada uma dessas ações prioritárias há uma série de medidas concretas que devem ser tomadas pelos países signatários em suas políticas públicas de RRD.

A terceira grande conferência da ONU para RRD foi novamente realizada no **Japão** (país com grande número de desastres e experiências vitoriosas), na cidade de **Sendai, em março de 2015**, em que 187 países, além de reconhecerem o que não funcionou[93] e o que precisa melhorar em relação às ações firmadas no Marco de Hyogo, **definiram os desafios futuros**, adotando a Declaração de Sendai e o Marco para a Redução de Riscos de Desastres 2015-2030 com **metas estabelecidas de ação prioritária**. As seis metas globais são:

[93] Reconheceu-se que a exposição de pessoas e ativos em todos os países cresce mais rapidamente do que a redução da vulnerabilidade, assim definida no Marco de Ação de Hyogo como: "Condições determinadas por fatores ou processos físicos, sociais, econômicos e ambientais que aumentam a suscetibilidade de uma comunidade ao impacto de riscos".

a) Reduzir substancialmente a mortalidade global por desastres até 2030, com o objetivo de reduzir a média de mortalidade global por 100.000 habitantes entre 2020-2030, em comparação com 2005-2015.
b) Reduzir substancialmente o número de pessoas afetadas em todo o mundo até 2030, com o objetivo de reduzir a média global por 100.000 habitantes entre 2020-2030, em comparação com 2005-2015.
c) Reduzir as perdas econômicas diretas por desastres em relação ao produto interno bruto (PIB) global até 2030.
d) Reduzir substancialmente os danos causados por desastres em infraestrutura básica e a interrupção de serviços básicos, como unidades de saúde e educação, inclusive por meio do aumento de sua resiliência até 2030.
e) Aumentar substancialmente o número de países com estratégias nacionais e locais de redução do risco de desastres até 2020.
f) Intensificar substancialmente a cooperação internacional com os países em desenvolvimento por meio de apoio adequado e sustentável para complementar suas ações nacionais para a implementação deste quadro até 2030.

Aqui no Brasil essa **política pública de RRD**[94] surgiu pioneiramente por meio do Decreto n. 97.274, de 16-12-1988, que organizou pela primeira vez o Sistema Nacional de Defesa Civil — SINDEC. No ano de 2009 foi realizada a 1ª Conferência Nacional de Defesa Civil e Assistência Humanitária, contando com 1.500 representantes dos Estados, Distrito Federal e Municípios brasileiros, em que restou destacada a relevância (e necessidade de fortalecimento) das defesas civis municipais para lidar com o problema dos desastres, tendo sido aprovados diretrizes e plano de ação.

Posteriormente, já com a evolução do problema dos desastres no plano internacional e a abordagem sistêmica com plano de metas e **políticas públicas** mais precisas para **RRD**, é que surgiram as **Leis ns. 12.340/2010 e 12.608/2012, regulamentadas pelo Decreto n. 7.257/2010**, quando foi criada a Política Nacional de Proteção e Defesa Civil — **PNPDEC**, que, por sua vez, cuida do Sistema Nacional de Proteção e Defesa Civil — **SINPDEC** e o Conselho Nacional de Proteção e Defesa Civil — CONPDEC, que atua num sistema de informações e monitoramento de desastres.

[94] Conquanto a *defesa civil*, responsável aqui no Brasil pela política pública de RRD, tenha nascido justamente na década de 1940 e ganhado corpo à medida que se faziam necessárias as políticas de socorro da população em estados de calamidade pública, a preocupação sistemática e direcionada à RRD só surgiu após o Marco de Hyogo por intermédio da legislação mencionada acima.

E, por intermédio dessa política pública, o que se pretende é estabelecer um **programa nacional**, em aderência ao internacional, que tenha por fim prevenir os riscos de desastre, bem como estabelecer medidas de reparação quando ele não possa ser evitado. Para a exata compreensão dessa **política pública** é preciso identificar **três eixos** sobre os quais gravitam todas as medidas e ações para RRD: **definições de risco**, **vulnerabilidade** e **resiliência**.

### ■ 6.5.11.2. *Conceitos fundamentais: desastre, risco, vulnerabilidade e resiliência*

#### ■ 6.5.11.2.1. *Sociedade de risco e desastre*

Para manter uma sociedade capitalista, industrial e consumerista vivemos numa **"sociedade de risco"**[95] onde estamos a **todo instante na iminência de** um **acidente nuclear**, o **rompimento** de uma barragem, **doenças** epidêmicas (febre amarela, dengue, H1N1, meningite, etc.), **desabamentos** de prédios e construções, **vazamentos** e **implosão** de combustíveis soterrados que alimentam nossas casas, **contaminação** alimentar por agrotóxicos, atos de **terrorismo**, **inundações**, **deslizamentos** de terra, etc.

Não é por acaso, portanto, que o Relatório Global de Avaliação da Redução de Riscos de Desastres da UNISDR (GAR 2013) aponta a perda de milhares e milhares de vidas, destruição do meio ambiente e prejuízos econômicos na ordem dos trilhões de dólares decorrentes da ocorrência dos desastres nas próximas décadas.

> **Diante desse cenário de guerra é preciso identificar alguns conceitos fundamentais (Desastre, Risco, Vulnerabilidade e Resiliência), que serão trabalhados pela política pública brasileira de RRD.**

#### ■ 6.5.11.2.2. *Desastre: conceito e características*

O **Decreto n. 7.257** traz uma série de definições para facilitar a compreensão da **política nacional de proteção e defesa civil**, e uma delas é justamente o ***conceito de desastre***.

Segundo o art. 2º, II, para os efeitos do referido Decreto considera-se desastre o

> ***"Resultado de eventos adversos, naturais ou provocados pelo homem sobre um ecossistema vulnerável, causando danos humanos, materiais ou ambientais e consequentes prejuízos econômicos e sociais".***

Há alguns **pontos** bastante interessantes no conceito do legislador.

---

[95] Ulrich Beck, *Risk society:* towards a new modernity, passim.

***Primeiro***, o de que há uma aproximação muito grande do **conceito de desastre** com o de **degradação** e de **poluição**, pois, para quem não se lembra do art. 3º, II e III, da Lei n. 6.938/81, este dispositivo prescreve que degradação da qualidade ambiental "é a alteração adversa das características do meio ambiente" e que a poluição é a "degradação da qualidade ambiental resultante de atividades que direta ou indiretamente: a) prejudiquem a saúde, a segurança e o bem-estar da população; b) criem condições adversas às atividades sociais e econômicas; c) afetem desfavoravelmente a biota; d) afetem as condições estéticas ou sanitárias do meio ambiente; e) lancem matérias ou energia em desacordo com os padrões ambientais estabelecidos".

Observe que o conceito legal de desastre ***não vincula ontologicamente o fenômeno à atuação direta ou indireta do ser humano*** (admite que os desastres sejam tanto os naturais quanto os antropogênicos), aproximando-o, neste particular, ao conceito de degradação. Mas, por outro lado, consta no conceito de desastre uma série de **consequências danosas ao meio ambiente e à coletividade que muito se aproximam dos *efeitos da poluição***, contida no conceito do art. 3º, III, da PNMA.

Portanto, pode-se afirmar que o ***conceito de poluição*** e o ***conceito de degradação contribuem*** para o ***conceito de desastre***, já que este tanto pode se dar por causas naturais ou antropogênicas (geradas pelo homem).

É importante notar que o conceito legal de desastre não leva em conta apenas o **resultado** do fenômeno, mas a **origem** do desastre.

> **ATENÇÃO! Os desastres podem se dar por causas naturais ou antropogênicas, embora exista uma corrente doutrinária cada vez maior que defende que todo desastre tem origem humana, mas ainda prevalece a classificação mencionada.**

Os ***desastres naturais*** podem ser **classificados** quanto à sua **origem** na natureza, denominando-se **biológicos** (epidemias, ataques de animais, etc.), **geofísicos** (terremotos, vulcões), **climatológicos** (secas, incêndios), **hidrológicos** (inundações); **meteorológicos** (tempestades).

A classificação mais utilizada leva em consideração o **grau de intensidade** do impacto do desastre. Essa classificação, repetida na literatura sobre o tema, é bem descrita por Antônio Luiz Coimbra de Castro[96] e tem uma **importância** muito grande para **identificar e planejar as medidas (inclusive financeiras) de apoio e recuperação dos prejuízos causados**. Assim, existem **quatro níveis de intensidade:**

---

[96] Antônio Luiz Coimbra de Castro, *Manual de desastres:* desastres naturais, passim.

- O nível I são para os desastres de *pequeno porte*, com prejuízos não significativos e não vultosos.
- O nível II para os de *média intensidade*, com prejuízos significativos, mas não vultosos.
- O nível III para os de **grande porte**, com prejuízos significativos e vultosos.
- O nível IV para os de **enorme intensidade**, com prejuízos muito significativos e muitos vultosos. A escalada da intensidade está relacionada com o percentual de afetação do PIB Municipal, sendo o primeiro nível um prejuízo menor que 5%, o segundo nível entre 5 e 10%, o terceiro nível entre 10 e 30% e o último nível com prejuízos maiores que 30%.

Na literatura há ainda a classificação dos desastres segundo o critério da **evolução** com que eles se desenvolvem. São chamados de ***súbitos*** aqueles tipificados pela lepidez com que se desenvolvem, por exemplo, as chuvas bruscas de granizo. Por sua vez, são denominados ***graduais*** aqueles que evoluem gradativamente, ou seja, em etapas paulatinas, tais como os períodos de seca que se agravam com o passar do tempo. O terceiro tipo é o denominado ***somação***, que, como o nome já diz, é o resultado da soma de vários efeitos que podem gerar um impacto de grande proporção (nível IV).

### 6.5.11.3. *A equação do risco (risco = ameaça X vulnerabilidade)*

Para que seja estabelecida uma **política** eficiente na **redução dos riscos de desastres**, seja do ponto de vista da precaução, seja da recuperação das áreas afetadas, é preciso compreender uma equação lógica que, sem perceber, fazemos todos os dias. Assim, quando damos um "alerta" para nossos filhos, em tempos de dengue, zika e febre amarela, para que não saiam sem o repelente, ou quando avisamos a alguém que naquele ponto da esquina têm acontecido furtos, para que não fique parado dentro do carro à noite neste bairro, não ultrapasse a velocidade permitida, se beber, não dirija, etc., tudo isso representa a equação do risco.

> Em todos esses exemplos há uma **equação lógica que é Risco (R) = Ameaça (A) X Vulnerabilidade (V)**. Isso implica dizer que o **conceito de risco** é o **produto** de **duas variáveis:** a **ameaça** e a **vulnerabilidade** e, para o nosso estudo, está diretamente relacionado com a pretensão de segurança das coletividades de controlar o futuro, trazer segurança, evitar perigos que possam causar danos e até mesmo evitar que as situações sejam tratadas como fruto de fatalidade, como obra do destino, etc.

O **risco** é a ***possibilidade*** de que aconteça um **evento** em razão da **combinação de dois fatores (ameaça e vulnerabilidade)** que podem variar de acordo com os aspectos sociais, culturais, naturais, etc. Um evento pode ser uma ameaça em determinado local, mas não em outra (uma chuva intensa pode ser uma ameaça num morro com habitações precárias, mas não numa área rural).

Assim, sendo o risco a ***possibilidade*** (não a certeza) de que aconteça um evento danoso, segundo a presença destas variantes, então não existe *risco zero* nesta *sociedade de risco* que vivemos. Logo, andar de carro, caminhar na rua, dormir na sua casa, enfim... ***viver é um risco***, já que há **ameaças** por todos os lados e algum **grau de vulnerabilidade** nós possuímos.

A dosimetria da probabilidade ou possibilidade do risco vai variar em razão da ameaça ou da vulnerabilidade, fazendo que o **risco aumente ou diminua na proporção em que se altera os referidos fatores de sua composição**. Risco não é certeza de dano, é algo anterior a isso, de forma que atos ou eventos antevistos que se sabe causadores de impacto, ainda que não possam ser quantificados, estão no campo da certeza e não das possibilidades, às quais se liga a ideia de risco.

Assim, por exemplo, o ato de lançar efluentes químicos na natureza impõe que sejam tomadas **medidas preventivas** dessa ação que já se sabe ser causadora de prejuízos, ao passo que tratar os efluentes em locais adequados e submetê-los a um processo de armazenamento não significa que causará danos ao meio ambiente, mas constitui um risco (maior ou menor) de causar dano, justamente porque nele existe uma **possibilidade** decorrente da combinação da ***ameaça*** com a ***vulnerabilidade***.

Assim, analisando a referida equação, pode-se concluir que a **RRD** se relaciona diretamente com a atuação sobre a **ameaça** e a **vulnerabilidade**. Como não é possível eliminar todas as **ameaças** e **vulnerabilidades**, busca-se a sua diminuição ao máximo possível, justamente para reduzir o risco do desastre (RRD). A **ameaça é o evento ou fenômeno que motiva**, que causa, que provoca, que deflagra o **desastre**, ao passo que **a vulnerabilidade**, segundo o Marco de Hyogo, são as **"condições determinadas por fatores ou processos físicos, sociais, econômicos e ambientais que aumentam a suscetibilidade de uma comunidade ao impacto de riscos"**.

> **As ameaças podem ser personificadas em eventos da natureza ou provocadas pelo ser humano. No primeiro caso têm-se os terremotos, as inundações, os tsunamis, os tornados, os vulcões em erupção, etc. Como dito, ainda existem as ameaças decorrentes da ação humana, como o rompimento de uma barragem, o vazamento de um oleoduto, o naufrágio de um navio carregado de óleo, o acidente num reator nuclear, etc. Por sua vez, as vulnerabilidades variam no tempo e no espaço, segundo fatores sociais, econômicos, culturais, naturais, etc. Assim, uma chuva muito forte no topo de um morro é uma ameaça para as habitações vulneráveis construídas de forma inadequada. A precariedade do assentamento, a degradação ambiental, a falta de educação e informação da população são fatores que aumentam a vulnerabilidade.**

Na construção da política de RRD, a análise da experiência vivida pela sociedade no passado é fundamental para prever e adotar medidas de redução de riscos para o futuro, bem como a troca de informação, experiências e conhecimento sobre as ameaças e vulnerabilidades são fatores importantíssimos.

Exatamente por isso que a **Política de Redução dos Riscos dos Desastres** é pensada e implementada tanto no âmbito **global** quanto **local**. Conquanto a **vulnerabilidade** possa estar associada a fatores locais (sociais, culturais, econômicos, naturais, etc.), as ameaças e os prejuízos tanto podem ser globais como locais. Registre-se que muitas ameaças geradoras de riscos provêm de comportamentos globais, como a **influência no clima**. Porém, não há dúvida de que é justamente **no âmbito local** que surgem as **ameaças, as vulnerabilidades e os prejuízos resultantes dos desastres**, daí por que se deve dar muita importância aos **Municípios** neste **processo de implementação**. Infelizmente, a maioria dos **Municípios** brasileiros apresentam **fatores de vulnerabilidade** que acabam por aumentar a ocorrência de desastres. Muitos deles estão relacionados com o fenômeno de favelização, conurbação, ocupação desordenada e precária do solo urbano, ausência de habitações estruturadas, etc.

Por fim, no **núcleo** do **conceito de vulnerabilidade**, e não fora dele, deve ser compreendido o de **resiliência**, que, na física, representa a **propriedade que alguns corpos apresentam de retornar à forma original após terem sido submetidos a uma deformação elástica**, e que aqui quer significar justamente a capacidade de suportar ou se recobrar ou se adaptar aos impactos causados pelos desastres. Assim, dentro dos inúmeros fatores sociais, econômicos e naturais que podem contribuir para a ampliação do risco do desastre emerge o de resiliência da coletividade, no sentido de que, quanto mais elevada, leva à atenuação da vulnerabilidade.

### ■ *6.5.11.4. Política Nacional de Proteção e Defesa Civil*

Como já foi explicado anteriormente, há uma **política internacional de redução do risco de desastres**, pois já está mais do que sedimentado e reconhecido que são **cada vez mais frequentes os desastres** e cada vez **maiores os prejuízos sociais e econômicos** decorrentes desse fenômeno. Por isso, essa política global espraiou seus tentáculos para todos os países, que, como o Brasil, têm acompanhado a necessidade de se enfrentar o problema identificando os **riscos para minimizar as perdas quando sejam inevitáveis**.

Como já vimos, não apenas os **fatores naturais, mas os culturais, sociais e econômicos, influenciam muito o grau de vulnerabilidade de uma localidade**, já tendo sido constatado que o **aumento da pobreza e a má ordenação do solo urbano é um fato considerável no risco de desastres**. Logo, em países com **baixo IDH, como o Brasil, é necessária a implementação de uma política de RRD**.

Nesse contexto, a nossa Política Nacional de Proteção e Defesa Civil — **PNPDEC**, regulamentada pelas Leis n. 12.608/2012, n. 11.350/2010 e Decreto n. 7.257/2010, possui **princípios, objetivos e instrumentos** para a Redução do Risco de Desastres no Brasil, com vistas à proteção da dignidade da população, aí incluindo o desenvolvimento sustentável na proteção do meio ambiente.

A PNPDEC se **instrumentaliza** por meio do Sistema Nacional de Proteção e Defesa Civil — **SINPDEC** e do Conselho Nacional de Proteção e Defesa Civil — **CONPDEC** e por um **Sistema de informações e monitoramento de desastres**.

O **SINPDEC** é constituído pelos órgãos e entidades da **administração pública federal, dos Estados, do Distrito Federal e dos Municípios e pelas entidades públicas e privadas** de atuação significativa na área de proteção e defesa civil. Tem por **finalidade** contribuir no processo de **planejamento, articulação, coordenação e execução** dos programas, projetos e ações de **proteção e defesa civil**.

O **CONPDEC**, órgão colegiado integrante do **Ministério da Integração Nacional**, terá por **finalidades:**

**I — auxiliar na formulação, implementação e execução do Plano Nacional de Proteção e Defesa Civil;**

**II — propor normas para implementação e execução da PNPDEC;**

**III — expedir procedimentos para implementação, execução e monitoramento da PNPDEC, observado o disposto nesta Lei e em seu regulamento;**

**IV — propor procedimentos para atendimento a crianças, adolescentes, gestantes, idosos e pessoas com deficiência em situação de desastre, observada a legislação aplicável; e**

**V — acompanhar o cumprimento das disposições legais e regulamentares de proteção e defesa civil.**

Por intermédio de uma **política integrada no âmbito nacional, estadual e municipal**, deixa claro ao legislador que é **dever da União, dos Estados, do Distrito Federal e dos Municípios** adotar as **medidas necessárias à redução dos riscos de desastres** e que tais medidas podem ser adotadas com a colaboração de entidades públicas ou privadas e da sociedade em geral, de forma que, segundo determina a lei **"a incerteza quanto ao risco de desastre não constituirá óbice para a adoção das medidas preventivas e mitigadoras da situação de risco"**.

A **PNPDEC** deve promover a realização de **ações voltadas à prevenção, mitigação, preparação, resposta e recuperação para a proteção e defesa civil**. Na medida em que as vulnerabilidades ao risco do desastre estão intimamente relacionadas com fatores sociais, econômicos e naturais, em boa hora estabeleceu o legislador que a **PNPDEC deve ser integrada** às políticas de **ordenamento territorial, desenvolvimento urbano, saúde, meio ambiente, mudanças climáticas, gestão de recursos hídricos, geologia, infraestrutura, educação, ciência** e **tecnologia** e às **demais políticas setoriais**, tendo em vista a promoção do **desenvolvimento sustentável**.

> Importante: **A previsão no art. 14 da Lei n. 12.608/2012 de que os programas habitacionais da União, dos Estados, do Distrito Federal e dos Municípios devem priorizar a relocação de comunidades atingidas e de moradores de áreas de risco é um bom exemplo disso.**

Assim, várias são as **diretrizes** (guias, rumos, linhas que definem) da **PNPDEC**, a saber: I — atuação articulada entre a União, os Estados, o Distrito Federal e os Municípios para redução de desastres e apoio às comunidades atingidas; II — abordagem sistêmica das ações de prevenção, mitigação, preparação, resposta e recuperação; III — a prioridade às ações preventivas relacionadas à minimização de desastres; IV — adoção da bacia hidrográfica como unidade de análise das ações de prevenção de desastres relacionados a corpos d'água; V — planejamento com base em pesquisas e estudos sobre áreas de risco e incidência de desastres no território nacional; e VI — participação da sociedade civil. Não por acaso, no art. 9º são estabelecidas competências comuns articuladas entre os referidos entes políticos, a saber: I — desenvolver cultura nacional de prevenção de desastres, destinada ao desenvolvimento da consciência nacional acerca dos riscos de desastre no País; II — estimular comportamentos de prevenção capazes de evitar ou minimizar a ocorrência de desastres; III — estimular a reorganização do setor produtivo e a reestruturação econômica das áreas atingidas por desastres; IV — estabelecer medidas preventivas de segurança contra desastres em escolas e hospitais situados em áreas de risco; V — oferecer capacitação de recursos humanos para as ações de proteção e defesa civil; e VI — fornecer dados e informações para o sistema nacional de informações e monitoramento de desastres.

Seguindo as diretrizes mencionadas acima são **alvos ou objetivos** que a **PNPDEC** espera alcançar: I — reduzir os riscos de desastres; II — prestar socorro e assistência às populações atingidas por desastres; III — recuperar as áreas afetadas por desastres; IV — incorporar a redução do risco de desastre e as ações de proteção e defesa civil entre os elementos da gestão territorial e do planejamento das políticas setoriais; V — promover a continuidade das ações de proteção e defesa civil; VI — estimular o desenvolvimento de cidades resilientes e os processos sustentáveis de urbanização; VII — promover a identificação e avaliação das ameaças, suscetibilidades e vulnerabilidades a desastres, de modo a evitar ou reduzir sua ocorrência; VIII — monitorar os eventos meteorológicos, hidrológicos, geológicos, biológicos, nucleares, químicos e outros potencialmente causadores de desastres; IX — produzir alertas antecipados sobre a possibilidade de ocorrência de desastres naturais; X — estimular o ordenamento da ocupação do solo urbano e rural, tendo em vista sua conservação e a proteção da vegetação nativa, dos recursos hídricos e da vida humana; XI — combater a ocupação de áreas ambientalmente vulneráveis e de risco e promover a realocação da população residente nessas áreas; XII — estimular iniciativas que resultem na destinação de moradia em local seguro; XIII — desenvolver consciência nacional acerca dos riscos de desastre; XIV — orientar as comunidades a adotar comportamentos adequados de prevenção e de resposta em situação de desastre e promover a autoproteção; e XV — integrar informações em sistema capaz de subsidiar os órgãos do SINPDEC na previsão e no controle dos efeitos negativos de eventos adversos sobre a população, os bens e serviços e o meio ambiente.

Tal como anunciado nos arts. 2º e 4º, I, da Lei n. 12.608, é **condição necessária** para a implementação exitosa da **PNPDEC** que exista uma verdadeira **integração entre União, Estados, Distrito Federal e Municípios**, e, por isso mesmo, nos arts. 6º a 9º, na seção II, intitulada "da competência dos entes federados", o legislador estabelece uma série de competências que partem do genérico para o específico, ou seja, do plano mais abstrato para o mais prático, pois, como sabemos, é nos Municípios que os desastres se concretizam.

Assim, compete à União: I — expedir normas para implementação e execução da PNPDEC; II — coordenar o SINPDEC, em articulação com os Estados, o Distrito Federal e os Municípios; III — promover estudos referentes às causas e possibilidades de ocorrência de desastres de qualquer origem, sua incidência, extensão e consequência; IV — apoiar os Estados, o Distrito Federal e os Municípios no mapeamento das áreas de risco, nos estudos de identificação de ameaças, suscetibilidades, vulnerabilidades e risco de desastre e nas demais ações de prevenção, mitigação, preparação, resposta e recuperação; V — instituir e manter sistema de informações e monitoramento de desastres; VI — instituir e manter cadastro nacional de municípios com áreas suscetíveis à ocorrência de deslizamentos de grande impacto, inundações bruscas ou processos geológicos ou hidrológicos correlatos; VII — instituir e manter sistema para declaração e reconhecimento de situação de emergência ou de estado de calamidade pública; VIII — instituir o Plano Nacional de Proteção e Defesa Civil; IX — realizar o monitoramento meteorológico, hidrológico e geológico das áreas de risco, bem como dos riscos biológicos, nucleares e químicos, e produzir alertas sobre a possibilidade de ocorrência de desastres, em articulação com os Estados, o Distrito Federal e os Municípios; X — estabelecer critérios e condições para a declaração e o reconhecimento de situações de emergência e estado de calamidade pública; XI — incentivar a instalação de centros universitários de ensino e pesquisa sobre desastres e de núcleos multidisciplinares de ensino permanente e a distância, destinados à pesquisa, extensão e capacitação de recursos humanos, com vistas no gerenciamento e na execução de atividades de proteção e defesa civil; XII — fomentar a pesquisa sobre os eventos deflagradores de desastres; e XIII — apoiar a comunidade docente no desenvolvimento de material didático-pedagógico relacionado ao desenvolvimento da cultura de prevenção de desastres.

Aos Estados compete: I — executar a PNPDEC em seu âmbito territorial; II — coordenar as ações do SINPDEC em articulação com a União e os Municípios; III — instituir o Plano Estadual de Proteção e Defesa Civil; IV — identificar e mapear as áreas de risco e realizar estudos de identificação de ameaças, suscetibilidades e vulnerabilidades, em articulação com a União e os Municípios; V — realizar o monitoramento meteorológico, hidrológico e geológico das áreas de risco, em articulação com a União e os Municípios; VI — apoiar a União, quando solicitado, no reconhecimento de situação de emergência e estado de calamidade pública; VII — declarar, quando for o caso, estado de calamidade pública ou situação de emergência; e VIII — apoiar, sempre que necessário, os Municípios no levantamento das áreas de risco, na elaboração dos Planos de Contingência de Proteção e Defesa Civil e na divulgação de protocolos de prevenção e alerta e de ações emergenciais.

Como dito, aos Municípios compete: I — executar a PNPDEC em âmbito local; II — coordenar as ações do SINPDEC no âmbito local, em articulação com a União e os Estados; III — incorporar as ações de proteção e defesa civil no planejamento municipal; IV — identificar e mapear as áreas de risco de desastres; V — promover a fiscalização das áreas de risco de desastre e vedar novas ocupações nessas áreas; VI — declarar situação de emergência e estado de calamidade pública; VII — vistoriar edificações e áreas de risco e promover, quando for o caso, a intervenção preventiva e a evacuação da população das áreas de alto risco ou das edificações vulneráveis; VIII — organizar e administrar abrigos provisórios para assistência à população em situação de desastre, em condições adequadas de higiene e segurança; IX — manter a população informada sobre áreas de risco e ocorrência de eventos extremos, bem como sobre protocolos de prevenção e alerta e sobre as ações emergenciais em circunstâncias de desastres; X — mobilizar e capacitar os radioamadores para atuação na ocorrência de desastre; XI — realizar regularmente exercícios simulados, conforme Plano de Contingência de Proteção e Defesa Civil; XII — promover a coleta, a distribuição e o controle de suprimentos em situações de desastre; XIII — proceder à avaliação de danos e prejuízos das áreas atingidas por desastres; XIV — manter a União e o Estado informados sobre a ocorrência de desastres e as atividades de proteção civil no Município; XV — estimular a participação de entidades privadas, associações de voluntários, clubes de serviços, organizações não governamentais e associações de classe e comunitárias nas ações do SINPDEC e promover o treinamento de associações de voluntários para atuação conjunta com as comunidades apoiadas; e XVI — prover solução de moradia temporária às famílias atingidas por desastres.

**Um dos pontos sensíveis em casos de desastres é o problema relativo à alocação de recursos para auxiliar o Município na tomada de ações e medidas para combater de forma imediata os prejuízos sociais e econômicos causados. Para este item específico, a PNPDEC não só reconhece uma série de definições legais (previstas no Decreto n. 7.257/2010), como ainda estabeleceu no art. 15 que a União poderá manter linha de crédito específica, por intermédio de suas agências financeiras oficiais de fomento, destinada ao capital de giro e ao investimento de sociedades empresariais, empresários individuais e pessoas físicas ou jurídicas em Municípios atingidos por desastre que tiverem a situação de emergência ou o estado de calamidade pública reconhecido pelo Poder Executivo federal. Além disso, determinou no art. 17 que, em situações de iminência ou ocorrência de desastre, ficam os órgãos competentes autorizados a transferir bens apreendidos em operações de combate e repressão a crimes para os órgãos de proteção e defesa civil. Coube ao Decreto 7.257/2010, valendo-se dos conceitos gerais nele instituídos (situação de emergência, desastres, estado de calamidade, situação de emergência, ações de socorro, ações de assistência às vítimas, ações de prevenção, ações de restabelecimento dos serviços essenciais, etc.), estabelecer o *modus operandi* de como se dará o reconhecimento do estado de calamidade pública e situação de emergência para fins de transferência de recursos da União para os Municípios, tendo dedicado os capítulos II e III do Decreto para este fim.**

**Fique atento aos seguintes conceitos previstos no Decreto n. 7.257/2010:**

**I — defesa civil:** conjunto de ações preventivas, de socorro, assistenciais e recuperativas destinadas a evitar desastres e minimizar seus impactos para a população e restabelecer a normalidade social;

**II — desastre:** resultado de eventos adversos, naturais ou provocados pelo homem sobre um ecossistema vulnerável, causando danos humanos, materiais ou ambientais e consequentes prejuízos econômicos e sociais;

**III — situação de emergência:** situação anormal, provocada por desastres, causando danos e prejuízos que impliquem o comprometimento parcial da capacidade de resposta do poder público do ente atingido;

**IV — estado de calamidade pública:** situação anormal, provocada por desastres, causando danos e prejuízos que impliquem o comprometimento substancial da capacidade de resposta do poder público do ente atingido;

**V — ações de socorro:** ações imediatas de resposta aos desastres com o objetivo de socorrer a população atingida, incluindo a busca e salvamento, os primeiros socorros, o atendimento pré-hospitalar e o atendimento médico e cirúrgico de urgência, entre outras estabelecidas pelo Ministério da Integração Nacional;

**VI — ações de assistência às vítimas:** ações imediatas destinadas a garantir condições de incolumidade e cidadania aos atingidos, incluindo o fornecimento de água potável, a provisão e meios de preparação de alimentos, o suprimento de material de abrigamento, de vestuário, de limpeza e de higiene pessoal, a instalação de lavanderias, banheiros, o apoio logístico às equipes empenhadas no desenvolvimento dessas ações, a atenção integral à saúde, ao manejo de mortos, entre outras estabelecidas pelo Ministério da Integração Nacional;

**VII — ações de restabelecimento de serviços essenciais:** ações de caráter emergencial destinadas ao restabelecimento das condições de segurança e habitabilidade da área atingida pelo desastre, incluindo a desmontagem de edificações e de obras de arte com estruturas comprometidas, o suprimento e distribuição de energia elétrica, água potável, esgotamento sanitário, limpeza urbana, drenagem das águas pluviais, transporte coletivo, trafegabilidade, comunicações, abastecimento de água potável e desobstrução e remoção de escombros, entre outras estabelecidas pelo Ministério da Integração Nacional;

**VIII — ações de reconstrução:** ações de caráter definitivo destinadas a restabelecer o cenário destruído pelo desastre, como a reconstrução ou recuperação de unidades habitacionais, infraestrutura pública, sistema de abastecimento de água, açudes, pequenas barragens, estradas vicinais, prédios públicos e comunitários, cursos d'água, contenção de encostas, entre outras estabelecidas pelo Ministério da Integração Nacional; e

**IX — ações de prevenção:** ações destinadas a reduzir a ocorrência e a intensidade de desastres, por meio da identificação, mapeamento e monitoramento de riscos, ameaças e vulnerabilidades locais, incluindo a capacitação da sociedade em atividades de defesa civil, entre outras estabelecidas pelo Ministério da Integração Nacional.

## ■ 6.6. RESOLUÇÕES DO CONAMA

Como já tivemos a oportunidade de afirmar, uma das razões pelas quais é tão vasto nosso ordenamento jurídico ambiental é que suas normas não advêm apenas da atividade do legislador.

Isso porque há uma série de **instrumentos normativos administrativos**, voltados, todos, a **regulamentar** as diretrizes traçadas por meio das **leis ambientais**.

Lembremos, ainda, que temos em nosso país um genuíno **Sistema Nacional do Meio Ambiente (SISNAMA)**, instituído pela Política Nacional do Meio Ambiente (PNAMA — Lei n. 6.938/81), cuja estrutura é bastante ampla, conforme deixa claro o **art. 6º** daquela lei.[97]

Dentre todos os órgãos que compõem dita estrutura, o maior destaque vai, sem dúvida, para o **Conselho Nacional do Meio Ambiente (CONAMA)**. Sua função, dentro do SISNAMA, está assim definida pelo **art. 6º, II, da PNAMA:**

---

[97] Sobre o SISNAMA e sua estrutura administrativa, conferir, *supra*, o *item 5.3.1*.

> "II — órgão **consultivo** e **deliberativo:** o Conselho Nacional do Meio Ambiente — CONAMA, com a finalidade de assessorar, estudar e propor ao Conselho de Governo, diretrizes de políticas governamentais para o meio ambiente e os recursos naturais e **deliberar, no âmbito de sua competência, sobre normas e padrões** compatíveis com o meio ambiente ecologicamente equilibrado e essencial à sadia qualidade de vida;"

Conquanto tenha um grande espectro de **competências** definidas pelo **art. 8º da PNMA**, o fato é que a marca característica do CONAMA é a sua função **deliberativa (normativa)**, que resulta em uma série de **Resoluções**, visando regulamentar aspectos diversos da proteção ambiental.

A grande vantagem da utilização de instrumentos administrativos para normatizar tais aspectos está em conferir mais **mobilidade** e **adaptabilidade** às regras relacionadas ao licenciamento, aos padrões e critérios ambientais, etc. Assim, podem se manter **adequadas à realidade**, que, tratando-se de meio ambiente, está sempre sujeita a mutações de toda ordem.

Não é por acaso, aliás, que a composição do CONAMA mereceu tratamento destacado pelos **arts. 4º, 5º, 6º, 6º-A e 6º-B do Decreto n. 99.274/90**. Na leitura de tais dispositivos, o que salta aos olhos é o fato de que essa composição é **extremamente eclética** e **eminentemente técnica**, o que permite um amplo, rico e competente debate no exercício da competência deliberativa.

Desde o advento do art. 8º da Política Nacional do Meio Ambiente em 1981 e, posteriormente, de modo mais intenso após o Decreto n. 99.274/90, todos os anos emana do CONAMA uma série de resoluções importantes e marcantes para a proteção ambiental. Merecem destaque, dentre tantas outras:

- **Resolução n. 237/97:** dispõe sobre as regras de **licenciamento ambiental**.
- **Resolução n. 369/2006:** dispõe sobre os casos excepcionais, de utilidade pública, interesse social ou baixo impacto ambiental, que possibilitam a **intervenção ou supressão de vegetação em Área de Preservação Permanente (APP)**.
- **Resolução n. 382/2006:** estabelece os **limites** máximos de emissão de **poluentes atmosféricos** para fontes fixas.
- **Resolução n. 385/2006:** estabelece procedimentos a serem adotados para o **licenciamento** ambiental de **agroindústrias** de pequeno porte e baixo potencial de impacto ambiental.
- **Resolução n. 396/2008:** dispõe sobre a classificação e as diretrizes ambientais para o enquadramento das **águas subterrâneas** e dá outras providências.
- **Resolução n. 404/2008:** estabelece critérios e diretrizes para o **licenciamento** ambiental de **aterro sanitário** de pequeno porte de resíduos sólidos urbanos.

## 6.7. QUESTÕES DE CONCURSO

### 6.7.1. A Política Nacional do Meio Ambiente (Lei n. 6.938/81)

**1. (FUNIVERSA/2011 — SEPLAG/DF — Auditor Fiscal de Atividades Urbanas — Controle Ambiental) A respeito da Lei n. 6.938/1981, que dispõe sobre a Política Nacional do Meio Ambiente, assinale a alternativa que apresenta princípio nela previsto para se alcançar o objetivo de preservar, melhorar e recuperar a qualidade ambiental propícia à vida.**

a) ausência de zoneamento das atividades potencial ou efetivamente poluidoras;
b) manutenção de áreas degradadas;
c) aumento de áreas ameaçadas de degradação;
d) educação ambiental exclusiva para o ensino fundamental;
e) planejamento e fiscalização do uso dos recursos ambientais.

**2. (CESPE/2009 — DPE/PI) Acerca da PNMA, assinale a opção correta.**

a) O órgão superior do SISNAMA é o Ministério do Meio Ambiente.
b) O cadastro técnico federal de atividades e instrumento de defesa ambiental é considerado instrumento da PNMA.
c) O proprietário de imóvel rural pode instituir servidão ambiental, inclusive nas áreas de preservação permanente e de reserva legal, desde que com a anuência do órgão ambiental competente.
d) O órgão consultivo e deliberativo do SISNAMA é o Conselho de Governo.
e) A servidão ambiental prescinde de averbação no registro de imóveis competente.

**3. (CESPE/2009 — CEHAP/PB — Advogado) O principal objetivo da Política Nacional do Meio Ambiente é a compatibilização do desenvolvimento econômico e social com a manutenção da qualidade do meio ambiente e do equilíbrio ecológico. A Política Nacional do Meio Ambiente instituiu, para tanto, instrumentos que incluem**

I. o zoneamento ambiental e o estabelecimento de padrões de qualidade ambiental.
II. o cadastro técnico federal de atividades e instrumentos de defesa ambiental e o cadastro técnico federal de instrumentos econômicos, como concessão florestal, servidão ambiental, seguro ambiental e outros.
III. a avaliação de impactos ambientais e o licenciamento e a revisão de atividades efetiva ou potencialmente poluidoras.

Assinale a opção correta.

a) Apenas o item I está certo.
b) Apenas o item II está certo.
c) Apenas os itens I e III estão certos.
d) Apenas os itens II e III estão certos.

**4. (FGV/2008 — TJ/MS — Juiz) Com base na PNMA, julgue as afirmativas a seguir:**

I. Entende-se por recursos ambientais a atmosfera, as águas interiores, superficiais e subterrâneas, os estuários, o mar territorial, o solo, o subsolo, os elementos da biosfera, a fauna e a flora.
II. O órgão consultivo e deliberativo do Sisnama é o Conselho Nacional do Meio Ambiente (Conama), com a finalidade de assessorar, estudar e propor ao Conselho de Governo diretrizes de políticas governamentais para o meio ambiente e os recursos naturais e deliberar, no âmbito de sua competência, sobre normas e padrões compatíveis com o meio ambiente ecologicamente equilibrado e essencial à sadia qualidade de vida.

III. Compete ao Conama decidir, como última instância administrativa em grau de recurso, mediante depósito prévio, sobre as multas e outras penalidades impostas pelo Ibama.

Assinale:

a) se nenhuma afirmativa estiver correta.
b) se somente as afirmativas I e II estiverem corretas.
c) se somente as afirmativas I e III estiverem corretas.
d) se somente as afirmativas II e III estiverem corretas.
e) se todas as afirmativas estiverem corretas.

**5. (PUC-PR/2011 — TJ/RO — Juiz) A Lei 6.938/81, que dispõe sobre a Política Nacional de Meio Ambiente, constituiu um marco na legislação pátria criando as bases para o Direito Ambiental Brasileiro nos moldes que conhecemos atualmente. Representa verdadeira mudança de paradigmas na proteção ambiental antes focada em recursos naturais isolados, para uma proteção integrada baseada em uma tutela focada nos ecossistemas. Considerando os dispositivos e previsões expressas no texto da referida Lei, marque a alternativa CORRETA:**

a) A Lei 6.938/81 cria a responsabilidade civil objetiva em matéria de dano ambiental difuso. Resta, entretanto, subjetiva a responsabilidade pelos danos individuais reflexos causados a terceiros, ainda que em matéria ambiental.
b) A Lei 6.938/81 cria um conjunto de instrumentos voltados à proteção da qualidade ambiental tais como: o zoneamento ambiental; o estabelecimento de padrões de qualidade ambiental; a criação de espaços territoriais especialmente protegidos; a avaliação de impactos ambientais; entre outros.
c) A Lei 6.938/81 cria o Sistema Nacional de Meio Ambiente — SISNAMA, que é constituído exclusivamente pelos órgãos Federais e Estaduais responsáveis pela melhoria e proteção da qualidade ambiental, com finalidade de garantir a cooperação e integração entre eles.
d) A Lei 6.938/81 prevê expressamente o instrumento do licenciamento ambiental estabelecendo que este deverá ser exigido obrigatoriamente para a instalação e funcionamento de toda e qualquer atividade econômica.
e) A Lei 6.938/81 estabelece expressamente que: cabe aos órgãos municipais competentes o licenciamento ambiental de obras ou atividades cujo impacto seja local; cabe aos órgãos estaduais o licenciamento ambiental daquelas cujo impacto ambiental seja regional; e cabe ao IBAMA o licenciamento ambiental quando o impacto for interestadual.

**6. (CESGRANRIO/2010 — BNDES — Advogado) Sobre a Política Nacional do Meio Ambiente e a responsabilidade civil ambiental, analise as afirmações a seguir.**

I. Até a promulgação da Constituição da República Federativa do Brasil de 1988, a responsabilidade civil ambiental era subjetiva, ou seja, dependia da existência de culpa para que houvesse a obrigação de reparação dos danos causados ao meio ambiente.
II. A responsabilidade civil por danos ambientais no Brasil é objetiva, sendo considerados poluidores somente as pessoas físicas ou jurídicas, de direito público ou privado, diretamente responsáveis por atividade causadora de degradação ambiental.
III. A aprovação de projetos habilitados a benefícios concedidos por entidades e órgãos de financiamento e incentivos governamentais deve ser condicionada ao licenciamento ambiental e ao cumprimento das normas, dos critérios e dos padrões expedidos pelo Conselho Nacional do Meio Ambiente.
IV. O Sistema Nacional do Meio Ambiente é composto por órgãos e entidades da União, dos Estados, do Distrito Federal e dos Municípios, dentre os quais se encontra o Conselho Nacional do Meio Ambiente, órgão consultivo e deliberativo a quem compete esta-

belecer normas, critérios e padrões relativos ao controle e à manutenção da qualidade do meio ambiente, com vistas ao uso racional dos recursos ambientais.

Está correto APENAS o que se afirma em

a) II.
b) I e III.
c) II e IV.
d) III e IV.
e) I, II e IV.

**7. (MPE-MG/2010 — Promotor de Justiça) Considere as seguintes assertivas a respeito da Lei Federal n. 6.938, de 31 de agosto de 1981, que instituiu a Política Nacional do Meio Ambiente.**

I. São princípios da Política Nacional do Meio Ambiente a proteção dos ecossistemas, com a preservação de áreas representativas, a proteção das áreas ameaçadas de degradação, bem como a recuperação das áreas degradadas.
II. O poluidor é obrigado, independentemente da existência de culpa, a indenizar ou reparar os danos causados ao meio ambiente e a terceiros afetados por sua atividade, sendo que as medidas de responsabilização civil e a recuperação ambiental podem eximir o poluidor de sanções administrativas.
III. As diretrizes da Política Nacional do Meio Ambiente obrigam não apenas as atividades empresariais públicas, mas também as privadas.
IV. São instrumentos da PNMA o zoneamento ambiental, a avaliação de impactos ambientais, as penalidades disciplinares ou compensatórias ao não cumprimento das medidas necessárias à preservação ou correção da degradação ambiental, a criação de espaços territoriais especialmente protegidos pelo Poder Público, assim como instrumentos econômicos, inclusive o seguro ambiental.
V. A construção, instalação, ampliação e funcionamento de estabelecimentos e atividades utilizadoras de recursos ambientais, considerados efetiva e potencialmente poluidores, bem como os capazes, sob qualquer forma, de causar degradação ambiental, dependerão de prévio licenciamento de órgão estadual competente, integrante do Sistema Nacional do Meio Ambiente (SISNAMA), e do Instituto Brasileiro do Meio Ambiente e Recursos Naturais Renováveis (IBAMA), em caráter supletivo, sem prejuízo de outras licenças exigíveis.

Assinale a opção CORRETA.

a) I, II, III e IV estão corretas.
b) I, II, III e V estão corretas.
c) I, III, IV e V estão corretas.
d) I, III e V estão corretas.
e) Todas estão corretas.

**8. (VUNESP/2009 — TJ/MT — Juiz) Conforme a Lei n. 6.938/81, a Política Nacional do Meio Ambiente visará**

a) ao cancelamento de critérios e padrões fixos de qualidade ambiental e de normas relativas ao uso e manejo de recursos ambientais.
b) ao desenvolvimento de pesquisas e de tecnologias estrangeiras orientadas para o uso comercial de recursos ambientais.
c) à definição de áreas prioritárias de ação governamental relativas à quantidade e ao equilíbrio comercial e ecológico, atendendo exclusivamente interesses da União.

d) à imposição, ao poluidor e ao predador, da contribuição pela utilização de recursos ambientais com fins exclusivamente políticos.
e) à compatibilização do desenvolvimento econômico-social com a preservação da qualidade do meio ambiente e do equilíbrio ecológico.

**9. (VUNESP/2010 — MPE/SP — Analista de Promotoria I) Sobre a estrutura do Sistema Nacional do Meio Ambiente (SISNAMA), é correto afirmar que caberá**

a) ao órgão central, formado pela Secretaria do Meio Ambiente da Presidência da República, planejar, coordenar, supervisionar e controlar a política nacional e diretrizes governamentais fixadas para o meio ambiente.
b) ao órgão superior, formado pelo CONAMA (Conselho Nacional do Meio Ambiente), propor e estudar diretrizes e políticas governamentais para o meio ambiente.
c) ao órgão executor, formado pelo Conselho do Governo, a função de assessorar o Presidente da República na formulação da política nacional para o meio ambiente e recursos ambientais.
d) aos órgãos seccionais, compostos basicamente pelo Instituto Brasileiro do Meio Ambiente e dos Recursos Naturais, executar e fazer executar como órgão federal as políticas e diretrizes fixadas para o meio ambiente.
e) ao órgão executor, composto pelos órgãos municipais, controlar e verificar a correta execução das políticas ambientais.

**10. (CESPE/2009 — TRF/5ª Região — Juiz) Acerca do SISNAMA e da lei que dispõe sobre a Política Nacional do Meio Ambiente (PNMA) — Lei n. 6.938/1981 —, assinale a opção correta.**

a) O SISNAMA constitui-se de órgãos e entidades da União, dos estados, do DF e dos municípios, bem como de fundações instituídas pelo poder público, responsáveis pela proteção e melhoria da qualidade ambiental.
b) A lei que dispõe sobre a PNMA prevê a instituição de uma taxa de controle e fiscalização ambiental, a ser cobrada pelos diversos órgãos estaduais e municipais de meio ambiente, cujo fato gerador é o exercício regular do poder de polícia para controle e fiscalização das atividades potencialmente poluidoras e utilizadoras de recursos naturais.
c) Cada estado da Federação deve instituir e manter, sob sua administração, um cadastro técnico de atividades potencialmente poluidoras ou utilizadoras de recursos ambientais, para registro obrigatório de pessoas físicas ou jurídicas que se dediquem a atividades potencialmente poluidoras e(ou) à extração, produção, transporte e comercialização de produtos potencialmente perigosos ao meio ambiente.
d) Integram o plenário do CONAMA, na qualidade de conselheiros permanentes, um representante do MP Federal e três representantes dos MPs estaduais, indicados pelo procurador-geral da República.
e) Cabe ao IBAMA, como órgão central do SISNAMA, prover os serviços de apoio técnico e administrativo do CONAMA.

**11. (FCC/2014 — Prefeitura de Cuiabá/MT — Procurador Municipal) A Política Nacional do Meio Ambiente tem como objetivo:**

a) a proteção da saúde pública e da qualidade ambiental.
b) a prevenção e a defesa contra eventos hidrológicos críticos de origem natural ou decorrentes do uso inadequado dos recursos naturais.

c) assegurar os direitos sociais.
d) o desenvolvimento de pesquisas e de tecnologias nacionais orientadas para o uso racional de recursos ambientais.
e) a redução das emissões antrópicas de gases de efeito estufa em relação às suas diferentes fontes.

**12. (CESPE/2013 — TRF/2ª Região — Juiz Federal) De acordo com a PNMA, assinale a opção correta.**

a) Embora seja órgão colegiado consultivo e deliberativo da PNMA, O CONAMA não atua junto ao SNUC.
b) Poluidor é aquele que gera poluição, não estando abrangidos por esse conceito aqueles cuja atividade provoque mera alteração adversa no meio ambiente, já que esta decorre de toda atividade humana.
c) O CONAMA é responsável por supervisionar os licenciamentos concedidos pelos estados para as atividades efetiva ou potencialmente poluidoras.
d) A concessão florestal, a servidão ambiental, e o seguro ambiental são instrumentos da PNMA.
e) Segundo o princípio do poluidor-pagador, os custos de reparação de área degradada devem ser impostos a quem a danificou, vedada a imposição de tal ônus a novo adquirente.

**13. (CESPE/2013 — TJ/MA — Juiz) No que concerne aos instrumentos da Política Nacional do Meio Ambiente (PNMA), assinale a opção correta.**

a) O licenciamento ambiental é exigido tanto para atividades efetivamente poluidoras como para aquelas que apenas potencialmente o são, sendo a realização de estudo de impacto ambiental (EIA/RIMA) uma de suas etapas obrigatórias.
b) Os espaços territoriais especialmente protegidos, totalmente disciplinados na lei que regulamenta o SNUC, não integram o rol de instrumentos da PNMA.
c) O tombamento, instrumento da PNMA, destina-se especificamente à proteção do meio ambiente cultural.
d) O zoneamento ambiental, que consiste em limitação do uso do solo, atende ao princípio segundo o qual a propriedade deve cumprir sua função social e configura aspecto do exercício do poder de polícia.

**14. (FCC/2014 — TJ/CE — Juiz) A Política Nacional do Meio Ambiente tem por objetivo a preservação, melhoria e recuperação da qualidade ambiental propícia à vida, visando assegurar no País**

a) o aparelhamento do Estado no controle das atividades poluidoras e degradadoras, principalmente do bioma amazônico.
b) condições ao desenvolvimento socioeconômico, aos interesses da segurança nacional e à proteção da dignidade da vida humana.
c) a estabilidade agrícola.
d) a permanência de espécies ameaçadas de extinção.
e) a livre-concorrência sustentável.

**15. (CESPE/2014 — MPE/AC) Considerando a divisão de competências ambientais, a Política Nacional do Meio Ambiente e os instrumentos de proteção ambiental, assinale a opção correta.**

a) Para o cumprimento dos objetivos da Política Nacional do Meio Ambiente, o CONAMA deverá estabelecer normas, critérios e padrões relativos ao controle e à manutenção do meio ambiente, considerando a capacidade de autorregeneração dos corpos receptores e a necessidade do estabelecimento de parâmetros genéricos mensuráveis.

b) Em se tratando de empreendimentos potencialmente causadores de poluição ambiental que já tenham sido implantados irregularmente, dispensa-se o procedimento de licenciamento ambiental normalmente exigido para o seu funcionamento, exigindo-se em contrapartida indenização civil ambiental pelos danos causados.

c) A criação de espaços territoriais especialmente protegidos e a servidão ambiental poderão ser instituídas de forma onerosa ou gratuita, temporária ou perpétua, desde que mantido, no mínimo, o mesmo regime da reserva legal.

d) Para a aprovação de projetos habilitados a financiamento e incentivo governamentais, é facultado ao poder público exigir o licenciamento ambiental e o cumprimento das normas, critérios e padrões ambientais determinados pelo CONAMA.

e) No âmbito da cooperação entre os entes da Federação, o exercício das competências ambientais legislativas e materiais pelos estados, DF e municípios sujeita-se às normas gerais da União e às determinações do órgão ambiental federal.

## ■ 6.7.2. Leis da Política Nacional de Proteção e Defesa Civil (a proteção contra desastres — Lei n. 12.608/2012 e Lei n. 12.340/2010)

**1. (CESPE/2015 — TJDF — Juiz) Com relação à Política Nacional do Meio Ambiente, definida pela Lei n. 6.938/1981, assinale a opção correta.**

a) O detentor que tenha recebido a servidão ambiental, de forma gratuita, em razão do caráter personalíssimo dessa, não poderá aliená-la a título oneroso e em caráter definitivo.

b) O estabelecimento de normas e padrões nacionais de controle da poluição por veículos automotores, aeronaves e embarcações, mediante audiência dos ministérios competentes, é atribuição privativa do IBAMA.

c) A competência para administrar o Cadastro Técnico Federal de Atividades e Instrumentos de Defesa Ambiental e o Cadastro Técnico Federal de Atividades Potencialmente Poluidoras ou Utilizadoras de Recursos Ambientais é do CONAMA.

d) O órgão superior do SISNAMA é o CONAMA, que tem a função de assessorar o presidente da República na formulação da política nacional e nas diretrizes governamentais para o meio ambiente e os recursos ambientais.

e) Como forma de recuperar os danos ambientais existentes, o proprietário ou possuidor de imóvel poderá instituir servidão ambiental por instrumento público, particular ou por termo administrativo, exceto em áreas de preservação permanente e exceto em relação à reserva legal mínima exigida.

**2. (AOCP/2016 — Prefeitura de Marilena/PR — Agente de Defesa Civil) Os desastres podem ser classificados quanto à**

a) localização, natureza e tempo.

b) localização, tipo e tempo.

c) origem, periodicidade, evolução e intensidade.

d) origem, periculosidade, evolução e tempo.

e) velocidade, natureza e artificialidade.

**3. (AOCP/2016 — Prefeitura de Marilena/PR — Agente de Defesa Civil) Situação de alteração intensa e grave das condições de normalidade de um determinado município, estado ou região, decretada em razão de desastre, comprometendo substancialmente sua capacidade de resposta. O enunciado refere-se:**

a) ao estado da calamidade pública.
b) à situação de emergência.
c) à situação de urgência.
d) ao estado de sítio.
e) ao estado de acidente.

## ■ 6.7.3. Lei de Proteção à Fauna (Lei n. 5.197/67)

**1. (CESPE/2007 — TJ/PI — Juiz) A Lei de Proteção da Fauna estabelece que a caça de controle**

a) necessita de permissão expressamente motivada pela autoridade pública, indicando os perigos concretos ou iminentes, a área de abrangência, as espécies nocivas e a duração da atividade destruidora.
b) só pode ser realizada no período reprodutivo das espécies nocivas, não sendo permitida a destruição dos ovos já fecundados nem das matrizes prenhes.
c) só pode ser realizada antes do período reprodutivo, sendo expressamente proibida a destruição dos ovos já fecundados e das matrizes prenhes, e deve limitar-se à eliminação dos machos da espécie nociva.
d) é totalmente proibida no ordenamento pátrio, sendo permitida apenas a caça para fins científicos.
e) só é permitida quando houver reprodução de animais silvestres nocivos à saúde humana em área urbana densamente povoada.

**2. (CESPE/2007 — TJ/PI — Juiz) Com relação à exportação de peles e couros de anfíbios e de répteis, assinale a opção correta.**

a) Quanto aos anfíbios, somente é permitida a exportação de peles tratadas, sendo vedada a exportação de pele em estado bruto; quanto aos répteis, é permitida a exportação tanto de peles em estado bruto quanto das tratadas, desde que os animais tenham sido caçados em reservas particulares.
b) As peles e os couros em estado bruto não podem ser exportados sem a autorização da autoridade ambiental competente. No caso de exportação de peles e couros tratados ou beneficiados no país, deve-se investigar se os animais, anfíbios e répteis, que deram origem ao produto de exportação foram caçados e utilizados legalmente.
c) Somente é permitida a exportação de pele em estado bruto de animais caçados em procedimento de controle populacional, sendo expressamente proibida a exportação de pele tratada.
d) Somente é permitida a exportação de artigos manufaturados feitos com peles e couros de animais silvestres, sendo expressamente proibida a exportação de artigos industrializados.
e) É apenas permitida a exportação de artigos de couro e pele de répteis e anfíbios criados em cativeiro e abatidos por eletrocussão.

**3. (FCC/2009 — TJ/MS — Juiz) O art. 1º da Lei n. 5.197, de 03.01.1967, estabelece que "os animais de quaisquer espécies, em qualquer fase de seu desenvolvimento e que vivem naturalmente fora do cativeiro, constituindo a fauna silvestre, (...) são propriedade do Estado, sendo proibida a sua utilização, perseguição, destruição, caça ou apanha". Se analisado à luz do conceito de bem ambiental, como decorrente da Constituição de 1988, este dispositivo**

a) não guarda com este compatibilidade, porque a matéria não é disciplinada pela Constituição.
b) guarda com este compatibilidade, porque todos os bens ambientais são de propriedade do Estado.

c) guarda com este compatibilidade, porque a Constituição estabelece a proibição da caça da fauna silvestre.
d) não guarda com este compatibilidade, porque a fauna silvestre não é um bem ambiental.
e) não guarda com este compatibilidade, porque os bens ambientais são de titularidade difusa, e não do Estado.

**4. (VUNESP/2009 — TJ/MT — Juiz) Diante da preocupação com a extinção de espécies, pode-se afirmar que o Código de Caça brasileiro (Lei n. 5.197/67) prevê que**

a) apenas espécies de peixes exóticos poderão ser introduzidas no País, sem parecer técnico oficial favorável e licença expedida na forma da Lei.
b) é permitido o exercício da caça profissional para exportação de peles e couros em bruto para o Exterior.
c) as licenças de caçadores serão concedidas, mediante pagamento de uma taxa anual equivalente a um décimo do salário mínimo mensal.
d) somente é permitida a exportação de peles e couros de anfíbios e répteis, em bruto.
e) o pagamento das licenças, registros e taxas, previstos nesta Lei, será recolhido à Caixa Econômica Federal, em conta especial, a crédito do Fundo Federal Agropecuário, sob o título "Recursos da Fauna".

## ■ 6.7.4. Lei da Política Nacional de Recursos Hídricos (Lei n. 9.433/97)

**1. (FMP-RS/2008 — MPE — Promotor de Justiça) Quanto à Política Nacional de Recursos Hídricos, é correto referir que:**

a) por ser a água um bem público, a gestão dos recursos hídricos é centralizada no Estado.
b) a Política Nacional de Recursos Hídricos tem por objetivo a utilização racional do recurso hídrico apenas para atender o consumo humano e a dessedentação animal, na medida em que se constituem em usos prioritários.
c) aos comitês de bacias compete arbitrar definitivamente os conflitos pelo uso da água.
d) haverá cobrança pelos usos dos recursos hídricos sujeitos à outorga.
e) caberá aos municípios outorgar o uso das águas que pertençam a eles.

**2. (FCC/2010 — AL/SP) Em relação à Política Nacional de Recursos Hídricos, é correto afirmar que independe de outorga do Poder Público, conforme definido em regulamento,**

a) a extração de água de aquífero subterrâneo para consumo final ou insumo de processo produtivo.
b) a derivação ou captação de parcela da água existente em um corpo de água para consumo final, inclusive abastecimento público, ou insumo de processo produtivo.
c) o uso de recursos hídricos para a satisfação das necessidades de pequenos núcleos populacionais, distribuídos no meio rural.
d) o lançamento em corpo de água de esgotos e demais resíduos líquidos ou gasosos, tratados ou não, com o fim de sua diluição, transporte ou disposição final.
e) o aproveitamento dos potenciais hidrelétricos.

**3. (CESPE/2009 — MPE/RN — Promotor de Justiça) No que diz respeito à Política Nacional de Recursos Hídricos (Lei n. 9.433/1997), assinale a opção correta.**

a) Os planos de recursos hídricos são planos de curto prazo.
b) Depende de outorga do poder público o uso de recursos hídricos para a satisfação de necessidades de pequenos núcleos populacionais distribuídos no meio rural.
c) A competência para conceder outorga de direito de uso de recurso hídrico de domínio da União é do Poder Executivo federal, não podendo ser delegada.

d) A Política Nacional de Recursos Hídricos baseia-se, entre outros fundamentos, no de que a bacia hidrográfica é a unidade territorial para implementação dessa política e para atuação do Sistema Nacional de Gerenciamento de Recursos Hídricos.
e) A centralização da obtenção e produção de dados e informações é um dos princípios básicos para o funcionamento do Sistema de Informações sobre Recursos Hídricos.

**4. (CESPE/2010 — EMBASA — Analista de Saneamento) Julgue o item a seguir:**

A utilização de recursos hídricos da União na prestação de serviços de esgotamento sanitário por empresa pública criada por determinado estado para esse fim não estará sujeita a outorga de direito de uso.

( ) certo ( ) errado

**5. (CESPE/2009 — TRF/2ª Região — Juiz) A cobrança pelo uso de recursos hídricos visa**

a) instituir a água como bem econômico e impor ao usuário medidas restritivas de direitos quanto à outorga e à fruição dos recursos hídricos.
b) incentivar a privatização dos mecanismos de distribuição da água, bem como das estações de tratamento.
c) incentivar o reúso das águas servidas na produção de ração animal.
d) estabelecer limites diários para a captação das águas superficiais.
e) obter recursos financeiros para o financiamento dos programas e das intervenções contempladas nos planos de recursos hídricos.

**6. (CESPE/2010 — EMBASA — Analista de Saneamento) Julgue o item a seguir:**

Segundo a Política Nacional de Recursos Hídricos, os planos de recursos hídricos devem ser elaborados por bacia hidrográfica e por município.

( ) certo ( ) errado

**7. (FCC/2010 — AL/SP) É princípio básico para o funcionamento do Sistema de Informações sobre Recursos Hídricos**

a) o fornecimento de subsídios para a elaboração dos Planos de Recursos Hídricos.
b) a centralização da obtenção e produção de dados e informações.
c) a reunião de informações sobre a situação qualitativa e quantitativa dos recursos hídricos no Brasil.
d) a atualização permanente das informações sobre disponibilidade e demanda de recursos hídricos em todo o território nacional.
e) a coordenação unificada do sistema.

**8. (CESPE/2009 — TRF/2ª Região — Juiz) É objetivo do regime de outorga do direito de uso de recursos**

a) conceder direitos alternativos ao uso, ao consumo e à captação das águas servidas.
b) assegurar o controle quantitativo e qualitativo dos usos da água e o efetivo exercício do direito de acesso a ela.
c) autorizar a extração de água de aquífero subterrâneo para consumo final ou como insumo de processo produtivo.
d) aperfeiçoar o aproveitamento dos potenciais hidrelétricos.
e) regular os usos que alterem o regime, a quantidade ou a qualidade da água existente em um corpo de água.

**9. (MPE-SC/2013 — Promotor de Justiça) Analise cada um dos enunciados das questões abaixo e assinale "certo" (c) ou "errado" (e):**

I. Segundo a Lei 9.433/1997, constitui infração das normas de utilização de recursos hídricos superficiais ou subterrâneos perfurar poços para extração de água subterrânea ou operá-los sem a devida autorização.

( ) certo ( ) errado

II. De acordo com a Lei 9.433/1997, os Planos de Recursos Hídricos serão elaborados por Município, por Estado e para o País.

( ) certo ( ) errado

## 6.7.5. Lei do Sistema Nacional de Unidade de Conservação (SNUC) (Lei n. 9.985/2000)

**1. (CESPE/2013 — TRF/2ª Região — Juiz Federal) Em 2009, um particular ajuizou ação por desapropriação indireta em decorrência da edição de normas, datadas do ano 2001, que constituíram como área de proteção ambiental extensos trechos às margens de um lago, abrangendo a propriedade do autor. Na petição inicial, este informou que, em virtude dessas normas, o poder público registrou no cartório de imóveis a proibição de edificar por quase todo o seu imóvel, esvaziando o conteúdo econômico desse bem. Daí o pedido de reconhecimento da desapropriação indireta e, sucessivamente, o pleito de indenização pelas restrições. Em contestação, o poder público alegou prescrição e, ainda, que não houve desapropriação indireta, mas mera limitação administrativa não indenizável que, ao contrário do alegado pelo autor, até incrementou o valor do imóvel, por ter aumentado o interesse de turistas.**

Acerca dessa situação hipotética e da legislação a ela pertinente, assinale a opção correta.

a) O poder público só ficará obrigado a indenizar limitação administrativa decorrente de criação de unidade de conservação em terras particulares se ficar configurada uma restrição que esvazie totalmente o valor econômico do bem.

b) Na situação em apreço, é irrelevante o argumento de que foi incrementado o interesse turístico na área, pois, de acordo com a legislação pertinente, o proprietário será privado do direito de estabelecer as condições para visitação pelo público.

c) A lei que instituiu o SNUC não especifica as categorias de unidades de conservação que ensejam obrigatoriamente a transferência do domínio particular para o público, devendo a apreciação ser feita caso a caso.

d) Na hipótese em questão, já transcorreu o prazo prescricional, quer se trate de caso de desapropriação indireta ou de indenização por restrição de uso decorrente da legislação ambiental.

e) A desapropriação indireta pode caracterizar-se mesmo sem o efetivo apossamento da propriedade individual pelo poder público.

**2. (VUNESP/2014 — TJ/PA — Juiz de Direito Substituto) Quanto à pesquisa científica e visitação pública em unidades de conservação, assinale a assertiva correta.**

a) A pesquisa científica em Parques Nacionais depende de autorização prévia do órgão responsável pela sua administração, sujeita às condições e restrições por ele estabelecidas e às previstas em regulamento, o que também ocorre no caso de visitação pública sujeita ainda às normas e restrições do Plano de Manejo.

b) A pesquisa científica em reservas biológicas depende de atendimento às exigências do seu regulamento, sendo proibida a visitação pública, salvo de escolas públicas e desde que seus objetivos sejam educacionais e culturais.

c) A pesquisa científica em estações ecológicas depende de autorização prévia do seu gestor, bem como às exigências do regulamento e a visitação será livre desde que o Plano de Manejo traga disposição nesse sentido.
d) A pesquisa científica em Monumentos Naturais independe de aprovação prévia do órgão responsável por sua administração, desde que demonstrado que não coloca em risco a sobrevivência de espécies integrantes do ecossistema protegido, e a visitação pública depende apenas do atendimento às restrições do Plano de Manejo.
e) A pesquisa científica em refúgios da vida silvestre fica sujeita a restrições previstas em regulamento para o período de defeso da fauna local e a visitação pública fica sujeita especificamente às regras preestabelecidas no Plano de Manejo.

**3. (FCC/2014 — TJ/CE — Juiz) O Estado Beta ajuizou uma ação civil pública em face de José Benedito visando retirá-lo de área de Parque Estadual, bem como a recuperação dos danos ambientais causados ao local. Durante a ação, ficou comprovado que: (i) o réu não tem título da área que ocupa com sua casa de veraneio, (ii) a ocupação ocorreu em momento posterior à criação do Parque Estadual, (iii) o réu possui no local criação de gado, galinha e porco. A ação deverá ser julgada:**

a) parcialmente procedente, apenas para retirar o réu do local.
b) parcialmente procedente, apenas para impor ao réu um regramento específico de utilização do local.
c) extinta, sem resolução de mérito, diante da falta de legitimidade do Estado Beta para figurar no polo ativo da ação.
d) improcedente, diante da hipossuficiência do réu.
e) procedente, uma vez comprovados os requisitos da responsabilidade civil ambiental.

**4. (FCC/2014 — Prefeitura de Cuiabá/MT — Procurador Municipal) O Município criou por decreto uma Reserva Extrativista em áreas particulares sem ajuizar as ações de desapropriação dos imóveis abrangidos. Neste caso, os proprietários:**

a) continuarão titulares de domínio, mas serão indenizados apenas pelas restrições impostas às respectivas propriedades.
b) continuarão titulares de domínio, pois a Reserva Extrativista é uma unidade de conservação de uso sustentável.
c) poderão ajuizar ações de desapropriação indireta, diante da inércia do Município, sendo possível discutir apenas o valor das indenizações.
d) poderão ajuizar ações declaratórias de nulidade do ato administrativo do Chefe do Executivo Municipal, porquanto não ser possível a criação de unidade de conservação por Decreto.
e) continuarão titulares de domínio, mas terão restrições impostas às respectivas propriedades sem direito à indenização, diante do princípio da função social da propriedade.

**5. (FCC/2014 — Prefeitura de Cuiabá/MT — Procurador Municipal) Um determinado Município possui um Parque Municipal ocupado parcialmente por populações tradicionais. Segundo o Sistema Nacional de Unidades de Conservação da Natureza (SNUC), essas populações tradicionais:**

a) serão indenizadas ou compensadas pelas benfeitorias existentes e devidamente realocadas pelo Município em local e condições acordados entre as partes.
b) permanecerão residindo no Parque, sem que sofram qualquer interferência.
c) serão realocadas sem direito a indenização.
d) serão indenizadas pelas benfeitorias e realocadas para zona de uso conflitante, segundo o zoneamento estabelecido pelo plano de manejo do Parque.
e) permanecerão residindo no Parque pelo prazo máximo improrrogável de cinco anos.

**6. (CESPE/2015 — TJDF — Juiz) De acordo com a Lei n. 9.985/2000, que instituiu o Sistema Nacional de Unidades de Conservação (SNUC), assinale a opção correta.**

a) Pode haver área particular localizada em unidade de conservação designada como Monumento Natural; nessas áreas, no entanto, não pode haver criação de animais domésticos nem plantio de qualquer espécie, sendo vedada essa autorização, se houver, no plano de manejo.

b) O parque nacional, a reserva de fauna, a estação ecológica e o refúgio de vida silvestre constituem exemplos, nos termos da lei, de unidades de proteção integral.

c) A presença de habitantes é inadmissível na floresta nacional, área com cobertura florestal de espécies predominantemente nativas e de posse e domínio públicos.

d) As pesquisas científicas, realizadas em estação ecológica, que gerem impacto superior à simples observação ou à coleta controlada de componentes dos ecossistemas devem ocorrer em área correspondente a, no máximo, 3% da extensão total da unidade e até o limite de 1.500 hectares.

e) O subsolo e o espaço aéreo também integram os limites das unidades de conservação, e se consideram incluídos na proteção ambiental conferida à unidade, ainda que não constem no ato de criação ou no plano de manejo.

**7. (CESPE/2015 — TRF5 — Juiz) Determinada lei federal criou um refúgio de vida silvestre que abrange áreas particulares repletas de nascentes e lagos. Decorridos seis anos, os proprietários das áreas abrangidas ajuizaram ação de indenização por desapropriação indireta. O poder público apresentou contestação em que alegou prescrição e o descabimento de indenização, uma vez que a criação da unidade de conservação não impôs gravames adicionais além dos que já incidiam por força de leis anteriores, como o Código Florestal. O poder público aduziu, ainda, que não promovera o desapossamento das terras. Com relação a essa situação hipotética e considerando a legislação de regência e a jurisprudência do STJ, assinale a opção correta.**

a) O pagamento de indenização só ocorrerá se for caracterizada a desapropriação indireta, pois outras restrições ao direito de propriedade não são indenizáveis.

b) Há APPs na área objeto da lide, mas isso é irrelevante para o deslinde da causa.

c) Caso não tenha havido o desapossamento irreversível da propriedade, como alega o poder público, não restará caracterizada a desapropriação indireta.

d) No caso em apreço, a prescrição foi consumada, uma vez que é quinquenal o prazo para se obter indenização da fazenda pública em decorrência de desapropriação indireta.

e) A criação de unidade de conservação de proteção integral em área privada implica, necessariamente, o pagamento de indenização.

**8. (CESPE/2015 — TRF1 — Juiz) Acerca do Sistema Nacional de Unidades de Conservação e das normas relativas à criação, implantação e gestão dessas unidades, assinale a opção correta.**

a) Admite-se a transformação parcial de unidade de conservação de uso sustentável em unidade de conservação de proteção integral, desde que por meio de lei e obedecidas as exigências de prévios estudos e consulta pública.

b) À luz do entendimento do STF, é vedada a criação pelo poder público de mais de um tipo de unidade de conservação a partir de um mesmo procedimento administrativo.

c) As populações tradicionais residentes, de maneira irregular, em unidades de conservação poderão continuar a exercer as mesmas atividades já realizadas nas áreas ocupadas quando da criação da unidade.

d) O subsolo e o espaço aéreo, desde que contribuam para a estabilidade do ecossistema protegido, integram os limites das unidades de conservação.
e) As categorias de unidades de conservação de área de proteção ambiental e reserva particular de patrimônio natural devem contar com a delimitação de uma zona de amortecimento no seu entorno, cujo regime jurídico aplicável é o de uma limitação administrativa imposta aos proprietários, com vistas a minimizar os impactos negativos no interior da unidade de conservação.

## 6.7.6. Estatuto das Cidades (Lei n. 10.257/2001)

**1. (MPE-MA/2014 — MPE/MA — Promotor Substituto) O plano diretor, instrumento básico da política de desenvolvimento e expansão urbana, segundo a Lei n. 10.257/2001 (Estatuto da Cidade), não é obrigatório para as cidades:**

a) Integrantes de regiões metropolitanas e aglomerações urbanas;
b) Incluídas no cadastro nacional de Municípios com áreas suscetíveis à ocorrência de deslizamentos de grande impacto, inundações bruscas ou processos geológicos ou hidrológicos correlatos;
c) Integrantes de áreas de especial interesse turístico;
d) Inseridas na área de influência de empreendimentos ou atividades com significativo impacto ambiental de âmbito regional ou nacional;
e) Com mais de dez mil habitantes.

**2. (CESPE/2014 — MPE/AC — Promotor de Justiça) Acerca da política urbana brasileira, assinale a opção correta.**

a) No âmbito municipal, é facultado ao Poder Legislativo promover a gestão orçamentária participativa, a exemplo da realização de consultas públicas sobre propostas do plano plurianual, da lei de diretrizes orçamentárias e do orçamento anual.
b) Exige-se a elaboração de plano diretor para cidades com mais de vinte e cinco mil habitantes, inseridas em regiões metropolitanas, em áreas de especial interesse turístico e localizadas em regiões suscetíveis a deslizamentos ou terremotos.
c) O plano diretor municipal constitui instrumento urbanístico que deve ser aprovado por lei, com o fim de orientar o desenvolvimento urbano e a expansão urbana, de forma a orientar ações do poder público, sem interferência na propriedade privada.
d) Para a garantia da mobilidade urbana brasileira, todas as cidades com mais de cem mil habitantes devem elaborar plano de transporte integrado e compatível com o plano diretor municipal.
e) Na revisão do plano diretor municipal, realizada a cada dez anos, os Poderes Legislativo e Executivo locais devem garantir a promoção de audiências públicas, debates com a população e com associações de diversos segmentos sociais, além de promover a publicidade de documentos e informações a serem acessados pelos interessados.

## 6.7.7. Lei de Gestão das Florestas Públicas (Lei n. 11.284/2006)

**1. (CESPE/2014 — MPE/AC — Promotor de Justiça) Considerando o disposto na Lei n. 11.284/2006 acerca da gestão de florestas públicas para a produção sustentável, assinale a opção correta.**

a) Desde que previamente à publicação da concessão florestal em diário oficial, faculta-se a realização de audiência pública para a elaboração dos termos do edital de licitação de cada lote a ser concedido.

b) A competência para legislar sobre gestão de florestas públicas é privativa da União.
c) Recursos florestais são definidos como elementos ou características de uma floresta potencialmente ou efetivamente geradores de produtos ou serviços florestais; serviços florestais se definem como os serviços prestados através do beneficiamento e comércio de produtos madeireiros e não madeireiros gerados pelo manejo florestal sustentável.
d) A gestão de florestas públicas para produção sustentável compreende três modalidades: a concessão florestal, a destinação de florestas públicas às comunidades locais e a criação e gestão direta de florestas públicas nacionais, estaduais e municipais definidas como unidades de conservação da natureza.
e) A concessão florestal, em regra, destinada a pessoas jurídicas com fins econômicos, poderá ser formalizada de forma gratuita aos posseiros de comunidades locais quando estiverem em áreas já ocupadas e utilizadas no interior de reservas extrativistas ou de projetos de assentamentos florestais.

**2. (FGV/2013 — CONDER — Advogado) A Lei n. 11.284/2006 criou o marco jurídico na gestão das florestas públicas, sendo correto afirmar sobre sua disciplina normativa que:**

a) é permitida a concessão de floresta pública em qualquer espaço ambiental especialmente protegida, uma vez que a Lei n. 11.284/2006 excepcionou a aplicação da Lei de Unidades de Conservação (Lei n. 9.985/2000), nesse aspecto.
b) nas florestas concedidas à iniciativa privada, as atividades de fiscalização e aplicação de penalidades ambientais ficam a cargo do particular, nos termos do contrato de concessão.
c) o contrato de concessão não pode dispor sobre a exploração mineral, recursos pesqueiros e sobre o acesso ao patrimônio genético para fins de pesquisa e desenvolvimento.
d) nas florestas objeto de concessão não é necessária a realização de licenciamento ambiental, resolvendo-se em perdas e danos os desmatamentos realizados nos níveis não previstos no contrato.
e) a concessão florestal transfere a propriedade da floresta ao particular, mediante procedimento de licitação, não o desobrigando, porém, de obedecer à função social da propriedade.

**3. (CESPE/2015 — AGU — Procurador) Acerca da criação e da gestão de florestas públicas nacionais, julgue os itens subsequentes.**

1. As três modalidades de gestão de florestas públicas nacionais para produção sustentável são a concessão florestal ao setor privado, a destinação de florestas públicas às comunidades locais, além da gestão direta governamental pelo órgão competente integrante do Sistema Nacional de Unidades de Conservação.

( ) certo ( ) errado

2. O Serviço Florestal Brasileiro, órgão gestor da concessão de florestas públicas nacionais, vinculado ao Ministério do Meio Ambiente, deve emitir a licença ambiental prévia antes da publicação de edital de licitação para a concessão florestal.

( ) certo ( ) errado

3. A floresta nacional é unidade de conservação de uso sustentável, de posse e de domínio públicos, cuja criação deve ser precedida de estudos técnicos e de consulta pública que permitam identificar a localização, a dimensão e os limites mais adequados para a unidade, com vistas ao seu objetivo básico de uso múltiplo sustentável dos recursos florestais e pesquisa científica.

( ) certo ( ) errado

## 6.7.8. Lei da Política Nacional de Resíduos Sólidos (Lei n. 12.305/2010)

**1. (VUNESP/2013 — MPE/ES — Promotor de Justiça) A Lei da Política Nacional de Resíduos Sólidos, Lei n. 12.305/2010, ao prever a responsabilidade compartilhada pelo ciclo de vida do produto,**

a) criou como instrumento de sua implementação o Cadastro Nacional de Operadores de Resíduos Perigosos, no qual devem ser, obrigatoriamente, incluídas as pessoas jurídicas que operam com resíduos perigosos, em qualquer fase do seu gerenciamento.
b) identificou como um de seus objetivos compatibilizar interesses entre os agentes econômicos e sociais e os processos de gestão empresarial e mercadológica com os de gestão ambiental, desenvolvendo estratégias sustentáveis.
c) pretendeu que o mercado desenvolva produtos com menores impactos à saúde humana e à qualidade ambiental em seu ciclo de vida, inclusive utilizando produtos, cuja matéria prima seja nacional.
d) teve como um dos objetivos proibir a importação de resíduos sólidos perigosos e rejeitos, bem como de resíduos sólidos cujas características causem dano ao meio ambiente, à saúde pública e animal e à sanidade vegetal, ainda que para tratamento, reforma, reúso, reutilização ou recuperação.
e) impôs ao poder público estadual a instituição de incentivos econômicos aos consumidores que participem do sistema de coleta seletiva, na forma da lei.

**2. (FMP-RS/2013 — MPE/AC — Analista) Com base no disposto na Lei n. 12.305/2012, que institui a Política Nacional dos Resíduos Sólidos, assinale a alternativa correta.**

a) Logística reversa é o instrumento de desenvolvimento econômico e social caracterizado por um conjunto de ações, procedimentos e meios destinados a viabilizar a coleta e a restituição dos resíduos sólidos ao setor empresarial, para reaproveitamento, em seu ciclo ou em outros ciclos produtivos, ou outra destinação final ambientalmente adequada.
b) Rejeitos são os resíduos sólidos que, depois de esgotadas todas as possibilidades de tratamento e recuperação por processos tecnológicos disponíveis e economicamente viáveis, não apresentem outra possibilidade que não a destinação final ambientalmente adequada.
c) Destinação final ambientalmente adequada é a distribuição ordenada de rejeitos em aterros, observadas as normas operacionais específicas de modo a evitar danos ou riscos à saúde pública, à segurança e a minimizar os impactos ambientais adversos.
d) Por Área Órfã Contaminada entende-se a área contaminada (local onde há contaminação causada pela disposição, regular ou irregular, de qualquer substância ou resíduo) cujos responsáveis pela disposição não estejam identificados ou individualizados.
e) Geradores de resíduos sólidos são as pessoas físicas ou jurídicas, de direito público ou privado, que geram resíduos por meio de suas atividades, nelas excluindo-se o consumo.

**3. (FCC/2013 — TJ/PE — Juiz) Considere as afirmações abaixo acerca da política nacional de resíduos sólidos, tal como instituída pela Lei n. 12.305/2010.**

I. No gerenciamento de resíduos sólidos, a não geração e a redução de resíduos são objetivos preferíveis à reciclagem e ao seu tratamento adequado.
II. Os fabricantes de produtos em geral têm o dever de implementar sistemas de logística reversa.
III. Os consumidores têm responsabilidade compartilhada pelo ciclo de vida de quaisquer produtos adquiridos.

Está correto o que se afirma em:

a) I, II e III.

b) I e III, apenas.
c) II e III, apenas.
d) I e II, apenas.
e) I, apenas.

**4. (VUNESP/2014 — TJ/RJ — Juiz Substituto) Quanto à responsabilidade decorrente dos resíduos sólidos pós-consumo, é correto afirmar que:**

a) o compromisso dos fabricantes e importadores, comerciantes e distribuidores é de, quando firmados acordos ou termos de compromisso com o Município, participar das ações previstas no plano municipal de gestão integrada de resíduos sólidos no caso de produtos incluídos no sistema de logística reversa.
b) as embalagens devem ser fabricadas com materiais que propiciem a reutilização ou a reciclagem, sendo responsável todo aquele que manufatura embalagens ou fornece materiais para a fabricação de embalagens, coloca em circulação embalagens, materiais para a fabricação de embalagens ou produtos embalados, em qualquer fase da cadeia de comércio.
c) para fortalecer a responsabilidade compartilhada e seus objetivos, a responsabilidade dos fabricantes, importadores, distribuidores e comerciantes abrange o compromisso de recolhimento somente dos resíduos e das embalagens remanescentes após o uso, bem como a sua destinação ambientalmente adequada, no caso dos produtos sujeitos à logística reversa.
d) a responsabilidade compartilhada pelo ciclo de vida dos produtos, a ser implementada de forma individualizada e encadeada, abrange distribuidores e comerciantes, consumidores e titulares de serviços públicos de limpeza urbana, bem como fabricantes e importadores, cabendo a todos o desenvolvimento de produtos que gerem, gradativamente, nos termos da lei, menos resíduos.

**5. (VUNESP/2014 — TJ/PA — Juiz de Direito Substituto) Nos termos da Lei n. 12.305/2010, a logística reversa como instrumento de desenvolvimento econômico e social, caracterizado por um conjunto de ações, procedimentos e meios destinados a viabilizar a coleta e a restituição dos resíduos sólidos ao setor empresarial, para reaproveitamento, em seu ciclo ou em outros ciclos produtivos, ou outra destinação ambientalmente adequada, aplica-se aos fabricantes, importadores, distribuidores e comerciantes, entre outros, de:**

a) agrotóxicos, produtos eletroeletrônicos e lâmpadas em geral.
b) produtos eletroeletrônicos e seus componentes, lâmpadas em geral, pilhas e baterias.
c) produtos eletroeletrônicos e seus componentes, pneus, pilhas e baterias.
d) veículos, óleos lubrificantes e agrotóxicos, seus resíduos e embalagens.
e) agrotóxicos, veículos, pilhas e baterias.

## ■ 6.7.9. Novo Código Florestal (Lei n. 12.651/2012)

**1. (TJ/SC — 2013 — Juiz) Observadas as proposições a seguir elencadas, assinale a alternativa correta:**

I. Para o novo Código Florestal, entende-se por Amazônia Legal: os Estados do Acre, Pará, Amazonas, Roraima, Amapá e Mato Grosso e as regiões situadas ao norte do paralelo 13° S, dos Estados de Tocantins e Goiás, e ao oeste do meridiano de 45° W, do Estado do Maranhão.
II. Segundo o novo Código Florestal, Área de Preservação Permanente — APP significa: área protegida, coberta ou não por vegetação nativa, com a função ambiental de preservar os recursos hídricos, a paisagem, a estabilidade geológica e a biodiversidade, facilitar o fluxo gênico de fauna e flora, proteger o solo e assegurar o bem-estar das populações.

III. O novo Código Florestal conceitua a área rural consolidada como: área de imóvel rural com ocupação antrópica preexistente a 30 de julho de 2008, com edificações, benfeitorias ou atividades agrossilvipastoris, admitida, neste último caso, a adoção do regime de pousio.
IV. A pequena propriedade ou posse rural familiar, para efeito do novo Código Florestal, corresponde àquela explorada mediante o trabalho pessoal do agricultor familiar e empreendedor familiar rural, incluindo os assentamentos e projetos de reforma agrária, e que atenda ao disposto no art. 3º da Lei n. 11.326, de 24 de julho de 2006.

a) Somente as proposições I e II estão corretas.
b) Somente as proposições I e III estão corretas.
c) Somente as proposições II e IV estão corretas.
d) Somente as proposições III e IV estão corretas.
e) Todas as proposições estão corretas.

**2. (FCC/2013 — AL/PB — Procurador) Segundo a Lei Federal n. 12.651/2012 (Código Florestal),**

a) as florestas existentes no território nacional são bens da União.
b) será admitido o cômputo das áreas de preservação permanente no cálculo do percentual da reserva legal do imóvel, desde que preenchidos certos requisitos previstos em lei.
c) será permitido o acesso de pessoas e animais às áreas de preservação permanente apenas para obtenção de água.
d) os apicuns e salgados podem ser utilizados em atividades de carcinicultura e salinas, desde que observada, dentre outros requisitos, a salvaguarda da integridade das restingas e dos processos ecológicos a elas associados.
e) para o estabelecimento de áreas verdes urbanas, o poder público estadual contará, dentre outros instrumentos, com o exercício do direito de preempção para aquisição de remanescentes florestais relevantes.

**3. (VUNESP/2013 — CETESB — Advogado) Nos termos da Lei n. 12.651/12, a localização da área de Reserva Legal no imóvel rural deverá levar em conta, dentre outros, os seguintes estudos e critérios:**

a) o plano macroecológico da área ocupada.
b) as áreas de menor fragilidade ambiental.
c) o Zoneamento Ecológico-Econômico.
d) as áreas de proteção mínima dos apicuns e salgados.
e) a formação de corredores socioecológicos com Unidades de Preservação Continuada.

**4. (MPE-MA/2014 — MPE/MA — Promotor Substituto) O conceito de "área protegida, coberta ou não por vegetação nativa, com a função ambiental de preservar os recursos hídricos, a paisagem, a estabilidade geológica e a biodiversidade, facilitar o fluxo gênico de fauna e flora, proteger o solo e assegurar o bem-estar das populações humanas, refere-se a:**

a) Área de preservação permanente.
b) Área de reserva legal.
c) Área de manejo sustentável.
d) Área de atividade de baixo impacto ambiental.
e) Área de preservação latente.

**5. (FMP-RS/2014 — TJ/MT — Juiz) Considere as regras previstas na Lei n. 12.651/12.**

I. As florestas existentes no território nacional e as demais formas de vegetação nativa são bens de interesse comum a todos os habitantes do país, exercendo-se os direitos de propriedade com as limitações decorrentes da legislação pertinente.

II. As áreas rurais cujos respectivos possuidores estejam de boa-fé prescindem, independentemente da metragem, de reserva legal.
III. É considerada atividade de interesse social para os fins de ocupação da área de preservação permanente a implantação de trilhas para o desenvolvimento do ecoturismo.
IV. A obrigação de recompor a área de preservação permanente tem natureza real e é transmitida ao sucessor no caso de transferência de domínio ou posse do imóvel rural.
V. É permitido o acesso de pessoas e animais às áreas de preservação permanente para obtenção de água e para realização de atividades de baixo impacto ambiental.

a) Todas as alternativas estão incorretas.
b) São incorretas as alternativas I e V.
c) São corretas as alternativas III e IV.
d) São corretas as alternativas I, IV e V.
e) São corretas as alternativas I, II e III.

**6. (FMP-RS/2014 — TJ/MT — Juiz) Considerando o texto das leis federais 6.938/81 e 12.651/12, analise as afirmações abaixo e assinale a alternativa correta.**

I. A servidão ambiental deve ser instituída por instrumento público registrado no Cartório do Registro de Imóveis da circunscrição onde situada a respectiva propriedade rural gravada.
II. A servidão ambiental não se aplica às áreas de preservação permanente e à reserva legal mínima exigida.
III. A obrigação de recompor a área de preservação permanente à margem de curso d'água natural perene ou intermitente, excluídos os efêmeros, desde a borda da calha do leito regular, na metragem mínima de trinta metros recai para todo proprietário ou possuidor de imóvel rural, independente da data em que tenha consolidado as intervenções na APP.
IV. É vedado instituir servidão ambiental perpétua.
V. Somente após a disponibilização do CAR (Cadastro Ambiental Rural), no caso das intervenções já existentes, fica o proprietário ou possuidor rural responsável pela conservação do solo e da água, por meio de adoção de boas práticas agronômicas.

a) Todas as alternativas são corretas.
b) Todas as alternativas são incorretas.
c) Somente a alternativa III é correta.
d) Somente as alternativas I e III são corretas.
e) Somente a alternativa II é correta.

**7. (FCC/2014 — Prefeitura de Cuiabá/MT — Procurador Municipal) Os proprietários ou possuidores de imóveis rurais que realizaram supressão de vegetação nativa respeitando os percentuais de Reserva Legal previstos pela legislação em vigor à época em que ocorreu a supressão são:**

a) obrigados a permitir a regeneração da Reserva Legal na respectiva propriedade rural para os percentuais exigidos pela Lei Federal n. 12.651/2012 (novo Código Florestal), em razão do caráter *propter rem* da obrigação ambiental.
b) obrigados a promover a recomposição da Reserva Legal na respectiva propriedade rural para os percentuais exigidos pela Lei Federal n. 12.651/2012 (novo Código Florestal), dado tratar-se de obrigação *propter rem.*
c) dispensados de promover a recomposição, compensação ou regeneração para os percentuais exigidos pela Lei Federal n. 12.651/2012 (novo Código Florestal).
d) obrigados a promover a recomposição da Reserva Legal na respectiva propriedade rural para os percentuais exigidos pela Lei Federal n. 12.651/2012 (novo Código Florestal) ou a compensar área equivalente em outra propriedade rural, desde que no mesmo bioma.

e) dispensados de promover a recomposição da Reserva Legal na respectiva propriedade rural para os percentuais exigidos pela Lei Federal n. 12.651/2012 (novo Código Florestal), mas obrigados a compensar área equivalente em outra propriedade rural, desde que no mesmo bioma.

**8. (TRF — 2ª Região/2014 — Juiz Federal) Em relação às áreas de preservação permanente "APPs", assinale a opção correta:**

a) São áreas protegidas, previstas no chamado novo Código Florestal, cobertas ou não por vegetação nativa, cuja função ambiental inclui a preservação dos recursos hídricos e da paisagem, a estabilidade geológica, a biodiversidade e a proteção do solo.
b) São unidades de conservação criadas segundo tipologia prevista no novo Código Florestal que se diferenciam da reserva legal pela restrição total da supressão e do manejo de vegetação.
c) São áreas localizadas por ato administrativo em grandes propriedades, para cumprimento da função socioambiental, que, na região sudeste, deve corresponder no mínimo a 20% (vinte por cento) da área total do imóvel.
d) São unidades de conservação de proteção integral, criadas pelo novo Código Florestal, incluindo topos de morro, faixas marginais de rios e áreas de restingas.
e) São áreas previstas no novo Código Florestal cuja vegetação só pode ser alterada nos casos de utilidade pública relevante.

**9. (CESPE/2015 — TRF1 — Juiz) Um empreendedor e posseiro ocupa informalmente um imóvel rural de cerca de três módulos fiscais em área de floresta na Amazônia Legal e exerce desde 2005 atividades agrossilvipastoris consolidadas em 50% do imóvel, cuja utilização envolve, em uma parte, a plantação de soja, em outra, a criação de gado em APP, próxima a um pequeno córrego para que os animais tenham acesso à água. Nos outros 50% do imóvel, em que a vegetação nativa continua preservada, o empreendedor pretende futuramente utilizar parte da área para novas atividades agrossilvipastoris. O imóvel não apresenta regularização da reserva legal. Considerando essa situação hipotética, assinale a opção correta a respeito da regularização ambiental do imóvel em questão, conforme a legislação aplicável.**

a) Para fins de regularização, a área de reserva legal do imóvel deverá estar registrada no CAR do cartório de registro de imóveis.
b) Se houver autorização prévia do órgão competente, será permitido ao empreendedor realizar o corte raso da vegetação nativa de área ainda não utilizada, desde que respeitado o percentual de 20% do imóvel a título de reserva legal.
c) A continuidade da atividade agrossilvipastoril do empreendedor na APP será permitida se a atividade for informada no CAR e se forem atendidos os critérios técnicos previstos na legislação referente à parte da APP a ser recomposta.
d) A regularidade da reserva legal depende da regularidade fundiária, de modo que deve ser requerida pelo seu legítimo proprietário.
e) Desde que previsto no zoneamento ecológico-econômico do estado, o órgão ambiental competente, ouvido o conselho de meio ambiente, poderá dispensar a delimitação de reserva legal do imóvel.

**10. (CESPE/2015 — TRF5 — Juiz) Ao constatar a existência de um condomínio de casas de veraneio em APP às margens de um grande rio que banha dois estados, o IBAMA lavrou autos de intimação demolitória. Registrou, ainda, que houve desmatamento de área de reserva legal. Na defesa administrativa, foi provado que houve licenciamento ambiental pelo ente estadual competente e que o empreendimento estava em área previamente**

**degradada em zona urbana, conforme o PDOT. Rejeitada a defesa administrativa, os particulares ingressaram com ações anulatórias dos autos de infração em que sustentavam incompetência do IBAMA, entre outras alegações de nulidade. Em face dessa situação hipotética, assinale a opção correta.**

a) A existência de prévio licenciamento ambiental e a prévia degradação da APP impedem a cominação da pena mais gravosa de demolição.
b) Na situação, é irrelevante a alegação de que a APP se localiza em área urbana, uma vez que as APPs e as reservas legais afetam propriedades públicas e privadas, em perímetro rural ou urbano.
c) O IBAMA é competente para a fiscalização, haja vista que qualquer rio que banha dois estados caracteriza-se como bem da União.
d) O IBAMA é incompetente para exercer o poder de polícia em relação a empreendimento cujo licenciamento ambiental é de competência local.
e) A largura da APP, em razão de se tratar de área marginal de rio perene, não se altera, esteja o rio em zona urbana ou rural.

**11. (CESPE/2015 — AGU — Procurador) Na zona costeira nordestina, uma empresa estrangeira construiu um empreendimento turístico hoteleiro de grande porte próximo ao mar, sem o licenciamento ambiental prévio exigido por lei, ocupando ilegalmente área de preservação permanente na margem de um rio e afetando diretamente uma comunidade lindeira composta em sua maioria por pescadores. Seis meses após a inauguração do empreendimento, o empresário estrangeiro vendeu o negócio a uma empresa brasileira, que vem operando o hotel há cerca de um ano, sem, contudo, ter efetuado ainda a regularização do licenciamento ambiental. Além disso, após reclamações provenientes da comunidade afetada, foram constatados os seguintes problemas: ausência de recolhimento e de disposição adequados dos resíduos líquidos e sólidos, com prejuízos ao bem-estar da referida comunidade; e impedimento de livre acesso à praia, o que prejudicou as atividades econômicas dos pescadores da comunidade.**

Com referência a essa situação hipotética, julgue os itens a seguir em consonância com as normas ambientais e a jurisprudência pertinente.

1. A legislação veda a aplicação de multa no caso de responsabilização administrativa do empreendimento por não elaborar o prévio licenciamento ambiental, devendo ser aplicada advertência com a indicação de prazo para a regularização do licenciamento junto ao órgão competente.

( ) certo ( ) errado

2. Uma vez que o empreendimento irregular está localizado na zona costeira, patrimônio ambiental nacional e bem da União, a fiscalização e a aplicação de penalidade administrativa ambiental ao empreendimento compete exclusivamente ao órgão ambiental federal.

( ) certo ( ) errado

3. Conforme jurisprudência do STJ, ao contrário da responsabilidade administrativa ambiental, em que se exige pessoalidade da conduta, a responsabilidade civil ambiental pode ser exigida do novo proprietário do empreendimento, que deverá promover a recomposição da área de preservação permanente ilegalmente ocupada.

( ) certo ( ) errado

4. Os efeitos do empreendimento irregular que prejudicam o bem-estar da comunidade e sua atividade econômica de pesca enquadram-se na definição de degradação ambiental, de modo a ensejar a responsabilização civil ambiental.

( ) certo ( ) errado

5. A emissão de licença de operação para o funcionamento do empreendimento construído irregularmente e que se encontra consolidado será inexigível caso a reparação civil dos danos ambientais causados seja cumprida integralmente.
( ) certo ( ) errado

**12. (CESPE/2015 — AGU — Procurador) De acordo com o Código Florestal, julgue os próximos itens, referentes à proteção de florestas e às competências em matéria ambiental, previstas na Lei Complementar n. 140/2011.**

1. A regularidade da reserva legal envolve a conservação de sua vegetação nativa, de modo que a exploração econômica dessa área deve ser feita mediante plano de manejo sustentável previamente aprovado pelo órgão ambiental competente do SISNAMA, sem prejuízo da observância das demais normas ambientais pertinentes.
( ) certo ( ) errado

2. A reserva legal de propriedade ou posse rural define-se como área protegida com a principal função ambiental de preservar os recursos hídricos, a paisagem e a estabilidade geológica no imóvel.
( ) certo ( ) errado

**13. (CESPE/2015 — TJAM — Juiz) Considerando que se confere especial proteção ambiental a áreas com características ambientais relevantes, assinale a opção correta.**

a) Pode haver, indistintamente, APPs e áreas de reserva legal em propriedades urbanas e rurais.
b) A identificação física de determinadas APPs depende da edição de ato normativo, sendo outras APPs identificáveis por sua localização, a partir de mera aplicação do Código Florestal.
c) Nas unidades de conservação situadas em áreas particulares, é de direito privado o regime jurídico especial de proteção que impõe restrições ao uso do solo.
d) A criação de espaços territoriais especialmente protegidos constitui uma das metas da Política Nacional do Meio Ambiente.
e) Segundo o Código Florestal, as APPs são áreas protegidas, cobertas por vegetação nativa, com a função de preservar os recursos hídricos e a biodiversidade.

## ■ GABARITO ■

| ■ 6.7.1. A Política Nacional do Meio Ambiente (Lei n. 6.938/81) |
|---|
| **1.** "e". De acordo com o art. 2º, III, da Lei n. 6.938/81. |
| **2.** "b". De acordo com o art. 9º, VIII, da Lei n. 6.938/81. Para os erros das demais alternativas, conferir, da mesma lei: "a" (art. 6º, I); "c" (art. 9º-A, § 1º); "d" (art. 6º, II); "e" (art. 9º-A, § 3º). |
| **3.** "c". De acordo com os incisos I a IV do art. 9º da Lei n. 6.938/81. O erro da afirmativa n. II está na segunda parte ("cadastro técnico federal de instrumentos econômicos, como concessão florestal, servidão ambiental, seguro ambiental e outros"): o art. 9º não prevê cadastro para instrumentos econômicos. |
| **4.** "b". De acordo com os arts. 3º, V, e 6º, II, da Lei n. 6.938/81. A afirmativa n. III está errada porque a previsão nela contida — que, de fato, constava no art. 8º, III, da lei — foi revogada pela Lei n. 11.941/2009, razão pela qual a banca organizadora alterou o gabarito de "e" para "b". |
| **5.** "b". De acordo com o art. 9º, II, I, VI e III, da Lei n. 6.938/81, respectivamente, para cada um dos instrumentos. A alternativa "a" está errada porque a responsabilidade civil em matéria ambiental é sempre objetiva, seja por danos difusos ou causados a terceiros (art. 14, § 1º, da Lei n. 6.938/81). Quanto à afirmativa "c", está errada, pois a PNMA prevê a participação dos municípios |

no SISNAMA (art. 6º, VI). Já na alternativa "d", o erro está em afirmar que é cabível para "toda e qualquer atividade econômica", quando o art. 10 deixa claro que só é devido para os empreendimentos "considerados efetiva e potencialmente poluidores, bem como os capazes, sob qualquer forma, de causar degradação ambiental". Por fim, a alternativa "e" está errada, pois a PNMA não estabelece a competência municipal para o licenciamento, afirmando que, se o impacto for nacional ou regional, a competência é do IBAMA.

6. "d". As assertivas III e IV estão de acordo, respectivamente, com os arts. 12 e 6º, II, da Lei n. 6.938/81. A assertiva I está equivocada porque a Lei n. 6.938 já previa, desde 1981, a responsabilidade objetiva por danos ambientais (art. 14, § 1º). Quanto à II, está equivocada porque também são poluidores os *indiretamente* responsáveis por danos ao meio ambiente (art. 3º, IV).

7. "c". As alternativas corretas estão de acordo com os seguintes arts. da Lei n. 6.938/81: I (art. 2º, IV, IX e VIII), III (art. 5º, parágrafo único), IV (art. 9º) e V (art. 10º). O erro da assertiva II está em afirmar que a responsabilização civil e a recuperação ambiental "podem eximir o poluidor de sanções administrativas", previsão que não existe na PNMA.

8. "e". De acordo com o art. 4º, I, da Lei n. 6.938/81.

9. "a". De acordo com o art. 6º, III, da Lei n. 6.938/81.

10. "a". De acordo com o art. 6º, *caput*, da Lei n. 6.938/81.

11. "d". Consoante o art. 4º, IV, da Lei n. 6.938/81.

12. "d". Segundo art. 9º, XIII, da Lei n. 6.938/81.

13. "d".

14. "b". Segundo o *caput* do art. 2º da Lei n. 6.938/81.

15. "a". Segundo art. 7º, XIX, § 3º, do Decreto n. 99.274/90.

### 6.7.2. Leis da Política Nacional de Proteção e Defesa Civil (a proteção contra desastres — Lei n. 12.608/2012 e Lei n. 12.340/2010)

1. "e". Art. 9º-A e § 2º da Lei n. 6.938/81.

2. "c". Origem (antropogênica ou natural), periodicidade (períodos de ocorrência), evolução (capacidade de incremento) e intensidade (gradação do nível de acordo com a amplitude do prejuízo e dos danos causados).

3. "b". Situação de emergência, de acordo com o art. 2º, II, do Decreto n. 7.257/2010.

### 6.7.3. Lei de Proteção à Fauna (Lei n. 5.197/67)

1. "a". De acordo com o art. 1º, § 1º, da Lei n. 5.197/67.

2. "b". De acordo com o art. 18 da Lei n. 5.197/67.

3. "e". De acordo com o art. 225, *caput*, da CF, que deixa claro que o equilíbrio ecológico é de propriedade do "povo" (difusa), e não do Estado.

4. "c". De acordo com o art. 20 da Lei n. 5.197/67. Para o erro da alternativa "a", ver o art. 4º da mesma lei, que deixa claro que *nenhuma espécie* poderá ser introduzida no país sem o referido parecer. Quanto à alternativa "b", contraria o art. 2º, que veda peremptoriamente a caça profissional. Por sua vez, a alternativa "d" está em sentido diametralmente oposto ao do art. 18, que proíbe a exportação de peles e couros em bruto. Por fim, quanto à alternativa "e", o erro está apenas em afirmar que será recolhido à Caixa Econômica, quando, na verdade, conforme o art. 24, será ao Banco do Brasil.

### 6.7.4. Lei da Política Nacional de Recursos Hídricos (Lei n. 9.433/97)

1. "d". De acordo com o art. 20 da Lei n. 9.433/97. Para o erro das demais alternativas, conferir: "a" — art. 1º, VI (que deixa claro que tal gestão se faz de forma descentralizada); "b" — art. 1º, III e IV (a água deve ter usos múltiplos, sendo que os referidos usos são prioritários apenas em situação de escassez); "c" — art. 38, II e parágrafo único (os comitês de bacias são a *primeira instância administrativa*, cabendo, de suas decisões, recurso para os Conselhos Nacional ou Estaduais); "e" — não há tal previsão na lei.

2. "c". De acordo com o art. 12, I, da Lei n. 9.433/97.

3. "d". De acordo com o art. 1º, IV, da Lei n. 9.433/97.

4. "errado". De acordo com o art. 12, III, da Lei n. 9.433/97.

5. "e". De acordo com o art. 19, III, da Lei n. 9.433/97.

6. "errado". De acordo com o art. 8º da Lei n. 9.433/97, os planos são, sim, elaborados por *bacia hidrográfica*, porém não *por município*, mas *por Estado e para o País*.

7. "e". De acordo com o art. 26, II, da Lei n. 9.433/97.

8. "b". De acordo com o art. 11 da Lei n. 9.433/97.

9. I. "certo", segundo o art. 49, V, da Lei n. 9.433/1997. II. "errado", segundo o art. 8º da Lei n. 9.433/97 ("Os Planos de Recursos Hídricos serão elaborados por bacia hidrográfica, por Estado e para o País").

### 6.7.5. Lei do Sistema Nacional de Unidade de Conservação (SNUC) (Lei n. 9.985/2000)

1. "a" (AgRg no REsp 1.359.433/MG, rel. Min. Humberto Martins, 2ª Turma, julgado em 12-3-2013, *DJe* 21-3-2013).

2. "a". Segundo art. 11, § 3º, da Lei n. 9.985/2000.

3. "e". Segundo art. 42 da Lei n. 9.985/2000 (*vide* Apelação com Revisão 7236695200, TJSP, publicada em 14-4-2008).

4. "c". Visto que a Reserva Extrativista é unidade de conservação de uso sustentável (art. 14, IV) que possui natureza pública e, se instituída em áreas particulares, deve ser feita mediante a desapropriação do proprietário, segundo o art. 18, § 1º, da Lei n. 9.985/2000.

5. "a". Com fulcro no art. 42 da Lei n. 9.985/2000.

6. "d". De acordo com o art. 9º, § 4º, IV, da Lei n. 9.985/2000. A letra "a" está errada porque não existe esse tipo de restrição na lei. A "b" está errada porque Reserva de Fauna é unidade de desenvolvimento sustentável: art. 14, V, da Lei n. 9.985. A "c" está errada porque são permitidas visitação pública, continuidade de população tradicional e pesquisa científica: art. 17 da Lei n. 9.985. A "e" está errada porque só integram quando influírem na estabilidade do ecossistema.

7. "c". Um refúgio de vida silvestre é uma unidade de conservação (UC) de proteção integral que pode ser constituída de propriedade privada, então não precisa ser desapropriada (art. 13, § 1º, Lei n. 9.985/2000). Mas, se as limitações forem excessivas a ponto de causarem desapossamento, caberá indenização. A "a" está errada porque existem outras restrições ao direito de propriedade que são indenizáveis, como a própria criação de UC exige domínio público. A "b" está errada porque a existência de APP não gera direito à indenização pretendida e não poderia entrar no cômputo da ação. A "d" está errada porque o prazo prescricional para o ajuizamento de ação de indenização por desapropriação indireta é de vinte anos (art. 1.238, Código Civil). AgRg no AREsp 798.583/MG, rel. Min. Herman Benjamin, 2ª Turma, julgado em 19-4-2016, *DJe* 25-5-2016. A "e" está errada porque a lei admite UC de proteção integral em propriedade privada sem indenizar.

8. "d". Redação do art. 24 da Lei n. 9.985/2000. A letra "a" está errada, de acordo com o art. 22, § 2º, da Lei n. 9.985/2000. A "b" está errada porque a existência de APP não gera direito à indenização pretendida e não poderia entrar no cômputo da ação, nos termos do art. 45 da Lei n. 9.985/2000. A "c" está errada porque apenas serão permitidas atividades destinadas a garantir a integridade dos recursos que a unidade objetiva proteger, de acordo com o art. 28, parágrafo único, da Lei n. 9.985/2000. A "e" está errada porque RPPN e APA não possuem Zona de Amortecimento, de acordo com o art. 25 da Lei n. 9.985/2000.

### ■ 6.7.6. Estatuto das Cidades (Lei n. 10.257/2001)

1. "e" (cidades com mais de 20 mil habitantes). Todas as outras respostas encontram-se fundamentadas no art. 41 da Lei n. 11.284/2006.

2. "d". Segundo o art. 41, § 2º, da Lei n. 11.284/2006 (cidades com mais de 500 mil habitantes).

### ■ 6.7.7. Lei de Gestão das Florestas Públicas (Lei n. 11.284/2006)

1. "d". A letra "a" está em desacordo com o art. 8º da referida lei (audiência pública prévia é obrigatória). A letra "b" viola o art. 24, VI, da CF/88. A letra "c" baralha os conceitos de serviços com produtos florestais, excluindo o turismo da categoria dos serviços florestais. A letra "e" viola o art. 6º, § 2º.

2. "c". A letra "a" está errada porque fere o art. 11, III, da Lei. A letra "b" está errada porque fere os arts. 27 e 30, §§ 1º e 2º. A letra "d" está errada porque fere o art. 18 da Lei. A letra "e" está errada porque fere os arts. 3º, VII; 14; 15 e 16 da Lei.

3. 1. "certo". Previsão na Lei n. 11.284/2006; 2. "errado". O edital é publicado antes da emissão de licença prévia — arts. 14 e 17 da Lei n. 11.284/2006; 3. "certo". De acordo com o art. 17 da Lei n. 9.985/2000.

### ■ 6.7.8. Lei da Política Nacional de Resíduos Sólidos (Lei n. 12.305/2010)

1. "b". Segundo o art. 30, parágrafo único, I, da Lei n. 12.305/2010.

2. "a". Segundo o art. 8º da Lei n. 12.305/2010.

3. "b". Segundo o arts. 3º, XII e XVIII, e 9º da Lei n. 12.305/2010.

4. "b". Segundo o art. 32, § 3º, I e II, da Lei n. 12.305/2010.

5. "c". Segundo o art. 33 da Lei n. 12.305/2010.

### ■ 6.7.9. Novo Código Florestal (Lei n. 12.651/2012)

1. "c". Segundo o art. 3º da Lei n. 12.651/2012.

2. "b". Segundo o art. 5º da Lei n. 12.651/2012.

3. "c". Segundo o art. 14 da Lei n. 12.651/2012.

4. "a". Segundo o art. 3º, II, da Lei n. 12.651/2012.

5. "d". Na assertiva II, a metragem é necessária. Em relação à assertiva III, não consta esta previsão no Código Florestal. Todas as assertivas certas estão previstas no Código Florestal.

6. "e". A letra "a" está errada porque há assertivas incorretas (ex.: IV). A letra "b" é incorreta porque nem todas estão incorretas (ex.: II). A letra "c" é incorreta porque a II é correta. A letra "d" é incorreta porque a II é correta.

| |
|---|
| 7. "c". Segundo o art. 68 da Lei n. 12.651/2012. |
| 8. "a". Segundo o art. 3º, III, da Lei n. 12.651/2012. |
| 9. "c". Segundo o art. 61-A da Lei n. 12.651/2012. |
| 10. "e". Nos termos do art. 4º, I, da Lei n. 12.651/2012. Diferentemente quando se refere à lagoa, no inciso II, em que se diferencia a largura conforme a zona rural ou urbana. |
| 11. 1. "errado". A previsão de multa para essa conduta está prevista no art. 66 do Decreto n. 6.514; 2. "errado". A competência para a fiscalização e proteção é comum e não exclusiva, segundo o art. 23, VIII, da CF; 3. "certo". STJ, EREsp 218.781/PR, rel. Min. Herman Benjamin, 1ª Seção, julgado em 9-12-2009, *DJe* 23-2-2012; 4. "certo". STJ, REsp 1.145.353/PR, rel. Min. Ricardo Villas Bôas Cueva, 2ª Seção, julgado em 25-4-2012, *DJe* 9-5-2012; 5. "errado". Mesmo com a reparação do dano, ainda permanece o dever de obter licenciamento ambiental de potencial atividade poluidora. |
| 12. 1. "certo". Art. 17, § 1º, da Lei n. 12.651/2012; 2. "errado". Conceito refere-se ao de área de preservação permanente, previsto no art. 3º, II, da Lei n. 12.651/2012. |
| 13. "b". São as APPs legais e as APPs administrativas previstas nos arts. 4º e 6º da Lei n. 12.651/2012. |

# 7

# PRINCÍPIOS DO DIREITO AMBIENTAL

## 7.1. CONSIDERAÇÕES GERAIS

A cada dia reconhece-se mais e mais a importância dos **princípios** para o mundo do direito. Se em um dado momento da evolução da ciência jurídica eram eles vistos — no mesmo patamar dos costumes e da analogia — como mera fonte de integração[1] (ou seja, mecanismos para suprir as lacunas da lei), hoje não mais se nega sua **força normativa**.

Em outras palavras, os **princípios**, especialmente com o advento do chamado **pós-positivismo**, são hoje reconhecidos como verdadeiras **normas jurídicas**, capazes de criar direitos, obrigações, etc., nas mais variadas situações concretas, **ainda que não seja constatada qualquer lacuna**.

A grande diferença, contudo, para as tradicionais **regras jurídicas**, é que os **princípios** são dotados de uma **carga de abstração** muito grande.

É claro que, como aprendemos desde os primeiros períodos do curso de direito, toda norma jurídica caracteriza-se por ser abstrata, ou seja, por prever hipoteticamente uma situação da vida que, uma vez que ocorra, faz com que se produzam as consequências previstas pelo ordenamento.

Ocorre que nos princípios é muito maior o grau de abstração. Sua estrutura não descreve simples situações fáticas, de fácil constatação, mas **valores considerados essenciais ao direito**. E esses valores, como não poderia deixar de ser, são descritos por meio de **conceitos vagos ou indeterminados**.

Ora, é fácil perceber a diferença existente, por exemplo, entre o **princípio da dignidade da pessoa humana** (Constituição Federal, art. 1º, III) e a **regra** que determina que todo aquele que **matar alguém** ficará sujeito à pena de seis a vinte anos de reclusão (Código Penal, art. 121).

Nada disso retira, deixemos claro, a importância dos princípios. Justamente por traduzirem **valores essenciais ao direito**, representam eles a verdadeira **base de sustentação de todo o ordenamento jurídico**. Aqui se deve distinguir os

---

[1] Exemplo disso é o art. 4º da Lei de Introdução às Normas do Direito Brasileiro (antiga Lei de Introdução ao Código Civil), datado de 1942 (Decreto-lei n. 4.657/42): "Quando a lei for omissa, o juiz decidirá o caso de acordo com a analogia, os costumes e os princípios gerais de direito".

princípios informativos dos princípios fundamentais. Os primeiros são axiomas lógicos de qualquer ciência. Os segundos são a base de interpretação dos valores fundantes da referida ciência. Os princípios informativos são tidos quase como *verdades absolutas* e que, de tão óbvios e imanentes, atuam como base do sistema lógico e racional de uma ciência.

O que precisa ficar claro, porém, é que, justamente pela **elevada carga axiológica**, muitas vezes dois ou mais princípios representam **valores conflitantes entre si**. Basta pensar, por exemplo, no direito ao meio ambiente ecologicamente equilibrado (CF, art. 225) e na livre-iniciativa econômica (CF, art. 170).

É exatamente por isso que, na **aplicação de um princípio** a uma dada **situação concreta**, o juiz exerce uma atividade de **ponderação de valores**. Em outras palavras, cabe a ele **sopesar os valores em conflito**, decidindo, caso a caso, qual princípio deve prevalecer.

Ganha importância, então, nessa atividade, o chamado **princípio da proporcionalidade**, que manda que o juiz busque, caso a caso, a solução mais adequada, razoável e proporcional aos fins buscados pelo ordenamento jurídico.

### ■ 7.1.1. Princípios estruturantes, gerais e específicos: os princípios do direito ambiental

Como se disse anteriormente, toda ciência é sustentada por *princípios informativos* e *fundamentais*, e com o direito ambiental isso não é diferente. Os *princípios fundamentais*, como o nome mesmo já diz, são permeados de uma tessitura ideológica que direciona o modo de ser, de pensar, de agir e de realizar a referida ciência para o qual tal princípio serve de fundamento. Por serem dotados de carga ideológica, submetem-se a variações culturais formativas de seu conteúdo no tempo e no espaço em que são aplicados.

Por sua vez, os *princípios informativos* são verdadeiros axiomas, ou seja, premissas que são evidentes e verdadeiras, atuando como "fundamento de uma demonstração, porém ela mesma indemonstrável, originada, segundo a tradição racionalista, de princípios inatos da consciência ou, segundo os empiristas, de generalizações da observação empírica" (Dicionário Eletrônico Houaiss). Os princípios informativos resultam de uma obviedade imanente à racionalidade lógica que lhe outorga uma imutabilidade imanente.

Nesse passo, é preciso dizer que o *princípio da proibição do retrocesso ambiental* é um bom exemplo de princípio axiomático do direito ambiental.

Não deveria jamais ser necessário qualquer esforço para sustentar, por exemplo, que *a tortura* nunca mais deve ser admitida, que o trabalho escravo não é, e nunca mais deverá ser, permitido, que o uso da força para fazer valer o direito nunca mais deverá ser fator de resolução de lides, que o contraditório e a ampla defesa são inerentes a qualquer processo e jamais se deveria admitir retorno ao processo sem estas garantias, que as conquistas desenvolvimentistas como saneamento, escola para crianças, direito dos idosos, fim do preconceito de qualquer espécie, a liberdade de crença, entre outras, não fossem tolhidas ou retiradas da sociedade.

Estes e tantos outros exemplos formam axiomas que são permeados de uma lógica óbvia que governa qualquer ciência e que se coloca como algo inato, imanente ao desenvolvimento social, jurídico, econômico, lógico e cultural de um povo. Não admitem recuo ou interpretações que lhes diminuam as conquistas efetivadas e que se refletem na proteção da dignidade do ser humano e na proteção dos direitos fundamentais.

Por mais paradoxal que possa parecer, foi preciso invocar o princípio da proibição do retrocesso na seara do direito ambiental para sustentar que não poderia o legislador retirar da população ganhos e conquistas que são hoje verdadeiros axiomas lógicos desta ciência jurídica, pois foi exatamente isso que fez o novo Código Florestal brasileiro. Eis aí o motivo pelo qual emergiu, definitivamente, do âmago dos princípios informativos do direito ambiental o da *proibição do retrocesso*.

Não é aceitável que o legislador possa contrariar e recuar ambientalmente destruindo os avanços conquistados pelo texto constitucional que refletem de modo direto na proteção dos direitos humanos e na dignidade da pessoa humana. Não foi por acaso que o Superior Tribunal de Justiça reconheceu em mais de uma oportunidade a proibição do retrocesso ambiental no RESP n. EREsp 418.526/SP, rel. Min. Teori Albino Zavascki, 1ª Seção, *DJe* 13-10-2010 e também no REsp 302.906/SP, rel. Min. Herman Benjamin, 2ª Turma, *DJe* 1-12-2010 ao dizer que tal princípio é uma "garantia de que os avanços urbanístico-ambientais conquistados no passado não serão diluídos, destruídos ou negados pela geração atual ou pelas seguintes".

Passando para a análise dos princípios fundamentais, dotados de carga ideológica, temos que, segundo a lição de Canotilho[2] e tomando como ponto de partida o texto constitucional de qualquer nação, é possível **dividir os princípios em três categorias:**

- **Estruturantes:** referem-se à **estrutura do Estado de Direito** (soberania, dignidade da pessoa humana, etc. — art. 1º da CF/88).

[2] J. J. Gomes Canotilho. *Direito constitucional*, p. 123.

- **Gerais:** correspondem às **garantias individuais e coletivas**, voltadas à tutela da vida, da isonomia, da liberdade, etc. (CF/88, art. 5º e seguintes).
- **Específicos:** são aqueles ligados a um determinado **ramo do direito** em particular (p. ex.: os previstos no art. 170 da CF para o Direito Econômico; ou os previstos no art. 37 para o Direito Administrativo, etc.).

Quando se fala em **princípios do Direito Ambiental**, devemos ter a exata noção do que está sendo exposto.

É que, conquanto possam ser identificados princípios específicos do Direito do Ambiente, não se pode perder de vista que absolutamente tudo o que se relaciona ao meio ambiente está ligado a valores outros, como ao próprio direito à vida. Por tal motivo, há uma grande relação do objeto de tutela do ambiente com o das demais ciências.

Importante, então, deixar claro que serão aqui analisados **apenas os princípios específicos do Direito Ambiental**.

Não implica isso dizer, ressaltemos mais uma vez, que não incidam sobre esta ciência os princípios de outras, como o Direito Administrativo ou o Direito Econômico. Porém, por uma questão didática e, sobretudo, para podermos construir uma base científica verdadeiramente sólida para o direito ambiental, abordaremos apenas os princípios que lhes são próprios e exclusivos.

Afinal, por ser uma **ciência autônoma**, o **Direito Ambiental** é informado por **princípios próprios**, que regulam seus objetivos e diretrizes e, acima de tudo, dão-lhe coerência. Devem eles se projetar sobre todos os campos deste ramo do direito, norteando seus operadores e salvando-os de dúvidas ou lacunas na interpretação das normas ambientais.

Tais princípios encontram-se **enraizados na Constituição Federal**, e deles decorrem outros que lhes são derivados. Trata-se de classificação meramente acadêmica, já que o legislador não os definiu expressamente.

> Por isso mesmo, **a enumeração dos princípios do Direito Ambiental não é nem um pouco uniforme na doutrina**. Cada um dos estudiosos entende existente ou inexistente este ou aquele princípio.

De nossa parte, entendemos que os princípios básicos do Direito Ambiental são os seguintes:

- Princípio da **Ubiquidade**.
- Princípio do **Desenvolvimento Sustentável**.
- Princípio da **Participação**.
- Princípio do **Poluidor e Usuário-Pagador**.

Entendamos: esses são, em nossa opinião, apenas os **princípios básicos** do direito ambiental. Trata-se dos **valores fundamentais** dessa ciência, dotados da **maior carga de abstração possível**.

Por isso mesmo, a partir destes princípios maiores, falaremos, ainda, em **subprincípios**, que **deles decorrem diretamente** e que lhes dão **mais concretização**.

Importante deixar bem claro que tais **subprincípios** são tão importantes quanto aqueles quatro que já arrolamos. Não é porque deles derivam que esses subprincípios têm importância diminuída.

Pensemos, por exemplo, no princípio da **cooperação dos povos**, derivado do princípio da **ubiquidade**. Ou, ainda, nos princípios da **informação** e da **educação ambiental**, ferramentas indispensáveis à concretização do princípio da **participação**. São todos eles, como fica claro, valores fundamentais do direito ambiental.

Nada se compara, porém, ao princípio do **poluidor/usuário-pagador**. Trata-se do **postulado fundamental** do direito ambiental que, apesar da singela e controversa expressão que lhe dá nome, traz consigo uma série de **valores essenciais** à proteção jurídica do meio ambiente.

Por isso mesmo, é o princípio que **densifica**, em sua estrutura, o maior número de **subprincípios**, todos de importância fulcral para o direito ambiental. Como veremos, o **poluidor/usuário-pagador** aplica-se, por meio de seus **subprincípios de concretização**, às mais variadas situações que envolvem o meio ambiente.

Justamente por isso, reservaremos, ao fim do capítulo, um tópico para tratar exclusivamente dos **(sub)princípios de concretização do poluidor/usuário-pagador**. São eles:

- Princípio da **Prevenção**.
- Princípio da **Precaução**.
- Princípio da **Função Socioambiental da Propriedade Privada**.
- Princípio do **Usuário-Pagador**.
- Princípio da **Responsabilidade Ambiental**.

Repitamos: tais subprincípios têm tanta — ou até mais — importância quanto aqueles quatro que arrolamos como princípios básicos do direito ambiental. Apenas por uma questão didática, resolvemos tratá-los como **princípios derivados**, justamente para deixar claro que todos eles vêm de uma **raiz comum:** o princípio do **poluidor/usuário-pagador**.

Feitas essas considerações iniciais, podemos resumir os princípios fundamentais do direito ambiental no seguinte quadro:

**PRINCÍPIOS DO DIREITO AMBIENTAL**

- Princípio da Ubiquidade
  - Princípio da Cooperação dos Povos
- Princípio do Desenvolvimento Sustentável
- Princípio da Participação
  - Princípio da Informação Ambiental
  - Princípio da Educação Ambiental
- Princípio do Poluidor/Usuário-Pagador
- Subprincípios de concretização do Poluidor/Usuário-Pagador
  - Princípio da Prevenção
  - Princípio da Precaução
  - Princípio da Função Socioambiental da Propriedade Privada
  - Princípio do Usuário-Pagador
  - Princípio da Responsabilidade Ambiental

## 7.2. PRINCÍPIO DA UBIQUIDADE

Segundo o Dicionário Aurélio Buarque de Holanda,[3] **ubiquidade** é palavra que tem o seguinte significado: "propriedade ou estado de ubíquo ou onipresente; ubiquação, onipresença". Por sua vez, ubíquo significa: "que está presente em toda parte, onipresente". Assim, pelo próprio significado da palavra, já se pode ter a noção do que significa dizer que a **ubiquidade é princípio do Direito Ambiental**.

Como já se teve oportunidade de pontuar, o **direito a um meio ambiente ecologicamente equilibrado está diretamente ligado ao direito à vida** e, mais ainda, a uma vida com dignidade (art. 1º, III; art. 5º, *caput*, e art. 6º da CF/88). Não apenas à vida humana, aliás, é ele essencial, senão porque o **meio ambiente "abriga e rege a vida em todas as suas formas"** (art. 3º, I, da Lei n. 6.938/81).

Também já se viu que, por sua característica difusa de bem onipresente e de titularidade fluida, o bem ambiental **jamais fica delimitado a uma determinada circunscrição espacial ou temporal**. Não é nenhum exagero dizer que os recursos ambientais tenham nítida **índole planetária**.

> É exatamente esse o **princípio da ubiquidade**: o **bem ambiental não encontra qualquer fronteira**, seja **espacial**, **territorial** ou mesmo **temporal**.

Assim, por exemplo, não há dúvidas de que um derramamento de óleo no Mar da Noruega possa causar dano à fauna ictiológica do Polo Sul, desequilibrando

[3] *Novo dicionário eletrônico Aurélio Buarque de Holanda*, 2000.

o ecossistema daquela região e influenciando a qualidade de vida da população lá existente. Essa afetação, inclusive, pode ser sentida não só pelas gerações atuais, mas também por gerações futuras.

Diga-se, inclusive, que o **Superior Tribunal de Justiça** já reconheceu o caráter ubíquo do meio ambiente:

> "(...) A conservação do meio ambiente não se prende a situações geográficas ou referências históricas, extrapolando os limites impostos pelo homem. A natureza desconhece fronteiras políticas. Os bens ambientais são transnacionais. (...)" (STJ, 1ª Turma, REsp 588.022/SC, rel. Min. José Delgado, *DJ* 5-4-2004).

Essa constatação — da **onipresença do bem ambiental** — tem uma série de reflexos para o mundo do direito.

Basta pensar, por exemplo, que, se o entorno não encontra fronteiras, também **não é fácil delimitar a extensão de um dano ao meio ambiente**. Como consequência, eventual **reparação deve ser a mais ampla possível**, levando em consideração **não apenas o ecossistema diretamente afetado**, mas **todos aqueles outros que sofrem consequências negativas, ainda que reflexas, da poluição**.

E, ainda mais: essa compensação **deve atender aos interesses não apenas das gerações atuais, mas das que estão por vir**, porque também a elas interessa a manutenção do mesmo equilíbrio ecológico.

Mas não é esta a única face deste princípio: dado o fato de que a tutela ambiental interessa diretamente à **manutenção da qualidade de vida**, sua ubiquidade faz com que, regra geral, o **exercício de todo e qualquer direito subjetivo** — principalmente os de natureza privada — deva **obediência aos postulados do Direito Ambiental**.

É sob esta ótica que se situa, por exemplo, o mandamento constitucional de que, para atender à sua **função social**, a **propriedade rural** proceda a uma "utilização adequada dos recursos naturais disponíveis e preservação do meio ambiente" (CF, art. 186, II). Ou, ainda, a exigência das **avaliações prévias de impacto ambiental para toda obra que seja potencialmente degradante do meio ambiente** (art. 225, § 1º, IV).

### ■ 7.2.1. Princípio da cooperação dos povos

Não param por aí os reflexos da ubiquidade do bem ambiental.

Se, como acabamos de ver, o meio ambiente não respeita qualquer limitação geográfica, em matéria de proteção ambiental é **imprescindível que se construa uma estreita relação de cooperação entre os povos**.

Muito mais do que simples políticas nacionais para tutelar o entorno, torna-se cada vez mais premente que se estabeleça uma verdadeira **política mundial/global de proteção e preservação do meio ambiente**. Tais políticas devem acompanhar o caráter onipresente da "natureza" e estabelecer **regras menos preocupadas com a soberania nacional e mais vinculadas a uma cooperação internacional**.

Essas regras não devem ser vistas como simples programas ou diretrizes, firmadas em tratados internacionais sem força vinculante nos diversos sistemas jurídicos nacionais, mas, sim, como **postulados maiores de cooperação**. Afinal, em última análise, a poluição é transfronteiriça e o dano que se pratica lá afeta a vida daqui também.

Assim, é sob este enfoque que se pode falar em um **princípio da cooperação entre os povos** na política do ambiente.

O postulado tem, inclusive, matriz constitucional. Basta lembrarmos que o **art. 4º, IX, da CF/88** estabelece que o Brasil, em suas relações internacionais, rege-se pelo **princípio da cooperação entre os povos para o progresso da humanidade**. Ora, o que poderia ser mais importante para um verdadeiro e saudável progresso da humanidade que a proteção ambiental?

## ■ 7.3. PRINCÍPIO DO DESENVOLVIMENTO SUSTENTÁVEL

A palavra desenvolvimento possui o seguinte significado na língua portuguesa: "1. Ato ou efeito de desenvolver-se. Adiantamento, crescimento, aumento. Progresso. 2. Estágio econômico, social, político de uma comunidade, caracterizado por altos índices de rendimento dos fatores de produção, i.e., os recursos naturais, o capital e o trabalho".[4]

Portanto, verifica-se que é **inata ao ser humano** a ideia de **desenvolver-se, aumentar e expandir-se**, seja no aspecto social, econômico, filosófico ou moral, etc. Bem por isso, a ONU não hesitou em determinar, na *Declaração sobre o Desenvolvimento*, que:

> "1. O direito do desenvolvimento é um inalienável direito humano, em virtude do qual toda pessoa humana e todos os povos têm reconhecido seu direito de participar do desenvolvimento econômico, social, cultural e político, a ele contribuir e dele desfrutar; e no qual todos os direitos humanos e liberdades fundamentais possam ser plenamente realizados. 2. O direito humano ao desenvolvimento também implica a plena realização do direito dos povos à autodeterminação, que inclui o exercício de seu direito inalienável de soberania plena sobre todas as suas riquezas e recursos naturais."

---

[4] *Dicionário Aurélio Buarque de Holanda*, 2000, p. 211.

Mais especificamente no que se refere ao desenvolvimento como crescimento **econômico e tecnológico**, ninguém duvida ser verdadeiramente impossível nele falarmos sem que pensemos **na utilização e na transformação dos elementos que compõem o meio ambiente**.

Afinal, se desenvolvimento significa **expansão econômica**, é certo que ele pressupõe a produção de bens que têm como **matéria-prima**, direta ou indiretamente, os **recursos naturais**.

O grande problema é que os bens a serem explorados ou transformados são **escassos**. E, mais ainda, são eles responsáveis pela **manutenção da vida, com qualidade, em todas as suas formas**.

Não é difícil, assim, supor ou antever que, dependendo da maneira como se dê esse desenvolvimento, é bem possível que num futuro próximo não exista matéria-prima capaz de alimentar o crescimento econômico e, é claro, capaz de dar abrigo a todas as formas de vida.

Melhor dizendo, o mesmo bem que é ingrediente do desenvolvimento é também peça essencial à sadia qualidade de vida. Por isso mesmo, de que adianta um desenvolvimento desregrado, despreocupado com a conservação do bem ambiental, desvinculado da manutenção da qualidade de vida? Certamente que de nada adiantará!

É aqui que entra a ideia de ***sustentabilidade***, formando a expressão **"desenvolvimento sustentável"**. O vocábulo é oriundo do verbo **sustentar**, que, por sua vez, significa "conservar, manter, impedir a ruína ou a queda, proteger, equilibrar-se, etc.".[5]

Juntando-se o sentido de cada um dos vocábulos, teremos o conceito ditado pela Comissão Mundial sobre o Meio Ambiente e Desenvolvimento, no sentido de que **desenvolvimento sustentável é:**

> "O desenvolvimento que procura **satisfazer as necessidades da geração atual**, sem comprometer a capacidade das **gerações futuras de satisfazerem as suas próprias necessidades**".[6]

Dentro da visão ambiental, o desenvolvimento sustentado está diretamente relacionado com o direito à **manutenção da qualidade de vida** por meio da **conservação dos bens ambientais** existentes no nosso planeta. Exatamente por isso, o texto maior estabelece a regra de que **o direito a um meio ambiente ecologicamente equilibrado não é apenas dos habitantes atuais**, mas também dos futuros e potenciais, enfim, das **próximas gerações** (CF, art. 225, *caput*).

---

5 *Novo dicionário eletrônico Aurélio Buarque de Holanda*, 2000.

6 Comissão Mundial sobre Meio Ambiente e Desenvolvimento. *Nosso futuro comum*, p. 46.

> **ATENÇÃO!** Para efeito de **concurso público**, deve-se ficar atento a algumas questões que falam no **princípio da solidariedade intergeracional** como aquele que busca assegurar a **solidariedade das presentes gerações em relação às futuras**, para que também estas possam usufruir dos recursos naturais (ver questões de ns. 5, II, e 7, "e", ao final do capítulo).
> Pensamos que cientificamente não há necessidade de se falar nesse novo princípio, visto que a ideia já está inclusa na de **desenvolvimento sustentável**. Contudo, como a nomenclatura aparece em provas de concursos, importante que o candidato fique atento.

As gerações humanas passam, mas os recursos ambientais devem ficar. Se cada geração utilizar o meio ambiente de modo desregrado, as gerações vindouras não terão a mesma quantidade ou qualidade dos bens ambientais e, por isso, será comprometida a sua qualidade de vida.

Não é, aliás, apenas sob o ponto de vista ambiental que o desenvolvimento sustentável foi abraçado como postulado principiológico na nossa constituição. Basta a singela leitura do **art. 170, VI**, da CF/88 para se notar que a **defesa do meio ambiente** é **princípio da ordem econômica**.

Neste passo, o legislador brasileiro entendeu que também o **progresso depende da conservação do meio ambiente**. Em última análise, deve ser ínsita a qualquer ideia de desenvolvimento a sua perspectiva de sustentabilidade.

Ainda, a jurisprudência mais recente do Superior Tribunal de Justiça considera tal postulado, juntamente com o princípio da prevenção, o principal guia às interpretações relativas ao bem ambiental, seja nas searas jurídica e administrativa, seja na seara penal:

> "AGRAVO REGIMENTAL EM RECURSO ESPECIAL. PENAL. CRIME AMBIENTAL. PRINCÍPIOS DO DESENVOLVIMENTO SUSTENTÁVEL E DA PREVENÇÃO. POLUIÇÃO MEDIANTE LANÇAMENTO DE DEJETOS PROVENIENTES DE SUINOCULTURA DIRETAMENTE NO SOLO EM DESCONFORMIDADE COM LEIS AMBIENTAIS. ART. 54, § 2º, V, DA LEI N. 9.605/1998. CRIME FORMAL. POTENCIALIDADE LESIVA DE CAUSAR DANOS À SAÚDE HUMANA EVIDENCIADA. CRIME CONFIGURADO. AGRAVO REGIMENTAL PROVIDO. RECURSO ESPECIAL IMPROVIDO. I. **Os princípios do desenvolvimento sustentável e da prevenção, previstos no art. 225, da Constituição da República, devem orientar a interpretação das leis, tanto no direito ambiental, no que tange à matéria administrativa, quanto no direito penal, porquanto o meio ambiente é um patrimônio para essa geração e para as futuras, bem como direito fundamental, ensejando a adoção de condutas cautelosas, que evitem ao máximo possível o risco de dano, ainda que potencial, ao meio ambiente.** II. A Lei n. 9.605/1998, ao dispor sobre as sanções penais e administrativas derivadas de condutas e atividades lesivas ao meio ambiente e dar outras providências, constitui um divisor de águas em matéria

de repressão a ilícitos ambientais. Isto porque ela trouxe um outro viés, um outro padrão de punibilidade em matéria de crimes ambientais, trazendo a figura do crime de perigo. III. O delito previsto na primeira parte do art. 54, da Lei n. 9.605/1998, possui natureza formal, porquanto o risco, a potencialidade de dano à saúde humana, é suficiente para configurar a conduta delitiva, não se exigindo, portanto, resultado naturalístico. Precedente. IV. **A Lei de Crimes Ambientais deve ser interpretada à luz dos princípios do desenvolvimento sustentável e da prevenção, indicando o acerto da análise que a doutrina e a jurisprudência têm conferido à parte inicial do artigo 54, da Lei n. 9.605/1998, de que a mera possibilidade de causar dano à saúde humana é idônea a configurar o crime de poluição, evidenciada sua natureza formal ou, ainda, de perigo abstrato**. V. Configurado o crime de poluição, consistente no lançamento de dejetos provenientes da criação de cerca de dois mil suínos em sistema de confinamento em 3 (três) pocilgas verticais, despejados a céu aberto, correndo por uma vala que os levava até às margens do Rio do Peixe, situado em área de preservação permanente, sendo a atividade notoriamente de alto potencial poluidor, desenvolvida sem o devido licenciamento ambiental, evidenciando a potencialidade do risco à saúde humana. VI. Agravo regimental provido e recurso especial improvido, restabelecendo-se o acórdão recorrido" (AgRg no REsp 1.418.795/SC, rel. Min. Marco Aurélio Bellizze, rel. p/ Acórdão Min. Regina Helena Costa, 5ª Turma, julgado em 18-6-2014, *DJe* 7-8-2014).

Desse modo, este princípio se fez presente em diversos instrumentos destinados à tutela ambiental, por exemplo: na exigência de um estudo prévio de impacto ambiental para toda e qualquer atividade impactante do meio ambiente, de modo a viabilizar soluções ambientais que minimizem a futura impactação; na Lei de Zoneamento Industrial (Lei n. 6.803/80), que procura compatibilizar as atividades com a proteção ambiental (art. 1º), etc.

Justamente por conta da aplicação deste princípio à atividade econômica — calcada no consumo e produtora de enorme quantidade de resíduos —, a doutrina ambiental tem procurado a **conscientização para três necessidades básicas:**

- **evitar** a produção de **bens supérfluos e agressivos** ao meio ambiente;
- **convencer o consumidor** da necessidade de **evitar o consumo** de bens "inimigos" do meio ambiente;
- estimular o uso de **"tecnologias limpas"** no exercício da atividade econômica.

Não se pode, ainda, argumentar que o princípio do desenvolvimento sustentável chancela a existência de atividades potencialmente impactantes do meio ambiente, na medida em que se colocaria o desenvolvimento como causa inevitável de degradação ambiental. O erro está aí, qual seja, em se entender que o desenvolvimento não pode ser implementado sem sacrificar o meio ambiente.

Muito pelo contrário, o emprego do termo **sustentado** tem como finalidade enraizar a ideia de que **não se podem realizar atividades impactantes sem que sejam apresentadas medidas compensatórias e mitigadoras do dano imediato ou mediato que será produzido ao meio ambiente**. Tal princípio deve permear toda atividade econômica (art. 170, VI) e possui íntimo contato com o princípio da prevenção.

Observe-se, contudo, que só é possível pensar em desenvolvimento verdadeiramente sustentável se o bem ambiental que servirá de matéria-prima à atividade econômica for renovável ou, no mínimo, puder ser renovado dentro de um prazo razoável.

A **renovabilidade** deve ser avaliada levando-se em consideração não só o bem em si mesmo, mas o **local onde se encontra**, as **peculiaridades da região** e a **função** que ali exerce, etc. Não sendo renovável, certamente que não poderá ser implementada a atividade.

Por fim, importante deixar claro que o postulado do desenvolvimento sustentável só pode ser efetivamente implementado se **associado ao princípio da cooperação entre os povos** e realizado, portanto, numa **parceria global**. De nada adianta pensarmos em desenvolvimento sustentável de uma só região se o vizinho pratica ***desenvolvimento insustentável*** ou ***subdesenvolvimento ambiental***. Como fica claro, os princípios se completam.

> Em resumo: o princípio do **desenvolvimento sustentável** busca, para o **progresso econômico e social**, que seja **mais racional** a utilização dos recursos ambientais, de forma a não apenas **satisfazer as necessidades das gerações presentes**, mas também **não comprometer a capacidade das gerações futuras de satisfazer as suas próprias necessidades**.

## ■ 7.4. PRINCÍPIO DA PARTICIPAÇÃO

O princípio da **participação** constitui um dos valores fundamentais do Direito Ambiental. Embora ainda pouco difundido no nosso país, a verdade é que tal postulado se apresenta na atualidade como uma das **principais armas, talvez a mais eficiente e promissora, na luta por um ambiente ecologicamente equilibrado**.

É fato: trata-se de um princípio cujas diretrizes atuam esperando um **resultado no longo prazo**. Há, porém, a vantagem inocultável de atacar a **base de todos os problemas ambientais: a consciência ambiental**. Isso faz desse postulado algo extremamente sólido e com perspectivas altamente promissoras em relação ao meio ambiente.

Porquanto constitua um dos princípios do Direito Ambiental, a participação tem as suas raízes fincadas na sociologia política e reflete, resumidamente, a ideia de **atuação da sociedade civil**, que adota comportamentos queridos pelo legislador.

Ao mesmo tempo em que **cumpre esses comandos espontaneamente**, atua de forma a **pressionar as decisões políticas do Estado**, de modo a fazer com que o Poder Público assuma uma postura ética, social e comprometida com os valores e as funções que deve respeitar e realizar: no caso que ora estudamos, um comportamento de **comprometimento com a preservação do meio ambiente**.

Trata-se, assim, de um princípio empenhado na construção de uma **sociedade verdadeiramente democrática**. Por meio dele, a **sociedade civil deve atuar ativamente**, paralelamente ao Estado, para definir os rumos a serem seguidos na **política ambiental**.

Justamente devido a esse forte caráter **democrático**, o princípio encontra guarida em diversos dispositivos da **Constituição Federal**.

A começar já pelo ***caput*** **do art. 1º da CF**, que estabelece que a "República Federativa do Brasil (...) constitui-se em **Estado Democrático de Direito**", deixando claro, ainda, o **parágrafo único** que "todo o poder emana do povo, que o exerce por meio de representantes eleitos ou **diretamente**".

Ou, ainda, no **inciso I do art. 3º**, que coloca, como **objetivo fundamental** da nação, "construir uma sociedade livre, justa e **solidária**".

Falando mais especificamente, agora, da participação solidária na proteção do **meio ambiente**, lembremos, mais uma vez, que o **art. 225, *caput***, impõe **a toda a coletividade o "dever de defendê-lo e preservá-lo"**. Há, assim, um verdadeiro **dever social** nessa tutela.

Tudo isso vem demonstrar o **caráter ético** do princípio da **participação**, especialmente voltado para a seara ambiental. Esse **dever que incumbe à sociedade** pode ser visto por dois distintos pontos de vista:

- **negativo:** impõe a adoção de **comportamentos individuais** (personalíssimos) de **não** praticar atos que possam ser **ofensivos ao meio ambiente** e seus componentes;
- **positivo:** impõe adoção de **comportamentos sociais/coletivos** consistentes numa **tomada de atitude** (comissiva, portanto), que não se resumam apenas à esfera individual, tendentes à **proteção ambiental**.

Isso representa dizer que **cada um de nós deve fazer** a sua parte em relação aos bens e valores ambientais e, mais do que isso, **exigir que todos façam a sua parte**.

Este último matiz é que dá o colorido do princípio da participação ambiental, na exata medida em que, vivendo-se em um Estado Democrático de Direito, sob os princípios e objetivos referidos anteriormente, o que se espera da sociedade é justamente uma tomada de posição, ativa, altruísta, ética e participativa, mormente quando estamos diante de valores sagrados e essenciais à preservação da vida.

Se lembrarmos que o meio ambiente constitui um **direito difuso**, portanto de titularidade indeterminável, essa tônica participativa ganha enorme incremento, no exato sentido de que a participação se torna mais do que legítima, posto que **é o titular cuidando de seu próprio direito**.

Muito embora já pudesse ser extraído do art. 225 da CF/88, o princípio da participação ambiental acabou recebendo mais atenção e divulgação no campo **internacional** depois da **Declaração do Rio de Janeiro, em 1992**, estando arrolado como seu princípio de n. 10. Vejamos:

> "A melhor maneira de tratar questões ambientais é assegurar a participação, no nível apropriado, de todos os cidadãos interessados. No nível nacional, cada indivíduo deve ter acesso adequado a informações relativas ao meio ambiente de que disponham as autoridades públicas, inclusive informações sobre materiais e atividades perigosas em suas comunidades, bem como a oportunidade de participar em processos de tomadas de decisões. Os Estados devem facilitar e estimular a conscientização e a participação pública, valorando a informação à disposição de todos. Deve ser propiciado acesso efetivo a mecanismos judiciais e administrativos, inclusive no que diz respeito à compensação e reparação dos danos."

Essa **participação na tomada de decisões afetas ao meio ambiente**, seja direta ou indiretamente, pode ser implementada por meio de diversos instrumentos. Pode-se citar como exemplos:

- **ação popular ambiental:** em que qualquer cidadão é parte legítima para anular ato lesivo ao meio ambiente;
- **ação civil pública:** por intermédio das associações civis ou do Ministério Público (neste último caso, o cidadão deve representar ao *Parquet* para que apure e, se for o caso, ajuíze a ação competente);
- **participação popular nas ONGs:** com importantíssimo papel de "fiscalizador paralelo" e inegável função alardeadora, além de tantas outras pouco conhecidas pela sociedade, como apoio e execução de projetos que sejam favoráveis à proteção do ambiente e a criação de uma conscientização ecológica pela sociedade civil;

- **provocação da Administração Pública** para exercício do poder de polícia ambiental;[7]
- **audiências públicas:** em processos de licenciamento ambiental, trata-se de exigência para a formação do EIA/RIMA;
- **conselhos estaduais:** é cada vez maior a participação da sociedade, contribuindo com o aprimoramento das normas ambientais e com a fiscalização os órgãos públicos.

Porquanto as chances de acesso tenham sido bastante aumentadas nas últimas duas décadas, é fato que se espera para um futuro próximo uma verdadeira explosão da participação da sociedade nesse fenômeno de conscientização ecológica.

Acredita-se que o grande "boom" deverá ocorrer com um incremento cada vez maior e mais acelerado de dois elementos que são fundamentais na implementação do princípio da participação: a **informação ambiental** e a **educação ambiental**.

### 7.4.1. Princípio da informação ambiental

É certo que a participação da sociedade na implementação de políticas públicas de proteção ambiental só poderá ser alcançada com êxito caso a população tenha **amplo acesso à efetiva informação de tudo o que diz respeito ao meio ambiente**. Muito embora o direito à informação ambiental esteja vinculado à

---

7 Segundo o art. 70, § 2º, da Lei n. 9.605/98: "§ 2º Qualquer pessoa, constatando infração ambiental, poderá dirigir representação às autoridades relacionadas no parágrafo anterior, para efeito do exercício do seu poder de polícia". Como se disse, a norma sob comento tem raiz no art. 225 da CF/88, que, por sua vez, assevera que compete ao Poder Público e à *coletividade* proteger e preservar o meio ambiente. Trata-se, em última análise, do princípio da participação ambiental, que tem por corolário a solidariedade ambiental. A norma do art. 70, § 2º, encontra raiz em princípio constitucional ambiental e defere a qualquer pessoa (física ou jurídica) o poder de representar ao Poder Público a ocorrência de dano ambiental. Não há exigência que esta representação se dê de modo formal, admitindo que seja feita por fax, telefone, telex, internet, ou qualquer outro meio de comunicação. O que importa aqui é a ciência da autoridade, que poderá verificar a ocorrência de infração ambiental e, assim, aplicar a sanção correspondente. Consoante à regra do art. 70, § 3º (obrigatoriedade da apuração pelo servidor público), estabelece a lei que, tratando-se de servidor público *tot court*, é obrigatória a representação à autoridade ambiental competente tão logo constate a existência de infração ambiental. Tratando-se de constatação feita pela própria autoridade ambiental, há obrigatoriedade de que se apure imediatamente a referida infração, já que este é seu dever oficioso. Há casos em que a infração está clara e evidente, motivo pelo qual se aplica imediatamente a sanção administrativa correspondente, começando aí o processo administrativo. Noutros casos, quando se trata de *apurar* a infração, o processo administrativo não se inicia por sanção propriamente dita, sendo esta o ato final do processo administrativo investigativo. Caso não pratique o ato que lhe competia *per offici*, sem contar as eventuais sanções penais, ser-lhe-á imputada a sanção de corresponsabilidade administrativa.

ideia de ***meio ou instrumento***, ele também pode ser um ***fim***. É importante deixar claro que **o direito à informação ambiental pode esgotar-se em si mesmo**. Todos temos o direito fundamental de saber tudo a respeito dos bens ambientais que são essenciais à sadia qualidade de vida. Assim, por exemplo, é **direito da população ter a informação precisa sobre os males ambientais que um produto causa na natureza, os maiores poluidores e degradadores das florestas brasileiras, os imóveis que não se conectam à rede de esgoto nas cidades, etc**. Essa informação tanto pode ser obtida para se implementar uma ação, como uma representação ao Ministério Público, uma notificação, etc., como simplesmente pode ser um fim em si mesma.

Normalmente, a **informação ambiental** é um instrumento fundamental na implementação e na realização do direito ambiental.

Não se duvida de que aquele que detém a informação coloca-se, inevitavelmente, numa posição de vantagem sobre os demais. Nesse passo, **se a informação é relativa a algo cuja titularidade ultrapassa a esfera pessoal de quem a obteve**, não há dúvida de que deve ser **disponibilizada e socializada com todos os titulares** do bem que seja objeto dela.

Assim deve ser, portanto, com relação ao **meio ambiente**, cujo equilíbrio constitui **direito difuso**, de natureza **indivisível** e **pertencente a todos**, das **presentes e futuras gerações**.

Portanto, mais do que uma atividade egoísta, a retenção e a guarda da informação relativa a um bem difuso constituem gravíssimo desrespeito ético, moral e social, além de ilícito de sonegação de dados dos verdadeiros "proprietários" desse bem: a coletividade. Enfim, se o bem sobre o qual recai a informação é difuso, certamente **o direito à informação e à obtenção de dados acerca desse bem tem igualmente uma natureza difusa**.

Tendo em vista o exposto, percebe-se que o acesso efetivo[8] à informação é **elemento fundamental à democracia** não só pelo princípio da **publicidade**, mas também porque a partir dessa "transparência" permite-se a **possibilidade de participação** e **evita-se o autoritarismo**, servindo, pois, como mecanismo de **controle democrático dos atos públicos**.

Genericamente falando, o direito à informação *tout court* encontra-se previsto em diversos dispositivos da **Constituição Federal**. Nas *garantias individuais e coletivas* **(art. 5º)**, com *status* de **cláusula pétrea**, encontraremos diversos incisos:

---

[8] Não basta a simples previsão abstrata de "acesso à informação", senão também a existência de instrumentos que operacionalizem tal direito.

> "Art. 5º (...)
> XIV — é assegurado a todos o acesso à informação e resguardado o sigilo da fonte, quando necessário ao exercício profissional; (...)
> XXXIII — todos têm direito a receber dos órgãos públicos informações de seu interesse particular, ou de interesse coletivo ou geral, que serão prestadas no prazo da lei, sob pena de responsabilidade, ressalvadas aquelas cujo sigilo seja imprescindível à segurança da sociedade e do Estado;
> XXXIV — são a todos assegurados, independentemente do pagamento de taxas: *a*) o direito de petição aos Poderes Públicos em defesa de direitos ou contra ilegalidade ou abuso de poder; *b*) a obtenção de certidões em repartições públicas, para defesa de direitos e esclarecimento de situações de interesse pessoal; (...)
> LXXII — conceder-se-á *habeas data*: *a*) para assegurar o conhecimento de informações relativas à pessoa do impetrante, constantes de registros ou bancos de dados de entidades governamentais ou de caráter público; (...)."

De forma mais específica, o assunto é ainda regulado nos **arts. 220 e 221** da CF/88, que tratam da **comunicação social:**

> "Art. 220. A manifestação do pensamento, a criação, a expressão e a informação, sob qualquer forma, processo ou veículo não sofrerão qualquer restrição, observado o disposto nesta Constituição.
> § 1º Nenhuma lei conterá dispositivo que possa constituir embaraço à plena liberdade de informação jornalística em qualquer veículo de comunicação social, observado o disposto no art. 5º, IV, V, X, XIII e XIV.
> § 2º É vedada toda e qualquer censura de natureza política, ideológica e artística. (...)."
> "Art. 221. A produção e a programação das emissoras de rádio e televisão atenderão aos seguintes princípios:
> I — preferência a finalidades educativas, artísticas, culturais e informativas;
> II — promoção da cultura nacional e regional e estímulo à produção independente que objetive sua divulgação;
> III — regionalização da produção cultural, artística e jornalística, conforme percentuais estabelecidos em lei;
> IV — respeito aos valores éticos e sociais da pessoa e da família."

Os dispositivos, como se disse, tratam do direito de informar e ser informado de forma genérica. Obviamente, contudo, são regras que se aplicam *também* à **informação ambiental**.

Aliás, basta que olhemos para o transcrito art. 221, que trata dos **princípios que devem nortear o conteúdo da informação** a ser divulgada no rádio e na televisão. Está ali, expressamente, que deve ser dada preferência a **finalidades educativas** (inciso I). Ora, temos ressaltado ao longo de toda a obra a necessidade de uma **educação para a proteção ambiental**, sendo a **informação** um **poderoso instrumento** nessa luta.

Ou, ainda, observemos o inciso IV do mesmo artigo, que fala em **respeito aos valores éticos**. Certamente que ali se inclui a **ética ambiental**, tão carente de uma maior divulgação e aceitação na sociedade.

Não apenas na Constituição Federal, a **informação ambiental** — aqui tratada como instrumento de efetivação e realização do princípio da participação — foi consagrada em nosso **direito positivo**. Também diversas normas infraconstitucionais adotam **instrumentos** destinados, em última instância, a difundir todo tipo de informação ambiental. Como exemplos desses instrumentos, podemos citar:

- **Relatório de Impacto Ambiental (RIMA):** tem por finalidade tornar acessíveis ao público as informações contidas no Estudo de Impacto Ambiental (EIA) (Resolução CONAMA n. 1/86).
- **Selo Ruído:** previsto na Resolução CONAMA n. 237/97, que instituiu o Programa Nacional de Controle da Poluição Sonora.
- **Relatório de Qualidade do Meio Ambiente**, a ser divulgado anualmente pelo IBAMA (art. 9º, X, da Lei n. 6.938/81).
- **Obrigatoriedade de publicação do pedido de licenciamento ambiental** (art. 10º, § 1º, da Lei n. 6.938/81).
- **Avisos publicitários** dos males causados à saúde por produtos como o cigarro.

Todos estes constituem singelos exemplos da importância da informação ambiental na efetivação do Direito Ambiental e, especialmente, na formação de uma ética ambiental (implementação da educação ambiental).

### 7.4.2. Princípio da educação ambiental

Embora já tenham sido citados tantas vezes nesse trabalho, mais uma vez o art. 225 e seus incisos merecem destaque.

Quando se fala em **educação ambiental**, não há como se iniciar qualquer debate, discussão ou comentário sobre o tema, senão fixando uma premissa fundamental e estratégica que é determinada pelo **art. 225, § 1º, VI, da CF/88**, que estabelece que **incumbe ao poder público (§ 1º):**

> "VI — promover a **educação ambiental** em todos os níveis de ensino e a **conscientização pública** para a preservação do meio ambiente."

Numa leitura mais simples do texto constitucional, verifica-se que as expressões **"conscientização pública para a preservação do meio ambiente"** e **"educação ambiental"** não possuem o mesmo significado.

Na verdade, podemos dizer que esta última — a **educação** ambiental — é um **instrumento**, um **meio**, uma **ferramenta** para a realização daquela, a **conscientização pública para a proteção ambiental**. A **consciência ambiental** corresponderá, sem dúvida, ao alcance de um estágio de formação moral e comportamento social que implique a adoção de um **novo paradigma ético do ser humano** em relação ao meio ambiente.

Aliás, a própria **definição legal** do que seria a **educação ambiental** deixa claro seu papel **instrumental** na construção desse novo **paradigma ético**. Vejamos o **art. 1º** da **Lei n. 9.795/99:**

> "Art. 1º Entende-se por educação ambiental os processos por meio dos quais o indivíduo e a coletividade constroem valores sociais, conhecimentos, habilidades, atitudes e competências voltadas para a conservação do meio ambiente, bem de uso comum do povo, essencial à sadia qualidade de vida e sua sustentabilidade."

É importante que se perceba essa distinção entre o instrumento **(educação ambiental)** e o fim a que visa **(nova consciência ecológica)**, justamente porque este último não fica restrito a ser obtido apenas por aquele mecanismo. Em outras palavras, procurando ser mais claro, pode-se dizer que **a educação ambiental é mais um meio** para se obter a **consciência ecológica** e um **novo paradigma ético** do homem em relação ao meio ambiente.

Se é inquestionável que a educação ambiental constitui uma técnica instrumental de proteção do meio ambiente que visa colher **resultados a longo prazo**, essa "demora" será recompensada pelo fato de que **tais resultados serão sólidos e disseminados em cadeia, de geração para geração**, tendo em vista o **enraizamento de um "novo comportamento" do indivíduo** em relação ao próximo e ao meio em que vive.

Não nos esqueçamos de que o ***caput* do art. 225 da CF** determina que o direito ao meio ambiente ecologicamente equilibrado não é apenas das presentes, mas também das **futuras gerações**. Só será possível conceber a ideia de preservação dos componentes ambientais para gerações vindouras se, e somente se, o ser humano passar a ter uma **nova consciência pública em relação ao meio ambiente**. Uma das formas de se obter essa conscientização é **por intermédio da educação ambiental**.

Tamanha é a importância da educação ambiental que o **princípio n. 19** da **Declaração de Estocolmo/72** determina que:

> "É essencial que seja ministrada educação sobre questões ambientais tanto às gerações mais jovens como aos adultos, levando-se em conta os menos favoreci-

dos, com a finalidade de desenvolver as bases necessárias para esclarecer a opinião pública e dar aos indivíduos, empresas e coletividades o sentido de suas responsabilidades no que concerne à proteção e à melhoria do meio ambiente em toda a sua dimensão humana."

Ademais, já foi comentado que a educação ambiental é, com a informação, um dos instrumentos essenciais para a **implementação do princípio da participação**.

Afinal, a **participação da sociedade** só poderá ser verdadeiramente efetiva se ela possuir **informação sobre os assuntos ambientais** e, mais ainda, se for capaz de **refletir sobre essa informação**, fazendo um **juízo de valor** consciente para tomar uma atitude em prol do meio ambiente. E, como parece óbvio, essa reflexão só se torna possível com a **educação ambiental**.

Nesse sentido é a orientação segura do Superior Tribunal de Justiça:

"(...) 2. Irretocável o acórdão recorrido. Alicerce do Direito Ambiental brasileiro e decorrência do dever-poder estatal de transparência e publicidade, o direito à informação se apresenta, a um só tempo, como pressuposto e garantia de eficácia do direito de participação das pessoas na formulação, implementação e fiscalização de políticas públicas de salvaguarda da biota e da saúde humana, sempre com o desiderato de promover 'a conscientização pública para a preservação do meio ambiente' (Constituição, art. 225, § 1º, VI), de formar 'uma consciência pública sobre a necessidade de preservação da qualidade ambiental e do equilíbrio ecológico' (Lei 6.938/1981, art. 4º, V) e de garantir o 'acesso adequado às informações relativas ao meio ambiente de que disponham as autoridades', incumbindo aos Estados 'facilitar e estimular a conscientização e a participação pública, colocando as informações à disposição de todos' (Princípio 10 da Declaração do Rio).

3. Nessa linha de raciocínio, mais do que poder ou faculdade, os órgãos ambientais portam universal e indisponível dever de informar clara, ativa, cabal e honestamente a população, 'independentemente da comprovação de interesse específico' (Lei 10.650/2003, art. 2º, § 1º), para tanto utilizando-se de dados que gerem ou lhes aportem, mesmo quando ainda não detentores de certeza científica, pois uma das formas mais eloquentes de expressão do princípio da precaução ocorre precisamente no campo da transparência e da publicidade do Estado. A regra geral na Administração Pública do meio ambiente é não guardar nenhum segredo e tudo divulgar, exceto diante de ordem legal expressa em sentido contrário, que deve ser interpretada restritivamente pelo administrador e juiz. Além de objetivos estritamente ecológicos e sanitários, pretende-se também fomentar 'o desenvolvimento da cultura de transparência na administração pública' (Lei 12.527/2011, art. 3º, IV). (...)" (REsp 1.505.923/PR, Rel. Ministro Herman Benjamin, Segunda Turma, julgado em 21-5-2015, *DJe* 19-4-2017).

### 7.4.2.1. *Lei n. 9.795/99 (Lei de Educação Ambiental)*

Diante de toda a atmosfera que gravita em torno da educação ambiental, como elemento implementador da participação pública sobre as questões ambientais, o **nosso legislador não ficou inerte**.

Mesmo antes da Lei n. 6.938/81, já se fazia sentir a presença da educação ambiental (não formal) em dispositivos esparsos nas leis que cuidavam da proteção do meio ambiente, ainda que de forma fragmentada, tal como no **art. 42 da Lei n. 4.771/65 (Código Florestal)**,[9] no **art. 35 da Lei n. 5.197/67 (proteção à fauna)**,[10] no **art. 1º da Lei n. 6.902/81 (estações ecológicas)**,[11] etc.

Entretanto, com o surgimento da **Lei n. 6.938/81**, a educação ambiental foi erigida às categorias de **princípio** e de **objetivo da Política Nacional do Meio Ambiente**. Vejamos:

> "Art. 2º A Política Nacional do Meio Ambiente (...) atendidos os seguintes princípios: (...)
>
> X — educação ambiental a todos os níveis de ensino, inclusive a educação da comunidade, objetivando capacitá-la para participação ativa na defesa do meio ambiente."

> "Art. 4º A Política Nacional do Meio Ambiente visará: (...)
>
> V — (...) à formação de uma consciência pública sobre a necessidade de preservação da qualidade ambiental e do equilíbrio ecológico; (...)."

Posteriormente, com o advento da **CF/88**, o legislador constituinte, como já se disse, reconhecendo a importância da educação ambiental na salvaguarda do meio ambiente, ratificou a necessidade de se implementar uma educação ambiental em todos os níveis de ensino e a conscientização pública para a preservação do meio ambiente **(art. 225, § 1º, VI)**.

Foi então que, percebendo a importância da **educação ambiental**, o legislador decidiu dar um tratamento especial ao tema. Promulgou-se a **Lei n. 9.795/99**,

---

9 "Art. 42. Dois anos depois da promulgação desta Lei, nenhuma autoridade poderá permitir a adoção de livros escolares de leitura que não contenham textos de educação florestal, previamente aprovados pelo Conselho Federal de Educação, ouvido o órgão florestal competente."

10 "Art. 35. Dentro de dois anos a partir da promulgação desta Lei, nenhuma autoridade poderá permitir a adoção de livros escolares de leitura que não contenham textos sobre a proteção da fauna, aprovados pelo Conselho Federal de Educação."

11 "Art. 1º Estações Ecológicas são áreas representativas de ecossistemas brasileiros, destinadas à realização de pesquisas básicas e aplicadas de Ecologia, à proteção do ambiente natural e ao desenvolvimento da educação conservacionista."

que dispõe sobre a ***educação ambiental, institui a Política Nacional de Educação Ambiental e dá outras providências***.

Na verdade, ainda que se possam fazer críticas ao resultado,[12] só o fato de ter o legislador se dedicado com tanta minúcia ao tema já é digno de aplausos.

Por se tratar de uma lei que dispõe sobre a educação, o legislador procurou ser o mais didático possível, dividindo seu conteúdo em três capítulos[13] bem definidos:

- Capítulo I — Da Educação Ambiental (arts. 1º a 5º).
- Capítulo II — Da Política Nacional de Educação Ambiental (arts. 6º a 13).
- Capítulo III — Da Execução da Política Nacional de Educação Ambiental (arts. 14 a 19).

O primeiro capítulo, então, foi reservado para a definição do que é a educação ambiental, como deve ser aplicada (de modo formal e não formal), por quem deve ser aplicada, seus princípios e objetivos.

Como já dissemos, definiu-se a **educação ambiental** como "(...) os processos por meio dos quais o indivíduo e a coletividade constroem valores sociais, conhecimentos, habilidades, atitudes e competências voltadas para a conservação do meio ambiente, bem de uso comum do povo, essencial à sadia qualidade de vida e sua sustentabilidade" (art. 1º).

No **art. 2º**, deixou-se clara a **importância da educação ambiental**, declarando, ainda, que deve ser feita de modo **formal** e **não formal**. Vejamos:

> "Art. 2º A educação ambiental é um **componente essencial e permanente da educação nacional**, devendo estar presente, de forma articulada, em todos os níveis e modalidades do processo educativo, em **caráter formal e não formal**."

Já o **art. 3º** buscou definir quem são os **órgãos e entidades responsáveis pela implementação da educação ambiental**, com diferentes tarefas a serem por eles desempenhadas. Como fica claro, a incumbência vai muito além do Poder Público, cabendo **à sociedade como um todo:**

---

12 Na opinião de Paulo de Bessa Antunes: "A lei da Política Nacional de Educação Ambiental é uma norma jurídica extremamente confusa e de difícil compreensão. Os seus termos são poucos claros e pecam pela absoluta ausência de técnica jurídica. As suas gritantes falhas, certamente, serão um importante entrave para a implantação de uma necessidade ambiental das mais sentidas, que é, justamente, a necessidade de uma política clara e estável de educação ambiental. Lamentavelmente a lei não logrou atender às enormes expectativas da sociedade" (*Curso de direito ambiental*, p. 173).

13 Além de um Capítulo IV, que trata das *disposições finais*.

"Art. 3º Como parte do processo educativo mais amplo, **todos têm direito** à educação ambiental, incumbindo:

I — ao **Poder Público**, nos termos dos arts. 205 e 225 da Constituição Federal, definir políticas públicas que incorporem a dimensão ambiental, promover a educação ambiental em todos os níveis de ensino e o engajamento da sociedade na conservação, recuperação e melhoria do meio ambiente;

II — às **instituições educativas**, promover a educação ambiental de maneira integrada aos programas educacionais que desenvolvem;

III — aos órgãos integrantes do **Sistema Nacional de Meio Ambiente — Sisnama**, promover ações de educação ambiental integradas aos programas de conservação, recuperação e melhoria do meio ambiente;

IV — aos **meios de comunicação de massa**, colaborar de maneira ativa e permanente na disseminação de informações e práticas educativas sobre meio ambiente e incorporar a dimensão ambiental em sua programação;

V — às **empresas, entidades de classe, instituições públicas e privadas**, promover programas destinados à capacitação dos trabalhadores, visando à melhoria e ao controle efetivo sobre o ambiente de trabalho, bem como sobre as repercussões do processo produtivo no meio ambiente;

VI — à **sociedade como um todo**, manter atenção permanente à formação de valores, atitudes e habilidades que propiciem a atuação individual e coletiva voltada para a prevenção, a identificação e a solução de problemas ambientais."

O **art. 4º**, por sua vez, desempenha o papel fundamental de determinar os **princípios da educação ambiental**.

"Art. 4º São princípios básicos da educação ambiental:

I — o enfoque **humanista**, **holístico**, **democrático** e **participativo**;

II — a **concepção do meio ambiente em sua totalidade**, considerando a interdependência entre o meio natural, o socioeconômico e o cultural, sob o enfoque da sustentabilidade;

III — o **pluralismo de ideias** e concepções pedagógicas, na perspectiva da inter, multi e transdisciplinaridade;

IV — a vinculação entre a **ética**, a **educação**, o **trabalho** e as **práticas sociais**;

V — a garantia de **continuidade** e **permanência** do processo educativo;

VI — a permanente **avaliação crítica** do processo educativo;

VII — a **abordagem articulada** das questões ambientais **locais**, **regionais**, **nacionais** e **globais**;

VIII — o reconhecimento e o respeito à **pluralidade e à diversidade individual e cultural**."

Como já observara Édis Milaré, os princípios são notáveis,[14] porque, por intermédio de seu conteúdo, permite-se inferir o **próprio conceito de meio ambiente**, a sua categorização como **bem autônomo** e **patrimônio da humanidade**, o aspecto da **ética ambiental**, enfim, enfoques que temos salientado ao longo deste trabalho.

Foi além, ainda, o legislador e determinou no **art. 5º** os **objetivos** da educação ambiental, ou seja, o modo como devem se projetar os princípios arrolados anteriormente.

> "Art. 5º São objetivos fundamentais da educação ambiental:
>
> I — o desenvolvimento de uma **compreensão integrada do meio ambiente** em suas múltiplas e complexas relações, envolvendo aspectos ecológicos, psicológicos, legais, políticos, sociais, econômicos, científicos, culturais e éticos;
>
> II — a garantia de **democratização das informações ambientais**;
>
> III — o estímulo e o fortalecimento de uma **consciência crítica** sobre a problemática ambiental e social;
>
> IV — o incentivo à **participação** individual e coletiva, permanente e responsável, na preservação do equilíbrio do meio ambiente, entendendo-se a defesa da qualidade ambiental como um valor inseparável do exercício da cidadania;
>
> V — o estímulo à **cooperação entre as diversas regiões do País**, em níveis micro e macrorregionais, com vistas à construção de uma sociedade ambientalmente equilibrada, fundada nos princípios da liberdade, igualdade, solidariedade, democracia, justiça social, responsabilidade e sustentabilidade;
>
> VI — o fomento e o fortalecimento da **integração com a ciência e a tecnologia**;
>
> VII — o fortalecimento da **cidadania**, **autodeterminação** dos povos e **solidariedade** como fundamentos para o futuro da humanidade."

Já no **Capítulo II**, tendo como base os princípios e objetivos anteriormente traçados, a lei buscou instituir uma verdadeira **Política Nacional de Educação Ambiental (art. 6º)**.

Deixou claro, ainda, na linha do que preconiza o transcrito art. 3º, que a tarefa cabe não apenas ao Poder Público, mas aos mais variados setores da sociedade. Vejamos o **art. 7º:**

> "Art. 7º A Política Nacional de Educação Ambiental envolve em sua esfera de ação, além dos órgãos e entidades integrantes do Sistema Nacional de Meio Ambiente — **Sisnama**, **instituições educacionais públicas e privadas** dos sis-

[14] Cf. *Direito do ambiente*, p. 227.

temas de ensino, os **órgãos públicos** da União, dos Estados, do Distrito Federal e dos Municípios, e **organizações não governamentais** com atuação em educação ambiental."

Ainda, coerente com a característica **difusa**, **holística** e **ubíqua** que possui o bem ambiental, deixou bem claro, na definição das **linhas de atuação**[15] da educação ambiental, que esta deve ser **multidisciplinar**, sempre em contato com outras ciências, jurídicas ou não.

Consolidou, ainda, a regra de que a educação ambiental será prestada de **modo formal (escolar)** e de **modo não formal**.

Quanto à educação **formal**, conceituou-a, definindo, ainda, que deve estar presente em **todas as etapas da formação escolar**, como prática **integrada contínua e permanente**. Vejamos:

> "Art. 9º Entende-se por educação ambiental na educação escolar a desenvolvida no âmbito dos **currículos das instituições de ensino públicas e privadas**, englobando:
>
> I — educação **básica:**
>
> *a)* educação **infantil**;
>
> *b)* ensino **fundamental** e

---

15 "Art. 8º As atividades vinculadas à Política Nacional de Educação Ambiental devem ser desenvolvidas na educação em geral e na educação escolar, por meio das seguintes linhas de atuação inter-relacionadas: I — capacitação de recursos humanos; II — desenvolvimento de estudos, pesquisas e experimentações; III — produção e divulgação de material educativo; IV — acompanhamento e avaliação.

§ 1º Nas atividades vinculadas à Política Nacional de Educação Ambiental serão respeitados os princípios e objetivos fixados por esta Lei.

§ 2º A capacitação de recursos humanos voltar-se-á para: I — a incorporação da dimensão ambiental na formação, especialização e atualização dos educadores de todos os níveis e modalidades de ensino; II — a incorporação da dimensão ambiental na formação, especialização e atualização dos profissionais de todas as áreas; III — a preparação de profissionais orientados para as atividades de gestão ambiental; IV — a formação, especialização e atualização de profissionais na área de meio ambiente; V — o atendimento da demanda dos diversos segmentos da sociedade no que diz respeito à problemática ambiental.

§ 3º As ações de estudos, pesquisas e experimentações voltar-se-ão para: I — o desenvolvimento de instrumentos e metodologias, visando à incorporação da dimensão ambiental, de forma interdisciplinar, nos diferentes níveis e modalidades de ensino; II — a difusão de conhecimentos, tecnologias e informações sobre a questão ambiental; III — o desenvolvimento de instrumentos e metodologias, visando à participação dos interessados na formulação e execução de pesquisas relacionadas à problemática ambiental; IV — a busca de alternativas curriculares e metodológicas de capacitação na área ambiental; V — o apoio a iniciativas e experiências locais e regionais, incluindo a produção de material educativo; VI — a montagem de uma rede de banco de dados e imagens, para apoio às ações enumeradas nos incisos I a V."

> *c)* ensino **médio**;
>
> II — educação **superior**;
>
> III — educação **especial**;
>
> IV — educação **profissional**;
>
> V — educação de **jovens e adultos**.
>
> Art. 10. A educação ambiental será desenvolvida como uma **prática educativa integrada, contínua e permanente** em **todos os níveis e modalidades do ensino formal**.
>
> § 1º A educação ambiental **não deve ser implantada como disciplina específica** no currículo de ensino.
>
> § 2º Nos cursos de **pós-graduação**, **extensão** e nas áreas voltadas ao aspecto **metodológico** da educação ambiental, quando se fizer necessário, é **facultada a criação de disciplina específica**.
>
> § 3º Nos cursos de formação e especialização técnico-profissional, em todos os níveis, deve ser incorporado conteúdo que trate da ética ambiental das atividades profissionais a serem desenvolvidas.
>
> Art. 11. A dimensão ambiental **deve constar dos currículos de formação de professores**, em **todos os níveis** e em **todas as disciplinas**.
>
> Parágrafo único. Os professores em atividade devem receber formação complementar em suas áreas de atuação, com o propósito de atender adequadamente ao cumprimento dos princípios e objetivos da Política Nacional de Educação Ambiental.
>
> Art. 12. A autorização e supervisão do funcionamento de instituições de ensino e de seus cursos, nas redes pública e privada, observarão o cumprimento do disposto nos arts. 10 e 11 desta Lei."

Interessante notar, ainda quanto à educação **formal**, que o legislador determinou que a educação ambiental **não deve ser implementada como disciplina específica nos currículos** (art. 10, § 1º). A exceção fica por conta dos cursos de **pós-graduação**, **extensão** e áreas ligadas à **metodologia**, que podem, se necessário, criar a **disciplina específica** (art. 10, § 2º).

Apesar de, à primeira vista, parecer estranha, a disposição procura **não isolar** a **educação ambiental** das **demais disciplinas**, de forma que a **conscientização ambiental** deve fazer parte de **todos os campos do saber**. Tudo isso, novamente, em consonância com a visão **holística** do meio ambiente.

Já no **art. 13**, cuidou-se da **educação não formal**, como aquela que, embora não esteja vinculada aos currículos escolares, destina-se à formação de uma **consciência pública de proteção e valoração do meio ambiente**. A saber:

> "Art. 13. Entendem-se por educação ambiental **não formal** as ações e práticas educativas voltadas à **sensibilização da coletividade sobre as questões ambientais** e à sua organização e participação na defesa da qualidade do meio ambiente.

Parágrafo único. O Poder Público, em níveis federal, estadual e municipal, incentivará:

I — a difusão, por intermédio dos meios de comunicação de massa, em espaços nobres, de programas e campanhas educativas, e de informações acerca de temas relacionados ao meio ambiente;

II — a ampla participação da escola, da universidade e de organizações não governamentais na formulação e execução de programas e atividades vinculadas à educação ambiental não formal;

III — a participação de empresas públicas e privadas no desenvolvimento de programas de educação ambiental em parceria com a escola, a universidade e as organizações não governamentais;

IV — a sensibilização da sociedade para a importância das unidades de conservação;

V — a sensibilização ambiental das populações tradicionais ligadas às unidades de conservação;

VI — a sensibilização ambiental dos agricultores;

VII — o ecoturismo."

Por fim, como dito, no **Capítulo III** cuidou-se da **execução** da política educacional ambiental. Afirmou-se que a **coordenação** desta política ficará a cargo de um **órgão gestor** (art. 14), tendo-se definido, no **art. 15**, as **atribuições** deste órgão:

"Art. 15. São atribuições do órgão gestor:

I — definição de **diretrizes** para implementação em âmbito nacional;

II — **articulação, coordenação e supervisão de planos, programas e projetos** na área de educação ambiental, em âmbito nacional;

III — participação na **negociação de financiamentos** a planos, programas e projetos na área de educação ambiental."

Por todos os aspectos mencionados, deve-se ver com bons e promissores olhos a tentativa de se estabelecer uma Política Nacional de Educação Ambiental. Como comentado alhures, trata-se de um instrumento cujos resultados devem ser colhidos no futuro, porém, sólidos, bem como reflexivos de uma sociedade mais justa, solidária, altruísta, na qual predominarão os valores éticos e sociais em relação ao binômio "homem/natureza".

## ■ 7.5. PRINCÍPIO DO POLUIDOR/USUÁRIO-PAGADOR

### ■ 7.5.1. Generalidades

Ao lado da ubiquidade, do desenvolvimento sustentável e do princípio da participação, temos ainda o **princípio do poluidor/usuário-pagador (PUP)**.

Não se deixe enganar pela aparente simplicidade da expressão: o postulado sintetiza **um dos mais importantes valores do Direito Ambiental**.

Não obstante a primeira leitura da expressão poder gerar uma ideia equivocada deste princípio, a verdade é que, a despeito das críticas semânticas, o seu conteúdo é dos mais sérios e nobres, refletindo uma real esperança de salvaguarda do meio ambiente ecologicamente equilibrado.

Porquanto a expressão tenha sido pioneiramente associada "a movimentos estudantis ideológicos"[16] no final da década de 1960, a grande verdade é que hoje este princípio possui um **importante e variadíssimo alcance**, de modo a não existir, nem de perto, uma correspondência entre o sentido aparente da expressão e seu real espectro de abrangência.

Tamanha é essa importância que podemos dizer que o **PUP** é o **postulado essencial do direito ambiental**. Espraia-se esse princípio por vários outros subprincípios reguladores de relações e situações em que, estritamente falando, não há nem poluidor e menos ainda pagador, como nos casos do subprincípio do usuário-pagador e do princípio da precaução.

Assim, por estar ligado à ideia de **prevenção (precaução, correção na fonte, prevenção propriamente dita, etc.)** ou à ideia de **repressão (responsabilidade penal, civil e administrativa)**, o princípio do poluidor/usuário-pagador precisa ser **corretamente interpretado** para ter a sua plena eficácia, evitando-se que interpretações equivocadas, e às vezes maliciosas, amputem-lhe o real e promissor sentido teleológico.

Podemos dizer que, assim como o princípio do desenvolvimento sustentável (utilização racional dos componentes ambientais, que também são um direito das futuras gerações) e a identificação do objeto de proteção do Direito Ambiental (equilíbrio ecológico derivado da interação de seus componentes — bens de uso comum), o princípio do poluidor-pagador constitui um dos mais robustos "pilares" do Direito Ambiental, sobre os quais devem se assentar todas as normas do ordenamento jurídico do ambiente.

Mais do que isso, o princípio do poluidor/usuário importa num vetor essencial de construção ideológica e ética de interpretação das regras e dos princípios que dele derivam.

Para finalizar este tópico, é importante que fique claro que o axioma "poluidor/usuário-pagador" não pode ser interpretado ao pé da letra. **Jamais pode traduzir a ideia de "pagar para poluir"**.

[16] Maria Alexandra de Sousa Aragão. *O princípio do poluidor pagador*, p. 8.

O sentido deve ser outro, não só porque o **custo ambiental não encontra valoração pecuniária** correspondente, mas também porque **a ninguém poderia ser dada a possibilidade de comprar o direito de poluir**, beneficiando-se do bem ambiental em detrimento da coletividade que dele é titular.

Como se verá adiante, o poluidor/usuário-pagador tem sua **gênese nas regras econômicas de mercado, produção e consumo**, de modo que a expressão é somente a ponta de um enorme *iceberg*, cujo conteúdo é de vital importância para o ordenamento jurídico ambiental.

### ■ 7.5.2. As origens do poluidor/usuário-pagador

O postulado do poluidor-pagador surgiu **oficialmente** na política ambiental por intermédio da **OCDE, na Recomendação do Conselho sobre os princípios orientadores relativos aos aspectos econômicos internacionais das políticas ambientais**, que assim definiu o referido princípio:[17]

> "O princípio a ser usado para **alocar custos das medidas de prevenção e controle da poluição**, para **encorajar (estimular) o uso racional dos recursos ambientais escassos** e para **evitar distorções do comércio internacional e investimentos** é denominado de princípio do poluidor-pagador. Este princípio significa que **o poluidor deve suportar os custos** do implemento das medidas acima mencionadas, decididas pelas autoridades públicas para assegurar que o ambiente possa ficar num nível aceitável. Em outros termos, **o custo dessas medidas deveriam refletir-se no preço dos bens e serviços**, cuja produção e consumo são causadores de poluição. Tais medidas não deveriam ser acompanhadas de subsídios, porque criariam distorções significativas ao comércio e investimentos internacionais."

Também na **Conferência Internacional Rio-92**, o princípio do poluidor-pagador esteve presente da Declaração de Princípios, em seu n. 16:

---

[17] Incorporado à Política Ambiental pelo Organization et Coopération et de Développement Economique (OCDE) em 1972, por intermédio da Recomendação C(72), 128 de 26-5-1972, o princípio do poluidor-pagador constitui um dos fundamentos do Direito Ambiental (Conferência de Estocolmo 1972 e CEE — Recomendação de 7-11-74 e n. 13.375), fazendo parte da política global do meio ambiente. De acordo com a sua origem, o princípio do poluidor-pagador foi definido como: "A exigência de que o poluidor arque com os custos das medidas de prevenção e controle da poluição" (*The polluter-pays principle* — definitions, analysys, implementation, publicação da OCDE — Organização para a Cooperação e Desenvolvimento Econômico. Paris, 1975, p. 6). Em outras palavras, "quanto maior for a parcela de custos suportados pelo poluidor, maior será a satisfação do poluidor-pagador" (*Economic instruments for environmental protection*. OCDE, Paris, 1989, p. 28). Após o seu surgimento é que se deu mais amplitude ao princípio para englobar também as atividades não poluentes, embora de uso incomum do bem ambiental (usuário-pagador).

> "As autoridades nacionais devem esforçar-se para promover a internalização dos custos de proteção do meio ambiente e o uso dos instrumentos econômicos, levando-se em conta o conceito de que o poluidor deve, em princípio, assumir o custo da poluição, tendo em vista o interesse público, sem desvirtuar o comércio e os investimentos internacionais."

É certo que o princípio do poluidor-pagador tem uma veia, uma raiz, ou mesmo uma **inspiração na teoria econômica**, tendo em vista a sua **finalidade de internalizar no preço dos produtos todos os custos sociais (externalidades negativas)** causados pela produção dos bens.

Como a linguagem dos operadores do direito não é, pelo menos num primeiro momento, afeita aos termos econômicos, faz-se necessária uma brevíssima exposição sobre a teoria econômica das externalidades e sua aplicação no conteúdo do princípio do poluidor-pagador.

### 7.5.3. As externalidades negativas ambientais

**Externalidade** é o nome que se dá a um **desvio de mercado**. Como bem se disse, para se compreender o fenômeno, é necessária uma breve visitação às ciências econômicas.

> De modo simples, podemos definir como **"externalidades"** os **reflexos sociais** (**benéficos** ou **maléficos**) que um **produto** causa. Por ser **impossível medi-las**, essas consequências **não estão geralmente incluídas no preço do produto**. Daí por que as **externalidades são um desvio de mercado**.[18]

Como se disse, tais reflexos podem representar **ganhos ou perdas sociais**; portanto, podem ser **positivas** ou **negativas** as **externalidades**. Vejamos alguns exemplos.

Pensemos que uma grande rede de lanchonetes se instale em uma região erma da cidade, conhecida por casos de violência. Imaginemos, agora, que essa instalação represente um aumento na circulação de pessoas, tornando mais segura a área. Claro está que, nesse caso, o empreendimento trouxe um verdadeiro ganho social que, certamente, não estará embutido no preço dos produtos ali vendidos. Tem-se, aí, exemplo de externalidade positiva.

---

[18] "Quando as externalidades se encontram presentes, o preço de uma mercadoria não reflete necessariamente o seu valor social. Consequentemente, as empresas poderão vir a produzir quantidades excessivas ou insuficientes, de tal forma que o resultado seja a ineficiência do mercado" (Robert S. Pindyck, Daniel L. Rubinfield. *Microeconomia*, p. 843).

Imaginemos, agora, que essa mesma rede de lanchonetes se instale próximo ao acostamento de uma via pública de grande movimentação. O grande número de clientes gera transtornos de toda ordem, como aumento de trânsito no local, poluição sonora, etc. O custo de todos esses problemas não estará, obviamente, alocado no preço dos produtos. A externalidade é, agora, negativa.

Vejamos também um exemplo de externalidade negativa do ponto de vista ambiental.

Basta pensar na hipótese de uma grande empresa que produz recipientes plásticos. Trata-se, como se sabe, de um resíduo sólido de dificílimo reaproveitamento que, pelo lento processo de decomposição, gerará enormes quantidades de lixo e, portanto, será um fator de degradação ambiental.

Será que, quando a empresa coloca seus produtos no mercado, inclui em seu preço final todo o "custo ambiental" que provoca? É evidente que não!

Acabará que toda a sociedade, inclusive as gerações que ainda estão por vir, terá de suportar os prejuízos causados ao meio ambiente. A empresa, entretanto, auferirá lucros.

Não mais se admite, nem se justifica, que, para explorar certo ramo econômico, a indústria condene as gerações futuras a uma herança de **externalidades** ambientais **negativas**, de rastros ecologicamente perversos.

> Dessa forma, **o preço de um bem colocado no mercado só teria uma medida correta** — um valor justo — se no valor que lhe fosse atribuído estivessem **computados** todos os **ganhos sociais** advindos de seu consumo e também quando se computassem todas as **perdas sociais** surgidas com a produção desse bem, além, é claro, dos custos de sua produção e do lucro.

Fala-se, então, na necessidade de **internalização dos custos sociais/ambientais**. Por outras palavras, em computar, no preço de um produto, os ganhos e perdas que ele traz para a sociedade.

Não se agindo dessa forma, **internalizando as externalidades**, certamente o produtor de um bem terá um produto colocado no mercado que **não será por todos adquirido**, mas cujo **custo social será suportado, inclusive, por quem não consumiu ou nunca consumirá o referido produto**.

Sob outra ótica, poderia se dizer que há um **enriquecimento do produtor** às custas de um **efeito negativo suportado por toda a sociedade**. Aliás, se lembrarmos que é do meio ambiente que falamos, a conclusão é que esse custo será suportado **não só pelas atuais, mas pelas futuras gerações**.

É daí que surge a expressão **privatização de lucros e socialização das perdas**, para designar esse fenômeno, que foi bem explicado por Cristiane Derani:[19]

---

19 Cristiane Derani, *Direito ambiental econômico*, p. 158.

> "Durante o processo produtivo, além do produto a ser comercializado, são produzidas **'externalidades negativas'**. São chamadas externalidades porque, embora resultantes da produção, **são recebidas pela coletividade, ao contrário do lucro, que é recebido pelo produtor privado**. Daí a expressão **'privatização de lucros e socialização de perdas'**, quando identificadas as externalidades negativas. Com a aplicação do princípio do poluidor-pagador, procura-se corrigir este custo adicionado à sociedade, impondo-se sua internalização. Por isto, este princípio também é conhecido como o princípio da responsabilidade (Verantwortungsprinzip)".

### ■ 7.5.4. A interpretação jurídica das externalidades negativas ambientais: o verdadeiro alcance do poluidor/usuário-pagador

É certo que a **matéria-prima** necessária à fabricação dos diversos produtos resultantes das atividades econômicas vem, direta ou indiretamente, dos **recursos naturais**. Não menos certo, também, é que os **resíduos** gerados por essas atividades têm como **destino o meio ambiente**.

Por isso, tomando-se por base a ideia das **externalidades** que acabamos de estudar, parece óbvio que **todo esse custo ambiental** deve ser **incluído no preço dos produtos**. Do contrário, haverá um **enorme prejuízo para a sociedade** em troca de um lucro absurdo para o fabricante dos diversos produtos.

Nesse ponto, é célebre a frase de Paulo Affonso Leme Machado: "A atividade poluente acaba sendo uma apropriação pelo poluidor dos direitos de outrem, pois na realidade a emissão poluente representa um confisco do direito de alguém em respirar um ar puro, beber água saudável e viver com tranquilidade".[20]

A propriedade da **função ecológica dos bens ambientais** impede que os empreendedores raptem este direito (equilíbrio ecológico) em seu exclusivo proveito econômico. A função ambiental de um bem (que serve também de matéria-prima ao desenvolvimento) precisa ser preservada, e, nesse passo, **ao empreendedor devem ser imputados os ônus que a sociedade (por meio ou não do Estado) assume ao controlar, prevenir e reprimir as agressões ao meio ambiente**.

É "tratar" o problema sob o ponto de vista da **propriedade:** se os bens ambientais são de **uso comum do povo**, o seu uso invulgar deve ser autorizado pelo povo ou quem o representa e, o que mais importa, sempre de acordo com os interesses dele.

Uma vez permitido o **uso incomum do bem ambiental** (uso econômico, não ecológico), o **usuário deve ser responsável** pelos meios de prevenção, controle e compensação da eventual perda ambiental resultante da atividade econômica.

---

20 Paulo Affonso Leme Machado, *Direito ambiental brasileiro*, p. 273.

É exatamente aí que entra a **interpretação jurídico-ambiental do princípio do poluidor-pagador**.

O sentido teleológico deste axioma **não é simplesmente internalizar o custo**, embuti-lo no preço, e assim produzir, comercializar ou mercanciar produtos que sabidamente são degradantes do meio ambiente, nas diversas etapas da cadeia de mercado. Enfim, não **se compra o direito de poluir mediante a internalização do custo social**.[21]

Caso este custo seja **insuportável para a sociedade**, ainda que internalizado, a interpretação jurídica do poluidor-pagador **impede que o produto seja fabricado** e que o custo da produção seja socializado. Este é um dos pontos nos quais destoa a interpretação jurídica da meramente econômica das externalidades.

Ressaltemos mais uma vez: o poluidor/usuário-pagador **não pode, jamais, ser entendido como "pagar para poluir"**. Seu sentido é outro, não só porque o custo ambiental não encontra valoração pecuniária correspondente, mas também porque a ninguém poderia ser dada a possibilidade de comprar o direito de poluir, beneficiando-se do bem ambiental em detrimento da coletividade que dele é titular. **Não se vende direito de poluir nem se paga um preço pelo meio ambiente.**

> Em resumo: o princípio quer significar que, dado o caráter difuso e esgotável dos bens ambientais, **todos que sejam responsáveis pela utilização desses bens em seu proveito (e em detrimento da sociedade) devem arcar com este déficit da coletividade**. Esse prejuízo ambiental, quando puder ser suportado e trouxer benefícios para a sociedade, **deve ser internalizado** por aquele que usa do meio ambiente em seu proveito. Se, contudo, **não houver a possibilidade de internalização, o produto não pode ser fabricado ou consumido**.

O que o princípio pretende, portanto, é **redistribuir equitativamente**[22] **as externalidades ambientais**.

Ora, se os efeitos externos negativos do mercado são suportados pela sociedade, em prol do lucro do responsável pelo produto (fornecedor, comerciante,

---

21 Gilles Martin critica o *poluidor-pagador* por entendê-lo como uma compra ao direito de poluir, o que, no nosso entendimento, é uma aplicação meramente econômica da teoria das externalidades. O equívoco do autor e de seus seguidores é partir de uma premissa errada, qual seja, a de que o bem ambiental é negociável e quantificável, bem como não vislumbrar a natureza preventiva desse postulado. Gilles Martin, Direito do ambiente e danos ecológicos, *Revista Crítica de Ciências Sociais*, p. 129, apud Maria Alexandra de Sousa Aragão, *O princípio do poluidor pagador*, p. 107.

22 "Todo o Direito Ambiental, queiramos ou não, gira em torno do princípio do poluidor pagador, já que é este que orienta — ou deve orientar — sua vocação redistributiva, ou seja, sua função de enfrentamento das deficiências do sistema de preços" (Antonio Herman V. e Benjamin. O princípio do poluidor-pagador e a reparação do dano ambiental, in *Dano ambiental*, p. 227).

fabricante, etc.), que em alguma fase da cadeia de mercado é degradante do meio ambiente ou diminui o exercício do uso comum dos componentes ambientais, nada mais justo que todos os custos que são despendidos pelo Estado (prevenção, precaução, correção na fonte, repressão penal, civil e administrativa, etc.) sejam suportados pelo responsável pelas externalidades ambientais.

É exatamente por isso que o poluidor-pagador não é, como se poderia imaginar, apenas um princípio corretivo, uma vez que a **sua intenção é justamente evitar o dano**. Por isso mesmo, ele se esgalha nos seguintes aspectos:

- **sobrecarga do preço do produto que causa a externalidade ambiental negativa**, desestimulando a sua produção e estimulando o uso de tecnologias limpas, que, embora sejam aparentemente mais caras, acabam sendo mais baratas quando comparadas aos produtos degradantes cujos custos ambientais negativos terão que ser internalizados;
- **publicização no mercado de consumo de quais produtos causam externalidades ambientais negativas** e, a partir daí, fixação de uma educação ambiental com fins dirigidos ao consumidor, para que este privilegie os produtos verdes e as tecnologias limpas;
- **transferência para os agentes poluidores dos custos estatais** de prevenção, precaução e correção na fonte, reprimindo (civil, penal e administrativamente) aqueles que são os responsáveis pelas externalidades ambientais negativas;
- **política de equidade no comércio internacional**, evitando que alguns países possam beneficiar-se de um *"dumping" ecológico*;
- **políticas que proclamem o uso racional dos componentes ambientais**, porque são bens escassos;
- **prevenção oriunda de repressão severa**, servindo como desestimulante às condutas agressivas do meio ambiente;
- **imputação dos custos do "empréstimo" dos componentes ambientais a seus consumidores**, que, embora não sejam produtores, causam uma sobrecarga pelo uso invulgar dos componentes ambientais, devendo pagar pela utilização incomum de bens que são de uso comum e do povo.[23]

[23] É aqui que se desenvolve — ou tem se desenvolvido — a faceta *tributária* do "poluidor-pagador", *tributando* o responsável pelos gastos públicos para evitar e controlar a poluição, bem como pelo uso invulgar dos componentes ambientais. Aqui, a *tributação* decorre de duas situações: custo do gasto público para evitar a poluição e também pela situação de ser usuário dos bens ambientais de modo invulgar, motivo pelo qual, sendo *poluidor e usuário*, certamente deverá suportar ambos os custos, que têm naturezas (hipóteses de incidência) diversas.

Conclui-se, portanto, **ser errada a ideia de que o poluidor-pagador seja um passaporte para a poluição**, bastando apresentar um visto de compra (internalização do custo) para que se tenha o direito de poluir. Repetindo, esse princípio "tem uma estrutura aberta, permitindo desse modo que a sua execução seja feita ou através de instrumentos econômicos, seja através de instrumentos de responsabilidade civil, ou ainda de outros instrumentos".[24]

Justamente por ter essa **estrutura aberta**, o postulado do poluidor-pagador **densifica vários outros princípios** importantíssimos para o direito ambiental. Passemos, agora, a analisar cada um dos **subprincípios de concretização do PUP**.

Antes, porém, vale dizer que o princípio pode ser extraído de diversos dispositivos da **Constituição Federal**, como o art. **170, VI**, que estabelece ser *princípio da ordem econômica a proteção e preservação do meio ambiente*; o **art. 225, § 1º, V**, quando estabelece ser *incumbência do Poder Público adotar medidas de controle da produção, comercialização e emprego de técnicas, métodos e substâncias que comportem risco para a vida, a qualidade de vida e o meio ambiente*; no art. **225, § 2º**, voltado especialmente para a *recuperação do meio ambiente degradado pelo uso de componente ambiental não renovável*; no art. **225, § 3º**, ao enunciar que as *condutas e atividades consideradas lesivas ao meio ambiente sujeitarão os infratores, pessoas físicas ou jurídicas, às sanções penais e administrativas, independentemente da obrigação de reparar os danos causados*, etc.

## ■ 7.6. SUBPRINCÍPIOS DE CONCRETIZAÇÃO DO POLUIDOR/USUÁRIO-PAGADOR

Por mais de uma vez, já foi aqui afirmado que o **princípio do poluidor/usuário-pagador** constitui um dos **postulados fundamentais** do Direito Ambiental. Também já foi dito que, por trás da singela e controversa expressão que lhe dá nome, estão **densificados** diversos **valores fundamentais** para a proteção jurídica do meio ambiente.

Passaremos, então, a estudar cada um dos **subprincípios** que **decorrem do PUP**. São eles:

---

[24] Beniamino Caravita. I principi della politica comunitaria in materia ambientale, *Rivista Giuridica Dell'Ambiente*, p. 214. Em igual sentido: O princípio não objetiva, por certo, tolerar a poluição mediante um preço, nem se limita apenas a compensar os danos causados, mas, sim, precisamente, evitar o dano ao meio ambiente. Édis Milaré, *Direito do ambiente*, p. 101.

- Princípio da **Prevenção**.
- Princípio da **Precaução**.
- Princípio da **Função Socioambiental da Propriedade Privada**.
- Princípio do **Usuário-Pagador**.
- Princípio da **Responsabilidade Ambiental**.

Como ficará claro ao longo da exposição, tais princípios são bem diferentes entre si, tendo aplicação às mais variadas situações concretas. Contudo, o que salta aos olhos é que todos eles decorrem de um **mesmo tronco comum**, justamente o **poluidor/usuário-pagador**.

Dessa forma, todos esses princípios têm raiz na ideia de imputar àquele que faz uso do bem ambiental em seu proveito os **prejuízos sentidos pela sociedade (internalização das externalidades negativas)**. E mais: quando esses prejuízos **não puderem ser suportados pela sociedade**, a atividade poluente simplesmente **não deve ser permitida**.

### 7.6.1. Princípio da prevenção

O princípio da prevenção constitui um dos mais importantes axiomas do Direito Ambiental.

A sua importância está diretamente relacionada ao fato de que, **uma vez ocorrido qualquer dano ambiental, sua reparação efetiva é praticamente impossível**.

Uma espécie extinta é um dano irreparável. Uma floresta desmatada causa uma lesão irreversível, pela impossibilidade de reconstituição da fauna e da flora e de todos os componentes ambientais, em profundo e incessante processo de equilíbrio, como antes se apresentavam. Enfim, com o meio ambiente, decididamente, é melhor prevenir do que remediar.

O vocábulo **prevenção** liga-se à ideia de **cautela**, de **cuidado**, ou seja, de uma conduta tomada no sentido de **evitar o dano ambiental**.

Trata-se de **princípio expresso** no texto constitucional, como fica claro da leitura do ***caput* do art. 225**, que **impõe à coletividade e ao Poder Público o dever de *proteger* e *preservar* o equilíbrio ecológico**, para as presentes e futuras gerações.

Considerando, aliás, que o **dano ambiental é quase sempre irreversível**, o vocábulo ***proteção*** utilizado pelo art. 225 da CF/88 não deve ser tomado somente no sentido reparatório, mas principalmente no **sentido preventivo**, justamente porque a ideia de proteção e preservação liga-se à conservação da qualidade de vida para as futuras gerações.

> Em suma, o princípio da **prevenção** manda que, **uma vez que se saiba que uma dada atividade apresenta riscos de dano ao meio ambiente**, tal atividade **não poderá ser desenvolvida**; justamente porque, caso ocorra qualquer dano ambiental, sua reparação é praticamente impossível.

### ■ 7.6.2. Princípio da precaução[25]

Primeiramente, importante ficar claro que a **precaução é um princípio distinto do princípio da prevenção**.

Se semanticamente parece não haver muita diferença, o mesmo não se dá quando a comparação recai sobre a natureza e a teleologia desses princípios. Há uma diferença fundamental entre o que se pretende por intermédio da precaução e o que se quer pela prevenção.

Isso porque o princípio da **precaução** deve ser visto como um princípio que **antecede a prevenção:** sua preocupação não é evitar o dano ambiental, mas, antes disso, **pretende evitar qualquer *risco de dano* ao meio ambiente**.

> Dessa forma, nos casos em que é **sabido que uma atividade pode causar danos ao meio ambiente**, atua o princípio da **prevenção**, para impedir que o intento seja desenvolvido. Há, todavia, casos em que **não se tem certeza** se um empreendimento **pode ou não causar danos ambientais**. É justamente nessas hipóteses em que atua o princípio da **precaução**.

Como se vê, o caráter essencial e de difícil renovação dos recursos ambientais manda que o **cuidado seja redobrado**.

A intenção não é apenas **evitar** os **danos que se sabe que podem ocorrer (prevenção)**, mas também **evitar qualquer risco** de sua ocorrência **(precaução)**.

Tem-se utilizado, assim, o postulado da precaução quando se pretende **evitar o risco mínimo ao meio ambiente**, nos casos de **incerteza científica** acerca da sua potencial degradação.

Assim, quando houver **dúvida científica** da **potencialidade do dano** ao meio ambiente que qualquer conduta possa causar (por exemplo, liberação e descarte de organismo geneticamente modificado no meio ambiente, utilização de

[25] Além da bibliografia já citada para os princípios em geral, consulte-se de modo específico, Ramón Martin Mateo, *Manual de derecho ambiental*, p. 55; Silvia de Jaquenod Zsögon, *El derecho ambietal y sus principios rectores*, p. 372; M. Kloepfer. *Umweltrecht*, p. 74; D. Grimm, *Diezukunft der verfassung*, p. 209 e ss.; Guillermo Escobar Roca, *La ordenación del medio ambiente*; Jose Luiz Serrano Moreno, *Ecología Y derecho*, p. 163 e ss.; Michel Prieur, op. cit., p. 144; Paulo Afonso Leme Machado, *Estudos de direito ambiental*, p. 35 e ss.; Álvaro Luiz Valery Mirra. Princípios fundamentais do direito ambiental, *Revista de direito ambiental* 2/59 e ss.; Édis Milaré, *Direito do ambiente*, p. 103 e ss.

fertilizantes ou defensivos agrícolas, instalação de atividade ou obra, etc.), incide o princípio da **precaução** para **proteger o meio ambiente de um risco futuro**.

Foi exatamente nesse sentido que a **precaução** ocupou o item 15 da declaração de princípios da Conferência das Nações Unidas realizada no Rio, em 1992:

> "De modo a proteger o meio ambiente, o princípio da **precaução** deve ser amplamente observado pelos Estados, de acordo com suas capacidades. Quando houver **ameaça de danos sérios ou irreversíveis**, a **ausência de absoluta certeza científica** não deve ser utilizada como razão para postergar medidas eficazes e economicamente viáveis para prevenir a degradação ambiental."

Em última análise, então, impede-se que a incerteza científica (quanto a ser poluente ou não uma atividade) milite contra o meio ambiente, evitando que, no futuro, perceba-se que uma conduta não deveria ter sido permitida e lamente-se o dano ambiental ocorrido.

Invertem-se, com isso, os termos da equação: ao invés de caber aos órgãos de proteção ambiental provar que uma atividade pode causar danos ambientais, **é o empreendedor quem deve demonstrar cabalmente que a atividade que propõe não apresenta qualquer risco**.

Aliás, justamente com base no princípio da precaução, o **Superior Tribunal de Justiça** já entendeu que aquele a quem se imputa um dano ambiental (efetivo ou potencial) é quem deve suportar o ônus de provar que a atividade que desenvolveu não trazia nenhum risco ambiental. Obviamente, essa regra de imposição (judicial) do ônus do proponente do empreendimento ou da atividade — que é determinada pelo direito material — não pode ser exigida num processo administrativo ou judicial sem a devida fundamentação das razões pelas quais incide na hipótese a situação de risco; é preciso assegurar o direito de contraditório e ampla defesa, inclusive, como vetores necessários ao alcance de uma solução probatória que traga segurança ao julgador e à sociedade. Vejamos um trecho da notícia trazida no ***Informativo* n. 418:**

> "DANO. MEIO AMBIENTE. PROVA. INVERSÃO. (...) Dessa forma, a aplicação do **princípio da precaução** pressupõe a **inversão do ônus probatório:** compete a quem se imputa a pecha de ser, supostamente, o promotor do dano ambiental a comprovação de que não o causou ou de que não é potencialmente lesiva a substância lançada no ambiente. (...)" (STJ, 2ª Turma, REsp 1.060.753/SP, rel. Min. Eliana Calmon, julgado em 1º-12-2009).

O **ônus da prova**, assim, é do **proponente de um empreendimento**. É ele quem **deve provar que sua atividade não apresenta riscos ao meio ambiente**.

Caso contrário, restando alguma dúvida, o princípio da precaução manda que a atividade não seja desenvolvida.[26]

O princípio da precaução, portanto, tem uma finalidade ainda mais nobre do que a própria prevenção. Enquanto a prevenção relaciona-se com a adoção de medidas que corrijam ou evitem danos previsíveis, a precaução também age prevenindo, mas, antes disso, **evita-se o próprio risco ainda imprevisto**.

Considerando que o desenvolvimento científico em prol dos meios de produção é sensivelmente mais rápido que o desenvolvimento científico de técnicas de proteção do meio ambiente, a tendência é justamente que se adote, com mais frequência, o postulado da precaução, na medida em que se torna cada vez mais difícil apurar, em grau de certeza, se esta ou aquela atividade pode causar degradação da qualidade do ambiente.

### 7.6.3. Princípio da função socioambiental da propriedade privada[27]

#### *7.6.3.1. Introito*

Como foi visto anteriormente, embora o poluidor/usuário-pagador seja um princípio de raiz econômica, certamente a sua interpretação não é meramente econômica, senão porque é, antes de tudo, um princípio de **proteção jurídica** do ambiente.

---

[26] Mais especificamente sobre *o ônus da prova na responsabilidade civil em matéria ambiental* e sua relação com o princípio da precaução, conferir, no próximo capítulo, o tópico relativo ao nexo causal na responsabilidade civil.

[27] Antônio Herman de Vasconcellos e Benjamin, Desapropriação, reserva florestal legal e áreas de preservação permanente, in *Temas de direito ambiental urbanístico*, p. 63-81, e Introdução à lei do sistema nacional de unidades de conservação, in *Direito ambiental das áreas protegidas*, p. 276; Lúcia Valle Figueiredo, *Disciplina urbanística do direito de propriedade*, 1980; Guilherme José Purvin de Figueiredo, *A propriedade no direito ambiental*, 2004; Miguel Reale, *Lições preliminares de direito,* 2002; Richard Pipes, *Propriedade e liberdade*, 2001; Caio Mário da Silva Pereira, *Instituições de direito civil*, v. IV, 12. ed., p. 74 e ss.; J.J. Gomes Canotilho, *Proteção do ambiente e direito de propriedade*, 1995; André Fontes, *A pretensão como situação jurídica subjetiva*, 2002; Helita Barreira Custódio, Indenização ou compensação financeira por limitação administrativa ao exercício do direito da propriedade revestida de vegetação de preservação permanente: inadmissibilidade jurídica, *Revista de Direitos Difusos,* p. 51; Ana Cláudia Bento Graf e Márcia Dieguez Leuzinger, A função ambiental da propriedade, *Revista de Direitos Difusos*, p. 25; Carlos Alberto Dabus Maluf, *Limitações ao direito de propriedade*, 1987; José Afonso da Silva, *Direito urbanístico brasileiro*, 1995; Hely Lopes Meirelles, *Direito administrativo brasileiro,* 2001; José Afonso da Silva, *Direito constitucional ambiental*, 1994; Celso Antônio Bandeira de Mello, *Curso de direito administrativo*, 1996; Helli Alves de Oliveira, Intervenção estatal na propriedade privada motivada pela defesa do meio ambiente, *Revista Forense*, 1997; Guilherme José Purvin de Figueiredo e Márcia Dieguez Leuzinger, Desapropriações ambientais na Lei n. 9.985/2000, in *Direito ambiental das áreas protegidas*, p. 463; Sérgio de Andréa Ferreira, *O direito de propriedade e as ingerências administrativas*, 1980; Celso Ribeiro Bastos, *Curso de direito administrativo*, 2001; Carlos Ari Sundfeld, *Fundamentos de direito público*, 2002; Maria Sylvia Zanella di Pietro,

Procuraremos demonstrar que, se é a partir dos estudos das ciências econômicas que temos a compreensão da teoria das externalidades, as soluções para os problemas daí gerados devem ser dadas de acordo com as regras de Direito, que, no caso, são de cunho constitucional ambiental.

Também neste tópico, estabeleceremos algumas premissas acerca da função ecológica dos bens ambientais, o regime jurídico de uso comum ao qual estão submetidos e de que forma esses aspectos influenciam na livre concorrência, na livre-iniciativa, no uso de matéria-prima com funções econômicas, enfim, como a propriedade privada se comporta diante do poluidor/usuário-pagador, que acaba limitando internamente o seu conteúdo. Trata-se, pois, da função socioambiental da propriedade privada.

### *7.6.3.2. Enquadramento do tema*

Eis aqui um dos temas cardeais na implementação do princípio do poluidor/usuário-pagador (PUP). Ao mesmo tempo em que é de capital importância à implementação desta nova ciência, é também um instituto de dificílimo tratamento, nem tanto no teórico, mas especialmente no campo prático.

De tudo quanto já se falou sobre a **crise do Estado Liberal e da sua superação pelo Estado Social**, é exatamente neste ponto que os mais difíceis problemas para enfrentamento da mudança de paradigma se manifestam.

Não é tão difícil entender o porquê dessas dificuldades, já que a sacrossanta e intocável **propriedade privada**, bem como os efeitos que dela decorrem, consegue ser, a um só tempo, um instituto e um direito subjetivo que **constitui a base da sociedade liberal** e, segundo alguns, a raiz genética da própria liberdade individual.

Assim, impossível haver essa superação de paradigma (Estado Liberal para Estado Social) sem que seja revisitado o núcleo dessa crise: a **propriedade privada**.

Na verdade, talvez o que se precise é justamente dar um colorido de **solidariedade ao uso da propriedade privada**. Enfim, solidariedade que deveria, há muito, ser concretizada no espírito de fraternidade, que acabou sendo apenas um

*Servidão administrativa*, 1978; Noely Rodrigues Prezia Oliveira, Limitações administrativas, in *Seminário de Direito Ambiental e Imobiliário*, p. 89; Pedro Ubiratan Escorel de Azevedo, Indenização de áreas de interesse ambiental: pressupostos e critérios, in *Seminário de Direito Ambiental e Imobiliário,* p. 81; Urbano Ruiz, Pressupostos e critérios de indenizações nas intervenções do poder público na propriedade privada, na preservação de reservas florestais, in *Seminário de Direito Ambiental e Imobiliário*, p. 75; Márcia Dieguez Leuzinger, Criação de espaços territoriais especialmente protegidos e indenização, *Revista de Direito Ambiental,* p. 108.

chavão formal e irreal do liberalismo, já que ficou restrita à estampa na flâmula da revolução francesa.

Como se verá, o Direito Ambiental é, sem dúvida, o fator mais legitimante para contenção ou revisitação da clássica noção de propriedade. Afinal, é unanimidade mundial o reconhecimento da necessidade de proteção do meio ambiente, e de nada adianta cercar a propriedade privada de uma feição egoísta e contrária aos interesses do ambiente. Nesse passo, o PUP é o vetor de implementação dessa revisitação de conceitos e funções da propriedade privada.

### ■ 7.6.3.3. A relação do PUP com a propriedade privada

Vimos, anteriormente, que o princípio do poluidor/usuário-pagador pretende que as externalidades negativas ambientais sejam internalizadas no custo do produto a ser lançado no mercado de consumo. Essa internalização leva em consideração todo o custo de prevenção, controle e repressão dos prejuízos ambientais causados pela atividade econômica. Aliás, disse-se ainda que a pré-avaliação desses custos e a conclusão de que os riscos são impossíveis de serem absorvidos pelo ambiente (e pelos seus titulares = povo) podem levar inclusive à decisão de simplesmente impedir o exercício da atividade econômica.

Se bem percebida, **esta característica do PUP penetra diretamente no núcleo da clássica conceituação da propriedade privada**.

Basta lembrarmos da regra tradicional, no sentido de que o **proprietário é livre para usar, gozar e dispor de seus bens da maneira que bem entender**, salvo restrições legais.

Trata-se de preceito afinado com as intenções de uma sociedade liberal, em que não se poderia, jamais, pensar na possibilidade de o Estado impor limitações ao exercício do direito de propriedade.

Hoje, com o advento do Estado Social, a situação é outra.

A própria Constituição Federal de 1988, ao mesmo tempo em que **garante o direito de propriedade (art. 5º, XXII)**, deixa bem claro que esta tem uma **função social a cumprir (art. 5º, XXIII)**.

Prevê, ainda, instrumentos de intervenção do Estado na propriedade privada, como a **desapropriação por necessidade/utilidade pública ou por interesse social (art. 5º, XXIV)**.

Enfim, não é que se tenha abolido o direito de propriedade. É claro que não. Afinal, ele constitui a base de todo o sistema capitalista.

A diferença é que, agora, o exercício do direito de propriedade se sujeita a limitações de toda ordem. A maneira como o proprietário usa, goza e dispõe de seus bens deve atender não apenas aos seus próprios interesses, mas também aos interesses de toda a sociedade. É nesse sentido que se fala em **função social da propriedade**.

Pensamos que é nesse contexto que devem ser entendidas as **limitações impostas pelo Direito Ambiental ao exercício das atividades econômicas e da livre-iniciativa**.

Anteriormente, sob a égide do paradigma liberal, seria impensável, por exemplo, proibir que o proprietário de uma área utilizasse seus próprios recursos para ali colocar em prática algum empreendimento econômico, como a extração de madeira nativa.

Hoje, como vimos, o **princípio do poluidor/usuário-pagador** manda que o empreendedor suporte todos os **"custos ambientais"** que sua atividade provoque. E mais: se estes custos representarem qualquer perda irreparável para o equilíbrio ecológico, a **atividade simplesmente não deve ser desenvolvida**.

Como se vê, não podemos mais dizer que o proprietário seja completamente livre para usar, gozar e dispor da coisa que lhe pertence. Antes, além de reclames de ordem social, deve fazer uso de seu domínio de forma a atender aos interesses que a **manutenção do equilíbrio ecológico lhe impõe**. Fala-se, então, na **função socioambiental da propriedade privada**.

Prova dessa verdadeira mudança de paradigma por que passou a concepção da propriedade privada são algumas das disposições do **Código Civil de 2002**.

Em seu **art. 1.228**, logo após definir no *caput* as clássicas faculdades outorgadas ao proprietário, delimitou que o **exercício do direito de propriedade deve atender a certas finalidades**, inclusive de cunho ambiental. Vejamos:

> "Art. 1.228. O proprietário tem a faculdade de usar, gozar e dispor da coisa, e o direito de reavê-la do poder de quem quer que injustamente a possua ou detenha.
> § 1º O direito de propriedade deve ser **exercido em consonância com as suas finalidades econômicas e sociais** e de modo que sejam preservados, de conformidade com o estabelecido em lei especial, **a flora, a fauna, as belezas naturais, o equilíbrio ecológico** e o patrimônio histórico e artístico, bem como **evitada a poluição do ar e das águas** (...)."

Não podemos esquecer, também, que o **direito a um meio ambiente ecologicamente equilibrado** pertence não a este ou àquele indivíduo, mas a **todas as pessoas**, inclusive àquelas que ainda estão por vir.

Dessa forma, ainda que alguém possa ser proprietário de uma certa área, não se torna dono exclusivo dos recursos ambientais que ali se encontram. Por isso mesmo, o uso que faz de sua propriedade privada não pode, em hipótese alguma, comprometer o direito de todos ao equilíbrio ecológico.

Nesse contexto, verifica-se que, por mais insana e paradoxal que possa parecer essa afirmativa, as **limitações que o Direito Ambiental impõe à propriedade privada** (nesse particular, concretizadas pelo PUP) **visam proteger também o direito de propriedade**, mas a **propriedade de todos sobre o meio ambiente ecologicamente equilibrado**.

Lembramos, ainda, que a Constituição Federal garante que **"ninguém será privado dos seus bens sem o devido processo legal" (art. 5º, LIV)**.

Dessa forma, sempre que alguém pretender **privar a coletividade de seu direito a um meio ambiente ecologicamente equilibrado**, deve observar as **limitações de ordem procedimental e material** (devido processo legal, em suas acepções formal e substancial) que o ordenamento jurídico coloca para tanto. Sob esse enfoque, então, podem também ser entendidas as restrições que o Direito Ambiental impõe à propriedade privada.

Não se deve perder de vista que os **mesmos bens** (componentes bióticos e abióticos) que formam, em conjunto, o **equilíbrio ecológico** são também os bens que **servem às atividades econômicas, culturais e artificiais em geral**.

Enfim, a matéria-prima da Ecologia e da Economia é uma só. Por isso, devido à sobranceria e à preponderância da função ecológica sobre a função econômica (e, portanto, da propriedade pública sobre a propriedade privada), é inadmissível que o exercício da propriedade privada limite o direito de todos ao meio ambiente ecologicamente equilibrado.

É, pois, para preservar o direito de "propriedade ambiental" (uso comum do equilíbrio ecológico) que a propriedade privada, base da economia capitalista, recebe nova formatação. Formatação esta que pretende compatibilizar o interesse privado com o interesse público ambiental, de forma que o uso, o gozo e a disposição dos bens objeto da propriedade privada não colidam com a função ecológica que esses mesmos bens possuem — e devem continuar a possuir — para esta e as próximas gerações.

Como se verá agora, os elementos do dado (bens ambientais) são anteriores aos elementos do construído (bens artificiais), e, nesse passo, a preservação dos primeiros deve ser prioritária e antecedente à proteção da propriedade privada, pois, em última análise, os primeiros são responsáveis pela vida de todos, e os segundos são direito exclusivo de seu titular.

### ■ *7.6.3.4. Os bens ambientais (bióticos e abióticos): o dado, o construído e o predomínio da função ecológica dos bens ambientais sobre sua função econômica*

Retornemos a alguns milhões de anos, a uma época em que não existiam seres humanos. Aqui, neste planeta, encontraríamos, antes de tudo, água, terra, luz, calor, umidade, pressão, vento. Um pouco depois, animais e plantas, dentre outros componentes daquilo que chamamos de natureza.

Quando surgimos, portanto, não encontramos um "nada", porque ditos "componentes" já existiam; e existiam, inclusive, para que também pudéssemos existir.[28]

Por serem **anteriores ao ser humano** e, especialmente, por **não terem sido por ele criados** (antes, o inverso), os **componentes da natureza** — como a água, o solo com os seus elementos químicos, a temperatura, a biota (fauna e flora), a pressão, a umidade, etc. — são os elementos do que chamaremos de **"dado"**.

A seu turno, tudo aquilo que seja **posterior ao ser humano**, que tenha sido **gerado pela sua arte ou transformação** (portanto, que inexistia antes do seu surgimento), corresponde ao que denominamos **"construído"**.

O **dado** e o **construído**, então, nada mais são do que elementos que **não foram criados** e elementos que **foram criados pelos seres humanos**, respectivamente.

Dentre os elementos que compõem o **dado**, verifica-se a presença dos **componentes da natureza**, **todos anteriores e precursores da própria existência humana**. Assim, a água é água antes de o homem existir, a luz é luz antes de o homem surgir, a pressão, *idem*, o mesmo para o clima, etc. O fato de o homem nominar a água de "água" não lhe confere nenhum poder de criação sobre este elemento da natureza que lhe foi dado quando passou a existir. No mesmo sentido, são elementos que permaneceriam os mesmos, caso houvesse a extinção do ser humano.

A importância dessa diferenciação, entre o que é ou não obra do ser humano, é fundamental para se compreender diversos fenômenos do direito positivo e, nesse passo, tem especialíssima contribuição para o Direito Ambiental, na medida em que se trata da ciência que cuida das regras e dos princípios atinentes à proteção do meio ambiente.

Qual a importância de se identificar a natureza artificial ou natural de um elemento (dado ou construído)? É capital, diríamos, pois aquilo que naturalmente existe possui estrutura, funções, propriedades e características que **independem da vontade humana**, já que surgiu antes dele e sem a sua participação.

Raciocinemos com a água, um bem ambiental por excelência. Para que serve a água? Ora, responderíamos esta indagação com alguma dúvida, já que

---

[28] Afinal, a partir da teoria biogenética, o primeiro organismo celular, do qual todos os seres com vida derivam, nasceu da "sopa proteica", que nada mais foi do que uma mistura (e reações) de diversos elementos químicos existentes na natureza.

inúmeras são as funções que lhe são atribuídas. Se respondêssemos "para navegação", "para agricultura", "para o consumo", "para a higiene", "para o ciclo hidrológico", etc., teríamos como corretas todas as respostas citadas.

É claro. Os **bens ambientais têm fins e usos múltiplos**, podendo servir ao mesmo tempo ao **ecossistema natural** e ao **meio social**, e, em relação a este último, várias são as formas de aproveitá-lo. Basta olhar a nossa volta e perceber que tudo o que usamos (do papel do livro à luz que ilumina a sua leitura) tem origem nos elementos ou componentes ambientais.

Todavia, **às vezes os referidos usos não são convergentes**, ou seja, o **uso social e o econômico não se compatibilizam com a sua função ecológica**.

Pergunta-se, então: qual dessas funções é a mais importante? Será o uso (função) econômico ou o uso (função) ecológico? Qual das duas funções deve prevalecer caso não possam ser compatibilizadas?

A resposta é simples: **deve prevalecer a função primordial, primeva e conatural do elemento, que é manter o equilíbrio ecológico**. Ora, por mais que o ser humano pretenda atribuir funções ou alterar a natureza jurídica dos elementos que compõem o dado, é certo que as funções e propriedades dos seus elementos — as que sejam conaturais — são absolutamente independentes e autônomas em relação ao ser humano.

> Portanto, o fato de o ser humano atribuir aos elementos que compõem a natureza **outras funções**, além daquelas às quais naturalmente se prestam, **não possui o condão de alterar as propriedades desses elementos, nem mesmo de alterar-lhes as funções vitais e imanentes**.

Assim, tem-se que os bens ambientais (bióticos e abióticos) são elementos ou componentes do que nos foi dado, advindos das leis naturais, muito anteriores ao ser humano. Suas funções, propriedades e características independem da vontade humana, que até poderá delas se utilizar para outorgar outras funções e elementos que poderão ser denominados artificiais ou construídos.

É certo que o ser humano até pode se utilizar desses **bens ambientais** para lhes dar **outras funções** ou para criar **elementos distintos**. Entretanto, por mais importância que culturalmente possam ter essas funções criadas pelo ser humano, isso não desnatura as suas funções prioritárias: trata-se de **fatores indispensáveis à manutenção do equilíbrio ecológico**.

É, então, partindo dessa premissa que o Direito Ambiental, ciência inventada pelo homem, deve estabelecer suas regras e seus conceitos fundamentais, tendo sempre em vista que **a função ecológica dos bens ambientais é essencial, não só para que existam outras funções criadas pelo ser humano, mas especialmente para que exista o próprio ser humano para criá-las**.

> Em resumo, **a função ecológica dos bens ambientais** deve sempre **prevalecer sobre outras funções** que o homem venha a lhes atribuir. Afinal, são as **atividades humanas** que **dependem da função ecológica**, e não o contrário.

### ■ *7.6.3.5. Concluindo: a função socioambiental da propriedade privada*

Vimos, até agora, que uma das maiores — senão a maior — consequência da mudança de paradigma em relação ao papel do Estado é a sua **maior intervenção na propriedade privada**.

Se antes a propriedade era vista como algo intocável, que outorgava a seu titular poderes para fazer o que quisesse com o bem, hoje o **direito de propriedade** ganha um caráter mais **solidário**. Em resumo, o exercício das faculdades inerentes ao domínio deve **atender não apenas aos interesses particulares** de seu titular, mas também aos **interesses de toda a sociedade**.

Vimos, ademais, que o fato de ser possível ao ser humano atribuir uma série de finalidades artificiais aos recursos ambientais não descaracteriza a sua **função natural**, anterior à própria existência humana, que é a de **servir à manutenção do equilíbrio ecológico**. Por isso mesmo, e também porque esse equilíbrio é **essencial para todas as formas de vida**, o **uso ecológico do bem ambiental deve ser sempre privilegiado** em relação a seu uso artificial.

Lembremos ainda que, como dito, o fato de alguém tornar-se proprietário de uma dada área não faz com que se torne o dono dos recursos ambientais que ali se encontram. Afinal, os **bens ambientais** servem à manutenção do **equilíbrio ecológico**, que, segundo consagra a Constituição Federal, é bem de **uso comum do povo** (art. 225, *caput*).

Por tudo isso é que podemos afirmar que as **regras de proteção jurídica do meio ambiente** dão **nova formatação à propriedade privada**. Justamente porque a **função ecológica** dos bens ambientais a todos pertence, o exercício do direito de propriedade não pode, de forma alguma, prejudicar o **uso ambiental** dos recursos naturais.

O **direito de propriedade compromete-se**, nessa nova realidade, não mais apenas com os interesses particulares e econômicos de seu titular, mas também com a **manutenção do equilíbrio ecológico**. Falamos, então, na **função socioambiental da propriedade privada**.

Afinal, repitamos, o **uso artificial** (econômico, social, etc.) do **bem ambiental** não pode comprometer o desempenho de sua **função ecológica** e de seu **uso comum**, direitos de todos, das presentes e futuras gerações.

O que seria, então, esse **uso comum** dos bens ambientais, a que todos fazem jus segundo o art. 225, *caput*, da Constituição Federal?

Aqui, novamente, torna-se necessário o abandono das concepções meramente antropocêntricas do meio ambiente.

Afinal, é o **meio ambiente ecologicamente equilibrado** que constitui **bem de uso comum do povo**. Trata-se, porém, como já vimos, de resultado da interação de uma série de fatores naturais (bióticos e abióticos), que desempenham uma **função** na manutenção do equilíbrio. E, se assim o é, **apenas protegendo a função ecológica** dos recursos naturais, será possível **garantir a manutenção do equilíbrio ecológico**.

Deve, portanto, ser colocada sempre **em primeiro plano a tutela da função ecológica dos bens ambientais**. Somente após garanti-la, é que se pode pensar nos usos desses bens para satisfazer as necessidades humanas.

A expressão **"uso comum do povo"** (CF, art. 225, *caput*), dessa forma, deve ser entendida como aquele uso voltado a satisfazer não as necessidades da população (necessidades humanas, portanto), mas, antes disso, as **necessidades impostas pelo meio ambiente**.

Uma vez assegurada, então, tal função ecológica, podemos pensar na **satisfação das necessidades humanas**.

Quanto a estas, primeiramente deve ser privilegiado o **uso comum** dos bens ambientais, ou seja, aquela utilização que **vise satisfazer as necessidades de toda a coletividade**. Trata-se de utilizar o bem ambiental em sua forma mais primitiva, de voltar a garantir a subsistência do ser humano.

Apenas, então, garantido esse **uso coletivo** dos recursos naturais, é que se pode pensar em seu **uso individual**, ou, ainda, em seu **uso com finalidades econômicas**.

Importante ficar claro: não se diz aqui que não se deve dar utilização econômica ou com meros interesses individuais aos bens ambientais. O que se afirma somente é que o uso individual/econômico não pode comprometer sua capacidade de atender aos interesses de toda a coletividade e, mais que isso, sua função na manutenção do equilíbrio ecológico.

Voltemos, para aclarar as ideias, ao exemplo da **água**, bem ambiental por excelência.

Pode ela ser utilizada para satisfazer os interesses exclusivos do ser humano? É claro que sim. Não há problema algum, *a priori*, em o homem se utilizar da água para suas mais básicas necessidades, como hidratação, higiene, etc.

Essa utilização, porém, não pode, em qualquer hipótese, comprometer uma outra função da água, anterior ao próprio ser humano ou a qualquer outra forma de vida: trata-se de bem fundamental na manutenção do equilíbrio ecológico.

Garantida essa função ecológica da água, é evidente que o homem pode fazer uso dela para satisfazer as necessidades da coletividade.

Avançando um pouco: poderia a água ser utilizada para satisfazer os interesses meramente econômicos deste ou daquele indivíduo? Pode uma empresa fazer uso da água para, por exemplo, produzir refrigerantes ou qualquer outro bem de consumo?

Novamente, a resposta é afirmativa. Não há óbice em dar utilização econômica aos bens ambientais (uso incomum), desde que, antes disso, seja respeitada sua função para toda a coletividade (seu uso comum) e, mais ainda, sua função ecológica.

Disso resulta uma escala de valores, em que, primeiramente e acima de tudo, deve-se garantir o desempenho da **função ecológica** dos bens ambientais para, depois, pensar-se em seu uso para satisfazer as **necessidades humanas coletivas**. Apenas quando garantidas estas, é que se pode pensar no **uso econômico** dos recursos naturais.

Como se vê, o direito de propriedade ganha novos contornos, o que obriga seu titular a preocupar-se não apenas com a função que seus bens desempenham perante toda a sociedade, mas, acima disso, com a sua função ecológica. Há, nessa nova realidade, uma **função socioambiental da propriedade privada**.

> Em resumo, a **função socioambiental da propriedade privada** manda que o exercício das faculdades inerentes ao domínio se dê de modo a não prejudicar a **função ecológica** dos bens ambientais. Afinal, o equilíbrio ecológico a todos pertence.
> Assim, sempre que o uso incomum de um bem ambiental puder prejudicar o uso comum a que faz jus toda a população e, acima de tudo, sua função na manutenção do equilíbrio ecológico, **é a função ecológica que deve prevalecer**.
> Importante, ainda, ficar atento ao fato de que o princípio não apenas impõe que o proprietário **se abstenha de comportamentos lesivos ao entorno**, mas também pode autorizar a **imposição de comportamentos positivos** em prol do meio ambiente.

## ■ 7.6.4. Princípio do usuário-pagador: o custo e o pagamento pelo "empréstimo" do bem ambiental

### ■ *7.6.4.1. Poluidor-pagador e usuário-pagador*

Ao longo de todo o capítulo, falamos inúmeras vezes no **poluidor/usuário-pagador** como sendo um dos valores fundamentais do direito ambiental. Se bem percebida, porém, a expressão pode ser dividida em duas outras: **poluidor-pagador** e **usuário-pagador**.

A primeira, **poluidor-pagador**, diz respeito à proteção da **qualidade** do bem ambiental, mediante a verificação prévia da **possibilidade ou não de internalização de custos ambientais no preço do produto**, até um patamar que não justifique economicamente a sua produção, ou que estimule a promoção ou a adoção de tecnologias limpas que não degradem a qualidade ambiental.

Já a segunda expressão, **usuário-pagador**, também tem por base a mesma ideia, de imputar-se àquele que faz uso do bem ambiental em seu exclusivo proveito os prejuízos sentidos por toda a sociedade. A diferença, contudo, é que, agora, as preocupações **não se voltam mais à poluição** do meio ambiente, mas ao **uso dos bens ambientais**. Repita-se, ainda que **não haja qualquer degradação**.

A diferença, portanto, é que, enquanto o **poluidor-pagador** preocupa-se com a **qualidade do ambiente** e de seus componentes, o **usuário-pagador** volta suas atenções à **quantidade dos recursos ambientais**.

Agora, a preocupação não é mais tanto com a degradação da qualidade ambiental, mas com **estabelecer uma consciência para o uso racional dos recursos naturais**, permitindo uma socialização justa e igualitária de seu uso.

Importante registrar que a **expressão usuário-pagador não é nova**, nem na doutrina nem na legislação ambiental brasileira, e há muito pode ser diferenciada da ideia estrita de poluidor-pagador, embora ambas concretizem a mesma ideia-raiz.

Quando se observa o **art. 4º, VII, da Lei n. 6.938/81** (Política Nacional do Meio Ambiente), percebe-se que o legislador brasileiro, já na década de 1980, reconhecendo a natureza difusa do bem ambiental, expressamente **diferenciou** o **poluidor/predador** do **usuário** dos bens ambientais. O texto é claro:

> "Art. 4º A Política Nacional do Meio Ambiente visará: (...)
> VII — à imposição, ao **poluidor e ao predador**, da obrigação de recuperar e/ou indenizar os danos causados e, ao **usuário**, da contribuição pela utilização de recursos ambientais com fins econômicos."

Seguindo a mesma linha, a **Constituição Federal de 1988** expressamente acolheu este subprincípio ao dizer, no ***caput* do art. 225**, que os bens ambientais são de **"uso comum do povo"**.

Expliquemos: sendo os bens ambientais de natureza difusa e sendo o seu titular a coletividade indeterminada, aquele que **usa o bem em prejuízo dos demais titulares passa a ser devedor desse "empréstimo"** (usuário-pagador), além de ser responsável pela sua eventual degradação (poluidor-pagador).

Portanto, acolhe a ideia de que o bem ambiental deve ter um uso comum, e qualquer outro uso que lhe dê uma sobrecarga invulgar ou incomum não pode ser livre e gratuito, pois seria uma usurpação da propriedade do povo.

É nesse sentido e alcance, então, que o usuário-pagador deve ser diferenciado do poluidor-pagador. A expressão é diversa porque, se é certo que todo poluidor é um usuário (direto ou indireto) do bem ambiental, nem todo usuário é poluidor.

Dessa forma, o **princípio do usuário-pagador obriga a arcar com os custos do "empréstimo" ambiental** aquele que se beneficia do ambiente (econômica ou moralmente), mesmo que esse uso não cause qualquer degradação. É claro que, se houver **degradação**, deve arcar também com a respectiva reparação, entrando em cena, também, o **poluidor-pagador**.

| POLUIDOR-PAGADOR | USUÁRIO-PAGADOR |
|---|---|
| ■ Visa, quando possível, internalizar no custo dos produtos os prejuízos sentidos por toda a sociedade com a **degradação** do meio ambiente.<br>■ Destina-se a atividades **poluentes**.<br>■ Preocupa-se com a **qualidade** dos recursos naturais. | ■ Visa imputar ao **usuário** dos bens ambientais o custo por seu **"empréstimo"**.<br>■ Destina-se a atividades **não poluentes**.<br>■ Preocupa-se com a **quantidade** dos recursos naturais. |

### ■ *7.6.4.2. Usuário-pagador e poluidor-pagador: inexistência de* bis in idem

Assim, até aquele que não seja poluidor, mas **simples usuário** (de modo incomum) do bem ambiental, deve **pagar pelo "empréstimo" do componente ambiental que utilizou**.

Explicando melhor: se é verdade que os bens ambientais são de uso comum, porque pertencem a toda a coletividade, é verdade também que aquele que se utiliza dos componentes ambientais de forma incomum deverá pagar a conta pelo uso invulgar, ainda que "devolva" o componente ambiental nas mesmas ou em melhores condições do que quando o tomou por "empréstimo".

Isso porque, pelo menos por algum momento, teria havido um cerceamento do uso normal do bem ambiental. Ou, em outras palavras, privilegiou-se para algum usuário o uso invulgar de um bem que a todos pertence.

Situação diferente dessa, repitamos, é a que ocorre quando há **dano ao meio ambiente**. Ou, em outras palavras, quando há **poluição**. Nesses casos, em que incide o princípio do **poluidor-pagador**, aquele que causa a degradação deve **arcar com a reparação do dano causado**.

Fica claro, portanto, que **não há *bis in idem*** quando a **mesma pessoa** tiver que arcar com os custos pelo **uso** e pela **poluição** do meio ambiente.

No primeiro caso, responde pela utilização de um bem que é de uso comum do povo. No segundo, responde pela degradação do bem de uso comum do povo. Portanto, as hipóteses de incidência são diversas, assim como os fatos que a elas se subsumem.

### ■ *7.6.4.3. O preço pelo uso incomum do bem ambiental*

Quanto à possibilidade de se estabelecer um **preço pelo uso do bem ambiental**, é algo que não parece tão chocante assim se considerarmos que os **bens**

**são finitos**, o **aumento da população** é cada vez maior, o **custo de administração** dos bens ambientais entre os usuários é também cada vez maior, etc.

Em suma, a **necessidade de impor um uso eficiente e racional** dos recursos ambientais é uma necessidade cada vez mais imperiosa.

Ora, sabe-se que a mentalidade dominante na população é a de que tais bens são gratuitos, fato que se justificava por se achar que eram abundantes e inesgotáveis, daí por que eram considerados como *res nullius*.

Hoje, todavia, a situação é outra. Uma vez reconhecida a esgotabilidade dos bens ambientais, cresce a necessidade de se dar um uso racional a eles, visando a manutenção de suas funções essenciais à vida. Passa a ser admitida, com isso, a **fixação de preço pelo uso do bem ambiental**.

É claro que a cultura do usuário-pagador terá de ser implementada aos poucos, especialmente quando se está diante de pagamento pelo "uso comum" do bem ambiental, porque a população sempre teve em mente que tais bens seriam gratuitos, o que não deixa de ser reflexo de uma cultura liberal individualista.

Todavia, quando se trata de uso incomum do bem ambiental, ou seja, quando se pretende destiná-lo a uma função invulgar (econômica, por exemplo), parece-nos óbvio que esse empréstimo já deveria, há muito, ser cobrado. Veja que não estamos falando em cobrança pela poluição, senão apenas pelo uso incomum do bem ambiental. Uso este que está no início e no fim da cadeia de produção e consumo.

Assim, por exemplo, a água e o ar servem como matéria-prima de produção e também servem de local ou despejo dos resíduos. O custo do uso desses bens deverá ser cobrado e exigido até como forma de financiar e manter livre e gratuito o seu uso comum para as presentes e futuras gerações.

#### ■ 7.6.4.4. *Técnicas de cobrança do usuário-pagador*

Reconhecido que o equilíbrio ecológico e os respectivos componentes ambientais têm uma **natureza difusa**, embora **geridos pelo Poder Público**, o **regime jurídico** a que estão submetidos é, sem dúvida, o de **direito público**, com todas as regras e princípios a ele inerentes.

Assim, dependendo do caminho escolhido pelo operador do Direito, duas são as vias para se estabelecer a contraprestação a ser paga pela utilização dos bens ambientais: por meio de **receita originária (preço público)** ou de **receita derivada (tributação/fiscalidade ambiental)**.

A primeira, mais interessante segundo o nosso ponto de vista, é aquela que trata esta contraprestação como uma **receita originária do Poder Público**. Tais receitas caracterizam-se como **provenientes do Estado ou do exercício de suas atividades**.

Expliquemos: sendo os componentes ambientais verdadeiros **bens de gestão do Estado**, que controla o seu uso de forma a atender, prioritariamente, ao interesse público, certamente, ao se dizer que **constituem bem público**, permite-se que ele estabeleça um regime jurídico de uso comum e incomum desse bem.

Com isso, a **autorização, permissão ou concessão do uso desse bem** pode ser **remunerada**, integrando, portanto, o que se denomina de **receita originária do Estado**, que é remunerado por um bem que administra. Não se compra o bem ambiental, mas apenas o seu uso.

Assim, os bens ambientais e a sua gestão são de domínio público (uso comum do povo). Por isso, deve-se pagar pelo seu uso (prioritariamente pelo uso incomum) como forma de manter a integridade e o uso racional e comum por todos. Nesse caso, o valor a ser pago pelo usuário (especialmente o incomum) do bem ambiental, como forma de retribuição pelo uso do bem público, recebe o nome de **preço público**, utilizando a nomenclatura do Direito Financeiro.[29]

Uma das primeiras experiências, senão a primeira, desenvolvida aqui no Brasil acerca da **cobrança pelo uso de bem ambiental** é o que está previsto na **Lei de Gerenciamento de Recursos Hídricos (Lei n. 9.433/97)**.[30]

Ali, desde o **art. 1º, I**, vê-se que **"a água é um bem de domínio público"** e que se deu natureza de **receita originária (bem público) ao valor que o usuário paga pela contraprestação pelo uso da água**.

É que são "instrumentos da Política Nacional de Recursos Hídricos" (art. 2º): **"III — a outorga dos direitos de uso de recursos hídricos"**; e **"IV — a cobrança pelo uso de recursos hídricos"**.

Perceba-se, ainda, que, pelo **art. 12, § 1º**, apenas os usos de cunho **"insignificante"** é que estarão dispensados da outorga e do pagamento do preço. Vejamos:

> "§ 1º Independem de outorga pelo Poder Público, conforme definido em regulamento:
>
> I — o uso de recursos hídricos para a satisfação das **necessidades de pequenos núcleos populacionais**, distribuídos no meio rural;
>
> II — as derivações, captações e lançamentos considerados **insignificantes**;
>
> III — as acumulações de volumes de água consideradas **insignificantes**."

---

29 Bilac Pinto, As classificações teóricas da receita pública, *Revista Forense*, Rio de Janeiro, 144:529-539.

30 Para análise mais pormenorizada da Lei n. 9.433/97, conferir, *supra*, o *item 6.5.4*.

A segunda forma de arrecadação pelo uso dos bens ambientais se dá por meio do que se denomina **receita derivada**. Esta, ao contrário da arrecadação originária, não decorre do patrimônio ou serviço prestado pelo Estado, mas do seu Poder de Império de **exigir e sujeitar o patrimônio do particular ao pagamento de tributos**. É o que estudaremos nos tópicos seguintes.

> Em resumo, tem-se que, pelo **princípio do usuário-pagador**, pretende-se instituir a **cobrança pelo uso do bem ambiental** e, com isso, estabelecer uma racionalização dos recursos naturais, já que se reconhece a sua condição de finitos e insustentáveis. A cobrança por esse uso pode ser feita por meio de **preço público** ou por meio de **tributação**.

### ■ 7.6.4.5. *Usuário-pagador e tributação ambiental*

Como acabamos de ver, a **cobrança pelo uso do bem ambiental** pode ser feita por meio de duas técnicas distintas.

A primeira delas, formadora de receita originária do Estado, é aquela em que é cobrado um **preço público** pelo uso do bem ambiental.

A outra, que traz maiores dificuldades teóricas e práticas, é a da **tributação**, geradora de **receita derivada do Estado**. É ela que passamos a estudar.

Antes, vale dizer que, por meio de **regras tributárias**, o **Estado intervém diretamente na economia**, regulando condutas, condicionando e incentivando comportamentos afeiçoados aos objetivos que pretende atingir.

Tendo em vista, por um lado, a íntima relação do Direito Tributário com a Economia e, por outro lado, considerando também que o princípio do poluidor-pagador tem raízes na Economia, é certo que existe aí um ponto de convergência que, dependendo da forma como for utilizado, poderá ser destruidor ou empreendedor dos objetivos ambientais.

A relação entre meio ambiente e tributação constitui um dos temas de maior interesse da doutrina que cuida do Direito Ambiental[31] e daqueles que militam na

[31] Sobre o tema, ver: Jiménez Hernández, *El tributo como instrumento de protección ambiental*, 1998; Maria Alexandra de Sousa Aragão, *O princípio do poluidor pagador*, 1997; Henri Smets, Le principe polluer payeyeur, un principe économique erigé en principe de droit de l´environnement?, *Revue Generale de Droit International Public*, 1993; Martine Remond-Gouilloud, *Du droit de détruire. Essai sur le droit de l´environnement*, 1989; Vaquera García, *Fiscalidad y medio ambiente*, 1999; Cláudia Dias Soares, Contribuinte de direito e o contribuinte de facto no imposto ecológico, *Revista Tributária e de Finanças Públicas*, p. 24-47; Cláudia Dias Soares, O quadro jurídico comunitário dos impostos ambientais, *Revista Tributária e de Finanças Públicas*, p. 90-122; Tulio Rosembuj, *Los tributos y la protección del medio ambiente*, 1995; Mesa de debates "C". Tributa-

área do Direito Tributário. Porquanto o Brasil não seja ainda um exemplo de experiência jurídica sobre o assunto, a preocupação está na ordem do dia, justamente porque se aponta a tributação do meio ambiente como uma das saídas para se conseguir dar eficácia ao princípio do usuário-pagador.

Com base nos conceitos extraídos da ciência do Direito Tributário, dividiremos a análise em dois enfoques distintos:

- **fiscalidade ambiental:** ligada à arrecadação de recursos utilizados na prestação de serviços ambientais;
- **extrafiscalidade ambiental:** utilização de instrumentos tributários para fins não fiscais/arrecadatórios, visando estimular ou desestimular condutas de acordo com os princípios ambientais.

### *7.6.4.6. Fiscalidade ambiental*

#### *7.6.4.6.1. Fato gerador: uso do bem ambiental, e não a poluição*

No Brasil, a utilização dos tributos e, em especial, dos impostos para se efetivar o princípio do poluidor-pagador, como forma de internalização das externalidades negativas ao meio ambiente, segundo pensamos, deve ser vista com alguma ressalva, seja jurídica, seja social. Explica-se.

É certo que os componentes ambientais servem a um só tempo como **matéria-prima** para a produção de bens consumíveis e também como **destinatário final dos resíduos (depósito)** do que foi consumido. Por isso, pode-se afirmar, com certeza, que a degradação do meio ambiente se dá tanto na produção como no consumo de bens.

A ideia, então, de criar um **"imposto ecológico"** deita suas raízes, inexoravelmente, em **taxar a atividade de produção e/ou a atividade de consumo**, internalizando no preço do bem produzido e/ou consumido um valor que corresponda ao custo suportado pelo ambiente.

Segundo a doutrina, o **fato gerador** do **imposto ecológico** seria o **"ato contaminante"** ou a **"poluição"**,[32] e o **sujeito passivo** da obrigação tributária seria exatamente o **poluidor**.

ção, Ecologia e Meio Ambiente, *Revista de Direito Tributário*, p. 69-89; José Marcos Domingues de Oliveira, *Direito tributário e meio ambiente*, 1995, p. 26.

32 Nesse sentido, ver: Cláudia Dias Soares, Contribuinte de direito e o contribuinte de facto no imposto ecológico, p. 31; Maria Alexandra de Sousa Aragão, *O princípio do poluidor pagador*, p. 179; Tulio Rosenbuj, *Los tributos y la protección del medio ambiente*, p. 83; Henri Smets, Le principe polluer payeur, p. 357 e ss.

Entretanto, segundo pensamos, ao se colocar a **poluição** como o objeto do **fato gerador**, há uma **perigosa aproximação** entre o conceito de **tributo** e o de **sanção por ato ilícito**.

Muito embora o fato de produzir poluição não signifique sempre a prática de um ato ilícito, na verdade, na maioria das vezes, é exatamente isso o que ocorre (poluição em decorrência da ilicitude).

Com isso, colocar a **poluição como fato gerador** da obrigação tributária poderia gerar uma **confusão** entre a **natureza arrecadatória do tributo** e uma eventual **sanção pelo ato de produzir poluição**.

Ocorre que, conforme ensina a doutrina do Direito Tributário, a **obrigação tributária nasce**, sempre, de um **ato lícito do particular**, ou seja, do **exercício de um direito**. Aliás, é exatamente isso o que **diferencia** a cobrança de um **tributo** da cobrança de uma **multa** ou obrigação de **indenizar**. É esse o magistério certeiro de Geraldo Ataliba:

> "Se pelo contrário, o vínculo obrigacional nascer independentemente da vontade das partes — ou até mesmo contra essa vontade — por força de lei, mediante a ocorrência de um **fato jurídico lícito**, então estar-se-á diante de **tributo**, que se define como obrigação jurídica legal, pecuniária, que **não se constitui em sanção de ato ilícito**, em favor de uma pessoa pública.
>
> Ter-se-á a obrigação de indenização por dano, se o fato de que nascer a obrigação for ilícito. Será tributo, pois, a obrigação pecuniária, legal, não emergente de fatos ilícitos em princípio. Estes fatos ilícitos podem ser geradores de multa ou de obrigação de indenizar. A multa se caracteriza por constituir-se em sanção aflitiva, de um preceito que impõe um comportamento determinado. A indenização é mera reparação patrimonial, a título de composição de dano, segundo o princípio geral do direito, de acordo com o qual quem causar prejuízo a outrem é obrigado a indenizar.
>
> Em outras palavras o **tributo não é sanção por violação de nenhum preceito, nem reparação patrimonial**. Com estas delimitações é que se deve entender o conceito de tributo, adotado pelo direito constitucional brasileiro".[33]

Dessa maneira, elegendo-se o ato da **poluição** (geralmente **ilícito**) como o **fato gerador** da obrigação tributária, acaba-se confundindo conceitos muito caros à ciência do direito. Torna-se extremamente tênue o liame entre o que se paga no imposto ecológico (que tem por fato gerador a poluição) e a sanção por ato ilícito.

Não seria, aliás, incomum, nem mesmo improvável, que o poluidor, acionado civilmente pelos danos causados, alegasse que já teria recolhido aos cofres públicos sob a forma de tributo o preço dos custos da prevenção e do controle.

---

[33] Geraldo Ataliba, *Hipótese de incidência*, p. 34-35.

Na verdade, este "tipo" de tributação, tendo por fato imponível a poluição, seria a própria negação do princípio do poluidor-pagador. Acabaria sendo estabelecida uma espécie de licença para poluir.[34]

> Portanto, pensamos que a fiscalidade ambiental não deve ter por fonte o ato da poluição, porque o conceito de poluidor pode[35] estar atrelado à ideia de ilícito e, como se sabe, tributo não pode se confundir com sanção por ato ilícito.
> Melhor seria, e aqui vai uma contribuição *lege ferenda*, que fosse considerado como **fato gerador** o **uso incomum do bem ambiental**.

Assim, mesmo aquele que não seja poluidor, mas simples usuário (de modo incomum) do bem ambiental, deve pagar pelo "empréstimo" do componente ambiental que utilizou.

Com isso, dá-se atuação ao princípio do usuário-pagador: se é verdade que os bens ambientais são de uso comum, porque pertencem a toda a coletividade, é verdade também que aquele que se utiliza dos componentes ambientais de forma incomum deverá pagar a conta pelo uso invulgar.

Como os bens ambientais são de natureza difusa e o seu titular é a coletividade indeterminada, aquele que usa o bem em prejuízo dos demais titulares passa a ser devedor desse "empréstimo", além de responsável pela sua eventual degradação.

É justamente a ideia que vimos estar por trás do usuário-pagador. E uma das formas de cobrar o que esse usuário deve à sociedade é a **tributação pelo uso incomum do bem ambiental**.

### ■ 7.6.4.6.2. Deficiências da fiscalidade ambiental

Além dos óbices mencionados quanto ao fato gerador, pensamos que a introdução de novos impostos no nosso ordenamento jurídico **continuará a aumentar a nossa já altíssima carga de impostos**, sem que isso signifique a resolução dos problemas para os quais eles teriam sido criados. Afinal de contas, o Brasil é um dos países com maior sobrecarga tributária nem por isso consegue sair da condição de país em desenvolvimento.

---

[34] Certeira a observação de Osculati, *Tassazione ambientale*, p. 32, para quem o *imposto ambiental é uma licença de contaminação* e, segundo salienta, qualquer empresa elegerá o que é menos custoso: pagar o imposto ou realizar medidas de redução de contaminação.

[35] "Pode" porque, em matéria ambiental, a responsabilidade civil é objetiva, independentemente da necessidade de se comprovar a licitude ou ilicitude da conduta.

Como bem disse a Professora Lucia Valle Figueiredo, extremamente cética quanto à criação de impostos ecológicos: "(...) com relação aos impostos, acho que a capacidade contributiva já está esgotada. Temos uma das mais altas cargas do mundo. Não creio na criação de um novo imposto com sucesso, pelo menos por enquanto".[36]

Mas não é só este aspecto que faz com que os impostos ecológicos sejam vistos com ressalvas no ordenamento jurídico brasileiro: vale lembrar que o **imposto** é um **tributo não vinculado**. Ou seja, **não pode lhe ser dada destinação específica**.

Sua **receita não pode ser destinada a esta ou aquela função**, mas aos cofres públicos em geral. Com isso, a instituição de um **imposto ecológico** apenas serviria para aumentar ainda mais a carga tributária sem gerar muitos ganhos em termos de proteção ambiental especificamente.

Por tudo isso é que, segundo pensamos, a **fiscalidade ambiental não é o mecanismo mais adequado** para a cobrança pelo uso invulgar do bem ambiental. Melhor que se tratasse de receita originária do Poder Público.

Isso se deve aos óbices sociais, políticos, econômicos e até jurídicos de se aumentar a sobrecarga fiscal dos contribuintes. Além disso, parece-nos que o objetivo principal do PUP não é simplesmente fazer com que o Estado (sociedade) seja municiado com verbas para controlar, combater, reparar e impedir as externalidades ambientais negativas, mas criar uma nova mentalidade nos responsáveis pela produção e/ou pelo consumo, de modo que a consciência ambiental, por si só, cause uma mudança de comportamento que se refletirá, obviamente, na economia de mercado.

### ■ 7.6.4.7. *Extrafiscalidade ambiental*

Contudo, pensamos que a **extrafiscalidade ambiental** pode oferecer resultados muito mais promissores.

Como foi dito anteriormente, a finalidade do tributo não é sempre meramente arrecadatória. Por meio dele, o Estado pode **estimular ou desestimular comportamentos** por ele desejados. Trata-se exatamente da **extrafiscalidade**, que representa "a interferência no domínio econômico, buscando um efeito diverso da simples arrecadação de recursos financeiros".[37]

Trazendo tais ideias para o direito ambiental, a **extrafiscalidade** possibilita uma **mudança no comportamento da sociedade**, uma **conscientização ecológica**, que tencione a uma **modificação no mercado econômico**, fazendo com que a preservação e a conservação ambientais estejam inconscientemente embutidas nos sistemas de produção e consumo.

---

[36] Lucia Valle Figueiredo. Tributação, ecologia e meio ambiente, *Revista de direito tributário*, p. 88.

[37] Hugo de Brito Machado, *Curso de direito tributário*, p. 47.

Serviria, então, a extrafiscalidade ambiental como vetor dessa mudança de comportamento, induzindo (compulsoriamente ou não) o produtor e/ou consumidor a tomar esta ou aquela atitude de acordo com as necessidades de preservação ambiental encampadas pelas normas tributárias.

Tendo por base a **Constituição Federal**, não é necessário muito esforço científico para ali encontrar diversos mecanismos extrafiscais que permitem o alcance das finalidades ambientais.

Um desses aspectos é justamente o **princípio da seletividade do IPI (Imposto sobre Produtos Industrializados)**. Segundo o **art. 153, § 3º, da CF/88**, temos:

> "Art. 153. Compete à União instituir impostos sobre: (...)
> IV — produtos industrializados;
> (...)
> § 3º O imposto previsto no inciso IV:
> I — será seletivo, em função da essencialidade do produto."

Prevê, assim, o **art. 153, § 3º, I, da CF** que o **IPI** deve ser **seletivo**, conforme o caráter **essencial** do produto tributado.

Ora, considerando o **caráter essencial do meio ambiente**, nada mais justo, legítimo e legal que os produtos industrializados ecologicamente corretos paguem menos imposto (*v.g.*, de acordo com o grau de poluição produzida) do que outros produtos que não tenham essa mesma preocupação ecológica.

Dessa forma, contribui-se muito para a construção de uma **nova mentalidade do fabricante**, que será **estimulado a usar tecnologias limpas**, corrigindo a poluição na fonte, devido ao fato de que o custo de se fazer um produto ecologicamente correto será compensado por uma isenção ou drástica diminuição do IPI.

Essa mudança de comportamento, importante dizer, traz severa alteração na estrutura do mercado, porque evita a poluição e ainda faz com que o consumidor possa ser estimulado a adquirir os produtos limpos, não só pelo preço, mas por sua adequação ao meio ambiente.[38]

Não apenas por meio do IPI, porém, a extrafiscalidade pode atuar em prol do meio ambiente.

Nada impede, por exemplo, que se dê ao **IR (Imposto de Renda)** esse caráter extrafiscal ambiental, permitindo que sejam deduzidos todos os gastos que

[38] A mesma regra da seletividade poderia ser aplicada ao ICMS, tal como determina o art. 155, § 2º, III, da CF/88, com a lembrança de que neste dispositivo o texto constitucional fala que tal imposto *poderá* ser seletivo em função da essencialidade das mercadorias e dos serviços.

o contribuinte tenha feito com a finalidade de proteger o meio ambiente. Foi o que fizeram a Lei n. 5.106/66, o Decreto n. 93.607/86 e o Decreto n. 96.233/88, que permitiram a dedução no IR dos valores que o contribuinte tenha gasto com projetos de reflorestamento.

O mesmo se diga do **Imposto sobre a Propriedade de Veículos Automotores (IPVA)**, que poderia ser progressivamente menor para aqueles que adquirissem veículos causadores de menos poluição ao meio ambiente.

Na mesma linha, a **Lei n. 9.393/96**, que regula a cobrança do **Imposto Territorial Rural (ITR)**, expressamente isentou do imposto as áreas de interesse ambiental (art. 10, § 1º, II, alíneas *a, b* e *c*).[39] Ora, o comportamento esperado pela isenção é justamente o de manutenção da preservação ambiental pelo proprietário do bem, posto que dessa forma continuaria isento do imposto.

Aliás, justamente em relação a este aspecto do **ITR**, já consignou o **Superior Tribunal de Justiça** tratar-se de mecanismo de **extrafiscalidade**. Vejamos:

> "TRIBUTÁRIO — AMBIENTAL — PROCESSO CIVIL — ITR — RESERVA LEGAL — PERCENTUAL MAIOR QUE O MÍNIMO LEGAL — ART. 16 DO CÓDIGO FLORESTAL — ATO VOLUNTÁRIO — DEDUÇÃO DA BASE DE CÁLCULO — POSSIBILIDADE — PRESTAÇÃO JURISDICIONAL — SUFICIÊNCIA. (...)
>
> 2. O **ITR possui função extrafiscal de proteção ao meio ambiente**, razão pela qual a legislação pertinente prevê, no art. 10, II, *a* da Lei 9.393/96, a possibilidade de dedução da base de cálculo do imposto o percentual relativo à reserva legal, conceituada como a área localizada no interior de uma propriedade ou posse rural, excetuada a de preservação permanente, necessária ao uso sustentável dos recursos naturais, à conservação e reabilitação dos processos ecológicos, à conservação da biodiversidade e ao abrigo e proteção (...)" (STJ, 2ª Turma, REsp 1.158.999/SC, rel. Min. Eliana Calmon, *DJ* 17-8-2010).

Por tudo quanto foi exposto, verifica-se que as regras tributárias podem ser utilizadas em prol do meio ambiente, sem que isso signifique a criação de outros tributos.

---

39 "Art. 10. (...) § 1º Para os efeitos de apuração do ITR, considerar-se-á: (...) II — área tributável, a área total do imóvel, menos as áreas:

*a)* de preservação permanente e de reserva legal, previstas na Lei n. 4.771, de 15 de setembro de 1965, com a redação dada pela Lei n. 7.803, de 18 de julho de 1989;

*b)* de interesse ecológico para a proteção dos ecossistemas, assim declaradas mediante ato do órgão competente, federal ou estadual, e que ampliem as restrições de uso previstas na alínea anterior;

*c)* comprovadamente imprestáveis para qualquer exploração agrícola, pecuária, granjeira, aquícola ou florestal, declaradas de interesse ecológico mediante ato do órgão competente, federal ou estadual; (...)."

Basta reorganizar o que já se possui, bem como fazer uso da extrafiscalidade como uma forma efetiva de proteção do meio ambiente, uma vez que induza, mexendo com o bolso do contribuinte, a uma mudança de comportamento do próprio mercado econômico. Esse tipo de medida extrafiscal é a mais adequada aos ditames do princípio do poluidor-pagador e, por corolário lógico, da política ambiental.

#### ■ 7.6.4.8. *Resumo das técnicas de cobrança pelo uso do bem ambiental*

| | |
|---|---|
| **PREÇO PÚBLICO** | ■ Institui a **cobrança**, por parte do **Estado**, pela **gestão do bem ambiental**.<br>■ A **autorização, concessão** ou **permissão** pelo uso do bem ambiental deve ser remunerada.<br>■ Gera **receita originária** para o **Estado**. |
| **FISCALIDADE** | ■ Visa instituir **tributação** das atividades de **produção** e **consumo** pelo uso de recursos naturais.<br>■ Gera **receita derivada** para o **Estado**.<br>■ Dificuldades:<br>■ Fato gerador: deve ser o **uso do bem ambiental** (ato lícito), e **não a poluição** (ato geralmente ilícito).<br>■ Aumentaria ainda mais a **sobrecarga tributária**.<br>■ **Impostos não** podem ter **destinação específica**. |
| **EXTRAFISCALIDADE** | ■ **Visa utilizar os tributos já existentes para estimular ou desestimular comportamentos** conforme sua (in)adequação à proteção do meio ambiente. |

### ■ 7.6.5. Princípio da responsabilidade ambiental

#### ■ 7.6.5.1. *A "nova" função da responsabilização: prevenção*

Estudamos, logo ao iniciarmos a análise dos subprincípios de concretização do PUP, a **prevenção** e a **precaução** como valores fundamentais da proteção ambiental.

É claro. Na medida em que objetivam evitar que o dano ambiental ocorra, tornam-se importantíssimos justamente pela dificuldade da recuperação de qualquer ecossistema degradado. Em suma, tratando-se de meio ambiente, "melhor prevenir que remediar".

Não se pode desconsiderar, todavia, que, por mais eficiente que seja a política preventiva, sempre acabarão ocorrendo danos ao meio ambiente. Ganha importância, assim, também o desenvolvimento de uma **política repressiva**, eficaz para atuar justamente quando **falha a prevenção**. Entra em cena, então, o **princípio da responsabilidade ambiental**.

Aliás, trata-se de verdadeira ilusão achar que, uma vez ocorrido o dano, não haveria mais razão para sua reparação. Isso porque o dano ambiental nunca é instantâneo e jamais termina no momento da poluição.

Não. Os **danos ambientais são permanentes, continuativos**. Perpetuam-se no tempo e no espaço.

Torna-se, então, vital que, ocorrido o dano, sua **reparação seja feita o mais rápido possível**. Se o que ocorreu foi ruim, é certo que as consequências dessa lesão, ainda desconhecidas, serão ainda piores. No caso de danos continuativos e muitas vezes *ad futurum e eternum*, é lógico que, quanto mais tempo se leve para recuperar o meio ambiente, mais se contribuirá para a sua deterioração. A demora na recuperação de um meio ambiente lesado poderá ser fatal à sua recuperação.

De maneira interessante, reconheceu o STJ que o fator "tempo" é, muitas vezes, inimigo da proteção ambiental, na medida em que a sujeição continuada do meio ambiente aos agentes degradantes apenas faz aumentar a potencialidade lesiva. Vejamos:

> "(...) 15. Não custa pontuar que, na seara ambiental, o aspecto temporal ganha contornos de maior importância, pois, como se sabe, a potencialidade das condutas lesivas aumenta com a submissão do meio ambiente aos agentes degradadores. 16. Tanto é assim que os princípios basilares da Administração Pública são o da prevenção e da precaução, cuja base empírica é justamente a constatação de que o tempo não é um aliado, e sim um inimigo da restauração e da recuperação ambiental. (...)" (STJ, 2ª Turma, REsp 1.116.964/PI, rel. Min. Mauro Campbell Marques, *DJ* 2-5-2011).

É também nesse sentido que a efetiva, pronta, eficaz e imediata repressão do dano ambiental deve ser entendida e estudada. Aqui não se fala em embutir no poluidor o princípio da precaução para atividades futuras ainda não realizadas, mas na **prevenção dos danos futuros e derivados de uma primeira lesão que se visa corrigir e que já se sabe que ocorrerão**.

Pior do que um dano ambiental é um dano ambiental que não foi revertido, corrigido ou compensado, posto que a partir desta inércia é que novos danos virão, sempre mais graves e "mais irreversíveis" (desculpem-nos a linguagem), tendo em vista a cumulação de efeitos negativos sobre o meio ambiente lesado.

Por tais razões é que a **responsabilização ambiental** é um importante instrumento, não apenas do ponto de vista **repressivo**, mas também sob uma ótica **preventiva**.

### ■ 7.6.5.2. *A unidade de fins entre os tipos de sanções (penal, civil e administrativa)*

É possível que um **mesmo fato jurídico** imputável a um ente seja, a um só tempo, **sancionado penal, civil e administrativamente**. Em relação ao tema ambiental, é expressa a regra constitucional quando assevera, no **art. 225, § 3º**, que:

> "As condutas e atividades consideradas lesivas ao meio ambiente sujeitarão os infratores, pessoas físicas ou jurídicas, a **sanções penais e administrativas**, independentemente da **obrigação de reparar os danos causados**."

Por essa regra, verifica-se que **não há *bis in idem*** quando um mesmo sujeito é sancionado nas três esferas — civil, penal e administrativa — pelo mesmo fato.

Mas, por que não há um *bis in idem*? A diferença entre as sanções é ontológica ou meramente formal? Essas indagações pressupõem uma rápida digressão informativa sobre o problema. Vejamos.

Para que um homem viva e conviva em sociedade, é mister a existência de regras de conduta que estabeleçam comportamentos que permitam essa harmoniosa convivência. É exatamente por isso que existem as normas jurídicas. Preveem elas, então, condutas desejadas pelo legislador.

Todavia, nem sempre, pelas mais diversas razões, tais comportamentos queridos pelo legislador são espontaneamente observados. É por isso, então, que a ordem jurídica prevê **sanções** como **resposta estatal às antijuridicidades**.

É, dessa forma, a **antijuridicidade** (comportamento contrário ao direito) o **pressuposto de aplicação da sanção**.

A antijuridicidade corresponde, assim, à mais abrangente concepção do comportamento contrário ao direito e pressuposto da sanção. Pode, dessa forma, relacionar-se com ilícito civil, tributário, penal, processual, constitucional, comercial, administrativo, etc.

Quando se fala simplesmente em **antijuridicidade**, pensa-se, então, em algo **contrário ao Direito, ao ordenamento jurídico visto em sua unidade**. Sob esse aspecto, não se poderia falar em diferentes sanções para punir uma mesma conduta antijurídica. Portanto, num primeiro momento, é certo que as antijuridicidades civil, administrativa ou penal encontram gênese no mesmo aspecto: a conduta antijurídica e contrária ao ordenamento unitariamente concebido.

São, porém, diferentes os **valores** tutelados pelas normas dos mais variados ramos do direito. Da mesma forma, são distintas as **finalidades** que se buscam por meio delas.

> Destarte, o que nos permite discernir e encontrar um campo próprio e diverso entre as sanções administrativas, penais e civis sobre uma mesma conduta é, sem dúvida, o seu **objeto precípuo de tutela**.[40]

[40] Nesse sentido: Garcia de Enterría, *Curso de direito administrativo*, 1991, p. 876; Vittorio Ottaviano, Sulla nozioni di ordinamento amministrativo, *Rivista Trimestrale de Diritto Pubblico*, p. 851; Tulio Chiossone, *Sanciones en derecho administrativo*, p. 30; Sayaguès Laso, *Tratado de derecho*

É exatamente por isso que uma **mesma conduta** pode ser **sancionada nas três esferas** sem que isso represente um *bis in idem*.

Portanto, uma vez demonstrada a existência de diversidade de objetos e fins que justificam a aplicação concomitante das sanções penais, civis e administrativas e diante do permissivo constitucional (art. 225, § 3º), não parece haver dúvidas de que nada impede que o poluidor possa ser apenado civil, penal e administrativamente pela mesma conduta praticada.

É o que fica claro do julgamento, pelo Superior Tribunal de Justiça, do **REsp 1.137.314/MG**, em que se explica serem diferentes as sanções **penal** e **administrativa:**

> "AMBIENTAL. INFRAÇÃO ADMINISTRATIVA. CAMPO DE APLICAÇÃO. LEI 9.605/1998. TRANSPORTE IRREGULAR DE CARVÃO VEGETAL DE ESPÉCIES NATIVAS. INDÚSTRIA SIDERÚRGICA. INFRAÇÃO PENAL E ADMINISTRATIVA. MULTA. LEGALIDADE. DISTINÇÃO ENTRE SANÇÃO ADMINISTRATIVA E SANÇÃO PENAL. LEGITIMIDADE DO DECRETO REGULAMENTADOR.
>
> 1. Cuida-se de Ação Ordinária proposta com o fito de afastar multa aplicada em razão de transporte irregular de carvão vegetal. O juízo de 1º grau julgou improcedente o pedido, mas o Tribunal regional reformou a sentença e declarou nulo o auto de infração.
>
> 2. A **multa aplicada pela autoridade administrativa** é **autônoma** e **distinta** das sanções **criminais** cominadas à **mesma conduta**, estando respaldada no poder de polícia ambiental.
>
> 3. Sanção administrativa, como a própria expressão já indica, deve ser imposta pela Administração, e não pelo Poder Judiciário, porquanto difere dos crimes e contravenções. (...)" (STJ, 2ª Turma, REsp 1.137.314/MG, rel. Min. Herman Benjamin, *DJ* 4-5-2011).

Entretanto, quando se trata de **tutela do meio ambiente**, ao contrário das regras comuns, há um aspecto que não pode ser ignorado: a **convergência de finalidade entre todas as sanções**.

Quando o que se tutela é o meio ambiente, por mais diversa que seja a origem e o tipo de sanção aplicada, a regra que tem sido utilizada pelo legisla-

---

*administrativo*, p. 428; Guido Zanobini, Rapporti fra il diritto amministrative e il diritto penale, in *Scritti vari di diritto pubblico*, p. 129. Ao contrário, distinguindo pena e sanção administrativa pelo critério do conteúdo da lesão ou reação (essência), posicionam-se Goldschmitd (citado por Montoro Puerto, *La infración administrativa*, p. 264); Entreña Cuesta (apud Montoro Puerto, *La infración administrativa*, p. 37); Montoro Puerto (*La infración administrativa*, p. 285).

dor é a de que **de nada vale reprimir por reprimir, punir por punir, condenar por condenar**. O princípio da responsabilidade ambiental tem um desiderato menos formal e mais realista, buscando uma efetividade prática com resultados palpáveis.

Assim, **toda repressão ambiental** (**penal**, **civil** e **administrativa**) deve atender às **mesmas finalidades:**

- **recuperar imediatamente o meio ambiente** caso tenha ocorrido lesão ambiental;
- promover, se possível, por intermédio da reparação ou da sanção aplicada, a **educação ambiental do responsável**.

Pode-se dizer que, em termos de efetividade da proteção ambiental, pouco interessa à coletividade se o poluidor foi ou não foi preso, se recebeu esta ou aquela sanção de multa, ou ainda, se foi condenado a pagar determinada quantia.

Ora, o **importante** é precisamente, e isso o legislador tem compreendido muito bem, que o **meio ambiente seja recuperado integralmente** e que aquela **conduta não seja repetida**, fazendo com que o agressor se conscientize disso. Enfim, deve-se compatibilizar a modalidade da sanção, com estas finalidades: **recuperação e educação ambiental**.

É essa, inclusive, a conclusão que extraímos da leitura dos arts. **17**, **27** e **74** da **Lei n. 9.605/98** e do **art. 14, § 1º, da Lei n. 6.938/81**. Ali, ao prever as **sanções penais, administrativas e civis**, respectivamente, o legislador deixa claro que **todas visam reconstituir o ambiente lesado**. As finalidades são, assim, convergentes. Vejamos:

> "Art. 17. A verificação da reparação a que se refere o **§ 2º do art. 78 do Código Penal** será feita mediante **laudo de reparação do dano ambiental**, e as condições a serem impostas pelo juiz deverão relacionar-se com a **proteção ao meio ambiente**."

O dispositivo citado cuida da **suspensão condicional da pena** privativa de liberdade nos crimes ambientais.

Lembremos que, de acordo com o **art. 78 do Código Penal**, o condenado ficará sujeito, durante o prazo da suspensão, à observação e ao **cumprimento das condições estabelecidas pelo juiz**. Dentre estas condições, estabelece o art. 78, § 1º, do CP que, no primeiro ano de prazo, deverá o condenado prestar serviços à comunidade ou submeter-se à limitação do fim de semana.

Todavia, segundo o **§ 2º do art. 78 do CP, se o condenado houver reparado o dano**, salvo impossibilidade de fazê-lo, e se as circunstâncias do art. 59

deste Código lhe forem inteiramente favoráveis, o **juiz poderá substituir a exigência do parágrafo anterior** (prestação de serviços à comunidade ou limitação de fim de semana) **por outras condições mencionadas no dispositivo,**[41] que poderão ser aplicadas cumulativamente.

É aí, então, que entra o **art. 17 da Lei de Crimes Ambientais (Lei n. 9.605/98)**. Estabelecem-se, ali, duas regras sobre a substituição das exigências do § 1º do art. 78 do CP:

- a prova da reparação do dano deve ser feita mediante **laudo de reparação ambiental**;
- as **condições** a serem impostas pelo juiz deverão **relacionar-se com a proteção do meio ambiente**.

Como se vê, o legislador, mesmo no momento de disciplinar a **repressão penal**, deu especial atenção à **recuperação do meio ambiente**. Além disso, essa recuperação deve ser atestada por **laudo de reparação do dano ambiental**, exigindo mais rigor na sua verificação.

Ademais, não se limitou o legislador ao laudo ambiental, mas também determinou que as condições a serem impostas pelo juiz devem relacionar-se com a proteção do meio ambiente, o que se coaduna com a política de educação preventiva do meio ambiente.

> "Art. 27. Nos crimes ambientais de menor potencial ofensivo, a proposta de aplicação imediata de pena restritiva de direitos ou multa, prevista no art. 76 da Lei n. 9.099, de 26 de setembro de 1995, somente poderá ser formulada desde que tenha havido a **prévia composição do dano ambiental**, de que trata o art. 74 da mesma Lei, salvo em caso de comprovada impossibilidade."

Novamente, aqui, o legislador privilegia o **escopo preventivo/reparatório** para as sanções ambientais.

[41] "Art. 78. Durante o prazo da suspensão, o condenado ficará sujeito à observação e ao cumprimento das condições estabelecidas pelo juiz.

§ 1º No primeiro ano do prazo, deverá o condenado prestar serviços à comunidade (art. 46) ou submeter-se à limitação de fim de semana (art. 48).

§ 2º Se o condenado houver reparado o dano, salvo impossibilidade de fazê-lo, e se as circunstâncias do art. 59 deste Código lhe forem inteiramente favoráveis, o juiz poderá substituir a exigência do parágrafo anterior pelas seguintes condições, aplicadas cumulativamente:
*a)* proibição de frequentar determinados lugares;
*b)* proibição de ausentar-se da comarca onde reside, sem autorização do juiz;
*c)* comparecimento pessoal e obrigatório a juízo, mensalmente, para informar e justificar suas atividades."

No caso deste art. 27, estabelece que, nas **infrações ambientais de menor potencial ofensivo** (Lei dos Juizados Especiais — Lei n. 9.099/95), só é possível ser feita a proposta do art. 76 (pena restritiva de direitos ou multa) se ocorrida a **prévia reparação ambiental**.

Como fica claro, há **coincidência de objetivos** da sanção **penal** com a **civil** no presente caso. Assim, atestando o juiz que o **dano tenha sido revertido e o meio ambiente recuperado**, faz-se desnecessária a propositura de eventual ação civil pública, já que a reparação *in natura* é justamente o desiderato primeiro desta demanda.

Se já obtida a reparação do meio ambiente por intermédio do cumprimento da sanção penal anteriormente aplicada, certamente que estará dispensado o mesmo pedido na esfera civil, prescindindo-se, obviamente, de uma pretensão reparatória já ocorrida. Trata-se de técnica indireta de efetivação da responsabilidade civil.

> "Art. 72. As **infrações administrativas** são punidas com as seguintes sanções, observado o disposto no art. 6º: (...)
>
> II — multa simples; (...)
>
> § 4º A **multa simples** pode ser **convertida em serviços de preservação, melhoria e recuperação da qualidade do meio ambiente**; (...)."

Também no campo das **sanções administrativas**, o legislador privilegia a **finalidade reparatória**.

Aqui, no **§ 4º do art. 72** da mesma Lei n. 9.605/98, o legislador abre a possibilidade da **conversão da pena de multa em serviços de preservação, melhoria e recuperação da qualidade do meio ambiente**.

Como fica claro da análise dos três dispositivos, em diversos momentos o legislador, apesar da permissão constitucional para aplicação conjunta das três espécies de sanção (art. 225, § 3º), busca o atingimento de uma **finalidade comum** por meio das sanções civil, administrativa e penal. Afinal, como dissemos, quando se trata de proteção do entorno, melhor do que punir por punir é **recuperar o meio ambiente degradado e educar**.

> Não se está dizendo, importante ficar claro, que as três modalidades de sanção não possam ser aplicadas em conjunto.
>
> Apenas que, por abertura do próprio legislador, muitas vezes a **finalidade reparatória**, que normalmente é alcançada na esfera cível, é atingida por meio das **sanções penal ou administrativa**. Torna-se, nesses casos, **desnecessária a tutela civil**.

É claro que, como dito, as três sanções muitas vezes possuem objetos de tutela distintos, razão pela qual podem ser cumuladas sem que isso represente um *bis in idem*. Por isso mesmo, cada qual possui peculiaridades.

Passaremos, então, a analisar aspectos particulares de cada uma delas, dando especial atenção aos reflexos nelas causados pelo princípio do poluidor/usuário-pagador.

Neste capítulo, estudaremos os aspectos gerais das **responsabilidades penal** e **administrativa** em matéria ambiental. Quanto à **responsabilidade civil**, será analisada no próximo capítulo, inteiramente dedicado ao tema.

### ■ 7.6.5.3. Responsabilidade penal ambiental

#### ■ 7.6.5.3.1. Justificativa da tutela penal

Certamente que todas as atitudes impensadas, egoístas, supérfluas, predadoras, abusivas e destruidoras praticadas pelo homem contra a sua própria casa — o meio em que vive — têm um preço caríssimo. Realmente, trata-se de um mal impagável e que vem sendo "cobrado", dia após dia, em sucessivas e aparentemente infindáveis prestações, pelo próprio entorno, que dá sinais vitais (ou mortais) da destruição do planeta.

Não há dúvidas de que toda degradação que o homem causa ao meio ambiente, seja ela aparente ou sorrateira, necessária ou supérflua, curta ou extensa, direta ou indireta, sempre será uma agressão contra todas as formas de vida, inclusive, obviamente, a vida humana.

Se o homicídio, crime tipificado no art. 121 do CP, é tido pela sociedade como uma das condutas penalmente tuteladas mais repugnantes, na medida em que constitui uma agressão ao convívio e à harmonia social, não hesitaremos em dizer que toda agressão que é causada ao meio ambiente é ofensa igual ou maior do que um homicídio ou latrocínio.

Pela importância do bem ambiental, por sua essencialidade e natureza, podemos dizer, com Herman Benjamin, que

> "agredir ou pôr em risco essa base de sustentação planetária é, socialmente, **conduta de máxima gravidade**, fazendo companhia ao genocídio, à tortura, ao homicídio e ao tráfico de entorpecentes, **ilícitos também associados à manutenção, de uma forma ou de outra, da vida em sua plenitude**. Os crimes contra o meio ambiente são talvez os mais repugnantes de todos os delitos do colarinho-branco, sentimento que já vem apoiado em sucessivas pesquisas de opinião pública naqueles países que já acordaram para a gravidade e irreparabilidade de muitas ofensas ambientais".[42]

[42] Antonio Herman Vasconcellos e Benjamin, Crimes contra o meio ambiente: uma visão geral, in *Direito em evolução*, v. II, p. 27.

Exatamente por isso, não faz sentido que a própria sociedade organizada se ocupe em cuidar do meio ambiente apenas por intermédio de uma tutela civil ou administrativa. A repressão penal é diretamente proporcional ao bem juridicamente protegido.

Se o **bem tutelado é de extremo valor para a sociedade**, espera-se mais do que a simples existência de uma tutela penal sobre este bem, senão que essa **"proteção" seja educativa, desencorajante, exemplar e realmente efetiva**, justamente para **evitar e prevenir condutas** que constituam verdadeiras ameaças ao bem precioso para a sociedade.

Por isso, nada mais lógico que esperar das instituições públicas representativas da sociedade real atitude e manifestação em relação à tutela do meio ambiente, posto que a "última *ratio* da tutela penal ambiental significa que esta é chamada para intervir somente nos casos em que as agressões aos valores fundamentais da sociedade alcancem o ponto do intolerável ou sejam objeto de intensa reprovação social".[43]

Assim, seja porque chegamos ao limite do intolerável, seja porque o meio ambiente é condição de existência dos seres, nada mais lógico que existam normas ambientais de índole penal, que traduzam essa preocupação e essa valorização social do meio ambiente. Afinal de contas, "preservar e restabelecer o equilíbrio ecológico em nossos dias é questão de vida ou morte".[44]

Se reconhecermos que o Direito Ambiental é um ramo jovem do Direito, podemos dizer que a sua face penal é a que "menos rugas apresenta". Isso pelo aspecto lógico de que a criação legislativa de condutas tipificadas como crime depende do quão importante é o bem tutelado para a sociedade, ou seja: se o bem da vida que serve à satisfação dos interesses da sociedade é abundante, ou se a sociedade é pequena diante dos bens que lhe servem à sobrevivência, certamente que a aquisição, o uso, a posse, a propriedade, o abuso, a consumação, a destruição desses bens não importarão tanto assim à sociedade, já que não estará impedida de se saciar.

Mas, à medida que o bem se torne escasso, que a utilização por uma pessoa represente um sacrifício para as demais, que a propriedade por um dos membros signifique um abalo de um grupo ou coletividade de pessoas, certamente que

---

43 Ivette Senise Ferreira, *Tutela penal do patrimônio cultural*, p. 68. Ver ainda: Luiz Regis Prado, *Crimes contra o ambiente*, p. 17; Anabela Miranda Rodrigues, Direito penal do ambiente, *Revista Direito Ambiental*, p. 16; Maria Fernanda Palma, Direito penal do ambiente — uma primeira abordagem, *Direito do ambiente*, p. 434.

44 Édis Milaré, *Direito do ambiente*, p. 345; no mesmo sentido, ver Gilberto Passos de Freitas, A tutela penal do meio ambiente, in *Dano ambiental*: prevenção, reparação e repressão, p. 310.

haverá uma preocupação em regular, restringir, delimitar ou até mesmo negar e impedir a posse, o uso, o gozo e a fruição desses bens de que todos necessitam na mesma qualidade e quantidade.

Bens ambientais, como água, ar, terra, clima, etc., são exemplos desses objetos essenciais que devem ser ao máximo tutelados pelo Direito.

É na **esfera penal**, por intermédio de sanções desta natureza, que encontramos (ou deveríamos encontrar) **a máxima reprovação e a máxima repressão social**. Vistas como *maxima ratio* e *ultima ratio*, as normas penais não podem falhar, já que representam a reprovação e a preocupação máximas com certas condutas, além da última e decisiva cartada contra as "falhas" das demais formas de tutela.

Diante disso, como só recentemente o legislador acordou para a necessidade de se tutelar o meio ambiente de modo autônomo, holístico — em que se tenha a proteção ecocêntrica do meio ambiente —, nada mais lógico que a face penal ambiental mostre mais recentemente a sua cara.

#### ■ 7.6.5.3.2. *A responsabilidade penal e o poluidor/usuário-pagador*

Como dissemos, o **princípio da responsabilidade** — subprincípio da pedra fundamental do **poluidor-pagador** — também se esgalha na **esfera penal**. Assim, porquanto seja associado às tutelas administrativa e civil, o princípio do poluidor-pagador também espraia seus tentáculos na seara penal e, quando o faz, traduz-se na máxima apelidada de **poluidor-punido**.

Embora num primeiro momento essa relação possa causar alguma estranheza ao leitor, pretende-se dizer que a tutela penal do meio ambiente tem — seguindo a diretriz do poluidor-pagador — uma **marcante veia preventiva**, que predetermina o tipo de formatação legislativa, a sua interpretação e os seus objetivos.

Como já estudamos, o **poluidor/usuário-pagador**, apesar de partir da ideia de internalização das externalidades negativas ambientais, visa atingir diversos objetivos concomitantes: impedir a realização de condutas poluentes; informar sobre a existência de produtos e condutas poluentes; educar a evitar consumo de poluentes; sobretaxar produtos poluentes, etc.

Partindo-se dessas ideias, tem-se que as **tutelas civil e administrativa**, normalmente calcadas nas perdas e danos e na multa, **dificilmente atingem os principais responsáveis pela degradação do meio ambiente**.

Isso porque o que acaba ocorrendo é que os reais **responsáveis pela degradação transferem as perdas pecuniárias sofridas para a sociedade, para o mercado de consumo**, por meio de um ilegítimo, sorrateiro e disfarçado **aumento de preço** do produto poluente. É o que ensina, mais uma vez, Herman Benjamin:

> "Tem-se aí um 'curioso' (e perverso) fenômeno em que o cidadão é vitimado duas vezes. De um lado, como vítima difusa da degradação ambiental e de outro como devedor final do *quantum* reparatório ou sancionatório".[45]

Já na esfera **criminal**, a situação é outra, uma vez ser **impossível**, pelo **princípio da pessoalidade da pena (CF, art. 5º, XLV)**,[46] a **transferência da sanção penal** para outra pessoa que não o condenado.

Exatamente por isso, a sanção penal, inclusive na seara ambiental, deverá ser de tal modo prevista e aplicada que **só poderá ser suportada pelo próprio poluidor**, impedindo, pois, a dupla vitimização social, de ocorrência costumeira nas tutelas civil e administrativa, como foi dito alhures.

### ■ *7.6.5.3.3. Responsabilidade penal e prevenção: os crimes de perigo*

Já foi mencionado que a estrutura mestra do Direito Ambiental, o poluidor/**usuário-pagador**, embora se apresente por meio de uma nomenclatura que enseja uma interpretação diversa, tem a sua mola propulsora nas preocupações com a **prevenção** e a **precaução**. O alcance do princípio não pode ser delimitado por uma interpretação canhestra que o vincule apenas à tutela repressiva de caráter civil.

Mas como pensar em punição penal sob uma face preventiva? Enfim, como imaginar que a repressão por um crime ambiental seja preventiva, se a pena se dá após a consumação do delito? Nada mais do que simples técnica legislativa é necessária para resolver este aparente impasse.

Como diz o bom senso, em matéria de Direito do Ambiente é melhor prevenir do que remediar, dada a **irreversibilidade fática da degradação dos processos ecológicos**. Assim, toda a política ambiental, seja ela no âmbito executivo, legislativo ou jurisdicional, deve ser solidificada no princípio raiz da **precaução** e da **prevenção**.

Não escapam dessa influência as tutelas jurisdicionais **civil** e **penal**. Isso quer dizer que o legislador deve usar e abusar das **técnicas legislativas que privilegiem a precaução e a prevenção**, sem perder de vista os princípios que regem o devido processo legal.

Nesse passo, destacam-se, por exemplo, no âmbito civil, as técnicas de tutela inibitória e de criação de presunções ou ficções legais, de modo a facilitar a prova em favor do ambiente, inclusive com técnicas de inversão de ônus, etc.

---

[45] Antonio Herman Vasconcellos e Benjamin, *Crimes contra o meio ambiente*, p. 29.

[46] "Art. 5º, XLV — *nenhuma pena passará da pessoa do condenado* (...)."

Já na seara **penal**, também o legislador tem tido criatividade para **transferir o momento de consumação do crime da lesão para a ameaça**. Ou seja, aperfeiçoa-se o crime no instante em que o bem tutelado encontrar-se numa condição objetiva em que há apenas o **risco de lesão**. É o que se chama de **crimes de perigo**.

De um ponto de vista político-criminal, portanto, o recurso aos **crimes de perigo permite realizar conjuntamente as finalidades de repressão e prevenção** ao crime ambiental.

Hoje, é certo que o progresso da vida moderna tem aumentado em demasia as oportunidades de perigo comum. Muitas vezes, não está a sociedade em condições de refrear certas atividades perigosas, tidas como condições essenciais de desenvolvimento que se processa.

Em tal contexto, torna-se evidente que uma técnica normativa assentada na incriminação do perigo é a mais adequada a enfrentar as ameaças múltiplas trazidas de muitas partes e por meios estranhos ao sistema ecológico.[47]

É certo e inegável que a técnica que privilegia a criação legislativa de crimes de perigo também padece do **problema relacionado à prova de sua ocorrência**. Aliás, no caso de **perigo concreto**, o problema é ainda maior, uma vez que a **existência do risco deve ser provada caso a caso** (*in concreto*, por exemplo, a queima em céu aberto de produtos tóxicos). Já no caso de **perigo abstrato** (por exemplo, soltar balões), a **prova da conduta** definida na lei já é o bastante.[48]

### ■ *7.6.5.3.4. A lei de crimes ambientais (Lei n. 9.605/98)*[49]

Conforme exposto no capítulo anterior, apesar do nome pela qual é conhecida — **Lei de Crimes Ambientais** —, a **Lei n. 9.605/98** não trata apenas da tutela penal do meio ambiente.

Na verdade, estão também ali contemplados **instrumentos administrativos repressivos**, ou seja, **infrações administrativas** pelo descumprimento de normas ambientais.

Aliás, o **projeto inicial** da lei voltava-se **exclusivamente às penalidades administrativas**. Apenas no transcorrer do processo legislativo é que ali se **incluiu** a previsão de **crimes ambientais**. É o que ensina Paulo Affonso Leme Machado:

---

47 Paulo José da Costa Júnior, *Direito penal ecológico*, p. 75.

48 Nesse sentido, ver: Ivette Senise Ferreira, *Tutela penal do patrimônio cultural*, p. 98; Maria Fernanda Palma, Direito penal do ambiente, p. 441; Antonio Herman Vasconcellos e Benjamin, Crimes contra o meio ambiente, in *Direito em evolução,* p. 30, nota de rodapé n. 18.

49 Tratamos, ainda, da referida lei no *item 6.4*, *supra*.

> "Esta lei nasceu de projeto enviado pelo Poder Executivo Federal. A exposição de motivos 42 é de 22 de abril de 1991, do Secretário do Meio Ambiente. Inicialmente, o projeto tinha o objetivo de sistematizar as penalidades administrativas e unificar os valores das multas. Após amplo debate no Congresso Nacional, optou-se pela tentativa de consolidar a legislação relativa ao meio ambiente no que diz respeito à matéria penal".[50]

Dizer, assim, que a Lei n. 9.605/98 é a lei de crimes ambientais é tomar a parte pelo todo. Vale dizer, ainda, que a "lei de crimes ambientais" **não unificou a tutela penal do ambiente**. Perdeu-se, como bem observa Milaré, uma oportunidade de "se pôr fim à pulverização legislativa imperante na matéria, certo que a nova lei não alcançou a abrangência que se lhe pretendeu imprimir, pois não incluiu todas as condutas que são contempladas e punidas por vários diplomas como nocivas ao meio ambiente. Nas razões do veto ao art. 1º do Projeto de Lei n. 1.164/91, tal circunstância é plenamente admitida".[51]

Calcados nos objetivos traçados para esse capítulo, estudaremos agora apenas os aspectos gerais da tutela penal do ambiente previstos na Lei n. 9.605/98.

Apesar das muitas críticas que são feitas à lei de crimes ambientais,[52] não podemos deixar de considerá-la um avanço, pelo menos porque pôs fim à inércia legislativa. Já não estamos no mesmo lugar em relação à proteção penal do ambiente. Enfim, houve uma vontade legislativa, tradução da vontade popular, que, técnica ou atécnica, está em vigor e representa um inconformismo com a situação jurídica antes vigente.

Por isso, coadunamos integralmente com uma visão progressista e positiva em relação à lei de crimes ambientais exaltada por Milaré, quando asserta que:

> "Nada obstante, entendemos que o novo diploma, embora não seja o melhor possível, apresentando ao contrário defeitos perfeitamente evitáveis, ainda assim representa um avanço político na proteção ao meio ambiente, por inaugurar uma sistematização da punição administrativa com severas sanções e tipificar organicamente os crimes ecológicos, inclusive na modalidade culposa. (...) Não se pode esquecer jamais que a lei é farol que ilumina e aponta os horizontes, não é barreira para simplesmente impedir a caminhada. Toda lei tem defeitos, que se tornam mais evidentes quando passa a lei a ser aplicada. Cumpre aos tribu-

---

[50] Paulo Affonso Leme Machado, *Direito ambiental brasileiro*, p. 656.

[51] Édis Milaré, *Direito do ambiente*, p. 348.

[52] Ver, por todos: Luiz Regis Prado, *Crimes contra o ambiente*, p. 15; Paulo de Bessa Antunes, *Direito ambiental*, p. 435; Miguel Reale, A lei hedionda dos crimes ambientais, *Folha de S.Paulo*, caderno 1, 6-4-1998, p. 3.

nais aparar-lhe as arestas, criando jurisprudência que consolide interpretações mais razoáveis".[53]

Para sermos consentâneos com a proposta de cuidarmos dos princípios e diretrizes do Direito Ambiental, trataremos apenas de trazer à baila um perfil e diretrizes da referida lei, seguindo a esteira do que já estamos fazendo.

O **art. 1º** da Lei de Crimes Ambientais foi **vetado**. Dizia o dispositivo que:

> "Art. 1º As condutas e atividades lesivas ao meio ambiente são punidas com sanções administrativas, civis e penais, na forma estabelecida nesta Lei.
>
> Parágrafo único. As sanções administrativas, civis e penais poderão cumular-se, sendo independentes entre si."

As razões do veto presidencial ao art. 1º e seu respectivo parágrafo fundamentaram-se no fato de que o referido **dispositivo estaria limitando a tutela administrativa e penal do meio ambiente aos casos tratados por essa lei**, que, por si só, não abrange todos os casos de conduta antijurídica ao meio ambiente. Segundo o texto, a razão do veto seria que, "(...) se mantido o art. 1º, condutas como estas não mais poderiam ser coibidas. Com o veto, permanecem em vigor as atuais proibições, mesmo que não incluídas nesta Lei".

Pensamos, contudo, serem completamente descabidas as razões do veto, assim como era desnecessária a explicitação pelo dispositivo daquilo que a CF/88 já previa claramente no art. 225, § 3º: a **cumulatividade das sanções penais, civis e administrativas**.

### ■ *7.6.5.3.5. A responsabilização penal da pessoa jurídica*

Como é notório, a grande vedete da lei de crimes ambientais é a previsão da responsabilização penal da pessoa jurídica. Deve-se dizer, porém, que a previsão legislativa **não representa verdadeiramente uma novidade**, uma vez que já estava insculpida no **texto constitucional** para a esfera penal do ambiente (art. 225, § 3º).[54]

Aliás, há autores[55] que sustentam que, mesmo **antes da CF/88**, já havia previsão legal para o apenamento da pessoa jurídica, com base no largo conceito de poluidor (art. 3º da Lei n. 6.938/81 c/c o art. 14 do mesmo diploma jurídico).

---

53 Édis Milaré, *Direito do ambiente*, p. 368.

54 Art. 225, § 3º: "As condutas e atividades consideradas lesivas ao meio ambiente sujeitarão os infratores, *pessoas físicas ou jurídicas*, a *sanções penais* e administrativas, independentemente da obrigação de reparar os danos causados".

55 Walter Claudius Rothenburg, A responsabilidade criminal da pessoa jurídica na nova lei de infrações ambientais, *Direito ambiental*, p. 60.

De qualquer forma, inegável que a expressa previsão legal **(art. 3º da Lei n. 9.605/98)** vem dirimir qualquer dúvida a respeito do tema e, assim, implementar mais efetivamente a determinação do texto constitucional.

Vale dizer que a responsabilidade da pessoa jurídica é de certa forma uma grande evolução da ciência penal que, tardiamente, abre os olhos para uma sociedade metaindividual, repleta de entidades coletivas com personalidade jurídica distinta da pessoa que os criou, capazes de assumir deveres e obrigações, capazes de praticar ilícitos, sendo, não raras vezes, na seara ambiental, os principais agentes poluidores.[56]

É claro que, como já apontara Luiz Regis Prado,[57] inúmeros **problemas** hão de surgir com relação à **ausência de normas processuais penais específicas** para a responsabilidade da pessoa jurídica.

Isso porque a norma fundamental de direito processual penal (art. 79 da presente lei) simplesmente afirma que se aplicam subsidiariamente as disposições do Código de Processo Penal. E este, por sua vez, foi projetado num momento em que jamais se cogitaria da hipótese de se imputar um crime a uma pessoa jurídica.

Certamente, surgirão questionamentos do tipo: Como poderá ser culpada a pessoa jurídica se a culpabilidade é aferida a partir de critérios como imputabilidade, potencial consciência da ilicitude e exigibilidade de conduta diversa? Serão exigidos tais critérios, mesmo não se sabendo ao certo se a pessoa jurídica é dotada de capacidade penal ou se tem consciência e vontade?

Para tanto, já dissemos e repetimos, há uma necessidade de se prestar uma **tutela diferenciada em sede de direito penal do ambiente**. É preciso revisitar conceitos que foram pensados para uma sociedade absolutamente diferente da que vivemos.

Só para se ter uma ideia das mudanças por que vem passando a pessoa jurídica, parece absurdo que há menos de 10 anos a jurisprudência brasileira não

---

56 "(...) maior degradador é o industrial, o empresário ou o comerciante, ou seja, o presidente, o diretor, o administrador, o membro de conselho e o órgão técnico, o auditor, gerente, o preposto ou mandatário de pessoa jurídica. Normalmente, o centro de decisões de uma grande empresa situa-se em outro país, fazendo-se com que a punição se torne ineficaz, pois não há como responsabilizar, via de regra, o autor do delito. Isso não ocorrerá se se admitir a responsabilidade penal da pessoa jurídica."

57 Luiz Regis Prado, *Comentários à lei de crimes ambientais,* 1999; Luiz Vicente Cernicchiaro, Entendendo ser inimputável a pessoa jurídica; Constantino e José Carlos de Oliveira, A responsabilidade penal da pessoa jurídica: direito penal na contramão da história, *Responsabilidade penal da pessoa jurídica & medidas provisórias e direito*, p. 95; Luiz Vicente, *Direito penal na Constituição*, p. 160; Num ensaio sobre o tema, de leitura extremamente agradável, concisa, com ampla referência bibliográfica, ver o texto de Luiz Paulo Sirvinskas. Responsabilidade penal da pessoa jurídica na Lei n. 9.605/98, *Revista dos Tribunais*, n. 784, fev. 2001, p. 483 e ss.

reconhecesse o dano moral e à imagem em relação a ela, porque não se admitia que tal ente tivesse direito da personalidade. Hoje, é questão fora de dúvidas e até matéria sumulada pelos tribunais superiores.

Estabelecidas essas premissas, passemos a uma análise dogmática dos **requisitos** que devem estar presentes para a **responsabilização penal da pessoa jurídica**. Vejamos o que dispõe o **art. 3º da Lei n. 9.605/98:**

> "Art. 3º As **pessoas jurídicas** serão responsabilizadas administrativa, civil e **penalmente** conforme o disposto nesta Lei, nos casos em que a **infração seja cometida por decisão de seu representante legal ou contratual, ou de seu órgão colegiado**, no **interesse ou benefício** da sua entidade."

Primeiramente, vê-se que o dispositivo exige que o ato criminoso se dê em razão de decisão do **representante (legal ou contratual)** ou do **órgão colegiado** da entidade.

É claro: apenas no caso em que a **conduta seja determinada por aqueles que têm poderes para falar e agir em nome da entidade**, é que pode ser apenada.

Nos casos em que a decisão for de alguém que não tem poderes para tanto, é apenas o agente quem deve ser responsabilizado. Afinal, em última essência, não teria agido em nome da pessoa jurídica.

Sobre a relação entre a atuação da **pessoa jurídica** e de seu **representante**, vale a transcrição de interessantíssimo trecho de acórdão do **Superior Tribunal de Justiça**, de relatoria do ministro Gilson Dipp:

> "(...) II. A Lei ambiental, regulamentando preceito constitucional, passou a prever, de forma inequívoca, a possibilidade de penalização criminal das pessoas jurídicas por danos ao meio ambiente.
>
> III. A responsabilização penal da pessoa jurídica pela prática de delitos ambientais advém de uma escolha política, como forma não apenas de punição das condutas lesivas ao meio ambiente, mas como forma mesmo de prevenção geral e especial.
>
> IV. A imputação penal às pessoas jurídicas encontra barreiras na suposta incapacidade de praticarem uma ação de relevância penal, de serem culpáveis e de sofrerem penalidades.
>
> V. Se a pessoa jurídica tem existência própria no ordenamento jurídico e pratica atos no meio social através da atuação de seus administradores, poderá vir a praticar condutas típicas e, portanto, ser passível de responsabilização penal.
>
> VI. A culpabilidade, no conceito moderno, é a responsabilidade social, e a culpabilidade da pessoa jurídica, neste contexto, limita-se à vontade do seu administrador ao agir em seu nome e proveito.
>
> VII. A pessoa jurídica só pode ser responsabilizada quando houver intervenção de uma pessoa física, que atua em nome e em benefício do ente moral.

> VIII. 'De qualquer modo, a pessoa jurídica deve ser beneficiária direta ou indiretamente pela conduta praticada por decisão do seu representante legal ou contratual ou de seu órgão colegiado.'
>
> IX. A atuação do colegiado em nome e proveito da pessoa jurídica é a própria vontade da empresa. A coparticipação prevê que todos os envolvidos no evento delituoso serão responsabilizados na medida de sua culpabilidade.
>
> X. A Lei Ambiental previu para as pessoas jurídicas penas autônomas de multas, de prestação de serviços à comunidade, restritivas de direitos, liquidação forçada e desconsideração da pessoa jurídica, todas adaptadas à sua natureza jurídica.
>
> XI. Não há ofensa ao princípio constitucional de que 'nenhuma pena passará da pessoa do condenado...', pois é incontroversa a existência de duas pessoas distintas: uma física — que de qualquer forma contribui para a prática do delito — e uma jurídica, cada qual recebendo a punição de forma individualizada, decorrente de sua atividade lesiva.
>
> XII. A denúncia oferecida contra a pessoa jurídica de direito privado deve ser acolhida, diante de sua legitimidade para figurar no polo passivo da relação processual-penal. (...)" (STJ, 5ª Turma, REsp 564.960/SC, rel. Min. Gilson Dipp, *DJ* 13-6-2005).

Vê-se, ainda, a exigência de que o ato seja **praticado "no interesse ou benefício" da pessoa jurídica**. É aqui que se apresentam maiores as dificuldades, porque os termos **benefício** e **interesse** podem se adequar às mais variadas e díspares situações.

Pensamos, por exemplo, que **não há necessidade de que exista o lucro aferível em pecúnia** como resultado da conduta praticada. Seja o lucro direto, seja o lucro indireto, o ganho institucional ou o ganho comercial, qualquer destes implicaria o preenchimento dos requisitos. Como bem observa Paulo Affonso Leme Machado:

> "Não é, portanto, somente a ideia de vantagem ou de lucro que existe no termo interesse. Assim, age criminosamente a entidade cujo representante ou órgão colegiado deixa de tomar medidas de prevenção do dano ambiental, por exemplo, usando tecnologia ultrapassada ou imprópria à qualidade do ambiente".[58]

É importante, porém, observar que a responsabilidade penal no sistema brasileiro é fincada sempre na **culpa**, como **elemento subjetivo**. Em resumo, **não existe responsabilidade penal objetiva**. Trata-se do **princípio da culpabilidade**.

Exatamente por isso, na apuração da responsabilidade penal da pessoa jurídica, não é possível prescindir do elemento anímico, seja ele a **culpa** ou o **dolo**.

---

[58] Paulo Affonso Leme Machado, *Direito ambiental brasileiro*, p. 594.

É claro que a aferição do elemento subjetivo deve **recair sobre a conduta do ser humano que tomou a decisão**, sem que isso negue a existência da pessoa jurídica, senão porque ratifica a sua existência.

Ou seja, deve-se apurar os elementos objetivos e subjetivos da responsabilidade penal da pessoa jurídica no **fato típico praticado pelo seu órgão colegiado ou seu representante legal ou contratual**, somando-se a isso o aspecto do benefício e do interesse mencionado alhures.

É óbvio que, mesmo sendo jurídica a pessoa, **seus atos são praticados por seres humanos**, mas **em prol do ente coletivo**.

Essas pessoas (seres de carne e osso), quando agem, não o fazem num espírito particular e egoísta, senão num **pensamento indissociavelmente coletivo**, distinto do pessoal, numa **dimensão diversa da sua própria dimensão pessoal**. É sobre os atos desses indivíduos, enquanto representantes da pessoa jurídica, que a encarnam e que impulsionam a sua vontade, que deve ser feita a análise dos elementos do tipo penal. Não há nada muito diverso do que já se faz na apuração da responsabilidade administrativa, ao se verificar a ilicitude da conduta da empresa.

Consequência disso é o que prevê o **parágrafo único** do mesmo **art. 3º:**

> "Parágrafo único. A responsabilidade das pessoas jurídicas **não exclui a das pessoas físicas**, autoras, coautoras ou partícipes do mesmo fato."

Deixa claro o dispositivo que **não deve ser excluída a responsabilidade individual da pessoa natural**. Por óbvio, tudo isso com vistas a evitar que a pessoa jurídica seja um instrumento ardilmente utilizado para que as pessoas físicas pratiquem crimes imunizados pelo véu ou manto desses entes coletivos.

Aliás, acrescente-se que, usando as palavras de Luiz Regis Prado, "a responsabilidade penal decorrente de uma infração é que poderá ser imputada à pessoa moral (...). Desse caráter subsequente ou de empréstimo resulta importante consequência: **toda infração penal imputada a uma pessoa jurídica será quase sempre igualmente imputável a uma pessoa física**".[59]

É claro: se a responsabilidade penal da pessoa jurídica decorre da **conduta humana** e depende da presença do dolo ou da culpa nesta, uma vez verificados tais elementos, **também a pessoa natural estará incorrendo em crime**.

É o que se chama de **teoria ou sistema da dupla imputação**.

Aliás, vale dizer que os Tribunais Superiores já pacificaram o entendimento de que, para que possa haver a **responsabilização da pessoa jurídica**, é

[59] Luiz Regis Prado, *Crimes contra o ambiente*, p. 23.

verdadeiro **requisito** que seja **também responsabilizado o representante responsável pela decisão**. Fala-se, justamente, na **dupla imputação** como pressuposto para o apenamento do ente moral. Vejamos:

> "PROCESSUAL PENAL. RECURSO ORDINÁRIO EM MANDADO DE SEGURANÇA. CRIMES CONTRA O MEIO AMBIENTE. DENÚNCIA. INÉPCIA. SISTEMA OU TEORIA DA DUPLA IMPUTAÇÃO. NULIDADE DA CITAÇÃO. PLEITO PREJUDICADO.
>
> I — Admite-se a responsabilidade penal da pessoa jurídica em crimes ambientais **desde que haja a imputação simultânea do ente moral e da pessoa física que atua em seu nome ou em seu benefício**, uma vez que 'não se pode compreender a responsabilização do ente moral dissociada da atuação de uma pessoa física, que age com elemento subjetivo próprio' cf. REsp n. 564960/SC, 5ª Turma, rel. Min. Gilson Dipp, *DJ* de 13/06/2005 (Precedentes).
>
> II — No caso em tela, o delito foi imputado tão somente à pessoa jurídica, não descrevendo a denúncia a participação de pessoa física que teria atuado em seu nome ou proveito, inviabilizando, assim, a instauração da *persecutio criminis in iudicio* (Precedentes).
>
> III — Com o trancamento da ação penal, em razão da inépcia da denúncia, resta prejudicado o pedido referente à nulidade da citação.
>
> Recurso provido" (STJ, 5ª Turma, RMS 20.601 / SP, rel. Min, Felix Fischer, *DJ* 14-8-2006).
>
> No mesmo sentido: STJ, 6ª Turma, RHC 24.239/ES, rel. Min. Og Fernandes, *DJ* 1-7-2010; STJ, 6ª Turma, REsp 800.817/SC, rel. Min. Celso Limongi, 22-2-2010; STJ, 5ª Turma, REsp 969.160/RJ, rel. Min. Arnaldo Esteves Lima, *DJ* 31-8-2009; STJ, 5ª Turma, HC 93.867/GO, rel. Min. Felix Fischer, *DJ* 12-5-2008; STJ, 5ª Turma, REsp 889.528/SC, rel. Min. Felix Fischer, *DJ* 18-6-2007.
>
> No mesmo sentido, EDcl no REsp 865.864/PR, rel. Min. Adilson Vieira Macabu (Desembargador Convocado do TJ/RJ), 5ª Turma, julgado em 20-10-2011, *DJe* 1-2-2012.

Portanto, é certo que a responsabilidade penal da pessoa jurídica não foge à regra tradicional assentada na culpa e, nesse caso, deve-se perquirir sobre as pessoas individuais ou coletivas que a incorporam, impulsionam e encarnam, ou seja, que praticam os atos tendentes à obtenção dos benefícios ou interesses da pessoa jurídica.

Não se trata apenas de verificar a ocorrência do benefício ou interesse — como requisitos propostos pela lei —, mas também a sua relação com a autoria do ato. Nesse caso, o elemento anímico é regido pelos princípios constitucionais da culpa, que o direito penal não dispensou.

As pertinentes indagações de Sirvinskas,[60] com relação à responsabilização penal ambiental da pessoa jurídica, não impedirão a sua aceitação no nosso ordenamento, pois a sua previsão reside no texto constitucional.

Entretanto, inegavelmente, será um desafio para a doutrina, a jurisprudência e os operadores do Direito como um todo estabelecer formas, meios e parâmetros para, desviando-se das atecnias do legislador, melhor acomodar a implementação do instituto segundo os ditames do Direito Ambiental e do Direito Penal.

### ■ 7.6.5.3.6. A responsabilidade penal e o princípio da intervenção mínima

Uma outra observação crítica que tem sido feita à Lei n. 9.605/98 é o "seu **caráter altamente criminalizador**",[61] tendo em vista que tipificou como crime diversas hipóteses que antes eram consideradas meras contravenções.

Se a tutela penal é a *ultima ratio* do ordenamento jurídico, a filosofia adotada pelo legislador — extremamente rigoroso — não seria consentânea com a tendência evolutiva da ciência penal, consubstanciada no **princípio da insignificância e da intervenção penal mínima**.

Apesar de tais observações, não se pode perder de vista que o bem jurídico aqui tutelado (meio ambiente) guarda sensível peculiaridade, nem sempre ou dificilmente compreendida pelo homem.

[60] Luiz Paulo Sirvinskas, Responsabilidade penal da pessoa jurídica na Lei 9.605/98. *Revista dos Tribunais*, p. 490-491: "As penas contidas nos tipos penais da parte especial são as privativas de liberdade. Não constam nos tipos penais as penas aplicáveis às pessoas jurídicas, mas só aquelas destinadas às pessoas físicas. Assim, como aplicar as penas contidas na parte geral da lei às pessoas jurídicas? Como fazer a integração da parte geral à parte especial? Como fazer a dosimetria da pena? O legislador não estaria colocando nas mãos do juiz um poder discricionário que não lhe incumbe ao permitir fazer a integração das penas contidas na parte geral à parte especial? O juiz não poderia impor a pena à pessoa jurídica sem respeitar um patamar entre o mínimo e o máximo, podendo, inclusive, determinar o fechamento da empresa com consequências graves e irreversíveis à sociedade? Não se estaria criando a pena de morte para a pessoa jurídica, o que é vedado pela Constituição Federal? A pessoa jurídica não tem o direito de saber de antemão a pena aplicável entre um mínimo e um máximo, bem como os tipos penais atribuídos à pessoa jurídica? As penas atribuídas às pessoas jurídicas não seriam substitutivas das penas privativas de liberdade contidas na parte especial? E quando se tratar de tipo penal que admite a conduta culposa ou dolosa, qual deve-se aplicar? Essas omissões e a falta de integração não estariam ferindo o princípio da legalidade e o princípio da proporcionalidade da pena? Qual seria o rito processual para se processar e julgar uma pessoa jurídica? Admite-se a responsabilidade penal da pessoa jurídica de direito público? Seria essa a melhor técnica legislativa adotada pelo legislador? São questões de difícil solução".

[61] Luiz Regis Prado, *Crimes contra o ambiente*, p. 16.

Um desses aspectos se refere a sua ubiquidade e sua natureza holística. Como observou Anabela Miranda Rodrigues,[62] "um dos problemas da degradação do ambiente resulta do facto de a esmagadora maioria das pessoas não ter assimilado a ideia de que a responsabilidade coletiva começa na responsabilidade individual. Cada pessoa pensa que os estragos que faz são insignificantes quando comparados com os estragos provocados pelos outros milhões de seres humanos. E, assim, numa cadeia onde a responsabilidade não existe, os factores de degradação do ambiente acumulam-se".

Partindo-se desta premissa, e sem levá-la aos exageros, deve-se fazer com que a intervenção penal contribua com sanções educativas, tal como penas socioeducativas ambientais à comunidade, para que se consiga, depois de imposta e cumprida a pena, mais do que um ex-criminoso, um militante defensor do meio ambiente.

Assim, às vezes, o que parece ser um exagero do legislador no tocante à tutela penal do ambiente, principalmente quando comparada com outros crimes comuns do nosso cotidiano, nada mais é do que uma correta política de implementação principiológica das diretrizes e estruturas do próprio Direito Ambiental. Pretendem elas evitar ao máximo a degradação de um único ou de todos os bens ambientais, já que a separação ou o isolamento de um bem ambiental do contexto em que se insere é praticamente impossível.

### ■ *7.6.5.3.7. Responsabilidade penal e as sanções penais*

O **item 26 da exposição de motivos da Lei n. 9.605/98** indica qual a intenção do legislador em relação às sanções adotadas. Vejamos:

> "Uma política criminal orientada no sentido de proteger a sociedade terá de **restringir a pena privativa de liberdade aos casos de reconhecida necessidade**, como meio eficaz de impedir a ação criminógena cada vez maior do cárcere. Esta filosofia importa obviamente na **busca de sanções outras** para delinquentes sem periculosidade ou crimes menos graves."

Já dissemos e insistimos nisso: não se pode pensar na tutela penal do ambiente fazendo-se um mero decalque dos conceitos tradicionais do Direito Penal. O objeto de tutela é socialmente diferente, as sanções, o escopo e até mesmo o perfil do delinquente ambiental são absolutamente diversos.

---

[62] Anabela Miranda Rodrigues, Direito penal do ambiente — uma aproximação ao novo direito português. *Revista Direito Ambiental*, p. 14.

Como bem observou Gilberto Passos de Freitas: "os crimes ambientais são cometidos por pessoas que não oferecem nenhuma periculosidade ao meio social, e que foram levadas a praticar a infração penal por circunstâncias do meio em que vivem, dos costumes".[63]

Nesse sentido é que a Lei n. 9.605/98 buscou estabelecer uma série de **penas diferenciadas**.

As sanções penais endereçadas às **pessoas físicas** são:

- **penas privativas de liberdade:** reclusão, detenção e prisão simples;
- **penas restritivas de direito (art. 8º):** prestação de serviços à comunidade, interdição temporária de direitos, suspensão parcial ou total de atividades, prestação pecuniária e recolhimento domiciliar;
- **pena de multa:** cálculo a ser estabelecido nos termos do art. 18.

Na mesma linha, considerando que a referida lei busca dar atuação à **responsabilidade penal da pessoa jurídica**, é intuitiva a necessidade de se preverem para elas sanções diferenciadas. Afinal, obviamente impossível pensar-se em penas restritivas de liberdade para os entes morais. São, então, as seguintes as penas aplicáveis às **pessoas jurídicas (art. 21):**

- **pena de multa:** cálculo a ser estabelecido nos termos do art. 18 da Lei n. 9.605/98;
- **penas restritivas de direito (art. 22):** suspensão total ou parcial de atividades, interdição temporária de estabelecimento, obra ou atividade; proibição de contratar com o Poder Público, bem como dele obter subsídios, subvenções ou doações;
- **prestação de serviços à comunidade (art. 23):** custeio de programas e de projetos ambientais; execução de obras de recuperação de áreas degradadas; manutenção de espaços públicos; contribuições a entidades ambientais ou culturais públicas;
- **liquidação forçada de pessoa jurídica (art. 24)**, em casos extremos.

---

[63] Gilberto Passos de Freitas, Do crime de poluição, in *Direito em evolução*, v. I, p. 113. No mesmo sentido, observa Sérgio Salomão Shecaira que: "No plano do direito econômico ou mesmo do direito ecológico, onde normalmente vem implementando a responsabilidade coletiva, a pena privativa de liberdade é, na maioria das vezes, desnecessária e até descabida. O tipo particular de agente que comete crimes econômicos, que a criminologia moderna, a partir de Shuterland, batizou de *crimes de colarinho-branco*, não precisa qualquer *ressocialização*, por se tratar de pessoa altamente socializada, integrada ao corpo social e de boas qualificações profissionais". A responsabilidade penal das pessoas jurídicas e o direito ambiental, in *O novo em direito ambiental,* p. 132.

### 7.6.5.4. Responsabilidade administrativa ambiental

#### 7.6.5.4.1. As infrações administrativas

Como se sabe, a possibilidade de a **Administração Pública** impor aos particulares **sanções** por alguma infração é decorrência direta de seu **Poder de Polícia**.

Este, em resumo, pode ser entendido como a **prerrogativa** que detém a **Administração Pública** de, em prol do **interesse público**, impor, por meio de seu poder de império, **limitações à liberdade dos indivíduos**.

Manifesta-se, assim, por meio de **normas (poder de polícia preventivo)** que, uma vez violadas, dão azo à aplicação de **sanções (poder de polícia repressivo)**.

Dessa forma, tem lugar a **responsabilidade administrativa ambiental** sempre que ocorrerem **infrações/violações às normas ambientais**. A infração ambiental fica caracterizada, assim, por uma conduta ilícita (contra a lei, fora da lei).

E isso, importante ficar claro, **independe da existência do dano ambiental propriamente dito**. Assim como é possível haver responsabilidade civil mesmo que não haja responsabilidade administrativa (quando há dano ambiental por conduta lícita), também é possível a responsabilidade administrativa mesmo não havendo a responsabilidade civil (conduta ilícita mais inexistência do dano no caso concreto).

Aliás, esse é exatamente o entendimento a ser extraído do ***caput* do art. 70 da Lei n. 9.605/98**, que deixa claro que **basta a violação às regras jurídicas ligadas ao meio ambiente** para que se configure a infração administrativa. Vejamos:

> "Art. 70. Considera-se infração administrativa ambiental **toda ação ou omissão que viole as regras jurídicas** de uso, gozo, promoção, proteção e recuperação do meio ambiente."

Da mesma forma, a responsabilidade por ilícitos administrativos **independe da demonstração de dolo ou culpa**, sendo, portanto, na esteira da responsabilidade civil por danos ao meio ambiente, **objetiva**.

Como expressamente sacramenta o art. 225, § 3º, da CF/88, as responsabilidades penal, civil e administrativa são independentes, e o que aqui se afirmou corrobora o exposto. Ocorre que o objeto de tutela de cada uma delas é diverso, daí por que não se pode falar em *bis in idem* nesse caso.

Sabendo-se que as normas ambientais podem impor uma **obrigação positiva (fazer) ou negativa (abster-se ou tolerar)**, a consequência é que sua violação pode se dar por **omissão** ou por **ação**, respectivamente.

No primeiro caso (fazer), haverá infração ambiental quando existe omissão da pessoa que não cumpre a determinação legal. No segundo caso (não fazer), há o ilícito quando pratica aquilo que deveria abster ou tolerar.

Em matéria ambiental, o **mais comum são as obrigações negativas**, que impõem, regularmente, em prol do interesse público, **restrições ao direito de propriedade e liberdade individual** genericamente considerados.

### ■ 7.6.5.4.2. *Sanção administrativa independe da sanção civil*

Em respeito ao princípio da **legalidade** da atuação da Administração, só há que se falar em responsabilidade administrativa quando lei ambiental for violada.[64]

Isso, porém, **independe de eventual consequência danosa ou não da infração**. Destarte, ainda que a violação não cause qualquer dano, ainda assim haverá a incidência do fato à norma descumprida, com a consequência de ser aplicada a sanção administrativa ambiental ao infrator.

Nada impede, dessa forma, a existência de uma sanção administrativa sem que para aquele caso exista qualquer sanção civil ambiental. Para esta última, é condição necessária a existência do dano. Para a primeira, é necessária apenas a ligação da conduta ilícita a determinada pessoa.

Assim, por exemplo, ferir uma condicionante da licença de operação é infração administrativa punível com a respectiva sanção, mas pode não ter causado nenhum dano, motivo pelo qual pode não ensejar qualquer tipo de responsabilização na ordem civil.

Exatamente por isso, as **infrações administrativas** podem se **classificar** quanto à **gravidade da perturbação causada** como **materiais** e **formais**. A primeira é aquela que causa **efetivo dano ambiental**. Já a segunda constitui **mero descumprimento da norma legal**, sem qualquer dano.

### ■ 7.6.5.4.3. *O sujeito passivo da sanção administrativa*

Justamente porque a ocorrência de infração administrativa independe do dano ambiental, **não há sempre correspondência entre a pessoa que pode ser responsabilizada administrativamente e o conceito de poluidor**.[65]

[64] Em decorrência do imperativo constitucional do artigo 37 da CF/88, só pode haver infração e sua respectiva sanção administrativa se ambas estiverem tipificadas na lei. Trata-se do princípio da tipicidade e da legalidade dos atos da administração. Para consulta, ver: Garcia de Enterría, op. cit., p. 159; Miguel S. Marienhoff, *Tratado de derecho administrativo*, t. IV, p. 588 e Enrique Sauaguès Laso, *Tratado de derecho administrativo*, p. 426.

[65] Nesse sentido, do largo conceito de infrator, ver Miguel Montoro Puerto, *La infración administrativa*, p. 143. Em igual sentido, ver Garcia de Enterría, *Curso de derecho administrativo*, v. II, p. 161.

Assim, o infrator é infrator ainda que não seja poluidor.

Por óbvio, podem ser infratores tanto as **pessoas físicas** como as **pessoas jurídicas**.

### 7.6.5.4.4. *A execução das sanções administrativas*

É comum afirmar-se que as **sanções administrativas** são dotadas de **autoexecutoriedade**. Todavia, apesar de corrente, a afirmativa merece ser vista com ressalvas.

Uma coisa é dizer que os atos do poder público são dotados de **exigibilidade**. É certo: decidido algo pela Administração Pública, o ato é **imponível ao particular, independentemente de sua aceitação**.

Coisa, porém, bem diferente é a **(auto)executoriedade**, definida como "qualidade pela qual o Poder Público pode **compelir materialmente o administrado, sem precisar de buscar previamente as vias judiciais**, ao cumprimento da obrigação que impôs e exigiu".[66]

Assim, há uma profunda diferença entre a **executoriedade** e a **exigibilidade** das sanções. A exigibilidade precede à executoriedade.

Vale ressaltar, assim, que **nem toda sanção administrativa é autoexecutável, embora seja exigível**.

Para satisfação da pena de multa, por exemplo, é mister que se recorra às vias judiciais (execução fiscal), motivo pelo qual a referida penalidade não se coloca no rol de sanções mais eficazes, justamente porque, em última análise, a invasão da esfera patrimonial do infrator só é possível mediante a atuação jurisdicional.

Contudo, por exemplo, quando estamos diante de uma interdição de atividade, perda de benefício fiscal, etc., tais sanções comportam executoriedade imediata, não dependendo de se recorrer ao Poder Judiciário para que seja aplicada.

### 7.6.5.4.5. *Concurso formal e material*

Tendo o infrator cometido **mais de uma ação** e, em decorrência disso, realizado **mais de uma infração**, haverá o chamado **concurso material**, que enseja a **aplicação cumulativa das sanções administrativas**. Na verdade, o infrator será penalizado pelo número de ações e infrações cometidas.

Já no **concurso formal**, por intermédio de **uma só ação** o infrator acaba ferindo **vários preceitos normativos**. Mas aqui, diferente do que se passa na esfera penal, o infrator é **sancionado por todos eles**.

---

66 Celso Antonio Bandeira de Mello, op. cit., p. 52.

Assim, na **tutela administrativa ambiental, não se adotou a regra ou princípio da absorção** (em que se aplica a penalidade mais grave nos casos de concurso formal), já que o infrator será sancionado por todas as infrações, ainda que para tanto tenha praticado uma só conduta.

É essa, inclusive, a regra consagrada no **art. 72, § 1º, da Lei n. 9.605/98:**

> Art. 72, § 1º: "Se o infrator cometer, simultaneamente, duas ou mais infrações, ser-lhe-ão aplicadas, **cumulativamente**, as sanções a elas cominadas".

### ■ 7.6.5.4.6. *Infrações instantâneas e permanentes*

Ainda com relação às infrações administrativas, estas se classificam em **instantâneas** e **permanentes**, levando-se em consideração o **tempo de duração da conduta antijurídica**.

Importa dizer que **não** se está aqui falando da **duração dos efeitos** da referida conduta. Afinal, quando se trata de meio ambiente, os efeitos de qualquer conduta danosa são geralmente sentidos por muito tempo.

O que se distingue aqui é a **duração da conduta antijurídica**. Pode ser ela:

- **instantânea:** é aquela cuja consumação é imediata (por exemplo: quando não se dá publicidade ao RIMA em prazo determinado);
- **permanente:** é aquela cuja consumação se prolonga no tempo, sendo contínua a agressão ao bem tutelado (por exemplo: quando se descumpre uma licença de operação lançando efluentes acima do limite ou padrão estabelecido).

### ■ 7.6.5.4.7. *Proporcionalidade na aplicação das sanções administrativas*

Derivado do princípio da legalidade, exsurge o **princípio da proporcionalidade**.

Tendo em vista o fato de que as sanções administrativas são atos da Administração Pública e, portanto, devem estar pautados na lei, é certo que a **sanção imposta deve encontrar correspondência com a gravidade da infração cometida**. Caso contrário, podemos falar em **ilegalidade da sanção desproporcional**.

Muitos dispositivos que regulam a aplicação do poder de polícia não fixam os termos mínimo e máximo de valoração das multas, que constitui uma das sanções mais aplicadas. Não é possível, porém, ao administrador aplicar uma multa, máxima ou mínima, sem especificar claramente quais os critérios que utilizou para chegar a determinado valor.

Não só as multas, mas toda e qualquer sanção administrativa deve pautar-se, então, no princípio da proporcionalidade, que nada mais é do que um corolário do princípio da razoabilidade e da finalidade que devem pautar os atos da Administração.

Assim, a multa, ou qualquer sanção aplicada, deve ser **adequada para alcançar o fim desejado pelo legislador**. A sanção que se mostra exacerbada para a finalidade e de acordo com a infração praticada, configura desvio de poder, ato ilegal, motivo pelo qual está sujeita ao controle de sua legalidade pelo Poder Judiciário.

Como explica Hugo de Brito Machado, o que se relaciona à discricionariedade do Administrador na aplicação das sanções administrativas encontra-se

> "limitado, contido em fronteiras requeridas até por imposição racional, posto que à falta delas perderia o cunho de poder jurídico. Com efeito se lhe faltassem diques não se lhe poderia inculcar o caráter de comportamento intralegal. (...) Toda atividade administrativa, consoante se assinalou, é por excelência, subordinada ao cumprimento de certos interesses. Tem, por conseguinte, caráter tipicamente instrumental. Corresponde a um meio para alcançar escopos traçados fora do âmbito da Administração, porque instituídos pelo Legislativo".[67]

É importante ressaltar que, no controle da legalidade dos atos da administração, não sobrará qualquer chance para o Poder Judiciário aplicar a sanção que entender como correta, porque isso diz respeito à conveniência e ao mérito do ato administrativo. Portanto, tocar-lhe-á apenas dizer se é legal ou não o referido ato.

#### ■ 7.6.5.4.8. Competência para a aplicação das sanções administrativas

Questão interessante, que já abordamos de passagem no Capítulo 5, diz respeito à **competência** para aplicação das sanções administrativas ambientais.

Lembrando que a **competência material/administrativa em tema de meio ambiente é do tipo comum (art. 23, VI, da CF/88)**, o grande cuidado que se deve ter é para que **não seja aplicado o poder de polícia mais de uma vez (por mais de um ente político)**, sobre a mesma hipótese de incidência, justamente para que não exista o *bis in idem*.

Por expressa determinação da **Lei de Crimes Ambientais (Lei n. 9.605/98)**, especialmente no **art. 76**,[68] o legislador pretendeu deixar incontestável que **uma**

---

[67] Celso Antonio Bandeira de Mello, op. cit., p. 434.

[68] "Art. 76. O pagamento de multa imposta pelos Estados, Municípios, Distrito Federal ou Territórios substitui a multa federal na mesma hipótese de incidência."

**mesma hipótese de incidência não pode dar ensejo à aplicação de mais de uma multa** por órgãos ambientais diversos.

Ora, a intenção do legislador não é outra senão impedir que alguém (pessoa física ou jurídica) seja apenado duplamente por uma mesma situação, ferindo de morte o princípio da legalidade e do devido processo legal.

A norma prevista no **art. 76 da Lei n. 9.605/98** existe justamente porque a **competência material (para aplicar a sanção administrativa)** em matéria ambiental (art. 23, VI, da CF/88) permite que **todos os órgãos ambientais do SISNAMA**, nas **diversas esferas políticas** (União, Estados, Distrito Federal e Municípios), possam exercer **poder de polícia** tendo por fundamentação uma lei que pertença a qualquer dos entes federados.

É, aliás, o que já deixou claro o Superior Tribunal de Justiça:

> "ADMINISTRATIVO. MULTA AMBIENTAL. AUTUAÇÃO. COMPETÊNCIA DOS TÉCNICOS DO IBAMA PARA APLICAÇÃO DE PENALIDADE. PORTARIA IBAMA N. 1.273/98. EXERCÍCIO DE PODER DISCRICIONÁRIO.
>
> 1. **A Lei n. 9.605/1998 confere a todos os funcionários dos órgãos ambientais integrantes do SISNAMA o poder para lavrar autos de infração e para instaurar processos administrativos**, desde que designados para as atividades de fiscalização, o que, para a hipótese, ocorreu com a Portaria n. 1.273/1998. (REsp 1.057.292/PR, rel. Min. Francisco Falcão, Primeira Turma, julgado em 17-6-2008, *DJe* 18-8-2008).
>
> 2. Basta ao técnico ambiental do IBAMA a designação para a atividade de fiscalização, para que esteja regularmente investido do poder de polícia ambiental, nos termos da legislação referida. Caberia ao órgão ambiental (IBAMA), discricionariamente escolher os servidores que poderiam desempenhar a atividade de fiscalização e designá-los então para essa função. Evidentemente que a tarefa de escolha dos servidores designados para o exercício da atividade de fiscalização diz respeito ao poder discricionário do órgão ambiental.
>
> Agravo regimental improvido" (STJ, 2ª Turma, AgRg no REsp 1.260.376/PR, rel. Min. Humberto Martins, *DJ* 21-9-2011).

Assim, nada impede que um Município aplique multa com base em Lei Federal, justamente porque a ideia do legislador constituinte, ao estabelecer a competência comum, foi fazer com que, em nenhuma situação, a infração ambiental seja ignorada ou omitida por qualquer órgão ambiental, independentemente da esfera política a que o órgão pertença.

Todavia, excessos não podem acontecer. Não pode, por exemplo, uma mesma hipótese de incidência caracterizadora de infração ser responsabilizada com duas multas.

Haveria, neste caso, **conflito de atribuições entre órgãos ambientais**, o que o próprio legislador infraconstitucional dirimiu — com regra de duvidosa constitucionalidade diante do nosso sistema federativo —, dando preferência, no citado **art. 76**, ao **ente político mais próximo à realidade impactante do meio ambiente**, privilegiando, portanto, o Estado frente à União e o Município frente ao Estado.

Isso porque se considera a aplicação da norma mais favorável ou protetiva do meio ambiente, independentemente da sua natureza (federal, estadual ou municipal) e do ente político que a aplica.

Com relação ao **sujeito ativo (que imporá a sanção)**, as **sanções** podem ser **Federais**, **Estaduais** (aqui incluído o DF) e **Municipais**, independentemente do fato de a infração ter ocorrido em hipótese de incidência federal, estadual ou municipal.

Assim, em virtude da competência material comum adotada pelo texto constitucional (art. 23, VI, da CF/88), nada impede que um ente municipal aplique sanção administrativa prevista em lei federal por violação de norma de igual natureza.

Só não será possível a aplicação do presente entendimento para os casos específicos de **competência exclusiva da União**, como ocorre, por exemplo, nos casos de **ilícito ambiental por infração à legislação nuclear**, que é de competência única do **CNEN**.

## ■ 7.7. QUADRO SINÓTICO GERAL DOS PRINCÍPIOS DO DIREITO AMBIENTAL

| PRINCÍPIO | DEFINIÇÃO |
|---|---|
| **UBIQUIDADE** | ■ O **bem ambiental não se submete a qualquer fronteira**, seja ela espacial, territorial ou mesmo temporal.<br>■ Torna-se, então, difícil mensurar a real extensão de qualquer dano ambiental, e, assim, a **reparação** deve ser a **mais ampla possível**. |
| **COOPERAÇÃO ENTRE OS POVOS** | ■ Reconhece a necessidade de que se estabeleça uma verdadeira **política mundial/global de proteção e preservação do meio ambiente**, com regras menos preocupadas com a soberania nacional e mais vinculadas às necessidades ambientais. |
| **DESENVOLVIMENTO SUSTENTÁVEL** | ■ Busca que, para o **progresso econômico e social**, seja **mais racional** a utilização dos recursos ambientais, de forma a não apenas satisfazer as necessidades das gerações presentes, mas **não comprometer a capacidade das gerações futuras de satisfazer as suas próprias necessidades (solidariedade intergeracional)**. |
| **PARTICIPAÇÃO** | ■ É **dever de toda a sociedade** defender e preservar o meio ambiente.<br>■ Por isso, deve ser assegurado à coletividade o **direito de participar** ativamente da tomada das **decisões** relativas à proteção ambiental. |
| **INFORMAÇÃO** | ■ Justamente para possibilitar sua participação, deve ser assegurado aos indivíduos o **acesso às informações relativas à preservação ambiental**. |

| | |
|---|---|
| **EDUCAÇÃO** | ■ Deve ser promovida, em **todos os níveis de ensino** e também de maneira **informal**, educação capaz de **conscientizar a população** da necessidade de se proteger o meio ambiente. |
| **POLUIDOR/USUÁRIO-PAGADOR** | ■ Dado o caráter difuso e esgotável dos bens ambientais, todos que sejam responsáveis pela **utilização desses bens em seu proveito** (e em detrimento da sociedade) devem **arcar com este déficit da coletividade**.<br>■ Esse prejuízo ambiental, **quando possível de ser suportado e trouxer benefícios para a sociedade, deve ser internalizado** por aquele que usa do meio ambiente em seu proveito. Se, entretanto, **não houver a possibilidade de internalização, o produto não pode ser fabricado ou consumido**. |
| **PREVENÇÃO** | ■ Dado o caráter **irreversível** de qualquer dano ambiental, sempre que se **saiba que uma dada atividade apresenta riscos de dano ao meio ambiente**, tal **atividade não poderá ser desenvolvida**. |
| **PRECAUÇÃO** | ■ Visa **evitar** qualquer **risco** de dano ambiental, nos casos em que **não há certeza científica** sobre a potencialidade lesiva de um empreendimento.<br>■ **Inverte-se**, com isso, o **ônus da prova**, cabendo ao empreendedor demonstrar que a atividade que propõe não apresenta qualquer risco de lesão ao meio ambiente. |
| **FUNÇÃO SOCIOAMBIENTAL DA PROPRIEDADE PRIVADA** | ■ O exercício do direito de **propriedade não pode prejudicar a função ecológica dos bens ambientais**. Afinal, o equilíbrio ecológico a todos pertence.<br>■ Assim, sempre que o uso incomum de um bem ambiental puder prejudicar o uso comum a que faz jus toda a população e, acima de tudo, sua função na manutenção do equilíbrio ecológico, é a **função ecológica que deve prevalecer**. |
| **USUÁRIO-PAGADOR** | ■ Busca imputar ao **usuário dos recursos ambientais** o custo pela **utilização** de um bem que a todos pertence.<br>■ Diferentemente do **poluidor-pagador**, incide nos casos em que há simplesmente o **uso do bem ambiental**, ainda que **não haja qualquer degradação**.<br>■ Preocupa-se, assim, mais com a **quantidade dos recursos naturais** do que com a sua qualidade (esta, por sua vez, é objeto das atenções do **poluidor-pagador**). |
| **RESPONSABILIDADE** | ■ Visa **reprimir** os comportamentos contrários às normas de proteção ambiental. Para tanto, podem ser aplicadas **concomitantemente** sanções nas esferas **penal**, **cível** e **administrativa**, sem que isso represente qualquer *bis in idem*, já que cada qual possui objeto de tutela específico.<br>■ Contudo, por se tratar de instrumento de proteção do **meio ambiente**, há certa **unidade de fins** entre as três espécies de sanções: todas visam, em última instância, a **reparação do dano ambiental** e a **educação do infrator**. |

## ■ 7.8. QUESTÕES DE CONCURSO

**1. (CESPE/2009 — OAB) Assinale a opção correta com relação aos princípios do direito ambiental.**

a) Em conformidade com o princípio do desenvolvimento sustentável, o direito ao desenvolvimento deve ser exercido de modo a permitir que sejam atendidas as necessidades do tempo presente sem comprometer as necessidades das gerações futuras.

b) O princípio do poluidor-pagador estabelece que a pessoa, física ou jurídica, antes de desenvolver atividade considerada causadora de degradação ambiental, terá de pagar para evitar a contaminação.

c) O ressarcimento do dano ambiental deve ocorrer, preferencialmente, mediante indenização em dinheiro, e, secundariamente, pela reparação natural do ambiente degradado.

d) Conforme o princípio do limite, o particular que pretenda desenvolver atividade ou empreendimento que cause significativa degradação ambiental tem o dever de fixar parâmetros que levem em conta a proteção da vida e do próprio meio ambiente.

**2. (CESPE/2011 — TJ/PB — Juiz) Com relação aos princípios de direito ambiental, assinale a opção correta.**

a) A necessidade da educação ambiental é princípio consagrado pelas Nações Unidas e pelo ordenamento jurídico brasileiro, e, nesse sentido, a CF determina ao poder público a incumbência de promover a educação ambiental em todos os níveis de ensino.
b) Na órbita repressiva do princípio do poluidor-pagador, incide a responsabilidade subjetiva caso a sanção resultante da poluição tenha caráter civil, penal ou administrativo.
c) Em face do princípio da precaução, o licenciamento, por órgão ambiental, para a construção, instalação e funcionamento de estabelecimentos utilizadores de recursos ambientais é exação discricionária do poder público, cabendo a este, a seu critério, enumerar as atividades potencialmente poluidoras e capazes de causar degradação ao ambiente.
d) Considerado o princípio do poluidor-pagador, o conceito do termo poluidor restringe-se ao autor direto do dano ambiental, e não àqueles que, de forma indireta, tenham contribuído para a prática do dano.
e) O princípio da prevenção é englobado pelo princípio da precaução, na medida em que ambos se aplicam a impactos ambientais já conhecidos e informam tanto o licenciamento ambiental como os próprios estudos de impacto ambiental.

**3. (CESPE/2007 — TJ/PI — Juiz) A sociedade contemporânea vem transformando, aos poucos, a concepção privatista do direito de propriedade em direção à propriedade como sendo um direito-dever pautado pela necessidade de manutenção de um meio ambiente ecologicamente equilibrado, adequado à sadia qualidade de vida e em conformidade com os ditames de um modelo de desenvolvimento sustentável. Em face disso, tanto a legislação ambiental como a CF impõem medidas quanto à preservação de áreas florestais, do solo, da água e da diversidade biológica, no que se refere à problemática de propriedades inseridas em espaços territoriais especialmente protegidos.**

Acerca do assunto de que trata o texto acima, assinale a opção correta.

a) A função socioambiental da propriedade não constitui um simples limite ao exercício do direito de propriedade, por meio da qual se permite ao proprietário, no exercício do seu direito, fazer tudo o que não prejudique a coletividade e o meio ambiente; ela vai além disso, pois autoriza até mesmo que se imponham ao proprietário comportamentos positivos, no exercício do seu direito, para que a sua propriedade concretamente conforme-se à preservação do meio ambiente.
b) A função socioambiental da propriedade impõe ao proprietário que, no exercício do seu direito, apenas se abstenha de praticar atos lesivos aos interesses coletivos, pautando a exploração econômica da propriedade rural pelo princípio da precaução.
c) Para que a exploração econômica da propriedade rural ocorra de maneira compatível com o princípio do desenvolvimento sustentável, cabe ao proprietário tomar medidas preventivas quanto à utilização dos recursos naturais não renováveis, seguindo um plano de manejo sustentável. No entanto, a utilização dos recursos renováveis pode ser feita sem ônus ao proprietário, desde que este tenha efetuado o cadastramento de sua propriedade no Sistema Nacional de Controle dos Latifúndios Produtivos, do IBAMA.
d) Na perspectiva de uma sociedade de risco, como é a sociedade contemporânea, cabem ao proprietário rural o exercício socioambiental do direito de propriedade e a

responsabilização civil, penal e administrativa pela má utilização do direito de superfície, visto que, estando constituído como superficiário, ele é obrigado a assumir todos os encargos enfitêuticos decorrentes da exploração econômica das áreas ambientalmente protegidas, bem como o pagamento do respectivo *solarium* ao município no qual a mesma esteja situada.

e) As condicionantes socioambientais ao direito de propriedade do solo urbano incidem apenas sobre os latifúndios improdutivos, dado que a função econômica da propriedade da terra é que condiciona a adequação do exercício responsável das atividades agropecuárias às determinantes socioambientais.

**4. (MPE-PR/2008 — Promotor de Justiça) Analise as proposições abaixo e, na sequência, assinale a opção correta:**

I. Somente as futuras gerações são destinatárias da preservação do meio ambiente, porquanto a coletividade — que forma a presente geração — tem o dever constitucional de defendê-lo.

II. Dada a relevância do direito ao meio ambiente ecologicamente equilibrado, o Ministério Público tem o monopólio para a propositura das ações civis destinadas à tutela de tal direito, por ser o único órgão com poderes legais para a instauração de inquérito civil.

III. A pessoa jurídica constituída ou utilizada, preponderantemente, com o fim de permitir, facilitar ou ocultar a prática de crime ambiental terá decretada sua liquidação forçada, seu patrimônio será considerado instrumento do crime e como tal perdido em favor do Fundo Penitenciário Nacional.

IV. É dever específico do Poder Público promover a educação ambiental em todos os níveis de ensino e a conscientização pública para a preservação do meio ambiente.

V. O tombamento foi constitucionalmente previsto como um dos instrumentos de promoção e proteção do patrimônio cultural brasileiro e incide apenas sobre bens particulares.

a) Todas as alternativas estão incorretas.
b) Somente as alternativas I, II e IV estão incorretas.
c) As alternativas III, IV e V estão corretas.
d) As alternativas III e IV estão corretas.
e) As alternativas I, II, IV e V estão incorretas.

**5. (VUNESP/2011 — TJ/SP — Juiz) Leia atentamente as assertivas que seguem e, depois, proceda à sua vinculação com os princípios enunciados, na correta ordem sequencial.**

I. Manter as bases vitais da produção e reprodução do homem e de suas atividades, e igualmente garantir uma relação satisfatória entre os homens e destes com o seu ambiente, para que as futuras gerações também tenham oportunidade de desfrutar os mesmos recursos que temos hoje à nossa disposição.

II. Assegurar a solidariedade da presente geração em relação às futuras, para que também estas possam usufruir, de forma sustentável, dos recursos naturais.

III. Impedir a ocorrência de danos ao meio ambiente, por meio da imposição de medidas acautelatórias, antes da implantação do empreendimento e atividades consideradas efetiva ou potencialmente poluidoras.

IV. Instituir procedimentos capazes de embasar uma decisão racional na fase de incertezas e controvérsias, de forma a diminuir os custos da experimentação.

V. Internalizar os custos resultantes dos danos ambientais, ou seja, levá-los em conta na elaboração dos custos de produção e, consequentemente, assumi-los.

VI. Evitar que o "custo zero" dos serviços e recursos naturais acabe por conduzir o sistema de mercado à hiperexploração do meio ambiente.

Assinale a alternativa correta.

a) Desenvolvimento sustentável, solidariedade intergeracional, prevenção, precaução, poluidor-pagador, usuário-pagador.
b) Desenvolvimento sustentável, solidariedade intergeracional, precaução, prevenção, poluidor-pagador, usuário-pagador.
c) Solidariedade intergeracional, desenvolvimento sustentável, precaução, prevenção, usuário-pagador, poluidor-pagador.
d) Solidariedade intergeracional, desenvolvimento sustentável, prevenção, precaução, poluidor-pagador, usuário-pagador.
e) Desenvolvimento sustentável, solidariedade intergeracional, prevenção, precaução, usuário-pagador, poluidor-pagador.

**6. (CESPE/2010 — MPE/RO — Promotor de Justiça) Considerando que as políticas públicas são implementadas com o propósito de evitar danos ambientais e objetivam alcançar a aplicação de princípios ambientais, assinale a opção correta.**

a) Embora o princípio da prevenção ainda não esteja incorporado à ordem jurídica nacional, sua observância permite ao poder público antecipar-se à ocorrência de danos ambientais.
b) O princípio da precaução pode ser invocado para inverter o ônus da prova em procedimento ambiental.
c) O pagamento pecuniário e a indenização legitimam empreendimentos que venham provocar lesão ao meio ambiente.
d) No processo industrial de fabricação de produtos, os resíduos descartados no ambiente devem ser tratados, sendo esta uma forma de aplicação do princípio do usuário-pagador.
e) O envolvimento das comunidades na implementação de planos de manejo nas unidades de conservação é exemplo de aplicação do princípio da informação.

**7. (FGV/2008 — TJ/PA — Juiz) A respeito dos princípios fundamentais do Direito Ambiental, assinale a afirmativa incorreta.**

a) A orientação do princípio poluidor-pagador é pela internalização das externalidades ambientais negativas das atividades potencialmente poluidoras, buscando evitar a socialização dos ônus e a privatização dos bônus.
b) Pelo princípio da prevenção, sempre que houver perigo da ocorrência de um dano grave ou irreversível, a ausência de certeza científica absoluta não deverá ser invocada como razão para se adiar a adoção de medidas eficazes, a fim de evitar a degradação ambiental.
c) A defesa do meio ambiente é um dos princípios gerais da atividade econômica e deve ser observada inclusive mediante tratamento diferenciado para produtos e serviços em razão do impacto ambiental decorrente de sua produção ou execução.
d) O artigo 225 da Constituição da República consagra o princípio da intervenção estatal obrigatória na defesa do meio ambiente.
e) A Constituição da República consagra o princípio da solidariedade intergeracional, ao conferir ao Poder Público e à coletividade o dever de defender e preservar o meio ambiente para as presentes e futuras gerações.

**8. (CESPE/2008 — PGE/CE) Há alguns anos, era comum a visão de que as preocupações com o meio ambiente prejudicariam o crescimento e a industrialização dos países em desenvolvimento. À época, a prioridade era a aceleração do crescimento econômico, e acreditava-se que as externalidades negativas, equivalentes ao custo ambiental resultante da**

**degradação ocorrida nesse processo produtivo, seriam neutralizadas com o progresso dessas nações. No que concerne a esse assunto, a Constituição Federal**

a) impõe uma série de medidas que restringem o direito à propriedade, à livre-iniciativa e à livre expressão, condicionando o exercício desses direitos ao princípio do desenvolvimento sustentável.
b) posiciona-se em favor do desenvolvimento econômico, já que não há progresso sem produção de algum impacto negativo ao meio ambiente e que o enquadramento nos padrões de desenvolvimento sustentável só é possível às nações desenvolvidas.
c) assume que o princípio do desenvolvimento ambientalmente sustentável é passível de interpretações divergentes e, portanto, mostra-se inaplicável no controle das atividades produtivas das grandes e médias empresas.
d) incluiu o princípio do poluidor-pagador como direito fundamental e garantia constitucional da iniciativa privada.
e) incluiu o princípio da defesa do meio ambiente na ordem econômica, demonstrando, com isso, que o desenvolvimento não pode estar dissociado da proteção ambiental, já que ele sempre gera algum tipo de impacto ao meio ambiente.

**9. (CESPE/2008 — PGE/CE) A respeito dos princípios da prevenção e da precaução, assinale a opção correta.**

a) O princípio da prevenção é aplicado nos casos em que os impactos ambientais já são conhecidos, e o princípio da precaução somente é aplicado nos casos em que os danos são conhecidos, porém dificilmente mensurados.
b) O princípio da precaução destina-se ao controle das atividades privadas, enquanto o princípio da prevenção aplica-se às ações do poder público.
c) Ambos os princípios incidem sobre a conduta lesiva ao meio ambiente perpetrada pelo poluidor-pagador nas atividades que produzam impacto sobre a biodiversidade, mas apenas o princípio da precaução atinge a produção de alimentos, de fármacos e de material produzido por animais clonados e plantas transgênicas, já que essas atividades estão reguladas pelo biodireito, e não pelo direito ambiental.
d) O princípio da precaução apenas estende o conceito de prevenção aos ditames da dita sociedade de risco, o que significa que se deve precaver contra todos os possíveis desdobramentos de atividades que causem impactos ambientais já conhecidos e mensurados pela ciência.
e) O princípio da prevenção é aplicado nos casos em que os impactos ambientais já são conhecidos, e o princípio da precaução aplica-se àqueles em que o conhecimento científico não pode oferecer respostas conclusivas sobre a inocuidade de determinados procedimentos.

**10. (CESPE/2009 — PGE/PE) O direito ambiental constrói-se sobre princípios que informam a aplicação da legislação ambiental. Muitos deles estão colocados no texto da legislação, outros são frutos de tratados e convenções internacionais.**

Considere que uma empresa de telefonia celular deseje implantar uma antena única em uma área de relevante interesse ecológico de um município, concentrando nela toda a transmissão da energia eletromagnética não ionizante e a certeza científica de que as ondas dos celulares e estações radiobase causam aquecimento no corpo dos seres que se encontram próximos a eles na razão do inverso do quadrado da distância.

A respeito da situação hipotética acima e da incerteza de que há outros efeitos possíveis ainda não comprovados, assinale a opção correta.

a) Pelo princípio da prevenção, não há necessidade de EIA/RIMA.
b) Pelo princípio da precaução, não há necessidade de EIA/RIMA.
c) Pelo princípio da proteção ambiental como um direito fundamental, não há necessidade de EIA se no local não há ocupação humana.

d) Pelo princípio da função social da propriedade, só há necessidade de EIA se a área for pública.
e) Pelo princípio da informação, cidadãos interessados podem obter informação a respeito da intensidade do campo eletromagnético gerado no local.

**11. (CESPE/2009 — TRF/2ª Região — Juiz) Segundo Cristiane Derani, os fatores natureza, trabalho e capital compõem a tríade fundamental para o desenvolvimento da atividade econômica. Isso seria o bastante para justificar a indissociabilidade entre direito econômico e direito ambiental. Contudo, existe outro ponto, tão ou mais forte que este, qual seja,**

a) as finalidades de ambos os ramos do direito coincidem, posto que propugnam pelo aumento do bem-estar ou qualidade de vida individual e coletiva.
b) a real compatibilização entre o econômico e o ecológico, na perspectiva de uma sociedade pós-industrial, só pode ocorrer quando aquele deixar de exercer supremacia sobre o segundo, o que só será possível por meio de rigoroso controle demográfico nos países periféricos.
c) ambos os ramos do direito estão hoje incorporados ao direito financeiro, sendo por isso que se busca a contabilização dos recursos ambientais.
d) a finalidade de ambos é a manutenção do modo de produção capitalista, pois a demagogia que sustenta o discurso ambientalista, bem como as premissas de uma economia globalizada, são reflexos da ideologia dominante: o neoliberalismo.
e) ambos buscam impor limites ao desenvolvimento e progresso social das nações periféricas, propiciando melhores condições de vida e acesso aos recursos ambientais escassos aos países desenvolvidos.

**12. (CESPE/2007 — AGU — Procurador Federal) Julgue a afirmativa a seguir:**

O princípio da participação da população na proteção do meio ambiente está previsto na Constituição Federal e na ECO-92.

( ) certo ( ) errado

**13. (CESPE/2007 — AGU — Procurador Federal) Julgue a afirmativa a seguir:**

O princípio da ampla informação, existente no direito do consumidor, também influi na proteção nacional e internacional do meio ambiente.

( ) certo ( ) errado

**14. (CESPE/2007 — AGU — Procurador Federal) Julgue a afirmativa a seguir:**

Não há relação entre o princípio da precaução e as regras previstas no estudo de impacto ambiental (EIA/RIMA).

( ) certo ( ) errado

**15. (CESPE/2007 — AGU — Procurador Federal) Julgue a afirmativa a seguir:**

O princípio do poluidor-pagador, dispositivo internacional da proteção do meio ambiente, ainda não foi incorporado à legislação infraconstitucional brasileira.

( ) certo ( ) errado

**16. (CESPE/2009 — PGE/AL — Procurador de Estado) Assinale a opção correta com relação aos princípios gerais do direito ambiental.**

a) O princípio da participação popular na proteção do meio ambiente é assegurado por meio das audiências públicas em procedimentos de licenciamento e de estudo de impacto de vizinhança.
b) O princípio da prevenção aplica-se a eventos incertos e prováveis causadores de dano ambiental.

c) Não há possibilidade de correlação de mais de um princípio na análise de um caso concreto de dano ambiental.
d) Se, na análise de determinado problema, houver a colisão de dois princípios ambientais, um deverá prevalecer e o outro será obrigatoriamente derrogado.
e) O princípio do poluidor-pagador aplica-se ao usuário que capta água para irrigação de produtos orgânicos sem agrotóxico.

**17. (MPE-GO/2009 — Promotor de Justiça) Em relação aos princípios fundamentais do direito ambiental, é correto afirmar, exceto:**

a) O princípio poluidor-pagador assenta-se na vocação redistributiva do direito ambiental, não possuindo nenhum caráter preventivo, pois se limita a compensar os danos causados durante o processo produtivo.
b) O princípio da precaução encontra-se inscrito, expressamente, na legislação brasileira.
c) O princípio da participação comunitária pressupõe o direito de informação, sendo exemplo concreto da aplicação deste princípio a obrigatoriedade legal da realização de audiência pública no processo de licenciamento ambiental que demande a realização de EIA/RIMA.
d) O princípio da natureza pública da proteção ambiental decorre da previsão legal que considera o meio ambiente como um valor a ser protegido para fruição humana coletiva.

**18. (CESPE/2010 — AGU — Procurador) Julgue a afirmativa a seguir:**

O meio ambiente é um direito difuso, direito humano fundamental de terceira geração, mas não é classificado como patrimônio público.

( ) certo ( ) errado

**19. (CESPE/2010 — AGU — Procurador) Julgue a afirmativa a seguir:**

O princípio da precaução refere-se à ação preventiva e deve embasar medidas judiciais e administrativas tendentes a evitar o surgimento de atos atentatórios ao meio ambiente.

( ) certo ( ) errado

**20. (CESPE/2010 — AGU — Procurador) Julgue a afirmativa a seguir:**

A proteção ao meio ambiente é um princípio da ordem econômica, o que limita as atividades da iniciativa privada.

( ) certo ( ) errado

**21. (FUNIVERSA/2009 — ADASA — Regulador de Serviços Públicos) No Brasil, não é uniforme o entendimento doutrinário acerca do direito ambiental; entretanto, através de uma leitura mais apurada da Constituição Federal, é possível extrair alguns princípios fundamentais que o caracterizam. Acerca desses princípios constitucionais, assinale alternativa correta.**

a) Para instalar uma usina nuclear em determinado estado da Federação, será necessária a aprovação de lei estadual específica.
b) A Constituição protege com prioridade o ecossistema do Pantanal Mato-Grossense de maneira que não é permitida nenhuma propriedade privada dentro dessa área protegida.
c) Pelo princípio do poluidor pagador aquele que poluir determinada área tem obrigação de recuperá-la e/ou indenizar os prejuízos naturais causados.
d) A competência para fiscalizar a aplicação das normas ambientais é exclusiva da União.
e) A Administração Pública, em função de sua função estatal, está dispensada de realizar estudo prévio de impacto ambiental.

**22. (CESPE/2009 — TRF/1ª Região — Juiz) Assinale a opção correta quanto ao princípio da precaução.**

a) Esse princípio foi criado na Conferência de Estocolmo, em resposta aos danos causados pelo vazamento de mercúrio na baía de Minamata e, por isso, os primeiros escritos doutrinários da época referiam-se a ele como o princípio de Minamata.
b) Tal princípio teve origem no princípio da incerteza, da física quântica, e foi o tema central da Carta da Terra, redigida na abertura da Eco-92, na qual o jurista alemão Reinhardt Sttifelmann defendeu que, na atual sociedade de risco, só se podem tomar medidas ambientalmente impactantes com respaldo da ciência.
c) Fundado no princípio da prevenção, o princípio da precaução aponta a inexistência de certezas científicas como pressuposto para a adoção de política liberal pautada pelo caráter não intervencionista do poder público nas atividades econômicas.
d) Esse princípio fundamenta-se no direito penal secundário e diferencia-se do princípio da prevenção geral e da prevenção específica, pois espelha os aspectos garantistas dos direitos de terceira geração.
e) Tal princípio constitui a garantia contra os riscos potenciais que não podem ser ainda identificados, devido à ausência da certeza científica formal, e baseia-se na ideia de que o risco de dano sério ou irreversível requer a implementação de medidas que possam prever esse dano.

**23. (CESPE/2009 — IBRAM/DF — Advogado) Julgue a afirmativa a seguir:**

A responsabilidade penal da pessoa jurídica em crimes ambientais só será admitida quando houver a imputação simultânea da pessoa física que atua em nome e em benefício do ente representado.

( ) certo ( ) errado

**24. (MPE-PR/2008 — Promotor de Justiça) Assinale a opção correta:**

a) a pessoa jurídica pode ser responsabilizada pela prática de crimes ambientais, desde que a infração tenha sido cometida no seu interesse ou benefício e que decorra de decisão de seu representante legal ou contratual, ou de seu colegiado. As penas aplicáveis à pessoa jurídica em decorrência da prática de crimes ambientais, isolada, cumulativamente ou alternativamente, são multa, restritivas de direitos e prestação de serviços à comunidade.
b) a pessoa jurídica pode ser responsabilizada pela prática de crimes ambientais, desde que a infração tenha sido cometida no seu interesse ou benefício, independentemente da decisão ter decorrido de seu representante legal ou contratual, ou de seu colegiado. As penas aplicáveis à pessoa jurídica em decorrência da prática de crimes ambientais, isolada, cumulativamente ou alternativamente, são multa, restritivas de direitos e prestação de serviços à comunidade.
c) a pessoa jurídica pode ser responsabilizada pela prática de crimes ambientais, independentemente da infração ter sido cometida no seu interesse ou benefício e independentemente da decisão ter decorrido de seu representante legal ou contratual, ou de seu colegiado. As penas aplicáveis à pessoa jurídica em decorrência da prática de crimes ambientais, isolada, cumulativamente ou alternativamente, são multa, restritivas de direitos, prestação de serviços à comunidade e suspensão de registro.
d) a pessoa jurídica pode ser responsabilizada pela prática de crimes ambientais, independentemente da infração ter sido cometida no seu interesse ou benefício, mas deve ter decorrido de decisão de seu representante legal ou contratual, ou de seu colegiado. As penas aplicáveis à pessoa jurídica em decorrência da prática de crimes ambientais

isolada, cumulativamente ou alternativamente, são multa, restritivas de direitos, prestação de serviços à comunidade e suspensão de registro.

e) a pessoa jurídica não pode ser responsabilizada criminalmente, uma vez que a legislação ambiental acolheu os postulados da chamada *disregard doctrine*, com vistas a viabilizar o ressarcimento de danos ambientais praticados por empresas.

**25. (FMP-RS/2011 — TCE/RS — Auditor Público Externo) Com relação à responsabilidade administrativa, julgue as seguintes assertivas:**

I. A responsabilidade por ilícitos administrativos independe de culpa ou dolo do infrator.

II. A autoridade ambiental poderá converter a multa simples em serviços de preservação, melhoria e recuperação da qualidade do meio ambiente, o que é formalizado por um termo de compromisso.

III. Quando o infrator, mediante uma só ação ou omissão, praticar duas ou mais infrações administrativas, aplica-se-lhe a mais grave das sanções cabíveis ou, se iguais, somente uma delas, mas aumentada de um sexto até a metade.

Quais estão corretas?

a) Apenas I.
b) Apenas II.
c) Apenas III.
d) Apenas I e II.
e) Apenas II e III.

**26. (CESPE/2013 — TJ/RN — Juiz) O Enunciado 16 da Declaração do Rio de Janeiro de 1992 preceitua o seguinte: "Tendo em vista que o poluidor deve, em princípio, arcar com o custo decorrente da poluição, as autoridades nacionais devem procurar promover a internalização ao empreendimento dos custos ambientais e o uso de instrumentos econômicos, levando na devida conta o interesse público, sem distorcer o comércio e os investimentos internacionais". Esse enunciado encerra o princípio da(o):**

a) informação.
b) prevenção.
c) precaução.
d) poluidor-pagador.
e) desenvolvimento sustentável.

**27. (TJ-SC/2013 — TJ/SC — Juiz) Sobre os princípios de direito ambiental é correto afirmar:**

a) A prevenção e a preservação ambientais devem ser fomentadas pela iniciativa privada como responsável primário, cabendo ao Poder Público o papel exclusivo e secundário de fiscalizador.

b) O princípio da precaução encontra positivação infraconstitucional na Lei n. 11.105/2005, a qual estabelece normas de proteção ambiental.

c) O princípio da participação estabelece a obrigação exclusiva do Poder Público quanto aos deveres de proteção e preservação do meio ambiente.

d) A Constituição Federal de 1988, em seu artigo 225, § 3º, estabeleceu ao poluidor do meio ambiente a sanção penal (responsabilidade criminal) e a sanção civil (responsabilidade civil — reparação dos danos), excepcionando a sanção administrativa para evitar o *bis in idem*.

e) A prevenção e a preservação ambientais devem ser fomentadas pelo Poder Público com exclusividade, cabendo à iniciativa privada a função secundária de contribuir com recursos financeiros para a implementação de projetos voltados ao meio ambiente.

**28. (CESGRANRIO/2013 — BNDES — Profissional Básico — Direito) Os princípios do Direito Ambiental são fundamentais para análise e interpretação deste ramo do Direito, que se volta para a proteção do meio ambiente ecologicamente equilibrado. Considerando as orientações dos princípios do Direito Ambiental, analise as afirmações abaixo.**

I. Os danos ambientais somente devem ser evitados quando se tenha certeza científica quanto à sua ocorrência, sob pena de ofensa à livre-iniciativa.

II. É dever do empreendedor incorporar as externalidades negativas de seu processo produtivo, para que a coletividade não seja destinatária de tais ônus.

III. A discussão sobre dano moral ambiental relaciona-se à responsabilidade por danos ambientais, que é objetiva e baseada na teoria do risco integral.

É correto o que se afirma em:

a) I, apenas;
b) III, apenas;
c) I e II, apenas;
d) II e III, apenas;
e) I, II e III.

**29. (CESPE/2013 — CPRM — Analista em Geociências — Direito) Considerando os princípios de proteção ambiental e a distribuição de competências entre os entes federativos relativamente ao meio ambiente, julgue o item a seguir.**

O princípio do poluidor-pagador autoriza o empreendedor a desenvolver atividades que gerem atos poluidores, desde que este arque com os prejuízos que delas possam advir e que a reparação se dê em pecúnia.

( ) certo ( ) errado

**30. (VUNESP/2013 — TJ/RJ — Juiz) A responsabilidade civil pela reparação de dano ambiental, de acordo com o princípio do poluidor-pagador, significa especificamente:**

a) a possibilidade de manutenção de graus aceitáveis de poluição mediante o pagamento de valores de indenização.
b) o ressarcimento pelos danos materiais causados.
c) a cumulação da reparação por danos materiais e morais.
d) a obrigação de arcar com despesas de prevenção, reparação e repressão da poluição.

**31. (CESPE/2013 — TJ/MA — Juiz) Considerando os princípios fundamentais que regem o direito ambiental, assinale a opção correta.**

a) O princípio do poluidor-pagador determina a incidência do regime jurídico da responsabilidade civil objetiva por danos ambientais.
b) Uma aplicação estrita do princípio da prevenção inverte o ônus da prova e impõe ao poluidor provar, com anterioridade, que sua ação não causará degradação ambiental.
c) Segundo o princípio do desenvolvimento sustentável, é proibida a instalação de indústria que, conforme o EIA/RIMA, cause poluição.
d) A ação popular, ao contrário da ação civil pública, é instrumento de efetivação do princípio da participação democrática no direito ambiental.

**32. (TJ-SC/2013 — Juiz) No âmbito do direito ambiental, sobre o princípio do poluidor-pagador é correto afirmar:**

a) A interpretação desse princípio traz como resultado as seguintes afirmações: "pagar para poder poluir", "poluir mediante pagamento" ou "pagar para evitar a contaminação".

b) O referido princípio estabelece uma liceidade para o ato poluidor, mediante o ressarcimento pecuniário correspondente: "poluo, mas pago".
c) A Constituição Federal de 1988 acolheu referido princípio ao determinar que as condutas e atividades consideradas lesivas ao meio ambiente sujeitarão os infratores a sanções penais e administrativas, independentemente da responsabilidade civil (art. 225, § 3º).
d) A Comunidade Econômica Europeia não possui qualquer disciplina ou definição sobre o princípio do poluidor-pagador.
e) As pessoas físicas ou jurídicas produtoras de bens e serviços de grande interesse social estão protegidas da aplicação do princípio do poluidor-pagador.

**33. (VUNESP/2014 — TJ/SP — Juiz) Novamente quanto ao tema dos princípios do Direito Ambiental, o que determina que aquele que se utiliza ou usufrui de algum recurso natural deve arcar com os custos necessários para possibilitar tal uso configura o princípio:**
a) do usuário-pagador.
b) da função socioambiental da propriedade.
c) do poluidor-pagador.
d) do desenvolvimento sustentável.

**34. (FUNDEP/2014 — TJ/MG — Juiz) Com relação aos princípios do direito ambiental, analise as afirmativas, assinalando com V as verdadeiras e com F as falsas.**
( ) O estudo prévio de impacto ambiental constitui exigência feita pelo poder público em cumprimento ao princípio da prevenção, de ordem constitucional.
( ) O princípio da reparação tem por fundamento a responsabilidade subjetiva do agente. Logo, se afastada a ilicitude administrativa de um ato lesivo ao meio ambiente, não haverá a correspondente responsabilidade civil pelos danos causados.
( ) Na aplicação do princípio do poluidor-pagador, a cobrança de um preço pelos danos causados ao meio ambiente só pode ser efetuada sobre fatos que tenham respaldo em lei, sob pena de se outorgar ao agente o direito de poluir.
( ) O princípio da função socioambiental da propriedade determina que o seu uso seja condicionado ao bem-estar social, sem, contudo, impor comportamentos positivos ao proprietário para o exercício de seu direito.

Assinale a alternativa que apresenta a sequência CORRETA.
a) F F V V.
b) V V F F.
c) F V F V.
d) V F V F.

**35. (MPE-MA/2014 — MPE/MA — Promotor Substituto) Sobre os princípios fundamentais do Direito Ambiental, assinale a alternativa incorreta:**
a) O princípio da prevenção tem por objetivo impedir a ocorrência de danos ao meio ambiente, por meio de imposição de medidas preventivas antes da implantação de atividades reconhecidamente ou potencialmente poluidoras;
b) O princípio da participação comunitária expressa a ideia de que, para a solução dos problemas ambientais, deve haver maior cooperação entre o Estado e a sociedade, principalmente na elaboração e execução de políticas públicas ambientais;
c) O princípio do usuário-pagador preconiza que quem se utiliza de recursos ambientais deve arcar com seus custos;

d) O princípio do poluidor-pagador afirma que, resultando a atividade em poluição fora dos limites e padrões das normas ambientais, basta o poluidor pagar para não responder pelo dano causado;
e) O princípio da função socioambiental da propriedade preconiza que o uso da propriedade deve ser condicionado ao bem-estar social.

**36. (CESPE/2014 — PGE/BA — Procurador) No que se refere ao princípio do usuário-pagador no âmbito do direito ambiental, entre outras normas ambientais, julgue o item que se segue.**

Não é permitida a gestão das florestas públicas por meio de concessão florestal a pessoas que não se enquadrem no conceito de populações tradicionais.

( ) certo ( ) errado

**37. (FCC/2014 — Prefeitura de Cuiabá/MT — Procurador Municipal) A ordem econômica tem por princípio a defesa do meio ambiente, a qual será concretizada:**

a) pela implementação técnica dos processos produtivos.
b) de forma igualitária, independentemente da atividade exercida.
c) por meio de ações sociais voltadas ao desenvolvimento econômico da população.
d) mediante tratamento diferenciado conforme o impacto ambiental dos produtos e serviços e de seus processos de elaboração e prestação.
e) mediante plano de ação econômica com diretrizes estabelecidas para a utilização de recursos naturais segundo a demanda do mercado consumidor.

**38. (CESPE/2014 — PGE/BA — Procurador) No que se refere ao princípio do usuário-pagador no âmbito do direito ambiental, entre outras normas ambientais, julgue os itens que se seguem.**

I. O empreendedor é obrigado a apoiar a implantação e a manutenção de unidade de conservação do grupo de proteção integral.

( ) certo ( ) errado

II. Todas as unidades de conservação devem dispor de plano de manejo que preveja as modalidades de utilização em conformidade com os seus objetivos.

( ) certo ( ) errado

**39. (CESPE/2015 — TRF1 — Juiz) No direito ambiental, o princípio do poluidor-pagador, em sentido estrito, fundamentado na teoria econômica, pode ser observado, por exemplo, na hipótese de:**

a) A conversão de multa em prestação de serviços de preservação, melhoria e recuperação do meio ambiente, desde que os custos desses serviços não sejam inferiores ao valor da multa convertida.
b) Imposição de limitações administrativas à propriedade privada, nos casos em que o proprietário pretenda exercer atividade econômica potencial ou efetivamente poluidora em imóvel rural.
c) Imposição ao empreendedor de obrigação de manter investimentos em desenvolvimento científico contínuo, quando houver incertezas científicas sobre a ameaça de danos ambientais graves ou irreversíveis causados pela sua atividade econômica.
d) Imposição de multa administrativa pelo órgão ambiental fiscalizador ao responsável por atividade econômica poluidora, de forma a garantir, por meio de compensação pecuniária, o exercício da atividade econômica poluidora.

e) Imposição ao empreendedor, pelo órgão competente, de obrigação de arcar com os custos de prevenção, mitigação e compensação de impactos ambientais causados pela atividade econômica, como condição para o licenciamento.

**40. (CESPE/2015 — TRF1 — Juiz) Considerando o que dispõem as normas ambientais aplicáveis em matéria de responsabilidade administrativa ambiental e de infrações administrativas, assinale a opção correta.**

a) Se um indivíduo cometer mais de uma infração administrativa ambiental de mesma natureza, ele deverá ser apenado com aplicação de multa em triplo, desde que no momento do julgamento da nova infração tenha havido trânsito em julgado administrativo da infração anterior.
b) Por ocasião do julgamento de infração administrativa contra a flora, caso a infração tenha sido cometida no interior de unidade de conservação da natureza, poderá haver agravamento da multa indicada, com sua aplicação em dobro.
c) Há impossibilidade jurídica na aplicação de mais de uma multa ao mesmo empreendimento irregular, com fundamento em tipos administrativos distintos, haja vista a proibição de *bis in idem*.
d) Após a lavratura do auto de infração por falta de licenciamento ambiental, é possível, mediante pedido de regularização pelo infrator ao órgão licenciador, afastar a cobrança da multa aplicada que não tenha sido inscrita em dívida ativa.
e) Até a apreensão definitiva de caminhão utilizado em transporte irregular de produtos florestais, não se admite a posse nem a utilização desse veículo pela administração pública federal.

**41. (CESPE/2015 — TRF1 — Juiz) Acerca do poder de polícia ambiental, da responsabilidade ambiental e das infrações ambientais no âmbito federal, assinale a opção correta de acordo com a legislação vigente.**

a) Na apuração de infrações administrativas ambientais, aplicar-se-á prescrição intercorrente quando os processos instaurados ficarem paralisados por mais de dois anos sem julgamento ou despacho.
b) Uma vez aplicada advertência para os casos de infrações de menor potencial ofensivo, o órgão ambiental não poderá aplicar multa pelo mesmo fato.
c) O cumprimento de termo de compromisso perante o órgão ambiental relativo à conversão de multa simples em prestação de serviços de preservação do meio ambiente, obedecidas as exigências legais, provoca efeitos tanto na esfera administrativa quanto na esfera civil.
d) Haverá ilegalidade na aplicação de sanções administrativas cuja fundamentação jurídica específica indique ilícito constante de decreto regulamentar, visto que a responsabilização administrativa ambiental exige descrição de fatos ilícitos em lei.
e) O Instituto Chico Mendes de Conservação da Biodiversidade é incompetente para a lavratura dos autos de infrações cometidas no interior de unidade de conservação federal, dado que o poder de polícia ambiental no âmbito federal é exclusivo do IBAMA.

**42. (CESPE/2015 — TRF5 — Juiz) Assinale a opção correta com relação ao poder regulamentar e ao poder de polícia administrativa.**

a) O poder de polícia administrativa tem como uma de suas características a autoexecutoriedade, entendida como sendo a prerrogativa de que dispõe a administração para praticar atos e colocá-los em imediata execução sem depender de autorização judicial.
b) O exercício do poder de polícia administrativa é sempre discricionário, caracterizando-se por conferir ao administrador liberdade para escolher o melhor momento de sua

atuação ou a sanção mais adequada no caso concreto, por exemplo, quando houver previsão legal de duas ou mais sanções para determinada infração.

c) No exercício da atividade de polícia, a administração atua por meio de atos concretos e impositivos que geram deveres e obrigações aos indivíduos, não sendo possível considerar que a edição de atos normativos caracterize atuação de polícia administrativa.

d) O poder regulamentar é prerrogativa concedida textualmente pela CF ao chefe do Poder Executivo federal que não se estende aos governadores e aos prefeitos.

e) No exercício do poder regulamentar, o presidente da República pode dispor, mediante decreto, sobre a organização e o funcionamento da administração federal, quando tal ato administrativo não implicar aumento de despesa; sobre a criação e extinção de órgãos públicos; sobre a extinção de funções ou cargos públicos, quando estes estiverem vagos.

**43. (CESPE/2015 — TJAM — Juiz) O fiscal de determinado órgão ambiental constatou que um madeireiro cortava árvores de espécies protegidas. O madeireiro apresentou autorização para cortar exemplares que apresentavam risco de queda, mas, dado o excesso de espécimes cortados, o fiscal considerou que a situação configurava tanto infração administrativa como crime ambiental. Considerou, ainda, após exame da autorização, que o documento estava em desacordo com as normas ambientais aplicáveis, inclusive por vício de competência. Com base nessa situação hipotética, assinale a opção correta acerca de infrações ambientais e poder de polícia.**

a) É correto afirmar que o órgão de lotação do fiscal é o IBAMA.

b) Cabem ao fiscal a lavratura do auto de infração ambiental e a instauração tanto do processo administrativo quanto do inquérito criminal contra o madeireiro.

c) Para a lavratura do auto de infração, é desnecessária análise do elemento subjetivo do madeireiro, pois a responsabilidade civil por dano ambiental é objetiva.

d) Se deixar de proceder à apuração mediante processo administrativo próprio, o fiscal poderá ser corresponsabilizado pelo corte ilegal das árvores.

e) A concessão de autorização em desacordo com as normas ambientais só configura crime se tiver havido dolo do servidor que a concedeu.

## ■ GABARITO ■

**1.** "a". De acordo com o conceito de *desenvolvimento sustentável* adotado pela *Comissão Mundial sobre Meio Ambiente e Desenvolvimento*: "O desenvolvimento que procura satisfazer as necessidades da geração atual, sem comprometer a capacidade das gerações futuras de satisfazerem as suas próprias necessidades".

**2.** "a". Como já mencionado, a *educação ambiental* foi elencada com o *princípio n. 19* da *Conferência de Estocolmo/1992*. Na Constituição Federal, o princípio da educação ambiental está inserido no art. 225, § 1º, VI. Quanto à alternativa "b", está errada, pois a *responsabilidade civil* por danos ao meio ambiente é *objetiva*. Já a "c" está errada ao afirmar que se trata de poder *discricionário*, quando, na verdade, presentes os pressupostos, é atribuição vinculada. Quanto à alternativa "d", o conceito de poluidor inclui, também, aqueles que tenham contribuído *indiretamente* para a prática do dano (Lei n. 6.938/81, art. 3º, IV). Por fim, o equívoco da alternativa "e" está em afirmar que o princípio da *precaução* se aplica a impactos já conhecidos, quando, na verdade, serve justamente para evitar aqueles danos em relação aos quais não há certeza científica de sua ocorrência.

**3.** "a". De fato, o direito de propriedade, com o advento do Estado Social, ganha novos contornos e deve atender não apenas aos interesses particulares de seu titular, mas aos interesses de toda a coletividade, especialmente quanto à preservação ambiental. Por isso, fala-se em função socioambiental da propriedade privada, que impõe também comportamentos positivos ao titular do domínio.

4. "d". A assertiva III está de acordo com o art. 24 da Lei n. 9.605/98 (Lei de Crimes Ambientais). Já a alternativa IV está de acordo com o art. 225, § 1º, VI, da CF. Quanto ao erro das demais afirmativas: I — o *caput* do art. 225 da CF deixa claro que a preservação do meio ambiente tem como destinatário *as presentes e futuras gerações*; II — apesar de o MP deter o monopólio para a instauração do *inquérito civil*, a legitimidade para a propositura da *ação civil pública* é concorrente (art. 5º da Lei n. 7.347/85); V — o tombamento (previsto no art. 216, § 1º, da CF) também pode incidir sobre *bens públicos* (art. 5º do Decreto-lei n. 25/37).

5. "a". De acordo com os conceitos trabalhados ao longo de todo o capítulo. As assertivas I e II adotam a diferenciação, por nós criticada, entre *desenvolvimento sustentável* e *solidariedade intergeracional*. Já as afirmativas III e IV trabalham com a diferença entre *prevenção* (evita danos cuja ocorrência é certa ou ao menos provável) e *precaução* (evita riscos, quando ainda não se tem certeza da ocorrência do dano). Quanto à afirmativa V, está de acordo com a ideia de *poluidor-pagador* como internalização das externalidades negativas ambientais. Por fim, a assertiva VI está conforme a ideia de *usuário-pagador* como forma de *cobrança* pelo uso dos bens ambientais.

6. "b". Como o princípio da precaução visa evitar qualquer risco de dano ao meio ambiente, cabe ao empreendedor provar que a atividade que propõe não apresenta qualquer perigo (ver o julgamento, pelo STJ, do já citado REsp 1.060.753/SP, veiculado no *Informativo* n. 418). Quanto à alternativa "a", está errada em afirmar que o princípio da *prevenção* não está incorporado no ordenamento jurídico nacional, quando, na verdade, está implícito no art. 225 da CF/88 e está por trás de diversos instrumentos, como o EIA/RIMA (CF, art. 225, § 1º, IV). Já quanto à alternativa "c", vale lembrar que o PUP não pode ser entendido, jamais, como "pagar para poluir". Quanto à alternativa "d", trata-se do princípio do *poluidor-pagador* (aplicável às atividades poluentes), e não do *usuário-pagador* (que se preocupa com o *uso*, ainda que não poluente, dos recursos naturais). Por fim, a alternativa "e" se amolda melhor ao princípio da *participação*, e não ao da *informação*.

7. "b". A descrição do enunciado se encaixa melhor no conceito do princípio da *precaução*, que incide justamente nas hipóteses em que não se tem certeza científica sobre a possibilidade ou não de dano ao meio ambiente.

8. "e". De acordo com o art. 170, VI, da CF. O erro da alternativa "a" está em afirmar que o desenvolvimento sustentável condiciona o direito à *livre expressão*. Quanto à alternativa "b", é contrária a toda regulamentação da proteção ambiental na CF/88, especialmente nos arts. 225 e 170, VI, que deixam claro que o progresso econômico só pode se dar na medida em que respeite o meio ambiente. Por sua vez, a alternativa "c" está equivocada, pois não há tal restrição para aplicação do desenvolvimento sustentável. Quanto à assertiva "d", não há previsão do poluidor-pagador dentre o rol dos direitos fundamentais e, além disso, não se trata de garantia em favor da iniciativa privada, mas de toda a coletividade.

9. "e". A assertiva retrata com perfeição a diferença entre os dois postulados.

10. "e". Como o empreendimento pode causar significativo impacto ao meio ambiente, a sociedade tem direito às informações sobre os possíveis danos ao entorno. Quanto às alternativas "a" e "b", é certo que incidem, sim, na hipótese, os princípios da *prevenção* e da *precaução*, já que há tanto impactos já conhecidos quanto possíveis efeitos não comprovados. Todavia, o erro está em afirmar que *não há necessidade de EIA/RIMA*, quando há, sim, necessidade do Estudo (CF, art. 225, § 1º, IV). Para as alternativas "c" e "d", não há qualquer relação do EIA com o fato de as áreas serem públicas ou privadas, e ocupadas ou não por seres humanos.

11. "a". De fato, hoje, com o postulado do *desenvolvimento sustentável*, o progresso econômico não pode ser visto de maneira dissociada da necessidade de preservação ambiental. Assim, o *direito econômico* assume objetivo semelhante ao do *direito ambiental*, qual seja, o de possibilitar o aumento da qualidade de vida.

12. "certo". De acordo com o *art. 225, § 1º, VI, da CF* e o *princípio n. 10 da Declaração Rio-92*.

13. "certo". Como vimos, o princípio da *informação* é uma importante ferramenta para a proteção do meio ambiente. Pode ser extraído, dentre outros, do art. 225, § 1º, VI, da CF.

**14.** "errado". A função do EIA/RIMA é justamente evitar que ocorram danos ao meio ambiente, na medida em que busca avaliar a potencialidade danosa de um dado empreendimento. Sendo assim, liga-se diretamente ao princípio da *precaução*.

**15.** "errado". O princípio do poluidor-pagador pode ser extraído de diversos dispositivos da legislação infraconstitucional, como, por exemplo, do art. 4° da Política Nacional do Meio Ambiente (Lei n. 6.938/81), no sentido de que é objetivo dela a "imposição, ao poluidor e ao predador, da obrigação de recuperar e/ou indenizar os danos causados".

**16.** "a". As audiências públicas visam justamente *informar* e possibilitar a *participação* da população nos assuntos de seu interesse. Quanto à alternativa "b", trata-se, na verdade, do princípio da *precaução*. As alternativas "c" e "d" estão equivocadas ao desconsiderar que os princípios, por seu elevado grau de generalidade e carga valorativa, frequentemente entram em colisão num mesmo caso concreto, cabendo ao intérprete ponderar os valores em jogo de forma a buscar a solução mais adequada e que não sacrifique o conteúdo mínimo de cada um deles. Por fim, para a alternativa "e", como não se vislumbra a *poluição* da água na situação descrita, mas apenas a sua *utilização*, melhor seria falar em *usuário-pagador*.

**17.** "a". Como estudamos, apesar da origem do poluidor-pagador ligar-se à ideia de internalização das externalidades negativas ambientais, sua interpretação jurídica assume contornos diversos, com forte finalidade preventiva.

**18.** "errado". De fato, o meio ambiente é um direito difuso e pode ser enquadrado na categoria dos direitos humanos de 3ª geração. Contudo, é, sim, *patrimônio público*, conforme se extrai da locução *"uso comum do povo"*, constante no *caput* do art. 225 da CF.

**19.** "certo". Assim como o princípio da prevenção, a *precaução* se volta a evitar a ocorrência do dano ambiental.

**20.** "certo". De acordo com o art. 170, VI, da Constituição Federal, dispositivo a partir do qual se fala em *desenvolvimento sustentável* e *função socioambiental da propriedade privada*.

**21.** "c". De fato, o *poluidor-pagador* busca, entre outros objetivos, a reparação dos danos causados ao meio ambiente. Quanto à alternativa "a", está errada porque a aprovação deve se dar por *lei federal específica*, e não estadual (CF, art. 225, § 6°). Quanto à alternativa "b", apesar de o Pantanal Mato-Grossense merecer proteção constitucional prioritária (CF, art. 225, § 4°), o erro está em afirmar que não pode haver propriedade privada na área, quando o STF vem decidindo que a previsão constitucional não converte em públicas as áreas particulares que ali se localizem (ver RE 134.297/SP). Já a alternativa "d" está errada porque a competência material em matéria ambiental é *comum* entre os entes federativos (CF, art. 23, VI). Por fim, quanto à alternativa "e", a Constituição Federal, no art. 225, § 1°, IV, não estabelece qualquer exceção relativa à Administração Pública.

**22.** "e". Como estudado, o princípio da *precaução* aplica-se justamente aos casos em que não podem ser identificados todos os riscos decorrentes de uma certa atividade, visando evitar que a ausência de certeza científica leve à ocorrência de danos ambientais.

**23.** "certo". Conforme estudamos, os Tribunais Superiores vêm adotando o chamado *sistema da dupla imputação*, em que apenas se admite a responsabilização criminal da pessoa jurídica caso também a pessoa física seja responsabilizada pelo mesmo crime.

**24.** "a". De acordo com os arts. 3° e 21 da Lei n. 9.605/98.

**25.** "d". A afirmativa "I" está de acordo com o que estudamos, no sentido de que a responsabilidade administrativa ambiental é *objetiva*. Já a assertiva "II" está de acordo com o art. 72, § 4°, da Lei n. 9.605/98, estudado quando falamos da *unidade de fins* entre três espécies de sanções ambientais. Quanto à assertiva "III", está errada por desconsiderar que, na responsabilidade administrativa, ainda que seja o caso de *concurso formal*, as penas são aplicadas *cumulativamente* (art. 72, § 1°, da Lei n. 9.605/98).

**26.** "d".

**27.** "b".

**28.** "d". O item I se encontra incorreto em razão do princípio da precaução, que estabelece a vedação de intervenções no meio ambiente, salvo se houver a certeza de que as alterações não causaram reações adversas.

**29.** "errado". A reparação visada pelas normas ambientais não é a pecuniária; há uma primazia pela reparação *in natura*, buscando-se sempre o *statu quo ante* à lesão.

**30.** "d".

**31.** "a". A responsabilidade objetiva é a faceta reparadora do princípio do poluidor-pagador. A faceta preventiva se faz presente na medida em que o empresário tem que tomar medidas preventivas para mitigar o impacto de suas atividades, internalizando as externalidades negativas.

**32.** "c".

**33.** "a". O princípio do usuário-pagador é mais amplo que o princípio do poluidor-pagador. Um dos objetivos da política nacional do meio ambiente é a imposição ao poluidor/predador da obrigação de recuperar e/ou indenizar os danos causados e, ao usuário, da contribuição pela utilização de recursos ambientais com fins econômicos (art. 4º, VII, Lei n. 6.938/81).

**34.** "d".

**35.** "d". O princípio do poluidor-pagador possui subprincípios de precaução e prevenção. Não se trata de pagar e poluir. A veia repressiva do princípio prescreve o dever de responsabilização penal, civil e administrativa.

**36.** "errada". De acordo com o art. 3º, VII, da Lei n. 11.284/2006.

**37.** "d". Segundo o art. 170, IV, da CF/88.

**38.** I: "certo". Segundo o art. 36, *caput*, da Lei n. 9.985/2000. II: "certo". Segundo o art. 27 da Lei n. 9.985/2000.

**39.** "e". Trata-se de mecanismo que permite compensar os impactos da atividade econômica. Art. 36 da Lei n. 9.985/2000. A letra "a" está errada porque viola a regra da reparação integral do dano. A letra "b" está errada porque sequer existe potencial poluidor no caso. A letra "c" está errada porque se refere ao princípio da precaução, que é subprincípio do poluidor-pagador. A "d" está errada porque o princípio do poluidor-pagador não implica o direito de poluir, não significa poluir e pagar.

**40.** "b". O agravamento é previsto no art. 93 do Decreto n. 6.514/2008.

**41.** "c". Tal como previsto no § 3º do art. 146 do Decreto n. 6.514/2008.

**42.** "a". Trata-se de atributo típico do ato administrativo.

**43.** "d". Segundo o art. 70, § 3º, da Lei n. 9.605/98.

# 8

# RESPONSABILIDADE CIVIL POR DANOS AO MEIO AMBIENTE

## 8.1. GENERALIDADES

Ao estudarmos, no capítulo anterior, o princípio de concretização do poluidor/usuário-pagador, vimos que o **princípio da responsabilidade** é aquele que visa dar uma **resposta às diversas antijuridicidades ambientais**.

Vimos também que, não só por força de mandamento constitucional (art. 225, § 3º), mas também por serem diversos os objetos de tutela, a uma **mesma conduta** podem ser aplicadas **sanções penais, administrativas e civis**, sem que isso represente qualquer *bis in idem*.

Já tendo sido estudadas as linhas gerais das responsabilidades penal e administrativa, analisaremos, neste capítulo, a **responsabilidade civil em matéria ambiental**.

Não podemos nos esquecer, ainda, de que a **responsabilidade** nada mais é que decorrência de um princípio maior, justamente o **poluidor/usuário-pagador**. Por isso mesmo, procuraremos demonstrar, ao longo do capítulo, as implicações dele no campo da reparação civil.

Se partíssemos da ideia de que a responsabilidade é uma **resposta às antijuridicidades**, chegaríamos à conclusão de que sua função é **meramente repressiva**. Nada mais equivocado.

Primeiramente, porque, como vimos, os **danos ambientais** são **permanentes/continuativos**. E, se assim o são, atuar, ainda que repressivamente, para **fazê-los cessar** representa, também, forma de **prevenir outros danos futuros**, decorrentes de uma mesma conduta anterior.

Mas não é só: a prevenção também seria alcançada por meio da **voracidade punitiva do poluidor-pagador**, cuja sanção imposta estaria funcionando como um estimulante ao inverso, **educando a sociedade a não praticar aquela conduta**, aprendendo com a sanção dada, que, em última análise, serviria como um mau exemplo que deve ser evitado. Daí por que se espera que a sanção desta natureza seja forte, severa, seduzindo a coletividade a evitar a degradação ambiental.

Como já se disse, o princípio do poluidor-pagador nada tem a ver com a nefasta ideia de que se paga para poluir. O meio ambiente não é bem que possa se comerciar, como se fosse uma moeda de troca ao direito de poluir.

Entendamos, ainda, que, sob o ponto de vista da antijuridicidade praticada, a **repressão civil** ao dano ambiental é modalidade que leva **vantagem** em relação à sanção **administrativa** e à sanção **penal**.

É que, nos dois últimos casos, exige-se que tenha havido conduta ilícita do agente, ao passo que **para a repressão civil independe a verificação da licitude ou ilicitude da conduta**, o que torna aparentemente mais curto o caminho repressivo. Basta, para a responsabilidade civil, que haja um dano ao meio ambiente, podendo este ser imputado a algum agente poluidor.

Assim, da mesma forma que é possível que se pratique uma conduta ilícita que não cause qualquer dano ambiental (por exemplo, quando há meramente o descumprimento de uma condicionante da licença de operação), é **possível que o dano ambiental seja resultado de uma conduta lícita** (por exemplo, quando se atua perfeitamente dentro dos limites da licença de operação, mas, ainda assim, há degradação ambiental).

Nesse sentido, o Superior Tribunal de Justiça ao afirmar que "1. A legislação de regência e os princípios jurídicos que devem nortear o raciocínio jurídico do julgador para a solução da lide encontram-se insculpidos não no códice civilista brasileiro, mas sim no art. 225, § 3º, da CF e na Lei n. 6.938/81, art. 14, § 1º, que adotou a teoria do risco integral, impondo ao poluidor ambiental responsabilidade objetiva integral. Isso implica o dever de reparar independentemente de a poluição causada ter-se dado em decorrência de ato ilícito ou não, não incidindo, nessa situação, nenhuma excludente de responsabilidade. Precedentes. 2. Demandas ambientais, tendo em vista respeitarem bem público de titularidade difusa, cujo direito ao meio ambiente ecologicamente equilibrado é de natureza indisponível, com incidência de responsabilidade civil integral objetiva, implicam uma atuação jurisdicional de extrema complexidade (...)" (AgRg no REsp 1.412.664/SP, rel. Min. Raul Araújo, 4ª Turma, julgado em 11-2-2014, *DJe* 11-3-2014).

Aliás, se lembrarmos que a tutela civil pode ter lugar não apenas nos casos em que há um **dano consumado**, mas também quando há **ameaça de dano** (tutela **inibitória**), chegaremos à conclusão de que a responsabilidade civil pode atuar mesmo que não haja qualquer degradação ambiental.[1]

---

1 O art. 5º, XXXV, da Constituição Federal é claro ao afirmar que "a lei não excluirá da apreciação do Poder Judiciário lesão ou *ameaça a direito*".

## ■ 8.2. OBSTÁCULOS À EFETIVAÇÃO DA RESPONSABILIDADE CIVIL

Como a esta altura já deve ter ficado claro, quando se trata de **proteção ambiental**, é grande a necessidade de se proceder a uma **revisitação dos conceitos** que embasam a teoria da responsabilidade.

Prova disso é a previsão da responsabilização penal da pessoa jurídica, que, se era impensável à luz das noções clássicas do direito penal, tem se mostrado um instrumento de grande utilidade para a tutela do meio ambiente.

Da mesma forma, agora com os olhos voltados para a esfera **civil**, é inegável que a adoção da **responsabilidade objetiva**, fundada na desnecessidade de demonstração da culpa do agressor, constitui-se num avanço significativo, já que, se antes era necessária a prova do elemento subjetivo (culpa ou dolo), agora se chega mais fácil ao resultado, que é a responsabilização do poluidor. Enfim, houve um encurtamento do caminho.

Não cessam por aí, contudo, os obstáculos. Até mesmo pelas características do bem ambiental, especialmente sua ubiquidade, aparecem várias outras **dificuldades**, como:

- **comprovação do dano ambiental:** como este muitas vezes se projeta no tempo, ou ocorre muito tempo depois da conduta do poluidor, é difícil, em muitos casos, sua detecção, delimitação e demonstração;
- **comprovação do nexo causal:** muitas vezes não se consegue, até por razões científicas, ligar o dano à atividade do poluidor. Noutras vezes há, ainda, o fenômeno de concausa, em que a ocorrência de outros eventos dificulta precisar qual teria sido determinante para o dano. Ainda há os danos anônimos, que não se conseguem atribuir a esta ou àquela pessoa;
- **efetivação da sanção:** muitas vezes, depois de declarada a responsabilidade, há o problema da solvabilidade do poluidor, que não possui meios ou bens aptos a garantir a efetivação da norma jurídica concreta (sanção imposta).

Por isso mesmo, ao analisarmos os pilares da responsabilidade civil ambiental, tentaremos encontrar soluções para, se não os eliminar, ao menos diminuir os obstáculos mencionados.

## ■ 8.3. A COMPETÊNCIA PARA LEGISLAR SOBRE RESPONSABILIDADE CIVIL AMBIENTAL

Como se sabe, a **responsabilidade civil** é instituto que deita suas raízes no **direito civil**.

E, assim, tendo em vista que o **art. 22, I, da Constituição Federal** outorga à **União competência privativa para legislar sobre direito civil**,[2] a conclusão óbvia é que caberia a este ente da federação ditar todas as regras sobre a responsabilidade civil.

Em relação ao meio ambiente, porém, a situação é diferente. Vejamos o que determina o **art. 24, VIII, da CF:**

> "Art. 24. Compete à União, aos Estados e ao Distrito Federal **legislar concorrentemente** sobre: (...)
> VIII — **responsabilidade por dano ao meio ambiente**, ao consumidor, a bens e direitos de valor artístico, estético, histórico, turístico e paisagístico; (...)."

A forma explícita do preceito não nos permite "dar de ombros", "virar as costas", enfim, fingir que não se está vendo aquilo que o legislador positivou.

Definitivamente está ali, na CF/88, uma permissão expressa para que os **Estados suplementem concorrentemente a legislação federal sobre a responsabilidade civil ambiental (art. 24, §§ 1º e 2º)**.

É claro que, como determinam os **§§ 1º e 2º do art. 24**, eventual **lei estadual** que disponha sobre a responsabilidade civil ambiental não pode, em hipótese alguma, ofender os **pilares que forem estabelecidos pela norma geral sobre o assunto** (no caso, o art. 14, § 1º, da Lei n. 6.938/81).

A postura da lei estadual sobre o tema é, diríamos, uma carta de um lado só: as regras que podem ser criadas se destinam ao atendimento dos princípios e finalidades ambientais e **devem servir como um *plus* de proteção ao meio ambiente**, cuidando de **aspectos regionais** e descendo a **peculiaridades que uma norma geral, justamente por ser *geral*, não poderia fazê-lo**.

> Por tudo isso, cremos que a **legislação estadual** sobre o tema da responsabilidade civil ambiental pode e deve avançar no tocante à criação de **normas ambientais que sejam mais protetivas do meio ambiente**.
> E isso deve levar em consideração certas **peculiaridades** que não poderiam ser tratadas na norma nacional e que sejam **específicas de cada Estado ou região** nele contida.

Um exemplo de norma que poderia ser estatuída em âmbito estadual é a criação de **presunções e ficções legais** de acordo com as peculiaridades regionais. A partir da observação da realidade de cada localidade, poderia ser presumido que

---

[2] "Art. 22. Compete *privativamente à União* legislar sobre: I — *direito civil*, comercial, penal, processual, eleitoral, agrário, marítimo, aeronáutico, espacial e do trabalho; (...)."

certa degradação ambiental é resultado desta ou daquela atividade econômica. Ou, ainda, que um resíduo encontrado foi lançado, a princípio, por uma dada empresa.

Assim, por exemplo, em uma região em que é grande a atividade de siderurgia, não seria nenhum absurdo presumir que os resíduos de minério de ferro encontrados tenham resultado desta atividade.

Pode-se dizer, portanto, que existem no nosso ordenamento jurídico "dois regimes de competência legislativa: um geral, aplicável a toda responsabilidade civil, tanto no direito civil quanto no direito comercial. Em outro plano, estabeleceu um sistema específico, para hipóteses de responsabilidade civil em matéria ambiental, do consumidor, do patrimônio artístico, histórico, turístico e paisagístico".[3]

## ■ 8.4. A RESPONSABILIDADE OBJETIVA

Segundo o **art. 225, § 3º, da CF/88**, os poluidores, pessoas físicas ou jurídicas, estão sujeitos às sanções penais e administrativas, independentemente da obrigação de reparar os danos causados.

Como já estudamos, por intermédio deste dispositivo o legislador constituinte determinou que as sanções mencionadas podem ser aplicadas cumulativamente, já que possuem naturezas diferentes.

Mais ainda: extrai-se do dispositivo que, na aplicação da **sanção civil**, **não há a necessidade de aferição da culpa do poluidor**. Ao menos no texto constitucional, o legislador não fez nenhuma exigência de que se prove a culpa para determinar a responsabilidade civil.

Pelo contrário, já que determinou o **art. 225, § 3º**, apenas que o **poluidor é obrigado a reparar os danos causados**. Ora, como se vê, basta para a aplicação da sanção civil a existência de um dano, tendo sido este causado por um poluidor.

Logo, os **elementos** para a responsabilização civil ambiental são:

- **dano**;
- **poluidor**;
- **nexo de causalidade** (ligando os dois elementos anteriores).

Fica claro, então, que a responsabilidade civil, em matéria ambiental, é do tipo **objetiva**, calcado na **teoria do risco**.

Sobre o assunto, é farta a jurisprudência dos Tribunais Superiores, sempre no sentido de ser desnecessária a demonstração de culpa para a responsabilização civil. Vejamos precedente do Superior Tribunal de Justiça, que exalta a adoção da responsabilidade objetiva em sede ambiental:

---

[3] Antonio Herman de Vasconcellos e Benjamin. Op. cit., p. 208; em igual sentido, ver José Afonso da Silva. *Curso de direito constitucional positivo*, p. 476-477.

> "DANO AMBIENTAL. CORTE DE ÁRVORES NATIVAS EM ÁREA DE PROTEÇÃO AMBIENTAL. RESPONSABILIDADE OBJETIVA. (...)
> 2. A Lei de Política Nacional do Meio Ambiente (Lei n. 6.938/81) adotou a sistemática da responsabilidade civil objetiva (art. 14, parágrafo 1º) e foi integralmente recepcionada pela ordem jurídica atual, de sorte que é irrelevante e impertinente a discussão da conduta do agente (culpa ou dolo) para atribuição do dever de indenizar.
> 3. A adoção pela lei da responsabilidade civil objetiva significou apreciável avanço no combate a devastação do meio ambiente, uma vez que, sob esse sistema, não se leva em conta, subjetivamente, a conduta do causador do dano, mas a ocorrência do resultado prejudicial ao homem e ao ambiente. Assim sendo, para que se observe a obrigatoriedade da reparação do dano é suficiente, apenas, que se demonstre o nexo causal entre a lesão infligida ao meio ambiente e a ação ou omissão do responsável pelo dano. (...)" (STJ, 2ª Turma, REsp 1.165.281/MG, rel. Min. Eliana Calmon, *DJ* 17-5-2010).

A regra, repitamos, é que basta a ocorrência de um **dano ambiental**, podendo este ser **imputado a um poluidor**, para surgir a obrigação de indenizar.

É claro, porém, que sempre podem ser alegadas algumas das chamadas **excludentes da responsabilidade**, como o **caso fortuito** e a **força maior**. Afinal, são eles **aptos a excluir a própria relação de causalidade**, pressuposto indispensável para se falar em responsabilidade civil.

Quando se trata de meio ambiente, contudo, é preciso ter em vista a regra do **art. 3º, IV, da Lei n. 6.938/81**,[4] que afirma ser poluidor mesmo aquele que é responsável apenas **indiretamente** pela degradação ambiental.

Basta, portanto, para a responsabilidade civil ambiental, um vínculo meramente indireto entre o ato do poluidor e o dano ao meio ambiente.

Tal circunstância torna ainda **mais difícil a prova das excludentes**, já que essas precisam ser aptas a cortar qualquer nexo, mesmo que indireto, entre o ato imputado e a degradação ambiental.

## ■ 8.5. REPARAÇÃO *IN NATURA*

Outro aspecto a ser ressaltado, quando se trata de responsabilidade civil por danos ambientais, é a adoção do postulado da **reparação específica *in situ***: sempre que possível, a medida a ser imposta ao poluidor deve ser a **recuperação do bem ambiental lesado no local onde houve a agressão do meio ambiente**.

**Não basta, assim, o mero ressarcimento financeiro.** É preciso **recuperar a área degradada**, tentando recolocá-la na **mesma situação** em que se encontrava

---

[4] "Art. 3º Para os fins previstos nesta Lei, entende-se por: (...) IV — *poluidor*, a pessoa física ou jurídica, de direito público ou privado, *responsável, direta ou indiretamente*, por atividade causadora de degradação ambiental; (...)."

**antes da ocorrência do dano**. A expressão "bem de uso comum" do art. 225, *caput*, da CF/88 também impõe a precedência e prevalência da reparação *in natura* e *in situ* sobre a reparação pecuniária. Apenas a primeira forma de reparação se aproxima da ideia altruísta e democrática de *uso comum* do bem ambiental.

A reparação *in natura* não somente traz ínsita a ideia de proteção e preservação dos recursos ambientais, coaduna-se também com a ideia de que o **poluidor deve ser educado com as medidas reparatórias**, coisa que não ocorre quando estamos diante de uma reparação pecuniária.

Portanto, a **reparação em pecúnia (ressarcimento) é exceção** no sistema da responsabilização ambiental: só deve ser feita quando se mostrar impossível, total ou parcialmente, a reparação específica.

Inclusive, o Superior Tribunal de Justiça já reconheceu que a **prioridade da reparação *in natura*** é **princípio** que rege a responsabilidade civil ambiental. Vejamos:

> "(...) 4. Qualquer que seja a qualificação jurídica do degradador, público ou privado, no Direito brasileiro a responsabilidade civil pelo dano ambiental é de natureza objetiva, solidária e ilimitada, sendo regida pelos princípios do poluidor-pagador, da reparação *in integrum*, **da prioridade da reparação *in natura***, e do *favor debilis*, este último a legitimar uma série de técnicas de facilitação do acesso à Justiça, entre as quais se inclui a inversão do ônus da prova em favor da vítima ambiental. (...)" (STJ, 2ª Turma, REsp 1.071.741/SP, rel. Min. Herman Benjamin, *DJ* 16-12-2010).

> "DIREITO CIVIL. RECURSO ESPECIAL. RESPONSABILIDADE CIVIL. DANO AMBIENTAL. RESPONSABILIDADE OBJETIVA PELA EMISSÃO DE FLÚOR NA ATMOSFERA. TEORIA DO RISCO INTEGRAL. POSSIBILIDADE DE OCORRER DANOS INDIVIDUAIS E À COLETIVIDADE. NEXO DE CAUSALIDADE. SÚMULA N. 7/STJ. DANO MORAL *IN RE IPSA*. 1. (...). 2. **É firme a jurisprudência do STJ no sentido de que, nos danos ambientais, incide a teoria do risco integral, advindo daí o caráter objetivo da responsabilidade, com expressa previsão constitucional (art. 225, § 3º, da CF) e legal (art. 14, § 1º, da Lei n. 6.938/1981), sendo, por conseguinte, descabida a alegação de excludentes de responsabilidade, bastando, para tanto, a ocorrência de resultado prejudicial ao homem e ao ambiente advindo de uma ação ou omissão do responsável**. 3. A premissa firmada pela Corte de origem, de existência de relação de causa e efeito entre a emissão do flúor na atmosfera e o resultado danoso na produção rural dos recorridos, é inafastável sem o reexame da matéria fática, procedimento vedado em recurso especial. Aplicação da Súmula 7/STJ. 4. **É jurisprudência pacífica desta Corte o entendimento de que um mesmo dano ambiental pode atingir tanto a esfera moral individual como a**

> **esfera coletiva, acarretando a responsabilização do poluidor em ambas, até porque a reparação ambiental deve ser feita da forma mais completa possível.** 5. (...). 7. Recurso especial a que se nega provimento" (REsp 1.175.907/MG, rel. Min. Luis Felipe Salomão, 4ª Turma, julgado em 19-8-2014, *DJe* 25-9-2014).

Visando atender ao postulado da **maior coincidência possível**, o processo deve impor a solução querida pelo direito material ambiental, qual seja, fornecer um **resultado exatamente igual àquele que se teria caso a obrigação fosse cumprida espontaneamente** pelo obrigado.

Como a obrigação descumprida normalmente decorre de um não fazer (dever de não poluir), o processo deve excogitar técnicas altamente eficazes no sentido de se obter um resultado que seja o mais próximo da realidade anterior ao dano ambiental. Esse "resultado mais próximo" só se alcançará, primariamente, por intermédio das técnicas processuais de efetivação da tutela específica.

## ■ 8.6. A POLUIÇÃO

Deixa claro o **art. 225, § 3º, da CF/88** que o dever de indenizar recai sobre aquele que seja **poluidor**. O grande problema é que, muito embora o termo poluidor seja de uso corrente no nosso dia a dia, a verdade é que identificá-lo não é tarefa fácil.

Mas, considerando estarmos diante de um vocábulo que exprime uma ideia **relacional**, pode-se dizer, primariamente, que **poluidor** é quem causa a **poluição**. Parece óbvio e até redundante, mas só pode haver um poluidor se efetivamente tiver ocorrido poluição.

Analisaremos, portanto, antes de mais nada, o que pode ser entendido por **poluição**, **degradação** e **dano ambiental**, para que, então, possamos chegar a uma ideia mais clara do que seja o **poluidor**.

Iniciaremos, mais uma vez, pelo **art. 3º da Lei n. 6.938/81**, que traz uma série de conceitos básicos do direito ambiental. Vejamos:

> "Art. 3º Para os fins previstos nesta Lei, entende-se por: (...)
>
> II — degradação da qualidade ambiental, a alteração adversa das características do meio ambiente;
>
> III — poluição, a degradação da qualidade ambiental resultante de atividades que direta ou indiretamente:
>
> *a)* prejudiquem a saúde, a segurança e o bem-estar da população;
>
> *b)* criem condições adversas às atividades sociais e econômicas;
>
> *c)* afetem desfavoravelmente a biota;
>
> *d)* afetem as condições estéticas ou sanitárias do meio ambiente;
>
> *e)* lancem matérias ou energia em desacordo com os padrões ambientais estabelecidos; (...)."

Fica claro da simples leitura do dispositivo que, conforme estudamos no Capítulo 3, o legislador trouxe um conceito amplo demais para a poluição.

A largueza do conceito de **poluição** denuncia, primeiramente, todo o receio do legislador em **evitar que se "deixasse de fora" esta ou aquela situação** que poderia mostrar-se desfavorável ao meio ambiente.

Se à primeira vista tal circunstância pode parecer benéfica em termos de proteção ambiental, o fato é que a norma tem um **conceito tão fluido e aberto** que acaba depondo contra sua própria finalidade.

O que se pode inferir do conceito é que o legislador definiu **poluição** não só pelo que ela é, mas pelas **suas consequências**, tal como vem expresso nas alíneas que compõem o artigo. Segundo o citado art. 3º, III, há poluição quando se tem uma **degradação da qualidade do meio ambiente** por atividade do homem, acarretando as **consequências mencionadas no dispositivo**.

Por isso mesmo é que o dispositivo deve ser compreendido em conjunto com os conceitos que foram colocados na própria lei.

Por exemplo, fala-se em degradação da qualidade do meio ambiente, mas antes se disse qual o conceito de degradação (art. 3º, II). Este, por sua vez, fala em qualidade do meio ambiente, já tendo sido definido no inciso I o que é meio ambiente. Assim, é o próprio art. 3º que fornece os elementos necessários à sua compreensão.

Entretanto, quando se faz a análise do dispositivo, verifica-se que o legislador, digamos assim, **não manteve uma coerência** com relação aos conceitos de **meio ambiente** e de **poluição**.

Isso porque ao conceituar **meio ambiente** o fez ontologicamente **ecocêntrico** e teleologicamente **biocêntrico**,[5] apenas protegendo os seres humanos na condição de personagens ativos e principais no alcance da proteção do meio ambiente.

Já quando definiu **poluição** foi claro ao prescrever uma preocupação massivamente **antropocêntrica**, reservando nada menos do que três alíneas para associar a degradação ambiental com as **consequências danosas ao homem**, num típico caso de tutela do ecossistema social (saúde e segurança da população, condições estéticas e sanitárias, bem-estar da população, etc.).[6]

---

[5] Sobre o assunto, com maior explicação, ver, *supra*, o *item 3.1*.

[6] "Já a noção de poluição (a patologia) é um misto do pensamento *antropocêntrico* ('prejudiquem a saúde, a segurança e o bem-estar da população', 'criem condições adversas às atividades sociais e econômicas', 'afetem as condições estéticas ou sanitárias do meio ambiente') e *ecocêntrico* ('afetem desfavoravelmente a biota' e 'lancem matérias ou energia em desacordo com os padrões ambientais estabelecidos')" (Antonio Herman V. e Benjamin. Responsabilidade civil pelo dano ambiental, *Revista de direito ambiental*, p. 48).

Também é possível extrair do dispositivo a notável diferença entre a última alínea e as demais: diferente das outras, a **alínea *e* vincula a existência da poluição à ilicitude da conduta**, ao dizer que existe poluição quando se lança matéria ou energia em **desacordo com as normas e padrões ambientais**.

Ao contrário, **as demais hipóteses não estão preocupadas com a licitude ou ilicitude da conduta praticada**, sendo importante que se diga que o fato de se estar lançando matéria ou energia dentro dos padrões ambientais em nada empece a possibilidade de que, ainda assim, existam a poluição e o dever objetivo de indenizar.

O dispositivo usa da técnica, tão comum no Direito Penal, das **normas em branco**. Na última alínea do inciso III, o legislador outorga à **Administração Pública** a **competência para dizer o que é permitido ou o que é proibido**. Isso faz com que se repute, pela **alínea *e***, como poluição apenas aquilo que transborde os níveis estabelecidos pelo legislador.

O problema é que, bem sabemos, determinado nível de emissão de substância impactante pode ser permitido (e, portanto, estar dentro dos *padrões ambientais estabelecidos*), mas mesmo assim degradar o meio ambiente e, nesse caso, ainda que a conduta fuja da incidência desta alínea do dispositivo, certamente cairá no enquadramento previsto nos dispositivos anteriores.

Essa interpretação decorre do fato de se considerar desnecessário que esteja presente mais de uma hipótese para configuração da poluição ao meio ambiente. Isso posto, é bem **possível que as emissões estejam dentro dos padrões ambientais**, mas ainda assim a atividade seja **danosa ao meio ambiente**.

Fazendo uma interpretação sistemática dos incisos do art. 3º, percebemos que um completa o outro.

Assim, dizem, inicialmente, que **degradação ambiental** são as **alterações adversas das características do meio ambiente**, mas não determinam que essas alterações sejam necessariamente oriundas de atividade humana.

Logo, a **degradação da qualidade do meio ambiente** pode ser causada diretamente por **fato que não tenha participação direta ou indireta do homem** (a erupção de um vulcão e a consequente ejeção de cinzas na atmosfera são uma premente situação de degradação ambiental).

Mas, quando a **degradação** da qualidade do meio ambiente (alteração adversa de suas características) for resultante de atividades que direta ou indiretamente sejam **atribuídas a uma pessoa**, haverá **poluição e poluidor**, tal como determinam os **incisos II e III do art. 3º da Lei n. 6.938/81**.

Vale dizer, ainda, que há que se ter enorme cuidado na verificação do que seja alteração adversa das características do meio ambiente, porque nem sempre o que parece ser benéfico aos olhos do homem será melhor para o meio ambiente.

Sobre o assunto, muito ilustrativo é o ensinamento de Herman Benjamin:[7]

> "A noção de 'alteração adversa das características do meio ambiente' é complexa: nem sempre o que é *melhoramento* na perspectiva do leigo tem o mesmo valor na ótica dos ecossistemas e dos especialistas.
>
> Tome-se o exemplo das restingas na zona costeira que, na construção de condomínios de luxo, são substituídas por projetos paisagísticos requintados — tudo muito elegante, canteiros arrumados, poucas espécies e várias delas exóticas, flores e lagos por toda a parte. Alguns (os empreendedores, com certeza!) dirão que se trata de manutenção de espaços verdes, até mais formosos e harmônicos. No entanto, o meio ambiente (a restinga), na sua riqueza e diversidade biológica, está inteiramente descaracterizado. O mesmo raciocínio aplica-se ao aterramento de manguezais e assim por diante. O embelezamento, pelos padrões do ser humano, muitas vezes tem efeitos negativos dramáticos no meio ambiente. Por conseguinte, o dano ambiental pode existir mesmo onde, no entendimento do cidadão comum, apenas se deu melhorias na qualidade ambiental".

## ■ 8.7. O DANO AMBIENTAL

Tendo em vista o conceito de degradação ambiental e de poluição, resta saber onde se insere o **dano ambiental**.

De plano, lembramos que a poluição é uma alteração adversa do meio ambiente causada por um poluidor, responsável por um desequilíbrio ecológico. Inversamente, o equilíbrio ecológico é o bem juridicamente tutelado pelo direito ambiental (art. 225 da CF/88).

Disso, pode-se inferir que **toda poluição** é uma afronta ao bem jurídico tutelado pelo direito ambiental e, logo, é um **dano ambiental**.

Nessa medida (sob o enfoque da reparação civil), a expressão **poluidor-pagador** é perfeita, já que: se há poluidor, é porque houve poluição; e, se houve poluição, há dano ambiental a ser reparado. Sendo o dano um dos alicerces da responsabilidade civil, é claro que "não pode haver responsabilidade sem a existência de um dano, e é verdadeiro truísmo sustentar esse princípio, porque, resultando a responsabilidade civil em obrigação de ressarcir, logicamente não pode concretizar-se onde nada há que reparar".[8]

Tendo em vista que o **dano é uma lesão a um bem jurídico**, podemos dizer que existe o **dano ambiental** quando há **lesão ao equilíbrio ecológico (bem jurídico ambiental)** decorrente de afetação adversa dos componentes ambientais.

---

[7] Antonio Herman V. e Benjamin. Responsabilidade civil pelo dano ambiental, *Revista de direito ambiental*, p. 48-49.

[8] Caio Mário da Silva Pereira, *Instituições de direito civil,* v. I, p. 236-237.

Essa lesão pode gerar um desequilíbrio ao ecossistema social ou natural, mas **sempre a partir da lesão ao equilíbrio ecológico**, que é o bem jurídico tutelado pelo Direito Ambiental.

Exatamente porque o **meio ambiente** (e seus componentes e fatores) constitui um **bem jurídico autônomo, imaterial, difuso, incindível, de uso comum de todos**, a lesão que o atinge será, *ipso facto*, uma **lesão difusa e indivisível**, cuja reparação será, igualmente, *erga omnes*.

Ao adotarmos esse conceito, estamos entendendo que os **danos ao meio ambiente** são **autônomos** e **diversos** dos **danos pessoalmente sofridos pelas pessoas**. Obviamente que o fato causador da lesão ao bem ambiental e seus componentes poderá gerar, além da lesão ao meio ambiente (difusamente considerado), outros danos sofridos individualmente por particulares e cuja reparação só trará benefícios a pessoas determinadas.

É o caso, por exemplo, do derramamento de óleo ocorrido na baía de Guanabara em janeiro de 2000, quando a Petrobras foi responsável pelo despejo de 800.000 litros de óleo no local. Sem dúvida, o meio ambiente (praias, fauna ictiológica e o próprio equilíbrio ecológico) foi lesionado e precisa ser reparado. Essa reparação, consistente em recuperação da área degradada, medidas de prevenção futuras, educação ambiental, etc., é difusa, porque os titulares desse bem também são difusos (uso comum do povo).

Essa reparação é ontologicamente diversa da reparação dos danos que cada indivíduo ou grupo de indivíduos possa ter sofrido em virtude do mesmo acontecimento. Certamente, os pescadores poderão cobrar por perdas e danos e lucros cessantes (pelas redes estragadas, pelo pescado perdido e pelo que deixarão de ganhar); os donos de imóveis ribeirinhos, pelos prejuízos que podem ter daí advindo; as fábricas que se utilizam daquela água para irrigação, pelos prejuízos causados; as pessoas que comerem os peixes, por se contaminarem; as empresas de turismo marítimo da região, pelos prejuízos sofridos, etc. Esses danos são particulares e, embora tenham em comum com o dano ambiental a origem (poluição), possuem natureza diversa do dano causado ao equilíbrio ecológico.

> Em nosso sentir, portanto, **dano ambiental** é um só: o **dano ao meio ambiente (equilíbrio ecológico)** como bem jurídico autônomo, independentemente de ter se "ricocheteado" ou não para a esfera particular dos indivíduos.[9]

[9] Nesse sentido, ver: Antonio Herman V. e Benjamin. Responsabilidade civil pelo dano ambiental, *Revista de direito ambiental*, p. 49; Manuela Flores, Responsabilidade civil ambiental em Portugal, v. II, p. 375; Michel Prieur, op. cit., p. 1.036 e ss.; Francisco José Marques Sampaio, *Responsabilidade civil e reparação de danos ao meio ambiente*, p. 101 e ss.; José Rubens Morato Leite, *Dano ambiental*, p. 101.

Os **danos pessoais, particulares**, causados pelo mesmo fato que degradou o meio ambiente, ou que foram consequências da agressão do meio ambiente, são **ontológica e teleologicamente diversos** daqueles sofridos pelo meio ambiente.

A eventual e perdoável confusão decorre do fato de que um mesmo fato permite a incidência tanto de normas concretizadoras de um direito difuso quanto de normas concretizadoras de um direito individual. Isso permitirá que se deduzam pretensões para a tutela de direitos difusos e outras para a tutela de direitos individuais. Nesse caso, o processo deverá impor a solução dada por cada uma das normas de direito material violadas.

Diga-se, inclusive, que o **Superior Tribunal de Justiça** já reconheceu que a degradação do meio ambiente pode gerar **danos múltiplos**, de toda ordem e amplitude. Vejamos:

> "ADMINISTRATIVO — AÇÃO CIVIL PÚBLICA — INTERDEPENDÊNCIA CAUSAL — POSSIBILIDADE DE VIOLAÇÃO SIMULTÂNEA A MAIS DE UMA ESPÉCIE DE INTERESSE COLETIVO — DIREITOS DIFUSOS E INDIVIDUAIS HOMOGÊNEOS — RELEVANTE INTERESSE SOCIAL — LEGITIMIDADE.
>
> 1. Conforme se observa no acórdão recorrido, o caso dos autos ultrapassa a órbita dos direitos patrimoniais da população diretamente afetada e atinge interesses metaindividuais, como o meio ambiente ecologicamente equilibrado e a uma vida saudável.
>
> 2. É um erro acreditar que uma **mesma situação fática** não possa resultar em **violação a interesses difusos, coletivos e individuais simultaneamente**. A separação, ou melhor, a categorização dos interesses coletivos *lato sensu* em três espécies diferentes é apenas metodológica.
>
> 3. No mundo fenomenológico as relações causais estão tão intimamente ligadas que **um único fato pode gerar consequências de diversas ordens, de modo que é possível que dele advenham interesses múltiplos**. É o caso, por exemplo, de um acidente ecológico que resulta em danos difusos ao meio ambiente, à saúde pública e, ao mesmo tempo, em danos individuais homogêneos aos moradores da região.
>
> 4. Ademais, ainda que o caso presente tratasse unicamente de direitos individuais homogêneos disponíveis, isso não afasta a relevância social dos interesses em jogo, o que é bastante para que se autorize o manejo de ação civil pública pelo agravado.
>
> Agravo regimental improvido" (STJ, 2ª Turma, AgRg no REsp 1.154.747/SP, rel. Min. Humberto Martins, *DJ* 16-4-2010).

Exatamente por isso, entendemos **não ser correto** conceituar o dano **ambiental como gênero** do qual seriam espécies os **danos pessoais** (patrimoniais e extrapatrimoniais) e os **danos ecológicos.**[10]

Quanto ao seu **efeito**, o verdadeiro **dano ambiental** (ao bem ambiental difuso, imaterial, indivisível e altruísta) pode gerar consequências **patrimoniais** e **extrapatrimoniais**. Ambos, deixemos claro, não se confundem com os interesses privados ou de grupos em decorrência da lesão ao meio ambiente.

As primeiras caracterizam-se pelas **perdas financeiras** decorrentes da lesão. Por exemplo, o custo da reparação, da educação ambiental, informação, recuperação da vegetação, limpeza da praça, retirada do óleo, restauração do bem cultural, etc., o que se deixou de arrecadar com a exploração cultural do bem, entre outros.

Quanto às últimas, com o que denominaríamos de **dano social/moral**, **impossível de se encontrar uma correspondência com um valor em pecúnia**, mas que também deve ser objeto da indenização.

O dano social é a face extrapatrimonial de lesão ao meio ambiente. Seu ressarcimento é altruísta e não é a mera soma de interesses individuais.

Essa diferenciação, entre dano **patrimonial** e **extrapatrimonial** aos **interesses coletivos *lato sensu***, pode ser extraída, inclusive, de nosso direito positivo. Vejamos o **art. 1º da Lei de Ação Civil Pública (Lei n. 7.347/85)**:

> "Art. 1º Regem-se pelas disposições desta Lei, sem prejuízo da ação popular, as ações de responsabilidade por **danos morais** e **patrimoniais** causados:
> I — ao meio ambiente; (...)."

[10] No mesmo sentido do texto, ver: Alpa G. La natura giuridica del danno ambientale, in *Il danno ambientale com riferimento alla responsabilità civile*, a cura di Perlingieri, p. 93 e ss.; Moscarini, Responsabilità aquiliana e tutela ambientale, *RDC*, p. 495-500; Barbiera, Qualificazione del danno ambientale nella sistematica general del danno, in *Il danno ambientale com riferimento alla responsabilità civile*, a cura di Perlingieri, p. 120; Giampietro, *La responsabilità per danno all'ambiente*, Milano, 1988, p. 344; Comporti, Tutela dell'ambiente e tutela della salute, *RGA*, 1990, p. 207; Maddalena. Il danno ambientale, in *Proprietà, danno ambientale e tutela dell'ambiente,* a cura di Barbiera, p. 183 e ss.; Francario, *Danni ambientali e tutela civile*, p. 80 e ss.; Francisco José Marques Sampaio, *Responsabilidade civil e reparação de danos ao meio ambiente,* p. 101 e ss.; Michel Prieur, op. cit., p. 1.036 e ss.; Patrick Girod, *La réparation du dommage écologique*, p. 19; Caballero, *Essai sur la notion juridique de nuisance*, p. 293 e ss.. Em sentido contrário, ver: José Rubens Morato Leite, *Dano ambiental,* p. 101 e ss.; Antonio Herman V. e Benjamin. Responsabilidade civil pelo dano ambiental, *Revista de Direito Ambiental*, p. 51; J. J. Gomes Canotilho. A responsabilidade por danos ambientais — aproximação juspublicística, in *Direito do ambiente*, p. 404. O apoio de grande número de juristas italianos ao que dissemos no texto justifica-se pelo art. 18 da lei italiana de 1986 que, muito embora seja bastante retrógrada em matéria de responsabilidade civil por dano ambiental, deixou claro que o dano ambiental é um dano público, e não um dano individual. Tudo isso, é claro, sem elidir a possibilidade de que seja reclamada a reparação pelos danos individuais causados pela agressão ao meio ambiente.

Quando a Lei n. 7.347/85 fala em responsabilidade civil por danos, materiais e morais, causados ao consumidor, meio ambiente, etc., é óbvio que o termo **moral** aí empregado está como **contraface do dano material**. Trata-se de efeito do dano, que seria mais bem denominado de extrapatrimonial.

O termo moral ali empregado refere-se, sim, ao **caráter extrapatrimonial dos danos difusos**, que, no caso do meio ambiente, encontra perfeita simetria com o que temos denominado de dano social, portanto de índole supraindividual (metaindividual). Um exemplo pode ilustrar o nosso pensamento.

Uma empresa siderúrgica polui o ar atmosférico de toda a cidade. Certamente, haverá uma Ação Civil Pública para responsabilizar civilmente o poluidor pelo dano ambiental, que tem efeitos patrimoniais e extrapatrimoniais.

Os patrimoniais vão desde a recuperação dos equipamentos públicos manchados, a recuperação das praias impróprias para banho, o restabelecimento da qualidade do ar atmosférico, etc., até as medidas de educação e controle da poluição para se evitar novos danos. Já os extrapatrimoniais correspondem à privação que a coletividade tem e terá da sensação de bem-estar, a diminuição de qualidade e expectativa de vida, etc. **Este é o "dano social extrapatrimonial" que tem sido denominado *dano moral difuso* e que corretamente deve ser indenizado na esteira da recente jurisprudência do Superior Tribunal de Justiça.**

Diferente é a repercussão desses danos na vida particular e íntima das pessoas: casas manchadas pelo pó de minério, pessoas com problemas alérgicos, sofrimentos, privações à saúde, irritações de toda ordem, etc. Todos esses são danos particulares que também podem ter repercussão patrimonial e extrapatrimonial. **Não se confunde o dano moral difuso com o sofrimento individual de cada sujeito na sua esfera particular atingida.**

ATENÇÃO! Importante alertar que a jurisprudência mais recente do Superior Tribunal de Justiça tem reconhecido a existência de **dano moral coletivo**, alterando posição contrária que vigorou até 2010. Vejamos alguns arestos:

**Até 2010 — contra o dano moral coletivo**

"AGRAVO REGIMENTAL EM RECURSO ESPECIAL. ADMINISTRATIVO. AÇÃO CIVIL PÚBLICA. SERVIÇO DE TELEFONIA. POSTOS DE ATENDIMENTO. REABERTURA. DANOS MORAIS COLETIVOS. INEXISTÊNCIA. PRECEDENTE. AGRAVO IMPROVIDO.

1. A Egrégia Primeira Turma firmou já entendimento de que, em hipóteses como tais, ou seja, ação civil pública objetivando a reabertura de postos de atendimento de serviço de telefonia, **não há falar em dano moral coletivo, uma vez que 'Não parece ser compatível com o dano moral a ideia da *transindividualidade* (= da indeterminabilidade do sujeito passivo e da indivisibilidade da ofensa e da reparação) da lesão'** (REsp 971.844/RS, Relator Min. Teori Albino Zavascki, *DJe* 12-2-2010).

2. No mesmo sentido: REsp n. 598.281/MG, Relator p/ acórdão Ministro Teori Albino Zavascki, *DJ* 1º-6-2006 e REsp n. 821.891/RS, Relator Ministro Luiz Fux, *DJe* 12-5-2008.

3. Agravo regimental improvido" (STJ, 1ª Turma, AgRg no REsp 1.109.905/PR, rel. Min. Hamilton Carvalhido, *DJ* 3-8-2010).

"Processual civil. Ação civil pública. **Dano ambiental.** Dano moral coletivo. **Necessária vinculação do dano moral à noção de dor, de sofrimento psíquico, de caráter individual.** Incompatibilidade com a noção de transindividualidade (indeterminabilidade do sujeito passivo e indivisibilidade da ofensa e da reparação). Recurso especial improvido" (STJ, 1ª Turma, REsp 598.281/MG, rel. Min. Luiz Fux, *DJ* 1º-6-2006).

**Arestos mais recentes do STJ a favor do dano moral coletivo**

"RECURSO ESPECIAL — **DANO MORAL COLETIVO** — CABIMENTO — ARTIGO 6º, VI, DO CÓDIGO DE DEFESA DO CONSUMIDOR — REQUISITOS — **RAZOÁVEL SIGNIFICÂNCIA E REPULSA SOCIAL** — OCORRÊNCIA, NA ESPÉCIE — CONSUMIDORES COM DIFICULDADE DE LOCOMOÇÃO — EXIGÊNCIA DE SUBIR LANCES DE ESCADAS PARA ATENDIMENTO — MEDIDA DESPROPORCIONAL E DESGASTANTE — INDENIZAÇÃO — FIXAÇÃO PROPORCIONAL — DIVERGÊNCIA JURISPRUDENCIAL — AUSÊNCIA DE DEMONSTRAÇÃO — RECURSO ESPECIAL IMPROVIDO.

I — A dicção do artigo 6º, VI, do Código de Defesa do Consumidor é clara ao possibilitar o cabimento de indenização por danos morais aos consumidores, tanto de ordem individual quanto coletivamente.

II — Todavia, não é qualquer atentado aos interesses dos consumidores que pode acarretar dano moral difuso. É preciso que o fato transgressor seja de razoável significância e desborde os limites da tolerabilidade. **Ele deve ser grave o suficiente para produzir verdadeiros sofrimentos, intranquilidade social e alterações relevantes na ordem extrapatrimonial coletiva.**

Ocorrência, na espécie.

III — Não é razoável submeter aqueles que já possuem dificuldades de locomoção, seja pela idade, seja por deficiência física, ou por causa transitória, à situação desgastante de subir lances de escadas, exatos 23 degraus, em agência bancária que possui plena capacidade e condições de propiciar melhor forma de atendimento a tais consumidores.

IV — Indenização moral coletiva fixada de forma proporcional e razoável ao dano, no importe de R$ 50.000,00 (cinquenta mil reais).

V — Impõe-se reconhecer que não se admite recurso especial pela alínea "c" quando ausente a demonstração, pelo recorrente, das circunstâncias que identifiquem os casos confrontados.

VI — Recurso especial improvido" (REsp 1.221.756/RJ, rel. Min. Massami Uyeda, 3ª Turma, julgado em 2-2-2012, *DJe* 10-2-2012).

"AMBIENTAL. DESMATAMENTO. CUMULAÇÃO DE OBRIGAÇÃO DE FAZER (REPARAÇÃO DA ÁREA DEGRADADA) E DE PAGAR QUANTIA CERTA (INDENIZAÇÃO).

POSSIBILIDADE. INTERPRETAÇÃO DA NORMA AMBIENTAL.

1. Cuidam os autos de Ação Civil Pública proposta com o fito de obter responsabilização por danos ambientais causados pelo desmatamento de área de mata nativa. A instância ordinária considerou provado o dano ambiental e condenou o degradador a repará-lo; porém, julgou improcedente o pedido indenizatório.

2. A jurisprudência do STJ está firmada no sentido de que a necessidade de reparação integral da lesão causada ao meio ambiente permite a cumulação de obrigações de fazer e indenizar. Precedentes da Primeira e Segunda Turmas do STJ.

3. A restauração *in natura* nem sempre é suficiente para reverter ou recompor integralmente, no terreno da responsabilidade civil, o dano ambiental causado, daí não exaurir o universo dos deveres associados aos princípios do poluidor-pagador e da reparação *in integrum*.

4. A reparação ambiental deve ser feita da forma mais completa possível, de modo que a condenação a recuperar a área lesionada não exclui o dever de indenizar, sobretudo pelo dano que permanece entre a sua ocorrência e o pleno restabelecimento do meio ambiente afetado (= dano interino ou intermediário), **bem como pelo dano moral coletivo e pelo dano residual (= degradação ambiental que subsiste, não obstante todos os esforços de restauração)**.

5. A cumulação de obrigação de fazer, não fazer e pagar não configura *bis in idem*, porquanto a indenização não é para o dano especificamente já reparado, mas para os seus efeitos remanescentes, reflexos ou transitórios, com destaque para a privação temporária da fruição do bem de uso comum do povo, até sua efetiva e completa recomposição, assim como o retorno ao patrimônio público dos benefícios econômicos ilegalmente auferidos.

6. Recurso Especial parcialmente provido para reconhecer a possibilidade, em tese, de cumulação de indenização pecuniária com as obrigações de fazer voltadas à recomposição *in natura* do bem lesado, com a devolução dos autos ao Tribunal de origem para que verifique se, na hipótese, há dano indenizável e para fixar eventual *quantum debeatur*" (REsp 1.180.078/MG, rel. Min. Herman Benjamin, 2ª Turma, julgado em 2-12-2010, *DJe* 28-2-2012).

"ADMINISTRATIVO E PROCESSUAL CIVIL. VIOLAÇÃO DO ART. 535 DO CPC. OMISSÃO INEXISTENTE. AÇÃO CIVIL PÚBLICA. DANO AMBIENTAL. CONDENAÇÃO A DANO EXTRAPATRIMONIAL OU DANO MORAL COLETIVO. POSSIBILIDADE. PRINCÍPIO *IN DUBIO PRO NATURA*. 1. Não há violação do art. 535 do CPC quando a prestação jurisdicional é dada na medida da pretensão deduzida, com enfrentamento e resolução das questões abordadas no recurso. 2. **A Segunda Turma recentemente pronunciou-se no sentido de que, ainda que de forma reflexa, a degradação ao meio ambiente dá ensejo ao dano moral coletivo. 3. Haveria *contra sensu* jurídico na admissão de ressarcimento por lesão a dano moral individual sem que se pudesse dar à coletividade o mesmo tratamento, afinal, se a honra de cada um dos indivíduos deste mesmo grupo é afetada, os danos são passíveis de indenização. 4. As normas ambientais devem atender aos fins sociais a que se destinam, ou seja, necessárias a interpretação e a integração de acordo com o princípio hermenêutico *in dubio pro natura*. Recurso especial improvido**" (REsp 1.367.923/RJ, rel. Min. Humberto Martins, 2ª Turma, julgado em 27-8-2013, *DJe* 6-9-2013).

No mesmo sentido: REsp 1.293.606/MG, rel. Min. Luis Felipe Salomão, 4ª Turma, julgado em 2-9-2014, *DJe* 26-9-2014; EDcl no AgRg no AgRg no REsp 1.440.847/RJ, rel. Min. Mauro Campbell Marques, 2ª Turma, julgado em 7-10-2014, *DJe* 15-10-2014.

Sendo o direito ao meio ambiente sadio e ecologicamente equilibrado um direito que se antepõe aos demais, dada a sua índole de direito fundamental à vida, é óbvio que a agressão a ele repercutirá em diversos aspectos individuais, como lazer, saúde, segurança, propriedade, etc. Essas repercussões não são tuteladas como se fossem danos ambientais, justamente para se evitar a confusão com o "verdadeiro" dano ao bem jurídico próprio: o meio ambiente ecologicamente equilibrado, que tanto demorou para ser reconhecido como objeto autônomo de Direito.

Sob o ponto de vista processual, inclusive, o tratamento da reparação civil dos danos ambientais (patrimoniais e extrapatrimoniais) é diverso da reparação individual dos danos sofridos em razão da agressão ao meio ambiente: no primeiro caso, faz-se por Ação Civil Pública e com coisa julgada *erga omnes*; e, no segundo, faz-se por Ação Individual, usando as regras tradicionais do Código de Processo Civil.

O próprio art. 14, § 1º, da Lei n. 6.938/81 deixa claro que há, sim, diferença entre o dano ambiental propriamente dito e suas consequências individuais. Vejamos:

> Art. 14, § 1º: "Sem obstar a aplicação das penalidades previstas neste artigo, é o poluidor obrigado, independentemente da existência de culpa, a indenizar ou reparar os **danos causados ao meio ambiente** e a **terceiros, afetados por sua atividade**. O Ministério Público da União e dos Estados terá legitimidade para propor ação de responsabilidade civil e criminal, por danos causados ao meio ambiente".

Ora, tivessem eles a mesma natureza, não teria o legislador falado em **danos causados ao meio ambiente** e **danos causados a terceiros**.

Todavia, é a própria lei quem deixa claro que tanto um como o outro devem ser **indenizados independentemente da existência de culpa**.

Destarte, apesar da natureza e do tratamento processual distintos, tanto os danos ambientais quanto os danos particulares que deles são reflexos recebem o **mesmo tratamento pelo direito material:** aplica-se a ambos o regime da **responsabilidade objetiva**.

Outra característica do **dano ambiental** que vem sendo reconhecida pela jurisprudência de nossos Tribunais Superiores é a sua **imprescritibilidade**. Vejamos o que foi noticiado no ***Informativo* n. 415 do Superior Tribunal de Justiça**, que, de forma brilhante, expõe o conflito existente entre os valores em jogo:

> "Cuida-se, originariamente, de ação civil pública (ACP) com pedido de reparação dos prejuízos causados pelos ora recorrentes à comunidade indígena, tendo em vista os danos materiais e morais decorrentes da extração ilegal de madeira indígena. (...)

> **A prescrição tutela interesse privado**, podendo ser compreendida como mecanismo de segurança jurídica e estabilidade. O **dano ambiental** refere-se àquele que oferece grande **risco a toda humanidade e à coletividade**, que é a titular do bem ambiental que constitui direito difuso. (...)
>
> O direito ao pedido de reparação de danos ambientais, dentro da logicidade hermenêutica, também está protegido pelo manto da **imprescritibilidade**, por se tratar de **direito inerente à vida, fundamental e essencial à afirmação dos povos**, independentemente de estar expresso ou não em texto legal.
>
> **No conflito entre estabelecer um prazo prescricional em favor do causador do dano ambiental, a fim de lhe atribuir segurança jurídica e estabilidade com natureza eminentemente privada**, e **tutelar de forma mais benéfica bem jurídico coletivo, indisponível, fundamental, que antecede todos os demais direitos** — pois sem ele não há vida, nem saúde, nem trabalho, nem lazer — o último prevalece, por óbvio, concluindo pela imprescritibilidade do direito à reparação do dano ambiental" (REsp 1.120.117-AC, rel. Min. Eliana Calmon, julgado em 10-11-2009).

No mesmo sentido, vejamos julgado ainda mais recente:

> "AMBIENTAL E PROCESSUAL CIVIL. AÇÃO CIVIL PÚBLICA. OCUPAÇÃO E EDIFICAÇÃO EM ÁREA DE PRESERVAÇÃO PERMANENTE-APP. CASAS DE VERANEIO. MARGENS DO RIO IVINHEMA/MS. SUPRESSÃO DE MATA CILIAR. DESCABIMENTO. ART. 8º DA LEI 12.651/2012. NÃO ENQUADRAMENTO. DIREITO ADQUIRIDO AO POLUIDOR. FATO CONSUMADO. DESCABIMENTO. DESAPROPRIAÇÃO NÃO CONFIGURADA. LIMITAÇÃO ADMINISTRATIVA. DANO AMBIENTAL E NEXO DE CAUSALIDADE CONFIGURADOS. AUSÊNCIA DE PREQUESTIONAMENTO. SÚMULA 211/STJ. 1. Descabida a supressão de vegetação em Área de Preservação Permanente — APP que não se enquadra nas hipóteses previstas no art. 8º do Código Florestal (utilidade pública, interesse social e baixo impacto ambiental). 2. **Conquanto não se possa conferir ao direito fundamental do meio ambiente equilibrado a característica de direito absoluto, certo é que ele se insere entre os direitos indisponíveis, devendo-se acentuar a imprescritibilidade de sua reparação, e a sua inalienabilidade, já que se trata de bem de uso comum do povo (art. 225, *caput*, da CF/1988).** 3. Em tema de direito ambiental, não se cogita em direito adquirido à devastação, nem se admite a incidência da teoria do fato consumado. Precedentes do STJ e STF. 4. A proteção legal às áreas de preservação permanente não importa em vedação absoluta ao direito de propriedade e, por consequência, não resulta em hipótese de desapropriação, mas configura mera limitação administrativa. Precedente do STJ. 5. Violado o art. 14, § 1º, da Lei 6.938/1981, pois o Tribunal de origem reconheceu a ocorrência do dano ambiental e o nexo causal (ligação entre a sua ocorrência e a fonte poluidora), mas afastou o dever de promover a recuperação da área afetada e indenizar eventuais

> danos remanescentes. 6. Em que pese ao loteamento em questão haver sido concedido licenciamento ambiental, tal fato, por si só, não elide a responsabilidade pela reparação do dano causado ao meio ambiente, uma vez afastada a legalidade da autorização administrativa. 7. É inadmissível o recurso especial quanto a questão não decidida pelo Tribunal de origem, por falta de prequestionamento (Súmula 211/STJ). 8. Recurso especial parcialmente conhecido e provido" (REsp 1.394.025/MS, rel. Min. Eliana Calmon, 2ª Turma, julgado em 8-10-2013, *DJe* 18-10-2013).

Há uma tendência evolutiva na doutrina da responsabilização civil ambiental — ainda não reconhecida no âmbito da jurisprudência — de interpretar a *responsabilização civil* a partir do princípio da precaução ambiental, identificando que o *dano ambiental* já existiria com a *exposição do meio ambiente ao risco.* As ideias de *dano e de lesão* estariam antecipadas para o momento do *risco*, justamente em respeito à necessidade de se ter *prudência e precaução* em relação ao meio ambiente. É interessante observar que o art. 225, § 1º, V e VII, da CF é expresso ao elevar a proteção do meio ambiente contra o risco de sofrer danos, e não simplesmente contra os "danos propriamente ditos".

> "Art. 225, (...) § 1º (...)
>
> V — **controlar** a produção, a comercialização e o emprego de técnicas, métodos e substâncias **que comportem risco** para a vida, a qualidade de vida e o meio ambiente;
>
> VII — **proteger** a fauna e a flora, vedadas, na forma da lei, **as práticas que coloquem em risco sua função ecológica**, provoquem a extinção de espécies ou submetam os animais a crueldade."

Outro aspecto de clara reflexão evolutiva na responsabilização civil ambiental é o reconhecimento de que a eventual remoção do ilícito ambiental em hipóteses em que não se tenha ainda causado danos ao meio ambiente **não deveria apenas acarretar a *sanção de correção do ilícito*** (obrigação de fazer e não fazer) praticando, por via judicial, a conduta que deveria ter sido praticada espontaneamente, pois neste caso o descumprimento do *dever jurídico* (previsto em lei) não teria nenhuma consequência sancionatória na ordem civil, na medida em que aquele que cometeu o ilícito teria a oportunidade de desfazê-lo em juízo sem qualquer sanção civil adicional por isso. Observe-se que até num contrato particular envolvendo particulares há a previsão expressa de cláusula de multa pelo descumprimento de uma regra contratual independentemente de danos que desse descumprimento possa advir. Não seria lógico que o descumprimento de *deveres públicos*, previstos em lei, ainda que não causadores de danos, só gerasse na ordem civil o poder de exigi-los em juízo. A multa civil — ainda não prevista no nosso ordenamento de forma expressa — tem sido invocada como corolário lógico do sistema constitucional de responsabilidades ambientais.

Por fim, ainda dentro de uma perspectiva eminentemente evolutiva, tem se destacado a diferença entre poluidor e usuário pagador, no sentido de que ambos devem ressarcir os cofres da coletividade quando causarem dano ao meio ambiente ou quando se locupletarem gratuitamente às custas da coletividade, respectivamente. Assim, a siderúrgica que lança o pó na atmosfera é a um só tempo poluidor e usuário. Degrada o meio ambiente e deve pagar por isso. Usa o ar como descarga de particulados (uso incomum) e também deve pagar por isso sob pena de locupletamento ilícito.

## ■ 8.8. O POLUIDOR

Vistos os conceitos de **poluição**, **degradação** e **dano ambiental**, passemos à análise do que deve ser entendido por **poluidor**.

Segundo o **art. 3º, IV**, da **Lei n. 6.938/81:**

> "Art. 3º Para os fins previstos nesta Lei, entende-se por: (...)
>
> IV — poluidor, a pessoa física ou jurídica, de direito público ou privado, responsável, direta ou indiretamente, por atividade causadora de degradação ambiental; (...)."

A primeira coisa que salta aos olhos é que o legislador entendeu por bem adotar um **largo conceito** daquele que responde pelos danos ambientais. Podem ser poluidores:

- pessoas **físicas** ou **jurídicas**;
- pessoas de direito **público** ou **privado**;
- pessoas responsáveis **direta** ou **indiretamente** pela degradação ambiental.

A grande vantagem desse largo conceito é que garante, na medida do possível, que sempre haja alguém apto a efetivamente proceder à reparação do meio ambiente lesado.

Isso porque é sempre possível que "o responsável não tenha, diante da dimensão do prejuízo causado, os recursos necessários para reparar todo o mal que provocou, quando isso é tecnicamente possível".[11]

[11] Antonio Herman Vasconcellos e Benjamin. Op. cit., p. 13; no mesmo sentido, Ramón Martin Mateo, *Tratado de derecho ambiental*, v. I, p. 177.

As maiores complicações, contudo, estão em saber o que é e quando há **causa direta ou indireta do dano ambiental**.

Encontrar o poluidor nem sempre é tarefa fácil. Tais dificuldades são agravadas ainda mais por circunstâncias como:

- quando há **danos marginais e anônimos**, que não se limitam no tempo ou no espaço;
- quando são **várias as fontes emissoras** de uma partícula e não se consegue identificar qual é a poluidora;
- quando o dano decorre da soma de **diversas fontes**;
- quando é a **atividade de consumo** quem dá causa imediata à poluição;
- quando, embora identificado e condenado, o responsável não tem bens ou patrimônio suficiente para reparar a lesão ambiental causada **(solvabilidade do poluidor)**;
- quando, embora identificável o poluidor, o **dano é irreversível *in natura***.

Diante desses obstáculos, o que não se pode admitir é que o estado de danosidade e lesão ao meio ambiente fique impune ou, sob outra análise, que alguém se beneficie da "desgraça" ambiental, num verdadeiro "confisco" do bem ambiental, cujo titular é a coletividade.

Quanto às dificuldades em se determinar quem é o poluidor em cada situação, uma solução que se mostra viável é a utilização do regime da **responsabilidade solidária entre as fontes poluentes**.

Nesse caso, poderia (*lege ferenda*) até mesmo o legislador distribuir, em determinados casos, tais como consumidores de cigarros ou usuários de veículos, qual o poluidor que está mais apto a pagar pelos prejuízos ambientais. Normalmente, a experiência demonstra que o poluidor-produtor (fonte mediata) é que tem recebido esse ônus.

Com relação ao problema da **solvabilidade do poluidor**, em que estamos lidando com crises de adimplemento e especialmente reservadas ao processo de execução, algumas soluções apontadas pela doutrina são a **criação de seguros ambientais** e a técnica de **desconsideração da personalidade jurídica**.

Quanto aos seguros ambientais, visam exatamente atender ao princípio da prevenção, além de compatibilizar o desenvolvimento com a sustentabilidade dos recursos ambientais. Evita-se, por meio deles, que a responsabilização do poluidor seja infrutífera e não efetiva por causa da "não solvabilidade do poluidor".[12]

[12] Roberto Durço, Seguros ambientais, in *Direito ambiental em evolução*, p. 312.

Considerando que a responsabilidade civil em matéria ambiental adotou a **teoria do risco**, parece-nos lógico que os **seguros ambientais** possam constituir **regra necessária** a toda atividade que pusesse em risco o meio ambiente.[13]

Entretanto, "a forma de tornar realidade o seguro ambiental é complexa".[14] Isso porque basta imaginar a **dificuldade em se estabelecer o custo de um seguro contra riscos ambientais**, quando se sabe de antemão que a quantificação do dano ambiental pode ser extremamente complexa, quase interminável e de valores estratosféricos.

Outra técnica legislativa de efetivação da responsabilidade civil ambiental é a **desconsideração da personalidade jurídica**.

Durante muito tempo, a coletividade conviveu com os ilícitos promovidos por sócios ou representantes de **pessoa jurídica**, que a usavam como uma espécie de cortina para pôr em prática seus mais variados interesses escusos, contrariando a sua finalidade enquanto ente jurídico, sem que contra isso existisse qualquer solução legal.

Usava-se tal entidade como se fosse um biombo para esconder a prática de fraudes, pois se sabia da **impossibilidade de se confundir o patrimônio da empresa com o patrimônio dos sócios**.

O contra-ataque do ordenamento jurídico, representando a indignação da sociedade, veio à altura dos ilícitos que eram praticados.

Se a existência da pessoa jurídica muitas vezes colocava-se como empecilho à busca da responsabilização dos verdadeiros causadores de um dano, passou-se a admitir a **desconsideração da personalidade jurídica**.

O que já era permitido no Direito Fiscal (para proteção do fisco), no Direito do Trabalho (para proteger o trabalhador) e nas lides de Consumo (para proteger o consumidor) passou a ser regra também para o Direito Ambiental.

Assim, o **art. 4º da Lei n. 9.605/98 (Lei de Crimes Ambientais)** enuncia que:

> "Art. 4º Poderá ser desconsiderada a pessoa jurídica sempre que sua personalidade for obstáculo ao ressarcimento de prejuízos causados à qualidade do meio ambiente."

O dispositivo adotou regra que se distancia daquelas adotadas para outros ramos do direito.

---

13 "(...) seria uma solução interessante contratar um seguro obrigatório, por parte de todas aquelas pessoas que desenvolvem atividades 'suspeitas' de causar danos ambientais, estimando-se diferentes níveis de risco" (Silvia Jaquenod Zsögon, *El derecho ambiental y sus principios rectores*, p. 304).

14 Vladimir Passos de Freitas, *A Constituição Federal e a efetividade das normas ambientais*, p. 177.

É que, geralmente, para a resolução de **crises não ambientais**, a desconsideração só é aceita caso se comprove a existência de **má administração** ou **ilícitos** por parte dos administradores da pessoa jurídica.

Não é, assim, forma de reconhecer a pessoa jurídica como algo diferente de seus sócios, mas, pelo contrário, ratifica esta condição, uma vez que "salva" a entidade de um uso nefasto e desvirtuado daqueles que deveriam impulsioná-la à perseguição de suas finalidades. Enfim, é medida que, por reconhecer a existência da pessoa jurídica, pretende salvá-la de maus administradores, que dela se utilizam para beneficiar a si mesmos.

Diferentemente, o transcrito **art. 4º da Lei de Crimes Ambientais** limita-se a dizer que é possível desconsiderar a personalidade jurídica **sempre que ela for obstáculo ao ressarcimento de prejuízos causados à qualidade do meio ambiente**. Assim, **não se exige** que os diretores ou administradores tenham agido com **dolo**, **má-fé**, **culpa** ou **ilicitamente** no prejuízo causado ao meio ambiente.

Tendo ocorrido o prejuízo causado pela pessoa jurídica, pouco importarão as motivações do ato causador, já que os bens de seus sócios ou diretores poderão ser responsáveis pelo ressarcimento dos prejuízos causados ao meio ambiente.

A desconsideração, assim, no direito ambiental, não se mostra tão preocupada com a tutela da pessoa jurídica, senão porque a sua **finalidade é não deixar o meio ambiente sem ressarcimento**, mostrando-se muito mais como uma técnica legislativa que resolva os problemas de solvabilidade do poluidor/empresa do que propriamente como proteção da empresa contra os maus administradores.

Trata-se, portanto, de técnica para efetivar os créditos ambientais sempre que a **pessoa jurídica de direito privado** causar dano ao ambiente, **mas não tiver condições para solver o prejuízo**. Não importa a que título causou o dano, se com atos **lícitos** ou **ilícitos**.

Tal medida poderá ser deferida pelo juiz em tutela de urgência se demonstrados o risco de ineficácia do provimento final de mérito e a probabilidade de que real e concretamente haja prejuízos ao meio ambiente, além, é claro, que a pessoa jurídica não terá solvabilidade para suportar o prejuízo causado. Obviamente, o prejuízo não precisa estar demonstrado em toda a sua extensão, mas devem existir provas do risco de que o seu montante não possa ser suportado pela empresa. É técnica excepcional, mas, se preciso, deve ser utilizada.

Parece-nos que, em relação ao dispositivo e quanto ao eventual confronto entre os dois valores que se encontram em rota de colisão (princípio do respeito à personalidade das pessoas jurídicas e a proteção do meio ambiente), o legislador fez a **opção clara e induvidosa pelo meio ambiente**, aplicando o princípio da proporcionalidade em sede legislativa.

> Em resumo, se o **poluidor (pessoa jurídica) não tem patrimônio suficiente** para arcar com o ressarcimento do meio ambiente, **passa-se imediatamente ao patrimônio das pessoas físicas** sócias e diretamente por ela responsáveis.

## 8.9. O NEXO DE CAUSALIDADE[15]

### 8.9.1. Generalidades

Vistas as ideias gerais sobre poluição, dano ambiental e poluidor, passamos à análise do último dos elementos necessários à aferição da responsabilidade civil por prejuízos ao meio ambiente: o **nexo causal**.

Inicialmente, que fique claro não se tratar de tema que se possa dizer exclusivo da responsabilidade civil. Na verdade, interessa a diversos outros setores do pensamento jurídico, especialmente ao direito penal. Aliás, nem mesmo exclusivo das ciências jurídicas é o assunto, interessando, antes, à própria filosofia e à lógica.

Importante, ainda, ficar claro que se trata de tema dos mais tormentosos, não se tendo chegado a qualquer conclusão que se possa dizer completamente satisfatória. Por isso mesmo, diversas foram as teorias desenvolvidas para melhor explicar a relação de causalidade. Exporemos, aqui, apenas as linhas gerais de algumas delas, que reputamos importantes para o tema da responsabilidade ambiental.

[15] Sobre o tema, vale a indicação bibliográfica, que, à unanimidade, ressalta a dificuldade do tema: Ottorino Vannini. Ancora sul problema della causalità, *Annali di Diritto e Procedura Penale*, p. 1.321 e ss.; Emilio Ondei, Considerazioni sul problema della causalità nel reato. *Annali di Diritto e Procedura Penale*, 1.087 e ss.; Carlo Saltelli, Il rapporto di causalità nel reato, *Annali di Diritto e Procedura Penale*, p. 372 e ss.; Giuseppe Guarneri, In difesa della causalità adeguata, *Annali di Diritto e Procedura Penale*, p. 1321 e ss.; Basileu Garcia, Causalidade material e psíquica, *O novo Código Penal*, v. 1, p. 69; Nelson Hungria, As concausas e a causalidade por omissão perante o novo Código Penal, *Revista Forense*, p. 851; Basileu Garcia, *Instituições de direito penal*, p. 218 e ss.; René Savatier, *Traité de là responsabilité civile en droit français*, v. II, n. 456; Leonardo Colombo, *Culpa aquiliana*, p. 38 e ss.; H. De Page, *Droit Civil*, t. II, n. 959, p. 812 e ss.; Planiol-Ripert e E. Esmein, *Traité de droit civil*, t. VI, n. 540, p. 538-541, 730 e ss.; Caio Mário da Silva Pereira, *Responsabilidade civil*, p. 83 e ss.; Miguel Maria de Serpa Lopes, *Curso de direito civil*, v. V, p. 218 e ss.; Agostinho Alvim, *Inexecução das obrigações e suas consequências*, p. 298 e ss.; Ludwig Enneccerus, Theodor Kipp e Martin Wolff. *Tratado de derecho civil*, t. II, p. 64 e ss.; Jorge Leite Areias Ribeiro de Farias, *Direito das obrigações*, v. 1; Paz M. de la Cuesta Aguado, *Causalidad de los delitos contra el medio ambiente,* 1995; Antunes Varella, *Obrigações I,* n. 532, 1982; José Rubens Morato Leite, *Dano ambiental*, p. 185 e ss.; Antonio Herman V. e Benjamin, Responsabilidade civil pelo dano ambiental, *Revista de direito ambiental*, p. 7 e ss.; Nelson Nery Jr. e Rosa Maria Andrade Nery, *Responsabilidade civil, meio ambiente e ação coletiva ambiental*, p. 278 e ss.; Paulo Sérgio Gomes Alonso, *Pressupostos da responsabilidade civil objetiva*, 2000; Antonio Cabanillas Sanchez, *La reparación de los daños al medio ambiente*, p. 163 e ss.; Maria Alexandra de Sousa Aragão, *O princípio do poluidor pagador*, 1997; Maria del Carmen Sánchez-Friera González, *La responsabilid civil del empresario por deterioro del medio ambiente*, p. 229 e ss.

Tendo em vista a maior evolução científica do estudo do tema, por razões óbvias, na área penal, não hesitaremos em buscar as fontes mestras sobre o nexo causal nessa ciência, com seus notáveis autores.

De antemão, vale dizer que aqui não se propõe a criação de uma nova teoria, ou fórmula milagrosa para compreensão e aprendizado do nexo de causalidade, mas apenas rápidas ideias sobre um tema que é pedra angular no esqueleto do princípio da responsabilização do poluidor e que necessária e imediatamente deve ser revisitado.

## 8.9.2. Nexo e causa

Como dito, então, os conceitos de **nexo** e de **causa** não são exclusivos do Direito e, menos ainda, da responsabilidade civil ou penal. A palavra nexo e a palavra causa são de uso corrente no nosso linguajar cotidiano.

Quando consultamos os referidos verbetes no Dicionário Aurélio,[16] encontramos as seguintes definições:

- **Causa** — "1. Aquilo ou aquele que faz que uma coisa exista; 2. Aquilo ou aquele que determina um acontecimento; 3. Razão, motivo, origem; 4. Filos. Termo correlacionado a efeito e que se concebe de maneiras diversas. 5. Filos. Causa eficiente — Condição do fenômeno que produz outro fenômeno".
- **Nexo** — "1. Ligação, vínculo, união. 2. Coerência".

O significado tradicional de nexo e de causa, regra geral, não discrepa do sentido que lhe emprestam a ciência jurídica e a filosofia. Em qualquer caso, tanto **causa** quanto **nexo** são palavras **transitivas e situacionais**, ou seja, só se pode dizer que alguma coisa é causa se estiver **relacionada com outra coisa**. A causa não existe *de per si*, posto que só pode ser considerada causa (de um fenômeno, acontecimento, evento, fato, ato, experiência, etc.) se estiver relacionada com outro elemento.

Enfim, trata-se de vocábulo que se preenche não pelo que é, mas, sim, pelo relacionamento que possui com o efeito respectivo. As palavras **causa** e **efeito** só existem se relacionadas uma com a outra, uma vez que **não há causa sem efeito** e **nem efeito sem uma causa**.

Também a palavra **nexo** (ligação, liame, vínculo, união, etc.), quando empregada com estes significados, não existe sem os elementos que lhe dão vida. Com isso, queremos dizer que só há nexo **quando se tem mais de uma coisa, ou fato, ou ato que estejam unidos**.

[16] Aurélio Buarque Holanda Ferreira, *Dicionário Aurélio Básico da Língua Portuguesa*, p. 137 e 454.

O nexo é justamente esse **elemento unificador entre duas "entidades"**, e essa união pode se dar por qualquer aspecto que estabeleça uma homogeneidade entre essas duas ou mais "entidades".

Como bem ensina a filosofia, a nossa vida é uma relação de causa e efeito, de modo que todo acontecimento se encontra escrito na cadeia causal.[17] Ou seja, os "eventos (acontecimentos) não ocorrem sem mais nem menos, mas acontecem, apenas, sob certas condições".[18]

Partindo dessas considerações, podemos dizer que "toda causa é causa em relação ao efeito que produz, mas é efeito em relação à causa que o produziu, estabelecendo-se, deste modo, uma cadeia indefinida de causas e efeitos".[19]

A **relação** entre a **causa** e o seu **efeito** é justamente o que temos denominado **nexo causal** e, nesse aspecto, esta ligação é essencial para o conceito de causa, tendo em vista que sem efeito não há causa, e vice-versa.

> O **nexo**, portanto, é a **ligação** existente entre a **causa** e o **efeito** que produz. Pode-se dizer, inclusive, que **é o nexo que estabelece a existência de uma causa e o seu respectivo efeito**, já que ausente o nexo não há nem causa, nem efeito. Ora, se esses dois elementos precisam se unir para existirem, certamente que, se essa união não ocorrer, *ipso facto* também não existirá aquela causa para aquele respectivo efeito.

Disso, podemos extrair a seguinte conclusão: ou existe o elo (nexo) e, portanto, a uma determinada causa poderá ser atribuído um efeito respectivo, ou não há o referido nexo e, portanto, não há causa, nem efeito correspondente.

O que pode variar, todavia, é a **nitidez com que se enxerga a existência desse liame**, que nem sempre é tão fácil de ser vislumbrado.

Como bem diz Caio Mário da Silva Pereira,[20] "quando um indivíduo vai desmontar um revólver e o detona, ferindo alguém, ocorre um fato simples, e a relação causal é estabelecida de maneira direta, entre o fato e o dano. Mas nem sempre as coisas se passam de maneira tão singela".

Noutras situações, porém, torna-se difícil estabelecer uma relação de causa e efeito. É clássico, no direito penal, o exemplo em que um sujeito hemofílico sofre algum ferimento (uma facada, por exemplo) que na maioria dos casos não seria fatal, mas acaba falecendo por perda excessiva de sangue em razão da doença. Nesse caso, qual teria sido a causa da morte? A facada? A doença? Ou ambos?

---

17 Ricardo A. Guibourg, Alejandro M. Ghigliani e Ricardo V. Guarinoni. *Introducción al conocimiento científico*, p. 110, nota de rodapé n. 20.

18 Irwing M. Copi, *Introdução à lógica*, p. 329.

19 Agostinho Alvim, *Inexecução das obrigações e suas consequências*, p. 301.

20 Cf. *Responsabilidade civil*, p. 86.

Aliás, importante dizer, é justamente o que ocorre com os **danos ao meio ambiente**. Dadas as características do bem ambiental, nunca é tarefa simples precisar qual teria sido a causa desta ou daquela degradação.

Basta pensar, por exemplo, que uma empresa pode lançar resíduos no meio ambiente hoje e algumas das consequências danosas apenas serem sentidas daqui a muito tempo, por gerações de animais que ainda estão por vir.[21]

Em casos tais, pode-se afirmar com certeza que a pesquisa do nexo entre a causa e o seu efeito (atividade do agente e o efeito produzido) é de dificílima demonstração, "dado o aparecimento de concausas, que podem ser sucessivas; danos sucessivos, o último dos quais só se explica pelos seus antecedentes; ou concomitantes: um só dano ocasionado por mais de uma causa".[22]

É, inclusive, exatamente por conta dessa dificuldade que as leis ambientais têm aceitado que se responsabilize tanto o **causador direto** quanto o **indireto** de **um dano ambiental**.

Portanto, depois do que foi exposto, verifica-se que — muito embora não exista causa sem efeito e, pois, sem um nexo de ligação entre ambos —, com fins jurídicos e principalmente de responsabilidade civil ambiental, que segue a teoria do risco (responsabilidade civil objetiva), para se atribuir uma responsabilidade (obrigação de reparar, compensar ou indenizar) a alguém por um dano será necessário identificar os **seguintes elementos:**

- existência de um **sujeito**;
- que o sujeito pratique um **ato (causa)**;
- **vínculo** entre o ato ou fato imputável ao sujeito e o dano causado **(nexo)**;
- **dano (efeito)**.

Em outras palavras, mais singelas, e perfeitamente colocadas por Savatier, pode-se dizer que "o dano só produz responsabilidade quando ele tem por causa uma falta cometida ou um risco legalmente sancionado".[23]

Dessas considerações já se pode imaginar que, mesmo não havendo necessidade de provar a culpa na responsabilidade civil ambiental (responsabilidade

[21] Com diversos exemplos em matéria ambiental ver, por todos: Maria Alexandra de Sousa Aragão, *O princípio do poluidor pagador*, passim; Antonio Herman Vasconcellos e Benjamin, op. cit., p. 44 e ss.; Antonio Cabanillas Sanchez, *La reparación de los daños al medio ambiente*, p. 164 e ss.; José Rubens Morato Leite, *Dano ambiental*, p. 184 e ss.; José Joaquim Gomes Canotilho, *A responsabilidade por danos ambientais*, p. 401 e ss. Com diversos exemplos para a responsabilidade civil em geral, ver Agostinho Alvim, *Inexecução das obrigações e suas consequências*, p. 301 e ss.

[22] Agostinho Alvim, *Inexecução das obrigações e suas consequências*, p. 301.

[23] Cf. *Traité de la responsabilité civile en droit français*, v. II, n. 456.

objetiva), ainda assim a prova da relação de causalidade quando se tem um dano ambiental é extremamente difícil.

Percebamos, pois, que com relação ao **nexo de causalidade** o problema aparece sob dois prismas, um **abstrato** e outro **concreto:** quanto àquele, é **saber se existe ou não liame (nexo de causalidade) entre a atividade da pessoa e o dano ambiental**, tendo em vista a existência de concausas, causas sucessivas, causas concomitantes, etc.; quanto a este, uma vez afirmado existente o vínculo, é **a comprovação (no mundo dos fatos) de que o liame afirmado como existente realmente ocorreu**.

Analisaremos, separadamente, os dois aspectos e partiremos da análise *in abstracto* da existência do nexo de causalidade entre o dano ambiental e uma determinada pessoa. Para tanto, analisaremos algumas teorias acerca do nexo de causalidade, para identificarmos qual delas, em nosso sentir, deve ser aplicada em sede de Direito Ambiental.

Em seguida, verificaremos em que sentido o direito processual, especialmente com relação à instrução probatória, pode solucionar os problemas de demonstração de existência do nexo de causalidade.

### ■ 8.9.3. A verificação *in abstracto* do nexo de causalidade

Se uma empresa X lança no ar um determinado particulado que sozinho não possua o condão de poluir o meio ambiente, mas que, uma vez associado a um fator ambiental (vento, clima, umidade, etc.), torne-se um elemento poluente, é de se questionar: a atividade da empresa foi causa para o efeito danoso ao meio ambiente? Haveria aí um nexo de causalidade entre a atividade e o dano ambiental?

Em outro exemplo, imaginemos que uma empresa lança um dado efluente num determinado reservatório, mas, em decorrência de um caso fortuito, racha-se o reservatório e há a poluição da vegetação ribeirinha a uma nascente, causando morte da biota. Há o nexo de causalidade?

Ainda, imagine-se que uma pessoa polua em mínima quantidade um rio que já estava bastante poluído. Haveria aí nexo de causalidade entre a poluição e a atividade do indivíduo?

Ou, ainda, haveria responsabilidade para a firma que embarcou o óleo no navio de outra empresa que veio a afundar por falha de seu armador?

Enfim, estes são alguns exemplos que ilustram a dificuldade teórica em se estabelecer, abstratamente, um nexo de causalidade entre o agente e o dano ambiental para fins de responsabilização civil. Como já comentado alhures, ao problema do processo e da prova, não menos fantasmagórico, reserva-se o tópico seguinte.

Num brevíssimo resumo, apresentaremos as **principais teorias acerca do nexo de causalidade** e, para tanto, socorremo-nos da doutrina penal, cuja bibliografia já foi indicada no início deste tópico.

A primeira das teorias é a da **equivalência de condições** (*conditio sine qua non*), inicialmente idealizada pelo penalista Von Buri,[24] pela qual se questiona o seguinte: a suposta causa foi condição necessária para o evento danoso? Ou em sentido inverso: teria ocorrido o evento danoso se a causa não tivesse ocorrido?

Enfim, o que prevaleceria por esta teoria seria o fato de que, independentemente da distância, independentemente de eventos extraordinários, independentemente do antecedente, **"considera-se causa toda condição do resultado, todo o fato que concorra para produzi-lo, todo o fato sem o qual o resultado não se teria produzido"**.[25]

Verifica-se claramente que essa teoria é muitíssimo próxima do conceito filosófico de causa, já exposto alhures, e, como bem diz De Page, é posta em socorro da vítima. Esta é a teoria mais simples acerca da relação entre causa e efeito e, como mencionado, faz justiça perante os olhos da vítima.[26]

Por sua vez, a teoria da **causalidade adequada**, ora atribuída a Von Bar,[27] ora atribuída a Von Kries, preconiza que, **diante do antecedente de causas, deve ser identificada aquela que foi suficiente (adequada) para produzir o dano**.

A identificação poderia ser feita por um critério negativo, eliminatório, em que se deixaria à margem os fatos (causas) que teriam sido indiferentes à ocorrência do dano. Há que se destacar uma ou mais causas que, isoladas ou em conjunto, próximas ou remotas, seriam adequadas à configuração do dano.[28]

---

24 Basileu Garcia, op. cit., p. 219.

25 Basileu Garcia, op. cit., p. 219.

26 Se a finalidade é "simplificar, sob os olhos da vítima, a prova do nexo de causalidade" (Patrick Girod. *La réparation du dommage ecologique*, p. 257), certamente que essa teoria é a que mais atende a essa expectativa, mas certamente que a sua aplicação irrestrita fará com que se criem *vítimas* injustiçadas. Assim, por exemplo, o fabricante do óleo diesel seria responsável pelo vazamento de óleo ocorrido no navio, mesmo sabendo que o óleo foi produzido, manufaturado, distribuído, acondicionado, transportado para o navio e, por conta de um caso fortuito, o tanque se rompeu. Mas se não tivesse sido fabricado o óleo, isso não teria ocorrido. Esse problema não escapou à aguda crítica de Phillippe Malaurie e Laurent Aynes. *Droit civil, les obligations*, n. 46, p. 47, apud Caio Mário da Silva Pereira, *Responsabilidade civil*, p. 87, segundo o qual "por ter levado muito longe as implicações da responsabilidade ao atribuir a um dano um número infinito de causas, elas tenderiam a tornar cada homem responsável por todos os males que atingem a humanidade".

27 George Ripert, op. cit., n. 117.

28 "El dano no puede ser considerado en sentido jurídico como consecuencia del hecho en cuestión cuando éste, dada su naturaleza general, fuera totalmente indiferente para al nacimiento de semejante daño habiendo llegado a ser condición del daño solo por consecuencia de otras circunstancias extraordinarias, o sea era inadecuado para produzir el daño" (Enneccerus, Kipp e Wolff, *Tratado de derecho civil*, p. 68).

Tentando ser um pouco mais explícito, entendamos que, para que ocorra um dado acontecimento (no caso o dano), pode ser **necessária** a **existência de uma ou mais causas**. Essas causas são chamadas de **necessárias**, porque **sem elas não poderia o dano ocorrer**.

Entretanto, embora uma causa seja **necessária**, **pode não ser suficiente (adequada)** para aquele acontecimento.

Basta pensarmos, por exemplo, no derramamento de óleo no mar ocasionado pela ruptura do reservatório de um navio.

Neste caso, parece óbvio que a fabricação do óleo é causa necessária para a ocorrência do dano. É claro. Se o óleo não existisse, não haveria que se falar em derramamento de óleo.

Será, porém, que a fabricação do óleo pode ser considerada **causa adequada ou suficiente** para o seu derramamento? É evidente que não!

Com isso, **diferencia-se** a causa **adequada** da causa **necessária**, sendo óbvio que a causa **adequada** é um *plus*, um *quid*, **algo a mais que se coloca sobre uma causa necessária**. Aqui vale o jargão: toda causa adequada é necessária, mas nem toda causa necessária é adequada.

Mas, diante da distinção já feita, pergunta-se: quando, então, poderíamos considerar uma causa como adequada, abstratamente considerada?

É aqui que entra a crítica feita à teoria da causalidade adequada, tendo em vista o fato de que o sentido de **adequação** é **extremamente subjetivo** e, nesse ponto, a definição ficaria sob critério exclusivo do órgão julgador. Enfim, ficará ao sabor do juiz a sua aferição no caso concreto, devendo se contentar, em casos extremos, com a verossimilhança da comprovação.[29]

Entretanto, para evitar mais e mais essa **subjetividade**, a doutrina tem lançado **parâmetros** para a verificação *in abstracto* do conceito de adequação da causa. Por eliminação, chega-se às seguintes conclusões:

---

[29] Galvão Teles, *Obrigações*, p. 363; Nikisch, *Zivilprozessrecht*, p. 494. A solução se aproxima da adoção de juízos de verossimilhança para se aplicar a responsabilidade civil ambiental. Verossimilhança que já existe para decisões provisórias de mérito, como nas tutelas de urgência. Nesse sentido, De Angel afirma que se coloca em relevo uma nova visão da relação de causalidade, em que exsurge uma tendência de que "quando seja impossível esperar a certeza ou exatidão da relação de causalidade, o juiz pode contentar-se com a probabilidade de sua existência". De Angel, *Algunas previsiones sobre el futuro de la responsabilidad civil (con especial atención a la reparación del daño)*, p. 75 e ss.; Scarano, Dano ambientale e onere della prova, p. 36-37; Patti, Prova. Disposizioni generali, in *Commentario del Codice Civile*, a cura di Scilaoja Y Branca, p. 152 e ss.; Sanchez, *La reparación de los daños al medio ambiente*, p. 171-172; José Rubens Morato Leite, *Dano ambiental*, p. 188.

- **não afasta** a causalidade adequada a **imprevisibilidade** de que o fato produzido seria apto a provocar o dano (lembrando que, em sede de Direito Ambiental, estamos diante da teoria do risco);
- pouco importa se a causa foi **lícita** ou **ilícita**;
- pouco importa se a causa é **imediata** ou **mediata:** eventual ato praticado por terceiro, ou até mesmo pelo próprio lesado, não interrompe o nexo causal entre a causa mediata e o dano, desde que se possa dizer que essa causa mediata é adequada ao fato gerador da responsabilidade;
- a causa **adequada** poderá advir de um ato **omissivo**;
- em caso de **causas cumulativas**, se todas elas foram adequadas para a ocorrência do dano, **responsabilizam-se todos os causadores**, conforme se verá adiante nas regras de **solidariedade**;
- se nas causas acumuladas e adequadas houve participação de **ato do próprio lesado**, isso **não inibe a responsabilidade**, mas apenas **limita o *quantum* indenizatório** na proporção do dano causado.

Outra teoria, a do **dano direto e imediato**, pode ser dividida em várias subteorias, dentre as quais se destaca a teoria de Mosca, denominada **causalidade jurídica**.

Segundo ele, "quando no complexo dos elementos naturais e voluntários, sem os quais um acontecimento danoso não se teria verificado, há um **fato ilícito**, este é, juridicamente, causa do mesmo evento, e todos os outros elementos responsáveis não são senão simples condições. Se, pois, os fatos ilícitos são vários, o último se reputa causa direta e imediata e os outros, causa indireta e mediata do evento".[30]

Portanto, para este autor, o nexo de causalidade seria interrompido todas as vezes em que, dentre as causas necessárias para o evento, uma delas fosse **decorrente de um ilícito** atribuível ao próprio credor ou ao terceiro. A teoria foi muito criticada, porque não cuidou dos problemas relativos aos fatos naturais e também porque a interrupção por ato do credor não precisaria ser decorrente de ato ilícito para rompimento do nexo de causalidade.

Embora várias sejam as teorias que expliquem o nexo causal, a verdade parece estar na opinião de Enneccerus, Kipp e Wolff: "A difícil questão de até onde chega o nexo causal não poderia se resolver nunca de maneira plenamente satisfatória por meio de regras abstratas, senão que, nos casos de dúvida, há de se resolver pelo juiz segundo sua livre convicção, ponderando todas as circunstâncias".[31]

---

30 Tomaso Mosca, *Nuovi studi e nuove dottrine sulla colpa nel diritto civile, penale ed administrativo*, apud Agostinho Alvim, *Inexecução das obrigações e suas consequências*, p. 307 e ss.

31 Cf. *Tratado de derecho civil*, p. 67, tradução livre.

Exatamente por isso, pensamos que a teoria que se apresenta com mais possibilidade de atender ao critério de justiça é a da **causalidade adequada**, justamente porque o **juízo de adequação**, conquanto tenha alguns parâmetros de convicção, outorga ao **magistrado** a possibilidade de, à luz das **peculiaridades do caso concreto**, determinar qual teria sido a causa suficiente deste ou daquele evento danoso.

Justamente por conta das dificuldades em se estabelecer, em certos casos, quem teria sido o real causador de um dano ambiental, a jurisprudência vem atenuando a necessidade da demonstração do nexo causal.

Exemplo dessa tendência é a curiosa decisão prolatada pelo Superior Tribunal de Justiça no julgamento do **REsp 1.056.540/GO**, em que, **expressamente dispensada a comprovação de nexo causal**, responsabilizou-se o adquirente de um imóvel pelos danos ambientais que ali foram causados pelo antigo proprietário. Vejamos o que foi noticiado no ***Informativo* n. 404 e n. 545** daquela Colenda Corte:

> **"MEIO AMBIENTE. INDENIZAÇÃO. ADQUIRENTE.**
>
> Trata-se de ação civil pública (ACP) na qual o MP objetiva a recuperação de área degradada devido à construção de usina hidrelétrica, bem como indenização pelo dano causado ao meio ambiente.
>
> A Turma entendeu que a responsabilidade por danos ambientais é objetiva e, como tal, não exige a comprovação de culpa, bastando a constatação do dano e do nexo de causalidade.
>
> **Contudo, não obstante a comprovação do nexo de causalidade ser a regra, em algumas situações dispensa-se tal necessidade em prol de uma efetiva proteção do bem jurídico tutelado.**
>
> É isso que ocorre na esfera ambiental, nos casos em que o adquirente do imóvel é responsabilizado pelos danos ambientais causados na propriedade, independentemente de ter sido ele ou o dono anterior o real causador dos estragos. (...)" (REsp 1.056.540/GO, rel. Min. Eliana Calmon, julgado em 25-8-2009).

> "RESPONSABILIDADE CIVIL POR DANO AMBIENTAL. RECURSO ESPECIAL REPRESENTATIVO DE CONTROVÉRSIA. ART. 543-C DO CPC. DANOS DECORRENTES DO ROMPIMENTO DE BARRAGEM. ACIDENTE AMBIENTAL OCORRIDO, EM JANEIRO DE 2007, NOS MUNICÍPIOS DE MIRAÍ E MURIAÉ, ESTADO DE MINAS GERAIS. TEORIA DO RISCO INTEGRAL. NEXO DE CAUSALIDADE. 1. **Para fins do art. 543-C do Código de Processo Civil: a) a responsabilidade por dano ambiental é objetiva, informada pela teoria do risco integral, sendo o nexo de causalidade o fator aglutinante que permite que o risco se integre na unidade do ato, sendo descabida a invocação, pela empresa responsável pelo dano ambiental, de excludentes de responsabilidade civil para afastar sua obrigação de indenizar**; b) em

> decorrência do acidente, a empresa deve recompor os danos materiais e morais causados e c) na fixação da indenização por danos morais, recomendável que o arbitramento seja feito caso a caso e com moderação, proporcionalmente ao grau de culpa, ao nível socioeconômico do autor, e, ainda, ao porte da empresa, orientando-se o juiz pelos critérios sugeridos pela doutrina e jurisprudência, com razoabilidade, valendo-se de sua experiência e bom senso, atento à realidade da vida e às peculiaridades de cada caso, de modo que, de um lado, não haja enriquecimento sem causa de quem recebe a indenização e, de outro, haja efetiva compensação pelos danos morais experimentados por aquele que fora lesado. 2. No caso concreto, recurso especial a que se nega provimento" (REsp 1.374.284/MG, rel. Ministro Luis Felipe Salomão, 2ª Seção, julgado em 27-8-2014, *DJe* 5-9-2014).

### 8.9.4. A verificação *in concreto* do nexo de causalidade: o problema da prova

Outra dificuldade quanto ao nexo de causalidade reside na **verificação *in concreto*** do liame entre o dano e o agente imputável. Muito embora seja também um ponto de estrangulamento, é justamente aqui que se tem obtido maiores avanços na solução do problema de se identificar a existência do liame entre a causa e o dano ambiental.

Tendo em vista que qualquer **vínculo une dois ou mais segmentos (causa e efeito)**, quando se pensa em responsabilidade civil ambiental pode-se dizer que tão difícil quanto estabelecer abstratamente esse liame (e isso foi visto no tópico anterior) é **comprová-lo dentro do processo**.

Assim, sob uma perspectiva concreta, partindo da ideia de que o nexo causal é um elo entre uma causa e um efeito, deve-se **provar em juízo os seguintes elementos:** o **dano (efeito)**, o **nexo (ligação)** e a **atividade poluente (causa)**.

A necessidade de se fazer uma anatomia desses aspectos é muito importante para o desenvolvimento que pretendemos dar para o problema. Ora, a **prova** deverá recair sobre a **existência do dano** e sobre o **nexo** entre o **dano e a sua causa (atividade do agente)**, e não raras vezes a **própria causa** depende de prova.

Se não há dúvidas de que a demonstração da ocorrência do dano é mais fácil para aquele que o sofreu, o mesmo não se diga com relação ao nexo de causalidade. Isso porque, se este elemento é a ligação de duas extremidades (causa e efeito), é nítido que **devem ser demonstrados os dois pontos de contato** desse cordão, quais sejam:

- **causa:** a atividade do suposto poluidor;
- **efeito:** o dano sofrido pelo meio ambiente.

Assim, por um lado, para se convencer o magistrado acerca da **inexistência do dever de indenizar**, pode-se demonstrar que a suposta **causa não gerou o efeito** que lhe é imputado.

Contudo, caso se queira demonstrar a **existência do dever de indenizar**, precisa-se comprovar que o **efeito veio, sim, daquela causa que se imputa**.

Trata-se de dois caminhos que podem ser percorridos para se chegar àqueles resultados. O primeiro parte da prova de que a suposta causa não poderia, naquelas circunstâncias, ter gerado o dano ambiental. O segundo parte da necessidade de se provar positivamente que a atividade do suposto poluidor foi, de fato, a responsável pela degradação do meio ambiente.

Tentando ser mais lúcido ainda, o juiz pode ficar convencido da existência ou não da responsabilidade civil ambiental, seja porque se provou que aquele dano se liga àquela causa ou porque aquela causa jamais poderia ser atribuída àquele dano.

> A diferença, pois, está **em quem deve se desincumbir da prova**.
> Se é **aquele que sofreu o dano, deve provar positivamente a existência do liame causal**. Se, porém, é o **suposto causador quem tem o encargo de provar**, deve ele **comprovar que não existem elementos que permitam inferir a existência do liame causal**.
> Nos dois casos, o magistrado terá a certeza acerca da existência ou não do dever de indenizar.

Porquanto o resultado seja o mesmo (o convencimento do juiz sobre a existência ou não do dever de indenizar), é certo que os caminhos para se chegar a este desiderato são bastante diferentes e dependem de atitudes diferentes dos protagonistas. Vejamos.

**Tradicionalmente**, o direito processual adotou a regra de que cabe ao **autor** provar os **fatos constitutivos do seu direito** e ao **réu** provar tão somente algum fato **extintivo**, **impeditivo** ou **modificativo** que porventura tenha alegado. É essa a regra insculpida no *caput* do **art. 373, I e II, do Código de Processo Civil**.[32]

Assim, falando mais especificamente da **responsabilidade civil**, caberia, por essas regras tradicionais, àquele que **sofreu o dano demonstrar cabalmente todos os elementos necessários ao dever de indenizar**. Por sua vez, o suposto **causador** do dano apenas precisaria agir para, por exemplo, demonstrar alguma **excludente da responsabilidade**, como o caso fortuito ou a força maior.

O fato é que, porém, já respondendo à pergunta, a **prova do liame causal é mais difícil para aquele que sofreu o dano**, que, no mínimo, está duplamente sobrecarregado. Primeiro, porque recai sobre si o ônus de provar o dano; segundo, porque é a própria vítima do dano.

---

[32] "Art. 373. O ônus da prova incumbe:

I — ao autor, quanto ao fato constitutivo do seu direito;

II — ao réu, quanto à existência de fato impeditivo, modificativo ou extintivo do direito do autor."

O liame dessa lesão com a causa é o ponto em que se concentra a dificuldade, e aqui ousamos discordar da orientação tradicional do CPC no art. 373, *caput*, que é causa de grandes injustiças no dia a dia forense.

Como se sabe, **a prova serve ao processo, justamente para atender à finalidade de convencimento do juiz, e não à mera conveniência das partes**. Pode, aliás, ser utilizada contra aquele que a trouxe (princípio da aquisição da prova).

Mas, mesmo assim, o estático art. 373 do CPC acaba por estimular posições de inércia e sonegação de provas que seriam muito úteis para o processo.

Isso porque, quando já se sabe que a prova dos fatos constitutivos é difícil para o postulante, o seu adversário toma uma conduta desinteressada, quase inerte, pois já sabe, pela leitura prévia do art. 373, I, do CPC, que é desnecessário correr riscos trazendo provas para o processo que poderiam ser utilizadas contra ele.

Ainda mais — acrescente-se uma pitada ardilosa — nos casos em que o demandado sabe que é realmente o responsável e fica como um mero expectador sádico da dificuldade de produção de provas por parte do autor. Porque não tem nada a perder, senão confundir o convencimento do magistrado, apenas questionando a prova trazida pelo demandante. É a máxima do menor risco possível.

Se, para a maioria dos casos, saber de antemão a regra de distribuição do ônus da prova não compromete a busca da verdade real, não é menos verdade que, para muitos outros (que a cada dia se tornam mais frequentes), dada a existência de **hipossuficiência técnica, científica e econômica**, a **exigência da prova dos fatos constitutivos** (o nexo de causalidade no presente caso) pode representar uma verdadeira **negação do acesso à justiça** e, por conseguinte, um afastamento do processo da verdade real.

Dexpax ilustra com perfeição o problema:

> "Se o encargo da prova é do sujeito lesionado, este se encontra em uma situação extremamente desfavorável, tanto mais porque na quase totalidade dos casos, é evidente uma desigualdade econômica e financeira flagrante entre o poluidor e a vítima; se o primeiro é, por exemplo, um estabelecimento industrial, dispõe de todos os meios financeiros, até políticos, para fazer valer o seu ponto de vista; e o segundo não é mais do que um simples particular que não poderá fazer frente tendo em vista o custo das provas periciais, e, ademais será prejudicado pela lentidão do processo".[33]

[33] Dexpax M., *Droit de l'environnement*, p. 798. No mesmo sentido, apontando soluções às dificuldades impostas pelo nexo de causalidade em matéria de responsabilidade civil ambiental, ver Benjamin. Op. cit., p. 46.

A solução para estes casos é, então, uma **tutela jurídica diferenciada:** mecanismos processuais desenvolvidos para atender a determinados direitos substanciais, ou técnicas processuais diferentes para permitir um resultado mais justo do processo.

Exatamente por isso, pensamos, aquilo que o NCPC trata como exceção (técnica da inversão do ônus) deveria ser a regra para todo e qualquer processo, ou seja, a distribuição do ônus dinâmico da prova, e não simplesmente uma técnica utilizável nas situações descritas do referido parágrafo. Está estampado no § 1º do art. 373 do CPC que, "nos casos previstos em lei ou diante de peculiaridades da causa relacionadas à impossibilidade ou à excessiva dificuldade de cumprir o encargo nos termos do *caput* ou à maior facilidade de obtenção da prova do fato contrário, poderá o juiz atribuir o ônus da prova de modo diverso, desde que o faça por decisão fundamentada, caso em que deverá dar à parte a oportunidade de se desincumbir do ônus que lhe foi atribuído". Ora, quando estamos diante de uma lide ambiental é mister que a regra seja justamente o ônus dinâmico da prova, dadas as características peculiares do bem ambiental, como, aliás, há tempos temos sustentado.[34]

Retornando ao problema da **prova do nexo de causalidade** nas ações de **responsabilidade civil ambiental**, queremos dizer que já há, no ordenamento jurídico brasileiro, técnicas aptas a minimizar os referidos problemas.

Lembremos, primeiramente, de um dos princípios fundamentais do direito ambiental, que estudamos no capítulo anterior: o princípio da **precaução**.

Quando se trata de incerteza científica da atividade supostamente poluidora, é o **princípio da precaução ambiental** que determina que **cabe ao suposto poluidor a prova de que não há risco de poluição**.

Com isso, queremos dizer que é a regra de direito material, vinculada ao **princípio da precaução**, que determina que, em toda ação de responsabilidade civil ambiental na qual a **existência do dano esteja vinculada a uma incerteza científica** (hipossuficiência científica), sabe-se de antemão que o **ônus de provar que os danos causados ao meio ambiente não resultaram da atividade econômica é do próprio empreendedor**.

Aliás, justamente com base no princípio da precaução, o **Superior Tribunal de Justiça** já entendeu que é aquele a quem se imputa um dano ambiental (efetivo ou potencial) quem deve suportar o ônus de provar que a atividade que desenvolveu não trazia nenhum risco ambiental. Vejamos um trecho da notícia trazida no ***Informativo* n. 418** e da ementa de um recente julgado em conformidade com a tese aqui desenvolvida:

---

34 Ver o nosso *Processo civil ambiental*, passim.

■ "DANO. MEIO AMBIENTE. PROVA. INVERSÃO. (...)
Dessa forma, a aplicação do **princípio da precaução** pressupõe a **inversão do ônus probatório:** compete a quem se imputa a pecha de ser, supostamente, o promotor do dano ambiental a comprovação de que não o causou ou de que não é potencialmente lesiva a substância lançada no ambiente" (STJ, 2ª Turma, REsp 1.060.753/SP, rel. Min. Eliana Calmon, julgado em 1º-12-2009).

■ "DIREITO AMBIENTAL E PROCESSUAL CIVIL. DANO AMBIENTAL. LUCROS CESSANTES AMBIENTAL. RESPONSABILIDADE OBJETIVA INTEGRAL. DILAÇÃO PROBATÓRIA. INVERSÃO DO ÔNUS PROBATÓRIO. CABIMENTO. 1. A legislação de regência e os princípios jurídicos que devem nortear o raciocínio jurídico do julgador para a solução da lide encontram-se insculpidos não no códice civilista brasileiro, mas sim no art. 225, § 3º, da CF e na Lei 6.938/81, art. 14, § 1º, que adotou a teoria do risco integral, impondo ao poluidor ambiental responsabilidade objetiva integral. Isso implica o dever de reparar independentemente de a poluição causada ter-se dado em decorrência de ato ilícito ou não, não incidindo, nessa situação, nenhuma excludente de responsabilidade. Precedentes. 2. **Demandas ambientais, tendo em vista respeitarem bem público de titularidade difusa, cujo direito ao meio ambiente ecologicamente equilibrado é de natureza indisponível, com incidência de responsabilidade civil integral objetiva, implicam uma atuação jurisdicional de extrema complexidade**. 3. **O Tribunal local, em face da complexidade probatória que envolve demanda ambiental, como é o caso, e diante da hipossuficiência técnica e financeira do autor, entendeu pela inversão do ônus da prova. Cabimento**. 4. A agravante, em seu arrazoado, não deduz argumentação jurídica nova alguma capaz de modificar a decisão ora agravada, que se mantém, na íntegra, por seus próprios fundamentos. 5. Agravo regimental não provido" (AgRg no REsp 1.412.664/SP, rel. Min. Raul Araújo, 4ª Turma, julgado em 11-2-2014, *DJe* 11-3-2014).

É o suposto poluidor que possui a incumbência de demonstrar que aquela atividade que lhe é creditada não é impactante ou não causa qualquer impactação ao meio ambiente.

Perceba-se bem que aqui não se trata de técnica processual de inversão do ônus da prova, mas regra principiológica do próprio Direito Ambiental, em que o direito material predetermina que existe uma **presunção de que a incerteza científica é desfavorável ao meio ambiente** e, por isso, cabe ao empreendedor a incumbência, em qualquer situação, já que assumiu o risco da atividade, de demonstrar que a sua atividade não causa danos ambientais.[35]

[35] Ter-se-ia exemplo desse princípio quando aplicado na ação civil pública ambiental em que se vise a condenação do poluidor porque a semente transgênica, por ele fabricada e lançada no mercado, teria causado um desequilíbrio ecológico quando usada pelos agricultores. Há uma hipossuficiência científica, cujo ônus sobre o nexo de causalidade (comprovação de sua inocorrência) cabe ao suposto poluidor.

Há, ainda, outra técnica, desta vez de **direito processual**, que não se limita aos casos de incerteza científica: trata-se da **inversão do ônus da prova**, que poderá ser exercida em qualquer ação de responsabilidade civil ambiental, desde que presentes os fundamentos legais.

O raciocínio é simples e atende à finalidade da norma que será comentada. O que já se poderia fazer por intermédio do **art. 6º, VIII, do Código de Defesa do Consumidor** (Lei n. 8.078/90) agora pode ser utilizado o § 1º do art. 373 do CPC. Vejamos:

> "Art. 6º São direitos básicos do consumidor: (...)
>
> VIII — a facilitação da defesa de seus direitos, inclusive com a **inversão do ônus da prova, a seu favor, no processo civil**, quando, a critério do juiz, for verossímil a alegação ou quando for ele hipossuficiente, segundo as regras ordinárias de experiências; (...)."

Entendemos que esse dispositivo se **aplica às Ações Civis Públicas Ambientais**, inclusive de responsabilidade civil por danos causados ao meio ambiente, por expressa disposição do **art. 117** do mesmo diploma (Lei n. 8.078/90), que assim assevera:

> "Art. 117. Acrescente-se à Lei n. 7.347, de 24 de julho de 1985, o seguinte dispositivo, renumerando-se os seguintes:
>
> 'Art. 21. Aplicam-se à defesa dos direitos e interesses difusos, coletivos e individuais, no que for cabível, os dispositivos do Título III da lei que instituiu o Código de Defesa do Consumidor'."

Ora, vê-se que, **muito embora o art. 6º, VIII, não esteja inserido no Título III do CDC**, é indubitável que contém **regras de Direito Processual Civil** e que o **art. 117 (art. 21 da LACP)** manda aplicar a qualquer direito difuso (tutela do meio ambiente, por exemplo) tais dispositivos, deixando nítida a intenção de que fosse criado um plexo jurídico de normas processuais civis coletivas para serem imediatamente aplicadas aos direitos coletivos *lato sensu*.

Ora, sendo o art. 6º, VIII, uma regra de direito processual civil, é ilógico que não se entenda como contida esta regra de inversão do ônus da prova na determinação do art. 21 da LACP.

Ademais, o fato de se encontrar o dispositivo fora do rol do Título III, embora ontologicamente seja também uma regra de Direito Processual, não afasta nem elide o fato de que o art. 6º, VIII, do CDC é regra principiológica do diploma, que se projeta em todo o Código e, inclusive, sobre o referido Título, que cuida do Direito Processual Civil.

Importante dizer, aliás, que essa interpretação do art. 6º, VIII, do CDC, combinado com o art. 21 da LACP, longe de configurar qualquer afronta à hermenêutica, vem sendo expressamente adotada por nossos Tribunais Superiores. Vejamos o que já decidiu o **Superior Tribunal de Justiça:**

> "PROCESSUAL CIVIL E AMBIENTAL — AÇÃO CIVIL PÚBLICA — DANO AMBIENTAL — ADIANTAMENTO DE HONORÁRIOS PERICIAIS PELO *PARQUET* — MATÉRIA PREJUDICADA — INVERSÃO DO ÔNUS DA PROVA — ART. 6º, VIII, DA LEI 8.078/1990 C/C O ART. 21 DA LEI 7.347/1985 — PRINCÍPIO DA PRECAUÇÃO.
>
> 1. Fica prejudicado o recurso especial fundado na violação do art. 18 da Lei n. 7.347/1985 (adiantamento de honorários periciais), em razão de o juízo de 1º grau ter tornado sem efeito a decisão que determinou a perícia.
>
> 2. O ônus probatório não se confunde com o dever de o Ministério Público arcar com os honorários periciais nas provas por ele requeridas, em ação civil pública. São questões distintas e juridicamente independentes.
>
> 3. **Justifica-se a inversão do ônus da prova, transferindo para o empreendedor da atividade potencialmente perigosa o ônus de demonstrar a segurança do empreendimento, a partir da interpretação do art. 6º, VIII, da Lei 8.078/1990 c/c o art. 21 da Lei 7.347/1985, conjugado ao Princípio Ambiental da Precaução**.
>
> 4. Recurso especial parcialmente provido" (STJ, 2ª Turma, REsp 972.902/RS, rel. Min. Eliana Calmon, *DJ* 14-9-2009).
>
> No mesmo sentido: 1ª Turma, REsp 1.049.822/RS, rel. Min. Francisco Falcão, *DJ* 18-5-2009.

Contudo, além da possibilidade de utilização dos dispositivos mencionados do procedimento especial coletivo, agora é possível valer-se de modo expresso o que determina o art. 373, § 1º, em que se permite, como dito alhures, que, "nos casos previstos em lei ou diante de peculiaridades da causa relacionadas à ***impossibilidade ou à excessiva dificuldade de cumprir o encargo*** nos termos do *caput* ou **à maior facilidade de obtenção da prova do fato contrário**, poderá o **juiz atribuir o ônus da prova de modo diverso**, desde que o faça por decisão fundamentada, caso em que deverá dar à parte a oportunidade de se desincumbir do ônus que lhe foi atribuído".

Em resumo, há, no ordenamento jurídico, ao menos duas técnicas que podem ser utilizadas para facilitar a instrução probatória em favor do meio ambiente:

- **Princípio da precaução:** quando o caso for de incerteza científica, há presunção relativa de que a atividade econômica imputada é a causadora do dano ambiental, cabendo ao empreendedor a prova em sentido contrário.

■ **Inversão do ônus da prova:** por aplicação do art. 6º, VIII, do CDC, nos casos de hipossuficiência ou de verossimilhança das alegações, deve o juiz, no curso do processo, entregar ao suposto poluidor o encargo de provar que não causou o dano ambiental.

E neste sentido é firme a posição do Superior Tribunal de Justiça:

"PROCESSUAL CIVIL E AMBIENTAL. AÇÃO CIVIL PÚBLICA. RESPONSABILIDADE CIVIL AMBIENTAL. CONTAMINAÇÃO COM MERCÚRIO. ART. 333 DO CÓDIGO DE PROCESSO CIVIL. ÔNUS DINÂMICO DA PROVA. CAMPO DE APLICAÇÃO DOS ARTS. 6º, VIII, E 117 DO CÓDIGO DE DEFESA DO CONSUMIDOR. PRINCÍPIO DA PRECAUÇÃO. POSSIBILIDADE DE INVERSÃO DO *ONUS PROBANDI* NO DIREITO AMBIENTAL. PRINCÍPIO *IN DUBIO PRO NATURA*.
1. Em Ação Civil Pública proposta com o fito de reparar alegado dano ambiental causado por grave contaminação com mercúrio, o Juízo de 1º grau, em acréscimo à imputação objetiva estatuída no art. 14, § 1º, da Lei 6.938/81, determinou a inversão do ônus da prova quanto a outros elementos da responsabilidade civil, decisão mantida pelo Tribunal *a quo*. 2. O regime geral, ou comum, de distribuição da carga probatória assenta-se no art. 333, *caput*, do Código de Processo Civil. Trata-se de modelo abstrato, apriorístico e estático, mas não absoluto, que, por isso mesmo, sofre abrandamento pelo próprio legislador, sob o influxo do ônus dinâmico da prova, com o duplo objetivo de corrigir eventuais iniquidades práticas (a *probatio diabolica*, p. ex., a inviabilizar legítimas pretensões, mormente dos sujeitos vulneráveis) e instituir um ambiente ético-processual virtuoso, em cumprimento ao espírito e letra da Constituição de 1988 e das máximas do Estado Social de Direito. 3. No processo civil, a técnica do ônus dinâmico da prova concretiza e aglutina os cânones da solidariedade, da facilitação do acesso à Justiça, da efetividade da prestação jurisdicional e do combate às desigualdades, bem como expressa um renovado *due process*, tudo a exigir uma genuína e sincera cooperação entre os sujeitos na demanda. 4. O legislador, diretamente na lei (= *ope legis*), ou por meio de poderes que atribui, específica ou genericamente, ao juiz (= *ope judicis*), modifica a incidência do *onus probandi*, transferindo-o para a parte em melhores condições de suportá-lo ou cumpri-lo eficaz e eficientemente, tanto mais em relações jurídicas nas quais ora claudiquem direitos indisponíveis ou intergeracionais, ora as vítimas transitem no universo movediço em que convergem incertezas tecnológicas, informações cobertas por sigilo industrial, conhecimento especializado, redes de causalidade complexa, bem como danos futuros, de manifestação diferida, protraída ou prolongada. 5. No Direito Ambiental brasileiro, a inversão do ônus da prova é de ordem substantiva e *ope legis*, direta ou indireta (esta última se manifesta, p. ex., na derivação inevitável do princípio da precaução), como também de cunho estritamente processual e *ope*

*judicis* (assim no caso de hipossuficiência da vítima, verossimilhança da alegação ou outras hipóteses inseridas nos poderes genéricos do juiz, emanação natural do seu ofício de condutor e administrador do processo). 6. Como corolário do princípio *in dubio pro natura*, 'Justifica-se a inversão do ônus da prova, transferindo para o empreendedor da atividade potencialmente perigosa o ônus de demonstrar a segurança do empreendimento, a partir da interpretação do art. 6º, VIII, da Lei 8.078/1990 c/c o art. 21 da Lei 7.347/1985, conjugado ao Princípio Ambiental da Precaução' (REsp 972.902/RS, rel. Min. Eliana Calmon, Segunda Turma, *DJe* 14.9.2009), técnica que sujeita aquele que supostamente gerou o dano ambiental a comprovar 'que não o causou ou que a substância lançada ao meio ambiente não lhe é potencialmente lesiva' (REsp 1.060.753/SP, rel. Min. Eliana Calmon, Segunda Turma, *DJe* 14.12.2009). 7. A inversão do ônus da prova, prevista no art. 6º, VIII, do Código de Defesa do Consumidor, contém comando normativo estritamente processual, o que a põe sob o campo de aplicação do art. 117 do mesmo estatuto, fazendo-a valer, universalmente, em todos os domínios da Ação Civil Pública, e não só nas relações de consumo (REsp 1049822/RS, rel. Min. Francisco Falcão, Primeira Turma, *DJe* 18.5.2009). 8. Destinatário da inversão do ônus da prova por hipossuficiência — juízo perfeitamente compatível com a natureza coletiva ou difusa das vítimas — não é apenas a parte em juízo (ou substituto processual), mas, com maior razão, o sujeito-titular do bem jurídico primário a ser protegido. 9. Ademais, e este o ponto mais relevante aqui, importa salientar que, em Recurso Especial, no caso de inversão do ônus da prova, eventual alteração do juízo de valor das instâncias ordinárias esbarra, como regra, na Súmula 7 do STJ. 'Aferir a hipossuficiência do recorrente ou a verossimilhança das alegações lastreada no conjunto probatório dos autos ou, mesmo, examinar a necessidade de prova pericial são providências de todo incompatíveis com o recurso especial, que se presta, exclusivamente, para tutelar o direito federal e conferir-lhe uniformidade' (REsp 888.385/RJ, Segunda Turma, rel. Min. Castro Meira, *DJ* de 27.11.2006. No mesmo sentido, REsp 927.727/MG, Primeira Turma, rel. Min. José Delgado, *DJe* de 4.6.2008). 10. Recurso Especial não provido" (REsp 883.656/RS, rel. Min. Herman Benjamin, 2ª Turma, julgado em 9-3-2010, *DJe* 28-2-2012).

## ■ 8.9.5. Causalidade indireta e solidariedade passiva

Como já se disse, da leitura do **art. 3º, IV, da Lei n. 6.938/81**, entende-se que tanto aquele que seja o **causador direto** quanto o que seja apenas **causador indireto** do dano ambiental pode ser por ele responsabilizado.

> Disso extrai-se uma regra importantíssima para a efetivação da responsabilidade civil ambiental: **todos os causadores (diretos e indiretos) respondem solidariamente pelos prejuízos causados ao meio ambiente.**

Dizer que é solidária esta responsabilidade é o mesmo que dizer que **qualquer dos causadores pode ser responsabilizado por todo o dano ambiental**.

Ou, ainda, que o autor de uma ação por responsabilidade civil ambiental pode **escolher responsabilizar um, alguns ou todos** os que tenham concorrido direta ou indiretamente para o dano.

É, aliás, o que já decidiu o **STJ**, no sentido de ser meramente **facultativa** a formação de **litisconsórcio passivo** entre os diversos poluidores:

> "AMBIENTAL. DRENAGEM DE BREJO. DANO AO MEIO AMBIENTE. ATIVIDADE DEGRADANTE INICIADA PELO PODER PÚBLICO E CONTINUADA PELA PARTE RECORRIDA. NULIDADE DA SENTENÇA. PARTE DOS AGENTES POLUIDORES QUE NÃO PARTICIPARAM DO FEITO. INOCORRÊNCIA DE VÍCIOS. LITISCONSÓRCIO PASSIVO FACULTATIVO. SOLIDARIEDADE PELA REPARAÇÃO DO DANO AMBIENTAL. (...)
>
> 1. Na origem, cuida-se de ação civil pública intentada em face de usina por ter ficado constatado que a empresa levava a cabo a drenagem de reservatório natural de localidade do interior do Rio de Janeiro conhecida como 'Brejo Lameiro'. Sentença e acórdão que entenderam pela improcedência dos pedidos do *Parquet* em razão de a atividade de drenagem ter sido iniciada pelo Poder Público e apenas continuada pela empresa ora recorrida.
>
> 2. Preliminar levantada pelo MPF em seu parecer — nulidade da sentença em razão da necessidade de integração da lide pelo Departamento Nacional de Obras e Saneamento — DNOS, extinto órgão federal, ou por quem lhe faça as vezes —, rejeitada, pois **é pacífica a jurisprudência desta Corte Superior no sentido de que, mesmo na existência de múltiplos agentes poluidores, não existe obrigatoriedade na formação do litisconsórcio, uma vez que a responsabilidade entre eles é solidária pela reparação integral do dano ambiental** (possibilidade se demandar de qualquer um deles, isoladamente ou em conjunto, pelo todo). Precedente. (...)" (STJ, 2ª Turma, REsp 880.160/RJ, rel. Min. Mauro Campbell Marques, *DJ* 27-5-2010).
>
> No mesmo sentido: STJ, AgRg no AREsp 432.409/RJ, rel. Min. Herman Benjamin, 2ª Turma, julgado em 25-2-2014, *DJe* 19-3-2014.

E mais: **não importa** a esta ação qualquer **discussão quanto à intensidade da responsabilidade de cada um dos imputados**. Tudo isso, em busca de uma tutela que seja o mais benéfica possível para o meio ambiente.

O princípio da solidariedade na responsabilidade civil ambiental é princípio de justiça, de modo que não cabe, na análise da verificação do dano ambiental provocado por várias e diversas fontes, determinar qual teria sido o papel de cada um.

A proporcionalidade do dano causado por cada fonte poluidora só é importante para futura **ação regressiva** do que foi totalmente condenado pelo dano ambiental contra os demais causadores não condenados.

Assim, ratificando, aquele que causou ou contribuiu de alguma forma para o dano ambiental pode ser responsabilizado integralmente porque responde solidariamente pelo todo.

A verificação da proporção do que ele causou só poderá ser feita em **ação própria** contra os demais responsáveis, porque, aliás, em sede de responsabilidade objetiva ambiental, **não se admite** a figura do **chamamento ao processo** (modalidade de intervenção de terceiro que busca trazer ao processo os demais devedores solidários) ou da **denunciação da lide** (modalidade de intervenção de terceiros que busca, no mesmo processo, o direito de regresso). Vejamos o que já decidiu o STJ:

> "PROCESSUAL CIVIL. AÇÃO CIVIL PÚBLICA. DANO AMBIENTAL. (...)
> 2. A Ação Civil Pública deve discutir, unicamente, a relação jurídica referente à proteção do meio ambiente e das suas consequências pela violação a ele praticada.
> 3. **Incabível, por essa afirmação, a denunciação da lide**.
> 4. **Direito de regresso, se decorrente do fenômeno de violação ao meio ambiente, deve ser discutido em ação própria**. (...)" (STJ, 1ª Turma, REsp 232.187/SP, rel. Min. José Delgado, *DJ* 8-5-2000).

### 8.9.5.1. Responsabilidade do Estado por omissão em seu dever fiscalizatório

Com base na ideia de **solidariedade passiva** e de buscar, sempre, que haja efetiva reparação das lesões causadas ao meio ambiente, a jurisprudência de nossos Tribunais Superiores vem reiteradamente decidindo que o **ente estatal** deve ser responsabilizado por ter **falhado em seu dever de fiscalização**.

É o que fica claro da leitura de decisão publicada no ***Informativo* n. 390 do STJ:**

> "DANO. MEIO AMBIENTE. OMISSÃO. FISCALIZAÇÃO. UNIÃO. (...)
> Nesse contexto, observa o Min. Relator que **a jurisprudência deste Superior Tribunal é no sentido de reconhecer a legitimidade passiva da pessoa jurídica de direito público para responder pelos danos causados ao meio ambiente em decorrência de sua conduta omissa quanto ao dever de fiscalizar**. Assim, não se trata de determinar previamente a responsabilidade da União, mas alocá-la adequadamente no polo passivo da ação, diante da presunção de sua responsabilidade em concorrer com o dano ao meio ambiente e, caso exista prova superveniente a isentá-la, o feito deverá ser extinto em relação a ela. (...)" (REsp 529.027/SC, rel. Min. Humberto Martins, julgado em 16-4-2009).

No mesmo sentido, ainda, é o que foi noticiado no ***Informativo* n. 399 do STJ:**

> "DANO AMBIENTAL. LOTEAMENTO IRREGULAR.
>
> Em ação civil pública ajuizada contra o município e outros, por improbidade administrativa e parcelamento do solo em desacordo com a legislação vigente, o que causou danos ao meio ambiente, a sentença excluiu o município por entender que ele atuou dentro da lei (aplicou multa e embargou a obra), logo não seria possível imputar-lhe responsabilidade. Por sua vez, o TJ manteve a sentença.
>
> Explica o Min. Relator que, apesar de o município aplicar multa e embargar a obra, não avocou para si a responsabilidade pela regularização do loteamento às expensas do loteador e dessa omissão resultou um dano ambiental. (...)
>
> **Por isso, se o município não impede a consumação do dano ambiental, deve ser responsabilizado conjuntamente com o loteador pelos prejuízos daí advindos**; entretanto, posteriormente, poderá acionar a próprio loteador regressivamente, porque, conforme o próprio artigo citado da Lei n. 6.766/1979, está obrigado a promover a regularização do loteamento às expensas do loteador, como já dito" (REsp 1.113.789-SP, rel. Min. Castro Meira, julgado em 16-6-2009).
>
> Em corolário, REsp 1.071.741/SP, rel. Min. Herman Benjamin, 2ª Turma, julgado em 24-3-2009, *DJe* 16-12-2010.

É claro que, uma vez responsabilizada, pode a pessoa jurídica de direito público obter, em **ação regressiva contra o causador direto do dano**, indenização pelos prejuízos sofridos. Aliás, há decisões que afirmam ser um **dever do Estado** buscar tal ressarcimento, evitando, assim, uma injusta oneração da sociedade em prol do particular poluidor. É o que se extrai de passagem do ***Informativo* n. 388 do STJ:**

> "DANOS AMBIENTAIS. RESPONSABILIDADE SOLIDÁRIA.
>
> A questão em causa diz respeito à responsabilização do Estado por danos ambientais causados pela invasão e construção, por particular, em unidade de conservação (parque estadual).
>
> A Turma entendeu haver responsabilidade solidária do Estado quando, devendo agir para evitar o dano ambiental, mantém-se inerte ou atua de forma deficiente. (...)
>
> Há que ponderar, entretanto, que essa cláusula de solidariedade não pode implicar benefício para o particular que causou a degradação ambiental com sua ação, em detrimento do erário.
>
> Assim, sem prejuízo da responsabilidade solidária, **deve o Estado — que não provocou diretamente o dano nem obteve proveito com sua omissão — bus-**

> **car o ressarcimento dos valores despendidos do responsável direto, evitando, com isso, injusta oneração da sociedade**. Com esses fundamentos, deu-se provimento ao recurso" (REsp 1.071.741/SP, rel. Min. Herman Benjamin, julgado em 24-3-2009).

É interessante notar que, ao se imputar a responsabilidade ao Estado pela sua omissão, deve restar cabalmente demonstrado que a referida omissão foi realmente responsável pelo dano ao meio ambiente, no sentido de que a omissão estatal tenha sido determinante para a concretização do dano ou do seu agravamento pelo seu causador imediato. Ademais, não se pode esquecer que, ao punir o estado, a população é que acaba sendo vitimada duas vezes, seja pelo dano ao meio ambiente, do qual ela é titular, seja pela condenação do estado, que, em última análise, é ficção jurídica que representa a coletividade. Exatamente por isso que o Superior Tribunal de Justiça pacificou que a responsabilidade executiva do estado será subsidiária, ou seja, submeter-se-á à execução caso o degradador direto não cumpra a obrigação, "seja por total ou parcial exaurimento patrimonial ou insolvência, seja por impossibilidade ou incapacidade, por qualquer razão, inclusive técnica, de cumprimento da prestação judicialmente imposta, assegurado, sempre, o direito de regresso (art. 934 do Código Civil), com a desconsideração da personalidade jurídica, conforme preceitua o art. 50 do Código Civil" (REsp 1.071.741/SP, 2ª Turma., rel. Min. Herman Benjamin, *DJe* 16-12-2010).

Questão que suscita certa controvérsia é quanto a ser **objetiva** ou **subjetiva** a responsabilidade civil do Estado por lesões causadas ao meio ambiente.

É que, para as situações em geral, a responsabilidade estatal por **omissão** é do tipo **subjetiva**, ao contrário do que ocorre com os atos comissivos, em que, por força do art. 37, § 6º, da CF/88, independe da demonstração de elemento anímico. É o que se chama de **culpa administrativa**.

Com base nesse argumento, já decidiu o Superior Tribunal de Justiça que, mesmo para as demandas ambientais, seria **subjetiva** a responsabilidade do Estado por ter **falhado em seu dever fiscalizatório**. Vejamos:

> "RECURSO ESPECIAL. AÇÃO CIVIL PÚBLICA. POLUIÇÃO AMBIENTAL. EMPRESAS MINERADORAS. CARVÃO MINERAL. ESTADO DE SANTA CATARINA. REPARAÇÃO. RESPONSABILIDADE DO ESTADO POR OMISSÃO. RESPONSABILIDADE SOLIDÁRIA. RESPONSABILIDADE SUBSIDIÁRIA.
>
> 1. **A responsabilidade civil do Estado por omissão é subjetiva, mesmo em se tratando de responsabilidade por dano ao meio ambiente, uma vez que a ilicitude no comportamento omissivo é aferida sob a perspectiva de que deveria o Estado ter agido conforme estabelece a lei**.

> 2. A União tem o dever de fiscalizar as atividades concernentes à extração mineral, de forma que elas sejam equalizadas à conservação ambiental. Esta obrigatoriedade foi alçada à categoria constitucional, encontrando-se inscrita no artigo 225, §§ 1º, 2º e 3º da Carta Magna. (...)" (STJ, 2ª Turma, REsp 647.493/SC, rel. Min. João Otávio de Noronha, *DJ* 22-10-2007).

Não é esse, porém, o entendimento que vem prevalecendo em nossos Tribunais Superiores.

Tem-se entendido que, decorrendo a responsabilidade por danos ao meio ambiente de **norma específica**, deve-se excetuar, nesses casos, a regra da culpa administrativa, aplicando-se também ao Estado o regime da **responsabilidade objetiva**. Vejamos o que se decidiu no julgamento do **REsp 1.071.741/SP:**

> "(...) 4. **Qualquer que seja a qualificação jurídica do degradador, público ou privado, no Direito brasileiro a responsabilidade civil pelo dano ambiental é de natureza objetiva**, solidária e ilimitada, sendo regida pelos princípios do poluidor-pagador, da reparação *in integrum*, da prioridade da reparação *in natura*, e do *favor debilis*, este último a legitimar uma série de técnicas de facilitação do acesso à Justiça, entre as quais se inclui a inversão do ônus da prova em favor da vítima ambiental. Precedentes do STJ.
>
> 5. Ordinariamente, a responsabilidade civil do Estado, por omissão, é subjetiva ou por culpa, regime comum ou geral esse que, assentado no art. 37 da Constituição Federal, enfrenta duas exceções principais. Primeiro, **quando a responsabilização objetiva do ente público decorrer de expressa previsão legal, em microssistema especial, como na proteção do meio ambiente (Lei n. 6.938/1981, art. 3º, IV, c/c o art. 14, § 1º)**. Segundo, quando as circunstâncias indicarem a presença de um *standard* ou dever de ação estatal mais rigoroso do que aquele que jorra, consoante a construção doutrinária e jurisprudencial, do texto constitucional. (...)" (STJ, 2ª Turma, REsp 1.071.741/SP, rel. Min. Herman Benjamin, *DJ* 16-12-2010).

No mesmo sentido, é o que se decidiu, ainda, no **REsp 604.725/PR**, a saber:

> "AÇÃO CIVIL PÚBLICA. DANO CAUSADO AO MEIO AMBIENTE. LEGITIMIDADE PASSIVA DO ENTE ESTATAL. RESPONSABILIDADE OBJETIVA. RESPONSÁVEL DIRETO E INDIRETO. (...)
>
> 2. O art. 23, inc. VI, da Constituição da República fixa a competência comum para a União, Estados, Distrito Federal e Municípios no que se refere à proteção do meio ambiente e combate à poluição em qualquer de suas formas. No mesmo texto, o art. 225, *caput*, prevê o direito de todos a um meio ambiente ecologicamente equilibrado e impõe ao Poder Público e à coletividade o dever de defendê-lo e preservá-lo para as presentes e futuras gerações.

> 3. O Estado recorrente tem o dever de preservar e fiscalizar a preservação do meio ambiente. Na hipótese, o Estado, no seu dever de fiscalização, deveria ter requerido o Estudo de Impacto Ambiental e seu respectivo relatório, bem como a realização de audiências públicas acerca do tema, ou até mesmo a paralisação da obra que causou o dano ambiental.
>
> 4. O repasse das verbas pelo Estado do Paraná ao Município de Foz de Iguaçu (ação), a ausência das cautelas fiscalizatórias no que se refere às licenças concedidas e as que deveriam ter sido confeccionadas pelo ente estatal (omissão), concorreram para a produção do dano ambiental. Tais circunstâncias, pois, são aptas a caracterizar o nexo de causalidade do evento, e assim, legitimar a responsabilização objetiva do recorrente.
>
> 5. **Assim, independentemente da existência de culpa, o poluidor, ainda que indireto (Estado-recorrente) (art. 3º da Lei n. 6.938/81), é obrigado a indenizar e reparar o dano causado ao meio ambiente (responsabilidade objetiva)**. (...)" (STJ, 2ª Turma, REsp 604.725/PR, rel. Min. Castro Meira, *DJ* 22-8-2005).

## 8.10. QUADRO SINÓTICO DA RESPONSABILIDADE CIVIL POR DANOS AO MEIO AMBIENTE

| RESPONSABILIDADE CIVIL POR DANOS AO MEIO AMBIENTE | |
|---|---|
| PREVISÃO LEGAL | ■ Art. 225, § 3º, da CF/88.<br>■ Art. 14, § 1º, da Lei n. 6.938/81. |
| COMPETÊNCIA LEGISLATIVA | ■ Concorrente entre União, Estados e Distrito Federal (art. 24, VIII, da CF/88). |
| CARACTERÍSTICAS | ■ Objetiva.<br>■ Solidária.<br>■ Reparação *in natura*. |
| PRESSUPOSTOS | ■ Dano ambiental.<br>■ Poluidor.<br>■ Nexo de causalidade. |
| DANO AMBIENTAL | ■ Lesão ao equilíbrio ecológico = Poluição (art. 3º, III, da Lei n. 6.938/81).<br>■ Atividade lícita ou ilícita.<br>■ Dano difuso.<br>■ Material (patrimonial) ou moral (social).<br>■ Imprescritível.<br>■ Autônomo em relação aos danos pessoais (individuais ou coletivos) que são consequência da lesão ao equilíbrio ecológico. |
| POLUIDOR | ■ Art. 3º, IV, da Lei n. 6.938/81.<br>■ Pessoas físicas ou jurídicas.<br>■ Pessoas de direito público ou privado.<br>■ Pessoas responsáveis direta ou indiretamente pela degradação ambiental. |

| NEXO DE CAUSALIDADE | ■ Ligação entre atividade poluente e a degradação ambiental.<br>■ Teoria da causalidade adequada.<br>■ Verificação *in concreto*:<br>■ presunção de que a atividade impactante é causadora do dano ao meio ambiente (princípio da *precaução*);<br>■ inversão do ônus da prova (art. 6º, VIII, do CDC, e art. 21 da LACP). |
|---|---|

## ■ 8.11. QUESTÕES DE CONCURSO

**1. (FMP-RS/2011 — TCE — Auditor Público Externo) Considere as seguintes assertivas a respeito da responsabilidade civil por danos ao meio ambiente:**

I. Conforme entendimento jurisprudencial, o adquirente de uma área contaminada por resíduos sólidos industriais é responsável pelo passivo ambiental mesmo que não tenha causado diretamente a contaminação.

II. Conforme entendimento jurisprudencial, inverte-se o ônus da prova nas ações civis públicas ambientais, porque aquele que cria ou assume o risco de danos ambientais, tem o dever de provar que sua conduta não foi lesiva.

III. O Poder Público é objetivamente responsável pela reparação dos danos ambientais decorrentes de sua omissão no tratamento de esgotos domésticos.

Quais estão corretas?

a) Apenas I.
b) Apenas II.
c) Apenas III.
d) Apenas I e II.
e) I, II e III.

**2. (MPE-MS/2011 — Promotor de Justiça) Acerca da responsabilidade civil ambiental na legislação brasileira, pode-se afirmar:**

a) É subjetiva, nos mesmos moldes da responsabilidade civil, ou seja, é imprescindível a investigação e a discussão da culpa, embora não seja necessária a prova do nexo causal, vale dizer, da relação de causa e efeito entre a atividade do agente e o dano dela advindo.

b) É considerada como de natureza objetiva, em razão de previsão constitucional e do regime adotado na Lei n. 6.931/81, que afastou a investigação e a discussão da culpa, embora não tenha prescindido do nexo causal, vale dizer, da relação de causa e efeito entre a atividade do agente e o dano dela advindo.

c) Na apuração da responsabilidade do poluidor, o Ministério Público ou qualquer legitimado, autor da ação civil pública, além da aplicação da teoria do risco integral quanto à culpa, ainda tem a vantagem da inversão do ônus da prova, como acontece na seara da defesa do consumidor.

d) O poluidor não será responsabilizado civilmente caso o evento danoso tenha sido causado por motivo de força maior (da natureza) ou caso fortuito (obra do acaso), sendo estas circunstâncias uma das exceções na aplicação da teoria do risco integral.

e) É mista, ora assumindo características objetivas, ora demonstrando subjetividade, cabendo ao Juiz, na análise do caso concreto, decidir a prevalência de uma das duas e a justa indenização.

**3. (TRF — 4ª Região/2010 — Juiz) Dadas as assertivas abaixo, assinale a alternativa correta.**

I. O princípio da precaução legitima a inversão do ônus da prova nas ações ambientais, segundo recente orientação do Superior Tribunal de Justiça.
II. O baixo grau de instrução ou escolaridade do agente são fatores irrelevantes à fixação da pena pelo cometimento de crime ambiental.
III. A fiscalização ambiental somente pode ser exercida pelas autoridades licenciadoras.
IV. A ação de reparação do dano ambiental difuso é imprescritível.
V. A responsabilidade por danos ambientais é objetiva e, como tal, não exige a comprovação de culpa, bastando a constatação do dano e do nexo de causalidade entre a ação ou a omissão e o evento danoso.

a) Estão corretas apenas as assertivas II e III.
b) Estão corretas apenas as assertivas II e IV.
c) Estão corretas apenas as assertivas I, II e IV.
d) Estão corretas apenas as assertivas I, IV e V.
e) Estão corretas todas as assertivas.

**4. (FCC/2011 — TJ/PE — Juiz) O Ministério Público propôs ação civil pública contra proprietário de indústria clandestina (sociedade de fato), que vinha causando poluição hídrica e sonora na localidade em que estava instalada e também contra o proprietário do imóvel arrendado pelo poluidor. Em termos de responsabilidade civil pelo dano ambiental, o proprietário arrendador**

a) não responde civilmente, porque inexiste nexo causal entre sua conduta e o dano ambiental causado.
b) responde civilmente, mas apenas em caráter subsidiário, caso o empresário arrendatário não possua bens.
c) responde civilmente, todavia nos limites do valor do contrato firmado com o arrendatário.
d) não responde civilmente, porque no contrato firmado com o arrendatário existe cláusula excluindo-o de responsabilidade por danos ambientais.
e) responde civilmente, em caráter solidário, porque omitiu-se no dever de preservação ambiental da propriedade.

**5. (CESPE/2008 — STJ — Analista Judiciário) Julgue o item a seguir:**

Como se presume a culpa da empresa que polui, ela deve indenizar ou reparar os danos causados ao meio ambiente e a terceiros, afetados por sua atividade, salvo se provar que agiu de forma diligente e cautelosa.

( ) certo ( ) errado

**6. (CESPE/2009 — PGE/PE — Procurador do Estado) No âmbito da responsabilidade civil ambiental, o bem jurídico objeto de proteção é o meio ambiente, como bem de uso comum do povo, indisponível e indivisível, suscetível de ser reparado, independentemente de reparação de danos individuais imposto aos titulares do objeto material do dano.**

Acerca do regime da responsabilidade civil ambiental brasileira, segundo a legislação e jurisprudência dos tribunais superiores, assinale a opção correta.

a) A responsabilidade civil ambiental independe de culpa.
b) A existência de crime ambiental exclui a busca da responsabilidade civil.
c) Empresa multada administrativamente não pode ser obrigada a reparar os danos cometidos.
d) Não cabe responsabilização civil ambiental por obra licenciada regularmente.
e) A reparação do dano deve ser feita tendo em vista a capacidade econômica do agente poluidor.

**7. (CESPE/2010 — AGU — Procurador) Julgue o item a seguir:**
Em se tratando de reserva florestal, com limitação imposta por lei, quem adquire a área assume o ônus de manter a sua preservação, tornando-se responsável pela reposição dessa área, mesmo se não tiver contribuído para devastá-la.
( ) certo ( ) errado

**8. (CESPE/2010 — AGU — Procurador) Julgue o item a seguir:**
De acordo com entendimento do STJ, a responsabilidade por danos ambientais é subsidiária entre o poluidor direto e o indireto.
( ) certo ( ) errado

**9. (CESPE/2007 — Petrobras — Advogado) Julgue o item a seguir:**
Em se tratando de dano ambiental, a regra é a responsabilidade civil objetiva e solidária, pela qual basta a demonstração do nexo causal entre a conduta do poluidor e a lesão ao meio ambiente. Assim, para que haja a obrigatoriedade da reparação do dano, é suficiente que se demonstre o nexo causal entre a lesão infligida ao meio ambiente e a ação ou omissão do responsável pelo dano.
( ) certo ( ) errado

**10. (TJ-PR/2010 — Juiz) Em um pequeno bairro, identifica-se a contaminação de um lago e do lençol freático (águas subterrâneas) em seu entorno. A população local também é afetada pela contaminação das águas devido a seu consumo. Nas proximidades existem 5 (cinco) indústrias/empresas que utilizam os mesmos produtos químicos identificados nas águas contaminadas. Considerando as regras aplicáveis à Ação Civil Pública e a responsabilidade civil em matéria ambiental, é CORRETO afirmar que:**

a) Todas as indústrias/empresas deverão figurar no polo passivo de Ação Civil Pública, pois é necessário que sejam responsabilizadas na medida de sua culpa.
b) A população afetada pelas águas contaminadas terá de comprovar a existência de dolo ou culpa das indústrias/empresas, na contaminação, para que possa ser indenizada.
c) As indústrias/empresas que comprovarem que estavam operando dentro dos parâmetros legais e do Licenciamento Ambiental têm afastada sua responsabilidade civil diante da legalidade da operação.
d) A indústria/empresa acionada individualmente em Ação Civil Pública pode vir a ser condenada a reparar todos os danos ambientais e individuais causados, desde que se demonstre sua participação na contaminação, ainda que outras tenham contribuído, restando-lhe direito de regresso.

**11. (CESPE/2013 — TRF/2ª Região — Juiz Federal) Um pescador artesanal profissional ajuizou ação indenizatória por danos materiais e morais contra empresa exploradora de petróleo, alegando prejuízos decorrentes de vazamento de óleo combustível em águas marinhas onde pescava. Provou-se que o rompimento do oleoduto fora causado por deslizamentos de terra decorrentes de chuvas torrenciais. Essas mesmas chuvas causaram o rompimento das barreiras de contenção instaladas pela empresa ao tentar remediar o problema. O vazamento de óleo resultou na mortandade da fauna aquática e na imediata proibição de pesca na região, imposta pelo IBAMA, com duração de seis meses. Na fase de provas, restou cabalmente comprovada a regularidade das instalações da empresa segundo as melhores tecnologias disponíveis e a idoneidade dos esforços para reparação do problema. Na situação hipotética acima descrita,**

a) por ter natureza punitiva, a condenação por danos morais será inviável se, no caso, for reconhecida a ausência de dolo ou culpa do réu, ou seja, ausência de ilícito a ser punido.
b) a força maior implica necessariamente ausência de culpa e, por isso, se for reconhecida processualmente, afastará a obrigação de indenizar.

c) a pretensão indenizatória do pescador será imprescritível, porque está relacionada à ocorrência de dano ambiental.
d) o princípio do poluidor-pagador é, em tese, aplicável ao caso porque, embora não esteja positivado na legislação brasileira, está previsto em documentos internacionais de que o Brasil é signatário.
e) não é cabível a inversão do ônus da prova quanto ao *an debeatur* e ao *quantum debeatur* do dano material, cabendo ao pescador provar também a ocorrência, mas não o *quantum*, do dano moral pretendido.

**12. (FCC/2013 — TJ/PE — Juiz) Com relação aos prazos prescricionais do poder de polícia sancionador de infrações administrativas ambientais, é correto afirmar que:**

a) a prescrição varia conforme a gravidade da infração.
b) a extinção da pretensão punitiva pela prescrição estende-se à esfera cível.
c) caso a infração administrativa também seja capitulada como crime, o prazo prescricional é aquele da lei penal.
d) não são admitidas hipóteses de prescrição intercorrente.
e) o prazo prescricional é sempre de 5 (cinco) anos, contado da data da prática do ato ou da sua cessação, no caso de infração permanente ou continuada.

**13. (UFPR/2013 — TJ/PR — Juiz) Sobre a responsabilidade civil por dano ambiental, é correto afirmar:**

a) A responsabilidade objetiva aplica-se às pessoas físicas, às pessoas jurídicas de direito privado e às pessoas jurídicas de direito público.
b) Nos termos do art. 927, § único do Código Civil, quando a atividade normalmente desenvolvida implicar em risco, a responsabilidade pelo dano ambiental não exige prova da culpa e do nexo de causalidade.
c) A reparação integral dos danos causados a terceiros exime o poluidor de reparar o dano ao meio ambiente.
d) Por força da responsabilidade objetiva, é devida a indenização pelo dano ambiental pelo operador, ainda que o acidente nuclear decorra diretamente de excepcional fato da natureza (Lei 6453/1977, art. 8º).

**14. (UEPA/2013 — PC/PA — Delegado de Polícia) Assinale a alternativa correta sobre a responsabilidade pelo dano ambiental.**

a) A responsabilidade civil pelo dano ambiental é sempre subjetiva. Ou seja, exige a comprovação do dolo ou da culpa, conforme determina a Lei 6.938/81.
b) A responsabilidade civil pelo dano ambiental é sempre objetiva. Ou seja, exige a comprovação do dolo ou da culpa, conforme determina a Lei 6.938/81.
c) As condutas e atividades consideradas lesivas ao meio ambiente sujeitarão os infratores, pessoas físicas ou jurídicas, a sanções penais e administrativas, independentemente da obrigação de reparar os danos.
d) O Estado não pode ser responsabilizado pelo dano ambiental, porque é titular da competência para fiscalização e licenciamento ambiental.
e) É necessário esgotar a via administrativa para posteriormente responsabilizar civil e penalmente o autor de um dano ambiental.

**15. (UFPR/2013 — TJ/PR — Juiz) Considere as seguintes afirmativas sobre a defesa do meio ambiente em juízo:**

1. A ação civil pública, a ação civil de improbidade administrativa, a ação popular e o mandado de segurança coletivo são instrumentos que podem ser utilizados na defesa do meio ambiente.

2. Para figurar no polo ativo da ação civil pública em defesa do meio ambiente, não se exige da associação que inclua, entre suas finalidades institucionais, a proteção ao meio ambiente, ao consumidor, à ordem econômica, à livre-concorrência ou ao patrimônio artístico, estético, histórico, turístico e paisagístico.
3. Para propor a ação civil pública, o Ministério Público pode prescindir do inquérito civil.
4. O julgamento antecipado e de improcedência da ação civil pública não obsta a propositura de nova ação, com idêntico fundamento, com base em nova prova.

Assinale a alternativa correta.

a) Somente as afirmativas 1, 2 e 4 são verdadeiras.
b) Somente as afirmativas 2 e 3 são verdadeiras.
c) Somente as afirmativas 1 e 4 são verdadeiras.
d) Somente as afirmativas 1, 3 e 4 são verdadeiras.

**16. (VUNESP/2013 — TJ/RJ — Juiz) A propositura de ação civil pública visando à reparação de dano ambiental causado à comunidade e cometido por empresa pública rege-se pela seguinte regra:**

a) subordina-se ao prazo de prescrição referente às pretensões de reparação de responsabilidade civil.
b) subordina-se ao prazo de prescrição relativo às pretensões perante a administração pública.
c) a pretensão é imprescritível.
d) subordina-se ao prazo de prescrição ordinária.

**17. (FCC/2014 — TJ/CE — Juiz) A Defensoria Pública do Estado do Ceará ajuizou uma ação civil pública em face do Estado do Ceará, com pedido de antecipação dos efeitos da tutela, para paralisar o licenciamento ambiental de uma rodovia estadual ao argumento de não haver sido considerada uma alternativa locacional apontada pelo EIA RIMA como mais adequada a se preservar a diversidade e a integridade de um importante patrimônio genético em estudo. Como Juiz,**

a) deve ser concedida a tutela antecipada com fundamento no princípio da prevenção.
b) a ação deve ser julgada extinta, sem resolução de mérito, pela ilegitimidade passiva do Estado do Ceará.
c) a ação deve ser julgada extinta, sem resolução de mérito, diante da ilegitimidade ativa da Defensoria Pública.
d) a antecipação dos efeitos da tutela deve ser negada, diante da ausência do *periculum in mora*.
e) a ação deve ser julgada extinta, sem resolução de mérito, pela impossibilidade jurídica do pedido.

**18. (CESPE/2014 — TJ/DF — Juiz) João instalou, em terreno de sua propriedade, situado na região industrial de Brasília/DF, um depósito de determinado produto químico. Por descuido de um de seus funcionários, um galão do produto foi derramado no solo da propriedade. O funcionário decidiu não relatar o episódio aos seus superiores. Após quatro meses do ocorrido, em razão de dívidas contraídas com o investimento, João decidiu vender a propriedade e contratou uma empresa de auditoria ambiental para analisar se havia algum dano na propriedade. Os auditores afirmaram que havia risco de o produto atingir o lençol freático, o que ainda não ocorrera. O novo comprador, Pedro, por descuido na análise dos documentos referentes ao imóvel, não observou o laudo técnico, que apontava risco de contaminação do**

**lençol freático, e continuou a desenvolver a mesma atividade que João. Após um ano da compra do imóvel, Pedro recebeu a visita de fiscais do órgão ambiental fiscalizador, que analisavam o solo da região. Após análise da qualidade do solo, foi constatado que o lençol freático que abastecia a região havia sido contaminado por derramamento de produto químico no solo. Pedro foi autuado por contaminação do lençol freático, conforme previsão das normas aplicáveis. Em face dessa situação hipotética e considerando as normas e a jurisprudência aplicáveis, assinale a opção correta.**

a) Pedro pode ser responsabilizado civilmente, pois a responsabilidade de reparar o dano pode ser atribuída ao novo proprietário, ainda que este não tenha dado diretamente causa ao dano.
b) Pedro é responsável pela infração administrativa, mas não poderá ser responsabilizado a reparar civilmente o dano ambiental.
c) O simples risco da ocorrência de dano ambiental não poderia justificar a aplicação de medidas preventivas pela administração pública.
d) João pode mencionar o princípio da precaução como argumento para livrar-se da responsabilidade administrativa, civil e penal, visto que providenciou a auditoria ambiental antes de vender o imóvel.
e) João não pode ser, ao órgão competente, responsabilizado pela infração administrativa ocorrida, pois não é mais o proprietário do imóvel.

**19. (CESPE/2015 — TRF5 — Juiz) A FUNAI ajuizou ação contra o proprietário de imóvel rural lindeiro ao seu com a intenção de ser indenizada pelos danos decorrentes de incêndio iniciado nessa propriedade vizinha, ocasionado pela prática de queimada de palha de cana-de-açúcar. A FUNAI demonstrou que o fogo alcançou instalações de uma fazenda que ela utilizava para proporcionar qualificação em trabalho rural e extrativismo aos indígenas. Por sua vez, o MP, em razão desses fatos, ajuizou ACP em que objetivava a recomposição das áreas de reserva legal e o pagamento de indenização pelo dano ambiental. O réu alegou ilegitimidade passiva porque o fogo fora ateado por arrendatário de sua fazenda e, no mérito, alegou, ainda, ausência de dolo ou culpa de sua parte e que detinha autorização, pelo órgão competente, para efetivar a queimada da palha. Acerca dessa situação hipotética, assinale a opção correta.**

a) A alegada autorização para a queima da palha de cana-de-açúcar é nula diante da proibição, expressa no Código Florestal, do uso de fogo para se erradicar vegetação.
b) Caso seja comprovado que o arrendatário realizou a queimada, deve ser afastada a responsabilidade do réu em ambas as ações.
c) Na ACP, haverá responsabilização objetiva, o que não ocorre com a ação ajuizada pela FUNAI.
d) Os danos patrimoniais sofridos pela FUNAI caracterizam-se como dano ambiental por ricochete.
e) O pedido de indenização na ACP tem de ser subsidiário ao pedido de recomposição *in natura*, por ser a recomposição o principal interesse da tutela ambiental.

## ■ GABARITO ■

1. "e". Para a assertiva I, ver o julgamento do citado REsp 1.056.540/GO, noticiado no *Informativo* n. 404 do STJ, que expressamente dispensou a prova do nexo causal na situação descrita. Quanto à afirmativa II, ver o julgamento do REsp 972.902/RS e do REsp 1.049.822/RS, que expressamente aplicaram o art. 6º, VIII, do CDC às ações civis públicas ambientais. Por fim, quanto à afirmativa III, está de acordo com o entendimento esposado no texto de que o ente estatal é solidariamente responsável pelos danos causados ao meio ambiente, cuja responsabilidade é objetiva.

**2.** "b". De acordo com o art. 225, § 3º, da CF e com o art. 14, § 1º, da Lei n. 6.938/81, que expressamente dispensa a prova da *culpa* para a responsabilidade civil ambiental.

**3.** "d". Para a assertiva I, ver a decisão do citado REsp 1.060.753/SP, noticiado no *Informativo* n. 418 do STJ. Quanto à afirmativa IV, ver o REsp 1.120.117/AC, noticiado no *Informativo* n. 415 do STJ. Já a afirmativa V está de acordo com o art. 225, § 3º, da CF e com o art. 14, § 1º, da Lei n. 6.938/81. Para os erros nas afirmativas II e III, apesar de não dizer respeito ao assunto deste capítulo, ver, respectivamente, os arts. 14, I, e 70, § 1º, da Lei n. 9.605/98.

**4.** "e". Pela leitura do art. 3º, IV, da Lei n. 6.938/81, também o causador *indireto* da degradação ambiental responde pelos prejuízos causados ao meio ambiente, sendo solidária essa responsabilidade.

**5.** "errada". Para a responsabilidade civil ambiental, não se aplica a *presunção de culpa*, mas, sim, a *responsabilidade objetiva*. Por tal razão, é indiferente ter agido ou não de forma diligente e cautelosa o poluidor. Basta, para que surja o dever de indenizar, que, havendo o dano ambiental, possa esse ser imputado (nexo causal) a um poluidor.

**6.** "a". De acordo com o art. 225, § 3º, da CF e com o art. 14, § 1º, da Lei n. 6.938/81, que expressamente dispensa a prova da *culpa* para a responsabilidade civil ambiental. Para o erro das alternativas "b" e "c", lembrar que o art. 225, § 3º, da CF/88 proclama a *independência* entre as sanções penal, civil e administrativa por danos ao meio ambiente. Quanto à alternativa "d", está errada por desconsiderar a possibilidade de a responsabilidade civil ambiental incidir mesmo sobre *condutas lícitas*. Por fim, quanto à alternativa "e", está equivocada, pois a reparação deve levar em conta apenas a extensão do dano causado ao meio ambiente.

**7.** "correta". Ver o julgamento do REsp 263.383/PR: "1. A responsabilidade por eventual dano ambiental ocorrido em reserva florestal legal é objetiva, *devendo o proprietário das terras onde se situa tal faixa territorial, ao tempo em que conclamado para cumprir obrigação de reparação ambiental e restauração da cobertura vegetal, responder por ela*. (...)".

**8.** "errada". Trata-se de responsabilidade *solidária*. Aliás, como dito alhures, não importa, na ação civil pública para reparar o meio ambiente, qualquer discussão quanto à intensidade da culpa de cada um dos poluidores; todos eles são responsáveis solidariamente.

**9.** "correta". Como estudado, trata-se de responsabilidade objetiva e solidária.

**10.** "d". Como estudado, todos os responsáveis direta e indiretamente pela degradação ambiental são obrigados *solidariamente* a reparar os danos. Assim, pode um deles ser condenado por todo o dano, restando, posteriormente, em ação autônoma, buscar seu direito de regresso. Quanto à alternativa "a", o erro está em afirmar que todas devem estar no polo passivo, visto que, sendo solidária a responsabilidade, o autor pode optar por acionar apenas um dos corresponsáveis; ademais, não é pertinente a discussão da intensidade da culpa de cada poluidor. Já na alternativa "b", o equívoco está em desconsiderar que é *objetiva* a responsabilidade. Por fim, quanto à "c", desconsidera que o dano ambiental pode ocorrer ainda que se opere dentro dos parâmetros legais (atividade lícita).

**11.** "e". Pois se trata de ação indenizatória individual na qual cabe ao autor comprovar a ocorrência do dano material e sua extensão. Quanto ao dano moral, que até ocorre *in re ipsa*, basta comprovar a ocorrência, pois o *quantum* é fixado pelo juiz.

**12.** "c". Segundo art. 21, § 3º, do Decreto n. 6.514/2008.

**13.** "a".

**14.** "c".

**15.** "d". Somente o item 2 é falso porque se exige pertinência temática da associação.

**16.** "c". Em matéria de prescrição, cumpre distinguir qual o bem jurídico tutelado: se eminentemente privado, seguem-se os prazos normais das ações indenizatórias; se o bem jurídico é indisponível e fundamental, considera-se imprescritível o direito à reparação.

| **17.** "a". |
|---|
| **18.** "a". Em razão do fato de que o dano ambiental é permanente. Ao adquirir a propriedade e não recuperar o meio ambiente, torna-se solidariamente responsável pelo dano causado. |
| **19.** "d". O STJ já reconheceu dano indireto sofrido por proprietário vizinho: REsp 1.381.211/TO, rel. Min. Marco Buzzi, 4ª Turma, julgado em 15-5-2014, *DJe* 19-9-2014. |

# 9

# TUTELA PROCESSUAL CIVIL DO MEIO AMBIENTE

## 9.1. PROCESSO CIVIL: TÉCNICA A SERVIÇO DO DIREITO MATERIAL

### 9.1.1. Técnica e direito: um *link* necessário

**Técnica** e **direito** são, respectivamente, o **instrumento** e o **fim**, a forma e a essência. O processo (técnica) é a ferramenta ou método quase sempre necessário para se obter a tutela jurisdicional (fim = resultado). O que se quer é a solução e a tutela dada pelo Poder Judiciário; o caminho é o processo.

Mas não se pense que ainda estamos naqueles tempos em que a técnica era padrão, sempre uma apenas, para todo e qualquer tipo de direito discutido. Não mesmo. Não estamos mais naquela época em que, por mais diferente que fosse o direito material em conflito, o jurisdicionado deveria se valer do mesmo modelo processual, tal como se estivéssemos numa sociedade de iguais.

Enfim, para cada **tipo de crise jurídica** levada ao Poder Judiciário, existe um **tipo específico de técnica processual** a ser utilizada, e cabe ao jurisdicionado valer-se daquela que seja adequada (eficiente e efetiva) à tutela de seu direito.

Essas **tutelas jurídicas diferenciadas** são previstas pelo legislador processual, que as coloca em "moldura abstrata" e as deixa à disposição dos jurisdicionados. A necessidade de se estabelecerem tutelas jurídicas diferenciadas para atender às peculiaridades do direito material em conflito decorre do próprio **devido processo legal**, que deve ofertar ao jurisdicionado um processo justo e équo.

Cabe, então, ao legislador captar as peculiaridades do direito material e prever, abstratamente, as regras processuais que com elas sejam consentâneas e adequadas para se obter o acesso à ordem jurídica justa.

Nesse particular, aproximando-nos do nosso tema, temos que, diante da nova realidade estabelecida pela **Constituição de 1988**, é preciso utilizar as técnicas processuais de acordo com as exigências do direito material.

E essa revisão ganha ainda mais importância quando o direito material a ser tutelado é o **meio ambiente**, pelas enormes peculiaridades e pela importância que tem. Com a Lei n. 13.105/2015 houve enorme progresso na tutela jurídica do meio ambiente, mas é preciso evoluir muito mais.

### 9.1.2. Procedimento especial coletivo e meio ambiente

Já dissemos que o direito processual civil deve ofertar ao jurisdicionado **técnicas processuais adequadas** à justa e pronta tutela jurisdicional reclamada.

Quando se trata de **tutela jurisdicional do meio ambiente**, o conjunto de técnicas processuais oferecidas pelo legislador como aptas para debelar as crises ambientais — como também as crises envolvendo qualquer interesse difuso — encontra-se sedimentado tanto no procedimento especial coletivo (LACP + Título III do CDC) como no CPC/2015 (art. 15).

É preciso ficar atento que, com o **surgimento do Código de Processo Civil de 2015** (Lei n. 13.105), torna-se necessário **revisitar** o modo de ver, pensar e operacionalizar o **processo coletivo brasileiro**, nele incluído o processo civil ambiental. É que antes, estudado como se fosse uma ilha isolada de direito processual coletivo no meio de um oceano de direito processual individual (oceano este representado pelo CPC/73), existia o que se convencionou alcunhar de microssistema processual coletivo (formado basicamente pelas regras processuais do CDC + LACP). Contudo, **após o NCPC**, o microssistema processual coletivo, se é que ainda se sustenta autonomamente, não só não precisa mais fazer o esforço de sobreviver a duras penas no oceano em que se alcunhava de processo individual, como, ao contrário, também deve nele buscar a **fonte supletiva e subsidiária** para conseguir ofertar ao jurisdicionado uma tutela jurisdicional mais justa e adequada.

**Não** há mais como **sustentar** essa dicotomia **(processo individual x processo coletivo)** que fez muito sentido na vigência do CPC de 1973 e em especial nos anos 1980 e 1990. Essa dicotomia era sustentada pela premissa de que o nosso diploma fundamental de processo de 1973 foi pensado e criado para a tutela de direitos individuais, ao passo que a Lei de ACP, somada com o CDC, formavam um microssistema processual coletivo. Entretanto, após o amadurecimento do **modelo constitucional de processo** e o reconhecimento doutrinário e jurisprudencial de que todas as lides — individuais ou coletivas — devem seguir um padrão constitucional de pensar e agir no processo civil, bem como em razão das reformas processuais que culminaram com o NCPC, não faz mais sentido sustentar a existência de um "direito processual coletivo" em abstrato como ramo autônomo do direito processual, de forma que pudéssemos ainda apontar o CPC atual — igual se fazia com o anterior — como um diploma vocacionado para lides individuais. Definitivamente, não tem o menor cabimento isso. Não há mais um CPC individual, para "lides individuais".

Não há mais — **não se justifica** — essa **"divisão processual"** no nosso ordenamento jurídico, seja pela pulverização do **modelo constitucional do pro-**

**cesso para toda e qualquer técnica de tutela jurídica**, seja porque o novo Código de Processo Civil é infinitamente mais avançado do ponto de vista técnico que as ferramentas que formam o "microssistema processual coletivo". Não faz nenhum sentido sustentar a "autonomia de um ramo processual" se não há princípios fundamentais que lhe sejam próprios e exclusivos, e, também, se os procedimentos que em tese lhe emprestariam maior efetividade são quase na sua totalidade obsoletos em relação ao NCPC.

> O atual CPC, guiado por vetores constitucionais e preenchido com técnicas e procedimentos atuais e eficientes, embora seja norma geral e, portanto, deva ser aplicado subsidiária e supletivamente às leis especiais, na prática, mostra-se muito mais bem aparelhado e com potencial de eficiência e adequação exponencialmente maiores do que o "microssistema processual coletivo". Salvo aqui e ali, a maior parte dos institutos da LACP e o Título III do CDC estão jurássicos diante do NCPC.

O **Código de Processo Civil** é voltado à **tutela jurisdicional** de direitos em geral, e os seus valores e vetores essenciais se aplicam a todo e qualquer tipo de processo, comum ou especial, **individual ou coletivo**, simplesmente porque os institutos fundamentais do processo civil previstos no CPC de 2015 foram **edificados sob a matiz dos direitos fundamentais constitucionais**. Nesse passo, será corriqueira, e ousamos dizer **necessária, a aplicação subsidiária e supletiva do Código de Processo Civil às lides coletivas**. Por outro lado, isso revela que já passou da hora de aprimorarmos o procedimento coletivo a partir das necessidades do direito material fazendo um *up grade* do que já se pode obter com o próprio NCPC.

Assim, é no CPC que buscaremos, **em prol da proteção do meio ambiente**, as técnicas **de tutela provisória**, as **regras de autocomposição**, a **participação do *amicus curiae***, os **precedentes**, a desconsideração da personalidade jurídica, a cláusula geral da **execução** e dos poderes e deveres do juiz em relação à **efetivação das decisões judiciais** (art. 139, IV, e art. 536), as técnicas de ***contempt of court*** (art. 77 e art. 139, III), a possibilidade de centralização dos processos, os negócios jurídicos processuais, os métodos de uniformização da jurisprudência, o respeito aos precedentes ambientais, etc.

É claro que ainda existem regras e dispositivos que estão contidos no procedimento especial formado pela combinação dos seguintes diplomas:

- Lei de Ação Civil Pública (Lei n. 7.347/85).
- Código de Defesa do Consumidor, em seu Título III (Lei n. 8.078/90).

Como dito, essas são as normas gerais de tutela coletiva, estando muitas delas derrogadas pelo NCPC, como no caso do art. 11 da Lei de Ação Civil Pública. Sustenta-se ainda vigente o sistema da legitimidade coletiva, porém com possibilidade de controle da representação adequada com a utilização subsidiária do CPC; mantêm-se de pé as regras de coisa julgada coletiva, a tipologia dos interesses (embora precise ser revista), o sistema da *fluid recovery*, etc.

## ■ 9.2. DEVIDO PROCESSO LEGAL AMBIENTAL

Já tivemos oportunidade de dizer em outra obra,[1] quando cuidamos dos **princípios do processo civil**, que o **"devido processo legal" é a raiz de todos eles**, de onde nascem os princípios estruturantes do exercício da função jurisdicional.

Assim, a isonomia, o contraditório, a ampla defesa, a imparcialidade do juiz, o juiz natural, o direito de acesso à prova, etc., nada mais são do que desdobramentos do "devido processo legal", os quais, quando exercitados no processo, culminam no que se chama de "processo justo ou tutela jurisdicional justa".

> Portanto, **justa é a tutela jurisdicional** que consegue pôr em prática todos os **princípios do devido processo legal**, com o adequado equilíbrio entre eles, de forma a alcançar um resultado que possa ser tido como "justo".

Contudo, o processo (relação jurídica processual em contraditório, animada por um procedimento) é dinâmico e caracteriza-se por colocar em confronto interesses conflitantes qualificados por pretensões resistidas ou insatisfeitas. Exatamente por isso — considerando o antagonismo das pretensões — é que se reconhece não ser tarefa fácil, senão o contrário, fazer com que o processo seja justo para que justa seja a tutela jurisdicional.

Quase que intuitivamente pode-se dizer, à primeira vista, que o processo será **justo** se a tutela jurisdicional que por meio dele foi prestada **deu razão a quem tinha razão**, enfim, se o resultado final foi outorgado ao litigante que, no plano ideal de justiça, era realmente quem tinha razão.

Mas ficaria ainda uma pergunta: seria justa essa tutela (segura e efetiva) ofertada a qualquer custo? Passando por cima do contraditório, sem ampla defesa, com "injusto sacrifício do litigante perdedor"? Enfim, seria legítima, "ou justa mesmo", uma tutela concedida àquele que tem razão e por ele fruída, mesmo sabendo que tal tutela foi concedida passando-se por cima de direitos processuais e sacrificando-se a liberdade de expressão dentro do processo?

Ora, certamente que não!

---

1 Marcelo Abelha Rodrigues. *Processo civil ambiental*, 2009.

E é aí que entra a outra face do conceito de "tutela justa". Justa é a tutela prestada mediante um **devido processo legal**, com **adequação de meios e resultados**, sob a ótica do autor e a do réu, ou melhor, independentemente de quem venha a se mostrar como o vencedor da demanda.

Apenas pelo exercício mental intuitivo percebemos que o **devido processo legal** deve ser visto e realizado em concreto sob **dois pontos de vista diferentes**, mas que se complementam.

De um lado, coloca-se o devido processo legal (e todos os princípios que formam o seu conteúdo) na **retaguarda do jurisdicionado**, visto como um poderoso, único e insubstituível instrumento que deve estar à sua disposição para **preservar e garantir a proteção de seu patrimônio** (vida/propriedade/liberdade).

De outra parte, a outra face do devido processo legal repousa na **retaguarda do exercício da função jurisdicional estatal**, visto como um fator de **legitimação** democrática da atuação do Estado e garantia do demandado.

Com isso, percebe-se que o devido processo legal é, a um só tempo, fator de **legitimação** que deve pautar a atuação do Estado e fator de **libertação** do cidadão em um Estado democrático de direito.

O fato é que, todavia, a cláusula do devido processo legal pode parecer, à primeira vista, demasiadamente aberta. Por isso mesmo, espraia-se em uma série de outros princípios, também de índole constitucional, que lhe dão efetividade. São eles, por exemplo:

- Duração razoável do processo (CF, art. 5º, LXXVIII).
- Contraditório e ampla defesa (CF, art. 5º, LV).
- Proibição de provas ilícitas (CF, art. 5º, LVI).
- Juiz natural (CF, art. 5º, XXXVII).
- Acesso à justiça (CF, art. 5º, XXXV).
- Publicidade e fundamentação das decisões judiciais (CF, art. 93, IX).

Conclui-se do que foi exposto que o **Estado está obrigado a prestar a tutela jurisdicional**, sempre que exercido o direito constitucional de ação pelos seus jurisdicionados. É, pois, princípio constitucional a **indeclinabilidade da jurisdição (acesso à justiça)**, o que significa dizer que, quando provocado, o Judiciário está obrigado a dizer o direito.

Entretanto, ainda como garantia constitucional, coloca-se o princípio do devido processo legal, de fundamental importância para o ordenamento jurídico como um todo, mormente quando estamos diante do direito processual civil.

Não por acaso é a redação do art. 1º do Código de Processo Civil de 2015:

"Art. 1º O **processo civil** será **ordenado, disciplinado e interpretado conforme os valores e as normas fundamentais estabelecidos na *Constituição da República Federativa do Brasil***, observando-se as disposições deste Código."

Falar, ainda, em **devido processo legal** em sede de **direitos coletivos *lato sensu*** é, inexoravelmente, fazer menção à utilização do procedimento especial **coletivo**, integrado pelo **CDC (Lei n. 8.078/90)** e pela **LACP (Lei n. 7.347/85), sem olvidar todos os princípios e técnicas processuais do CPC/2015 que não só podem mas devem ser supletiva e subsidiariamente aplicados aos procedimentos especiais coletivos, respeitada, é claro, a sua compatibilização sistêmica**. Atualmente, o CPC é indispensável à obtenção da tutela justa aos processos coletivos, tendo em vista que ao longo dos anos não houve uma evolução legislativa no procedimento especial de tutela coletiva, tornando muitos de seus institutos vetustos, ultrapassados e derrogados pelo próprio CPC.

Deve, ainda, ser respeitada a regra de que a **lei especial tem privilégio de aplicação sobre a lei geral**, ou seja, se determinada demanda coletiva tiver uma lei especial que regule seu procedimento, deve-se utilizá-la prioritariamente (por exemplo, na ação de improbidade e na ação popular, deve-se primeiro utilizar, respectivamente, a Lei n. 8.429/92 e a Lei n. 4.717/65).

Enfim, conclui-se que o devido processo legal só é, desculpe-nos a obviedade, devido processo legal, se considerar, em cada caso concreto, as **peculiaridades do direito material** que está em jogo.

## ■ 9.3. DIREITO DE AÇÃO E MEIO AMBIENTE

### ■ 9.3.1. Princípio do acesso à justiça e tutela do meio ambiente

O advento da Constituição Federal de 1988 promoveu a substituição do Estado liberal (substituído) pelo Estado social (substituto), formando um novo paradigma estabelecedor de diretrizes e princípios para todas as ciências humanas, inclusive o direito. Com a mudança, o Estado passou a ser intervencionista e prestador de direitos sociais aos cidadãos, tais como lazer, segurança, saúde, educação, trabalho, meio ambiente, etc.

Dentre os direitos a serem prestados (dever estatal), destaca-se também o **dever de prestar a tutela jurisdicional**, ou seja, dar ao cidadão uma tutela jurisdicional justa e efetiva.

Com isso, a ciência processual, que cuida das técnicas e dos métodos de atuação da jurisdição, viu-se na necessidade de rever seus conceitos, seus valores e a maior parte das técnicas processuais até então existentes e disponíveis à sociedade, pois estas haviam sido feitas e moldadas num modelo estatal que estava superado e diametralmente oposto ao novo modelo implantado.

Por isso, desde então, o direito processual e, neste particular, o processual civil têm sofrido profundas reformulações com o intuito de permitir que o dever jurisdicional de prestar a tutela justa seja integralmente cumprido.

Dois pontos fundamentais foram revistos pela nova ordem constitucional: a **entrada** e a **saída** do **Poder Judiciário**, que, normalmente, são pontos de estrangulamento e emperramento do sistema.

No tocante à **entrada**, era preciso **facilitar os caminhos de acesso à justiça** (seja com a criação de mais instrumentos de acesso ou com a simplificação dos existentes), mas, especialmente, desvalorizar os formalismos desnecessários para o ingresso em juízo, tratando o direito de ação como o direito de acessar a justiça, sem o colorido privatista e concreto que marcava este instituto, tal como se fosse mais importante do que o direito que por ele se veicula.

A **ação** passa a ser vista como uma **porta de acesso ao Poder Judiciário**, visando dar mais rendimento ao postulado da universalização da jurisdição (o maior acesso e a maior participação possíveis do jurisdicionado). Uma porta sem trancas ou segredos que o próprio cidadão desconheça ou tenha dificuldade de manusear. Se a ação constitui um poder de acessar o Poder Judiciário e se este deve prestar tutela, tem-se, inexoravelmente, que, se o acesso não for o mais livre e informal possível, muitos (normalmente os hipossuficientes) apenas conseguirão bater, mas não entrar no Poder Judiciário.

Da mesma forma, a revisitação conceitual também recaiu sobre a **saída** do Poder Judiciário, ou seja, sobre as técnicas relacionadas à **efetivação e realização** da tutela a ser prestada. Nesse intento, buscou-se a criação, por exemplo, de modelos processuais simplificados, como os juizados especiais, justamente para que fosse mais fácil e célere a saída do Poder Judiciário.

Cingindo-nos ao acesso à justiça, tal princípio vem consagrado no inciso XXXV do art. 5º da CF/88:

> "Art. 5º (...) XXXV — a lei não excluirá da apreciação do Poder Judiciário lesão ou ameaça a direito."

Está, pois, consagrado o **direito (poder) de ação e defesa**, um **direito público e subjetivo de exigir do Estado a prestação da tutela jurisdicional**. Trata-se de um direito do cidadão e um dever do Estado, pois que, desde que este tomou para si a função da substitutividade, a indeclinabilidade da jurisdição tornou-se um de seus indispensáveis princípios.

Entretanto, o que deve ficar bem claro é que não deve este princípio ficar no plano utópico, ou seja, para que ele seja alcançado, deve o Estado fornecer todos os instrumentos possíveis e capazes de efetivar o pleno e irrestrito acesso à ordem jurídica, e que o seja, antes de tudo, a uma ordem jurídica justa e efetiva, sob pena de tal princípio se perder no espaço carcomido da inocuidade.

Fazendo um paralelo entre o que foi dito *supra* e o **direito ambiental**, verifica-se que, tanto pelo aspecto **objetivo** quanto pelo aspecto **subjetivo**, o acesso à viabilidade do pleno acesso à justiça para a tutela do meio ambiente é muito importante.

Isso porque, além da **titularidade difusa**, o **objeto do direito ambiental** está ligado à **proteção da vida de todos os seres** do Planeta e, por isso, deve-se pensar no acesso à justiça não só como fator de legitimação do próprio direito ao meio ambiente, mas especialmente para permitir que tal direito seja efetivamente tutelado.

Quanto mais se abrirem portas de acesso, mais se terá a proteção e a efetivação deste direito sagrado a todos os seres que habitam este Planeta. Por isso, toda interpretação a ser feita sobre a utilização das técnicas ambientais relativas ao acesso à justiça, especialmente quanto às tutelas não contenciosas adequadas e ao poder de agir e de requerer a tutela jurisdicional ao longo da cadeia processual, deve ser vista sob o postulado de que, **nas lides ambientais, o acesso à justiça deve ser alargado e jamais restringido**.

Não se pode deixar de salientar que deriva do direito de acesso à justiça ambiental a necessidade de se aplicar, em concreto, o postulado da **duração razoável do processo na seara ambiental (CF, art. 5º, LXXVIII)**.

Há a necessidade de se dar **prioridade de trâmite às demandas coletivas ambientais** sobre qualquer outra demanda em curso (essa é a interpretação perfeitamente possível a partir do art. 12, § 2º, II e III, do CPC). E isso porque lidam com a proteção de todas as formas de vida, os bens ambientais são essenciais à saúde de todos (art. 225, *caput*, da CF/88), além do que os danos ou ilícitos ambientais são altamente nocivos, prejudiciais e irreversíveis ao meio ambiente, exigindo, pois, uma urgência de tramitação dos feitos ambientais. Tudo isso em respeito à duração razoável do processo ambiental.

### 9.3.2. Legitimidade para agir e meio ambiente

A **legitimidade para agir**, ativa ou passivamente, é fenômeno intimamente ligado à suposta **titularidade do direito** posto em juízo.

Sempre se teve a ideia — mais do que verdadeira — de que ninguém melhor do que o próprio titular do direito para atuar em juízo defendendo o direito que alega ter. A noção de legitimidade para agir como fenômeno derivado da "propriedade" do direito discutido em juízo é justa e, sem trocadilhos, bastante legítima, pois, afinal de contas, é o legitimado ativo ou passivo que suportará os efeitos materiais do julgado.

Partindo desse raciocínio, simples e coerente, tem-se que a legitimidade para agir é, em última análise, um fenômeno que concede ao titular do direito a faculdade de defendê-lo em juízo, valendo-se de todas as armas e técnicas processuais disponíveis.

Considerando, então, que o "direito ao **meio ambiente** ecologicamente equilibrado" é um **direito de todos (= povo)**, nos expressos termos do art. 225, *caput*, da CF/88, e, mais ainda, que a sua **proteção e preservação são impostas ao Poder Público e à coletividade**, a regra lógica é, então, a de que o titular do direito ao equilíbrio ecológico tenha, sim, o direito de lutar e defendê-lo em juízo.

Nesse diapasão, tem-se, portanto, que o "agir" em prol, e na defesa, do meio ambiente não é tarefa exclusiva do Poder Público, ainda que a este caiba a gestão deste bem de uso comum do povo (art. 225, *caput* e § 1º).

Assim, imaginando que existam crises jurídicas envolvendo o direito ao meio ambiente ecologicamente equilibrado, todos os titulares desse direito, que em tese suportarão os prejuízos que lhes forem causados, deveriam, por razões óbvias e lógicas, ter a possibilidade de defendê-lo em juízo.

Entretanto, nem sempre o processo retrata (ou permite retratar), com fidelidade, o que se passa no plano do direito material, pois, se por um lado o **polo passivo** das demandas ambientais (que visem a proteção do meio ambiente) será ocupado pelo **poluidor**, por outro a tarefa não é tão simples quando se trata de **identificar o legitimado ativo** à condução da demanda ambiental.

A dificuldade resulta do fato de que é necessário verificar se é viável (e efetivo), sob o enfoque do devido processo legal, deixar que a tutela judicial do meio ambiente seja conduzida pelo **cidadão comum**, embora ele e tantos outros sejam titulares desse bem fundamental à sadia qualidade de vida.

O "problema" em questão é **saber se o homem do povo, sozinho e isolado**, conseguiria desenvolver em juízo a **melhor defesa do meio ambiente**. Enfim, importa saber se a **fragilidade socioeconômica/técnica do cidadão** existente no plano material em relação ao poluidor, agravada num país com alto índice de analfabetismo como o Brasil, refletir-se-ia na condução (melhor ou pior) do processo em prol do ambiente.

Não é preciso muito esforço para se perceber a abissal **desigualdade técnica, social e econômica** do **cidadão** em relação aos grandes **poluidores**.

A diferença não é só financeira, o que por si só justificaria "repensar" se vale a pena deixar o cidadão como titular da condução do processo ambiental (o mais abastado tem condições de contratar advogados mais especializados, mais competentes e acostumados com esse tipo de demanda). Agrega-se à hipossuficiência econômica também a técnica, porque normalmente o poluidor detém (e não raramente sonega) informações e dados sigilosos que dizem respeito às suas atividades e à prática da poluição em si.

Assim, é a partir de problemas como esses que emerge o questionamento consistente em saber se é melhor para a sociedade (povo) — titular do meio ambiente ecologicamente equilibrado — permitir que a condução das demandas ambientais seja feita pelo **cidadão comum** ou, ao revés, se é preferível, do ponto de vista da concretização do devido processo legal, **entregar a condução do processo a entes jurídicos que existam para tal finalidade**.

No **direito brasileiro**, o legislador adotou uma regra até certo ponto **mista**.

Isso porque, para a **ação popular** constitucional ambiental, permite o legislador que o **cidadão**, apenas ele, promova a demanda que vise anular ato lesivo ao meio ambiente, funcionando a ação popular como um mecanismo de **controle democrático** dos atos da administração pública. Todavia, a **restrição quanto ao objeto** dá à ação popular um espectro de abrangência deveras pequeno, e também não se pode negar que o corpo de regras processuais previsto na Lei n. 4.717/65 volta-se precipuamente à **tutela repressiva**, e não preventiva, que é o norte em matéria ambiental.

Contudo, **a ação civil pública**, com **objeto irrestrito**, só pode ser manejada, como estudaremos, por **entes coletivos**, que funcionem como **representantes adequados** da sociedade, permitindo inclusive que o controle dessa legitimidade seja exercido.

Tais representantes, porém, são eleitos pelo Poder Legislativo,[2] por isso sem que se tenha certeza prática e fática de que sejam verdadeiramente legítimos para defender uma demanda ambiental em cada caso concreto, enfim, de que têm condições reais e concretas de defender esta ou aquela demanda ambiental. Com o advento do NCPC, não é mais necessário fazer um exercício principiológico para sustentar o cabimento do controle judicial da representação adequada prevista no texto normativo em cada caso concreto pelo magistrado da causa. Se antes a doutrina e a jurisprudência já admitiam esse controle judicial em concreto, mormente para as associações e partidos políticos, parece-nos que o procedimento do IRDR previsto no art. 976 e ss., incidente coletivo que é, permite que daí se retire o modelo de controle de legitimação e participação social nas demandas coletivas, em especial valendo-se das regras dos arts. 138, 979 e 983 do CPC.

---

[2] Foi o legislador que escolheu, abstratamente, quais os legitimados coletivos que podem propor a demanda coletiva. Não cabe, regra geral, ao magistrado realizar o controle em concreto. A jurisprudência tem caminhado no sentido de que pode haver um controle judicial das associações civis no tocante à verificação da sua pertinência temática para propor a demanda.

Claro que entes como o *Parquet* ou entes políticos como União, Estados e Municípios detêm presunção quase absoluta — mas não absoluta — de que possuem essa condição, mas o mesmo não se diga em relação às associações civis, que ainda não possuem a credibilidade da população para que possam ser consideradas seus representantes adequados. Caberá ao magistrado em cada caso concreto fazer a certificação e o controle da legitimidade adequada para condução daquela demanda coletiva.

É preciso reconhecer que, para grandes conflitos ou conflitos de interesses envolvendo a realização de políticas públicas, as soluções não contenciosas, os processos não adversariais, a conciliação, a mediação devem ser intensamente praticados, valendo-se dos instrumentos processuais existentes, em especial no CPC/2015.

## 9.4. AÇÃO POPULAR AMBIENTAL

### 9.4.1. Origens

Muito embora a **Lei de Ação Popular** seja de **1965 (Lei n. 4.717/65)**, a verdade é que esse instrumento tem suas origens no **direito romano**, inclusive com a denominação que possui atualmente.

A ação popular nasceu no direito romano antes mesmo de se ter a noção de Estado. Aliás, o que justifica essa ligação entre o cidadão romano e a sua preocupação com o "bem público" é justamente o fato de que há uma natural ligação entre o indivíduo e a coisa pública, independente da existência ou não de um ente estatal.

No **direito brasileiro**, oficialmente, a ação popular surgiu na **CF/34**. Tendo entrado "em recesso" no texto de 1937 em razão do regime ditatorial, esteve prevista em **todos os demais diplomas constitucionais**. A **Lei n. 4.717/65**, em vigor até hoje, surgiu para regulamentar o texto da Carta de 1946.

Atualmente, encontra-se prevista a ação popular na **CF/88** em seu **art. 5º, LXXIII**, sendo, inclusive, garantia constitucional com natureza de **cláusula pétrea** (art. 60, § 4º, IV). Vejamos:

> "Art. 5º (...) LXXIII — **qualquer cidadão é parte legítima** para propor ação popular que vise a **anular ato lesivo** ao patrimônio público ou de entidade de que o Estado participe, à moralidade administrativa, ao **meio ambiente** e ao patrimônio histórico e cultural, ficando o autor, salvo comprovada má-fé, isento de custas judiciais e do ônus da sucumbência."

Como se vê, há, no texto constitucional, expressa menção à proteção por intermédio da ação popular ao **meio ambiente**. A isso soma-se o fato de que pode ser ajuizada por **qualquer cidadão**.

Tudo isso nos faz concluir que a **ação popular** é um instrumento extremamente **democrático** para a tutela ambiental, afinado com os mais nobres valores republicanos. Impossível, ainda, não a associar ao **princípio da participação**, que estudamos no Capítulo 7 desta obra.

### 9.4.2. Requisitos fundamentais

Embora o texto constitucional não deixe isso tão claro, a **ação popular** é ontológica e teleologicamente voltada ao controle dos **atos da administração pública** em defesa do **patrimônio público**.

A regra extraída do art. 5º, LXXIII, da CF/88 é a de que se faz necessária a presença dos dois requisitos fundamentais para a utilização da ação popular: **invalidade do ato** e sua **lesividade**. Atos válidos e lesivos ou atos inválidos mas não lesivos não autorizariam, a princípio, a propositura da ação popular.

Aliás, já consignou expressamente o **STJ** que, ainda que a CF/88 tenha alargado as hipóteses de cabimento da Ação Popular, é necessária a comprovação da lesividade:

> "ADMINISTRATIVO. AÇÃO POPULAR. CABIMENTO. ILEGALIDADE DO ATO ADMINISTRATIVO. LESIVIDADE AO PATRIMÔNIO PÚBLICO. COMPROVAÇÃO DO PREJUÍZO. NECESSIDADE.
>
> 1. O fato de a Constituição Federal de 1988 ter alargado as hipóteses de cabimento da ação popular **não tem o efeito de eximir o autor de comprovar a lesividade do ato**, mesmo em se tratando de lesão à moralidade administrativa, ao **meio ambiente** ou ao patrimônio histórico e cultural. (...)" (STJ, 1ª Seção, EREsp 260.821/SP, rel. Min. Luiz Fux, *DJ* 23-11-2005).

Todavia, a jurisprudência mais recente daquela Corte Superior tem decidido que, **basta a ofensa à moralidade administrativa** para a propositura da ação popular, ainda que não fique comprovada qualquer lesão ao patrimônio público:

> "PROCESSUAL CIVIL. ADMINISTRATIVO. AÇÃO POPULAR. AUSÊNCIA DE LESIVIDADE MATERIAL. OFENSA À MORALIDADE ADMINISTRATIVA. CABIMENTO. (...)
>
> 1. A ação popular é instrumento hábil à defesa da **moralidade** administrativa, ainda que **inexista dano material** ao patrimônio público. Precedentes do STJ: AgRg no REsp 774.932/GO, *DJ* 22-3-2007 e REsp 552.691/MG, *DJ* 30-5-2005.
>
> 2. O influxo do princípio da moralidade administrativa, consagrado no art. 37 da Constituição Federal, traduz-se como **fundamento autônomo** para o exercício da Ação Popular, não obstante estar implícito no art. 5º, LXXIII da *Lex Magna*. Aliás, o atual microssistema constitucional de tutela dos interesses di-

> fusos, hoje compostos pela Lei da Ação Civil Pública, a Lei da Ação Popular, o Mandado de Segurança Coletivo, o Código de Defesa do Consumidor e o Estatuto da Criança e do Adolescente, revela normas que se interpenetram, nada justificando que a moralidade administrativa não possa ser veiculada por meio de Ação Popular.
>
> 3. Sob esse enfoque manifestou-se o S.T.F: 'o entendimento no sentido de que, para o cabimento da ação popular, basta a ilegalidade do ato administrativo a invalidar, por contrariar normas específicas que regem a sua prática ou por se desviar de princípios que norteiam a Administração Pública, sendo dispensável a demonstração de prejuízo material aos cofres públicos, não é ofensivo ao inciso LI do art. 5º da Constituição Federal, norma esta que abarca não só o patrimônio material do Poder Público, como também o patrimônio moral, o cultural e o histórico.' (RE 170.768/SP, rel. Min. Ilmar Galvão, *DJ* 13-8-1999). (...)" (STJ, 1ª Turma, REsp 474.475/SP, rel. Min. Luiz Fux, *DJ* 6-10-2008).
>
> No mesmo sentido, STJ, AgRg no REsp 1.151.540/SP, rel. Min. Benedito Gonçalves, 1ª Turma, julgado em 20-6-2013, *DJe* 26-6-2013.

Por ato **inválido**, entende-se o ato em **desconformidade com as leis e os princípios de direito**. A invalidade pode se manifestar de três formas distintas. Podem os atos inválidos ser:

- **nulos;**
- **anuláveis;**
- **inexistentes.**

É a própria Lei de Ação Popular (Lei n. 4.717/65), além da Lei n. 9.784/99 (Lei de Processo Administrativo), que indica quando incide esta ou aquela invalidade. A diferença entre elas está na conduta que pode tomar a Administração, provocada ou não a corrigi-los, o que resultará na convalescência ou não do ato. Só os atos anuláveis é que podem convalescer. Os nulos e inexistentes precisam ser extirpados, inclusive seus efeitos, do mundo jurídico.

Já o ato **lesivo** é aquele que **causou** ou **pode causar dano (patrimonial ou extrapatrimonial)**.

Importante ressaltar que se consideram lesivas, e, portanto, tuteláveis por ação popular, as situações jurídicas de **risco de lesão**, não sendo necessário que a tutela jurisdicional seja sempre repressiva. Destarte, é perfeitamente possível que a ação popular seja **inibitória** do ilícito ou do próprio dano.

Ainda dentro do conceito de **lesividade**, inclui-se a noção de lesão aos **princípios da administração pública, da razoabilidade, da boa-fé, etc.**, não sendo adequado resumir o conceito de ilicitude ao de contrariedade à **lei**, em sentido material ou formal.

Por fim, vale dizer que, para a propositura da ação popular, basta apenas a **afirmação da lesividade e da invalidade do ato**. Já sua demonstração *in concreto* diz respeito ao próprio mérito da demanda.

## 9.4.3. Natureza do ato a ser atacado

### *9.4.3.1. Os atos da Administração Pública no Estado Liberal*

Para melhor entender o estágio evolutivo a que chegou a Ação Popular, importante fixar a premissa inconteste de que no **Estado Liberal** os atos administrativos eram em sua maioria **vinculados**, ou seja, quase nenhuma margem de liberdade existia para o administrador, que se restringia a atuar nos **limites** e segundo as **finalidades** estabelecidas pelo **legislador**.

Os atos **discricionários** — que, apesar de vincularem-se a prévios modelos legais, são praticados com certa margem de **liberdade** — eram exceção à regra, na tentativa de limitar no máximo possível o administrador ao decidido pelo legislador. E isso pois se temia que dar liberdade de atuação ao Poder Executivo propiciaria mais possibilidades de **arbítrio**.

Por isso mesmo é que a **Lei de Ação Popular** foi pensada, sobretudo, para o controle dos atos **vinculados** da Administração Pública, como não esconde a redação de seus arts. 2º, 3º e 4º. Tratava-se, portanto, de fulminar as hipóteses em que o ato administrativo (vinculado) desbordava da regra legal e, com isso, causava lesão ao patrimônio público.

Daí decorria, logicamente, a interpretação de que os atos **discricionários** não poderiam ser controlados pelo Poder Judiciário via ação popular, sob pena de usurpar-se a função administrativa, enquanto, ao contrário, a verificação da ilegalidade do ato vinculado seria facilmente percebida dadas as características deste ato.

### *9.4.3.2. Os atos da Administração Pública no Estado Democrático de Direito*

O **novo paradigma estatal** remodelou a atuação do Estado, impondo-lhe um dever jurídico de realizar os **direitos sociais** em prol da coletividade. Para exercício desse novo papel seria impossível estabelecer regras abstratas estanques e minuciosas que fossem justas e atendessem de forma satisfatória toda a coletividade.

Nesse particular, para permitir a atuação justa e efetiva em cada **caso concreto**, levando-se em consideração que a sociedade moderna é **heterogênea** e **pluralista**, a lei esmerou-se em estabelecer regras abstratas que não engessassem a função do administrador, conferindo-lhe **liberdade** para:

- atuar com margem de **discricionariedade**;
- preencher **conceitos vagos**;

- implementar as **políticas públicas**, considerando as peculiaridades de cada situação coletiva em concreto.

Portanto, inverteu-se a fórmula do estado liberal. Agora, a maior parte dos atos da administração pública é marcada pela **discricionariedade** e pelo preenchimento de conceitos vagos em prol da realização e da concretização das políticas públicas essenciais à sociedade.

O fato, contudo, é que os atos administrativos discricionários não são órfãos da lei, antes o contrário. A margem de **liberdade para escolher** e definir o melhor (mais conveniente e oportuno) caminho ou solução a ser cumprida pelo administrado não faz do ato discricionário algo que seja livre das amarras da lei, tampouco exime o administrador de respeitar certas **diretrizes** e **limites** estabelecidos pelo legislador.

Por isso mesmo, o mérito do ato administrativo só é intocável se estiver **adequado à lei**, e essa análise não deve ser usurpada do **Poder Judiciário**.

Neste particular, a **ação popular** se mostra como remédio legítimo para controlar não só atos administrativos vinculados, tal como sempre se admitiu, mas também, e principalmente, os atos administrativos **discricionários** e resultantes do preenchimento de **conceitos vagos**.

É, aliás, exatamente nestes casos que se encontra o maior desafio da ação popular constitucional nos dias de hoje. Não sendo assim, será instrumento limitado e ultrapassado, que não se coaduna com o seu perfil democrático e participativo de controle da Administração Pública.

> Em resumo: criada sob a influência do **Estado Liberal**, certo é que a **Lei de Ação Popular** se destinava, precipuamente, ao controle da legalidade dos atos **vinculados** da administração.
> Contudo, com a mudança radical no paradigma de atuação estatal consolidada pela **Constituição de 1988**, o **Poder Judiciário** deve ter um papel cada vez mais ativo na fiscalização da atuação do poder público.
> Por tal razão, a Ação Popular deve ser remodelada pelo intérprete no intuito de torná-la remédio adequado ao controle, sobretudo, dos atos **discricionários** do Poder Público.

### ■ 9.4.3.3. *Ação popular e controle de políticas públicas*

Com base nessas ideias, hoje é assente ser perfeitamente possível e desejável a interferência **jurisdicional** para sanar as **omissões da administração**.

É justamente no **controle das políticas públicas** que se encontra, hodiernamente, o grande papel a ser desempenhado pela Ação Popular. Assim, se a omissão na realização das políticas públicas — dever do Estado — existe, ela deve ser controlada mediante **atuação positiva do Poder Judiciário**, impondo que o Estado faça aquilo que não fez em relação ao mínimo existencial dos direitos sociais, nos limites do razoável e da reserva do possível.

#### 9.4.3.4. *Características do ato*

A invalidade é de **ato administrativo**, de **efeitos concretos**, porque o que não gerou efeitos ainda não causou lesão. É possível a anulação de atos administrativos de qualquer dos **três Poderes**.

Pode, ainda, o ato ser **comissivo** ou **omissivo**, conforme se extrai da jurisprudência do **Superior Tribunal de Justiça:**

> "ADMINISTRATIVO. AÇÃO POPULAR. INTERESSE DE AGIR. PROVA PERICIAL. DESNECESSIDADE. MATÉRIA CONSTITUCIONAL. (...)
>
> 4. A ação popular é o instrumento jurídico que deve ser utilizado para impugnar atos administrativos omissivos ou comissivos que possam causar danos ao meio ambiente.
>
> 5. Pode ser proposta ação popular ante a omissão do Estado em promover condições de melhoria na coleta do esgoto da Penitenciária Presidente Bernardes, de modo a que cesse o despejo de elementos poluentes no Córrego Guarucaia (obrigação de não fazer), a fim de evitar danos ao meio ambiente. (...)" (STJ, 2ª Turma, REsp 889.766/SP, rel. Min. Castro Meira, *DJ* 18-10-2007).

### 9.4.4. A legitimidade para agir na ação popular

#### 9.4.4.1. *Legitimidade ativa*

Como se vê no art. 5º, LXXIII, da CF/88, a **legitimidade ativa** para a propositura da ação popular é do **cidadão**. A prova da cidadania, segundo o **art. 1º, § 3º**,[3] **da Lei n. 4.717/65**, deve ser feita por meio do **título de eleitor**.

Importante consignar, porém, que já decidiu o **Superior Tribunal de Justiça** que o título de eleitor não é condição para o ingresso da Ação Popular, mas **meio de prova** da condição de cidadão. Ser **cidadão**, segundo se afirmou, é coisa distinta de ser **eleitor**. Vejamos:

> "PROCESSUAL CIVIL. AÇÃO POPULAR. ELEITOR COM DOMICÍLIO ELEITORAL EM MUNICÍPIO ESTRANHO ÀQUELE EM QUE OCORRERAM OS FATOS CONTROVERSOS. IRRELEVÂNCIA. LEGITIMIDADE ATIVA. CIDADÃO. TÍTULO DE ELEITOR. MERO MEIO DE PROVA (...)
>
> 2. Nas razões recursais, sustenta a parte recorrente ter havido violação aos arts. 1º, *caput* e § 3º, da Lei n. 4.717/65 e 42, p. único, do Código Eleitoral, ao argumento de que a ação popular foi movida por eleitor de Município outro que não aquele onde se processaram as alegadas ilegalidades. (...)

[3] Art. 1º, § 3º: "A *prova da cidadania*, para ingresso em juízo, será feita com o *título eleitoral*, ou com documento que a ele corresponda".

> 4. Note-se que a **legitimidade ativa é deferida a cidadão**. A afirmativa é importante porque, ao contrário do que pretende o recorrente, a **legitimidade ativa não é do eleitor, mas do cidadão**.
> 5. O que ocorre é que a Lei n. 4717/65, por seu art. 1º, § 3º, define que a cidadania será provada por título de eleitor.
> 6. Vê-se, portanto, que a **condição de eleitor não é condição de legitimidade ativa**, mas apenas e tão só **meio de prova documental da cidadania**, daí por que pouco importa qual o domicílio eleitoral do autor da ação popular. Aliás, trata-se de uma exceção à regra da liberdade probatória (sob a lógica tanto da atipicidade como da não taxatividade dos meios de provas) prevista no art. 332, CPC. (...)" (STJ, 2ª Turma, REsp 1.242.800/MS, rel. Min. Mauro Campbell Marques, *DJ* 4-6-2011).

Não é possível, contudo, confundir a legitimidade com a **capacidade postulatória e para estar em juízo**. Por isso, o **cidadão precisa estar representado por advogado** e, se for cidadão **relativa ou absolutamente incapaz**, deve ser **representado** ou **assistido**.

Ainda sobre a legitimidade ativa, diga-se que o **art. 6º, § 5º**,[4] **da Lei n. 4.717/65** reconhece a possibilidade de o cidadão promover a sua **intervenção litisconsorcial**, mas **sem poder realizar a ampliação do objeto da demanda**. O **litisconsórcio** formado é, portanto, **facultativo unitário**.

Por fim, cabe dizer que, segundo pensamos, a legitimidade do cidadão para propor a ação popular não se ajusta à dicotomia **ordinária/extraordinária**, pensada para o processo individual.

Melhor dizer que o cidadão tem **legitimidade adequada, que deve ser certificada e controlada em cada caso concreto,** para propositura e condução da ação popular, porque pode, isoladamente, defender direito que é não apenas seu, mas de toda a coletividade.

Nada impede, é claro, que o cidadão, autor da ação popular, tenha interesse jurídico reflexo ao interesse público que pretenda proteger por intermédio da demanda. Basta pensarmos, por exemplo, num cidadão que pretenda anular licitação para construção de aterro sanitário que agride os valores ambientais, ainda que possa se beneficiar da medida por ser vizinho do local onde seria construída a obra.

Da mesma forma, pouco importa que seja ele servidor público do próprio órgão da administração pública que figurará como réu na demanda. O interesse em jogo é altruísta, e não egoísta.

---

4 Art. 6º, § 5º: "É facultado a *qualquer cidadão* habilitar-se como *litisconsorte ou assistente* do autor da ação popular".

### ■ 9.4.4.2. *Legitimidade passiva*

Por sua vez, a **legitimidade passiva** enseja, sempre, a formação de **litisconsórcio necessário** entre a **pessoa jurídica de direito público ou com função pública**, os **agentes públicos** participantes do ato e os **beneficiários diretos**. Vejamos:

> "Art. 6º A ação será proposta contra as **pessoas públicas ou privadas** e as entidades referidas no art. 1º, contra as **autoridades, funcionários ou administradores** que houverem autorizado, aprovado, ratificado ou praticado o ato impugnado, ou que, por omissão, tiverem dado oportunidade à lesão, e contra os beneficiários diretos do mesmo."

Caso assim não proceda o autor, deve o juiz aplicar o **parágrafo único do art. 47 do CPC**, assinalando **prazo** para que o requerente **promova a citação** dos demais litisconsortes, sob pena de **extinção** do processo:

> "Art. 47. Há litisconsórcio **necessário**, quando, por disposição de lei ou pela natureza da relação jurídica, o juiz tiver de decidir a lide de modo uniforme para todas as partes; caso em que a **eficácia da sentença** dependerá da **citação de todos** os litisconsortes no processo.
>
> Parágrafo único. O **juiz ordenará** ao autor que promova a **citação** de todos os litisconsortes necessários, dentro do prazo que assinar, sob pena de declarar **extinto** o processo."

Vê-se, ainda, **no art. 115 do CPC**, que eventual **sentença** prolatada sem a participação de todos os litisconsortes necessários é:

I — **nula**, se a decisão deveria ser uniforme em relação a todos que deveriam ter integrado o processo;

II — **ineficaz**, nos outros casos, apenas para os que não foram citados.

Importante entender que o ato administrativo do qual se pretende decretar a invalidade é uma norma jurídica concreta que, regra geral, foi formada depois de um **procedimento administrativo** com contraditório e participação de vários órgãos, encarnados por servidores públicos que integram a administração pública.

Por isso mesmo, o dispositivo legal deixa claro que todos aqueles que **participaram de forma decisiva** na formação do ato administrativo durante a cadeia procedimental, influenciando no seu resultado (ato inválido), devem responder como **réus** na referida demanda, com aqueles que, sem participar da formação do ato, dele se beneficiaram de forma direta.

Enfim, o *caput* do dispositivo deixa claro que os funcionários e servidores que, por ação ou omissão, tenham autorizado, aprovado, ratificado ou praticado o ato impugnado devem responder à demanda. Além deles, integram as pessoas que, ainda que não tenham participado, dele se beneficiaram.

Diga-se, ainda, que existindo ato inválido e lesivo, mas sem que seja possível a **identificação dos beneficiários** diretos do ato impugnado, ou mesmo seus responsáveis, a ação poderá ser proposta apenas contra as pessoas físicas e jurídicas indicadas no *caput* do dispositivo. É a regra do **§ 1º do art. 6º** da Lei de Ação Popular:

> "Art. 6º (...) § 1º Se não houver benefício direto do ato lesivo, ou se for ele **indeterminado ou desconhecido**, a ação será proposta somente contra as outras pessoas indicadas neste artigo."

Nessas hipóteses, caso, no **curso do processo** e **antes de proferida a sentença**, sejam identificados os **beneficiários** antes **indeterminados**, reza o **art. 7º, § 2º, II e III**, da Lei n. 4.717/65 que estas pessoas deverão ser citadas para a integração do contraditório, sendo-lhe restituído o prazo para **contestação** e produção de **provas:**

> "Art. 7º (...) § 2º (...)
>
> II — Quando o autor o preferir, a citação dos **beneficiários** far-se-á por **edital** com o prazo de 30 (trinta) dias, afixado na sede do juízo e publicado três vezes no jornal oficial do Distrito Federal, ou da Capital do Estado ou Território em que seja ajuizada a ação. A publicação será gratuita e deverá iniciar-se no máximo 3 (três) dias após a entrega, na repartição competente, sob protocolo, de uma via autenticada do mandado.
>
> III — **Qualquer pessoa**, **beneficiada** ou **responsável** pelo ato impugnado, cuja existência ou identidade se torne **conhecida no curso do processo e antes de proferida a sentença** final de primeira instância, deverá ser **citada** para a integração do contraditório, sendo-lhe restituído o prazo para **contestação** e produção de **provas**, Salvo, quanto a **beneficiário**, se a **citação** se houver feito na forma do inciso anterior."

Excepciona-se a regra nos casos em que o autor tiver requerido a citação por **edital** dos **beneficiários desconhecidos**. Nestas hipóteses, não poderá contestar novamente, porque a ele será dado **curador especial**, nos termos do art. 72, II, segunda parte, do CPC. Nada impede, todavia, que **integre o contraditório** fazendo-se representar por **advogado próprio** e dispensando o curador especial.

O litisconsórcio passivo é, ainda, **simples** (e não unitário), na medida em que cada um dos responsáveis pelo ato e seus beneficiários poderão ser condenados em **montante diverso** por força do art. 11 da LAP:

> "Art. 11. A sentença que, julgando procedente a ação popular, decretar a invalidade do ato impugnado, condenará ao pagamento de perdas e danos os responsáveis pela sua prática e os beneficiários dele, ressalvada a ação regressiva contra os funcionários causadores de dano, quando incorrerem em culpa."

É o que já ressaltou o **STJ** no julgamento a seguir:

> "ADMINISTRATIVO. **AÇÃO POPULAR**. PREFEITURA. AUSÊNCIA DE LICITAÇÃO. AQUISIÇÃO DE MEDICAMENTOS. ENTREGA. DANO AO ERÁRIO. EFETIVAÇÃO. RESSARCIMENTO. **CONDENAÇÃO SOLIDÁRIA. IMPOSSIBILIDADE.**
>
> I — O aresto recorrido, nos autos da ação popular respectiva, considerou a existência do dano ao erário em decorrência da aquisição e pagamento de medicamentos, efetuados sem a devida licitação e que não foram entregues pelos fornecedores às unidades responsáveis da Prefeitura em questão.
>
> II — No entanto, com a delimitação do dano, a ser comprovado mediante as notas fiscais juntadas e delineadas na inicial, **não poderiam** os recorrentes ter sido condenados ao ressarcimento do prejuízo de forma **solidária**, mas sim **na medida de sua responsabilidade e extensão**.
>
> III — Recurso parcialmente provido" (STJ, 1ª Turma, REsp 881.426/SP, rel. Min. Francisco Falcão, *DJ* 1º-2-2007).

### 9.4.4.3. *Intervenção móvel da pessoa jurídica*

Para entender o papel exercido pela pessoa jurídica na ação popular, fundamental a leitura do **§ 3º do art. 6º** da LAP:

> "Art. 6º (...) § 3º A **pessoa jurídica** de direito público ou de direito privado, cujo ato seja objeto de impugnação, poderá **abster-se de contestar o pedido**, ou poderá **atuar ao lado do autor**, desde que isso se afigure útil ao **interesse público**, a juízo do respectivo representante legal ou dirigente."

A **pessoa jurídica de direito público** é citada como interessada (art. 238 do CPC) e, tendo em vista a **indispensabilidade do litisconsórcio**, uma vez citada, poderá aderir ao polo **ativo** ou **passivo**.

Trata-se de regra excepcional de citação de parte. Tomará a posição de acordo com o **interesse público**. Se for para o lado ativo, poderá aditar a inicial, devendo haver nova citação, com novo prazo de resposta. Se permanecer inerte, subentende-se ter escolhido a posição de ré.

Em última análise, ainda que atue na condição de ré, é essa a pessoa que será **credora** e **promoverá a execução** no caso de procedência da ação popular, como reza o art. 17:

> "Art. 17. É sempre permitida às **pessoas ou entidades** referidas no art. 1º, **ainda que hajam contestado a ação**, promover, em qualquer tempo, e no que as beneficiar a **execução da sentença** contra os demais réus."

## ■ 9.4.5. A posição do Ministério Público

A leitura dos arts. 6º, § 4º; 7º, § 1º; 9º; 16 e 19, § 2º, todos da Lei n. 4.717/65, poderia levar a uma confusão do intérprete no tocante à função e participação do ***Parquet*** no procedimento da ação popular. Vejamos os dispositivos:

> "Art. 6º (...) § 4º O **Ministério Público acompanhará a ação**, cabendo-lhe **apressar a produção da prova** e promover a **responsabilidade, civil ou criminal**, dos que nela incidirem, sendo-lhe **vedado, em qualquer hipótese, assumir a defesa do ato impugnado ou dos seus autores**."
>
> "Art. 7º (...) § 1º O representante do **Ministério Público** providenciará para que as **requisições**, a que se refere o inciso anterior, sejam **atendidas dentro dos prazos** fixados pelo juiz."
>
> "Art. 9º Se o autor **desistir da ação** ou der motivo à **absolvição da instância**, serão publicados editais nos prazos e condições previstos no art. 7º, II, ficando assegurado a qualquer cidadão, bem como ao representante do **Ministério Público**, dentro do prazo de 90 (noventa) dias da última publicação feita, promover o **prosseguimento da ação**."
>
> "Art. 16. Caso decorridos **60 (sessenta) dias de publicação da sentença condenatória** de segunda instância, sem que o autor ou terceiro promova a respectiva **execução**, o representante do **Ministério Público a promoverá** nos 30 (trinta) dias seguintes, sob pena de falta grave."
>
> "Art. 19. (...) § 2º Das sentenças e decisões proferidas contra o autor da ação e suscetíveis de recurso, poderá **recorrer** qualquer cidadão e também o **Ministério Público**."

Ocorre que a preocupação do legislador, no art. 6º, § 4º (o *Parquet* não poderia defender o ato impugnado), era, à época, **excepcionar o regime jurídico do Ministério Público**, já que este era **representante legal** das pessoas jurídicas de direito público.

Com o advento da **CF/88**, o *Parquet* assumiu um **novo papel na sociedade**, como **figura autônoma** e com a função de **zelar pelo interesse público**, atuando como *custos legis* (fiscal da lei) e independentemente desta ou daquela parte.

É por isso que, na ação popular, o Ministério Público somente atuará como parte (sucessor processual) no caso dos arts. 9º, 16 e 19, § 2º. Nos demais casos, atuará como **fiscal da lei** e **protegerá o interesse público primário**.

A redação do **art. 9º da Lei n. 4.717/65** trata da **sucessão processual** do ***Parquet*** na ação popular. De fato, a redação não é das melhores, mas se justificam os termos ali utilizados porque foi feita com base no **CPC/39**, onde a expressão **"absolvição da instância"** significava o que hoje é reconhecido no Código de Processo Civil como **"abandono da ação"**.

Nos dois casos, normalmente, haveria a aplicação do art. 485, VIII e § 4º, ou do art. 485, II e III, do CPC, levando sempre à **extinção do processo**. Todavia, tratando-se de **ação popular**, haverá a **publicação de edital** para **qualquer cidadão** e/ou o **Ministério Público** assumirem o polo ativo da demanda.

Nestes casos, cabe ao Ministério Público analisar se o abandono ou a desistência são fundados ou infundados. Também depende de avaliação pelo Ministério Público a interposição de recurso.

Já no **art. 16 da Lei n. 4.717/65**, ao contrário do art. 9º, é **obrigatória a atuação do Ministério Público**, devendo **promover a execução** se estiver findo **o prazo de 60 dias** sem que o próprio autor ou a pessoa jurídica de direito público promova a execução da sentença condenatória. Fará isso o Ministério Público sob pena de falta grave.

> **ATENÇÃO!** Para efeito de **concurso público**, importante frisar que há questões que consideram **facultativa** a execução pelo Ministério Público neste caso (ver questão de n. 1 no *item 9.6.1*).

A execução pode se dar como **definitiva** a decisão, ou **provisória**, *v.g.*, quando pendente recurso extraordinário **(arts. 16 e 19)**.

### ■ 9.4.6. Pedido e sentença na ação popular

Há sempre **cumulação de pedidos** na ação popular. Afinal, se a **invalidade** se corrige por **decisão constitutiva**, a **lesão** se corrige por **decisão condenatória**.

Por isso mesmo, este pedido é condenatório eventual, que só ocorre caso seja acolhida a pretensão de decretação da invalidade. É o que se presume do **art. 11 da Lei n. 4.717/65**, a saber:

> "Art. 11. A sentença que, julgando **procedente** a ação popular, decretar a **invalidade** do ato impugnado, **condenará ao pagamento de perdas e danos** os responsáveis pela sua prática e os beneficiários dele, ressalvada a ação regressiva contra os funcionários causadores de dano, quando incorrerem em culpa."

A jurisprudência do **STJ** já decidiu, inclusive, que, mesmo que **não haja pedido** expresso, **deve** o juiz incluir na sentença a condenação em **perdas e danos:**

> "(...) por força do art. 11 da Lei 4.717/65, deve o juiz, independente de pedido expresso, incluir na sentença a condenação ao pagamento de perdas e danos. Não há, portanto, cogitar de sentença *extra petita*" (STJ, 1ª Turma, REsp 439.051/RO, rel. Min. Teori Albino Zavascki, *DJ* 1º-2-2005).

É possível, ainda, que se decrete a invalidade do ato, mas **apenas se fixe a obrigação de indenizar**, devendo haver **liquidação da decisão (art. 14, *caput*):**

"Art. 14. Se o valor da lesão ficar provado no curso da causa, será indicado na sentença; se **depender de avaliação ou perícia**, será apurado na **execução**."

Da parte condenatória da sentença proferida[5] na ação popular, resultam os seguintes **efeitos secundários:**

- **Multa** legal ou contratual acrescida de **juros** (art. 14, § 1º).
- **Anulação dos negócios jurídicos fraudulentos, simulados ou irreais** (art. 14, § 2º).
- **Execução** por intermédio de **desconto em folha**, quando o condenado for funcionário público (art. 14, § 3º).
- Efeito cautelar de **sequestro** e **arresto** para garantir a execução (art. 14, § 4º).

### 9.4.7. Tutela liminar na ação popular

A Lei de Ação Popular prescreve, no **art. 5º, § 4º**, a possibilidade de concessão de **liminar em favor do autor**, cujos requisitos serão os tradicionais *fumus boni iuris* e o *periculum in mora*. Vejamos:

"Art. 5º (...) § 4º Na defesa do patrimônio público caberá a **suspensão liminar** do ato lesivo impugnado."

Tendo em vista a regra do ***caput* do art. 7º**, a adoção do **procedimento ordinário** permite a aplicação, *in totum*, do **art. 294 e ss. do CPC**, com todas as

[5] "Art. 14. (...)

§ 1º Quando a lesão resultar da falta ou isenção de qualquer pagamento, a condenação imporá o pagamento devido, com acréscimo de *juros de mora* e *multa legal ou contratual*, se houver.

§ 2º Quando a lesão resultar da execução fraudulenta, simulada ou irreal de contratos, a condenação versará sobre a *reposição do débito*, com juros de mora.

§ 3º Quando o réu condenado perceber dos cofres públicos, a execução far-se-á por *desconto em folha* até o integral ressarcimento de dano causado, se assim mais convier ao interesse público.

§ 4º A parte condenada a restituir bens ou valores ficará sujeita a *sequestro e penhora*, desde a prolação da sentença condenatória."

suas **modalidades** de tutela provisória (urgente ou evidente), bem como seus **requisitos** e procedimentos.

Ainda, por expressa disposição do art. 4º da Lei n. 8.437/92,[6] é possível a **sustação da eficácia da liminar e da sentença** na ação popular, nos casos ali determinados. Trata-se da chamada **suspensão de segurança**.[7]

## ■ 9.4.8. Competência na ação popular

A **competência** na ação popular é ditada pelo **art. 5º** da Lei n. 4.717/65, conforme o ente federativo a que se liga a origem do ato atacado:

> "Art. 5º Conforme a **origem** do ato impugnado, é **competente** para conhecer da ação, processá-la e julgá-la, o juiz que, de acordo com a **organização judiciária** de cada Estado, o for para as causas que interessem à **União**, ao **Distrito Federal**, ao **Estado** ou ao **Município**.
>
> § 1º Para fins de competência, equiparam-se a atos da União, do Distrito Federal, do Estado ou dos Municípios os atos das **pessoas criadas ou mantidas por essas pessoas jurídicas de direito público**, bem como os atos das **sociedades de que elas sejam acionistas** e os das pessoas ou entidades por elas **subvencionadas** ou em relação às quais tenham **interesse patrimonial**.
>
> § 2º Quando o pleito interessar simultaneamente à **União** e a qualquer **outra pessoa ou entidade**, será competente o juiz das causas da **União**, se houver; quando interessar simultaneamente ao **Estado e ao Município**, será competente o juiz das causas do **Estado**, se houver.
>
> § 3º A **propositura** da ação **prevenirá a jurisdição** do juízo para todas as ações, que forem posteriormente intentadas contra as mesmas partes e sob os mesmos fundamentos."

A expressão **"origem do ato impugnado"** define, primeiramente, se será competente a **justiça federal ou estadual**, conforme haja ou não interesse da

---

[6] "Art. 4º Compete ao presidente do tribunal, ao qual couber o conhecimento do respectivo recurso, *suspender*, em despacho fundamentado, *a execução da liminar nas ações movidas contra o Poder Público ou seus agentes*, a requerimento do Ministério Público ou da pessoa jurídica de direito público interessada, em caso de manifesto interesse público ou de flagrante ilegitimidade, e para evitar grave lesão à ordem, à saúde, à segurança e à economia públicas.

§ 1º Aplica-se o disposto neste artigo à sentença proferida em processo de ação cautelar inominada, no processo de *ação popular* e na ação civil pública, enquanto não transitada em julgado."

[7] Para estudo mais detalhado sobre a *suspensão de segurança*, ver, *infra*, o *item 9.5.10.2.4*.

**União, autarquia ou empresa pública federal** por aplicação do **art. 109, I, da CF/88**, *in verbis*:

> "Art. 109. Aos **juízes federais** compete processar e julgar:
> I — as causas em que a **União**, **entidade autárquica** ou **empresa pública federal** forem **interessadas** na condição de autoras, rés, assistentes ou oponentes, exceto as de falência, as de acidentes de trabalho e as sujeitas à Justiça Eleitoral e à Justiça do Trabalho; (...)."

Vale dizer que, havendo o interesse da União, a causa há de ser processada na Justiça Federal ainda quando haja concomitante interesse estadual ou municipal, conforme o § 2º do art. 5º supratranscrito.

Da mesma forma, se houver interesse **estadual** e **municipal** conjuntamente, será competente a Vara da Fazenda Pública Estadual, e não Municipal, onde houver tais juízos.

Define, ainda, o **art. 5º** a competência **territorial**, que será a do local de onde emanou o ato impugnado.

Ainda do **§ 3º** do mesmo art. 5º, vê-se que a **prevenção do juízo** se dá com a **propositura da demanda**, a ser determinada nos termos do **art. 312**[8] do CPC. Dessa forma, havendo **conexão** — ou, ainda, duplicidade de **litispendências** — de ações populares, a regra é a **reunião da demanda** no juízo que tenha despachado primeiro ou onde tenha ocorrido a primeira distribuição, conforme seja de vara única ou não a comarca.

Relembre-se que embora existente a conexão, não será possível a reunião das demandas quando "As ações populares que tramitam em graus diversos de jurisdição" "porquanto a gênese da conexão pressupõe a possibilidade de *simultaneus processus* viabilizador da um único julgamento" (REsp 851.090/SP, rel. Min. Luiz Fux, 1ª Turma, julgado em 18-12-2007, *DJe* 31-03-2008).

Importante, por fim, ressaltar que, conforme já se decidiu no **STF**, a **competência** para processar e julgar a ação popular é, em regra, do **juiz de primeiro grau**, qualquer que seja a autoridade responsável pelo ato atacado:

> "AÇÃO ORIGINÁRIA. QUESTÃO DE ORDEM. AÇÃO POPULAR. COMPETÊNCIA ORIGINÁRIA DO SUPREMO TRIBUNAL FEDERAL: NÃO OCORRÊNCIA. PRECEDENTES.

8 "Art. 312. Considera-se proposta a ação quando a petição inicial for protocolada, todavia, a propositura da ação só produz quanto ao réu os efeitos mencionados no art. 240 depois que for validamente citado".

> **1. A competência para julgar ação popular contra ato de qualquer autoridade, até mesmo do Presidente da República, é, via de regra, do juízo competente de primeiro grau. Precedentes.**
>
> 2. Julgado o feito na primeira instância, se ficar configurado o impedimento de mais da metade dos desembargadores para apreciar o recurso voluntário ou a remessa obrigatória, ocorrerá a competência do Supremo Tribunal Federal, com base na letra *n* do inciso I, segunda parte, do artigo 102 da Constituição Federal.
>
> 3. Resolvida a Questão de Ordem para estabelecer a competência de um dos juízes de primeiro grau da Justiça do Estado do Amapá" (STF, Pleno, AO 859 QO/AP, rel. Min. Ellen Gracie, *DJ* 1º-8-2003).

## ■ 9.4.9. O rito a ser seguido na ação popular

Sobre o **procedimento** a ser seguido na ação popular, importante a leitura do **art. 7º** da Lei n. 4.717/65:

> "Art. 7º A ação obedecerá ao **procedimento ordinário**, previsto no Código de Processo Civil, observadas as seguintes **normas modificativas:** (...)."

O fato é que, muito embora traga uma série de peculiaridades, o **art. 7º** deixa claro que deve ser seguido o **procedimento comum**, com as modificações ali previstas. Significa isso que a ação popular processa-se com **cognição plena e exauriente**, bem como ampla dilação probatória.

E não poderia ser diferente, pois o réu que suporta a litispendência de uma ação popular — normalmente ocupante de função pública — não raramente tem enormes prejuízos só pelo fato de ter contra si uma demanda desse jaez, com enorme apelo político e de exposição pública. O contraditório irrestrito e a ampla defesa devem ser priorizados pelo procedimento da ação popular.

Serão analisadas, então, neste tópico, as disposições da Lei n. 4.717/65 que excepcionam o rito comum ordinário previsto no Código de Processo Civil.

### ■ *9.4.9.1. Petição inicial e os documentos necessários à propositura da demanda*

Não raramente o cidadão não tem em mãos os documentos que comprovam os fatos da causa, e, como se sabe, a regra processual impõe que a petição inicial seja proposta com os documentos necessários à demanda, bem como aqueles que sirvam de prova.[9]

---

[9] São as regras dos arts. 283 e 396 do CPC:

"Art. 283. A petição inicial será instruída com os documentos indispensáveis à propositura da ação."

"Art. 396. Compete à parte instruir a petição inicial (art. 283), ou a resposta (art. 297), com os documentos destinados a provar-lhe as alegações."

Deve-se lembrar que a demanda franqueada ao cidadão parte da premissa de que qualquer pessoa do povo possa tutelar ao patrimônio público e, por isso, não se pode imaginar que dita pessoa tenha facilidade para ter em mãos documentos que sejam necessários à propositura da demanda.

Exatamente por isso é que o **§ 4º do art. 1º** da LAP outorga ao cidadão a possibilidade de **requerer** às pessoas jurídicas contra as quais é proposta a demanda as **certidões e informações** que achar necessárias, desde que indique a finalidade:

> "Art. 1º (...)
>
> § 4º Para instruir a inicial, o cidadão poderá **requerer às entidades**, a que se refere este artigo, as **certidões e informações** que julgar necessárias, bastando para isso indicar a **finalidade** das mesmas.
>
> § 5º As certidões e informações, a que se refere o parágrafo anterior, deverão ser fornecidas dentro de **15 (quinze) dias** da entrega, sob recibo, dos respectivos requerimentos, e só poderão ser utilizadas para a instrução de ação popular.
>
> § 6º Somente nos casos em que o **interesse público**, devidamente **justificado**, impuser **sigilo**, poderá ser **negada** certidão ou informação.
>
> § 7º Ocorrendo a hipótese do parágrafo anterior, a ação poderá ser proposta **desacompanhada das certidões ou informações negadas**, cabendo ao **juiz**, após apreciar os motivos do indeferimento, e salvo em se tratando de razão de **segurança nacional**, requisitar umas e outras; feita a requisição, o processo correrá em **segredo de justiça**, que cessará com o trânsito em julgado de sentença condenatória."

Nesses casos, a entidade tem o prazo de **15 dias** para fornecer o que lhe fora requerido, como se vê no § 5º.

Nos casos, todavia, em que o **interesse público** impuser **sigilo** a tais elementos, a entidade poderá negar-se a fornecê-las (§ 6º), caso em que a demanda poderá ser proposta **desacompanhada** das certidões ou informações (§ 7º), em clara exceção aos arts. 320 e 434 do CPC.

É o que se vê da jurisprudência do **STJ**, que deixa claro **não ser inepta** a petição inicial desacompanhada dos documentos essenciais à ação popular:

> "ADMINISTRATIVO E PROCESSUAL CIVIL. AÇÃO POPULAR. DESVIO DE REPASSE DE VERBAS PÚBLICAS. PREFEITURA MUNICIPAL. PETIÇÃO INICIAL DEFICIENTE PELA FALTA DE DOCUMENTOS VINCULADOS A ENTIDADES PÚBLICAS. INÉPCIA DA EXORDIAL. AFASTAMENTO. (...)
>
> II — A falta de inclusão dos documentos indispensáveis ao processo na exordial, que dependem de autorização de entidades públicas, não impõe a inépcia da peça vestibular, porquanto o juiz tem a faculdade de requisitá-los aos órgãos, durante a

> instrução do processo, quando houver requerimento para tanto, no teor do art. 7º, inciso I, alínea "b", da Lei n. 4.717/65" (STJ, 1ª Turma, REsp 439.180/SP, rel. Min. Francisco Falcão, *DJ* 3-11-2004).

Nestas hipóteses, caberá ao **juiz**, ao **despachar a inicial**, salvo imperativo de **segurança nacional**, **requisitar** tais elementos, correndo a partir de então em **segredo de justiça** o processo.

Fixará, então, prazo entre **15 e 30 dias**, como se vê do **art. 7º, I, *b***, para que seja cumprida a requisição, passado o qual ficará o administrador ou dirigente sujeito à pena de **desobediência:**

> "Art. 7º (...)
>
> I — Ao despachar a inicial, o juiz ordenará: (...)
>
> *b)* a **requisição**, às **entidades** indicadas na petição inicial, dos **documentos** que tiverem sido referidos pelo autor (art. 1º, § 6º), bem como a de **outros** que se lhe afigurem **necessários** ao esclarecimento dos fatos, fixando o prazo de **15 (quinze) a 30 (trinta)** dias para o atendimento. (...)."
>
> "Art. 8º Ficará sujeita à pena de **desobediência**, salvo motivo justo devidamente comprovado, a autoridade, o administrador ou o dirigente, que deixar de fornecer, no prazo fixado no art. 1º, § 5º, ou naquele que tiver sido estipulado pelo juiz (art. 7º, I, *b*), informações e certidão ou fotocópia de documento necessários à instrução da causa."

### ■ *9.4.9.2. Citação por edital e escolha pelo autor*

Sob a forma de citação do réu, o **art. 7º, II**, traz regra que merece ser comentada:

> "Art. 7º (...)
>
> II — **Quando o autor o preferir**, a citação dos beneficiários far-se-á por **edital** com o prazo de 30 (trinta) dias, afixado na sede do juízo e publicado três vezes no jornal oficial do Distrito Federal, ou da Capital do Estado ou Território em que seja ajuizada a ação. A publicação será gratuita e deverá iniciar-se no máximo 3 (três) dias após a entrega, na repartição competente, sob protocolo, de uma via autenticada do mandado."

A expressão **"quando o autor o preferir"** pode dar a entender que cabe ao **autor escolher**, **livremente**, a citação por **edital**.

Não é assim, todavia, que deve ser. Apenas quando presentes os **requisitos** do **art. 257 do CPC** pode ocorrer a citação por edital, sob pena de clara violação aos princípios do contraditório e ampla defesa. Infringida a regra, cabe a aplicação da sanção do **art. 258 do CPC**. Vejamos os dispositivos:

"Art. 257. São requisitos da **citação** por **edital:**

I — a **afirmação do autor** ou a **certidão do oficial informando a presença das circunstâncias autorizadoras**;

II — a **publicação do edital na rede mundial de computadores**, no sítio do respectivo tribunal e na plataforma de editais do Conselho Nacional de Justiça, que deve ser **certificada nos autos**;

III — a determinação, pelo juiz, do **prazo**, que variará **entre 20 (vinte) e 60 (sessenta) dias**, fluindo da data da publicação única ou, havendo mais de uma, da primeira;

IV — a advertência de que será **nomeado curador especial** em caso de **revelia**.

Parágrafo único. O juiz poderá determinar que a **publicação do edital** seja feita **também** em **jornal local de ampla circulação** ou por **outros meios**, considerando as peculiaridades da comarca, da seção ou da subseção judiciárias.

Art. 258. A parte que requerer a citação por edital, alegando **dolosamente** a ocorrência das circunstâncias autorizadoras para sua realização, incorrerá em **multa de 5 (cinco) vezes o salário-mínimo**.

Parágrafo único. A multa **reverterá** em **benefício** do **citando**."

### ■ *9.4.9.3. Resposta do réu*

A respeito do prazo que possui o réu para contestar, a Lei n. 4.717/65 traz regra específica, não se aplicando o art. 335 do CPC. Vejamos:

"Art. 7º

(...)

IV — O prazo de contestação é de **20 (vinte) dias**, prorrogáveis por **mais 20** (vinte), a **requerimento do interessado**, se particularmente **difícil a produção de prova documental**, e será **comum** a todos os interessados, correndo da **entrega em cartório do mandado cumprido**, ou, quando for o caso, do decurso do **prazo assinado em edital**."

Vê-se, então, que o prazo para apresentação de contestação na ação popular é de **20 dias**, **prorrogáveis por mais 20**, caso o interessado o requeira e o juiz **defira**, por se convencer da **dificuldade da produção de prova documental**.

É de bom alvitre, é claro, que o pedido e o deferimento da prorrogação se deem antes do fim do prazo de 20 dias para evitar tumulto processual, não podendo o juiz decretar a revelia antes de decidir o pedido de prorrogação, ainda que já se tenha ultrapassado o prazo inicial de 20 dias. O que não é possível é fazer o pedido de prorrogação após os 20 dias, pois neste caso o prazo estará precluso e, portanto, revel o réu.

Percebe-se, ainda, que o início da fluência do prazo segue a disciplina do **art. 231 do CPC**. Caso a citação tenha sido feita por edital, conta-se do decurso do prazo assinado no edital. Entretanto, se feita por mandado, da sua juntada aos autos do processo, seguindo a regra do art. 184 do CPC. Embora silente a lei, é possível que a citação dos beneficiários do ato seja realizada pela via postal e, neste caso, terá início da juntada aos autos do aviso de recebimento.

É, ainda, de ser aplicada a regra do **art. 229** do Código de Processo Civil, no sentido de que, sendo distintos os advogados dos litisconsortes passivos, o prazo para ofertar contestação será contado **em dobro**, a saber:

> "Art. 229. Os litisconsortes que tiverem diferentes procuradores, de escritórios de advocacia distintos, terão prazos contados em dobro para todas as suas manifestações, em qualquer juízo ou tribunal, independentemente de requerimento."

Foi o que decidiu o STJ, em relação ao prazo para recorrer:

> "PROCESSUAL CIVIL. AÇÃO POPULAR. PRAZO PARA RECURSO. LITISCONSORTES COM PROCURADORES DIFERENTES.
>
> **Inexistindo na Lei de Ação Popular norma sobre a contagem do prazo para recurso quando os litisconsortes tiverem diferentes procuradores, deve ser aplicado o CPC, artigo 191, contando-se o prazo em dobro.** Recurso provido" (STJ, 1ª Turma, REsp 230.142/RJ, rel. Min. Garcia Vieira, julgado em 18-11-1999).

Além de oferecer contestação, é permitido ao réu que suscite **exceção de incompetência relativa, suspeição ou impedimento**, que deverá ser feita no prazo da contestação.

Quanto à **reconvenção**, não há possibilidade, porque o que se discute é a tutela de direito **metaindividual**, não sendo lícito ao réu trazer lide ou pretensão individual sua contra os legitimados da demanda, que, regra geral, não têm também legitimidade coletiva passiva. É exatamente essa a orientação seguida no **STJ:**

> "PROCESSUAL CIVIL. RECURSO ESPECIAL. AÇÃO POPULAR. RECONVENÇÃO. IMPOSSIBILIDADE. DANO MORAL. AFERIÇÃO. SÚMULA 07/STJ.
>
> 1. A ação popular é um dos mais antigos meios constitucionais de participação do cidadão nos negócios públicos, na defesa da sociedade e dos relevantes valores a que foi destinada. Admitir o uso da reconvenção produziria efeito inibitório do manejo desse importante instrumento de cidadania, o que o constituinte

procurou arredar, quando isentou o autor das custas processuais e do ônus da sucumbência.

2. O instituto da reconvenção exige, como pressuposto de cabimento, a conexão entre a causa deduzida em juízo e a pretensão contraposta pelo réu. A conexão de causas, por sua vez, dá-se por coincidência de objeto ou causa de pedir.

3. Na hipótese, existe clara diversidade entre a ação popular e a reconvenção. Enquanto a primeira objetiva a anulação de ato administrativo e tem como causa de pedir a suposta lesividade ao patrimônio público, a segunda visa à indenização por danos morais e tem como fundamento o exercício abusivo do direito à ação popular.

4. O pedido reconvencional pressupõe que as partes estejam litigando sobre situações jurídicas que lhes são próprias. Na ação popular, o autor não ostenta posição jurídica própria, nem titulariza o direito discutido na ação, que é de natureza indisponível. Defende-se, em verdade, interesses pertencentes a toda sociedade. É de se aplicar, assim, o parágrafo único do art. 315 do CPC, que não permite ao réu, 'em seu próprio nome, reconvir ao autor, quando este demandar em nome de outrem'. (...)" (STJ, 2ª Turma, REsp 72.065/RS, rel. Min. Castro Meira, *DJ* 3-8-2004).

### ■ 9.4.9.4. *Julgamento antecipado da lide*

A Lei de Ação Popular, inovando em relação ao sistema do CPC/39, trouxe a possibilidade do que hoje chamamos de **julgamento antecipado da lide**. Vejamos:

> "Art. 7º (...)
>
> V — Caso **não requerida**, até o despacho saneador, a produção de **prova testemunhal ou pericial**, o juiz ordenará vista às partes por **10 (dez) dias, para alegações**, sendo-lhe os autos conclusos, para **sentença, 48 (quarenta e oito)** horas após a expiração desse prazo; havendo requerimento de prova, o processo tomará o **rito ordinário**."

Assim, não havendo a necessidade de produção de prova técnica ou em audiência, as partes terão o prazo de **10 dias** para oferecer **alegações finais**, findo o qual serão os autos conclusos ao juiz para proferir **sentença** no **prazo impróprio de 48 horas**.

Caso, entretanto, haja necessidade de utilização de tais meios de prova, o processo seguirá o **rito comum**, com designação de **audiência de instrução e julgamento**.

### ■ 9.4.10. Custas e ônus da sucumbência na ação popular

A Lei de Ação Popular traz regra que precisa ser lida com o art. 5º, LXXIII, da CF/88:

**Constituição Federal de 1988**

"Art. 5º, LXXIII — qualquer cidadão é parte legítima para propor ação popular que vise a anular ato lesivo ao patrimônio público ou de entidade de que o Estado participe, à moralidade administrativa, ao meio ambiente e ao patrimônio histórico e cultural, **ficando o autor, salvo comprovada má-fé, isento de custas judiciais e do ônus da sucumbência**; (...)."

**Lei de Ação Popular**

"Art. 10. As **partes** só pagarão **custas** e **preparo** a final."

Da leitura do texto constitucional, vê-se que o **cidadão** é **isento** de pagar custas e ônus da sucumbência, salvo comprovada má-fé. Contudo, a Lei n. 4.717/65 determina que as **custas** e o **preparo** apenas ao **final** serão pagos.

O fato é que, consentâneo com a perspectiva de **acesso a justiça** e **democratização** do controle judicial dos atos administrativos pelo próprio cidadão, a CF/88 isentou o autor popular de custas processuais e ônus da sucumbência.

A isenção decorre da regra lógica de que o cidadão age por todos e para todos, sendo ele o representante da coletividade na tutela do patrimônio público. Não seria justo que sua esfera patrimonial fosse afetada, pois dessa forma se inibiria qualquer cidadão a propor a demanda em prol da coletividade.

A isenção prevista no texto constitucional abriga as **taxas judiciárias**, as **despesas de publicação**, os **honorários de sucumbência**, etc.

Por isso mesmo, a regra do **art. 10 da LAP** apenas se aplica às pessoas jurídicas e físicas requeridas, que não ficam isentas de pagar — ao final — custas e honorários de sucumbência se derrotadas.

É o que se vê da jurisprudência do STJ:

> "PROCESSUAL CIVIL. AÇÃO CIVIL PÚBLICA. ADIANTAMENTO DE HONORÁRIOS DE PERITO. ART. 18 DA LEI N. 7.347/85. ISENÇÃO. PRIVILÉGIO DA PARTE AUTORA QUE NÃO SE ALCANÇA O POLO PASSIVO.
>
> 1. A jurisprudência deste Sodalício tem oferecido **interpretação restritiva** ao privilégio processual, limitando-o ao **autor da ação**, tal como ocorre na **ação popular**. Precedentes de ambas as Turmas de Direito Público. (...)
>
> 3. Recurso especial provido" (STJ, 2ª Turma, REsp 858.498/SP, rel. Min. Castro Meira, *DJ* 26-9-2006).

Como se vê, ainda, do dispositivo constitucional, o autor perde o direito à isenção se **comprovada má-fé**. É, então, de se aplicar a sanção prevista no **art. 13 da LAP**, que consiste em sua condenação a pagar o **décuplo das custas:**

> "Art. 13. A sentença que, apreciando o fundamento de direito do pedido, julgar a lide manifestamente temerária, condenará o autor ao pagamento do décuplo das custas."

Não há qualquer dúvida quanto ao fato de que a norma em comento foi **recepcionada pelo texto constitucional**, pois o art. 5º, LXXIII, isenta o autor popular das custas processuais e ônus de sucumbência, **salvo se comprovada a sua má-fé** processual.

Ao contrário do que se pode pensar, a sanção do art. 13 contribui para o engrandecimento da ação popular, na medida em que pune o cidadão que amesquinha a utilização deste remédio democrático.

Para a aplicação desse dispositivo, é mister que a ação popular seja **temerária**, ou seja, que a utilização deste remédio com os fundamentos e argumentos trazidos pelo autor popular sejam considerados **antiéticos**, por motivos de **perseguição pessoal**, etc.

### 9.4.11. Recursos e remessa necessária na ação popular

Vejamos o art. 19 da Lei n. 4.717/65:

> "Art. 19. A **sentença** que concluir pela **carência** ou pela **improcedência** da ação está sujeita ao **duplo grau de jurisdição**, **não produzindo efeito** senão depois de confirmada pelo tribunal; da que julgar a ação **procedente**, caberá **apelação**, com **efeito suspensivo**.
>
> § 1º Das decisões **interlocutórias** cabe agravo de **instrumento**.
>
> § 2º Das sentenças e decisões proferidas **contra o autor da ação** e suscetíveis de recurso, poderá recorrer qualquer **cidadão** e também o **Ministério Público**."

Logo, do *caput*, extrai-se que as **sentenças contrárias** ao **autor** popular — sejam **terminativas** ou **de improcedência** — estarão sujeitas à **remessa necessária**, só produzindo **efeitos** após **confirmação** em segundo grau.

A regra é que, como a ação popular visa a tutela do interesse público, a sentença contrária a este interesse merece ser vista com maior ressalva, necessitando de confirmação para que surta efeitos. É o que ressaltou o **STJ** em julgamento do RMS 9.002/PR:

> "Processual Civil. Mandado de Segurança Contra Ato Judicial. Ação Popular. Sentença Terminativa do Processo. Duplo Grau de Jurisdição. Antecipação de Efeitos Executórios. Inscrição Imobiliária de Hipoteca Judiciária. Lei 4.717/65 (Arts. 19 e 22). CPC, artigos 466 e 475.

> 1. A ação popular está sob a iluminura de **superiores interesses públicos (coletivos)**, com assentamento constitucional, legitimando subjetivamente o cidadão para reprimir atividade comissiva ou omissiva da Administração Pública. O direito subjetivo do cidadão, movido pelo caráter cívico-administrativo da ação popular, com a primordial finalidade de defender o patrimônio público, não pode ficar inibido pelo receio de imposição de ônus, antecipando-se efeitos de sentença terminativa do processo, **sem o crivo do duplo grau de jurisdição, inarredável condição de eficácia** (art. 19, Lei 4.717/65). Antes do reexame obrigatório, sem o trânsito em julgado, a sentença é ineficaz. Assim diferencia-se de outras ações, com pedidos procedentes (art. 475, I, II e III, CPC). O processo da ação popular inverteu essa orientação, estabelecendo obrigatório reexame para as sentenças que declaram a carência ou improcedência.
> 2. A hipoteca judiciária pode ter os seus efeitos e inscrição imobiliária antecipados, mesmo pendentes recursos contra as sentenças, em ações cujos pedidos foram julgados procedentes, salvo aquelas submetidas às disposições especiais do artigo 19, Lei 4.717/65.
> 3. Recurso provido" (STJ, 1ª Turma, RMS 9.002/PR, rel. Min. Milton Luiz, *DJ* 11-3-1999).

A sentença de **procedência**, a seu turno, não está sujeita ao duplo grau obrigatório, excepcionando muitas vezes a regra do art. 496 do CPC. É o que fez questão de ressaltar o STJ no julgamento do REsp n. 266.219/RJ:

> "RECURSO ESPECIAL. PROCESSUAL CIVIL E ADMINISTRATIVO. **AÇÃO POPULAR**. DAÇÃO EM PAGAMENTO. JULGAMENTO ANTECIPADO DA LIDE. PROVA PERICIAL.
> 1. Ações populares postulando a anulação de atos jurídicos ultimados entre DELFIN RIO S/A CRÉDITO IMOBILIÁRIO e DELFIN S/A CRÉDITO IMOBILIÁRIO e o BNH (sucedido pela Caixa Econômica Federal) pondo fim às pendências entre elas e esse órgão do sistema financeiro, do que resultou a suspensão do regime de liquidação extrajudicial a que estavam submetidas. (...)
> 13. Julgada procedente a implementação das perdas e danos e concluindo-se pela validade do vínculo, essa parte do pedido transitou em julgado, e **não se subsume ao duplo grau a parte favorável da sentença**. (...)" (STJ, 1ª Turma, REsp 266.219/RJ, rel. Min. Luiz Fux, *DJ* 3-4-2006).

Contra ela, então, é cabível o recurso de **apelação**, recebido em seu **efeito suspensivo**, no que segue a LAP a regra geral do Código de Processo Civil.

No ponto, há de ser considerado que, conquanto caiba ao Poder Judiciário a última palavra no controle da legalidade dos atos do poder público, o legislador respeitou a regra de que, ainda que como ato administrativo, o ato impugnado goza de **presunção de legalidade**. Exatamente por isso, mesmo que seja procedente a demanda popular, o recurso de apelação é dotado de efeito suspensivo, mantendo, pois, a situação jurídica consolidada pelo ato administrativo, pelo menos até o julgamento do recurso de apelação.

Todavia, por expressa dicção do **art. 14, § 4º**, desta lei, o efeito suspensivo da apelação nos casos de procedência da ação popular não impede que se realizem, quando cabíveis, os atos constritivos de **sequestro**, **arresto** e **penhora** dos bens do patrimônio do réu:

> "Art. 14. (...)
>
> § 4º A parte condenada a restituir bens ou valores ficará sujeita a **sequestro** e **penhora**, **desde a prolação da sentença condenatória**."

Interessante, ainda, é a disposição do § 2º do mesmo art. 19, que outorga **legitimidade** para **recorrer** a **qualquer cidadão**, como uma espécie de "terceiro prejudicado" previsto no art. 996 do CPC.[10]

Quanto à legitimidade do **Ministério Público**, não há qualquer novidade, uma vez que já prevista para a generalidade dos casos no mesmo art. 996 do Código de Processo Civil.

Por fim, o § 1º do art. 19 dispõe que contra as decisões interlocutórias caberá o recurso de **agravo de instrumento**, aproximando-se do sistema do Código de Processo Civil.

### ■ 9.4.12. Prescrição da ação popular

De acordo com o **art. 21** da Lei n. 4.717/65, a via processual da ação popular **"prescreve em 5 (cinco) anos"**.

É claro que a prescrição, aqui, **não impede** a utilização de qualquer das **outras modalidades** de **tutela coletiva**, como a ação civil pública, a ação de improbidade administrativa, etc.

O *dies a quo* do prazo é, como assente na jurisprudência, a data da **publicidade do ato lesivo:**

> "ADMINISTRATIVO. AÇÃO POPULAR. TERRACAP. ALIENAÇÃO DE IMÓVEL. AUSÊNCIA DE LICITAÇÃO. IMPOSSIBILIDADE. PRESCRIÇÃO. INOCORRÊNCIA. (...)

[10] Art. 996. O recurso pode ser interposto pela parte vencida, pelo terceiro prejudicado e pelo Ministério Público, como parte ou como fiscal da ordem jurídica.
Parágrafo único. Cumpre ao terceiro demonstrar a possibilidade de a decisão sobre a relação jurídica submetida à apreciação judicial atingir direito de que se afirme titular ou que possa discutir em juízo como substituto processual.

> 3. O prazo para propositura de ação popular é de cinco anos e tem início após a publicidade do ato lesivo ao patrimônio público. (...)" (STJ, 2ª Turma, REsp 696.959/DF, rel. Min. João Otávio Noronha, *DJ* 1º-2-2006).

Ainda quanto ao tema, a Corte Superior definiu que, ainda quando ajuizada ação popular contra lei de efeito concreto, o prazo se inicia do **ato administrativo** que deu **execução à lei**, e não da edição ou publicação desta:

> "CONSTITUCIONAL. ADMINISTRATIVO. PROCESSUAL CIVIL. AÇÃO POPULAR. PRESCRIÇÃO. ATO ADMINISTRATIVO.
> I — Prescrição que se conta a partir do ato administrativo que deu execução à lei, e não da edição desta. (...)" (STJ, 2ª Turma, REsp 1.002/PR, rel. Min. Luiz Vicente Cernicchiaro, *DJ* 6-8-1990).

### 9.4.13. Coisa julgada *secundum eventum probationis*

O art. **18 da Lei n. 4.717/65** prevê **a coisa julgada segundo o evento probatório**. Vejamos:

> "Art. 18. A sentença terá eficácia de **coisa julgada oponível *erga omnes***, exceto no caso de haver sido a ação **julgada improcedente por deficiência de prova**; neste caso, qualquer cidadão poderá intentar outra ação com idêntico fundamento, valendo-se de nova prova."

Ou seja, o legislador, preocupado com eventual **conluio** do **autor** popular com a **parte adversária**, tratou de prever situação em que, mesmo tendo sido julgado o mérito da demanda, se foi julgada **improcedente por falta de provas**, sobre esta decisão **não recaia a autoridade da coisa julgada material**, podendo qualquer cidadão, inclusive o mesmo, repropor a mesma demanda, valendo-se de nova prova.

### 9.4.14. Ação popular e tutela ambiental

Temos nossas dúvidas, do ponto de vista da efetividade da tutela jurisdicional ambiental, sobre se a ação popular é um remédio que oferece resultados adequados à proteção do meio ambiente.

A primeira "restrição" decorre do fato de que a ação popular é um remédio idealizado e construído visando o **ressarcimento de uma situação lesiva**, pois a sua utilização pressupõe a invalidade e a lesividade do ato contra os valores protegidos pela norma constitucional.

É claro que se pode até tentar dar uma interpretação mais adequada e extrair que a invalidade pode ser extirpada, mesmo que não tenha havido lesão ou que esta seja uma lesão jurídica. Entretanto, a verdade é que o arcabouço de técnicas descritas na Lei n. 4.717/65 não desmente o seu **papel ressarcitório**, tal como se observa no excelente tratamento dado ao tema, à sua época, pelo art. 14 da referida lei.

Enfim, **não** é a ação popular voltada à proteção **preventiva** dos direitos.

Mas esse não é o único "porém" em relação à utilização da ação popular como meio efetivo de tutela dos direitos difusos e, neste particular, do direito ambiental: o **objeto** da ação popular é **restrito** e voltado à invalidação de **atos praticados pelo Poder Público**.

Ora, bem sabemos que, em matéria ambiental, nem sempre os prejuízos ao meio ambiente decorrem de atos praticados pelo Poder Público. Ainda que a ação popular permita colocar no polo passivo os beneficiários do ato a ser reconhecido como inválido, é certo que a limitação do polo passivo causada pela própria restrição do objeto dessa demanda faz com que se reconheça que este não é o melhor remédio de proteção do meio ambiente.

Contudo, reconhece-se a **importância social e política** da ação popular, porque é **o único** remédio que permite ao **cidadão**, **individualmente**, promover em juízo, de forma direta, a proteção do **meio ambiente**, sem que se precise recorrer a interpretações ou exegeses pouco tradicionais.

Por intermédio da ação popular, **qualquer cidadão** tem o poder de ir a juízo para invalidar atos da administração pública, e no polo passivo deverão estar todos, absolutamente todos, os beneficiários diretos e indiretos do ato a ser invalidado.

Se considerarmos que boa parte das condutas ambientais é praticada com a aquiescência, ou com a omissão, da administração pública, então, seguramente, muitos serão os casos em que se poderá ajuizar a ação popular para a sua invalidação, tal como a propositura dessa demanda para impedir a construção de aterro sanitário sem que tenha ocorrido o estudo prévio de impacto ambiental (ato omissivo do Poder Público), ou, ainda, a propositura de ação popular para invalidar licença eventualmente concedida em desacordo com as normas ambientais.

De qualquer forma, mesmo com as críticas que se possam fazer, a ação popular é um remédio muito importante para o **Estado democrático de direito**. Percebe-se, porém, após tantos anos de sua existência, que a sua utilização é ainda bastante tímida, talvez pela falta de consciência dos cidadãos sobre os direitos que possuem.

## 9.4.15. Quadro sinótico sobre a ação popular

| AÇÃO POPULAR AMBIENTAL | |
|---|---|
| ASPECTOS HISTÓRICOS | ▪ Origens: Direito Romano.<br>▪ Surgimento no Brasil: CF de 1934.<br>▪ Lei regulamentadora: Lei n. 4.717/65.<br>▪ CF/88: art. 5º, LXXIII. |
| REQUISITOS FUNDAMENTAIS | ▪ Ato inválido (nulo, anulável ou inexistente).<br>▪ Ato lesivo.<br>▪ Características do ato:<br>▪ vinculado ou discricionário;<br>▪ omissivo ou comissivo;<br>▪ controle de políticas públicas. |
| LEGITIMIDADE | ▪ Ativa: cidadão (art. 1º, § 3º, da Lei n. 4.717/65).<br>▪ Passiva: litisconsórcio necessário e simples (art. 6º da Lei n. 4.717/65):<br>▪ pessoa jurídica de direito público ou com função pública;<br>▪ autoridades, funcionários ou administradores;<br>▪ beneficiários diretos do ato.<br>▪ Intervenção móvel da pessoa jurídica. |
| MINISTÉRIO PÚBLICO | ▪ Atua como fiscal da lei (art. 6º, § 4º):<br>▪ não pode assumir a defesa do ato impugnado.<br>▪ Pode prosseguir como autor em caso de abandono ou desistência da ação (art. 9º da Lei n. 4.717/65).<br>▪ Deve proceder à execução caso o autor popular ou a pessoa jurídica de direito público não o façam em 60 dias (art. 16 da Lei n. 4.717/65). |
| PEDIDO | ▪ Cumulação sucessiva de pedidos (art. 11 da Lei n. 4.717/65):<br>▪ decretação da invalidade (sentença constitutiva);<br>▪ ressarcimento da lesão (sentença condenatória). |
| LIMINAR | ▪ Requisitos:<br>▪ *fumus boni iuris*;<br>▪ *periculum in mora*. |
| COMPETÊNCIA | ▪ Local do ato:<br>▪ Justiça Federal (União) ou Estadual;<br>▪ Vara da Fazenda Pública Estadual ou Municipal;<br>▪ competência territorial;<br>▪ 1º grau.<br>▪ Prevenção: propositura da demanda. |
| PROCEDIMENTO | ▪ Procedimento comum ordinário, com modificações.<br>▪ Documentos necessários à propositura da demanda:<br>▪ cidadão: requerimento à pessoa jurídica:<br>▪ prazo: 15 dias.<br>▪ negativa: sigilo:<br>▪ juiz requisita;<br>▪ prazo: 15 a 30 dias;<br>▪ segredo de justiça;<br>▪ pena de desobediência.<br>▪ Citação por edital: requisitos do art. 231 do CPC.<br>▪ Resposta do réu:<br>▪ prazo: 20 dias, prorrogáveis por mais 20;<br>▪ litisconsortes com diferentes advogados: prazo em dobro;<br>▪ exceções: cabíveis;<br>▪ reconvenção: não cabe.<br>▪ Julgamento antecipado da lide. |

| | |
|---|---|
| **CUSTAS E ÔNUS DE SUCUMBÊNCIA** | ■ Cidadão: isento:<br>■ salvo má-fé, quando paga o décuplo das custas e honorários.<br>■ Réus e pessoa jurídica: pagam ao final. |
| **RECURSOS E REMESSA NECESSÁRIA** | ■ Sentença de improcedência ou de carência: remessa necessária:<br>■ legitimidade para recorrer: qualquer cidadão ou Ministério Público.<br>■ Sentença de procedência: apelação com efeito suspensivo.<br>■ Decisão interlocutória: agravo de instrumento. |
| **PRESCRIÇÃO** | ■ Prazo: 5 anos.<br>■ Não afeta outras demandas coletivas.<br>■ Início:<br>■ publicidade do ato.<br>■ execução da lei de efeitos concretos. |
| **COISA JULGADA** | ■ *Secundum eventum probationis*:<br>■ em caso de improcedência por insuficiência de provas, qualquer cidadão pode intentar novamente a mesma demanda, desde que se valha de nova prova. |

## ■ 9.5. AÇÃO CIVIL PÚBLICA AMBIENTAL

### ■ 9.5.1. Introdução

A ação civil pública constitui um dos remédios processuais mais importantes do ordenamento jurídico brasileiro, no qual exerce papel que transcende qualquer função meramente jurídica. Tal como ocorreu com o mandado de segurança, com as liminares, com o *habeas corpus*, entre outros institutos, a ação civil pública faz parte do cotidiano do brasileiro, que já a reconhece como o **instrumento típico** de proteção jurisdicional dos **interesses coletivos (em sentido lato)**.[11]

Enfim, a ação civil pública é um instituto jurídico bastante popular. Tal fama e tal respeitabilidade foram conquistadas, inclusive, por conta da divulgação jornalística das inúmeras ações civis públicas ajuizadas com o fim de proteger o meio ambiente, o consumidor, a moralidade administrativa, etc. Enfim, bens e valores que são caros à coletividade, mas que até o surgimento da Lei n. 7.347/85 não eram adequadamente tratados do ponto de vista processual.

Pode-se dizer que a ação civil pública está para a coletividade como o mandado de segurança está para o indivíduo. Ambos constituem as mais potentes armas cíveis previstas no ordenamento jurídico brasileiro. Se no mandado de segurança tradicional é o indivíduo o portador da arma, na ação civil pública quem exerce rotineiramente o papel de herói e portador (em prol da coletividade) é o Ministério Público.

[11] Sobre o assunto, dedicamos todo o Capítulo 1, com ampla exposição não apenas dos conceitos e subespécies de interesses coletivos, mas das diferenças e relações para com assuntos correlatos e contextualização histórica e social de seu surgimento.

Como se verá nas páginas seguintes, a ação civil pública tem índole constitucional e representa um dos mais legítimos instrumentos processuais do ordenamento jurídico brasileiro destinados à efetivação da justiça social. Mais do que um conjunto de técnicas processuais, a Lei n. 7.347/85 consagra o resgate e a esperança de uma justiça mais digna, a mais próxima possível dos anseios da população brasileira.

### 9.5.2. Ação civil pública e tutela do meio ambiente

A **ação civil pública** é, sem dúvida, a **técnica processual que mais vantagens oferece à tutela jurisdicional do meio ambiente**, não obstante a condução ativa da demanda ser exclusiva de entes coletivos, estando fora do rol de legitimados ativos o indivíduo isoladamente ou em litisconsórcio.

A própria **origem** embrionária da ação civil pública tem, sem trocadilhos, **raiz ambiental**, pois o **projeto de lei** que deu origem à Lei n. 7.347/85 nasceu da necessidade de se regulamentar o **art. 14, § 1º, da Lei da Política Nacional do Meio Ambiente (Lei n. 6.938/81)**.

Depois da Constituição Federal de 1988 e do Código de Defesa do Consumidor (Lei n. 8.078/90), ganhou a força necessária para se tornar o remédio jurisdicional mais importante e eficaz na proteção do meio ambiente.

A **ausência de limitações** quanto ao **tipo de lide coletiva a ser tutelada**, bem como quanto ao **legitimado passivo**, e, é claro, também as densas e fortes **técnicas** contidas na Lei n. 7.347/85 fazem desta lei mais do que "um" remédio, mas o remédio mais importante na proteção jurisdicional do meio ambiente. Com o advento do CPC/2015, ampliaram-se significativamente as possibilidades de tutela dos direitos coletivos, em especial com procedimentos não adversariais e técnicas de resolução de conflitos que busquem, com proporcionalidade e adequação, soluções equilibradas e estruturantes, enfim, que sejam fruto de um amplo contraditório, participação de terceiros interessados, *amici curiae*, etc., evitando ao máximo a solução *procedente ou improcedente*, que numa sociedade extremamente heterogênea e fluida requer soluções mais adequadas — e prontas — à realidade das pessoas.

### 9.5.3. Inspiração e evolução das técnicas processuais da Lei n. 7.347/85

Basta uma rápida leitura da exposição de motivos da Lei de Ação Civil Pública para identificar as suas fontes. Lá, verifica-se que se importou do **sistema norte-americano** anterior à modificação de **1966** o modelo a ser seguido pela ação civil pública. A análise da **Regra 23** da Legislação Federal Processual Civil norte-americana denunciará com precisão a fonte do legislador brasileiro.

Inicialmente, trouxemos os dois primeiros modelos existentes na *class action* norte-americana (Regra 23, B (1) e B (2)), o que, *grosso modo*, corresponderia à tutela dos direitos **difusos** e **coletivos *stricto sensu***.

Interessante notar, assim, que no texto primitivo da Lei de Ação Civil Pública não havia qualquer referência à defesa dos interesses **individuais homogêneos**.

Com a maturidade e a experiência alcançadas ao longo de 5 anos de exercício da LACP, verificou-se que a terceira modalidade de *class action* do direito norte-americano (Regra 23, B (3)) já poderia ser introduzida em nosso país.

E isso ocorreu por via da **Lei n. 8.078/90 (arts. 91 a 100)**, que, além de instituir o Código de Defesa do Consumidor, incluiu no ordenamento jurídico brasileiro a tutela dos direitos **individuais homogêneos**. Vejamos o que diz o art. 91 e outros a que ele faz referência:

> "Art. 91. Os **legitimados** de que trata o **art. 82** poderão propor, em nome próprio e no interesse das vítimas ou seus sucessores, **ação civil coletiva** de responsabilidade pelos danos **individualmente sofridos**, de acordo com o disposto nos artigos seguintes."
>
> "Art. 81. A defesa dos **interesses e direitos dos consumidores** e das vítimas poderá ser exercida em juízo individualmente, ou a título coletivo.
>
> Parágrafo único. A defesa coletiva será exercida quando se tratar de: (...)
>
> III — interesses ou direitos **individuais homogêneos**, assim entendidos os decorrentes de origem comum."
>
> "Art. 82. Para **os fins do art. 81**, parágrafo único, são legitimados concorrentemente:
>
> I — o Ministério Público;
>
> II — a União, os Estados, os Municípios e o Distrito Federal;
>
> III — as entidades e órgãos da administração pública, direta ou indireta, ainda que sem personalidade jurídica, especificamente destinados à defesa dos interesses e direitos protegidos por este Código;
>
> IV — as associações legalmente constituídas há pelo menos um ano e que incluam entre seus fins institucionais a defesa dos interesses e direitos protegidos por este Código, dispensada a autorização assemblear."

Uma leitura desatenta de tais dispositivos poderia levar à impressão de que se referem à defesa coletiva de direitos **individuais homogêneos** que dizem respeito tão somente à **defesa do consumidor**. Afinal, a legitimidade outorgada pelo **art. 82** — a que faz referência, ainda, o **art. 91** — destina-se, textualmente, aos **"fins do art. 81"**, ou seja, à "defesa dos interesses e direitos dos **consumidores** e das vítimas".

Acrescentando, ainda, o fato de que tais artigos, ao contrário do que ocorreu com outros, não foram introduzidos na Lei de Ação Civil Pública, a conclusão a que se pode chegar é que não teria sido introduzida em nosso ordenamento jurídico uma defesa geral dos direitos individuais homogêneos.

O **art. 21** da Lei n. 7.347/85 permite, porém, uma interpretação mais ampla:

> "Art. 21. Aplicam-se à defesa dos **direitos e interesses** difusos, coletivos e **individuais**, no que for **cabível**, os dispositivos do **Título III** da lei que instituiu o **Código de Defesa do Consumidor**."

Afinal, se ele fala em "*defesa dos direitos e interesses* ***individuais***" prevista nos "*dispositivos do* ***Título III*** *da Lei que instituiu o Código de Defesa do Consumidor*", apenas pode estar se referindo à defesa dos **direitos individuais homogêneos**.

E, sendo assim, é perfeitamente **"cabível"** a interpretação de que se refere a **qualquer** direito individual homogêneo. Interpretação contrária, a nosso ver, retiraria qualquer utilidade da referência ao transcrito art. 21 aos "direitos e interesses difusos".

Felizmente, é exatamente essa a exegese adotada pacificamente pelo **Superior Tribunal de Justiça**, como se vê do seguinte aresto:

> "PROCESSUAL CIVIL. AÇÃO CIVIL PÚBLICA. ASSOCIAÇÃO DE SERVIDORES PÚBLICOS. DEFESA DE DIREITOS INDIVIDUAIS HOMOGÊNEOS. LEGITIMIDADE.
>
> 1. A jurisprudência desta Corte sofreu acentuada evolução e, atualmente, considera que as modificações introduzidas no **art. 21 da Lei n. 7.347/85 pela Lei n. 8.078/90 alargaram o alcance da ação civil pública**, abrangendo a defesa de direitos individuais homogêneos **não relacionados a direitos do consumidor**.
>
> 2. Reconhecimento da legitimidade da associação de servidores públicos para a propositura de ação civil pública por meio da qual se almeja a proteção de direitos individuais homogêneos de seus membros. Precedente: REsp 1.199.611/RS, rel. Min. Mauro Campbell Marques, *DJe* 28.10.10.
>
> 3. Recurso especial não provido" (STJ, 2ª Turma, REsp 1.265.463/RS, rel. Min. Castro Meira, *DJ* 15-3-2012).

Por tudo isso, então, não há como se estudar a ação civil pública por meio apenas da Lei n. 7.347/85.

Como se pôde verificar na evolução narrada, a Lei n. 7.347/85 possui uma ligação visceral com o Título III do Código de Defesa do Consumidor, de forma que não há como estudar um sem considerar o outro, e, não raramente, dispositivos de um são completados e esclarecidos pelos do outro, e vice-versa.

Até mesmo porque, como se sabe, se o CDC veio a lume cinco anos depois da Lei de Ação Civil Pública, sua parte processual (Título III) foi cunhada por juristas que participaram da feitura da Lei n. 7.347/85. Nenhuma surpresa, portanto, da ligação entre os diplomas.

Pela leitura não apenas do art. 21 do CDC, supratranscrito, mas também de suas **disposições finais (arts. 109 a 119)**, que **incluíram diversos dispositivos** na Lei n. 7.347/85, a conclusão inarredável é a de que o CDC não cuidou apenas da tutela coletiva dos consumidores.

Como forma de facilitar a compreensão da **forte relação** existente entre o **Título III do CDC** e a **Lei de Ação Civil Pública**, é possível formular as seguintes regras:

- a tutela dos direitos **difusos** e **coletivos *lato sensu*** se faz de modo direto pela **Lei de Ação Civil Pública**;
- a tutela dos direitos individuais homogêneos se faz de modo direto pelos **arts. 91 a 100 do CDC**;
- as **demais disposições processuais** do CDC (Título III) e da Lei de Ação Civil Pública interagem e aplicam-se harmonicamente para todos os casos.

### 9.5.4. Uma lei de natureza processual

Não há dúvidas quanto a ser a Lei n. 7.347/85 uma **lei processual**. Não contém, afinal, regras para regular a conduta ou comportamento das pessoas, senão apenas técnicas e posições jurídicas a serem assumidas num processo coletivo, salvo exceções bem específicas.[12]

Dizer que a LACP é um diploma processual significa que nela estão inseridas normas **processuais** e **procedimentais** que devem ser utilizadas como ferramentas adequadas à revelação e à execução de uma norma jurídica concreta de **repercussão coletiva**. As técnicas processuais ali estabelecidas são nada mais que ferramentas para impor soluções que devem estar previstas no direito material, motivo pelo qual o Juiz, por meio daqueles **instrumentos**, apenas aplica a legislação material protetora do meio ambiente, do consumidor, da ordem econômica, etc.

Observe-se, ainda, que a LACP não é uma lei genérica de direito processual aplicável a toda e qualquer espécie de conflito de interesses. Restringe-se a servir de ferramenta processual à proteção de interesses ou direitos supraindivi-

[12] Como no caso do art. 13, que prevê a existência do fundo federal de defesa dos direitos difusos e coletivos, e do art. 10, em que há tipificação penal de condutas.

duais. Apenas nesse é que funciona como norma processual geral, ou seja, apenas para todo e qualquer direito supraindividual que seja ameaçado ou lesado.

Ainda assim, porém, é possível que a Lei n. 7.347/85 tenha aplicação **subsidiária**, sempre que a tutela de determinado **direito supraindividual** tenha **tratamento legislativo específico**, como é o caso da ação popular, da improbidade administrativa, do controle concentrado de inconstitucionalidade, etc.[13]

É preciso reconhecer, todavia, que o fato de não se ter feito uma evolução legislativa do procedimento especial coletivo formado pelo CDC + LACP e o fato de se ter feito uma evolução legislativa do CPC (um novo diploma desde 2015) fizeram com que o referido "sistema coletivo processual" apresentasse enorme defasagem em relação ao CPC, não sendo incomum, antes o contrário, que a Lei n. 13.105 (CPC) seja aplicada diretamente na tutela dos direitos coletivos. Apenas para exemplificar, as regras de *amicus curiae*, competência, controle da legitimidade adequada pelo juiz (art. 983), precedentes vinculantes, tutela provisória de urgência e da evidência, etc.

## 9.5.5. Legitimidade ativa na ação civil pública

Como afirmado anteriormente, na ação civil pública, ao contrário do que ocorria no campo da ação popular, a **legitimidade para agir** foi confiada, pelo legislador, às mãos de um rol de entidades, consideradas **representantes adequadas** da sociedade.

E é o **art. 5º, *caput***, da **Lei n. 7.437/85** que determina os **legitimados** para ajuizar a ação civil pública:

> "Art. 5º Têm legitimidade para propor a ação principal e a ação cautelar:
> I — o Ministério Público;
> II — a Defensoria Pública;
> III — a União, os Estados, o Distrito Federal e os Municípios;
> IV — a autarquia, empresa pública, fundação ou sociedade de economia mista;
> V — a associação que, concomitantemente:
> *a)* esteja constituída há pelo menos 1 (um) ano nos termos da lei civil;
> *b)* inclua, entre suas finalidades institucionais, a proteção ao meio ambiente, ao consumidor, à ordem econômica, à livre concorrência ou ao patrimônio artístico, estético, histórico, turístico e paisagístico."

Da forma como está descrita, então, **apenas entes coletivos**, abstratamente considerados pelo legislador, é que **podem promover a ação civil** pública em prol dos interesses coletivos.

---

[13] Leis ns. 4.717/65, 8.429/92 e n. 9.868/99, respectivamente.

Essa legitimidade é **concorrente** (entre todos os entes do art. 5º, *caput* e incisos, da Lei n. 7.347/85, bem como os do art. 82, *caput* e incisos, do CDC), e **qualquer dos entes** pode promover a referida demanda, **isolado** ou em **litisconsórcio**.

Como nenhum ente precisa da autorização do outro, trata-se de uma legitimação não complexa, equivocadamente denominada de disjuntiva.

### ■ 9.5.5.1. *A verificação* in abstracto *dos legitimados*

Interessante notar que, na opção feita em colocar como legitimados à propositura da demanda supraindividual os **entes coletivos**, **afastando o indivíduo** desta possibilidade, o legislador seguiu caminho diverso do existente no diploma americano, que lhe serviu de inspiração.

Lá, tanto o **cidadão** quanto **entes coletivos** podem ser legítimos para a propositura de uma *class action*.

É que o sistema americano transfere, do legislador para o **juiz**, a verificação das condições e requisitos para exercício adequado da ação coletiva, deixando o magistrado livre para investigar se naquele caso concreto o portador dos interesses coletivos representa adequadamente a coletividade. Essa verificação não diz respeito apenas à representatividade que ele possui em relação aos que serão atingidos pela decisão, mas também se tal portador tem condições de representar em juízo — com reais chances de contraditório e participação processual — aqueles que ele representa.

No Brasil, como se viu, a escolha dos entes foi feita pelo **legislador**, que abstratamente previu que aqueles que figuram no rol de legitimados possuem condições de representar a coletividade de forma adequada. Nesse passo, em nosso sistema, o papel do juiz no controle da legitimidade é quase nenhum. Ainda assim, o Superior Tribunal de Justiça reconhece a representatividade adequada em relação a determinados entes e a tutela coletiva por eles pretendida:

> Os “Centros Acadêmicos”, nomenclatura utilizada para associações nas quais se congregam estudantes universitários, regularmente constituídos e desde que preenchidos os requisitos legais, possuem legitimidade para ajuizar ação civil pública em defesa dos direitos individuais homogêneos, de índole consumerista, dos estudantes do respectivo curso, frente à instituição de ensino particular. Nesse caso, a vocação institucional natural do centro acadêmico, relativamente aos estudantes de instituições de ensino privadas, insere-se no rol previsto nos arts. 82, IV, do CDC, e art. 5º da Lei n. 7.347/85. 2. A jurisprudência do STF e do STJ reconhece que, cuidando-se de substituição processual, como no caso, não é de exigir-se autorização *ad hoc* dos associados para que a associação, regularmente constituída, ajuíze a ação civil pública cabível. 3. Por outro lado, o art. 7º da Lei n. 9.870/99 deve ser interpretado em harmonia com o art. 82, IV, do CDC, o qual é expresso

> em afirmar ser "dispensada a autorização assemblear" para as associações ajuizarem a ação coletiva. 4. Os centros acadêmicos são, por excelência e por força de lei, as entidades representativas de cada curso de nível superior, mercê do que dispõe o art. 4º da Lei n. 7.395/85, razão pela qual, nesse caso, "apoio" a que faz menção o art. 7º, da Lei n. 9.870/99 deve ser presumido. Ainda que assim não fosse, no caso houve assembleia especificamente convocada para o ajuizamento das ações previstas na Lei n. 9.870/99 (fls. 76/91), havendo sido colhidas as respectivas assinaturas dos alunos, circunstância em si bastante para afastar a ilegitimidade aventada pelo acórdão recorrido (REsp 1.189.273/SC, rel. Min. Luis Felipe Salomão, 4ª Turma, julgado em 1º-3-2011, *DJe* 4-3-2011).

Por conta disso, diante da possibilidade de que a escolha não se revele a mais adequada em um dado caso concreto, o próprio legislador criou um antídoto destinado a evitar que uma representação deficiente não constitua prejuízo à sociedade.

Trata-se da regra da **coisa julgada eventual**, que se desdobra em duas de acordo com a modalidade de interesse coletivo tutelado em concreto:[14]

- **direitos individuais homogêneos:** a coisa julgada material apenas atingirá os indivíduos em caso de **procedência** da demanda (art. 103, II, do CDC);
- **direitos propriamente coletivos (coletivos *stricto sensu* e difusos):** não se produz a coisa julgada material em caso de improcedência por **insuficiência de provas** (art. 103, I e II, do CDC).

**Nada obstante a expressa previsão legal do binômio *legitimidade abstrata* e *coisa julgada secundum eventum* mencionada acima, há algum tempo a doutrina e a jurisprudência do Superior Tribunal de Justiça, ainda que de forma tímida e restrita apenas às associações civis, têm admitido que o magistrado possa identificar no caso concreto se a legitimidade do ente é realmente adequada, ou seja, se possui pertinência temática, se tem vocação e condição de efetivar a tutela em concreto daqueles que serão atingidos pela coisa julgada. A tendência é que a certificação e o controle da legitimidade sejam ampliados para todos os entes coletivos e, paralelamente, o antídoto da coisa julgada *secundum eventum* contra a legitimidade abstrata do legislador seja afastado, ou seja, se verdadeiramente ocorre um controle da legitimidade adequada, então não faria mais sentido manter a regra da coisa julgada *secundum eventum*.**

[14] Tratamos vagamente do assunto no Capítulo 1 (*item 1.4.4*, *supra*). Mais à frente, quando estudarmos a *coisa julgada* na ação civil pública, a ele voltaremos com mais profundidade (*item 9.5.12*).

#### ■ 9.5.5.2. *Características (ou classificação) da legitimação na ação civil pública*

Do modo como dispõe o art. 5º, é possível extrair algumas características da legitimação na ação civil pública:

- **concorrente** (ou **coletiva**): atribuída a **diversos legitimados**;
- **disjuntiva** (ou **exclusiva/não complexa**): um legitimado **não necessita da anuência** dos outros para ajuizar a ação civil pública;
- **taxativa:** tão somente os entes arrolados na **lei** podem ajuizar, como **representantes adequados**, a demanda coletiva.

Discute-se, ainda, se a legitimidade ali prevista seria do tipo **ordinária** ou do tipo **extraordinária**.

Majoritariamente, entende-se ser do tipo **extraordinária** a legitimação conferida àquelas entidades, uma vez que, segundo se entende, **não coincidem** aquele que figurará em juízo **(legitimado)** e o **titular do interesse protegido** (sociedade, grupo determinado ou indivíduos, conforme a espécie de direito coletivo).

Parcela menor da doutrina, porém, entende que seria do tipo **ordinária** a legitimação, já que aqueles entes, quando em juízo, perseguiriam seus **próprios fins institucionais**.

Pensamos, entretanto, que nenhuma das duas ideias está completamente correta.

Seguindo uma terceira vertente, minoritária, pensamos que a dicotomia clássica — legitimação ordinária/extraordinária — não se presta a explicar o fenômeno no âmbito coletivo.

A razão disso é que o pêndulo da discussão — ao contrário da dicotomia clássica — não recai sobre o problema de saber se o legitimado é ou não o titular do direito material, mas sobre quem seria, pelo menos em tese, aquele que poderá exercer com melhor rendimento a defesa da coletividade em juízo. Enfim, uma legitimidade ditada pelo **procedimento** e pelo **contraditório**, pelas melhores condições de exercício do devido processo legal, mormente se admitidos a certificação e o controle da legitimidade adequados a cada caso concreto.

Nunca é demais relembrar que, dentro do conceito clássico, estuda-se a legitimidade em função dos **limites subjetivos da coisa julgada**. Se pretendêssemos classificar a legitimidade para as demandas coletivas (supraindividuais) em ordinária e extraordinária, teríamos enorme dificuldade quanto ao ponto.

Imaginemos uma demanda coletiva para proteção do meio ambiente. Se disséssemos que a legitimidade do Ministério Público seria ordinária, como aceitar o alcance e a extensão dos limites da coisa julgada para aqueles que não foram parte? Todavia, para admitirmos que seria extraordinária, caberia sempre a irrespondível pergunta: em que hipótese seria ordinária, se é impossível a presença de todos os titulares em juízo?

Isso tudo só vem demonstrar a insuficiência da teoria clássica, presa ao direito subjetivo individual, para designar o tipo de legitimidade nas demandas coletivas. Exatamente por isso, pugnamos a tese de que haveria aí outra modalidade de enxergar o fenômeno da legitimidade toda vez que a demanda coletiva tutelasse direito **supraindividual**, ou seja, o móvel identificador da legitimidade não é a "propriedade" do direito tutelado, mas as melhores condições de defender em juízo um direito que não pertence ao condutor do processo, e em relação ao qual é impossível admitir a legitimação ordinária, pela dimensão de pessoas que se apresentariam como titulares desse direito.

#### ■ 9.5.5.3. Assunção da titularidade ativa em caso de desistência infundada ou abandono da ação

Prevê o § 3º do mesmo art. 5º da Lei n. 7.437/85 interessante regra quanto à legitimidade ativa:

> "Art. 5º (...)
>
> § 3º Em caso de **desistência infundada** ou **abandono da ação** por **associação** legitimada, o **Ministério Público** ou **outro legitimado** assumirá a titularidade ativa."

Afirma o dispositivo que, quando a demanda coletiva houver sido ajuizada por alguma **associação**, o **Ministério Público** ou **outro legitimado** deverá assumir a **titularidade ativa** da causa.

Não há, todavia, como vislumbrar, aí, qualquer obrigatoriedade para que o *Parquet* ou outro legitimado assuma o papel de condutor ativo do feito, uma vez que a legitimação para a causa, como vimos, é meramente **facultativa**.

A assunção pelo *Parquet* depende de análise *interna corporis* do órgão que verificará se existe o interesse público que justifique seu ingresso na demanda coletiva. Não há obrigatoriedade, como sugere a referida norma.

O que deve ser observado, contudo, é que de forma alguma pode ser proferida a sentença de extinção do processo sem resolução do mérito (CPC, art. 485, II e VIII) se o ***Parquet* não for intimado** para optar se deve ou não assumir a titularidade da demanda coletiva.

Há, ainda, que se ponderar que não se justifica a restrição da aplicação da regra aos casos em que a demanda for ajuizada por uma **associação**.

Se levarmos em conta as características dos interesses coletivos, que interessam não a esta ou aquela entidade, mas à sociedade como um todo, a conclusão inarredável é que, enquanto algum dos legitimados que a lei considera como adequados entender ser oportuno, deve prosseguir a demanda. Afinal, o mais importante é que a coletividade seja devidamente representada, não importa por qual dos legitimados será conduzida a demanda.

### ■ 9.5.5.4. *Apreciação individualizada dos legitimados*

#### ■ 9.5.5.4.1. *O Ministério Público*

A legitimidade do Ministério Público para a tutela dos interesses coletivos não decorre apenas da previsão infraconstitucional (art. 5º, I, da Lei de Ação Civil Pública; e art. 82, I, do CDC), mas do próprio texto Constitucional, que tratou expressamente do tema como sendo verdadeira **função institucional do *Parquet*:**

> "Art. 129. São **funções institucionais** do Ministério Público: (...)
>
> III — promover o **inquérito civil** e a **ação civil pública**, para a proteção do patrimônio público e social, do **meio ambiente** e de outros interesses **difusos** e **coletivos**; (...)
>
> § 1º A legitimação do Ministério Público para as ações civis previstas neste artigo **não impede a de terceiros**, nas mesmas hipóteses, segundo o disposto nesta Constituição e na lei."

Interessante notar, ainda, que também a CF/88 optou por deixar claro, no § 1º supratranscrito, que a legitimação do Parquet não impede, de forma alguma, que a lei estabeleça a de **outras entidades**, desde que **compatível com o texto constitucional**.

Justifica-se, então, a extensão do rol de legitimados feita pela Lei da Ação Civil Pública e pelo Código de Defesa do Consumidor, em seus arts. 5º e 82, respectivamente.

Tamanha, contudo, é a importância do Ministério Público que o **§ 1º do art. 5º** da Lei n. 7.347/85 obriga que, toda vez que **não atuar como parte** na demanda coletiva, figure, **necessariamente**, como **fiscal da lei**, já que, em se tratando de tutela de direito supraindividual, o interesse público é **presumido:**

> "Art. 5º (...)
>
> § 1º O Ministério Público, se **não** intervier no processo como **parte**, atuará **obrigatoriamente** como **fiscal da lei**."

Observemos, quanto ao ponto, que a intervenção é obrigatória e sua ausência é causa de nulidade, salvo, por óbvio, se a sentença for proferida em favor dos titulares do interesse coletivo discutido. É o que se denota do art. 276 e ss. do Código de Processo Civil.

Importante pontuar, todavia, que se tratando de **interesse público secundário**, pertencente à pessoa jurídica de direito público interessada, é proibida a representação judicial do Ministério Público por expressa previsão do **art. 129, IX**, da própria Constituição Federal, que afirma ser "**vedada** a **representação judicial** e a **consultoria** jurídica de entidades públicas".

Por isso mesmo, é frequente na jurisprudência do STJ a afirmação de que o *Parquet* **não é legítimo** para ajuizar ação civil pública visando o **ressarcimento**, em favor da **União**, de verba **indevidamente recebida** por **trabalhador**. Pontua-se, no caso, que o interesse público é meramente **secundário**, tratando-se, na verdade, de mera ação de **repetição do indébito:**

> "PROCESSUAL CIVIL. ADMINISTRATIVO. AÇÃO CIVIL PÚBLICA. RESSARCIMENTO À UNIÃO DE VALORES INDEVIDAMENTE RECEBIDOS DO FUNDO DE INDENIZAÇÃO DO TRABALHADOR PORTUÁRIO AVULSO (FITP). REPETIÇÃO DO INDÉBITO. CONFLITO DE CARÁTER TRIBUTÁRIO. INTERESSE SECUNDÁRIO DA ADMINISTRAÇÃO. ILEGITIMIDADE ATIVA *AD CAUSAM* DO MINISTÉRIO PÚBLICO. DIVERGÊNCIA NÃO DEMONSTRADA.
>
> 1. O Ministério Público Federal não ostenta legitimidade ativa *ad causam* para ajuizar ação civil pública objetivando o ressarcimento, em favor da União, de valor indevidamente recebido por trabalhador portuário avulso, oriunda do Fundo de Indenização do Trabalhador Portuário Avulso — FITP, porquanto a sua atuação, *in casu*, não denota defesa do erário, ao revés, revela repetição do indébito, ora rotulada de ação civil pública, em nome da União, que, inclusive, dispõe de Procuradoria para fazê-lo. Precedente desta Corte: REsp 799.883/RS, desta relatoria, *DJ* de 04.06.2007. (...)
>
> 4. Consectariamente, a rubrica receita da União caracteriza-se como interesse secundário da Administração, o qual não gravita na órbita dos interesses públicos (interesse primário da Administração), e, por isso, não guarnecido pela via da ação civil pública, consoante assente em sede doutrinária (...)" (STJ, 1ª Turma, REsp 799.841/RS, rel. Min. Luiz Fux, *DJ* 8-11-2007).

Na mesma linha de raciocínio, ainda, há que se atentar para o texto do *caput* do **art. 127** da Constituição Federal, *in verbis*:

> "Art. 127. O Ministério Público é instituição permanente, essencial à função jurisdicional do Estado, incumbindo-lhe a **defesa da ordem jurídica**, do **regime democrático** e dos **interesses sociais** e **individuais indisponíveis**."

Assim é que, para a propositura de ação coletiva para a defesa de **direitos individuais homogêneos,** é necessário que a situação tutelanda refira-se a **interes-**

**ses indisponíveis** ou de **repercussão social**. Tais características, todavia, podem se dar tanto pela dimensão **qualitativa** (direitos sociais, art. 6º da CF/88, por exemplo) quanto **quantitativa** do direito tutelado (quando, ainda que patrimonial e disponível, a situação tutelanda tenha enorme repercussão social — art. 127 da CF/88).

Nesse sentido, já decidiu o **STJ**, afirmando que deve ser levada em conta a natureza **indisponível** do interesse individual homogêneo para a admissão de legitimidade do Ministério Público para a propositura da demanda. Na ocasião, considerou-se que o direito à **saúde**, mesmo que de apenas **um indivíduo**, preencheria o requisito:

> "ADMINISTRATIVO. PROCESSUAL CIVIL. RECURSO ESPECIAL. AÇÃO CIVIL PÚBLICA. LEGITIMIDADE ATIVA DO MINISTÉRIO PÚBLICO NA DEFESA DE INTERESSES OU DIREITOS INDIVIDUAIS HOMOGÊNEOS. ARTS. 127 E 129, III E IX, DA CF. VOCAÇÃO CONSTITUCIONAL DO MINISTÉRIO PÚBLICO NA DEFESA DOS DIREITOS FUNDAMENTAIS. DIREITO À SAÚDE. DIGNIDADE DA PESSOA HUMANA. RELEVÂNCIA PÚBLICA. EXPRESSÃO PARA A COLETIVIDADE. UTILIZAÇÃO DOS INSTITUTOS E MECANISMOS DAS NORMAS QUE COMPÕEM O MICROSSISTEMA DE TUTELA COLETIVA. EFETIVA E ADEQUADA PROTEÇÃO. RECURSO PROVIDO. (...)
>
> 3. É imprescindível considerar a **natureza indisponível do interesse ou direito individual homogêneo** — aqueles que contenham **relevância pública**, isto é, de expressão para a coletividade — para estear a legitimação extraordinária do Ministério Público, tendo em vista a sua vocação constitucional para a defesa dos direitos fundamentais.
>
> 4. O direito à saúde, como elemento essencial à dignidade da pessoa humana, insere-se no rol daqueles direitos cuja tutela pelo Ministério Público interessa à sociedade, ainda que em favor de pessoa determinada. (...)
>
> 6. Recurso especial provido para determinar o prosseguimento da ação civil pública" (STJ, 1ª Turma, REsp 695.396/RS, rel. Min. Arnaldo Esteves Lima, *DJ* 27-4-2011).
>
> No mesmo sentido: STJ, 2ª Turma, REsp 1.225.010/PE, rel. Min. Mauro Campbell Marques, *DJ* 15-3-2011.

O mesmo cuidado, pensamos ainda, há que ser tomado quando se estiver diante de um **direito coletivo em sentido estrito**.

É que a expressão "interesses difusos e **coletivos**" foi empregada na CF/88 antes da definição trazida pelo **art. 81, parágrafo único, do CDC**, que lhe foi posterior. E ali, no diploma consumerista, ficou claro que esta modalidade de interesse **(inciso II)** tem **índole privada**, porque restrito a uma **coletividade determinada**.

Por isso, só se admite que o *Parquet* tenha legitimidade para postular a tutela de interesses **coletivos em sentido estrito** se estes tiverem **alguma repercussão ou interesse social**, pois do contrário, por exemplo, pode-se estar autorizando a tutela de interesses coletivos (patrimoniais e disponíveis) privados de um grupo, categoria ou classe de pessoas, o que seria absolutamente inconcebível com os fins institucionais do próprio órgão.

É claro que, no tocante aos direitos verdadeiramente **difusos**, o Ministério Público possui, **sempre**, legitimidade ativa, pela relação indissociável deles com o **interesse público primário**.

Foi essa a notícia veiculada recentemente no ***Informativo* n. 497** daquela Corte Superior:

> "ACP. LEGITIMIDADE DO MP. CONSUMIDOR. VALE-TRANSPORTE ELETRÔNICO. DIREITO À INFORMAÇÃO.
>
> A Turma, por maioria, reiterou que o Ministério Público tem **legitimidade** para propor ação civil pública que trate da proteção de **quaisquer direitos transindividuais**, tais como definidos no art. 81 do CDC. Isso decorre da interpretação do art. 129, III, da CF em conjunto com o art. 21 da Lei n. 7.347/1985 e arts. 81 e 90 do CDC e protege todos os interesses transindividuais, sejam eles decorrentes de relações consumeristas ou não. Ressaltou a Min. Relatora que não se pode relegar a tutela de todos os direitos a instrumentos processuais individuais, sob pena de excluir do Estado e da democracia aqueles cidadãos que mais merecem sua proteção. (...)".

### ■ 9.5.5.4.2. *A Defensoria Pública*

Apesar de seu relevantíssimo papel, a **Defensoria Pública** ficou durante anos relegada a um verdadeiro ostracismo legal, sem que o legislador lhe outorgasse maiores possibilidades de atuação jurisdicional em prol dos interesses sociais.

Apenas com a CF/88 alterou-se esse panorama, tendo-lhe sido reservada, juntamente com a advocacia, a Seção III do capítulo que trata das **Funções Essenciais à Justiça**. Vejamos o que diz o art. 134 da Carta da República, após as alterações devidas à EC n. 45/2004:

> "Art. 134. A Defensoria Pública é **instituição essencial à função jurisdicional** do Estado, incumbindo-lhe a orientação jurídica e a **defesa, em todos os graus, dos necessitados**, na forma do art. 5º, LXXIV. (...)
>
> § 2º Às Defensorias Públicas Estaduais são asseguradas autonomia funcional e administrativa e a iniciativa de sua proposta orçamentária dentro dos limites estabelecidos na lei de diretrizes orçamentárias e subordinação ao disposto no art. 99, § 2º."

Afirmada, no dispositivo, a incumbência da "defesa, em todos os graus, dos necessitados", abriram-se as portas para a entrega da legitimação para as demandas coletivas à Defensoria Pública.

Todavia, antes do advento da Lei n. 11.448/2007, que incluiu o órgão no rol do art. 5º da Lei n. 7.347/85, **não** havia qualquer previsão expressa de legitimidade da Defensoria Pública para a propositura da **Ação Civil Pública**, sendo esta sempre muito questionada.

Alguns juristas, assim, eram declaradamente **contrários** a essa legitimidade, pautados na literalidade do **art. 134 da CF/88**, supratranscrito, que, ao relacionar a atuação da Defensoria Pública aos **hipossuficientes**, restringiam o ajuizamento da Ação Civil Pública em prol dos que não possuíssem recursos financeiros.

Como consectário lógico, ainda, entendia-se que a defensoria não poderia atuar na defesa dos direitos difusos, uma vez que **não possuem titulares determinados**, o que não permitiria a análise das condições financeiras deles.

Não era essa, contudo, a interpretação mais adequada.

De fato, a defesa dos economicamente necessitados é a função precípua da Defensoria Pública. No entanto, partindo do pressuposto de que cabe à Defensoria zelar pela viabilização do **acesso à justiça**, fica claro, diante da importância das demandas coletivas para o atingimento desse objetivo, que a ela deveria ser conferida tal legitimidade.

É o que defende Ada Pellegrini Grinover, favorável à legitimidade ampla e irrestrita da Defensoria Pública, sem estreita vinculação com os necessitados:

> "O art. **134 da CF/88 não coloca limites** às atribuições da Defensoria Pública. O legislador constitucional não usou o termo exclusivamente, como fez, por exemplo, quando atribuiu ao Ministério Público a função institucional de 'promover, privativamente, a ação penal pública, na forma da Lei' (art. 129, I). Desse modo, as atribuições da Defensoria Pública são ampliadas por lei (...)".[15-16]

Foi então que, com o advento do Código de Defesa do Consumidor (Lei n. 8.078/90), começou-se a superar tal concepção, especialmente pelo texto de seu **art. 82, III**, a saber:

---

15 Ada Pellegrini Grinover, Legitimidade da defensoria pública para ação civil pública. *Revista de Processo*, p. 307-308.

16 Um relevante paradigma fora produzido pelo STF no julgamento da ADIn 558 (J. 16-8-1991). O Plenário, referendando o voto do Relator Sepúlveda Pertence, consagrou a interpretação ampla do art. 134 da CF/88: "A Constituição Federal impõe, sim, que os Estados prestem assistência judiciária aos necessitados. Daí decorre a atribuição mínima compulsória da Defensoria Pública. Não, porém, o impedimento de que seus serviços se estendam ao patrocínio de outras iniciativas processuais em que se vislumbre interesse social que justifique esse subsídio".

"Art. 82. Para os fins do art. 81, parágrafo único, são **legitimados concorrentemente:** (...)

III — as **entidades e órgãos da administração pública**, direta ou indireta, **ainda que sem personalidade jurídica**, especificamente destinados à defesa dos interesses e direitos protegidos por este código; (...)."

Se a interpretação que se busca parece pouco ortodoxa à primeira vista, o fato é que foi a mesma acolhida em sede **jurisprudencial**, como não deixa dúvidas a leitura da seguinte notícia, veiculada no ***Informativo* n. 295 do STJ** (25 de agosto a 8 de setembro de 2006):

"AÇÃO CIVIL PÚBLICA. LEGITIMIDADE. DEFENSORIA PÚBLICA. INTERESSE. CONSUMIDORES A Turma, por maioria, entendeu que **a defensoria pública tem legitimidade para propor ação civil pública na defesa do interesse de consumidores**. Na espécie, o Nudecon, órgão vinculado à defensoria pública do Estado do Rio de Janeiro, por ser órgão especializado que compõe a administração pública direta do Estado, perfaz a condição expressa no **art. 82, III, do CDC**"

(Precedente citado: REsp 181.580/SP, *DJ* 22-3-2004. REsp 555.111/RJ, rel. Min. Castro Filho, julgado em 5-9-2006).

Tal entendimento ampliativo, aliás, já havia sido sufragado pelo Plenário do **Supremo Tribunal Federal** no julgamento da **ADI 558:**

"A Constituição Federal impõe, sim, que os Estados prestem assistência judiciária aos necessitados. Daí decorre a **atribuição mínima** compulsória da Defensoria Pública. Não, porém, o impedimento de que seus serviços se estendam ao patrocínio **de outras iniciativas processuais em que se vislumbre interesse social que justifique esse subsídio**".

Finalmente, porém, o legislador, por meio da **Lei n. 11.448/2007**, acertadamente reconheceu, por expresso, a legitimidade ativa da Defensoria Pública para a propositura de Ações Civis Públicas, como se vê da atual redação do art. 5º, II, da Lei n. 7.347/85.

Curiosamente, após a promulgação da citada lei, a Associação Nacional dos Membros do Ministério Público **(CONAMP)** ajuizou a **ADI 3.943** perante o Supremo Tribunal Federal, questionando a constitucionalidade da inclusão da Defensoria no art. 5º, na Lei da Ação Civil Pública.

Alegava, dentre outros, que a legitimidade da Defensoria Pública para o ajuizamento das ações coletivas **afetaria diretamente as funções do Ministério Público**. A demanda ainda está pendente de julgamento.

Como se não bastasse o ajuizamento da ADI mencionada, a legitimidade da Defensoria Pública foi calorosamente discutida pelos membros do Ministério Público no **Projeto de reforma da Lei Complementar n. 80/94 (Lei Orgânica da Defensoria Pública)**.

Mais uma vez, porém, não prosperaram os lamentáveis anseios corporativistas do *Parquet*, de forma que o projeto, aprovado por meio da Lei Complementar n. 132/2009, alterou o rol das funções institucionais daquele órgão, previsto no **art. 4º da LC n. 80/94**, para acrescentar o seguinte:

> "Art. 4º São **funções institucionais** da Defensoria Pública, dentre outras: (...)
>
> VII — **promover ação civil pública** e todas as espécies de ações capazes de propiciar a adequada tutela dos direitos **difusos**, **coletivos** ou **individuais homogêneos** quando o resultado da demanda **puder beneficiar grupo de pessoas hipossuficientes**; (...)."

Por tudo isso, evidencia-se hoje que a legitimidade ativa da Defensoria Pública nas ações coletivas é inerente ao próprio objetivo da instituição, qual seja, o de propiciar o acesso à justiça para aqueles que não possuem métodos adequados para alcançá-la. Essa ampla legitimidade, aliás, é reconhecida pelo **STJ:**

> "PROCESSUAL CIVIL. AÇÃO COLETIVA. DEFENSORIA PÚBLICA. LEGITIMIDADE ATIVA. ART. 5º, II, DA LEI N. 7.347/1985 (REDAÇÃO DA LEI N. 11.448/2007). PRECEDENTE.
>
> 1. Recursos especiais contra acórdão que entendeu pela legitimidade ativa da Defensoria Pública para propor ação civil coletiva de interesse coletivo dos consumidores.
>
> 2. Este Superior Tribunal de Justiça vem-se posicionando no sentido de que, nos termos do art. 5º, II, da Lei n. 7.347/85 (com a redação dada pela Lei n. 11.448/07), a **Defensoria Pública** tem legitimidade para propor a ação principal e a ação cautelar em ações civis coletivas que buscam auferir responsabilidade por danos causados ao **meio ambiente**, ao **consumidor**, a bens e direitos de valor **artístico**, **estético**, **histórico**, **turístico** e **paisagístico** e dá outras providências.
>
> 3. Recursos especiais não providos" (STJ, 1ª Turma, REsp 912.849/RS, rel. Min. José Delgado, *DJ* 28-4-2008).

#### ■ *9.5.5.4.3. Autarquias, empresas públicas, fundações e sociedade de economia mista*

Como se vê do inciso III do art. 5º da Lei de Ação Civil Pública, outorgou-se legitimidade *ad causam* às pessoas jurídicas integrantes da **administração indireta**.

Sobre essas, diga-se apenas que devem ter **pertinência subjetiva** com a situação difusa e coletiva a ser tutelada.

Dessa forma, a abstração não é plena e irrestrita, devendo existir um **elo** — **legitimidade** — entre a **situação tutelanda** e a **pessoa jurídica** em questão, o que é elementar, sabendo-se que a legitimidade coletiva parte da ideia de representação adequada.

Garante-se, ademais, que a ação civil pública não seja utilizada de forma desviada, com intuitos políticos ou outros quaisquer que não se coadunem com a real finalidade da jurisdição civil coletiva.

### ■ *9.5.5.4.4. As associações*

Da mesma forma que se dá com o Ministério Público e a Defensoria Pública, a legitimação coletiva das **associações** também decorre do **Texto Maior:**

> "Art. 5º (...)
>
> XXI — as entidades **associativas**, quando **expressamente autorizadas**, têm **legitimidade** para representar seus filiados judicial ou extrajudicialmente; (...)."

Nota-se, ainda, do art. 5º, I, da Lei da Ação Civil Pública, que, no tocante a essa demanda específica, exige-se o preenchimento de **dois requisitos** de forma **concomitante:**

- ■ inclua, entre suas **finalidades institucionais**, a **proteção ao meio ambiente**, ao consumidor, à ordem econômica, à livre concorrência ou ao patrimônio artístico, estético, histórico, turístico e paisagístico;
- ■ esteja **constituída** há pelo menos **1 (um) ano** nos termos da lei civil.

O primeiro deles traduz a ideia que vem sendo chamada de **pertinência temática**. Em outras palavras, o interesse que se busca tutelar deve ter relação com a finalidade para a qual foi criada a associação.

Em relação à segunda das condições, o § 4º do mesmo art. 5º prevê importante exceção:

> "§ 4º O requisito da **pré-constituição** poderá ser **dispensado** pelo **juiz**, quando haja manifesto **interesse social** evidenciado pela **dimensão ou característica do dano**, ou pela **relevância do bem jurídico** a ser protegido."

Assim, pode o Magistrado, desde que haja **interesse social** — caracterizado por aspectos do **dano** ou do **bem jurídico** tutelado —, permitir o ajuizamento de demanda coletiva por entidade associativa que tenha sido constituída regularmente há menos de um ano.

Tal exceção — de caráter nitidamente **aberto** — ganha ainda mais em importância das **demandas ambientais** se tivermos em conta o **elevado interesse** inerente às qualidades do bem ambiental, além do caráter **difuso** do **dano** ecológico.

Diga-se, por fim, que, ainda que não tenha sido atendido **no momento da propositura da demanda**, caso o prazo anual venha a se **completar no curso** dela, não deve ser extinta por carência de ação.

Trata-se da adoção de premissa de Liebman, o artífice da "teoria eclética da ação", para quem, se a condição da ação faltante surgir no curso da demanda, por questão de economia processual, não se deve extinguir o processo sem resolução de mérito.

Vale dizer ainda que, como espécie de **associação**, os **sindicatos** possuem legitimidade ativa para o ajuizamento de ações civis públicas na defesa de interesses ligados à categoria que representam, como decide o **STJ:**

> "ADMINISTRATIVO. PROCESSUAL CIVIL. (...) AÇÃO CIVIL PÚBLICA. **SINDICATO. LEGITIMIDADE ATIVA.** (...)
>
> 2. A doutrina tem entendido que os **sindicatos** possuem natureza jurídica de **associação civil**, o que lhe concede a **legitimidade ativa** para a propositura de eventual ação civil pública em defesa de **direito afeto à categoria** que representa; e que eventual limitação a essa legitimidade implica restrição ao direito de ação dos sindicatos, não limitado pelo texto constitucional, em seus arts. 5º, inciso XXI, 8º, inciso III e 114, § 1º.
>
> 3. A despeito da existência de julgados em sentido diverso, já encontra eco na jurisprudência pátria o entendimento no sentido de que os sindicatos, mormente quando houver expressa autorização em seu estatuto, têm legitimidade ativa para propor ação civil pública, em atendimento a princípios constitucionais, especialmente o da democratização do acesso ao Judiciário e da celeridade na prestação jurisdicional, entre outros.
>
> 3. No caso, sendo o direito vindicado afeto a toda a categoria representada pelo Sindicato Recorrente e estando este, por meio de seus estatutos, autorizado a promover a defesa daquela em juízo, não há como restringir a legitimidade da entidade sindical para propor ação civil pública.
>
> 4. Recurso especial conhecido e parcialmente provido" (STJ, 5ª Turma, REsp 549.794/RS, rel. Min. Laurita Vaz, *DJ* 5-11-2007).

Como se vê, recorre o Tribunal da Cidadania a dispositivos da Constituição Federal, como o art. 8º, III:

> "Art. 8º É livre a associação profissional ou sindical, observado o seguinte: (...)
>
> III — ao **sindicato** cabe a defesa dos **direitos e interesses coletivos** ou individuais da categoria, inclusive em **questões judiciais** ou administrativas; (...)."

Ainda sobre as associações, o ***Informativo* n. 465** do STJ veiculou a interessante decisão no sentido de que os **Centros Acadêmicos Universitários** são dotados de **legitimidade** para a defesa, via ação civil pública, dos **interesses dos estudantes** do respectivo **curso:**

> "ACP. LEGITIMIDADE. CENTRO ACADÊMICO.
> Trata-se de REsp em que se discute a legitimidade dos **centros acadêmicos universitários**, no caso, centro acadêmico de Direito, para propor **ação civil pública** (ACP) em defesa de interesse dos **estudantes** do respectivo **curso**. Inicialmente, ressaltou o Min. Relator que os centros acadêmicos universitários se inserem na categoria de **associação civil**, pessoa jurídica criada a partir da união de pessoas cujos objetivos comuns de natureza não econômica convergem. Assim, entendeu que o centro acadêmico de Direito, ora recorrente, na condição de associação civil, **possui legitimidade** para ajuizar ACP na defesa dos interesses dos estudantes do respectivo curso. Consignou que, na hipótese em questão, ao contrário do que foi assentado nas instâncias ordinárias, os direitos postos em juízo, por dizerem respeito a interesses individuais dos estudantes de Direito frente à instituição, são direitos individuais homogêneos, pois derivam de uma origem comum, qual seja, o regulamento da faculdade/universidade e os contratos de adesão celebrados entre a instituição de ensino e cada aluno. Desse modo, mostra-se viável a defesa coletiva de direitos pela referida entidade mediante ACP, mercê do que dispõe o art. 81, parágrafo único, III, do CDC. (...)."

Registre-se, como dito alhures, que há uma tendência doutrinária e jurisprudencial, em prol dos interesses coletivos, que o magistrado faça em concreto a certificação e o controle da legitimidade adequada das associações, o que, se ocorrer, levará a uma reformulação do conceito de coisa julgada *secundum eventum*, que tem razão de ser justamente nessa regra abstrata de legitimidade. Com o novo CPC, admite-se, pinçando as regras de legitimidade do art. 983 (IRDR), que esse controle da legitimidade em cada caso concreto possa ser realizado pelo magistrado.

### ■ *9.5.5.5. Litisconsórcio na ação civil pública*

Por se tratar de legitimidade coletiva **exclusiva** ou **facultativa** (**não complexa**, portanto, já que não é necessário o concurso dos outros, para que um legitimado ajuíze a demanda), é possível que os legitimados da LACP atuem em **conjunto** ou **isoladamente**.

Estando eles em **conjunto**, forma-se um **litisconsórcio ativo**, o que pode ocorrer **na propositura da ação** (litisconsórcio **inicial**) ou **no curso** dela (litisconsórcio **ulterior**), como expressamente permite o **§ 2º do art. 5º** da LACP:

"Art. 5º (...)

§ 2º Fica facultado ao **Poder Público** e a **outras associações legitimadas** nos termos deste artigo **habilitar-se como litisconsortes** de qualquer das partes."

### ■ 9.5.5.5.1. *Litisconsórcio de Ministérios Públicos*

A seu turno, o **§ 5º do mesmo art. 5º** prevê a possibilidade de que se forme um **litisconsórcio** entre os **Ministérios Públicos** de diferentes esferas:

"Art. 5º (...)

§ 5º Admitir-se-á o litisconsórcio **facultativo** entre os Ministérios Públicos da **União**, do **Distrito Federal** e dos **Estados** na defesa dos interesses e direitos de que cuida esta lei."

Diga-se, inicialmente, que o parágrafo foi introduzido da Lei de Ação Civil Pública por obra do **art. 113 da Lei n. 8.078/90**, que instituiu o Código de Defesa do Consumidor:

"Art. 113. Acrescente-se os seguintes §§ 4º, 5º e 6º ao art. 5º da Lei n. 7.347, de 24 de julho de 1985: (...)

§ 5º Admitir-se-á o litisconsórcio facultativo entre os Ministérios Públicos da União, do Distrito Federal e dos Estados na defesa dos interesses e direitos de que cuida esta lei."

O fato, contudo, é que tal dispositivo reproduziu, quase na íntegra, texto do § 2º que estava previsto para figurar no art. 82 do CDC, mas que acabou sendo **vetado** pela Presidência da República, taxado de **inconstitucional:**

"§ 2º Admitir-se-á o litisconsórcio facultativo entre os Ministérios Públicos da União, do Distrito Federal e dos Estados, na defesa dos interesses e direitos de que cuida este Código."

A razão da inconstitucionalidade está em que, como se extrai do § 5º do art. 128 da Constituição Federal, deve ser diferenciada por lei a atuação dos Ministérios Públicos em cada uma das esferas, na tentativa de dar rendimento ao **princípio federativo**. Diante disso, violaria o texto constitucional, por exemplo, admitir a propositura de ação coletiva pelo ***Parquet* estadual** na **Justiça Federal**, devendo ser declarada a ilegitimidade.

É exatamente essa a ideia a ser extraída da mensagem de veto, no sentido de que aquele que não poderia figurar como parte isolada também não pode na qualidade de litisconsorte. Vejamos:

> "Tais dispositivos transgridem o art. 128, § 5º, da Constituição Federal, que reserva à lei complementar a regulação inicial das atribuições e da organização do Ministério Público. (...)
> Por outro lado, somente pode haver litisconsórcio (art. 82, § 2º) se **a todos** e a **cada um tocar qualidade que lhe autorize a condução autônoma do processo**. O art. 128 da Constituição não admite o litisconsórcio constante do projeto" (*mensagem* n. 664, de 11-9-1990).

Diante do veto imprimido ao § 2º do art. 82 do CDC, seria de se esperar que também o § 5º do art. 5º da Lei de Ação Civil Pública — irmão gêmeo daquele — fosse considerado vetado ou, no mínimo, inconstitucional.

Não foi isso, todavia, o que ocorreu, de forma que o dispositivo é considerado em **plena vigência**, na linha, inclusive, da jurisprudência do Superior Tribunal de Justiça, como se vê de julgado que, embora trate do § 6º do art. 5º, aplica-se perfeitamente à espécie:

> "2. É pacífico o entendimento segundo o qual 'A referência ao veto ao artigo 113, quando vetados os artigos 82, § 3º, e 92, parágrafo único, do CDC, não teve o condão de afetar a vigência do § 6º, do artigo 5º, da Lei 7.374/85, com a redação dada pelo artigo 113, do CDC, pois **inviável a existência de veto implícito**' (REsp 222.582/MG)" (STJ, 1ª Turma, AgRg no REsp 1.175.494/PR, rel. Min. Arnaldo Esteves Lima, *DJ* 11-4-2011).

### 9.5.6. Elementos da ação civil pública ambiental

Uma demanda revela um conflito de interesses qualificados por uma pretensão resistida ou insatisfeita deduzida em juízo. Não se discute que, no plano do processo, uma demanda pode não retratar toda a extensão da crise existente no direito material, porque não pode o Estado oferecer nem proteção a mais nem diversa da que foi solicitada pelo jurisdicionado.

Daí por que a delimitação dos lindes da crise levada ao Judiciário é de suma importância, sem contar o fato de que a correta delimitação do conflito deduzido em juízo terá importância ainda sobre os institutos da litispendência e da coisa julgada.

O critério adotado pelo legislador para personificar o conflito levado a juízo se dá pela **identificação dos elementos da demanda**. Trata-se de um critério de natureza bifronte, porque, embora se refira a institutos do processo, é no plano material do conflito de interesses que descobriremos a sua identidade, e, inclusive, nada impede que a situação jurídica coletiva em conflito esteja no polo passivo da demanda.

Tradicionalmente, são os seguintes os elementos da ação:

- partes;
- pedido;
- causa *petendi* ou *excipiendi*.

Como dissemos, não há como identificar os três elementos sem tocar no direito material, porque é nele que encontraremos as respostas para saber quais são as partes, qual o pedido e qual a causa de pedir ou da defesa. Ainda, como se verá, alguns aspectos específicos e característicos do direito material ambiental, e mais especificamente do bem ambiental, determinarão observações muito peculiares na identificação desses elementos.

### 9.5.6.1. *Partes*

No tocante às **partes**, o problema da identificação da demanda é bastante interessante, pois, na **ação civil pública**, o legislador admite que o **condutor da demanda não seja, precisamente, aquele que está envolvido no conflito ambiental**, posto que delega a **entes coletivos** a finalidade de perseguir a tutela ambiental.

A intenção do legislador era, e ainda é, a de que tais entes fossem **legítimos representantes adequados da coletividade** (verdadeira titular do meio ambiente ecologicamente equilibrado), retirando do indivíduo o direito de ele mesmo postular e conduzir a ação civil pública, por razões de hipossuficiência técnica e econômica frente aos litigantes contrários.

Assim, o representante adequado dos interesses ambientais em conflito tanto pode ocupar o polo ativo quanto o passivo da demanda; é o que se pode denominar **condutor dos interesses ambientais**, ou seja, aquele que o legislador apontou como adequado para representar a coletividade, seja porque nela está incluído, como no caso da ação popular, seja porque entendeu que outros entes coletivos seriam representantes que conseguiriam exercer com maior rendimento o devido processo legal. Pensada e idealizada para o polo ativo, é possível admitir que a representação adequada do meio ambiente esteja tutelada no polo passivo, como quando o indivíduo ajuíza demanda declaratória contra a União para anular auto de infração do IBAMA, que impôs sanção administrativa por infrações ambientais.

Como já foi dito anteriormente, a cada dia que passa robustece a doutrina e a jurisprudência, no sentido de que a legitimação abstrata prevista pelo legislador para *propor* a ação civil pública ambiental deve passar por um controle judicial em cada caso concreto para que a adequada representação possa ser certificada e controlada em prol dos interesses coletivos.

Já no que se refere ao sujeito que está em conflito com a coletividade, normalmente um *suposto poluidor*, qual seja, em face de quem se reclama a tutela jurisdicional ambiental, deve ocupar o polo contrário, **porque causou, direta ou indiretamente, o desequilíbrio ecológico**.

O **art. 3º, IV, da Lei n. 6.938/81** usa propositadamente a expressão “direta ou indiretamente” para fixação do nexo causal entre a degradação ambiental e o poluidor, para deixar claro que a norma se contenta com a prova indiciária — fatos indiretos — e, mais ainda, que a contribuição do poluidor para a degradação pode ter sido indireta, ou seja, não importa se foi ou não o maior partícipe na consecução do desequilíbrio do ambiente.

### 9.5.6.2. *Pedido e fundamento*

O **pedido** é o **bem da vida pretendido** pelo jurisdicionado. É a **solução ofertada pelo próprio direito material** que o jurisdicionado pretende que seja reconhecida e aplicada pelo Estado-juiz.

O pedido é, então, a tutela esperada e desejada, que em tese será apta a debelar a crise jurídica existente no mundo real e concreto.

Para **cada tipo de pedido**, há a **técnica adequada** e, nesse particular, o **provimento correto e específico** apto para debelar a crise. O **provimento** adequado é o que se denomina **pedido imediato**, e o **bem da vida** é o que se denomina **pedido mediato**. A natureza deste é material; daquele, é processual.

Já **o fundamento (*causa petendi* ou *excipiendi*)** é o **fato jurídico e o fundamento do pedido formulado pelo autor ou pelo réu**, ou — sendo um pouco mais cartesiano — o encaixe do fato com o seu suporte fático: fato gerador com sua hipótese de incidência.

Não é um ou outro isoladamente, mas juntos, porque é da incidência de um (fato) sobre o outro (hipótese de incidência) que nasce a norma jurídica concreta que será reclamada pelo jurisdicionado (pedida a sua revelação ou satisfação).

São, pois, o **pedido** e a **causa de pedir e da defesa** que delimitam, **objetivamente**, o alcance da tutela reclamada (objeto litigioso) e, de alguma forma, delimitam o objeto de cognição do juiz.

Nos termos do art. 4º do CPC, **as partes** (autor e réu) têm o direito de obter em prazo razoável a **solução integral do mérito**, e, uma vez que esta tenha sido obtida, também é **direito fundamental a satisfação do que for reconhecido** em favor do autor ou do réu. Pela redação do art. 515, I, do CPC **qualquer decisão judicial** que reconheça a exigibilidade de obrigação de pagar quantia, de fazer, de não fazer ou de entregar coisa **é um título executivo**, admitindo-se que decisões declaratórias, constitutivas e, é claro, condenatórias, sejam título executivo. A decisão de **improcedência** (declaratória) pode revelar uma **norma jurídica concreta** que enseja a **efetivação por meio de tutela executiva**.

### ■ 9.5.6.2.1. *A ação civil pública pode ser utilizada para debelar todos os tipos de crises jurídicas (pedido declaratório, constitutivo ou que impõe uma prestação)*

Se pretendêssemos reduzir todos os tipos de **conflitos de interesses** a três categorias, certamente se enquadrariam nas seguintes modalidades, cada qual exigindo **técnicas distintas** voltadas à sua solução:

- **Crise de certeza:** caracteriza-se pela necessidade de se obter, do Poder Judiciário, uma certeza jurídica acerca da existência ou inexistência de uma relação jurídica ou, excepcionalmente, sobre a autenticidade ou falsidade de um documento. Resolve-se por **sentença declaratória em favor do autor ou do réu da demanda**.
- **Crise de situação jurídica:** tipifica-se pela necessidade de se obter, do Poder Judiciário, uma situação jurídica nova, que represente uma mudança jurídica da situação anterior em que se encontrava um conflito. Resolve-se por **sentença constitutiva**.
- **Crise de cooperação/adimplemento/descumprimento:** caracteriza-se pela necessidade de se obter, do Poder Judiciário, o cumprimento de uma norma jurídica descumprida. Resolve-se por **sentença condenatória**, seguida de atividade **executiva**.

Sobre o tema, importante pontuar que, não obstante destinar-se originalmente à **responsabilização por danos** a certos bens transindividuais,[17] a ação civil pública tem hoje espectro de abrangência material e processual bastante alargado.

Isso porque não se presta apenas a **resolver crises de adimplemento (fazer e não fazer, entregar coisa e pagar quantia)**, mas também é instrumento servível à resolução de crises jurídicas de **certeza** e de **situação jurídica**, que reclamam, respectivamente, um provimento declaratório e constitutivo.

Ademais, é assente que, hoje, **qualquer** direito transindividual pode ser tutelado via ação civil pública, independentemente de sua origem. É o que se extrai do **art. 1º** daquela lei, especialmente de seu **inciso IV:**

---

[17] Como deixa inocultável a ementa da lei: "Disciplina a ação civil pública de responsabilidade por danos causados ao meio ambiente, ao consumidor, a bens e direitos de valor artístico, estético, histórico, turístico e paisagístico (VETADO) e dá outras providências".

"Art. 1º Regem-se pelas disposições desta Lei, sem prejuízo da ação popular, as ações de responsabilidade por danos morais e patrimoniais causados:

I — ao meio ambiente;

II — ao consumidor;

III — a bens e direitos de valor artístico, estético, histórico, turístico e paisagístico;

**IV — a qualquer outro interesse difuso ou coletivo;**

V — por infração da ordem econômica;

VI — à ordem urbanística.

Parágrafo único. Não será cabível ação civil pública para veicular pretensões que envolvam **tributos, contribuições previdenciárias, o Fundo de Garantia do Tempo de Serviço — FGTS ou outros fundos de natureza institucional** cujos beneficiários podem ser individualmente determinados."

Lamentavelmente, como se vê do **parágrafo único** do art. 1º, foram excluídas da tutela por meio deste poderoso instrumento as **lides previdenciárias**.

Relembre-se ainda que, como visto anteriormente, a partir da edição da Lei n. 8.078/90 (Código de Defesa do Consumidor) não mais se duvida de que qualquer das espécies de direito ou interesse **coletivo *lato sensu*** possa ser tutelada pela ação civil pública, seja ele **difuso, coletivo *stricto sensu*** ou **individual homogêneo**.[18]

E é exatamente o **pedido mediato** que permite **identificar** qual o tipo de direito ou interesse coletivo que está se buscando tutelar pela ação civil pública ajuizada.

Não é, assim, para o **fato** que deu origem ao direito que se deve olhar, uma vez que, como já expusemos, um mesmo fato pode incidir, ao mesmo tempo, em normas abstratas que preveem direitos de todas as espécies, sejam elas **coletivas** — em qualquer de suas espécies — ou mesmo **individuais**.

Assim, por exemplo, o **lançamento de fumaça tóxica por uma indústria (poluição)** pode dar azo ao surgimento de **demandas de todas as espécies:**

- ajuizada pelo Ministério Público, buscando a reparação aos danos causados ao meio ambiente **(difusa)**;
- ajuizada pelo Sindicato dos Trabalhadores, buscando que faça cessar os danos impingidos à saúde dos que ali trabalham **(coletiva *stricto sensu*)**;
- ajuizada pela Associação de Moradores da região, buscando a reparação pelas depreciações que a poluição causou ao preço dos imóveis de cada um dos associados **(individual homogênea)**;
- ajuizada por um dos moradores da região, buscando a reparação a danos causados a sua saúde **(individual)**.

[18] Ver, *supra*, *item 9.5.3*.

### 9.5.6.2.2. *Possibilidade de cumulação de pedidos de naturezas distintas: importância nas lides ambientais*

Em relação ao **pedido** nas lides ambientais, importante deixar clara a **possibilidade de cumulação de pretensões de natureza diversa** em sede de **ação civil pública**, apesar da cláusula "ou" contida no **art. 3º** da Lei n. 7.437/85:

> "Art. 3º A ação civil poderá ter por **objeto** a **condenação** em dinheiro ou o cumprimento de obrigação de fazer ou não fazer."

É o que explica a jurisprudência do **STJ**, com base na necessidade de **reparação integral** das lesões ao entorno:

> "PROCESSO CIVIL. DIREITO AMBIENTAL. AÇÃO CIVIL PÚBLICA PARA TUTELA DO MEIO AMBIENTE. OBRIGAÇÕES DE FAZER, DE NÃO FAZER E DE PAGAR QUANTIA. POSSIBILIDADE DE CUMULAÇÃO DE PEDIDOS ART. 3º DA LEI 7.347/85. INTERPRETAÇÃO SISTEMÁTICA. ART. 225, § 3º, DA CF/88, ARTS. 2º E 4º DA LEI 6.938/81, ART. 25, IV, DA LEI 8.625/93 E ART. 83 DO CDC. PRINCÍPIOS DA PREVENÇÃO, DO POLUIDOR-PAGADOR E DA REPARAÇÃO INTEGRAL.
>
> 1. O sistema jurídico de proteção ao meio ambiente, disciplinado em normas constitucionais (CF, art. 225, § 3º) e infraconstitucionais (Lei 6.938/81, arts. 2º e 4º), está fundado, entre outros, nos princípios da prevenção, do poluidor-pagador e da reparação integral. Deles decorrem, para os destinatários (Estado e comunidade), deveres e obrigações de variada natureza, comportando prestações pessoais, positivas e negativas (fazer e não fazer), bem como de pagar quantia (indenização dos danos insuscetíveis de recomposição *in natura*), prestações essas que não se excluem, mas, pelo contrário, se cumulam, se for o caso.
>
> 2. A ação civil pública é o instrumento processual destinado a propiciar a tutela ao meio ambiente (CF, art. 129, III). Como todo instrumento, submete-se ao princípio da adequação, a significar que deve ter aptidão suficiente para operacionalizar, no plano jurisdicional, a devida e integral proteção do direito material. Somente assim será instrumento adequado e útil.
>
> 3. É por isso que, na interpretação do **art. 3º da Lei 7.347/85** ('A ação civil poderá ter por objeto a condenação em dinheiro ou o cumprimento de obrigação de fazer ou não fazer'), **a conjunção 'ou' deve ser considerada com o sentido de adição (permitindo, com a cumulação dos pedidos, a tutela integral do meio ambiente)** e não o de alternativa excludente (o que tornaria a ação civil pública instrumento inadequado a seus fins). É conclusão imposta, outrossim, por interpretação sistemática do art. 21 da mesma lei, combinado com o art. 83 do Código de Defesa do Consumidor ('Art. 83. Para a defesa dos direitos e interesses protegidos por este código são admissíveis todas as espécies de ações capazes de pro-

piciar sua adequada e efetiva tutela.') e, ainda, pelo art. 25 da Lei 8.625/1993, segundo o qual incumbe ao Ministério Público 'IV — promover o inquérito civil e a ação civil pública, na forma da lei: a) para a proteção, prevenção e reparação dos danos causados ao meio ambiente (...)'.

4. Exigir, para cada espécie de prestação, uma ação civil pública autônoma, além de atentar contra os princípios da instrumentalidade e da economia processual, ensejaria a possibilidade de sentenças contraditórias para demandas semelhantes, entre as mesmas partes, com a mesma causa de pedir e com finalidade comum (medidas de tutela ambiental), cuja única variante seriam os pedidos mediatos, consistentes em prestações de natureza diversa. A proibição de cumular pedidos dessa natureza não existe no procedimento comum, e não teria sentido negar à ação civil pública, criada especialmente como alternativa para melhor viabilizar a tutela dos direitos difusos, o que se permite, pela via ordinária, para a tutela de todo e qualquer outro direito.

5. Recurso especial parcialmente conhecido e, nessa parte, desprovido" (STJ, 1ª Turma, REsp 605.323/MG, rel. Min. José Delgado, *DJ* 17-10-2005).

No mesmo sentido, colhem-se da jurisprudência mais recente do STJ: 3ª Turma, REsp 207.555/MG, rel. Min. Ricardo Villas Bôas Cueva, *DJ* 13-12-2012;1ª Turma, REsp 1.115.555/MG, rel. Min. Arnaldo Esteves Lima, *DJ* 23-2-2011; 3ª Turma, REsp 1.181.820/MG, rel. Min. Nancy Andrighi, *DJ* 20-10-2010; 1ª Turma, AgRg no REsp 1.170.532/MG, rel. Min. Hamilton Carvalhido, *DJ* 6-10-2010.

É, ainda, o que se ressaltou no ***Informativo* n. 453 do STJ** (25 a 29 de outubro de 2010):

"Na ação civil pública ambiental, é possível **cumular os pedidos** de obrigação de **fazer** (reflorestar a área degradada) e de pagamento de **indenização** pecuniária em razão do dano material causado. As questões de direito ambiental são usualmente resolvidas nas Turmas que compõem a Primeira Seção deste Superior Tribunal. Contudo, quando a discussão limita-se à responsabilidade civil do particular pela reparação do dano ambiental, a competência para julgamento é das Turmas integrantes da Segunda Seção (art. 9º, § 2º, III, do RISTJ). Precedente citado: REsp 1.181.820/MG, *DJe* 20-10-2010. REsp 1.173.272/MG, rel. Min. Nancy Andrighi, julgado em 26-10-2010 (ver *Informativo* n. 450)".

Curiosamente, não era exatamente esta a jurisprudência mais antiga do STJ, como se vê do ***Informativo* n. 52** do ano 2000:

"AÇÃO CIVIL PÚBLICA. RESTAURAÇÃO AMBIENTAL. CONDENAÇÃO ACUMULATIVA.

A Turma, prosseguindo no julgamento, decidiu que a recorrente, por estar executando o **projeto** de recuperação ambiental a que foi condenada nos autos, **não**

**poderia ser compelida a pagar** também, **cumulativamente**, a **indenização** pelo dano causado ao meio ambiente porque seria violar os arts. 3º e 13 da Lei da Ação Civil Pública. Outrossim, nos loteamentos regulares, o fornecimento de água potável é obrigação de seu proprietário. Precedente citado: REsp 94.298/RS, *DJ* 21-6-1999. REsp 247.162/SP, rel. Min. Garcia Vieira, julgado em 28-3-2000".

### ■ 9.5.6.2.3. *A regra da estabilização da demanda nos litígios ambientais*

Além dos requisitos que devem ser atendidos pelo pedido, já narrados, o Código de Processo Civil prevê a regra da **estabilidade da demanda**, prevista nos **art. 329 do CPC:**

> "Art. 329. O autor poderá:
>
> I — até a citação, aditar ou alterar o pedido ou a causa de pedir, independentemente de consentimento do réu;
>
> II — até o saneamento do processo, aditar ou alterar o pedido e a causa de pedir, com consentimento do réu, assegurado o contraditório mediante a possibilidade de manifestação deste no prazo mínimo de 15 (quinze) dias, facultado o requerimento de prova suplementar.
>
> Parágrafo único. Aplica-se o disposto neste artigo à reconvenção e à respectiva causa de pedir."

Como se vê, pelas regras do Código, **deve a lide adentrar estável na fase instrutória**[19] para permitir uma decisão justa e que retrate com fidelidade o que foi pretendido pelas partes. Apenas excepcionalmente o Código admite alterações subjetivas ou objetivas na demanda, fora das hipóteses descritas naqueles dispositivos.

É certo que a regra da **estabilidade da demanda** é extremamente **louvável** porque tem por norte **preservar a segurança jurídica** e, especialmente, o **contraditório** e a **ampla defesa** de ambas as partes.

Não se trata, portanto, de mera preocupação formal com a economia processual, senão de verdadeira e nobre atenção para com o contraditório e a ampla

[19] Art. 357. Não ocorrendo nenhuma das hipóteses deste Capítulo, deverá o juiz, em decisão de saneamento e de organização do processo:

I — resolver as questões processuais pendentes, se houver;

II — delimitar as questões de fato sobre as quais recairá a atividade probatória, especificando os meios de prova admitidos;

III — definir a distribuição do ônus da prova, observado o art. 373;

IV — delimitar as questões de direito relevantes para a decisão do mérito;

V — designar, se necessário, audiência de instrução e julgamento.

defesa. É que, se no curso do processo se admitirem alterações do pedido e da causa de pedir, dita instabilidade nos elementos da demanda poderá representar um sério problema em relação à própria justiça da decisão, no sentido de que teria sido desrespeitado o contraditório de todos os partícipes do processo, comprometendo, inclusive, a legitimidade das decisões judiciais.

Todavia, apesar dos sacrossantos princípios que atuam sobre a estabilidade dos elementos da demanda, pensamos que o **pedido e a causa de pedir nas demandas ambientais** devem ser analisados e interpretados sob um enfoque bem diverso daquele que normalmente se usa no direito processual clássico.

Como já se disse, o bem ambiental é altamente **instável**, possuindo uma **sensibilidade** tal que pequenas variações de espaço e tempo podem alterar sobremaneira uma situação jurídica ambiental. Uma pequena alteração de um fator ambiental — como a água, o ar, o clima, o vento, a pressão, etc. — pode trazer inúmeras variações para o equilíbrio ecológico, causando enorme prejuízo ao meio ambiente.

Considerando ainda a sua **essencialidade à vida**, e também porque o bem ambiental é **ubíquo** — comunica-se sem fronteiras —, é muito importante que, quando se pretenda levar a juízo a tutela jurisdicional do ambiente, o **processo não seja uma ferramenta que engesse a proteção ambiental**, isto é, é deveras importante que o processo, como técnica e método de realização de direitos, seja **capaz de se mostrar maleável o suficiente** — respeitados os limites do devido processo legal — para permitir uma tutela jurisdicional ambiental justa e efetiva.

> De que adiantaria — considerando a instabilidade do bem ambiental — o sistema processual oferecer técnicas de tutela que não acompanhem essa exigência imperiosa do meio ambiente? **A estabilidade da demanda do processo civil clássico não se coaduna com a instabilidade do bem ambiental.**
> Por isso, o princípio processual da estabilidade da demanda deve ser **revisitado** quando se estiver diante de uma **lide ambiental**.

Aliás, lembremos que o próprio **conceito de meio ambiente** denuncia que o **equilíbrio ecológico** é formado pela **combinação química, física e biológica de diversos fatores ambientais** (bióticos e abióticos) que interagem independentemente da ação humana.

Logo, regra geral, uma crise jurídica ambiental reclama não só proteção jurídica imediata, rápida e efetiva, mas também uma **proteção jurisdicional que seja capaz de acompanhar as eventuais alterações que o bem ambiental poderá vir a sofrer ao longo do processo**. Afinal, pelas suas próprias características, a natureza é sensível e instável, gerando alterações que poderiam comprometer a sacrossanta regra da estabilidade da demanda determinada pelo engessamento e pela restrição na fixação e interpretação do pedido e da causa de pedir. Registre-se que o próprio art. 322, § 2º, do CPC determina que "a interpretação do pedido considerará o conjunto da postulação e observará o princípio da boa-fé".

Apenas a título de exemplo, basta imaginar a hipótese de ter sido formulado um pedido de reflorestamento de uma área indevidamente desmatada: quando a demanda chega ao seu final, a área desmatada tornou-se ou já era maior do que a que havia sido delimitada pelo pedido inicialmente, mas no momento da propositura da demanda não era possível delimitá-la com alguma segurança.

Claro que nesta hipótese, se o pedido não puder ser interpretado extensivamente, haverá uma injustiça sem precedentes, já que se estará impondo à coletividade a necessidade de buscar uma nova tutela para debelar apenas uma extensão um pouco maior daquela mesma crise jurídica.

Enfim, dever-se-ia admitir, e definir, que **nas lides ambientais o pedido sempre será interpretado extensivamente**, sem que disso resulte qualquer violação do princípio processual da congruência ou da estabilidade da demanda.

Para evitar que essa "extensividade" seja algoz do contraditório e da ampla defesa (alguém ter sido condenado a fazer algo sobre o que não teve oportunidade de se defender), pensamos que a extensão da condenação não seria imediata na própria sentença, mas dependeria de prévia liquidação por artigos para que se evite a surpresa processual, típica dos regimes absolutistas.

Aliás, diga-se que já decidiu o **Superior Tribunal de Justiça** que, em decorrência do **princípio do poluidor-pagador**, pode o juiz determinar medidas **necessárias à recuperação do ambiente**, ainda que **não haja pedido expresso na petição inicial**. É o que se vê do julgado a seguir, veiculado no ***Informativo* n. 445:**

> "PROCESSUAL CIVIL E AMBIENTAL — (...) — APLICAÇÃO DO PRINCÍPIO DO POLUIDOR PAGADOR. (...)
>
> 3. O STJ alberga o entendimento de que o **pedido não deve ser extraído apenas do capítulo da petição especificamente reservado aos requerimentos**, mas da interpretação lógico-sistemática das questões apresentadas pela parte ao longo da petição.
>
> 4. De acordo com o **princípio do poluidor-pagador**, fazendo-se necessária determinada medida à recuperação do meio ambiente, **é lícito ao julgador determiná-la mesmo sem que tenha sido instado a tanto**.
>
> 5. Recurso especial parcialmente conhecido e não provido" (STJ, 2ª Turma, REsp 967.375/RJ, rel. Min. Eliana Calmon, *DJ* 20-9-2010). ACP. DANO. MEIO AMBIENTE. PEDIDO.

Também já ficou consignado naquela Colenda Corte que o fato de o juiz levar em consideração em sua sentença **área degradada maior que a retratada na inicial**, mas que só venha a ser descoberta por ocasião da produção probatória, **não configura julgamento *extra petita***. Vejamos trecho do acórdão de relatoria do Min. Luiz Fux:

> "PROCESSUAL CIVIL. ADMINISTRATIVO. AÇÃO CIVIL PÚBLICA. DANO AMBIENTAL. OCUPAÇÃO IRREGULAR DE ÁREA DE PRESERVAÇÃO PERMANENTE COM DEGRADAÇÃO AMBIENTAL. JULGAMENTO *EXTRA* E *ULTRA PETITA*. INOCORRÊNCIA.
>
> 1. A tutela ambiental é de natureza fungível por isso que **a área objeto da agressão ao meio ambiente pode ser de extensão maior do que a referida na inicial** e, uma vez assim aferida pelo conjunto probatório, **não importa em julgamento *ultra* ou *extra petita***. (...)
>
> 4. Ademais, os pedidos devem ser interpretados, como manifestações de vontade, de forma a tornar o processo efetivo, o acesso à justiça amplo e justa a composição da lide. (...)" (STJ, 1ª Turma, REsp 1.107.219/SP, rel. Min. Luiz Fux, *DJ* 23-9-2010).
>
> O mesmo entendimento, em se tratando de obrigação de fazer relativa à responsabilidade pós-consumo por parte de empresa poluidora, encontramos no REsp 684.753/PR, rel. Min. Antonio Carlos Ferreira, 4ª Turma, julgado em 4-2-2014, *DJe* 18-8-2014.

Interessante, ainda, é constatar que, no mesmo **STJ**, tem sido adotada a possibilidade de que as **sentenças** nas ações civis públicas revistam-se de caráter de maior **generalidade**, não devendo **especificar todas as medidas** que devem ser adotadas para a recuperação da área degradada:

> "ADMINISTRATIVO. PROCESSUAL CIVIL. AGRAVO REGIMENTAL NO RECURSO ESPECIAL. AÇÃO CIVIL PÚBLICA. LESÃO AO MEIO AMBIENTE. EMISSÃO DE SUBSTÂNCIAS ODORÍFERAS PARA A ATMOSFERA. OBRIGAÇÃO DE FAZER. MULTA DIÁRIA. NULIDADE DA SENTENÇA. AUSÊNCIA DE DANO. SUCUMBÊNCIA. AGRAVO NÃO PROVIDO. (...)
>
> 3. Não há falar em **sentença incerta** em face da **ausência de detalhamento** das medidas a serem adotadas, tendo em vista que foi determinado à recorrente a obrigação que lhe compete em face do dano ambiental, não devendo o juiz sentenciante especificar condutas que, no caso concreto, podem não ser suficientes à prevenção/reparação. De forma contrária, a tutela jurisdicional se esvaziaria com o cumprimento da ordem judicial sem que houvesse materialmente o adimplemento da obrigação de prevenir novos danos e estabelecer padrões de controle. (...)" (STJ, 1ª Turma, AgRg no REsp 1.121.233/SP, rel. Min. Arnaldo Esteves Lima, *DJ* 2-2-2011).

Destarte, a tutela jurisdicional ambiental reclama a necessidade de se dar uma **mobilidade ao pedido e à causa de pedir**.

Não se pode, evidentemente, permitir uma causa de pedir aberta, de forma a admitir ou legalizar surpresas fáticas, porque o prejuízo aí seria *in re ipsa* para a defesa.

Todavia, para evitar o desperdício de atividade jurisdicional, permitindo que seja adequada à realidade fática alterada no curso do processo — algo, repitamos, comum no processo ambiental —, deve ser **admitido** que, a **requerimento da parte interessada**, mesmo depois do despacho saneador, porém **antes da sentença**, **seja alterado o pedido ou a causa de pedir**, concedendo à parte adversária o **direito ao contraditório e à ampla defesa em prazo suficiente** para a oferta e a prova das exceções que entenda necessárias.

> Por isso, em síntese, nas lides ambientais, é possível que se afaste a regra dos arts. 264 e 294 do CPC, admitindo que se altere (aumente) o pedido ou a causa de pedir, sempre antes da sentença, desde que sejam oportunizados o contraditório e a ampla defesa da parte.

### ■ 9.5.7. Competência, conexão, continência e litispendência nas ações civis públicas ambientais

#### ■ *9.5.7.1. Competência*

A **competência** para as ações civis públicas vem descrita no ***caput* do art. 2º da Lei n. 7.347/85**, *in verbis*:

> "Art. 2º As ações previstas nesta Lei serão propostas no foro do **local onde ocorrer o dano**, cujo juízo terá **competência funcional** para processar e julgar a causa.
>
> Parágrafo único. A **propositura** da ação **prevenirá** a jurisdição do juízo para todas as ações posteriormente intentadas que possuam a mesma causa de pedir ou o mesmo objeto."

Da leitura do dispositivo, à primeira vista, pode-se ter a impressão de que o legislador embaralhou **critérios distintos** de **fixação da competência:** utilizou um critério **geográfico ("local onde ocorrer o dano")** para determinar uma **"competência funcional"**.

E tais critérios, como se sabe, têm, geralmente, naturezas distintas, uma vez que a competência **territorial** (geográfica ou *ratione loci*) é **relativa** e a **funcional** é do tipo **absoluto**.[20]

---

[20] Art. 62. A competência determinada em razão da matéria, da pessoa ou da função é inderrogável por convenção das partes.

Na verdade, a melhor interpretação é aquela que diz que se trata de competência determinada pelo **critério geográfico**, que, porém, pelas razões que logo veremos, **não admite derrogação pelas partes**, como normalmente ocorre com os casos de competência *ratione loci* (art. 63 do CPC).

O que se percebe é que o legislador resolveu possibilitar, antes de mais nada, que o juiz que apreciará uma demanda coletiva esteja o **mais próximo possível** dos acontecimentos ali retratados. É o que explica Rodolfo de Camargo Mancuso:[21]

> "É preciso ter presente que nesse campo se está lidando com a jurisdição coletiva, de sorte que os critérios e parâmetros provindos do processo civil clássico — vocacionado às tutelas individuais, no plano da jurisdição singular — devem aí ser recepcionados com a devida cautela e mediante as necessárias adaptações. As diretrizes da instrumentalidade e da efetividade do processo devem aí ser particularmente implementadas, de sorte a se priorizar o **foro do local do dano**, seja pela **proximidade física** com os **fatos** ocorridos ou temidos, seja pela facilitação na **colheita da prova**, seja pela **imediação entre o juízo e os sujeitos** concernentes ao interesse metaindividual de que se trata."

### ■ 9.5.7.2. O critério do "local do dano" e as demandas ambientais

Se a proximidade do juiz para com o litígio é importante nas demandas coletivas em geral, torna-se vital quando se está diante de **questões ambientais**.

Neste ramo do direito, mais do que a existência de varas especializadas, o que demanda conhecimento jurídico específico do órgão julgador, a competência deve ser fixada de forma que o **órgão jurisdicional seja aquele mais próximo da situação tutelanda**. Ou seja, é preciso que o juízo e o respectivo juiz da causa se situem em **local onde seja possível o maior rendimento do princípio da oralidade**, bem como a **efetividade das decisões por ele proferidas**.

No tocante à coleta e ao acesso aos meios e fontes de prova, não raramente serão necessárias inspeções judiciais ao local do fato que deu origem à demanda

---

Art. 63. As partes podem modificar a competência em razão do valor e do território, elegendo foro onde será proposta ação oriunda de direitos e obrigações.

§ 1º A eleição de foro só produz efeito quando constar de instrumento escrito e aludir expressamente a determinado negócio jurídico.

§ 2º O foro contratual obriga os herdeiros e sucessores das partes.

§ 3º Antes da citação, a cláusula de eleição de foro, se abusiva, pode ser reputada ineficaz de ofício pelo juiz, que determinará a remessa dos autos ao juízo do foro de domicílio do réu.

§ 4º Citado, incumbe ao réu alegar a abusividade da cláusula de eleição de foro na contestação, sob pena de preclusão.

[21] Rodolfo de Camargo Mancuso, *Ação civil pública*, p. 69.

ambiental, pois só assim se conseguirá ter a exata noção do alcance do que estaria documentado nas petições (ação e defesa) contidas nos autos do processo.

A realidade ambiental nem sempre é muito bem tratada ou retratada nas provas documentais, e muitas vezes é a sensibilidade do magistrado, *in loco*, que permitirá colher e verificar as provas necessárias à solução do litígio.

Por isso, o magistrado de primeiro grau, aquele que julga a demanda coletiva ambiental em primeiro lugar, tem um papel fundamental na formação da norma concreta, especialmente porque é no seu degrau jurisdicional que se dará a atividade probatória, e é especialmente aí que se colherão os elementos de prova que estarão à disposição de outros magistrados de graus superiores.

Dessa forma, sob a **perspectiva da coleta e obtenção da prova**, a competência do **"local do dano"** deve ser compreendida como a competência firmada pelo **critério geográfico (territorial)**, **inderrogável pelas partes**, cujo **fator determinante** para a sua fixação deve ser, propriamente, o **local onde a obtenção da prova seja mais eficiente** para a futura revelação da norma jurídica concreta.

Mas não é apenas sob a perspectiva da revelação da norma concreta que a competência do local do dano deve ser fixada. Deve-se pensar no **"local do dano"**, também, sob a **perspectiva de cumprimento dos provimentos judiciais**, ou seja, onde a decisão judicial (ou título extrajudicial) possa ser cumprida com mais eficiência sobre o objeto tutelando e atingir de forma direta o maior número de pessoas que representam a coletividade tutelada.

Interessante, neste sentido, julgado noticiado no ***Informativo* n. 422** do STJ, no sentido de que as **execuções individuais** decorrentes de **sentença coletiva** podem ser propostas no **domicílio do exequente**, e não necessariamente no juízo prolator da decisão:

> "CC. AÇÃO COLETIVA. EXECUÇÃO. DOMICÍLIO. AUTOR.
>
> O conflito versa sobre a competência para processar e julgar **ação autônoma de execução** de sentença proferida pelo juízo suscitante nos autos de mandado de segurança coletivo impetrado por sindicato no Estado do Rio de Janeiro. A controvérsia cinge-se em saber se os autores podem executar o título judicial proveniente de sentença proferida pelo juízo federal do Estado do Rio de Janeiro no Estado do Amazonas, **lugar do seu domicílio**. Sobre o processo coletivo, o Min. Relator destacou que as ações coletivas *lato sensu* — ação civil pública ou ação coletiva ordinária — visam proteger o interesse público e buscar a realização dos objetivos da sociedade, tendo, como elementos essenciais de sua formação, o **acesso à Justiça** e à **economia processual** e, em segundo plano, mas não de somenos importância, a redução de custos, a uniformização dos julgados e a segurança jurídica. A sentença coletiva (condenação genérica, art. 95 do CDC), ao revés da sentença exarada em uma demanda individualizada de interesses (liquidez

> e certeza, art. 460 do CPC), unicamente determina que as vítimas de certo fato sejam indenizadas pelo seu agente, devendo, porém, ser ajuizadas demandas individuais a fim de comprovar que realmente é vítima, que sofreu prejuízo e qual é seu valor. O art. 98, I, do CDC permitiu expressamente que a liquidação e a execução de sentença sejam feitas no domicílio do autor, em perfeita sintonia com o disposto no art. 101, I, do mesmo código, cujo objetivo é garantir o acesso à Justiça. Não se pode determinar que os beneficiários de sentença coletiva sejam obrigados a liquidá-la e executá-la no foro em que a ação coletiva fora processada e julgada, sob pena de lhes inviabilizar a tutela dos direitos individuais, bem como congestionar o órgão jurisdicional. Dessa forma, a Seção conheceu do conflito para declarar competente o juízo federal do Estado do Amazonas, suscitado. Precedentes citados: REsp 673.380/RS, *DJ* 20-6-2005; AgRg no REsp 774.033/RS, *DJ* 20-3-2006; REsp 487.202/RJ, *DJ* 24-5-2004, e REsp 995.932/RS, *DJe* 4-6-2008. CC 96.682/RJ, rel. Min. Arnaldo Esteves Lima, julgado em 10-2-2010."

É preciso dar à competência um critério mais pragmático e, neste particular, não se pode aceitar que um juízo e um juiz, longe do fato ensejador da demanda ambiental, possam exercer a sua atividade da melhor forma.

Assim, excluídas as regras de **competência da Justiça Federal**[22] previstas na Constituição Federal de 1988, pensamos que a **competência do "local do dano" da ação civil pública** deve ser vista como um **importante instrumento de efetivação do direito ambiental em juízo**.

Diga-se, inclusive, que já reconheceu o **STJ** que o critério de competência previsto na Lei de Ação Civil Pública se orienta pelo **princípio da efetividade**, a saber:

> "(...) 1. A regra *mater* em termos de **dano ambiental** é a do **local do ilícito** em prol da **efetividade** jurisdicional. Deveras, proposta a ação civil pública pelo Município e caracterizando-se o dano como local, impõe-se a competência da Justiça Estadual no local do dano, especialmente **porque a *ratio essendi* da competência para a ação civil pública ambiental, calca-se no princípio da efetividade**, por isso que, o juízo do local do dano habilita-se, funcionalmente, na percepção da degradação ao meio ambiente posto em condições ideais para a obtenção dos elementos de convicção conducentes ao desate da lide. (...)" (STJ, 1ª Turma, REsp 811.773/SP, rel. Min. Luiz Fux, *DJ* 31-5-2007).

[22] Vem decidindo o STJ que, havendo no processo algum dos entes previstos no art. 109, I, da CF, como o IBAMA ou o IPHAN (autarquias federais), a ação civil pública deve ser processada na Justiça Federal. Conferir, dentre outros, os seguintes arestos: 1ª Seção, CC 78.058/RJ, rel. Min. Herman Benjamin, *DJ* 1º-2-2011; 1ª Seção, CC 105.196/RJ, rel. Min Benedito Gonçalves, *DJ* 22-2-2010.

Corolário deste entendimento, temos que, por ser o meio ambiente um bem essencial e ubíquo, tanto a competência do órgão julgador da demanda ambiental como a legitimidade ativa para propor tal demanda devam ser orientadas pela plena efetividade da tutela de amparo, independentemente do local onde a ameaça e/ou o dano se materializou, em se tratando de dano ocorrente em áreas de comum e concorrente atuação. Senão vejamos:

> "AMBIENTAL. PROCESSUAL CIVIL. MINISTÉRIO PÚBLICO FEDERAL. AÇÃO CIVIL PÚBLICA. LICENCIAMENTO AMBIENTAL. ZONA DE AMORTECIMENTO DO PARQUE NACIONAL DE JERICOACOARA. LEGITIMIDADE ATIVA *AD CAUSAM*. RECURSO ESPECIAL PROVIDO. 1. **Em se tratando de proteção ao meio ambiente, não há falar em competência exclusiva de um ente da federação para promover medidas protetivas. Impõe-se amplo aparato de fiscalização a ser exercido pelos quatro entes federados, independentemente do local onde a ameaça ou o dano estejam ocorrendo, bem como da competência para o licenciamento.** 2. **O domínio da área em que o dano ou o risco de dano se manifesta é apenas um dos critérios definidores da legitimidade para agir do *parquet* federal. Ademais, o poder-dever de fiscalização dos outros entes deve ser exercido quando a atividade esteja, sem o devido acompanhamento do órgão competente, causando danos ao meio ambiente.** 3. A atividade fiscalizatória das atividades nocivas ao meio ambiente concede ao IBAMA interesse jurídico suficiente para exercer seu poder de polícia administrativa, ainda que o bem esteja situado em área cuja competência para o licenciamento seja do município ou do estado. 4. Definida a controvérsia em sentido contrário à posição adotada no aresto estadual, deve ser provido o agravo regimental para dar provimento ao recurso especial, reconhecer a legitimidade do Ministério Público Federal e determinar o regular prosseguimento da ação. Agravo regimental provido" (AgRg no REsp 1.373.302/CE, rel. Min. Humberto Martins, 2ª Turma, julgado em 11-6-2013, *DJe* 19-6-2013).

Assim sendo, é claro que, pela **ubiquidade do bem ambiental**, muitas vezes o "local do dano" envolve uma **situação difusa**. Muitos serão, então, em tese, os possíveis locais e juízos competentes para julgar as demandas ou a demanda que venham a ser propostas, ou seja, existirão muitas **competências concorrentes**.

Nesses casos, pensamos ser um erro entender que qualquer um deles seria o competente, com base no critério cronológico da prevenção como o mais adequado para tanto. Ainda que algum (ou qualquer um) desses juízos possa proferir medidas de urgência, a definição do juízo competente deve se dar, precisamente, não a partir de uma análise genérica do "local do dano", mas exatamente a partir da **verificação, entre os eventuais concorrentes, do juízo que possa, nesta ordem, melhor efetivar e revelar a norma concreta**.

Trata-se de identificar o juízo competente do "local do dano" não propriamente pelo local onde o dano ambiental ocorreu — porque, neste particular, o caráter ubíquo do bem ambiental levará o dano a vários locais distintos —, mas, sim, pelo **local onde o juízo possa melhor efetivar os comandos jurisdicionais em prol do meio ambiente**.

Nessa linha, a regra prevista no art. 93 do Código de Defesa do Consumidor não pode ser interpretada literalmente, porém de forma a possibilitar a maior efetividade possível da tutela jurisdicional do entorno. Vejamos o dispositivo:

> "Art. 93. Ressalvada a competência da justiça federal, é competente para a causa a **justiça local:**
>
> I — no foro do lugar onde ocorreu ou deva ocorrer o dano, quando de **âmbito local**;
>
> II — no foro da **Capital do Estado ou no do Distrito Federal**, para os danos de âmbito **nacional** ou **regional**, aplicando-se as regras do Código de Processo Civil aos casos de competência concorrente."

Felizmente, a orientação que vem sendo seguida no âmbito do Superior Tribunal de Justiça é que, toda vez que o **dano** for **regional** (ou, ainda, **nacional**), ou seja, atingir **mais de um Estado da federação** (nada impede que o mesmo raciocínio seja utilizado para danos que atingem mais de um município), cabe ao **autor** escolher onde deve propor a demanda, respeitando, ainda, o critério da **efetividade**. É o que se vê do seguinte aresto:

> "AMBIENTAL E PROCESSUAL CIVIL. AGRAVO REGIMENTAL NO CONFLITO NEGATIVO DE COMPETÊNCIA. AÇÃO CIVIL PÚBLICA MOVIDA PELO MINISTÉRIO PÚBLICO FEDERAL CONTRA A UNIÃO E AUTARQUIAS FEDERAIS, OBJETIVANDO IMPEDIR DEGRADAÇÃO AMBIENTAL NA BACIA HIDROGRÁFICA DO RIO PARAÍBA DO SUL. EVENTUAIS DANOS AMBIENTAIS QUE ATINGEM MAIS DE UM ESTADO-MEMBRO ART. 109, § 2º, DA CONSTITUIÇÃO FEDERAL. LOCAL DO DANO.
>
> 1. Conflito de competência suscitado em ação civil pública, pelo juízo federal da 4ª Vara da Seção Judiciária do Distrito Federal, no qual se discute a competência para o processamento e julgamento dessa ação, que visa obstar degradação ambiental na Bacia do Rio Paraíba do Sul, que banha mais de um Estado da Federação.
>
> 2. O Superior Tribunal de Justiça tem o pacífico entendimento de que o art. 93, II, da Lei n. 8.078/1990 — Código de Defesa do Consumidor não atrai a competência exclusiva da justiça federal da Seção Judiciária do Distrito Federal, quando o **dano for de âmbito regional ou nacional**. Conforme a jurisprudência do STJ, nos casos de danos de âmbito regional ou nacional, **cumpre ao autor** optar pela Seção Judiciária

que deverá ingressar com ação. Precedentes: CC 26.842/DF, rel. Min. Waldemar Zveiter, rel. p/ Acórdão Min. Cesar Asfor Rocha, Segunda Seção, *DJ* 5-8-2002; CC 112.235/DF, rel. Min. Maria Isabel Gallotti, Segunda Seção, *DJe* 16-2-2011.

3. Isso considerado e verificando-se que o Ministério Público Federal optou por ajuizar a ação civil pública na Subseção Judiciária de Campos dos Goytacazes/RJ, situada em localidade que também é passível de sofrer as consequências dos danos ambientais que se querem evitados, é nela que deverá tramitar a ação. A isso deve-se somar o entendimento de que **'a *ratio essendi* da competência para a ação civil pública ambiental, calca-se no princípio da efetividade, por isso que, o juízo federal do local do dano habilita-se, funcionalmente, na percepção da degradação ao meio ambiente posto em condições ideais para a obtenção dos elementos de convicção conducentes ao desate da lide'** (CC 39.111/RJ, rel. Min. Luiz Fux, Primeira Seção, *DJ* 28-2-2005). A respeito, ainda: AgRg no REsp 1.043.307/RN, rel. Min. Herman Benjamin, Segunda Turma, *DJe* 20-4-2009; CC 60.643/BA, rel. Min. Castro Meira, Primeira Seção, *DJ* 8-10-2007; CC 47.950/DF, rel. Min. Denise Arruda, Primeira Seção, *DJ* 7-5-2007.

4. Agravo regimental não provido" (STJ, 1ª Seção, Processo AgRg no CC 118.023/DF, rel. Min. Benedito Gonçalves, *DJ* 3-9-2012).

Interessante, ainda, a solução adotada quanto à competência para julgar ação civil pública contra o Decreto que criou o Parque Nacional da Ilha Grande. Nesse caso, por abranger mais de um Estado, o STJ entendeu que o interesse era **nacional** e, portanto, a demanda poderia ser ajuizada em qualquer das **seções judiciárias** situadas nas **Capitais** de cada uma das regiões. É o que constou no ***Informativo* n. 397:**

"ACP. MEIO AMBIENTE. COMPETÊNCIA TERRITORIAL.

Trata-se originariamente de ação civil pública (ACP) ajuizada contra o decreto que criou o **Parque Nacional de Ilha Grande**, o qual abrange **nove municípios divididos entre dois estados da Federação**. No REsp, a recorrente alega, além da violação de vários dispositivos legais, a incompetência para o julgamento da ação da subseção judiciária do município localizado em um dos estados referidos. A Turma deu provimento ao recurso por entender que, diante da situação fática, a competência territorial para processar e julgar, em primeira instância, a mencionada ação é da **seção judiciária de uma das capitais** dos respectivos estados ou do Distrito Federal, pois as questões resultantes da criação de parque nacional (criado pela União na forma do art. 11, § 4º, da Lei n. 9.985/2000, *a contrario sensu*) que abrange áreas de dois estados terão caráter nacional, na esteira do que dispõem os arts. 2º da Lei n. 7.347/1985 e 93, II, do CDC. REsp 1.018.214/PR, rel. Min. Mauro Campbell Marques, julgado em 2-6-2009."

Há, ainda, entendimento também do STJ no sentido de que, quando o **dano** for de âmbito **regional**, a demanda há de ser proposta na **capital do Estado**, por aplicação do art. 93, II, do CPC. É a notícia do ***Informativo* n. 468:**

> "A Turma entendeu que compete ao foro da **capital do estado** processar e julgar a ação civil pública que se insurge contra danos que produzem efeitos em **âmbito regional**, conforme estabelece o art. 93, II, do CDC, tratando-se de competência absoluta. Frisou-se que, não obstante esse dispositivo situar-se no capítulo relativo às ações coletivas para a defesa de interesses individuais homogêneos, ele é aplicável também às ações coletivas para a defesa de direitos difusos e coletivos, não se limitando às demandas que envolvam relações de consumo. Precedente citado: REsp 448.470/RS, *DJe* 15-12-2009. REsp 1.101.057/MT, rel. Min. Nancy Andrighi, julgado em 7-4-2011."

Vale, ainda, citar acórdão proveniente do **STF**, que decidiu que, em havendo possível conflito de interesses entre os **entes da federação**, é sua a competência para julgamento da ação civil pública ambiental, por aplicação do **art. 102, I, *f*, da CF/88**. Na hipótese, tratava-se de demanda proposta pelo Estado de Minas Gerais na intenção de impor exigências à atuação do IBAMA em licenciamento de obra federal:

> "EMENTA: Reclamação: procedência: usurpação de **competência originária** do Supremo Tribunal (CF, art. 102, I, 'f'). **Ação civil pública** em que o Estado de Minas Gerais, no interesse da proteção ambiental do seu território, pretende impor exigências à atuação do IBAMA no licenciamento de obra federal — Projeto de Integração do Rio São Francisco com Bacias Hidrográficas do Nordeste Setentrional: caso típico de existência de **'conflito federativo'**, em que o eventual acolhimento da demanda acarretará reflexos diretos sobre o tempo de implementação ou a própria viabilidade de um projeto de grande vulto do governo da União. Precedente: ACO 593-QO, 7-6-2001, Néri da Silveira, *RTJ* 182/420" (STF, Pleno, Rcl 3.074/MG, rel. Min. Sepúlveda Pertence, *DJ* 4-8-2005).

Também reconheceu o **STF** sua competência originária para julgamento de ação civil pública que envolvia a **Itaipu Binacional**, por enquadrar-se na hipótese do **art. 102, I, *e***, da Carta Magna:

> "COMPETÊNCIA — AÇÃO CIVIL PÚBLICA — MINISTÉRIO PÚBLICO FEDERAL — ÓRGÃO DA UNIÃO — ITAIPU BINACIONAL — PARAGUAI — INTERESSE. Ante o disposto na alínea 'e' do inciso **I do artigo 102** da Constituição Federal, cabe ao Supremo processar e julgar originariamente ação civil pública proposta pelo Ministério Público Federal contra a **Itaipu Binacional**" (STF, Pleno, Rcl 2.937/PR, rel. Min. Marco Aurélio, *DJ* 3-4-2012).

### ■ 9.5.7.3. *Conexão e continência: modificação da competência nas demandas ambientais*

No tocante aos institutos da **conexão** (art. 103 do CPC) e **continência** (art. 104) e seus efeitos — **modificação legal da competência (art. 105)**[23] —, a Lei de Ação Civil Pública, como visto, previu regra específica no parágrafo único do art. 2º:

> "Art. 2º (...) Parágrafo único. A **propositura** da ação **prevenirá** a jurisdição do juízo para todas as ações posteriormente intentadas que possuam a mesma causa de pedir ou o mesmo objeto."

Como se vê, utilizando o **mesmo conceito de conexão** previsto no art. 55 do CPC — identidade de **objeto (pedido)** ou de **causa de pedir** —, a Lei n. 7.347/85 determinou que é a **propositura da demanda** que leva à **prevenção do juízo**.

Se tal conceito — **identidade objetiva** — não se mostrava adequado sequer à tutela jurisdicional individual, muito menos servirá à tutela coletiva. Mais ainda quando estivermos diante de uma demanda ambiental, que exige revisitação de uma série de institutos tradicionais do processo civil.

Não há dúvidas de que o critério da identidade objetiva, por ser de **verificação prática simples**, traz mais **segurança às partes**.

Ocorre que tal critério se mostra **insuficiente** em relação à tutela coletiva do **ambiente**, que exige uma **análise mais pragmática** do problema atinente à verificação da conexão e seus efeitos.

Novamente, a instabilidade do bem ambiental e a possibilidade de que tanto o pedido como a causa de pedir sejam modificados ao longo do processo impedem a aplicação segura do critério processual para verificação da conexão e da continência.

Melhor seria, *in casu*, que o legislador permitisse que o juiz utilizasse **critérios mais pragmáticos** para a verificação de conexão e eventual reunião das demandas, tais como:

- **aproveitamento da prova** a ser produzida nas ações em curso;
- **afinidade de questões** deduzidas na defesa das partes nas diferentes causas;

---

[23] "Art. 103. Reputam-se conexas duas ou mais ações, quando lhes for comum o objeto ou a causa de pedir."

"Art. 104. Dá-se a continência entre duas ou mais ações sempre que há identidade quanto às partes e à causa de pedir, mas o objeto de uma, por ser mais amplo, abrange o das outras."

"Art. 105. Havendo conexão ou continência, o juiz, de ofício ou a requerimento de qualquer das partes, pode ordenar a reunião de ações propostas em separado, a fim de que sejam decididas simultaneamente."

- **identidade de fundamentos de fato e de direito** pelos diferentes representantes adequados nas diferentes demandas;
- **impedimento de contradição** nas decisões a serem proferidas.

Diga-se, inclusive, que já deixou claro o **STJ** que, quando se trata de proteção ambiental, deve-se adotar **conceito ampliativo de conexão**, em prol de um **processo civil de resultados:**

> "RECURSO ESPECIAL. AÇÃO CIVIL PÚBLICA. AÇÃO DE ANULAÇÃO DE ESCRITURA PÚBLICA DE COMPRA E VENDA E DIVISÃO AMIGÁVEL CUMULADA COM CANCELAMENTO DE ESCRITURAS E REGISTROS IMOBILIÁRIOS. REUNIÃO DOS PROCESSOS PARA JULGAMENTO CONJUNTO E SIMULTÂNEO. IDENTIDADE DAS AÇÕES NO QUE SE REFERE À PROTEÇÃO DO MEIO AMBIENTE E DO PATRIMÔNIO PÚBLICO. **CONCEITO ABRANGENTE DE CONEXÃO.** (...)
>
> Não obstante a ação civil pública em espécie tenha sido proposta após a ação de anulação de escritura pública, nada impede que ambos os processos sejam reunidos, uma vez que o objeto das ações guarda significativa relação de semelhança, a teor do artigo 103 do Código de Processo Civil.
>
> Não se trata, portanto, de mera afinidade jurídica entre as demandas, porquanto o elemento de ligação não se adstringe a um ponto comum de fato ou de direito, mas a uma inequívoca identidade entre o objeto de ambas as ações, qual seja, a proteção do meio ambiente e do patrimônio público.
>
> Deveras, não se compraz com a teoria do processo de resultados, ações processadas em apartado e que, em tese, possam gerar decisões conflitantes, mormente quando o bem precipuamente tutelado é o bem público.
>
> Recurso especial improvido na parte conhecida" (STJ, 2ª Turma, REsp 399.900/DF, rel. Min. Franciulli Netto, *DJ* 6-9-2004).
>
> No exato sentido, STJ, CC 78.058/RJ, rel. Min. Herman Benjamin, 1ª Seção, julgado em 24-11-2010, *DJe* 1º-2-2011.

Uma vez decidida a reunião das demandas,[24] o critério para se saber qual juízo deveria receber as demandas conexas para futuro julgamento deve ser o da **prevenção**.

Lembramos que o registro ou a distribuição da petição inicial torna prevento o juízo (art. 59 do CPC) e esta deve ser a regra adotada inclusive para as ações civis públicas.

---

[24] Observe-se que, se admitida a reunião dessas demandas, sendo ambas com *competência funcional absoluta*, então é porque o regime da *competência absoluta neste caso cede ao imperativo maior de economia processual e segurança jurídica* em evitar decisões coletivas contraditórias.

Mas seria esta a melhor e mais eficiente cronologia para verificação de qual juízo seria o mais adequado para processar e julgar as demandas conexas que serão reunidas?

Por que não as reunir naquele juízo onde o processo esteja mais adiantado? Por que não as admitir para aquele onde já tenha ocorrido o fim da fase postulatória? Por que não admitir que sejam as demandas conexas remetidas para o juízo onde esteja tramitando a maior parte de demandas conexas? Por que não as admitir para o local onde se concentre a maior parte dos "danos ambientais"? Por que não as admitir para o local onde já se tenha executado algum provimento judicial (liminar, por exemplo)?

Enfim, parece-nos que o mais adequado é **não estabelecer um critério fixo e engessado**, porque as regras do art. 59 do CPC ou do art. 2º, parágrafo único, da LACP (propositura da ação) poderão não ser as mais adequadas e eficientes para a tutela ambiental.

A jurisprudência do STJ, todavia, é assente quanto à regra de que, se houver **conexão** ou **continência** em ações civis públicas que correm na Justiça **Federal** e na **Estadual**, devem as demandas ser reunidas, **sempre**, na **Justiça Federal**, como decorrência do **princípio federativo, que** impede que a União ou suas autarquias fiquem sujeitas à jurisdição comum:

> "CONFLITO POSITIVO DE COMPETÊNCIA. JUSTIÇA FEDERAL E JUSTIÇA ESTADUAL. AÇÃO CAUTELAR, CIVIL PÚBLICA E DECLARATÓRIA. DANOS AO MEIO AMBIENTE. CONTINÊNCIA. COMPETÊNCIA DA JUSTIÇA FEDERAL.
>
> 1. A competência da Justiça Federal, prevista no art. 109, I, da Constituição, tem por base um critério subjetivo, levando em conta, não a natureza da relação jurídica litigiosa, e sim a identidade dos figurantes da relação processual. Presente, no processo, um dos entes ali relacionados, a competência será da Justiça Federal.
>
> 2. É da natureza do federalismo a supremacia da União sobre Estados-membros, supremacia que se manifesta inclusive pela obrigatoriedade de respeito às competências da União sobre a dos Estados. Decorre do princípio federativo que a União não está sujeita à jurisdição de um Estado-membro, podendo o inverso ocorrer, se for o caso. Precedente: CC 90.106/ES, 1ª S., Min. Teori Albino Zavascki, *DJ* de 10-3-2008.
>
> 3. Estabelecendo-se relação de continência entre ação cautelar e ação civil pública de competência da Justiça Federal, com demanda declaratória, em curso na Justiça do Estado, a reunião das ações deve ocorrer, por força do **princípio federativo**, perante o Juízo Federal. Precedente: CC 56.460/RS, 1ª S., Min. José Delgado, *DJ* de 19-3-2007 (...)

> 5. Conflito conhecido para declarar a competência do Juízo Federal para as ações aqui discutidas, divergindo do relator" (STJ, 1ª Seção, CC 90.722/BA, rel. Min. Teori Zavascki, *DJ* 12-12-2008).
>
> Julgamento corolário: STJ, CC 78.058/RJ, rel. Min. Herman Benjamin, 1ª Seção, julgado em 24-11-2010, *DJe* 1-2-2011.

### 9.5.7.4. *Litispendência entre demandas ambientais*

As mesmas ponderações devem ser feitas, ainda, em relação à existência de duplicidade de **litispendência**, ou seja, **repetição de uma demanda coletiva em curso**.

Diferentemente do que ocorre com as demandas individuais, pensamos que, se houver **"duas ou mais" demandas coletivas versando a mesma questão**, em respeito ao princípio da **universalização da jurisdição** e da busca pelo **amplo acesso**, não deve ser simplesmente extinta a ação proposta em segundo lugar, e sim devem as ações **repetidas ser reunidas no juízo prevento**.

A litispendência deve ser observada sob o ponto de vista material, ou seja, pela verificação da lide deduzida em juízo e suas repercussões coletivas. Se o sistema processual coletivo é informado pelo princípio do acesso à justiça, em que a ação é apenas uma porta de acesso ao Poder Judiciário, devendo ensejar a maior participação e a universalização da justiça para todos os cidadãos, não nos parece que, todavia, possa o legislador invocar a economia processual para justificar o fechamento das portas de acesso à justiça com o trancamento das demandas repetidas nos seus juízos de origem.

Deve-se, sim, compatibilizar a coexistência de demandas coletivas, permitindo a sua reunião para que apenas uma delas possa seguir em frente, **aproveitando as provas e os argumentos produzidos naquelas que foram reunidas** e permitindo, desde então, que os **legítimos representantes adiram e intervenham na demanda que prosseguirá**.

Enfim, só se trancará a demanda repetida depois de ela ser reunida e permanecer anexa e apensa àquela que seguirá adiante, dela se aproveitando todas as provas e argumentos utilizados. Assim, reúnem-se as demandas litispendentes, anexando-as àquela que prosseguirá até o final.

### 9.5.8. Direito probatório na ação civil pública ambiental

Mais uma vez, pedimos licença ao leitor para falar de um assunto que tantas e tantas vezes foi tratado ao longo deste livro.

Como já se disse, o **Estado** passou e vem passando por uma inarredável mudança de paradigma. Abandonou-se sua concepção **liberal** e **individualista** para, cada vez mais, pensar-se num **Estado Democrático com dever inafastável de garantir os direitos fundamentais à coletividade**.

Se antes a marca do ente estatal era uma **atuação negativa**, hoje é acentuada sua **intervenção em todos os domínios da vida humana**.

Essa mudança na concepção do Estado (de **liberal** para **social**) foi decisiva para que todos os institutos, de todas as áreas onde exista a participação do Estado (por via de seus representantes), sofressem profunda e irreversível alteração conceitual.

Dessa realidade não se exclui o **direito processual:** todos os assuntos atinentes ao processo e à ação foram igualmente atingidos.

Hoje, por exemplo, é cada vez mais atuante o **princípio inquisitivo** e cada vez menos se fala em princípio dispositivo. Tratamos, também, na atuação oficiosa do juiz no campo das tutelas de urgência.

O tema, todavia, que talvez tenha sofrido maior impacto dentre todos os que dizem respeito à ciência processual é o do **direito probatório**. O instituto da prova foi transfigurado em todos os seus principais aspectos, desde os poderes do juiz até a distribuição do ônus da prova.

Basta lembrarmos o que estudamos no capítulo anterior, acerca da demonstração *in concreto* do nexo causal na responsabilidade civil ambiental. Vimos, ali, uma série de mecanismos voltados, por exemplo, a **inverter o ônus da prova** em favor do meio ambiente, justamente em virtude de seu caráter essencial e público.

Trata-se de realidade impensável até certo tempo atrás, em que o processo civil, dominado pela ideologia liberal, ficava preso a fórmulas abstratas estáticas, que, se por um lado garantiam maior segurança jurídica, por outro, pouco se preocupavam com a efetividade do processo e com o cumprimento de seu papel enquanto mero instrumento de realização do direito material.

### ■ *9.5.8.1. A atividade inquisitorial acentuada nas demandas coletivas*

Nenhum juiz pode ficar infenso ou insensível à regra imposta pelo **§ 1º do art. 225 da CF/88**. É que tal dispositivo impõe a responsabilidade e a incumbência primacial ao **Poder Público** (em suas três esferas) da efetivação da **proteção e manutenção do equilíbrio ecológico**, que é essencial a todas as formas de vida, presentes e futuras.

Nesse dispositivo, o legislador usa expressões muito interessantes, tais como “essencialidade à vida”, “bem de uso comum do povo”, “futuras gerações”, “coletividade”, “todos têm direito”, que serão muito importantes para dar sequência ao nosso raciocínio.

É que essas expressões falam por si mesmas. O direito do ambiente talvez seja o melhor exemplo do ponto de contato entre o que seja difuso e o que seja público. Ora, a tutela do ambiente interessa, direta ou indiretamente, a todos indistintamente. Não há um direito difuso mais altruísta do que esse, que, pelo reconhecimento geral, poder-se-ia denominar de direito público (do povo).

Quando tal direito é defendido em juízo, deve-se levar em consideração o que ele representa para a coletividade.

Não se pode perder de vista esse aspecto no manejo das técnicas processuais que devem ser impregnadas por um conteúdo axiológico absolutamente publicista, levando-se em consideração que o bem tutelado é indisponível, inalienável, impenhorável, indivisível, do povo, não exclusivo, absolutamente sensível a danos e irreversivelmente não suscetível de reconstrução.

Diante de tudo isso, o que esperar do juiz? Qual o comportamento em relação ao exercício de sua função no processo e, especialmente, sobre os seus poderes instrutórios?

Ora, a resposta é simples: se todo e qualquer juiz deve ter uma preocupação de dar solução justa em todos os casos em que formula e cumpre a norma jurídica concreta, deve se lembrar de que, quando estiver diante de um bem fundamental à vida, seu comportamento de direção e atuação no processo deve ser absolutamente **participativo**, promotor incessante da cooperação e contraditório processual. Deve, inclusive, reconhecer as múltiplas portas para se alcançar a pacificação do conflito e promover a autocomposição, seguindo as diretrizes do art. 1º do CPC, em especial pela presteza, pelo aspecto pedagógico e pela primazia da tutela específica na seara ambiental.

É que, quando se está diante de uma lide que envolve um bem fundamental à vida de um número indeterminável de pessoas, sua participação não pode ser falha, não se admitindo sequer essa possibilidade. Aqui o patrimônio é vital, e não simplesmente pecuniário.

A indisponibilidade e o caráter público do direito do ambiente não contaminam somente a técnica processual, mas também o juiz, que, com muito maior razão e justificativa, deve "correr atrás", literalmente, de uma solução mais justa e mais próxima da verdade real.

Um dos aspectos desse comportamento do magistrado, desejado pelo direito material, implica importantes considerações no âmbito do processo e, especialmente, no campo da prova.

Qualquer tomada de posição desfavorável ao meio ambiente deve ser vista com extrema cautela pelo juiz, pois qualquer equívoco cometido terá repercussões na essencialidade do direito à vida e, pior ainda, numa extensão subjetiva pública e indeterminada, tudo por causa da natureza e do alcance do bem ambiental.

Por isso, o juiz deverá adotar uma postura naturalmente mais cautelosa quando decida em desfavor do meio ambiente e menos rigorosa quando avalie e decida a seu favor.

Não se espera, obviamente, que o juiz seja um segundo adversário do réu na sua participação dentro do processo. Nada disso, posto que deve estar sempre preso à tutela justa e efetiva de quem quer que seja. Mas é fato inocultável que não pode ficar imune às exigências, imposições e peculiaridades do direito material. Isso é ser justo e buscar a isonomia real!

Por isso tudo, é perfeitamente possível entender que, quando se trata de **tutela ambiental**, deve o juiz ser dotado de **amplos poderes instrutórios**.

Não pode o juiz ser mero expectador das partes na atividade probatória, como se fosse completamente desinteressado no resultado final do processo. Ao contrário, deve ser **atuante** para também produzir as provas que achar necessárias à formação de seu convencimento.

Tratando-se de meio ambiente, não há mais espaço para uma atividade inerte e estática do magistrado. Deve também ele fazer tudo o que possa no sentido de proteger e preservar o meio ambiente, para as presentes e futuras gerações. Só assim estará obedecendo ao claro comando contido no *caput* do art. 225 da CF/88.

### ■ 9.5.8.2. Requerimento de certidões e informações para instruir a inicial

Por meio de regra semelhante à da ação popular (art. 1º, § 4º, da Lei n. 4.717/65), a Lei n. 7.347/85 consagrou norma que permite ao legitimado que **requeira** às **autoridades**, o fornecimento — no prazo de **15 dias** — de **certidões** ou **informações** para instruir a inicial:

> "Art. 8º Para instruir a inicial, o interessado poderá **requerer** às **autoridades competentes** as **certidões e informações** que julgar necessárias, a serem fornecidas no prazo de **15 (quinze) dias**.
>
> § 1º O **Ministério Público** poderá instaurar, sob sua presidência, inquérito civil, ou **requisitar, de qualquer organismo público ou particular**, **certidões**, **informações**, **exames** ou **perícias**, no **prazo que assinalar**, o qual **não poderá ser inferior a 10 (dez) dias úteis**.
>
> § 2º Somente nos casos em que a lei impuser sigilo, poderá ser **negada certidão ou informação**, hipótese em que a ação poderá ser **proposta desacompanhada daqueles documentos**, cabendo ao **juiz requisitá-los**."

Como se vê, ainda, apenas em caso de **sigilo imposto por lei** poderá ser **negado** o fornecimento. Nessas situações, a demanda poderá — em clara exceção ao art. 320 do Código de Processo Civil — ser ajuizada **desacompanhada** de tais documentos, cabendo ao **juiz requisitá-los**.

Requisitando o juiz tais documentos, a consequência lógica — já que apenas foram negados por conta de **sigilo legal** — é que a demanda corra em **segredo de justiça**.

Contudo, o **Ministério Público** pode **requisitar** de **qualquer organismo** — seja público ou particular — não apenas as **certidões** e **informações**, mas também **exames** ou **perícias**, devendo assinalar **prazo mínimo de 10 dias úteis**.

Pensamos que a vedação relativa ao sigilo legal não se aplica ao *Parquet*, por interpretação tanto do **art. 129, VI e VIII, da CF/88** — que institui poder de **requisição** desta instituição — quanto do **art. 26, § 2º, da Lei Orgânica do MP** (Lei n. 8.625/93) — que prevê a responsabilidade deste pelo **uso indevido** de informações e documentos **sigilosos que requisitar:**

> **Constituição Federal de 1988**
>
> "Art. 129. São funções institucionais do Ministério Público: (...)
>
> VI — expedir notificações nos procedimentos administrativos de sua competência, **requisitando informações e documentos** para instruí-los, na forma da lei complementar respectiva; (...)
>
> VIII — **requisitar diligências investigatórias** e a instauração de inquérito policial, indicados os fundamentos jurídicos de suas manifestações processuais; (...)"

> **Lei Orgânica do Ministério Público (n. 8.625/93)**
>
> "Art. 26. (...) § 2º O membro do Ministério Público será **responsável** pelo **uso indevido das informações e documentos** que requisitar, inclusive nas **hipóteses legais de sigilo**."

### 9.5.8.3. *Prova pericial e meio ambiente*

Como já tivemos oportunidade de mencionar, o bem ambiental tutelado no art. 225 da CF/88 é o equilíbrio ecológico. Este bem, essencial à sadia qualidade de vida, é o produto da combinação química, física e biológica de diversos recursos ambientais que interagem entre si.

Somemos a isso, ainda, o fato de que é instável e ubíquo, e o que teremos é a certeza de que o **equilíbrio ecológico é um bem extremamente complexo**.

Por tudo isso, a verificação dos efeitos de um dano ambiental é sempre tarefa hercúlea, extremamente complexa e dificultosa. Afinal, como se afirmou, o bem ambiental não é domado por limites políticos e geográficos; o meio ambiente absorve por muito tempo as degradações que lhe são impostas; o dano ambiental é sentido em local diverso de onde foi originado, etc.

Nesse cenário, ganha muita importância, então, a **prova pericial**.

Já reconheceu, inclusive, o **Superior Tribunal de Justiça** a importância da **prova pericial** nas lides ambientais, exatamente por conta da **complexidade** do equilíbrio ecológico:

> "PROCESSUAL CIVIL. (...) PERÍCIA. DANO AMBIENTAL. DIREITO DO SUPOSTO POLUIDOR. PRINCÍPIO DA PRECAUÇÃO. INVERSÃO DO ÔNUS DA PROVA. (...)
>
> 5. A **prova pericial** é necessária sempre que a prova do fato depender de conhecimento técnico, o que se revela aplicável na **seara ambiental** ante a **complexidade do bioma e da eficácia poluente dos produtos decorrentes do engenho humano**.
>
> 6. Recurso especial provido para determinar a devolução dos autos à origem com a anulação de todos os atos decisórios a partir do indeferimento da prova pericial" (STJ, 2ª Turma, REsp 1.060.753/SP, rel. Min. Eliana Calmon, *DJ* 14-12-2009).

Engana-se, ainda, quem acredita que se trata de uma perícia simples. Pelo contrário, trata-se de uma **perícia multidisciplinar**, complexa, justamente porque todas as propriedades, a instabilidade e a complexidade do bem ambiental exigem uma análise completa do potencial ou concreto dano ambiental.

Não há um profissional habilitado que seja experto em todas as áreas do conhecimento referentes ao equilíbrio ecológico. Basta imaginar que uma contaminação de um rio possivelmente ensejará a perícia de um especialista em recursos hídricos, de um especialista em fauna aquática, de um especialista em flora, de um especialista em saúde pública, um químico, etc.

Ora, como o dano ao meio ambiente tem repercussões tanto no ecossistema ecológico quanto no ecossistema social, não raramente apenas uma perícia complexa, multidisciplinar, deverá ser convocada para avaliar o dano ambiental e sua extensão.

Neste particular, é extremamente atual o **art. 475 do CPC**, perfeitamente aplicável às lides ambientais:

> "Art. 475. Tratando-se de perícia complexa que abranja mais de uma área de conhecimento especializado, o juiz poderá nomear mais de um perito, e a parte, indicar mais de um assistente técnico."

Apenas a título ilustrativo, basta lembrar que os estudos ambientais (plano de manejo, plano de recuperação de área degradada, estudo prévio de impacto ambiental) são sempre dotados de estudos técnicos das mais variadas áreas do conhecimento. A transdisciplinaridade do bem ambiental, com seus tentáculos sobre tudo que se refere à qualidade de vida do ser humano, faz com que a análise do dano ao meio ambiente seja sempre dependente de estudos técnicos e variados, feitos por equipe multidisciplinar.

Basta ver o mais famoso estudo ambiental — o EIA/RIMA — para se perceber que, também aí, a análise dos impactos positivos e negativos, bem como as medidas de mitigação e compensação do bem ambiental, depende de estudo feito por equipe multidisciplinar que integrará o corpo do referido estudo.

Eis a prova viva de que, em matéria ambiental, a perícia complexa e multidisciplinar é quase uma condição lógica para a verificação ou a demonstração da ocorrência do dano ambiental e seus efeitos. Tudo isso por conta das propriedades inerentes ao bem ambiental.

#### ■ 9.5.8.4. *Inquérito civil*

Outro poderoso instrumento das demandas coletivas voltado à colheita de elementos de convicção para melhor instruir a causa é o **inquérito civil**, previsto no **art. 8º, § 1º, da LACP** para ser instaurado e presidido pelo **Ministério Público**. Vejamos:

> "Art. 8º (...)
>
> § 1º O **Ministério Público** poderá instaurar, sob sua presidência, inquérito civil (...)."

Apesar de terem diferenças substanciais, é nítida, no inquérito civil, a **influência do inquérito criminal**. A circunstância se justifica, até mesmo, se tivermos em mente que a própria denominação **ação civil pública** foi cunhada para traçar um paralelo com a **ação penal pública**, referindo a ideia, hoje abandonada, de iniciativa exclusiva do Ministério Público para a propositura daquela.

Conquanto a ação civil pública não seja mais de promoção exclusiva do *Parquet*, a exclusividade ainda se manifesta no **inquérito civil**, que, como não deixa dúvidas o § 1º supratranscrito, só pode ser instaurado pelo **Ministério Público**, colocando-o numa posição de vantagem em relação à obtenção de informações e elementos que servirão de base para a propositura da ação civil pública.

Tamanhos são sua importância e seu prestígio que a **Constituição Federal de 1988** previu-o expressamente como sendo uma das **funções institucionais** do *Parquet*, como se vê de seu art. **129, III:**

> "Art. 129. São funções institucionais do Ministério Público: (...)
>
> III — **promover o inquérito civil** e a ação civil pública, para a proteção do patrimônio público e social, do meio ambiente e de outros interesses difusos e coletivos; (...)."

Após o texto constitucional, ainda, diversos outros diplomas fizeram questão de prevê-lo expressamente, como o Código de Defesa do Consumidor (Lei n. 8.078/90), o Estatuto da Criança e do Adolescente (Lei n. 8.069/90), a Lei Orgânica do Ministério Público (Lei n. 8.625/93) e a Lei Orgânica do Ministério Público da União (LC n. 75/93). Vejamos alguns destes dispositivos:

> **Estatuto da Criança e do Adolescente (Lei n. 8.069/90)**
> "Art. 201. Compete ao **Ministério Público**: (...)
> V — promover o **inquérito civil** e a ação civil pública para a proteção dos interesses individuais, difusos ou coletivos relativos à infância e à adolescência, inclusive os definidos no art. 220, § 3º, inciso II, da Constituição Federal; (...)."

> **Código de Defesa do Consumidor (Lei n. 8.078/90)**
> "Art. 90. Aplicam-se às ações previstas neste título as normas do Código de Processo Civil e da Lei n. 7.347, de 24 de julho de 1985, **inclusive no que respeita ao inquérito civil**, naquilo que não contrariar suas disposições."

> **Lei Orgânica do Ministério Público (Lei n. 8.625/93)**
> "Art. 25. Além das funções previstas nas Constituições Federal e Estadual, na Lei Orgânica e em outras leis, incumbe, ainda, ao Ministério Público: (...)
> IV — promover o **inquérito civil** e a ação civil pública, na forma da lei: (...)."

> **Lei Orgânica do Ministério Público da União (LC n. 75/93)**
> "Art. 6º Compete ao Ministério Público da União: (...)
> VII — promover o **inquérito civil** e a ação civil pública para:
> *a)* a proteção dos direitos constitucionais;
> *b)* a proteção do patrimônio público e social, do meio ambiente, dos bens e direitos de valor artístico, estético, histórico, turístico e paisagístico;
> *c)* a proteção dos interesses individuais indisponíveis, difusos e coletivos, relativos às comunidades indígenas, à família, à criança, ao adolescente, ao idoso, às minorias étnicas e ao consumidor;
> *d)* outros interesses individuais indisponíveis, homogêneos, sociais, difusos e coletivos; (...)."

### ■ 9.5.8.4.1. *Natureza jurídica, conceito e características do inquérito civil*

O inquérito civil é uma **ferramenta** (ou seja, sem um fim em si mesmo) **administrativa** (não jurisdicional), que pode ser conceituada como um **procedimento** exclusivamente à disposição do **Ministério Público**, voltado à coleta de **elementos** para formação da **convicção do órgão** com vistas à propositura eventual de uma **ação civil pública**.

Veem-se, inicialmente, dois aspectos evidentes em relação à **natureza jurídica** do inquérito:

- administrativo (não jurisdicional);
- procedimento (e não processo).

O caráter **procedimental** do inquérito civil vem, inclusive, ressaltado na jurisprudência do **STJ**, que já decidiu não ser nele necessária a observância ao princípio do **contraditório:**

> "PROCESSUAL CIVIL. AÇÃO CIVIL PÚBLICA. LESÃO AO MEIO AMBIENTE. AUSÊNCIA DE FUNDAMENTAÇÃO. INCIDÊNCIA DA SÚMULA 284/STF. (...)
>
> 2. Inexiste ofensa ao contraditório no inquérito civil — preparatório da ação civil pública —, pois representa mera **peça informativa** que pode ser colhida **sem a observância do princípio do contraditório**. Precedentes: REsp 849.841/MG, rel. Min. Eliana Calmon, Segunda Turma, julgado em 28-8-2007, *DJ* 11-9-2007, REsp 644.994/MG, rel. Min. João Otávio de Noronha, Segunda Turma, julgado em 17-2-2005, *DJ* 21-3-2005. (...)" (STJ, 2ª Turma, REsp 886.137/MG, rel. Min. Humberto Martins, *DJ* 25-4-2008).
>
> Igual sentido em: STJ, AgRg no AREsp 113.436/SP, rel. Min. Benedito Gonçalves, 1ª Turma, julgado em 10-4-2012, *DJe* 18-5-2012; e AgRg no REsp 659.571/RS, rel. Min. Raul Araújo, 4ª Turma, julgado em 4-2-2014, *DJe* 17-2-2014.

Extraem-se, ainda, outras **características:**

- instrumentalidade;
- exclusividade;
- dispensabilidade;
- formalidade;
- publicidade;
- participação.

A **instrumentalidade** decorre do fato de que o inquérito civil **não é um fim em si mesmo**. Ou seja, nada mais é que **instrumento** destinado a formar elementos de convicção relativos à ação civil pública.

Interessante notar que, embora sirva precipuamente ao *Parquet*, seus resultados poderão ser utilizados, com **valor probatório**, para a formação da **convicção do Juiz**, na análise das pretensões coletivas submetidas a ele.

É essa a jurisprudência do **STJ**, que afirma que o inquérito civil possui **valor probatório relativo:**

> "(...) 11. Por fim, o inquérito civil possui **eficácia probatória relativa** para fins de instrução da ação civil pública. Contudo, no caso em tela, em que a prova da irregularidade da dispensa de licitação é feita pela juntada de notas de empenho diversas, dando conta da prestação de serviço único, com claro fracionamento do objeto, documentos estes levantados em inquérito civil, não há como condicionar a veracidade da informação à produção da prova em juízo, porque tais documentos não tiveram sua autenticidade contestada pela parte interessada, sendo certo que, trazidos aos autos apenas em juízo, não teriam seu conteúdo alterado.
> 12. Recurso especial parcialmente provido" (STJ, 2ª Turma, REsp 1.280.321/MG, rel. Min. Mauro Campbell Marques, *DJ* 9-3-2012).

Recentemente, ainda, veiculou-se no ***Informativo* n. 495** jurisprudência no sentido de que o **inquérito civil** pode embasar ação civil pública contra **agente político:**

> "A Turma, por maioria, entendeu que o inquérito civil, como peça informativa, pode embasar a propositura de ação civil pública contra agente político, sem a necessidade de abertura de procedimento administrativo prévio" (AREsp 113.436/SP, rel. Min. Benedito Gonçalves, julgado em 10-4-2012).

Considerando, ainda, a possibilidade, como veremos, de concessão de tutela **liminar** (antecipatória ou cautelar) sem ouvir a parte contrária, o inquérito pode servir de instrumento de grande utilidade para influir no juízo de **cognição sumária** que caracteriza essa modalidade de tutela.

O inquérito civil é, ainda, um procedimento colocado **exclusivamente** à disposição do **Ministério Público**. Não pode ser iniciado ou conduzido, portanto, por qualquer dos outros legitimados do art. 5º da Lei n. 7.347/85.

O instrumento coloca o Ministério Público numa posição de destaque dentre os "representantes adequados" eleitos pelo legislador, o que demonstra tratar-se da entidade a quem cabe "por excelência" a tutela dos interesses supraindividuais.

Traz, no entanto, enorme responsabilidade, na medida em que, possibilitando que ajuíze demanda munido de mais informações e elementos instrutórios que os demais legitimados, impõe-se-lhe dever mais forte de não ajuizar ações temerárias.

Porém, a jurisprudência do Superior Tribunal de Justiça é pacífica quanto a ser **isento o Ministério Público**, enquanto autor, do pagamento de **custas, despesas**

**processuais** e **honorários advocatícios**, dando interpretação ampliativa ao **art. 18**[25] da Lei n. 7.347/85. É o que se vê do seguinte aresto:

> "PROCESSUAL CIVIL E ADMINISTRATIVO. AÇÃO CIVIL PÚBLICA. (...) HONORÁRIOS SUCUMBENCIAIS E CUSTAS PROCESSUAIS. DESCABIMENTO. ART. 18 DA LEI N. 7.347/1985. (...)
>
> 2. É **pacífica** a jurisprudência de que, nas ações civis públicas, **não se impõe ao Ministério Público** a **condenação** em **honorários** advocatícios ou **custas**, ressalvados os casos em que o autor for considerado litigante de **má-fé**. Precedentes.
>
> 3. Recurso especial parcialmente conhecido e provido" (STJ, 2ª Turma, REsp 1.065.401/RS, rel. Min. Eliana Calmon, *DJ* 21-3-2009).
>
> Na jurisprudência mais recente: STJ, 3ª Turma, EDcl no REsp 1.090.044/SP, rel. Min. Paulo de Tarso Sanseverino, *DJ* 10-8-2011; STJ, 2ª Turma, REsp 1.177.597/RJ, rel. Min. Mauro Campbell Marques, *DJ* 2-12-2010.

É firme, também, o entendimento de que a isenção que possui o Ministério Público ao adiantamento dos honorários periciais não pode fazer com que seja obrigada a tanto a parte contrária. Vejamos:

> "PROCESSUAL CIVIL. DANO AO MEIO AMBIENTE. MINISTÉRIO PÚBLICO AUTOR DA AÇÃO CIVIL PÚBLICA. ADIANTAMENTO DE HONORÁRIOS PERICIAIS. RESPONSABILIDADE DO REQUERENTE.
>
> 1. Em recente julgado, a divergência existente quanto à responsabilidade do Ministério Público, enquanto autor da ação civil pública em relação ao adiantamento dos honorários periciais, foi superada. A Segunda Turma, no julgamento do REsp 933.079/SC, posicionou-se no mesmo sentido que a Primeira Turma (REsp 933.079/SC, rel. Min. Herman Benjamin, rel. p/ Acórdão Min. Eliana Calmon, Segunda Turma, julgado em 12-2-2008, *DJe* 24-11-2008).
>
> 2. **Não deve o Ministério Público, enquanto autor da ação civil pública, adiantar as despesas relativas a honorários periciais, por ele requerida. Contudo, isso não permite que o juízo obrigue a outra parte a fazê-lo.**
>
> Embargos de divergência parcialmente providos" (STJ, 1ª Seção, EREsp 733.456/SP, rel. Min. Humberto Martins, *DJ* 29-4-2011).

Ser exclusivo o inquérito não significa, de forma alguma, que será obrigatório.

A **decisão de instaurar** ou não o inquérito civil é do próprio **Ministério Público**, que poderá dispensar a sua formação se já tiver elementos de prova que

---

[25] "Art. 18. Nas ações de que trata esta lei, **não** haverá **adiantamento de custas**, **emolumentos**, **honorários periciais** e quaisquer outras **despesas**, nem **condenação** da **associação autora**, salvo comprovada **má-fé**, em honorários de advogado, custas e despesas processuais."

considere suficientes ao ajuizamento da demanda. Por isso mesmo, afirma-se que é **dispensável**.

A dispensabilidade é ligeiramente mitigada nas regras que disciplinam o **arquivamento do inquérito civil**, previstas no **art. 9º** da LACP, a saber:

> "Art. 9º Se o órgão do Ministério Público, esgotadas todas as diligências, se convencer da **inexistência de fundamento** para a propositura da ação civil, promoverá o **arquivamento** dos autos do inquérito civil ou das peças informativas, fazendo-o **fundamentadamente**.
>
> § 1º Os autos do inquérito civil ou das peças de informação arquivadas serão **remetidos**, sob pena de se incorrer em **falta grave**, no prazo de **3 (três) dias**, ao **Conselho Superior do Ministério Público**.
>
> § 2º Até que, em sessão do Conselho Superior do Ministério Público, seja **homologada** ou **rejeitada** a promoção de arquivamento, poderão as **associações legitimadas** apresentar **razões** escritas ou documentos, que serão juntados aos autos do inquérito ou anexados às peças de informação.
>
> § 3º A promoção de arquivamento será submetida a **exame e deliberação** do Conselho Superior do Ministério Público, conforme dispuser o seu Regimento.
>
> § 4º Deixando o Conselho Superior de homologar a promoção de arquivamento, designará, desde logo, **outro órgão do Ministério Público para o ajuizamento da ação**."

Como se vê, para que se promova o **arquivamento** do inquérito civil, é necessário que, apenas após **esgotadas as diligências**, o *Parquet* exponha **fundamentadamente** seu convencimento da **inexistência de fundamento** para a propositura da demanda.

Ainda assim, os autos devem ser, como determina o § 1º, remetidos dentro de **três dias** ao **Conselho Superior do Ministério Público**. Este, então, analisará a promoção de arquivamento (§ 3º), de forma que, **caso não homologue a promoção**, designará **outro órgão** para o **ajuizamento** da demanda.

Apesar da exclusividade, as informações contidas no inquérito civil são **públicas**, e **não sigilosas**, desde que isso, é claro, não prejudique a investigação. A **publicidade**, no entanto, sede espaço diante de casos de **segredo**.

É **direito do inquirido** tomar conhecimento das informações a seu respeito que possam vir a contribuir em sua eventual defesa em ação civil pública. Deve ter o direito de conhecer as informações que poderão servir de base à formação da convicção do *Parquet* na eventual propositura da demanda contra ele.

Interessante notar que a **Súmula Vinculante n. 14** refere-se, à primeira vista, exclusivamente, ao inquérito **criminal:**

> "É direito do defensor, no interesse do representado, ter acesso amplo aos elementos de prova que, já documentados em procedimento investigatório realizado por **órgão com competência de polícia judiciária**, digam respeito ao exercício do direito de defesa".

Felizmente, no entanto, os Tribunais Superiores têm reconhecido sua aplicabilidade aos **inquéritos civis**. É o que se vê do seguinte trecho de ementa do **STJ:**

> "RECURSO ORDINÁRIO EM MANDADO DE SEGURANÇA. CONSTITUCIONAL. INQUÉRITO CIVIL. ACESSO A ADVOGADO CONSTITUÍDO PELOS IMPETRANTES. POSSIBILIDADE. PRECEDENTES. RECURSO PARCIALMENTE PROVIDO. (...)
>
> 3. **Não é lícito negar** ao advogado constituído o direito de ter **acesso aos autos de inquérito civil**, embora trate-se de procedimento meramente informativo, no qual não há necessidade de se atender aos princípios do contraditório e da ampla defesa, porquanto tal medida poderia subtrair do investigado o acesso a informações que lhe interessam diretamente. **Com efeito, é direito do advogado, no interesse do cliente envolvido no procedimento investigatório, ter acesso a inquérito instaurado por órgão com competência de polícia judiciária ou pelo Ministério Público**, relativamente aos elementos **já documentados nos autos** e que digam respeito ao investigado, dispondo a autoridade de meios legítimos para garantir a eficácia das diligências em curso. Ressalte-se, outrossim, que a utilização de material sigiloso, constante de inquérito, para fim diverso da estrita defesa do investigado, constitui crime, na forma da lei.
>
> 4. Nesse contexto, o Pretório Excelso editou a Súmula Vinculante 14 (...)" (STJ, 1ª Turma, RMS 28.949/PR, rel. Min. Denise Arruda, *DJ* 26-11-2009).

É, ainda, o inquérito um procedimento **solene**. Ou seja, que precisa obedecer a certas **formalidades**.

Longe de constituir mera criação de obstáculos ou burocracia, a exigência de formalidades constitui **garantia do Estado Democrático de Direito**, que confere mais **certeza** e **legitimidade** acerca não apenas do transcurso do inquérito civil, mas sobretudo de seus **resultados**, de forma que os instrumentos nele colhidos sejam os mais úteis possíveis à ação civil pública.

Por fim, a característica da **participatividade** está ligada à ideia de que, na tentativa de obter resultados mais próximos da verdade, deve-se aceitar a **colaboração** de **outras pessoas e entidades**, além da do *Parquet*, na instauração ou instrução do inquérito civil.

É o que não deixam esconder os arts. 6º e 7º da Lei n. 7.347/85:

> "Art. 6º **Qualquer pessoa poderá** e o **servidor público deverá** provocar a **iniciativa** do **Ministério Público**, ministrando-lhe informações sobre **fatos** que constituam **objeto da ação civil** e indicando-lhe os elementos de convicção."
>
> "Art. 7º Se, no exercício de suas funções, os **juízes e tribunais** tiverem conhecimento de fatos que possam **ensejar a propositura da ação civil**, remeterão peças ao Ministério Público para as **providências cabíveis**."

A correta interpretação do **art. 6º** é no sentido de que **qualquer pessoa** pode (para os **funcionários públicos**, é **obrigatório**) fornecer informações ao *Parquet* relativas à defesa de interesses coletivos, seja **antes** do **ajuizamento** da ação civil pública ou mesmo da **instauração do inquérito** civil, seja **durante o curso** de qualquer um dos procedimentos.

Por sua vez, os órgãos do **Poder Judiciário** também são obrigados a **remeter peças** relativas a "**fatos** que possam ensejar a propositura da ação civil pública" ao Ministério Público.

Outra regra interessante ligada à participação é a prevista no **§ 2º do art. 9º:**

> "Art. 9º (...) § 2º Até que, em sessão do Conselho Superior do Ministério Público, seja **homologada ou rejeitada a promoção de arquivamento**, poderão as **associações** legitimadas apresentar **razões escritas ou documentos**, que serão juntados aos autos do **inquérito** ou anexados às peças de informação."

Prevê o dispositivo que, sempre que o *Parquet* manifestar-se pelo **arquivamento**, até que esse seja **homologado** ou **rejeitado** pelo Conselho, **qualquer associação legitimada** poderá juntar aos autos do inquérito **razões escritas** ou **documentos**, capazes de influir na tomada daquela decisão.

Não vemos razão, no entanto, para que se aplique a **restrição** que dá a entender o artigo aos outros legitimados que não as **associações**. Na verdade, em homenagem ao princípio democrático, toda e qualquer pessoa deve poder prestar tais informações.

### ■ 9.5.8.4.2. *Objeto do inquérito civil*

Aspecto importante é determinar o **objeto** do inquérito civil. Em outras palavras, **estabelecer** e **limitar** que **tipo de fato** pode ser, por meio dele, apurado e **investigado**.

Considerando que o procedimento é instrumental à ação civil pública, isso faz com que se limite a investigar **fatos** que podem dar ensejo a uma **ação civil pública**, ligados, portanto, a interesses coletivos para os quais o *Parquet* esteja legitimado.

#### ■ 9.5.8.4.3. *Inquérito civil e competência*

A atribuição a um dado órgão do Ministério Público para a instauração de inquérito civil deve seguir os moldes da **competência** a ser observada em eventual ação civil pública relativa aos mesmos fatos.

Deve-se observar, portanto, o critério do **local do dano** na atribuição da função ao Ministério Público. É claro que, sendo um procedimento anterior ainda à propositura da demanda coletiva, a ausência de maiores elementos de informação relativos ao dano fará com que se observe a regra de forma um pouco mais elástica.

### ■ 9.5.9. Desistência e abandono da ação civil pública

Parece óbvia a razão pela qual a **desistência** e o **abandono** da ação civil pública mereceram tratamento específico por parte do legislador, distinto daquele dado às demandas individuais.

É que as demandas individuais, na maior parte das vezes, cuidam de direitos **disponíveis** que dizem respeito **unicamente** às partes que figuram no processo (legitimação ordinária).

E, sendo assim, as únicas regras a serem respeitadas concernentes a outras pessoas dizem respeito à necessidade de **anuência do réu já citado** para a desistência, ou o seu **requerimento** para a extinção por abandono. É o que se vislumbra no **§ 4º do art. 267** e na **Súmula n. 240** do STJ, respectivamente:

> "Art. 267 (...) § 4º Depois de **decorrido o prazo para a resposta**, o autor não poderá, sem o **consentimento** do réu, **desistir** da ação."
> "**Súmula n. 240**. A **extinção** do processo, por **abandono** de causa pelo autor, depende de **requerimento do réu**."

Partindo, então, da ideia de que a ação civil pública está geralmente calcada em premissas diametralmente opostas (**indisponibilidade** do direito, que pertence **não ao legitimado**, mas a uma **coletividade** por ele representada), poder-se-ia chegar à conclusão de ser proibida a desistência da ação ou a sua extinção por abandono.

Não é isso, contudo, o que se extrai de uma leitura apropriada do **art. 5º, § 3º**, da Lei n. 7.347/85:

> "Art. 5º (...) § 3º Em caso de **desistência infundada** ou **abandono** da ação por associação legitimada, o Ministério Público ou outro legitimado **assumirá a titularidade ativa**."

Primeiramente, veja-se que a própria lei prevê a ocorrência do **abandono** ou da **desistência infundada**. Apenas determina que, nesses casos, o *Parquet* ou *outro legitimado* assuma a titularidade. Na verdade, como já expusemos, **não** é possível pensar ser **obrigatória** esta intervenção.

Interessante perceber, ainda, que o dispositivo menciona apenas a desistência **infundada**, dando a entender que, quando **fundamentada a desistência**, nem mesmo se abriria a possibilidade de assunção da demanda por outro legitimado.

Não é essa, também, a melhor forma de interpretar o dispositivo, pois, partindo da premissa de que a legitimidade é sempre **concorrente/disjuntiva**, há sempre a possibilidade de que algum dos outros legitimados considere interessante para a coletividade o prosseguimento da demanda.

Também não há razão para a limitação da incidência aos casos em que a demanda foi ajuizada por uma **associação**.

> Em resumo, a maneira correta de interpretar o dispositivo é: sempre que o legitimado que estiver conduzindo a ação **abandoná-la** ou dela **desistir** (fundamentadamente ou não), aos **outros legitimados** será **facultado** assumir o polo ativo, cabendo-lhe, contudo, avaliar a conveniência da intervenção.

### ■ 9.5.10. Sistema recursal na ação civil pública

Considerando a **natureza** do direito envolvido nas ações civis públicas, quase sempre de caráter supraindividual e indisponível, o legislador estabeleceu a regra de que, desta demanda, **todas as decisões judiciais**, a princípio, são dotadas de **eficácia imediata**.

Por outras palavras, os recursos cabíveis contra as decisões provenientes de uma ação civil pública em geral, ao contrário da regra do art. 520 do CPC, **não tem efeito suspensivo *ope legis***, podendo o juiz conceder-lhe ***ope judicis*** para evitar **dano irreparável à parte**. É o que diz o art. 14:

> "Art. 14. O **juiz poderá** conferir **efeito suspensivo** aos recursos, para evitar **dano irreparável** à parte."

Tal regra ganha ainda mais importância quando se trata de demandas ambientais, se levarmos em conta a imprescindibilidade e a instabilidade do bem ambiental.

### ■ 9.5.11. Tutela de urgência nas ações civis públicas ambientais

#### ■ *9.5.11.1. Características das tutelas de urgência e meio ambiente*

##### ■ *9.5.11.1.1. Considerações preliminares*

É cediço que, para que possa ser entregue a tutela jurisdicional, necessariamente se consome **tempo**. Afinal, é nele, no tempo, que se desenvolvem todos os atos e atividades processuais.

Desde a oportunidade para que as partes deduzam suas alegações, os mecanismos para que se possa averiguar a veracidade do que se afirma, até a reflexão que o magistrado faz dos elementos do processo... Enfim, para que tudo isso ocorra, é necessário **tempo**.

Embora seja o que comumente ocorra, nem sempre o tempo é associado a uma busca de maior certeza na entrega dos resultados. Considerando que a certeza absoluta é algo impossível de se alcançar, constituindo verdadeira utopia, é certo, então, que nem todo o tempo do mundo seria suficiente para se atingir uma verdade absoluta.

Se, por um lado, todo o tempo do mundo não seria idôneo ou capaz de proporcionar a certeza absoluta, por outro, basta um mínimo de tempo para que uma crise jurídica ainda maior do que a já existente se estabeleça.

É que a vida das pessoas não é paralisada quando levam suas pretensões ao Poder Judiciário. E é justamente porque a atividade jurisdicional se exerce e se desenvolve durante um dado lapso temporal que, a cada minuto que passa, mais longe e fora da realidade que motivou a busca da solução jurisdicional fica a tutela que pode ser obtida.

Há casos em que o tempo de busca da certeza é tão grande que o próprio titular do direito, ao final reconhecido, terá morrido e não poderá mais gozar o bem que lhe foi entregue tardiamente. Há outros casos em que o jurisdicionado que buscou o Poder Judiciário apenas observa o perecimento do direito que buscou tutelar sem que nada possa fazer (por exemplo, um concurso público que se realiza enquanto num processo se discute sua validade; ou um prédio que se constrói enquanto num processo se discute seu embargo, etc.).

Há ainda casos em que o tempo do processo se coloca como uma ceifa às expectativas dos litigantes (tal como quando a pessoa não recebe o que lhe devem e, por isso, contrai dívidas, deixa de adquirir bens ao seu deleite, não pode investir em si e na família), gerando as piores e mais nefastas angústias aos jurisdicionados, que são vítimas dos danos marginais causados pelo tempo do processo.

Não é só isso. O tempo é amigo da estabilidade da situação lamentada, pois, quanto mais o processo demora a dar o resultado pretendido, por muito mais tempo permanecerá a situação injusta, causando danos ao longo do seu curso.

Há, ainda, os fatos e as situações imprevisíveis que ocorrem no tempo e que são capazes de tornar inútil a tutela reclamada. Por serem imprevisíveis, pode-se dizer que, estatisticamente, quanto mais tempo é consumido pelo processo, mais chances esses eventos têm de ocorrer.

Diante disso tudo, não poderia ficar o sistema jurídico infenso à avassaladora realidade temporal que, se em sede de tutela individual causa um mal terrível aos litigantes, gera rombo ainda maior quando se está diante da tutela do **meio ambiente**.

Surgem, então, as chamadas **tutelas provisórias de urgência (art. 294 e ss. do CPC)**, com a intenção de **minimizar os danos** que o **tempo** causa não só ao **processo**, mas ao próprio **direito** que nele se discute.

Formam-se as **tutelas de** urgência, por um arcabouço de **técnicas processuais** que devem ser **prontas** e **rápidas**, sob pena de se tornarem inúteis.

Tais técnicas podem, ainda, ser classificadas em medidas **cautelares** e **antecipatórias**.

Se o seu signo comum é, sempre, a **urgência**, o seu traço **diferenciador** é o **objeto** que será precipuamente protegido dos desgastes provocados pelo fenômeno temporal: naquelas, **cautelares**, protegem-se os **elementos** de que necessita o **processo** para que possa atingir seu **resultado útil**; nestas, **antecipatórias**, protege-se o próprio **direito material** que se discute no processo.

Já ficou claro que, em razão dos riscos de danos causados pelo tempo, ambas as modalidades podem ser encartadas no tronco comum da **urgência**. E, em função dessa mesma urgência, alguns outros pontos apresentam traços de identidade que permitem que sejam agregados.

Os **pontos comuns** — decorrentes da **urgência** — de ambas as modalidades de tutela são:

- **sumariedade** da cognição;
- **provisoriedade** da tutela;
- necessidade de **realização/concretização de modo urgente**.

### ■ *9.5.11.1.2. Sumariedade da cognição*

Como foi dito, um dos pontos de agregação entre as tutelas de urgência cautelar e antecipatória de mérito é, quase sempre, a **sumariedade da cognição judicial** que se exige para a sua concessão. Certamente, razões lógicas justificam a adoção desta modalidade de cognição judicial.

Sendo medidas voltadas a neutralizar os efeitos deletérios do tempo no processo, não se pode exigir que essas técnicas se efetivem em largo espaço de tempo, sob pena de se tornarem inúteis e padecerem dos mesmos problemas que pretendem imunizar.

Por isso, para que ditas tutelas possam ser entregues num curto espaço de tempo, é certo que os **elementos cognitivos exigidos para sua concessão** necessariamente serão bem menos contundentes que aqueles justificadores da tutela definitiva que se busca pelo processo.

Isso implica uma sensível temperança nas **exigências do convencimento do magistrado**, que deve resguardar dentro do possível o processo ou o direito material dos riscos do tempo, **trocando a certeza pela probabilidade**, para a concessão da medida neutralizadora.

É claro que os graus e a verticalidade da exigência do convencimento poderão ser variáveis, e essa variabilidade não se dá por escolha do magistrado. São motivos predeterminados pelo próprio direito material que devem ser seguidos.

Nos termos do art. 300 do CPC, a tutela de urgência será concedida quando houver elementos que evidenciem a probabilidade do direito e o perigo de dano ou o risco ao resultado útil do processo e tanto podem ser requeridas em caráter incidental ou antecedente ao requerimento do pedido principal.

Ora, sendo a **tutela do equilíbrio ecológico** a um só tempo de natureza **pública** e **indisponível**, deve o magistrado, em razão das imposições do direito material envolvido, exigir tão só um **grau mínimo de probabilidade** para a concessão da medida e, mais que isso, deverá despir-se das limitações privatistas do princípio dispositivo para atuar sempre de maneira mais **presente** e **inquisitiva**.

Inclusive, o **Superior Tribunal de Justiça** já utilizou por mais de uma vez o **princípio da precaução** como fundamento para a concessão de liminares em prol do ambiente. Vejamos:

> "PEDIDO DE SUSPENSÃO. MEIO AMBIENTE. PRINCÍPIO DA PRECAUÇÃO. Em matéria de meio ambiente, vigora o **princípio da precaução** que, em situações como a dos autos, cujo efeito da decisão impugnada é o de autorizar a continuidade de obras de empreendimento imobiliário em área de proteção ambiental, recomenda a paralisação das obras porque os danos por elas causados podem ser irreversíveis acaso a demanda seja ao final julgada procedente. Agravo regimental não provido" (STJ, Corte Especial, AgRg na SLS 1.323/CE, rel. Min. Ari Pargendler, *DJ* 2-8-2011). Ver também: STJ, Corte Especial, AgRg na SLS 1.279/PR, rel. Min. Ari Pargendler, *DJ* 6-5-2011).

> Em resumo, tratando-se de **tutela do meio ambiente**, é a **indisponibilidade** do direito e a sua natureza **pública** que predeterminam o comportamento do juiz, no sentido de exigir dele uma **participação ativa**, sem os mesmos limites do princípio dispositivo, além de fazer com que ele exija uma **menor necessidade de provas para o seu convencimento** na concessão da medida.

### 9.5.11.1.3. *Provisoriedade da tutela*

Fazendo uma comparação entre uma relação jurídica e uma relação emocional entre duas pessoas, pode-se dizer que, quanto mais tempo de convívio se tem com a pessoa, mais dela se conhece e melhor se faz um juízo de valor acerca de sua personalidade.

Se a pretensão do sujeito é ficar definitivamente com a outra pessoa, o tempo será o senhor da razão. Poderá avaliá-la dia a dia, saber como pensa, como age, quais seus princípios, aspirações e, depois de certo tempo, terá segurança para sacramentar a definitividade da união.

É lógico que tal juízo pode não ser perfeito; e mesmo depois de um longo tempo é possível que se formule um conceito equivocado. Entretanto, é inegável que a durabilidade da relação é muitíssimo grande, tendo em vista a amplitude e a profundidade do conhecimento.

Portanto, **profundidade e amplitude do conhecimento** são figuras muito próximas da **certeza** e, em alguns casos, até mesmo condições necessárias à sua obtenção. Já a certeza é irmã da **segurança** e da **definitividade**.

O mesmo raciocínio poderá ser emprestado às **relações jurídicas processuais**, que são resolvidas por um **juízo de valor praticado pelo juiz** ao longo do desenvolvimento do processo, mediante um **acúmulo de informações** provenientes de todos os seus partícipes.

É certo que, quando chega ao final desse caminho (o **processo**) e é preciso dizer em favor de quem será dado um juízo de valor, o magistrado estará, pelo menos em tese, munido de todas as informações possíveis, já valoradas por ele mesmo, e por isso apto para exprimir o seu sentimento (a **sentença**).

Esse pronunciamento, fruto da reflexão e da análise contextual de todas as informações recebidas e buscadas pelo juiz, confere-lhe segurança para emitir a solução que lhe pareça justa, legal e legítima.

Uma vez convencido, seu pronunciamento será identificado como uma decisão que reflete **equilíbrio**, **segurança**, **certeza** e tranquilidade de que estará dando a decisão correta porque teria sido **exauriente a cognição** exercida ao longo do processo. Tal decisão, não por acaso, estará apta a receber o selo da **imutabilidade da coisa julgada**.

Contudo, parece claro e evidente que, todas as vezes que o **juízo de valor do magistrado é antecipado do seu momento normal**, é sinal de que nem todo o caminho de colheita de informações nem todo o tempo idôneo para a formação do seu juízo de valor foram esgotados e, por consequência, sua opinião será fruto de um juízo **abreviado**, **sumarizado** e **limitado**.

Justamente por isso, tal solução não estará idônea a obter a marca da definitividade, justamente porque oriunda de um juízo provável e, por isso, incerto. Por outras palavras, **não estará apta a ficar imunizada pela coisa julgada**. Contudo, o CPC abre a possibilidade de que decisões sumárias em tutela antecipada requeridas em caráter antecedente possam ficar estabilizadas, totalmente aplicável em favor da tutela ambiental, ao mencionar no art. 304 que a "tutela antecipada, concedida nos termos do art. 303, torna-se estável se da decisão que a conceder não for interposto o respectivo recurso". Admite, porém, que qualquer das partes poderá demandar a outra com o intuito de rever, reformar ou invalidar a tutela antecipada estabilizada nos termos do *caput* do art. 304, mas ela conservará seus efeitos enquanto não revista, reformada ou invalidada por decisão de mérito proferida na ação de que trata o § 2º. O legislador estabelece que o direito de rever, reformar ou invalidar a tutela antecipada, previsto no § 2º deste artigo, extingue-se após 2 (dois) anos, contados da ciência da decisão que extinguiu o processo, nos termos do § 1º.

Ora, a tutela que é prestada em razão da **urgência** tem por característica comum a **sumariedade da cognição**. O objeto do conhecimento é limitado tanto em sua extensão como em sua profundidade.

E é exatamente por isso, por **não advirem de um juízo de certeza**, que as **tutelas de urgência** são concedidas em caráter **provisório:** podem ser **revistas**, **revogadas** ou **modificadas a qualquer tempo**.

É o que o Código de Processo Civil deixa claro quando trata tanto das tutelas provisórias de urgência. Vejamos:

> "Art. 296. A tutela provisória conserva sua eficácia na pendência do processo, mas pode, a qualquer tempo, ser revogada ou modificada.
>
> Parágrafo único. Salvo decisão judicial em contrário, a tutela provisória conservará a eficácia durante o período de suspensão do processo."

### ■ 9.5.11.1.4. Necessidade de realização/concretização de modo urgente

O terceiro elemento comum da tutela de urgência não se situa no plano meramente teórico, como os outros dois já comentados.

Pelo contrário, esse elemento — **necessidade de efetivação de modo urgente** — diz respeito à **atuação prática**, no **mundo dos fatos**, de uma medida de urgência já concedida.

Se as tutelas antecipatórias e cautelares são pensadas para evitar os efeitos malévolos do tempo sobre o processo ou o direito que nele se quer fazer valer, não basta que a decisão acerca dessas medidas se dê em curto espaço de tempo, mas também que haja **mecanismos aptos a concretizar de forma urgente uma medida que já tenha sido concedida**.

Afinal, de nada adiantaria uma técnica preocupada com urgência, que corre contra o tempo para evitar danos ao processo ou ao seu conteúdo, se, no momento em que fosse concedida a tutela, existissem obstáculos que impedissem sua plena e pronta realização. Seria como dizer que ganhou a tutela urgente, mas não a levou, porque não teria conseguido realizá-la na prática.

Para que a **concessão** de providências de urgência ocorra em curto espaço de tempo, é **sumária a cognição** que se exige para tanto. Por sua vez, para que a **concretização** dessas medidas se dê em tempo hábil, fala-se em **mecanismos de efetivação/execução**.

Interessante notar que, quando se fala em tutela jurisdicional urgente, não se deve entender que o resultado a ser entregue pelo Poder Judiciário seja diferente do que se entrega em uma tutela não urgente. Afinal, o direito material é um só, e uma só é a solução por ele prevista para debelar a crise jurídica.

O que há de diferente entre uma providência e outra não está na solução material prevista no plano substancial, mas, sim, nos **meios e instrumentos que imporão dita solução**.

Nesses casos, o sistema prevê **técnicas** que são também **movidas pela necessidade de urgência** e têm a função de antecipar e satisfazer provisoriamente o jurisdicionado ou de conservar os elementos do processo.

O verdadeiro diferencial da "tutela urgente", portanto, não é propriamente a "tutela", senão o fato de que os **mecanismos** para impô-la devem ser dotados de fisionomia especial para catalisar o resultado em curto espaço de tempo.

Esses mecanismos especiais e diferenciados recaem sobre o **processo** (alterações nas regras de cognição e no conteúdo do debate), sobre o **procedimento** (na forma com que se desenvolve essa relação jurídica) e sobre os **provimentos** (na natureza, na força, na intensidade) que comandarão a imposição da solução requerida.

Neste tópico, cuidamos da **efetivação** da tutela urgente, ou seja, dos meios que fazem tornar **reais as soluções previstas em molde abstrato no ordenamento jurídico** e que, uma vez realizados, permitem dizer que a solução imposta foi efetiva. Não cuidamos aqui nem dos processos nem dos procedimentos, mas, sim, dos provimentos urgentes que impõem a vontade abstrata do legislador para aquele caso concreto.

Os **provimentos** são atos de **império estatal** que impõem a solução prevista abstratamente no direito material. Essa "imposição" não se refere apenas ao aparecimento de uma solução teórica e meramente linguística do resultado, mas também à realização na prática do que foi objeto do provimento.

O provimento, assim, não é imperativo apenas no mundo das palavras, senão porque o império pressupõe a força suficiente para fazer atuar a solução concedida para algum caso concreto. Não fosse assim, jamais uma crise jurídica seria debelada pelo Poder Judiciário, na medida em que a solução ficaria sempre adstrita ao mundo imaterial, impalpável e das palavras, quando se sabe que o que motiva a busca de uma solução jurisdicional é sempre um fato jurídico.

Se aqui falamos de **efetivação da tutela em razão da urgência**, certamente estaremos cuidando de técnicas processuais que imprimam a determinados tipos de provimentos uma força tal que lhes permita alcançar o resultado pretendido (cautelar ou satisfativo) num tempo que seja curto o suficiente para neutralizar o risco, ou impedir a concretização do ilícito ou do dano iminente.

É aí que entra a atipicidade dos meios executivos e sub-rogatórios mencionados no art. 139, IV, do CPC, combinado com o art. 297, parágrafo único, do CPC, que se mostram como técnicas mais adequadas para a tutela de situações urgentes.

É verdade que os meios de efetivação imediata dos provimentos provisórios têm entre si muitas semelhanças, especialmente porque estão atrelados ao tronco comum da efetividade do processo (e nesse passo guardam íntima relação com a tutela urgente), mas também é inegável que **não correspondem a uma mesma técnica**.

Há uma diferença entre essas modalidades de técnicas processuais. Embora ambas sejam meras técnicas processuais de efetivação de decisões judiciais, as medidas de execução direta ou sub-rogatórias **constituem técnica substitutiva da vontade do inadimplente**, enquanto as medidas de execução indireta ou coerção **impõem um comando, uma ordem**, desferida contra o inadimplente.

Se num primeiro momento ambas se dirigem contra o réu inadimplente, percebe-se a diferença entre elas a partir do momento em que há uma recalcitrância em cumprir a determinação judicial.

Há casos em que o magistrado poderá mesclar as medidas, sub-rogatórias e coercitivas, com vistas à obtenção do adimplemento ou cumprimento da decisão, mas há outros em que nenhuma medida sub-rogatória é útil para tal desiderato, por exemplo, nos deveres infungíveis.

Por meio da medida sub-rogatória entra em ação a **função substitutiva do Estado**, que realizará atividade executiva independente da vontade do executado, buscando outros meios para se chegar ao mesmo resultado que se teria caso a determinação tivesse sido atendida espontaneamente.

Por meio da medida coercitiva, verdadeira **ordem de autoridade estatal** dirigida ao obrigado, tem por finalidade fazer com que o **adimplemento se dê única e exclusivamente por meio de comportamento do próprio réu**. Para isso, não será incomum a utilização de **instrumentos de pressão** estimuladores da prática da conduta pelo próprio obrigado.

A combinação do art. 139, IV, do CPC com o art. 297, parágrafo único, dá ao magistrado um poder bastante forte no sentido de utilizar meios para se obter o cumprimento da decisão. Como o art. 139, IV, diz, não estão aí as medidas punitivas, que sancionam por um comportamento e entram na disciplina do *contempt of court* e que também poderão ser utilizadas (arts. 139, III, e 77 do CPC), mas aí não estamos mais no rol da *atipicidade*, e sim na tipicidade das sanções processuais por violação do dever de cooperação e boa-fé processual.

Pode-se dizer, portanto, que os **mecanismos de pressão** que visam "aumentar a imperatividade do provimento judicial" ganham enorme relevo e têm seu campo de ambiência natural no apoio de técnicas coercitivas, porque estas visam a realização do resultado específico por **conduta do próprio obrigado**. A liberdade de escolha da técnica coercitiva ou sub-rogatória tem como limite natural a razoabilidade e a proporcionalidade (necessidade da medida escolhida e sua coerência com o fim desejado).

Já nas medidas sub-rogatórias, o não cumprimento espontâneo do provimento implicará a imediata incidência de **"atos de execução direta" substitutivos da vontade do obrigado**, que visam alcançar o mesmo resultado específico.

É exatamente por isso que, nas **relações jurídicas infungíveis**, o uso da coerção é palavra de ordem, justamente porque é praticamente impossível a obtenção do resultado sem a participação do obrigado.

Já nas **fungíveis**, pode-se até mesmo mesclar a combinação da medida sub-rogatória com as medidas de coerção.

### ■ *9.5.11.1.5. Meios executivos coercitivos e sub-rogatórios de tutela ambiental*

Feitas todas essas considerações acerca das técnicas executivas coercitivas e sub-rogatórias, nenhuma dúvida existe quanto à sua enorme utilidade na tutela do **meio ambiente**.

É que tais técnicas, além de serem intensamente importantes na efetividade da tutela urgente, também são igualmente úteis para o alcance de dois **princípios do direito do ambiente: prevenção** do dano (eliminação do risco) e **reparação específica**.

Mas não é só, pois, além dos princípios mencionados, há ainda as **características do bem ambiental**, que praticamente impõem a utilização das técnicas de tutela urgente. O meio ambiente — equilíbrio ecológico — tem três caracteres que são decisivos para o estudo e a compreensão da tutela de urgência nas demandas ambientais. São eles:

- **Ubiquidade:** o bem ambiental é **onipresente**, lançando seus tentáculos para lugares imprevistos e inimagináveis. Por isso, o bem ambiental não respeita limites geográficos ou políticos impostos pelo ser humano.

- **Instabilidade:** sendo o **equilíbrio ecológico** um bem jurídico que depende de uma **interação química, física e biológica** dos elementos naturais, a **alteração** de um desses fatores leva, inexoravelmente, a um **desequilíbrio ecológico**.
- **Essencialidade:** o bem ambiental é imprescindível à manutenção, ao abrigo e à proteção de **todas as formas de vida**.

Assim, esses três aspectos do bem ambiental dão a exata noção de sua importância e de sua fragilidade, mostrando que a palavra de ordem em relação ao equilíbrio ecológico é a **tutela preventiva**. Enfim, deve o Estado ofertar as técnicas processuais aptas a evitar o desequilíbrio ecológico.

Em matéria ambiental, vale sempre a máxima de que é melhor prevenir do que remediar. Por isso, em razão das características do próprio direito, o processo civil deve oferecer técnicas que sejam compatíveis com o direito a ser tutelado; e, como no caso do meio ambiente sobressai a necessidade de urgência na prestação da tutela jurisdicional, ainda que a pretensão veiculada seja repressiva (reprimir o dano), e não preventiva (do dano ou do ilícito), igualmente há a urgência na reparação *in natura*.

Por isso mesmo, ganham muita importância a atipicidade dos meios executivos expressamente determinada pelo art. 297, parágrafo único, do CPC, combinado com os arts. 139, IV, e 536 do CPC. Permitem essas técnicas uma **efetivação** dos comandos judiciais de forma mais **rápida**, sem os formalismos exigidos para um processo ou módulo de execução tradicional.

### 9.5.11.2. *As tutelas de urgência na Lei de Ação Civil Pública*

A Lei n. 7.347/85 contemplou dois dispositivos voltados ao que hoje se convencionou chamar de **tutelas de urgência**. Trata-se dos arts. **4º** e **12**, a seguir transcritos:

> "Art. 4º Poderá ser ajuizada **ação cautelar** para os **fins desta Lei**, objetivando, inclusive, **evitar o dano ao meio ambiente**, ao consumidor, à ordem urbanística ou aos bens e direitos de valor artístico, estético, histórico, turístico e paisagístico (VETADO). (...)."
>
> "Art. 12. Poderá o juiz conceder **mandado liminar**, com ou sem **justificação prévia**, em decisão sujeita a agravo.
>
> § 1º A requerimento de pessoa jurídica de direito público interessada, e para evitar grave lesão à ordem, à saúde, à segurança e à economia pública, poderá o Presidente do Tribunal a que competir o conhecimento do respectivo recurso suspender a execução da liminar, em decisão fundamentada, da qual caberá agravo para uma das turmas julgadoras, no prazo de 5 (cinco) dias a partir da publicação do ato.

§ 2º A multa cominada liminarmente só será exigível do réu após o trânsito em julgado da decisão favorável ao autor, mas será devida desde o dia em que se houver configurado o descumprimento."

Trata-se de dispositivos cuja interpretação deve partir da premissa de que refletem o estado em que a questão das tutelas de urgência encontrava-se não apenas cientificamente, mas também legislativamente. Com o advento do NCPC, aplica-se integralmente o art. 294 e ss., que é bem mais aparelhado e completo que os artigos da Lei de Ação Civil Pública supracitados.

### 9.5.11.2.1. *O art. 4º: ação "cautelar" autônoma*

É o que se vê, por exemplo, do art. 4º, que prevê a possibilidade de **ajuizamento de ação cautelar**, por meio de um processo **técnica e burocraticamente autônomo**, para a finalidade de tutelar interesses supraindividuais. Quando esse dispositivo foi criado, estava em vigor o CPC de 1973, e, mesmo sob o referido diploma, não havia qualquer novidade, tendo em vista que o Código de Processo Civil, em seu **Livro III** (este também extremamente moderno para a época), já previa a possibilidade de propositura de **ação cautelar autônoma**, seja ela **preparatória** ou **incidental**,[26] para a tutela de qualquer situação que necessitasse desse tipo de tutela (por meio do **poder geral de cautela**).[27]

Contudo, quando foi criado o dispositivo, não havia no CPC de 1973 a previsão da concessão do que hoje chamamos de **tutela antecipatória**, sendo vedada pela maior parte da doutrina e da jurisprudência a concessão de **provimentos cautelares satisfativos**. Até então, o que havia era a previsão das chamadas *liminares* em diversos procedimentos especiais, como a ação possessória e a ação popular.[28] Feita essa adequação histórica, percebe-se, a partir de uma leitura mais atenta do **art. 4º** supratranscrito, que este possibilita a concessão de medida de caráter nitidamente **satisfativo**. Isso porque o texto do artigo fala em ação cautelar com o objetivo de **"evitar o dano"**.

---

26 "Art. 796. O procedimento cautelar pode ser instaurado **antes** ou **no curso** do **processo principal** e deste é sempre dependente."

27 "Art. 798. Além dos procedimentos cautelares específicos, que este Código regula no Capítulo II deste Livro, poderá o juiz determinar as **medidas provisórias que julgar adequadas**, quando houver fundado receio de que uma parte, antes do julgamento da lide, cause ao direito da outra lesão grave e de difícil reparação."

28 Art. 928 do CPC e art. 5º, § 4º, da Lei n. 4.717/65, respectivamente.
Apenas em 1994, por meio da Lei n. 8.952, que alterou o art. 273 do CPC, previu-se a concessão de tutela antecipatória de forma genérica no sistema do Código. Logo mais estudaremos os reflexos dessa e de outras alterações no sistema da Lei de Ação Civil Pública.

E **evitar o dano** é expressão que, claramente, identifica ser satisfativa a medida, pois, ao impedir que a lesão verdadeiramente ocorra, ter-se-á, de modo sumário, o **exato efeito** que a tutela principal **inibitória** poderia prover.

Entretanto, nenhum esforço exegético é mais necessário, pois expressamente o NCPC não apenas consagrou as tutelas de urgência antecipada e cautelar dentro do mesmo universo (provisórias urgentes), como ainda consagrou a possibilidade de que existam ações sumárias satisfativas a partir da possibilidade de estabilização da tutela antecipada concedida em caráter antecedente nos termos do art. 4º do CPC, tornando a regra do art. 4º da Lei de Ação Civil Pública obsoleta, bem como a do art. 12 da mesma Lei.

#### ■ 9.5.11.2.2. O art. 294 e ss. do Código de Processo Civil e o sistema de tutelas de urgência da Lei de Ação Civil Pública

Como afirmado anteriormente, a interpretação dos dispositivos que cuidam das tutelas de urgência da Lei n. 7.347/85 deve ser feita tendo como premissa a de que refletiam, aliás, de forma bem avançada, o estado em que a questão se encontrava na doutrina e na legislação brasileira.

Ocorre que, com o NCPC de 2015, sedimentou-se o tratamento unívoco das tutelas de urgência sob o rótulo das tutelas provisórias, que abarcam, ainda, a tutela evidente.

E, o que aqui nos interessa, o sistema de tutelas provisórias urgentes do Código de Processo Civil mostra-se mais avançado e completo do que o previsto na LACP.

Assim, por exemplo, o art. 294 e ss. permite a outorga do provimento provisório com base na urgência ou com base na evidência nas hipóteses em que elenca. Como dito anteriormente, em relação à efetivação dessas medidas prevalece hoje a regra da **atipicidade de meios dos arts. 139, IV, e 297, parágrafo único**, de forma que é o próprio **juiz** quem deve buscar as maneiras que de forma **mais efetiva**, na tentativa de encontrar a **tutela específica**, podem efetivar aquele comando provisório.

Diante de tudo isso, temos hoje, no sistema do Código de Processo, um sistema relativo às tutelas provisórias (urgente e evidente) ainda mais preciso do que o da Lei n. 7.347/85.

Como, então, deve funcionar, hoje, a concessão das medidas urgentes na Ação Civil Pública? Será que esse importante remédio deve ficar infenso aos avanços experimentados pelo CPC?

Ora, é evidente que não!

Como tivemos a oportunidade de demonstrar, todo o sistema da Lei n. 7.347/85 foi pensado para ser, à época, extremamente avançado se comparado ao texto primitivo do Código de Processo Civil.

Dessa forma, deve-se aplicar à Ação Civil Pública aquelas regras do Código de Processo Civil que puderem ser mais benéficas a seus objetivos, ou seja, à proteção dos interesses metaindividuais.

Lembremos, mais uma vez, que pelas características do bem ambiental, quando se trata de litígios visando sua proteção, torna-se fundamental que as medidas de urgência sejam prestadas da forma mais efetiva possível.

Ora, se há previsão no sistema do Código de Processo Civil de um modelo que pode ser mais benéfico para os conflitos de massa, não há por que não o aplicar, **no que couber**, à Ação Civil Pública.

A seu turno é importante ressaltar que em relação às tutelas de urgência estabelece o CPC no art. 300, § 3º, que a tutela de urgência de natureza antecipada não será concedida quando houver perigo de irreversibilidade dos efeitos da decisão. Atente-se para o fato de que a exigência da **reversibilidade** da medida deve ser olhada com maiores cuidados nas demandas coletivas.

É que, pela repercussão social que as lesões a direitos coletivos ocasionam, na maior parte das vezes um juízo de ponderação (razoabilidade e proporcionalidade) levará ao afastamento do óbice, uma vez que, ainda que de difícil reversão a medida eventualmente concedida, **irreversível** mesmo será o dano coletivo perpetrado.

E pior: com grande probabilidade, tratar-se-á de dano a direitos **indisponíveis** de uma **coletividade**, de forma que a razoabilidade manda que o réu na demanda coletiva deva suportar tais riscos.

A situação se agrava, ainda, quando se está diante do **meio ambiente**, em que, pela **ubiquidade** e **estabilidade** do bem ambiental, os danos ao equilíbrio ecológico são sempre **irreversíveis** e **imprevisíveis**. Não se deve, assim, aplicar-se o dispositivo às lides ambientais.

Em resumo:

- As tutelas de urgência cautelares ou antecipatórias em prol do interesse coletivo no uso de uma ação civil pública, por exemplo, podem ser buscadas de forma antecedente ou incidental ao processo ajuizado, e, naquela hipótese, admite-se a estabilização da tutela antecipada sumária e provisória, lembrando que os requisitos (a existência de elementos que evidenciem) são a probabilidade do direito e o perigo de dano ou o risco ao resultado útil do processo. Mas, além das tutelas provisórias urgentes, também podem ser concedidas as provisórias evidentes, nas hipóteses descritas no art. 311 do CPC.

■ A efetivação dos provimentos provisórios obedece ao princípio da **atipicidade de meios**, previsto no art. 139, IV, combinado com o art. 297, parágrafo único, cabendo ao magistrado encontrar as técnicas, requeridas ou não, que melhor possam servir à concretização daqueles comandos.

### ■ *9.5.11.2.3. Suspensão da eficácia da liminar por decisão do presidente do Tribunal de Justiça*

Prevê o **§ 1º** do art. 12 da Lei n. 7.347/85 a chamada **suspensão de segurança**, por meio da qual pode o **Presidente do Tribunal** ao qual couber recurso da decisão cuja eficácia se visa sustar, uma vez **provocado** por pessoa jurídica de **direito público**, **"suspender a execução da liminar"** por entender que causa riscos à **ordem pública**. Vejamos o dispositivo:

> "Art. 12. (...)
> § 1º A **requerimento** de pessoa jurídica de **direito público** interessada, e para **evitar grave lesão à ordem, à saúde, à segurança e à economia pública**, poderá o **Presidente** do Tribunal a que competir o conhecimento do respectivo recurso **suspender a execução da liminar**, em decisão **fundamentada**, da qual caberá **agravo** para uma das turmas julgadoras, no prazo de 5 (cinco) dias a partir da publicação do ato."

Apesar de falar-se apenas em "suspender a execução da **liminar**", a regra se aplica, indubitavelmente, à "execução da **sentença**" proferida na **ação civil pública**, enquanto **não transitar em julgado**. É o que se vê do § 1º do art. 4º da Lei n. 8.437/92,[29] que cuida, dentre outros assuntos, da suspensão de segurança:

> "Art. 4º Compete ao **presidente do tribunal**, ao qual couber o conhecimento do respectivo **recurso**, **suspender**, em despacho fundamentado, a **execução da liminar** nas ações movidas contra o Poder Público ou seus agentes, a requerimento do **Ministério Público** ou da pessoa jurídica de **direito público** interessada, em caso de manifesto **interesse público** ou de flagrante ilegitimidade, e para evitar **grave lesão à ordem**, à saúde, à segurança e à economia públicas.
> § 1º Aplica-se o disposto neste artigo à **sentença** proferida em processo de ação cautelar inominada, no processo de ação popular e na **ação civil pública**, enquanto não transitada em julgado."

Logo se vê, também, que o *caput* do art. 4º ampliou a legitimidade para requerer a suspensão ao **Ministério Público**.

---

[29] Na verdade, como se vê da ementa da Lei n. 8.437/92, sua incidência é mais ampla: "Dispõe sobre a concessão de medidas cautelares contra atos do Poder Público e dá outras providências". Entretanto, é do art. 4º dessa lei que se retira a maior parte da disciplina da *suspensão de segurança*.

Aliás, os §§ 4º e 5º do mesmo artigo preveem, ainda, duas outras hipóteses em que é cabível o pedido:

> "Art. 4º (...)
>
> § 4º Se do **julgamento do agravo** de que trata o § 3º resultar a **manutenção ou o restabelecimento da decisão que se pretende suspender**, caberá **novo pedido** de suspensão ao Presidente do Tribunal competente para conhecer de eventual recurso especial ou extraordinário.
>
> § 5º É cabível também o pedido de suspensão a que se refere o § 4º, quando **negado provimento a agravo de instrumento** interposto contra a liminar a que se refere este artigo."

A primeira delas, disposta no **§ 4º**, é a chamada **suspensão da suspensão negada**, que possibilita que — se após o julgamento do agravo de que trata o § 3º o pedido restar **indeferido** (seja porque se **confirmou** a decisão denegatória do Presidente, seja porque se **reformou** a decisão concessiva) — caiba **novo pedido**. Desta vez, é claro, para o Presidente do Tribunal, a fim de que caiba o recurso excepcional.[30]

A seu turno, o **§ 5º** prevê a possibilidade de pedido de **suspensão** quando eventual **agravo de instrumento** interposto diretamente contra a **liminar** for julgado **improvido**.

Como se vê, são várias as possibilidades em que é cabível, hoje, o pedido de suspensão de segurança na ação civil pública. Em resumo, são elas:

- pedido de suspensão diretamente **contra a liminar** (*caput* do art. 12 da Lei n. 7.347/85 e *caput* do art. 4º da Lei n. 8.437/92);
- pedido de suspensão da **sentença** proferida, antes de seu trânsito em julgado (§ 1º do art. 4º da Lei n. 8.437/92);
- pedido de **suspensão da suspensão negada** (§ 4º do art. 4º da Lei n. 8.437/92);
- pedido de suspensão da **decisão** que **nega provimento a agravo de instrumento** manejado contra a liminar (§ 5º do art. 4º da Lei n. 8.437/92).

### ■ 9.5.11.2.3.1. *Natureza jurídica e julgamento do mérito da suspensão de segurança*

Ao contrário do que se poderia pensar, a suspensão de segurança **não tem natureza recursal**. Na verdade, difere-se tal medida dos recursos em muitas de suas características, por exemplo:

---

30 Logo mais, falaremos sobre a natureza deste novo pedido e do recurso de agravo inominado do § 3º.

- não se sujeita a **prazo**;
- **não devolve** a questão decidida à apreciação do Tribunal de Justiça, que não analisa seu acerto ou desacerto, mas apenas se há possibilidade de lesão à ordem pública;
- não se volta a **reformar** ou **anular** a decisão;
- não está prevista na lei como um **recurso**, não preenchendo, assim, o princípio da **taxatividade**.

Trata-se, assim, na verdade, de **incidente processual**, que se manifesta por meio de questão suscitada ao longo da ação civil pública. A diferença para grande parte dos incidentes está em que a **competência** para apreciá-los não é do juiz prolator da decisão que se busca sustar, mas do **Presidente do Tribunal de Justiça** a que caberia o julgamento de eventual recurso contra ela manejado.

A prova maior da distinção entre os institutos é que o **§ 6º** do mesmo art. 4º deixa claro que o destino de um **independe** do que vai ser dado ao outro, sem qualquer relação de subordinação:

> "Art. 4º (...)
> § 6º A interposição do **agravo de instrumento** contra liminar concedida nas ações movidas contra o Poder Público e seus agentes **não prejudica nem condiciona** o julgamento do **pedido de suspensão** a que se refere este artigo."

Diante da regra, é perfeitamente possível pensar na possibilidade de que contra uma **mesma decisão liminar** sejam manejados, **concomitantemente**, agravo de instrumento e pedido de suspensão de segurança, sem que o julgamento de um influa no do outro.

É que, além das naturezas distintas, são diferentes as questões a serem analisadas em cada um deles. Vejamos:

Transposto o juízo de admissibilidade, o recurso de **agravo de instrumento** (o mesmo vale para eventual apelação interposta contra a sentença) verificará a existência de *error in procedendo* ou *error in judicando* na decisão recorrida, analisando, assim, se ela deve ser **reformada** ou **anulada**. E é exatamente neste pedido de reforma ou anulação que reside o **mérito do recurso**, cujo julgamento analisará a presença de algum daqueles vícios apontados.

Por sua vez, o **pedido de suspensão**, uma vez também admitido (afinal, elencam o *caput* do art. 4º da Lei n. 8.437/92 e o § 1º do art. 12 da Lei n. 7.347/85 requisitos a serem observados), fará com que o Presidente do Tribunal verifique a necessidade de **suspender os efeitos** da decisão para **"evitar grave lesão à ordem, à saúde, à segurança e à economia pública"**.

E, por sua vez, é este **pedido de sustação de eficácia**, sustentado pela alegação da possibilidade de dano à ordem pública, que constitui o **mérito** da suspensão de segurança.

Em recente notícia publicada em **27 de setembro de 2011**, inclusive, o Superior Tribunal de Justiça chegou a afirmar que o julgamento do pedido de suspensão é eminentemente **político**,[31] não tocando, destarte, ao **"mérito jurídico"** da decisão atacada. Vejamos um trecho:

> "**Suspensão de sentença é juízo político** quanto efeitos da decisão atacada
> Ao analisar **pedido de suspensão de liminar e sentença**, o presidente do Tribunal avalia os **efeitos políticos** da decisão contestada, **não seu mérito jurídico**. Com esse entendimento, a Corte Especial do Superior Tribunal de Justiça (STJ) manteve a negativa de suspensão de tutela antecipada relativa à remoção de advogado da União para acompanhamento de cônjuge doente. (...) Apesar de considerar que a remoção indiscriminada de servidores contra os interesses do órgão a que serve poderia causar grave lesão à ordem administrativa, o relator não verificou essa possibilidade no caso concreto. Para o presidente do STJ, a situação não teria efeito multiplicador. 'O fato de que a doença é preexistente à posse no cargo de Advogado da União **constitui detalhe realmente importante**, mas **só pode ser valorizado sob ponto de vista jurídico**, e aqui este **não é o viés**', ponderou o ministro Ari Pargendler, ao concluir seu voto. A decisão foi unânime."

Aliás, diferentemente do que se passa com os **recursos** (CPC, art. 512), o julgamento da **suspensão** de segurança **não substitui** a decisão atacada, mas simplesmente lhe retira a aptidão de produzir efeitos.

Julgado o pedido de suspensão, o **conteúdo** do provimento deve permanecer **inalterado e incólume**, sob pena de prejulgamento por pessoa que **não tem competência** sequer para apreciá-lo em grau de recurso (agravo de instrumento ou apelação).

Exatamente pelo fato de que são diferentes as questões analisadas e os efeitos, é que os julgamentos de ambos, como deixa claro o **§ 6º do art. 4º**, são **independentes**.

Destarte, é possível que seja apresentado apenas o pedido de suspensão, ou apenas o recurso de agravo de instrumento, ou ainda ambos simultaneamente.

---

[31] Quanto ao ponto, não é de se duvidar que o Presidente do Tribunal leva em conta questões políticas para o deferimento ou não do pedido. O fato, contudo, é que, a partir do momento em que aqueles conceitos — abertos, é certo — fazem parte de uma norma jurídica, também juridicamente devem ser apreciados.

Da mesma forma, é possível que o Tribunal negue provimento ao recurso (e, portanto, confirme a decisão agravada) e, ao mesmo tempo, defira o pedido de suspensão, sustando a eficácia daquela decisão que acabou de se confirmar acertada.

Possível, também, é que o Tribunal não vislumbre a possibilidade de ser causada a lesão à ordem pública — e, portanto, indefira o pedido de suspensão — e, na sequência, entenda haver *error in judicando* ou *in procedendo* que justifique a reforma ou anulação da decisão guerreada.

Questão mais difícil, que será analisada logo mais, diz respeito à influência que eventual prolação de sentença ou julgamento de recurso de apelação possa ter sobre o deferimento da suspensão de segurança.

### ■ 9.5.11.2.3.2. Julgamento do pedido de suspensão e o princípio da proporcionalidade

Como afirmado, o mérito do pedido de suspensão reside no requerimento de sustação de eficácia, diante da alegação da possibilidade de que seja causada **"grave lesão à ordem, à saúde, à segurança e à economia pública"**.

Parece claro que essas circunstâncias, matéria eminentemente **de fato**, precisam ser ao menos **sumariamente demonstradas**, por meio de **prova pré-constituída**, convencendo minimamente o julgador da real possibilidade de que ocorram os danos. Torna-se, então, imprescindível o recurso às provas **documentais**.

Ainda, porém, que fique demonstrada a possibilidade de grave dano, há que ser feito outro juízo, especialmente quando se trata de demandas coletivas para a proteção de **direitos difusos**.

É que, visando essas demandas tutelar direitos de toda a coletividade, com destinatários **indetermináveis**, haverá certamente um **choque** entre o **interesse público** que se visa proteger com o pedido de suspensão e aquele que tutela a **ação coletiva**.

Pensemos, por exemplo, que certa demanda coletiva vise paralisar as atividades de uma certa indústria que está causando graves degradações ambientais.

É claro que, uma vez deferida a tutela, em sede liminar ou de sentença, a paralização das atividades daquela indústria pode causar dano à ordem pública, sobretudo econômica e social, o que justificaria o pedido de suspensão. Contudo, a continuidade daquelas atividades certamente causará danos ao meio ambiente, bem ainda mais importante que aqueles outros, cujos danos certamente serão maiores e mais imprevisíveis.

Será, então, que num caso como esse se justifica o deferimento do pedido de suspensão? É evidente que não!

Deve-se, então, realizar um juízo de proporcionalidade, na tentativa de ponderar se a suspensão da liminar ou sentença se justifica ou se, diante da necessidade de preservar outros valores na situação concreta, deve-se manter a eficácia daquela medida.

#### ■ 9.5.11.2.3.3. Necessidade de requerimento

Tanto o § 1º do art. 12 da Lei n. 7.347/85 quanto o art. 4º, *caput*, da Lei n. 8.437/92 não deixam dúvidas de que a suspensão de segurança só pode ser concedida **diante de requerimento** da pessoa jurídica de direito público interessada ou do Ministério Público.

#### ■ 9.5.11.2.3.4. Procedimento do pedido de suspensão

Deferida a liminar em ação civil pública, ou mesmo julgado procedente o pedido por meio de sentença,[32] pode a "pessoa jurídica de direito público interessada" ou o "Ministério Público" requerer ao **Presidente do Tribunal** ao qual couber o recurso contra a decisão a suspensão de sua eficácia.

Faculta, então, o § 2º do art. 4º da Lei n. 8.437/92 que o julgador ouça o **Ministério Público** em até **setenta e duas horas**.

> "Art. 4º (...) § 2º O Presidente do Tribunal poderá ouvir o autor e o Ministério Público, em setenta e duas horas."

É claro que a oitiva ou não do *Parquet* dependerá em muito do grau de interesse público do caso concreto e, acima de tudo, da **urgência** de que se revestir o pedido de suspensão.

**Julgado** o pedido, da decisão, **qualquer que seja o seu teor**, caberá **agravo inominado**, no prazo de 5 dias, para o **Tribunal Pleno** (ou Órgão Especial):

> "Art. 4º (...) § 3º Do despacho que **conceder ou negar** a suspensão, caberá **agravo**, no prazo de **cinco dias**, que será levado a julgamento na sessão seguinte a sua interposição."

Após o julgamento do agravo, então, se a decisão for **contrária ao pedido de suspensão**, caberá **novo pedido**, desta vez ao Presidente do Tribunal Superior a que puder se destinar eventual recurso excepcional. Vejamos, mais uma vez, o **§ 4º do art. 4º** da Lei n. 8.437/92:

---

[32] Lembrando que, como vimos (*supra, item 9.5.10*), *todas* as decisões proferidas na ação civil pública têm *eficácia imediata*, por incidência do art. 14 da LACP.

> "Art. 4º (...) § 4º Se do julgamento do agravo de que trata o § 3º resultar a **manutenção ou o restabelecimento da decisão que se pretende suspender**, caberá **novo pedido** de suspensão ao Presidente do Tribunal competente para conhecer de eventual recurso especial ou extraordinário."

Se bem analisado este § 4º, o que se percebe é que, apesar de trazer nova hipótese de suspensão de segurança, o pedido de **suspensão da suspensão negada** acaba por fazer as vias de verdadeiro recurso, uma vez que sua finalidade é a de que o presidente do STJ ou do STF **reexamine a decisão do tribunal acerca do julgamento do incidente**.

Por comportar-se como recurso, todavia **sem qualquer contraditório**, além de prever competência recursal dos Tribunais Superiores **fora dos limites constitucionais**, a norma é flagrantemente **inconstitucional** e como tal já deveria ter sido reconhecida.

### ■ 9.5.11.2.3.5. *A duração da suspensão concedida: a absurda regra do § 9º do art. 4º da Lei n. 8.437/92*

Prevê o **§ 9º do art. 4º** a seguinte regra, relativa à **duração** da suspensão uma vez deferida:

> "Art. 4º (...) § 9º A suspensão deferida pelo Presidente do Tribunal vigorará **até o trânsito em julgado** da decisão de mérito na ação principal."

Segundo se extrai do dispositivo, uma vez **deferido** o pedido de suspensão pelo Presidente do Tribunal, aquela decisão — ou seja, o estado de **ineficácia** da decisão — vigorará até que haja o **trânsito em julgado** de decisão de **mérito** na demanda principal.

A regra, no entanto, não se justifica do ponto de vista técnico.

Imaginemos que, deferida a liminar em ação civil pública, seja acolhido, pelo Presidente do Tribunal, pedido de suspensão. Posteriormente, profere-se sentença de procedência, que confirma o teor da liminar.

Tecnicamente, tal **sentença**, por fundamentar-se em **cognição exauriente**, deveria **substituir** a tutela antecipatoriamente deferida. E, sendo assim, passaria **imediatamente** a produzir **efeitos**, não mais vigorando a decisão que **suspendeu a eficácia** daquela outra decisão **liminar**.

Não é isso, contudo, o que determina o § 9º supratranscrito.

Instituindo a chamada **ultra-atividade** da suspensão de segurança, determina o dispositivo que o efeito de sustação da eficácia perdure **mesmo após o proferimento da sentença**. Na verdade, deverá viger até que se forme a **coisa julgada material**, com o fim do processo.

Pelo que se expôs, é clara a agressão à melhor técnica.

A justificativa, todavia, é a de que o legislador quis evitar que uma decisão provinda de órgão jurisdicional de **hierarquia inferior** (sentença, prolatada pelo Juiz de piso) pudesse se **sobrepor** a decisão **superior** (suspensão dos efeitos da liminar, por parte do Presidente do Tribunal).

Da maneira como está disposta, então, para que se possa revogar a decisão que concedeu a suspensão, é necessário **provocar** seu próprio prolator **(Presidente do Tribunal)** para que, informado do proferimento de sentença em sentido contrário, avalie a conveniência de **rever seu posicionamento**, conferindo eficácia imediata ao julgamento de piso.

## ■ 9.5.12. Efetivação dos provimentos ambientais e ação civil pública

### ■ *9.5.12.1. Meio ambiente e tutela específica*

#### ■ *9.5.12.1.1. Crises jurídicas e efetividade*

Vimos anteriormente que os conflitos de interesse que desembocam no Poder Judiciário podem ser reduzidos, didaticamente, a três categorias, cada qual exigindo tipo diferente de provimento para sua solução. Chegamos ao seguinte esquema:

- Crises de **certeza** à Sentença **declaratória**.
- Crises de **situação jurídica** à Sentença **constitutiva**.
- Crises de **adimplemento/cooperação** à Sentença **condenatória**.

Essa correlação entre crise e técnica adequada é bastante óbvia se pensarmos que, sendo o processo a ferramenta imprescindível para dar legitimidade e legalidade à criação de norma jurídica pela jurisdição, certamente deve ofertar **técnicas apropriadas** para que seja alcançada a finalidade para a qual existe. Essa técnica, então, certamente será **diferenciada de acordo com as exigências do próprio direito material**.

Essa necessidade de **adequação do instrumento ao objeto** deveria fazer com que os tipos de processos e procedimentos desembocassem em um tipo de provimento que fosse diretamente solucionador da crise jurídica. Assim, os provimentos deveriam ser efetivos por si mesmos, porquanto seriam capazes e aptos para debelar os conflitos de interesse.

Todavia, se é verdade que essa relação de **efetividade existe para os provimentos constitutivos e declaratórios** — que são efetivos porque capazes de resolver prontamente as crises de situação e certeza jurídica —, o mesmo não se diga quando se está diante de **crises de cooperação**.

É que, em relação àqueles tipos de provimentos, a **simples revelação da norma jurídica concreta é, por si só, suficiente** para debelar a crise de certeza e de situação jurídica.

Já com relação à **crise de cooperação**, o direito, especialmente o direito processual, tem **dificuldades** para atingir a pacificação, justamente porque a mera **revelação** da norma jurídica concreta **não é bastante** para pôr fim ao litígio. É preciso ir além. É necessário partir da norma jurídica concreta declarada para a sua **atuação** no mundo dos **fatos**.

Enquanto as normas jurídicas concretas **constitutivas e declaratórias independem do comportamento do vencido** para se efetivarem, o mesmo não ocorre com os comandos **condenatórios**.

Como o próprio nome já diz, é mister que a norma concreta atue no mundo dos fatos, de forma a obter o resultado que se teria caso a cooperação (adimplemento, cumprimento) tivesse sido espontaneamente realizada. Portanto, há aí um **momento posterior** à revelação da norma jurídica concreta, que é justamente a **realização fática** de seu comando declarado.

É exatamente este o ponto de estrangulamento maior do direito processual no tocante à resolução das crises de cooperação. A existência desses dois momentos — **revelar** e **atuar** a norma jurídica concreta — é que separa a atividade (função) jurisdicional **cognitiva** da **executiva**.[33]

A primeira, **cognitiva**, é nitidamente marcada por um procedimento em **contraditório**, dialético, em que as partes e o juiz atuam de forma participativa, com a finalidade de **identificar (revelar) a norma jurídica concreta**, a solução correta para a causa. Enfim, dar o direito a quem tem razão.

Já a **atividade executiva**, restrita às crises de cooperação, tem como ponto de partida e pressuposto a própria norma jurídica concreta que já foi previamente revelada. Tal atividade, ao contrário da anterior, é marcada por um **contraditório reduzido**, porque a sua finalidade é **satisfazer, atuar, efetivar, realizar**, no mundo fático, o direito declarado na norma concreta.

Em resumo, considerando a existência de três tipos de crises jurídicas (certeza, descumprimento de conduta e de situações jurídicas), é certo que o sistema processual oferece remédios adequados para impor soluções do direito material ambiental que sejam aptas a debelar por completo a crise ocorrida.

### ■ 9.5.12.1.2. *Os litígios ambientais: maior incidência dos deveres ambientais*

Conquanto seja possível a ocorrência de crises de certeza e de situação jurídica no direito ambiental, não são estas as crises mais comuns. Não são elas tão

[33] Embora a função jurisdicional cognitiva seja diversa da executiva, isso não significa que precisarão estar isoladas em processos autônomos diversos. Pelo atual sistema do Código, a execução fundada em título judicial é feita, sempre, no mesmo processo em que ocorreu a atividade cognitiva, muito embora em fase ou módulo processual diverso e subsequente.

frequentes quanto as **crises de cooperação**, porque grande parte — a esmagadora maioria — dos conflitos e litígios envolvendo o equilíbrio ecológico se refere ao **descumprimento de deveres ambientais**.

Afinal, no campo do direito ambiental, há inúmeros **deveres positivos e negativos** que são impostos ao Poder Público e à coletividade.

Aliás, pode-se ainda afirmar categoricamente que, dentre as crises de cooperação, os deveres ambientais mais descumpridos são os que envolvem a prática de um **fazer** ou um **não fazer**.

Prova disso é o comando contido no ***caput* do art. 225 da CF/88**, que ordena ao **Poder Público** e à **coletividade** o dever de **defender e preservar o meio ambiente** para as presentes e futuras gerações. Como já dissemos, esse dever precisa ser visto sob duas óticas distintas:

- **Negativa:** consiste na adoção de comportamentos individuais/personalíssimos, portanto egoísticos, de não praticar atos que possam ser ofensivos ao meio ambiente e a seus componentes.
- **Positiva:** impõe a adoção de comportamentos sociais que representem um *facere*, uma tomada de atitude, comissiva, que não se resuma apenas à esfera individual, no sentido de buscar a proteção ambiental.

Aliás, essa dupla configuração do dever de preservar o meio ambiente já foi expressamente reconhecida na jurisprudência do Superior Tribunal de Justiça. Vejamos:

> "DIREITO AMBIENTAL E PROCESSUAL CIVIL. (...). ÁREA DE PROTEÇÃO AMBIENTAL DA BALEIA FRANCA. ELABORAÇÃO DO PLANO DE MANEJO E GESTÃO. ASPECTO POSITIVO DO DEVER FUNDAMENTAL DE PROTEÇÃO. DETERMINAÇÃO PARA QUE A UNIÃO TOME PROVIDÊNCIAS NO ÂMBITO DE SUA COMPETÊNCIA. (...)
>
> 2. Nos termos do **art. 225 da CF**, o Poder Público tem o **dever de preservar o meio ambiente**. Trata-se de um dever fundamental, que **não se resume apenas em um mandamento de ordem negativa**, consistente na não degradação, mas possui **também uma disposição de cunho positivo** que impõe a todos — Poder Público e coletividade — a prática de atos tendentes a recuperar, restaurar e defender o ambiente ecologicamente equilibrado. (...)" (STJ, 2ª Turma, REsp 1.163.524/SC, rel. Min. Humberto Martins, *DJ* 12-5-2011).

#### ■ *9.5.12.1.3. Os deveres ambientais e a tutela mais coincidente possível com a regra de direito material*

Acrescentando ao que foi dito *supra* sobre os ingredientes da **essencialidade (à vida) e da instabilidade do equilíbrio ecológico**, pode-se antever que todas as crises jurídicas ambientais referentes ao cumprimento de um dever de fazer ou não fazer exigem uma solução não só rápida, mas também **específica:** a tutela jurisdicional a ser entregue à coletividade deve ser a **mais próxima possível** daquela que se teria com o **cumprimento espontâneo do dever jurídico ambiental**.

A ideia precípua é que a tutela jurisdicional a ser entregue seja a mais coincidente possível com o resultado previsto pela norma ambiental. Enfim, se ela prevê um não fazer, então é esta a tutela que deve ser buscada; se, entretanto, prevê um fazer, é este que deve ser adimplido.

Assim, além de uma tutela ágil, a proteção jurisdicional dos deveres ambientais deve ser o **mais coincidente possível com a realidade esperada pelo legislador**. Trata-se, pois, de içar a **tutela específica dos deveres ambientais** a um norte a ser perseguido e alcançado.

*A contrario sensu*, é de se dizer que a não realização da tutela jurisdicional específica pode comprometer o direito fundamental à vida de todos os seres vivos.

### ■ 9.5.12.1.4. *A impossibilidade da maior coincidência possível e a reparação in natura*

Todavia, é de se dizer que nem sempre será possível a obtenção da tutela específica, enfim, aquela originariamente prevista pelo legislador. É claro que não podemos ser utópicos e imaginar que a tutela jurisdicional será sempre pronta e efetiva para debelar a crise jurídica, ofertando um resultado coincidente com o dever jurídico visado pelo legislador.

Contudo, apenas **subsidiariamente** é que se deve pensar na **tutela meramente reparatória** do meio ambiente. Ou seja, quando se mostre **impossível** a tutela idealizada pelo legislador é que se deve pensar na **substituição da tutela específica** por outro tipo de prestação.

E, ainda assim, a reparação deve ser a **mais próxima possível** do resultado que se teria com a conduta esperada pelo legislador. Daí por que a **reparação *in natura*** é princípio da responsabilidade civil ambiental.

Seja por razões pedagógicas do poluidor e transgressor da norma ambiental, seja por razões de proteção do meio ambiente, sem dúvida, **mais vale uma reparação *in natura* do que uma reparação pecuniária**, porque, em última análise, sabe-se que o desequilíbrio ambiental e o prejuízo causado às presentes e futuras gerações não encontram um valor que reflita com fidelidade a perda ambiental, de forma que o dinheiro nunca ressarce verdadeiramente o prejuízo causado pela degradação do equilíbrio ecológico.

Isso sem contar os problemas burocráticos de transformar o dinheiro público em ações *pro ambiente* (aprovar projetos, licitações, etc.). Nunca é demais lembrar que a indivisibilidade do bem ambiental e o seu regime jurídico de bem de uso comum tornam a sua fruição democrática, ao passo que a reparação pecuniária não permite, regra geral, o mesmo alcance.

### 9.5.12.1.5. As técnicas processuais para obtenção da tutela específica e da reparação in natura

Diante desse quadro, o papel do processo civil é o de oferecer técnicas que atendam ao ideal de justiça ambiental.

Devem ser técnicas que consigam ofertar a **tutela específica** no menor tempo possível e, apenas subsidiariamente, ofertar a **tutela reparatória *in natura*** e, mais subsidiariamente ainda, a **tutela reparatória *in pecunia***.

Considerando, ainda, diante da incidência maior de **deveres de fazer ou não fazer** nas relações jurídicas ambientais, é certo que a tutela específica exigirá técnicas voltadas a este tipo específico de obrigação.

É por isso que, tratando-se dos **deveres ambientais** — consubstanciados em um **fazer** ou **não fazer** —, impossível não lembrar do **art. 536 do Código de Processo Civil**, que, como estudaremos, é hoje o sistema que mais vantagens oferece à efetividade da tutela executiva. Vejamos:

> "Art. 497. Na ação que tenha por objeto a prestação de fazer ou de não fazer, o juiz, se procedente o pedido, concederá a tutela específica ou determinará providências que assegurem a obtenção de tutela pelo resultado prático equivalente.
>
> Parágrafo único. Para a concessão da tutela específica destinada a inibir a prática, a reiteração ou a continuação de um ilícito, ou a sua remoção, é irrelevante a demonstração da ocorrência de dano ou da existência de culpa ou dolo.
>
> Art. 536. No cumprimento de sentença que reconheça a exigibilidade de obrigação de fazer ou de não fazer, o juiz poderá, de ofício ou a requerimento, para a efetivação da tutela específica ou a obtenção de tutela pelo resultado prático equivalente, determinar as medidas necessárias à satisfação do exequente.
>
> § 1º Para atender ao disposto no *caput*, o juiz poderá determinar, entre outras medidas, a imposição de multa, a busca e apreensão, a remoção de pessoas e coisas, o desfazimento de obras e o impedimento de atividade nociva, podendo, caso necessário, requisitar o auxílio de força policial.
>
> § 2º O mandado de busca e apreensão de pessoas e coisas será cumprido por 2 (dois) oficiais de justiça, observando-se o disposto no art. 846, §§ 1º a 4º, se houver necessidade de arrombamento.
>
> § 3º O executado incidirá nas penas de litigância de má-fé quando injustificadamente descumprir a ordem judicial, sem prejuízo de sua responsabilização por crime de desobediência.

> § 4º No cumprimento de sentença que reconheça a exigibilidade de obrigação de fazer ou de não fazer, aplica-se o art. 525, no que couber.
>
> § 5º O disposto neste artigo aplica-se, no que couber, ao cumprimento de sentença que reconheça deveres de fazer e de não fazer de natureza não obrigacional."

Trata-se, por isso, da técnica processual mais apta à outorga da proteção jurisdicional dos deveres ambientais específicos, que, como se disse, quase sempre se ligam a um fazer ou não fazer. Ganham aí, muita importância, os **mecanismos de coerção psicológica**, por meio especialmente dos métodos de execução indireta.[34]

É claro que, se a obrigação já houver sido inadimplida, ou seja, tenha sido descumprido o dever de fazer ou não fazer, não restará outra saída que não a tutela **reparatória**.

Por isso mesmo, em respeito à tutela específica e para prevenir os riscos ambientais, é que a modalidade de tutela deve ter um **papel eminentemente preventivo**, no sentido de que a tutela jurisdicional deve ser revelada e efetivada antes do descumprimento da norma ambiental.

Assim, não será incomum — ao contrário — a utilização dos **arts. 294, 497 e 436 antes** do momento do descumprimento do dever positivo ou negativo, justamente para evitar uma tutela tardia e inócua.

Nem por isso, contudo, deve-se prescindir do uso do art. 497 do CPC após o descumprimento do dever ambiental, pois é possível que, mesmo após o ilícito, não tenha ocorrido o dano, motivo pelo qual é idônea a remoção da antijuridicidade.

Observe-se a questão também sob outro prisma, qual seja, o de que o desequilíbrio ecológico resultante do descumprimento de uma conduta não se estanca no espaço e no tempo. Como já estudamos, o dano **ambiental é sempre permanente/continuativo**,[35] motivo pelo qual haverá, sempre, o interesse em se obter a tutela do dever de fazer e de não fazer sob um prisma prospectivo.

Já os eventuais **prejuízos** resultantes do fazer ou do não fazer descumpridos, pelo menos até o momento de efetivação da tutela específica, deverão ser **reparados**, de preferência, pela forma ***in natura***.

Igualmente, serve o art. 497 para obter uma tutela coincidente com o resultado querido pelo legislador (caso houvesse o cumprimento espontâneo), ainda que **por meios diversos daquele que foi por ele idealizado**.[36] Assim, por exem-

---

34 Sobre estes, ver, *supra*, os *itens 9.5.11.1.4* e *9.5.11.1.5*.

35 Sobre o caráter permanente do dano ambiental, conferir, *supra*, o *item 7.5.5.1*.

36 É o que se extrai, inclusive, do *caput* do art. 461, quando fala em "resultado prático equivalente ao do adimplemento".

plo, se por determinação judicial a realização do estudo de impacto ambiental foi feita por terceiro, às expensas do poluidor, nem por isso deixou de se ter aí a mesma situação jurídica final prevista na norma jurídica.

Também para tutelas reparatórias na qual não se consegue ofertar nem mesmo o resultado equivalente, mas que reverterão em **benefício direto para o meio ambiente** (*in natura*, portanto), serão muito úteis as ferramentas do art. 497 do CPC, já que resultarão, quase sempre, em fazer ou não fazer.

Não sendo possível, então, qualquer dessas formas de tutela (específica, resultado prático equivalente e *in natura*), terá lugar a reparação meramente **pecuniária**. Quanto a essa, pode-se utilizar das técnicas previstas nos arts. 491, 523, ou mesmo no art. 294.

Essa preferência da reparação específica em detrimento da reparação pecuniária tem sua razão de ser, precipuamente, no fato de que, em muitas situações, **a *reparação in natura* poderá ofertar um resultado prático muito próximo ao da tutela específica**. Além disso, não resta dúvida de que, em respeito ao postulado da educação ambiental — subprincípio da participação —, a execução da reparação *in natura* impõe ao responsável um papel pedagógico infinitamente maior do que a reparação pecuniária.

Importante notar que vige aqui, à semelhança do que ocorre com a efetivação das tutelas de urgência, o que chamamos de **atipicidade de meios**. Ou seja, cabe ao próprio **juiz** adequar a técnica a ser utilizada em relação ao tipo de tutela que se busca, sem que seja vedado — ou mesmo necessário — qualquer pedido posterior da parte.

Aliás, o próprio art. 497 deixa claro que, impossível tutela mais benéfica, deve-se passar automaticamente, no mesmo processo, à tutela pecuniária.

Em resumo, tanto a efetivação da **tutela específica** propriamente dita quanto a **reparação *in natura*** de adimplemento de deveres ambientais de fazer e de não fazer podem se valer da técnica dos **arts. 497 e 536 do CPC**, que é adequada e idônea para debelar a referida crise jurídica ambiental.

Quanto à reparação **pecuniária**, pode-se valer tanto da técnica dos **arts. 491 e 523** quanto do **art. 294** em casos de urgência. Tudo isso, é claro, com **atipicidade de meios descrita no art. 297, parágrafo único, combinado com o art. 294 do CPC**.

### ■ *9.5.12.2. Ação Civil Pública e técnicas executivas*

Reservou a Lei n. 7.347/85 apenas 3 artigos para tratar da efetivação de seus provimentos. São eles os arts. **11**, **13** e **15**, *in verbis*:

> "Art. 11. Na ação que tenha por objeto o cumprimento de obrigação de **fazer ou não fazer**, o juiz **determinará o cumprimento** da prestação da atividade devida ou a cessação da atividade nociva, sob pena de **execução específica**, ou de cominação de **multa diária**, se esta for suficiente ou compatível, **independentemente de requerimento** do autor."
>
> "Art. 13. Havendo condenação em dinheiro, a indenização pelo dano causado reverterá a um **fundo** gerido por um Conselho Federal ou por Conselhos Estaduais de que participarão necessariamente o Ministério Público e representantes da comunidade, sendo seus recursos destinados à reconstituição dos bens lesados. (...)."
>
> "Art. 15. Decorridos **sessenta dias** do **trânsito em julgado** da sentença **condenatória**, sem que a **associação** autora lhe promova a execução, deverá fazê-lo o **Ministério Público**, facultada igual iniciativa aos **demais legitimados**."[37]

Vale, aqui, a mesma premissa fixada na interpretação dos dispositivos ligados à tutela de urgência da Lei de Ação Civil Pública: trata-se de artigos que **refletem o estado** em que a questão se encontrava cientificamente e legislativamente na época.

Ainda assim, da mesma forma que lá, algumas das prescrições se revelam bem avançadas para a época. É o caso, por exemplo, do **art. 11**, que manda ao juiz que determine, **de ofício**, o adimplemento do fazer ou não fazer descumprido, sob pena de **multa coercitiva** (caráter **mandamental**) ou de **execução específica (*lato sensu*)**.

Tudo isso, repita-se, já podia ser feito **de ofício**, o que demonstra já a aplicação do princípio da **atipicidade de meios**. Atualmente, os arts. 498, 536 e 537, combinado com os arts. 294 e 139, IV, do CPC se aplicam integralmente, sendo revogado o art. 11.

O art. 13, por sua vez, trata de interessante inovação trazida pela LACP, da qual logo cuidaremos.

Já o art. 15 demonstra mais uma vez que, pelo caráter transindividual dos interesses a serem tutelados pela ação civil pública, a **legitimação ativa** é **concorrente** ou **disjuntiva**, característica essa que se manifesta por todo o *iter processual*. Assim, se decorridos **60 dias** do trânsito em julgado da sentença condenatória o **autor** da demanda não houver promovido sua **execução**, **qualquer legitimado** pode fazê-lo.

---

[37] Atente-se para o fato de que, na redação original do art. 15, tal legitimidade era apenas do Ministério Público. O texto foi modificado pelo art. 114 da Lei n. 8.078/90 (CDC).

### 9.5.12.2.1. As inovações trazidas pelo CDC e pelo CPC e o sistema de efetivação das tutelas na Lei de Ação Civil Pública

Da mesma forma que ocorreu com as tutelas de urgência, o sistema executivo previsto na Lei de Ação Civil Pública, embora inovador para a época, sofreu grande influência de novas técnicas criadas e aprimoradas com o advento do **Código de Defesa do Consumidor** (Lei n. 8.078/90) e do novo **Código de Processo Civil** (2015).

Primeiramente, já o CDC, em 1990, previu técnica quase idêntica à que esteve no art. 461 do CPC/73 após a reforma de 1994, mas que hoje encontra-se revogada pelo NCPC/2015 e seus arts. 498 e 536 e ss. Trata-se de seu **art. 84**, a saber:

> "Art. 84. Na ação que tenha por objeto o cumprimento da obrigação de **fazer ou não fazer**, o juiz concederá **a tutela específica** da obrigação ou determinará providências que assegurem o **resultado prático equivalente** ao do adimplemento.
>
> § 1º A **conversão** da obrigação em **perdas e danos** somente será admissível se por elas optar o autor ou se **impossível a tutela específica** ou a obtenção do resultado prático correspondente.
>
> § 2º A indenização por perdas e danos se fará sem prejuízo da multa (art. 287, do Código de Processo Civil).
>
> § 3º Sendo relevante o fundamento da demanda e havendo justificado receio de ineficácia do provimento final, é lícito ao juiz conceder a **tutela liminarmente** ou após justificação prévia, citado o réu.
>
> § 4º O juiz poderá, na hipótese do § 3º ou na sentença, impor **multa diária** ao réu, **independentemente de pedido do autor**, se for suficiente ou compatível com a obrigação, fixando prazo razoável para o cumprimento do preceito.
>
> § 5º Para a tutela específica ou para a obtenção do resultado prático equivalente, poderá o juiz determinar as **medidas necessárias**, **tais como busca** e apreensão, remoção de coisas e pessoas, desfazimento de obra, impedimento de atividade nociva, além de requisição de força policial."

Interessante notar que já estão ali as mais avançadas técnicas que até hoje temos em nossa legislação (arts. 139, IV, 297, parágrafo único, 498 e 536 e ss. do CPC) para forçar o cumprimento de obrigação de fazer, como o apoio de **mecanismos coercitivos** (§§ 2º e 4º), a ideia de **inquisitoriedade** do juiz e a **atipicidade dos meios** (*caput*, §§ 3º e 4º).

Da mesma forma, está mais que claro que a tutela **reparatória** ou, mais ainda, a **pecuniária** são, sempre, **subsidiárias**, em prol da **tutela específica** (*caput* e § 1º).

Já nos **arts. 95, 97 e 98**, o Código de Defesa do Consumidor cuidou de forma razoavelmente minuciosa da execução de sentenças relativas a **direitos individuais homogêneos**.

Por tudo isso, o sistema hoje vigente no Código de Processo Civil para a efetivação dos comandos judiciais (cumprimento de sentença art. 513 e ss.) é mais completo — e *benéfico* — para a tutela coletiva que aqueles poucos artigos da Lei de Ação Civil Pública.

Diante disso, como deve ser interpretada a Lei de Ação Civil Pública?

Da mesma forma que entendemos para as tutelas de urgência, devem ser empregadas as técnicas que mais benefícios podem trazer à efetividade. Aliás, relativamente à execução, diante da escassez de normas na Lei n. 7.347/85, é inevitável a aplicação subsidiária e supletiva de outras normas, especialmente as do Código de Processo Civil.

Lembremos ainda que, quanto à aplicação do Código de Defesa do Consumidor, há **norma expressa** na Lei de Ação Civil Pública prevendo a interação (art. 21).

Hoje, não se duvida que as técnicas que mais oferecem benefícios são aquelas dos arts. 139, IV, 294 e ss., 497, 513 e ss. do CPC, todas informadas pelos mesmos princípios:

- primazia da tutela **específica** ou do resultado prático equivalente;
- **atipicidade** de meios;
- atuação **inquisitorial** do juiz.

#### 9.5.12.2.2. Execução de títulos executivos extrajudiciais e ação civil pública

Apesar de não tão comum, é possível pensar na ligação da ação civil pública com a **execução de títulos extrajudiciais**, especialmente quando for firmado algum **Compromisso ou Termo de Ajustamento de Conduta (TAC)**, que passamos a estudar.

##### 9.5.12.2.2.1. Termo de Ajustamento de Conduta (TAC)

Exemplo clássico de **título executivo extrajudicial** coletivo — com grande importância na seara ambiental — é o **compromisso de ajustamento de conduta às exigências legais**, previsto no **art. 5º, § 6º, da Lei de Ação Civil Pública:**

> "Art. 5º (...)
>
> § 6º Os **órgãos públicos legitimados** poderão tomar dos interessados compromisso de ajustamento de sua conduta às exigências legais, mediante cominações, que terá eficácia de **título executivo extrajudicial**."

Por seu intermédio, os órgãos públicos podem **tomar o compromisso de ajuste com o poluidor** — comumente denominado de **TAC** — com força de **título executivo extrajudicial**.

Note-se, assim, que apenas os **órgãos públicos**, dentre os legitimados do **art. 5º**, têm a possibilidade de firmar o TAC. É, ainda, possível que seja ele relativo a **qualquer espécie** de direito coletivo *lato sensu*.

Normalmente, os termos de ajuste de condutas trazem obrigações de **fazer** e de **não fazer** e também de **pagar quantia**, estas representadas pelas multas civis impostas, no compromisso, com o papel de cláusula penal condenatória.

Tais compromissos são, como se vê do texto legal, títulos extrajudiciais, salvo quando levados à **homologação pelo Poder Judiciário**, caso em que assumem a natureza de título **judicial**, com todos os benefícios que daí resultam, nos termos do art. 515, III, do CPC.

Ainda sobre o TAC, a jurisprudência do **STJ** faz questão de ressaltar que não é ele obrigatório por qualquer das partes, cabendo-lhes optar, conforme seu próprio juízo, por firmar ou não o compromisso. É o que foi noticiado, recentemente, no ***Informativo* n. 497:**

> "AÇÃO CIVIL PÚBLICA. TERMO DE AJUSTAMENTO DE CONDUTA. INEXISTÊNCIA DE DIREITO SUBJETIVO DO PARTICULAR.
>
> A *quaestio juris* consiste em saber se o recorrente teria o direito subjetivo de firmar o compromisso de ajustamento de conduta previsto no ECA e na Lei da Ação Civil Pública, ou se dispõe o Ministério Público da faculdade de não assiná-lo sem sequer discutir suas cláusulas. A Turma entendeu que tanto o art. 5º, § 6º, da Lei n. 7.347/1985 (Lei da Ação Civil Pública) quanto o art. 211 do ECA dispõem que os legitimados para a propositura da ação civil pública poderão tomar dos interessados compromisso de ajustamento de sua conduta às exigências legais. Assim, do mesmo modo que o **Ministério Público não pode obrigar qualquer pessoa física ou jurídica a assinar termo de cessação de conduta**, também **não é obrigado a aceitar** a proposta de ajustamento formulada pelo particular. O compromisso de ajustamento de conduta é um **acordo** semelhante ao instituto da conciliação e, como tal, depende da convergência de vontades entre as partes. Ademais, não se pode obrigar o MP a aceitar uma proposta de acordo — ou mesmo exigir que ele apresente contrapropostas tantas vezes quantas necessárias — para que as partes possam compor seus interesses, sobretudo em situações como a discutida, em que as posições eram absolutamente antagônicas" (REsp 596.764/MG, rel. Min. Antonio Carlos Ferreira, julgado em 17-5-2012).

#### ■ 9.5.12.2.2.1.1. *Momento em que pode ser firmado o compromisso*

O compromisso pode ser celebrado **antes** ou **no curso** do processo cognitivo. Até mesmo **após a extinção** do feito pode-se pensar em sua utilização, caso em que substituirá eventual título judicial.

A formalização do TAC, mesmo após decidida a demanda, é uma opção a ser considerada pelos sujeitos legitimados, uma vez que, inevitavelmente, é mais simples a efetivação de normas devidamente consentidas pelas partes.

### ■ 9.5.12.2.2.1.2. *Eficácia executiva do TAC*

Por expressa dicção do § 6º, o TAC, como dito, tem eficácia de **título executivo extrajudicial**.

A regra, contudo, tem maior aplicação nos casos em que o compromisso é firmado **antes** ou **fora do processo** (pré ou extraprocessualmente, portanto), uma vez que, firmado **dentro** de um ambiente processual e homologado pelo juiz, é, inegavelmente, **título judicial** (CPC, art. 515, III).[38]

### ■ 9.5.12.2.2.1.3. *Procedimento executivo a ser seguido*

O procedimento adequado à execução das prescrições do TAC dependerá, certamente, de tratar-se de título **judicial** (porque **homologado em juízo** — art. 515, III, do CPC) ou título **extrajudicial** (porque firmado fora do processo, e **não homologado** — art. 5º, § 6º, da Lei n. 7.347/85).

No primeiro caso — execução de título **judicial** —, deve-se seguir as regras previstas no art. 814, III, sem prescindir, é obvio, da utilização das técnicas do art. 536 e ss., por expressa dicção dos arts. 771 e 513, que estabelecem mão dupla entre o cumprimento de sentença e o processo de execução.

Se for **extrajudicial** o título, a execução será feita em processo autônomo, seguindo as regras do Livro II da parte especial do Código de Processo Civil — e, complementarmente, algumas dentre os artigos supracitados —, conforme a **espécie de obrigação** (fazer, não fazer, entrega de coisa ou pagar quantia).

O interessante é que, nesses casos, a parte executada poderá opor **embargos à execução**, com defesa e matéria cognitiva ampla e irrestrita, nos termos do art. 917 e ss. do CPC. Contudo, na execução **judicial**, a defesa há de ser exercida via **impugnação à execução**, cognitivamente mais restrita (art. 525).

É de se notar, inclusive, que a homologação em juízo do TAC faça com que a norma jurídica concreta nele prevista fique coberta pela **coisa julgada material**.

Maior dificuldade haverá, certamente, quando a obrigação a ser executada for de **não fazer**, o que, aliás, será bastante comum em demandas ambientais. Basta pensar, por exemplo, na obrigação de não operar o funcionamento de usinas enquanto não realizadas condicionantes fixadas no próprio TAC.

---

[38] Aliás, desde que homologado pelo juiz, independentemente de ter sido firmado ou não dentro de um processo, trata-se de título judicial, segundo o inciso III.

É que o **Código de Processo Civil não contempla** a execução de obrigações de **não fazer** fundadas em título executivo **extrajudicial**.

Ora, havendo uma situação que demonstre o potencial descumprimento de uma obrigação de não fazer (abstenção), como deve proceder o exequente se essa obrigação, contida em título extrajudicial, não encontra técnica executiva típica no art. 822 e ss. do CPC?

Verifique-se que o **art. 822** apenas contempla a execução de desfazer, que na verdade é a prática de um fazer:

> "Art. 822. Se o executado praticou ato a cuja abstenção estava obrigado por lei ou por contrato, o exequente requererá ao juiz que assine prazo ao executado para desfazê-lo.
>
> Art. 823. Havendo recusa ou mora do executado, o exequente requererá ao juiz que mande desfazer o ato à custa daquele, que responderá por perdas e danos.
>
> Parágrafo único. Não sendo possível desfazer-se o ato, a obrigação resolve-se em perdas e danos, caso em que, após a liquidação, se observará o procedimento de execução por quantia certa."

Diante de situação como esta, deve o Estado oferecer solução que atenda ao devido processo legal e ao direito de obtenção de uma tutela jurisdicional justa. E, caso exista lacuna na norma, deve-se recorrer à interpretação contextual do Código e permitir, no mínimo, que o juiz receba a ação executiva e utilize, sempre que possível, as técnicas do **art. 536**, importando-as com fulcro nos **arts. 771 e 513 do CPC** e aplicando-as de modo a fornecer a tutela do dever de abstenção.

Não proceder dessa forma seria negar vigência de forma imediata ao direito constitucional de ação e ao devido processo legal, como dito antes.

#### ■ *9.5.12.2.2.1.4. Cumulação de obrigações contidas no TAC e execução extrajudicial*

É de se dizer que o título executivo extrajudicial — e neste particular o TAC — pode conter **mais de uma obrigação**, inclusive de **naturezas diversas**.

É muito comum que o termo de ajuste de conduta contenha diversas obrigações de fazer e de não fazer, além, é claro, da obrigação de pagar multas previstas no próprio compromisso, para o caso de descumprimento das obrigações principais.

Nesses casos, apenas é **possível a execução conjunta** de obrigações **que tenham a mesma natureza**. Não há como, assim, por razões ligadas à incompatibilidade procedimental, cumular execuções de obrigações de naturezas diversas.

### ■ 9.5.12.2.2.1.5. *Termo de ajuste de conduta e obrigações de fazer ilíquidas*

Como todo título executivo extrajudicial, deve o **TAC** representar **obrigações líquidas, certas e exigíveis**, e o órgão público tomador do compromisso deve ter a máxima cautela quanto a esse aspecto, porque não raramente se verifica a iliquidez da conduta nele contido, ou seja, não há especificação sobre o modo de realização do dever de fazer contido no título.

O que se observa na prática é que a conduta é prevista, mas não especificada no compromisso, porque dependeria de realização de projeto que não estaria contido no próprio compromisso.

Por isso mesmo, o órgão público deve ter o cuidado de colocar no TAC a obrigação com todas as suas **especificações**, de forma que a sua efetivação não dependa de nenhum ato posterior ou existente fora do corpo do termo de ajuste.

Atente-se que a disciplina dos **títulos executivos extrajudiciais** está no **CPC**, e lá se estabelece que a obrigação seja **líquida, certa e exigível** no momento da formação do título executivo. Caso contrário, inclusive, é verdadeiramente **nula a execução**, conforme dispõe o **art. 803, I**, a saber:

> "Art. 803. É nula a execução se:
>
> I — o título executivo extrajudicial não corresponder a obrigação certa, líquida e exigível;
>
> Parágrafo único. A nulidade de que cuida este artigo será pronunciada pelo juiz, de ofício ou a requerimento da parte, independentemente de embargos à execução."

Portanto, não basta dar o nome de TAC para se ter aí um título executivo extrajudicial. É imprescindível que tal documento represente, assim, uma obrigação líquida, certa e exigível.

Por exemplo: não basta o reconhecimento da obrigação de fazer o reflorestamento da área, mas é necessário que estejam especificados a quantidade de árvores, a área de confrontações, o tipo de vegetação, como se dará a adubação ao longo do tempo, etc. Ou, ainda, não adianta prever a instalação de filtro na fábrica, mas é preciso especificar como se dará a instalação, qual o tipo de filtro, etc.

Saída interessante para se dar aproveitamento ao TAC que contenha obrigações **ilíquidas** é proceder à sua **homologação judicial**.

Assim é que, se há uma demanda coletiva em trâmite, ainda **não sentenciada**, a **homologação** de um TAC, mesmo que ilíquido, geraria grande vantagem à

**economia e celeridade processuais**. Faltaria, nesses casos, apenas aferir a **quantia** ou o **modo de prestar** a obrigação insatisfeita, já que sua existência estaria reconhecida.

#### ■ 9.5.12.2.2.1.6. *A multa nos termos de ajustamento de conduta*

Os compromissos de ajustamento de conduta com eficácia de título extrajudicial concentram, além das obrigações principais, normalmente vinculadas à realização de condutas de fazer e de não fazer, as **multas para o caso de inadimplemento espontâneo** do próprio TAC.

Servem essas multas como **cláusula penal no respectivo ajuste**. São **obrigações acessórias** porque incidem no caso de descumprimento total ou parcial do ajuste principal.

São, também, absolutamente **diversas das multas processuais** impostas pelo juiz com a finalidade de estimular o réu a efetivar o provimento judicial. Por isso mesmo, podem ser cumuladas.

Vale dizer, por fim, que a execução dessas multas contidas no TAC não tem urgência e, por isso, submete-se a um **regime de execução por expropriação contra devedor solvente**, nos termos do **art. 523 e ss. do CPC, por expressa dicção do art. 774, parágrafo único, do CPC**.

#### ■ 9.5.12.2.2.1.7. *Execução de título extrajudicial e tutela de urgência*

Sendo a urgência um fenômeno típico e inerente à prestação da tutela ambiental, não será incomum, antes o contrário, a necessidade de que a própria tutela executiva seja prestada de forma urgente.

Reconhecendo a possibilidade de que, **durante o curso da execução**, ocorram **situações de urgência** que comprometam a prestação da tutela ou a tutela a ser prestada, prevê o Código de Processo Civil a possibilidade de concessão de **medidas cautelares (leia-se "urgentes") no curso da tutela executiva**. Neste particular, é possível que seja concedida a tutela antecipada da própria execução, no curso do processo executivo, quando esta se fundar em título executivo extrajudicial.

Nesse sentido, o art. 799, VIII, do CPC, ao dizer que:

> "Art. 799. Incumbe ainda ao exequente:
>
> (...)
>
> VIII — pleitear, se for o caso, medidas urgentes;"

É que, entre a propositura da ação executiva e a efetiva realização do direito declarado, medeia um espaço de tempo que pode ser decisivo para o insucesso da tutela jurisdicional. Tal fato, no direito ambiental, é imensamente comum, em razão da importância de se manter ou recuperar o equilíbrio ecológico.

Por isso, não vemos como absurda a possibilidade de obtenção da satisfação imediata do direito contido no título executivo extrajudicial, antes mesmo de ser triangularizada a relação processual executiva.

## 9.5.13. A coisa julgada nas ações civis públicas ambientais

### 9.5.13.1. Coisa julgada e autoridade de coisa julgada

Conforme denuncia a própria expressão, a **coisa julgada**, no direito romano, indicava nada além do fato de que um dado **bem jurídico** já havia passado por um **julgamento**.

Por isso, então, falava-se em *res judicata* (*res* = coisa = bem), em contraposição à *res in iuditium deducta*, que traduzia a ideia de que dado bem havia sido deduzido em juízo, estando, ainda, pendente de julgamento.

A expressão, portanto, tinha um cunho eminentemente **materialista** (não processual), de forma que, tanto "na locução *res iuditium deducta*, como na outra, *res iudicata*, o elemento que ressaltava era uma **substância**, algo que se punha como o **objeto da atividade cognitiva judicial** — visto ali, de um ângulo anterior, e aqui de um ângulo posterior à prolação da sentença".[39-40]

Não é essa, contudo, a essência do que se entende hoje pelo fenômeno da coisa julgada, principalmente a partir dos estudos realizados na chamada "fase autonomista da ciência processual". Atualmente, a ênfase é dada ao outro elemento da expressão *res judicata*: o particípio **julgada**.

É que hoje, quando se fala em coisa julgada, não se quer fazer referência àquele bem da vida que foi objeto de julgamento pelo Poder Judiciário, mas, sim, ao fato de que este **julgamento** adquire uma especial força — uma **autoridade** — de não mais poder ser discutida, dentro de certos limites.

Na verdade, para ser mais fiel à ideia expressada, deve-se distinguir o fato de dada pretensão ter sido julgada da **autoridade** que o ordenamento jurídico confere a este julgamento, no sentido de que se torna **imutável** e **indiscutível**. Fala-se, então, em **autoridade da coisa julgada**.

---

[39] José Carlos Barbosa Moreira, ainda sobre a coisa julgada, *Direito processual civil*, p. 134.

[40] Como bem observou Chiovenda, "A *res iudicata* outra coisa não é para os romanos do que a *res in iuditium deducta* depois que foi *iudicata*. Podemos igualmente asseverar que a coisa julgada não é outra coisa senão o *bem julgado, o bem conhecido ou desconhecido pelo juiz* (...)". *Instituições de direito processual civil*, v. I, p. 446-447.

O mais importante disso tudo é entender que esta autoridade — que, repitamos, torna **imutável** uma decisão judicial — é, antes de mais nada, **opção política do legislador**, por razões práticas voltadas à segurança jurídica.

Não é algo, assim, que seja conatural ao fato de ter ocorrido um julgamento, decorrendo, na verdade, de opção feita pelo ordenamento jurídico de conferir a certas decisões judiciais aquela autoridade.

Por isso mesmo, cabe ao legislador determinar que tipos de julgamento ficarão ou não acobertados pela *res judicata*. No caso do Código de Processo Civil, a regra geral extraída dos arts. 485 a 487 é que apenas as sentenças de mérito (todas elas, importante dizer) alcançarão a autoridade de coisa julgada.

Nada impede, porém, que o legislador decida disciplinar a questão de maneira diversa para certas situações, seja para conferir aquela autoridade a decisões que não sejam de mérito, seja para retirá-la de sentenças verdadeiramente de mérito.

### ■ 9.5.13.2. *A coisa julgada no texto original da Lei n. 7.347/85*

Partindo dessas ideias, o que se verá é que a coisa julgada recebe, nas demandas tratando de direitos coletivos *lato sensu*, configuração completamente distinta daquela prevista no Código de Processo Civil para os conflitos individuais.

Basta pensarmos, por exemplo, na disciplina dos **limites subjetivos da coisa julgada**, que busca definir quais serão os **sujeitos** que deverão observar aquela decisão irrecorrível, não podendo mais discutir seu comando em sede judicial.

Tradicionalmente, a regra, inspirada pelos princípios do contraditório e mesmo do acesso à justiça, é a de que apenas as **partes** do processo ficam vinculadas de forma definitiva à decisão nele tomada. É o que se extrai da primeira parte do art. 506 do Código de Processo Civil:

> "Art. 506. A sentença faz coisa julgada às partes entre as quais é dada, não prejudicando terceiros."

Além dos mencionados princípios, a ideia por trás da regra é a de que, como geralmente (nos casos de legitimação ordinária) aqueles que figuram como partes no processo são os titulares do direito discutido e, portanto, destinatários da decisão a ser tomada, não haveria por que vincular terceiros àquele comando.

Diante disso, fica claro que a regra tradicional não é adequada à tutela dos interesses coletivos.

Basta pensarmos que nas ações civis públicas, por exemplo, aquele que conduz a demanda como autor é o **representante adequado** de toda uma coletividade. Não é apenas ele, portanto, quem sofrerá diretamente os efeitos da decisão, mas um grande número de pessoas, por vezes indeterminável.

Exatamente por isso, como dito, a regra dos limites subjetivos da coisa julgada nas ações civis públicas recebeu configuração completamente diversa da prevista no Código de Processo Civil. É o que se vê da **primitiva redação** do **art. 16** da Lei n. 7.347/85:

> "Art. 16. A sentença civil fará **coisa julgada *erga omnes***, exceto se a ação for julgada **improcedente por deficiência de provas**, hipótese em que qualquer legitimado poderá intentar outra ação com idêntico fundamento, valendo-se de nova prova."

De cara, então, percebe-se que, nas ações civis públicas, não apenas aqueles que figuraram como partes no processo ficarão vinculados à imutabilidade da decisão. Na verdade, a coisa julgada era, naquela redação, ***erga omnes***, ou seja, atingia a **todos indistintamente**.

Da segunda parte do dispositivo, extrai-se, ainda, outra diferença para o sistema tradicional: a sentença de improcedência **"por deficiência de provas"** não está sujeita à autoridade da coisa julgada.

Trata-se da chamada coisa julgada ***secundum eventum probationis***, que dita que, se o motivo da sentença de improcedência for a **insuficiência de provas**, não haverá formação de coisa julgada material.

Logo mais estudaremos o assunto com mais profundidade, porém importa, agora, perceber que se trata de verdadeira exceção ao sistema do Código de Processo Civil, na medida em que o que se tem é uma sentença inegavelmente de mérito que, no entanto, não adquire a autoridade de coisa julgada.

Não se trata, importante dizer, de qualquer novidade em nosso ordenamento jurídico, vez que o art. 16 da LACP traduz a mesma ideia da Lei de Ação Popular (Lei n. 4.717/65):

> "Art. 18. A sentença terá eficácia de coisa julgada oponível ***erga omnes***, exceto no caso de haver sido a ação julgada **improcedente por deficiência de prova**; neste caso, qualquer cidadão poderá intentar outra ação com idêntico fundamento, valendo-se de nova prova."

O que se ressalta, de ambos os dispositivos, é que demonstram claramente o receio do legislador de que o **representante da coletividade escolhido abstratamente por ele** (as entidades legitimadas na ação civil pública, e o cidadão na ação popular) não tenha sido em concreto um condutor adequado da tutela dos interesses que ele representa.

Preocupam-se, assim, tais regras com a possibilidade de que o representante adequado — cujo controle judicial em cada caso concreto não se previu legislativamente — não tenha produzido as provas necessárias (seja por desídia, seja por conluio com a parte adversa) à correta defesa da coletividade, possibilitando que outro legitimado ingresse com a **mesma demanda**, desde que munido de novo elemento de prova.

### ■ 9.5.13.3. *As mudanças trazidas pelo Código de Defesa do Consumidor e a atual disciplina da coisa julgada na defesa dos direitos coletivos* lato sensu

Assim como ocorreu com outros institutos, a regra da coisa julgada prevista na Lei n. 7.347/85 sofreu forte mudança com o advento do Código de Defesa do Consumidor (Lei n. 8.078/90).

Na verdade, não foi verdadeiramente alterada a regra do art. 16 da LACP, mas simplesmente foi previsto, no diploma consumerista, sistema **mais completo** para disciplinar a coisa julgada que o então existente. É o que se vê do art. 103 do Código de Defesa do Consumidor:

> "Art. 103. Nas **ações coletivas** de que trata este Código, a sentença fará coisa julgada:
>
> I — ***erga omnes***, exceto se o pedido for julgado **improcedente por insuficiência de provas**, hipótese em que qualquer legitimado poderá intentar outra ação, com **idêntico fundamento**, valendo-se de **nova prova**, na hipótese do inciso I do parágrafo único do art. 81 [*direitos ou interesses* ***difusos***];
>
> II — ***ultra partes***, mas **limitadamente ao grupo, categoria ou classe**, salvo **improcedência por insuficiência de provas**, nos termos do inciso anterior, quando se tratar da hipótese prevista no inciso II do parágrafo único do art. 81 [*direitos ou interesses* ***coletivos***];
>
> III — ***erga omnes***, apenas **no caso de procedência do pedido**, para beneficiar todas as vítimas e seus sucessores, na hipótese do inciso III do parágrafo único do art. 81 [*direitos ou interesses* ***individuais homogêneos***].
>
> § 1º Os efeitos da coisa julgada previstos nos incisos I e II não prejudicarão interesses e direitos individuais dos integrantes da coletividade, do grupo, categoria ou classe.
>
> § 2º Na hipótese prevista no inciso III, em caso de improcedência do pedido, os interessados que não tiverem intervindo no processo como litisconsortes poderão propor ação de indenização a título individual.
>
> § 3º Os efeitos da coisa julgada de que cuida o art. 16, combinado com o art. 13 da Lei n. 7.347, de 24 de julho de 1985, não prejudicarão as ações de indenização por danos pessoalmente sofridos, propostas individualmente ou na forma pre-

> vista neste Código, mas, se procedente o pedido, beneficiarão as vítimas e seus sucessores, que poderão proceder à liquidação e à execução, nos termos dos arts. 96 a 99.
>
> § 4º Aplica-se o disposto no parágrafo anterior à sentença penal condenatória."

Fora de dúvidas, primeiramente, que o dispositivo é plenamente aplicável a toda e qualquer ação civil pública, por força do **art. 21** da Lei n. 7.347/85, tantas vezes citado ao longo deste capítulo, mas que vale a pena ser novamente transcrito:

> "Art. 21. Aplicam-se à defesa dos direitos e interesses difusos, coletivos e individuais, no que for cabível, os dispositivos do Título III da lei que instituiu o Código de Defesa do Consumidor."

Passado este ponto, o que salta aos olhos no art. 103 supratranscrito é que se estabeleceram **regras distintas** em relação à coisa julgada para **cada espécie de interesse coletivo *lato sensu***, tanto em relação a seus **limites subjetivos** quanto sobre as **hipóteses em que se produz** ou não a *res judicata*.

Estudaremos agora, então, as regras relativas aos limites subjetivos da coisa julgada — ou seja, a determinação de quem são aqueles que ficarão vinculados à imutabilidade e à indiscutibilidade do comando jurisdicional — em cada uma das espécies de direitos coletivos.

### ■ 9.5.13.4. *Os limites subjetivos da coisa julgada nas demandas que tutelam interesses difusos*

Como estudamos no início deste trabalho,[41] os direitos e interesses **difusos** são aqueles em que é verdadeiramente **impossível** identificar cada um de seus titulares, de forma que são eles **indetermináveis**.

Trata-se, em verdade, da categoria que melhor exprime a ideia de **transindividualidade**, uma vez que nela estão inseridos direitos que não pertencem a um ou outro indivíduo, mas a **toda a coletividade**.

Por isso mesmo, é natural que a coisa julgada, em sentenças que cuidem de direitos difusos, produza-se ***erga omnes***. Ou seja, toda e qualquer pessoa deve se submeter de forma imperativa e imutável ao comando jurisdicional, não podendo mais discuti-la frente ao Poder Judiciário.

A regra vale, inclusive, para os demais **legitimados ativos** que não fizeram parte do polo ativo da ação civil pública, que, diante de uma sentença tratan-

---

[41] Sobre cada uma das espécies de interesse coletivo, ver todo o Capítulo 1, em especial o *item 1.4*, *supra*.

do de certo interesse difuso, não pode mais ajuizar demanda para a proteção daquele direito.

A exceção, todavia, ocorre nos casos em que a pretensão coletiva for julgada **improcedente** por **insuficiência de provas**. Trata-se, como visto, da chamada coisa julgada ***secundum eventum probationis***, regra que será analisada em tópico próprio.

### ■ 9.5.13.5. *Os limites subjetivos da coisa julgada nas demandas que tutelam interesses essencialmente coletivos*

Da mesma forma que ocorre com os direitos difusos, os interesses **coletivos *stricto sensu*** também pertencem, de modo **indivisível**, a uma **coletividade**.

A diferença está em que, ao contrário do que ocorre com os difusos, os titulares dos interesses **coletivos** são perfeitamente **identificáveis**. É possível, assim, distinguir, no seio da sociedade, a qual grupo específico toca aquele direito.

Exatamente por isso é que o **inciso II** do art. 103 determina que a coisa julgada, conquanto se produza ***ultra partes*** — ou seja, vai além, por óbvio, do legitimado que está conduzindo a demanda como autor —, fica **limitada** àquele grupo, categoria ou classe.

A ressalva fica, mais uma vez, para os casos em que se der sentença de improcedência por insuficiência de provas, quando os legitimados poderão novamente propor a demanda com base em novos elementos de convencimento.

### ■ 9.5.13.6. *Os limites subjetivos da coisa julgada nas demandas que tutelam interesses individuais homogêneos*

Finalmente, os direitos **individuais homogêneos** são aqueles interesses híbridos, porque possuem características típicas dos interesses essencialmente coletivos, como a transindividualidade que determina um conceito *standard* para a titularidade (morador, consumidor, usuário, etc.) e para o mesmo ato-fato-tipo que coloca a todos num mesmo *padrão de identificação da causa de pedir* que os une. Porém, personifica-se, divisivelmente, em cada indivíduo, além do que, *para serem identificados como tal (individuais homogêneos),* é evidente que devem ter uma **relevância social** e **grande número** de sujeitos que atingem.

Justamente por este último aspecto, ou seja, pela dispersão de possíveis titulares de cada um dos direitos decorrentes daquela mesma origem comum, é que a coisa julgada se produzirá ***erga omnes***, à semelhança do que se passa com os interesses difusos.

Ressalva a parte final do **inciso III**, todavia, os casos de **improcedência**, nos quais a **coisa julgada** não atingirá os **particulares**, detentores de cada um dos direitos individuais ali tutelados.

Trata-se da chamada coisa julgada ***secundum eventum litis***. Ou seja: de acordo com o destinado dado para a pretensão levada ao judiciário, haverá ou não a produção de coisa julgada em relação aos particulares, que **não serão prejudicados** pelo fato de a demanda coletiva ser julgada improcedente. É o que se extrai, ainda, do § 2º do mesmo art. 103, *in verbis*:

> "§ 2º Na hipótese prevista no inciso III, em caso de **improcedência do pedido**, os interessados que não tiverem intervindo no processo como litisconsortes poderão propor ação de indenização a **título individual**."

### ■ 9.5.13.7. *A coisa julgada* secundum eventum probationis*: a insuficiência de prova como fator impeditivo da imutabilização dos julgados nas demandas essencialmente coletivas*

#### ■ 9.5.13.7.1. *Considerações gerais*

Como pontuado anteriormente, nas demandas que cuidam de interesses **difusos** e **coletivos** ***stricto sensu***, a ocorrência ou não da coisa julgada dependerá do conjunto probatório produzido caso a caso e, especialmente, da influência que tiver este na formação do convencimento do juiz.

É o que se vê do **art. 18** da Lei de Ação Popular, do **art. 16** da Lei de Ação Civil Pública e dos **incisos I e II do art. 103** do Código de Defesa do Consumidor:

> **Lei de Ação Popular (Lei n. 4.717/65)**
>
> "Art. 18. A sentença terá eficácia de coisa julgada oponível *erga omnes*, exceto no caso de haver sido a ação julgada improcedente por deficiência de prova; neste caso, qualquer cidadão poderá intentar outra ação com idêntico fundamento, valendo-se de nova prova."
>
> **Lei de Ação Civil Pública (Lei n. 7.347/85)**
>
> "Art. 16. A sentença civil fará coisa julgada *erga omnes*, nos limites da competência territorial do órgão prolator, **exceto se o pedido for julgado improcedente por insuficiência de provas**, hipótese em que qualquer legitimado poderá intentar outra ação com idêntico fundamento, valendo-se de nova prova."
>
> **Código de Defesa do Consumidor (Lei n. 8.078/90)**
>
> "Art. 103. Nas ações coletivas de que trata este Código, a sentença fará coisa julgada:

I — *erga omnes*, **exceto se o pedido for julgado improcedente por insuficiência de provas**, hipótese em que qualquer legitimado poderá intentar outra ação, com idêntico fundamento, valendo-se de nova prova, na hipótese do inciso I do parágrafo único do art. 81;

II — *ultra partes*, mas limitadamente ao grupo, categoria ou classe, **salvo improcedência por insuficiência de provas**, nos termos do inciso anterior, quando se tratar da hipótese prevista no inciso II do parágrafo único do art. 81; (...)."

Antes de prosseguirmos, importante uma explicação.

No sistema tradicional previsto no Código de Processo Civil, **quaisquer decisões de mérito**, ou seja, aquelas que dão ou negam procedência ao pedido inicial, ainda que fundadas em **ausência de prova**, são aptas a ficar acobertadas pela **coisa julgada material**.

Aliás, o art. 508 do CPC deixa claro que, ainda que surja nova prova, aquela decisão que transitou em julgado não pode mais ser discutida. É a chamada eficácia preclusiva da coisa julgada material.[42]

Já no **sistema processual coletivo**, a sistemática é outra, como se vê nos dispositivos transcritos. Em regra, as sentenças de mérito fazem, sim, coisa julgada. Ocorre que, caso a **improcedência** se dê por **insuficiência de provas**, a **mesma demanda** poderá ser **novamente ajuizada**, desde que o legitimado se valha de **nova prova**.

A justificativa dessa regra foi, assumidamente, copiar o sistema antes previsto no **art. 18 da Lei de Ação Popular (Lei n. 4.717/65)** para alcançar o mesmo resultado que ali foi desejado: evitar que um eventual **conluio** entre o legitimado ativo (cidadão — representante adequado da coletividade) e o legitimado passivo pudesse resultar numa ofensa aos direitos dos demais cidadãos que tivessem sido representados. Portanto, a técnica desenvolvida pelo legislador teve por intuito imunizar a sociedade contra a fraude realizada no âmbito do processo.

Ratificando, pois, o foco de luz do dispositivo (art. 18 da Lei de Ação Popular) era evitar que o processo de ação popular fosse feito para cristalizar um ato administrativo ilegal e lesivo ao patrimônio público.

A preocupação não era a ocorrência de uma insuficiência real da prova que ensejasse uma decisão insegura do magistrado, mas, sim, que uma manipulação ardilosa que levasse a uma insuficiência (*non liquet*) da prova na formação do convencimento do juízo ficasse imunizada pela coisa julgada.

---

42 "Art. 508. Transitada em julgado a decisão de mérito, considerar-se-ão deduzidas e repelidas todas as alegações e as defesas que a parte poderia opor tanto ao acolhimento quanto à rejeição do pedido."

Tudo isso vem demonstrar uma reticência declarada e explícita do legislador, desde a época da ação popular, que desconfiava da idoneidade de uma regra de representação adequada verificada apenas na esfera abstrata e conceitual.

É de se dizer que nada obstante a expressa regra da coisa julgada *secundum eventum* prevista no sistema processual coletivo, tanto a doutrina quanto a jurisprudência começaram, acanhadamente, a dar passos no sentido de reconhecer que essa modalidade de coisa julgada (*secundum eventum*) era um modelo que de certa forma desestimulava o uso das ações coletivas, pois, ao final de todo o processo, poderia não trazer uma segurança jurídica nos casos de improcedência, seja na tutela dos essencialmente coletivos (pela insuficiência da prova), seja na tutela dos hibridamente coletivos (só obstando a via individual homogênea, mas não impedindo a propositura de demandas individuais). E, ao mesmo tempo que dava passos nessa direção, percebeu também que, se ocorressem em cada caso concreto a certificação e o controle judicial da legitimidade adequada, à semelhança do modelo *ope judicis* americano, não haveria mais a *ratio essendi* que justificou a regra da coisa julgada *secundum eventum*.

Atualmente, segundo pensamos, é possível extrair um modelo de certificação e controle da legitimidade adequada no incidente coletivo do IRDR (arts. 979 e 983 do CPC), que pode ser perfeitamente emprestado para as demandas coletivas, e, se assim for, gerar o mesmo efeito vinculante para terceiros como nele está previsto. Trata-se de uma posição jurídica nova que começa a ser investigada.

### ■ 9.5.13.7.2. *A expressão "improcedência por insuficiência de provas" e suas variações conceituais*

O que significa a expressão "improcedência por insuficiência de provas" constante nos arts. 18 da LAP, 16 da LACP e 103, I e II, do CDC?

A correta compreensão do seu significado é essencial para delimitar quando existe e quando não existe a autoridade do julgado nessas sentenças de mérito em desfavor da coletividade. Em outros termos, saber o que exatamente significa a expressão é delimitar quando incide e quando não incide o efeito negativo da coisa julgada, que impediria ou não a repropositura da mesma demanda coletiva, só que com nova prova.

Apesar de parecer óbvio, diga-se inicialmente que, em **processos de conhecimento**, o sistema admite **duas soluções de mérito:** uma de **procedência** e outra de **improcedência** do pedido. Por isso mesmo, são tais processos chamados de processos de **desfecho duplo**, em contrapartida aos "processos" de execução, que só admitem, de forma típica, um único desfecho normal, qual seja, a satisfação do credor.

Assim, procedência e improcedência são desígnios de uma sentença que acolhe e que rejeita, respectivamente, pelo mérito, a pretensão da parte.

Continuando a nossa linha de raciocínio, pode-se dizer que, na batalha processual desenvolvida com amplo contraditório de todos os participantes, o resultado positivo atribuído à demanda **(procedência)** decorre, sempre, do fato de a parte ter conseguido provar todas as alegações que fez, ter convencido o juiz da pertinência de sua fundamentação jurídica e, ainda, de não ter sido seu direito "derrubado" por algo que o litigante contrário tenha alegado.

A **improcedência**, por sua vez, pode ser o resultado de duas situações processuais distintas.

Na primeira delas, porque o **autor não conseguiu provar os fatos constitutivos de seu direito**. Trata-se, justamente, da aplicação do **art. 373, I, do CPC** e das consequências de seu descumprimento.

Já na segunda, a improcedência pode se dar não por uma "falha" na atuação do demandante, mas, sim, porque o **réu**, independentemente de ter o autor conseguido ou não provar o que pretendia, apresentou **outros fatos extintivos, impeditivos ou modificativos do direito do autor**. Ou, por outras palavras, porque o réu teria se desincumbido do encargo que lhe impõe o **art. 373, II, do CPC**.

Em resumo, então, a **improcedência** de qualquer demanda pode se dar porque:

- o autor "falhou", ou seja, não conseguiu convencer o magistrado de que a razão lhe pertencia (aplicação do art. 373, I);
- o réu conseguiu se desincumbir da prova das exceções substanciais trazidas para o processo (aplicação do art. 373, II).

O que nos parece claro é que só se pode falar em **improcedência por insuficiência de provas** na primeira dessas situações: quando o autor **não conseguir provar a veracidade dos fatos constitutivos de seu direito** e, assim, não convencer o juiz de que é merecedor da situação jurídica pretendida, mas apenas e tão somente quando o juiz valha-se da referida regra para julgar a demanda, ou seja, quando ao final reconheça a insuficiência da prova e dela se utilize (da regra do ônus objetivo) para julgar a lide.

Na outra situação, quando o **réu** for vencedor a partir do acolhimento de alguma exceção substancial, o que há, em verdade, é uma **suficiência de provas**. Ou seja, o conjunto probatório dos autos foi **suficiente** para demonstrar que era ao lado dele, do réu, que estava o direito discutido.

### ■ *9.5.13.7.3. Significado de "nova prova" na demanda essencialmente coletiva reproposta*

Complementando o estudo dissecado dos dispositivos que cuidam da coisa julgada *secundum eventum probationis*, debruçamo-nos agora sobre a exigência de **nova prova** como requisito para a **repropositura da mesma ação coletiva** (direito difuso ou coletivo) julgada improcedente por insuficiência de provas.

Mas o que vem a ser nova prova? É nova porque superveniente ao processo findo? É a prova que já existia, mas não foi usada? Como deve ser vista a "prova nova" na repropositura da demanda?

Pelas indagações, percebe-se que o tema é farto de dúvidas que precisam ser esclarecidas, e aqui se aponta uma diretriz.

Primeiramente, há que se dizer que a "nova prova" **não é necessariamente aquela que surge após o trânsito em julgado** do processo anterior.

Como bem disse Arruda Alvim, é simplesmente a prova **"não produzida na ação anterior"**,[43] o que leva a crer que **já poderia existir** desde a época do primeiro processo. Mais que isso, a prova pode ter sido até mesmo **postulada, mas não admitida** a sua produção no processo anterior.

É claro que, se assim é, nada mais lógico que admitir que o conceito englobe também as **provas que não existiam à época do processo** ou aquelas que, embora existentes, eram **desconhecidas** ou tinham o seu **uso impossibilitado**.

Em matéria ambiental, especialmente nas ações de responsabilidade civil, é comum que apenas depois de muito tempo seja possível obter comprovações de danos ocorridos. Ou até que estes venham a ocorrer em momento posterior ao trâmite da demanda. É que os danos ambientais variam no tempo e no espaço, e às vezes não existe desenvolvimento científico e técnico que consiga provar a existência deles.

Caso isso venha a ser obtido depois, não seria justo negar o uso dessa prova nova para se alcançar o convencimento de que houve o dano ambiental e que este precisa ser ressarcido.

Outra indagação diz respeito à necessidade de a nova prova ser, sozinha, apta a proporcionar melhor sorte à mesma demanda coletiva.

É claro que não. Se se trata da repetição da mesma demanda, não há por que negar a utilização da prova anteriormente produzida. Nem se trata aqui de prova emprestada, porque se trata de utilizar as provas já produzidas sobre fatos relativos à mesma lide.

Dessa forma, **não há como desprezar toda a prova colhida anteriormente** e que foi objeto de discussão, até porque certos elementos de prova, depois de tanto tempo, não poderão mais ser obtidos com a mesma flagrância dos que foram obtidos na demanda anterior. A insuficiência da prova está atrelada à falta

[43] Arruda Alvim et al., *Código de Defesa do Consumidor comentado...*, p. 234.

de convencimento do magistrado, e, portanto, não há razão para que todo o material anteriormente produzido seja desprezado.[44]

Para finalizar os aspectos relativos à "nova prova", é importante deixar claro qual o seu papel na demanda que será reproposta. Ao que parece, a **"nova prova" deve ser explicitada no corpo da petição inicial**.

Concordamos com Gidi[45] quando diz que haverá **falta de interesse processual** caso não seja identificada a nova prova na petição inicial. Segundo afirma o autor:

> "A apresentação da nova prova é critério de **admissibilidade** para a propositura da ação coletiva. Por isso, o autor coletivo deve manifestar, logo na **petição inicial**, a prova nova que pretende produzir. Deverá, então, o magistrado, *in limine litis*, convencer-se de que a nova prova é efetivamente nova e poderá ensejar, ao menos potencialmente, uma decisão diversa."[46]

É de se notar que não se poderia exigir do autor da demanda coletiva outra coisa que não fosse uma demonstração razoável de que a nova prova tenha o condão de modificar o resultado, ainda que isso se dê pela adição das provas anteriores. Quanto ao juiz, deve fazer um juízo provável, pois a certeza desse aspecto só virá com a produção da prova propriamente dita, cujo momento é preso à fase instrutória, salvo se se tratar de prova documental (art. 320 do CPC).

### ■ 9.5.13.8. *Coisa julgada* in utilibus

Dentre as inovações trazidas pelo Código de Defesa do Consumidor para a disciplina da coisa julgada, destaca-se, ainda, a regra do **§ 3º do art. 103**, a saber:

> "Art. 103. (...)
>
> § 3º Os efeitos da coisa julgada de que cuida o art. 16, combinado com o art. 13 da Lei n. 7.347, de 24 de julho de 1985, não prejudicarão as ações de indenização por danos pessoalmente sofridos, propostas individualmente ou na forma prevista neste Código, mas, **se procedente o pedido**, **beneficiarão as vítimas e seus sucessores**, que poderão proceder à liquidação e à execução, nos termos dos arts. 96 a 99."

---

[44] Nesse sentido, Paulo Affonso Leme Machado, *Ação civil pública (ambiente, consumidor, patrimônio cultural) e tombamento*, p. 46.

[45] *Coisa julgada e litispendência nas ações coletivas*, p. 135.

[46] No mesmo sentido, Arruda Alvim, *Código de Defesa do Consumidor comentado...*, cit., p. 461; Vicente Greco Filho, *Comentários ao Código de Proteção e Defesa do Consumidor*, p. 363 e ss.

Trata-se da chamada **coisa julgada *in utilibus***, que possibilita, em resumo, que, em caso de **procedência da demanda coletiva**, os **particulares** que tenham direitos derivados daquele reconhecido em juízo (ou derivados de uma mesma causa de pedir) possam **aproveitar-se** daquela decisão transitada em julgado.

Isso apenas será possível, portanto, quando uma mesma situação de fato seja geradora de tutela de direitos difusos e coletivos e de direitos individuais. Em outras palavras: em casos em que tanto os prejuízos individuais quanto os prejuízos coletivos sejam causados pela mesma atitude do mesmo demandado.

> Exemplificativamente, imaginemos que determinada empresa tenha, por descuido seu, permitido que alguns poluentes contaminassem determinado rio que corta a cidade.
> Desse fato social podem ter emergido direitos indivisíveis de toda a coletividade (difusos), de um determinado grupo ou categoria de pessoas (coletivos) ou direitos divisíveis das várias pessoas que tiveram contato com a água contaminada e/ou com os peixes que foram afetados por consequência.
> Perceba que qualquer demanda que venha a tutelar os eventuais interesses difusos, coletivos ou individuais terá que partir de um **elemento comum**, qual seja, o de que houve **ato ilícito** de se permitir ou nada fazer contra a poluição.

É de se notar, entretanto, que o legislador teve, no § 3º, o mesmo cuidado que observou em outros dispositivos, procurando deixar claro que o insucesso do legitimado na demanda coletiva não pode, de forma alguma, **prejudicar** o particular em seu direito individual.

> Em resumo: se há elementos comuns entre as tutelas difusa, coletiva e individual, pode-se, por questão de **economia processual**, aproveitar, naquilo que for comum, a norma concreta obtida em sede de tutela difusa ou coletiva para fim de proteção individual.
> Nesses casos, torna-se **indiscutível**, na demanda individual, aquele ponto sobre o qual se formou a coisa julgada, necessitando-se, tão somente, **individualizar os demais elementos** que formam o direito subjetivo individual.
> Aqui reside a ideia da coisa *julgada in utilibus.*

Por expressa orientação do Superior Tribunal de Justiça "no julgamento do REsp n. 1.273.643/PR (Relator Ministro Sidnei Beneti, Segunda Seção, julgado em 27-2-2013, *DJe* 4-4-2013), submetido ao rito dos recursos repetitivos, consolidou o entendimento segundo o qual, 'no âmbito do direito privado, é de cinco anos o prazo prescricional para o cumprimento de sentença proferida em ação civil pública'" (AgRg no AREsp 271.560/MS, rel. Min. Luis Felipe Salomão, 4ª Turma, julgado em 20-3-2014, *DJe* 28-3-2014).

### ■ 9.5.13.9. *A lamentável regra da limitação territorial da coisa julgada: a nova redação do art. 16 da Lei n. 7.347/85*

Ao contrário do que fez o Código de Defesa do Consumidor, a **Lei n. 9.494**, no ano de 1994, trouxe modificação das mais infelizes para a disciplina da coisa julgada na ação civil pública, quando alterou a redação do **art. 16:**

> "Art. 16. A sentença civil fará coisa julgada *erga omnes*, **nos limites da competência territorial do órgão prolator**, exceto se o pedido for julgado improcedente por insuficiência de provas, hipótese em que qualquer legitimado poderá intentar outra ação com idêntico fundamento, valendo-se de nova prova."

Como se vê, assim pretende o dispositivo **limitar** o alcance da coisa julgada — *erga omnes* — aos **limites da competência territorial** do órgão julgador. Dito de outra forma: a partir desta regra, uma mesma decisão pode ser de observância obrigatória para aqueles que vivem em um Estado ou Município, e não para os que vivem em outros.

Diversas são as objeções que podem ser levantadas contra a inovação.

A primeira, que salta aos olhos, é que abre a possibilidade de que em **unidades diversas da federação** sejam proferidas — e imutabilizadas — **sentenças com conteúdo distinto**, que atingirão desigualmente seus destinatários. É clara, assim, a violação ao princípio da **isonomia**.

Em segundo lugar, basta pensarmos que a imensa maioria dos direitos a serem tutelados por meio da ação civil pública são **indivisíveis**. Tal é, inclusive, a nota característica dos interesses essencialmente coletivos. E, desta forma, o dispositivo tenta cindir aquilo que, por natureza, é verdadeiramente incindível.

Pensemos, aliás, no **meio ambiente**, bem **ubíquo**, **difuso** e **indivisível**, impossível de ser aprisionado em qualquer fronteira política artificial, e veremos a total inaplicabilidade da regra.

Por último, a norma depõe contra o propósito de se criar um sistema processual de tutela dos interesses coletivos. É que, ao fragmentar a coisa julgada, estimula a utilização de mais de uma demanda para tratar essencialmente da mesma crise jurídica, indo contra toda a evolução científica e legislativa que culminou na Lei n. 7.347/85.

Após algumas vacilações, o Superior Tribunal de Justiça tem sedimentado a posição de que a coisa julgada na ação civil pública obedece aos limites objetivos e subjetivos do julgado, e não ao critério territorial, como se verifica na seguinte ementa, por sua vez, fundada em precedentes recentes:

> "AGRAVO REGIMENTAL NO AGRAVO EM RECURSO ESPECIAL. PROCESSUAL CIVIL. AÇÃO CIVIL PÚBLICA. ANTECIPAÇÃO DE TUTELA. RECONSIDERAÇÃO DA DECISÃO AGRAVADA. AÇÃO CIVIL PÚBLICA. EFEITOS E EFICÁCIA DA DECISÃO. LIMITES OBJETIVOS E SUBJETIVOS DO 'DECISUM'. LIMITAÇÃO TERRITORIAL. INAPLICABILIDADE. PRECEDENTES. AGRAVO REGIMENTAL ACOLHIDO PARA, EM JUÍZO DE RETRATAÇÃO, NEGAR PROVIMENTO AO AGRAVO EM RECURSO ESPECIAL" (AgRg no AREsp 97.274/PA, rel. Min. Paulo de Tarso Sanseverino, 3ª Turma, julgado em 10-12-2013, *DJe* 19-12-2013).

Ainda, mais recentemente, em consonância com esse entendimento, temos a seguinte posição:

> "PROCESSUAL CIVIL. AGRAVO REGIMENTAL NO RECURSO ESPECIAL. ART. 535 DO CPC. VIOLAÇÃO. AUSÊNCIA. AÇÃO CIVIL PÚBLICA. EFICÁCIA SUBJETIVA. INCIDÊNCIA DO CDC. EFEITOS *ERGA OMNES*. 1. (...) 3. **No que se prende à abrangência da sentença prolatada em ação civil pública relativa a direitos individuais homogêneos, a Corte Especial decidiu, em sede de recurso repetitivo, que 'os efeitos e a eficácia da sentença não estão circunscritos a lindes geográficos, mas aos limites objetivos e subjetivos do que foi decidido, levando-se em conta, para tanto, sempre a extensão do dano e a qualidade dos interesses metaindividuais postos em juízo (arts. 468, 472 e 474, CPC e 93 e 103, CDC)'** (REsp 1.243.887/PR, rel. Min. Luis Felipe Salomão, Corte Especial, julgado sob a sistemática prevista no art. 543-C do CPC, *DJ* 12-12-2011). 4. **Com efeito, quanto à eficácia subjetiva da coisa julgada na ação civil pública, incide o Código de Defesa do Consumidor por previsão expressa do art. 21 da própria Lei da Ação Civil Pública**. 5. **Desse modo, os efeitos do acórdão em discussão nos presentes autos são *erga omnes*, abrangendo todas as pessoas enquadráveis na situação do substituído, independentemente da competência do órgão prolator da decisão. Não fosse assim, haveria graves limitações à extensão e às potencialidades da ação civil pública, o que não se pode admitir**. 6. Agravo regimental a que se nega provimento" (AgRg no REsp 1380787/SC, rel. Min. Og Fernandes, 2ª Turma, julgado em 19-8-2014, *DJe* 2-9-2014).

Quase simultaneamente, contudo, a mesma Corte retrocedeu a este entendimento agora esposado, conforme julgado firmado no REsp 1.304.953/RS, rel. Min. Nancy Andrighi, 3ª Turma, julgado em 26-8-2014, *DJe* 8-9-2014, cujo conteúdo faz parte do ***Informativo de Jurisprudência n. 546***, pelo qual ficou consignado que a sentença na ação civil pública faz coisa julgada *erga omnes* nos limites da competência territorial do órgão prolator.

Recentemente, o STJ reverteu sua posição e, corretamente, passou a reconhecer a impossibilidade lógica e jurídica de confundir jurisdição com competência e afastou a regra da limitação territorial da coisa julgada para qualquer conflito coletivo (individual homogêneo, difuso e coletivo), como se observa no julgado que reflete esta nova, e correta, posição adotada.

> PROCESSUAL CIVIL E ADMINISTRATIVO. EFEITOS DA SENTENÇA PROFERIDA EM AÇÃO COLETIVA. ART. 2º-A DA LEI 9.494/97. INCIDÊNCIA DAS NORMAS DE TUTELA COLETIVA PREVISTAS NO CÓDIGO DE DEFESA DO CONSUMIDOR (LEI 8.078/90), NA LEI DA AÇÃO CIVIL PÚBLICA (LEI 7.347/85) E NA LEI DO MANDADO DE SEGURANÇA (LEI 12.016/2009). INTERPRETAÇÃO SISTEMÁTICA.
>
> LIMITAÇÃO DOS EFEITOS DA COISA JULGADA AO TERRITÓRIO SOB JURISDIÇÃO DO ÓRGÃO PROLATOR DA SENTENÇA. IMPROPRIEDADE. OBSERVÂNCIA AO ENTENDIMENTO FIRMADO PELA CORTE ESPECIAL NO JULGAMENTO DO RESP. 1.243.887/PR, REPRESENTATIVO DE CONTROVÉRSIA, E PELO STF QUANTO AO ALCANCE DOS EFEITOS DA COISA JULGADA NA TUTELA DE DIREITOS COLETIVOS.
>
> 1. Na hipótese dos autos, a *quaestio iuris* diz respeito ao alcance e aos efeitos de sentença deferitória de pretensão agitada em Ação coletiva pela Associação Nacional dos Servidores da Previdência e da Seguridade Social. A controvérsia circunscreve-se, portanto, à subsunção da matéria ao texto legal inserto no art. 2º-A da Lei 9.494/1997, que dispõe sobre os efeitos de sentença proferida em ação coletiva, haja vista que o acórdão objurgado firmou entendimento no sentido de que o *decisum* alcança apenas aqueles substituídos que, no momento do ajuizamento da ação, tinham endereço na competência territorial do órgão julgador (fl. 318/e-STJ).
>
> 2. A *res iudicata* nas ações coletivas é ampla, em razão mesmo da existência da multiplicidade de indivíduos concretamente lesados de forma difusa e indivisível, não havendo que confundir competência do juiz que profere a sentença com o alcance e os efeitos decorrentes da coisa julgada coletiva.
>
> 3. Limitar os efeitos da coisa julgada coletiva seria um mitigar esdrúxulo da efetividade de decisão judicial em ação coletiva. Mais ainda: reduzir a eficácia de tal decisão à "extensão" territorial do órgão prolator seria confusão atécnica dos institutos que balizam os critérios de competência adotados em nossos diplomas processuais, mormente quando — por força do normativo de regência do Mandado de Segurança (hígido neste ponto) — a fixação do Juízo se dá (deu) em razão da pessoa que praticou o ato (*ratione personae*).
>
> 4. Por força do que dispõem o Código de Defesa do Consumidor e a Lei da Ação Civil Pública sobre a tutela coletiva, sufragados pela Lei do Mandado de Segurança (art. 22), impõe-se a interpretação sistemática do art. 2º-A da Lei 9.494/97, de forma a prevalecer o entendimento de que a abrangência da coisa julgada é deter-

minada pelo pedido, pelas pessoas afetadas e de que a imutabilidade dos efeitos que uma sentença coletiva produz deriva de seu trânsito em julgado, e não da competência do órgão jurisdicional que a proferiu.

5. Incide, *in casu*, o entendimento firmado no REsp 1.243.887/PR representativo de controvérsia, porquanto naquele julgado já se vaticinara a interpretação a ser conferida ao art. 16 da Lei da Ação Civil Pública (alterado pelo art. 2º-A da Lei 9.494/97), de modo a harmonizá-lo com os demais preceitos legais aplicáveis ao tema, em especial às regras de tutela coletiva previstas no Código de Defesa do Consumidor.

6. O Supremo Tribunal Federal ratificou o entendimento de que que os efeitos da substituição processual em ações coletivas extravasam o âmbito simplesmente individual para irradiarem-se a ponto de serem encontrados no patrimônio de várias pessoas que formam uma categoria, sendo desnecessária a indicação dos endereços onde se encontram domiciliados os substituídos, uma vez que, logicamente, os efeitos de eventual vitória na demanda coletiva beneficiará todos os integrantes desta categoria, independente de onde se encontrem domiciliados. (MS 23.769, rel. Min. ELLEN GRACIE, Tribunal Pleno, julgado em 3/4/2002, *DJ* 30/4/2004).

7. A demanda está relacionada com a defesa de direitos coletivos *stricto sensu* que, embora indivisíveis, possuem titulares determináveis. Os efeitos da sentença se estendem para além dos participantes da relação jurídico-processual instaurada, mas limitadamente aos membros do grupo que, no caso dos autos, são os associados da parte recorrente.

8. Nesse sentido: AgRg no AgRg no AgRg no REsp 1.366.615/CE, rel. Min. Humberto Martins, Segunda Turma, julgado em 26.6.2015.

9. Agravo Regimental não provido (AgRg no AgRg no Ag 1.419.534/DF, rel. Min. Herman Benjamin, 2ª Turma, julgado em 5-11-2015, *DJe* 3-2-2016).

### ■ 9.5.13.10. *Quadro sinótico da disciplina da coisa julgada em cada uma das espécies de direito coletivo*

| ESPÉCIE DE DIREITO COLETIVO | PREVISÃO LEGAL | LIMITES SUBJETIVOS DA COISA JULGADA | PRODUÇÃO DA COISA JULGADA |
|---|---|---|---|
| DIFUSOS | ■ CDC, art. 103, I | ■ *Erga omnes* | ■ *Secundum eventum probationis* |
| COLETIVOS *STRICTO SENSU* | ■ CDC, art. 103, II | ■ *Ultra partes*, mas limitada ao grupo | ■ *Secundum eventum probationis* |
| INDIVIDUAIS HOMOGÊNEOS | ■ CDC, art. 103, III | ■ *Erga omnes* | ■ *Secundum eventum litis* |

### ■ 9.5.13.11. *Influências do meio ambiente sobre a coisa julgada*

Mais uma vez, as **características do bem ambiental** (equilíbrio ecológico) refletem-se nos institutos do processo. Falaremos, agora, de alguns desses reflexos na **coisa julgada**.

Por exemplo, a **indivisibilidade** e a **ubiquidade** do bem ambiental obrigam a que os **limites objetivos da coisa julgada** (sobre o que incide a autoridade da coisa julgada) recaiam sobre **todo o bem ambiental** e o atinjam **até onde ele estenda seus efeitos**.

Como se sabe, considerando que os bens ambientais são indivisíveis pela sua própria natureza e que não respeitam nenhuma limitação espacial, é absolutamente **inócua**, senão ridícula, a **limitação territorial da coisa julgada** a que alude o **art. 16 da LACP**. Vejamos:

> "Art. 16. A sentença civil fará coisa julgada *erga omnes*, **nos limites da competência territorial do órgão prolator**, exceto se o pedido for julgado improcedente por insuficiência de provas, hipótese em que qualquer legitimado poderá intentar outra ação com idêntico fundamento, valendo-se de nova prova."

Dizer que a coisa julgada fica restrita "aos limites da competência territorial do órgão prolator" é algo absolutamente insano em matéria ambiental, porque os bens ambientais não podem, jamais, ser limitados pelo ser humano.

Não há como "limitar" o desequilíbrio ecológico nesta ou naquela área, assim como não há como limitar o reequilíbrio ecológico neste ou naquele limite espacial. Seria como dizer, por exemplo, para o peixe que nada no rio o seguinte: "Olhe, você não passe daqui, porque a decisão judicial só vale daqui para trás".

> Por isso, quando se trata de proteção jurisdicional do meio ambiente, apesar do texto do art. 16 da Lei de Ação Civil Pública, insta dizer que, pelo fato de os bens ambientais serem **ubíquos** e **indivisíveis**, a **decisão judicial — independentemente da competência territorial do órgão prolator — afetará, inexoravelmente, toda a extensão do objeto tutelado**, esteja ele onde estiver. Quanto a isso, nada poderá fazer o ser humano porque, como se disse, o bem ambiental não encontra limites ou fronteiras.

Também a **instabilidade** do bem ambiental influencia diretamente o regime jurídico da coisa julgada.

Considerando que os bens ambientais são instáveis e sujeitos a alterações e variações no tempo e no espaço, deve-se ficar atento, porque o fato de se ter sacramentado com a coisa julgada determinada decisão que envolva a tutela ambiental — por exemplo, o reconhecimento judicial de que determinada atividade não é impactante — não quer dizer que nunca haverá alteração na situação tutelada.

A cláusula ***rebus sic stantibus***, contida em toda e qualquer sentença, ganha extremo **relevo em matéria ambiental**, tudo por causa da **instabilidade** dos bens ambientais.

Imagine-se que hoje determinada atividade econômica não seja considerada poluente, mas amanhã, em razão de variações climáticas, ou de pressão, ou de umidade, a atividade passe a ser considerada poluente. E se já houver a autoridade da coisa julgada sobre a situação jurídica que antes era favorável, mas que agora é desfavorável ao meio ambiente?

> Ora, se os **fatos são outros**, e **supervenientes ao julgado**, automaticamente **não há falar em autoridade da coisa julgada**, e toda questão que envolve a impactação da atividade poderá ser discutida pelo Poder Judiciário.
> Incide aí a cláusula ***rebus sic stantibus***, e, tal como acontece nas relações jurídicas continuativas, há a coisa julgada material e a eficácia preclusiva da coisa julgada sobre o pedido e sobre os fatos deduzidos ou dedutíveis, respectivamente, mas **não sobre aqueles que surgiram após o julgado** em razão da **instabilidade** conatural dos bens ambientais.

Também a **incognoscibilidade** exerce influência no regime jurídico da coisa julgada em matéria ambiental.

Por exemplo, admita-se uma hipótese em que o juiz profira uma sentença considerando que determinada atividade não é impactante ou que não teria causado o impacto ambiental X. Todas as provas são trazidas aos autos, e o juiz, convencido, julga improcedente a ação civil pública. O que fazer se meses ou anos depois, com o desenvolvimento científico, descobre-se que aquela atividade, mais bem estudada, causou impacto no meio ambiente?

Veja-se que não se trata do mesmo caso comentado no tópico anterior. Aqui **não houve uma modificação da situação de fato** em razão da instabilidade do bem ambiental. O que teria havido é que aquela **mesma situação de fato**, provada nos autos, agora merece interpretação diversa diante de **novos dados científicos**.

O que fazer se houve — e de fato houve — a coisa julgada material sobre o pedido formulado? Nesse particular, é de se questionar se teria havido a eficácia preclusiva da coisa julgada sobre essas questões, que já existiam à sua época, mas que, pelo desconhecimento científico, não foram sequer alegadas.

Tome-se de exemplo um determinado alimento transgênico cuja produção é liberada judicialmente. Sobre a decisão recai a autoridade da coisa julgada, mas anos depois (portanto, depois do prazo de uma ação rescisória) descobre-se, com novos e recentes estudos científicos, que o tal alimento transgênico degrada a qualidade do meio ambiente.

Nesse caso, será possível rediscutir o que foi decidido, com o auxílio de nova prova, se a coisa julgada foi obtida num caso de improcedência com suficiência de provas?

A questão, parece-nos, pode ser solucionada com base na correta leitura da **eficácia preclusiva da coisa julgada**, prevista no **art. 508 do CPC**, a saber:

> Art. 508. Transitada em julgado a decisão de mérito, considerar-se-ão deduzidas e repelidas todas as alegações e as defesas que a parte poderia opor tanto ao acolhimento quanto à rejeição do pedido.

É que tal figura, conforme se depreende do **art. 508**, só imuniza o julgado das alegações que foram deduzidas ou que **poderiam ter sido deduzidas**, tomando-se, por ficção, que todas teriam sido rejeitadas quando a sentença passasse em julgado.

Entretanto, observe-se que, naquele momento, ninguém poderia supor — em razão do desconhecimento ou da incerteza científica — que tal atividade transgênica fosse poluente e, por isso mesmo, não poderia incidir a regra do deduzido e do dedutível contida no art. 508 do CPC.

Nesse caso, permite-se que, com base na mesma causa de pedir e no mesmo pedido, porém com fundamento em nova prova, não se aplique a regra do art. 508 e, assim, seja retomada a discussão da causa, valendo-se dessa prova que, por razões científicas, era desconhecida.

> Em suma, ainda que tenha havido coisa julgada material sobre decisão que declare que dada atividade não é poluente, caso **novas descobertas científicas** demonstrem o contrário (e, quando se trata do meio ambiente, bem **incognoscível**, é algo perfeitamente possível), pode a mesma demanda ser novamente discutida.
> E isso porque a **eficácia preclusiva da coisa julgada (art. 508)** só atinge aquilo que **poderia ter sido deduzido**, mas não o foi.

Por fim, outro aspecto do direito material influencia no regime jurídico do instituto da coisa julgada em matéria ambiental. É que, como se disse, em razão do fato de os **microbens ambientais (recursos ambientais)** terem, ao lado de uma função ecológica, **outras funções** — que chamamos de **artificiais** (econômicas, sociais e culturais) —, é claro que a ofensa à função ecológica desses bens normalmente acarretará, por **via reflexa**, uma **agressão às suas funções antropocêntricas**.

Trata-se da **reflexibilidade** do bem ambiental.

É o que acontece, por exemplo, quando a emissão de poluição no mar, além de degradar o meio ambiente, causa danos à atividade econômica dos pescadores que dependem do mar para exercer seu trabalho.

Assim, considerando o aspecto reflexo que o dano ambiental pode acarretar às funções econômicas e sociais, o legislador criou a **coisa julgada *in utilibus***, que nada mais é do que um efeito secundário da decisão que transitou em julgado.

Esse efeito secundário permite que **qualquer pessoa lesada reflexamente** (individual ou coletivamente), pela **mesma agressão ambiental já decidida**, possa ajuizar uma demanda **sem a necessidade de provar aquele fato** (poluição e nexo com o poluente) que deu origem e foi suporte da demanda coletiva ambiental.

É o que consta do **art. 103, § 3º, segunda parte, do CDC**, que, como se sabe, aplica-se à Lei de Ação Civil Pública por determinação do art. 21 desse mesmo diploma. Vejamos:

> "Art. 103. (...)
> § 3º Os efeitos da coisa julgada de que cuida o art. 16, combinado com o art. 13 da Lei n. 7.347, de 24 de julho de 1985, (...) **se procedente o pedido, beneficiarão as vítimas e seus sucessores**, que poderão proceder à liquidação e à execução, nos termos dos arts. 96 a 99."

### 9.5.14. A litigância de má-fé na ação civil pública

O advento do Código de Defesa do Consumidor inseriu, ainda, outra inovação na Lei de Ação Civil Pública. Trata-se do art. 17, que cuida das consequências a serem impostas ao **litigante de má-fé:**

> "Art. 17. Em caso de **litigância de má-fé**, a **associação autora** e os **diretores** responsáveis pela propositura da ação serão **solidariamente condenados** em **honorários advocatícios** e ao **décuplo das custas**, sem prejuízo da responsabilidade por perdas e danos."

Como se sabe, a litigância de má-fé constitui um dos males mais sérios e nefastos que afligem o direito processual.

É que, sendo o processo voltado à tutela de **conflitos**, com ampla possibilidade de exercício do **contraditório**, torna-se o campo de ambiência ideal para a prática de **ilícitos e de abusos**. Acabam estes, ainda, refletindo-se em mais morosidade e dificuldades à prestação da tutela jurisdicional. Obviamente que a má-fé resulta de dolo que deve ser comprovado, não admitindo que seja ele presumido (EDcl no AREsp 71.747/SP, rel. Min. Benedito Gonçalves, 1ª Turma, julgado em 12-4-2012, *DJe* 17-4-2012).

No sistema do Código de Processo Civil, o assunto é regulado especialmente pelos arts. 77 e ss., 139, III, e também no art. 774 e ss., todos eles impulsionados pelo dever de cooperação e boa-fé objetiva que deve permear e impulsionar o comportamento processual de todos aqueles que participam do processo (art. 4º).

Definitivamente, mas timidamente, estabelecido no CPC, o *contempt of court* permite que o magistrado, de ofício, tome as medidas sancionatórias para advertir e punir aquele litigante que não se comportar de acordo com a boa-fé e a probidade processual, causando ofensa à jurisdição por conta de seus comportamentos (arts. 77 e 774). As medidas do *contempt of court* (art. 139, III) não se confundem com as medidas executivas (art. 139, IV), que também de ofício o magistrado pode tomar para obter o cumprimento da decisão. Estas seguem a atipicidade de meios, aquelas (punitivas) a tipicidade descrita na própria lei processual. O legislador foi tímido ao tratar do *contempt of court*, pois em diversos momentos titubeou em relação à correta distinção com o instituto dos meios coercitivos. Nada impede, antes o contrário, que, em razão da recalcitrância em cumprir determinado comando, a parte seja sancionada pela conduta ímproba (arts. 77, IV, e 774) e, ao mesmo tempo, tenha de suportar medidas atípicas que o pressionem a cumprir o referido comando, numa típica e permitida combinação dos institutos do *contempt of court* com as medidas executivas coercitivas.

Nada impede, antes recomenda-se, que toda a disciplina do *contempt of court* seja aplicada às ações civis públicas ambientais, até porque, por exemplo, em relação às multas punitivas, enquanto o Código de Processo Civil fala em porcentagens **sobre o valor da causa** (até 20% no parágrafo único do art. 77, § 2º, e até 1% sobre o valor da causa no art. 18), a Lei de Ação Civil fala em **décuplo das custas**.

E esta última sanção, por mais incrível que possa parecer, acaba sendo, na imensa maioria dos casos, mais vantajosa ao litigante de má-fé, uma vez que as custas têm em muitas estruturas judiciárias **valor máximo** a ser obedecido.

A seu turno, o **valor da causa** em demandas coletivas tende a ser vultoso em grande parte dos casos, considerando a natureza dos direitos discutidos e o número de indivíduos atingidos.

Importante, ainda, dizer que, apesar de o **art. 17 da Lei de Ação Civil Pública** falar que apenas a **"associação autora"** pode sofrer as sanções ali previstas, a norma deve aplicar-se a **todo e qualquer legitimado**, por razões de isonomia.

Por fim, diga-se que a **condenação solidária** entre a **associação autora** e seus **sócios** para o pagamento das sanções previstas no art. 17 da LACP é extremamente importante para que seja evitado o **uso indevido** da prerrogativa da legitimidade ativa.

Nunca é demais lembrar que, numa ação civil pública, a qual cuida de direitos e interesses de massa, é muito tênue a linha que separa seu verdadeiro e legítimo uso social de seu uso dissimulado, político e aproveitador.

### ■ 9.5.15. Despesas processuais na ação civil pública

**Despesas processuais** é gênero do qual são espécies:

- custas;
- emolumentos;

- diárias de testemunhas;
- honorários de perito.

Nesse sentido, o art. 84 do CPC, ao dizer que as despesas abrangem as custas dos atos do processo, a indenização de viagem, a remuneração do assistente técnico e a diária de testemunha.

No sistema tradicional disciplinado pelo **Código de Processo Civil**, a regra é que cabe à parte **antecipar** o pagamento das despesas decorrentes dos atos que requerer no processo. Quanto aos atos praticados **de ofício** ou a requerimento do **Ministério Público**, seu adiantamento é incumbência do **autor**. Vejamos o que dispõe o art. 82 do CPC:

> "Art. 82. Salvo as disposições concernentes à gratuidade da justiça, incumbe às partes prover as despesas dos atos que realizarem ou requererem no processo, antecipando-lhes o pagamento, desde o início até a sentença final ou, na execução, até a plena satisfação do direito reconhecido no título.
>
> § 1º Incumbe ao autor adiantar as despesas relativas a ato cuja realização o juiz determinar de ofício ou a requerimento do Ministério Público, quando sua intervenção ocorrer como fiscal da ordem jurídica.
>
> § 2º A sentença condenará o vencido a pagar ao vencedor as despesas que antecipou."

Contudo, ao final do processo, deverá a **parte sucumbente** pagar ao vencedor aquilo que houver este adiantado, além dos **honorários advocatícios**. É a tradicional regra da distribuição dos encargos da sucumbência, prevista no *caput* do art. 85 do CPC, *in verbis*:

> "Art. 85. A sentença condenará o vencido a pagar honorários ao advogado do vencedor."

Diferente, porém, é a disciplina prevista para a defesa dos interesses coletivos, como se vê no art. 18 da Lei de Ação Civil Pública:

> "Art. 18. Nas ações de que trata esta lei, **não haverá adiantamento** de custas, emolumentos, honorários periciais e quaisquer outras despesas, **nem condenação da associação autora**, **salvo comprovada má-fé, em honorários de advogado, custas e despesas processuais**."

A primeira regra que se extrai do dispositivo é a de que, diferentemente do disposto no art. 82 do CPC, nas ações civis públicas **"não haverá adiantamento"** de **qualquer despesa processual**.

Outrossim, **ainda que vencida**, a **"associação autora" não será condenada** ao pagamento dos **ônus da sucumbência**, excepcionando, mais uma vez, a regra do Código de Processo Civil.

A exceção fica por conta dos casos em que ficar comprovada a **má-fé** da associação legitimada, quando, então, será condenada a pagar ao vencido **todos os ônus da sucumbência** ("honorários advocatícios, custas e despesas processuais").

Aliás, como acabamos de estudar, nos casos de litigância de má-fé, segundo a regra do **art. 17** da LACP, a **associação autora**, juntamente com seus **diretores**, serão condenados a pagar o **décuplo das custas**.

Apesar de a redação do art. 18 supratranscrito limitar a isenção ao pagamento dos ônus de sucumbência às **associações**, a jurisprudência do **Superior Tribunal de Justiça** é pacífica quanto a ser extensível o benefício ao **Ministério Público**, como se vê dos seguintes julgados:

> "PROCESSUAL CIVIL E ADMINISTRATIVO — AÇÃO CIVIL PÚBLICA — (...) — HONORÁRIOS SUCUMBENCIAIS E CUSTAS PROCESSUAIS — DESCABIMENTO — ART. 18 DA LEI N. 7.347/1985. (...)
>
> 2. É **pacífica** a jurisprudência de que, nas ações civis públicas, **não se impõe ao Ministério Público** a **condenação** em **honorários** advocatícios ou **custas**, ressalvados os casos em que o autor for considerado litigante de **má-fé**. Precedentes.
>
> 3. Recurso especial parcialmente conhecido e provido" (STJ, 2ª Turma, REsp 1.065.401/RS, rel. Min. Eliana Calmon, *DJ* 21-3-2009).
>
> Na jurisprudência mais recente: STJ, 3ª Turma, EDcl no REsp 1.090.044/SP, rel. Min. Paulo de Tarso Sanseverino, *DJ* 10-8-2011; STJ, 2ª Turma, REsp 1.177.597/RJ, rel. Min. Mauro Campbell Marques, *DJ* 2-12-2010.

É firme, também, o entendimento de que a isenção que possui o Ministério Público ao adiantamento dos honorários periciais não pode fazer com que seja obrigada a tanto a parte contrária. Vejamos:

> "PROCESSUAL CIVIL — DANO AO MEIO AMBIENTE — MINISTÉRIO PÚBLICO AUTOR DA AÇÃO CIVIL PÚBLICA — ADIANTAMENTO DE HONORÁRIOS PERICIAIS — RESPONSABILIDADE DO REQUERENTE.
>
> 1. Em recente julgado, a divergência existente quanto à responsabilidade do Ministério Público, enquanto autor da ação civil pública em relação ao adiantamento dos honorários periciais, foi superada. A Segunda Turma, no julgamento do REsp 933.079/SC, posicionou-se no mesmo sentido que a Primeira Turma (REsp 933.079/SC, rel. Min. Herman Benjamin, rel. p/ Acórdão Min. Eliana Calmon, Segunda Turma, julgado em 12-2-2008, *DJe* 24-11-2008).

> 2. **Não deve o Ministério Público, enquanto autor da ação civil pública, adiantar as despesas relativas a honorários periciais, por ele requerida. Contudo, isso não permite que o juízo obrigue a outra parte a fazê-lo.**
> Embargos de divergência parcialmente providos" (STJ, 1ª Seção, EREsp 733.456/SP, rel. Min. Humberto Martins, *DJ* 29-4-2011).

A explicação, para tanto, é que o papel desempenhado nas ações coletivas pelo *Parquet* justifica sua isenção, na tentativa de **evitar a inibição** da atuação deste na defesa dos interesses metaindividuais. É o que se vê, ainda, de outra ementa extraída da jurisprudência do STJ:

> "PROCESSUAL CIVIL. AÇÃO CIVIL PÚBLICA. TERMO DE AJUSTAMENTO DE CONDUTA. EMBARGOS À EXECUÇÃO. ÔNUS DE SUCUMBÊNCIA. CONDENAÇÃO DO MINISTÉRIO PÚBLICO. IMPOSSIBILIDADE, SALVO SE COMPROVADA MÁ-FÉ. ART. 18 DA LEI N. 7.347/85.
> 1. É incabível a condenação do Ministério Público ao pagamento de honorários advocatícios em sede de Ação Civil Pública, Execução e Embargos a ela correspondentes, salvante na hipótese de comprovada e inequívoca má-fé do *Parquet.* Precedentes do STJ: REsp 419.110/SP, *DJ* 27-11-2007, REsp 736.118/SP, *DJ* 11-5-2006 e REsp 664.442/MG, julgado em 21-3-2006.
> **2. A atuação do Ministério Público, *pro populo*, nas ações difusas, justificam, ao ângulo da lógica jurídica, sua dispensa em suportar os ônus sucumbenciais, acaso inacolhida a ação civil pública.**
> 3. O ônus da sucumbência na Ação Civil Pública subordina-se a um **duplo regime** a saber: (a) **Vencida a parte autora**, aplica-se a ***Lex specialis* (Lei 7.347/85)**, especificamente os arts. 17 e 18, cuja *ratio essendi* é **evitar a inibição dos legitimados ativos** na defesa dos interesses transindividuais e (b) **Vencida a parte ré, aplica-se *in totum* o art. 20 do CPC**, na medida em que, à míngua de regra especial, emprega-se a *lex generalis*, *in casu*, o Código de Processo Civil.
> 4. Recurso especial provido para afastar a condenação ao pagamento de honorários advocatícios imposta ao Ministério Público do Estado do Rio Grande do Sul, ora Recorrente" (STJ, 1ª Turma, REsp 896.679/RS, rel. Min. Luiz Fux, *DJ* 12-5-2008).

Tal julgado, aliás, resume muito bem o regime das despesas processuais e dos honorários advocatícios nas ações civis públicas, em que temos o seguinte:

- O **autor não** está obrigado ao **adiantamento** das despesas processuais (art. 18, primeira parte, da Lei n. 7.347/85).
- **Vencido o autor: não** há condenação nos ônus da sucumbência, salvo se comprovada sua **má-fé**, caso em que deve arcar com o pagamento dos **ho-**

**norários advocatícios**, além do **décuplo das custas** (arts. 17 e 18, segunda parte, da Lei n. 7.347/85).

- **Vencido o réu:** observa-se a **regra geral**, devendo arcar com **todos os ônus da sucumbência** (art. 20 do Código de Processo Civil).

Entretanto, outra questão não menos importante nas ações civis públicas é saber se é possível condenar a parte vencida em honorários advocatícios em favor do Ministério Público que ali tutela direito da coletividade. O raciocínio desenvolvido pelo *parquet*, ao exigir a referida condenação nas ações civis públicas julgadas procedentes, é de que a verba honorária seja revertida ao fundo da defesa dos direitos difusos. No entanto, o Superior Tribunal de Justiça já firmou entendimento de que, "conforme o entendimento jurisprudencial do STJ, não é cabível a condenação da parte vencida ao pagamento de honorários advocatícios em favor do Ministério Público nos autos de Ação Civil Pública. Nesse sentido: REsp 1.099.573/RJ, 2ª Turma, rel. Min. Castro Meira, *DJe* 19-5-2010; REsp 1.038.024/SP, 2ª Turma, rel. Min. Herman Benjamin, *DJe* 24.9.2009; EREsp 895.530/PR, 1ª Seção, rel. Min. Eliana Calmon, *DJe* 18-12-2009" (AgRg no REsp 1.386.342/PR, rel. Min. Mauro Campbell Marques, 2ª Turma, julgado em 27-3-2014, *DJe* 2-4-2014).

O fundamento do Superior Tribunal de Justiça para firmar tal posição é que deve haver uma simetria na norma da ação civil pública que prevê a "não condenação do MP" em honorários, quando for vencido, e, como tal, o mesmo raciocínio, do contrário, quando for vencedor, não ser beneficiado com a condenação em honorários. Em nosso sentir, embora válido o argumento da isonomia, deve-se acrescentar o fato de que os honorários fixados na sentença são direito do advogado, e não da parte, segundo o art. 22 da Lei n. 8.906/94, combinado com o art. 85, § 14, de forma que não seria o caso de aplicar a condenação ao pagamento de honorários quando o MP for vencedor, porque não atua por meio de advogados, e, tampouco, para destinar ao fundo como pretende o *parquet*, porque o direito a verba honorária não é da parte (coletividade).

### 9.5.16. O fundo de defesa dos direitos difusos

Inspirado pela legislação norte-americana, o **art. 13** da Lei n. 7.347/85 criou o chamado ***fundo de defesa dos direitos difusos***. Vejamos o que diz o dispositivo:

> "Art. 13. Havendo **condenação em dinheiro**, a **indenização** pelo dano causado reverterá a um **fundo gerido por um Conselho Federal ou por Conselhos Estaduais** de que participarão necessariamente o Ministério Público e representantes da comunidade, sendo seus **recursos destinados à reconstituição dos bens lesados**.
>
> § 1º Enquanto o fundo não for regulamentado, o dinheiro ficará depositado em **estabelecimento oficial de crédito**, em conta com correção monetária."

Mesmo em uma primeira e rápida leitura do dispositivo, o que se percebe é que cuida ele de situação que deve ser tratada como **excepcional/subsidiária**.

É que, como já estudamos, quando se trata de direitos difusos, especialmente do meio ambiente, a **reparação em dinheiro** deve ser a última das opções, devendo-se sempre buscar, antes de mais nada, uma **tutela específica**, seguida de uma **reparação *in natura***. Só então, não sendo qualquer dessas opções viáveis, é que se deve buscar a **reparação *in pecunia***.[47]

Todavia, é de ser louvada a iniciativa, ainda mais se tivermos em vista a função para o dinheiro expressamente descrita no artigo: devem ser os **"recursos destinados à reconstituição dos bens lesados"**.

### ■ *9.5.16.1. Regulamentação do fundo: o Decreto n. 1.306/94 e a Lei n. 9.008/95*

Da análise do **§ 1º do art. 13** supratranscrito, percebe-se, antes de mais nada, que a atuação prática do fundo careceria de **regulamentação**. Enquanto isso, o dinheiro arrecadado ficaria "em **estabelecimento oficial de crédito**, em conta com correção monetária".

E esta regulamentação veio logo no ano de 1986, quando foi editado o **Decreto n. 93.302/86**, logo alterado por meio do **Decreto n. 96.617/88**.

Posteriormente, ainda, editou-se um novo decreto — **Decreto n. 407/91** — que, revogando os anteriores, passou a regular o assunto, até o advento do **Decreto n. 1.306/94**, que, tomando o lugar de todos os outros, ainda hoje está em vigor.

No plano legislativo, por sua vez, foi promulgada a **Lei n. 9.008/95** que, na verdade, repetiu muito dos dispositivos do **Decreto n. 1.306/94**.

> Em resumo: hoje, em nível Federal, a regulamentação do *fundo de defesa dos direitos difusos* é feita conjuntamente pela **Lei n. 9.008/95** e pelo **Decreto n. 1.306/94**.

Logo no início de ambos os diplomas, vê-se que **criaram**, definitivamente, o **Conselho Federal** de que trata o art. 13 da Lei de Ação Civil Pública, localizando-o na estrutura do **Ministério da Justiça**. Vejamos o que diz o *caput* do art. 1º da Lei n. 9.008/95:

> "Art. 1º Fica criado, no âmbito da estrutura organizacional do **Ministério da Justiça**, o **Conselho Federal Gestor do Fundo de Defesa de Direitos Difusos (CFDD)**."

---

47 Sobre o assunto, ver, *supra*, o *item 9.5.12.1.*

Define o **art. 2º** a **composição colegiada** do Conselho, dispondo, ainda, que sua sede se localiza em **Brasília:**

> "Art. 2º O CFDD, com **sede em Brasília**, será integrado pelos seguintes membros:
>
> I — um representante da **Secretaria de Direito Econômico do Ministério da Justiça**, que o **presidirá**;
>
> II — um representante do **Ministério do Meio Ambiente, dos Recursos Hídricos e da Amazônia Legal**;
>
> III — um representante do **Ministério da Cultura**;
>
> IV — um representante do **Ministério da Saúde**, vinculado à área de vigilância sanitária;
>
> V — um representante do **Ministério da Fazenda**;
>
> VI — um representante do Conselho Administrativo de Defesa Econômica — **CADE**;
>
> VII — um representante do **Ministério Público Federal**;
>
> VIII — **três representantes de entidades civis** que atendam aos pressupostos dos incisos I e II do art. 5º da Lei n. 7.347, de 1985."

Logo se vê que a intenção da lei foi, acima de tudo, prever a composição mais **heterogênea** possível para o **CFDD**, que, **presidido** por representante do **Ministério da Justiça**, conta com membros advindos da estrutura de diversos outros Ministérios (*Meio Ambiente, dos Recursos Hídricos e da Amazônia Legal*; *Cultura*; *Saúde*; *Fazenda*), além de representante do **CADE**, do **MPF** e mesmo da **sociedade civil**.

Por sua vez, o **art. 3º** do Decreto n. 1.306/94, após repetir o rol do art. 2º supratranscrito, traz outras duas interessantes regras a respeito do CFDD:

> "Art. 3º O FDDD será gerido pelo Conselho Federal Gestor do Fundo de Defesa de Direitos Difusos (CFDD), órgão colegiado integrante da estrutura organizacional do Ministério da Justiça, com sede em Brasília, e composto pelos seguintes membros: (...)
>
> § 1º Cada representante de que trata este artigo terá **um suplente**, que o substituirá nos seus afastamentos e impedimentos legais.
>
> § 2º É **vedada a remuneração**, a qualquer título, pela participação no CFDD, sendo a atividade considerada serviço público relevante."

Vê-se, assim, que cada um daqueles representantes deve contar com **um suplente**, sendo **vedada a remuneração a qualquer título** dos membros do CFDD.

Quanto à **escolha** dos membros do Conselho, é de se ter em vista o que determina o **art. 4º** do Decreto n. 1.306/94:

> "Art. 4º Os **representantes** e seus respectivos **suplentes** serão **designados pelo Ministro da Justiça**; os dos incisos I a V dentre os servidores dos respectivos Ministérios, indicados pelo seu titular; o do inciso VI dentre os servidores ou conselheiros, indicado pelo presidente da autarquia; o do inciso VII indicado pelo Procurador-Geral da República, dentre os integrantes da carreira, e os do inciso VIII indicados pelas respectivas entidades devidamente inscritas perante o CFDD.
>
> Parágrafo único. Os representantes serão designados pelo **prazo de dois anos**, admitida **uma recondução**, exceto quanto ao representante referido no **inciso I**, do art. 3º, que poderá ser **reconduzido por mais de uma vez**."

Extrai-se do dispositivo que, conquanto a **designação** dos membros e suplentes seja feita pelo **Ministro da Justiça**, sua **indicação** cabe ao órgão ou entidade de que advém cada um dos membros.

Ademais, a designação vale por um prazo de **dois anos**, sendo possível **uma recondução**. A exceção fica por conta do membro advindo da *Secretaria de Direito Econômico do* ***Ministério da Justiça*** (presidente do Conselho), que **"poderá ser reconduzido por mais de uma vez"**.

Quanto à **competência** do Conselho, está disposta no **art. 3º** da Lei n. 9.008/95, *in verbis*:

> "Art. 3º **Compete** ao CFDD:
>
> I — **zelar pela aplicação dos recursos** na consecução dos **objetivos** previstos nas Leis ns. 7.347, de 1985, 7.853, de 1989, 7.913, de 1989, 8.078, de 1990, e 8.884, de 1994, no âmbito do disposto no § 1º do art. 1º desta Lei;
>
> II — aprovar e firmar **convênios** e **contratos** objetivando atender ao disposto no inciso I deste artigo;
>
> III — examinar e aprovar **projetos de reconstituição de bens lesados**, inclusive os de caráter científico e de pesquisa;
>
> IV — promover, por meio de órgãos da administração pública e de entidades civis interessadas, **eventos educativos ou científicos**;
>
> V — fazer editar, inclusive em colaboração com órgãos oficiais, **material informativo** sobre as matérias mencionadas no § 1º do art. 1º desta Lei;
>
> VI — **promover atividades e eventos** que contribuam para a difusão da cultura, da proteção ao meio ambiente, do consumidor, da livre concorrência, do patrimônio histórico, artístico, estético, turístico, paisagístico e de outros interesses difusos e coletivos;
>
> VII — examinar e aprovar os **projetos de modernização administrativa** a que se refere o § 3º do art. 1º desta Lei."

Ressalte-se que o **art. 6º** do Decreto n. 1.306/94, após repetir este rol de competências, acrescenta, em seu **inciso VIII**, mais uma, que dá mostras da relativa autonomia administrativa que possui o CFDD:

> "Art. 6º Compete ao CFDD: (...)
> VIII — **elaborar o seu regimento interno**."

Analisando, agora, a **origem dos recursos** que comporão o Fundo, o que se vê é que a Lei n. 9.008/95 foi além das hipóteses relativas às Ações Civis Públicas:

> "Art. 2º Constitui **recursos** do FDDD o produto da arrecadação:
>
> I — das **condenações judiciais** de que tratam os arts. 11 e 13, da **Lei n. 7.347**, de 24 de julho de 1985; [Lei de **Ação Civil Pública**]
>
> II — das **multas e indenizações** decorrentes da aplicação da **Lei n. 7.853**, de 24 de outubro de 1989, desde que não destinadas à reparação de danos a interesses individuais; [Defesa dos **Portadores de Deficiência**]
>
> III — dos valores destinados à União em virtude da aplicação da multa prevista no art. 57 e seu parágrafo único e do produto de indenização prevista no art. 100, parágrafo único, da Lei n. 8.078, de 11 de setembro de 1990; **[Código de Defesa do Consumidor]**
>
> IV — das condenações judiciais de que trata o parágrafo 2º, do art. 2º, da Lei n. 7.913, de 7 de dezembro de 1989; [responsabilidade por danos causados aos **investidores no mercado de valores mobiliários**]
>
> V — das multas referidas no art. 84, da Lei n. 8.884, de 11 de junho de 1994; [infrações contra a **Ordem Econômica**]
>
> VI — dos rendimentos auferidos com a aplicação dos recursos do Fundo;
>
> VII — de outras receitas que vierem a ser destinadas ao Fundo;
>
> VIII — de doações de pessoas físicas ou jurídicas, nacionais ou estrangeiras."

Percebe-se, assim, que a origem dos recursos do FDDD incorporou, pouco a pouco, a defesa de diversos direitos de natureza difusa que foram sendo objeto de regulamentação legislativa, como a defesa do **consumidor**, **portadores de deficiência**, **mercado de valores imobiliários** e **ordem econômica**.

Interessante, ainda, é a previsão expressa da possibilidade de **"doações de pessoas físicas ou jurídicas, nacionais ou estrangeiras"**.

Por fim, quanto à **destinação** das verbas componentes do Fundo, importante a transcrição dos seguintes dispositivos:

> **Lei n. 9.008/95**
>
> "Art. 1º (...)

§ 1º O Fundo de Defesa de Direitos Difusos (FDDD), criado pela Lei n. 7.347, de 24 de julho de 1985, tem por **finalidade a reparação dos danos** causados ao meio ambiente, ao consumidor, a bens e direitos de valor artístico, estético, histórico, turístico, paisagístico, por infração à ordem econômica e a outros interesses difusos e coletivos. (...)

§ 3º Os recursos arrecadados pelo FDDD serão aplicados na **recuperação de bens**, na **promoção de eventos educativos, científicos** e na **edição de material informativo** especificamente relacionados com a natureza da infração ou do dano causado, bem como na **modernização administrativa dos órgãos públicos** responsáveis pela execução das políticas relativas às áreas mencionadas no § 1º deste artigo."

**Decreto n. 1.306/94**

"Art. 1º O Fundo de Defesa de Direitos Difusos (FDDD), criado pela Lei n. 7.347, de 24 de julho de 1985, tem por **finalidade a reparação dos danos** causados ao meio ambiente, ao consumidor, a bens e direitos de valor artístico, estético, histórico, turístico, paisagístico, por infração à ordem econômica e a outros interesses difusos e coletivos."

"Art. 7º Os recursos arrecadados serão distribuídos para a **efetivação das medidas dispostas no artigo anterior** [*competências do CFDD*] e suas aplicações deverão estar relacionadas com a **natureza da infração ou de dano causado**.

Parágrafo único. Os recursos serão **prioritariamente aplicados na reparação específica do dano causado**, sempre que tal fato for possível."

O que se vê, antes de qualquer outra coisa, é que a **finalidade precípua** dos recursos deve ser, sempre, a de buscar a **"reparação específica dos danos causados"**. Só então, quando impossível tal reparação, devem ser buscadas outras finalidades, **"relacionadas com a natureza da infração ou do dano"**. São elas:

- promoção de **eventos educativos e científicos**;
- edição de **material informativo**;
- **modernização administrativa dos órgãos públicos** responsáveis pela execução das políticas relativas aos objetivos do fundo.

Quanto a esta última finalidade descrita, pensamos ser extremamente criticável, justamente por não se coadunar com os objetivos primordiais do fundo: buscar, sempre, a reparação específica do prejuízo causado ou a prevenção da ocorrência de outros danos.

Melhor seria que o dinheiro arrecadado ao fundo já pudesse ser utilizado na **recuperação de outros bens difusos de igual natureza**.

## 9.5.17. Os precedentes vinculantes e a tutela do meio ambiente

### *9.5.17.1. Aspectos gerais*

O Código de Processo Civil brasileiro (Lei n. 13.105/2015), fundado em valores republicanos, tem por espinha dorsal o respeito aos precedentes das cortes supremas, e, nesse diapasão, a **jurisprudência ambiental do Superior Tribunal de Justiça e do Supremo Tribunal Federal** formam o que nós poderíamos denominar **produção normativa judicial**, que deve ser obrigatoriamente cumprida e apenas afastada no caso de superação ou distinção.

Esse aspecto implica reconhecer que a mencionada **produção normativa** (jurisprudência ambiental das cortes supremas) forma, em matéria ambiental, uma série de **teses jurídicas** que passam a ser incorporadas ao que poderíamos chamar de **direito adquirido ambiental**, impedindo que, salvo se superadas ou distintas, possam ser objeto de retrocessos, em respeito à cláusula pétrea do direito adquirido, do ato jurídico perfeito e da coisa julgada, prevista no art. 5º, XXXVI, da CF/88.

#### *9.5.17.1.1. Federação (pluralidade de fontes no direito ambiental) e o papel das cortes supremas: proteção à estabilidade, integridade, coerência, credibilidade e isonomia*

O art. 1º, *caput*, da CF/88 estabelece que a **República Federativa do Brasil** é formada pela **união indissolúvel** dos **Estados** e **Municípios** e do **Distrito Federal**, o que implica reconhecer que tais entes possuem **competências legislativas e organização administrativa próprias**.

Trazendo a questão para a tutela do meio ambiente, relembro aos senhores que, em decorrência do **art. 24, VI, da CF/88**, temos uma enorme **pluralidade de fontes normativas** sobre este tema. Se perguntarmos a qualquer professor especialista em Direito ambiental aqui presente, ele não saberá dizer quantos são os textos normativos federais vigentes em matéria ambiental. Ninguém sabe.

E ninguém pode ser "culpado por não saber"; só um insano saberia, pois basta imaginar quantas leis federais ambientais nós temos e quantos decretos respectivos dessas leis. E mais, quantos textos normativos federais, como portarias, resoluções, etc., são produzidos diariamente pelos órgãos federais do SISNAMA e que incidem no cotidiano das pessoas.

Agora, já imaginando este emaranhado de textos normativos, "coloque uma pitada de sal", considere então o número de Estados e Municípios da nossa Federação com competência normativa em matéria ambiental (inclua também os sistemas estaduais e municipais do meio ambiente) e, a seguir, faça uma projeção de quantos textos normativos em matéria ambiental são produzidos por ano, por mês e até por dia.

E relembro aos senhores que todos os textos normativos devem ter obediência às normas gerais da União em matéria ambiental e também ao texto constitucional.

Também não é demais resgatar na memória dos senhores que a **proteção da inteireza do ordenamento jurídico constitucional** é feito pelo **STF** e a **proteção da inteireza do direito normativo federal** é do **STJ**. Esses órgãos jurisdicionais são os guardiões da unidade da interpretação da legislação federal e da Constituição Federal, respectivamente.

Assim, considerando:

- a existência de **várias fontes normativas** (pluralidade de fontes);
- a existência de **mais de um aparelho judiciário** para tratar, respectivamente, de temas afetos ao interesse nacional **(justiça federal)** e de interesse de cada um dos Estados-membros **(justiça estadual)**;
- os infinitos **julgados produzidos nessa continental tessitura judiciária**, com inúmeros **magistrados federais e estaduais**, de **vários tribunais dos Estados e regionais federais**, com juízes que pensam e **interpretam o texto normativo** de modo **diverso** dentre **vários alcances que se pode dar ao texto legal**.

Então, considerando num silêncio estarrecedor as condições acima, é absolutamente **necessário** que exista mecanismo de **proteção preventiva** ou **corretiva** da **inteireza do direito positivo federal e constitucional**, pois só assim é possível haver **harmonia, segurança, isonomia, credibilidade e celeridade em relação à atividade jurisdicional**.

Afinal de contas:

1. **Como investir economicamente num país onde cada Estado decide uma tese jurídica de forma diversa?**
2. **Como ter segurança jurídica se uma ação idêntica a outra for proposta em juízos diversos, submetidos ao mesmo tribunal, podendo ter soluções diametralmente opostas?**
3. **Como falar em isonomia entre os jurisdicionados se a solução para um é diversa para o outro, considerando que ambos reclamavam o mesmo direito?**
4. **Como sustentar a eficiência do poder judiciário se os julgamentos de casos repetitivos não possuem soluções racionais?**
5. **Enfim, como falar em credibilidade da justiça e confiabilidade pelos jurisdicionados se esses valores não são respeitados?**

Eis que nesse cenário é que se descortinam a **existência e a necessidade de proteção do direito fundamental e da inteireza da interpretação do direito positivo federal e constitucional**.

Apenas protegendo a inteireza da interpretação dos textos normativos federais e constitucional é que poderemos obter uma **justiça coerente, isonômica, confiável, previsível, racional e eficiente**.

É por isso que o **Novo Código de Processo Civil**, em respeito ao direito fundamental (proteção à República), fixou como **uma de suas vértebras mais importantes**, na coluna de sustentação do Código, o **papel** imprescindível das **cortes brasileiras** e em especial das cortes supremas, qual seja, de **"uniformizar sua jurisprudência e mantê-la estável, íntegra e coerente"**, como expressamente menciona o art. 926.

Isso implica que o **CPC sistematizou os mecanismos processuais** que façam valer o **respeito** e a **autoridade** (para integridade, coerência e estabilidade) dos **precedentes** das cortes supremas.

#### ■ 9.5.17.1.2. *O fenômeno da produção normativa pelos tribunais de cúpula (conceitos de precedente, jurisprudência, função vinculante e orientadora, técnicas de proteção dos precedentes qualificados, o papel da fundamentação das decisões, etc.)*

##### ■ 9.5.17.1.2.1. *Função ou efeito vinculante e função ou efeito orientador*

Em primeiro lugar, é preciso distinguir:

- a função ou efeito vinculante da função ou efeito orientador da produção judicial de um tribunal para depois;
- a jurisprudência dos precedentes das cortes de cúpula (cortes que protegem a nossa federação).

Embora ambas se **prestem para o futuro**, a função ou **efeito vinculante e a orientadora não são a mesma coisa**. A questão é saber se, ante um julgado ou uma reiteração de julgados (condensados num enunciado) do STJ/STF, empresta-se um efeito vinculante ou orientador para casos futuros.

A **diferença** entre o **efeito vinculante** e o **efeito orientador** nós exercitamos todas as vezes que fazemos uma petição inicial, contestação, sentença, acórdão, parecer, etc.

Sempre que **utilizamos** a **produção judicial dos tribunais**, exigindo que seja aplicada de **forma imperativa e impositiva, estamos diante da função vinculante**.

Por outro lado, sempre que pretendemos que **sirva de um guia**, um **norte**, um **possível caminho**, um exemplo a ser seguido em relação à aplicação do direito posto em juízo, então diz-se que a **função é orientadora**.

A rigor, a produção normativa dos tribunais de cúpula, a) seja ela em um julgado que sirva de precedente para casos futuros, b) seja ela em uma reiteração de julgados no mesmo sentido que se apresente na forma de enunciado de súmula a ser seguido para casos futuros, por serem ambos protetores da inteireza da interpretação do direito federal e constitucional brasileiro, deveriam ser sempre vinculantes, a despeito de existirem mecanismos de distinção, superação e revisão dessa produção judicial normativa.

#### ■ 9.5.17.1.2.2. *Jurisprudência e precedente*

Usamos a expressão produção normativa dos tribunais de cúpula justamente para englobar tanto a jurisprudência quanto o precedente. Mas é preciso saber que existe diferença entre um e outro (precedentes e jurisprudência).

Para entender a **diferença** entre a **jurisprudência** e o **precedente**, é mister saber que:

- **existe uma diferença quantitativa (precedente pode referir-se a um só julgado, e jurisprudência é uma reiteração de julgados);**
- **existe uma diferença da preponderância de técnica interpretativa/argumentativa quando se usa um e outro.**

Primeiro, **precedente (no singular) pressupõe um caso-fonte que será utilizado para servir de base de julgamento para outro caso (ou outros casos)**.

Já a **jurisprudência é o conjunto de decisões de um mesmo tribunal, e, por isso mesmo, pode ser apelidada dominante, conforme, uniforme, contrária, etc**.

Enfim, quando se tem um conjunto de decisões no mesmo sentido, reúnem-se todas elas em um único enunciado, que revela, abstratamente, a interpretação repetida em vários julgados no mesmo sentido.

Verifique que **jurisprudência não é o conjunto de precedentes**, **mas sim o conjunto de julgados**. Precedente é palavra dinâmica, jurisprudência é estática. É dinâmica porque indica que um julgado (caso-fonte) serve de base para julgar um caso futuro (caso-alvo). A própria palavra precedente pressupõe transitividade e relação entre algo que precede, que é anterior a outro. É o futuro buscando a solução no passado, no que precede. Observe-se que a palavra precedente pressupõe um processo cognitivo de transferência de informação da fonte para o alvo.

Já a jurisprudência é o substantivo coletivo de decisões reiteradas do tribunal sobre determinado tema. Palavra estática, ou seja, que por si só não significa nenhuma relação entre dois elementos, como ocorre no precedente. É o conjunto de julgados reiterados do mesmo tribunal que normalmente são comprimidos num enunciado.

Isso não significa dizer que a jurisprudência dominante de um tribunal (eventualmente vertida em enunciados de súmulas) não possa ser relacionada com outros casos futuros, antes o contrário.

Contudo, ainda que tratemos a jurisprudência (o enunciado de uma jurisprudência dominante) como fonte servível para um alvo posterior, não estaremos diante de um caso particular para outro caso particular, mas sim de um enunciado genérico (que contém sensível redução do alcance interpretativo do texto normativo) para um caso particular.

É inegável que no sistema brasileiro existe o hábito de ler a ementa da jurisprudência dos tribunais e usá-la como forma de persuasão e argumentação para convencer ou justificar o raciocínio que parte do abstrato para o concreto. Mas não se faz uma análise do inteiro teor de cada julgado que deu origem a uma súmula e dele se retira a tese jurídica aplicada para transportá-la para o caso futuro (alvo). Não mesmo. Usa-se a ementa da jurisprudência ou a súmula para adequá-la ao fato-alvo, tal como se faz a operação dedutiva da adequação do fato à norma, só que nesse caso com redução significativa do alcance da premissa maior do texto normativo, fruto do exercício interpretativo dos tribunais de cúpula destinados a exercer a função nomofilácica.

Já no **sistema de precedentes, o raciocínio lógico se escora de forma muito mais presente no método indutivo, analógico, em que se parte de um caso particular (julgado) para outro caso particular a ser julgado, ou seja, trata-se de um processo cognitivo em que se adquire uma convicção a partir da transferência de informação de uma fonte concreta, chamada de precedente, para um alvo posterior e concreto**.

Parte-se realmente do **concreto para o concreto** e a **análise do fato do caso-fonte é essencial para comparar e se chegar à indução analógica de se aplicar a mesma solução para o caso do fato-alvo**. Não que não exista atividade indutiva na adequação do fato à súmula ou ao enunciado, mas a prevalência é do método dedutivo.

> **Assim, em momentos cronológicos distintos um juiz posterior observa e disseca um caso particular pretérito e nele identifica a semelhança do fato anterior com aquele que está sob sua análise, e, por considerar que existem semelhanças bem maiores do que diferenças, procede um raciocínio lógico (analógico), fazendo com que as mesmas razões jurídicas que fundamentaram o primeiro caso também sirvam de fundamento para aquele sob sua análise.**

O ordenamento jurídico brasileiro **não seguiu à risca o modelo de precedentes da *common law***, nem poderia fazê-lo, já que se trata de um modelo de ordenamento jurídico moldado ao longo de séculos e que está na cultura do povo anglo-saxão. Contudo, atendendo as peculiaridades do nosso sistema processual, o nosso legislador — amparado na necessidade de proteger a República, isonomia e credibilidade do judiciário — acabou criando um "sistema de precedentes obrigatórios".

### ■ *9.5.17.1.2.3. Controle da vinculação — reclamação — preservação da autoridade dos julgados*

O controle judicial contra o desrespeito à **imperatividade da aplicação vinculante do direito judicial produzido pelos tribunais** se dá, **enquanto o processo está em curso**, por intermédio da **reclamação**; **depois, findo o processo, pela ação rescisória**.

Nos termos do art. 988 do CPC, enquanto **não transitada em julgado** a decisão (§ 5º, I) será cabível a **reclamação** da parte interessada ou do Ministério Público para: I — garantir a autoridade das decisões do tribunal; II — garantir a observância de enunciado de súmula vinculante e de decisão do Supremo Tribunal Federal em controle concentrado de constitucionalidade; III — garantir a observância de enunciado de súmula vinculante e de precedente proferido em julgamento de casos repetitivos ou em incidente de assunção de competência; e IV — garantir a observância de acórdão proferido em julgamento de incidente de resolução de demandas repetitivas ou de incidente de assunção de competência. (art. 988). Registre-se que, no caso de **procedência da reclamação** pelo Tribunal, este **cassará a decisão exorbitante de seu julgado ou determinará medida adequada à solução da controvérsia**, sendo que o presidente do tribunal determinará o imediato cumprimento da decisão, lavrando-se o acórdão posteriormente (arts. 992 e 993 do CPC).

Contudo, nos termos do art. 966, V, do CPC,[48] a **decisão de mérito, transitada em julgado, pode ser rescindida quando violar manifestamente norma jurídica**. Ora, como dito alhures, há, por assim dizer, uma **produção normativa dos tribunais de cúpula que constituem "norma jurídica" para fins de cabimento da ação rescisória**, de tal forma que **é rescindível qualquer decisão**

[48] Art. 966, (...) § 5º Cabe ação rescisória, com fundamento no inciso V do *caput* deste artigo, contra decisão baseada em enunciado de súmula ou acórdão proferido em julgamento de casos repetitivos que não tenha considerado a existência de distinção entre a questão discutida no processo e o padrão decisório que lhe deu fundamento. § 6º Quando a ação rescisória fundar-se na hipótese do § 5º deste artigo, caberá ao autor, sob pena de inépcia, demonstrar, fundamentadamente, tratar-se de situação particularizada por hipótese fática distinta ou de questão jurídica não examinada, a impor outra solução jurídica.

**que poderia ser objeto de reclamação, como dito anteriormente**. É, portanto, nula a decisão que não segue o padrão decisório como também o é a que segue o padrão decisório sem fazer a devida distinção com a situação particularizada, lembrando que nessa hipótese deve o autor demonstrar, fundamentadamente, tratar-se de situação particularizada por hipótese fática distinta ou de questão jurídica não examinada, a impor outra solução jurídica. Não é toda produção normativa dos tribunais de cúpula que possui função vinculante, mas apenas aquelas que dão origem a precedentes vinculantes, como no julgamento dos casos repetitivos (arts. 928 e 988, III e IV, do CPC).

### ■ 9.5.17.1.2.4. *Função orientadora e tutela da evidência*

Muito embora só exista o remédio da reclamação para os casos em que a produção judicial normativa tenha um papel vinculante, nos termos do art. 988 do CPC, é inegável que, por falta de sistematização ou não, o legislador estabeleceu que a jurisprudência uniforme e sumulada dos tribunais tem um papel de destaque, frise-se, ainda que sem a tal função obrigatória/imperativa que restou restrita àquelas hipóteses do art. 988, III e IV, do CPC. Inclusive, registre-se, em diversos momentos foi tratada em pé de igualdade com a produção judicial de função vinculante, causando até certa confusão a respeito do tema, como veremos adiante.

Esse papel de destaque da **produção judicial orientadora**, às vezes misturado com a função vinculante, pode ser observado em diversas passagens do Código que atribui à norma jurídica criada pelo Poder Judiciário (vamos chamar de direito jurisprudencial) a proteção de **tutela evidente** apta a **abreviar procedimentos**.

Apenas a título ilustrativo, menciona-se que:

- Exclui-se da regra preferencial cronológica de julgamentos o julgamento de processos em bloco para aplicação de tese jurídica firmada em julgamento de casos repetitivos e o julgamento de recursos repetitivos ou de incidente de resolução de demandas repetitivas, como se observa no art. 12, § 2º, do CPC.
- É hipótese de tutela provisória da evidência em favor do autor, liminarmente, quando as alegações de fato puderem ser comprovadas apenas documentalmente e houver tese firmada em julgamento de casos repetitivos ou em súmula vinculante (art. 311, II).
- É, ao reverso, hipótese de tutela do direito evidente contrário ao autor a improcedência liminar do pedido quando o pedido contrariar: I — enunciado de súmula do Supremo Tribunal Federal ou do Superior Tribunal de Justiça; II — acórdão proferido pelo Supremo Tribunal Federal ou pelo Superior Tribunal de Justiça em julgamento de recursos repetitivos; III — entendimento firmado em incidente de resolução de demandas repetitivas

ou de assunção de competência; e IV — enunciado de súmula de tribunal de justiça sobre direito local (art. 332).

- No âmbito dos tribunais incumbe ao relator, monocraticamente, negar provimento a recurso que for contrário a: a) súmula do Supremo Tribunal Federal, do Superior Tribunal de Justiça ou do próprio tribunal; b) acórdão proferido pelo Supremo Tribunal Federal ou pelo Superior Tribunal de Justiça em julgamento de recursos repetitivos; c) entendimento firmado em incidente de resolução de demandas repetitivas ou de assunção de competência. E, após facultada a apresentação de contrarrazões, dar provimento ao recurso se a decisão recorrida for contrária a: a) súmula do Supremo Tribunal Federal, do Superior Tribunal de Justiça ou do próprio tribunal; b) acórdão proferido pelo Supremo Tribunal Federal ou pelo Superior Tribunal de Justiça em julgamento de recursos repetitivos; c) entendimento firmado em incidente de resolução de demandas repetitivas ou de assunção de competência (art. 932, IV e V).

Ora, resta claro que o legislador trata como **direito evidente** aquele que é amparado pela produção judicial normativa dos tribunais (súmulas, inclusive do próprio tribunal, julgamento de casos repetitivos, incidente de assunção de competência, etc.).

### 9.5.17.1.3. *Precedentes ambientais das cortes supremas — direito adquirido — proibição do retrocesso*

A nova metodologia do Direito Processual Civil implantada pelo **Novo CPC** estabelece de forma muito clara e indelével a necessidade de que as **cortes supremas** realmente cumpram o seu papel de **proteger o direito positivo federal e constitucional**, pois esta é a forma de se consagrar numa **Federação a isonomia dos jurisdicionados** em relação aos resultados fornecidos pelo Poder Judiciário de firmar a **coerência e estabilidade** do ordenamento, de **racionalizar o julgamento** com **eficiência e economia** de forma a obter soluções em **tempo razoável**.

Exatamente por isso, o legislador processual impõe um **dever aos tribunais de uniformizar** sua **jurisprudência e mantê-la estável, íntegra e coerente** (art. 926). Nessa nova metodologia, a ***fundamentação das decisões judiciais é de suma importância, pois ela não se projeta apenas para aquele processo, mas para todos que se utilizem da mesma*** **ratio decidendi**.

Aquilo que antigamente se denominava direito aplicado é o que se conhece hoje como **produção normativa dos tribunais**, e, no que toca ao direito ambiental, resta claro que, além das hipóteses constitucionais como a súmula vinculante e ações diretas de competência originária do STF, a **interpretação dos**

**textos normativos ambientais federais e constitucional pelo STJ e pelo STF, por intermédio de julgamento de casos repetitivos (IRDR e recurso repetitivo)**, respectivamente, **deve servir não apenas como mera técnica de orientação ou persuasão do operador do direito, mas tem um verdadeiro papel vinculante para todos os segmentos da sociedade**, justamente para que se tenha a proteção da **inteireza, estabilidade e coerência do ordenamento jurídico positivo**.

Assim, por exemplo, diversos temas de interpretação da lei federal, processuais ou materiais, relativos à proteção do meio ambiente já foram sedimentados no Superior Tribunal de Justiça, que é a nossa corte que protege a inteireza da interpretação do direito federal. De outra parte, seja como **corolário lógico do princípio do desenvolvimento sustentável, seja como princípio autônomo do direito ambiental, em torno dessas questões referentes ao caráter vinculante dos precedentes e da jurisprudência ambiental exsurge o princípio da proibição do retrocesso (não regressão) ambiental**.

Há muito o princípio da proibição do retrocesso encontra guarida na proteção dos direitos fundamentais, como se observa na doutrina de Canotilho e Hesse, sendo a partir da *Nichtumkehrbarkeitstheorie*, ou teoria da irreversibilidade, desenvolvida por eles num cenário de crise econômica alemã que se preocupava com a proibição do retrocesso das conquistas sociais ligadas aos direitos fundamentais.

Seja no campo da dogmática constitucional (art. 3º, II, art. 5º, § 1º, e art. 60, IV, *d*), seja na jurisprudência do STJ ou STF, o **princípio da proibição do retrocesso** já está consagrado no ordenamento jurídico brasileiro.

O **desenvolvimento sustentável**, como dito, permite que se consagre um **equilíbrio** entre o **direito ao desenvolvimento e a proteção do meio ambiente** para as presentes e futuras gerações. À medida que se permite esse modelo desenvolvimentista, é dado um passo irretroativo nas conquistas já alcançadas em prol do ambiente e da sociedade.

■ Assim, tomemos como exemplo os catalisadores nos automóveis. Para quem não sabe, esses catalisadores foram desenvolvidos nos idos da década de 1970 e têm a importante função de converter, em até 98%, os gases nocivos dos automóveis em gases inofensivos ao meio ambiente. Esses equipamentos começaram a surgir em carros no Brasil como itens opcionais, e, a partir do PROCONVE (Programa de Controle da Emissão Veicular), fixou-se por intermédio da Portaria n. 346/2008 que este item não seria mais exigido para os novos veículos. Ora, este é um exemplo de desenvolvimento sustentável, que equilibra o binômio economia e ecologia e traz uma conquista, uma consagração ao direito fundamental ao equilíbrio ecológico. Ora, seria possível uma nova portaria, lei, decreto, emenda constitucional que permitisse que os novos veículos fossem comercializados sem os catalisadores?

- Da mesma forma, seria possível admitir que surgissem ou se desenvolvessem novas práticas culturais que fossem cruéis com os animais, violando a jurisprudência ambiental firmada pelo STF, que reconheceu como cruel e inconstitucional a farra do boi e a rinha de galo?
- Alguém cogitaria admitir que determinados agrotóxicos já banidos do mercado brasileiro em razão do risco e males que causam à vida e ao meio ambiente pudessem retornar às lavouras, ainda que fosse uma determinação de lei, decisão judicial, emenda constitucional, portaria, resolução, etc.? Enfim, alguém admitiria que a ANVISA, por exemplo, readmitisse o metamidofós, proibido em centenas de países e usado nas lavouras de algodão, amendoim, batata, feijão, soja, tomate e trigo, e cientificamente causador de prejuízos para o feto, sistemas neurológico, imunológico, reprodutor e endócrino?

Parece-nos que NÃO é a imediata e intuitiva resposta a todas essas questões. Nenhuma dificuldade temos em reconhecer a resposta negativa porque, sendo a tutela do meio ambiente a proteção da própria vida, ou seja, um direito fundamental com *status* de cláusula pétrea (art. 60, § 4º, IV, da CF/88), não se pode admitir, sob pena de ferir direitos fundamentais do ser humano e princípios fundamentais do Estado Democrático Brasileiro (art. 1º, III, da CF/88), que determinadas conquistas (não meramente econômicas, mas atreladas à proteção da vida) sejam retrocedidas ou regredidas.

Eis aí a **proibição do retrocesso ou da não regressão em matéria ambiental**. Toda proteção que se conquista em matéria ambiental representa um ganho, um **direito adquirido fundamental que não admite retroação**, sob pena de violação da dignidade do ser humano.

E nem se argumente que o princípio da proibição do retrocesso causa um aumento dos custos da atividade econômica e que a sociedade é que arcaria com o aumento desses custos. Tal argumento é uma inversão mesquinha dos valores republicanos, afinal de contas as conquistas ambientais já reconhecidas pelo poder público (legislativo, judiciário ou executivo) são feitas justamente em prol da vida e da qualidade de vida da população, e recorde-se que em matéria ambiental é o poluidor o responsável pela internalização dos custos do empreendimento e das externalidades ambientais. Não se pode admitir que se abra mão das conquistas atreladas aos direitos fundamentais da população em troca de um regresso para atender ao interesse econômico (privado), num retorno à típica máxima da privatização do lucro e a socialização do prejuízo, que, nesses exemplos, representaria uma violação à dignidade da coletividade.

■ A proibição do retrocesso é, na verdade, uma derivação lógica da proteção das garantias fundamentais petrificadas no texto constitucional e, sem sombra de dúvida, serve como elemento preliminar para qualquer iniciativa da legitimidade dos atos do poder público (legislativa, executiva e judiciária) que pretendem reduzir ou regredir ou retroceder nas conquistas no passado em relação ao núcleo duro da garantia fundamental à proteção do equilíbrio ecológico (processos ecológicos essenciais, ecossistemas frágeis ou à beira de colapso, função ecológica dos microbens ambientais, proteção dos biomas brasileiros, impedimento de atividades, métodos e substâncias que apresentem risco à vida e ao meio ambiente, etc.).

Nesse particular, os **precedentes (qualificados) judiciários** *pro ambiente*, fruto da interpretação dos textos normativos do STJ e STF, conferem uma produção normativa da jurisdição extraordinária (STJ e STF) no Brasil e são conquistas que se acumulam nos direitos adquiridos ambientais que, não apenas por isso (art. 5º, XXXVI — a lei não prejudicará o direito adquirido, o ato jurídico perfeito e a coisa julgada), mas por serem fundamentais à proteção de todas as formas de vida, não poderão ser tolhidos, reduzidos ou diminuídos pelo Poder Público (Art. 1º A República Federativa do Brasil, formada pela união indissolúvel dos Estados e Municípios e do Distrito Federal, constitui-se em Estado Democrático de Direito e tem como fundamentos: (...) III — a dignidade da pessoa humana; art. 60. (...) § 4º Não será objeto de deliberação a proposta de emenda tendente a abolir: (...) IV — os direitos e garantias individuais).

Assim, tomando de exemplo apenas as teses jurídicas já firmadas no Superior Tribunal de Justiça, por órgão que representa a sua vontade, e mediante um procedimento de formação de precedentes qualificados de casos repetitivos, tem-se que estes constituem um direito adquirido ambiental e que, além de vinculantes de todo o sistema jurídico, são protegidos pela proibição do retrocesso. Um bom exemplo é o precedente firmado em recurso repetitivo em que fixou-se que "a responsabilidade por dano ambiental é objetiva, informada pela teoria do risco integral, sendo o nexo de causalidade o fator aglutinante que permite que o risco se integre na unidade do ato, sendo descabida a invocação, pela empresa responsável pelo dano ambiental, de excludentes de responsabilidade civil para afastar sua obrigação de indenizar" (REsp 1.374.284/MG, rel. Min. Luis Felipe Salomão, 2ª Seção, julgado em 27-8-2014, *DJe* 5-9-2014; AgRg no AgRg no AREsp 153.797/SP, rel. Min. Marco Buzzi, 4ª Turma, julgado em 5-6-2014, *DJe* 16-6-2014; REsp 1.373.788/SP, rel. Min. Paulo de Tarso Sanseverino, 3ª Turma, julgado em 6-5-2014, *DJe* 20-5-2014; AgRg no REsp 1.412.664/SP, rel. Min. Raul Araújo, 4ª Turma, julgado em 11-2-2014, *DJe* 11-3-2014; AgRg no AREsp 273.058/PR, rel. Min. Antonio Carlos Ferreira, 4ª Turma, julgado em 9-4-2013, *DJe* 17-4-2013; AgRg no AREsp 119.624/PR, rel. Min. Ricardo

Villas Bôas Cueva, 3ª Turma, julgado em 6-12-2012, *DJe* 13-12-2012; REsp 1.114.398/PR, rel. Min. Sidnei Beneti, 2ª Seção, julgado em 8-2-2012, *DJe* 16-2-2012; REsp 442.586/SP, rel. Min. Luiz Fux, 1ª Turma, julgado em 26-11-2002, *DJ* 24-2-2003).

Enfim, toda e qualquer tese firmada nos tribunais de cúpula são **direito produzido pelo poder judiciário**, ou melhor, pelo intérprete final do direito federal ou constitucional, dependendo tratar-se do STJ ou STF. Quando essas teses são firmadas de acordo com um procedimento qualificado de construção de precedentes, serão vinculantes de todo o ordenamento, pois serão ***norma jurídica universalizável***, balizadora de condutas do estado e da coletividade, com força de direito adquirido ambiental. Por outro lado, se essas teses não tiverem sido firmadas em um procedimento qualificado de formação de precedentes (*v.g.*, IRDR e recursos repetitivos), terão, no mínimo, função vertical orientadora dos demais tribunais.

## ■ 9.5.18. Quadro sinótico da ação civil pública e as influências que sofre do meio ambiente

| AÇÃO CIVIL PÚBLICA AMBIENTAL | |
|---|---|
| **ASPECTOS HISTÓRICOS** | ■ Origens: art. 14, § 1º, da Lei da Política Nacional do Meio Ambiente.<br>■ *Class Action* norte-americana.<br>■ Lei regulamentadora: Lei n. 7.347/95.<br>■ Modificações: Código de Defesa do Consumidor (Lei n. 8.078/90):<br>■ Tutela dos direitos individuais homogêneos.<br>■ Regulamentação da coisa julgada. |
| **LEGITIMIDADE ATIVA** | ■ Representantes adequados:<br>■ Ministério Público:<br>■ função institucional (art. 129 da CF);<br>■ se não for parte, atua como fiscal da lei.<br>■ Defensoria Pública.<br>■ União, Estados e Municípios.<br>■ Autarquia, empresa pública, fundação e sociedade de economia mista.<br>■ Associação:<br>■ pertinência temática;<br>■ pré-constituída há um ano (dispensável a critério do juiz).<br>■ Litisconsórcio ativo:<br>■ Facultativo.<br>■ Inicial ou ulterior. |
| **ELEMENTOS** | ■ Partes:<br>■ Autor: legitimado ativo que ajuizou demanda.<br>■ Réu: todos os que solidariamente concorrem com o dano ambiental.<br>■ Pedido:<br>■ Imediato: provimento jurisdicional:<br>■ todos os tipos de crise jurídica;<br>■ possibilidade de cumulação, mesmo com naturezas diferentes.<br>■ Mediato:<br>■ qualquer direito coletivo *lato sensu*. |

<table>
<tr><td></td><td>
<ul><li><ul><li>Interpretação mais flexível e menos restritiva.</li></ul></li>
<li>Causa de pedir.</li>
<li>Estabilização da demanda:
<ul><li>Vantagens: segurança jurídica, contraditório e ampla defesa.</li>
<li>Desvantagens: efetividade e economia processual.</li>
<li>Lides ambientais: mais flexíveis (instabilidade do equilíbrio ecológico).</li></ul></li></ul>
</td></tr>
<tr><td>COMPETÊNCIA, CONEXÃO, CONTINÊNCIA E LITISPENDÊNCIA</td><td>
<ul><li>Competência: local do dano:
<ul><li>Territorial e absoluta.</li>
<li>Princípio da efetividade (prova e execução).</li></ul></li>
<li>Conexão e continência:
<ul><li>Conceito mais abrangente.</li>
<li>Prevenção: propositura da demanda.</li></ul></li>
<li>Litispendência:
<ul><li>Reunião no juízo prevento.</li></ul></li></ul>
</td></tr>
<tr><td>PROVAS</td><td>
<ul><li>Mudança de paradigma estatal:
<ul><li>Atividade inquisitiva acentuada.</li>
<li>Inversão do ônus da prova.</li></ul></li>
<li>Certidões e informações para instruir a inicial:
<ul><li>Legitimados: requerimento:
<ul><li>prazo: 15 dias;</li>
<li>negativa: sigilo:
<ul><li>ajuíza demanda desacompanhada;</li>
<li>segredo de justiça.</li></ul></li></ul></li>
<li>Ministério Público: requisição:
<ul><li>prazo: não inferior a 10 dias úteis;</li>
<li>não se aplica sigilo.</li></ul></li></ul></li>
<li>Prova pericial:
<ul><li>Importância nos litígios ambientais.</li>
<li>Perícia complexa.</li></ul></li>
<li>Inquérito civil:
<ul><li>Instauração: Ministério Público (função institucional).</li>
<li>Natureza:
<ul><li>procedimento;</li>
<li>administrativo.</li></ul></li>
<li>Características:
<ul><li>instrumentalidade;</li>
<li>exclusividade;</li>
<li>dispensabilidade;</li>
<li>formalidade;</li>
<li>publicidade.</li></ul></li>
<li>Objeto: fatos que podem dar início a ação civil pública.</li>
<li>Competência: mesma da ação civil pública (local do dano).</li></ul></li></ul>
</td></tr>
<tr><td>DESISTÊNCIA OU ABANDONO</td><td>
<ul><li>Outros legitimados e Ministério Público podem assumir a demanda:
<ul><li>Não é obrigatório.</li></ul></li></ul>
</td></tr>
<tr><td>RECURSOS</td><td>
<ul><li>Não tem efeito suspensivo:
<ul><li>Relator pode conceder.</li></ul></li></ul>
</td></tr>
<tr><td>TUTELA DE URGÊNCIA</td><td>
<ul><li>Espécies:
<ul><li>Tutela cautelar (preventiva).</li>
<li>Tutela antecipatória (satisfativa).</li></ul></li>
<li>Características comuns:
<ul><li>Sumariedade da cognição.</li>
<li>Provisoriedade.</li>
<li>Necessidade de efetivação de modo urgente.</li></ul></li></ul>
</td></tr>
</table>

| | |
|---|---|
| | ■ Lei de Ação Civil Pública:<br>■ Ação "cautelar" autônoma (satisfativa ou preventiva).<br>■ Medida liminar incidental (satisfativa ou preventiva).<br>■ Influência do Código de Processo Civil (arts. 273, 461 e 461-A):<br>■ Generalizou as tutelas antecipatórias:<br>■ deveres de pagar, fazer, não fazer e entregar.<br>■ Requisitos:<br>■ *fumus boni iuris*;<br>■ *periculum in mora*, ou abuso do direito de defesa, ou manifesto protelatório do réu, ou incontrovérsia parcial da demanda;<br>■ reversibilidade (juízo de proporcionalidade).<br>■ Características:<br>■ fungibilidade;<br>■ atipicidade de meios.<br>■ Suspensão de segurança:<br>■ Sustação da eficácia de liminar ou sentença contra o Poder Público.<br>■ Competência: Presidente do Tribunal para o qual couber recurso da decisão.<br>■ Legitimidade:<br>■ pessoa jurídica de direito público interessada;<br>■ Ministério Público.<br>■ Hipóteses de cabimento:<br>■ diretamente contra liminar;<br>■ diretamente contra sentença, antes de seu trânsito em julgado;<br>■ contra decisão que nega o pedido de suspensão;<br>■ contra decisão que nega provimento a agravo de instrumento manejado contra liminar.<br>■ Natureza jurídica: incidente processual:<br>■ não é recurso (independência).<br>■ Juízo de mérito:<br>■ possibilidade de grave lesão à ordem pública;<br>■ conotação política;<br>■ princípio da proporcionalidade.<br>■ Procedimento:<br>■ requerimento ao Presidente do TJ;<br>■ oitiva do MP em até 72 horas;<br>■ julgamento:<br>■ qualquer teor: agravo inominado para o Pleno:<br>■ denegação da suspensão: novo pedido ao Presidente do Tribunal Superior.<br>■ Duração:<br>■ até trânsito em julgado de decisão de mérito (ultra-atividade):<br>■ não se justifica. |
| **EXECUÇÃO** | ■ Características:<br>■ Tutela específica → Reparação *in natura* → Reparação *in pecunia*.<br>■ Atipicidade de meios.<br>■ Técnicas executivas e mandamentais.<br>■ Utilização do CPC:<br>■ obrigação de fazer: art. 461;<br>■ obrigação de entregar: art. 461-A;<br>■ obrigação de pagar: arts. 475-A/R.<br>■ Termo de ajustamento de conduta (TAC):<br>■ Título executivo extrajudicial:<br>■ salvo se homologados judicialmente.<br>■ Apenas os órgãos públicos legitimados.<br>■ Momento: antes ou no curso do processo. |

<table>
<tr><td>COISA JULGADA</td><td>■ Conceito e natureza:<br>■ Imutabilidade e indiscutibilidade da decisão judicial.<br>■ Opção política.<br>■ Relativização.<br>■ Regime diferenciado para cada tipo de interesse coletivo (CDC):<br>■ Difusos: erga omnes e secundum eventum probationis.<br>■ Coletivos: ultra partes (limitado ao grupo) e secundum eventum probationis.<br>■ Individuais homogêneos: erga omnes e secundum eventum litis.<br>■ Outras características:<br>■ In utilibus.<br>■ Limitação territorial.<br>■ Influências do meio ambiente:<br>■ Não aplicação da limitação territorial do art. 16 da Lei n. 7.347/85 (ubiquidade).<br>■ Cláusula rebus sic stantibus (instabilidade).<br>■ Mitigação (ou correta interpretação) da eficácia preclusiva da coisa julgada material — art. 474 do CPC (incognoscibilidade).</td></tr>
<tr><td>LITIGÂNCIA DE MÁ-FÉ</td><td>■ Consequência:<br>■ Condenação solidária aos honorários e ao décuplo das custas.<br>■ Cumulável apenas com o contempt of court.</td></tr>
<tr><td>DESPESAS PROCESSUAIS</td><td>■ Espécies:<br>■ Custas.<br>■ Emolumentos.<br>■ Diárias de testemunhas.<br>■ Honorários de perito.<br>■ Ação Civil Pública:<br>■ Não há adiantamento.<br>■ Não há condenação da associação autora ou do Ministério Público:<br>■ salvo: má-fé (décuplo das custas).</td></tr>
<tr><td>FUNDO DE DEFESA DOS DIREITOS DIFUSOS (FDDD)</td><td>■ Situação excepcional: condenação em dinheiro na ação civil pública.<br>■ Regulamentação: Decreto n. 1.306/94 e Lei n. 9.008/95:<br>■ Conselho Federal Gestor (CFDD):<br>■ localização: Ministério da Justiça;<br>■ composição colegiada;<br>■ designação: Ministro da Justiça:<br>■ não há remuneração;<br>■ prazo: 2 anos, admitida uma recondução.<br>■ Destinação da verba:<br>■ Reparação específica dos danos causados.<br>■ Subsidiariamente:<br>■ promoção de eventos educativos e científicos;<br>■ edição de material informativo;<br>■ modernização administrativa dos órgãos públicos responsáveis pela execução das políticas relativas aos objetivos do fundo.</td></tr>
</table>

## ■ 9.6. QUESTÕES DE CONCURSO

### ■ 9.6.1. Ação popular

**1. (CESPE/2012 — TJ/PI — Juiz) Acerca de ação popular, assinale a opção correta.**

a) O ajuizamento da ação popular não gera prevenção para mandado de segurança coletivo.

b) A execução da sentença deverá ser promovida pelo MP.

c) Comprovada a lesão, o juiz poderá condenar o réu à reparação mesmo sem pedido expresso do autor.
d) Sentença que extingue o feito sem exame de mérito não se sujeita ao reexame necessário.
e) litisconsórcio ativo ulterior somente será admitido antes da resposta da parte ré.

**2. (CESPE/2012 — TC/DF — Auditor de controle externo) Julgue a afirmativa a seguir:**

Na ação popular, é vedado o ingresso de assistente ou litisconsorte.

( ) certo ( ) errado

**3. (CESPE/2012 — TC/DF — Auditor de controle externo) Julgue a afirmativa a seguir:**

De acordo com a jurisprudência do Superior Tribunal de Justiça, a ação popular será cabível para a proteção da moralidade administrativa, mesmo quando não houver dano material ao patrimônio público.

( ) certo ( ) errado

**4. (COPS-UEL/2011 — PGE/PR — Procurador do Estado) Sobre as ações coletivas, analise as seguintes assertivas:**

I. a falta da citação dos beneficiários diretos ou indiretos do ato impugnado seja por via de ação de improbidade administrativa, seja por via de ação popular, gera a inexistência jurídica da demanda, em função da existência de litisconsórcio passivo necessário.
II. a ação popular e a ação de improbidade administrativa são instrumentos hábeis à tutela do patrimônio público e da moralidade administrativa, servindo-se à decretação judicial da perda do cargo ou função pública do servidor público que tenha praticado, dolosamente, ato administrativo ilegal, lesivo ao patrimônio público e que tenha lhe acarretado enriquecimento ilícito.
III. mesmo tendo contestado a ação popular ou a ação de improbidade administrativa, a pessoa jurídica de direito público pode promover a execução da sentença, no que a beneficiar.
IV. prescrevem em cinco anos as pretensões de tutela deduzíveis por via da ação civil pública, a exemplo da ação popular, inclusive no que diz respeito à obtenção de ressarcimento ao erário.

Alternativas:

a) estão corretas apenas as afirmações I e III;
b) estão corretas apenas as afirmações I e IV;
c) está correta apenas a afirmação I;
d) está correta apenas a afirmação III;
e) estão corretas todas as afirmações.

**5. (FCC/2012 — TCE/AP — Analista de Controle Externo) Em matéria de ação popular, é correto afirmar:**

a) A sentença que julga procedente a ação popular está sujeita ao duplo grau de jurisdição obrigatório.
b) A sentença que conclui pela carência da ação popular está sujeita ao duplo grau de jurisdição obrigatório.
c) Somente a sentença que conclui pela improcedência da ação popular está sujeita ao duplo grau de jurisdição obrigatório.
d) Somente a sentença que conclui pela improcedência da ação popular com fundamento em insuficiência de provas está sujeita ao duplo grau de jurisdição obrigatório.
e) A sentença que extingue a ação popular por falta de um dos pressupostos processuais está sujeita ao duplo grau de jurisdição obrigatório.

**6. (FCC/2011 — TCE/PR — Analista de Controle Externo) Se o autor desistir da ação popular,**

a) o juiz, de ofício, dará andamento ao processo, até a prolação da sentença de mérito.
b) fica assegurado apenas ao Ministério Público promover o prosseguimento da ação, enquanto não decorrido o prazo prescricional.
c) fica assegurado a qualquer cidadão, bem como ao representante do Ministério Público, dentro do prazo que a lei fixa, promover o prosseguimento da ação.
d) o juiz suspenderá o processo, durante o prazo legal de prescrição, aguardando que qualquer cidadão lhe dê andamento, mas, findo aquele prazo, sem que o andamento tenha sido promovido, extinguirá o processo sem resolução do mérito.
e) o juiz indeferirá o pedido de desistência, em virtude de proibição legal.

**7. (FUNCAB/2010 — DER/RO — Procurador Autárquico) Quanto à ação popular, assinale a alternativa correta.**

a) Qualquer pessoa é parte legítima para pleitear judicialmente, por meio de ação popular, a declaração de nulidade de ato lesivo ao patrimônio do estado de Rondônia.
b) A pessoa jurídica de direito público ou de direito privado, cujo ato seja objeto de impugnação, deverá apresentar contestação ao pedido no prazo de 15 dias, contado em quádruplo.
c) A sentença terá eficácia de coisa julgada *erga omnes*, salvo no caso de a ação popular ter sido julgada improcedente por ausência de provas.
d) Apenas a sentença de procedência na ação popular está sujeita ao duplo grau de jurisdição obrigatório.
e) É vedado às pessoas jurídicas de direito público que tenham contestado a ação popular promover a execução da sentença condenatória proferida contra os demais réus.

**8. (FCC/2011 — TCM/BA — Procurador Especial de Contas) Na ação popular, a pessoa jurídica de direito público, cujo ato seja objeto de impugnação,**

a) deverá requerer sua habilitação como assistente do autor popular ou dos réus, conforme seja de seu interesse aderir à impugnação ou contrariá-la.
b) terá de defender o ato impugnado ou abster-se de contestar, porque ao Ministério Público já é vedado assumir a defesa de ato impugnado.
c) não poderá abster-se de contestar o pedido, sob pena de responsabilidade administrativa de seu representante, mas poderá atuar ao lado do autor.
d) não poderá abster-se de contestar o pedido, nem atuar ao lado do autor popular.
e) poderá abster-se de contestar o pedido, ou poderá atuar ao lado do autor, desde que isso se afigure útil ao interesse público, a juízo de seu representante legal.

**9. (FUMARC/2011 — Prefeitura da Nova Lima/MG — Procurador Municipal) Dispõe a Constituição da República em seu artigo 5º, LXXIII, que:**

"qualquer cidadão é parte legítima para propor ação popular que vise a anular ato lesivo ao patrimônio público ou de entidade de que o Estado participe, à moralidade administrativa, ao meio ambiente e ao patrimônio histórico e cultural, ficando o autor, salvo comprovada má-fé, isento de custas judiciais e do ônus da sucumbência".

Sobre a ação popular, pode-se afirmar, EXCETO:

a) O autor da ação popular deve ser eleitor com domicílio eleitoral no âmbito do território do ente da federação ao qual se vincula a pessoa jurídica de direito público ré.
b) Há na ação popular litisconsórcio passivo necessário simples entre as pessoas jurídicas públicas ou privadas na qual foi praticado o ato lesivo; as autoridades, funcionários ou administradores que houverem autorizado, aprovado, ratificado ou praticado o ato

impugnado, ou que, por omissas, tiverem dado oportunidade à lesão; e contra os beneficiários diretos do mesmo.

c) O prazo de contestação na ação popular é de 20 (vinte) dias, prorrogáveis por mais 20 (vinte), a requerimento do interessado, se particularmente difícil a produção de prova documental, e será comum a todos os interessados, correndo da entrega em cartório do mandado cumprido, ou, quando for o caso, do decurso do prazo assinado em edital.

d) A sentença na ação popular incluirá sempre, na condenação dos réus, o pagamento, ao autor, das custas e demais despesas, judiciais e extrajudiciais, diretamente relacionadas com a ação e comprovadas, bem como o dos honorários de advogado.

**10. (FCC/2009 — TCE/GO — Analista de Controle Exteno) A respeito da ação popular, considere:**

I. O prazo para contestação é de 15 dias, contados da juntada aos autos do mandado de citação cumprido ou do decurso do prazo assinado em edital.

II. O Ministério Público acompanhará a ação, podendo promover a responsabilidade civil ou criminal dos que nela incidirem ou assumir a defesa do ato impugnado ou de seus autores.

III. Das sentenças e decisões proferidas contra o autor da ação e suscetíveis de recurso, poderá recorrer qualquer cidadão e também o Ministério Público.

Está correto o que se afirma APENAS em

a) I.
b) I e II.
c) I e III.
d) II e III.
e) III.

**11. (FGV/2010 — OAB/3 — Exame unificado) A ação popular é um importante instrumento para a promoção da tutela coletiva de direitos. Acerca da coisa julgada formada pelas sentenças de mérito proferidas em tais ações, é correto afirmar que**

a) só se forma coisa julgada em ações populares julgadas procedentes, após a aplicação do duplo grau de jurisdição, medida que tem por objetivo preservar os interesses da Fazenda Pública eventualmente condenada.

b) a produção de efeitos *erga omnes* não ocorre se o pedido for julgado improcedente por insuficiência de provas.

c) produz efeitos *erga omnes*, exclusivamente nos casos de procedência meritória, ficando seus efeitos, em todos os casos de improcedência, limitados às partes do processo.

d) produz, como regra, efeitos *inter partes*, cabendo aos interessados em se beneficiarem de eventual procedência na ação requererem sua habilitação até a prolação da sentença.

**12. (CESPE/2009 — DPT/PI — Defensor Público) Com relação à ação civil pública e à ação popular, assinale a opção correta.**

a) Quando um cidadão ajuíza ação popular, o Poder Judiciário está autorizado a invalidar opções administrativas ou substituir critérios técnicos por outros que repute mais convenientes ou oportunos.

b) Nas ações populares, inadmite-se a concessão de liminar.

c) À DP é vedado ajuizar ação civil pública, quando houver ação popular ajuizada sobre o mesmo fato.

d) Eventuais provas colhidas na fase de um inquérito civil têm valor relativo, podendo ser refutadas por contraprovas no curso de uma ação civil pública.

e) Caso um cidadão pretenda sustar a discussão de determinado projeto de lei na Câmara dos Deputados, ele poderá valer-se da ação popular.

**13. (CESPE/2008 — PGE/CE — Procurador do Estado) A respeito da ação popular e da ação civil pública, assinale a opção correta.**

a) Na ação popular, o Ministério Público pode assumir a defesa do ato impugnado ou de seus autores, bem como promover a ação de sentença condenatória, pois essa ação não visa defender os interesses da coletividade, mas da moralidade administrativa e do patrimônio público.
b) Sentença que julga improcedente ação popular não faz coisa julgada *erga omnes*, podendo, assim, qualquer legitimado intentar outra ação popular, com idêntico fundamento, ou seja, ilicitude ou lesividade de ato administrativo, valendo-se de novas provas.
c) Qualquer pessoa é parte legítima para propor ação popular que vise anular ato lesivo ao patrimônio público, à moralidade administrativa, ao meio ambiente e ao patrimônio histórico e cultural.
d) Ação civil pública por danos causados ao meio ambiente pode ter como objeto a condenação em dinheiro ou o cumprimento da obrigação de fazer ou não fazer. Declarada a procedência dos pedidos deduzidos nessa ação, a regra é a reparação do dano aos bens lesados, e a condenação à indenização em dinheiro somente acontecerá quando o dano for irreversível.
e) Na ação civil pública em defesa de direitos coletivos ou difusos, poderá ser declarada a inconstitucionalidade de lei federal, estadual ou local, pois nessa ação pode ser feito o controle concentrado de constitucionalidade. No entanto, apesar da eficácia *erga omnes* da decisão, o STF poderá discutir a mesma matéria em ação direta de inconstitucionalidade.

**14. (CESPE/2007 — AGU — Procurador Federal) Julgue a afirmativa a seguir:**

Considere que um cidadão tenha ajuizado ação popular questionando irregularidade nos gastos de um estado-membro, relativos a recursos públicos oriundos de convênio com uma autarquia federal, e esta, após intimada, ingresse no feito como litisconsorte ativa. Nesse caso, compete à justiça federal processar e julgar a causa.

( ) certo ( ) errado

**15. (FCC/2013 — DPE/SP — Defensor Público) A Ação Popular é um instrumento processual coletivo com forte conteúdo democrático-participativo, tendo em vista que a legitimidade ativa é atribuída diretamente ao cidadão-eleitor. A Lei da Ação Popular teve o seu objeto ampliado por meio do art. 5º, LXXIII, da Constituição Federal de 1988, o qual, além de reproduzir matérias já consagradas pela legislação infraconstitucional referida, inovou e passou a prever expressamente a utilização da ação popular também para anular ato lesivo:**

a) aos direitos das crianças e adolescentes.
b) ao consumidor.
c) à ordem urbanística.
d) ao meio ambiente.
e) aos bens e direitos de valor econômico, artístico, estético, histórico ou turístico.

**16. (VUNESP/2014 — DPE/MS — Defensor Público) Sobre a ação popular, é correto afirmar que:**

a) a Defensoria Pública é parte legítima para o seu ajuizamento.
b) é facultado a qualquer legitimado habilitar-se como litisconsorte ou assistente do autor da ação, desde que haja concordância deste.
c) a sentença que, julgando procedente a ação, decretar a invalidade do ato impugnado condenará ao pagamento de perdas e danos os responsáveis pela sua prática e os

beneficiários dele, ressalvada a ação regressiva contra os funcionários causadores de dano, apenas quando incorrerem em dolo.

d) é permitido à União, ao Distrito Federal, aos Estados e aos Municípios, ainda que hajam contestado a ação, promover, em qualquer tempo, e no que os beneficiar a execução da sentença contra os demais réus.

## 9.6.2. Ação civil pública

**1. (CESPE/2011 — TRF/5ª Região — Juiz) Acerca do papel do MP na efetivação da proteção normativa ao ambiente, assinale a opção correta.**

a) Em caso de desistência infundada ou abandono da ação civil pública por associação legitimada, somente outro ente legitimado poderá assumir a titularidade ativa, cabendo ao MP, nesse caso, acompanhar a ação na condição de fiscal da lei.

b) Deve o MP acompanhar ação popular ambiental, cabendo-lhe apressar a produção da prova e promover a responsabilidade, civil ou criminal, dos que nela incidirem, sendo-lhe facultado, ainda, em qualquer caso, assumir a defesa do ato impugnado ou dos seus autores.

c) Admite-se o litisconsórcio facultativo entre os MPs da União, do DF e dos estados na ação civil pública em defesa de interesses e direitos relacionados ao ambiente.

d) A iniciativa do MP de propor ação civil pública ambiental somente pode ocorrer de ofício ou mediante provocação de servidor público, no cumprimento de dever funcional.

e) Apenas o MP e as associações que tenham a proteção ao meio ambiente entre suas finalidades institucionais dispõem de legitimidade para ingressar em juízo na defesa de interesses difusos resultantes de dano ambiental.

**2. (PUC-PR/2011 — TJ/RO — Juiz) A Lei 7.347/1985 disciplina a Ação Civil Pública de responsabilidade por danos ao meio ambiente, a bens e direitos de valor artístico, estético, histórico turístico e paisagístico, entre outros. Tem sido amplamente utilizada na tutela ambiental tanto para a reparação do meio ambiente quanto para a prevenção de danos.**

Analise quais as assertivas abaixo são verdadeiras e quais são falsas, de acordo com as disposições da Lei 7.347/1985. Marque, em seguida, a única alternativa cuja sequência, de baixo para cima, está CORRETA:

( ) A ação civil poderá ter por objeto a condenação em dinheiro ou o cumprimento de obrigação de fazer ou não fazer.

( ) São competentes para propor Ação Civil Pública em matéria ambiental, entre outros, as associações que tenham concomitantemente a proteção do meio ambiente como suas finalidades institucionais e mais de um ano de constituição formal. Em hipótese alguma qualquer desses dois requisitos poderá ser dispensado pelo juízo.

( ) Em Ação Civil Pública poderá o juiz conceder mandado liminar, com ou sem justificação prévia, em decisão sujeita a agravo.

( ) Em Ação Civil Pública, poderá o Presidente do Tribunal a que competir o conhecimento do respectivo recurso, a requerimento de Pessoa Jurídica de Direito Público e, para evitar grave lesão à ordem, à saúde, à segurança e à economia pública, suspender a execução da liminar, em decisão fundamentada.

a) F, V, V, F.
b) V, F, F, V.
c) V, F, V, V.
d) F, F, V, V.
e) F, V, F, V.

**3. (VUNESP/2009 — TJ/MT — Juiz) Tem legitimidade para propositura de Ação Civil Pública de responsabilidade por danos causados ao meio ambiente**

a) o Presidente do Senado.
b) o Presidente da Câmara dos Deputados.
c) o Presidente da Câmara Legislativa do Distrito Federal.
d) o Conselho da República.
e) a Defensoria Pública.

**4. (CESPE/2007 — TJ/PI — Juiz) Com relação à propositura da ação civil pública nas questões ambientais, assinale a opção correta.**

a) A recusa, o retardamento e a omissão de dados técnicos indispensáveis à propositura da referida ação, quando requisitados pelo Ministério Público, constituem contravenção penal sujeita a detenção de um a três anos bem como ao pagamento de multa pecuniária que pode ser revertida em serviço comunitário.
b) A ação civil pública depende não só da prévia instauração do inquérito civil mas também do inquérito penal, visto que só se pode propor essa ação relativa a questões ambientais quando houver comprovado dano ambiental ou crime de risco.
c) Embora a maior parte das ações civis públicas ambientais passe, no Brasil, pela fase prévia do inquérito civil, ela pode ser intentada sem a instauração de inquérito.
d) É necessário que a ação civil pública ambiental passe pela fase prévia do inquérito civil, não sendo admissível, pela complexidade da temática e pela imprevisibilidade dos efeitos das ações antrópicas, que ela possa ser intentada sem que, preliminarmente, tenha sido concluído o referido inquérito.
e) O arquivamento da ação civil pública só deve, obrigatoriamente, ser examinado pelo Conselho Superior do Ministério Público quando o respectivo inquérito civil apresentar irregularidades insanáveis.

**5. (FCC/2012 — TER/CE — Analista Judiciário) No tocante a Ação Civil Pública considere:**

I. O Ministério Público poderá instaurar, sob sua presidência, inquérito civil, ou requisitar, de qualquer organismo público ou particular, certidões, informações, exames ou perícias, no prazo que assinalar, o qual não poderá ser inferior a 10 dias úteis.
II. Os autos do inquérito civil ou das peças de informação arquivadas serão remetidos, sob pena de se incorrer em falta grave, no prazo de 15 dias, ao Conselho Superior do Ministério Público.
III. A promoção de arquivamento dos autos do inquérito civil será submetida a exame e deliberação do Colégio dos Procuradores de Justiça, conforme dispuser o seu Regimento.
IV. Em regra, constitui crime, punido com pena de reclusão de 1 a 3 anos, mais multa, a recusa, o retardamento ou a omissão de dados técnicos indispensáveis à propositura da ação civil, quando requisitados pelo Ministério Público.

Está correto o que se afirma APENAS em

a) I, II e IV.
b) I e IV.
c) I, II e III.
d) III e IV.
e) I e II.

**6. (FCC/2012 — TCE/AP — Analista de Controle Externo) Sobre ação civil pública:**

a) A competência para propor a ação civil pública é prorrogável por vontade das partes.
b) A decisão proferida por juiz absolutamente incompetente é inexistente.
c) A incompetência não é conhecível de ofício, porquanto ela é de natureza relativa.

d) É da justiça estadual a competência para processar e julgar ação civil pública cujo objetivo é impedir a poluição em rio que banhe 4 (quatro) Estados da Federação.
e) A incompetência é absoluta e se as partes não alegaram a incompetência em primeiro grau de jurisdição, o tribunal, em sede de recurso de apelação, poderá conhecê-la de ofício.

**7. (FUNCAB/2010 — DER/RO — Procurador Autárquico) Sobre a ação civil pública, assinale a alternativa correta.**

a) A legitimidade ativa para a ação civil pública cabe, também, a qualquer cidadão no pleno gozo de seus direitos políticos.
b) A ação civil pública não pode ter como objeto a condenação em dinheiro, apenas o cumprimento da obrigação de fazer ou não fazer.
c) A ação civil pública não é cabível para a tutela de direitos transindividuais, mas apenas para a tutela de direitos difusos e coletivos.
d) A sentença de improcedência por ausência de prova na ação civil pública não faz coisa julgada *erga omnes*.
e) A Defensoria Pública, por não ser pessoa mas sim órgão da administração pública, não pode ajuizar ação civil pública.

**8. (FCC/2011 — TCM/BA — Procurador Especial de Contas) Na ação civil pública,**

a) o Ministério Público, se não intervier no processo como parte, atuará facultativamente como fiscal da lei.
b) os órgãos públicos, legitimados a propô-la, exceto o Ministério Público, poderão tomar dos interessados, mediante cominações, compromisso de ajustamento de sua conduta às exigências legais, que terá eficácia de título executivo judicial ou extrajudicial, conforme se dê judicial ou extrajudicialmente.
c) as pessoas jurídicas públicas não poderão ocupar o polo ativo.
d) os Ministérios Públicos da União, do Distrito Federal e dos Estados poderão formar litisconsórcio facultativo na defesa dos bens e direitos de valor artístico, estético e histórico.
e) somente o Ministério Público poderá assumir a titularidade ativa em caso de desistência infundada ou abandono da ação por associação legitimada a propô-la.

**9. (CESPE/2008 — SEMAD/ARACAJU — Procurador Municipal) Julgue a afirmativa a seguir:**

Tem legitimidade para deduzir o pedido de suspensão de segurança qualquer pessoa que experimentar prejuízo em sua órbita jurídica, desde que presentes o risco de dano e a aparência do direito. Admite-se, também, a assistência litisconsorcial do terceiro interessado, quando em favor da pessoa jurídica de direito público requerente da suspensão.

( ) certo ( ) errado

**10. (CESPE/2008 — SERPRO — Analista) Julgue a afirmativa a seguir:**

Na ação civil pública, a sentença de procedência é preponderantemente desconstitutiva e apenas subsidiariamente condenatória, enquanto, na ação popular, a sentença de procedência é preponderantemente condenatória.

( ) certo ( ) errado

**11. (CESPE/2009 — IBRAM/DF — Advogado) Julgue a afirmativa a seguir:**

Suponha que determinado estado-membro da Federação tenha ajuizado ação civil pública em face do IBAMA, autarquia federal, no interesse da proteção ambiental de seu território estadual. No pedido, pretende o estado-membro impor exigências à atuação do IBAMA no licenciamento de obra federal de grande vulto. Nessa situação, a competência originária para processo e julgamento da ação civil pública não seria da justiça federal, mas sim do STF, por afetar diretamente o equilíbrio federativo.

( ) certo ( ) errado

**12. (CESPE/2007 — DPU — Defensor Público) Julgue a afirmativa a seguir:**

Os efeitos da sentença que julga procedente a pretensão aviada em ação civil pública são limitados à competência territorial do órgão prolator, sendo inviável, sob pena de ofensa ao princípio da coisa julgada, a extensão dos efeitos dessa sentença a todo o território nacional. Assim, a execução dessa sentença só poderá ser promovida pelas pessoas atingidas pela ilegalidade reconhecida por ela e desde que domiciliadas na área de abrangência da decisão.

( ) certo ( ) errado

**13. (CESPE/2008 — TJ/SE — Juiz) Assinale a opção correta a respeito da ação civil pública.**

a) O Ministério Público é o único legitimado a firmar extrajudicialmente o compromisso de ajustamento de conduta lesiva às exigências legais do causador do dano a um dos bens protegidos, visando prevenir o ajuizamento da ação civil pública.
b) Na ação civil pública, com exceção do Ministério Público, todos os outros legitimados, em caso de improcedência do pedido, serão condenados nos ônus da sucumbência, consistentes nas despesas e custas processuais e honorários advocatícios.
c) Se for julgado improcedente o pedido na ação civil pública e não constar da sentença revogação expressa da liminar, esta subsistirá até o julgamento do recurso de apelação.
d) Em caso de desistência ou abandono da ação civil pública proposta por algum colegitimado, o Ministério Público assumirá a legitimidade ativa, devendo prosseguir na ação até a prolação da sentença de mérito, por ser indisponível o seu objeto.
e) Se determinado dano ecológico atingir uma vasta região, envolvendo várias comarcas de um mesmo estado, qualquer um dos foros do local do dano será competente para processar e julgar a ação civil pública para responsabilizar os causadores do dano, fixando-se a competência pela prevenção.

**14. (FCC/2013 — MPE/SE — Analista) A ação civil pública:**

a) será cabível para veicular pretensões que envolvam tributos, contribuições previdenciárias, FGTS ou outros fundos de natureza institucional cujos beneficiários possam ser individualmente determinados.
b) não será cabível para apurar responsabilidade por danos por infração à ordem econômica.
c) será cabível para apurar responsabilidade por danos morais e patrimoniais causados por ato de discriminação étnica.
d) não será cabível para apurar responsabilidades por danos patrimoniais causados à ordem sanitária.
e) não será cabível para apurar responsabilidade por danos morais e patrimoniais causados por infração à ordem urbanística.

**15. (IBFC/2013 — MPE/SP — Analista de Promotoria I) Acerca das disposições da Lei Federal n. 7.347/85 (Lei da Ação Civil Pública), assinale a alternativa CORRETA:**

a) A sentença civil fará coisa julgada *erga omnes*, nos limites da competência territorial do órgão prolator, exceto se o pedido for julgado improcedente por insuficiência de provas, hipótese em que qualquer legitimado poderá intentar outra ação com idêntico fundamento, valendo-se de nova prova.
b) A propositura de ação civil pública prevenirá a competência do juízo para todas as ações posteriormente intentadas que possuam as mesmas partes.
c) Não será cabível ação civil pública para veicular pretensões que envolvam tributos, contribuições previdenciárias, infrações a ordem econômica, Fundo de Garantia do

Tempo de Serviço — FGTS ou outros fundos de natureza institucional cujos beneficiários podem ser individualmente determinados.

d) Aplica-se à ação civil pública, prevista na lei em questão, o Código de Proteção e Defesa do Consumidor, naquilo que não contrarie suas disposições.

e) Todos os legitimados para a propositura de ação civil pública poderão tomar dos interessados compromisso de ajustamento de sua conduta às exigências legais, mediante cominações, que terá eficácia de título executivo extrajudicial.

**16. (FCC/2014 — MPE/PE — Promotor de Justiça) A ação civil pública:**

a) não pode ter a sua titularidade ativa assumida por outra associação legitimada, quando houver desistência injustificada pelo autor, vez que tal atribuição é exclusiva do Ministério Público.

b) proposta pelo Ministério Público não comporta a habilitação como litisconsortes ativos de outras associações legitimadas.

c) destinada à tutela do dano ambiental pode ser proposta no foro do domicílio do réu ou no foro do local onde ocorreu o dano.

d) poderá ser proposta pelo Ministério Público sem estar embasada em prévio inquérito civil instaurado sob sua presidência, para apurar o fato que justifica o seu ajuizamento.

e) destina-se exclusivamente à tutela do meio ambiente, do consumidor e dos bens e direitos de valor artístico, estético, histórico, turístico e paisagístico.

**17. (MPE-GO/2016 — Promotor de Justiça Substituto) Assinale a alternativa incorreta:**

a) A Teoria Dinâmica de Distribuição do Ônus da Prova afasta a rigidez das regras de distribuição do *onus probandi*, tornando-as mais flexíveis e adaptando-as ao caso concreto, valorando o juiz qual das partes dispõe das melhores condições de suportar o encargo respectivo.

b) Os princípios da prevenção e da precaução exercem influência na aplicação de regras materiais do Direito Ambiental, mormente no campo da responsabilidade civil, uma vez que o enfoque jurídico nessa área deve ser o da prudência e da vigilância no tratamento a ser dado a atividades potencialmente poluidoras, diante do risco de dano irreversível ao meio ambiente.

c) Cominada liminarmente pelo juiz no bojo de ação civil pública, a multa somente será exigível do réu após o trânsito em julgado da decisão favorável ao autor, mas será devida desde o dia em que se houver configurado o descumprimento.

d) O princípio da reparação integral do dano ambiental determina a responsabilização do agente por todos os efeitos decorrentes da conduta lesiva, mas não permite a cumulação de pedidos para condenação nos deveres de recuperação *in natura* do bem degradado, de compensação ambiental e indenização em dinheiro, posto que o primeiro é excludente dos demais.

**18. (FGV/2016 — MPE/RJ — Analista do Ministério Público — Processual) Município do interior do Estado construiu e iniciou a operação de um cemitério municipal em janeiro de 2011, ignorando a Resolução do CONAMA n. 335/2003, que determina a obrigatoriedade de licenciamento ambiental para cemitérios. Em 2015, o Promotor de Tutela Coletiva com atribuição na matéria meio ambiente sobre o Município recebeu representação, dando conta de que o cemitério não possuía licença ambiental. Após a tramitação regular de inquérito civil, a investigação revelou, em abril de 2016, que além da ausência de licenciamento ambiental, o cemitério causa sérios danos ambientais, inclusive contaminação do solo e do lençol freático com necrochorume.**

Diante do quadro fático delineado, deverá o Promotor de Justiça de Tutela Coletiva:

a) promover o arquivamento do inquérito, seja porque o Município, na qualidade de poder público, não está sujeito a licenciamento ambiental de suas atividades consistentes em serviços públicos essenciais, seja porque o dano ambiental foi alcançado pela prescrição quinquenal;
b) promover o arquivamento do inquérito em relação à ausência de licença ambiental porque o Município, na qualidade de poder público, não está sujeito a licenciamento ambiental de suas atividades consistentes em serviços públicos essenciais, e ajuizar ação civil pública para reparação dos danos ambientais;
c) ajuizar ação popular, pleiteando, dentre outros pedidos, a condenação do Município, em obrigação de fazer, para submeter o cemitério a processo de licenciamento ambiental e para promover a recomposição do meio ambiente, inclusive com pedido de dano moral coletivo a ser suportado pessoalmente pelos agentes públicos responsáveis;
d) ajuizar ação civil pública, pleiteando, dentre outros pedidos, a condenação do Município, em obrigação de fazer, para submeter o cemitério a processo de licenciamento ambiental e para promover a recomposição do meio ambiente, com a recuperação e compensação ambiental pelos danos ambientais causados;
e) deflagrar ação penal pública incondicionada, mediante oferecimento de denúncia, pleiteando a condenação dos gestores municipais — Prefeito Municipal e Secretário Municipal de Meio Ambiente — à pena privativa de liberdade pela prática de crimes ambientais, bem como à reparação dos danos ambientais causados.

**19. (FCC/2016 — Prefeitura de Teresina/PI — Técnico de Nível Superior — Advogado) Em razão de extenso período de seca, determinado Município está com racionamento de água. O Ministério Público Estadual — MPE ajuizou Ação Civil Pública em face de um Hotel Resort e Parque Aquático existente no Município a fim de obrigar o empreendedor a reduzir a extração de água de aquífero que serve o Município, diante do risco dos moradores do local ficarem sem abastecimento. Na ação, o MPE pediu a antecipação da tutela. Tal pedido deverá ser**

a) indeferido, sob pena de haver interferência na livre-iniciativa privada, um dos fundamentos do Estado Democrático de Direito.
b) deferido, diante da presença de risco de dano irreparável ou de difícil reparação, com fundamento na defesa do meio ambiente, um dos princípios da ordem econômica.
c) indeferido, pois tratando-se de atividade privada com a devida licença ambiental, não cabe qualquer interferência do Estado em suas atividades.
d) indeferido, diante da ausência de risco de dano irreparável ou de difícil reparação.
e) deferido, com base no princípio do desenvolvimento sustentável, que autoriza a realização de atividades econômicas inobstante a presença de risco ambiental.

**20. (VUNESP/2016 — TJ/RJ — Juiz Substituto) Um Município, no interior de Minas Gerais, pretende, em sede recursal, a inclusão do referido Estado no polo passivo da Ação Civil Pública, que visa a reparação e prevenção de danos ambientais causados por deslizamentos de terras em encostas habitadas. Segundo regra geral quanto ao dano ambiental e urbanístico, e segundo posição do STJ, o litisconsórcio, nesses casos é**

a) facultativo, mesmo havendo múltiplos agentes poluidores.
b) obrigatório, no caso de causas concorrentes.
c) facultativo, pois os responsáveis pela degradação ambiental não são coobrigados solidários.
d) necessário, quando o ato envolve particular e poder público.
e) facultativo, quando envolve ato do particular e necessário quando envolve ato da Administração Pública.

## GABARITO

### 9.6.1. Ação popular

1. "c". De acordo com a jurisprudência do STJ, conforme, por exemplo, o julgamento do REsp n. 439.051/RO, já visto. Quanto à alternativa "a", vai contra interpretação do art. 5º, § 3º, da LAP, no sentido de que ocasiona a *prevenção* para *todas as ações* intentadas contra as *mesmas partes* e pelos *mesmos fundamentos*. Em relação à alternativa "b", o entendimento adotado é diferente do aqui defendido, no sentido de que o MP tem a *obrigatoriedade* de promover a execução nos casos do art. 16. Quanto à alternativa "d", está contrária ao art. 19 da LAP. Por fim, o art. 6º, § 5º, da LAP não traz a exceção descrita na letra "e".

2. "errado", já que o § 5º do art. 6º expressamente permite o ingresso de qualquer cidadão como litisconsorte ou assistente.

3. "certo". Como vimos, depois de certa controvérsia, a jurisprudência do STJ se firmou nesse sentido (ver REsp 474.475/SP).

4. "d". A afirmação III está correta de acordo com a literalidade do art. 17 da LAP. Quanto à afirmativa I, a sentença proferida sem a citação de litisconsorte necessário é, na forma do art. 47 do CPC, *ineficaz*. Em relação à II, o erro está em afirmar que a ação popular se presta à decretação da perda do cargo, que não pode ser por ela buscada. Por fim, a assertiva IV está equivocada porque o ressarcimento ao erário é imprescritível.

5. "b". De acordo com o art. 19 da LAP.

6. "c". De acordo com o art. 9º da LAP.

7. "c". De acordo com o art. 18 da LAP. Quanto ao erro das demais alternativas, ver, respectivamente: art. 1º (qualquer *cidadão*); art. 7º, IV (prazo de 20 dias, prorrogável por mais 20); art. 19 (na verdade, são as sentenças de *carência* e *improcedência*); e art. 13.

8. "e". Conforme o art. 6º, § 3º, da LAP, que cuida da intervenção móvel da pessoa jurídica.

9. "a". A Constituição Federal não estabelece tal limitação, assim como a Lei n. 4.717/65. Correta a alternativa "b": o litisconsórcio é necessário (por imposição do art. 6º da LAP) e simples (porque variam as condenações pecuniárias de cada um dos réus). Quanto ao prazo para contestação descrito na assertiva "c", ver art. 7º, IV, da LAP. Por fim, a alternativa "d" está de acordo o art. 12 da LAP.

10. "e". Conforme o art. 19, § 2º, da LAP. Para a assertiva I, necessário lembrar que o prazo para contestação é de 20 dias, prorrogáveis por mais 20, conforme o inciso IV do art. 7º da LAP. Por fim, a assertiva II está errada, pois, de acordo com o art. 6º, § 4º, da LAP, é *vedado* ao MP assumir a defesa do ato.

11. "b". De acordo com o art. 18, que prevê a coisa julgada *secundum eventum probationis*. Quanto à alternativa "a", está errada, pois a remessa necessária na ação popular se dá, ao contrário das regras do CPC, quando a sentença é de improcedência ou carência e, portanto, contrária ao interesse público buscado pelo cidadão, conforme o art. 19, *caput*, da LAP. Quanto à alternativa "c", está errada, pois a coisa julgada não é *secundum eventum litis*. Por fim, a alternativa "d" equivoca-se, pois a coisa julgada produz efeitos *erga omnes* em geral.

12. "d". De acordo com a jurisprudência do STJ que vimos, o inquérito civil tem *eficácia probatória relativa*. Quanto à alternativa "a", muito embora seja possível o controle, por ação popular, de atos discricionários, não pode o Judiciário adentrar no *mérito* (juízo de conveniência e oportunidade) do ato administrativo. A alternativa "b" está errada porque o art. 5º, § 4º, da Lei n. 4.717/65 expressa previsão da possibilidade de concessão de liminar em ação popular. Em relação à alternativa "c", o ajuizamento de uma demanda coletiva não impede o de outra. Em nossa visão, a alternativa "e" está errada, pois somente os *atos de efeito concreto* podem ser objeto de ação popular.

13. "d". Como vimos, é perfeitamente possível a cumulação de pedidos de natureza distinta na ação civil pública, devendo sempre ter preferência a tutela específica, seguida da reparação *in natura* e, por fim, pecuniária. Quanto à alternativa "a", está errada, pois o MP não pode assumir,

em qualquer hipótese, a defesa do ato, conforme o art. 6º, § 4º, da LAP. Já a alternativa "b" está errada, pois a coisa julgada é, em regra, *erga omnes*, de acordo com o art. 18 da LAP. Em relação à alternativa "c", a legitimidade para propor ação popular é do cidadão, conceito mais restrito do que o de pessoa. A alternativa "e", por fim, está errada, pois a declaração de inconstitucionalidade em ação civil pública é, realmente, *incidenter tantum*, mas com efeitos *inter partes*.

14. "errado". A partir do momento em que a autarquia federal ingressa no feito como *litisconsorte ativo* (admitido pelo § 3º do art. 6º da LAP), configura-se a hipótese do art. 102, I, *f*, da CF/88 ("compete ao Supremo Tribunal Federal processar e julgar, originariamente (...) as causas e os conflitos entre a União e os Estados, a União e o Distrito Federal, ou entre uns e outros, inclusive as respectivas entidades da administração indireta"), tornando competente o STF.

15. "d". Segundo art. 5º, LXXIII, da CF88, c/c art. 1º, *caput*, da Lei n. 4.717/65.

16. "d". Segundo art. 17 da Lei n. 4.717/65.

## 9.6.2. Ação civil pública

1. "c". De acordo com o art. 5º, § 5º, da Lei n. 7.347/85. Para o erro das demais alternativas, ver: "a" — art. 5º, § 3º, da Lei n. 7.347/85; "b" — art. 6º, § 4º, da Lei n. 4.717/65 (que expressamente proíbe o MP de defender o ato impugnado); "d" — art. 6º da Lei n. 7.347/85; "e" — art. 5º da Lei n. 7.347/85.

2. "c". As afirmativas I, III e IV são verdadeiras, de acordo, respectivamente, com os seguintes dispositivos da Lei n. 7.437/85: art. 2º; art. 12, *caput*; art. 12, § 1º. Quanto à assertiva II, é falsa, por desconsiderar a exceção prevista pelo § 4º do art. 5º da mesma lei.

3. "e". De acordo com o art. 5º, II, da Lei n. 7.347/85.

4. "c". Conforme se depreende do art. 8º da Lei n. 7.437/85, é *dispensável* o inquérito civil para a propositura da Ação Civil Pública. Tal circunstância explica, também, o erro das alternativas "b" e "d". Quanto à alternativa "a", o erro está em afirmar que constitui *contravenção penal* sujeita a *detenção*, quando o art. 10 da Lei n. 7.437/85 deixa claro ser *crime* punido com *reclusão*. Por fim, quanto à alternativa "e", o art. 9º, § 1º, trata do arquivamento do *inquérito civil*, e não da *ação civil pública*.

5. "b". Assertivas I e IV conforme, respectivamente, os arts. 8º, § 1º, e 10 da LACP. Quanto à afirmativa II, o prazo é de 3 dias, de acordo com o § 1º do art. 9º da LACP. Por fim, o erro da afirmativa III está em que a deliberação é feita pelo Conselho Superior do MP, conforme o § 3º do art. 9º.

6. "e". A melhor interpretação a ser dada ao art. 2º da LACP é no sentido de que não se trata de competência *territorial*, mas *absoluta*, o que explica, ainda, o erro das alternativas "a" e "c". Quanto à alternativa "b", está errada, pois os atos (decisórios, apenas) praticados por juiz absolutamente incompetente são *nulos*, de acordo com o art. 112, § 2º, do CPC. Por fim, a alternativa "d" está errada, pois a competência é, no caso, *federal*, por se tratar de dano *regional*.

7. "d". De acordo com o art. 16 da LACP. Quanto à alternativa "a", está errada, pois a legitimidade na ação civil pública é apenas das entidades eleitas pelo legislador. Em relação à alternativa "b", equivoca-se, pois, como vimos, podem ser cumuladas todas as espécies de pedido na ação civil pública. Quanto à alternativa "c", não faz sentido, na medida em que *todos* os direitos coletivos *lato sensu* podem ser tutelados pela ação civil pública. Por fim, para a "e", o art. 5º, II, da LACP outorga tal legitimidade à defensoria.

8. "d". De acordo com o art. 5º, § 5º, da LACP. A alternativa "a" está errada, pois a participação do MP é *obrigatória*, e não facultativa, de acordo com o art. 5º, § 1º. Para a alternativa "b", o MP também pode tomar o TAC. Quanto à alternativa "c", equivoca-se, pois o art. 5º prevê diversos entes públicos como legitimados. Por fim, a alternativa "e" está errada, pois qualquer legitimado pode assumir o polo ativo (art. 5º, § 3º, da LACP).

9. "errado". De acordo com o § 1º do art. 12 da LACP, apenas as pessoas jurídicas de direito público podem requerer a suspensão de segurança.

10. "errado". Na ação popular, como vimos, haverá cumulação eventual de pedidos constitutivo e declaratório, o que se reflete na sentença. Já na ação civil pública, é possível a cumulação das mais diversas espécies de pedido.

11. "correto". Exatamente igual ao julgamento do Rcl 3.074/MG pelo Pleno do STF, por aplicação do art. 102, I, *f*, da CF/88.

12. "certo". Aplicação da regra do art. 16 da LACP.

13. "e". Conforme a jurisprudência do STJ, qualquer das comarcas é competente neste caso, sendo prevento o juízo no qual foi proposta primeiro a demanda (art. 2º, parágrafo único, da LACP). A alternativa "a" está errada, pois o TAC pode ser firmado por qualquer órgão público legitimado, de acordo com o art. 5º, § 6º, da LACP. Em relação à alternativa "b", está errada, pois apenas não há condenação da associação autora (tampouco do MP) no caso de derrota, exceto ficando comprovada sua má-fé, de acordo com o art. 18 da LACP. Quanto à alternativa "c", está errada, pois, como os recursos não possuem em regra efeito suspensivo, a sentença é desde logo eficaz, suplantando eventual tutela liminarmente concedida. Por fim, quanto à alternativa "d", a assunção da demanda é *facultada* ao MP, na forma do art. 5º, § 3º, da LACP.

14. "c". Segundo art. 1º, IV e VII, da LACP.

15. "a". Segundo art. 16 da LACP.

16. "d". Segundo art. 8º, § 1º, da LACP.

17. "d". A jurisprudência do STJ está firmada no sentido da viabilidade, no âmbito da Lei n. 7.347/85 e da Lei n. 6.938/81, de cumulação de obrigações de fazer, de não fazer e de indenizar (REsp 1.328.753/MG, *DJe* 3-2-2015).

18. "d". Ação civil pública ou ação popular serão o meio adequado para requerer a recuperação dos danos e a exigência de licença. Nesse sentido: TJ-PR 898.604-3. A letra "a" está errada porque o Município tem competência para licenciar e o dano ambiental é imprescritível. A letra "b" está errada pelo mesmo motivo anterior. A letra "c" está errada porque a legitimidade para propor a ação popular é do cidadão.

19. "b". A defesa do meio ambiente é princípio da ordem econômica, conforme previsto no art. 170, VI, CF.

20. "a". Segundo o STJ, "no dano ambiental e urbanístico, a regra geral é a do litisconsórcio facultativo. Segundo a jurisprudência do STJ, nesse campo a "responsabilidade (objetiva) é solidária" (REsp 604.725/PR, rel. Min. Castro Meira, 2ª Turma, *DJ* 22-8-2005, p. 202). Logo, mesmo havendo "múltiplos agentes poluidores, não existe obrigatoriedade na formação do litisconsórcio", abrindo-se ao autor a possibilidade de "demandar de qualquer um deles, isoladamente ou em conjunto, pelo todo" (AgRg no AREsp 432.409/RJ, rel. Min. Herman Benjamin, 2ª Turma, julgado em 25-2-2014, *DJe* 19-3-2014).

# 10

# TUTELA ADMINISTRATIVA DO MEIO AMBIENTE

## 10.1. CONSIDERAÇÕES INICIAIS

Estudamos, no capítulo anterior, o que chamamos de "tutela processual civil do meio ambiente". Para sermos mais exatos, cuidamos de examinar as múltiplas influências que as características peculiares do bem ambiental causam sobre o mecanismo — processo — de atuação da **função jurisdicional**.

Tudo o que vimos se refere, então, ao exercício da jurisdição enquanto função estatal voltada a **pacificar conflitos**. No caso, conflitos que envolvam o meio ambiente.

O que estudaremos, agora, são os mecanismos de que outra função estatal, a Administração Pública, lança mão para proteger o equilíbrio ecológico.

Diferentemente da função jurisdicional, a Administração Pública tem por escopo **realizar diretamente** os objetivos do Estado, enquanto ente catalisador dos diversos interesses dispersos na sociedade. Por outras palavras, não atua apenas por provocação, vez que pode por si mesma buscar cumprir os desígnios que a lei lhe impõe.

Neste capítulo, serão úteis muitos dos conceitos vistos ao longo deste livro.

Por exemplo, lembremos que, como estudado no Capítulo 5, a **competência material** em assuntos ambientais, ou seja, a competência que disciplina a Administração Pública, é do tipo **comum**, conforme deixa claro o **art. 23, VI e VII**,[1] da CF/88.

Ou seja, **todos os entes da Federação** — União, Estados, Municípios e Distrito Federal — podem **atuar paralelamente** e em **condições de igualdade** para dar atuação às normas protetivas do meio ambiente.[2]

Aliás, vimos também que, visando justamente operacionalizar essa competência, a **Lei n. 6.938/81** criou o **Sistema Nacional do Meio Ambiente (SISNAMA)**.

---

1 "Art. 23. É competência comum da União, dos Estados, do Distrito Federal e dos Municípios: (...) VI — proteger o meio ambiente e combater a poluição em qualquer de suas formas; VII — preservar as florestas, a fauna e a flora; (...)."

2 Mais, sobre o assunto, conferir, *supra*, o *item 5.3*.

Trata-se de um conjunto de órgãos estatais, em todos os níveis da Federação, voltados à implementação da Política Ambiental.[3]

Definiu, também, a Lei n. 6.938/81 um extenso rol de **instrumentos** destinados a dar atuação à Política Nacional do Meio Ambiente. É o que se vê em seu art. 9º:

> "Art. 9º São instrumentos da Política Nacional do Meio Ambiente:
>
> I — o estabelecimento de padrões de qualidade ambiental;
>
> II — o zoneamento ambiental;
>
> III — a avaliação de impactos ambientais;
>
> IV — o licenciamento e a revisão de atividades efetiva ou potencialmente poluidoras;
>
> V — os incentivos à produção e instalação de equipamentos e a criação ou absorção de tecnologia, voltados para a melhoria da qualidade ambiental;
>
> VI — a criação de espaços territoriais especialmente protegidos pelo Poder Público federal, estadual e municipal, tais como áreas de proteção ambiental, de relevante interesse ecológico e reservas extrativistas;
>
> VII — o sistema nacional de informações sobre o meio ambiente;
>
> VIII — o Cadastro Técnico Federal de Atividades e Instrumentos de Defesa Ambiental;
>
> IX — as penalidades disciplinares ou compensatórias ao não cumprimento das medidas necessárias à preservação ou correção da degradação ambiental;
>
> X — a instituição do Relatório de Qualidade do Meio Ambiente, a ser divulgado anualmente pelo Instituto Brasileiro do Meio Ambiente e Recursos Naturais Renováveis — IBAMA;
>
> XI — a garantia da prestação de informações relativas ao Meio Ambiente, obrigando-se o Poder Público a produzi-las, quando inexistentes;
>
> XII — o Cadastro Técnico Federal de atividades potencialmente poluidoras e/ou utilizadoras dos recursos ambientais;
>
> XIII — instrumentos econômicos, como concessão florestal, servidão ambiental, seguro ambiental e outros."

Analisando o conteúdo dos incisos, o que se vê, em verdade, é que tratam, todos, de **instrumentos administrativos**. Ou seja, mecanismos que a Administração Pública — por meio do SISNAMA — deve utilizar em prol do meio ambiente.

Acrescente-se, ainda, que, como vimos, tais instrumentos são em sua maioria[4] **preventivos**, ou seja, visam evitar a ocorrência de ilícitos ambientais ou implementar políticas em prol do ambiente.

---

[3] A estrutura administrativa do SISNAMA está descrita no art. 6º da Lei n. 6.938/81. Sobre ela, consultar o *item 5.3.1*.

[4] A exceção fica por conta do inciso IX, que trata de *penalidades*.

Quanto aos instrumentos administrativos **repressivos**, estudamos a **responsabilidade administrativa**, que trata da resposta estatal às diversas antijuridicidades ambientais.

E é justamente com base no rol do **art. 9º da PNMA** que analisaremos a **tutela administrativa** do meio ambiente. Trataremos dos mais importantes **instrumentos preventivos** estabelecidos naquele dispositivo.

## ■ 10.2. PADRÕES DE QUALIDADE AMBIENTAL

Comecemos pelo inciso I do art. 9º da Lei n. 6.938/81, que prescreve que **"o estabelecimento de padrões de qualidade ambiental"** constitui instrumento da política nacional do meio ambiente.

Tais "padrões de qualidade ambiental" são fixados pelo **CONAMA**, que, no exercício de sua função deliberativa (normativa), é o órgão que detém **competência legal e técnica** para tanto, conforme indica o **art. 8º, VI e VII**, da mesma lei:

> "Art. 8º Compete ao CONAMA: (...)
>
> VI — estabelecer, privativamente, normas e padrões nacionais de controle da poluição por veículos automotores, aeronaves e embarcações, mediante audiência dos Ministérios competentes;
>
> VII — estabelecer normas, critérios e padrões relativos ao controle e à manutenção da qualidade do meio ambiente com vistas ao uso racional dos recursos ambientais, principalmente os hídricos."

Trata-se de instrumentos de extrema importância para a gestão do meio ambiente, tanto sob a perspectiva da **população** quanto sob o viés da própria **administração pública**.

Afinal, se por um lado são parâmetros para que a Administração fixe condicionantes e metas em processos de licenciamento, por outro servem para que a própria população possa controlar quais atividades obedecem, ou não, aos limites saudáveis de degradação. Dão, assim, atuação ao princípio da educação.

Lembremo-nos do próprio conceito de **poluição**, que traz o **art. 3º, III, *e***, da PNMA, no sentido da "degradação da qualidade ambiental resultante de atividades que direta ou indiretamente lancem matérias ou energia em **desacordo com os padrões ambientais estabelecidos**".

Admite o legislador, assim, que até possam ser lançadas *matérias e energias* na natureza (trata-se de consequência inexorável da atividade econômica), desde que se **observem os padrões ambientais**.

Visando exatamente determinar da maneira mais adequada tais padrões, o CONAMA é formado por um denso corpo técnico, distribuído em diversas câmaras técnicas com competências de acordo com este ou aquele assunto.

São, ainda, tais padrões importante vetor de **segurança jurídica** na medida em que permitem que qualquer empreendedor possa vislumbrar, antecipadamente, a viabilidade da atividade que pretende implementar, de acordo com os padrões técnicos estabelecidos pela norma ambiental.

Vale dizer, ademais, que o fato de tais padrões serem fixados por **norma administrativa** é de extrema importância.

Afinal, é preciso que a sua **alteração** não esteja sujeita aos formalismos exigidos para a edição/modificação de uma lei (em sentido estrito), justamente para que possam acompanhar as permanentes mutações que sofrem os bens ambientais e o equilíbrio ecológico.

É de conhecimento geral que os bens ambientais são instáveis pela sua própria natureza. Muitas vezes, alterações climáticas, mudanças no tempo e no espaço, aumento da densidade populacional numa determinada região, etc., podem influenciar de forma decisiva na necessidade de se fixar **novos padrões** que atendam à **nova realidade ambiental**. É preciso, portanto, serem constantemente revistos, sob pena de se engessar um padrão ambiental em função de uma realidade que não existe mais.

Diga-se, ainda, que a fixação desses parâmetros serviu, e serve, de apoio para o desenvolvimento de programas específicos no âmbito do CONAMA, como o Programa de Controle da Poluição do Ar por Veículos Automotores (PROCONVE) e o Programa Nacional de Controle de Qualidade do Ar (PRONAR).

Aliás, este último, o **PRONAR**, surgiu no ano de 1989 para suprir a absurda falta de lei que tenha como objeto a **proteção do ar**, diferente do que se passa, por exemplo, com os recursos hídricos (Lei n. 9.433/97) e os resíduos sólidos (Lei n. 12.305/2010).

Justamente por isso, a Resolução **CONAMA n. 5/89**, que criou o PRONAR, funciona como se lei fosse, fixando estratégias, limites e padrões de emissão, instrumentos, ações no médio e no curto prazo, regras de monitoramento, de prevenção, de gestão política, etc.

Tal resolução foi complementada, ainda, pela Resolução **CONAMA n. 3/90**, que definiu os **padrões de qualidade do ar**, ou seja, a máxima concentração de poluentes atmosféricos que, ultrapassada, poderá afetar a saúde, a segurança e o bem-estar da população, bem como ocasionar danos à flora e à fauna, aos materiais e ao meio ambiente em geral.

Por fim, diga-se que, embora no ano de 1993 tenha sido aprovada **lei de controle de emissão de poluentes por automóveis (Lei n. 8.723/93)**, ainda assim as citadas Resoluções CONAMA ns. 5/89 e 3/90 continuam a ter sobranceira importância.

## ■ 10.3. ZONEAMENTO AMBIENTAL

Numa sociedade cada vez mais populosa, em que a escassez de recursos naturais é uma realidade crescente, a **adequada e racional ocupação e distribuição do uso do solo** é um vetor importante para manter e preservar a qualidade de vida das pessoas e a integridade do meio ambiente.

Nessa toada, o texto constitucional assevera no **art. 21, IX**, que **compete à União** "elaborar e executar **planos nacionais e regionais de ordenação do território** e de desenvolvimento econômico e social".

Ainda, o Texto Maior prescreve, no **art. 182**, a regra de que compete ao **Poder Público Municipal** estabelecer a **Política Urbana**, mediante ordenamento do seu território, que garanta o pleno desenvolvimento e o bem-estar aos seus habitantes.

Por isso mesmo é que o **§ 2º** do mesmo art. 182 determina que "a propriedade **urbana** cumpre sua **função social** quando atende às **exigências fundamentais de ordenação da cidade** expressas no plano diretor".

É importantíssimo, assim, para a manutenção da qualidade de vida da população, que seja estabelecida uma política de racional e ordenada ocupação do território.

Essa ordenação, contudo, não interessa apenas à população humana e à vida nas cidades. Também o **meio ambiente** é extremamente afetado pela maneira como se dá a ocupação dos solos urbano e rural. Importantíssimo falar, destarte, em **zoneamento ambiental**.

Por tudo isso é que o zoneamento ambiental (ou **zoneamento ecológico-econômico**) foi colocado no **art. 9º, II, da Lei n. 6.938/81**, como um dos instrumentos de proteção ambiental, tendo sido regulamentado posteriormente pelo **Decreto n. 4.297/2002**.

Ali, em seu **art. 2º**, define-se o que seria o **Zoneamento Ecológico-Econômico:**

> "Art. 2º O **ZEE**, **instrumento de organização do território** a ser obrigatoriamente seguido na implantação de planos, obras e atividades públicas e privadas, estabelece **medidas e padrões de proteção ambiental** destinados a assegurar a qualidade ambiental, dos recursos hídricos e do solo e a conservação da biodiversidade, garantindo o **desenvolvimento sustentável** e a **melhoria das condições de vida** da população."

Interessante notar, ainda, o art. 5º do decreto, que declara expressamente que o ZEE deve obediência aos princípios fundamentais do direito ambiental:

> "Art. 5º O ZEE (...) obedecerá aos princípios da função socioambiental da propriedade, da prevenção, da precaução, do poluidor-pagador, do usuário-pagador, da participação informada, do acesso equitativo e da integração."

Obviamente, o zoneamento não substitui nem se superpõe ao **Plano Diretor Urbano** ou às **leis de ordenamento de território**, de competência do **Município**, mas apenas estabelece as **diretrizes gerais**, **objetivos** e aspectos que devem ser levados em consideração para a fixação de zonas de proteção do ambiente.

Daí a importância de serem fixados, como de fato faz o Decreto n. 4.297/2002, **critérios gerais**, evitando, assim, verdadeiras aberrações, distinções indevidas (e até competições econômicas) entre os padrões a serem adotados pelos diversos Municípios.

## ■ 10.4. AVALIAÇÃO DE IMPACTOS AMBIENTAIS

### ■ 10.4.1. Introdução

É, ainda, instrumento da política ambiental a **"avaliação de impactos ambientais"** (inciso III do art. 9º da Lei n. 6.938/81).

Trata-se de importante método de gestão e política ambiental, que tem por finalidade inocultável evitar **danos e ilícitos contra o meio ambiente**, dando rendimento aos princípios da **prevenção** e da **precaução**.

### ■ 10.4.2. AIA e estudos ambientais

Quanto à AIA, trata-se de técnica ou instrumento de gestão administrativa do meio ambiente que permite **avaliar a qualidade e a quantidade de impacto ambiental a ser causado por uma obra ou empreendimento**, a partir de uma série de procedimentos, como **diagnóstico**, análises de **risco**, **propostas de mitigação**, de forma que se possam antever as consequências de uma dada atividade.

Não há que se confundir, ainda, a **avaliação** com os **estudos ambientais**.[5] Estes são os meios utilizados para possibilitar a avaliação. É por meio dos estudos que se pode chegar a uma conclusão sobre a magnitude do impacto ambiental causado por um empreendimento. E mais, por meio dos estudos, podem ser definidas medidas a serem tomadas para minimizar o impacto.

Assim, os **estudos ambientais** são o embasamento **técnico-científico** necessário às avaliações de impacto ambiental. Já do ponto de vista **jurídico**, justifica-se a avaliação especialmente pelos princípios da prevenção e da precaução.

---

[5] Os *estudos ambientais* são definidos no art. 1º, III, da Resolução CONAMA n. 237/97: "são todos e quaisquer estudos relativos aos aspectos ambientais relacionados à localização, instalação, operação e ampliação de uma atividade ou empreendimento, apresentado como subsídio para a análise da licença requerida, tais como: relatório ambiental, plano e projeto de controle ambiental, relatório ambiental preliminar, diagnóstico ambiental, plano de manejo, plano de recuperação de área degradada e análise preliminar de risco".

### ■ 10.4.3. AIA no mundo

A técnica de avaliação de impactos ambientais vista como instrumento de gestão administrativa para prevenção de danos ao entorno teve sua origem no **direito norte-americano**, com a criação do ***National Environmental Police Act* (NEPA)**, em que se previa o ***Environmental Impact Statement* (EIS)**.

Tal ferramenta logo foi exportada para diversos outros países desenvolvidos, que, segundo suas peculiaridades culturais, trataram do mecanismo com pequenas diferenças, mas com **identidade de propósito: gestão preventiva do meio ambiente**.

Assim, países como **Canadá**, **França**, **Nova Zelândia**, **Austrália** e **Holanda** estabeleceram vínculos que condicionavam a aprovação de empreendimentos à realização de avaliações prévias de impactos.

Outros países, como a **Grã-Bretanha** e a **Alemanha**, também adotaram a técnica da avaliação de impacto, mas sem condicionar a aprovação de projetos e empreendimentos à sua realização.

Já nos chamados países em desenvolvimento, a técnica de avaliação de impactos ambientais só se incorporou às legislações e aos ordenamentos jurídicos por causa das exigências feitas pelos **órgãos de cooperação internacional**, tais como o Banco Mundial, a Organização para a Cooperação e o Desenvolvimento Econômico (OCDE) e o Programa das Nações Unidas para o Meio Ambiente (PNUMA).

### ■ 10.4.4. AIA no Brasil

A primeira vez que se realizou uma avaliação de impacto no Brasil foi no ano 1972, quando o país recebeu financiamento do Banco Mundial para construção da barragem e da hidrelétrica de Sobradinho.

Os estudos ambientais, contudo, eram feitos por técnicos estrangeiros e se davam muito mais por uma exigência do Banco Mundial do que propriamente por técnica de gestão ambiental brasileira.

Diga-se, aliás, que a avaliação não condicionava ou criava qualquer vínculo em relação à realização do empreendimento. E assim ocorreu com muitos projetos financiados pelo Banco Mundial no país.

A primeira vez, contudo, em que a avaliação de impacto recebeu regramento mais pormenorizado e adequado foi com o Sistema de Licenciamento de Atividades Poluidoras **(SLAP)**, no **Rio de Janeiro**, por meio do **Decreto Estadual n. 1.633**, de 1977. Permitia-se, ali, ao órgão administrativo exigir a avaliação e usá-la como fator de aprovação ou rejeição de um projeto.

Em âmbito nacional, pode-se afirmar que o embrião da avaliação de impacto ambiental surgiu com a **Lei n. 6.803/80 (Lei de Zoneamento Industrial)**,[6] tal como se observa em seus **arts. 9º e 10:**

> "Art. 9º O licenciamento para implantação, operação e ampliação de estabelecimentos industriais, nas áreas críticas de poluição, dependerá da observância do disposto nesta Lei, bem como do atendimento das normas e padrões ambientais definidos pela SEMA, pelos organismos estaduais e municipais competentes, notadamente quanto às seguintes características dos processos de produção:
>
> I — emissão de gases, vapores, ruídos, vibrações e radiações;
>
> II — riscos de explosão, incêndios, vazamentos danosos e outras situações de emergência;
>
> III — volume e qualidade de insumos básicos, de pessoal e de tráfego gerados;
>
> IV — padrões de uso e ocupação do solo;
>
> V — disponibilidade nas redes de energia elétrica, água, esgoto, comunicações e outros;
>
> VI — horários de atividade.
>
> Parágrafo único. O licenciamento previsto no *caput* deste artigo é da competência dos órgãos estaduais de controle da poluição e não exclui a exigência de licenças para outros fins."
>
> "Art. 10. (...)
>
> § 3º Além dos estudos normalmente exigíveis para o estabelecimento de zoneamento urbano, a aprovação das zonas a que se refere o parágrafo anterior será precedida de estudos especiais de alternativas e de **avaliações de impacto**, que permitam estabelecer a confiabilidade da solução a ser adotada."

No ano seguinte, então, foi introduzida a **avaliação de impacto ambiental** no ordenamento jurídico nacional como **instrumento** da Política Nacional do Meio Ambiente (art. 9º, III, da Lei n. 6.938/81).

Contudo, foi apenas com o Decreto n. **88.351/83** (o primeiro que regulamentou a Lei n. 6.938/81, posteriormente revogado pelo Decreto n. 99.274/90), por meio de seu art. **7º, IV e § 1º**, que ficou clara a possibilidade de se **exigir, antes ou depois do licenciamento do empreendimento**, a realização de **estudos ambientais**, vinculando-o ao procedimento de licenciamento (por sua vez, estabelecido no art. 18):

> "Art. 7º Compete ao CONAMA: (...)
>
> IV — determinar, **quando julgar necessário**, antes ou após o respectivo licenciamento, a realização de **estudo das alternativas e das possíveis consequências**

---

[6] Para melhor análise da Lei n. 6.803/80, conferir o *item 6.5.3*.

**ambientais** de projetos públicos ou privados de grande porte, requisitando aos órgãos a entidades da Administração Pública, bem como às entidades privadas, as informações indispensáveis ao exame da matéria; (...)

§ 1º As normas e critérios para o licenciamento de atividades potencial ou efetivamente poluidoras deverão estabelecer os requisitos indispensáveis à proteção ambiental."

"Art. 18. A construção, instalação, ampliação e funcionamento de estabelecimento de atividades utilizadoras de recursos ambientais, consideradas efetiva ou potencialmente poluidoras, bem como os empreendimentos capazes, sob qualquer forma, de causar degradação ambiental, dependerão de prévio licenciamento do órgão estadual competente, integrante do SISNAMA, sem prejuízo de outras licenças legalmente exigíveis.

§ 1º Caberá ao CONAMA fixar os critérios básicos, segundo os quais serão exigidos estudos de impacto ambiental para fins de licenciamento, contendo, entre outros, os seguintes itens:

*a)* diagnóstico ambiental da área;

*b)* descrição da ação proposta e suas alternativas;

*c)* **identificação, análise e previsão dos impactos significativos, positivos e negativos**."

Eis aí a origem da avaliação de impacto aqui no Brasil.

### ■ 10.4.5. AIA e licenciamento

A razão que justifica juridicamente o **licenciamento ambiental** não é exatamente a mesma que justifica **avaliações de impacto ambiental**.

Aquele — o **licenciamento** — é justificado em razão da necessidade de impedir que o equilíbrio ecológico, bem de uso comum do povo, tenha um uso atípico, privado e egoísta sem que exista uma "autorização, uma licença, uma permissão" do poder público (gestor do bem difuso).

Já a **avaliação de impacto ambiental** está diretamente relacionada com a necessidade de se dar **transparência**, **informação** e **participação** na identificação de **impactos** que obras, serviços, atividades e empreendimentos possam causar ao meio ambiente.

Porém, as raízes diversas, as finalidades de ambos se completam, pois são as **avaliações de impacto** que dão **subsídios** para se **negar ou permitir** a concessão de uma licença àquele que pretenda destinar um bem ambiental a um uso atípico ou invulgar (uso não ecológico).

A conexão entre os institutos se deu, então, com o **Decreto n. 88.351/83** e, desde então, as **avaliações de impacto ambiental passaram a ser elemento**

**imprescindível no processo de licenciamento**, servindo de base essencial para tomada de decisões do poder público.

É claro que as avaliações de impacto ambiental podem ser exigidas fora de procedimentos de licenciamento ambiental, mas inegavelmente é nesta seara que encontram seu *habitat* mais frequente.

## 10.5. LICENCIAMENTO AMBIENTAL

### 10.5.1. Introito

**Licenciar** significa, em sentido comum, dar "permissão", "anuência", "consentimento", "autorização", etc. Pedir "licença" é fato corriqueiro no cotidiano das pessoas, quando pretendem fazer ou deixar de fazer alguma coisa e se dirigem a outra pessoa solicitando a permissão, ou anuência ou o consentimento em relação àquilo que querem fazer. Desde se sentar num banco de ônibus até pedir passagem numa fila, "licença" é sinônimo de boa educação e respeito ao próximo.

Este sentido que se dá à palavra "licença" pode ser emprestado também para o que aqui estamos tratando.

Ora, se considerarmos que o **meio ambiente ecologicamente equilibrado** é um **bem de uso comum do povo** e que compete ao **poder público o seu controle e gestão**, é certo que não se poderá admitir o **uso incomum ou atípico** do bem ambiental (uso econômico, por exemplo) sem um "pedido de licença".

Ou seja, é preciso que se **consinta**, **autorize**, **permita**, **anua** um **uso incomum do bem ambiental**, pois o seu uso vulgar e típico é aquele destinado aos fins ecológicos e naturais. E, como a titularidade deste bem é do povo, sendo ele gerido pelo Poder Público (art. 225, § 1º), é este que deverá conceder ou não conceder a licença pretendida para um uso incomum.

Trocando em miúdos, é de se dizer que ninguém precisa de uma licença ambiental para respirar, já que este é um uso comum do ar atmosférico. Todavia, caso alguém pretenda utilizar o ar atmosférico para fins econômicos — tal como envasamento de gases para serem comercializados — é mister que seja **requerida e anuída junto ao poder público a licença** para tanto.

### 10.5.2. Licença e licenciamento ambiental

**Licença** e **licenciamento** não são exatamente a mesma coisa, embora exista uma ligação visceral entre eles.

É que a **licença ambiental** é o **ato resultante** do processo de **licenciamento**.

Só se obtém uma licença ambiental após o desenvolvimento válido e regular de uma sequência de atos administrativos em contraditório que culminam num **ato final**, que é a concessão ou denegação do pedido de licença ambiental.

Esse ato final resultante desse processo é a **licença ambiental**. Já o processo ou procedimento em si mesmo, englobando todos os atos e a forma como se desenvolve, é o **licenciamento ambiental**.

Tanto um como o outro, licença e licenciamento, foram definidos na **Resolução CONAMA n. 237/97**. Vejamos:

> "Art. 1º Para efeito desta Resolução são adotadas as seguintes definições:
>
> I — **Licenciamento Ambiental: procedimento administrativo** pelo qual o órgão ambiental competente licencia a localização, instalação, ampliação e a operação de empreendimentos e atividades utilizadoras de recursos ambientais, consideradas efetiva ou potencialmente poluidoras ou daquelas que, sob qualquer forma, possam causar degradação ambiental, considerando as disposições legais e regulamentares e as normas técnicas aplicáveis ao caso.
>
> II — **Licença Ambiental: ato administrativo** pelo qual o órgão ambiental competente estabelece as condições, restrições e medidas de controle ambiental que deverão ser obedecidas pelo empreendedor, pessoa física ou jurídica, para localizar, instalar, ampliar e operar empreendimentos ou atividades utilizadoras dos recursos ambientais consideradas efetiva ou potencialmente poluidoras ou aquelas que, sob qualquer forma, possam causar degradação ambiental."

### ■ 10.5.3. Licença ambiental e estudos ambientais

Também entre a **licença** e os **estudos ambientais** existe uma ligação inseparável, apesar de não se confundirem.

A **licença ambiental** é o **ato administrativo** complexo que resulta de um procedimento administrativo com amplo contraditório **(licenciamento)**, no qual **são realizados estudos ambientais** justamente para embasar a concessão ou a denegação do pedido.

Não se limita, contudo, a utilização dos estudos ambientais ao licenciamento, podendo servir para outros procedimentos administrativos, como as avaliações de impacto, a fixação de padrões de qualidade ambiental, o monitoramento ambiental, o zoneamento ambiental, etc.

Assim, pode-se afirmar que toda licença depende de um estudo ambiental, mas o estudo ambiental não é usado apenas para as licenças ambientais.

É exatamente nesse particular que não nos parece correta a conceituação dada pela Resolução n. 237/97 aos **estudos ambientais**, na medida em que os vincula ao licenciamento:

> "Art. 1º Para efeito desta Resolução são adotadas as seguintes definições: (...)
>
> III — **Estudos Ambientais:** são todos e quaisquer estudos relativos aos aspectos ambientais relacionados à localização, instalação, operação e ampliação de uma

atividade ou empreendimento, **apresentado como subsídio para a análise da licença requerida**, tais como: relatório ambiental, plano e projeto de controle ambiental, relatório ambiental preliminar, diagnóstico ambiental, plano de manejo, plano de recuperação de área degradada e análise preliminar de risco."

### 10.5.4. Licenciamento ambiental: processo ou procedimento administrativo?

A questão de saber se a **natureza** do licenciamento ambiental é de **processo** ou de simples **procedimento administrativo** tem sabor muito mais acadêmico do que prático. Em nada interfere na atuação concreta dos operadores do direito ambiental.

Seja visto como processo ou como procedimento, a verdade é que a **sequência de atos** interligados entre si que culminam na concessão ou na rejeição da licença ambiental deve se pautar pelo **devido processo legal** e pelos **princípios constitucionais regentes da atuação da administração pública**, seja sob a perspectiva formal ou material.

Isso significa que este método ou técnica deve ser **público**, conter **decisões fundamentadas**, desenvolver-se com **contraditório** e **ampla defesa**, ser processado e julgado com **imparcialidade**, etc.

Particularmente, entendemos que a obtenção (ou rejeição) da licença ambiental é angariada num **processo administrativo informado por princípios constitucionais**, com sujeitos que nele se inserem e desenvolvem suas pretensões, criando situações jurídicas diversas e complexas, num ritual **dialético** e **participativo**, marcas próprias de um contraditório.

É, portanto, uma **relação jurídica** que se forma entre o **Estado/administração** e o **administrado**, animada por um **contraditório** e totalmente permeada e delimitada pelo **devido processo legal**.

### 10.5.5. Atividades sujeitas à licença ambiental

A existência da licença ambiental está condicionada a dois fatores fundamentais:

- Não se pode dar um **uso incomum** a um bem que pertence ao povo e cuja destinação constitui um direito fundamental (equilíbrio ecológico) da coletividade, sem que se **peça autorização** para tanto.
- Trata-se de uma ferramenta de **gestão ambiental** para que o Estado atue no **controle do uso atípico** e na **prevenção** e **precaução** dos impactos que possam ser causados ao meio ambiente.

Dessa forma, para saber se uma atividade ou obra deve ser merecedora de um processo de licença ambiental, basta **verificar se em tal empreendimento será dado algum uso incomum a um recurso ambiental**.

Se assim o for, deve haver o licenciamento ambiental. Ninguém pode usar um bem que pertence ao povo de uma forma diversa daquela que foi constitucionalmente garantida como direito fundamental de todos, sem que esteja autorizado a tanto.

Acrescente-se a este aspecto (uso incomum) o fato de que, sendo a licença ambiental um **instrumento de gestão** do meio ambiente, é com ela que se permite proteger, prevenir, responsabilizar, mitigar, compensar, enfim, **controlar** atividades, empreendimentos e obras que possam causar **impacto ambiental**.

Lembremos que há, no texto constitucional, uma verdadeira **presunção de que toda atividade econômica é impactante do meio ambiente (art. 170, VI)**. Não é por acaso que a ordem econômica brasileira tem por **princípio** a **defesa do meio ambiente**.

A palavra "defesa" é o reconhecimento de que toda atividade econômica faz uso dos bens ambientais como matéria-prima e, por isso, agride e ofende o meio ambiente, ainda que de forma mínima.

Por isso, até que se prove o contrário, nas **atividades econômicas** cabe ao **empreendedor requerer a licença ambiental** ao Poder Público, em procedimento específico para este fim.

## ■ 10.5.6. Usuário-pagador e poluidor-pagador

Sendo a licença um instrumento de gestão ambiental, é com ela que se identifica, controla, previne, mitiga e compensa o **uso incomum** e a **impactação do meio ambiente**.

Por meio dela, pode tanto ser fixado o **custo de internalização da degradação ambiental** que virá a ser causada pela obra ou atividade (poluidor-pagador), como ser estabelecido um **preço pelo uso incomum** do bem ambiental (usuário-pagador).

A título de exemplo, basta imaginar uma siderúrgica que pretenda se instalar numa cidade com fins de produção e exportação de minério de ferro.

A fumaça diária e cotidiana que é despejada a céu aberto dá ao ar atmosférico um uso incomum, ou seja, serve o ar como descarga de particulados produzidos pela empresa. Aqui, apenas sob o rótulo de usuário, deve a empresa pagar um preço pelo uso incomum do bem ambiental.

Afinal, tomar o ar emprestado do povo usando-o de uma forma incomum para um fim egoísta não pode ser algo gratuito. Não se pode admitir que este uso seja gratuito para um enriquecimento do particular.

Contudo, se, além de usar de forma incomum (e ter que pagar por este empréstimo), este uso também causa degradação da qualidade do ambiente (polui), deve a empresa arcar com os custos da internalização da referida degradação, caso o órgão público entenda por deferir a concessão da licença.

Como se vê, assim, poluir e usar são conceitos distintos e geram cobranças distintas por parte do poder público. Pode-se afirmar que todo poluidor é um usuário incomum, mas nem todo usuário é um poluidor.

Aquele, poluidor e usuário, deve arcar duplamente com o custo do uso incomum do bem ambiental. Este, apenas usuário, deve arcar apenas com o custo do empréstimo do bem do povo.

O **licenciamento ambiental** é mecanismo de grande valia para perquirir a existência de ambas as situações (uso incomum e poluição), sendo, portanto, instrumento de atuação dos **princípios** do **poluidor-pagador** e do **usuário-pagador**.

### 10.5.7. A licença ambiental e a discricionariedade administrativa

Durante algum tempo, discutiu-se se a licença ambiental seria realmente uma **licença**, no sentido puro que lhe dava a doutrina do direito administrativo, ou se seria uma **autorização ambiental**. As diferenças são grandes.

O conceito clássico de **licença administrativa** é extraído das seguras palavras de Celso Antônio Bandeira de Mello:

> "Licença é o ato **vinculado**, **unilateral**, pelo qual a Administração faculta a alguém o **exercício de uma atividade**, uma vez demonstrado pelo interessado o **preenchimento dos requisitos legais** exigidos."[7]

No mesmo sentido, Maria Sylvia Zanella Di Pietro conceitua o instituto como "o ato administrativo unilateral e vinculado pelo qual a Administração faculta àquele que preencha os requisitos legais o exercício de uma atividade".[8]

Já a **autorização administrativa**, segundo Hely Lopes Meirelles:

> "É o ato administrativo **negocial**, **discricionário** e **precário**, pelo qual o Poder Público faculta ao particular a execução de serviços de interesse coletivo, ou o uso especial de bens públicos, a título gratuito ou remunerado, nas condições estabelecidas pela Administração."[9]

Vê-se, assim, serem grandes as diferenças entre um e outro instituto. A começar porque, enquanto a **licença** é ato **vinculado**, a **autorização** é ato **discricionário**.

[7] Celso Antônio Bandeira de Mello, *Curso de direito administrativo*, p. 418.

[8] Maria Sylvia Zanella Di Pietro, *Direito administrativo*, p. 220.

[9] Hely Lopes Meirelles, *Direito administrativo brasileiro*, 20. ed., p. 71.

Ademais, enquanto a **licença** é dotada de **definitividade**, a **autorização** é **precária**. E, sendo assim, enquanto esta pode ser **revogada *ad nutum*** pela Administração Pública, o **cancelamento de uma licença gera direito a indenização**.

Aliás, por ser a **licença** ato vinculado, preenchidas as **exigências legais**, tem o particular **direito subjetivo** à sua concessão.

De forma diferente, a **autorização** está sempre sujeita aos motivos de **conveniência e oportunidade** da Administração Pública.

E é exatamente por isso que se discute se a **licença ambiental** seria, de fato, uma **licença**. Afinal de contas, no processo de licenciamento há uma série de variantes e sopesamentos verificados em cada caso concreto, em que o órgão ambiental contempla uma solução de equilíbrio envolvendo a proteção do meio ambiente e o desenvolvimento econômico. Há, aí, nítida atividade discricionária, ainda que fundamentada em dados técnicos.

Sobre o assunto, parece-nos certeira a posição de Édis Milaré:

> "Não há falar, portanto, em equívoco do legislador na utilização do vocábulo 'licença', já que disse exatamente o que queria (*lex tantum dixit quam voluit*). O equívoco está em se pretender identificar na 'licença ambiental', regida pelos princípios informadores do Direito do Ambiente, os mesmos traços que caracterizam a 'licença tradicional', modelada segundo o cânon do Direito Administrativo, nem sempre compatíveis. O parentesco próximo não induz, portanto, considerá-las irmãs gêmeas."

E arremata o autor:

> "Decidir pesando impactos positivos e negativos, a distribuição de ônus e benefícios sociais, não é nem decisão vinculada nem discricionariedade técnica, mas decisão sobre a conveniência do projeto, o que afasta o ato administrativo originário do processo licenciatório do modelo tradicional da licença, aproximando-o da tipicidade da autorização."[10]

O que se pode dizer é que, a rigor, a licença ambiental é realmente uma **licença administrativa**, especialmente por seu caráter **definitivo**, cujo cancelamento pode gerar direito do particular a receber uma **indenização**.

Entretanto, possui enorme carga de **discricionariedade**, densificada na necessidade de o órgão ambiental contemplar o equilíbrio entre o direito ao desenvolvimento e a proteção do meio ambiente.

[10] Édis Milaré, *Direito do ambiente*, 5. ed., p. 408.

### 10.5.8. Competência para licenciar

A **competência** para licenciar é tema dos mais complexos, que constantemente desemboca no Judiciário.

É comum ocorrerem **conflitos de competência** envolvendo **União**, **Estados** e **Municípios**, o que acaba sendo motivo de enorme insegurança jurídica para aqueles que pretendem desenvolver atividades ou empreendimentos no nosso país.

A regra fundamental para se estabelecer a competência para licenciar é aquela extraída do **art. 23, VI, da CF/88**, no sentido de ser **comum** a **competência implementadora** em matéria ambiental.[11]

Visando implementar o *federalismo cooperativo* em matéria ambiental, foi promulgada a Lei Complementar n. 140/2011, que em sua ementa prescreve que "fixa normas, nos termos dos **incisos III, VI e VII do *caput*** e do **parágrafo único do art. 23 da Constituição Federal**, para a cooperação entre a União, os Estados, o Distrito Federal e os Municípios nas ações administrativas decorrentes do exercício da competência comum relativas à proteção das paisagens naturais notáveis, à proteção do meio ambiente, ao combate à poluição em qualquer de suas formas e à preservação das florestas, da fauna e da flora".

Como estudado, o critério que primeiramente deve ser utilizado para identificar o ente político competente para licenciar uma obra ou atividade é o da **predominância do interesse**. Ou seja, estabelecer se o empreendimento é de interesse **nacional**, **regional** ou **local**, para, então, determinar a competência da **União**, **Estado** ou **Município**.

É, aliás, o que se pode inferir dos arts. 4º, 5º e 6º da Resolução CONAMA n. 237/97:

> "Art. 4º Compete ao Instituto Brasileiro do Meio Ambiente e dos Recursos Naturais Renováveis — IBAMA, órgão executor do SISNAMA, o licenciamento ambiental, a que se refere o artigo 10 da Lei n. 6.938, de 31 de agosto de 1981, de empreendimentos e atividades com significativo impacto ambiental de âmbito nacional ou regional, a saber:
>
> I — localizadas ou desenvolvidas conjuntamente no Brasil e em país limítrofe; no mar territorial; na plataforma continental; na zona econômica exclusiva; em terras indígenas ou em unidades de conservação do domínio da União;
>
> II — localizadas ou desenvolvidas em dois ou mais Estados;
>
> III — cujos impactos ambientais diretos ultrapassem os limites territoriais do País ou de um ou mais Estados;
>
> IV — destinados a pesquisar, lavrar, produzir, beneficiar, transportar, armazenar e dispor material radioativo, em qualquer estágio, ou que utilizem energia nuclear

[11] Sobre o tema, conferir, *supra*, o *item 5.3*.

em qualquer de suas formas e aplicações, mediante parecer da Comissão Nacional de Energia Nuclear — CNEN;

V — bases ou empreendimentos militares, quando couber, observada a legislação específica.

§ 1º — O IBAMA fará o licenciamento de que trata este artigo após considerar o exame técnico procedido pelos órgãos ambientais dos Estados e Municípios em que se localizar a atividade ou empreendimento, bem como, quando couber, o parecer dos demais órgãos competentes da União, dos Estados, do Distrito Federal e dos Municípios, envolvidos no procedimento de licenciamento.

§ 2º O IBAMA, ressalvada sua competência supletiva, poderá delegar aos Estados o licenciamento de atividade com significativo impacto ambiental de âmbito regional, uniformizando, quando possível, as exigências."

"Art. 5º Compete ao órgão ambiental estadual ou do Distrito Federal o licenciamento ambiental dos empreendimentos e atividades:

I — localizados ou desenvolvidos em mais de um Município ou em unidades de conservação de domínio estadual ou do Distrito Federal;

II — localizados ou desenvolvidos nas florestas e demais formas de vegetação natural de preservação permanente relacionadas no artigo 2º da Lei n. 4.771, de 15 de setembro de 1965, e em todas as que assim forem consideradas por normas federais, estaduais ou municipais;

III — cujos impactos ambientais diretos ultrapassem os limites territoriais de um ou mais Municípios;

IV — delegados pela União aos Estados ou ao Distrito Federal, por instrumento legal ou convênio.

Parágrafo único. O órgão ambiental estadual ou do Distrito Federal fará o licenciamento de que trata este artigo após considerar o exame técnico procedido pelos órgãos ambientais dos Municípios em que se localizar a atividade ou empreendimento, bem como, quando couber, o parecer dos demais órgãos competentes da União, dos Estados, do Distrito Federal e dos Municípios, envolvidos no procedimento de licenciamento."

"Art. 6º Compete ao órgão ambiental municipal, ouvidos os órgãos competentes da União, dos Estados e do Distrito Federal, quando couber, o licenciamento ambiental de empreendimentos e atividades de impacto ambiental local e daquelas que lhe forem delegadas pelo Estado por instrumento legal ou convênio."

Neste mesmo sentido é a orientação da Lei Complementar n. 140/2011 ao estabelecer no art. 7º, XIV, que compete à União as seguintes ações administrativas:

"Art. 7º:

(...)

XIV — promover o licenciamento ambiental de empreendimentos e atividades:

a) localizados ou desenvolvidos conjuntamente no Brasil e em país limítrofe;

> b) localizados ou desenvolvidos no mar territorial, na plataforma continental ou na zona econômica exclusiva;
> c) localizados ou desenvolvidos em terras indígenas;
> d) localizados ou desenvolvidos em unidades de conservação instituídas pela União, exceto em Áreas de Proteção Ambiental (APAs);
> e) localizados ou desenvolvidos em 2 (dois) ou mais Estados;
> f) de caráter militar, excetuando-se do licenciamento ambiental, nos termos de ato do Poder Executivo, aqueles previstos no preparo e emprego das Forças Armadas, conforme disposto na **Lei Complementar n. 97, de 9 de junho de 1999**;
> g) destinados a pesquisar, lavrar, produzir, beneficiar, transportar, armazenar e dispor material radioativo, em qualquer estágio, ou que utilizem energia nuclear em qualquer de suas formas e aplicações, mediante parecer da Comissão Nacional de Energia Nuclear (CNEN); ou
> h) que atendam tipologia estabelecida por ato do Poder Executivo, a partir de proposição da Comissão Tripartite Nacional, assegurada a participação de um membro do Conselho Nacional do Meio Ambiente (Conama), e considerados os critérios de porte, potencial poluidor e natureza da atividade ou empreendimento.”

No mesmo sentido, o art. 9º, XIV, da Lei Complementar n. 140/2011, que estabelece ser competência do Município realizar o licenciamento nos seguintes termos:

> “XIV — observadas as atribuições dos demais entes federativos previstas nesta Lei Complementar, promover o licenciamento ambiental das atividades ou empreendimentos:
> a) que causem ou possam causar impacto ambiental de âmbito local, conforme tipologia definida pelos respectivos Conselhos Estaduais de Meio Ambiente, considerados os critérios de porte, potencial poluidor e natureza da atividade; ou
> b) localizados em unidades de conservação instituídas pelo Município, exceto em Áreas de Proteção Ambiental (APAs);
> XV — observadas as atribuições dos demais entes federativos previstas nesta Lei Complementar, aprovar:
> a) a supressão e o manejo de vegetação, de florestas e formações sucessoras em florestas públicas municipais e unidades de conservação instituídas pelo Município, exceto em Áreas de Proteção Ambiental (APAs); e
> b) a supressão e o manejo de vegetação, de florestas e formações sucessoras em empreendimentos licenciados ou autorizados, ambientalmente, pelo Município.”

O grande problema é que, em geral, não é tarefa simples determinar a amplitude dos impactos ambientais que uma atividade pode causar, especialmente devido às características que possui o equilíbrio ecológico (ubiquidade, instabilidade, reflexibilidade, etc.).

Por isso mesmo, é comum ocorrerem conflitos entre os entes da federação, em que todos (ou nenhum) entendem ser competentes para licenciar alguma atividade.

Dessa forma, visando evitar a oneração excessiva do empreendedor, determinou o **art. 7º** da mesma resolução que "os empreendimentos e atividades serão licenciados em um **único nível de competência**, conforme estabelecido nos artigos anteriores". Tal preceito foi recepcionado pelo art. 13 da Lei Complementar n. 140/2011 ao dizer que:

> "Art. 13. Os empreendimentos e atividades são licenciados ou autorizados, ambientalmente, **por um único ente federativo**, em conformidade com as atribuições estabelecidas nos termos desta Lei Complementar.
>
> § 1º Os demais entes federativos interessados podem manifestar-se ao órgão responsável pela licença ou autorização, de maneira não vinculante, respeitados os prazos e procedimentos do licenciamento ambiental.
>
> § 2º A supressão de vegetação decorrente de licenciamentos ambientais é autorizada pelo ente federativo licenciador.
>
> § 3º Os valores alusivos às taxas de licenciamento ambiental e outros serviços afins devem guardar relação de proporcionalidade com o custo e a complexidade do serviço prestado pelo ente federativo."

Porém, se por um lado os dispositivos são elogiáveis na medida em que evitam que haja um *bis in idem* em desfavor do particular, por outro merecem críticas por desconsiderar as características peculiares do bem ambiental.

É que, por ser o equilíbrio ecológico **ubíquo** e **difuso**, as repercussões que uma atividade lhe causa não respeitam qualquer limite geográfico e, sendo assim, muitas vezes seu licenciamento pode trazer interesse nos três níveis de competência federativa.

Assim, não se deveria impedir, por exemplo, que um Município realizasse também um licenciamento ambiental para melhor análise de impactos estritamente locais, que não tenham sido tratados no procedimento nacional ou estadual.[12]

Aliás, tal circunstância não passou despercebida pela jurisprudência do **Superior Tribunal de Justiça**. Encontra-se, ali, aresto que diz ser possível, sim, haver **duplicidade de licenciamentos**. E isso porque o bem ambiental é ubíquo, não respeitando fronteiras artificiais criadas pelo ser humano. Vejamos:

---

[12] Por isso mesmo, defendemos, no *item 5.3*, ser inconstitucional o art. 7º da Resolução CONAMA n. 237/97.

"ADMINISTRATIVO E AMBIENTAL. AÇÃO CIVIL PÚBLICA. DESASSOREAMENTO DO RIO ITAJAÍ-AÇU. LICENCIAMENTO. COMPETÊNCIA DO IBAMA. INTERESSE NACIONAL.

1. Existem atividades e obras que terão importância ao mesmo tempo para a **Nação** e para os **Estados** e, nesse caso, pode até haver **duplicidade de licenciamento**.

2. O confronto entre o direito ao desenvolvimento e os princípios do direito ambiental deve receber solução em prol do último, haja vista a finalidade que este tem de preservar a qualidade da vida humana na face da terra. O seu objetivo central é proteger patrimônio pertencente às presentes e futuras gerações.

3. Não merece relevo a discussão sobre ser o Rio Itajaí-Açu estadual ou federal. A conservação do meio ambiente **não se prende a situações geográficas ou referências históricas**, extrapolando os limites impostos pelo homem. A natureza desconhece fronteiras políticas. Os bens ambientais são transnacionais. A preocupação que motiva a presente causa não é unicamente o rio, mas, principalmente, o mar territorial afetado. O impacto será considerável sobre o ecossistema marinho, o qual receberá milhões de toneladas de detritos.

4. Está diretamente afetada pelas obras de dragagem do Rio Itajaí-Açu toda a zona costeira e o mar territorial, impondo-se a participação do IBAMA e a necessidade de prévios EIA/RIMA. A atividade do órgão estadual, *in casu*, a FATMA, é supletiva. Somente o estudo e o acompanhamento aprofundado da questão, através dos órgãos ambientais públicos e privados, poderá aferir quais os contornos do impacto causado pelas dragagens no rio, pelo depósito dos detritos no mar, bem como sobre as correntes marítimas, sobre a orla litorânea, sobre os mangues, sobre as praias, e, enfim, sobre o homem que vive e depende do rio, do mar e do mangue nessa região.

5. Recursos especiais improvidos" (STJ, 1ª Turma, REsp 588.022/SC, rel. Min. José Delgado, *DJ* 5-4-2004).

Contudo, é importante destacar que, por último, o Superior Tribunal de Justiça considerou que, tratando-se de obras e serviços realizados ou em execução em mais de um estado federativo ou quando os impactos ambientais da obra e/ou serviço ultrapassem os limites territoriais, somente o IBAMA é competente para expedir a respectiva e necessária licença ambiental:

"ADMINISTRATIVO. RECURSO ORDINÁRIO EM MANDADO DE SEGURANÇA. LICENÇA AMBIENTAL. CONSTRUÇÃO DE LINHA DE TRANSMISSÃO DE ENERGIA ENTRE OS ESTADOS DO PARÁ E MARANHÃO. OBRAS COM SIGNIFICATIVO IMPACTO AMBIENTAL. COMPETÊNCIA PARA EXPEDIÇÃO DA LICENÇA AMBIENTAL PERTENCENTE AO IBAMA. ANULAÇÃO DO AUTO DE INFRAÇÃO E DO TERMO DE INTERDIÇÃO DAS OBRAS EXARADO PELO ÓRGÃO ESTADUAL DO MARANHÃO — GEMARN. 1. Recurso ordinário no qual se discute a legalidade do auto de

> infração e do termo de interdição de obra de transmissão de energia localizada entre os Estados do Pará e do Maranhão, exarado pelo órgão estadual de proteção ambiental do Maranhão — GEMARN, sob o argumento que a licença ambiental expedida pelo IBAMA seria inválida, por ser daquele ente estadual a competência exclusiva para expedição de tal licença. 2. **Compete, originalmente, ao IBAMA a expedição de licença ambiental para a execução de obras e empreendimentos que se localizam ou se desenvolvem em dois ou mais estados ou cujos impactos ambientais ultrapassem os limites territoriais de um ou mais estados da federação. Inteligência do art. 10, § 4º, da Lei n. 6.938/81, com as alterações feita pela Lei n. 12.856/2013; da Resolução 237/97 do CONAMA e da LC 140/2011.** 3. Ilegalidade do auto de infração e do termo de interdição da obra expedidos pelo órgão estadual de proteção do meio ambiente do Estado do Maranhão — GEMARN. 4. Recurso ordinário provido para conceder a segurança" (RMS 41.551/MA, rel. Min. Benedito Gonçalves, 1ª Turma, julgado em 22-4-2014, *DJe* 27-5-2014).

Ao menos, nem a Lei Complementar n. 140/2011 nem a Resolução CONAMA n. 237/97 excluíram a participação dos Estados e Municípios nos licenciamentos realizados pela União e a dos Municípios nos procedimentos estaduais.

No exercício do poder de polícia ambiental, é de se recordar que a competência dos entes é comum e paralela, sempre existente em prol do meio ambiente. Por isso, com acerto o art. 17 da Lei Complementar n. 140/2011 diz que "Compete ao órgão responsável pelo licenciamento ou autorização, conforme o caso, de um empreendimento ou atividade, lavrar auto de infração ambiental e instaurar processo administrativo para a apuração de infrações à legislação ambiental cometidas pelo empreendimento ou atividade licenciada ou autorizada". Porém, na esteira do § 2º da referida lei tem-se que "nos casos de iminência ou ocorrência de degradação da qualidade ambiental, o ente federativo que tiver conhecimento do fato deverá determinar medidas para evitá-la, fazer cessá-la ou mitigá-la, comunicando imediatamente ao órgão competente para as providências cabíveis". Esse entendimento esposado na lei resulta da única interpretação que se pode dar ao art. 23, VI, da CF/88, de forma que o fato de se ter uma competência primária do órgão ambiental específico para realização das ações administrativas certamente "não impede o exercício pelos entes federativos da atribuição comum de fiscalização da conformidade de empreendimentos e atividades efetiva ou potencialmente poluidores ou utilizadores de recursos naturais com a legislação ambiental em vigor, prevalecendo o auto de infração ambiental lavrado por órgão que detenha a atribuição de licenciamento ou autorização", tal como preceitua o § 3º deste mesmo art. 17 da LC n. 140/2011.

### 10.5.9. Licenciamento e Estudo Prévio de Impacto Ambiental

Apenas nos licenciamentos de atividades que causem **significativa impactação ao meio ambiente** é que será exigido o **estudo prévio de impacto ambiental (EIA/RIMA)**.

Quando se tratar de situações em que não está presente esta significativa impactação, a licença ambiental ainda assim será necessária, mas serão exigidos outros estudos ambientais, obviamente de menor porte que o EIA.

É o que determina o **art. 3º e seu parágrafo único** da Resolução CONAMA n. 237/97, ao dizer que:

> "Art. 3º A licença ambiental para empreendimentos e atividades consideradas efetiva ou potencialmente causadoras **de significativa degradação do meio** dependerá de **prévio estudo de impacto ambiental** e respectivo **relatório de impacto sobre o meio ambiente (EIA/RIMA)**, ao qual dar-se-á publicidade, garantida a realização de audiências públicas, quando couber, de acordo com a regulamentação.
>
> Parágrafo único. O órgão ambiental competente, verificando que a atividade ou empreendimento **não é potencialmente causador de significativa degradação do meio ambiente**, definirá os **estudos ambientais** pertinentes ao respectivo processo de licenciamento."

### 10.5.10. Os três estágios da licença ambiental

Como já foi dito inúmeras vezes, a licença ambiental é um instrumento de gestão do ambiente que busca uma compatibilização entre o direito ao **desenvolvimento** e a **proteção do meio ambiente**.

Também já foi dito que a concessão da licença ambiental é o ato final de um **procedimento longo** e recheado de **estudos técnicos** que apontam os impactos ambientais prováveis e as medidas que devem ser tomadas para neutralizar, mitigar ou compensá-los.

Contudo, a matemática ambiental não é exata e, nesse jogo de valores, é perfeitamente possível que, em determinado caso concreto, diante de circunstâncias e estudos verificados, **não seja possível conceder a licença ambiental**, pois nenhuma medida que seja tomada poderá ser suficiente para compensar os danos ambientais.

Diante disso, para diminuir o risco de desperdício de tempo, de insegurança jurídica e econômica, de prejuízos de investimentos, e até mesmo para permitir uma proteção mais minuciosa e efetiva do meio ambiente, o legislador classificou a licença ambiental em três espécies distintas:

- licença prévia;

- licença de instalação;
- licença de operação.

E é o **art. 8º** da Resolução CONAMA n. 237/97 (aliás, repetição do art. 19 do Decreto n. 99.274/90) que define cada uma das espécies. Vejamos:

> "Art. 8º O Poder Público, no exercício de sua competência de controle, expedirá as seguintes licenças:
>
> I — **Licença Prévia (LP)** — concedida na fase preliminar do planejamento do empreendimento ou atividade aprovando sua localização e concepção, atestando a viabilidade ambiental e estabelecendo os requisitos básicos e condicionantes a serem atendidos nas próximas fases de sua implementação;
>
> II — **Licença de Instalação (LI)** — autoriza a instalação do empreendimento ou atividade de acordo com as especificações constantes dos planos, programas e projetos aprovados, incluindo as medidas de controle ambiental e demais condicionantes, da qual constituem motivo determinante;
>
> III — **Licença de Operação (LO)** — autoriza a operação da atividade ou empreendimento, após a verificação do efetivo cumprimento do que consta das licenças anteriores, com as medidas de controle ambiental e condicionantes determinados para a operação.
>
> Parágrafo único. As licenças ambientais poderão ser expedidas isolada ou sucessivamente, de acordo com a natureza, características e fase do empreendimento ou atividade."

Importante, por fim, registrar que, mesmo antes de ser concedida a licença prévia, **todos os estudos ambientais** já devem estar prontos e constar do processo de licenciamento.

Nada impede, é claro, que alguns outros estudos complementares sejam exigidos no curso do processo de licenciamento e após a licença prévia. Porém, o estudo-base de sustentação do licenciamento deve existir e constar do processo antes de ser emitida quaisquer das três modalidades de licença ambiental.

### ■ 10.5.11. Prazos de validade da licença ambiental

A tripartição da licença ambiental em etapas (prévia, instalação e operação) permite, além de um tratamento mais minudente e seguro das questões ambientais nas diversas fases de um empreendimento, maior controle do cumprimento das condicionantes e exigências fixadas ao longo do desenvolvimento do projeto.

Como para cada etapa (prévia, instalação e operação) podem ser exigidas diversas condicionantes que devem ser cumpridas pelo empreendedor, entendeu o legislador por traçar **prazos de validade distintos para cada uma das licenças** (que são genéricos e podem ser eventualmente alterados em razão de peculiaridades do empreendimento). Assim, nos termos do art. 18 da Resolução CONAMA n. 237/97, temos:

> "Art. 18. O órgão ambiental competente estabelecerá os prazos de validade de cada tipo de licença, especificando-os no respectivo documento, levando em consideração os seguintes aspectos:
>
> I — O prazo de validade da Licença Prévia (LP) deverá ser, no mínimo, o estabelecido pelo cronograma de elaboração dos planos, programas e projetos relativos ao empreendimento ou atividade, não podendo ser superior a 5 (cinco) anos.
>
> II — O prazo de validade da Licença de Instalação (LI) deverá ser, no mínimo, o estabelecido pelo cronograma de instalação do empreendimento ou atividade, não podendo ser superior a 6 (seis) anos.
>
> III — O prazo de validade da Licença de Operação (LO) deverá considerar os planos de controle ambiental e será de, no mínimo, 4 (quatro) anos e, no máximo, 10 (dez) anos.
>
> § 1º A Licença Prévia (LP) e a Licença de Instalação (LI) poderão ter os prazos de validade prorrogados, desde que não ultrapassem os prazos máximos estabelecidos nos incisos I e II.
>
> § 2º O órgão ambiental competente poderá estabelecer prazos de validade específicos para a Licença de Operação (LO) de empreendimentos ou atividades que, por sua natureza e peculiaridades, estejam sujeitos a encerramento ou modificação em prazos inferiores."

Uma questão importante tratada na Lei Complementar n. 140/2011, e que já era prevista no art. 16 da Resolução CONAMA n. 237/97, foi a fixação de consequências jurídicas para o caso de o Poder Público descumprir os prazos previstos em lei para a análise e o pronunciamento sobre o pedido de licença que é formulado pelo empreendedor. Segundo o art. 19, § 1º, do Decreto n. 99.274/90, que regulamentou a Lei n. 6.938/81, "Os prazos para a concessão das licenças serão fixados pelo Conama, observada a natureza técnica da atividade".

Desta forma, coube aos arts. 14 e 15 da Resolução CONAMA n. 237/97 estabelecer os referidos prazos, a saber:

> "Art. 14. O órgão ambiental competente poderá estabelecer prazos de análise diferenciados para cada modalidade de licença (LP, LI e LO), em função das peculiaridades da atividade ou empreendimento, bem como para a formulação de exigências complementares, desde que observado o prazo máximo de 6 (seis) meses a contar do ato de protocolar o requerimento até seu deferimento ou indeferimento, ressalvados os casos em que houver EIA/RIMA e/ou audiência pública, quando o prazo será de até 12 (doze) meses.

> § 1º A contagem do prazo previsto no *caput* deste artigo será suspensa durante a elaboração dos estudos ambientais complementares ou preparação de esclarecimentos pelo empreendedor.
>
> § 2º Os prazos estipulados no *caput* poderão ser alterados, desde que justificados e com a concordância do empreendedor e do órgão ambiental competente.
>
> Art. 15. O empreendedor deverá atender à solicitação de esclarecimentos e complementações, formuladas pelo órgão ambiental competente, dentro do prazo máximo de 4 (quatro) meses, a contar do recebimento da respectiva notificação.
>
> Parágrafo único. O prazo estipulado no *caput* poderá ser prorrogado, desde que justificado e com a concordância do empreendedor e do órgão ambiental competente."

Assim, caso os prazos acima não sejam cumpridos, aplicar-se-á a regra estabelecida no art. 14, § 3º, da Lei Complementar n. 140/2011, que assim diz:

> "Art. 14. Os órgãos licenciadores devem observar os prazos estabelecidos para tramitação dos processos de licenciamento.
>
> § 1º As exigências de complementação oriundas da análise do empreendimento ou atividade devem ser comunicadas pela autoridade licenciadora de uma única vez ao empreendedor, ressalvadas aquelas decorrentes de fatos novos.
>
> § 2º As exigências de complementação de informações, documentos ou estudos feitas pela autoridade licenciadora suspendem o prazo de aprovação, que continua a fluir após o seu atendimento integral pelo empreendedor.
>
> § 3º O decurso dos prazos de licenciamento, sem a emissão da licença ambiental, não implica emissão tácita nem autoriza a prática de ato que dela dependa ou decorra, mas instaura a competência supletiva referida no art. 15."

### ■ 10.5.12. A renovação da licença ambiental

O processo de **renovação de uma licença ambiental** não deixa de ser um processo de **licenciamento** como outro qualquer.

E isso porque, considerando que o prazo de validade de uma licença de operação gira entre 4 e 10 anos, bem se sabe que a realidade ambiental que antes justificara a concessão de uma licença pode ter sido **sensivelmente alterada**.

É claro que o fato de a parte já ter se submetido a um processo de licenciamento e já ter obtido uma licença de operação é um fator importante, que não foi desconsiderado pelo legislador. Deu ele tratamento destacado às renovações de licenças nos **§§ 3º e 4º do art. 18** da Resolução CONAMA n. 237/97:

> "Art. 18. (...)
>
> § 3º Na renovação da Licença de Operação (LO) de uma atividade ou empreendimento, o órgão ambiental competente poderá, mediante decisão motivada,

> **aumentar ou diminuir o seu prazo de validade**, após avaliação do desempenho ambiental da atividade ou empreendimento no período de vigência anterior, respeitados os limites estabelecidos no inciso III.
> § 4º A **renovação da Licença de Operação (LO)** de uma atividade ou empreendimento deverá ser requerida com **antecedência mínima de 120 (cento e vinte)** dias da expiração de seu prazo de validade, fixado na respectiva licença, ficando este automaticamente prorrogado até a manifestação definitiva do órgão ambiental competente."

Neste mesmo sentido, é a orientação trazida pelo legislador no art. 14, § 4º, da Lei Complementar n. 140/2011, que preceitua:

> "§ 4º A renovação de licenças ambientais deve ser requerida com antecedência mínima de 120 (cento e vinte) dias da expiração de seu prazo de validade, fixado na respectiva licença, ficando este automaticamente prorrogado até a manifestação definitiva do órgão ambiental competente."

### ■ 10.5.13. Equipe multidisciplinar

O conceito de meio ambiente evidencia a sua **interdisciplinaridade**.

Sendo o meio ambiente o resultado da interação química, física e biológica dos recursos ambientais (bióticos e abióticos) e considerando ainda que todas as atividades, obras e empreendimentos de alguma forma impactam o ambiente, é fácil perceber que, quando se comete um impacto ambiental a um recurso ambiental (por exemplo, uso da água nos processos industriais), há que se perquirir de forma global quais os tentáculos e reflexos dele nos processos ecológicos daquele local.

Não é a água isoladamente que deve ser considerada, mas a **função ecológica** que exerce para manutenção do equilíbrio ecológico daquele local.

Não é correto, assim, analisar os impactos sob a perspectiva isolada, e por isso mesmo canhestra, do recurso ambiental, sem contemplar o seu papel ecológico macro e a estabilidade que traz ao equilíbrio ecológico naquele entorno.

Justamente por isso é que, quando se fala em **licenciamento ambiental** — e, portanto, num procedimento administrativo com **contraditório** e **diálogo** entre **poder público**, **sociedade civil** e **empreendedor**, — é preciso identificar todas as nuances — inclusive a social — dos possíveis impactos a serem gerados pelo empreendimento ou atividade que se pretende implementar.

É largo e variado o leque de bens e valores afetados, justamente porque o recurso ambiental utilizado não deve ser contemplado sob a perspectiva isolada, mas dentro de um espectro maior, mais largo, que é o do seu papel no equilíbrio ecológico.

Basta imaginar, por exemplo, a construção de uma indústria numa determinada cidade. De onde vem a água que se utilizará no processo de fabricação? A quantidade retirada da bacia afetará qualitativamente ou quantitativamente a água dos processos ecológicos daquela bacia (mata ciliar, animais aquáticos, etc.)?

E os efluentes que serão despejados na mesma microbacia? E a afetação da qualidade do ar? Isso prejudicará aves de migração da região? Trará risco à saúde das pessoas? O solo será atingido?

Isso, sem falar nos impactos ao meio social, que, dependendo da situação, necessitará da análise de sociólogos, psicólogos, etc.

Enfim, há uma série de variantes que devem ser apreciadas e investigadas sob os mais diferentes matizes e diversas perspectivas. Por isso, todo esse trabalho técnico deve ser feito por **profissionais dos mais variados conhecimentos e competências**.

É daí que nasce a necessidade de se ter no processo de licenciamento ambiental — para realização e interpretação dos estudos ambientais — uma **equipe multidisciplinar**.

Essa equipe funciona como uma grande e complexa perícia, cujos resultados poderão ser investigados, conferidos, avaliados e certamente servirão de subsídio para tomada de decisões na concessão da licença com suas condicionantes ou até mesmo sua rejeição quando for o caso.

Assim, o papel desta equipe é de suma importância, dado o seu insubstituível conhecimento técnico sobre os impactos que serão avaliados no licenciamento.

Por isso mesmo, todos os profissionais que acompanham a referida equipe possuem uma **responsabilidade pessoal** decorrente das afirmações e estudos que apresentam.

Aliás, o fato de ser a equipe patrocinada pelo empreendedor do projeto que se visa licenciar aumenta o grau de responsabilidade sobre afirmações ali contidas, e, portanto, a **responsabilidade civil (objetiva)**, **penal** e **administrativa** do próprio profissional. É o que está no **art. 11** da Resolução CONAMA n. 237/97:

> "Art. 11. Os estudos necessários ao processo de licenciamento deverão ser realizados por profissionais legalmente habilitados, às **expensas do empreendedor**.
>
> Parágrafo único. O empreendedor e os profissionais que subscrevem os estudos previstos no *caput* deste artigo serão **responsáveis** pelas informações apresentadas, sujeitando-se às sanções **administrativas**, **civis** e **penais**."

Obviamente, as informações prestadas pela equipe multidisciplinar poderão e deverão ser confrontadas pelos técnicos que compõem os órgãos públicos ambientais (art. 10, III, VI e VII, da mesma resolução).[13] Porém, frise-se que é

[13] "Art. 10. O procedimento de licenciamento ambiental obedecerá às seguintes etapas: (...)

III — Análise pelo órgão ambiental competente, integrante do SISNAMA, dos documentos, projetos e estudos ambientais apresentados e a realização de vistorias técnicas, quando necessárias; (...)

sobre o material trazido pela equipe multidisciplinar contratada pelo proponente do projeto que o trabalho se desenvolve.

## ■ 10.5.14. Modificação, suspensão e cancelamento da licença ambiental

Uma das características singulares da licença ambiental é o fato de que ela **não é perene**, ainda que o empreendedor cumpra rigorosamente todos os requisitos e condicionantes nela previstos.

Não se pode esquecer que o **equilíbrio ecológico** é um bem altamente **instável**, e, por isso mesmo, as eventuais condicionantes exigidas na licença podem ser a qualquer tempo alteradas.

Para isso, é claro, a alteração deve ser devidamente fundamentada com as razões que as justifiquem, tais como o surgimento de uma nova e acessível tecnologia que possa ser utilizada para neutralizar ou mitigar impactos ambientais, ou ainda alterações de ordem ambiental (tempo e espaço) que justifiquem a alteração, suspensão ou revogação da licença concedida.

Obviamente, se houve erro de informações prestadas no processo de licenciamento e, com base nesse erro — proposital ou não —, assentaram-se certas condicionantes e medidas de controle, a licença poderá ser anulada, suspensa ou até modificada.

Contudo, ainda que não tenha acontecido nenhum erro de informação, mas com base em fatos e provas novas obteve-se informação de que a licença ambiental não mais atende às exigências ambientais, será possível adequá-la à nova realidade ou simplesmente revogar o referido ato.

Nesta última hipótese, deve ser discutida, de acordo com o caso concreto, a possibilidade de **indenização ao empreendedor**, que se vê prejudicado pela frustração dos investimentos que fizera.

Neste particular, assevera o **art. 19** da Resolução CONAMA n. 237/97 que:

> "Art. 19. O órgão ambiental competente, mediante decisão motivada, poderá modificar os condicionantes e as medidas de controle e adequação, suspender ou cancelar uma licença expedida, quando ocorrer:
>
> I — Violação ou inadequação de quaisquer condicionantes ou normas legais.
>
> II — Omissão ou falsa descrição de informações relevantes que subsidiaram a expedição da licença.
>
> III — Superveniência de graves riscos ambientais e de saúde."

---

VI — Solicitação de esclarecimentos e complementações pelo órgão ambiental competente, decorrentes de audiências públicas, quando couber, podendo haver reiteração da solicitação quando os esclarecimentos e complementações não tenham sido satisfatórios;

VII — Emissão de parecer técnico conclusivo e, quando couber, parecer jurídico; (...)."

### 10.5.15. Compatibilidade entre as Resoluções CONAMA ns. 1/86 e 237/97

Antes da Resolução CONAMA n. 237/97, a regulamentação do licenciamento ambiental era feita por outra resolução do mesmo órgão, a de n. 1/86. Ocorre que ali também se tratava, com minudência, do estudo de impacto ambiental e do relatório de impacto ambiental (EIA/RIMA).

Como já se disse, porém, o licenciamento ambiental é coisa distinta do EIA/RIMA.

Então, ocorreu que, entrando em vigor a Resolução n. 237/97, revogaram-se os dispositivos da Resolução n. 1/86 relativos ao licenciamento, permanecendo, porém, em vigor, aqueles dedicados ao **EIA/RIMA**, que não foi tratado na nova resolução.

É o que se extrai do art. 21 da Resolução n. 237/97:

> "Art. 21. Esta Resolução entra em vigor na data de sua publicação, aplicando seus efeitos aos processos de licenciamento em tramitação nos órgãos ambientais competentes, **revogadas as disposições em contrário**, em especial os **artigos 3º**[14] **e 7º da Resolução CONAMA n. 001**, de 23 de janeiro de 1986."

### 10.5.16. Licença geral e licença específica

As razões históricas de formação do Direito Ambiental, que só foi considerado ciência autônoma a partir do texto constitucional de 1988, são uma justificativa aceitável e até compreensível para que não se reconhecesse a **autonomia da licença ambiental** em relação à necessidade de se obter **outras licenças** junto a órgãos competentes quando se pretendia iniciar uma obra ou empreendimento.

Durante muito tempo, a "licença de obras" ou "licença para construir" exigida pelos Municípios para a realização de obras e empreendimentos contemplava, ainda que de forma muito precária, a **análise de algumas questões ambientais**, especialmente voltadas ao "meio ambiente urbano".

Por conta dessa prática típica (que passou a ser ilegal com o surgimento da Política Nacional do Meio Ambiente), era comum não se exigir a licença ambiental autonomamente em relação a outras licenças exigíveis pelos órgãos públicos.

Nem mesmo a expressa dicção do **art. 10 da Lei n. 6.938/81**, que já previa a necessidade de licenciamento ambiental **"sem prejuízo de outras licenças exigíveis"**, foi suficiente naquele momento para incutir na cultura jurídica a autonomia da licença ambiental em relação a outras também exigíveis.

---

[14] Registre-se que o art. 3º, que foi expressamente revogado, vinculava o licenciamento ao EIA/RIMA, como se toda atividade que dependesse de licenciamento teria que passar por um estudo prévio de impacto ambiental. A norma estava em desconformidade com o texto constitucional, que exige o EIA/RIMA apenas para os casos de significativo impacto ambiental (CF, art. 225, § 1º, IV).

Hoje, felizmente, com a plena autonomia científica do direito ambiental (antes, mero apêndice do direito administrativo), tem-se entendido que a licença ambiental é independente de eventuais outras licenças que possam ser exigidas para os empreendimentos. Afinal, são diferentes seus objetos de tutela, o que se reflete em exigências bem distintas.

## ■ 10.6. INCENTIVOS À PRODUÇÃO E INSTALAÇÃO DE EQUIPAMENTOS E A CRIAÇÃO OU ABSORÇÃO DE TECNOLOGIA, VOLTADOS PARA A MELHORIA DA QUALIDADE AMBIENTAL

Embora normalmente passe despercebido no rol de instrumentos da Política Nacional do Meio Ambiente, especialmente quando comparados com outros institutos de maior fama, a verdade é que os **"incentivos à produção e à instalação de equipamentos e a criação ou absorção de tecnologia voltados para a melhoria da qualidade ambiental"** têm uma importância e uma potencialidade muito grandes na proteção do meio ambiente.

O inciso V do art. 9º da Lei n. 6.938/81 trata, a rigor, do binômio **tecnologia** e **meio ambiente**. É essa uma relação que tem muito a contribuir para a proteção do equilíbrio ecológico, trazendo, muitas vezes, soluções simples e baratas.

É claro que, se não houver uma **conscientização da coletividade** sobre a necessidade de privilegiar os produtos e serviços que sejam "amigos" do meio ambiente, certamente não se deve esperar que a grande massa de produtores e empresários decida adotar, espontânea e altruistamente, as tecnologias *"pro ambiente"*, que têm, ao menos no curto prazo, custo mais elevado.

Contudo, ao lado dessa imperiosa necessidade de conscientização do consumidor, é necessário que o Poder Público **estimule os empreendedores** a adotar tecnologias que tornem mais "limpos" seus processos produtivos.

É aí, então, que entra a norma do inciso V do art. 9º da PNMA.

Esses incentivos podem ser feitos por intermédio de técnicas de **extrafiscalidade**. Assim, nada impede (antes o contrário) que se **diminua a carga tributária** de empresas que produzam bens e serviços que sejam "amigos do meio ambiente".

Seriam cobrados, por exemplo, menos impostos sobre produtos de matriz energética renovável, ou que usem bens reciclados ou reutilizados.

Outra sugestão interessante seria, nos processos de **licenciamento**, exigir que o empreendedor se utilize de técnicas que já estejam sendo adotadas em outros países no controle de poluentes.

Aliás, os próprios empreendedores poderiam fomentar, com apoio do Poder Público, a realização de estudos, pesquisas, premiações, etc., a serem desenvolvidos pelos interessados da população em geral (instituições de ensino, por exemplo), voltados à criação/desenvolvimento de técnicas menos impactantes.

Enfim, é uma enorme gama de aspectos e variantes que podem ser estimuladas pelo Poder Público, ou por determinação sua, para que a **tecnologia seja aprimorada em prol do ambiente**.

São exemplos recentes desses incentivos: o fomento das casas ecológicas com reutilização da água em programas de habitação financiados pelo governo; o uso do tijolo ecológico feito com restos de entulhos; o incremento e o incentivo do consumo de energia solar e eólica; as sacolas biodegradáveis; etc.

## ■ 10.7. ESPAÇOS TERRITORIAIS ESPECIALMENTE PROTEGIDOS

### ■ 10.7.1. "Sistema" Nacional de Unidades de Conservação?

Sem sombra de dúvida, um dos mais importantes instrumentos do rol do art. 9º da PNMA é **"a criação de espaços territoriais especialmente protegidos pelo Poder Público federal, estadual e municipal"**, previsto em seu inciso VI.

Tamanha é, aliás, essa importância que a Constituição Federal expressamente determinou que é incumbência do Poder Público **"definir, em todas as unidades da Federação, espaços territoriais e seus componentes a serem especialmente protegidos"** (art. 225, § 1º, III).

Diga-se, porém, que, apesar de tudo isso, apenas no ano 2000, com a edição da **Lei n. 9.985**, o assunto recebeu a devida regulamentação legislativa. Foi criado, naquela ocasião, o que se chamou de **Sistema Nacional de Unidades de Conservação (SNUC)**.

Apesar dos inúmeros avanços que trouxe — principalmente pela definição das categorias de EEPs[15] —, o fato é que a lei do SNUC cometeu alguns deslizes de ordem conceitual.

A começar pela própria nomenclatura ali utilizada: se a Constituição Federal e a Política Nacional do Meio Ambiente falam em **espaços territoriais especialmente protegidos**, por que adotar o *nomen iuris* de **unidades de conservação**?

Muito melhor teria sido repetir a terminologia consagrada na Constituição Federal e na Lei n. 6.938/81, sem dúvida os mais importantes diplomas de todo o ordenamento jurídico ambiental.

Com isso, acaba-se confundindo o operador do direito. Afinal, sempre se consideraram as unidades de conservação como mais uma espécie do gênero dos espaços especialmente protegidos.

Registre-se, ainda, que a lei deixou de tratar de alguns dos EEPs já previstos em nosso ordenamento, como a **reserva da biosfera** (Lei n. 9.605/98), a **reserva legal** e a **área de preservação permanente** (ambos disciplinados na Lei n. 4.771/65).

---

[15] A respeito, conferir o *item 6.5.5.*

Com isso, acaba-se rompendo o caráter sistemático que a lei pretendeu dar ao tema. Afinal, não tomou para a si a regulamentação completa dos espaços especialmente protegidos.

### 10.7.2. Conceitos

A Lei n. 9.985/2000 destinou o seu art. 2º para revelar conceitos que serão necessários à interpretação de dispositivos da própria lei, bem como do texto constitucional.

Conquanto possa haver críticas aqui e ali sobre as definições adotadas pelo legislador, a verdade é que são elas muito úteis neste universo de nomes técnicos e atípicos para o operador do direito, pois fixam balizas seguras para a aplicação da lei.

Diga-se, ainda, que a lei trouxe conceitos relacionados não só com os EEPs, mas também com outros termos utilizados no art. 225 da CF, como "conservação da natureza", "diversidade biológica", "preservação", "uso sustentável",[16] etc.

### 10.7.3. Características dos espaços especialmente protegidos

A Lei n. 9.985/2000 criou dois diferentes grupos de espaços ambientais especialmente protegidos, abrangendo cada um deles diversas espécies com características próprias que em muitos casos se sobrepõem umas às outras. Vejamos:

> "Art. 7º As unidades de conservação integrantes do SNUC dividem-se em dois grupos, com características específicas:

---

[16] Apenas a título ilustrativo, vejamos o conceito que a lei adota para esses temos:

"Art. 2º Para os fins previstos nesta Lei, entende-se por: (...)

II — *conservação da natureza*: o manejo do uso humano da natureza, compreendendo a preservação, a manutenção, a utilização sustentável, a restauração e a recuperação do ambiente natural, para que possa produzir o maior benefício, em bases sustentáveis, às atuais gerações, mantendo seu potencial de satisfazer as necessidades e aspirações das gerações futuras, e garantindo a sobrevivência dos seres vivos em geral;

III — *diversidade biológica*: a variabilidade de organismos vivos de todas as origens, compreendendo, dentre outros, os ecossistemas terrestres, marinhos e outros ecossistemas aquáticos e os complexos ecológicos de que fazem parte; compreendendo ainda a diversidade dentro de espécies, entre espécies e de ecossistemas; (...)

V — *preservação*: conjunto de métodos, procedimentos e políticas que visem a proteção a longo prazo das espécies, *habitats* e ecossistemas, além da manutenção dos processos ecológicos, prevenindo a simplificação dos sistemas naturais; (...)

XI — *uso sustentável*: exploração do ambiente de maneira a garantir a perenidade dos recursos ambientais renováveis e dos processos ecológicos, mantendo a biodiversidade e os demais atributos ecológicos, de forma socialmente justa e economicamente viável; (...)."

I — Unidades de Proteção Integral;

II — Unidades de Uso Sustentável."

Apesar disso, a verdade é que existe uma série de **características** que são **comuns a todos os espaços ambientais especialmente protegidos**. São elas:

- oficialidade;
- regime especial de fruição;
- finalidade de proteção ao equilíbrio ecológico;
- delimitação territorial.

Por **oficialidade**, entende-se que todo espaço especialmente protegido, para que possa ser considerado como tal, deve ser assim **reconhecido pelo Poder Público**.

Aliás, é a própria Constituição que fala que **incumbe ao poder público** "**definir**, em todas as unidades da Federação, espaços territoriais e seus componentes a serem especialmente protegidos" (art. 225, § 1º, III).

Ora, está claro que tal espaço só será considerado um "espaço especialmente protegido" se receber o selo oficial do Poder Público. E mais, ao falar em Poder Público, o legislador constitucional abriu o leque e admitiu a possibilidade de que tal instrumento seja criado não só pelo poder **executivo** — como usualmente acontece —, mas também pelo **legislativo** ou **judiciário**, em **todas as unidades da Federação**.

A segunda característica marcante é a do **regime jurídico diferenciado** ao qual estão submetidos os EEPs, desde a criação e a supressão até, especialmente, as regras para sua utilização.

E, para cada uma das várias espécies existentes, são ainda distintas as regras que disciplinam seu uso. Exatamente por isso, é imperioso que a Administração Pública seja bastante criteriosa ao estipular que a determinada área será dado este ou aquele regime.

Por isso mesmo, a própria Lei n. 9.985/2000 estabelece a possibilidade de a **população local** participar do processo de criação e definição de tais espaços:

> "Art. 22. As unidades de conservação são criadas por ato do Poder Público. (...)
>
> § 2º A criação de uma unidade de conservação deve ser precedida de estudos técnicos e de **consulta pública** que permitam identificar a localização, a dimensão e os limites mais adequados para a unidade, conforme se dispuser em regulamento.
>
> § 3º No processo de consulta de que trata o § 2º, o Poder Público é obrigado a fornecer **informações adequadas e inteligíveis à população local** e a outras partes interessadas.

> § 4º Na criação de **Estação Ecológica** ou **Reserva Biológica** não é obrigatória a consulta de que trata o § 2º deste artigo."

A exceção fica, como se vê, por conta da **Estação Ecológica** e da **Reserva Biológica**, em que não é obrigatória a consulta à população local.

Outra característica marcante de um espaço especialmente protegido é o fato de que se destina, também por imperativo constitucional, a **proteção e preservação do equilíbrio ecológico**, seja pela tutela dos processos ecológicos essenciais, da biodiversidade, dos ecossistemas, dos *habitats* e nichos ecológicos, da educação e pesquisa ambiental.

Enfim, sempre há, em cada espaço a ser protegido, uma finalidade específica vocacionada à proteção do meio ambiente natural.

Revela-se, porém, como uma verdadeira exceção o **monumento natural**, um espaço ambiental especialmente protegido inserto no grupo de proteção integral em que se presta a proteção de **sítios naturais raros, singulares ou de notável beleza cênica (art. 12)**. Nessa rara hipótese, a finalidade da proteção é nitidamente **antropocêntrica** e desatrelada à função ambiental do espaço ambiental a ser protegido.

Por fim, a última das características dos EEPs é a sua **delimitação territorial**.

Todo espaço ambiental, seja ele muito ou pouco extenso, deve ser delimitado pelo poder público. Afinal, fica aquele território submetido a um regime jurídico diferenciado e que deve ser respeitado por todos.

## ■ 10.7.4. Categorias de espaços especialmente protegidos

Como já foi dito, o legislador criou **duas categorias** de espaços ambientais especialmente protegidos: as **Unidades de Proteção Integral** e as **Unidades de Uso Sustentável** (art. 7º).

Aliás, pela própria nomenclatura utilizada pelo legislador, é possível intuir o que, basicamente, diferencia os grupos: o das **Unidades de Proteção Integral** tem como **finalidade básica** a preservação da natureza; já o das **Unidades de Uso Sustentável** visa equalizar as necessidades de proteção ambiental com os múltiplos usos que podem ser dados aos recursos naturais.

É o que se extrai dos **§§ 1º e 2º** do mesmo art. 7º, a saber:

> "§ 1º O objetivo básico das Unidades de Proteção Integral é **preservar a natureza**, sendo admitido apenas o **uso indireto dos seus recursos naturais**, com exceção dos casos previstos nesta Lei.
>
> § 2º O objetivo básico das Unidades de Uso Sustentável é **compatibilizar** a **conservação** da natureza com o **uso sustentável** de parcela dos seus recursos naturais."

Discrimina, ainda, a lei quais são as espécies de EEPs que fazem parte de cada grupo. Vejamos:

> "Art. 8º O grupo das **Unidades de Proteção Integral** é composto pelas seguintes categorias de unidade de conservação:
>
> I — Estação Ecológica;
>
> II — Reserva Biológica;
>
> III — Parque Nacional;
>
> IV — Monumento Natural;
>
> V — Refúgio de Vida Silvestre."
>
> "Art. 14. Constituem o Grupo das **Unidades de Uso Sustentável** as seguintes categorias de unidade de conservação:
>
> I — Área de Proteção Ambiental;
>
> II — Área de Relevante Interesse Ecológico;
>
> III — Floresta Nacional;
>
> IV — Reserva Extrativista;
>
> V — Reserva de Fauna;
>
> VI — Reserva de Desenvolvimento Sustentável; e
>
> VII — Reserva Particular do Patrimônio Natural."

### ■ 10.7.5. Gerenciamento e execução do Sistema Nacional de Unidades de Conservação (SNUC)

O **Sistema Nacional de Unidades de Conservação (SNUC)** é formado pelo conjunto de todas as unidades de conservação (*rectius* = espaços ambientais especialmente protegidos), sejam federais, estaduais ou municipais, segundo o **art. 3º** da referida lei.

Assim, a regra é que todos os espaços ambientais especialmente protegidos existentes no país integrem o SNUC.

Por tal razão, não nos pareceu adequado — ao contrário, sendo até contraditório — o que dispõe o **art. 6º, parágrafo único**, da Lei n. 9.985/2000:

> "Art. 6º (...)
>
> Parágrafo único. Podem integrar o SNUC, excepcionalmente e a critério do Conama, unidades de conservação estaduais e municipais que, concebidas para atender a peculiaridades regionais ou locais, possuam objetivos de manejo que não possam ser satisfatoriamente atendidos por nenhuma categoria prevista nesta Lei e cujas características permitam, em relação a estas, uma clara distinção."

A estrutura destinada à **gestão** do SNUC vem disciplinada no art. 6º:

> "Art. 6º O SNUC será gerido pelos seguintes órgãos, com as respectivas atribuições:
>
> I — Órgão **consultivo** e **deliberativo:** o Conselho Nacional do Meio Ambiente — **Conama**, com as atribuições de acompanhar a implementação do Sistema;
>
> II — Órgão **central:** o **Ministério do Meio Ambiente**, com a finalidade de coordenar o Sistema; e
>
> III — órgãos **executores:** o **Instituto Chico Mendes** e o **Ibama**, em caráter supletivo, os órgãos **estaduais** e **municipais**, com a função de implementar o SNUC, subsidiar as propostas de criação e administrar as unidades de conservação federais, estaduais e municipais, nas respectivas esferas de atuação."

## ■ 10.7.6. Compensação ambiental, EIA/RIMA e SNUC

### ■ *10.7.6.1. Origem do instituto e legislação aplicável*

Sem dúvida alguma, um dos aspectos de maior relevo prático tratado na Lei n. 9.985/2000 é o instituto da **compensação ambiental**, regulado em seu **art. 36**.

Calha acentuar, porém, que a **compensação ambiental** não foi criada por este diploma.

Na verdade, sua **origem** no direito brasileiro deve-se ao **art. 1º da Resolução CONAMA n. 10/87**, em que se estabelecia que, para contrabalançar, recompensar, equilibrar ou reparar as **perdas ambientais** ocasionadas por **obras de grande porte**, deveria o empreendedor implantar uma **estação ecológica**. Vejamos:

> "Art. 1º Para fazer face à reparação dos danos ambientais causados pela destruição de florestas e outros ecossistemas, o licenciamento de obras de grande porte, assim considerado pelo órgão licenciador com fundamento no RIMA terá sempre como um dos seus pré-requisitos, a implantação de uma Estação Ecológica pela entidade ou empresa responsável pelo empreendimento, preferencialmente junto à área."

Dizia, ainda, o **art. 2º** que "o **valor** da área a ser utilizada e das benfeitorias a serem feitas **não poderá ser inferior a 0,5% dos custos totais** previstos para a implantação dos empreendimentos".

É clara, assim, no embrião da compensação ambiental, sua finalidade de reparar os impactos não mitigáveis gerados pelos empreendimentos de grande monta.

A Resolução n. 10/87 foi, ainda, modificada pela **Resolução CONAMA n. 2/96**, que trouxe importantes alterações. De seu **art. 1º**,[17] pode-se inferir que:

---

[17] "Art. 1º Para fazer face à reparação dos danos ambientais causados pela destruição de florestas e outros ecossistemas, o licenciamento de empreendimentos de relevante impacto ambiental, assim considerado pelo órgão ambiental competente com fundamento do EIA/RIMA, terá como um dos

- **não** havia necessidade de ser uma **estação ecológica**;
- deveria ser de **domínio público**;
- seu uso deve ser, preferencialmente, **indireto**.

Posteriormente, então, com o advento da Lei n. 9.985/2000, o assunto passou a ser disciplinado em seu **art. 36:**

> "Art. 36. Nos casos de licenciamento ambiental de empreendimentos de significativo impacto ambiental, assim considerado pelo órgão ambiental competente, com fundamento em estudo de impacto ambiental e respectivo relatório — **EIA/RIMA**, o empreendedor é **obrigado a apoiar a implantação e manutenção de unidade de conservação do Grupo de Proteção Integral**, de acordo com o disposto neste artigo e no regulamento desta Lei.
>
> § 1º O montante de **recursos** a ser destinado pelo empreendedor para esta finalidade **não pode ser inferior a meio por cento dos custos totais** previstos para a implantação do empreendimento, sendo o percentual fixado pelo órgão ambiental licenciador, de acordo com o grau de impacto ambiental causado pelo empreendimento.
>
> § 2º Ao **órgão ambiental licenciador** compete **definir as unidades de conservação a serem beneficiadas**, considerando as propostas apresentadas no EIA/RIMA e ouvido o empreendedor, podendo inclusive ser contemplada a criação de novas unidades de conservação.
>
> § 3º Quando o empreendimento afetar unidade de conservação específica ou sua zona de amortecimento, o licenciamento a que se refere o *caput* deste artigo só poderá ser concedido mediante autorização do órgão responsável por sua administração, e a unidade afetada, mesmo que não pertencente ao Grupo de Proteção Integral, deverá ser uma das beneficiárias da compensação definida neste artigo."

Do *caput* do dispositivo, extraem-se três aspectos básicos relativos à compensação ambiental:

- em todo licenciamento ambiental que envolva a realização de **EIA/RIMA** (portanto, com significativo impacto ambiental, nos termos do art. 225, § 1º, IV, da CF/88);
- o empreendedor tem um **dever legal**;
- de **apoiar** a **implantação** e **manutenção** de uma **unidade de conservação** de Proteção Integral.

---

requisitos a serem atendidos pela entidade licenciada, a implantação de **uma unidade de conservação** de **domínio público** e **uso indireto**, preferencialmente uma Estação Ecológica, a critério do órgão licenciador, ouvido o empreendedor."

Quanto ao *modus operandi* de aplicação dessas determinações, o *caput* do art. 36 deixa claro que obedecerá aos parágrafos do mesmo artigo, além do Regulamento da lei.

Em relação ao **montante** a ser destinado pelo empreendedor, o **§ 1º** fixou um **valor mínimo (0,5% — meio por cento** — do **custo total** estimado do empreendimento), devendo, ainda, tal valor ser definido caso a caso, conforme o grau de impactação da atividade.

Quanto à unidade de conservação a ser beneficiada, sua escolha é tarefa que cabe ao órgão ambiental, considerando as propostas do **EIA/RIMA** e o **contraditório do empreendedor**. Não se descarta, ainda, a possibilidade de criação de **unidades de conservação novas**.

Por fim, extrai-se do § 3º que, se o empreendimento **afetar uma unidade de conservação ou sua zona de amortecimento**, duas consequências daí resultam:

- o licenciamento depende de **autorização** do **órgão de gestão** da unidade conservação;
- esta unidade de conservação será uma das **beneficiárias** da compensação ambiental.

Diga-se, ainda, que a Lei n. 9.985/2000 foi posteriormente regulamentada pelo **Decreto n. 4.340/2002**. Ali, reservou-se todo o Capítulo VII — **arts. 31 a 34** — para cuidar "da compensação por significativo impacto ambiental". Tratou-se justamente do *modus operandi* do dever legal criado pelo art. 36 da Lei do SNUC. Vejamos os dispositivos:

> "Art. 31. Para os fins de **fixação da compensação ambiental** de que trata o art. 36 da Lei n. 9.985, de 2000, o órgão ambiental licenciador estabelecerá o **grau de impacto** a partir de estudo prévio de impacto ambiental e respectivo relatório — **EIA/RIMA** realizados quando do processo de licenciamento ambiental, sendo considerados os **impactos negativos e não mitigáveis** aos recursos ambientais.
>
> Parágrafo único. Os percentuais serão fixados, gradualmente, a partir de meio por cento dos custos totais previstos para a implantação do empreendimento, considerando-se a amplitude dos impactos gerados, conforme estabelecido no *caput*.
>
> Art. 32. Será instituída no âmbito dos órgãos licenciadores **câmaras de compensação ambiental**, compostas por representantes do órgão, com a finalidade de analisar e propor a aplicação da compensação ambiental, para a aprovação da autoridade competente, de acordo com os estudos ambientais realizados e percentuais definidos.
>
> Art. 33. A **aplicação dos recursos** da compensação ambiental de que trata o art. 36 da Lei n. 9.985, de 2000, nas unidades de conservação, existentes ou a serem criadas, deve obedecer à seguinte **ordem de prioridade:**

> I — regularização fundiária e demarcação das terras;
>
> II — elaboração, revisão ou implantação de plano de manejo;
>
> III — aquisição de bens e serviços necessários à implantação, gestão, monitoramento e proteção da unidade, compreendendo sua área de amortecimento;
>
> IV — desenvolvimento de estudos necessários à criação de nova unidade de conservação; e
>
> V — desenvolvimento de pesquisas necessárias para o manejo da unidade de conservação e área de amortecimento.
>
> Parágrafo único. Nos casos de **Reserva Particular do Patrimônio Natural**, **Monumento Natural**, **Refúgio de Vida Silvestre**, **Área de Relevante Interesse Ecológico** e **Área de Proteção Ambiental**, quando a posse e o domínio **não sejam do Poder Público**, os recursos da compensação **somente** poderão ser aplicados para custear as seguintes atividades:
>
> I — elaboração do Plano de Manejo ou nas atividades de proteção da unidade;
>
> II — realização das pesquisas necessárias para o manejo da unidade, sendo vedada a aquisição de bens e equipamentos permanentes;
>
> III — implantação de programas de educação ambiental; e
>
> IV — financiamento de estudos de viabilidade econômica para uso sustentável dos recursos naturais da unidade afetada.
>
> Art. 34. Os empreendimentos implantados antes da edição deste Decreto e em operação sem as respectivas licenças ambientais deverão requerer, no prazo de doze meses a partir da publicação deste Decreto, a regularização junto ao órgão ambiental competente mediante licença de operação corretiva ou retificadora."

Posteriormente, ainda, o **IBAMA** editou a **Portaria n. 7/2004**, criando as **Câmaras de Compensação Ambiental**, e, por intermédio da **Portaria n. 44/2004**, aprovou o regimento interno delas, mais tarde alterado pela **Portaria n. 49/2005**.

Paralelamente, em 16 de março de 2005, o **Ministério do Meio Ambiente** e a **Caixa Econômica Federal** firmaram um acordo criando o **fundo nacional de compensação ambiental**, formado por recursos advindos das compensações ambientais reguladas no art. 36 do SNUC em **âmbito federal**. Tal fundo é gerido pela CEF, que pretende dar mais agilidade e transparência à utilização destes recursos.

A seu turno, o **CONAMA**, por intermédio da **Resolução n. 371/2006**, estabeleceu as **diretrizes** aos órgãos ambientais para **cálculo**, **cobrança**, **aplicação**, **aprovação** e **controle de gastos** de **recursos advindos de compensação ambiental**, conforme a Lei n. 9.985/2000.

Outrossim, nessa resolução, vários outros pontos relativos à forma de se realizar a compensação ambiental foram esclarecidos, inclusive com a definição do que faz parte do **conceito de custo total do empreendimento**.

Ainda, em seu **art. 15**, visando evitar a suposta insegurança jurídica que a fixação dos valores poderia causar, dispôs que "o **valor** da compensação ambiental **fica fixado em meio por cento** dos custos previstos para a implantação do empreendimento até que o órgão ambiental estabeleça e publique **metodologia para definição do grau de impacto ambiental**".

### ■ *10.7.6.2. Compensação ambiental: licenciamento, EIA/RIMA e poluidor/usuário-pagador*

O princípio do **poluidor/usuário-pagador** prescreve que todas as **externalidades ambientais negativas**, bem como o **uso incomum** dos bens e recursos ambientais, devem ser **internalizadas (suportadas) pelo empreendedor.**[18]

Em respeito ao subprincípio da prevenção (concretizador do PUP), esse custo deve ser assumido e incorporado pelo empreendedor **antes de a atividade ser autorizada** pelo poder público, e, neste particular, os estudos e as avaliações ambientais prévias são importante instrumento de realização do postulado.

Assim, nos casos de empreendimentos e obras que causem significativo impacto ao meio ambiente, é mister que o processo de licenciamento da atividade contemple a realização de um EIA/RIMA, para que sejam conhecidos os impactos advindos da atividade, caso ela venha a ser implantada (art. 225, § 1º, IV, da CF/88).

Por isso mesmo, **antes da concessão da licença ambiental** e após a realização do **EIA/RIMA**, deve o órgão ambiental fixar quais impactos decorrerão da atividade.

Dentre os impactos negativos ao meio ambiente apontados pelo órgão ambiental, existem aqueles que são **mitigáveis** (aplacáveis), desde que se cumpram algumas condicionantes impostas pelo Poder Público.

Todavia, há certos impactos que **não são contornáveis**, porque nenhuma atitude que se tome contra eles conseguirá neutralizar o efeito negativo sobre o meio ambiente.

Assim, a perda de um ecossistema, a destruição de um monumento, a privação de uma cobertura florestal por determinado período de tempo, etc., são impactos não mitigáveis. São eles, inclusive, muito comuns nos casos em que se exige o EIA/RIMA.

Justamente por isso, por não haver como neutralizar seus efeitos danosos, torna-se muito importante a técnica da **compensação ambiental**, como forma de oferecer à coletividade ao menos alguma "recompensa" pelos prejuízos sofridos.

---

[18] Sobre o princípio, verdadeiro postulado básico de todo o direito ambiental, ver, *supra*, os *itens 7.4* e *7.5*.

Trata-se, assim, de técnica inegavelmente **reparatória**, posto que visa justamente contrabalancear os prejuízos que certamente virão com a atividade econômica.

Compensação esta que, como se vê no art. 36 da Lei n. 9.985/2000, privilegia o postulado da **reparação *in natura***. Afinal, "o empreendedor é obrigado a apoiar a implantação e manutenção de unidade de conservação do Grupo de Proteção Integral". Não se trata, assim, de simples indenização financeira pelos prejuízos ambientais.

### ■ *10.7.6.3. A compensação ambiental é prévia ao dano*

Da forma como se redigiu o art. 36 da Lei do SNUC, bem como toda a legislação subsequente que cuida do tema, o cumprimento da compensação ambiental se dá **após a elaboração do EIA/RIMA**, porém **antes da expedição da licença prévia**, funcionando tal adimplemento, inclusive, como **condição necessária à sua obtenção**.

Desse aspecto, poder-se-ia argumentar ser injusto, irrazoável e desproporcional que o empreendedor seja responsável pela compensação de um dano que ainda não aconteceu e que nem sabe se acontecerá.

Ocorre que hoje está superada a discussão sobre a possibilidade do **ressarcimento de danos futuros**, e a indenizabilidade dos lucros cessantes é a prova cabal disso.

O que importa, assim, para que surja o dever de ressarcir, é que o **dano seja certo**, ainda que seja **futuro**, e não atual.

Observe-se, ainda, que, no caso da compensação ambiental, a certeza do dano (futuro) advém de **estudo completo**, baseado em **dados técnicos** fornecidos por **equipe multidisciplinar** e contrastados com análises do órgão ambiental no procedimento de EIA/RIMA. Portanto, existe base técnica sólida o suficiente para afirmar que os danos ambientais ocorrerão certamente com aquela obra ou atividade.

Porém, é de se dizer que, em respeito aos princípios da **prevenção** e da **precaução**, não se pode jamais negociar os riscos ao meio ambiente. Por isso mesmo, é razoável e proporcional que o risco de prejuízo pela atividade seja antes suportado pelo empreendedor.

Do contrário, se tivéssemos que esperar a ocorrência do dano para depois ressarci-lo, qual seria a função do EIA/RIMA? É a sociedade que deve suportar o prejuízo e ser indenizada, ou é o empreendedor que deve suportar o pagamento antecipado e, eventualmente, ser ressarcido pelo que compensou indevidamente? Ora, a resposta é evidente!

### ■ 10.7.6.4. Licença e compensação

Como já foi dito, é **requisito** para a concessão da **licença ambiental (prévia)** o cumprimento das condicionantes mitigatórias e compensatórias definidas pelo órgão ambiental com fundamento no EIA/RIMA.

O nome "condicionante" demonstra, claramente, que as medidas fincadas pelo órgão ambiental são **requisitos necessários** e **suficientes** para a obtenção da **licença ambiental**. No momento em que o Poder Público define quais são as condicionantes, está, sem dúvida, oferecendo os caminhos que, se cumpridos pelo empreendedor, levarão necessariamente à concessão da licença ambiental.

Neste particular, é de se dizer que, de fato, não há possibilidade de o empreendedor cumprir as condicionantes, especialmente as compensatórias, e, depois disso, não obter a licença ambiental.

Ora, se assim fosse, ocorreria verdadeiro confisco por parte do Estado, porque estaria sobretaxando o empreendedor com a realização de medidas compensatórias e mitigatórias — muitas vezes bastante custosas — sem a contrapartida de poder obter a licença ambiental.

Assim, pensamos que a compensação ambiental do art. 36 não pode ser exigida do empreendedor se, cumpridas todas as condicionantes que lhe foram impostas, não obtiver a licença ambiental.

### ■ 10.7.6.5. Compensação e matéria de defesa

Não pode o empreendedor sofrer *bis in idem* e ser responsabilizado mais de uma vez pela compensação do mesmo dano, seja antes ou depois de sua ocorrência.

Por isso mesmo, se for incitado a compensar os impactos ambientais antevistos no licenciamento ambiental e deles se desincumbir, não poderá ser acionado civilmente a pagar por aqueles danos já compensados quando do cumprimento das condicionantes ambientais constantes da licença ambiental.

Neste caso, poderá alegar em sua defesa a extinção dessa obrigação ressarcitória, justamente por já ter, por meio da compensação ambiental, reparado o dano. Trata-se de verdadeira defesa de mérito indireta (exceção substancial).

Todavia, se a nova responsabilização se refere a danos não previstos e não indenizados ou compensados no momento da concessão da licença, obviamente existe o dever de indenizar, nos termos do art. 225, § 3º, da CF/88.

### ■ 10.7.6.6. Os impactos ecológicos e a compensação do art. 36 da Lei n. 9.985/2000

O EIA/RIMA contempla a análise e a previsão dos impactos a serem causados tanto ao ecossistema **natural** quanto ao **artificial**.

Sendo assim, importa destacar que a medida compensatória prevista no art. 36 da Lei do SNUC deve levar em consideração apenas os **impactos ambientais** causados aos **recursos naturais**, ou seja, os impactos aos componentes ambientais (art. 2º, IV, do SNUC; e art. 3º, V, da PNMA), cuja interação química, física e biológica culmina no equilíbrio ecológico.

A própria finalidade da medida compensatória — criação e implantação de unidade de conservação — dá a mostra de que os impactos aí considerados são aqueles que têm por alvo a afetação dos recursos ambientais.

Contudo, infere-se pela própria principiologia do direito ambiental que só serão objeto de compensação os impactos que **não sejam possíveis de serem mitigados**, isso é, aqueles para os quais não existam condicionantes que viabilizem a neutralização do impacto, evitando o dano ao meio ambiente.

Por isso mesmo, a regra da compensação ambiental refere-se aos impactos ecológicos **não mitigáveis**.

São excluídos, ainda, da compensação ambiental os impactos gerados pelos riscos da operação do empreendimento que **não foram contemplados no EIA/RIMA**.

Assim, por exemplo, se será construída uma hidrelétrica, é certo que toda a área de seu entorno será devastada pelas águas e haverá sensível perda da biodiversidade, de ecossistema, da cobertura vegetal, etc. São esses danos, não mitigáveis, que devem ser objeto de compensação ambiental, caso se decida por conceder licença ao empreendimento.

É justamente tomando por base estes impactos, em seus mais variados **graus**, que será **identificado o teto da compensação ambiental** a ser paga pelo empreendedor da atividade ou obra licenciada. Quanto a isso, prescreve o **art. 2º** da Resolução **CONAMA n. 371/2006:**

> "Art. 2º O órgão ambiental licenciador estabelecerá o **grau de impacto ambiental** causado pela implantação de cada empreendimento, fundamentado em base técnica específica que possa avaliar os **impactos negativos e não mitigáveis** aos **recursos ambientais** identificados no processo de licenciamento, de acordo com o EIA/RIMA, e respeitado o princípio da publicidade.
>
> § 1º Para estabelecimento do grau de impacto ambiental serão considerados somente os impactos ambientais causados aos **recursos ambientais**, nos termos do art. 2º, inciso IV da Lei n. 9.985, de 2000, excluindo riscos da operação do empreendimento, não podendo haver redundância de critérios.
>
> § 2º Para o cálculo do percentual, o órgão ambiental licenciador deverá elaborar instrumento específico com base técnica, observado o disposto no *caput* deste artigo."

### ■ 10.7.6.7. *O dever (legal) jurídico do empreendedor previsto no art. 36 da Lei n. 9.985/2000*

Segundo o **art. 5º, II, da CF/88**, "ninguém será obrigado a fazer ou deixar de fazer alguma coisa senão em virtude de lei".

Assim, consentâneo com o **princípio constitucional da legalidade**, está o **dever legal** do empreendedor de compensar o dano ecológico não mitigável identificado no EIA/RIMA durante o licenciamento de atividades de significativa impactação do meio ambiente.

Este dever legal está previsto no art. 36 e seus parágrafos da Lei n. 9.985/2000, imposto pelo legislador com a permissão do art. 225, §§ 1º e 3º, da CF/88.

Assim, não merece guarida qualquer alegação de que a compensação ambiental ofenderia o princípio da legalidade.

Perceba-se que a referida lei previu o dever jurídico do empreendedor, a finalidade dos recursos obtidos com a compensação, assim como os critérios para se apurar o *quantum* que será devido a título de compensação ambiental.

Fez certo o legislador porque, em matéria ambiental, é necessária a fixação de conceitos jurídicos indeterminados (grau de impacto), justamente porque apenas diante de cada caso é que se poderá chegar, com a maior razoabilidade/proporcionalidade possível, ao valor da referida compensação.

Seria verdadeiro truísmo e utopia imaginar que o legislador pudesse antever quais os impactos ecológicos não mitigáveis de todos os tipos de empreendimentos que causam significativa impactação do meio ambiente.

### ■ 10.7.6.8. *Princípio da legalidade e o duplo comando do art. 36 da Lei do SNUC*

Se bem analisado, percebe-se que o comando normativo do art. 36 e seus parágrafos têm **dois destinatários distintos**, justamente porque são **dois os deveres jurídicos** ali contidos.

O primeiro dever jurídico tem por destinatário o **empreendedor**, que de antemão sabe que, todas as vezes que se submeter a um processo de licenciamento ambiental com EIA/RIMA (que pressupõe a significativa impactação do meio ambiente), terá o **dever legal de apoiar a implantação e a manutenção de uma unidade de conservação de proteção integral**.

Este "apoio" se dá por intermédio de um **dever de pagar quantia**, cujo montante deverá ser calculado pelo órgão ambiental competente segundo o grau de impacto ecológico não mitigável constante do EIA/RIMA. Assim, para o empreendedor existe, em última análise, o **dever de compensar financeiramente** os impactos ecológicos não mitigáveis.

Contudo, visando evitar que o dinheiro fique "perdido" nos cofres públicos, relegando o meio ambiente ao segundo plano, o legislador deixou claro que a quantia paga pelo empreendedor já tem uma **finalidade determinada**. É aí que entra o outro comando a que nos referimos, destinado ao **Poder Público**.

Por intermédio da lei, especialmente pelo que prescreve o **art. 36, § 2º**, parece claro que a quantia fruto da compensação ambiental financeira deve ser usada para a **finalidade específica** de **implantar ou manter unidade de conservação** de Proteção Integral. Há, assim, uma responsabilidade estatal de empregar o dinheiro para o atendimento de tal finalidade.

Assim, embora esteja contemplado o dever de pagar quantia por parte do empreendedor, esta quantia deverá ser **utilizada para fins ambientais**, mais especificamente para compensar as perdas ambientais causadas pela impactação ecológica não mitigável dos recursos ambientais.

Essa compensação financeira, portanto, não é um fim em si mesmo, senão um instrumento de que se vale o poder público para implantar ou manter unidades de conservação, contribuindo, desta forma, com a proteção dos recursos ambientais.

Logo, não se pode dizer que se trata de uma reparação *in pecunia*, mas, sim, específica, ou *in natura*. Seria, pois, como se disséssemos que a compensação financeira é apenas uma parte — a primeira — da reparação específica que se dará com o fomento (criação e manutenção) de uma unidade de conservação de proteção integral.

### ■ *10.7.6.9. O montante a ser destinado*

Talvez seja este o ponto mais sensível e que gere mais discussões em relação à técnica de compensação ambiental prevista no art. 36 e ss. da Lei n. 9.985/2000.

Sensível, é claro, porque envolve desembolso de dinheiro do empreendedor, mas não só por isso. É que a norma **fixou um valor mínimo** e **não fixou um valor máximo** a ser pago pelo empreendedor.

E, pior do que isso, este valor mínimo tem um critério diverso daquele que será utilizado para estabelecer o valor máximo. Em nosso sentir, foi desnecessária — e às vezes será irrazoável — a fixação do valor mínimo traçado pelo legislador.

#### ■ *10.7.6.9.1. O valor mínimo (piso)*

O **§ 2º do art. 36** da Lei n. 9.985/2000 fixou a regra de que "o montante de recursos a ser destinado pelo empreendedor para esta finalidade **não pode ser inferior a meio por cento dos custos totais** previstos para a implantação do empreendimento".

Esta parte do dispositivo, dizíamos antes mesmo da declaração de sua inconstitucionalidade pelo STF, padecia de inconteste irrazoabilidade, já que o critério que fixava o montante sobre o qual incidiria o percentual de 0,5% e indicaria o valor mínimo a ser compensado poderia se mostrar deveras injusto.

Primeiro, porque muitas vezes o **custo total** do empreendimento poderia ser indicativo de que o empreendedor teria investido em **planos, bens e tecnologias limpas**, que normalmente **elevam o custo de um empreendimento**.

Segundo, porque **não há relação lógica** entre o **custo total** do empreendimento e a **impactação do meio ambiente**.

É possível que empreendimentos de custo menor sejam mais impactantes do que empreendimentos de custo maior. A relação entre impacto ambiental e custo para a implantação não é sempre um indicador seguro de que haveria razoabilidade na fixação do dever de compensar pelos prejuízos ambientais não mitigáveis.

Com isso, queremos dizer que o **critério** eleito pelo legislador para fixar o que se denominou **"piso mínimo"** da compensação ambiental era **absolutamente irrazoável** e **inseguro** para o empreendedor, além de prejudicial para o próprio meio ambiente.

Por isso mesmo, fez bem o **Supremo Tribunal Federal** em reconhecer a sua inconstitucionalidade neste particular, asseverando que o montante a ser compensado deve ser apurado **caso a caso**, conforme o grau de impactação ambiental. Vejamos ementa do acórdão que julgou a **ADI 3.378/DF:**

> "AÇÃO DIRETA DE INCONSTITUCIONALIDADE. ART. 36 E SEUS §§ 1º, 2º E 3º DA LEI N. 9.985, DE 18 DE JULHO DE 2000. CONSTITUCIONALIDADE DA COMPENSAÇÃO DEVIDA PELA IMPLANTAÇÃO DE EMPREENDIMENTOS DE SIGNIFICATIVO IMPACTO AMBIENTAL. INCONSTITUCIONALIDADE PARCIAL DO § 1º DO ART. 36.
>
> 1. O compartilhamento-compensação ambiental de que trata o art. 36 da Lei n. 9.985/2000 não ofende o princípio da legalidade, dado haver sido a própria lei que previu o modo de financiamento dos gastos com as unidades de conservação da natureza. De igual forma, não há violação ao princípio da separação dos Poderes, por não se tratar de delegação do Poder Legislativo para o Executivo impor deveres aos administrados.
>
> 2. Compete ao órgão licenciador fixar o *quantum* da compensação, de acordo com a compostura do impacto ambiental a ser dimensionado no relatório — EIA/RIMA.
>
> 3. O art. 36 da Lei n. 9.985/2000 densifica o princípio usuário-pagador, este a significar um mecanismo de assunção partilhada da responsabilidade social pelos custos ambientais derivados da atividade econômica.
>
> 4. Inexistente desrespeito ao postulado da razoabilidade. Compensação ambiental que se revela como instrumento adequado à defesa e preservação do meio ambiente

> para as presentes e futuras gerações, não havendo outro meio eficaz para atingir essa finalidade constitucional. Medida amplamente compensada pelos benefícios que sempre resultam de um meio ambiente ecologicamente garantido em sua higidez.
>
> 5. **Inconstitucionalidade** da expressão **'não pode ser inferior a meio por cento dos custos totais previstos para a implantação do empreendimento'**, no § 1º do art. 36 da Lei n. 9.985/2000. O valor da compensação-compartilhamento é de ser **fixado proporcionalmente ao impacto ambiental**, após estudo em que se assegurem o contraditório e a ampla defesa. Prescindibilidade da fixação de percentual sobre os custos do empreendimento.
>
> 6. Ação parcialmente procedente" (STF, Pleno, ADI 3.378/DF, rel. Min, Carlos Britto, *DJ* 20-6-2008).

É bem verdade que, antes da Declaração parcial de inconstitucionalidade pelo STF, e percebendo a má-formação legislativa no tocante ao critério para fixar o custo mínimo da compensação ambiental, tratou a **Resolução CONAMA n. 371/2006** de elucidar o que seria o **conceito de custo total:**[19]

> "Art. 3º Para o cálculo da compensação ambiental serão considerados os **custos totais** previstos para implantação do empreendimento e a metodologia de gradação de impacto ambiental definida pelo órgão ambiental competente.
>
> § 1º Os investimentos destinados à **melhoria da qualidade ambiental e à mitigação dos impactos causados pelo empreendimento**, exigidos pela legislação ambiental, **integrarão** os seus custos totais para efeito do cálculo da compensação ambiental.
>
> § 2º Os investimentos destinados à **elaboração e implementação dos planos, programas e ações, não exigidos pela legislação ambiental**, mas estabelecidos no processo de licenciamento ambiental para **mitigação e melhoria da qualidade ambiental**, **não integrarão** os custos totais para efeito do cálculo da compensação ambiental.
>
> § 3º Os custos referidos no parágrafo anterior deverão ser apresentados e justificados pelo empreendedor e aprovados pelo órgão ambiental licenciador."

Curiosa é, ainda, a previsão do **§ 2º** supratranscrito, no sentido de que os investimentos que **não sejam exigidos pela legislação ambiental**, mas que tenham sido **estabelecidos no processo de licenciamento** para mitigação e melhoria da qualidade ambiental, **não integram o custo total**.

Mas aqui fica uma pergunta: seria possível exigir no licenciamento ambiental alguma medida, plano e ação que não fosse com base na legislação

---

[19] Parece-nos que também essa norma padece de inconstitucionalidade, por ter ido além do que se poderia fazer em sede de resolução (ato administrativo).

ambiental? A forma como coloca o § 2º do art. 3º supracitado dá a entender que poderiam existir custos exigidos no licenciamento, mas que não teriam guarida na legislação ambiental.

Neste caso, *concessa maxima venia*, o poder público violaria o princípio da legalidade em exigir algo sem previsão legal (art. 5º, II c/c art. 37, *caput*, todos da Constituição Federal de 1988).

Pensamos, portanto, que o correto é **incluir no conceito de custo total** tudo o que **contribui diretamente para o processo produtivo**. Se houve erro do legislador na fixação do critério do valor mínimo da compensação, não se pode cometer outro erro ao interpretar equivocadamente esse conceito.

É de se dizer, ainda, que quem detém a **informação** precisa sobre o custo total de um empreendimento é o próprio **empreendedor**, sendo desconhecidos do órgão ambiental os gastos e investimentos para a implantação da atividade. Há, inclusive, certas despesas que devem ser guardadas em sigilo industrial da empresa. Assim, pensando nisso, disse o **art. 4º da Resolução CONAMA n. 371/2006** que:

> "Art. 4º Para efeito do cálculo da compensação ambiental, os empreendedores deverão apresentar a previsão do custo total de implantação do empreendimento antes da emissão da Licença de Instalação, **garantidas as formas de sigilo previstas na legislação vigente**."

Por tudo isso, nunca nos pareceu adequado o critério eleito pelo legislador para fixar o piso mínimo da compensação ambiental.

Melhor seria que não o tivesse feito e, enfim, confiasse no administrador, para que, segundo critérios de discricionariedade técnica, pudesse descobrir o grau de impactação e fixar o valor da compensação, independentemente do custo do empreendimento ou qualquer outro critério que não fosse ligado ao impacto e à reparação do meio ambiente.

Nessa toada, merece aplauso a citada decisão do STF, que reconheceu a inconstitucionalidade parcial do § 1º do art. 36 da Lei do SNUC.

### ■ *10.7.6.9.2. O valor máximo (teto)*

Fixou, também, o legislador um critério para definição do **valor máximo** de compensação ambiental, ao dizer que o percentual fixado pelo órgão ambiental licenciador será "de acordo com o grau de impacto ambiental causado pelo empreendimento".

Este critério é, de longe, bem melhor do que aquele que estabeleceu o piso mínimo da compensação ambiental. Ao menos, está **diretamente relacionado**

**com a impactação ecológica não mitigável**, e o principal disso é que dita "impactação" se encontra demonstrada em dados e estudos técnicos que embasam o EIA/RIMA realizado no processo de licenciamento.

Não se deve perder de vista, todavia, que os impactos ecológicos não mitigáveis — tais como a supressão de uma área de preservação, a redução de ecossistemas e a perda de biodiversidade — são danos que jamais poderão ser recompostos de forma a colocar o meio ambiente no mesmo estado que se encontrava antes de ocorrida a degradação.

Estamos, pois, no campo da reparação de bens jurídicos imateriais, essenciais ao abrigo e à proteção de todas as formas de vida, de maneira que é impossível encontrar alguma forma de compensação — pecuniária ou *in natura* — que corresponda, com exatidão, ao valor do bem impactado.

Assim, é de se esperar que seja tarefa árdua a definição do grau de impactação do ambiente (para as presentes e futuras gerações) e a descoberta de um valor que seja "justo" e "compensador" do impacto ecológico causado.

Aqui não é possível dizer que as externalidades positivas compensem as negativas, porque o prejuízo suportado pela coletividade é sempre maior do que os benefícios hauridos por poucos.

O que se quer dizer é que o próprio **legislador** já definiu qual deve ser o **papel da compensação ambiental:** o de **apoiar a criação e a manutenção de unidades de conservação de proteção integral**. Este é o fim almejado pelo legislador.

O preço a ser fixado deve ser, assim, suficiente para implantar e manter um número de unidades de conservação que "compensem" a degradação do meio ambiente, isto é, tanto o órgão ambiental quanto o empreendedor deveriam ter em conta que a compensação de um prejuízo ambiental deve ser realizada com benefícios ambientais, como a criação e a manutenção de unidades de conservação de proteção integral.

Deve haver, ao máximo possível, equivalência entre o prejuízo e as vantagens ambientais hauridas com a criação e a manutenção desses espaços ambientais especialmente protegidos. Este é que deveria ser o norte na fixação do montante a ser destinado pelo empreendedor.

### ■ 10.7.6.10. *As unidades de conservação contempladas pela compensação ambiental e as prioridades na aplicação dos recursos*

O destino dos recursos auferidos com a compensação ambiental é certo: apoiar a criação ou a manutenção de unidades de conservação de **proteção integral**.

Estas Unidades de Conservação, como estudamos, têm por objetivo básico a preservação da natureza, sendo admitido apenas o uso indireto dos seus recursos naturais, com exceção dos casos previstos na Lei do SNUC.

Excepcionalmente, ainda, poderá ser contemplada uma unidade de conservação de **uso sustentável** se o empreendimento causar-lhe impacto (inclusive na sua zona de amortecimento), caso em que terá que ser uma das unidades beneficiadas pela compensação e, mais que isso, a licença ambiental dependerá de autorização de seu órgão gestor. É o que determina o supracitado **§ 3º do art. 36** da Lei n. 9.985/2000.

Caberá ao **órgão licenciador** definir **as unidades de conservação a serem beneficiadas** pelos recursos advindos da compensação ambiental. Caso não haja nenhuma unidade afetada ou respectiva zona de amortecimento, a compensação ambiental deverá ser utilizada para **criar uma unidade de conservação de proteção integral**, que, por óbvio, deverá estar localizada no mesmo bioma e na mesma bacia hidrográfica do empreendimento ou atividade licenciada.

Por fim, diga-se que o **Decreto n. 4.340/2002** determinou a **prioridade** dos gastos nas unidades de conservação (mantidas ou criadas), pois nem sempre o valor da quantia é suficiente para atender a todos os aspectos de uma unidade de conservação. Vejamos:

> "Art. 33. A aplicação dos recursos da compensação ambiental de que trata o art. 36 da Lei n. 9.985, de 2000, nas unidades de conservação, existentes ou a serem criadas, deve obedecer à seguinte **ordem de prioridade:**
>
> I — regularização fundiária e demarcação das terras;
>
> II — elaboração, revisão ou implantação de plano de manejo;
>
> III — aquisição de bens e serviços necessários à implantação, gestão, monitoramento e proteção da unidade, compreendendo sua área de amortecimento;
>
> IV — desenvolvimento de estudos necessários à criação de nova unidade de conservação;
>
> V — desenvolvimento de pesquisas necessárias para o manejo da unidade de conservação e área de amortecimento.
>
> Parágrafo único. Nos casos de Reserva Particular do Patrimônio Natural, Monumento Natural, Refúgio de Vida Silvestre, Área de Relevante Interesse Ecológico e Área de Proteção Ambiental, quando a posse e o domínio não sejam do Poder Público, os recursos da compensação somente poderão ser aplicados para custear as seguintes atividades:
>
> I — elaboração do Plano de Manejo ou nas atividades de proteção da unidade;
>
> II — realização das pesquisas necessárias para o manejo da unidade, sendo vedada a aquisição de bens e equipamentos permanentes;
>
> III — implantação de programas de educação ambiental; e
>
> IV — financiamento de estudos de viabilidade econômica para uso sustentável dos recursos naturais da unidade afetada."

## ■ 10.8. SISTEMA NACIONAL DE INFORMAÇÕES SOBRE O MEIO AMBIENTE E CADASTRO TÉCNICO FEDERAL DE ATIVIDADES E INSTRUMENTOS DE DEFESA AMBIENTAL

O *Sistema Nacional de Informações sobre o Meio Ambiente* e o *Cadastro Técnico Federal de Atividades e Instrumentos de Defesa Ambiental* são instrumentos da Política Nacional do Meio Ambiente e estão, respectivamente, insertos nos incisos VII e VIII do art. 9º da Lei n. 6.938/81.

Muito embora não esteja inserido neste rol do dispositivo, o *Relatório de Atividades Potencialmente Poluidoras* também é mais um instrumento de tutela administrativa do meio ambiente e se liga intimamente aos institutos supracitados, porque compõe o que pode ser reconhecido como tutela do **direito à informação ambiental**.

Importante, agora, fixar uma premissa sem a qual se torna mais difícil a compreensão de tais instrumentos: num país de **tradição civilista** e extremamente **privatista** como o Brasil — onde o Código Civil foi durante boa parte da história o diploma jurídico mais importante do ordenamento jurídico, e o direito de propriedade, o direito mais sagrado de um indivíduo —, torna-se muito difícil, senão com tempo e paciência, fazer com que a **população se reconheça como titular de direitos difusos** constitucionalmente assegurados, como é o caso do **equilíbrio ecológico**.

Prosseguindo, ninguém duvida que o proprietário de um bem móvel (um carro, por exemplo) ou imóvel (um terreno ou uma casa, por exemplo) tem o direito de obter todas as informações necessárias acerca do que lhe pertence.

Ao reconhecer o bem como de sua propriedade, o dono sente-se legítimo para ter e exigir toda e qualquer informação acerca do que é seu. Assim, se o seu veículo possui alguma restrição, se a sua propriedade possui algum ônus, é indiscutível que tem e exerce o seu direito à informação sobre os bens de sua propriedade.

Pois bem. O mesmo raciocínio e a mesma forma de pensar e agir deveriam ser deslocados quando estamos diante de um direito que é de todos e de cada um ao mesmo tempo.

O direito fundamental ao **meio ambiente ecologicamente equilibrado** descrito no art. 225 da CF/88 tem como titular o **povo** e, por isso mesmo, gera para cada um de nós **o poder de exigir todas as informações sobre este direito que nos pertence**.

Só mesmo razões filosóficas, antropológicas e sociológicas podem explicar com exatidão o fato de que o cidadão do povo ainda não reconhece que é dono ou titular do direito do meio ambiente ecologicamente equilibrado e que, como tal, tem o direito/dever de zelar pela sua proteção.

A noção de "propriedade coletiva" do direito ao meio ambiente e seu regime jurídico de "uso comum" não são ainda muito bem reconhecidos pelo povo, que não se sente legítimo — mas deveria se sentir — para cobrar, exigir, lutar e efetivamente ter informações relativas a ele.

Se por um lado existe um direito à informação ambiental a ser disponibilizado para qualquer um do povo, por outro existe um **dever do Estado de prestar e disponibilizar todas as informações** referentes a este direito que a todos pertence, mas que é gerido pelo Poder Público.

Na condição de gestor desse direito, deve o poder público prestar todas as informações possíveis, relativas a ele, ao proprietário do meio ambiente, o povo.

Assim, não é preciso invocar qualquer outro fundamento ou argumento diverso do **direito de propriedade** (aqui, coletiva) para justificar o direito de cada um do povo de obter informações sobre o meio ambiente e o dever do Estado de informar, quase numa prestação de contas da gestão que exerce sobre esse direito constitucional de propriedade difusa.

Sob a perspectiva do Estado, há um **dever de informação pública** que é corolário lógico de regimes transparentes e democráticos que admitem a participação popular. Outra não é a conclusão a ser extraída do *caput* do art. 37 da CF/88, que diz claramente que a Administração Pública deve obedecer ao postulado da **publicidade**.

Mas não é só. Lembremos que o art. 225 da CF/88, da mesma forma que reconhece uma propriedade difusa sobre o meio ambiente ecologicamente equilibrado, **impõe à coletividade** o **dever de proteger e preservar** este bem para as presentes e futuras gerações.

Entretanto, como a coletividade pode proteger e preservar o meio ambiente ecologicamente equilibrado?

Ora, o passo número um para que qualquer do povo possa atuar em prol do ambiente é que receba e tenha acesso às informações ambientais, para que possa, assim, decidir participar e cooperar com a tutela do meio ambiente.

O acesso a informações sobre licenciamentos, cadastros de atividades poluidoras, padrões e critérios de qualidade ambiental, etc., é algo imprescindível para o exercício da participação democrática do cidadão na proteção ambiental.

Não se restringe, ainda, a informação ambiental à relação povo-Estado. Afinal, uma das grandes vantagens de se ter criado o Sistema Nacional do Meio Ambiente é possibilitar mais troca de informações entre os diversos órgãos administrativos voltados à gestão ambiental.

Por isso, ao observar os incisos VII e VIII do art. 9º da Política Nacional do Meio Ambiente, é preciso ter em mente que tais "instrumentos" se inserem num contexto mais amplo, que é o da **informação ambiental** como **instrumento de educação e participação democrática do cidadão em prol do ambiente**.[20]

Foi com vistas a implementar o seu dever constitucional e democrático de prestação das informações ambientais que foi editada a **Lei Federal n. 10.650/2003**, que "dispõe sobre o acesso público aos dados e informações existentes nos órgãos e entidades integrantes do Sisnama".

Já o *Cadastro Técnico Federal de Atividades e Instrumentos de Defesa Ambiental*, arrolado no **art. 9º, VIII**, da Política Nacional do Meio Ambiente, tem por objetivo gerar informação não só para **qualquer um do povo**, mas também para que os próprios **entes do SISNAMA** desenvolvam ações de controle, fiscalização e gestão ambiental.

O registro é obrigatório para as pessoas que desenvolvam atividades consideradas por lei como potencialmente poluidoras e utilizadoras de recursos naturais, ou mesmo atividades relacionadas à Defesa Ambiental.

## ■ 10.9. INSTRUMENTOS ECONÔMICOS, COMO CONCESSÃO FLORESTAL, SERVIDÃO AMBIENTAL, SEGURO AMBIENTAL E OUTROS

Não constando da redação original do art. 9º da Lei n. 6.938/81, o **inciso IX** foi ali acrescentado pela Lei n. 11.284/2006, asseverando serem instrumentos da Política Nacional do Meio Ambiente "os **instrumentos econômicos**, como **concessão florestal**, **servidão ambiental**, **seguro ambiental** e outros".

É claro que aqui não se pretende esnobar ou desdourar tais **instrumentos econômicos**, já que, afinal de contas, são mecanismos voltados à proteção ambiental e, como tais, devem ser valorizados.

Contudo, não se pode esconder o fato de que **a relação da economia com o meio ambiente** ainda está muito aquém do ideal ético que dela se espera. Tais instrumentos, então, de vocação econômica, não passam de medidas paliativas e canhestras que estão totalmente fora do verdadeiro foco que deveria direcionar a atuação da economia em relação à proteção do entorno.

É realmente muito pouco acreditar que é bastante ou suficiente que o mercado econômico reconheça as suas imperfeições, ou que tome atitudes no sentido de internalizar as tais externalidades negativas. Neste particular, verdadeiramente, são válidos os instrumentos econômicos compensatórios e reparatórios, mas isso é muito pouco perto daquilo que se espera de uma **economia ecológica**.

---

[20] Mais sobre o *princípio da participação*, de que são instrumentos a *informação* e a *educação ambiental*, conferir, *supra*, o *item 7.4*.

O verdadeiro papel esperado da economia é aquele que reestrutura e modifica o núcleo dos padrões atuais de consumo. É necessário reeducar o consumidor, estimulando-o a adquirir produtos e serviços amigos do meio ambiente. É preciso alterar as matrizes energéticas do mercado de consumo, adotando processos de fabricação e de descarte que sejam amigos do meio ambiente. É preciso socializar tecnologias *pro ambiente*, para que todos os países subdesenvolvidos possam erradicar a pobreza com o mínimo custo ambiental. Esse deve ser o verdadeiro papel da economia ecológica.

Contudo, para que isso se torne realidade, não se pode desprezar instrumentos econômicos como os que foram disponibilizados pelo legislador.

A **servidão ambiental**, regulada pelo **art. 9º-A da Lei n. 6.938/81**,[21] é instituída mediante anuência do órgão ambiental competente. Por meio dela, o **proprietário rural voluntariamente renuncia**, em caráter **permanente** ou **temporário**, **total** ou **parcialmente**, a **direito de uso**, **exploração** ou **supressão** de recursos naturais existentes em seu domínio.

Contudo, **não** pode ser instituída em áreas de **preservação permanente** e de **reserva legal**, e a limitação à propriedade não pode ser menor do que aquela que é exercida para a reserva legal.

A instituição da servidão florestal se aperfeiçoa com a sua **averbação no cartório de registro de imóveis** respectivo, sendo **vedada** durante o prazo de sua vigência a **alteração da destinação da área**, nos casos de transmissão do imóvel a qualquer título, de desmembramento ou de retificação dos limites da propriedade.

Já a **concessão florestal** é definida pela **Lei n. 11.284/2006**, a saber:

"Art. 3º Para os fins do disposto nesta Lei, consideram-se: (...)

[21] "Art. 9º-A. Mediante anuência do órgão ambiental competente, o proprietário rural pode instituir servidão ambiental, pela qual voluntariamente renuncia, em caráter permanente ou temporário, total ou parcialmente, a direito de uso, exploração ou supressão de recursos naturais existentes na propriedade.

§ 1º A servidão ambiental não se aplica às áreas de preservação permanente e de reserva legal.

§ 2º A limitação ao uso ou exploração da vegetação da área sob servidão instituída em relação aos recursos florestais deve ser, no mínimo, a mesma estabelecida para a reserva legal.

§ 3º A servidão ambiental deve ser averbada no registro de imóveis competente.

§ 4º Na hipótese de compensação de reserva legal, a servidão deve ser averbada na matrícula de todos os imóveis envolvidos.

§ 5º É vedada, durante o prazo de vigência da servidão ambiental, a alteração da destinação da área, nos casos de transmissão do imóvel a qualquer título, de desmembramento ou de retificação dos limites da propriedade."

VII — **concessão florestal**: delegação **onerosa**, feita pelo poder concedente, do direito de praticar **manejo florestal sustentável** para exploração de produtos e serviços numa unidade de manejo, mediante licitação, à pessoa jurídica, em consórcio ou não, que atenda às exigências do respectivo edital de licitação e demonstre capacidade para seu desempenho, por sua conta e risco e por prazo determinado; (...)."

Foi ela criada pelo legislador como uma alternativa inteligente de preservação e uso sustentável das florestas públicas brasileiras que, pela ineficiência do Estado, eram depredadas, exploradas e dilapidadas sem qualquer benefício à coletividade, antes o contrário.

Claro que outros aspectos existentes na referida lei são objetos de questionamentos — como o acesso de pessoas estrangeiras à nossa biodiversidade —, mas a ideia da "concessão florestal" é um retrato de que o Estado reconhece a sua insuficiência e a sua ineficiência na proteção à incolumidade do patrimônio florestal brasileiro.

Por fim, quanto aos **seguros ambientais**, visam atender ao princípio da **prevenção** e compatibilizar o **desenvolvimento** com a **sustentabilidade** dos recursos ambientais.

Evita-se, por meio deles, que a responsabilização do poluidor seja **infrutífera** e não efetiva por causa de sua não solvabilidade.[22]

Considerando que a **responsabilidade civil** em matéria ambiental adotou a **teoria do risco**, parece-nos lógico que os seguros ambientais constituíssem **exigência** necessária a toda atividade que pusesse em risco o meio ambiente.[23]

Diga-se, entretanto, que "a forma de tornar realidade o seguro ambiental é complexa".[24]

Basta imaginar qual seria o custo de um seguro contra riscos ambientais, quando se sabe de antemão que a quantificação do dano ambiental pode ser extremamente complexa, quase interminável, e de valores estratosféricos. Assim, decerto que as peculiaridades do dano e do nexo causal em matéria ambiental não têm contribuído muito para se encontrar uma solução economicamente viável para encorajar o segurador e o poluidor a procurarem esta solução.

---

22 Roberto Durço, Seguros ambientais, in *Direito ambiental em evolução*, p. 312.

23 "(...) seria uma solução interessante contratar um seguro obrigatório, por parte de todas aquelas pessoas que desenvolvem atividades 'suspeitas' de causar danos ambientais, estimando-se diferentes níveis de risco" (Silvia Jaquenod Zsögon, *El derecho ambiental y sus principios rectores*, p. 304).

24 Vladimir Passos de Freitas, *A constituição federal e a efetividade das normas ambientais*, p. 177.

## 10.10. QUESTÕES DE CONCURSO

### 10.10.1. Licenciamento ambiental

**1. (FCC/2010 — MPE/AP — Analista ministerial) A Construtora RS possui como projeto a construção de um estabelecimento que, para o seu funcionamento, precisará utilizar recursos ambientais capazes de causar degradação ambiental. Dessa forma, de acordo com a Lei n. 6.938/81, referida construção**

a) não dependerá de prévio licenciamento ambiental, pois este somente é necessário se a atividade for potencialmente poluidora.
b) dependerá de prévio licenciamento ambiental, já que utilizará recursos ambientais capazes, sob qualquer forma, de causar degradação ambiental.
c) não dependerá de prévio licenciamento ambiental, pois trata-se de construção e o licenciamento ambiental somente é necessário quando há a ampliação de estabelecimentos que causar degradação ambiental.
d) dependerá de prévio licenciamento ambiental apenas se a atividade for efetivamente poluidora.
e) dependerá de prévio licenciamento ambiental apenas se o proprietário limitar o uso de toda a sua propriedade para preservar os recursos ambientais.

**2. (FCC/2011 — TJ/PE — Juiz) Os municípios brasileiros, face ao ordenamento constitucional e legal, no que se refere ao licenciamento ambiental,**

a) podem emitir licença ambiental exclusivamente nos casos que envolvam o patrimônio histórico local.
b) podem emitir licença ambiental, desde que o empreendimento seja de interesse apenas local e não afete o meio ambiente em nível regional ou nacional.
c) não podem emitir licença ambiental em hipótese nenhuma.
d) não podem emitir licença ambiental em hipótese nenhuma exceto se receberem, para tanto, delegação expressa do IBAMA.
e) podem emitir licença ambiental, desde que o empreendimento se situe e abranja área de região metropolitana reconhecida por lei.

**3. (CESPE/2011 — MMA — Analista Ambiental) Julgue a afirmativa a seguir:**

Para cada etapa do processo de licenciamento ambiental, é necessária uma licença específica; a licença de instalação, por exemplo, deve ser concedida a empreendimento cujas condições de instalação detalhadas no projeto o tornem compatível com a preservação do ambiente onde será construído.

( ) certo ( ) errado

**4. (FCC/2009 — TJ/MS — Juiz) O tipo de licença ambiental, expedida na fase preliminar do planejamento do empreendimento, destinada, entre outras finalidades, a atestar a sua viabilidade ambiental e a estabelecer as condições para a sua instalação denomina-se**

a) auditoria ambiental.
b) licença prévia.
c) relatório ambiental preliminar.
d) licença de instalação.
e) estudo prévio de impacto ambiental.

**5. (CESPE/2009 — PGE/AL — Procurador do Estado) Há semelhanças e diferenças entre o direito ambiental e o direito administrativo. A licença ambiental é exemplo de instituto próprio com semelhanças com o direito administrativo. O licenciamento ambiental constitui procedimento administrativo pelo qual o órgão ou ente ambiental licencia a localização, a**

**instalação e outros aspectos de atividades potencialmente degradantes do meio ambiente. Nesse contexto, a licença ambiental é o instrumento pelo qual o poder público exerce o controle prévio e concomitante dessas atividades. A respeito das licenças ambientais, assinale a opção correta.**

a) No Brasil, o licenciamento ambiental deve ser feito pelo poder central. Cabe à União o licenciamento das obras no território nacional.
b) Um mesmo empreendimento poderá ter licença ambiental dada por diferentes entidades federativas (duplo licenciamento).
c) O licenciamento ambiental é feito em duas etapas distintas: a licença de instalação e a de operação.
d) Uma pessoa jurídica que desenvolve atividades de pesquisa e lavra de determinado recurso mineral em um único município deve requerer o licenciamento ambiental municipal da obra.
e) O licenciamento de loteamentos urbanos deve ser feito pelo Ministério das Cidades.

**6. (UFPR/2013 — TJ/PR — Juiz) Sobre o licenciamento ambiental, o estudo prévio de impacto ambiental e o relatório de impacto ambiental (EPIA/RIMA), assinale a alternativa INCORRETA.**

a) São instrumentos da política nacional de meio ambiente.
b) O licenciamento ambiental é um procedimento complexo por envolver vários órgãos e ao qual se deve dar publicidade.
c) A competência para exigir o EPIA/RIMA é sempre do órgão público estadual ou distrital, sendo que o órgão público federal ou o municipal somente podem exigi-lo em caráter supletivo.
d) Os demais entes federativos interessados podem manifestar-se ao órgão responsável pela licença ou autorização, de maneira não vinculante, respeitados os prazos e procedimentos do licenciamento ambiental.

**7. (VUNESP/2013 — TJ/RJ — Juiz) A natureza jurídica do licenciamento ambiental é**

a) de competência concorrente do Poder Executivo e do Poder Legislativo.
b) de poder de polícia, exclusivamente vinculado ao Poder Executivo.
c) dependente da definição estabelecida pelas Constituições Estaduais.
d) de poder de polícia, passível de apreciação complementar do Poder Legislativo.

**8. (VUNESP/ 2013 — CETESB — Advogado) Licenciamento ambiental é o procedimento administrativo pelo qual o órgão ambiental competente licencia a localização, instalação, ampliação e a operação de empreendimentos e atividades utilizadoras de recursos ambientais, consideradas efetiva ou potencialmente poluidoras ou daquelas que, sob qualquer forma, possam causar degradação ambiental, considerando as disposições legais e regulamentares e as normas técnicas aplicadas ao caso. Tendo em vista tal conceito, o pagamento de valor, efetuado no momento do licenciamento ambiental, tem a natureza jurídica de:**

a) taxa.
b) preço público.
c) imposto.
d) contribuição.
e) tarifa.

**9. (CESPE/2013 — TJ/MA — Juiz) Autores populares requereram a anulação de licenças concedidas por ente público estadual para a construção de aterro sanitário em certa área de**

**proteção ambiental (APA). Alegando risco de o chorume produzido pelo aterro atingir manancial subterrâneo, formularam pedido liminar para a suspensão das obras de engenharia já iniciadas e, como provimento final, a recomposição da área ao *status quo ante*.**

Considerando essa situação hipotética, assinale a opção correta.

a) O risco ambiental alegado pelos autores relaciona-se diretamente à licença de operação, ao passo que o pedido de liminar está relacionado ao objeto da licença de instalação.
b) As firmas de engenharia encarregadas da obra são ilegítimas para figurar no polo passivo da ação popular, destinada à anulação de atos administrativos, emanados de entes públicos.
c) Como o licenciamento ambiental está sendo conduzido por ente público estadual, depreende-se que a APA foi instituída pelo estado.
d) Como as águas subterrâneas são bens da União, é imprescindível a intimação desta para manifestar eventual interesse no feito; em caso de resposta positiva, a competência será da justiça federal.

**10. (TRF/2ª Região — 2014 — Juiz Federal) Em relação à atribuição para promover o licenciamento ambiental dos empreendimentos localizados na zona costeira é correto afirmar que:**

a) Desde que seus impactos se limitem ao território de um município e não inclua a zona econômica exclusiva, serão sempre de atribuição municipal.
b) Serão sempre de atribuição federal, já que a zona costeira é considerada patrimônio nacional.
c) Se o empreendimento se localizar no mar territorial, na plataforma continental ou na zona econômica exclusiva, a atribuição será da União. A atribuição também será da União se o empreendimento incluir áreas das faixas terrestre e marítima da zona costeira, nos casos previstos em tipologia estabelecida a partir de proposição de Comissão Tripartite Nacional.
d) Quando situado em zona urbana, a atribuição será do município, e do Estado quando situado na zona rural.
e) Se a localização do empreendimento incluir apenas área da faixa terrestre da zona costeira, a atribuição será do Estado, se incluir área da faixa marítima a atribuição será sempre da União.

**11. (CESPE/2015 — TRF1 — Juiz) Um empreendedor deu entrada em pedido de licenciamento ambiental no órgão estadual competente. Após paralisar o procedimento por dez meses, o órgão estadual informou que não teria capacidade técnico-administrativa para licenciar o empreendimento e que só a teria após a realização e a conclusão de concurso público para a contratação de servidores, o que demoraria um ano aproximadamente. Diante desses fatos, o empreendedor pediu arquivamento do pedido no órgão estadual e solicitou a atuação do órgão ambiental federal, que assumiu o procedimento de licenciamento ambiental. Nessa situação hipotética, à luz da Lei Complementar n. 140/2011, a atuação do órgão federal**

a) decorreu de competência residual com o intuito de fornecer apoio técnico ao órgão estadual que continuará responsável pelo licenciamento.
b) Decorreu de competência delegada por força de lei, que dispensa delegação formal pelo titular do órgão estadual.
c) decorreu da competência vertical, exercida diante da prevalência do interesse federal, superior hierarquicamente aos interesses dos demais entes da Federação.
d) foi regular, desde que as licenças ambientais tenham sido emitidas sob a responsabilidade dos titulares dos órgãos estadual e federal.

e) foi supletiva, em substituição ao órgão estadual originariamente detentor da atribuição para licenciar.

**12. (CESPE/2015 — TRF1 — Juiz) Assinale a opção correta acerca do EIA e do procedimento de licenciamento ambiental.**

a) Para o licenciamento ambiental de empreendimentos a serem instalados em municípios com mais de vinte mil habitantes, exige-se a realização de audiência pública para expor o conteúdo do EIA e do respectivo RIMA, bem como para recolher sugestões e dirimir dúvidas.
b) No âmbito do conteúdo do EIA, os impactos ambientais a serem analisados são os capazes de afetar direta ou indiretamente a biota e a qualidade dos recursos naturais, afastando-se os impactos de ordem econômica ou social.
c) O empreendedor e os profissionais que elaboram o EIA são responsáveis pelas informações apresentadas ao órgão ambiental competente e estão sujeitos a sanções nos âmbitos administrativo, penal e civil.
d) Para fins de orientar o poluidor no cumprimento de medidas de recuperação e(ou) indenização por danos causados em virtude de atividade industrial, exige-se o instrumento do licenciamento ambiental.
e) Nos casos devidamente justificados, para se aumentar a economicidade e eficiência, admite-se o procedimento de licenciamento ambiental conjunto, por exemplo, entre os órgãos ambientais federal e estaduais.

**13. (CESPE/2015 — TRF1 — Juiz) Dado que, em determinadas situações, o instrumento do licenciamento ambiental se relaciona com as unidades de conservação da natureza, assinale a opção correta de acordo com a legislação ambiental e sua jurisprudência.**

a) Se o empreendimento de significativo impacto ambiental afetar a zona de amortecimento da unidade de conservação, o órgão licenciador deverá solicitar opinião do órgão ambiental responsável pela gestão da unidade.
b) No licenciamento ambiental de empreendimento causador de significativo impacto ambiental, o empreendedor é obrigado a apoiar a implantação e a manutenção de unidade de conservação de proteção integral a título de compensação ambiental. Esse apoio é feito mediante investimento, cujo montante deve pagar, no mínimo, meio por cento dos custos totais da implantação do empreendimento.
c) A indicação, pelo órgão licenciador, do montante total a ser pago a título de compensação ambiental, à luz do entendimento do STF, deve ocorrer de acordo com o grau de impacto significativo negativo do empreendimento indicado no EIA e respectivo relatório (EIA/RIMA).
d) Ao se aplicarem recursos de compensação ambiental na manutenção de unidades de conservação já criadas, devem-se priorizar as pesquisas sobre o manejo da unidade e área de amortecimento em relação à aquisição de bens e serviços necessários à implantação, gestão, monitoramento e proteção.
e) As atividades humanas no interior de unidades de conservação de uso sustentável, desde que compatíveis com os objetivos dessas unidades, devem ser precedidas de licenciamento ambiental.

**14. (CESPE/2015 — TRF5 — Juiz) A respeito do EIA-RIMA, assinale a opção correta.**

a) A Resolução CONAMA n. 1/1986 traz rol taxativo de atividades para cujo licenciamento ambiental é imprescindível o prévio EIA-RIMA.
b) Entre outras hipóteses, a audiência pública para análise e discussão de EIA-RIMA será realizada quando houver solicitação de cinquenta ou mais cidadãos.

c) A multidisciplinaridade da equipe habilitada para realização do EIA-RIMA não é mais um requisito exigível devido a mudanças nas normas de regência.
d) Constatados impactos negativos de um empreendimento, o EIA-RIMA definirá, obrigatoriamente, medidas mitigadoras, tais como cursos de educação ambiental à comunidade.
e) Os estados e municípios não podem legislar sobre o EIA, pois se trata de matéria de competência da União, atualmente delegada por lei ao CONAMA.

## ■ GABARITO ■

| |
|---|
| **1.** "b". Conforme redação do art. 10 da Lei n. 6.938/81, que dispõe que "*a construção, instalação, ampliação e funcionamento de estabelecimentos e* atividades utilizadores de recursos ambientais, *efetiva ou potencialmente poluidores ou* capazes, sob qualquer forma, de causar degradação ambiental *dependerão de prévio licenciamento ambiental*". |
| **2.** "b". De acordo com a redação do art. 6º da Resolução CONAMA n. 237/97. |
| **3.** "errado". De acordo com o art. 8º, II, da Resolução CONAMA n. 237/97, a licença de instalação "autoriza a instalação do empreendimento ou atividade de acordo com as especificações constantes dos planos, programas e projetos aprovados, incluindo as medidas de controle ambiental e demais condicionantes, da qual constituem motivo determinante". |
| **4.** "b". De acordo com a definição constante do art. 8º, I, da Resolução CONAMA n. 237/97. |
| **5.** "d". De acordo com o art. 6º da Resolução CONAMA n. 237/97, já que se trata de empreendimento de impacto ambiental local (restrito ao Município). A alternativa "a" está errada, pois os arts. 5º e 6º da mesma resolução deixam claro que o licenciamento pode ser feito pelos Estados, Municípios e pelo Distrito Federal. Quanto à alternativa "b", contraria o art. 7º da Resolução CONAMA n. 237/97, apesar de haver manifestações jurisprudenciais em sentido contrário, como aqui temos defendido. A alternativa "c" está errada porque o licenciamento ambiental compreende três etapas distintas: licença prévia, de instalação e de operação. Por fim, a alternativa "e" está errada, pois, em regra, o licenciamento de loteamentos urbanos, pelo impacto local, é realizado pelo órgão ambiental municipal. |
| **6.** "c". Uma vez que a competência também pode ser do órgão federal, de acordo com o art. 4º da Resolução n. 237/97, que trata da competência do IBAMA. |
| **7.** "b". Segundo art. 1º, I, da Resolução CONAMA 237/97. |
| **8.** "a". Pois o licenciamento ambiental é procedimento administrativo decorrente do Poder de Polícia, e este é remunerado mediante a instituição de taxa, segundo art. 77 do CTN. |
| **9.** "a". As licenças ambientais resultam do procedimento exigido previamente à instalação de atividades ou empreendimentos potencialmente poluidores. As licenças ambientais existentes são: licença prévia, licença de instalação e licença de operação. |
| **10.** "c". Segundo art. 7º, parágrafo único, da LC n. 140/2011. |
| **11.** "e". Conforme art. 15 da Lei Complementar n. 140/2011. |
| **12.** "c". Conforme art. 7º da Resolução CONAMA n. 1/86. |
| **13.** "c". Conforme o julgamento da ADI 3.378/2004. |
| **14.** "b". Conforme art. 2º da Resolução CONAMA n. 9/87. |

# 11

# DIREITO INTERNACIONAL AMBIENTAL

## 11.1. CONSIDERAÇÕES INICIAIS

O surgimento do direito internacional ambiental[1] — seja ele visto como uma ciência autônoma ou não[2] — é algo que está intimamente relacionado com o reconhecimento do caráter **ubíquo** do bem ambiental.

> Relembrando que, pela característica da **ubiquidade**, os recursos ambientais são **onipresentes** pelas suas próprias naturezas, dada a **interdependência** dos processos ecológicos que ultrapassam qualquer barreira física ou política estabelecida pelo homem.
>
> Por isso mesmo, a degradação do meio ambiente — desequilíbrio ecológico — não interfere apenas no local de onde emanou a poluição, justamente porque os bens ambientais são interdependentes.

---

[1] Ver sobre o tema: José Eduardo Ramos Rodrigues, Organizadores: Cristiane Derani e José Augusto Fontoura Costa, *Direito ambiental internacional*, 2001; Marcelo Dias Varella, *Direito internacional econômico ambiental*, 2003; Alexandre Kiss, *Direito internacional do ambiente*, 1996; Guido Fernando Silva Soares, *direito internacional do meio ambiente*, 2001.

[2] Todo esse movimento, nacional e estrangeiro, associado inexoravelmente ao fato de que o bem ambiental, objeto de tutela dessa ciência, tem um caráter metaindividual, sem fronteiras ou limites territoriais, tem gerado o desenvolvimento de uma corrente doutrinária que sustenta a existência (ou necessidade de existência) de um Direito Ambiental Internacional como ciência autônoma, que cuidaria das regras internacionais de cooperação dos povos com relação ao meio ambiente (art. 4º, IX, da CF/88), superando o conceito tradicional de soberania.

Neste sentido, afirma Alexandre Kiss que: "O direito internacional do ambiente, que faz parte do direito internacional público no mesmo plano que o direito internacional do mar ou dos direitos do homem, tem apenas um quarto de século" (Alexandre Kiss, Direito internacional do ambiente, in *Direito do ambiente*, p. 147). Ainda hoje falamos em Direito Internacional Público como gênero de seu estudo. Entretanto, por causa desse aspecto supraindividual e supranacional do bem ambiental, no aspecto objetivo (objeto) e subjetivo (titular), é essencial que se dê importância à cooperação na formação de regras ambientais internacionais, já que a poluição, por exemplo, não respeita limites geográficos de soberania. A ideia (ou realidade) não é descabida, tendo em vista o fato de que se torna praticamente impossível exigir que, num curto espaço de tempo, a nação mundial conscientize-se sobre a necessidade de se proteger o meio ambiente.

É célebre a frase "a poluição que se faz aqui é sentida lá do outro lado do mundo". E, de fato, isso é uma verdade, visto que a poluição é **transfronteiriça** e não obedece a qualquer ditame de divisão política estabelecida pelo ser humano.

Dessa forma, hoje há a consciência de que de nada adianta agir localmente na prevenção e na repressão da poluição sem que se pense numa **política global** de proteção do meio ambiente.

Surge, então, o **direito internacional ambiental**.

Enfim, o caráter **interplanetário** de alguns recursos ambientais, como a qualidade da água, do solo, o clima, a biodiversidade, etc., praticamente exige uma **política internacional** de proteção do meio ambiente.

Somado a isso, temos o fato de que o desenvolvimento científico tem detectado uma série de situações de **risco ambiental** que afetam o mundo como um todo (desertificação, destruição da camada de ozônio, clima, contaminação por resíduos, poluição eletromagnética, etc.).

Por isso mesmo, só será possível obter resultados satisfatórios de proteção do meio ambiente se houver uma **cooperação internacional**, que leve em consideração a **perspectiva planetária**. Significa, em outras palavras, que o planeta é a casa de todos e que todos devem cooperar para a proteção do ambiente.

Ocorre que é grande a diversidade entre as leis ambientais dos diversos países — até mesmo como reflexo das diferenças **econômicas** e **culturais** —, o que faz com que em muitos lugares se admita determinado tipo de impactação que seria terminantemente vedada em outro.

É exatamente neste cenário que ganha importância a cooperação entre os povos, além de suas fronteiras, e a formulação de uma **legislação ambiental internacional (*hard law*)** com o efetivo desenvolvimento e reconhecimento de um **direito internacional ambiental**, com **princípios** e **mecanismos autônomos** de implementação das políticas de proteção do entorno.

> ***Hard law*** é expressão que consagra o direito posto, a lei propriamente dita, de natureza **obrigatória**.
> Porém, a doutrina denomina ***soft law*** o conjunto de normas — a **maioria** no Direito Internacional Ambiental — que **não** possuem caráter obrigatório ou, dito de outra forma, não possuem **coercibilidade**, tais como programas, resoluções, declarações, protocolos de intenções, etc.

A transformação dessas **recomendações** em ***hard law*** certamente contribuirá e muito para o avanço desse novo ramo de estudo e com futuro muito promissor.

Contudo, dois fenômenos constituem **vantagens** da ***soft law***.

As recomendações internacionais, quando amplamente seguidas, transformam-se em **costumes** e por último acabam, mais cedo ou mais tarde, num processo gradativo e consciente, sendo incorporadas aos ordenamentos jurídicos dos diversos países.

Também não se descarta o fato de que as normas **flexíveis** mais facilmente acompanham o desenvolvimento e a evolução científica e tecnológica na seara ambiental. Normas **rígidas** são, inegavelmente, mais difíceis de serem alteradas.

É justamente nesse contexto que se desenvolveu o ramo do direito internacional do meio ambiente, destinado a reger as **relações dos Estados** na proteção do meio ambiente.

## ■ 11.2. PRINCIPAIS DOCUMENTOS INTERNACIONAIS DO DIREITO AMBIENTAL

O marco inicial do direito internacional ambiental é, sem sombra de dúvida, a **Conferência de Estocolmo de 1972**, muito embora se possa identificar, antes disso, alguns encontros internacionais nos quais a preocupação global com o meio ambiente já poderia ser observada.

Como exemplos de encontros internacionais ocorridos **antes de 1972** em que se pode identificar certa preocupação com o meio ambiente, temos:

- **Convenção de Paris** (19 de março de 1902): voltava-se à proteção de aves úteis à agricultura.
- **Convenção de Londres** (8 de novembro de 1933): voltava-se à conservação da fauna e da flora em estado natural na África, mediante a criação de parques para a proteção de espécies selvagens.
- **Convenção de Washington** (12 de outubro de 1940): visava os mesmos objetivos da convenção de Londres, porém voltados à América.
- **Convenção Internacional para a Regulação da Atividade Baleeira** (2 de dezembro de 1946): trata-se da sucessora do Acordo Internacional para a Regulação da Atividade Baleeira, assinado em Londres em 18 de junho de 1937, e dos protocolos adicionais àquele Acordo, assinados em Londres em 24 de junho de 1938 e 26 de novembro de 1945.
- **Convenção de Londres** (12 de maio de 1954): voltava-se à prevenção da poluição marinha por hidrocarbonetos.
- **Convenções de Paris** (29 de julho de 1960) **e de Viena** (21 de maio de 1963): trataram da fixação da responsabilidade civil em matéria por poluição nuclear.

Foi, no entanto, apenas na **década de 1960** que começou a se formar uma consciência social e política acerca dos problemas ambientais.

Certamente, tal "consciência" não se deu de forma espontânea nem foi fruto de uma reflexão altruísta da sociedade. Na realidade, foi motivada pela manifestação dos problemas ambientais, cujos fatores de difusão foram, sem dúvida:

- o aumento populacional incontido e desregrado;

- o crescimento urbano;
- a sedimentação do capitalismo e da produção em massa;
- a explosão do consumo;
- a industrialização do pós-guerra.

Foi, ainda, fundamental para essa reviravolta a ocorrência de alguns desastres ecológicos de grande escala, causados por poluição industrial, como o de **Donora**, na **Pensilvânia**, em **1948**, provocado pela indústria siderúrgica, que afetou 47% da população local.

Também em **Londres**, em **1952**, mais de 4.000 mortes foram registradas em decorrência do fenômeno de **"inversão térmica"**, que impediu que os gases oriundos da queima do carvão para aquecimento das casas, dos veículos e das indústrias fossem naturalmente dissipados. Tal fato fez com que esses gases tóxicos ficassem concentrados, causando asfixia na população.

Foi diante desse quadro negro que diversas manifestações sociais, baseadas no temor de que o meio ambiente não conseguisse mais assimilar a poluição produzida, principalmente pelas externalidades despejadas no entorno pelas indústrias, levaram a ONU a convocar a **Conferência das Nações Unidas sobre o Meio Ambiente Humano**, que seria realizada entre os dias de 5 e 16 de junho de 1972, em **Estocolmo, Suécia**.

Entretanto, o alerta causado por vários desastres ecológicos, naquele período antecedente à Conferência **de Estocolmo**, fez com que diversas **reuniões preparatórias** fossem realizadas, tendo como tema central a proteção do meio ambiente e as medidas para salvá-lo.

> Na época, era evidente a dissensão entre os países **desenvolvidos** e os **subdesenvolvidos** acerca das **causas** dos problemas ambientais, bem como das **medidas** que poderiam ser tomadas para resolvê-los.
> A divisão em dois blocos de interesse pode ser assim explicada: em **1968**, criou-se o chamado **Clube de Roma**, que reunia cientistas de diversos países no intuito de identificar causas e soluções para a degradação do meio ambiente.
> No ano de **1971**, o grupo publicou seu primeiro informe, denominado **Limites do Crescimento**, que identificava a **explosão populacional** e a **pressão demográfica** como os fatores responsáveis pelo desequilíbrio ecológico.
> Os dados fornecidos pelos estudos estimavam que, caso permanecesse a pressão populacional do modo em que se encontrava, crescendo em progressão geométrica, no ano de 2050 ocorreriam catástrofes e epidemias que dizimariam a população nos mesmos níveis do início de 1900.
> Propôs-se, então, que deveria haver, nos próximos anos, uma urgente **contenção do crescimento**, o que obviamente foi contestado nos países subdesenvolvidos, que creditaram a manifestação a um suposto "patrocínio" por parte dos países ricos. Afirmavam, então, que eram estes, os **países ricos**, os maiores responsáveis pelos desastres ambientais.

Justamente na tentativa de amenizar o clima de tensões existente entre os dois blocos, foi realizada, como mencionado, uma série de encontros preparatórios, dentre os quais se destaca o ocorrido entre os dias 4 e 12 de junho de **1971**, na cidade de **Founeaux**, na **Suíça**, onde se realizou um painel de debates sobre a tensão entre desenvolvimento e meio ambiente.

O tema central da discussão era, obviamente, o **subdesenvolvimento** que se estaria impondo aos países em desenvolvimento e os problemas relacionados à poluição causada pelos países desenvolvidos.

Como resultado, teve-se a importantíssima ruptura do dogma até então existente de que economia e ecologia seriam figuras antagônicas (o custo do desenvolvimento deveria recair sobre o meio ambiente). Nesse passo, desenvolveram-se as ideias de **ecodesenvolvimento** e **desenvolvimento sustentável**.

Ainda assim, a **Conferência de Estocolmo** ocorreu em clima de acirrada disputa, tendo sido aprovado como seu **Princípio n. 1** que:

> "O homem tem direito fundamental à liberdade, à igualdade e a adequadas condições de vida em ambiente que lhe permita viver com dignidade e bem-estar. É seu inalienável dever melhorar e proteger o meio ambiente para as gerações atuais e futuras."

Em decorrência da Declaração de Estocolmo, foi criado pela **ONU** o **Programa das Nações Unidas para o Meio Ambiente (PNUMA)**, sediado em **Nairóbi**. Foi criado, ainda, o **Fundo Voluntário para o Meio Ambiente** a ser gerido pelo PNUMA, tendo por finalidade fomentar e implementar programas e atividades de proteção do meio ambiente entre organismos regionais e internacionais.

Nesse ponto, vislumbra-se que a **Conferência de Estocolmo** foi o marco inicial para a criação do direito internacional do ambiente, ou mesmo, como vimos no Capítulo 2, para o estabelecimento do Direito Ambiental como ciência autônoma.

Na sequência, destaca-se a **Conferência de Nairóbi de 1982**, com vistas a avaliar os resultados da conferência de Estocolmo 10 anos depois.

Posteriormente, realizou-se a **Conferência Rio-92**,[3] também conhecida como **Cúpula da Terra**, que, fixando diretrizes e políticas necessárias ao desenvolvimento sustentável, gerou diversos documentos importantíssimos para o direito ambiental internacional, como:

- Agenda 21;

[3] A Rio-92 foi realizada na capital do Estado do Rio de Janeiro, entre 3 e 14 de junho de 1992, contando com a presença de 172 países (apenas seis membros das Nações Unidas não estiveram presentes), representados por aproximadamente 10.000 participantes, incluindo 116 chefes de Estado. Além disso, receberam credenciais para acompanhar as reuniões cerca de 1.400 organizações não governamentais e 9.000 jornalistas.

- Declaração do Rio;
- Declaração de Princípios sobre Florestas;
- Convenção sobre Diversidade Biológica;
- Convenção sobre Mudanças Climáticas.

Posteriormente, num evento que ficou conhecido como **Rio+5**, realizou-se em **1997**, na cidade de **Nova York**, de 23 a 27 de junho, a **19ª Sessão Especial da Assembleia Geral das Nações Unidas**, com o intuito de avaliar os cinco primeiros anos de implementação da **Agenda 21**, na tentativa de identificar seus principais obstáculos.

## 11.3. A PROTEÇÃO DO CLIMA NO DIREITO INTERNACIONAL AMBIENTAL

Um dos maiores — senão o maior — destaque do direito internacional ambiental são os documentos internacionais firmados em torno da **proteção do clima**.

Todos já ouvimos falar do chamado **"efeito estufa"**. Para melhor entender o problema, basta fazer uma analogia, por exemplo, com o que ocorre quando se deixa um carro exposto ao sol com vidros fechados: dentro do veículo a temperatura (clima) pode atingir mais de 50 graus centígrados, ainda que do lado de fora a temperatura ambiente seja bem menor.

Numa explicação bem simplista do fenômeno, pode-se dizer, então, que a queima de **combustíveis fósseis** (petróleo, carvão, gás, etc.) está devolvendo à atmosfera uma enorme quantidade de **carbono** que foi ao longo dos séculos se acumulando na superfície.

E é exatamente este carbono, principalmente na forma de **$CO_2$ (gás carbônico)**, o maior agente do efeito estufa, na medida em que retém o calor irradiado da Terra, impedindo que se dissipe na atmosfera.

Para solucionar — ou ao menos amenizar — tal problema, é fundamental, assim:

- evitar a emissão de gases de efeito estufa (GEE);
- retirar o excesso de gases de efeito estufa (GEE) existente na atmosfera.

Destaca-se, então, como principal tratado internacional no assunto, a **Convenção-Quadro das Nações Unidas sobre Mudanças Climáticas (UNFCCC)**, adotada em **1992**, com base em dados concretos e fidedignos acerca do *quantum* de GEE pelo qual cada país era responsável.

> O **Brasil** foi o primeiro país a assinar a Convenção-Quadro das Nações Unidas sobre Mudanças Climáticas, em 4 de junho de 1992.
> Posteriormente, em 28 de fevereiro de 1994, o documento foi ratificado pelo Congresso Nacional, que entrou em vigor em 29 de maio de 1994 (atual **Decreto n. 2.652/98**).

De acordo com seu art. 2º, a Convenção tem como objetivo:

> "a estabilização das concentrações de gases de efeito estufa na atmosfera num nível que impeça uma interferência antrópica perigosa no sistema climático."

Apesar de nada mais ser do que um Tratado Internacional, a UNFCCC possui características um pouco diferentes dos modelos que estudávamos nos bancos das faculdades, nas aulas de Direito Internacional.

É que tal espécie de Tratado **(Quadro)** caracteriza-se por um **objetivo** bem sedimentado **(fixo)** — verdadeiro norte a ser cumprido —, sem, entretanto, perfil fixo das medidas que devem ser tomadas para implementá-las, sendo, quanto ao ponto, amorfo.

Assim, a Convenção-Quadro caminha em direção ao seu objetivo assumindo um **perfil variável**, que constantemente pode ser alterado conforme as necessidades identificadas para atingir o objetivo, que continua petrificado. Tal mutação nada mais é que o reconhecimento de que, ao longo do tempo, os caminhos eleitos para se alcançar o objetivo podem se mostrar inadequados ou obsoletos, de forma que mantê-los poderia pôr tudo a perder.

Por isso, a implementação e a concretização da Convenção-Quadro são feitas mediante a realização **periódica** de convenções subsequentes **(Conferências-Partes — COP)**, nas quais, por intermédio de **tratados específicos**, são criadas técnicas e mecanismos para que se atinja o objetivo esculpido na Conferência-Quadro.

A Conferência-Quadro é uma espécie de "mãe", em que se fixa e petrifica o objetivo e, a partir daí, realizam-se outras conferências, convenções "filhas", cuja finalidade é encontrar e implementar meios de se alcançar aqueles objetivos já previstos.

Uma dessas Conferências-Partes, a de número 7 **(COP 7)**, deu origem ao conhecido **Protocolo de Kyoto**, em dezembro de **1997**, na cidade de mesmo nome localizada no **Japão**.

O compromisso estabeleceu que os países constantes do **Anexo I da Convenção-Quadro** (trata-se dos **países desenvolvidos**, responsáveis por **96%** dos GEE) teriam a obrigação de **reduzir** a quantidade de seus GEE em pelo menos **5%** em relação aos níveis coletados em **1990**. Tal obrigação deveria ser cumprida entre os anos de **2008 e 2012**.

Para alcançar o objetivo do Protocolo de Kyoto — e em última análise o objetivo da Convenção-Quadro —, duas diretrizes foram fixadas:

- substituição das matrizes energéticas por fontes "limpas" ou ambientalmente "corretas";

- promover o "sequestro" do carbono, protegendo florestas ou implementando o reflorestamento.

Para alcançar estes objetivos, o próprio Protocolo de Kyoto estabeleceu os **instrumentos**/mecanismos **financeiros**, tendo por destaque o **MDL** (mecanismo de desenvolvimento limpo), que consta no art. 12[4] daquele documento.

O funcionamento do MDL dá-se da seguinte forma: os países do Anexo I devem **financiar projetos** de mecanismos de desenvolvimento limpo (Projetos de MDL) nos **países em desenvolvimento** (Anexo II), com a finalidade de se obter, em concreto e no longo prazo, a redução do GEE aos níveis exigidos pelo Protocolo de Kyoto.

---

[4] Art. 12 do Protocolo de Kyoto: "**1.** Fica definido um mecanismo de desenvolvimento limpo; **2.** O objetivo do mecanismo de desenvolvimento limpo deve ser assistir às Partes não incluídas no **Anexo I** para que atinjam o desenvolvimento sustentável e contribuam para o objetivo final da Convenção, e assistir às Partes incluídas no **Anexo I** para que cumpram seus compromissos quantificados de limitação e redução de emissões, assumidos no **Artigo 3**; **3.** Sob o mecanismo de desenvolvimento limpo: (a) As Partes não incluídas no **Anexo I** beneficiar-se-ão de atividades de projetos que resultem em reduções certificadas de emissões; e (b) As Partes incluídas no **Anexo I** podem utilizar as reduções certificadas de emissões, resultantes de tais atividades de projetos, para contribuir com o cumprimento de parte de seus compromissos quantificados de limitação e redução de emissões, assumidos no **Artigo 3**, como determinado pela Conferência das Partes na qualidade de reunião das Partes deste Protocolo; **4.** O mecanismo de desenvolvimento limpo deve sujeitar-se à autoridade e orientação da Conferência das Partes na qualidade de reunião das Partes deste Protocolo e à supervisão de um conselho executivo do mecanismo de desenvolvimento limpo; **5.** As reduções de emissões resultantes de cada atividade de projeto devem ser certificadas por entidades operacionais a serem designadas pela Conferência das Partes na qualidade de reunião das Partes deste Protocolo, com base em: (a) Participação voluntária aprovada por cada Parte envolvida; (b) Benefícios reais, mensuráveis e de longo prazo relacionados com a mitigação da mudança do clima, e (c) Reduções de emissões que sejam adicionais as que ocorreriam na ausência da atividade certificada de projeto; **6.** O mecanismo de desenvolvimento limpo deve prestar assistência quanto à obtenção de fundos para atividades certificadas de projetos quando necessário; **7.** A Conferência das Partes na qualidade de reunião das Partes deste Protocolo deve, em sua primeira sessão, elaborar modalidades e procedimentos com o objetivo de assegurar transparência, eficiência e prestação de contas das atividades de projetos por meio de auditorias e verificações independentes; **8.** A Conferência das Partes na qualidade de reunião das Partes deste Protocolo deve assegurar que uma fração dos fundos advindos de atividades de projetos certificadas seja utilizada para cobrir despesas administrativas, assim como assistir às Partes países em desenvolvimento que sejam particularmente vulneráveis aos efeitos adversos da mudança do clima para fazer face aos custos de adaptação; **9.** A participação no mecanismo de desenvolvimento limpo, incluindo nas atividades mencionadas no parágrafo 3(a) acima e na aquisição de reduções certificadas de emissão, pode envolver entidades privadas e/ou públicas e deve sujeitar-se a qualquer orientação que possa ser dada pelo conselho executivo do mecanismo de desenvolvimento limpo; **10.** Reduções certificadas de emissões obtidas durante o período do ano 2000 até o início do primeiro período de compromisso podem ser utilizadas para auxiliar no cumprimento das responsabilidades relativas ao primeiro período de compromisso".

O grande problema é que, uma vez financiado o Projeto de MDL, caso este tenha logrado êxito (redução concreta do GEE ou inibição de sua liberação), os países financiadores adquirem **créditos** (títulos **negociáveis**), denominados **Certificados de Emissões Reduzidas (CER)**, que servirão para compensar (quitar) as obrigações de redução assumidas no Protocolo de Kyoto.

Com isso, os países desenvolvidos acabam por financiar projetos ambientais nos países em desenvolvimento sem, contudo, preocupar-se com sua realidade interna.

Ao contrário do que se afirma com alguma frequência, a paternidade do MDL não é brasileira, ou ao menos originariamente brasileira. Na verdade, o Brasil, meses antes, em junho de 1997, propôs a criação do **Fundo de Desenvolvimento Limpo (FDL)**, que seria formado pelas **multas** pagas pelos **países desenvolvidos** que não cumprissem suas metas de redução de emissões.

A proposta, por óbvio, teve apoio dos países em desenvolvimento (Anexo II), com radical oposição de todos os países desenvolvidos (Anexo I), porque não havia qualquer previsão de Certificado de Emissão Reduzida (CER) como crédito a ser usado no futuro.

Rejeitada a proposta pela força dos países desenvolvidos, ocorreu, em **outubro de 1997**, um desdobramento inesperado: EUA e Brasil articularam uma versão alterada do FDL, que se chamou justamente Mecanismo de Desenvolvimento Limpo (MDL).

Criou-se, então, o tão criticável MDL, com seu Certificado de Emissão Reduzida. Apesar de ser louvado por muitos,[5] não se trata, a nosso ver, de uma verdadeira solução para os problemas climáticos, pois os países mais industrializados, em vez de reduzir seus níveis de GEE, têm se preocupado em "adquirir" créditos de carbono.

---

[5] Vale a transcrição da citação de Eduardo Viola: "O MDL acabou sendo uma das grandes novidades do Protocolo de Kyoto e através dele Brasil aceitou o conceito de mecanismos de mercado flexibilizadores para complementar os compromissos de redução de emissões dos países desenvolvidos. Esta aceitação por parte do Brasil foi uma ruptura tanto com sua anterior oposição à Implementação Conjunta (prevista na Convenção de Rio), quanto com sua oposição às cotas de emissão comercializáveis entre os países do Anexo 1 (que acabaram sendo estabelecidas no Protocolo). O MDL constitui-se num momento notável de colaboração entre as diplomacias norte-americana e brasileira e numa vitória geral de ambas porque através dele os países emergentes e pobres aceitaram o princípio de mecanismos flexibilizadores de mercado para complementar os compromissos de redução de emissões dos países desenvolvidos. O componente mais flexível e criativo da posição brasileira em todas as negociações do Protocolo mostrou-se na capacidade de articular-se com a diplomacia americana, em outubro de 1997, para transformar o inviável Fundo de Desenvolvimento Limpo no novedoso e promissor Mecanismo de Desenvolvimento Limpo. Entre 1999 e 2001 Brasil liderou uma proposta vitoriosa para que o MDL seja o primeiro dos três mecanismos flexibilizadores a ser implementado, e para que no seu Conselho Diretor os países emergentes e pobres tenham uma representação mais forte que no *Global Environment Facility*" (Eduardo Viola, *A participação do Brasil no Protocolo de Kyoto*, p. 16-18).

Tendo como prazo o ano de 2012, o Protocolo de Kyoto tem se mostrado um verdadeiro "fiasco", uma vez que os países industrializados têm mostrado, ano após ano, que as metas não serão de forma alguma cumpridas.

Já há, inclusive, um compromisso da **ONU** com alguns países industrializados de que será necessária uma emenda ao Protocolo de Kyoto, com o fim de estabelecer novas metas após 2012. Assim, desde 2007, já se tem pensado em estabelecer **limites máximos** para o comércio do **crédito de carbono**.

Na verdade, já às vésperas da Convenção das Nações Unidas sobre as Alterações Climáticas (UNFCCC), ocorrida em **Viena** no ano de **2007**, os países integrantes do **G8** demonstravam suas pretensões de reduzir pela metade suas emissões de $CO_2$ até o ano de 2050.

Dessa forma, diante do claro fracasso no atingimento das metas traçadas em Kyoto, somado à inviabilidade do estabelecimento de um novo protocolo (demoraria muito tempo até que todos os países ratificassem um novo tratado), decidiu-se que haveria de ser estabelecida uma **ampliação** da vigência do Protocolo de Kyoto.

Para tanto, mostrou-se decisivo um relatório divulgado pelas Nações Unidas dando conta de que investir em **eficiência energética** — especialmente em **novas fontes** — importa em significativa redução nos níveis de GEE, com baixos custos de investimento.

Posteriormente, na **COP 14**, realizada em dezembro de **2008** em Poznan **(Polônia)**, discutiu-se sobre a implementação de uma política de compensações e concessões de **crédito de carbono** em razão do **"desmatamento evitado"** (Redução de Emissões por Desmatamento e Degradação Ambiental — **REDD**).

Logo após, ainda, entre os dias 7 a 18 de dezembro de **2009**, foi realizada a **COP 15** em Copenhague **(Dinamarca)**, marcada pela ampla — e infrutífera — divergência envolvendo os países ricos e países em desenvolvimento.

Diante do fracasso de Copenhague, houve nova reunião em novembro de 2010 em **Cancun** (México), a **COP 16**, com o objetivo de criar **acordos** em diversos temas de interesse dos países em desenvolvimento, como:

- **continuação** do acordo de **Kyoto**, com um novo período de compromisso;
- finalização do acordo de Redução de Emissões por Desmatamento **(REDD)**, que permitiria que os países com florestas tropicais (como o Brasil) começassem a auferir créditos por sua conservação;
- aprovação do **"Fundo Verde"** (fundo climático) e da maneira como seriam geridos os recursos.

Já no ano de **2011**, foi realizada em Durban **(África do Sul)** a **COP 17**, sem dúvida a mais longa conferência já realizada sobre o clima.

Após enormes discussões, chegou-se à chamada **Plataforma de Durban**, documento em que **todos os países** firmaram o compromisso de reduzir as emissões de GEE. Assim, em **2015**, será elaborado um **Plano de Ações** que servirá como guia, de forma que os cortes sejam feitos a partir de 2020, posição defendida pelos Estados Unidos (sempre avessos ao Protocolo de Kyoto).

Com relação ao **Protocolo de Kyoto**, decidiu-se que será estendido até o ano **2017**, com metas de redução para a União Europeia e para poucos outros países desenvolvidos, de forma que um **novo acordo** deve ser negociado em relação aos anos de 2017 (data-limite para o acordo de Kyoto) a 2020 (quando deverão ser iniciadas as reduções relativas à Plataforma de Durban).

## ■ 11.4. QUADRO SINÓTICO SOBRE A PROTEÇÃO DO MEIO AMBIENTE NO DIREITO INTERNACIONAL

| TUTELA DO MEIO AMBIENTE NO DIREITO INTERNACIONAL | |
|---|---|
| PRINCIPAIS DOCUMENTOS | ■ Encontros anteriores a 1972:<br>■ Paris (1902): aves úteis à agricultura.<br>■ Londres (1933): fauna e flora da África.<br>■ Washington (1940): fauna e flora da América.<br>■ Londres (1946): Convenção Internacional para a Regulação da Atividade Baleeira.<br>■ Londres (1954): poluição marinha por hidrocarbonetos.<br>■ Paris (1960): responsabilidade civil em matéria ambiental.<br>■ Viena (1963): idem.<br>■ Estocolmo (1972): Conferência das Nações Unidas sobre o Meio Ambiente Humano:<br>■ Reuniões preparatórias: países desenvolvidos x subdesenvolvidos:<br>■ Foineaux (1971).<br>■ PNUMA: Programa das Nações Unidas para o Meio Ambiente (Nairóbi).<br>■ Fundo Voluntário para o Meio Ambiente: gerido pelo PNUMA.<br>■ Nairóbi (1972): avaliar resultados.<br>■ Rio de Janeiro (1992): Cúpula da Terra:<br>■ Agenda 21.<br>■ Declaração do Rio.<br>■ Declaração de Princípios sobre Florestas.<br>■ Convenção sobre Diversidade Biológica.<br>■ Convenção sobre Mudanças Climáticas.<br>■ Nova York (1997): Rio+5:<br>■ Avaliar resultados da Agenda 21. |
| PROTEÇÃO DO CLIMA | ■ Convenção-Quadro das Nações Unidas sobre Mudanças Climáticas (UNFCCC) (1992):<br>■ Brasil (4/6/1992): primeiro signatário:<br>■ atual Decreto n. 2.652/98.<br>■ Características:<br>■ objetivo fixo: estabilização dos gases de efeito estufa;<br>■ perfil variado conforme as necessidades;<br>■ Conferências-Partes (COP): tratados específicos para implementação. |

- COP 7: Kyoto — Japão (1997): Protocolo de Kyoto:
  - países desenvolvidos (Anexo I): reduzir 5%, em comparação aos níveis de 1990, entre 2008 e 2012;
  - prazo: 2012;
  - Mecanismo de Desenvolvimento Limpo (MDL):
    - mecanismo financeiro;
    - créditos de carbono.
- COP 14: Poznan — Polônia (2008).
- COP 15: Copenhague — Dinamarca (2009).
- COP 16: Cancun — México (2010).
- COP 17: Durban — África do Sul (2011):
  - Plataforma de Durban:
    - plano de ações: 2015 (para implementação em 2020);
    - Protocolo de Kyoto: até 2017 (após, novo acordo até 2020);
    - implementação do plano: 2020.

## 11.5. QUESTÕES DE CONCURSO

**1. (UFPR/2011 — Itaipu Binacional — Advogado) A Declaração do Rio de Janeiro sobre Meio Ambiente e Desenvolvimento, firmada em 1992 diante da Convenção que leva o mesmo nome (também conhecida como Rio-92), prevê em seu Princípio n. 15 que os Estados devem adotar medidas de proteção ao meio ambiente de acordo com suas capacidades. Quando houver ameaça de danos graves ou irreversíveis, a ausência de certeza científica absoluta não será utilizada como razão para o adiamento de medidas economicamente viáveis para evitar a degradação ambiental. Nesse caso, estamos diante do princípio de Direito Ambiental:**

a) do poluidor-pagador.
b) da certeza científica absoluta.
c) da tutela estatal.
d) da precaução.
e) do desenvolvimento sustentável.

**2. (CESPE/2007 — AGU — Procurador Federal) Julgue a afirmativa a seguir:**

O princípio da participação da população na proteção do meio ambiente está previsto na Constituição Federal e na ECO-92.

( ) certo ( ) errado

**3. (CESPE/2007 — AGU — Procurador Federal) Julgue a afirmativa a seguir:**

O princípio do poluidor-pagador, dispositivo internacional da proteção do meio ambiente, ainda não foi incorporado à legislação infraconstitucional brasileira.

( ) certo ( ) errado

**4. (CESPE/2009 — TRF/1ª Região — Juiz Federal) No que se refere à proteção dada à diversidade biológica, julgue os itens a seguir à luz da Convenção sobre Diversidade Biológica (CDB).**

I. A CDB foi assinada pelo governo brasileiro durante a Conferência das Nações Unidas sobre Meio Ambiente e Desenvolvimento, realizada no Rio de Janeiro — a ECO-92.
II. Os objetivos da CDB, a serem cumpridos de acordo com a legislação nacional de cada país signatário, são a conservação da diversidade biológica, a utilização sustentável de seus componentes e a repartição justa e equitativa dos benefícios derivados da utilização dos recursos genéticos.

III. O acesso adequado aos recursos genéticos e a transferência adequada de tecnologias pertinentes deverão levar em conta todos os direitos sobre tais recursos e tecnologias, e não poderão receber financiamento público.

IV. Cada parte contratante deve, ao implementar a CDB, promover a cooperação técnica e científica com outras partes contratantes.

V. Ao se promover a cooperação internacional nessa área, deve ser dada atenção ao desenvolvimento e fortalecimento dos sistemas financeiros nacionais, mediante a exploração econômica da bioprospecção e da biotecnologia. A Conferência das Partes, em sua primeira sessão, determinou a forma de estabelecer mecanismo de intermediação financeira adequado para promover e facilitar o trânsito livre e não tributado de material genético entre os países contratantes.

Estão certos apenas os itens:

a) I, II e III.
b) I, II e IV.
c) I, IV e V.
d) II, III e V.
e) III, IV e V.

**5. (CESPE/2011 — TRF/1ª Região — Juiz Federal) A biodiversidade integra, na atualidade, a agenda política, econômica e ambiental em todos os países, sendo sua efetiva proteção reconhecida como fundamental ao equilíbrio ecológico. Acerca desse tema, assinale a opção correta.**

a) Incluem-se entre os objetos de proteção, no âmbito da biodiversidade, aspectos relacionados à biotecnologia, tais como a utilização de sistemas biológicos, organismos vivos e derivados na fabricação ou modificação de produtos ou processos para uso específico.
b) O texto constitucional não incluiu em seus dispositivos a proteção à biodiversidade.
c) A biodiversidade é corretamente definida como a variedade de espécies vivas existentes nos diversos ecossistemas, não abrangendo as complexas relações que se formam entre as diversas formas de vida, tampouco os recursos ambientais.
d) A Convenção da Biodiversidade Biológica foi o primeiro documento a definir, no cenário internacional, a proteção à biodiversidade.
e) Na aplicação das disposições da Política Nacional da Biodiversidade, os limites da jurisdição nacional restringem-se ao território nacional continental.

## ■ GABARITO ■

| |
|---|
| **1.** "d". Como visto no Capítulo 7, o princípio da *precaução* antecede o da *prevenção*, buscando evitar qualquer *risco* de dano ambiental. É exatamente o Princípio n. 15 da Rio-92. |
| **2.** "certo". Como visto no Capítulo 7, o princípio da participação está previsto no art. 225 da CF (quando incumbe à coletividade o dever de defender e preservar o meio ambiente) e no princípio n. 10 da Declaração Rio-92. |
| **3.** "errado". De fato, como estudamos no Capítulo 7, o princípio em questão surgiu quando foi incorporado à Política Ambiental pela *Organisation et Coopération et de Développement Economique* (OCDE) em 1972, por meio da Recomendação C(72), 128 de 26-5-1972. Da mesma forma, apareceu no princípio n. 16 da Rio-92. Todavia, diferentemente do que se afirma na assertiva, o postulado foi incorporado à nossa legislação no art. 4º, VII, da Lei n. 6.938/81. |
| **4.** "b". |
| **5.** "a". |

# REFERÊNCIAS


AGUADO, Paz M. de la Cuesta. *Causalidad de los delitos contra el medio ambiente*. Valência: Tirant lo Blanch, 1995.

ALESSI, Renato. *Sistema instituzionale del diritto amministrativo italiano*. 2. ed. Milão: Giuffrè, 1960.

ALONSO, Paulo Sérgio Gomes. *Pressupostos da responsabilidade civil objetiva*. São Paulo: Saraiva, 2000.

ALPA, G. La natura giuridica del danno ambientale. *Il danno ambientale con riferimento alla responsabilità civile*, a cura di Perlingieri. Napoli, 1991.

ALVIM, Agostinho. *Inexecução das obrigações e suas consequências*. São Paulo: Saraiva, 1949.

ANTUNES VARELLA, João de Matos. *Obrigações I*. Coimbra: Almedina, 1982.

ANTUNES, Luis Filipe Colaço. *A tutela dos interesses difusos em direito administrativo para uma legitimação procedimental*. Coimbra: Almedina, 1989.

ANTUNES, Paulo de Bessa. *Curso de direito ambiental*. 2. ed. Rio de Janeiro: Renovar, 1992.

______. *Direito ambiental*. Rio de Janeiro: Renovar, 1990.

ARAGÃO, Maria Alexandra de Sousa. *O princípio do poluidor pagador. Pedra angular da política comunitária do ambiente*. Coimbra: Studia Jurídica, 1997.

ARAÚJO FILHO, Luiz Paulo da Silva. *Ações coletivas:* a tutela jurisdicional dos interesses individuais homogêneos. Rio de Janeiro: Forense, 2000.

ARRUDA ALVIM et al. *Código de Defesa do Consumidor comentado pelos autores do anteprojeto*. 4. ed. Rio de Janeiro: Forense, 1995.

ARRUDA ALVIM, José Manuel de. *Tratado de direito processual civil*. São Paulo: RT, 1990.

ATALIBA, Geraldo. *Hipótese de incidência*. 5. ed., 5. tir. São Paulo: Malheiros, 1996.

AZEVEDO, Pedro Ubiratan Escorel de. Indenização de áreas de interesse ambiental: pressupostos e critérios. *Temas de direito ambiental e urbanístico*. São Paulo: Max Limonad, 1998.

______. Indenização de áreas de interesse ambiental: pressupostos e critério. *Seminário de Direito Ambiental e Imobiliário*. São Paulo: Centro de Estudos da Procuradoria do Estado, 1994.

BANDEIRA DE MELLO, Celso Antônio. *Curso de direito administrativo*. 12. ed. São Paulo: Malheiros, 2000.

______. *Curso de direito administrativo*. São Paulo: Malheiros, 1996.

BANDEIRA DE MELLO, Oswaldo Aranha. *Princípios gerais do direito administrativo*. Rio de Janeiro: Forense, 1969. v. I.

BARBIERA. Qualificazione del danno ambientale nella sistematica general del danno. *Il danno ambientale com riferimento alla responsabilità civile*, a cura di Perlingieri. Napoli, 1991.

BARBOSA MOREIRA, José Carlos. A ação popular do direito brasileiro como instrumento de tutela jurisdicional dos chamados *interesses difusos*. In: *Temas de direito processual*. São Paulo: Saraiva, 1977.

______. A legitimação para a defesa dos interesses difusos no direito brasileiro. In: *Temas de direito processual*. 3. série. São Paulo: Saraiva, 1984.

______. *Direito processual civil*. Rio de Janeiro: Borsoi, 1971.

BARROSO, Luís Roberto. A proteção do meio ambiente na Constituição brasileira. *Cadernos de Direito Constitucional e Ciência Política*. São Paulo: RT, 1992.

______. *Interpretação e aplicação da Constituição*. São Paulo: Saraiva, 1998.

BASILEU GARCIA. Causalidade material e psíquica. *O novo Código Penal*. São Paulo, 1942.

______. *Instituições de direito penal*. 4. ed., 23. tir. São Paulo: Max Limonad, 1942. v. I, t. I e II.

BASTOS, Celso Ribeiro. *Curso de direito administrativo*. 5. ed. São Paulo: Saraiva, 2001.

BECK, Ulrich. *Sociedade de risco:* rumo a uma outra modernidade. 2. ed., reimpressão. Tradução de Sebastião Nascimento. São Paulo: Editora 34, 2016.

______. *Risk society:* towards a new modernity. London: Sage Publications, 1992.

BEDAQUE, José Roberto dos Santos. *Direito e processo*. 2. ed. São Paulo: Malheiros, 1995.

BENJAMIN, Antonio Herman de Vasconcellos e. Crimes contra o meio ambiente: uma visão geral. *Direito em evolução*. Coordenado por Vladimir Passos de Freitas. Curitiba: Juruá, 2005. v. II.

______. Desapropriação, reserva florestal legal e áreas de preservação permanente. *Temas de direito ambiental e urbanístico*. São Paulo: Max Limonad, 1998.

______. Introdução à lei do sistema nacional de unidades de conservação. *Direito ambiental das áreas protegidas:* o regime jurídico das unidades de conservação. Rio de Janeiro: Forense Universitária, 2001.

______. Introdução ao direito ambiental brasileiro. *Revista de Direito Ambiental*, n. 14, São Paulo: RT, 1999.

______. O princípio do poluidor pagador e a reparação do dano ambiental. In: *Dano ambiental:* prevenção, reparação e repressão. São Paulo: RT, 1993.

______. Responsabilidade civil pelo dano ambiental. *Revista de Direito Ambiental*, São Paulo: RT, n. 9, 1998.

BOBBIO, Norberto. *A era dos direitos*. Tradução de Carlos Nelson Coutinho. Rio de Janeiro: Campos, 1992.

______. *Teoria de la norma giuridica*. Torino: G. Giappichelli, 1958.

BONAVIDES, Paulo. *Do estado liberal ao estado social*. 3. ed. Rio de Janeiro: Fundação Getúlio Vargas, 1972.

BRICOLA, F. La tutela degli interessi collettivi nel processo penale. In: *Le azioni a tutela di interessi collettivi*. Padova, 1976.

BRITO MACHADO, Hugo de. *Curso de direito tributário*. 10. ed. São Paulo: Malheiros, 1995.

______. *Dicionário Aurélio Buarque de Holanda*. São Paulo: Folha de São Paulo, 1996.

BUARQUE DE HOLANDA, Aurélio. *Novo dicionário eletrônico Aurélio Buarque de Holanda*. São Paulo: Nova Fronteira, 2000.

BUTTI, Luciano. L'ordinamento italiano e d'il principio "Che Inquina Paga". *Rivista Giuridica dell'Ambiente*, v. 3, anno V, 1990.

CABALLERO. *Essai sur la notion juridique de nuisance*. Paris: Librairie Genérale de Droit et de Jurisprudence, 1996.

CAETANO, Marcelo. *Manual de direito administrativo*. 10. ed. Coimbra: Livraria Almedina, 1991. t. I.

CALAMANDREI, Piero. *Direito processual civil*. Campinas: Bookseller, 1999. v. 1.

CANOTILHO, J. J. Gomes. A responsabilidade por danos ambientais — aproximação publicística. *Direito do ambiente*. INA: Instituto Nacional de Administração, 1994.

______. *Direito constitucional*. Coimbra: Almedina, 1989.

______. *Proteção do ambiente e direito de propriedade*. Coimbra: Coimbra Editora, 1995.

______; MOREIRA, Vital. *Constituição da República portuguesa anotada*. 3. ed. Coimbra: Coimbra Editora, 1993.

CAPONE, Dario; MERCONE, Mario. *Diritto ambientale*. Nápoles: Scientifiche Italiane, 1996.

CAPPELLETTI, Mauro. *Acesso à justiça*. Tradução de Ellen Gracie Northfleet. Porto Alegre: Sérgio Antônio Fabris Editor, 1988.

______. Formações sociais e interesses coletivos diante da justiça civil. *Revista de Processo*, n. 5, 1977.

CARAVITA, Beniamino. Il principi della politica comunitaria in materia ambientale. *Rivista Giuridica Dell'Ambiente*, n. 2, anno VI, 1991.

CARNEIRO, Ricardo. *Direito ambiental:* uma abordagem econômica. Rio de Janeiro: Forense, 2001.

CARNELUTTI, Francesco. *A arte do direito*. Campinas: Bookseller, 2001.

______. *Lezioni di diritto processuale civile*. Padova: Cedam, 1986.

______. *Teoria geral do direito*. Tradução de Antonio Carlos Ferreira. São Paulo: Lejus, 1999.

CASTRO, Antônio Luiz Coimbra de. *Manual de desastres:* desastres naturais. Brasília: Imprensa Nacional, 1996.

CERNICCHIARO, Luiz Vicente. Entendendo ser inimputável a pessoa jurídica. In: GOMES, Luiz Flávio (Coord.). Responsabilidade penal da pessoa jurídica e medidas provisórias e direito penal. São Paulo: RT, 1999. (Coleção Temas atuais de direito criminal; v. 2.)

CERRI, A. Interessi diffusi, interessi comuni, azione e difesa. In: *Diritto e società*. Napoli: Editoriale Scientifica, 1979.

CHIOSSONE, Tulio. *Sanciones en derecho administrativo*. Caracas, 1973.

CHIOVENDA, Giuseppe. *Instituições de direito processual civil*. 3. ed. São Paulo: Saraiva, 1969. v. I.

COLOMBO, Leonardo. *Culpa aquiliana*. Buenos Aires: Editorial la Ley, 1944.

COMISSÃO MUNDIAL SOBRE MEIO AMBIENTE E DESENVOLVIMENTO. *Nosso futuro comum*. 2. ed. Rio de Janeiro: Fundação Getúlio Vargas, 1991.

COMPORTI. Tutela dell'ambiente e tutela della salute. *RGA*, 1990.

CONSTANTINO, G. Brevi note sulla tutela giurisdizionale degli interessi collettivi davanti al giudice civile. In: *Le azioni a tutela di interessi collettivi*. Padova, 1976.

CONSTANTINO, José Carlos de Oliveira. A responsabilidade penal da pessoa jurídica: direito penal na contramão da história. In: *Responsabilidade penal da pessoa jurídica & medidas provisórias e direito*. São Paulo: RT, 1999.

COPI, Irwing M. *Introdução à lógica*. 2. ed. São Paulo: Mestre Jou, 1978.

COSTA JÚNIOR, Paulo José da. *Direito penal ecológico*. Rio de Janeiro: Forense Universitária, 1996.

CUSTÓDIO, Helita Barreira. Direito ambiental e abuso do poder de revogar leis: responsabilidades. In: *Temas de direito ambiental e urbanístico*. São Paulo: Max Limonad, 1998.

______. Indenização ou compensação financeira por limitação administrativa ao exercício do direito da propriedade revestida de vegetação de preservação permanente: inadmissibilidade jurídica. *Revista de Direitos Difusos*, v. 1, ano 1, jun. 2000.

DANTAS, Ivo. *Princípios constitucionais e interpretação constitucional*. Rio de Janeiro: Lumen Juris, 1995.

DE ANGEL YAGÜEZ, R. *Algunas previsiones sobre el futuro de la responsabilidad civil* (con especial atención a la reparación del daño). Madrid, 1995.

DE PAGE, Henri. *Droit civil. Traité elementaire de droit civil belge*. 3. ed. Bruxelles: Bruylant, 1964. v. 1, t. II, 2 e 3.

DENTI, Vittorio. Relazione introduttiva. In: *Le azioni a tutela di interessi collettivi*. Padova, 1976.

DERANI, Cristiane. *Direito ambiental econômico*. São Paulo: Max Limonad, 1997.

DEXPAX, M. *Droit de l´environnement*. Paris: Litec, 1980.

DI PIETRO, Maria Sylvia Zanella. *Direito administrativo*. 18. ed. São Paulo: Atlas, 2005.

______. *Servidão administrativa*. São Paulo: RT, 1978.

DIEZ, Pilar Oruna. *El medio ambiente en la política de desarrollo*. Madrid: Esic Editorial, 1995.

DOMÍNGUEZ, Ramón Ortega; MUÑOZ, Ignacio Rodríguez. *Manual de gestión del medio ambiente*. Madrid: Mapfre, 1994.

DROZ, Jacques. *Historie des doctrines politiques en France*. Paris: PuF, 1966.

DURÇO, Roberto. Seguros ambientais. In: Freitas, Vladimir Passos de (Coord.). *Direito ambiental em evolução*. Curitiba: Juruá, 1998.

DWALIBI, Marcelo. *Poder de polícia ambiental*. In: Revista Direito Ambiental. São Paulo: RT, 1999. v. 14.

ENNECCERUS, Ludwig; KIPP, Theodor; WOLFF, Martin. *Tratado de derecho civil*. Tradução para o espanhol por Blas Pérez Gonzalez Y José Alguer. 2. ed. Barcelona: Bosch, 1954. t. II, 1º.

ENTERRÍA, Garcia de. *Curso de derecho administrativo*. Madrid: Civitas, 1977. v. II.

______. *Curso de direito administrativo*. Trad. Arnaldo Setti. São Paulo: RT, 1991.

FERGUSON, C. E. *Microeconomia*. Tradução de Almir Guilherme Barbana e Antonio P. Barbana. 15. ed. Rio de Janeiro: Forense, 1991.

FERREIRA, Ivette Senise. *Tutela penal do patrimônio cultural*. São Paulo: RT, 1995.

FERREIRA, Sérgio de Andréa. *O direito de propriedade e as ingerências administrativas.* São Paulo: RT, 1980.

FIGUEIREDO, Guilherme José Purvin de. *A propriedade no direito ambiental.* São Paulo: Adcoas, 2004.

______; LEUZINER, Maria Dieguez. Desapropriações ambientais na Lei 9.985/2000. *Direito ambiental das áreas protegidas:* o regime jurídico das unidades de conservação. Rio de Janeiro: Forense Universitária, 2001.

______. Desapropriações ambientais na Lei n. 9.985/2000. In: *Direito ambiental das áreas protegidas.* São Paulo: Forense Universitária, 2001.

FIGUEIREDO, Lucia Valle. *Disciplina urbanística do direito de propriedade.* São Paulo: RT, 1980.

______. Tributação, ecologia e meio ambiente. *Revista de Direito Tributário,* n. 78, 1998.

FLORES, Manuela. Responsabilidade civil ambiental em Portugal: legislação e jurisprudência. *Textos:* ambiente e consumo. Lisboa: Centro de Estudos Judiciários, 1996. v. II.

______. Tutela cível do ambiente — evolução. *Ambiente.* Lisboa: Centro de Estudos Judiciários, 1994.

FONTES, André. *A pretensão como situação jurídica subjetiva.* Belo Horizonte: Del Rey, 2002.

FRANCARIO. *Danni ambientali e tutela civile.* Nápoles, 1990.

FRANCO MONTORO, André. *Introdução à ciência do direito.* 21. ed. São Paulo: RT, 1993.

FRANCO, E. Sousa. Ambiente e desenvolvimento. *Ambiente.* Centro de Estudos Judiciários, 1994.

FRANCO, Giampietro. *La responsabilitá per danno all'ambiente.* Milano: Dott. A. Giuffrè Editore, 2001.

FREITAS, Gilberto Passos de. A tutela penal do meio ambiente. In: *Dano ambiental:* prevenção, reparação e repressão. São Paulo: RT, 1993.

______. Do crime de Poluição. In: *Direito em evolução.* Curitiba: Juruá, 2007. v. I.

FREITAS, Juarez. *A interpretação sistemática do direito.* 4. ed. São Paulo: Malheiros, 2004.

FREITAS, Vladimir Passos de. *A Constituição Federal e a efetividade das normas ambientais.* São Paulo: RT, 2000.

GARCIA, Alonso. *El derecho ambiental de la comunidad europea.* Col. Cuadernos de Estudios Europeos, 1993. v. I.

GIAMPETRO, Franco. *La responsabilità per danno all'ambiente.* Milano: Giuffrè, 1988.

GIANNINI, Massimo Severo. *Diritto amministrativo.* Milão: Cedam, 1970. v. I.

______. La tutela degli interessi collettivi nei procedimenti amministrativi. In: *Le azioni a tutela di interessi coletivi.* Padova, 1976.

GIDI, Antonio. *Coisa julgada e litispendência nas ações coletivas.* São Paulo: Saraiva, 1995.

GIROD, Patrick. *La réparation du dommage écologique.* Paris: Universidade de Paris, 1973.

GONZÁLEZ, Maria del Carmen Sánchez-Friera. *La responsabilid civil del empresario por deterioro del medio ambiente.* Barcelona: Bosch Editor, 1994.

GRAF, Ana Cláudia Bento. O direito à informação ambiental. *Direito ambiental em evolução.* Curitiba: Juruá, 1998.

______; LEUZINGER, Márcia Dieguez. A função ambiental da propriedade. *Revista de Direitos Difusos*, v. 1, ano 1, jun./2000.

GRECO FILHO, Vicente. *Comentários ao Código de Proteção e Defesa do Consumidor.* São Paulo: Saraiva, 1991.

GRIMM, Dieter. *Die Zukunft der Verfassung* (suhrkamp taschenbuch wissenschaft). Editor: Suhrkamp Verlag ISBN: 3 (25 de Junho de 1991).

GRINOVER, Ada Pellegrini. Legitimidade da defensoria pública para ação civil pública. *Revista de Processo,* n. 165, p. 307-308, nov. 2008.

______. A coisa julgada perante a Constituição, a lei de ação civil pública, O Estatuto da Criança e Adolescente e o Código de Defesa do Consumidor. *Livro de Estudos Jurídicos*, n. 5.

______, Ada Pellegrini. A tutela dos interesses difusos. São Paulo: Max Limonad, 1984.

GUARNERI, Giuseppe. In difesa della causalità adeguata. *Annali di Diritto e Procedura Penale.* Turim, 1934.

GUERRA FILHO, Willis Santiago. *Processo constitucional e direitos fundamentais.* São Paulo: Celso Bastos Editor, 1998.

GUIBOURG, Ricardo A.; GHIGLIANI, Alejandro M.; GUARINONI, Ricardo V. *Introducción al conocimiento científico.* 3. ed. Buenos Aires: Editorial Universitária de Buenos Aires, 2000.

HERNÁNDEZ, Jiménez. *El tributo como instrumento de protección ambiental.* Granada: Editora Biblioteca Comares de Ciencia Juridica, 1998.

HOPPE; BECKMANN; KAUCH. *Umweltrecht.* 2. ed. Verlag C. H. Beck, 2000.

HUNGRIA, Nelson. As concausas e a causalidade por omissão perante o novo Código Penal. *Revista Forense,* São Paulo, v. 89, 1942.

JELLINEK, Georg. System der subjektiven öffentlichen Rechte (German Edition). Elibron Classics. Adamant Media Corporation, 2006.

KELSEN, Hans. *Teoria pura do direito.* Tradução de João B. Machado. São Paulo: Martins Fontes, 1995.

KISS, Alexandre. *Direito internacional do ambiente.* Lisboa: Centro de Estudos Judiciários, 1996.

______. *Droit international de l´environnement.* Paris: Pedone, 1989.

KLOEPFER, Michael. *Umweltrecht.* German Edition. C. H. Beck; 2. Aufl edition, 1998.

KROMAREK, Pascale. Que droit a l'environnement? Historique et développements. In: *Environnement et droits de l'homme.* Paris: Unesco, 1987.

LASO, Enrique Sayaguès. *Tratado de derecho administrativo.* 4. ed. Montevidéu, 1974. v. I.

LAUBADÈRE, André de. *Traité de droit administratif.* 6. ed., 1973. v. I.

LEITE, José Rubens Morato. *Dano ambiental*: do individual ao coletivo extrapatrimonial. São Paulo: RT, 2000.

LEUZINGER, Márcia Dieguez. Criação de espaços territoriais especialmente protegidos e indenização. *Revista de Direito Ambiental.* São Paulo: RT, v. 25, 2002.

LIMA FREIRE, Rodrigo da Cunha. *Condições da ação:* enfoque sobre o interesse de agir no direito processual civil brasileiro. São Paulo: RT, 2000.

MACHADO, Paulo Afonso Leme. *Ação civil pública (ambiente, consumidor, patrimônio cultural) e tombamento.* 2. ed. São Paulo: RT, 1987.

______. *Direito ambiental brasileiro.* 6. ed. São Paulo: Malheiros, 1996.

______. *Estudos de direito ambiental.* São Paulo: Malheiros, 1994.

______. Princípios gerais do direito ambiental internacional e a política ambiental brasileira. In: *Dano ambiental:* prevenção, reparação e repressão. São Paulo: RT, 1993.

MADDALENA, Paolo. Il danno ambientale. *Proprietà, danno ambientale e tutela dell'ambiente,* a cura di Barbiera. Nápoles, 1989.

______. Las transformaciones del derecho a la luz del problema ambiental: aspectos generales. *Revista del Derecho Industrial,* Buenos Aires: Depalma, ano 14, n. 41, may/ago. 1992.

MALUF, Carlos Alberto Dabus. *Limitações ao direito de propriedade.* São Paulo: Saraiva, 1987.

MANCUSO, Rodolfo de Camargo. *Ação civil pública:* em defesa do meio ambiente, do patrimônio cultural e dos consumidores (Lei 7.347/85 e legislação complementar). São Paulo: RT, 1999.

______. *Interesses difusos:* conceito e legitimação para agir. 4. ed. São Paulo: RT, 1988.

MANIET, Françoise. Apelos ecológicos, os selos ambientais e a proteção do consumidor. *Revista Direito do Consumidor,* São Paulo: RT, n. 4, 1992.

MARIENHOFF, Miguel S. *Tratado de derecho administrativo.* Buenos Aires: Abeledo-Perrot, 1973. t. IV.

MARTIN, Gilles. Direito do ambiente e danos ecológicos. *Revista Crítica de Ciências Sociais,* n. 31, 1991.

MARTINEZ MARTÍN. Legislación sectorial, legislación general. *Derecho del medio ambiente.* Madrid: MOPU, 1981.

MATEO, Ramón Martin. *Manual de derecho ambiental.* Madrid: Trivium, 1995.

______. *Nuevos instrumentos de tutela ambiental.* Madrid: Trivium, 1994.

______. *Tratado de derecho ambiental.* Madrid: Trivium, 1991. v. I.

MEIRELLES, Hely Lopes. *Direito administrativo brasileiro.* 20. ed. São Paulo: Malheiros, 1995.

______. *Direito administrativo brasileiro.* 26. ed. São Paulo: Malheiros, 2001.

______. *Direito administrativo brasileiro.* 7. ed. São Paulo: RT, 1983.

MELI, Marisa. Le origine del principio "chi inquina paga" e il suo accoglimento da parte della comunità europea. *Rivista Giuridica dell'Ambiente,* n. 2, 1989.

MILARÉ, Édis. *Direito do ambiente.* São Paulo: RT, 2000.

______. *Direito do ambiente*: doutrina, jurisprudência, glossário. 5. ed. São Paulo: RT, 2007.

MILLER, Roger Leroy. *Microeconomia, teoria, questões e aplicação.* McGraw-Hill do Brasil, MaKron Books, 1995.

MIRRA, Álvaro Luiz Valery. Princípios fundamentais do direito ambiental. *Revista de Direito Ambiental* 2/59.

______. Direito ambiental: princípio da precaução e sua aplicação judicial. *Revista de Direito Ambiental,* São Paulo: RT, n. 21, 2001.

MONTORO PUERTO, Miguel. *La infración administrativa.* Barcelona: Nauta, 1965.

MORAES, Maurício Zanoide de. *Interesse e legitimação para recorrer no processo penal brasileiro*. São Paulo: RT, 2000.

MOREIRA NETO, Diogo de Figueiredo. *Introdução ao direito ecológico e ao direito urbanístico*. 2. ed. Rio de Janeiro: Forense, 1977.

MORENO, José Luis Serrano. *Ecología y derecho:* principios de derecho ambiental y ecología jurídica. Granada: Comares, 1992.

MOSCARINI. *Responsabilità aquiliana e tutela ambientale*. Parte seconda. *RDC*, 1990.

MUKAI, Toshio. *Direito ambiental sistematizado*. 2. ed. São Paulo: Forense Universitária, 1994.

NERY JR., Nelson. *Princípios do processo na Constituição Federal*. 3. ed. São Paulo: RT, 1996.

NERY JR., Nelson et al. *Ação civil pública e a tutela jurisdicional dos interesses difusos*. São Paulo: Saraiva, 1984.

NERY JR., Nelson; NERY, Rosa Maria Andrade. Responsabilidade civil, meio ambiente e ação coletiva ambiental. In: *Dano ambiental:* prevenção, reparação e repressão. São Paulo: RT, 1993.

NIGRO, M. *Giustizia amministrativa*. Bologna, 1983.

NIKISCH. *Zivilprozessrecht*. 2. ed. Tubingen, 1952.

NOVAIS, Jorge Reis. *Contributo para uma teoria do estado de direito* — do estado liberal ao estado social e democrático de direito. Coimbra, 1987.

OLIVEIRA, Helli Alves de. Intervenção estatal na propriedade privada motivada pela defesa do meio ambiente. *Revista Forense,* v. 317, 1997.

OLIVEIRA, José Marcos Domingues de. *Direito tributário e meio ambiente*. Rio de Janeiro: Renovar, 1995.

______. *Direito tributário e meio ambiente*. 2. ed. Rio de Janeiro: Renovar, 1999.

OLIVEIRA, Noely Rodrigues Prezia. Limitações administrativas. In: *Seminário de Direito Ambiental e Imobiliário*. São Paulo: Centro de Estudos da Procuradoria do Estado, 1994.

ONDEI, Emilio. Considerazioni sul problema della causalità nel reato. *Annali di Diritto e Procedura Penale*. Turim: Unione Tipografico — Editrice Torinese, 1934.

ORTEGA Y GASSET. *La rebelion de las masas*. 30. ed. Madrid: Revista de Occidente, 1980.

OSCULATI, F. *Tassazione ambientale*. Padova: Cedam, 1979.

OTTAVIANO, Vittorio. Sulla nozioni di ordinamento amministrativo. *Rivista Trimestrale de Diritto Pubblico*, Milano, v. VIII, cap. II, 1958.

PALMA, Maria Fernanda. Direito penal do ambiente — uma primeira abordagem. In: *Direito do ambiente*. Lisboa: Instituto Nacional de Administração, 1994.

PATTI, P. Prova. Disposizioni generali. *Comentario del Codice Civile, a cura de Scialoja y Braca*. Roma: Bologna, 1997.

PEREIRA, Caio Mario da Silva. *Instituições de direito civil*. 12. ed. Rio de Janeiro: Forense, 1998. v. IV.

______. *Instituições de direito civil*. 18. ed. rev. e atual. Rio de Janeiro: Forense, 2004. v. I.

______. *Responsabilidade civil*. 2. ed. Rio de Janeiro: Forense, 1990.

PINDYCK, Robert S.; RUBINFIELD, Daniel L. *Microeconomia.* 4. ed. São Paulo: Makron Books, 1999.

PINTO, Bilac. As classificações teóricas da receita pública. *Revista Forense,* Rio de Janeiro, 144:529-539.

PIPES, Richard. *Propriedade e liberdade.* São Paulo: Record, 2001.

PIZZORUSSO, Alessandro. Interesse pubblico e interesse pubblici. *Rivista Trimestralle di Diritto e Procedura Civile*, n. 1 e 2, 1972.

PLANIOL; RIPERT; ESMEIN, E. *Traité de droit civil.* 2. ed. Paris: Libr. Generale de Droit Et de Jurisprudence, 1960. t. VI.

PRADO, Luiz Regis. *Comentários à lei de crimes ambientais.* São Paulo: RT, 1999.

______. *Crimes contra o ambiente.* São Paulo: RT, 1998.

PRIEUR, Michel. *Droit de l'environnement.* 2. ed. Paris: Précis Dalloz, 1991.

PROTO PISANI, Andréa. Appunti preliminari per uno studio sulla tutela giurisdizionale degli interessi collettivi (ou piu esattamente superindividuali) innanzi al giudice civile ordinário. In: *Le azioni a tutela di interessi collettivi (Atti del Convegno di Pavia, 11-12-giugno, 1974*). Padova, 1976.

REALE, Miguel. A lei hedionda dos crimes ambientais. *Folha de S.Paulo*, edição de 6-4-1998, caderno. 1, p. 3.

______. *Filosofia do direito.* 2. ed. São Paulo: Saraiva, 1969.

______. *Lições preliminares de direito.* 26. ed. São Paulo: Saraiva, 2002.

REMOND-GOUILUOD, Martine. *Du droit de détruire. Essai sur le droit de l´environnement.* Paris: Presses Universitaires de rance, Les Vois du Droit, 1989.

RIBEIRO DE FARIA, Jorge Leite Areias. *Direito das obrigações.* Porto, 1987. v. I.

ROCA, Guillermo Escobar. *La ordenacion constitucional del medio ambiente.* Madrid: Dikinson, 1995.

ROCCO, Ugo. *Tratatto di diritto processuale civile — parte generale.* Roma, 1926. v. I.

RODRIGUES RAMOS. El que contamina paga: significado y alcance del principio. *Boletín Informativo del Medio Ambiente*, Madrid, abr./jun. 1982.

RODRIGUES, Anabela Miranda. Direito penal do ambiente — uma aproximação ao novo direito português. *Revista Direito Ambiental,* São Paulo: RT, 1997. v. 2.

RODRIGUES, José Eduardo Ramos. In: DERANI, Cristiane; COSTA, José Augusto Fontoura (Org.). *Direito ambiental internacional.* Santos, SP: Leopoldianum, 2001.

RODRIGUES, Marcelo Abelha. *Ação civil pública e meio ambiente.* 3. ed. Rio de Janeiro: Forense Universitária, 2009.

______. *Processo civil ambiental.* 5. ed. Salvador: JusPodivm, 2017.

______. *Processo civil ambiental.* 2. ed. São Paulo: RT, 2009.

RODRIGUES, Sílvio. *Direito civil.* 30. ed. São Paulo: Saraiva, 2002. v. 2.

ROSEMBUJ, Tulio. *Los tributos y la protección del medio ambiente.* Madrid: Marcial Pons, 1995.

ROTHENBURG, Walter Claudius. A responsabilidade criminal da pessoa jurídica na nova lei de infrações ambientais. *Direito Ambiental*, n. 9, 1998.

RUIZ, Urbano. Pressupostos e critérios de indenização nas intervenções do poder público na propriedade privada, na preservação de reservas florestais. *Seminário de Direito Ambiental Imobiliário*. São Paulo: Centro de Estudos da Procuradoria Geral do Estado, 1995.

SÁCHICA, Luis Carlos. *Exposición y glosa del constitucionalismo moderno*. Bogotá: Editorial Temis, 1976.

SALLES, Carlos Alberto. *Execução em matéria ambiental*. São Paulo: RT, 2000.

SALTELLI, Carlo. Il rapporto di causalità nel reato. *Annali di Diritto e Procedura Penale*. Turim, 1934.

SAMPAIO, Francisco José Marques. *Responsabilidade civil e reparação de danos ao meio ambiente*. 2. ed. Rio de Janeiro: Lumen Juris, 1998.

SANCHEZ, Antonio Cabanillas. *La reparación de los daños al medio ambiente*. Madrid: Editorial Aranzadi, 1996.

SAVATIER, René. *Traité de là responsabilité civile en droit français civil, administratif, professionnel, procédural*. Paris: Librairie générale de droit e de jurisprudence, 1951. 2º v., t. I.

SCARANO. Danno ambientale e onere della prova. *La qualità della vita e l'ambiente*, a cura di Ferranti y Pascolin. Milano, 1989.

SERPA LOPES, Miguel Maria de. *Curso de direito civil*. Rio de janeiro: Freitas Bastos, 1995. v. V.

SHECAIRA, Sérgio Salomão. A responsabilidade penal das pessoas jurídicas e o direito ambiental. In: Varella, Marcelo Dias; Borges, Roxana Cardoso B. (Coord.). *O novo em direito ambiental*. Belo Horizonte: Del Rey, 1998.

SILVA, José Afonso da. *Curso de direito constitucional positivo*. 10. ed. São Paulo: Malheiros, 1995.

______. *Direito constitucional ambiental*. São Paulo: Malheiros, 1994.

______. *Direito urbanístico brasileiro*. 2. ed. São Paulo: Malheiros, 1995.

SIRVINSKAS, Luiz Paulo. Responsabilidade penal da pessoa jurídica na Lei 9.605/98. *Revista dos Tribunais*, São Paulo: RT, n. 784, fev. 2001.

SMETS, Henri. Le principe polluer payeur: um principe économique erigé en principe de droit de l´environnement? *Revue Generale de Droit International Public*, n. 2, Avril-Juin. 1993.

SOARES, Cláudia Dias. Contribuinte de direito e o contribuinte de facto no imposto ecológico. *Revista Tributária e de Finanças Públicas*, São Paulo: RT, n. 34, ano 8, set./out. 2000.

______. O quadro jurídico comunitário dos impostos ambientais. *Revista Tributária e de Finanças Públicas*, São Paulo: RT, n. 32, ano 8, maio/jun. 2000.

SOARES, Guido Fernando Silva. *Direito internacional do meio ambiente:* emergências, obrigações e responsabilidades. São Paulo: Atlas, 2001.

STEINER, George A. *A função do governo na vida econômica*. Rio de Janeiro: Agir Editora, 1956.

SUNDFELD, Carlos Ari. *Fundamentos de direito público*. 4. ed. São Paulo: Malheiros, 2002.

TELLES, Inocencio Galvão. *Manual de direito das obrigações*. 7. ed. Coimbra: Coimbra Editora, 1997.

VANNINI, Ottorino. Ancora sul problema della causalità. *Annali di Diritto e Procedura Penale*. Turim, 1934.

VAQUERA GARCIA. *Fiscalidad y medio ambiente*. Valladolid, 1999.

VARELLA, Marcelo Dias. *Direito internacional econômico ambiental*. Belo Horizonte: Del Rey, 2003.

VICENTE, Luiz. *Direito penal na Constituição*. 3. ed. São Paulo: RT, 1995.

VIEYTEZ, Eduardo Javier Ruiz. *El derecho al ambiente como derecho de participación*. Bilbao: Ararteko, 1992.

VIGORITI, Vicenzo. *A tutela dos interesses difusos*. São Paulo: Max Limonad, 1982.

______. *Interessi collettivi e processo. La legitimazione ad agire*. Milão: Giuffrè, 1979.

VIOLA, Eduardo. *A participação do Brasil no protocolo de Kyoto*. Artigo publicado em Carta Internacional, Universidade de São Paulo, n. 107/108, ano 10, jan./fev. 2002, p. 16-18.

VITTA, Heraldo Garcia. Da divisão de competências das pessoas políticas e o meio ambiente. *Revista de Direito Ambiental*, São Paulo: RT, n. 10, 1998.

WAINER, Ann Helen. Legislação ambiental brasileira: evolução histórica do direito ambiental. *Revista de Direito Ambiental*, São Paulo: RT, n. 0, 1996.

______. *Legislação ambiental brasileira:* subsídios para a história do direito ambiental. Rio de Janeiro: Forense, 1991.

WALD, Arnoldo. *Obrigações e contratos*. 12. ed. São Paulo: RT, 1989.

ZANOBINI, Guido. Rapporti fra il diritto amministrative e il diritto penale. *Scritti Vari di Diritto Pubblico*, 1975.

ZSÖGÖN, Silvia Jaquenod de. *El derecho ambiental y sus principios rectores*. 3. ed. Madrid: Dykinson, 1991.